D1925916

Windows XP intern

Christian Immler, Martina Fordermaier

DATA BECKER

Copyright © 2002 by DATA BECKER GmbH & Co. KG
Merowingerstr. 30
40223 Düsseldorf

1. Auflage 2002

Produktmanagement und Lektorat Lothar Schlömer

Umschlaggestaltung Inhouse-Agentur DATA BECKER

Textmanagement Jutta Brunemann
(jbrunemann@databecker.de)
Korrektorat: Andreas Weiss, Axel Pelger

Produktionsleitung Claudia Lötschert
(cloetschert@databecker.de)

Druck Media-Print, Paderborn

E-Mail buch@databecker.de

Alle Rechte vorbehalten. Kein Teil dieses Buchs darf in irgendeiner Form (Druck, Fotokopie oder einem anderen Verfahren) ohne schriftliche Genehmigung der DATA BECKER GmbH & Co. KG reproduziert oder unter Verwendung elektronischer Systeme verarbeitet, vervielfältigt oder verbreitet werden.

ISBN 3-8158-2247-5

Wichtiger Hinweis

Die in diesem Buch wiedergegebenen Verfahren und Programme werden ohne Rücksicht auf die Patentlage mitgeteilt. Sie sind für Amateur- und Lehrzwecke bestimmt.

Alle technischen Angaben und Programme in diesem Buch wurden von den Autoren mit größter Sorgfalt erarbeitet bzw. zusammengestellt und unter Einschaltung wirksamer Kontrollmaßnahmen reproduziert. Trotzdem sind Fehler nicht ganz auszuschließen. DATA BECKER sieht sich deshalb gezwungen, darauf hinzuweisen, dass weder eine Garantie noch die juristische Verantwortung oder irgendeine Haftung für Folgen, die auf fehlerhafte Angaben zurückgehen, übernommen werden kann. Für die Mitteilung eventueller Fehler sind die Autoren jederzeit dankbar.

Wir weisen darauf hin, dass die im Buch verwendeten Soft- und Hardwarebezeichnungen und Markennamen der jeweiligen Firmen im Allgemeinen warenzeichen-, marken- oder patentrechtlichem Schutz unterliegen.

Inhalt

Voll im Trend: heiße News per Post, Mail und SMS!

Die kostenlosen News-Dienste von DATA BECKER informieren Sie vor allen anderen über interessante Neuerscheinungen, aktuelle Trends und exklusive Angebote. So entgeht Ihnen garantiert nichts mehr ...

Der Klassiker: Die **DATA NEWS** erhalten Sie monatlich per Post. Auf sechs farbigen Seiten werden die Neuheiten ausführlich vorgestellt. Dazu gibt es Praxistipps und Sonderangebote.

Angesagt: Der **Newsletter** informiert Sie jeden Freitag per E-Mail über ausgesuchte Highlights aus dem DATA BECKER Sortiment, interessante Downloads und attraktive Extras.

Der letzte Schrei: Unsere **SMS-News** kommen immer dann direkt auf Ihr Handy, wenn es extrem heiße Neuigkeiten gibt.

Abonnieren Sie Ihre(n) Gratis-Wunschdienst(e) einfach unter www.databecker.de, per Telefon (0211-9334900) oder per Fax (0211-9334999).

1. Was macht Windows XP aus?

Das Windows XP Intern bietet kein Einsteigerwissen, sondern Details, interessante Hintergründe, Tipps und Tricks, um noch mehr aus dem Betriebssystem herauszuholen, das nach Aussage vieler Tausend Anwender weltweit nicht nur schöner, sondern teilweise auch schneller und vor allem stabiler läuft als seine Vorgängerversionen.

Die erste auffällige Änderung von Windows XP gegenüber früheren Windows-Versionen ist sicher die völlig neue Benutzeroberfläche. Wichtiger ist aber, dass Windows XP die beiden Microsoft-Produktlinien wieder zusammenführt. Gab es bisher für die Home-Anwender Windows 95/98/SE/ME und für die professionellen Anwender Windows NT und 2000, soll in Zukunft nur noch Windows XP auf allen Computern laufen. Windows XP wird zwar in zwei Varianten ausgeliefert, die grüne Home Edition und die blaue Professional Edition - diese unterscheiden sich aber nur in einigen Zusatz-Tools und Sicherheitsmerkmalen, technisch beruhen sie auf der gleichen Basis. Eine Serverversion wie unter Windows NT und 2000 ist auf Windows XP-Basis bald verfügbar.

Windows XP basiert im Wesentlichen auf der Windows NT/2000-Technologie, hat also mit Windows 9x/ME intern wenig gemeinsam. Die Multimedia- und Spieleunterstützung, die unter Windows NT/2000 deutliche Schwächen zeigte, wurde deutlich verbessert, sodass Windows XP trotz NT-Grundlage jetzt auch alle aus Windows 9x/ME gewohnten Features unterstützt.

1.1 Die Entwicklung von Windows

Schon 1981 begann Microsoft mit der Entwicklung eines Interface Managers, einer grafischen Benutzeroberfläche ähnlich derer, mit der der damals größte Konkurrent Apple schon um diese Zeit großen Erfolg hatte. Alle Programme sollten ein einheitliches Erscheinungsbild und Bedienbarkeit haben. Der Anwender sollte Peripheriegeräte wie Drucker nur noch einmal für alle Programme konfigurieren.

Windows klassisch

Seit 1983 wurden zahlreiche Windows-Versionen veröffentlicht, die alle auf DOS basierten und eigentlich nur aufgesetzte grafische Benutzeroberflächen waren. Die ersten Versionen beherrschten auch kein Multitasking. Alle außer der aktiven Anwendung wurden angehalten. Erst mit der Version 3.0 von Windows kamen erstmals eine große Zahl von Windows-Programmen anderer Hersteller auf den Markt.

Seit diesen ersten Versionen trug Windows erheblich dazu bei, den Hardwaremarkt anzukurbeln. Durch die langsame Bearbeitungsgeschwindigkeit des Betriebssystems und die zunehmenden Anforderungen an Arbeitsspeicher und Festplattengröße musste auch der Normalanwender, der nur einen Brief schreiben wollte, sich regelmäßig einen neuen PC kaufen. Damals bestimmte die Software über die Anschaffung von neuer Hardware, da mit jedem neuen Release von Windows der Rechner ein wenig zu langsam war. Eine ausführliche Tabelle im Anhang zeigt die klassischen Windows-Versionen mit Hardwareanforderungen und den neuen Features, die sie jeweils mit sich brachten.

Im August 1995 erschien nach einer riesigen Werbekampagne mit Windows 95 die erste Windows-Version im neuen Design mit der Benutzeroberfläche, wie wir sie heute kennen und die in Windows XP als klassisches Design bezeichnet wird. Windows 95 integrierte erstmals rudimentäre Internetfunktionen in das Betriebssystem und hob außerdem die klassische Dateinamenskonvention 8+3 auf.

Ab jetzt wurde Windows nicht mehr nachträglich als eine Applikation auf DOS installiert, sondern Betriebssystem und grafische Oberfläche bildeten nach außen hin eine Einheit, obwohl im Hintergrund weiterhin alle Windows 9x-Versionen bis einschließlich Windows ME auf DOS basierten.

Windows NT

Windows NT (**N**ew **T**echnology) war als eigenständige 32-Bit-Produktlinie bereits Ende der 80er-Jahre angekündigt worden, erschien dann aber erst im Juli 1993. Die erste öffentliche Version trug die Nummer 3.1 wegen der optischen Ähnlichkeit mit dem damals populären Windows 3.1.

Windows NT arbeitet ganz ohne DOS und kann auch auf einer leeren Festplatte ohne DOS installiert werden. Neu ist das NTFS-Dateisystem (**N**ew **T**echnology **F**ile **S**ystem), das erstmals bei einem Microsoft-Betriebssystem die Vergabe benutzerspezifischer Dateirechte ermöglicht. OS/2, UNIX, Novell hatten diese Option zum damaligen Zeitpunkt schon lange.

Windows NT hat ein eigenes Treibermodell, das aber bereits zu Windows 98-Zeiten von den Consumer-Versionen übernommen werden sollte. Dies hat aber weder bei Windows 98 noch bei Windows ME zufrieden stellend funktioniert. Erst in Windows XP wurden gemeinsame Treiber in Consumer- und Professional-Version zur Realität.

Windows XP

Die letzten Versionen der beiden Microsoft-Produktlinien wurden vom Markt nur vergleichsweise schlecht angenommen. Diese Produkte hatten, wie in der Tabelle „Produktlebenszyklen" zu sehen ist, bis heute auch die geringste Lebensdauer aller Microsoft-Betriebssysteme.

Bei Windows ME lag dies sicher an der zunehmenden Instabilität eines hochgerüsteten grafischen Frontends, das auf tönernen DOS-Füßen stand und dabei gleichzeitig auf modernster Hardware lief. Windows 2000 hatte für seine Zeit zu hohe Hardwareansprüche bei zu wenig Nutzen. Die von vielen Anwendern geforderte Multimedia-Funktionalität war in Windows 2000 noch nicht optimal umgesetzt.

Whistler, so der interne Codename von Windows XP, führt die beiden Produktlinien (Windows 9x und Windows NT) endlich in einem gemeinsamen Produkt zusammen. Auch hier gibt es aber noch zwei Versionen, die Home Edition und die Professional Edition. Diese weisen noch die alten Unterschiede zwischen der Consumer-Produktlinie und der Profi-Variante auf: Die Home Edition unterstützt zum Beispiel keine Multiprozessorsysteme und keine Domänenkonten und lokale Sicherheitsrichtlinien.

Product Lifecycle

Unter Product Lifecycle versteht Microsoft den Zeitraum, in dem eine Windows-Version unterstützt wird. Dieser teilt sich in die Mainstream Phase und die Extended Phase:

- **Mainstream Phase** - während dieser Zeit kann die Produktversion gekauft werden, es gibt aktiven Onlinesupport mit Patches und Updates, Supportforen sowie persönlichen Telefon-Support.
- **Extended Phase** - in diesem Zeitraum gibt es noch eingeschränkten Onlinesupport, persönlicher Telefon-Support ist kostenpflichtig und es können keine neuen Lizenzen dieser Version mehr erworben werden.

Die Tabelle zeigt die Product Lifecycle-Daten aller bisherigen Microsoft-Betriebssysteme. Ältere Systeme wie DOS, Windows 3.x oder NT 3.5x wurden ohne Extended Phase zum 31. Dezember 2001 komplett eingestellt, nachdem diese Versionen bereits vor der Jahrtausendwende nicht mehr auf dem Markt verfügbar waren. Die Product Lifecycle-Daten sind also mit den neueren Windows-Versionen nicht direkt vergleichbar.

Übersicht Produktlebenszyklen

Version	Erscheinungsdatum	Ende der Mainstream Phase	Ende der Extended Phase	Lifecycle (Dauer der Mainstream Phase)
DOS	August 1980 (1.0) April 1994 (6.22)	31. Dezember 2001	-	21 Jahre 5 Monate 7 Jahre 9 Monate
Windows 3.x	Mai 1990	31. Dezember 2001	-	10 Jahre 8 Monate
Windows 95	August 1995	31. Dezember 2000	30. November 2001	5 Jahre 5 Monate
Windows 98	Oktober 1998	30. Juni 2002	30. Juni 2003	3 Jahre 9 Monate
Windows ME	August 2000	31. Dezember 2003	keine Angabe	3 Jahre 5 Monate
Windows NT 3.5x	September 1994	31. Dezember 2001	-	7 Jahre 4 Monate
Windows NT 4	Juli 1996	30. Juni 2002	30. Juni 2003	6 Jahre
Windows 2000	Januar 2000	31. März 2003	keine Angabe	3 Jahre 3 Monate
Windows XP	Oktober 2001	keine Angabe	keine Angabe	

In den Fällen, bei denen noch keine Daten feststehen, verspricht Microsoft, diese spätestens zwölf Monate vor Ablauf der jeweiligen Phase anzukündigen.

1.2 Unterschiede zwischen Professional Edition und Home Edition

Die beiden Editionen von Windows XP basieren auf der gleichen technischen Grundlage auf Windows NT-Basis, unterscheiden sich aber in einigen teilweise nicht unerheblichen Details. Windows XP ist also nicht mehr eine grafische Oberfläche auf einer modernisierten DOS-Variante, sondern ein eigenständiges 32-Bit Protected Mode-Betriebssystem mit integrierten Multi-User- und Sicherheitsfunktionen. DOS-Programme können weiterhin in einem Emulationsmodus laufen.

Die Home Edition gilt als Nachfolger der Windows 9x-Produktlinie, die Professional Edition als Nachfolgeprodukt von Windows NT/2000, was sich auch in den Update-

Möglichkeiten widerspiegelt. Näheres dazu finden Sie in Kapitel 2 „Systemeinrichtung und -aktualisierung“ ab Seite33.

Entgegen zahlreicher Gerüchte enthält dabei die Home Edition keine Zusatz-Features, die die Professional Edition nicht hat.

Funktionen für größere Netzwerke

In der Home Edition fehlen Komponenten, die insbesondere im Betrieb von Clients in größeren Netzwerken gebraucht werden. Hier geht man davon aus, dass die Anwender der Home Edition diese auch wirklich zu Hause benutzen. Computer mit der Windows XP Home Edition können sich nicht ohne spezielle Tricks in einem domänenbasierten Netzwerk anmelden. Hier liegt ein gewisser Nachteil für Umsteiger. Windows 9x/ME bot noch die Möglichkeit, sich an einer Domäne anzumelden.

Die folgenden Netzwerkfunktionen fehlen in der Home Edition:

Komponente	Beschreibung
Computerverwaltung/Lokale Benutzer und Gruppen	Erweiterte Zuweisung Benutzereigenschaften
Anmeldescripts	Automatisch ablaufende Befehlsfolgen bei der Benutzeranmeldung
Ordnerumleitung	Umleitung lokaler Benutzerverzeichnisse auf Netzwerkverzeichnisse
Gruppenrichtlinieneinstellungen und Gruppenrichtlinien-Editor *GPEDIT.MSC*	Individuelle Konfigurationen oder Einschränkungen für Benutzer im Netzwerk.
Lokale Richtlinieneinstellungen/Systemrichtlinieneinstellungen	Lokale Benutzereinschränkungen
Servergespeicherte Benutzerprofile	Benutzerprofile, die anstatt lokal auf einem Netzwerkserver gespeichert werden und bei Anmeldung auf jeder Arbeitsstation genutzt werden können.
Offlinedateien	Speicherung von Netzwerkdateien für Offlinezugriff, wenn kein Netzwerk zur Verfügung steht, z. B. auf Notebooks.
Remote-Installationsdienste, Installation und Wartung von Software	Installation von Softwarekomponenten über ein Netzwerk mit minimalem Zugriff der einzelnen Benutzer.
Option *Über das DFÜ-Netzwerk anmelden* bei der Benutzeranmeldung	Benutzeranmeldung im Netzwerk über eine DFÜ-Verbindung
NetWare Client (Microsoft Version)	Zugriff auf Novell NetWare Server
Einschränkung der Zahl angemeldeter Benutzer	An einer Freigabe dürfen in der Home Edition höchstens fünf Computer gleichzeitig angemeldet sein, während in der Professional Edition doppelt so viele Verbindungen erlaubt sind.

Novell NetWare in der Home Edition

Sie können auch mit Computern, auf denen die Windows XP Home Edition installiert ist, auf NetWare Server zugreifen. Laden Sie sich dazu im Downloadbereich von *www.novell.de* den Novell Client für Windows NT/2000/XP herunter. Dieser läuft mit beiden Windows XP Versionen.

Domänenanmeldung auch mit der Home Edition
Möchten Sie sich auch mit der Home Edition an einer Domäne im Netzwerk anmelden, laden Sie sich bei Microsoft die Power-Toys für Windows XP herunter. Mit dem Tool Tweak UI (*www.microsoft.com/windowsxp/pro/downloads/powertoys.asp*) können Sie unter *Logon/Autologon* eine automatische Anmeldung konfigurieren. Wenn Sie hier Benutzernamen, Passwort und Domänennamen eintragen, meldet sich der Computer beim Windows-Start automatisch mit dem angegebenen Benutzernamen bei der Domäne an. Es werden dann auch wie gewohnt die Ressourcen, Freigaben und Drucker der Domäne angezeigt. Allerdings wird dabei das Passwort in der Registry gespeichert, was ein Sicherheitsrisiko darstellt.

Dateisystemfunktionen

Die Windows XP Home Edition unterstützt wie die Professional Edition die Dateisysteme FAT16, FAT32 und NTFS. Allerdings fehlen einige Sicherheitsfunktionen und die Unterstützung dynamischer Festplatten.

Die folgenden Dateisystemfunktionen fehlen in der Home Edition:

- EFS – **E**ncrypting **F**ile **S**ystem
- Zugriffssteuerungslisten-Editor (ACL)
- Administrative Freigaben
- Automatische Systemwiederherstellung
- Dynamische Festplatten
- Sicherungsprogramm (Backup)
- Sicherheitsbezogene Einstellungen für Gruppenrichtlinien

Backup mit der Home Edition
Auf den Original-CD-ROMs der Home Edition ist das Backup-Programm enthalten. Es wird nur nicht installiert. Sie finden die Installationsdatei *NTBACKUP.MSI* im Verzeichnis *\VALUEADD\MSFT\NTBACKUP*.

Weitere fehlende Funktionen in der Home Edition

- Multiprozessorunterstützung
- Automatische Systemwiederherstellung
- Mehrsprachige Benutzeroberfläche
- Internet Information Services

Remotedesktop
Entgegen den Meldungen in vielen Fachzeitschriften und Windows-Büchern enthält auch die Home Edition die Funktion Remotedesktop-Verbindung. Damit lässt sich ein Computer von einem anderen fernsteuern. Näheres dazu finden Sie in Kapitel 14.3 ab Seite 964.

1.3 Grundlagen zur Systemarchitektur von Windows XP

Windows XP basiert auf der modularen Struktur von Windows NT/2000. Es gibt kein in sich zusammenhängendes System, sondern einzelne Komponenten, die sehr spezialisiert nur ihre jeweilige Aufgaben erfüllen. So gibt es Komponenten, die sich nur mit der Darstellung von Grafiken beschäftigen, während andere Komponenten die Verwaltung des Dateisystems steuern. Wenn man sich den Explorer als Beispiel ansieht, so ist er ein Paradebeispiel für eine komponentenbasierte Software, der Explorer ist in der Lage, Webseiten darzustellen, Dateien auf der lokalen Festplatte anzuzeigen, und er kann auch andere Rechner im Netzwerk darstellen. Für jede dieser Aufgaben greift er auf spezielle Komponenten im Windows-System zurück, die z. B. eine Liste aller Dateien in einem Verzeichnis erstellt, die dann vom Explorer dargestellt wird.

Ein negatives Beispiel aus vergangenen DOS-Zeiten sind die alten Textverarbeitungsprogramme. Sollte ein Text auf dem Drucker ausgegeben werden, musste die Textverarbeitungssoftware in ihrer eigenen Treibersammlung einen passenden Treiber für den Drucker des Anwenders besitzen. Wenn nun der Drucker neuer als die Textverarbeitung war, führte dies zu dem Problem, dass man im schlimmsten Falle gar nicht drucken konnte oder aber ein Treiber zum Einsatz kommen musste, der nicht auf das entsprechende Gerät hin optimiert, sondern nur kompatibel war. Für die Hersteller bedeutete dies ein großes Problem, da sie gezwungen waren, für jeden neuen Drucker einen eigenen Treiber programmieren zu müssen.

Hardware Abstraction Layer

Zwischen dem Betriebssystem und der Hardware hängt die so genannte Hardwareabstraktionsschicht HAL (**H**ardware **A**bstraction **L**ayer). Die HAL ist ein wesentlicher Bestandteil der Modularität von Windows, da sie wie ein Schutzschild die Hardware vor der Software schützt. Für die Software gibt es nur die HAL zu sehen, diese sorgt dann für die Umsetzung der Systemaufrufe in die entsprechenden Hardwareaufrufe. Die Applikationen greifen nur noch auf von Microsoft standardisierte Schnittstellen zu und das System kümmert sich darum, dass alle Komponenten zur Zufriedenheit des Benutzers zusammenarbeiten. Umgekehrt braucht ein Hardwaretreiber auch nur auf eine Softwarekomponente, die HAL, abgestimmt zu sein und nicht auf die Sonderfunktionen einzelner Programme.

Durch diese Methode lassen sich bei erkannten Fehlern einzelne Systemkomponenten leicht ersetzen und zusätzliche Funktionen können durch Updates integriert werden, ohne dass das komplette Betriebssystem ersetzt werden muss. Voraussetzung dafür ist ein Dateischutzsystem, wie es in Windows XP enthalten ist, das verhindert, dass Software ungefragt essenzielle Systemkomponenten ersetzen und damit die Stabilität gefährden kann.

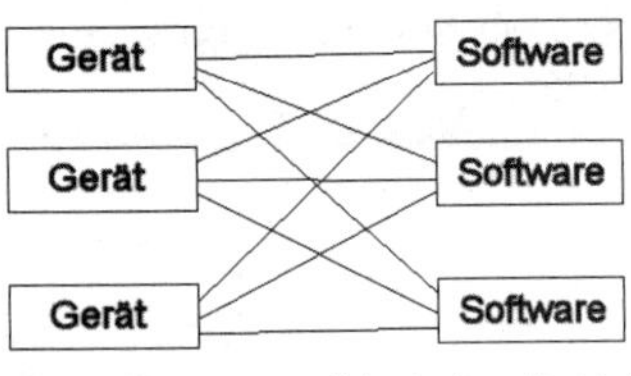

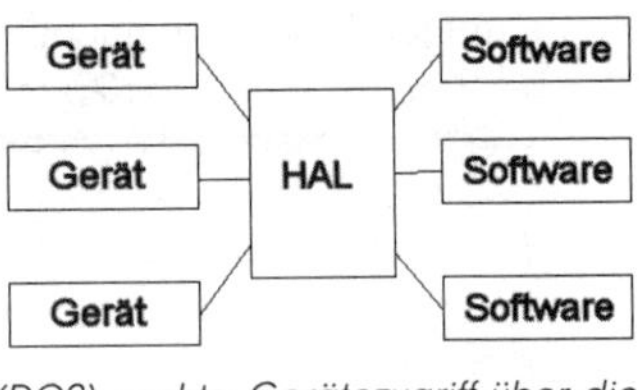

Links: Gerätezugriff bei alten Betriebssystemen (DOS), rechts: Gerätezugriff über die HAL bei Windows XP.

Auf diese Weise wäre auch eine einfache Portierung von Windows XP auf andere Hardware durch Ersetzen der HAL möglich. Unter Windows NT 3.5 gab es schon unterschiedliche Versionen: Außer für Intel-Pentium-Systeme gab es spezielle Versionen für PowerPC und Alpha-Prozessoren. Später hat Microsoft den Support für diese Systeme allerdings wieder eingestellt, da die Entwicklung unter NT sehr aufwendig war. Windows XP läuft nur noch auf Intel- und kompatiblen Prozessoren sowie in einer speziellen Version auf 64-Bit Itanium-Systemen.

Das Prinzip des Austauschs der HAL wird unter Windows XP verwendet, um z. B. zwischen einem ACPI-fähigen BIOS (**A**dvanced **C**onfiguration and **P**ower **I**nterface)-Computer und einem Standardcomputer ohne ACPI zu unterscheiden. Da die HAL die Ansteuerung aller Geräte regelt, sind durch den Austausch der HAL hier auch völlig andere Zugriffsmethoden realisiert. So ermöglicht zum Beispiel die Standard-PC-HAL dem Benutzer das Verändern der Ressourcenzuweisung (I/O-Adressen und Interrupts) von Hardwarekomponenten, während bei der ACPI-HAL alles automatisch geregelt wird.

Ein HAL-Austausch hat tiefgreifende Auswirkungen auf die Systemkonfiguration und kann deshalb nicht ohne weiteres in einer lauffähigen Windows XP-Installation durch Ersetzen der entsprechenden Systemdateien durchgeführt werden. Eine ausführliche Beschreibung zu Möglichkeiten des HAL-Austauschs finden Sie in Kapitel 3 ab Seite 109.

Schichtenmodell

Die meisten Computersysteme arbeiten heute mit verschiedenen Eingabekomponenten wie Tastatur und Maus sowie einem Monitor mit einer grafischen Benutzeroberfläche. Ein solches System lässt sich abstrakt in mehrere Schichten gliedern. Dieses Modell ist ein allgemein gültiges theoretisches Modell, aus dem die Betriebssysteme ihre Struktur ableiten. Eine gute Parallele lässt sich hier zum Sieben-Schichten-OSI-Netzwerkmodell ziehen, bei dem sich auf der untersten Schicht das physikalische Medium befindet und bis hinauf zu der das Netzwerk nutzenden Applikation auf der obersten Schicht verschiedene Abstraktionsschichten zu finden sind.

Die Reihenfolge der Schichten von der untersten Hardwareschicht bis hinauf zum Benutzer-Interface ist hierbei:

- **Desktop Manager**: Der Desktop Manager verwaltet die Anordnung der einzelnen Anwendungsfenster auf dem Bildschirm. Der Desktop Manager ist auch dafür verantwortlich, dass man mehrere virtuelle Bildschirme haben kann, auf denen jeweils einzelne Programme laufen. Dies hat für den User den Vorteil, dass er bei vielen gleichzeitig laufenden Programmen nicht lange nach dem gerade benötigten Programm suchen muss. Auch bestimmt der Desktop Manager das Aussehen von Fenstern. Wenn der User im Menüpunkt *Darstellung* der Desktop-Eigenschaften ein anderes Theme auswählt, dann wird dieses durch den Desktop Manager angewandt und dargestellt.
- **User Model**: Das User Model bestimmt die Benutzerführung in den Fenstern und Dialogen der Benutzeroberfläche wie Menüs oder Schaltflächen. Ein wesentlicher Bestandteil des User Models sind die Style Guides, die Microsoft herausgibt, um zu verhindern, dass Applikationen von verschiedenen Herstellern ein absolut unterschiedliches Look & Feel mit sich bringen. Unterstützt wird dies z. B. dadurch, dass Windows XP den Applikationen Standarddialoge für einfache Operationen wie Laden, Speichern und Drucken mitgibt.

- **Windowing Model**: Das Windowing Model beschreibt die Spezifikationen für das Öffnen, Verändern und Bewegen von Fenstern und deren Inhalten, es regelt, dass ein Fenster ein anderes verdeckt, wenn sie den gleichen Platz auf dem Bildschirm zu belegen versuchen. Es wäre auch denkbar, dass zwei Fenster ihre jeweiligen Bildpunkte aufaddieren wie zwei Dias, die man hintereinander vor eine Lichtquelle hält.
- **Imaging Model**: Das Imaging Model oder Grafiksystem legt fest, wie die grafischen Elemente, Fonts und Abbildungen auf dem Monitor dargestellt werden.
- **Operating System**: Das eigentliche Betriebssystem ist die unterste Softwareschicht, die sich um das Zusammenspiel von Hard- und Software kümmert. Es versorgt die darüber liegenden Schichten mit Basisdiensten wie der Zuteilung von Speicherressourcen und der Zuteilung von Rechenzeiten und schützt die Tasks untereinander vor Zugriffen von anderen Programmen.
- **Hardware**: Der Computer und seine Komponenten wie z. B. Prozessor, Speicher, Peripheriegeräte, Schnittstellen, Netzwerkkarten.

Aus diesem betriebssystemunabhängigen Schichtenmodell ergeben sich in Windows XP zwei Betriebsmodi: den User Mode oder Benutzermodus, in dem die Anwendungsprogramme ausgeführt werden, und den Kernel Mode, dem eigentlichen Kern des Betriebssystems:

User Mode

Die Module im User Mode, wozu alle System- und Serverprozesse wie auch externe Programme gehören, haben keinerlei direkten Zugriff auf die Hardware. Als Schnittstelle dienen die Executive Services im Kernel Mode, die direkt mit der HAL zusammenarbeiten. Programme, die im User-Modus laufen, können also unabhängig von der verwendeten Hardware geschrieben werden.

Kernel Mode

Nur sehr hardwarenahe Module haben direkten Zugriff auf den Speicher oder auf die Hardwarekomponenten. Diese laufen im Kernel Mode und unterliegen nicht den Beschränkungen von User Mode-Anwendungen. Zum Kernel Mode gehören die Executive Services, Speicherverwaltung, Plug & Play und Powermanagement, I/O-Manager und das Dateisystem. Bei fehlerhaften Zugriffen auf Prozessor oder Speicher kann es hier zu einem Totalabsturz des Systems kommen. Im User Mode bleibt nur der jeweilige Task stehen, das System an sich läuft aber weiter, sodass sich die übrigen Tasks noch kontrollieren und ohne Datenverlust beenden lassen.

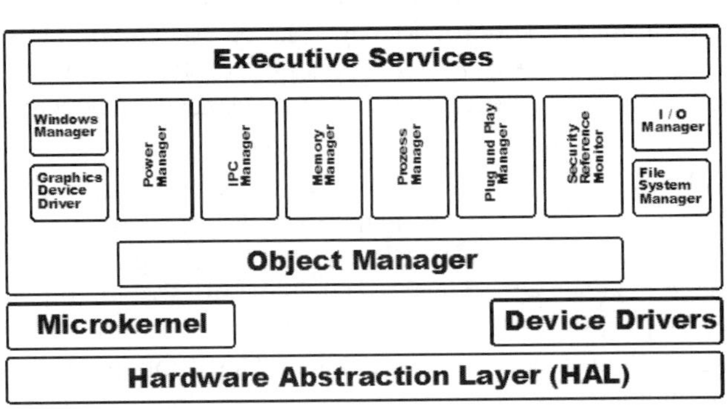

Die Komponenten im Kernel Mode.

Der zentrale Microkernel steuert im Kernel Mode die Ausführung der Prozesse auf dem Prozessor, deren Verwaltung, Prozessorzeit-Zuweisung, die Hardwareinterrupts und die Koordination der Executive Services. Der Kernel koordiniert die verschiedenen ausführbaren Programmblöcke, die Threads, die in einem Multitasking-System abwechselnd laufen. Die User Mode-Prozesse selbst haben keinen direkten Zugriff auf den Prozessor.

Die Executive Services verwalten die Anfragen an die Hardware, die von User Mode-Prozessen kommen. Diese werden über die HAL an die Gerätetreiber weitergeleitet. Zu den Executive Services gehören folgende Komponenten:

- **I/O Manager**: Ein- und Ausgabe auf verschiedene Geräte, Dateisystem, Verwaltung von Laufwerken und anderen Speichermedien sowie Netzwerkfreigaben.
- **IPC Manager**: Kommunikation zwischen verschiedenen Prozessen.
- **Memory Manager**: Verwaltung des Arbeitsspeichers, Adressierung, Absicherung der Speicherbereiche verschiedener Prozesse.
- **Process Manager**: Verwaltung der ablaufenden Prozesse und Überwachung.
- **Plug & Play Manager**: Erkennung von Plug & Play-Geräten, Treiberinstallation, Diensteverwaltung.
- **Security Reference Monitor**: Sicherheitsmechanismen, Authentifizierung, Dateizugriffe und Benutzerrechte.
- **Power Manager**: Energieverwaltung, Stromsparfunktionen, Hibernate.
- **Window Manager**: Verwaltung der Fenster und Dialoge sowie der darin eingegebenen Daten.
- **Graphics Device Drivers**: Bildschirmausgabe.
- **Object Manager**: zentrale Komponente zur Verwaltung systeminterner Objekte.

Ausblick auf .NET

Microsoft realisiert mit .NET, eine gemeinsame Basis für alle derzeitigen und zukünftigen Computersysteme zu bieten. Das dazu verwendete .NET-Framework basiert auf einem ähnlichen Schichtenmodell wie Windows XP.

.NET stellt eine universelle Laufzeitbibliothek für allgemein gültige Schnittstellen zwischen Programmen und dem Betriebssystem bereit.

Diese definiert Klassen und Funktionen, die unabhängig von der verwendeten Programmiersprache zum Erstellen von .NET-Anwendungen verwendet werden können.

.NET soll modulare Dienste für die Erledigung von Routineaufgaben bieten.

Bis jetzt musste jede interaktive Webapplikation, sogar jedes einzelne Formular, von Grund auf neu programmiert werden. .NET stellt eine gemeinsame Plattform für echte interaktive Applikationen im Gegensatz zur heutigen relativ einseitigen Anzeigetechnik des Internets dar.

Dazu werden XML-Webdienste als gemeinsame Basis verwendet, sodass eine Unabhängigkeit von Geräten und bestimmten Netzwerkstrukturen gegeben ist. Serverseitig ist ein .NET Enterprise Server erforderlich, den die Clients entweder über ein lokales Netzwerk oder über das Internet ansprechen können.

.NET basiert auf fünf wichtigen Komponenten:

- **Entwickler-Tools** - Bibliotheken und Toolkits für Programmiersprachen, um Entwicklern das Erstellen von .NET-tauglichen Applikationen zu ermöglichen. Die bekannteste Entwicklungsumgebung ist hier momentan das Visual Studio .net, aber auch andere Hersteller wie Borland haben ihre Unterstützung für .NET angekündigt.
- **Server** - .NET Enterprise Server sind die nächste Generation der bekannten Windows NT/2000 Server sowie der SQL- und Exchange Server. Diese werden umfassende XML-Integration für .NET bieten.
- **Baustein-Dienste** - .NET bietet eine einheitliche Benutzeranmeldung für alle Dienste und Webseiten. Diese Passport-Funktion wird jetzt schon vom MSN-Messenger und einigen Webseiten benutzt, allerdings besteht bei vielen Usern noch Unsicherheit bezüglich der Sicherheit ihrer Daten, da Passport nicht nur Namen und Passwörter, sondern auch Kreditkarteninformationen für den automatisierten Einkauf im Internet bietet. So hat Microsoft gerade in Zusammenarbeit mit der US-Aufsichtsbehörde FTC (**F**ederal **T**rade **C**omission) einen Vergleich zum Schutz persönlicher Daten geschlossen, was sich langfristig positiv auf die Akzeptanz dieses Dienstes auswirken dürfte.
- **Geräte** - .NET wird nicht nur auf PCs unter Windows XP laufen, sondern auch verschiedene andere Endgeräte wie Tablet-PCs oder Telefone unterstützen, denn wenn der .NET-Zug erst einmal ins Rollen gekommen sein wird, gibt es kein Zurück mehr und den zögernden Herstellern werden die Märkte wegbrechen.
- **Anwender-Experience** - die fünfte Komponente, die Microsoft besonders hervorhebt, sind die Anwender-Erfahrungen. Hier sollen eine Community und besondere Netzwerkdienste zum Erfahrungsaustausch geschaffen werden.

.NET wird das Internet noch mehr in den Betrieb des Computers integrieren. Webbasierte und lokale Anwendungen sollen parallel laufen. Für den User wird der Einsatz von .NET-Komponenten absolut transparent geschehen, gerade noch editiert er Daten auf dem eigenen Rechner, ist er vielleicht mit der nächsten Eingabemaske schon direkt mit einem Server im Internet verbunden, ohne einen Übergang bemerkt zu haben.

Eine der größten Voraussetzungen ist hierbei allerdings die Verfügbarkeit von schnellen und kostengünstigen Internetverbindungen wie DSL oder auch über Kabel-Modems. .NET wird dafür die nötige Diensteplattform zur Verfügung stellen.

Schon unter Windows XP gibt es zahlreiche Schaltflächen und Menüpunkte, die nicht mehr auf lokale Funktionen, sondern auf Internetanwendungen verweisen, ohne dass der Benutzer dies unmittelbar wahrnimmt. Man merkt diese Internetzugriffe bei konfigurierter automatischer Internetanwahl nur in eventuellen Firewall-Protokollen oder spätestens auf der Telefonrechnung.

Lesen Sie in Kapitel 12.6 „Spionage verhindern“ ab Seite 913, an welchen Stellen Windows XP Internetzugriffe macht und wie sich diese auch verhindern lassen.

Bevor sich .NET in Europa durchsetzen kann, müssen noch erhebliche Sicherheitsbedenken aus dem Weg geräumt werden. Für den Anwender ist sehr wenig transparent, welche Daten geschützt auf seinem Computer bleiben und welche irgendwohin verschickt werden. Der amerikanische Anwender ist hier deutlich weniger sensibel.

Start von Windows XP

Zum Verständnis des Systems und zur Vereinfachung der Problemsuche ist es nützlich, das Prinzip des Startvorgangs von Windows XP zu kennen. Das Booten läuft in mehreren Phasen ab:

Bootloader

Nach dem Start des BIOS läuft der Prozessor noch im Real-Modus und startet den NTLDR, das Ladeprogramm für das eigentliche Betriebssystem.

Dieser schaltet in den 32-Bit-Modus und lädt von der Startpartition grundlegende Funktionen zum Zugriff auf das Dateisystem – wie zum Beispiel die Treiber für die Festplatten-Controller und die Unterstützung für das NTFS-Dateisystem.

Real Mode

Der klassische Betriebsmodus der 80x86-Prozessoren. In diesem Modus kann nur 1 MByte Arbeitsspeicher adressiert werden und es ist kein Multitasking möglich.

Protected Mode

In diesem erweiterten Betriebsmodus bietet der Prozessor hardwareseitige Unterstützung für Multitasking und virtuellen Speicher, was eine unbedingte Voraussetzung für alle modernen Betriebssysteme ist.

Im Anschluss wird die Datei *BOOT.INI* ausgelesen und – falls erforderlich – das Bootmenü angezeigt. Wählt der Benutzer hier eine Windows 9x/ME-Version oder DOS, wird die Datei *BOOTSECT.DOS* verzweigt, deren Inhalt wird wie ein Master Boot Record von einer Festplatte ausgewertet und das betreffende Betriebssystem gestartet.

Zum Start von Fremdbetriebssystemen, die nicht aus dem Hause Microsoft stammen, aber über den Windows-Boot-Manager gestartet werden sollen, ist es notwendig, deren Startroutinen aus dem Boot Record der jeweiligen Installationspartition in eine Datei zu schreiben und diese in der *BOOT.INI* anzugeben, wofür die Datei vorher noch auf die gleiche Windows-Partition kopiert werden muss, auf der auch die *BOOT.INI* selbst liegt.

Wählt man im Menü Windows XP oder Windows NT/2000 aus, startet *NTDETECT.COM*, um die Hardware zu identifizieren.

Hardwareerkennung

Die Hardwareerkennung *NTDETECT.COM* sammelt wichtige Informationen zu Systemfirmware, Bustypen, Grafikkarte, Tastatur, serielle und parallele Schnittstellen, Maus, Diskettenlaufwerke, Festplatten und die aktuelle Systemzeit.

Außerdem werden die installierten ISA-Plug & Play-Karten erkannt.

Bei ACPI-fähigen Computern spielt *NTDETECT.COM* eine nicht so große Rolle, da hier Windows XP die Interrupts und Adressen der Geräte selbst verwaltet.

Ohne ACPI werden diese Ressourcen vom BIOS zugeteilt. Diese Zuordnung wird von *NTDETECT.COM* erkannt und an den NTLDR übermittelt.

Kernel laden

Der NTLDR startet anschließend den Betriebssystem-Kernel *NTOSKRNL.EXE* und den **H**ardware **A**bstraction **L**ayer *HAL.DLL*. Diese beiden Komponenten bilden die Windows-Ausführungsschicht, die Konfigurationsinformationen verarbeitet und Dienste und Treiber startet.

Beim Start werden die Konfigurationsinformationen aus dem Registry-Zweig *HKEY_LOCAL_MACHINE\SYSTEM* ausgelesen. Hier sind mehrere Sätze von kompletten Hardwarekonfigurationen als *ControlSet001*, *ControlSet002* etc. enthalten. Der Eintrag *CurrentControlSet* ist eine Kopie des aktuell verwendeten Konfigurationsdatensatzes. Welcher Konfigurationsdatensatz in welchem Fall verwendet werden soll, wird im Registry-Schlüssel *HKEY_LOCAL_MACHINE\SYSTEM\Select* festgelegt.

Die Nummer steht für die Nummer des zu verwendenden *ControlSet* im jeweiligen Fall.

Select-Wert	Beschreibung
Current	Konfigurationsdatensatz, der für einen Systemstart verwendet und nach *CurrentControlSet* kopiert wird.
Default	Konfigurationsdatensatz, der für den nächsten Systemstart verwendet werden soll, wenn kein Fehler auftritt und der Benutzer nicht manuell auf die letzte als funktionierend bekannte Konfiguration zurückschaltet.
Failed	Konfigurationsdatensatz, mit dem Windows XP nicht gestartet werden konnte. Solange Windows XP problemlos läuft, steht hier 0.
LastKnownGood	Der letzte als funktionierend bekannte Konfigurationsdatensatz.

Der NTLDR lädt den über den Wert *Default* festgelegten Konfigurationsdatensatz. Wenn der Benutzer im erweiterten Startmenü die Option *Letzte als funktionierend bekannte Konfiguration* auswählt, wird der mit *LastKnownGood* bezeichnete Konfigurationsdatensatz verwendet. Dieses Menü erreichen Sie mit der Taste [F8], während das Windows XP-Bootmenü angezeigt wird.

Auf diese Weise haben Sie die Möglichkeit, wenn das normale Booten fehlschlägt, den Computer in der letzten als funktionierend bekannten Konfiguration zu starten. Diese Konfiguration wird nach dem nächsten Start automatisch aktualisiert, wenn Windows XP problemlos gestartet und beendet werden konnte. Nehmen Sie also manuelle Änderungen in der Registry nur unter *HKEY_LOCAL_MACHINE\SYSTEM\CurrentControlSet* vor, um eine gesicherte funktionierende Konfiguration nicht zu beeinträchtigen.

Zu diesen Konfigurationsdaten werden vom NTLDR noch die von *NTDETECT.COM* übergebenen Hardwareinformationen verwendet und daraus wird der Registry-Schlüssel *HKEY_LOCAL_MACHINE\HARDWARE* angelegt.

NTOSKRNL.EXE sucht jetzt Treiber und Dienste, die gestartet werden müssen, anhand des Registry-Schlüssels *HKEY_LOCAL_MACHINE\SYSTEM\CurrentControlSet\Services* und startet diese.

Sitzungs-Manager

Nachdem der Kernel und die essenziellen Systemdienste laufen, wird der Sitzungs-Manager *SMSS.EXE* gestartet. Dieser erstellt die Systemumgebungsvariablen und startet dann den Kernel-Modusabschnitt des Windows-Subsystems, die Datei *%systemroot%\system32\win32k.sys*. Die benutzerspezifischen Umgebungsvariablen werden erst nach der Benutzeranmeldung gesetzt. Die Komponente *win32k.sys* initialisiert auch den Grafikmodus von Windows XP. Ab hier wird die grafische Oberfläche angezeigt.

Als Nächstes wird der Benutzermodusabschnitt des Windows-Subsystems, die Datei *%systemroot%\system32\csrss.exe*, gestartet. Eine Liste aller verfügbaren Subsysteme steht in der Registry unter *HKEY_LOCAL_MACHINE\SYSTEM\CurrentControlSet\Control\Session Manager\SubSystems*.

Außerdem wird die Auslagerungsdatei angelegt und eventuell noch Dateien umbenannt, wenn vor diesem Neustart Treiber installiert wurden.

Solche Dateien sind in der Registry unter *HKEY_LOCAL_MACHINE\SYSTEM\CurrentControlSet\Control\Session Manager\FileRenameOperations* aufgelistet. Die Einträge werden nach dem Umbenennen der Dateien dort gelöscht.

Dieses Windows-Subsystem *csrss.exe* und alle davon gestarteten Komponenten der Benutzeroberfläche laufen im User Mode.

Die Prozesse können also nicht direkt auf die Hardware zugreifen. Die User Mode-Prozesse werden auch zuerst in die Auslagerungsdatei verlegt, wenn für den Betriebssystem-Kernel und Kernel Mode-Prozesse nicht mehr genügend Arbeitsspeicher zur Verfügung steht.

Benutzeranmeldung

Nachdem die Treiber und Systemdienste gestartet sind, startet das Windows-Subsystem den Anmeldedienst *WINLOGON.EXE*. Dieser Prozess startet auch noch den Dienststeuerungs-Manager *SERVICES.EXE*, die lokale Sicherheitsautorität *LSASS.EXE* und wartet bei Verwendung der klassischen Windows NT/2000-Anmeldung darauf, dass der Benutzer die Tastenkombination [Strg]+[Alt]+[Entf] drückt.

Bei der schnellen Benutzeranmeldung werden sofort die Sicherheits- und Authentifizierungskomponenten initialisiert, sodass der Benutzer beim Anklicken seines Namens sofort identifiziert werden kann.

Schnelle Benutzeranmeldung

Der Name „schnelle Benutzeranmeldung" hat nichts mit der Geschwindigkeit bei der erstmaligen Anmeldung eines Benutzers beim Neustart von Windows zu tun, sondern bezeichnet das Verfahren, bei dem sich ein Benutzer über den Willkommensbildschirm anmelden kann, ohne dass sich der vorherige Benutzer abmelden muss. Dieses Verfahren ist neu in Windows XP. Bei der klassischen Benutzeranmeldung, wie sie aus Windows NT/2000 bekannt ist, kann immer nur ein Benutzer gleichzeitig angemeldet sein.

Nach der erfolgreichen Benutzeranmeldung wird die letzte als funktionierend bekannte Konfiguration mit der aktuell funktionierenden Konfiguration überschrieben, sodass die gerade verwendete Konfiguration jederzeit als letzte funktionierend bekannte Konfiguration verwendet werden kann.

Das System liest die Gruppenrichtlinien, die für den angemeldeten Benutzer gelten, und konfiguriert damit Zugriffsrechte und Einstellungen der Benutzeroberfläche.

Automatisch startende Programme

Nachdem die persönliche Benutzeroberfläche und die Zugriffsrechte eingerichtet sind, startet Windows XP alle automatisch auszuführenden Programme, bevor der Benutzer den vollen Zugriff erhält.

Der Mauszeiger erscheint noch als Sanduhr und das Startmenü reagiert nicht. Zuerst werden die Programme gestartet, die in den folgenden Registry-Schlüsseln definiert sind:

- *HKEY_LOCAL_MACHINE\Software\Microsoft\Windows\CurrentVersion\Runonce*
- *HKEY_LOCAL_MACHINE\Software\Microsoft\Windows\CurrentVersion\policies\Explorer\Run*
- *HKEY_LOCAL_MACHINE\Software\Microsoft\Windows\CurrentVersion\Run*
- *HKEY_CURRENT_USER\Software\Microsoft\Windows NT\CurrentVersion\Windows\Run*
- *HKEY_CURRENT_USER\Software\Microsoft\Windows\CurrentVersion\Run*
- *HKEY_CURRENT_USER\Software\Microsoft\Windows\CurrentVersion\RunOnce*

AutoStart verhindern

Mit dem Programm MSCONFIG können Sie sich alle automatisch startenden Komponenten anzeigen lassen und diese auch einzeln deaktivieren – allerdings erst nach einer ersten Anmeldung im System. Wenn sich also ein Programm hier eingenistet hat, das Schaden anrichten will, kann es bereits zu spät sein.

Nach diesen Einträgen werden die Programme aus den AutoStart-Gruppen des Startmenüs für alle Benutzer und des persönlichen Startmenüs ausgeführt. Die Verzeichnispfade dieser Startmenüs sind in der Registry unter *HKEY_LOCAL_MACHINE\Software\Microsoft\Windows\CurrentVersion\Explorer\User Shell Folders\Common Startup* und *HKEY_CURRENT_USER\Software\Microsoft\Windows\CurrentVersion\Explorer\Shell Folders\Startup* gespeichert.

Aus Kompatibilitätsgründen werden auch noch folgende Verzeichnisse durchsucht, die die AutoStart-Gruppen auf Computern, die von Windows NT 4 upgedatet wurden, enthalten:

- *%windir%\Profiles\All Users\Startmenü\Programme\Autostart*
- *%windir%\Profiles\Benutzername\Startmenü\Programme\Autostart*

Parallel zum Start der AutoStart-Programme wird noch die Plug & Play-Erkennung für neu installierte Hardwarekomponenten durchgeführt. Dabei werden - soweit möglich - die Treiber ohne weitere Benutzereingriffe installiert.

1.4 Die 64 Bit Edition von Windows XP

Windows XP bietet zusätzlich zu der Home- und Professional Edition noch eine 64 Bit Edition für Computer auf Intel-Itanium Basis an. Diese Version unterstützt physikalischen Speicher bis zu 16 GByte und virtuellen Speicher bis 16 TByte. Dafür ist allerdings auch eine Mindestspeichergröße von 1 GByte und eine Prozessorgeschwindigkeit von 733 MHz erforderlich, um die 64 Bit Edition zu installieren.

Die 64 Bit Edition verarbeitet sowohl neue 64-Bit-Programme wie auch normale 32-Bit-Windows-Programme. Diese werden über eine spezielle Emulationsschicht ausgeführt, was dazu führen kann, dass eine 32-Bit-Software auf dem neuen Rechner langsamer läuft als auf einem Computer vergleichbarer Ausstattung, der nur mit 32 Bit arbeitet.

Diese Version entspricht weitgehend der Windows XP Professional Edition, hat aber aufgrund der hohen Hardwareanforderungen und der wenigen bis jetzt erhältlichen Computer mit Itanium-Prozessoren noch keine große Verbreitung gefunden.

2. Systemeinrichtung und -aktualisierung

Die Installation von Windows XP ist gegenüber früheren Windows-Versionen wesentlich vereinfacht worden. Während der Installation sind kaum noch Neustarts und Benutzereingaben erforderlich.

Letzteres hat allerdings den Nachteil, dass auch keine optionalen Komponenten ausgewählt werden können, sondern immer alles installiert wird.

Beachten Sie für die Installation die von Microsoft vorgegebenen Hardwarevoraussetzungen:

- Pentium mit 233 MHz oder höher (oder vergleichbarer Prozessor)
- 128 MByte empfohlen (Minimum 64 MByte RAM, Maximum 4 GByte RAM)
- 1,5 GByte freier Festplattenspeicher
- VGA-Monitor
- Tastatur
- Maus oder kompatibles Zeigegerät
- CD-ROM- oder DVD-Laufwerk

Windows XP kann entweder auf einem neuen Computer als einziges Betriebssystem installiert werden, ein vorhandenes Betriebssystem updaten oder auch parallel zu einem vorhandenen Betriebssystem als Alternative installiert werden. In den folgenden Kapiteln beschreiben wir diese Varianten und das, was dabei jeweils zu beachten ist.

2.1 Windows XP – Ersteinrichtung

Auf neuen Computern ist üblicherweise eine vorinstallierte OEM-Version (OEM = **O**riginal **E**quipment **M**anufacturer) von Windows XP vorhanden. Diese richtet sich beim ersten Einschalten des Computers selbst ein.

Dabei werden in den meisten Fällen auch noch andere Programme wie Word oder Works bereits mitinstalliert. Wenn Sie sich Ihren neuen Rechner aber selbst zusammenbauen oder ihn ohne Betriebssystem gekauft haben, müssen Sie Windows XP komplett installieren. Dabei gibt es zwei unterschiedliche Vorgehensweisen, je nachdem, ob ein bootfähiges CD-ROM-Laufwerk vorhanden ist oder nicht.

Fast alle moderneren CD-ROM-Laufwerke sind bootfähig, allerdings muss auch das BIOS des Rechners das Booten von CD-ROM unterstützen und die Bootsequenz muss so eingestellt sein, dass das CD-ROM-Laufwerk vor der Festplatte durchsucht wird.

> **Mehrere Festplatten**
> Haben Sie mehrere lokale Festplatten und richten Windows XP als erstes Betriebssystem auf dem neuen Rechner ein, achten Sie darauf, dass die Festplatte, auf der der Bootblock installiert werden soll, als erste Festplatte im System installiert sein muss. Bei IDE-Festplatten ist die erste Primary Master, bei SCSI-Festplatten können Sie die Reihenfolge im BIOS des SCSI-Controllers festlegen.

Einschränkung der Recovery- und OEM-Versionen

Mit neuen Computern werden meistens so genannte Recovery-CDs mitgeliefert, um im Notfall das Betriebssystem wiederherzustellen. In den meisten Fällen handelt es sich hier um die Home Edition. Dabei gibt es verschiedene CD-Versionen, die unterschiedliche Funktionalitäten bieten.

- **Recovery-Version** - diese CDs enthalten nur eine einzige Datei. Damit lässt sich der Computer in den Auslieferungszustand zurückversetzen. Für andere Zwecke wie Update oder Nachinstallation fehlender Komponenten sind diese CDs nicht geeignet.
- **OEM-Version** - die echten OEM-Versionen unterscheiden sich von den Vollversionen und Update-Versionen nur dadurch, dass die Datei *SETUP.EXE* fehlt. Damit lässt sich das Betriebssystem nicht installieren, es sind aber alle Dateien in den gleichen Verzeichnissen wie bei einer Original-Version vorhanden, sodass die CD immer dann verwendet werden kann, wenn Windows XP nach einer Original-CD fragt.
- **Vollversion** - bei einigen Computern aus Supermärkten wurden CDs mit dem Aufdruck „Product Recovery CD-ROM" mitgeliefert, die aber exakt einer Vollversion entsprechen und ganz normal verwendet werden können.

Bootfähiges CD-ROM vorhanden

Aktivieren Sie im BIOS die Option „von CD-ROM booten". Legen Sie die Original-Windows XP-CD ein und starten Sie den Rechner neu. Das Installationsprogramm wird automatisch gestartet und das Setup kann wie ab Seite 35 beschrieben durchlaufen werden.

> **Fehler bei älteren SCSI-Controllern**
> Ältere SCSI-Controller erkennen die Original-Windows XP-CD manchmal nicht als bootfähig, da Microsoft hier eine eigene Bootcode-Variante verwendet und nicht, wie sonst auf bootfähigen CD-ROMs üblich, einen Floppy-Emulationscode. In diesem Fall booten Sie entweder von Diskette oder kopieren die Windows XP-CD in ein Verzeichnis auf der Festplatte und installieren von dort.

Kein bootfähiges CD-ROM vorhanden

Wenn kein bootfähiges CD-ROM vorhanden ist, können Sie sich bei Microsoft ein Tool herunterladen, das sechs Disketten erstellt, mit denen ein rudimentäres Betriebssystem geladen wird, das die notwendigen Treiber und die Setup-Routine enthält, sodass Windows XP von der Original-CD installiert werden kann, auch wenn nicht von dieser CD gebootet wurde.

Installation ohne Microsoft-Installations-Tool
Wie Sie auch ohne dieses Microsoft-Tool und anstatt mit sechs Disketten nur mit einer einzigen Diskette installieren können, erfahren Sie in Kapitel 2.8 über die unbeaufsichtigte Installation ab Seite 74.

Beachten Sie, dass es auf der Microsoft-Download-Webseite zwei verschiedene Programme für Windows XP Professional und für die Home Edition gibt:

- **Professional Edition** – *download.microsoft.com/download/whistler/Install/310994/WIN98MeXP/DE/WinXP_DE_PRO_BF.EXE.*
- **Home Edition** – *download.microsoft.com/download/WinXPHome/Install/310994/WIN98MeXP/DE/WinXP_DE_HOM_BF.EXE.*

Dieses Tool kann unter jeder früheren Windows-Version aufgerufen werden. Sie benötigen in jedem Fall sechs mit 1,44 MByte formatierte leere 3,5-Zoll-Disketten. Windows XP unterstützt keine anderen Diskettenformate mehr.

Nachdem Sie die Disketten erstellt haben, starten Sie den Rechner mit der ersten Diskette. Achten Sie dabei darauf, dass die Bootreihenfolge im BIOS so eingestellt sein muss, dass von Diskette gebootet werden kann. Im Normalfall ist die Bootreihenfolge:

```
C:, CD-ROM, A:
```

Damit wird zuerst versucht, von der Festplatte zu booten. Ist keine Festplatte vorhanden oder auf dieser keine bootfähige Partition, wird automatisch von CD-ROM oder Diskette gebootet.

Funktioniert das Booten von Diskette nicht, weil auf der Festplatte ein anderes Betriebssystem vorhanden ist, ändern Sie die Bootreihenfolge im BIOS auf:

```
A:, CD-ROM, C:
```

In diesem Fall wird immer versucht, von Diskette zu booten. Nur wenn sich keine entsprechende Diskette im Laufwerk befindet, bootet der Rechner von CD-ROM oder der Festplatte.

Legen Sie gemäß der Bildschirmanfragen nacheinander die anderen Disketten und zum Schluss die Windows XP-CD ein.

Setup von DOS
Aus einer 16-Bit-DOS-Umgebung können Sie Windows XP nicht mit der *SETUP.EXE* von der Original-CD installieren. Verwenden Sie hier die Datei *WINNT.EXE* aus dem Verzeichnis *\I386* und lesen Sie die Hinweise ab Seite 74.

Setup starten

Das Setup von Windows XP wird nach dem Einlegen der CD automatisch gestartet. Das Verfahren ist das gleiche, ob die CD mit einem bootfähigen CD-ROM gestartet oder nach der letzten Installationsdiskette eingelegt wird. Der Installationsvorgang gliedert sich in drei Teile, zwischen denen der Computer neu gestartet wird.

Update-Version

Die am häufigsten verkaufte Windows XP-Version ist die Update-Version. Mit dieser Version können natürlich auch vollständig neue Windows XP-Versionen aufgespielt werden, eine zum Update berechtigte Version muss dann nur kurz ins Laufwerk eingelegt werden. Dies funktioniert auch mit einer Windows 95-CD, obwohl diese Version offiziell nicht zum Update berechtigt ist.

Erster Installationsschritt

Im ersten Schritt müssen Sie den Produkt-Key eingeben, den Sie auf der Verpackung Ihrer Windows XP-Version finden.

Wenn auf dem Computer bereits ein älteres Windows-Betriebssystem gefunden wurde, können Sie wählen, ob Sie ein Update oder eine Neuinstallation machen möchten.

Zweiter Installationsschritt

An dieser Stelle sieht das Windows XP-Setup noch aus wie Windows NT 4. Auf einem blauen Bildschirm erscheinen im Textmodus Reparaturoptionen, falls eine vorhandene Windows XP-Installation auf einer der Festplatten gefunden wird.

Jetzt müssen Sie die Partition und die Festplatte angeben, auf der Windows XP installiert werden soll. Das Setup-Programm kann Partitionen auf leeren Bereichen anlegen oder vorhandene Partitionen formatieren. FAT16/FAT32-Partitionen können automatisch in NTFS konvertiert werden.

Möchten Sie das Dateisystem beibehalten, ist eine Schnellformatierung möglich, die das Inhaltsverzeichnis der Partition löscht, ohne die darauf befindlichen Daten wirklich zu entfernen. Die Partition kann aber trotzdem wie eine leere Partition verwendet werden.

An dieser Stelle wird die ausgewählte Partition auf Fehler überprüft und diese, wenn möglich, auch behoben. Wurden dabei Daten geändert, muss der Computer neu gestartet werden. Das Setup startet automatisch wieder.

Danach werden alle für die Installation notwendigen Dateien in ein temporäres Installationsverzeichnis auf der Festplatte kopiert.

Im Gegensatz zu früheren Windows-Versionen haben Sie keine Möglichkeit mehr, unerwünschte Komponenten wie zum Beispiel Spiele bei der Installation wegzulassen.

Fehler „CD einlegen"

Wie auch schon in früheren Windows-Versionen kann während des Kopiervorgangs der Fehler auftreten, dass das CD-ROM-Laufwerk nicht mehr gefunden wird und die CD in dieses nicht vorhandene Laufwerk gelegt werden soll. Hilft hier die Schaltfläche *Wiederholen* nicht weiter, bleibt nichts anderes übrig, als die Installation abzubrechen, die Dateien aus dem *I386*-Verzeichnis der CD unter DOS oder einer früheren installierten Windows-Version in ein Verzeichnis auf die Festplatte zu kopieren und von dort aus erneut zu installieren.

Dritter Installationsschritt

Nach dem Neustart erscheint bereits die grafische Windows XP-Oberfläche und nicht mehr der blaue Textbildschirm.

Hier werden die vorhandenen Geräte erkannt und die notwendigen Treiber installiert. Die meisten Treiber werden bei Windows XP bereits mitgeliefert. Sollte für ein Gerät kein Treiber gefunden werden, werden Sie zum Einlegen einer Treiber-CD oder Diskette aufgefordert.

Geräte, die hier nicht von Windows XP erkannt werden, bleiben deaktiviert, bis Sie die notwendigen Treiber manuell nachinstallieren, was aber erst nach dem endgültigen Abschluss des Setup-Vorgangs möglich ist.

Danach wird das Systemgebietsschema und Tastaturlayout eingerichtet und Sie werden nach Ihrem Namen, Organisation und Computernamen gefragt. Diese Eingaben werden in der Registry gespeichert und erscheinen später immer wieder bei Softwareinstallationen. Hier müssen Sie einen Namen angeben, aus dem dann auch der erste Benutzername gebildet wird.

Eine Eingabe von „Administrator“ oder „Gast“ ist nicht möglich, da diese Benutzernamen standardmäßig vorbelegt sind.

Datenschutz bei Produktaktivierung

Microsoft beteuert zwar immer wieder, dass bei der umstrittenen Produktaktivierung keine persönlichen Daten übermittelt werden. Dies gilt aber nur für den Namen und das Passwort. Der Inhalt des Felds *Organisation* wird übertragen. Lassen Sie dieses Feld also evtl. leer.

An dieser Stelle muss das Passwort für den Administrator festlegen werden. Dieser wird immer als Benutzer neben einem einfachen Benutzerkonto bei der Installation angelegt.

Wird bei der Installation eine Netzwerkkarte im Computer gefunden, wird automatisch die Clientsoftware für Microsoft-Netzwerke, die Datei- und Druckerfreigabe sowie das TCP/IP Protokoll mit automatischer Zuweisung von IP-Adressen installiert. In diesem Fall kann noch der Namen der verwendeten Arbeitsgruppe oder Domäne angegeben werden.

Zum Schluss werden die temporären Installationsdateien gelöscht und der Rechner ein letztes Mal neu gestartet. Jetzt können Sie sich bei Windows XP anmelden.

Beim ersten Anmelden erhalten Sie die Aufforderung, Windows XP zu aktivieren oder zu registrieren. Beantworten Sie diese Frage zunächst mit *Nein*. Sie haben dann noch 30 Tage Zeit. Beim Umbau von Geräten kommt es häufig zu einer erneuten Aktivierungsaufforderung. In den ersten 30 Tagen hat man üblicherweise seinen Rechner einschließlich aller Komponenten so weit laufen, dass nur noch selten Umbauten erforderlich sind.

Damit sparen Sie sich mehrfache Aktivierungsvorgänge. Die Installation des Windows XP Service-Pack setzt den Zeitraum bis zur Zwangsaktivierung wieder auf 30 Tage zurück. Näheres zur Windows XP-Produktaktivierung finden Sie in Kapitel 2.5 ab Seite 58.

Sicherheitskataloge und Verfallsdatum

Windows XP und zahlreiche Komponenten enthalten so genannte Sicherheitskataloge, die garantieren sollen, dass die Software wirklich ein Original ist. Allerdings sind diese Zertifikate am 29.05.2002 abgelaufen. Eine normale Windows XP-Version überprüft diese Zertifikate offensichtlich nicht, sodass es auch nach diesem Datum zu keinen Problemen kommt.

Der Sicherheitskatalog NT5INF.CAT.

Das abgelaufene Zertifikat.

Schwieriger wird es mit den Versionen, die aus dem **M**icro**s**oft **D**eveloper **N**etwork MSDN stammen. Diese bringen bei Installationsversuchen Fehlermeldungen wegen abgelaufener Zertifikate.

Microsoft bietet Updates zum Download an, aber nur gesamte CD-ROM-Images von über 600 MByte. Alternativ kann man aber auch einfach die Datei *NT5INF.CAT* aus dem Verzeichnis *%systemroot%\system32\CatRoot\{F750E6C3-38EE-11D1-85E5-00C04FC295EE}* einer normalen Endkundenversion in die MSDN-Version kopieren.

2.2 Windows XP – Systemaktualisierung

Windows XP lässt sich über ein vorhandenes Betriebssystem installieren und dieses somit updaten. Die Daten und installierten Programme bleiben erhalten. Eine Ausnahme bilden die Dateien im Verzeichnis *Eigene Dateien* und in allen darunter liegenden Unterverzeichnissen sowie im Papierkorb. Diese Dateien müssen vor einem Update gesichert werden, sie werden beim Update gelöscht.

Welche Betriebssysteme Update-fähig sind, hängt von der verwendeten Windows XP-Version ab. Dabei geht es nicht um die Berechtigung zur Verwendung einer Update-Version, sondern darum, ob eine Festplatte mit installierten Programmen upgedatet werden kann, sodass die Programme danach weiterlaufen.

Altes Betriebssystem	Update mit Windows XP Home Edition	Update mit Windows XP Professional Edition
DOS	-	-
Windows 95 und älter	-	-
Windows 98, SE, ME	x	x
Windows NT ab SP6	-	x
Windows 2000	-	x
Windows XP Home	-	x
Windows NT/2000 Server	-	-

Fehler beim Update von Windows 9x/ME

Beim Update von Windows 9x/ME auf Windows XP kann es unter bestimmten Voraussetzungen zu einer kryptischen Fehlermeldung *Error Code fffffdf0* kommen. Um diesem Fehler vorzubeugen, löschen Sie vor dem Update den kompletten Inhalt des Verzeichnisses *\Windows\system32\catroot2* aus der Windows 9x/ME-Installation.

Bevor Sie ein vorhandenes Betriebssystem updaten, sollten Sie alle überflüssigen Programme deinstallieren, überflüssige Dateien wie TEMP und Browsercache löschen und die verwendete Partition defragmentieren.

Legen Sie in einen Computer mit einer älteren Windows-Version eine Windows XP-CD ein, wird über die AutoPlay-Funktion automatisch ein Willkommensbildschirm gestartet, mit dem Sie Windows XP installieren können.

Bei deaktiviertem AutoPlay können Sie die Datei *SETUP.EXE* direkt aus dem Hauptverzeichnis der CD starten.

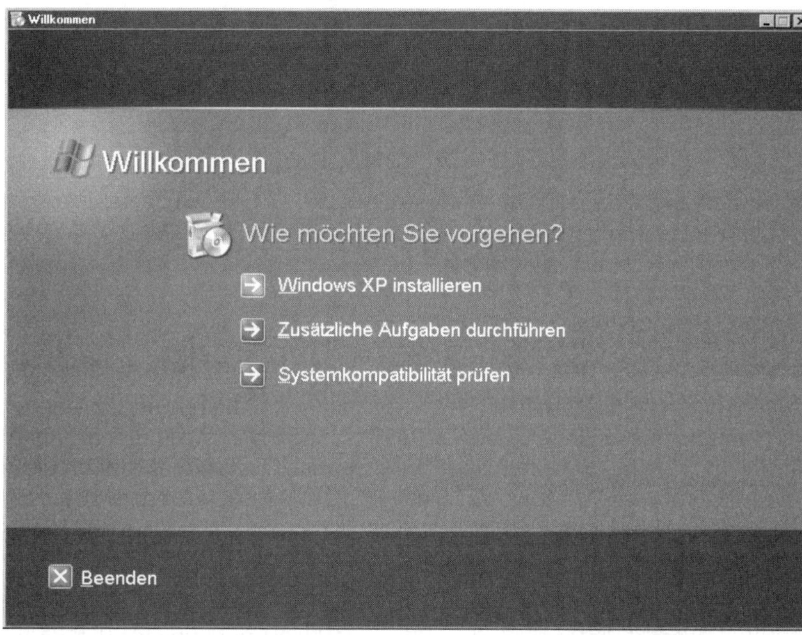

Willkommensbildschirm der Windows XP-CD.

Vor einem Update sollten Sie den Systemkompatibilitätstest durchlaufen lassen.

Dieses neue Tool überprüft die installierten Windows-Komponenten, inwieweit sie zu Windows XP kompatibel sind.

Kompatibilitätstest ohne Installation

Möchten Sie einen Rechner nur auf Kompatibilität zu Windows XP überprüfen, ohne es gleich zu installieren, können Sie aus dem Verzeichnis *\I386* der Original-Windows XP-CD das Programm *WINNT32 /checkupgradeonly* aufrufen. Diese Option führt nur den Test durch. Wer keine Windows XP-CD zur Verfügung hat, kann sich bei *download.microsoft.com/download/whistler/Utility/1.0/WXP/EN-US/UpgAdv.exe* ein Kompatibilitätstestprogramm herunterladen. Dafür, dass das Programm nur die Windows XP-Kompatibilität feststellt, sind 50 MByte aber etwas viel.

Je nach Art und Anzahl installierter Komponenten kann dieser Prüfvorgang recht lange dauern, wobei manchmal auch mehrere Minuten lang scheinbar nichts passiert. Die Überprüfung der Software bezieht sich nur auf Programme, die auf lokalen Laufwerken installiert sind, nicht auf solche, die von Netzwerklaufwerken gestartet werden.

Am Ende werden Warnungen in einem Dialogfeld angezeigt und ein ausführlicher Prüfbericht in die Datei *UPGRADE.TXT* im Windows-Verzeichnis geschrieben. Dieser detaillierte Bericht kann auch mit der *Details*-Schaltfläche direkt in der Dialogbox angezeigt werden.

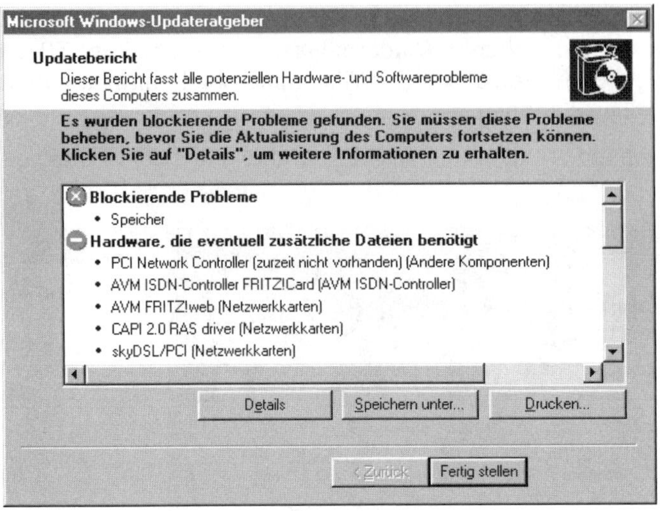

Anzeige inkompatibler Komponenten.

Verschiedene Gruppen inkompatibler Komponenten:

- **Arbeitsspeicher** – bei weniger als 128 MByte RAM wird eine Meldung ausgegeben, obwohl Windows XP auch mit weniger Speicher auskommen kann.
- **Gerätetreiber** – werden installierte Geräte gefunden, zu denen Windows XP keine Treiber mitliefert, wird eine Warnmeldung ausgegeben. Das bedeutet aber noch nicht, dass dieses Gerät mit Windows XP nicht läuft. Im Normalfall brauchen Sie sich nur einen Treiber vom Hersteller zu besorgen oder einen Windows 2000-Treiber zu installieren.
- **Festplattenplatz** – steht nicht genügend freier Festplattenplatz zur Verfügung, wird eine Warnmeldung ausgegeben. Dabei wird der Platzbedarf anhand des bereits installierten Betriebssystems ausgerechnet. Allerdings wird nur der Platz auf dem Systemlaufwerk berücksichtigt. Zusätzlich zu den Systemdateien belegt Windows XP bei einem Update noch min. 300 MByte Speicherplatz für Sicherungsdateien des bisherigen Betriebssystems.
- **NetBEUI** – der Treiber für das Netzwerkprotokoll NetBEUI wird hier zwar als inkompatibel gemeldet, dieses Protokoll kann unter Windows XP aber weiterhin verwendet werden. Es muss nur manuell von der CD nachinstalliert werden und wird aus einer vorhandenen Installation nicht automatisch übernommen.
- **Systemsteuerungskomponenten** – sind Programme installiert, die eigene Steuerfelder in der Systemsteuerung anlegen, wie zum Beispiel QuickTime, skyDSL oder ein Java-Plug-In, wird eine Warnung ausgegeben.

- **Hardwarenahe Programme** – Festplatten-Tools, Systemoptimierer, Backup-Programme, CD-Brennprogramme, Verwaltung von Wechselmedien, Faxprogramme und andere Software, die unmittelbar mit bestimmten Hardwarekomponenten zusammenspielt, kann Probleme mit Windows XP machen und wird deshalb hier gemeldet.

Lesen Sie sich den Update-Bericht genau durch und besorgen Sie sich vor dem Update die notwendigen Treiber und Programm-Updates für die Software, die Sie weiter verwenden wollen.

Im Verlauf des Setups wird vor dem eigentlichen Überschreiben des alten Betriebssystems eine Kompatibilitätsprüfung durchgeführt, die noch einmal die Komponenten auflistet, die Kompatibilitätsprobleme zu Windows XP verursachen können.

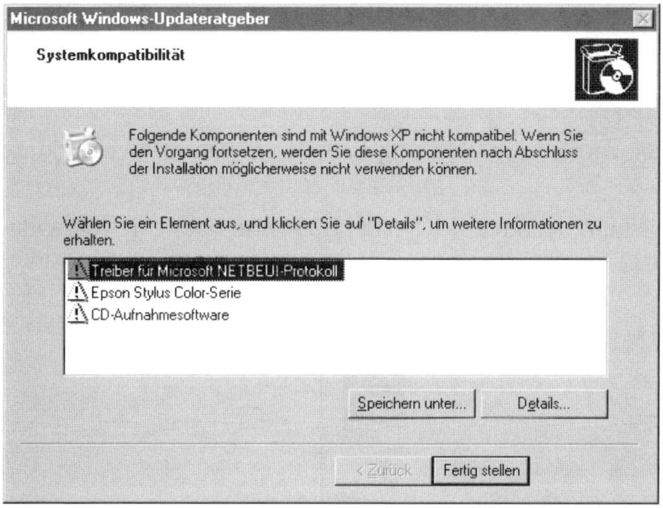

Kompatibilitätswarnung vor der Installation.

Datensicherung vor dem Update

Machen Sie vor dem Update auf jeden Fall eine Datensicherung. Normalerweise bleiben alle Daten erhalten, außer der Verzeichnisstruktur unterhalb von *Eigene Dateien*, aber das Risiko eines Fehlers besteht immer. Der Windows-Papierkorb wird beim Update auf Windows XP immer gelöscht. Haben Sie hier noch Dateien, die Sie brauchen, holen Sie diese vorher aus dem Papierkorb heraus.

Verlauf des Update-Setups

Auch beim Update läuft das Setup in drei Schritten ab, ähnlich wie bei einer Neuinstallation, nur werden einige zusätzliche Aktionen durchgeführt.

Erster Installationsschritt

Wählen Sie in der Abfrage die Option *Update*, wenn Sie Ihr vorhandenes Windows aktualisieren und dabei die Einstellungen und installierten Programme behalten wollen.

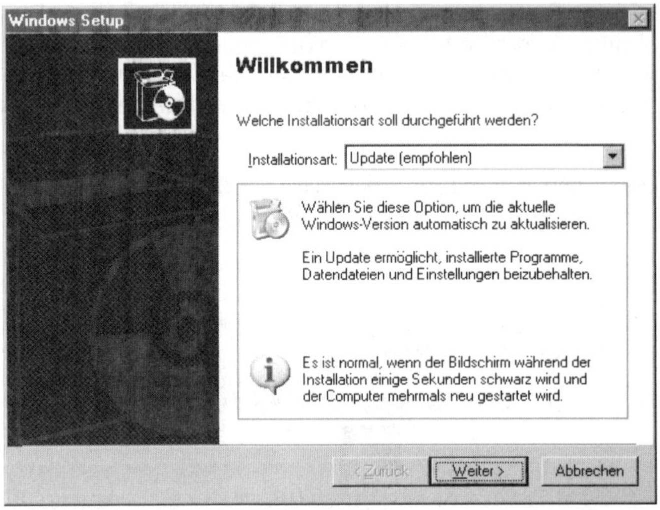

Auswahl der Update-Installation.

Im nächsten Schritt müssen Sie den Produkt-Key eingeben, den Sie auf der Verpackung Ihrer Windows XP-Version finden.

Eine neue Funktion im Setup ist das dynamische Update. Hier kann über eine vorhandene Internetverbindung überprüft werden, ob neuere Versionen der Setup-Dateien vorliegen. Damit können Sie gleich den neusten Stand von Windows XP installieren.

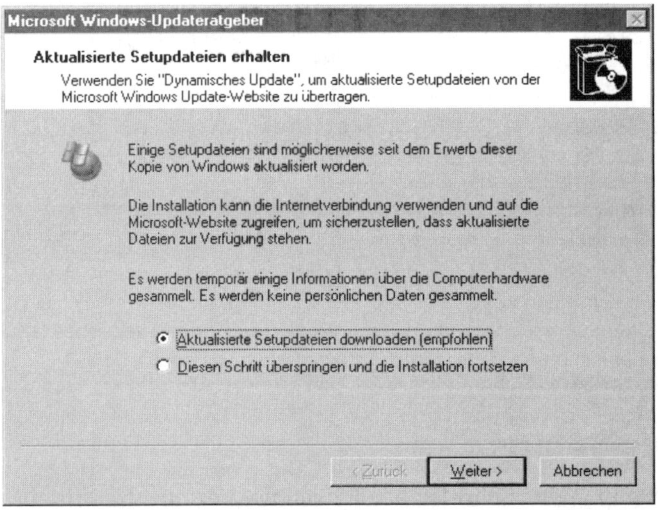

Dynamisches Update der Setup-Routine.

Allerdings werden nur Setup-Dateien überprüft, keine neuen Treiber oder Sicherheits-Patches. Nach der Installation fordert Windows XP in jedem Fall auf, die Windows Update-Webseite zu besuchen, um von dort aus aktuelle Treiber und Sicherheits-Patches nachzuladen.

Im ersten Installationsschritt wird außerdem die freie Festplattenkapazität ermittelt und eine Liste mit Dateien erstellt, die gesichert werden müssen, für den Fall der Deinstallation von Windows XP, um das zuvor installierte Betriebssystem wiederherzustellen.

Bei einem Update werden Sie in diesem Teil des Installationsvorgangs gefragt, ob Sie das vorhandene Dateisystem in NTFS konvertieren wollen. In den meisten Fällen ist die Konvertierung sinnvoll, da viele der neuen Windows XP-Dateisystem-Funktionen nur auf NTFS-Laufwerken unterstützt werden. Beachten Sie, dass Windows 9x/ME nicht auf NTFS-Laufwerke zugreifen kann.

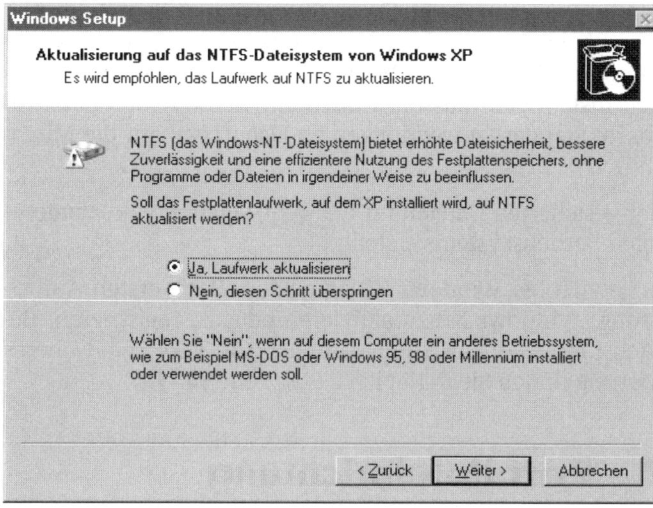

Konvertieren des Dateisystems auf NTFS.

In Kapitel 7.1 über die Datenträgerverwaltung von Windows XP finden Sie ausführliche Informationen zu den Vor- und Nachteilen der verschiedenen Dateisysteme.

Installation auf NTFS spart Platz

Bei der Installation auf NTFS-Partitionen komprimiert Windows XP automatisch das 370 MByte große Verzeichnis *dllcache* sowie alle später angelegten Uninstall-Verzeichnisse von Service-Packs und Patches.

Zweiter Installationsschritt

Im textbasierten Teil des Installationsvorgangs sind bei einem Update keine speziellen Eingaben erforderlich.

Dritter Installationsschritt

Der dritte Installationsschritt läuft bei einem Update wie bei einer Neuinstallation ab. Geräte werden neu erkannt, was auch bedeutet, dass Plug & Play-Geräte gegenüber der bisherigen Betriebssystemversion eventuell unterschiedliche Interrupts zugewiesen bekommen.

Geräte, für die Windows XP keine Treiber zur Verfügung stellt, müssen neu installiert werden, auch wenn die bereits installierten Windows NT/2000-Treiber unter Windows XP problemlos laufen würden.

Hatten Sie bisher ein Netzwerk mit dem NetBEUI-Protokoll laufen, wird dieses Protokoll nicht mehr installiert, sondern automatisch das TCP/IP-Protokoll mit automatischer Adresszuweisung aktiviert, was zur Folge hat, dass Sie im Netzwerk die anderen Computer nicht mehr sehen. Lesen Sie in Kapitel 11.3 über Transportprotokolle im Windows-

Netzwerk, wie Sie das NetBEUI-Protokoll von der Windows XP-CD manuell nachinstallieren können und unter TCP/IP auf eine feste IP-Adresse zurückschalten.

In diesem Installationsschritt werden vorhandene Programme ins Startmenü und in die Registry eingetragen, sodass sie auch unter Windows XP weiter funktionieren sollten. Bei Programmen, die nicht von Microsoft stammen, kann es hier häufig zu Problemen mit DLL-Dateien kommen, die vom Programmhersteller unter dem alten Betriebssystem durch eine eigene Version mit speziellen Zusatzfunktionen ersetzt wurden. Windows XP überschreibt solche DLL-Dateien mit seiner eigenen Version. So kann es passieren, dass Sie einige Ihrer Programme neu installieren müssen. Außerdem werden von früher installierten Programmen veränderte Standardanwendungen zu Dateitypen auf die Microsoft-Vorgaben zurückgesetzt.

Zum Schluss wird eine Liste der gesicherten Dateien für die Deinstallation von Windows XP und Reaktivierung des vorigen Betriebssystems erstellt.

Nach einem Neustart können Sie sich bei Windows XP anmelden. Beim ersten Anmelden erhalten Sie die Aufforderung, Windows XP zu aktivieren oder zu registrieren. Beantworten Sie diese Frage zunächst mit *Nein*. Sie haben dann noch 30 Tage Zeit. Näheres zur Windows XP-Produktaktivierung finden Sie in Kapitel 2.5 ab Seite 58.

2.3 Windows XP – Paralleleinrichtung

Windows XP kann auch parallel zu einem vorhandenen Betriebssystem installiert werden, wenn Sie das alte Betriebssystem weiter benutzen möchten. Allerdings hat dieses Verfahren neben dem beschriebenen Vorteil auch zwei entscheidende Nachteile:

- **Zusätzlicher Platzbedarf** – es werden keine alten Systemdateien ersetzt, deshalb belegt Windows XP etwa 1 GByte zusätzlich auf der Festplatte.
- **Alte Programme werden nicht übernommen** – um diese weiterhin zu verwenden, müssen sie unter Windows XP neu installiert werden.

Boot-Manager

Windows XP liefert einen eigenen Boot-Manager mit, der automatisch aktiviert wird, wenn Sie Windows XP parallel zu einem vorhandenen Windows 9x/ME oder DOS installieren.

Ist Windows NT oder 2000 installiert, aktualisiert Windows XP den Boot-Manager dieser Betriebssysteme automatisch, behält dabei aber die Einträge, sodass Sie nach der Installation beide Betriebssysteme parallel verwenden können.

Externe Boot-Manager

Die Windows XP-Installation überschreibt in jedem Fall den Master Boot Record (MBR), sodass Boot-Manager wie der Linux-LILO, die sich dort eintragen, verloren gehen. Legen Sie sich vor der Windows XP-Installation eine Reparaturdiskette für solche Boot-Manager an, um sie später wieder aktivieren zu können.

Möchten Sie Windows XP parallel mit Windows 9x/ME auf einem neuen Rechner installieren, installieren Sie das Windows 9x/ME immer zuerst und danach Windows XP. Auf diese Weise wird die Windows 9x/ME-Installation automatisch in den Windows XP-

Boot-Manager integriert. Generell gilt auch hier die Faustregel: das älteste System zuerst installieren. Damit können Sie sogar DOS mit Windows 3.x parallel zu Windows XP laufen lassen.

Windows 2000 nachträglich installieren
Wenn Sie auf einem Windows XP-System Windows 2000 nachträglich zusätzlich installieren, wird Windows XP nicht mehr starten, da Windows 2000 den gleichen Boot-Manager, aber in einer älteren Version verwendet und bei der Installation nicht überprüft, ob eine neuere Version vorhanden ist. Kopieren Sie in so einem Fall die Dateien *NTLDR* und *NTDETECT.COM* aus dem *\I386*-Verzeichnis von der Windows XP-CD ins Hauptverzeichnis des Bootlaufwerks und überschreiben Sie damit die Windows 2000-Versionen dieser Dateien. Das Gleiche gilt für eine nachträgliche Installation von Windows NT4.

Partitionen

Bei der Parallelinstallation haben Sie drei Möglichkeiten:

- Installation auf der gleichen Partition in einem anderen Verzeichnis
- Installation auf einer anderen Partition auf der gleichen Festplatte
- Installation auf einer anderen Festplatte

Bei der Installation auf der gleichen Partition in einem anderen Verzeichnis kann es später zu Problemen bei Programminstallationen kommen, wenn deren Setup-Routinen die Standardverzeichnisse für *System*, *Programme* und *Eigene Dateien* nicht aus den Umgebungsvariablen des Betriebssystems, sondern aus Standard-Pfadbezeichnungen lesen. Das ist häufig bei schlecht programmierter Shareware und bei älteren Programmen der Fall.

Möchten Sie auf einer anderen Partition oder einer anderen Festplatte installieren, muss dort zumindest ein entsprechender freier Bereich vorhanden sein. Das Windows XP-Installationsprogramm kann eigenständig Partitionen anlegen und formatieren, ist aber nicht in der Lage, vorhandene Partitionen zu verschieben oder zu verkleinern, um freien Platz zu schaffen.

Installation auf zweiter Festplatte
Beachten Sie bei der Installation auf einer zweiten Festplatte, dass Windows 9x/ME immer nur auf der ersten Platte laufen kann, solange kein externer Boot-Manager eingesetzt wird. Der Windows XP-Boot-Manager installiert sich ebenfalls immer auf der ersten Festplatte, kann dann aber die Systemdateien von Windows XP auf einer zweiten Platte unabhängig vom vorhandenen Betriebssystem installieren.

Verlauf der Installation

Die Parallelinstallation läuft ähnlich ab wie unter den beiden anderen Verfahren beschrieben.

Erster Installationsschritt

Wählen Sie in der Abfrage die Option *Neuinstallation*, wenn Sie Windows XP parallel zum vorhandenen Windows installieren wollen.

In diesem Fall erscheint ein weiterer Dialog, in dem Sie unbedingt die Schaltfläche *Erweiterte Optionen* anklicken müssen, auch wenn dies nicht explizit angegeben wird.

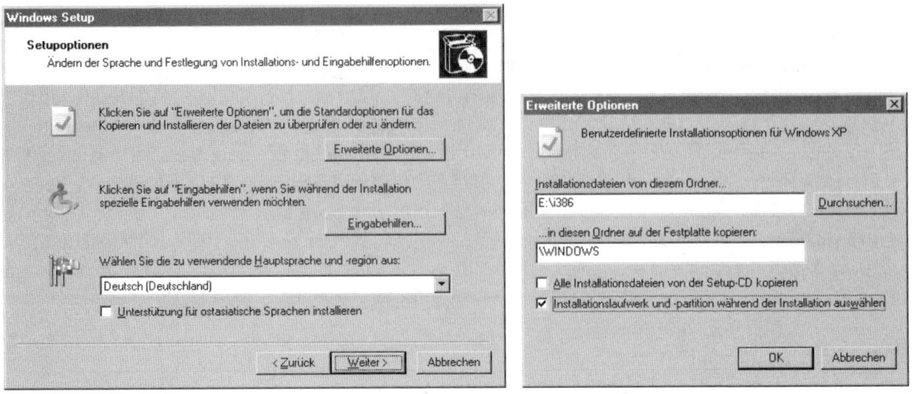

Erweiterte Optionen.

In den erweiterten Optionen müssen Sie ein Verzeichnis angeben, in dem Windows XP installiert werden soll. Bei Installation auf einer anderen Partition oder anderen Festplatte können Sie den Verzeichnisnamen frei wählen oder auch auf der Vorgabe stehen lassen. Bei Installation auf der gleichen Partition wie eine frühere Windows-Version müssen Sie diesen Namen unbedingt ändern, da sonst das alte Betriebssystem überschrieben wird.

Windows 9x/ME verwendeten standardmäßig das Verzeichnis *\WINDOWS*, während Windows NT/2000 sich im Verzeichnis *\WINNT* installiert, solange das Installationsverzeichnis nicht vom Anwender umbenannt wurde.

Das Verzeichnis der Installationsdateien ist vorgabemäßig auf das entsprechende Verzeichnis auf der Original-CD eingestellt und braucht nicht verändert zu werden.

Wenn Sie Windows XP auf einer anderen Partition oder einer zweiten Festplatte installieren möchten, müssen Sie das Kontrollkästchen *Installationslaufwerk und -partition während der Installation auswählen* einschalten, da Sie sonst keine Möglichkeit haben, die neue Windows XP-Partition auszuwählen. Dieser Schalter kann in jedem Fall eingeschaltet werden, um einen Überblick über die vorhandenen Laufwerke und Partitionen zu bekommen.

Bootlaufwerk und Systemlaufwerk

Windows XP unterscheidet zwischen einem Bootlaufwerk und einem Systemlaufwerk. Das Bootlaufwerk ist das, auf dem der Windows XP-Boot-Manager installiert ist. Solange kein externer Boot-Manager verwendet wird, ist das die erste Partition auf der ersten Festplatte. Das Systemlaufwerk ist das Laufwerk oder die Partition, auf der die Betriebssystemdateien liegen. Bei einer Standardinstallation mit nur einem Betriebssystem ist das Bootlaufwerk das gleiche wie das Systemlaufwerk.

Im nächsten Schritt müssen Sie den Produkt-Key eingeben, den Sie auf der Verpackung Ihrer Windows XP-Version finden. Danach kann, wie bereits beschrieben, das dynamische Update der Installationsdateien ausgeführt werden.

Zweiter Installationsschritt

Nach dem Neustart müssen Sie im Textmodus die Partition auswählen, auf der installiert werden soll. Dabei können Sie auch auf einem freien Festplattenbereich eine neue Partition anlegen, Partitionen formatieren oder in NTFS umwandeln. Anschließend werden die Installationsdateien in ein temporäres Installationsverzeichnis kopiert.

Dritter Installationsschritt

Der dritte Installationsschritt läuft wie bei einer Neuinstallation. Vorhandene Programme, die im alten Betriebssystem installiert waren, werden nicht übernommen.

Zeitzoneneinstellungen

Während der Installation werden Sie aufgefordert, die Zeitzone auszuwählen und bei Bedarf die automatische Sommerzeitumstellung zu aktivieren. Hier gibt es Probleme, wenn Windows 2000 parallel installiert ist. Bei jedem Umschalten des Betriebssystems wird im Sommer die veränderte Uhrzeit als Winterzeit erkannt und die Uhr um eine Stunde zurückgestellt. Dieser Fehler liegt an Windows 2000 und tritt bei einem parallel installierten Windows 9x nicht auf. Sie können das Problem umgehen, indem Sie die Zeitumstellung zweimal im Jahr manuell vornehmen.

Wenn Ihr BIOS eine integrierte Funktion zur Sommerzeitumstellung hat, deaktivieren Sie die Automatik in den Zeitzoneneinstellungen aller installierten Windows-Versionen und lassen die Systemuhr vom BIOS umstellen.

Zeitzoneneinstellungen.

2.4 Die Boot-Konfiguration – Kontrolle und Anpassung

Windows XP installiert automatisch einen einfachen Boot-Manager, wenn bei der Installation mindestens ein weiteres Betriebssystem gefunden wurde.

Der integrierte Boot-Manager in Windows XP besteht aus zwei Dateien, die im Hauptverzeichnis des Bootlaufwerks liegen: *NTLDR* und *BOOT.INI*. Der NTLDR lädt über den *BIOS INT 13*-Aufruf den Bootblock des gewählten Betriebssystems.

Fehlermeldung: NTLDR fehlt

Bei der Parallelinstallation von Windows XP und Windows 9x/ME kann es zu dieser Fehlermeldung beim Booten kommen, wenn Windows 9x/ME auf einer FAT32-Partition installiert ist. Der Fehler tritt auf, wenn durch einen Partitionierungsfehler oder ein Klonen der Bootpartition der FAT32-BIOS-Parameterblock auf der Festplatte nicht genau der tatsächlichen Festplattengeometrie entspricht. Windows 9x/ME bootet in so einem Fall trotzdem, Windows XP macht Probleme. Schreiben Sie in so einem Fall aus Windows 9x/ME mit dem Befehl *SYS C:* den FAT32-BIOS-Parameterblock neu.

Auf dem Bildschirm erscheint ein textbasiertes Auswahlmenü, in dem die installierten Betriebssysteme eingetragen sind. Diese Einträge erfolgen üblicherweise automatisch, können aber auch manuell editiert werden. Die Einträge müssen zum Beispiel dann geändert werden, wenn sich durch Neupartitionierung der Festplatte die Nummer der Systempartition verändert.

Dazu liegt ebenfalls im Hauptverzeichnis des Systemlaufwerks eine Textdatei *BOOT.INI*, die mit den Attributen *Read-Only*, *Hidden* und *System* geschützt ist und die Konfiguration für den Boot-Manager enthält. Bevor Sie diese Datei editieren, müssen Sie die Attribute entfernen. Danach müssen die Attribute wieder zugewiesen werden, damit der Boot-Manager funktioniert.

Sicherungskopie anlegen

Legen Sie, bevor Sie die *BOOT.INI* editieren, immer eine Sicherungskopie davon an. Enthält die *BOOT.INI* Syntaxfehler, führt dies dazu, dass das System nicht mehr startet.

Um sich den Aufwand der manuellen Attributänderung zu sparen, bietet Windows XP jetzt auch einen integrierten Editor für die *BOOT.INI*. Diesen finden Sie in der *Systemsteuerung/System* auf der Registerkarte *Erweitert* mit der Schaltfläche *Einstellungen* im Bereich *Starten und Wiederherstellen*.

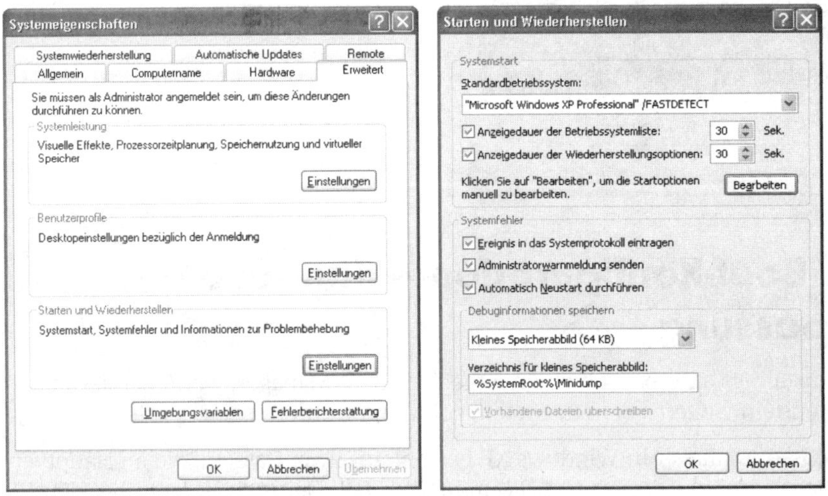

Bearbeiten der BOOT.INI aus der Systemsteuerung.

Klicken Sie hier auf *Bearbeiten*, öffnet sich ein Editor-Fenster mit der *BOOT.INI*. Die Verwaltung der Dateiattribute wird automatisch geregelt.

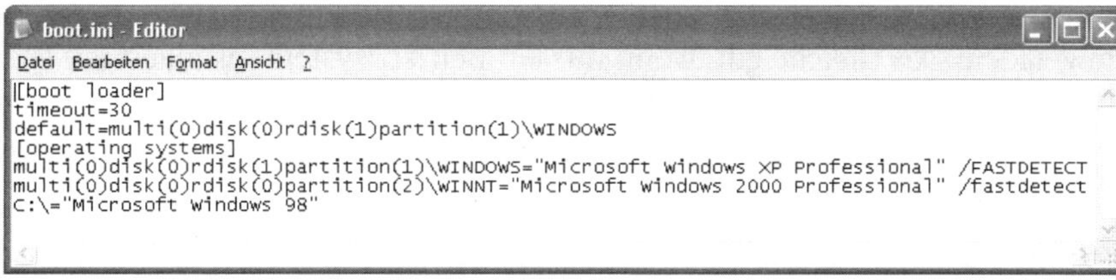

Beispiel einer BOOT.INI-Datei.

Auch über das Systemkonfigurationsprogramm *MSCONFIG.EXE* können Sie die *BOOT.INI* bearbeiten. Hier lassen sich die verschiedenen Optionen über Optionen einstellen. Das vermeidet Tipp- und Syntaxfehler, die dazu führen können, dass das System nicht mehr startet. Allerdings können die Beschreibungen der Betriebssysteme auf diese Weise nicht verändert werden.

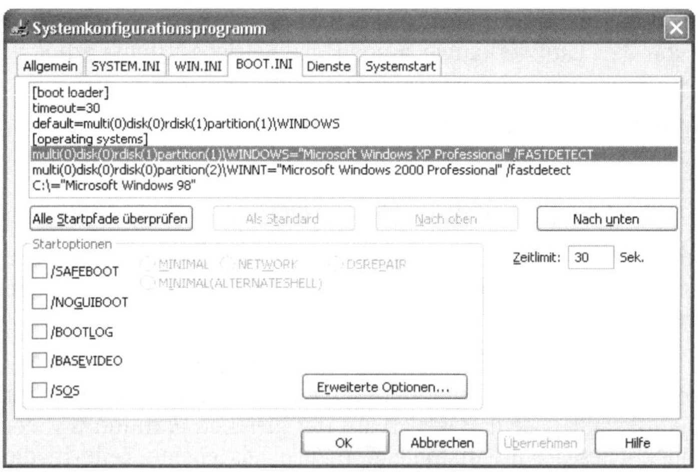

Systemkonfigurationsprogramm.

Einträge in der BOOT.INI

Die *BOOT.INI* kann für Multiboot-Umgebungen mit verschiedenen Microsoft-Betriebssystemen eingesetzt werden wie auch für Mehrfachkonfigurationen von Windows XP auf einem Rechner.

Die Datei besteht immer aus zwei Abschnitten, *[boot loader]* und *[operating systems]*.

[boot loader]

Der Bereich *[boot loader]* enthält zwei Parameter, *timeout* und *default*.

- *timeout* gibt die Zeit in Sekunden an, wie lange das Bootmenü angezeigt wird, bis das Default-Betriebssystem geladen wird. Dieser Parameter kann auch mit der Option *Anzeigedauer der Betriebssystemliste* in den Einstellungen für Starten und Wiederherstellen in der *Systemsteuerung/System* oder über *Zeitlimit* in MSCONFIG festgelegt werden.
- *default* gibt das Betriebssystem an, das im Menü standardmäßig ausgewählt ist und nach Ablauf der *timeout*-Zeit automatisch geladen wird. Dieser Eintrag muss immer genau einem der Verzeichnisse aus den im Abschnitt *[operating systems]* aufgelisteten Einträgen entsprechen.

Steht *timeout* auf 0, wird kein Auswahlmenü angezeigt, sondern sofort das Default-Betriebssystem geladen. Das Gleiche gilt, wenn nur ein Betriebssystem installiert ist. Die Datei *BOOT.INI* existiert auch bei nur einem Betriebssystem.

Steht *timeout* auf -1, wird das Auswahlmenü so lange angezeigt, bis der Benutzer eine Option auswählt. Es erfolgt kein automatischer Start eines Betriebssystems nach einer bestimmten Zeit.

[operating systems]

In diesem Abschnitt steht für jedes Betriebssystem, das im Bootmenü angezeigt werden soll, eine Zeile mit dem Pfad auf das *%systemroot%*-Verzeichnis und weiteren Optionen.

Die Reihenfolge dieser Einträge in der *BOOT.INI* gibt die Reihenfolge im Startmenü an.

Die Verzeichnispfade werden nach dem ARC (**A**dvanced **R**ISC **C**omputing) Standard angegeben, der unabhängig von den Laufwerkzuweisungen der Betriebssysteme arbeitet. Sie können drei verschiedene Syntaxvarianten verwenden:

- Laufwerkauswahl über System-BIOS - *multi()*
- Laufwerkauswahl über SCSI-Controller - *scsi()*
- Direkte Unterstützung von Plug & Play-Laufwerken - *signature()*

Außer dem Pfad und dem Verzeichnisnamen des *%systemroot%*-Verzeichnisses wird noch ein Beschreibungstext angegeben, der im Bootmenü angezeigt wird. Am Ende können weitere Parameter folgen.

Betriebssysteme, die nicht auf NT-Technologie basieren, wie zum Beispiel Windows 9x/ME können ebenfalls in den Boot-Manager eingebunden werden. Hier kann immer nur ein derartiges Betriebssystem installiert sein, das sich auf der gleichen Partition wie der Boot-Manager befinden muss. Dieses wird in folgender Form als eigene Zeile in die *BOOT.INI* geschrieben:

```
C:\="Beschreibungstext"
```

Wird Windows XP von DOS oder Windows 9x/ME aus installiert, wird ein solcher Eintrag *Bisher vorhandenes Betriebssystem* bzw. *Windows* automatisch angelegt, mit dem das DOS oder Windows 9x/ME auch nach der Windows XP-Installation noch gestartet werden kann. Der ehemalige Bootsektor wird dazu in einer Datei *BOOTSECT.DOS* im Hauptverzeichnis abgelegt. Diese Datei darf nicht gelöscht werden, sonst ist das alte Betriebssystem verloren.

Nachträgliches Installieren von Windows 9x

Möchten Sie Windows 9x nachträglich zu einem vorhandenen Windows XP installieren, wird damit der Boot-Manager von Windows XP überschrieben. Um ihn wiederherzustellen, starten Sie die Reparaturkonsole von der Windows XP-CD und geben dort den Befehl „fixboot" ein. Damit werden die für den Boot-Manager notwendigen Dateien wieder auf die Festplatte kopiert und die Datei *BOOTSECT.DOS* mit dem Bootsektor der neu installierten Windows 9x-Version angelegt.

multi()

Die *multi()*-Syntax ist die am häufigsten verwendete Syntax, um in der Datei *BOOT.INI* einen Verzeichnispfad zu beschreiben. Sie wird für alle Controller verwendet, die über INT 13 IDE- oder SCSI-Platten steuern.

```
multi(W)disk(X)rdisk(Y)partition(Z)\%systemroot%="Beschreibungstext" /Optionen
```

Die Bedeutung der *multi()*-Parameter im Einzelnen:

Parameter	Beschreibung
W	Nummer des Controllers, mit 0 beginnend. Normalerweise 0
X	Immer 0
Y	Physische Nummer der Festplatte mit 0 beginnend.
Z	Nummer der Partition mit 1 beginnend.

scsi()

Die *scsi()*-Syntax gilt nur für solche SCSI-Controller, die keine INT 13-Aufrufe unterstützen. Für diese Controller ist ein eigener Treiber des Herstellers erforderlich. Dieser muss als Datei *NTBOOTDD.SYS* im Hauptverzeichnis der Bootpartition vorhanden sein.

```
scsi(W)disk(X)rdisk(Y)partition(Z)\%systemroot%="Beschreibungstext" /Optionen
```

Die Bedeutung der *scsi()*-Parameter im Einzelnen:

Parameter	Beschreibung
W	Nummer des Controllers, mit 0 beginnend. Normalerweise 0
X	Physische Nummer der Festplatte mit 0 beginnend.
Y	Logische SCSI-Gerätenummer, LUN (**L**ogical **U**nit **N**umber) der Festplatte mit 0 beginnend. Bei *scsi()*-Syntax üblicherweise 0.
Z	Nummer der Partition mit 1 beginnend.

signature()

Die *signature()*-Syntax wird für Plug & Play-Laufwerke verwendet, deren Controller keine INT 13-Aufrufe unterstützen. Zur Unterscheidung der Laufwerke wird hier eine eindeutige Kennung verwendet, die während des Setups aus dem Master Boot Record des Laufwerks ausgelesen wird. Auch in diesem Fall ist ein Gerätetreiber *NTBOOTDD.SYS* im Hauptverzeichnis der Bootpartition notwendig.

```
signature(V)disk(X)rdisk(Y)partition(Z)\%systemroot%="Beschreibungstext"
/Optionen
```

Die Bedeutung der *signature()*-Parameter im Einzelnen:

Parameter	Beschreibung
V	Datenträgerkennung
X	Physische Nummer der Festplatte mit 0 beginnend.
Y	Immer 0.
Z	Nummer der Partition mit 1 beginnend.

Weitere Startoptionen

Hinter den Pfaden und Beschreibungstexten können für jedes auf NT-Technologie basierende Betriebssystem noch zusätzliche Optionen angegeben werden. Die wichtigsten dieser Schalter können auch im Systemkonfigurationsprogramm MSCONFIG gesetzt werden.

Eine Kombination mehrerer Optionen hintereinander ist möglich. Auch können Sie in der *BOOT.INI* Zeilen kopieren und mit verschiedenen Optionen versehen, um so verschiedene Startumgebungen für eine Windows XP-Installation zu definieren.

Die Tabelle beschreibt die verwendbaren Optionen:

Option	Beschreibung
/3GB	Gibt an, dass das Betriebssystem 3 GByte virtuellen Adressbereich für Anwendungen und 1 GByte für Kernel und Executive-Komponenten adressieren kann. Die Anwendungen müssen dies aber unterstützen.
/basevideo	Schaltet auf den einfachsten VGA-Modus mit 640 x 480 Pixeln und 16 Farben herunter.
/bootlog	Schreibt während des Bootvorgangs eine Protokolldatei *%systemroot%\ntbtlog.txt*. Diese Datei wird für jeden geladenen Treiber und jede Systemkomponente geöffnet, der Eintrag erstellt und wieder geschlossen. Durch dieses Verfahren wird bis zu einem eventuellen Absturz alles protokolliert. Allerdings dauert der Bootvorgang erheblich länger.
/burnmemory=	Gibt einen Speicherbereich in MByte an, den Windows XP nicht verwenden darf. So lässt sich zu Testzwecken der vorhandene Speicherplatz reduzieren.
/crashdebug	Lädt beim Start automatisch den Kernel-Debugger von Windows XP mit. Dieser bleibt inaktiv, bis eine Stoppnachricht angezeigt wird.
/debug	Lädt beim Start automatisch den Kernel-Debugger von Windows XP mit. Dieser läuft während des Bootvorgangs mit.
/debug /baudrate=	Gibt die Baudrate an, die für das Kernel-Debugging verwendet wird.
/debug /debugport	Gibt den COM-Port an, der für das Kernel-Debugging verwendet wird. Mögliche Parameter sind: *COM1, COM2, 1394.*
/fastdetect	Deaktiviert bei der Hardwareerkennung *NTDETECT.COM* während des Startvorgangs die Erkennung einer seriellen Maus oder Busmaus. Damit wird der Startvorgang beschleunigt. PS/2-Mäuse werden immer erkannt. Hinter */fastdetect=* können COM-Ports angegeben werden, auf denen serielle Mäuse nicht erkannt werden sollen. Ohne weiteren Parameter wird die Erkennung für alle COM-Ports deaktiviert.
/maxmem=	Gibt einen Speicherbereich in MByte an, den Windows XP maximal verwenden darf. So lässt sich zu Testzwecken der vorhandene Speicherplatz reduzieren.
/noguiboot	Deaktiviert den grafischen Startbildschirm vor der Anmeldeaufforderung.
/nodebug	Deaktiviert den Kernel-Debugger.
/numproc=	Bei Multiprozessorsystemen darf nur die angegebene Anzahl an Prozessoren verwendet werden.
/pcilock	Verhindert, dass Windows XP PCI-Karten dynamisch IRQs und I/O-Adressen zuweist. Die Zuweisung erfolgt dann allein über das BIOS.
/safeboot:	Startet im abgesicherten Modus. Dazu können die drei Varianten *minimal, network* und *minimal(alternateshell)* verwendet werden.
/sos	Zeigt während des Startvorgangs den Namen jedes geladenen Gerätetreibers an.

Abgesicherter Modus

Der abgesicherte Modus dient dazu, den Rechner mit einer minimalen Treiberkonfiguration zu starten, um bei Bootfehlern eine genauere Diagnose zu ermöglichen.

Wenn Sie den abgesicherten Modus über das Startmenü der Wiederherstellungskonsole aufrufen, gibt es drei Methoden, die sich auch über eine Kombination aus Optionen in der *BOOT.INI* manuell eintragen und so auch ohne Wiederherstellungskonsole aufrufen lassen.

- Abgesicherter Modus ohne Netzwerk:
  `/safeboot:minimal /sos /bootlog /noguiboot`
- Abgesicherter Modus mit Netzwerk:
  `/safeboot:network /sos /bootlog /noguiboot`
- Abgesicherter Modus mit Eingabeaufforderung:
  `/safeboot:minimal(alternateshell) /sos /bootlog /noguiboot`

BOOTCFG

Windows XP liefert ein neues Tool speziell zum Bearbeiten der Datei *BOOT.INI* mit. Dieses Programm BOOTCFG starten Sie in einem Eingabeaufforderung-Fenster.

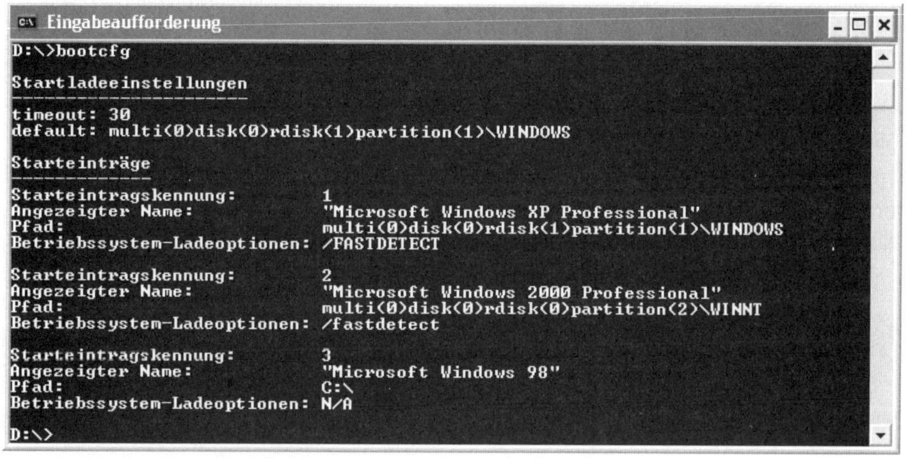

```
D:\>bootcfg

Startladeeinstellungen
----------------------
timeout: 30
default: multi(0)disk(0)rdisk(1)partition(1)\WINDOWS

Starteinträge
-------------
Starteintragskennung:           1
Angezeigter Name:               "Microsoft Windows XP Professional"
Pfad:                           multi(0)disk(0)rdisk(1)partition(1)\WINDOWS
Betriebssystem-Ladeoptionen:    /FASTDETECT

Starteintragskennung:           2
Angezeigter Name:               "Microsoft Windows 2000 Professional"
Pfad:                           multi(0)disk(0)rdisk(0)partition(2)\WINNT
Betriebssystem-Ladeoptionen:    /fastdetect

Starteintragskennung:           3
Angezeigter Name:               "Microsoft Windows 98"
Pfad:                           C:\
Betriebssystem-Ladeoptionen:    N/A

D:\>
```

Anzeige der BOOT.INI mit BOOTCFG.

BOOTCFG soll nach Microsoft-Angaben Tipp- und Syntaxfehler vermeiden, die beim manuellen Editieren der *BOOT.INI* entstehen können und das System im Extremfall unbrauchbar machen.

In der Praxis kann dieses Kommandozeilen-Tool eher für Applikationsentwickler interessant sein, die die *BOOT.INI* programmgesteuert anpassen wollen, ohne die Datei einfach zu ersetzen.

Auf diese Weise können gezielt Änderungen an einer Konfiguration vorgenommen werden, ohne eventuell vorhandene weitere benutzerspezifisch definierte Konfigurationen zu beeinflussen.

BOOTCFG ohne weitere Parameter zeigt die Inhalte der *BOOT.INI* in übersichtlicher Form an. Im Anhang finden Sie Listen der verwendbaren Parameter.

Wiederherstellungskonsole im Bootmenü einbauen

Wenn Sie die Wiederherstellungskonsole öfter verwenden, können Sie diese auch in das Bootmenü integrieren, um sie nicht jedes Mal von der Windows XP-CD aufrufen zu müssen. Nähere Informationen zur Wiederherstellungskonsole finden Sie im Kapitel 5.5 „Problembehebung mit der Wiederherstellungskonsole“ ab Seite 235.

1 Zuerst muss die Wiederherstellungskonsole, die nur auf der CD vorhanden ist, auf dem lokalen Rechner installiert werden. Wechseln Sie dazu in einem Eingabeaufforderung-Fenster in das Verzeichnis *\I386* der Windows XP-CD und geben Sie dort ein:

```
WINNT32 /cmdcons
```

2 Das Installationsprogramm blendet zuerst eine Abfrage ein, bei der Sie noch einmal bestätigen müssen, dass Sie die Wiederherstellungskonsole wirklich installieren wollen.

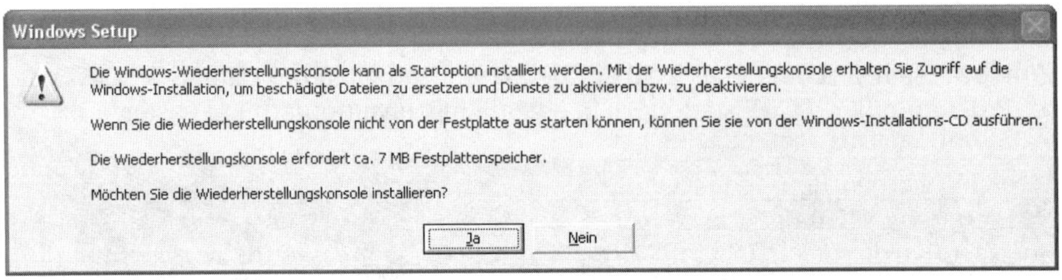

Abfrage vor der Installation der Wiederherstellungskonsole.

3 Im nächsten Schritt versucht das Setup-Programm den Microsoft-Server zu kontaktieren, um Daten auszutauschen oder Updates herunterzuladen. Dieser Vorgang ist hier nicht notwendig und kann bedenkenlos übersprungen werden.

4 Das Installationsprogramm trägt automatisch einen Eintrag für die Wiederherstellungskonsole in die *BOOT.INI* ein:

```
C:\CMDCONS\BOOTSECT.DAT="Microsoft Windows XP-Wiederherstellungskonsole" /cmdcons
```

Bootdiskette für den Notfall

Ist eine der Windows XP-Startdateien beschädigt, startet das System gar nicht mehr, auch nicht mehr mit der Wiederherstellungskonsole. Das kann zum Beispiel passieren, wenn man Windows 9x/ME auf einem Computer installiert, auf dem bereits Windows XP vorhanden ist. Um für solche Fälle vorzubeugen, empfiehlt es sich, eine Windows XP-Bootdiskette anzulegen.

Nehmen Sie eine leere formatierte Diskette ohne DOS-Bootblock und kopieren Sie darauf die Dateien *NTLDR*, *NTDETECT.COM* und *BOOT.INI* aus der Windows XP-Installation. Bei SCSI-Controllern, die in der *BOOT.INI* die *scsi()*-Syntax verwenden, müssen Sie auch den entsprechenden SCSI-Treiber auf die Diskette kopieren und dort in *NTBOOTDD.SYS* umbenennen. Mit dieser Diskette können Sie dann den Computer starten. Es erscheint das Bootmenü, in dem Sie die Windows XP-Installation auf der Festplatte aufrufen können.

Erweitertes Bootmenü
Mit einer solchen Bootdiskette können Sie auch ein erweitertes Bootmenü mit zusätzlichen Einträgen für spezielle Startoptionen, wie ab Seite 52 beschrieben, verwenden, wenn nicht jeder Benutzer darauf zugreifen soll. Das Menü steht dann nur dem zur Verfügung, der mit der Diskette bootet. Ändern Sie dazu die kopierte *BOOT.INI* auf der Diskette und lassen Sie die Original-Datei auf der Festplatte unverändert.

Boot-Manager deaktivieren

Falls Sie Windows XP deinstallieren und wieder das vorher auf der Festplatte vorhandene Windows 9x/ME verwenden wollen, wird der Boot-Manager beim Start weiterhin angezeigt, auch wenn sich kein Windows XP mehr auf dem Computer befindet. Um den Boot-Manager komplett zu entfernen, gehen Sie folgendermaßen vor:

1 Starten Sie den Computer mit Windows 9x/ME und löschen Sie im Hauptverzeichnis der Festplatte die Dateien *NTLDR*, *NTDETECT.COM* und *BOOT.INI*. Diese Dateien sind ausgeblendet und schreibgeschützt, also nur sichtbar, wenn im Explorer auch geschützte Systemdateien angezeigt werden.

2 Schreiben Sie jetzt mit dem Befehl *SYS C:* einen neuen Bootblock auf die Festplatte.

Wenn Sie den Computer jetzt neu starten, erscheint das Bootmenü nicht mehr.

Auswahlmenü nur deaktivieren

Möchten Sie den Boot-Manager behalten, aber standardmäßig nicht anzeigen, sondern ohne weitere Nachfrage mit der alten Windows 9x/ME-Version starten, können Sie das Bootmenü in der *BOOT.INI* auch einfach deaktivieren:

```
[boot loader]
timeout=30
default=multi(0)disk(0)rdisk(1)partition(1)\WINDOWS
[operating systems]
multi(0)disk(0)rdisk(1)partition(1)\WINDOWS="Microsoft Windows XP" /FASTDETECT
C:\="Microsoft Windows 98"
```

BOOT.INI vor der Änderung.

Setzen Sie dazu den Parameter *timeout* auf 0, damit das Bootmenü nicht mehr angezeigt wird. Tragen Sie außerdem im Parameter *default* die Festplatte C: für die alte Windows-Version ein. Das *default*-System wird automatisch gestartet, wenn kein Bootmenü angezeigt wird.

```
[boot loader]
timeout=0
default=C:\
[operating systems]
multi(0)disk(0)rdisk(1)partition(1)\WINDOWS="Microsoft Windows XP" /FASTDETECT
C:\="Microsoft Windows 98"
```

BOOT.INI nach der Änderung.

Auf die gleiche Weise können Sie auch immer automatisch Windows XP booten, wenn Sie die alte Windows 9x/ME-Version gar nicht mehr brauchen oder deinstalliert haben.

Externe Boot-Manager

Der Windows XP-Boot-Manager bootet immer von der ersten Partition auf dem ersten Laufwerk. Von dort aus kann er Windows XP-Installationen wie auch Windows NT/2000 auf verschiedenen Partitionen und Laufwerken starten. Ein Nachteil bei diesem Verfahren ist, dass nur eine DOS- oder Windows 9x/ME Installation verwaltet werden kann, da diese Betriebssysteme ebenfalls nur von der ersten Partition auf dem ersten Laufwerk booten können.

Hier bieten externe Boot-Manager einen Ausweg. Sie starten vor dem eigentlichen Betriebssystem und bieten über ein spezielles Menü die Möglichkeit, eine beliebige Partition auf einem beliebigen Laufwerk als logisch erste zu definieren. Davor liegende Partitionen werden verdeckt, sodass das jeweilige Betriebssystem sie nicht sieht. Auf diese Weise können mehrere Windows 9x/ME-Installationen parallel laufen. Außerdem lässt sich auch Windows XP oder Windows NT/2000 völlig unabhängig voneinander mehrfach installieren. Eine Testinstallation kann eine andere Installation nicht beschädigen, wenn deren Partition überhaupt nicht zu sehen ist.

So kann man eine Parallelinstallation von Windows XP auf einer zweiten Festplatte erstellen und diese anschließend in einen neuen Computer einbauen, da sie auch den NT-Loader und den Bootblock enthält, was bei einer Parallelinstallation unter dem Windows XP-Boot-Manager nicht der Fall ist. Umgekehrt kann eine Festplatte mit fertiger Windows XP-Installation aus einem anderen Computer umgebaut und per externem Boot-Manager in das eigene System eingehängt werden. Allerdings muss Windows XP bei diesen Verfahren wegen des Hardwarewechsels neu aktiviert werden. Außerdem kann es Probleme bei der Erkennung des Controllers geben. Eine mögliche Lösung finden Sie im Kapitel über das Klonen von Festplatten ab Seite 80.

Windows XP beschädigt Boot-Manager

Bei der Installation von Windows XP wird der Master Boot Record der Festplatte überschrieben, sodass externe Boot-Manager verloren gehen. Legen Sie sich also vorher mit dem entsprechenden Tool des Boot-Managers eine Reparaturdiskette an, um nach der Windows XP-Installation den Boot-Manager wieder verwenden zu können.

OS/2-Boot-Manager

Das klassische Beispiel für einen externen Boot-Manager ist der OS/2-Boot-Manager, der eine kleine Partition mit 2 MByte Größe am Anfang der ersten Festplatte anlegt, von der aus gebootet wird. Dieser Boot-Manager wurde ursprünglich von IBM für OS/2 entwickelt, wird heute aber noch von verschiedenen Partitionierungsprogrammen eingesetzt. Viele der neueren Freeware-Boot-Manager sind auch nichts anderes als abgewandelte Oberflächen des OS/2-Boot-Managers.

Ein Nachteil dieser Methode ist, dass wegen der maximalen Anzahl von vier Primärpartitionen auf einer Festplatte durch den Boot-Manager schon eine verloren geht und nur noch drei Betriebssysteme in eigenen Partitionen installiert werden können.

BootMagic

Der Boot-Manager BootMagic von Powerquest (*www.powerquest.com*) installiert sich in den MBR (**M**aster **B**oot **R**ecord) der ersten Partition auf der ersten Festplatte. Nachdem der Benutzer das gewünschte Betriebssystem gewählt hat, verdeckt er sich selbst und bietet so die Möglichkeit, auch von dieser Partition ein Betriebssystem zu starten.

Zur Konfiguration wird ein DOS-Programm verwendet, das von einer speziellen BootMagic-Bootdiskette gestartet werden kann. Dieses Programm bietet unter DOS eine grafische Oberfläche, die sehr stark an das Design von Windows 9x angepasst ist.

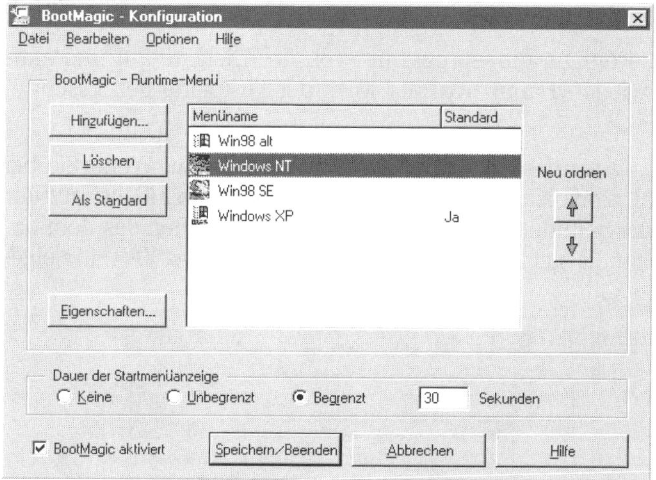

DOS-Konfigurationsprogramm für BootMagic.

In diesem Programm legen Sie für jedes installierte Betriebssystem einen Menüeintrag an, in dem festgelegt ist, von welcher Partition gebootet wird. Zur Installation von Windows XP unter einem solchen Boot-Manager legen Sie eine Partition an, die als Bootpartition für den Windows XP-Boot-Manager verwendet werden soll. Erstellen Sie dann einen neuen Eintrag in BootMagic, in dem nur diese Partition sichtbar ist. Installieren Sie dann Windows XP. Möchten Sie innerhalb dieser neuen Installation den Windows XP-Boot-Manager zur Verwaltung mehrerer Betriebssysteme verwenden, wird die Systempartition eine andere sein als die Bootpartition. In diesem Fall müssen im BootMagic-Eintrag beide Partitionen als sichtbar markiert sein. Nach der Installation von Windows XP scheint der Boot-Manager verschwunden zu sein. Der Computer bootet nur noch mit dem neuen Windows XP. Seit Windows 2000 versucht Microsoft, externe Boot-Manager zu verdrängen, und aktiviert automatisch die Partition mit dem Windows XP-Boot-Manager. Das Problem lässt sich leicht lösen, indem Sie mit einer DOS-Diskette oder der BootMagic-Konfigurationsdiskette booten und danach mit dem klassischen FDISK die erste Partition auf der ersten Festplatte, die den BootMagic-Boot-Manager enthält, als aktiv setzen.

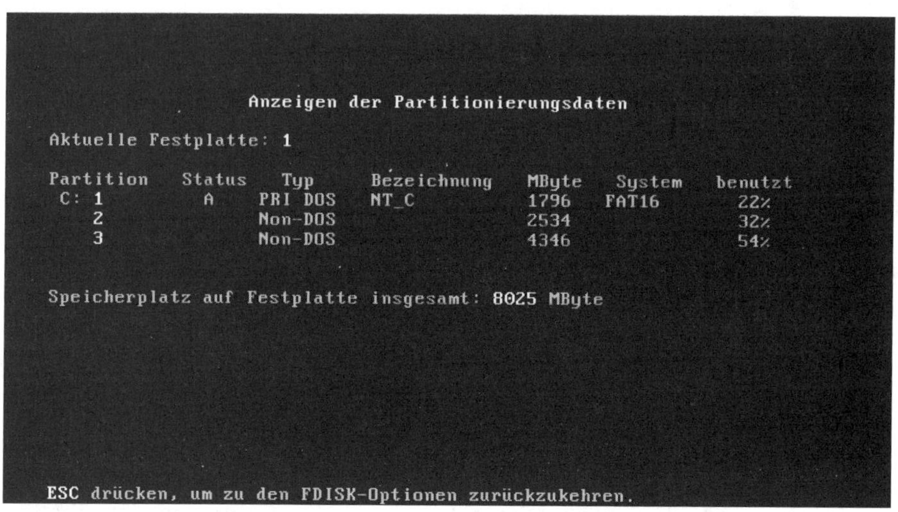

Aktivieren einer Partition mit FDISK.

FDISK zeigt Partitionen, die der Boot-Manager verdeckt hat, als *Non-DOS* an.

Rufen Sie jetzt das BootMagic-Konfigurationsprogramm von der Diskette auf und aktivieren Sie den Boot-Manager wieder. Damit wird der MBR der Festplatte neu geschrieben.

Editieren Sie danach den Eintrag für das neu installierte Betriebssystem. Wenn Sie bei der Installation eine andere Partition als Systempartition definiert haben als die, auf der sich der Windows XP-Bootloader befindet, müssen Sie in den Eigenschaften des BootMagic-Eintrags diese Partition ebenfalls sichtbar machen, da sonst Windows XP seine eigenen Systemdateien nicht finden kann.

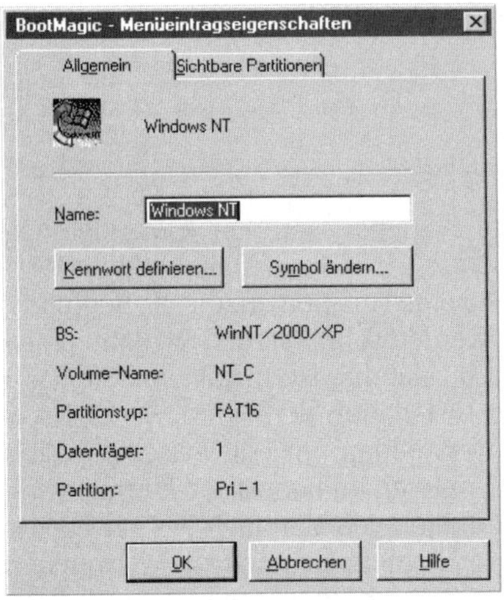

Bearbeiten eines Eintrags in BootMagic.

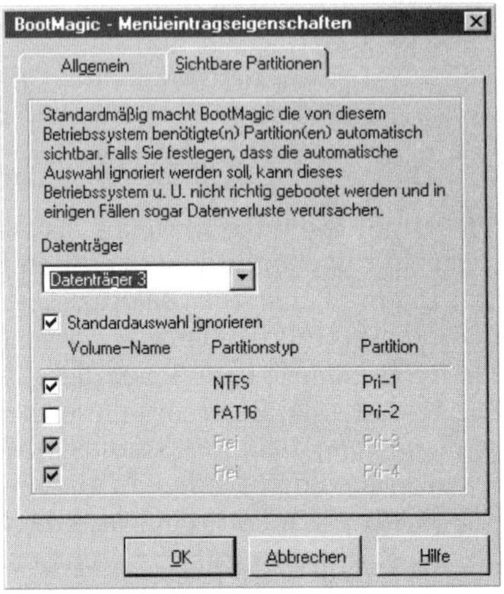

Festlegen sichtbarer Partitionen.

Wenn Sie jetzt neu booten, erscheint wieder der BootMagic-Boot-Manager, in dem Sie das neu installierte Betriebssystem auswählen können.

2.5 Windows-Registrierung und -aktivierung

Windows XP ist die erste Windows-Version, die mit einer Zwangsaktivierung ausgestattet ist. Nach einer Zeit von 30 Tagen muss das Betriebssystem bei Microsoft aktiviert werden - ein Versuch, den Raubkopierern das Handwerk zu legen.

Diese Aktivierung hat nichts mit der freiwilligen persönlichen Registrierung zu tun. Diese beiden Vorgänge werden von vielen Benutzern leicht verwechselt.

Volumenlizenzen und OEMs

Windows XP Installationen aus Volumenlizenzen wie Microsoft Open License, Enterprise Agreement oder Select License erfordern keine Aktivierung. Das Gleiche gilt für die meisten vorinstallierten OEM-Versionen, die auf neuen Computern ausgeliefert werden. Für diese gibt es auch keine vollständige Installations-CD, sondern nur eine Recovery-CD, damit sie nicht auf anderen Computern installiert werden können.

Windows XP zeigt durch ein Schlüssel-Symbol in der Taskleiste an, wie viele Tage es noch bis zur Zwangsaktivierung verwendet werden kann. Ein Doppelklick auf dieses

Symbol startet den Aktivierungsprozess genauso wie das Programm Windows aktivieren unter *Alle Programme* im Startmenü.

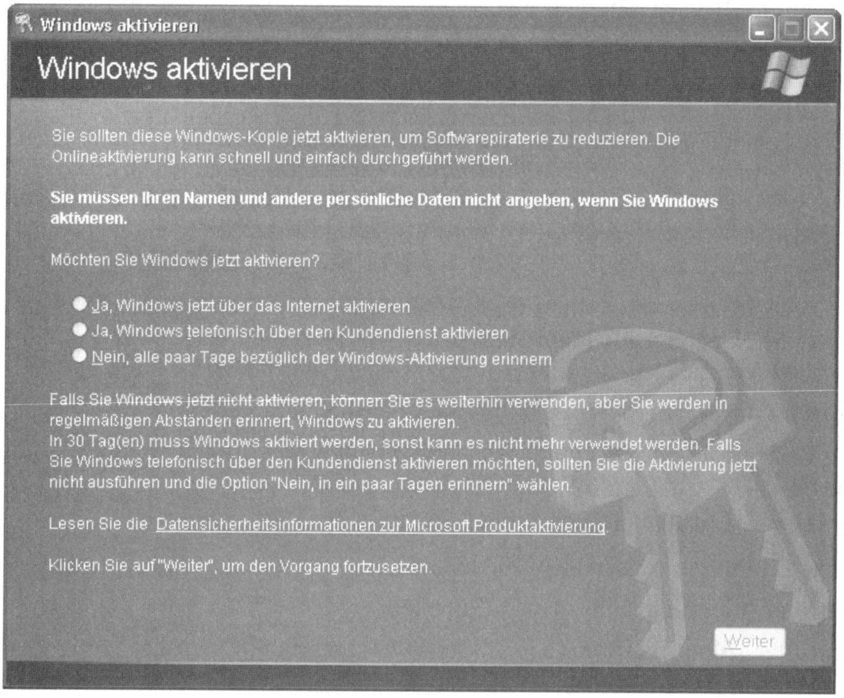

Das Windows XP-Aktivierungsprogramm.

Nicht zu früh aktivieren

Aktivieren Sie Windows XP erst, wenn es danach fragt. Da die Aktivierung hardwareabhängig ist, haben Sie so nach der Installation genügend Zeit, eventuell nicht funktionierende oder inkompatible Hardware auszutauschen.

Für die Aktivierung wird auf dem eigenen Computer anhand verschiedener Daten, über die Microsoft nur wenig Auskunft gibt, eine Installations-ID, eine Zahlenkombination aus 50 Ziffern in Sechser- und Zweiergruppen, zusammengestellt. Diese kann entweder über das Internet oder per Telefon an Microsoft übermittelt werden.

Die Aktivierung über das Internet geht deutlich schneller, da hier die Übernahme des Aktivierungsschlüssels, der von Microsoft zurückgesendet wird, automatisch passiert. Allerdings wird der Benutzer absolut im Dunkeln darüber gelassen, welche Daten tatsächlich übertragen werden. Umgekehrt weiß man bei der telefonischen Aktivierung auch nicht, woraus sich die Zahlenkombination zusammensetzt, die man per Tastentelefon in den Microsoft-Sprachcomputer eingeben muss.

Bei der Aktivierung wird die Datei *WPA.DBL* im Verzeichnis *%systemroot%\system32* erzeugt, die die Aktivierungsinformationen enthält. Sichern Sie sich diese Datei auf eine Diskette. Bei einer späteren Neuinstallation wird diese Datei gelöscht und Windows XP muss neu aktiviert werden. Stattdessen können Sie dann Ihre Sicherung zurückspielen.

Aktivierung entschlüsselt

Auf den verstärkten Druck der Computerhersteller und Kunden gibt Microsoft jetzt einige Hinweise zur Windows XP-Produktaktivierung unter *www.microsoft.com/GERMANY/themen/piraterie/prod_funk.htm*. Dort finden Sie auch ein Dokument mit dem Namen *WPA_TECHNISCH.DOC*, das weitere technische Details offenbart.

Für die Aktivierung und Registrierung werden die Dateien *MSOOBE.EXE* und andere aus dem Verzeichnis *%systemroot%\SYSTEM32\OOBE* verwendet. Die Datei *ACTSHELL.HTM* enthält ein umfangreiches Script, das einige Registry-Schlüssel ausliest. Der größte Teil des Scripts befasst sich allerdings mit der Überprüfung und Herstellung einer Internetverbindung.

Nach Microsoft-Angaben setzt sich die Installations-ID aus dem Product-Key der installierten Windows XP-Version und einem Hardwarehash zusammen. Dieser wird aus Informationen von zehn verschiedenen Hardwarekomponenten gebildet:

- **Prozessortyp** - unveränderbar
- **Prozessor-Seriennummer** - kann nur abgefragt werden, wenn sie nicht im BIOS abgeschaltet ist.
- **Speichergröße** - in Blöcken von 64 MByte (0 ... 64, 64 ... 128, ...)
- **Grafikkarte (Identifikationsstring)** - unveränderbar
- **IDE-Controller (Identifikationsstring)** - unveränderbar
- **SCSI-Controller (Identifikationsstring)** - nur wenn ein SCSI-Controller vorhanden ist.
- **Festplatte (Identifikationsstring)** - unveränderbar
- **CD-ROM-Laufwerk (Identifikationsstring)** - unveränderbar
- **Volume ID der Systemfestplatte** - wird im *DIR*-Befehl angezeigt, lässt sich nicht mit Windows-Mitteln, aber mit dem Freewaretool VOLUMEID von *www.sysinternals.com* beliebig verändern.
- **MAC-Adresse der Netzwerkkarte** - diese Adresse, eine Kombination aus sechs zweistelligen Hexzahlen, ist von der Netzwerkkarte hardwaremäßig vorgegeben, kann aber bei einigen Karten in den Treibereinstellungen im Geräte-Manager manuell verändert werden. Die MAC-Adresse lässt sich mit dem Befehl *NETSTAT -r* an der Eingabeaufforderung anzeigen, bei Verwendung des TCP/IP-Protokolls auch mit *IPCONFIG /all*.

Bei der Überprüfung wird noch unterschieden, ob es sich um einen stationären Computer oder um ein Notebook handelt, das an eine Docking-Station angeschlossen werden kann. Ob ein Computer ein dockbares Notebook ist oder nicht, wird nur aus den Hardwareprofileinstellungen in *Systemsteuerung/System/Hardware* ausgelesen, ohne das Gerät tatsächlich zu überprüfen.

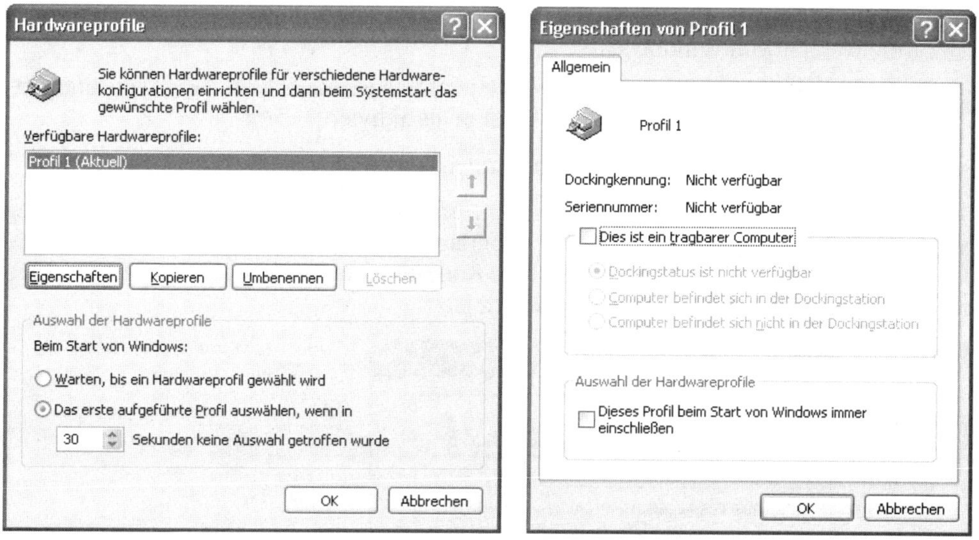

Einstellungen für dockbaren Computer in Systemsteuerung/System/Hardware.

Wurden in einem nicht dockbaren PC mehr als drei der überprüften Komponenten verändert, muss Windows XP neu aktiviert werden.

Prozessortausch
Schalten Sie im BIOS die Seriennummer des Prozessors immer aus, da Sie sonst bei einem Prozessortausch automatisch gleich zwei überprüfte Systemkomponenten verändern.

Bei dockbaren Notebooks werden die Komponenten Grafikkarte, IDE-Controller und SCSI-Controller nicht zur Überprüfung herangezogen, da sich diese beim Einsatz von Docking-Stations schnell ändern können. Besitzt das Notebook eine Netzwerkkarte und wurde diese nicht verändert, müssen außer den drei nicht überprüften Komponenten sechs weitere verändert werden, bevor eine erneute Aktivierung erforderlich ist. Besitzt das Notebook keine Netzwerkkarte oder wurde diese verändert, müssen einschließlich der Netzwerkkarte außer den drei nicht überprüften Komponenten vier weitere verändert werden, bevor eine erneute Aktivierung erforderlich ist.

Ändern der Produkt-ID

Haben Sie eine ungültige Produkt-ID bei der Installation verwendet, kann es passieren, dass Sie kein Service-Pack installieren können. Gehen Sie in diesem Fall folgendermaßen vor, um die Produkt-ID der Installation zu ersetzen. Vorher sollten Sie sicherheitshalber eine Datensicherung machen.

1 Schalten Sie in der Registry auf den Schlüssel *HKEY_LOCAL_MACHINE\Software\Microsoft\Windows NT\CurrentVersion\WPAEvents*.

2 Löschen Sie dort im *REG_BINARY*-Wert *OOBETimer* das erste Byte.

3 Starten Sie das Programm *MSOOBE.EXE /a* aus dem Verzeichnis *%systemroot%\system32\oobe*.

4 Wählen Sie die Option zur Aktivierung über Telefon.

5 Geben Sie über die Schaltfläche *Produkt-ID ändern* eine gültige Produkt-ID aus einer Firmenversion von Windows XP ein.

6 Starten Sie den Computer neu. Wenn Sie jetzt wieder *MSOOBE.EXE / a* aufrufen, erscheint die installierte Windows XP-Version als aktiviert.

Bei jedem Aufruf von *MSOOBE.EXE* wird übrigens eine neue Installations-ID erzeugt.

Die Firma Fully Licensed GmbH (*www.licenturion.com/xp*) hat die Produktaktivierung weitgehend entschlüsselt und bietet ein Programm XPINFO zum Download an, das anhand der Aktivierungsdaten anzeigt, welche Komponenten noch verändert werden können, bevor eine neue Aktivierung erforderlich ist.

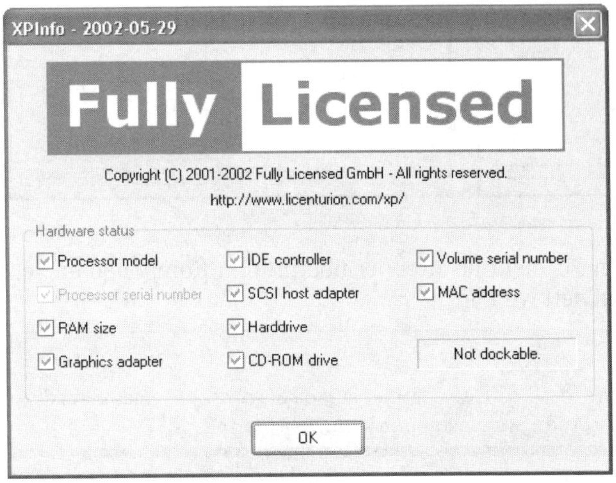

Diagnoseprogramm für mögliche Hardwareveränderungen.

Registrierung

Mit dem Aktivierungs-Tool kann auf Wunsch auch gleichzeitig die persönliche Registrierung durchgeführt werden. Dabei müssen einige persönliche Daten an Microsoft übermittelt werden.

Außerdem wird bei der Registrierung ein Speicherbereich ausgelesen, der unter anderem den Namen der Organisation enthält, die bei der Installation angegeben wurde. Dieser Wert kann aber bei der Installation leer gelassen oder nachträglich problemlos in der Registry geändert werden. Suchen Sie in RegEdit nach dem Wert *RegCompany*. Dieser taucht mehrfach, bei jedem installierten Microsoft-Produkt auf. Nach erfolgreicher Registrierung wird der Wert *HKEY_LOCAL_MACHINE\Software\Microsoft\WindowsNT\CurrentVersion\RegDone* in der Registry auf 1 gesetzt.

Die Registrierung ist im Gegensatz zur Aktivierung nicht zwingend erforderlich. Nur einige wenige Funktionen im Microsoft-Onlinesupport funktionieren nur mit registrierten Windows XP-Installationen.

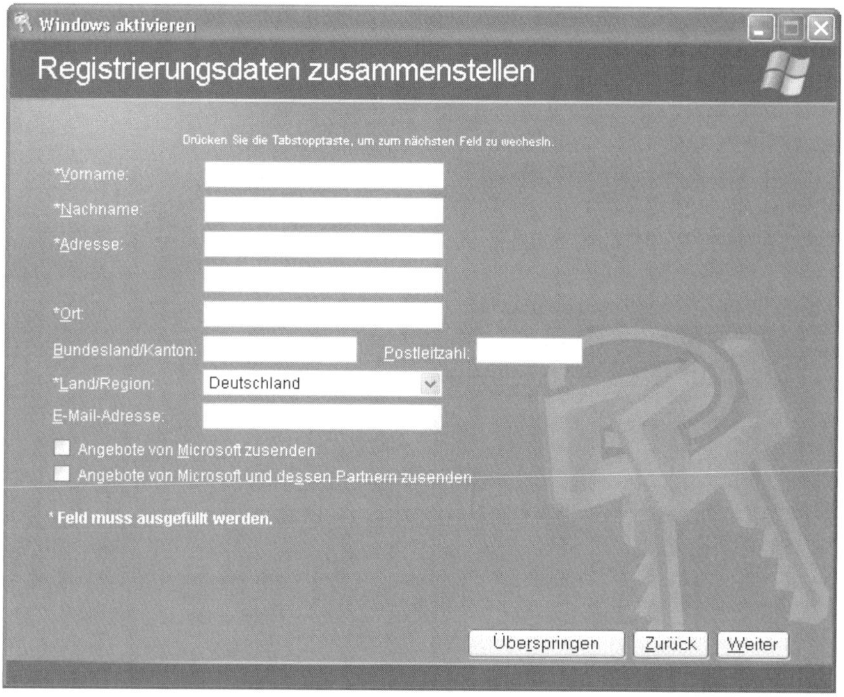

Formular zur Windows XP-Registrierung.

2.6 Das Windows Update unter der Lupe

Das Windows Update ist ein Onlinedienst von Microsoft, über den Sie immer die neusten Betriebssystem-Updates, Sicherheits-Patches, Updates für Microsoft-Komponenten wie Internet Explorer oder Media Player wie auch aktuelle Gerätetreiber bekommen können.

Datenübermittlung an Microsoft

Das Windows Update sammelt nach Angaben von Microsoft (*v4.windowsupdate.microsoft.com/de/about.asp*) auf dem Computer folgende Daten und übermittelt diese online an Microsoft: Windows-Versionsnummer, Internet Explorer-Versionsnummer, Versionsnummern anderer installierter Microsoft-Produkte und Plug & Play-Kennungsnummern installierter Hardwaregeräte. Zu den diversen Gerüchten über weitere übermittelte Daten liefert Microsoft keine Informationen.

Automatische Benachrichtigung

Standardmäßig ist Windows XP so konfiguriert, dass bei einer Onlineverbindung automatisch ein kurzer Systemzustandsbericht an Microsoft gesendet wird. Anhand dieses Berichts wird automatisch geprüft, ob Updates vorliegen.

Wenn ja, wird der Benutzer benachrichtigt oder die Updates werden automatisch heruntergeladen, je nach Einstellung unter *Systemsteuerung/System* auf der Registerkarte *Automatische Updates*.

Möchten Sie nicht, dass Ihr Computer selbstständig Verbindung mit dem Microsoft-Server aufnimmt, deaktivieren Sie hier die automatischen Updates. Für die automatische Benachrichtigung ist der Dienst *Automatische Updates* in der *Systemsteuerung/Verwaltung/*

Dienste verantwortlich. Ist dieser Dienst deaktiviert, können keine Benachrichtigungen für Updates erfolgen. Das manuelle Update über die Windows Update-Webseite funktioniert trotzdem.

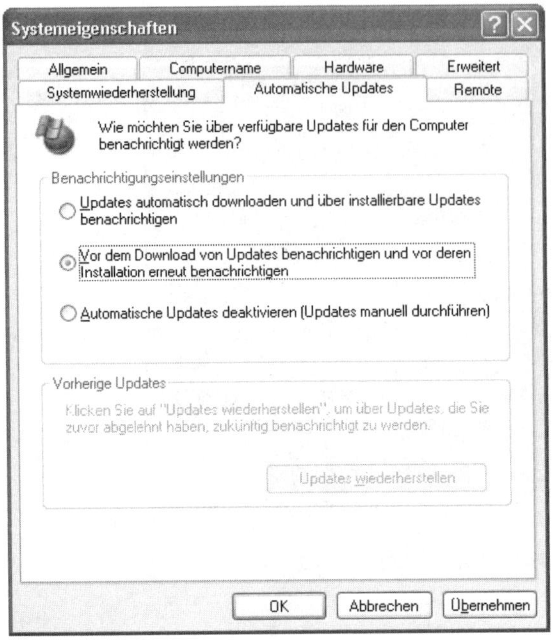

Einstellungen für automatische Updates.

Download und Installation der Updates

Manuell starten Sie die Windows Update-Funktion über die Schaltfläche *Windows-Update* im Startmenü, über den Menüpunkt *Extras/Windows Update* im Internet Explorer oder durch einen Besuch der Webseite *windowsupdate.microsoft.com*.

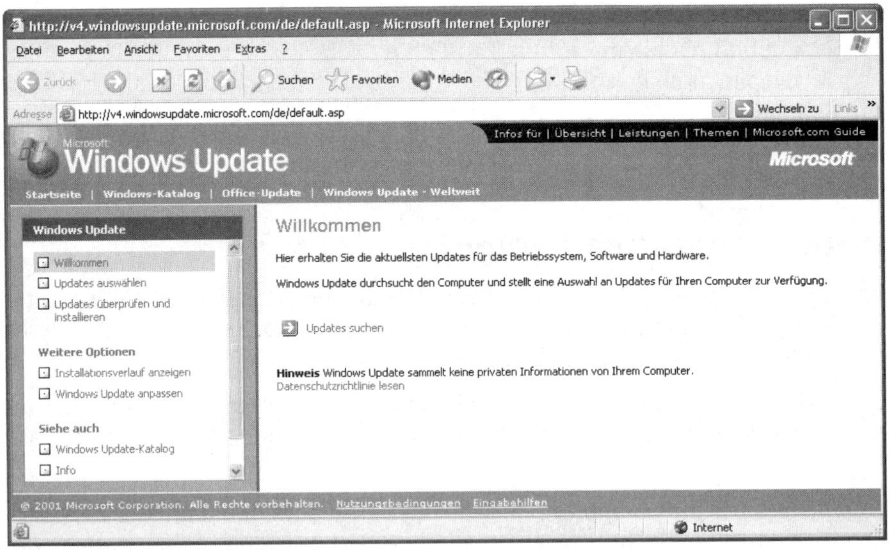

Die Startseite von Windows Update.

Diese Webseite funktioniert nur mit dem Internet Explorer, da sie über ActiveX-Controls direkt Daten von Ihrem lokalen Computer ausliest.

Beim Versuch, die Seite mit einem anderen Browser aufzurufen, erscheint eine Meldung, dass das Windows Update nur mit dem Internet Explorer verwendet werden kann.

Updates der Updatesoftware
Die Updatesoftware wird von Microsoft häufig verändert und aktualisiert. Wenn Sie hier nicht die aktuellste Version der ActiveX-Controls verwenden, müssen Sie sich diese erst herunterladen, bevor Sie die Windows Update-Seite benutzen können. In den meisten Fällen muss danach sogar der Computer neu gebootet werden. Microsoft dokumentiert nirgends, wozu diese Softwareupdates nötig sind und was sie auf dem Computer so schwer wiegend verändern, dass ein Reboot notwendig ist.

Mit der Schaltfläche *Updates suchen* wird die Microsoft-Datenbank mit den bereits installierten Updates verglichen.

Im linken Fenster erhalten Sie Angaben darüber, wie viele Updates verfügbar sind.

Dabei wird nach wichtigen Updates (Sicherheits-Patches), Windows XP-Updates und Treiber-Updates unterschieden.

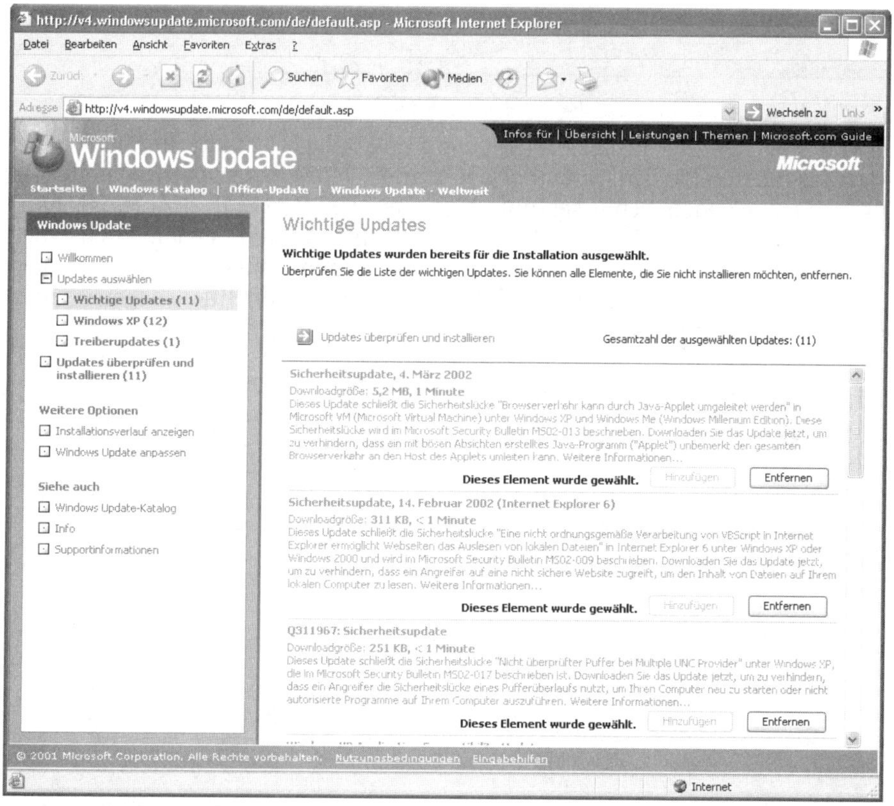

Auflistung der gefundenen Updates.

Die wichtigen Updates werden bei diesem Verfahren automatisch zur Installation ausgewählt, können aber einzeln entfernt werden.

Alle anderen Updates müssen manuell aus der Liste hinzugefügt werden. Einige weitere Updates, die in der automatisch generierten Liste nicht auftauchen, finden Sie nur über den Link *Windows Update-Katalog*. Mit der Schaltfläche *Updates überprüfen und installieren* starten Sie den automatischen Download- und Installationsvorgang.

Danach müssen Sie nur noch einmal einen Lizenzvertrag bestätigen, der für alle ausgewählten Updates gilt, bevor der Download und die Installation beginnen. Seit dem umstrittenen Update Q320920 sollten Sie diese Lizenzverträge im Hinblick auf versteckt angekündigte Spionagesoftware genau lesen.

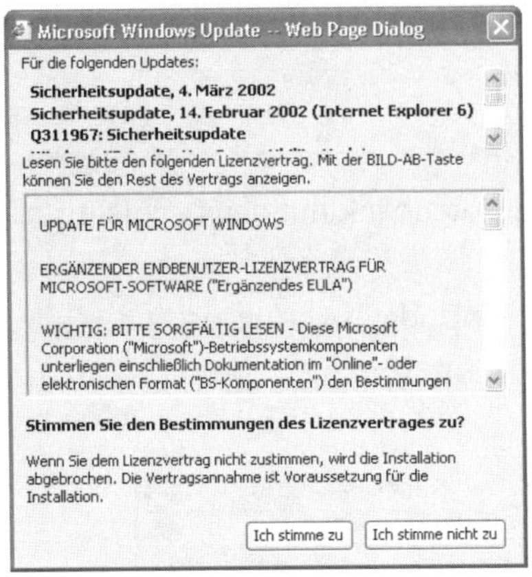

Lizenzvertrag für Updates.

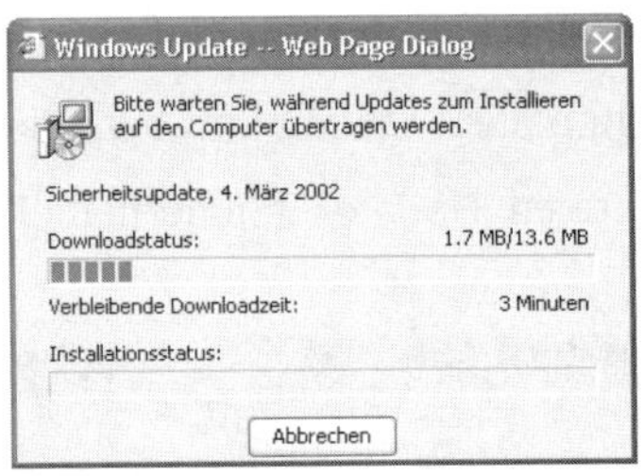

Download der Updates.

Am Ende wird eine Liste der installierten Updates angezeigt. Nach der Installation der meisten Updates müssen Sie den Computer neu starten. Jedes installierte Update legt in der Registry einen eigenen Schlüssel unterhalb von *HKEY_LOCAL_MACHINE\SOFTWARE\Microsoft\Updates\Windows XP\SP1* an. Diese Schlüssel sind mit dem Buchstaben Q und einer sechsstelligen Zahl gekennzeichnet. Diese Nummer entspricht der Nummer, unter der das mit dem Update gelöste Problem in der Microsoft Knowledgebase *support.microsoft.com* aufgeführt ist.

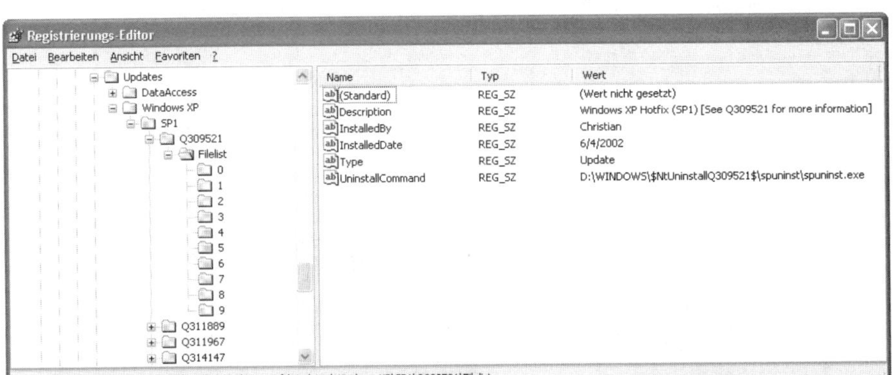

Einträge für Updates in der Registry.

Wenn Sie also in der Microsoft Knowledgebase oder auf einer anderen Webseite Informationen über ein Sicherheitsproblem finden, können Sie in der Registry einfach nachsehen, ob Sie dafür bereits ein Update besitzen, ohne jedes Mal die Onlineüberprüfung durchzuführen. Die meisten größeren Updates werden auch in *Systemsteuerung/Soft-*

ware unter der Bezeichnung *Windows XP Hotfix (SP1) ...* in der Liste *Programme ändern oder entfernen* angezeigt. Unterhalb dieses Registry-Schlüssels finden Sie im Schlüssel *Filelist* für jede durch das Update installierte Datei einen weiteren Unterschlüssel, in dem Sie Dateiname und Versionsnummer sehen und mit den tatsächlich vorhandenen Dateien vergleichen können. Anhand dieser Einträge überprüft das ActiveX-Control von Windows Updates, welche Updates nötig sind.

Wichtigkeit von Sicherheits-Updates

Viele der Sicherheitslücken, für die Updates bereitgestellt werden, würden in der Praxis normalerweise höchst selten auftreten. Allerdings erscheinen kurz nach Bekanntwerden einer Sicherheitslücke auf einschlägigen Hacker-Seiten Tipps und Scripts, mit denen jeder Anfänger diese Sicherheitslücke für Angriffe auf fremde Computer ausnutzen kann. Deshalb ist es wichtig, auch die scheinbar unbedeutenden Sicherheits-Updates regelmäßig zu installieren.

Deinstallation von Updates

Sollte das System nach einem solchen Update nicht mehr einwandfrei laufen, was in seltenen Fällen vorkommt, wenn ältere Software Kompatibilitätsprobleme verursacht, können Sie die Updates einzeln wieder deinstallieren. Die meisten Updates tragen sich unter ihren jeweiligen Nummern in *Systemsteuerung/Software* ein und können von dort aus deinstalliert werden.

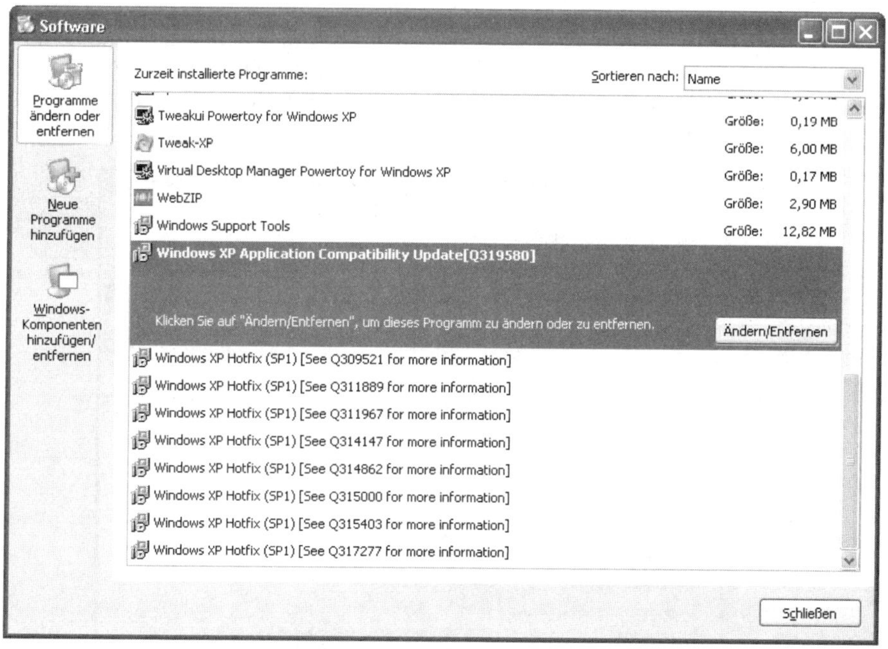

Einträge der Updates in Systemsteuerung/Software.

Sollte ein Update hier nicht erscheinen, suchen Sie im Windows-Explorer unterhalb des Windows-Verzeichnisses das Verzeichnis *$NtUninstallQ...$* mit der jeweiligen Q-Update-Nummer. In diesen komprimierten Verzeichnissen finden Sie alle Dateien des Updates und jeweils ein Unterverzeichnis *spuinst* mit dem Deinstallationsprogramm *SPUINST.EXE*.

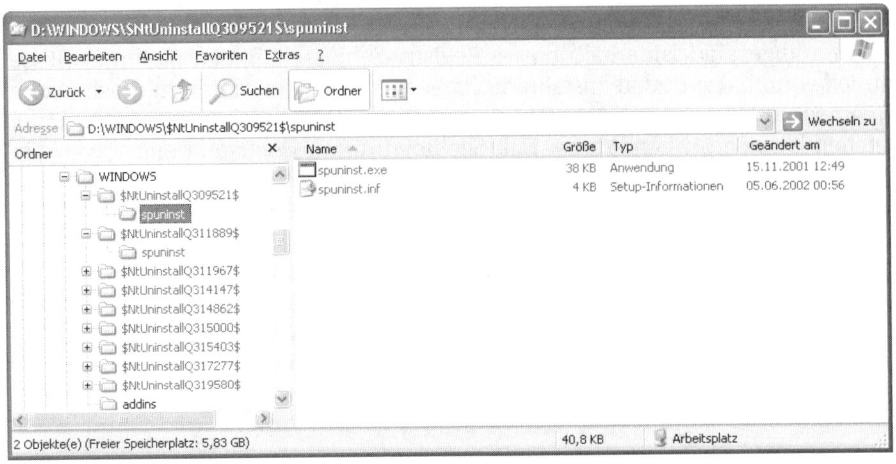

Deinstallationsprogramme für Updates.

Download zur Installation auf mehreren Computern

Standardmäßig werden die heruntergeladenen Updates automatisch installiert. Wenn Sie mehrere Computer auf dem aktuellen Stand halten wollen, müssten Sie jedes Update also mehrfach herunterladen. Mit einem einfachen Trick können Sie die Updates auch vor der Installation lokal speichern. Beim Besuch der Windows Update-Webseite werden Sie automatisch auf die URL *v4.windowsupdate.microsoft.com/de/default.asp* umgeleitet. Hängen Sie an diese URL hinten den Zusatz *?corporate=true* an. Damit kommen Sie auf die Update-Webseite für Firmenkunden. Wählen Sie dort Ihr Betriebssystem manuell aus. Es wird hier nicht selbstständig erkannt.

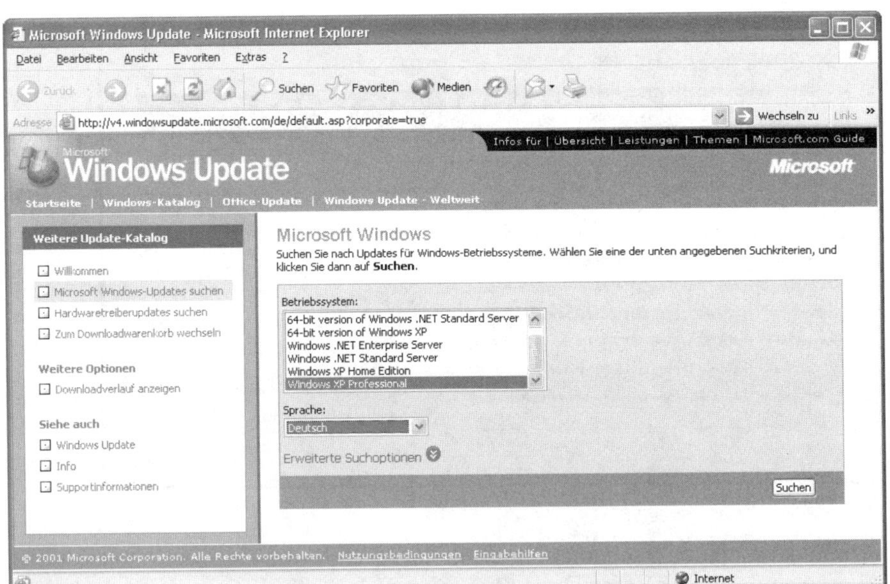

Windows Update-Webseite für Firmenkunden.

Auch hier können Sie die gewünschten Updates auswählen, müssen dann aber auf der Seite *Downloadwarenkorb* ein Verzeichnis angeben, in das die Installationsdateien kopiert werden sollen. Unterhalb dieses Verzeichnisses wird automatisch eine Verzeichnisstruktur *Software\de\com_microsoft.WindowsXP\x86WinXP* angelegt und darunter für jedes Update ein eigenes Unterverzeichnis, das die Installationsdatei enthält, die die Q-Nummer des Updates als Namen hat, sowie eine Verknüpfung zur jeweiligen Erklärung auf dem Microsoft-Server. Diese Verzeichnisstruktur wird auch für andere Microsoft-Softwareprodukte verwendet. Im allgemeinen Format lautet sie: *\Software\[Gebietsschema]\[Plattform]\[Komponentenname]*.

Diese Update-Installationsdateien können auf jedem Computer installiert werden, auf dem das entsprechende Update noch nicht installiert wurde und der über die gleiche Betriebssystemversion und Sprache verfügt.

Beim Download der Updates wird ein Protokoll geführt und anschließend angezeigt, in dem Sie das Datum und den Speicherort jedes Updates nachlesen können. Dieses Protokoll enthält auch alle früheren Updates, die von diesem Computer heruntergeladen wurden.

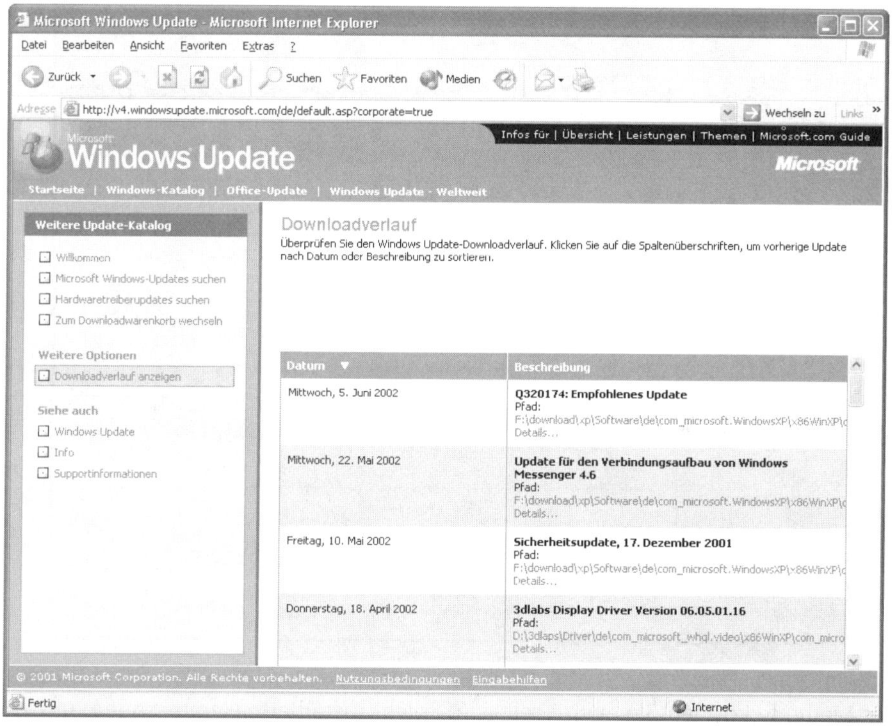

Download-Protokoll von Windows Update.

Dieses Protokoll können Sie sich mit der Schaltfläche *Downloadverlauf anzeigen* im linken Frame auch anzeigen lassen, ohne neue Updates herunterzuladen.

Gerätetreiber-Updates

Nach dem gleichen System werden beim Windows Update auch Gerätetreiber zum Download angeboten. Diese können ebenfalls automatisch installiert werden.

Bevor ein Gerätetreiber hier aufgenommen wird, muss der Treiber den Microsoft **W**indows **H**ardware **Q**uality **L**ab Test bestehen. Nur diese Treiber und die zugehörigen Geräte dürfen das Logo *Designed for Windows* tragen. Nähere Informationen zum WHQL finden Sie bei *www.microsoft.com/hwtest*. Die Windows XP-Hardwarekompatibilitätsliste, die unter *www.microsoft.com/hcl* ständig aktualisiert wird, enthält alle zertifizierten Geräte.

Da diese Tests Zeit und dem Hardwarehersteller auch Geld kosten, finden Sie Treiber oft erst sehr spät auf der Windows Update-Webseite. Auf den Webseiten der Hersteller gibt es meistens deutlich aktuellere Treiberversionen, die auch Zusatzfunktionen unterstützen, die die Treiber auf der Windows Update-Webseite noch nicht kennen.

Auch bei Gerätetreiber-Updates gibt es zwei Installationsvarianten:

- Automatischer Download und Installation über *windowsupdate.microsoft.com*.
- Manuelle Auswahl der Gerätetreiber und Download zur späteren Installation über *v4.windowsupdate.microsoft.com/de/default.asp?corporate=true*.

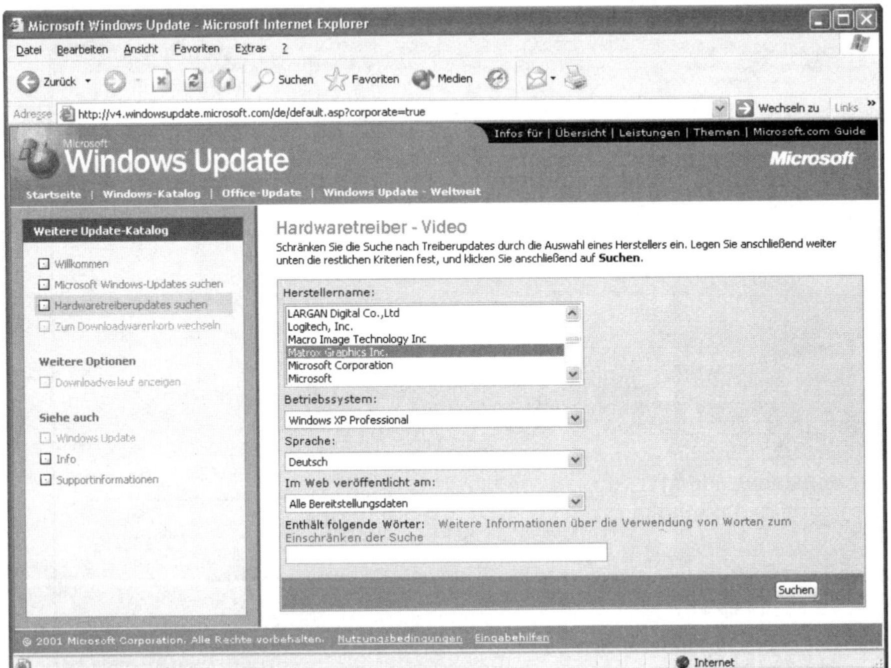

Auswahl von Gerätetreibern zum späteren Download.

Mit dieser Methode können Sie auch Treiber für nicht installierte Geräte finden, um sie auf einem anderen Computer zu installieren.

Manuelle Treiber-Downloads legen unterhalb des angegebenen Verzeichnisses eine Verzeichnisstruktur *\Treiber\[Gebietsschema]\[Plattform]\[Paketname].[Paketversion]* an.

Auch aus dem Geräte-Manager können Sie über die Funktion *Treiber aktualisieren* direkt auf die Windows Update-Treiberdatenbank zugreifen, wenn es sich um einen zertifizierten Treiber handelt.

Treiber deinstallieren

Sollte ein aktualisierter Treiber wider Erwarten nicht funktionieren, bietet Windows XP die Möglichkeit, auf den alten Treiber zurückzuschalten. Die alten Treiberdateien werden bei einem Update nicht gelöscht. Auf der Registerkarte *Treiber* eines installierten Geräts finden Sie die Schaltfläche *Installierter Treiber*.

Hier ist die Übersetzung des englischen Roll Back Driver missverständlich geraten. Ein Klick auf diese Schaltfläche verwendet nicht den zurzeit installierten Treiber, sondern den, der davor installiert war.

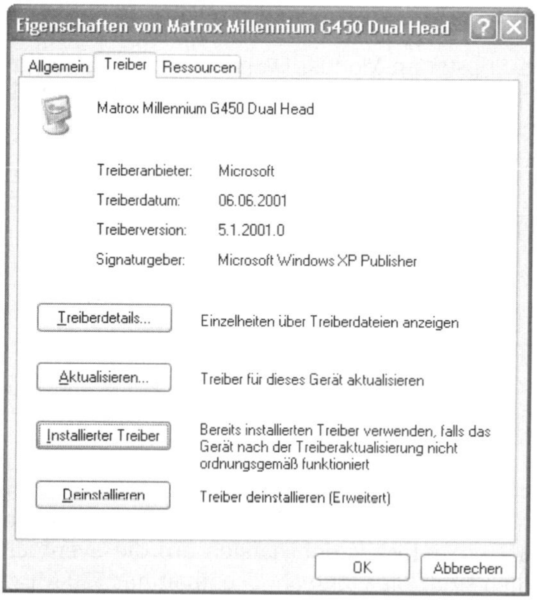

Zurückschalten auf den letzten funktionierenden Treiber.

Allerdings funktioniert dieses Verfahren nicht immer bei Treibern, die zusätzliche Software wie zum Beispiel Konfigurationspanels installieren. So lassen sich Grafiktreiber nur sauber deinstallieren, wenn man zwischenzeitlich den Standard-VGA-Treiber installiert. Näheres zur Treiberinstallation und Deinstallation finden Sie in Kapitel 3 ab Seite 87.

2.7 Windows-Installations-CDs mit Service-Pack und Updates

Haben Sie sich einmal mühsam alle aktuellen Updates heruntergeladen und wollen dann auf einem neuen Computer Windows XP installieren, wäre es am besten, man könnte die Updates dort gleich mitinstallieren. Theoretisch bräuchten Sie nur eine Windows XP-CD zu kopieren und in einem eigenen Verzeichnis die im *corporate=true*-Modus heruntergeladenen Update-Installationsdateien mit auf die CD zu brennen.

Das Windows XP Service-Pack lässt sich direkt in die Installation integrieren, sodass es nicht in einem eigenen Installationsschritt nachträglich installiert werden muss.

Der Nachteil dieser Variante ist, dass eine auf diese Weise erstellte CD nicht mehr bootfähig ist. Gehen Sie deshalb folgendermaßen vor:

1 Kopieren Sie die komplette Windows XP-CD in ein Verzeichnis auf der Festplatte, zum Beispiel *D:\WinXPCD*, wobei die Unterverzeichnisstruktur beibehalten werden muss.

2 Entpacken Sie das Service-Pack in ein eigenes Verzeichnis, ohne es direkt zu installieren. Dazu müssen Sie die Datei *XPSP1_de_x86.EXE* mit dem Parameter *-x* aufrufen. Geben Sie im Dialogfeld, das erst nach ein paar Sekunden erscheint, ein Verzeichnis für die entpackten Dateien an, zum Beispiel *D:\SP1*.

3 In diesem Verzeichnis finden Sie ein Unterverzeichnis *UPDATE*. Starten Sie dort die Datei *UPDATE.EXE* im so genannten Slipstream-Modus. Damit werden Dateien in einem angegebenen Verzeichnis durch die entsprechenden Dateien des Service-Pack ersetzt, das Service-Pack aber nicht installiert.

```
D:\SP1\UPDATE\UPDATE.EXE -s:D:\WINXPCD
```

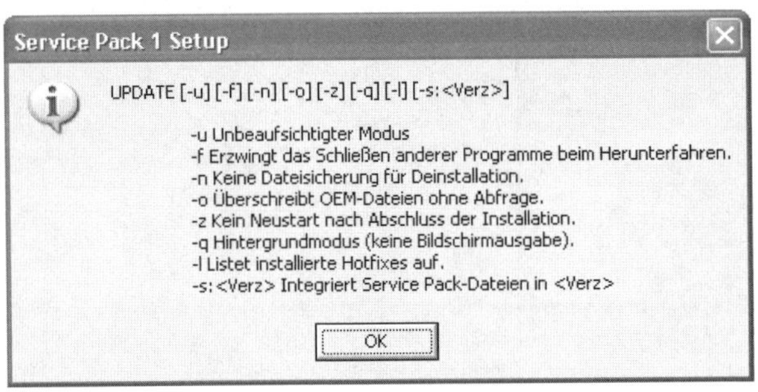

Parameter für UPDATE.EXE.

4 Legen Sie unterhalb des CD-Verzeichnisses (im Beispiel *D:\WinXPCD*) auch noch ein Unterverzeichnis mit sämtlichen Update-Installationsdateien an, die eventuell zusätzlich zum Service-Pack erforderlich sind. Die Original-CD enthält nur 520 MByte, sodass auf einer CD-R genügend Platz für Updates bleibt.

5 Da Sie bei installiertem Service-Pack meist nur noch wenige Updates brauchen, ist auf der CD auch noch genug Platz für die Original-Service-Pack-Datei *XPSP1.EXE*, sodass Sie von der gleichen CD das Service-Pack auf Computern, auf denen es noch nicht installiert ist, installieren können.

6 Lesen Sie mit dem Freewaretool IsoBuster (*users.pandora.be/smart.projects*) den Startcode der CD in eine Image-Datei aus.

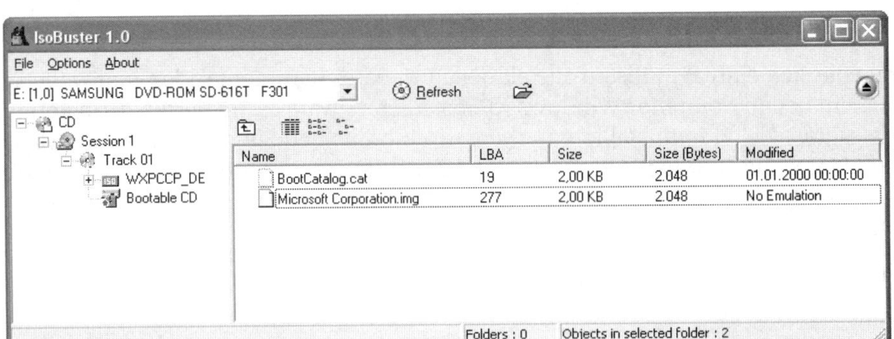

Auslesen des Startcodes der Windows XP-CD mit IsoBuster.

7 Zum Brennen brauchen Sie ein Brennprogramm, das den Startcode für eine bootfähige CD aus einer Image-Datei einlesen kann. Dazu eignet sich zum Beispiel das Brennprogramm Nero (*www.ahead.de*) oder CDRWIN (*www.cdrwin.de*). Stellen Sie hier die Optionen wie in der Abbildung ein:

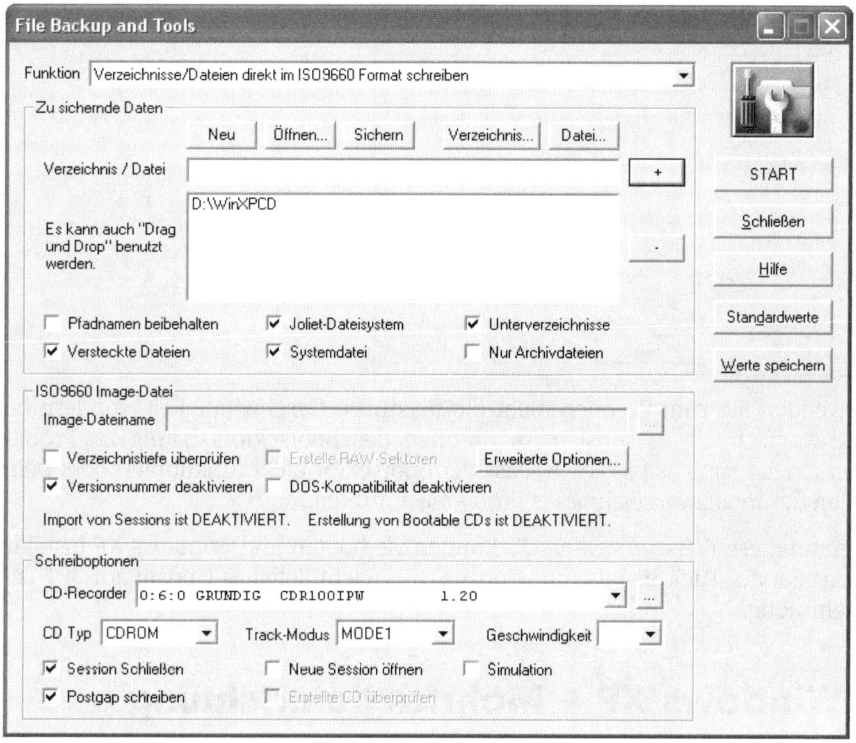

Optionen zum Brennen einer Windows XP-CD in CDRWIN 3.8.

8 In den erweiterten Optionen müssen Sie auf der Registerkarte *Startbare CD* die Image-Datei für den Bootblock auswählen. Stellen Sie hier die Optionen wie in der Abbildung ein:

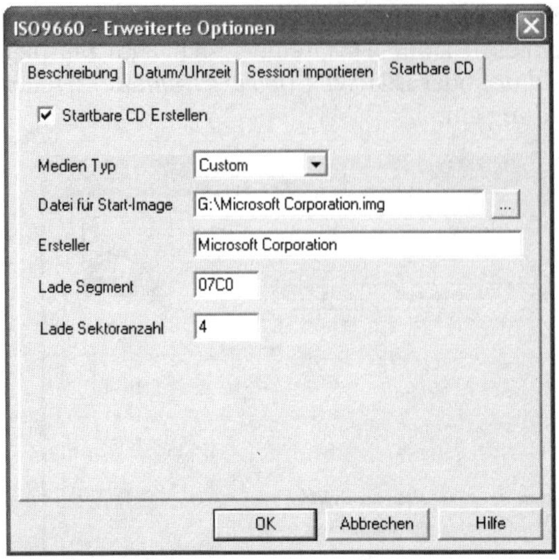

Erweiterte Optionen für bootfähige CDs.

9 Verwenden Sie zum Brennen nicht die maximale Geschwindigkeit, sondern höchstens zweifach, da es sonst beim Brennen des Bootsektors häufig zu Problemen kommt. Hier kann es passieren, dass der Bootsektor nicht funktioniert oder beim Erstellen des Inhaltsverzeichnisses Probleme auftreten.

Mit einer auf diese Weise erstellten CD können Sie booten und Windows XP installieren, sodass das Service-Pack bereits integriert ist. Ein nachträgliches Update auf SP1 ist also nicht mehr nötig.

2.8 Windows XP – Mehrfacheinrichtung

Sollen in einem privaten Netz, in Firmen oder Schulen mehrere Computer identisch eingerichtet werden, ist die Windows XP-Installation von CD eine sehr langwierige Arbeit.

Wir zeigen Ihnen im Folgenden, wie man solche Mehrfachinstallationen vereinfachen kann.

Unbeaufsichtigte Installation

Die Windows XP-CD enthält im Verzeichnis *\I386* zwei Tools, mit denen Windows XP unbeaufsichtigt installiert werden kann:

- *WINNT.EXE* – Installation von DOS
- *WINNT32.EXE* – Installation von Windows 9x, ME, NT, 2000

Diese Programme können auch dazu verwendet werden, von einer normalen Bootdiskette ohne die sechs Microsoft-Installationsdisketten Windows XP zu installieren.

Haben Sie eine DOS-Bootdiskette, verwenden Sie *WINNT.EXE*, bei einer Windows 9x/ME-Bootdiskette, wie sie auch unter Windows XP erstellt werden kann, verwenden Sie *WINNT32.EXE*.

Die Bootdiskette muss das Programm *SMARTDRV.EXE* und einen CD-ROM-Treiber automatisch laden, mit dem man von der Bootdiskette aus auf das CD-ROM-Laufwerk mit der Windows XP-CD zugreifen kann.

Auf dem Computer muss eine formatierte Partition mit etwa 500 MByte freiem Speicherplatz existieren, die von Windows XP benutzt werden kann, um temporäre Dateien zu kopieren.

Das Setup-Programm kann diese Partition nicht selbstständig anlegen. Es besteht für den Anwender auch keine Auswahlmöglichkeit, auf welche Partition die Temporärdateien kopiert werden.

Manuelle Installation mit WINNT

Starten Sie vom DOS-Prompt der Bootdiskette *WINNT.EXE* aus dem Verzeichnis *\I386* der Windows XP-CD ohne weitere Parameter, um eine manuelle Installation von Windows XP durchzuführen.

1 Im ersten Schritt werden Sie aufgefordert, das Verzeichnis der Windows XP-Quelldateien anzugeben. Hier ist standardmäßig bereits das Verzeichnis auf der CD vorgewählt. Dies brauchen Sie nur zu ändern, wenn sich eine lokale Kopie der Installationsdateien auf einer anderen Partition auf dem Computer befindet.

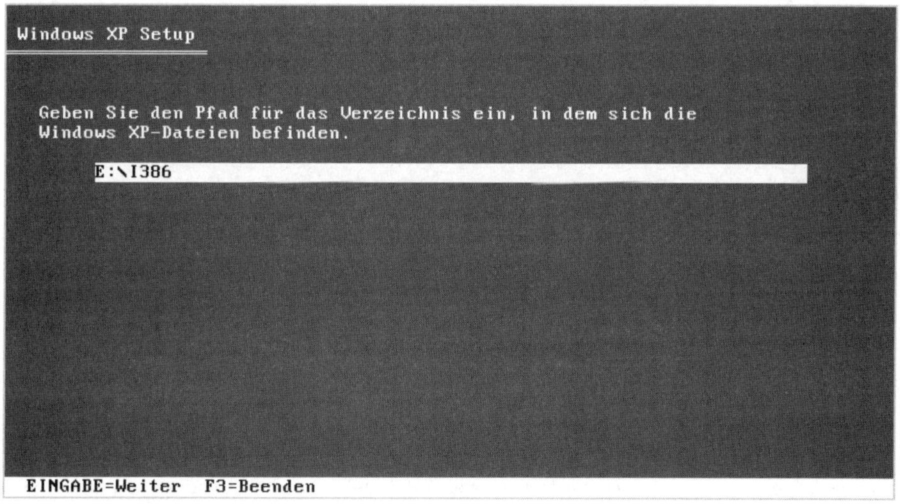

Windows XP-Installation unter DOS.

2 Jetzt beginnt ein langwieriger Kopiervorgang, bei dem alle notwendigen Installationsdateien in ein temporäres Verzeichnis auf der lokalen Festplatte kopiert werden. Wundern Sie sich nicht, wenn sich auf dem Bildschirm mehrere Minuten lang nichts bewegt. Der Fortschrittsbalken erscheint erst, nachdem zahlreiche Dateien bereits kopiert sind.

3 Nach einem Neustart läuft das Setup wie eine normale Windows XP-Installation weiter, mit dem Unterschied, dass später noch der Product-Key eingegeben werden muss, da dies nicht wie bei anderen Installationsvarianten am Anfang erfolgt ist.

Parameter für unbeaufsichtigte Installation

Unbeaufsichtigte Installationen haben immer dann Vorteile, wenn es darum geht, auf einer großen Menge an Computern Windows XP in gleicher Weise zu installieren.

In diesem Fall möchte man nicht auf jedem Computer Mausklicks machen und Tasten drücken, um irgendwelche Anfragen zu bestätigen.

Die unbeaufsichtigte Installation kann entweder von einzelnen Windows XP-CDs durchgeführt werden oder aus einem zentralen Installationsverzeichnis auf einem Netzwerkserver.

Hierfür ist allerdings Voraussetzung, dass auf den Computern bereits ein Betriebssystem installiert ist, das den Zugriff auf das Netzwerk ermöglicht.

WINNT32

Aus einer vorhandenen 32-Bit-Windows-Umgebung heraus können Sie mit dem Programm *WINNT32.EXE* und den in der Tabelle beschriebenen Parametern eine unbeaufsichtigte Installation starten.

```
winnt32 [/checkupgradeonly] [/cmd:Befehlszeile] [/cmdcons]
        [/copydir:i386\Ordnername] [/copysource:Ordnername]
        [/debug[Ebene]:[Dateiname]] [/dudisable] [/duprepare:Pfadname]
        [/dushare:Pfadname] [/m:Ordnername] [/makelocalsource] [/noreboot]
        [/s:Quellpfad] [/syspart:Laufwerkbuchstabe]
        [/tempdrive:Laufwerkbuchstaber] [/udf:ID[,UDB-Datei]]
        [/unattend[Zahl]:[Antwortdatei]]
```

Parameter für *WINNT32.EXE*:

Parameter	Beschreibung
/checkupgradeonly	Startet den Systemkompatibilitätstest. Die Ergebnisse werden angezeigt oder bei unbeaufsichtigtem Setup in der Datei *UPGRADE.TXT* gespeichert. Es findet keine Installation statt.
/cmd:Befehlszeile	Führt in der Schlussphase der Installation nach dem Neustart noch ein beliebiges Programm aus.
/cmdcons	Installiert die Wiederherstellungskonsole als Option in das Bootmenü.
/copydir:i386\Ordnername	Legt unterhalb des *i386*-Verzeichnisses ein weiteres Verzeichnis für spezielle Treiber und benutzerdefinierte Dateien an.
/copysource:Ordnername	Legt unterhalb des *i386*-Verzeichnisses ein temporäres Verzeichnis für spezielle Treiber und benutzerdefinierte Dateien an, das nach der Installation gelöscht wird.
/debug[Ebene]:[Dateiname]	Erstellt ein Protokoll der Installation. Standardmäßig wird dieses in der Datei *%systemroot%\winnt32.log* gespeichert. Der Name kann aber geändert werden. Es gibt die folgenden Protokollebenen: 0: Schwere Fehler 1: Fehler 2: Warnungen 3: Informationen 4: Detaillierte Informationen für das Debuggen Jede Ebene beinhaltet die darunter befindlichen Ebenen.
/dudisable	Verhindert das dynamische Update, wichtig für alle Computer ohne Internetzugang.

Parameter	Beschreibung
/duprepare:Pfadname	Führt Vorbereitungen in einer Installationsfreigabe aus, damit diese mit den Dateien für das dynamische Update verwendet werden kann, die Sie von der Microsoft Windows Update-Webseite heruntergeladen haben. Mit dieser Freigabe kann dann Windows XP für mehrere Clients installiert werden.
/dushare:Pfadname	Gibt eine Freigabe an, auf die Sie zuvor von der Microsoft Windows Update-Website Dateien für das dynamische Update heruntergeladen haben und auf der Sie zuvor */duprepare:Pfadname* ausgeführt haben. Bei Ausführung auf einem Client wird festgelegt, dass die Clientinstallation die aktualisierten Dateien der in *Pfadname* angegebenen Freigabe verwendet und somit keinen eigenen Internetzugang braucht.
/m:Ordnername	Gibt einen Ersatzort für Setup-Dateien an. Dieses Verzeichnis wird immer zuerst durchsucht, bevor eine Datei von der Original-CD kopiert wird. So können Sie bestimmte Dateien speziell anpassen.
/makelocalsource	Alle Installationsdateien werden lokal kopiert.
/noreboot	Nach dem Kopiervorgang wird der Computer nicht automatisch neu gebootet.
/s:Quellpfad	Quellverzeichnis der Windows XP-Installationsdateien, CD-Laufwerk oder Verzeichnis auf einem Netzwerkserver. Es muss ein vollständiger Pfad in der Form *x:[Pfad]* oder *\\Server\Freigabe[Pfad]* angegeben werden.
/syspart:Laufwerkbuchstabe	Gibt an, dass Sie Setup-Startdateien auf eine Festplatte kopieren, die Festplatte als aktiv kennzeichnen und sie dann in einen anderen Computer einbauen können. Wenn Sie diesen Computer starten, wird automatisch die nächste Phase der Windows XP-Installation ausgeführt. Der Parameter */syspart* muss stets mit dem Parameter */tempdrive* verwendet werden. Diese Methode funktioniert nicht unter Windows 9x/ME.
/tempdrive:Laufwerkbuchstabe	Verzeichnis für die Speicherung temporärer Dateien.
/udf:ID[,UDB-Datei]	Mit einer **U**niqueness **D**ata**b**ase-Datei können die Standardwerte der Antwortdatei für unbeaufsichtigtes Setup überschrieben werden.
/unattend[Zahl]:[Antwortdatei]	Update einer früheren Windows-Version im unbeaufsichtigten Modus. Alle Benutzereinstellungen werden von der vorherigen Installation übernommen, sodass kein Benutzereingriff nötig ist. Wird eine Antwortdatei angegeben, übergibt diese die notwendigen Parameter.

Das folgende Listing zeigt beispielhaft eine Standard-Antwortdatei für unbeaufsichtigte Installation:

```
; Microsoft Windows Codename Whistler Personal, Professional, Server, Advanced Server
; und Datacenter
; (c) 1994 - 2000 Microsoft Corporation. Alle Rechte vorbehalten.
;
; Beispielantwortdatei für unbeaufsichtigte Installation
; Diese Datei enthält Informationen über die Automatisierung der
; Installation und Aktualisierung von Windows Codename Whistler,
; sodass die Installation ohne Benutzereingaben
; ausgeführt werden kann.

[Unattended]
Unattendmode = FullUnattended
OemPreinstall = NO
TargetPath = *
Filesystem = LeaveAlone
```

```
[UserData]
FullName = "Ihr Benutzername"
OrgName = "Name Ihrer Firma"
ComputerName = *
ProductKey= "JJWKH-7M9R8-26VM4-FX8CC-GDPD8"

[GuiUnattended]
; Setzt die Zeitzone auf mitteleuropäische Zeit.
; Setzt das Administratorkennwort auf NULL.
; Setzt das AutoLogon auf ON und und führt die Anmeldung einmal durch.
TimeZone = "110"
AdminPassword = *
AutoLogon = Yes
AutoLogonCount = 1

[LicenseFilePrintData]
; Für Serverinstallationen
AutoMode = "PerServer"
AutoUsers = "5"

[GuiRunOnce]
; Führt die Programme auf, die beim ersten Start nach der Anmeldung gestartet werden.

[Display]
BitsPerPel = 8
XResolution = 800
YResolution = 600
VRefresh = 70

[Networking]
[Identification]
JoinWorkgroup = ARBEITSGRUPPE
```

WINNT

Für die Installation aus einer 16-Bit-DOS-Umgebung heraus verwenden Sie das Installationsprogramm *WINNT.EXE*.

Smartdrive
Damit der Laufwerkzugriff bei der Installation von Windows XP einwandfrei funktioniert, müssen Sie in der DOS-Umgebung das Programm *SMARTDRV.EXE* ohne weitere Parameter starten, bevor *WINNT.EXE* aufgerufen wird. Der *SMARTDRV*-Aufruf kann auch automatisch über die *AUTOEXEC.BAT* erfolgen.

WINNT.EXE bietet nicht ganz so viele Möglichkeiten wie *WINNT32.EXE*.

```
WINNT [/s[:Quellpfad]] [/t[:Temporärlaufwerk]]
      [/u[:Antwortdatei]] [/udf:Kennung[,UDF-Datei]]
      [/r:Ordner] [/rx:Ordner] [/e:Befehlszeile] [/a]
```

Parameter für *WINNT32.EXE*:

Parameter	Beschreibung
/e:Befehlszeile	Führt in der Schlussphase der Installation nach dem Neustart noch ein beliebiges Programm aus.
/r:Ordnername	Kopiert ein optionales Verzeichnis für spezielle Treiber und benutzerdefinierte Dateien. Dieses bleibt nach der Installation erhalten.

Parameter	Beschreibung
/rx:Ordnername	Kopiert ein optionales Verzeichnis für spezielle Treiber und benutzerdefinierte Dateien, das nach der Installation gelöscht wird.
/s:Quellpfad	Quellverzeichnis der Windows XP-Installationsdateien, CD-Laufwerk oder Verzeichnis auf einem Netzwerkserver. Es muss ein vollständiger Pfad in der Form *x:[Pfad]* oder *\\Server\Freigabe[Pfad]* angegeben werden.
/t:Laufwerkbuchstabe	Verzeichnis für die Speicherung temporärer Dateien.
/udf:ID[,UDB-Datei]	Mit einer **U**niqueness **D**ata**b**ase-Datei können die Standardwerte der Antwortdatei für unbeaufsichtigtes Setup überschrieben werden.
/u:[Antwortdatei]	Update einer früheren Windows-Version im unbeaufsichtigten Modus. Die Antwortdatei übergibt die notwendigen Parameter. Zusätzlich ist die Option */s* erforderlich.
/a	Aktiviert Optionen für Eingabehilfen.

Festplatten klonen

Klonen ist eine beliebte Methode zur schnellen Einrichtung mehrerer gleicher Computer. Verschiedene Tools wie Norton Ghost (*www.symantec.de*) oder DriveImage/DriveCopy (*www.powerquest.com*) oder auch die kostenlosen Programme VGADupe (*www.ewetel.net/~vga.software*), Ranish Partition Manager (*www.ranish.com*) oder Diskman (*www.diskman.co.uk*) ermöglichen das exakte binäre Klonen einer Festplatte auf eine andere. Diese braucht dann nur in den neuen Computer eingebaut zu werden. Das Betriebssystem läuft sofort, solange die verwendete Hardware gleich ist. Andernfalls startet die Hardwareerkennung und installiert die fehlenden Gerätetreiber.

Man muss nur einmalig einen Referenzcomputer installieren, von dem dann die Kopien gemacht werden. Die Klonprogramme laufen unter DOS, da während des Kopiervorgangs keine Dateien auf der Festplatte geöffnet sein dürfen. Wegen der besseren Bedienbarkeit haben sie aber meist eine grafische, dem Windows-Design angepasste Benutzeroberfläche.

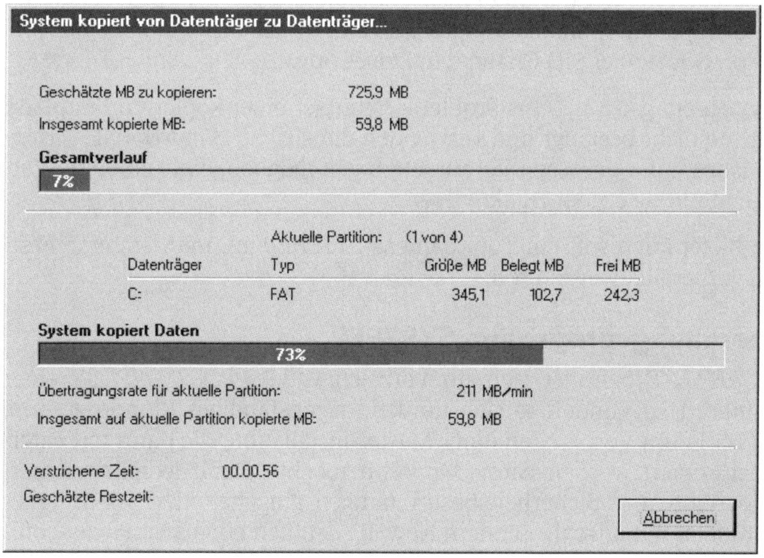

Kopieren einer Festplatte mit DriveCopy.

Dieses Verfahren dauert je nach Festplattengröße mehrere Minuten, während eine normale Windows XP-Installation mindestens eine Stunde dauert. Sektorweises Kopieren geht deutlich schneller als Kopieren auf Dateiebene. Außerdem müssen bei einer Original-Windows XP-Installation viele Dateien dekomprimiert werden und es werden Dateien kopiert, die später nicht nötig sind. Dazu kommt, dass der Zugriff auf eine Festplatte deutlich schneller ist als der Zugriff auf eine CD-ROM. Die meisten Klonprogramme ermöglichen ein Kopieren auch auf größere Festplatten. Dabei kann die Partition automatisch entsprechend vergrößert werden oder man behält die Größe bei und hat so zusätzlichen Platz für weitere Partitionen. Ein Verkleinern der Partition beim Kopieren ist nicht möglich. Legen Sie also die Original-Partition auf dem Referenzcomputer nur so groß wie nötig an.

Probleme bei unterschiedlicher Hardware

Die geklonte Festplatte kann im neuen Computer nur einwandfrei laufen, wenn dieser den gleichen Controller-Typ verwendet. Jeder Controller-Chipsatz hat eine eigene Plug & Play-Gerätekennung. Microsoft bietet zur Lösung dieser Probleme eine offiziell nicht supportete REG-Datei im Artikel Q271965 der Knowledgebase *support.microsoft.com* an. Importieren Sie diese Datei in die Registry auf dem Original-Computer. Sie enthält die Plug & Play-Gerätekennungen aller gängigen Festplatten-Controller. Auf dem zweiten Computer kann das kopierte Betriebssystem den Controller auf diese Weise erkennen und richtig initialisieren. Sicherheitshalber sollten Sie danach einmal den Hardware-Assistenten durchlaufen lassen.

Ein Nachteil des Klonens ist, dass bei einer identischen Kopie die SIDs (**S**ecurity **Id**entifiers) auf allen kopierten Computern gleich sind. Das führt in Netzwerken zu Problemen bei der Benutzeranmeldung und Rechteverwaltung, da die Rechte innerhalb einer Arbeitsgruppe auf Basis der SID und nicht auf Basis der tatsächlichen Benutzernamen gesteuert werden. Die SID wird normalerweise im grafischen Teil der Windows XP-Installation eindeutig und unveränderlich in der Registry angelegt. Beim Klonen wird sie identisch auf die zweite Festplatte kopiert.

Eine Lösung bietet zum Beispiel das Freewareprogramm NewSID von SysInternals (*www.sysinternals.com*), das nachträglich die SID eines Computers ändert. Einige Versionen von Klonprogrammen enthalten ebenfalls Tools zum Ändern der SID wie zum Beispiel Ghost Walker in Norton Ghost oder SID Changer in DriveCopy.

Microsoft sieht hier noch ein ganz anderes Problem: Benutzer einer kopierten Festplatte haben den Lizenzvertrag nicht bestätigt und verwenden die gleiche Windows XP-Seriennummer. Außerdem ist es unter gewissen Voraussetzungen möglich, eine aktivierte Version zu vervielfältigen, ohne sie erneut zu aktivieren.

Aus diesen Gründen bietet Microsoft ein Tool namens SYSPREP an, mit dem eine Festplatte für das Klonen vorbereitet werden soll.

Das Systemvorbereitungsprogramm SYSPREP

Das Programm *SYSPREP.EXE* befindet sich im Verzeichnis *\SUPPORT\DEPLOY* einer Windows XP-Installation. Hier handelt es sich um kein eigenständiges Klonprogramm, sondern nur um ein Tool zum Vorbereiten einer Master-Installation, die dann mit externen Klonprogrammen kopiert werden kann. Microsoft möchte damit lediglich sicherstellen, dass die Copyright- und Sicherheitsbestimmungen eingehalten werden. Technisch ist das simple Klonen mit anschließendem NewSID deutlich einfacher als der „offizielle“ Weg über SYSPREP.

Der Ablauf ist folgendermaßen:

- Installieren Sie Windows XP auf einer leeren Festplatte und richten Sie es genauso ein, wie es auf den kopierten Systemen eingerichtet sein soll. Installieren Sie dabei auch alle Treiber und sonstigen Applikationen, die notwendig sind.
- Kopieren Sie die Dateien *SYSPREP.EXE* und *SETUPCL.EXE* in das Verzeichnis *\SYSPREP* auf dem Systemlaufwerk.
- Melden Sie sich als Administrator an und starten Sie jetzt das Programm SYSPREP.

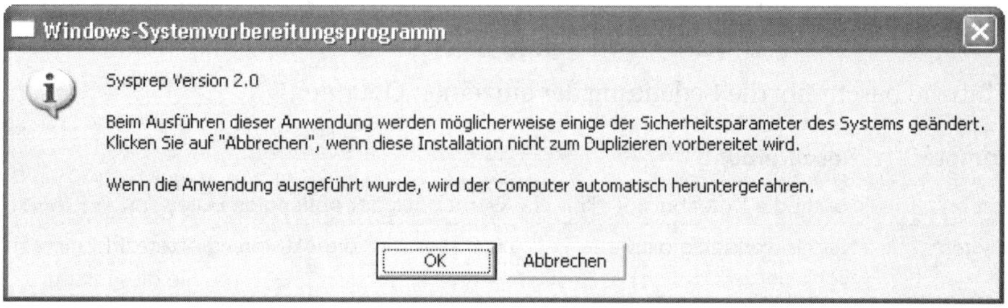

Meldung beim Start von SYSPREP.

- Das Systemvorbereitungsprogramm generiert aus der fertigen Windows XP-Installation eine Art Installationspaket – ähnlich den vorinstallierten Windows XP-Versionen auf OEM-Computern. Anschließend wird der Computer automatisch heruntergefahren.
- Booten Sie den Computer jetzt nicht mit dieser vorbereiteten Festplatte, da sonst automatisch eine Installationsroutine anläuft, sondern starten Sie direkt mit der Startdiskette Ihres Klonprogramms.
- Klonen Sie die Festplatte so oft wie nötig und bauen Sie die kopierten Platten in die anderen Computer ein.
- Starten Sie den neuen Computer mit der kopierten Festplatte. Dabei wird automatisch eine Plug & Play-Erkennung der Hardware durchgeführt, falls diese sich vom Master-Computer unterscheidet.
- Danach startet nach der Wilkommen-Seite automatisch ein Mini-Installationsprogramm, das weitgehend den letzten Schritten einer Windows XP-Installation entspricht.
- Zuerst werden Sie aufgefordert, den Lizenzvertrag zu bestätigen und den Product-Key einzugeben.
- Geben Sie danach Namen und bei Bedarf die Organisation ein. Durch die neue automatisch vergebene SID spielt es keine Rolle, ob der angegebene Name im Netzwerk mehrfach vorkommt. Lediglich der Computername muss eindeutig sein.
- Bei Computern in einem Netzwerk geben Sie den Namen der Arbeitsgruppe oder Domain an, in der der Computer Mitglied sein soll, sowie den Computernamen und das Administratorkennwort.
- Stellen Sie die regionalen Einstellungen wie Uhrzeit, Zeitzone und Tastaturschema ein und geben Sie bei Verwendung eines Modems TAPI-Informationen ein.
- Geben Sie ein, welche Netzwerkdienste und Protokolle installiert werden sollen, und wählen Sie bei *TCP/IP* eine IP-Adresse oder die automatische Adresszuweisung.

- Zum Schluss wird automatisch das Verzeichnis *\SYSPREP* gelöscht und der Rechner neu gestartet. Jetzt können Sie sich als Benutzer anmelden.

SYSPREP-Optionen

Das Programm SYSPREP kann mit speziellen Kommandozeilenoptionen weiter angepasst werden. Allerdings sind diese Optionen im Wesentlichen für die massenhafte Vorinstallation von OEM-Computern gedacht und sollten daher mit äußerster Vorsicht genutzt werden.

```
sysprep {[-clean] [-activated] [-audit] [-factory] [-forceshutdown] [-mini]
        [-noreboot] [-nosidgen] [-pnp] [-quiet] [-reboot] [-reseal]}
```

Die Tabelle beschreibt die Bedeutung der einzelnen Optionen:

Parameter	Beschreibung
-clean	Löscht die Datenbank für kritische Geräte aus der optionalen Datei *SYSPREP.INF*.
-activated	Nur für werkseitig aktivierte Versionen. Hier wird die Aktivierungs-Kulanzfrist nicht zurückgesetzt.
-audit	Startet den Computer im Herstellermodus von SYSPREP. Hier werden keine neuen SIDs generiert.
-factory	Startet den Computer im Herstellermodus (*FACTORY.EXE*), um spezielle Treiber zu installieren oder die Plug & Play-Erkennung durchzuführen, ohne dass die Personalisierung durch das Mini-Installationsprogramm stattfindet.
-forceshutdown	Fährt den Computer am Ende herunter, wenn das ACPI-BIOS Probleme mit dem Standard-Herunterfahren hat.
-mini	Die Mini-Installation wird beim Neustart automatisch ohne die Willkommen-Seite aufgerufen.
-noreboot	Ändert für Testzwecke nur die SID, ohne den Computer neu zu starten und das System für die Mini-Installation vorzubereiten.
-nosidgen	Bereitet den Computer für die Mini-Installation vor, ändert aber die SID nicht.
-pnp	Führt beim nächsten Start eine vollständige Hardwareerkennung auch der Nicht-Plug & Play-Geräte durch.
-quiet	Zeigt keine Anfragen auf dem Bildschirm. Die notwendigen Eingaben müssen in einer Datei *UNATTEND.TXT* vorliegen.
-reboot	Startet den Computer automatisch am Ende für Testzwecke neu, sodass die Mini-Installation direkt anläuft.
-reseal	Löscht die Ereignisprotokolle und bereitet den Computer auf die Auslieferung vor. Diese Option muss verwendet werden, wenn SYSPREP im Herstellermodus gestartet wurde und dort noch Änderungen an Treibern oder Software vorgenommen wurden.

2.9 Windows XP-Systemdateien

Die folgenden Tabellen geben einen Überblick über die wichtigsten Windows XP-Systemdateien und -Verzeichnisse. Diese Kernel- und Startdateien sind für den Betrieb unbedingt erforderlich und dürfen auch von keiner Softwareinstallation verändert werden. Wenn das System gar nicht mehr startet, überprüfen Sie mit einer Bootdiskette oder der Wiederherstellungskonsole, ob diese Dateien vorhanden und unbeschädigt sind. Außer bei *BOOT.INI*, *HIBERFIL.SYS* und *PAGEFILE.SYS* können Sie die Dateigrößen mit einer anderen Windows XP-Installation vergleichen und beschädigte Dateien ersetzen.

Dateiname	Bedeutung
advapi32.dll	Kern-DLL für Win32-Subsystem
boot.ini	Bootmenü
gdi32.dll	Kern-DLL für Win32-Subsystem
Hal.dll	Hardwareabstraktionsschicht
hiberfil.sys	Speicherabbild für Ruhezustand
kernel32.dll	Kern-DLL für Win32-Subsystem
ntbootdd.sys	Ersatz für die Bootcodefunktion von SCSI-Laufwerken bei IDE-Laufwerken
ntdetect.com	16 Bit Realmode-Programm zur grundlegenden Geräteerkennung während des Bootvorgangs
ntdll.dll	Interne Supportfunktionen
ntkrnlpa.exe	Unterstützung für physikalische Adresserweiterung für mehr als 4 GByte physikalischen Speicher
ntldr	Bootloader für Bootmenü und Gerätestarttreiber
ntoskrnl.exe	Windows XP-Kernel
pagefile.sys	Auslagerungsdatei
user32.dll	Kern-DLL für Win32-Subsystem
win32k.sys	Kernel für Win32-Subsystem

Unterverzeichnisse im Windows-Verzeichnis

Windows XP legt den größten Teil seiner Systemdateien im Windows-Verzeichnis und dessen Unterverzeichnissen ab. Bei Updates wird der Name des alten Windows-Verzeichnisses übernommen, sodass dieses auch *WINNT* oder anders heißen kann.

Für eine allgemeine Kompatibilität wird dieses Verzeichnis intern nur über die Variable *%systemroot%* angesprochen, die bei der Installation automatisch auf den entsprechenden Verzeichnisnamen gesetzt wird.

Einige der angegebenen Verzeichnisse sind versteckt, werden also nur angezeigt, wenn in den Ordneroptionen die Anzeige versteckter und der System-Dateien aktiviert ist. Einige Geräte und Software legen unterhalb von *%systemroot%* noch weitere Verzeichnisse an.

Verzeichnis	Bedeutung
addins	ActiveX-Steuerelemente
AppPatch	Kompatibilitätsdateien
Config	Konfigurationsdateien für MIDI-Instrumente
Connection Wizard	Internetverbindungs-Assistent – wird in dieser Form von Windows XP nicht mehr verwendet.
Cursors	Dateien für Mauscursor
Debug	Protokolldateien
Downloaded Installations	MSI-Dateien von aus dem Internet heruntergeladenen Zusatzkomponenten.
Downloaded Program Files	Aus dem Internet heruntergeladene Zusatzkomponenten für den Internet Explorer.

Verzeichnis	Bedeutung
Driver Cache	Gerätetreiber nicht installierter Geräte. Diese Dateien verhindern, dass beim Anschluss neuer Geräte die Windows XP-CD eingelegt werden muss.
Fonts	Schriftarten
Help	Hilfedateien
Ime	Internationale Sprachdateien
inf	INF-Dateien zur Installation von Geräten und Softwarekomponenten
Installer	Windows-Installer-Pakete installierter Programme
java	Java-Dateien
Media	Sounddateien für Windows XP-Systemklänge
msagent	Microsoft Agent – Tool zur Darstellung animierter Zeichen
msapps	Dateien für die Abwärtskompatibilität von Microsoft-Applikationen
mui	Vorgesehen für Mehrbenutzerschnittstellen
Offline Web Pages	Webseiten, die zum Offline-Lesen zur Verfügung gestellt wurden.
PCHEALTH	Dateien zur Verwendung des Onlinehilfe- und Supportcenters.
Prefetch	Dateien zur Beschleunigung des Starts von Anwendungen
Registration	Dateien für das **C**omponent **O**bject **M**odel COM+
Repair	Sicherungsdateien für die Registry
Resources	Themen für die neue Windows XP-Benutzeroberfläche
Security	Protokolldateien, Vorlagen und Sicherheitsdateien
ShellNew	Vorlagen für das Neuanlegen von Dokumenten
srchasst	Such-Assistent
system	Systemverzeichnis zur Abwärtskompatibilität mit älteren Anwendungen
system32	Betriebssystemdateien (s. nächste Tabelle)
Tasks	Geplante Aufgaben
Temp	Temporärverzeichnis
twain_32	TWAIN-Schnittstelle für Scanner und Digitalkameras
Web	Hintergründe für den Desktop und die Webdarstellung von Verzeichnissen
WinSxS	Freigegebene Komponenten

Unterverzeichnisse im SYSTEM32-Verzeichnis

Verzeichnis	Bedeutung
1028...3076	Sprachdateien für zusätzliche Sprachen
CatRoot	Katalog- und Signaturdateien
CatRoot2	Katalog- und Signaturdateien
Com	COM-Objekte
config	Ereignisprotokoll und Registry
dhcp	Datenbank für DHCP-Dienst
DirectX	DirectX-Schnittstelle
dllcache	Sicherungsdateien für Windows-Dateischutz

Verzeichnis	Bedeutung
drivers	Installierte Gerätetreiber
export	Encrypting Pack-Installationsdateien
GroupPolicy	Gruppenrichtlinien
ias	**I**nternet **A**uthentication **S**ervice
icsxml	XML-Dateien zur Netzwerkkonfiguration
IME	Sprachdateien
inetsrv	Internet-Informationsdienste
Macromed	Flash-Plug-In für Internet Explorer
Microsoft	Kryptografiedaten
MsDtc	Microsoft Distributed Transaction Coordinator
mui	Mehrbenutzerschnittstellen
npp	Remote npp-Agent – Netzwerkmonitor
NtmsData	NTMS-Datenbank
oobe	Dateien für Aktivierung und Registrierung
ras	Scripts für **R**emote **A**ccess **S**ervice
ReinstallBackups	Sicherungsdateien von Treibern für die Neuinstallation
Restore	Systemwiederherstellung
Setup	Dateien für OC-Manager
ShellExt	Erweiterungen der Benutzeroberfläche
Spool	Spooler-Verzeichnis für Druckaufträge
usmt	Assistent zum Übertragen von Dateien und Einstellungen
wbem	Windows Management Instrumentation und Webbased Enterprise Management
wins	WINS-Datenbank

3. Hardwareeinrichtung und Konfliktbehebung

Jedes Gerät, ob im Computer eingebaut oder extern angeschlossen, kommuniziert mit der Windows-HAL über Gerätetreiber. Windows XP liefert für alle gängigen Hardwarekomponenten Treiber mit, sodass in vielen Fällen außer der automatischen Geräteerkennung nichts zu tun ist. Dabei muss nicht einmal wie in früheren Windows-Versionen die Original-CD eingelegt werden. Windows XP kopiert alle mitgelieferten Treiber bei der Installation als CAB-Datei *DRIVER.CAB* in das Verzeichnis *%systemroot%\Driver Cache\i386*. Etwa 12.000 verschiedene Geräte werden nach Microsoft-Angaben von Windows XP unterstützt, sodass theoretisch viele der Probleme früherer Windows-Versionen, die auf Schwierigkeiten mit einzelnen Hardwarekomponenten zurückzuführen waren, behoben sein sollten. Was ist zu tun, wenn eine Geräteinstallation nach diesem Standardschema nicht klappt? Antworten dazu finden Sie in diesem Kapitel. Außerdem finden Sie Hinweise zur Konfiguration von Druckern, Multimonitorbetrieb und RAID-Systemen. Seit Windows 2000 verwendet Microsoft ein neues Treibermodell für Gerätetreiber, WDM (**W**indows **D**river **M**odel). Damit sollen Probleme mit unsauber funktionierenden Gerätetreibern verhindert werden, weil Microsoft die bessere Kontrolle über die angebotenen Treiber hat.

3.1 Gerätetreiberzertifizierung

Microsoft zertifiziert Gerätetreiber und versieht sie mit einer digitalen Signatur. Diese Treiber werden dann auch zum Download auf der Windows Update-Webseite angeboten. Bevor ein Gerätetreiber hier aufgenommen wird, muss er den Microsoft WHQL (**W**indows **H**ardware **Q**uality **L**ab)-Test bestehen. Nur diese Treiber und die zugehörigen Geräte dürfen das Logo *Designed for Windows* tragen. Nähere Informationen zum WHQL finden Sie bei *www.microsoft.com/hwtest*. Die Windows XP-Hardwarekompatibilitätsliste, die unter *www.microsoft.com/hcl* ständig aktualisiert wird, enthält alle zertifizierten Geräte.

Da diese Tests Zeit und für den Hardwarehersteller auch Geld kosten, finden Sie Treiber oft erst sehr spät auf der Windows Update-Webseite. Auf den Webseiten der Hersteller gibt es meistens deutlich aktuellere Treiberversionen, die auch Zusatzfunktionen unterstützen, die die Treiber auf der Windows Update-Webseite noch nicht kennen. Die Signatur wird für jede Treiberversion neu vergeben. So kann es passieren, dass man einen nicht zertifizierten Treiber installiert hat und einige Wochen später die gleiche Treiberversion auf der Windows Update-Seite zum Download erscheint. Die Zertifizierung soll sicherstellen, dass keine Systemfunktionen durch den Treiber beeinträchtigt werden. Dies ist gerade bei Energiesparoptionen wie Ruhezustand und automatischem Herunterfahren bei vielen älteren Treibern problematisch.

Der Einsatz nicht zertifizierter Treiber kann also zu Instabilitäten führen. Allerdings sind die Treiber neuer oder seltener Hardware nur aus Zeit- oder Kostengründen oft nicht zertifiziert. In vielen Fällen bieten aktuelle, nicht zertifizierte Treiber zusätzliche Funktionen oder mehr Performance als die älteren zertifizierten Treiber. Prinzipiell laufen auch Windows 2000-Treiber und auch einige Windows NT-4-Treiber unter Windows XP. Hier fehlen manchmal spezielle Funktionen oder die Treiber sind nicht zertifiziert. Trotzdem bieten sie eine Lösung, wenn für ein Gerät kein Windows XP-Treiber vorliegt.

Überprüfung auf zertifizierte Treiber

Im Geräte-Manager können Sie überprüfen, ob ein Treiber signiert ist oder nicht. Klicken Sie doppelt auf ein Gerät, wird im folgenden Dialog auf der Registerkarte *Treiber* die Treiberversion und der Signaturgeber *Microsoft Windows Hardware Compatibility Publisher* angezeigt. Andere Signaturgeber sind bis jetzt von Microsoft nicht zugelassen.

Anzeige bei signiertem Treiber ... *... und bei nicht signiertem Treiber.*

Mit der Schaltfläche *Treiberdetails* finden Sie eine genaue Übersicht über alle Dateien, die für diesen Treiber installiert wurden. Hier können Sie für jede einzelne Datei die Signatur noch einmal genau überprüfen.

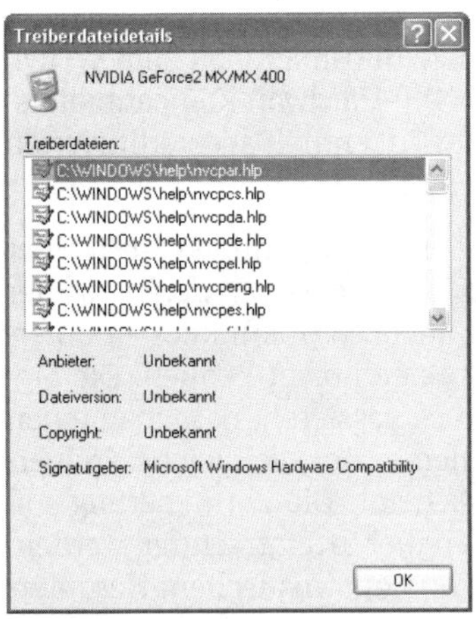

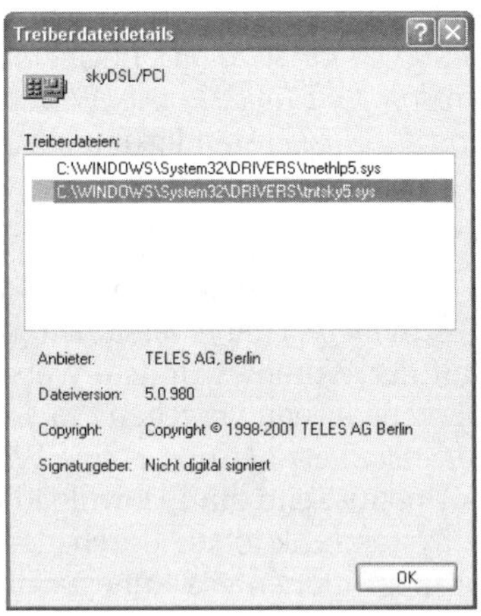

Treiberdetails bei signiertem ... *... und bei nicht signiertem Treiber.*

Dateisignaturverifizierung

Windows XP liefert noch ein spezielles Tool *SIGVERIF.EXE* zur Überprüfung von Signaturen an.

Damit werden nicht nur die Treiberdateien, sondern auch EXE- und DLL-Dateien gefunden, die mit bestimmten Geräten installiert werden.

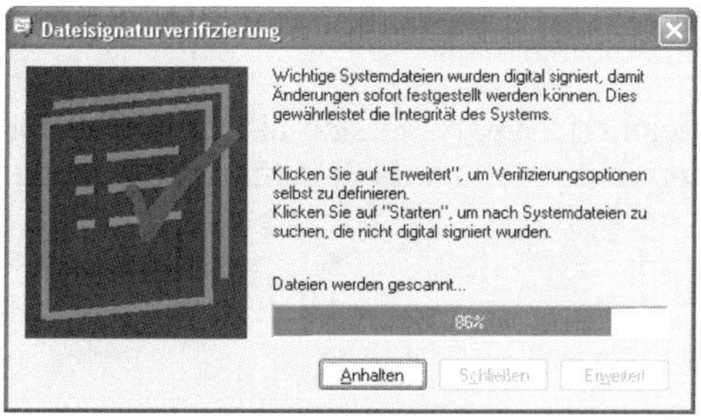

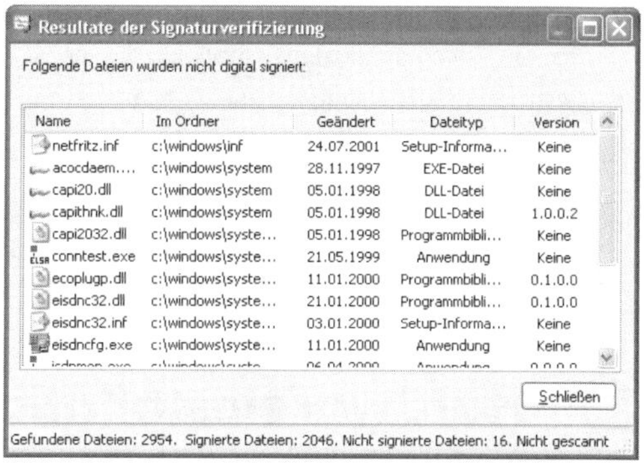

Das Programm zur Dateisignaturverifizierung.

Das Ergebnis der Dateisignaturverifizierung wird in der Datei *SIGVERIF.TXT* gespeichert.

Allerdings ist diese Datei im Vergleich zur Anzeige im Programmfenster sehr lang, da auch alle getesteten signierten Dateien enthalten sind, die vom Programm nicht direkt angezeigt werden.

Optionen zur Installation nicht zertifizierter Treiber

Standardmäßig warnt Windows XP beim Versuch, einen nicht zertifizierten Treiber zu installieren.

Diese Einstellung können Sie auch ändern. Klicken Sie dazu unter *Systemsteuerung/System* auf der Registerkarte *Hardware* auf die Schaltfläche *Treibersignierung*.

Einstellungen zur Installation nicht zertifizierter Treiber.

Warnung bei der Installation eines nicht zertifizierten Treibers.

Hier gibt es drei Möglichkeiten, wie beim Versuch, einen nicht zertifizierten Treiber zu installieren, vorgegangen werden soll.

Option	Vorgehensweise
Ignorieren	Die Installation nicht signierter Treiber wird zwar in der Datei *SETUPAPI.LOG* protokolliert, ist jedoch ohne Warnung möglich. Versucht man allerdings, einen signierten Treiber durch einen nicht signierten zu ersetzen, zum Beispiel durch einen neueren Treiber von der Webseite des Herstellers, erscheint trotzdem eine Warnmeldung.
Warnen	In der Standardeinstellung erscheint eine Warnmeldung beim Versuch, einen nicht zertifizierten Treiber zu installieren. Die Installation ist trotzdem möglich, obwohl Microsoft in der Meldung strengstens empfiehlt, die Installation abzubrechen.
Sperren	Eine Installation nicht signierter Treiber ist nicht möglich. Mit dieser Methode lassen sich Geräte, für die es keine signierten Treiber gibt, nicht installieren.

Diese Einstellung wird benutzerabhängig gespeichert. Wenn Sie sich als Administrator anmelden, können Sie mit dem Kontrollkästchen *Diese Aktion als Systemstandard festlegen* eine Vorgabe für alle Benutzer setzen.

3.2 Hardwareinstallation

In diesem Kapitel kann nicht jedes einzelne Problem mit einem bestimmten Gerät gelöst werden. Sie finden aber Hinweise, wie Windows XP die Treiberinstallation und Deinstallation regelt und wie die Unterstützung verschiedener Gerätetypen funktioniert, um so Fehler zu finden oder von vornherein auszuschließen.

Unterstützte Bus-Typen

Windows XP unterstützt zum Anschluss von Geräten alle gängigen Bustypen, die in PCs verwendet werden. Der alte Micro-Channel Bus älterer IBM PS/2-Systeme wird nicht mehr unterstützt.

PCI

Die meisten modernen Steckkarten werden über den PCI (**P**eripheral **C**omponent **I**nterconnect)-Bus angeschlossen. Dieses System ist komplett Plug & Play-fähig. Jeder moderne PC verfügt über mehrere dieser Steckplätze, die mit standardmäßig 33 MHz Bustakt deutlich schneller als das Vorgängersystem ISA sind. Theoretisch lässt die PCI-Spezifikation bis zu zehn Steckplätze in einem Computer zu. Die meisten modernen Motherboards haben zwischen vier und sechs PCI-Steckplätze.

ISA

Der ISA-Bus (**I**ndustry **S**tandard **A**rchitecture) ist noch ein Relikt aus alten Zeiten der ersten IBM-PCs. Mit Einführung des 80286 wurde das alte 8-Bit-Bussystem auf 16 Bit erweitert und seitdem nicht mehr verändert. Neuere ISA-Geräte sind bereits Plug & Play-fähig, auf älteren Karten mussten die Ressourcen manuell eingestellt werden. Windows XP unterstützt mit den eigenen Treibern nur Plug & Play-ISA-Karten. Viele nicht Plug & Play-fähige Karten funktionieren aber weiterhin mit Treibern der Hersteller, die für Windows NT/2000 geschrieben wurden. Die meisten modernen Motherboards haben aus Kompatibilitätsgründen nur noch einen ISA-Slot.

EISA

EISA (**E**xtended **I**ndustry **S**tandard **A**rchitecture) war der erste 32-Bit-Bus, der für Erweiterungskarten in PCs verwendet wurde. Die Steckplätze sind abwärtskompatibel, können also auch ISA-Karten aufnehmen. EISA ist heute inzwischen absolut unüblich, wird aber aus Kompatibilitätsgründen von Windows XP noch unterstützt.

AGP

AGP (**A**ccelerated **G**raphics **P**ort) ist ein speziell für schnelle Grafik entwickeltes Bussystem mit direktem Zugriff auf den Arbeitsspeicher. Dieser Bus wird von praktisch allen modernen Grafikkarten verwendet.

PCMCIA

PCMCIA ist ein Standard für Scheckkarten-große Steckkarten in Notebooks. Der Name stammt von der internationalen **P**ersonal **C**omputer **M**emory **C**ard **I**nternational **A**ssociation (*www.pcmcia.org*), einer Herstellervereinigung, die diesen Standard entwickelt hat. Man unterscheidet zwischen 16-Bit-PC-Cards und 32-Bit-CardBus-Karten. PCMCIA-Karten sind Plug & Play-fähig und können im laufenden Betrieb ein- und ausgebaut werden. Fast alle modernen Notebooks verfügen über ein oder zwei PCMCIA-Steckplätze. In Desktop-Computern ist der Anschluss von PCMCIA-Karten über spezielle PCI-Brückenkarten möglich.

SCSI

SCSI (**S**mall **C**omputer **S**tandard **I**nterface) ist ein paralleler Hochgeschwindigkeitsbus, der vor allem für schnelle Festplatten und andere Laufwerke wie CD-ROM, Brenner, externe Wechselmedien (JAZ, ZIP, Bandlaufwerke), aber auch für Scanner und Drucker verwendet werden kann. SCSI-Geräte werden über einen eigenen Controller angeschlossen, der sich entweder auf dem Motherboard befindet oder als PCI-Steckkarte angeschlossen wird. Seltener gibt es SCSI-Controller in PCMCIA- ISA- oder EISA-Bauform.

IEEE 1394 – FireWire

Dieses vom **I**nstitute of **E**lectrical and **E**lectronics **E**ngineers (*standards.ieee.org*) entwickelte Hochgeschwindigkeitsbussystem unterstützt Datenübertragungsraten bis 400 MBit/s. Windows XP unterstützt drei verschiedene IEEE 1394-Protokolle:

- SBP-2 für Speichergeräte, Scanner und Drucker. Datenübertragung als Blöcke.
- 61883 für Camcorder, DVD und Audio. Datenübertragung im Streaming-Verfahren.
- IP over 1394 für Netzwerklösungen. Datenübertragung per TCP/IP.

USB

USB (**U**niversal **S**erial **B**us) ist ein internationaler, vom USB-Forum (*www.usb.org*), das zurzeit aus mehreren Hundert Hardwareherstellern besteht, definierter Standard zur Datenübertragung mit bis zu 12 MBit/s. Dieses System bietet die Möglichkeit, bis zu 127 Geräte über ein einheitliches einfaches Stecksystem anzuschließen. Dabei kann der Bus über zusätzlich angeschlossene USB-Hubs von den meistens nur zwei oder vier Anschlussbuchsen an einem PC weiter aufgesplittet werden. USB-Hubs können auch in USB-Geräten integriert sein, die dann wiederum den Anschluss weiterer Geräte ermöglichen. Dabei dürfen höchstens fünf externe USB-Hubs hintereinander geschaltet werden.

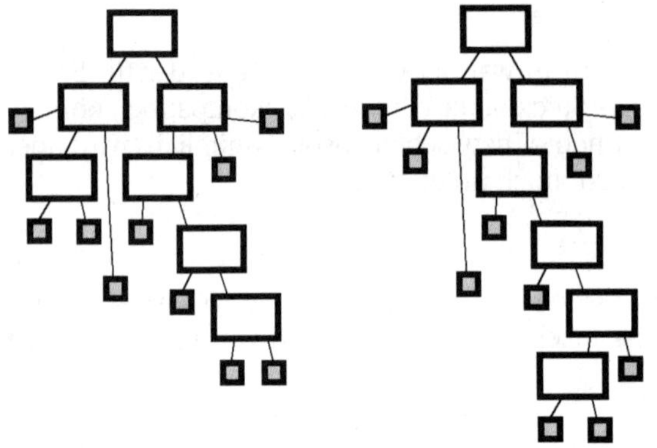

Links gültige USB-Konfiguration, rechts ungültige USB-Konfiguration.

USB-Geräte sind hot-plug fähig, sie können während des Betriebs an- und abgesteckt werden. Beim Anschluss erkennt Windows XP, ob eine integrierte Unterstützung vorhanden ist. Wenn nicht, wird der Benutzer automatisch aufgefordert, Treiber zu installieren. Diese bleiben installiert, werden aber automatisch deaktiviert, wenn das Gerät vom Computer getrennt wird.

USB-Geräte können über den USB-Bus mit Strom versorgt werden. Dabei können bis zu 100 mA Stromstärke direkt über den Bus entnommen werden. USB-Hubs mit externer Stromversorgung bieten an jeder USB-Buchse bis zu 500 mA. Geräte, die mehr Stromstärke brauchen, müssen extern mit Strom versorgt werden. Den Stromverbrauch, den ein angeschlossenes Gerät anmeldet, können Sie im Geräte-Manager in den Eigenschaften des USB-Hubs sehen.

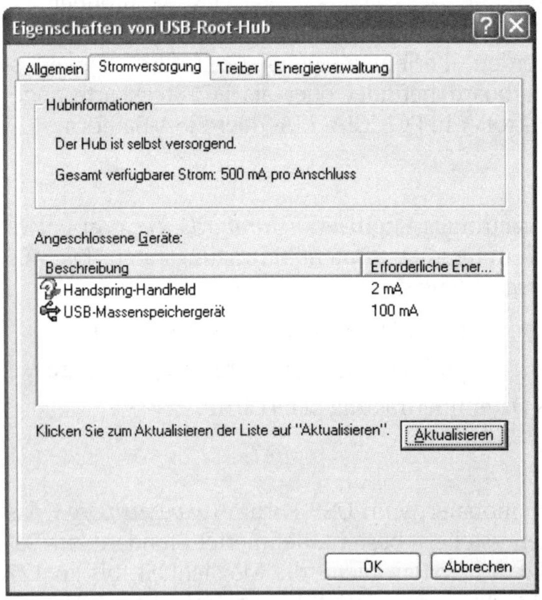

Stromverbrauch angeschlossener USB-Geräte.

Einzelne USB-Geräte können über mehrere Funktionen verfügen und werden dann vom Treiber automatisch als mehrere virtuelle Geräte im Geräte-Manager eingetragen. Dies gilt zum Beispiel für Kombigeräte mit Scanner und Drucker. Windows XP unterstützt alle vom USB-Forum konzipierte Geräteklassen. Nur USB-Netzwerkadapter müssen der speziellen Microsoft Remote **N**etwork **D**river **I**nterface **S**pecification (NDIS) entsprechen.

USB verwendet zwei verschiedene Datenübertragungsmodi:

- **Asynchroner Modus** - hier wird eine feste Bandbreite reserviert und auch garantiert. Die Datenübertragung wird per Handshaking kontrolliert.
- **Isochroner Modus** - höhere Übertragungsraten bis 12 MBit/s durch Verzicht auf Handshaking. Dieses Verfahren wird für die Übertragung von Streaming-Daten verwendet, wobei die Datenübermittlung nicht immer garantiert werden kann, sodass es zu Aussetzern kommen kann. Dafür wird insgesamt eine einheitliche Übertragungsrate eingehalten. Durch den isochronen Modus läuft bei Verwendung von USB-Soundkarten bei der Videowiedergabe der Ton manchmal nicht exakt mit dem Bild synchron.

Jedes USB-Gerät hat eine eigene Gerätebeschreibung zur Identifikation. Diese enthält folgende Komponenten:

- **Device Description** - Bezeichnung des Geräts im Klartext.
- **Vendor-ID** - Ziffernkennung, die den Hersteller identifiziert.
- **Produkt-ID** - Ziffernkennung, die einen Gerätetyp des Herstellers identifiziert.
- **Versionsnummer** - (optional) zur Auswahl des richtigen Treibers.
- **Seriennummer** - (optional) zur Unterscheidung bei mehreren gleichen Geräten. Liefert ein Hersteller Geräte mit identischen Seriennummern, können diese nicht gleichzeitig betrieben werden.

Installierte USB-Geräte legen in der Registry unterhalb von *HKEY_LOCAL_MACHINE\System\CurrentControlSet\ENUM\USB* Unterschlüssel an, die die Vendor-ID und Produkt-ID des Geräts enthalten. In diesen Schlüsseln sind die Konfigurationsparameter der Geräte gespeichert.

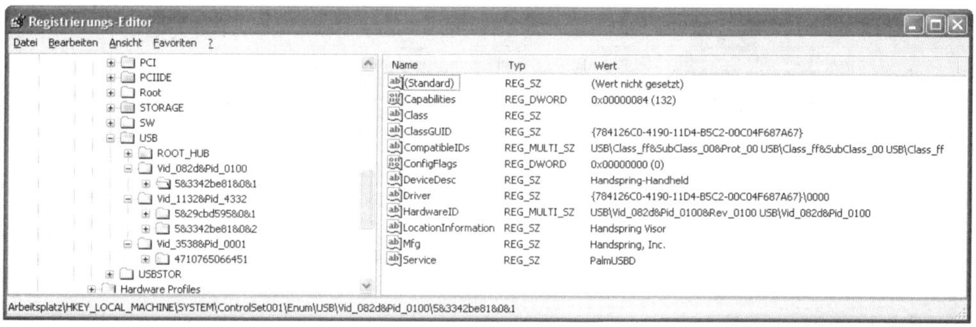

Registry-Einträge für USB-Geräte.

Verursacht ein USB-Gerät Fehler durch fehlerhafte Erkennung, löschen Sie den betreffenden Schlüssel, solange das Gerät nicht angeschlossen ist. Beim erneuten Anschluss wird es neu erkannt. Windows XP kann nicht wie sonst beim Anschluss eines bekannten USB-Geräts auf vorhandene Konfigurationsdaten zurückgreifen.

USB 2.0

USB 2.0 soll in Kürze den bisherigen USB-Standard 1.1 ablösen. Bis jetzt gibt es aber erst sehr wenig USB-2.0-Geräte. Der größte Vorteil von USB 2.0 ist die höhere Datenrate von bis zu 480 MBit/s gegenüber dem bisherigen Maximum von 12 MBit/s. Damit wird das System vor allem für digitale Videokameras, externe Festplatten und andere Geräte mit hohen Datendurchsatzraten interessant. Scanner und Drucker können bei gleicher Geschwindigkeit höhere Auflösungen und Farbtiefen verarbeiten. Außerdem kann USB 2.0 dann auch als Übertragungsmedium für Netzwerke eingesetzt werden.

USB 2.0 ist elektrisch und physikalisch abwärtskompatibel. Es werden also die gleichen Kabel und Stecksysteme verwendet, solange die Kabel abgeschirmt sind, was aber auch schon für die 12 MBit/s Übertragungsrate von USB 1.1 Voraussetzung ist. Vorhandene USB-Geräte können an USB-2.0-Hubs weiter betrieben werden, aber eben nur mit der alten Geschwindigkeit.

Plug & Play

Alle Geräte, die über Plug & Play erkannt werden, haben eine Gerätekennung, mit der das Gerät eindeutig identifiziert wird. Dazu besitzen sie meistens noch kompatible Kennungen für den Fall, dass kein passender Treiber vorhanden ist. Hier kann der Windows-Hardware-Assistent anhand der kompatiblen Kennungen einen anderen Treiber vorschlagen.

Eine ebenfalls auf dem Gerät vorhandene Vendor-ID identifiziert eindeutig den Gerätehersteller. Diese Vendor-IDs sind Hex-Ziffernkombinationen und werden von Microsoft an die Hersteller vergeben.

Die Kennungen aller installierten PCI-Geräte werden in der Registry in Unterschlüsseln unterhalb von *HKEY_LOCAL_MACHINE\SYSTEM\CurrentControlSet\Enum\PCI* abgelegt. Hier legt jeder Hersteller einen Unterschlüssel mit seiner Vendor-ID an und darunter Schlüssel für die einzelnen Geräte.

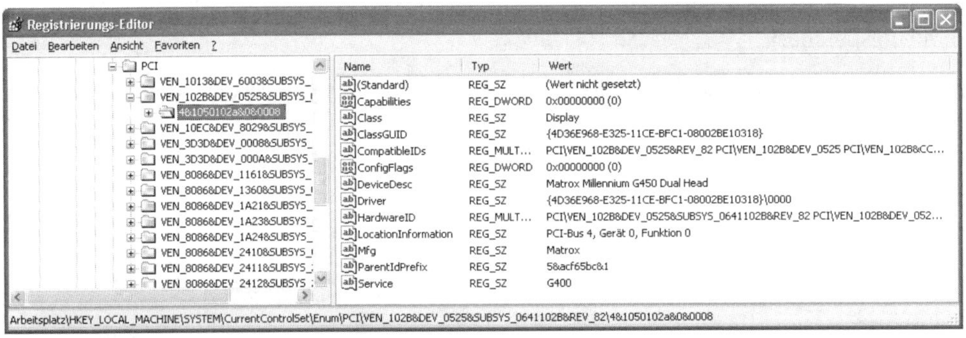

Gerätekennung in der Registry.

In den INF-Dateien, mit denen die Treiber installiert werden, stehen alle Gerätekennungen, mit denen der Treiber funktioniert. Viele Treiber werden heute für mehrere Gerätetypen eines Herstellers geschrieben. Die Gerätekennungen sind aber für jeden Typ eindeutig.

```
;
; Driver information
;

[Manufacturer]
%Matrox% = Matrox.Mfg

[Matrox.Mfg]
```

```
%Matrox% G400 AGP                          =G400,PCI\VEN_102B&DEV_0525&SUBSYS_B16F0E11
%Matrox% Marvel G400 AGP                   =G400,PCI\VEN_102B&DEV_0525&SUBSYS_3693102B
%Matrox% Millennium G400 DualHead Max      =G400,PCI\VEN_102B&DEV_0525&SUBSYS_217D102B
%Matrox% Millennium G400 DualHead          =G400,PCI\VEN_102B&DEV_0525&SUBSYS_2179102B
%Matrox% Millennium G400 DualHead          =G400,PCI\VEN_102B&DEV_0525&SUBSYS_2159102B
%Matrox% Millennium G400                   =G400,PCI\VEN_102B&DEV_0525&SUBSYS_19F8102B
%Matrox% Millennium G400                   =G400,PCI\VEN_102B&DEV_0525&SUBSYS_19D8102B
%Matrox% Millennium G400                   =G400,PCI\VEN_102B&DEV_0525&SUBSYS_0378102B
%Matrox% Millennium G400                   =G400,PCI\VEN_102B&DEV_0525&SUBSYS_0338102B
%Matrox% Millennium G450 Dual Head         =G400,PCI\VEN_102B&DEV_0525&SUBSYS_0541102B
%Matrox% Millennium G450 Dual Head         =G400,PCI\VEN_102B&DEV_0525&SUBSYS_0641102B
%Matrox% Millennium G450 Dual Head LE      =G400,PCI\VEN_102B&DEV_0525&SUBSYS_07C0102B
%Matrox% Millennium G450 Dual Head PCI     =G400,PCI\VEN_102B&DEV_0525&SUBSYS_0D41102B
```

Ausschnitt aus einer INF-Datei.

Das ActiveX-Control auf der Windows Update-Webseite erkennt anhand der Gerätekennungen, ob ein neuerer Treiber für ein Gerät vorliegt, und bietet diesen zum Download an. Das Gleiche gilt, wenn der vorhandene Treiber nur als kompatibler Treiber installiert wurde und auf der Windows Update-Webseite ein Treiber vorliegt, dessen Gerätekennung genauer mit dem installierten Gerät übereinstimmt.

Hier gibt es verschiedene Stufen der Übereinstimmung, nach der die Treiber gewählt werden. Signierte Treiber haben Vorrang vor nicht signierten und diese wiederum vor Treibern ohne auf Windows NT ausgerichtetem INF-Bereich, also älteren Windows 9x-Treibern. Daraus ergibt sich die folgende Reihenfolge für die Treiberauswahl, wenn mehrere Treiber zur Auswahl stehen:

- Signierter Treiber mit Hardwareübereinstimmung
- Signierter Treiber mit kompatibler Übereinstimmung
- Nicht signierter Treiber mit Hardwareübereinstimmung, mit Windows NT-INF-Bereich
- Nicht signierter Treiber mit kompatibler Übereinstimmung, mit Windows NT-INF-Bereich
- Nicht signierter Treiber mit Hardwareübereinstimmung, ohne Windows NT-INF-Bereich
- Nicht signierter Treiber mit kompatibler Übereinstimmung, ohne Windows NT-INF-Bereich

Probleme mit Umschaltern

Haben Sie über externe Hardwareumschalter Monitore oder Drucker an einen Computer mit Windows XP angeschlossen, kann es zu Problemen mit der Plug & Play-Erkennung kommen. Installieren Sie erst das eine Gerät, starten Sie dann den Computer in der anderen Schalterstellung neu und installieren Sie das zweite Gerät. Sollte es beim Umschalten immer noch zu Problemen können, müssen Sie auf Standardtreiber mit Basisfunktionalität zurückgreifen. Die bessere Lösung sind softwaregesteuerte Umschalter mit eigener Windows XP-Unterstützung.

Die Datei DRIVER.CAB

Alle bei Windows XP mitgelieferten Treiber einschließlich Hilfedateien und sonstiger Zusätze liegen in der Datei *DRIVER.CAB* im Verzeichnis *%systemroot%\Driver Cache\i386*. Diese komprimierte Datei belegt etwa 74 MByte auf der Festplatte. Ist sie nicht vorhanden, wird bei jeder Treiberinstallation nach der Original-Windows XP-CD gefragt. Da die Treiber bereits in einer CAB-Datei komprimiert sind, bringt eine weitere NTFS-Komprimierung dieses Verzeichnisses keine Vorteile.

Sie können in dieser Datei allerdings Treiber, die Sie mit Sicherheit nie benötigen, entfernen. Haben Sie Treiber für spezielle Geräte installiert, die Sie für eventuelle Änderungen an der Systemkonfiguration immer verfügbar haben wollen, kopieren Sie diese in das *%systemroot%\Driver Cache\i386*-Verzeichnis. Sie werden dort vom Hardware-Assistenten automatisch gefunden.

Gerätehersteller nicht bekannt

Das erste Problem bei der Installation älterer Geräte ist oftmals, dass der genaue Hersteller nicht mehr bekannt ist. In solchen Fällen können Sie anhand der FCC-ID (**F**ederal **C**ommunications **C**ommission) bei *www.fcc.gov/oet/fccid* den Hersteller finden. Diese FCC-ID ist eine eindeutige Kennung aller in den USA zugelassener elektronischer Geräte, die im Betrieb elektromagnetische Frequenzen abstrahlen können, vergleichbar mit der BZT-Nummer (**B**undesamt für **Z**ulassungen in der **T**elekommunikation – früher: FTZ) in Deutschland. Da fast jede Computerkomponente für den Betrieb in den USA zugelassen wird, haben die meisten Geräte eine FCC-ID aufgedruckt.

Treibersuchrichtlinie

Lässt man bei der Installation eines neuen Geräts Windows XP automatisch nach Treibern suchen, werden die Festplatte, das Diskettenlaufwerk, das CD-ROM-Laufwerk und die Windows Update-Webseite nach neuen Treibern durchsucht.

Mithilfe einer Gruppenrichtlinie können einzelne dieser Suchläufe ausgeschaltet werden. Aktivieren Sie mit dem Gruppenrichtlinien-Editor *GPEDIT.MSC* dazu die Richtlinie *Treibersuchpfade konfigurieren*. Sie finden diese Richtlinie unter *Benutzerkonfiguration\Administrative Vorlagen\System*.

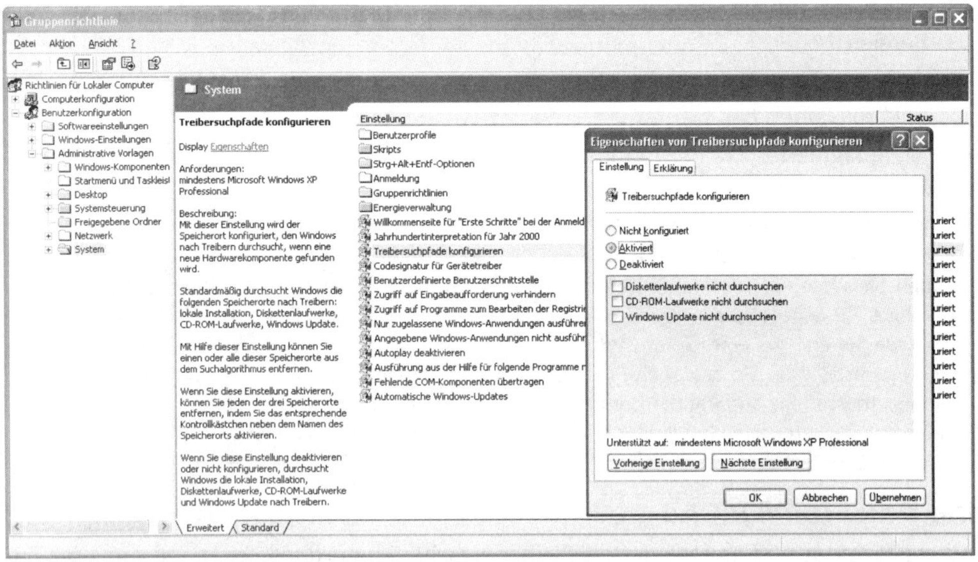

Gruppenrichtlinie zum Abschalten bestimmter Treibersuchpfade.

Nähere Informationen zu Gruppenrichtlinien finden Sie in Kapitel 8.5 ab Seite 474.

Der Geräte-Manager

Der Geräte-Manager, der über *Systemsteuerung/System* oder über die Computerverwaltung aufgerufen werden kann, ist die zentrale Komponente zur Verwaltung der angeschlossenen Hardware. Hier bekommen Sie einen Überblick nach Geräteklassen oder belegten Ressourcen. Außerdem können Sie Geräte entfernen, deaktivieren, Treiber aktualisieren und Ressourcen ändern.

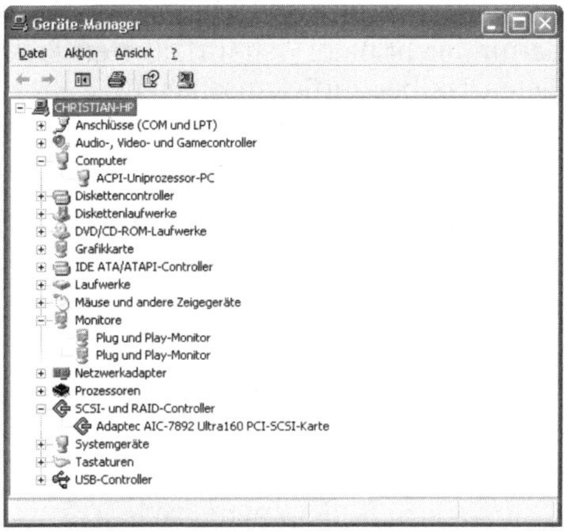

Geräte-Manager-Ansicht Geräte nach Typ.

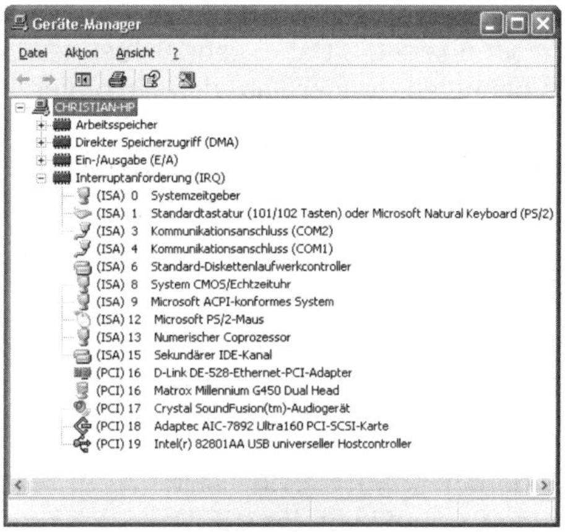

Geräte-Manager-Ansicht Ressourcen nach Typ.

Geräte, die nicht Plug & Play-fähig sind, und Geräte, die zurzeit nicht angeschlossen sind, zu denen aber Treiber installiert wurden, werden standardmäßig im Geräte-Manager nicht angezeigt. Diese sehen Sie nur, wenn Sie im Menü *Ansicht/Ausgeblendete Geräte anzeigen* aktivieren. Möchten Sie standardmäßig immer alle ausgeblendeten Geräte anzeigen, gehen Sie folgendermaßen vor:

1 Klicken Sie auf der Registerkarte *Erweitert* unter *Systemsteuerung/System* auf *Umgebungsvariablen.*

2 Klicken Sie im Bereich *Benutzervariablen* auf *Neu* und legen Sie dort eine Variable mit dem Namen *DEVMGR_SHOW_NONPRESENT_DEVICES* und dem Wert 1 an.

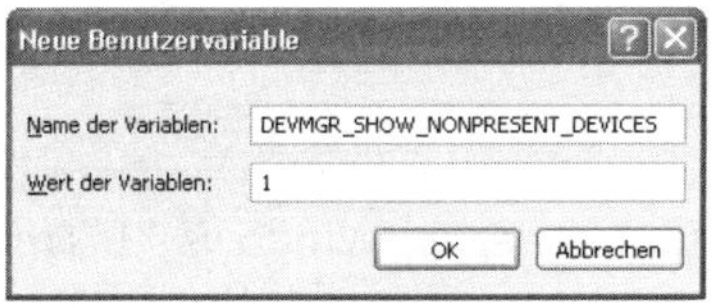

Die neue Umgebungsvariable.

Umgebungsvariablen in der Systemsteuerung/System.

Nach dem nächsten Neustart werden automatisch ausgeblendete Geräte im Geräte-Manager angezeigt.

Driver Rollback

Driver Rollback ist eine Funktion in Windows XP, den zuletzt verwendeten Treiber wieder zu verwenden, wenn ein neu installierter Gerätetreiber Probleme verursacht. Die dazu verwendete Schaltfläche auf der Registerkarte *Treiber* in den Eigenschaften eines Geräts im Geräte-Manager wurde in der deutschen Version etwas ungeschickt mit *Installierter Treiber* übersetzt. Dabei geht es hier gerade darum, nicht mehr den installierten Treiber zu benutzen, sondern auf den zuvor verwendeten Treiber zurückzuschalten.

Neuinstallation von Problemgeräten

Kam es bei der Installation eines Geräts zu schwer wiegenden Problemen, dass zum Beispiel der Computer nach der Treiberinstallation nicht mehr bootet, gehen Sie folgendermaßen vor.

1. Bauen Sie das Gerät aus und starten Sie den Computer neu.
2. Entfernen Sie im Geräte-Manager das fehlerhafte Gerät. Wird es nicht angezeigt, wählen Sie im Menü *Ansicht/Ausgeblendete Geräte anzeigen*.
3. Entfernen Sie in der Registry den PCI-Schlüssel dieses Geräts. Die genaue Bezeichnung finden Sie in der INF-Datei des Treibers. Vergewissern Sie sich genau, dass Sie das richtige Gerät entfernen. Sollte sich der Registry-Schlüssel nicht entfernen lassen, müssen Sie sich zuerst über den Menüpunkt *Bearbeiten/Berechtigungen* Vollzugriff auf den Schlüssel geben.
4. Löschen Sie außerdem auch noch die zugehörige INF-Datei aus dem Verzeichnis *%systemroot%\inf* sowie die gleichnamige PNF-Datei, wenn vorhanden. Welche INF-Datei zu dem jeweiligen Gerät gehört, finden Sie durch Vergleich mit den vom Hersteller gelieferten Treiberdateien. Dies gilt nur für Treiber von Herstellern, nicht für die Original-Windows XP-Treiber von Microsoft. Lassen Sie deren INF-Dateien unberührt.
5. Besorgen Sie sich jetzt einen neuen Treiber und installieren Sie das Gerät neu.

Dieses Problem tritt häufig bei Netzwerk- und ISDN-Karten auf, wenn ältere Treiber verwendet werden, die nicht für Windows XP geschrieben wurden. Hier hilft eine einfache Neuinstallation des aktuellen Treibers nicht. Würde man das Gerät im Geräte-Manager entfernen, ohne die Registry-Schlüssel zu löschen, würde Windows XP es immer wieder falsch zuordnen.

Fehlerprotokoll

Windows XP legt ein ausführliches Protokoll aller Geräteinstallationen an. Dort finden Sie auch aufgetretene Fehlermeldungen und Warnungen über nicht zertifizierte Treiber. Diese Protokolldatei *SETUPAPI.LOG* finden Sie im Windows-Verzeichnis.

Treiberschutz

Lässt sich ein Treiber nicht installieren, liegt dies am integrierten Windows XP-Treiberschutz. Microsoft möchte damit verhindern, dass bestimmte Treiber das System beschädigen.

Dazu wird bei jedem Besuch der Windows Update-Webseite eine verschlüsselte Datenbank mit einigen Treibernamen und Versionsnummern heruntergeladen, die nach Microsofts Meinung das System beschädigen. Diese Datenbank kann vom Benutzer nicht manipuliert werden.

Wird ein solcher Treiber versucht zu installieren, blockiert ihn das System. Bei Treibern, die über eigene Setup-Routinen installiert werden, erfolgt die Sperrung beim Neustart. In der Taskleiste erscheint ein Symbol, das auf den Treiberschutz hinweist und einen Link auf eine Webseite bietet, auf der es möglicherweise aktualisierte Treiber für dieses Gerät gibt.

Unbekannte Geräte

Seit Windows 95 gibt es das Problem, dass im Geräte-Manager unbekannte Geräte mit einer gelben Markierung auftauchen. Diese Einträge müssen nicht unbedingt problematisch sein, können aber zu Instabilitäten oder Konflikten mit vorhandenen Geräten führen oder in manchen Fällen die System-Performance nachteilig beeinflussen.

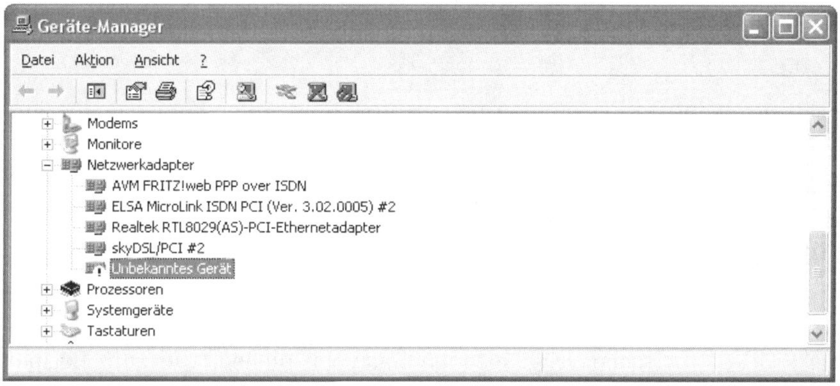

Unbekanntes Gerät im Geräte-Manager.

Für dieses Problem gibt es keine Musterlösung, da es vielfältige Ursachen haben kann. Wir geben Ihnen hier Hilfestellungen für die häufigsten Ursachen dieser Meldung.

USB-Geräte

Wurde bei der Installation des Geräts kein Treiber für ein Gerät gefunden, erscheint es als unbekanntes Gerät im Geräte-Manager ganz oben unter *Andere Geräte*. Dieser Fehler tritt häufig bei USB-Geräten auf, die zwar automatisch erkannt werden, allein mit den mitgelieferten Treibern für USB aber nicht funktionieren.

Normalerweise sollte so ein Gerät dann automatisch eine zusätzliche Software des Herstellers anfordern, was aber in der Praxis nicht immer passiert. Dieses Problem kann auch auftreten, wenn das Gerät unter einer früheren Windows-Version problemlos lief. Starten Sie in so einem Fall manuell das Installationsprogramm des Geräteherstellers.

Erscheint das unbekannte Gerät nur so lange, wie das USB-Gerät angeschlossen ist, und verschwindet wieder, wenn man das USB-Gerät trennt, ist das Gerät für eine ältere USB-Spezifikation eingerichtet. In diesem Fall hilft nur ein Firmwareupgrade des Geräts, da die Firmware beim Anschließen eines Geräts an den USB-Port an Windows XP eine Produkt-ID und Vendor-ID übermitteln muss.

Windows 9x-Treiber

Wenn ein Gerätehersteller in den Installationsdateien für die Treiber nicht sauber zwischen Windows 9x- und Windows NT/2000-Treibern unterscheidet, kann es passieren, dass Windows XP versucht, ein Gerät mit alten VxD-Treibern zu installieren, die von Windows XP nicht mehr unterstützt werden.

Besorgen Sie sich in diesem Fall aktuelle Treiber und löschen Sie dann das unbekannte Gerät. Installieren Sie danach mit dem Hardware-Assistenten die neuen Treiber.

Fehlerhafte Treiber können Sie im Systeminformationsprogramm unter *Komponenten/ Problemgeräte* finden. Hier erscheint die Meldung:

- *Gerätename | ROOT\UNKNOWN\0000*

Nicht erkannte Geräte-ID

Erkennt Windows XP über Plug & Play keine Geräte-ID, erscheint das Gerät als unbekanntes Gerät im Geräte-Manager. Dies kommt nur bei sehr seltenen oder defekten PCI-Karten oder bei inkompatiblen Motherboards vor. Einige ältere ISA-Plug & Play-Karten bewirken den gleichen Fehler. In solchen Fällen müssen Sie die passenden Treiber manuell installieren.

In so einem Fall erscheint im Systeminformationsprogramm unter *Komponenten/Problemgeräte* eine der folgenden Meldungen:

- **PCI-PNP-Gerätekennung**: *Gerätename | PCI\ VEN_00000&DEV_0000&SUBSYS_00000000&REV_00\0&0000*
- **ISA-PnP-ID**: *Gerätename | ?\PNP0000\0*

Brücken

Geräte, die als Brücken zwischen verschiedenen Bustypen dienen, wie zum Beispiel SCSI-Controller am Parallelport für externe Laufwerke, erstellen in bestimmten Konstellationen ebenfalls unbekannte Geräte. Hier verweist Microsoft auf die Gerätehersteller, die für Windows XP neue Treiber liefern müssen.

Virtuelle Geräte

Manche Programme legen virtuelle Geräte an, wie zum Beispiel virtuelle Modems zur ISDN-Kommunikation oder virtuelle Drucker für Fax oder zur Ausgabe bestimmter Dateiformate. Sind diese Programme nicht zu Windows XP kompatibel, kann es hier zu Problemen kommen.

Überprüfen Sie das Ereignisprotokoll auf Fehler beim Systemstart. Hier finden Sie in den meisten Fällen Hinweise, wenn ein virtuelles Gerät nicht gestartet werden konnte.

Um sicherzugehen, dass es sich bei einem unbekannten Gerät um Software handelt, starten Sie den Computer im abgesicherten Modus. Drücken Sie dazu während des Bootvorgangs die Taste [F8]. Wird das Gerät jetzt nicht mehr im Geräte-Manager angezeigt, handelt es sich mit großer Wahrscheinlichkeit um ein virtuelles Gerät. In diesen Fällen liegt das Problem nicht am eigentlichen Treiber, sondern an der mit dem Gerät installierten Zusatzsoftware, die nicht zu Windows XP kompatibel ist.

Das Problem unbekannter Geräte tritt häufig bei ISDN-Karten auf, wenn diese aus- und wieder eingebaut werden, ohne dass sie sauber deinstalliert wurden. Beim erneuten Einbau wird zwar die Karte erkannt und die Kartentreiber installiert. Allerdings erscheinen die zusätzlichen Treiber wie zum Beispiel der Netzwerktreiber für NDIS-WAN als unbekanntes Gerät. Installieren Sie hier den betreffenden Treiber manuell und wählen Sie dabei im Hardwareupdate-Assistenten die Option *Nicht suchen, sondern den zu installierenden Treiber selbst wählen*. Die Automatik kann nur das physikalische Gerät anhand der Plug & Play-Gerätekennung erkennen. Die weiteren Treiber für virtuelle Geräte muss die Software dazu installieren.

3.3 Sonderfall APM/ACPI

In früheren Computergenerationen haben Hersteller verschiedene eigene Konzepte zu Energiesparfunktionen entwickelt. Besonders wichtig ist die Einsparung von Strom bei batteriebetriebenen Notebooks, um die nutzbare Zeit mit einer Akkuladung zu verlängern. 1998 einigten sich einige führende Hersteller - Compaq, Intel, Microsoft, Phoenix und Toshiba - auf den ersten gemeinsamen ACPI-Standard (**A**dvanced **C**onfiguration and **P**ower **I**nterface) für intelligentes Energiemanagement in Kombination von Hardware-, Software- und BIOS-Funktionen. Ausführliche Informationen zu ACPI und die offiziellen Spezifikationen finden Sie bei *www.acpi.info*.

Damit ACPI problemlos funktioniert, muss es von allen beteiligten Komponenten unterstützt werden: BIOS, Motherboard, Grafikkarte, Monitor, Festplatte und Betriebssystem. ACPI ist die Voraussetzung für den Stand-by-Modus oder das Ein- und Ausschalten eines Computers über die Tastatur. Außerdem greift ACPI tief in die Steuerung und Ressourcenzuweisung für Plug & Play-Geräte ein.

Windows XP überprüft während des textbasierten Teils der Installation das BIOS des Computers und vergleicht es mit einer internen Liste gültiger ACPI-BIOS-Versionen. Diese Liste steht im Abschnitt *[GoodACPIBios]* in der Datei *TXTSETUP.SIF* auf der Original-CD. Dazu gibt es noch einen Abschnitt *[BadACPIBios]* mit BIOS-Versionen, die ACPI nicht oder nicht korrekt unterstützen. Außerdem enthält diese Datei noch einen Abschnitt *[ACPIOptions]*, in dem festgelegt wird, wie sich das Installationsprogramm verhalten soll:

```
[ACPIOptions]
ACPIEnable = 2
ACPIBiosDate = 01,01,1999
```

Je nach Einstellung des Parameters *ACPIEnable* gibt es drei verschiedene Verhaltensweisen:

ACPIEnable	Beschreibung
0	ACPI wird bei der Installation deaktiviert.
1	ACPI wird aktiviert, wenn ein ACPI-BIOS vorhanden ist, unabhängig von den Einträgen in der Datei *TXTSETUP.SIF*.
2	In diesem Fall wird anhand der Einträge in der Datei *TXTSETUP.SIF* entschieden.

Im voreingestellten Fall *ACPIEnable = 2* werden drei Kriterien überprüft:

- Steht das BIOS in der Liste *[BadBIOS]*, wird der Computer als nicht ACPI-fähig eingestuft.

- Steht das BIOS nicht in der Liste *[BadBIOS]*, wird das Datum mit dem Parameter *ACPIBiosDate* verglichen. Ist das BIOS neuer, wird es als ACPI-fähig eingestuft.
- Ist das BIOS älter, als der Parameter *ACPIBiosDate* angibt, wird das BIOS in der Liste *[GoodBIOS]* gesucht. Ist es hier eingetragen, wird es als ACPI-fähig eingestuft, andernfalls nicht.

APM

APM (**A**dvanced **P**ower **M**anagement) ist ein älterer Standard zur Energieverwaltung auf Notebooks. Hier geht es im Wesentlichen um die Überwachung der Batterien, das Wechseln in den Stand-by-Modus nach einer gewissen Inaktivitätszeit und das Versetzen des Computers in den Ruhezustand, bevor die Batterien ganz leer sind.

APM wird von Windows XP weiterhin unterstützt. Desktop-Computer unterstützen diesen Standard nicht.

APM muss vom BIOS des Computers unterstützt werden und dort auch aktiviert sein. Wenn APM während der Installation von Windows XP nicht aktiviert ist, werden die Dateien zur APM-Unterstützung (*NTAPM.SYS* und *APMBATT.SYS*) auch nicht installiert.

Damit die APM-Unterstützung in Windows XP funktionieren kann, müssen Sie im BIOS die eigenen Zeitlimits des Computers zum Ausschalten von Festplatte und Bildschirm deaktivieren oder auf den maximal möglichen Wert setzen. Nur so kann Windows XP diese Funktionen betriebssystemintern verwalten.

Überprüfung der APM-Kompatibilität

Mit dem Befehl *APMSTAT* aus den Windows XP-Support-Tools können Sie überprüfen, ob ein älteres Notebook APM-kompatibel ist. Bei neueren ACPI-Geräten erscheint diese Meldung:

```
This is an ACPI machine, APM is NOT relevent on this machine
```

Wenn Windows XP bei der Installation ein APM-kompatibles BIOS gefunden hat, erscheint unter *Systemsteuerung/Energieoptionen* eine zusätzliche Registerkarte *APM*.

Windows XP geht dabei immer von der APM-Version 1.2 aus. Unterstützt das BIOS nur ältere APM-Versionen, kann es passieren, dass Windows XP die APM-Funktionalität trotzdem installiert, es aber im Betrieb zu Problemen kommt. Deaktivieren Sie hier unter *Systemsteuerung/Energieoptionen* die APM-Unterstützung so lange, bis Sie vom Hersteller ein BIOS-Update mit APM-1.2-Kompatibilität bekommen haben.

ACPI-Energieoptionen

Windows XP bietet eine breite Unterstützung von ACPI-Funktionen. So gibt es verschiedene Stadien zwischen dem Normalbetrieb und dem wirklich ausgeschalteten stromlosen Zustand:

- **Normalbetrieb** – alle Komponenten laufen normal und stehen jederzeit zur Verfügung.
- **Bildschirm/Festplatten ausschalten** – diese Geräte können unabhängig voneinander ausgeschaltet werden und werden bei Bedarf automatisch wieder aktiviert.

- **Stand-by-Modus** – Bildschirm und Festplatten werden ausgeschaltet, der Prozessor wird in einen Energie sparenden Zustand versetzt. Bei Bedarf wird das System sehr schnell wieder aktiviert.
- **Ruhezustand** – hier wird der komplette Inhalt des Arbeitsspeichers auf die Festplatte gespeichert und der Computer ausgeschaltet. Wird er wieder eingeschaltet, wird der Arbeitsspeicherinhalt wiederhergestellt, sodass man sich an der gleichen Stelle wie vor dem Ruhezustand befindet.
- **Ausschalten** – selbst beim Ausschalten bleibt ein ACPI-fähiger Computer noch minimal im Hintergrund aktiv, sodass er durch einen Softswitch am Gehäuse oder an der Tastatur wieder eingeschaltet werden kann.
- **Stromlos** – um einen modernen Computer stromlos zu schalten, müssen Sie wirklich den Schalter an der Rückseite des Netzteils betätigen oder den Netzstecker ziehen. Moderne Notebooks lassen sich gar nicht mehr komplett stromlos schalten.

Die Einstellungen zur Energieverwaltung finden Sie unter *Systemsteuerung/Energieoptionen*. Dafür können verschiedene Energieschemata definiert werden. Die Einstellungsdialoge unterscheiden sich bei einem stationären Computer und einem Notebook.

Energieoptionen auf einem stationären Computer.

Energieoptionen auf einem Notebook.

In beiden Fällen sind verschiedene Energieschemata vorgegeben, die auch beliebig geändert werden können.

Bei Notebooks können unterschiedliche Zeiten angegeben werden, je nachdem, ob das Notebook an einer externen Stromversorgung hängt oder mit Batterie betrieben wird.

Energie-schema	Verwendung	Monitor ausschalten Netzbetrieb Batterie	Festplatten ausschalten Netzbetrieb Batterie	Stand-by Netzbetrieb Batterie	Ruhezustand Netzbetrieb Batterie
Desktop	Stationärer Normalbetrieb	1 Std. 5 Min.	Nie 10 Min.	Nie 5 Min.	Nie 20 Min.
Tragbar/ Laptop	Notebook	15 Min. 5 Min.	30 Min. 5 Min.	20 Min. 20 Min.	3 Std. 2 Std.

Energieschema	Verwendung	Monitor ausschalten Netzbetrieb Batterie	Festplatten ausschalten Netzbetrieb Batterie	Stand-by Netzbetrieb Batterie	Ruhezustand Netzbetrieb Batterie
Präsentation	Unbeaufsichtigte Präsentationen, bei denen der Bildschirm dauernd laufen muss	Nie Nie	Nie 5 Min.	Nie 15 Min.	Nie 2 Std.
Dauerbetrieb	Langwierige unbeaufsichtigte Rechenvorgänge	20 Min. 15 Min.	Nie 30 Min.	Nie Nie	Nie Nie
Minimaler Energieverbrauch	Möglichst geringer Gesamtenergieverbrauch	15 Min. 5 Min.	Nie 15 Min.	Nie 5 Min.	Nie 3 Std.
Minimale Batteriebelastung	Lange Batterielebensdauer	15 Min. 1 Min.	Nie 3 Min.	20 Min. 2 Min.	45 Min. 1 Std.

Die voreingestellten Energieschemata, bei denen die Zeit bis zum Stand-by-Modus kürzer ist als die Zeit bis zum Ausschalten der Festplatte, ergeben keinen Sinn, da es hier nie zum alleinigen Ausschalten der Festplatte kommt.

Dabei kann gerade bei modernen Notebooks, die mit reichlich Arbeitsspeicher ausgestattet sind, ein Ausschalten der Festplatte viel Strom sparen.

Wenn die Programme einmal geladen sind, kann im Arbeitsspeicher weitergearbeitet werden, solange die Auslagerungsdatei nicht gebraucht wird.

Erweiterte Optionen

ACPI-Funktionen können nicht nur zeitgesteuert, sondern auch durch bestimmte Schalter am Computer oder an der Tastatur sowie durch das Zuklappen eines Notebooks ausgelöst werden.

Welche Funktion bei welchem Ereignis ausgelöst wird, können Sie unter *Systemsteuerung/Energieoptionen* auf der Registerkarte *Erweitert* festlegen.

Je nachdem, welche Schalter der Computer verwendet, werden hier mehr oder weniger Auswahllisten angezeigt.

Windows XP unterstützt hier wesentlich mehr gerätespezifische Funktionen als frühere Windows-Versionen, sodass sich das ACPI-Verhalten eines Computers beim Update verändern kann.

Welche ACPI-Geräte ein Computer unterstützt, sehen Sie in der Liste der Systemgeräte im Geräte-Manager. Diese kann vom einfachen ACPI-Schalter bis zu Deckeln, Lüftern, speziellen Tasten an der Tastatur und Thermofühlern im Gerät reichen.

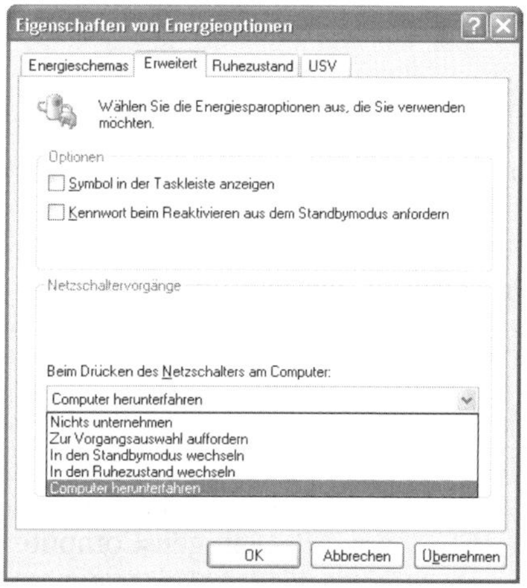

Netzschaltervorgänge auf einem einfachen ACPI-Computer.

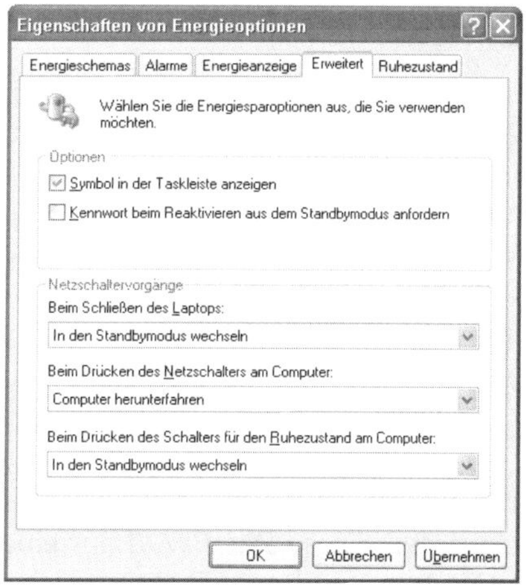

Netzschaltervorgänge auf einem ACPI-Notebook.

Aktivieren Sie auf Notebooks das Batterie-Symbol in der Taskleiste. So haben Sie immer einen Überblick über den aktuellen Batteriestand. Viele Notebooks bieten auch die Möglichkeit, optisch oder akustisch zu warnen, wenn die Batterie schwach wird.

Über die Registerkarte *Alarm* können bei niedrigem Batteriestand bestimmte Programme ausgeführt werden - wie zum Beispiel ein kontrolliertes Abmelden bei Netzwerkanmeldungen oder das Abschalten unwichtiger Geräte, um noch genügend Strom für das Sichern der Ruhezustandsdatei zu haben.

Notebooks in Flugzeugen

Beim Start und bei der Landung von Verkehrsflugzeugen müssen Notebooks komplett ausgeschaltet sein. Hier reicht nicht der Stand-by-Modus, da der Prozessor weiterhin läuft. Dessen Taktfrequenz kann hochfrequente Störungen in der Bordelektronik verursachen. Schalten Sie den Computer also immer wirklich aus oder versetzen Sie ihn in den Ruhezustand, wenn Sie später an der gleichen Stelle weiterarbeiten wollen. Auch im Ruhezustand kann der Prozessor und das Bussystem stromlos geschaltet werden. Die Daten liegen nur noch auf der Festplatte.

Intel SpeedStep

Die Prozessoren der Mobile Pentium III-Serie von Intel, die in vielen modernen Notebooks verwendet werden, unterstützen mit der SpeedStep-Technologie einen speziellen Stromsparmodus. Hier wird unterschieden, ob das Notebook am Stromnetz oder über Batterie betrieben wird. Bei Batteriebetrieb werden die Prozessoren automatisch um etwa 20 % heruntergetaktet, brauchen dann aber nur noch die Hälfte der Leistung.

Der Prozessor wird dabei nicht zurückgesetzt und die Taktfrequenz des Systembus bleibt unverändert. Genaue Tabellen finden Sie bei *www.intel.com/support/processors/mobile/pentiumiii/ss.htm*.

Frühere Windows-Versionen brauchten zur Unterstützung der SpeedStep-Technologie spezielle Treiber. Windows XP hat die nötigen Funktionen integriert. Installieren Sie also keine SpeedStep-Treiber, da diese nur zu Inkompatibilitäten führen.

Ruhezustand

Im Ruhezustand, auch als Hibernate-Modus bezeichnet, kann ein Computer stromlos geschaltet werden, ohne dass Daten verloren gehen. Der komplette Inhalt des Arbeitsspeichers wird auf die Festplatte gespeichert und kann von dort später wiederhergestellt werden. Nach der Rückkehr aus dem Ruhezustand findet man sich also an genau der gleichen Stelle wieder wie vor dem Aktivieren des Ruhezustands. Dies gilt auch für Arbeiten an geöffneten Dateien, die vom jeweiligen Programm noch nicht gesichert wurden, sondern nur im Arbeitsspeicher vorhanden waren.

Für den Ruhezustand wird auf der Festplatte genauso viel freier Speicherplatz benötigt, wie RAM installiert ist. Das Speicherabbild wird in der Datei *HIBERFIL.SYS* auf dem Systemlaufwerk abgelegt. Diese Datei hat die Attribute *Versteckt* und *System*, kann also nicht auf eine andere Partition oder ein anderes Verzeichnis verschoben und auch nicht defragmentiert werden. Diese Datei wird auf einem ACPI- oder APM-fähigen Computer bei der Installation von Windows XP automatisch in voller Größe des RAM angelegt, sodass der Speicherplatz reserviert ist und die Gefahr der Fragmentierung verringert wird.

Welche Ereignisse den Ruhezustand einleiten sollen, bestimmte Tasten, schwache Batterie oder längere Inaktivität, legen Sie unter *Systemsteuerung/Energieoptionen* fest. Hier können Sie den Ruhezustand, wenn Sie ihn nie verwenden, auf der Registerkarte *Ruhezustand* auch ganz deaktivieren. Damit wird automatisch die Datei *HIBERFIL.SYS* gelöscht und der belegte Festplattenplatz freigegeben.

Möchten Sie später den Ruhezustand wieder verwenden, defragmentieren Sie zuerst das Systemlaufwerk, bevor Sie unter *Systemsteuerung/Energieoptionen* den Ruhezustand wieder aktivieren.

Befindet sich ein Notebook im Stand-by-Modus und wird dabei der Ladezustand der Batterie kritisch, weckt Windows XP den Computer automatisch auf, um ihn dann in den Ruhezustand zu versetzen. Damit werden auf jeden Fall alle Daten auf der Festplatte abgelegt, auch wenn Programme noch geöffnete Dateien haben oder sich noch nicht gespeicherte Daten im Cache befinden.

Probleme mit APM/ACPI

Damit ACPI funktionieren kann, muss es von jedem angeschlossenen Gerät unterstützt werden. Bevor ein Computer in den Stand-by-Modus oder den Ruhezustand versetzt wird, werden alle Gerätetreiber darauf überprüft, welche Stromsparfunktionen sie unterstützen. Verhindert ein Gerät den Ruhezustand, wird eine entsprechende Meldung ausgegeben:

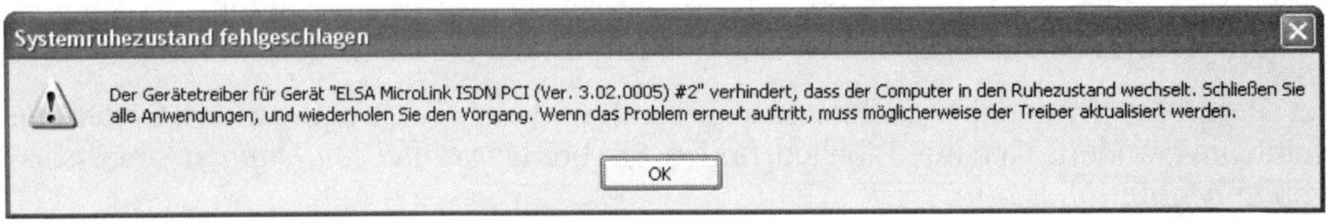

Meldung eines inkompatiblen Gerätetreibers.

Nicht immer liegt es am jeweiligen Gerät, wenn ACPI-Funktionen versagen. In vielen Fällen reicht ein Treiber-Update oder bei Grafikkarten ein BIOS-Update aus. Einige Geräte lassen sich nicht starten, wenn eine bestimmte Zusatzsoftware wie ISDN- oder Druckermonitore im Arbeitsspeicher vorhanden sind, bevor das Gerät initialisiert wird. Dies wäre bei einer Rückkehr aus dem Ruhezustand der Fall. Hier reicht es meistens aus, das jeweilige Programm vor Aktivierung des Ruhezustands zu beenden.

Problem beim Ausschalten

ACPI-Probleme führen auch häufig dazu, dass Windows XP nicht mehr korrekt herunterfährt. Wenn das Netzteil nicht den ACPI-Spezifikationen entspricht, kann der Computer nicht automatisch ausgeschaltet werden. Bei Verwendung des Computertyps *Standard-Computer* erscheint wie unter früheren Windows-Versionen eine Meldung, dass der Computer jetzt ausgeschaltet werden kann. Bei Verwendung der ACPI-HAL bleibt der Computer im Problemfall vor dem Ausschalten einfach hängen.

In vielen Fällen lässt sich dieses Problem dadurch lösen, dass man den Wert *PowerdownAfterShutdown* im Registry-Schlüssel *HKEY_LOCAL_MACHINE\Software\Microsoft\Windows NT\CurrentVersion\Winlogon* auf 1 setzt.

Bei Computern, die nur APM, nicht aber ACPI unterstützen, muss die APM-Unterstützung in Windows XP aktiviert sein, damit sie sich automatisch ausschalten lassen.

USB-Probleme

USB-Geräte werden in manchen Fällen nach der Rückkehr aus dem Ruhezustand nicht mehr richtig aktiviert oder verhindern, dass der Computer in den Stand-by-Modus oder den Ruhezustand schalten kann. Der Fehler tritt häufig auf bei TV-Boxen, externen Netzwerkadaptern und ISDN-Geräten, die zusätzlich zum Treiber noch eine eigene Software auf dem PC verwenden. Fehlerhafte USB-Konfigurationen können auch dazu führen, dass der Computer nicht mehr richtig herunterfährt.

Überprüfen Sie im Geräte-Manager die USB-Root-Hub-Einträge. Üblicherweise wird für je zwei USB-Anschlüsse ein USB-Root-Hub angezeigt. Vergleichen Sie die Anzahl mit der Beschreibung Ihres Motherboards.

Bei einigen Motherboards ist ein weiterer USB-Root-Hub vorhanden, dessen Anschlüsse aber nur über optional erhältliche Anschlusspanels aus dem Gehäuse herausgeführt werden können.

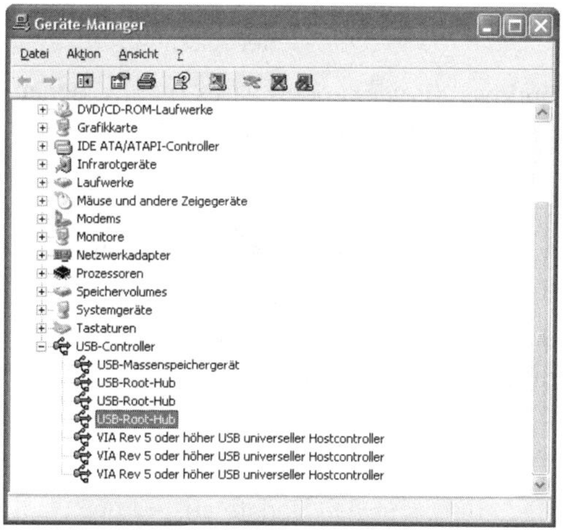

Mehrfache USB-Root-Hub-Einträge im Geräte-Manager.

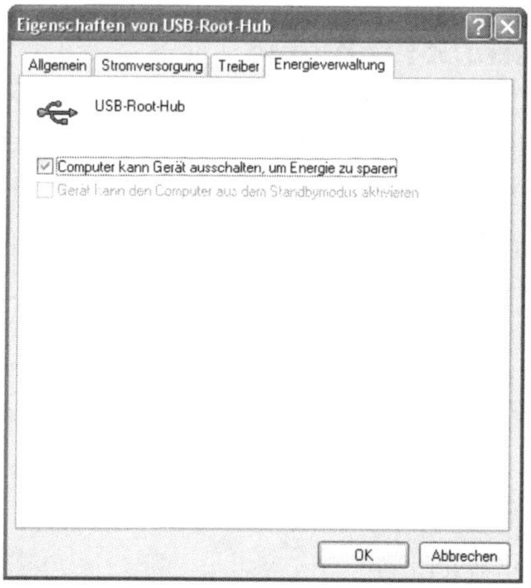

Energieverwaltung eines USB-Root-Hubs.

- Deaktivieren Sie im Geräte-Manager zu viel eingetragene USB-Root-Hubs und deaktivieren Sie im BIOS auch die USB-Anschlüsse, die nicht aus dem Gehäuse herausgeführt sind, also nicht verwendet werden können. Bei Motherboards mit VIA-Chipsatz muss für jeden USB-Root-Hub genau ein VIA USB-Host-Controller aktiv sein. Deaktivieren Sie auch hier im Geräte-Manager überflüssige Einträge.
- Überprüfen Sie anhand der Dokumentation der USB-Geräte, ob diese vom Computer in einen Stromsparmodus geschaltet werden können. Nur wenn dies problemlos möglich ist, darf das Kontrollkästchen *Computer kann Gerät ausschalten, um Energie zu sparen* auf der Registerkarte *Energieverwaltung* in den Eigenschaften des USB-Root-Hubs eingeschaltet sein.
- Überprüfen Sie auch den Stromverbrauch der USB-Geräte. Geräte, die mehr als 100 mA verbrauchen, müssen entweder eine eigene Stromversorgung haben oder an einen USB-Hub angeschlossen sein, der über eine eigene Stromversorgung verfügt.

Probleme mit Netzwerkkarten

Einige Netzwerkkarten unterstützen die ACPI-Funktionen *Wake on PCI Card* und *Wake On Lan* nicht.

Deaktivieren Sie diese Einstellungen bei Problemen im *Power Management*-Bereich des BIOS. Ein Computer, der in den Stand-by-Modus gefallen ist, ist dann über das Netzwerk nicht mehr ansprechbar. Er muss direkt lokal „aufgeweckt“ werden.

Problem beim Aufwecken aus dem Stand-by-Modus

Bei einigen Motherboards kann es in Kombination mit bestimmten PCI-Karten dazu kommen, dass der Computer nach dem Aufwecken aus dem Stand-by-Modus hängen bleibt.

Dies liegt daran, dass der Treiber *PCI.SYS* von Windows XP nicht die nach der PCI-Spezifikation geforderten zehn Millisekunden wartet, bis die PCI-Karten angesprochen werden.

Das Problem ist bei Microsoft bekannt. Auf der Windows Update-Webseite finden Sie unter der Nummer Q311542 ein Patch für dieses Problem.

Interrupt-Probleme

Solange ein Computer die ACPI-HAL von Windows XP verwendet, ist es nicht möglich, die Interrupts einzelner Geräte im Geräte-Manager zu verändern. Die Interrupts werden von der ACPI-HAL automatisch zugewiesen.

Damit kommt es zu Problemen, wenn bestimmte Geräte nur mit einem eigenen Interrupt funktionieren, der nicht mit anderen Geräten geteilt wird. Besonders TV- und Soundkarten, aber auch einige Grafikkarten sind hier sehr empfindlich.

Im Geräte-Manager können Sie sich mit dem Menüpunkt *Ansicht/Ressourcen nach Typ* alle Geräte und die von ihnen belegten Interrupts anzeigen lassen.

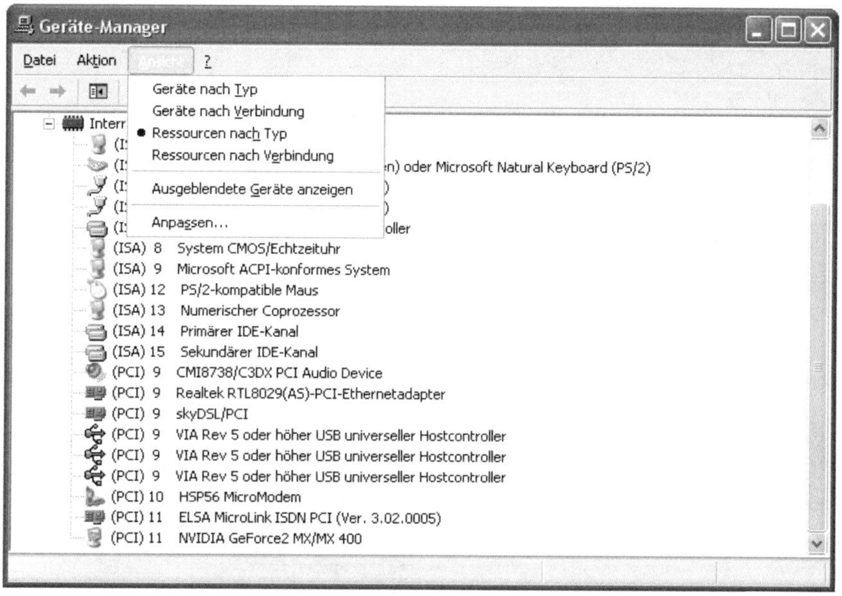

IRQ-Liste im Geräte-Manager.

Suchen Sie hier mehrfach belegte PCI-Interrupts. Versuchen Sie, die betroffenen Geräte in der Ressourcen-Konfiguration auf einen freien Interrupt zu setzen. Ist dies nicht möglich, hilft oft auch ein Vertauschen der Karten in den PCI-Slots. Bei Verwendung des ACPI-Computertyps in Windows XP werden viele Geräte mit Interrupt 9 angezeigt, die in Wirklichkeit verschiedene Hardwareinterrupts haben. Hier finden Sie die tatsächlichen Interrupts nur in der PCI-Geräteliste im BIOS. Bei einigen Motherboards reicht es auch aus, die Option *Plug&Play OS* im BIOS zu deaktivieren, damit die Geräte im Geräte-Manager wieder mit ihren wirklichen Interrupts angezeigt werden.

Viele Motherboards haben einen Slot, der einen exklusiven Interrupt besitzt. In den meisten Fällen ist dies der zweite, also der übernächste nach dem AGP-Slot. Suchen Sie dazu nach einer IRQ-Tabelle im Handbuch des Motherboards. Kritische Geräte sollten immer in diesen Slot eingebaut werden.

Computertyp manuell einstellen

Windows XP verwendet verschiedene Kernels für spezielle Computertypen, wie unter dem Stichwort HAL (**H**ardware **A**bstraction **L**ayer) bereits erwähnt. In den meisten Fällen wird der Computertyp bei der ersten Installation richtig erkannt. Kommt es aber zu Problemen mit dem Powermanagement oder tauschen Sie das Motherboard aus, kann es sein, dass Sie den Kernel wechseln müssen.

Ermitteln des Computertyps

Den verwendeten Computertyp finden Sie im Geräte-Manager unter *Computer*.

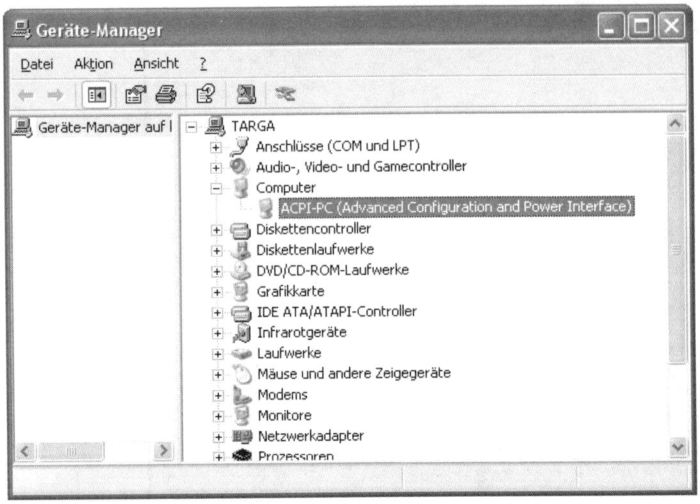

Anzeige des Computertyps im Geräte-Manager.

Die Tabelle zeigt eine Liste der unterstützten Computertypen:

Computertyp	Windows XP-Version
ACPI-Multiprozessor-PC	Professional
ACPI-Uniprozessor-PC	Professional
ACPI-PC (**A**dvanced **C**onfiguration and **P**ower **I**nterface)	Home
Standard-PC	Home/Professional

Warnung
Versuchen Sie unter keinen Umständen, im Geräte-Manager von einer ACPI-HAL zu einer Standard-HAL bzw. von einer Standard-HAL zu einer ACPI-HAL zu wechseln. In diesem Fall startet der Computer möglicherweise nicht mehr ordnungsgemäß oder gar nicht mehr. Die Registry-Einträge und Verzeichnisstruktur für Plug & Play-Geräte, die von einer ACPI-HAL geladen wird, entspricht nicht der Verzeichnisstruktur für Standard-HAL-Plug & Play. Bei einem Neustart würde also die Hardwareerkennung nicht funktionieren.

Sie können die HAL im Geräte-Manager nur dann ändern, wenn Sie von einer Standard-Uniprozessor-PC-HAL zu einer Standard-Multiprozessor-PC-HAL wechseln wollen, weil Sie einen zweiten Prozessor eingebaut haben.

1. Wählen Sie im Geräte-Manager den Eintrag unterhalb von *Computer* und klicken mit der rechten Maustaste darauf. Wählen Sie dort im Kontextmenü *Treiber aktualisieren.*
2. Wählen Sie im Hardwareupdate-Assistenten die Option *Software von einer Liste oder bestimmten Quelle installieren.*
3. Im nächsten Schritt wählen Sie *Nicht suchen, sondern den zu installierenden Treiber selbst wählen.*
4. Wählen Sie in der Liste die neue HAL aus.

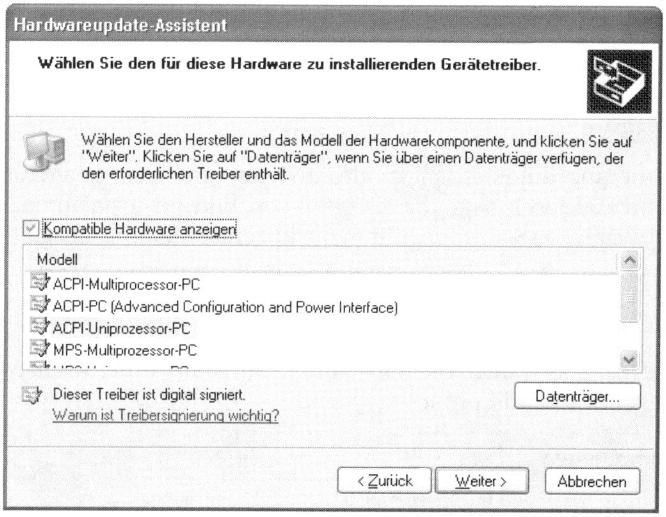

Austauschen des Computertyps.

Wenn der Computer nicht mehr ordnungsgemäß bootet, weil nach dem Windows XP-Setup der falsche Computertyp (HAL) installiert wurde, müssen Sie den Notfallreparaturvorgang starten:

1. Starten Sie Ihren Computer mit der Windows XP-CD-ROM.
2. Drücken Sie im Bildschirm *Willkommen bei Setup* die R-Taste für den Reparaturvorgang.
3. Drücken Sie im nächsten Bildschirm *Windows XP-Reparaturoptionen* die R-Taste, um den Reparaturvorgang mithilfe der Notfallreparaturkonsole auszuführen.
4. Mit der M-Taste können Sie die Reparaturoptionen manuell auswählen und sicherstellen, dass die Funktionen *Überprüfen der Windows XP-Systemdateien* und *Untersuchen der Startumgebung* ausgewählt sind. Drücken Sie alternativ dazu die F-Taste, um sämtliche Reparaturoptionen auszuführen.
5. Nach Abschluss dieses Vorgangs sind die ursprünglich installierte HAL sowie die dazugehörigen Dateien wiederhergestellt. Entfernen Sie die CD-ROM aus dem Laufwerk und starten Sie Ihren Computer anschließend neu.

Falsche Anzeige im Geräte-Manager
Der falsch installierte Computertyp bleibt weiterhin im Geräte-Manager sichtbar.

6. Damit der korrekte Computertyp im Geräte-Manager angezeigt wird, wenn Sie den Computer neu starten, müssen Sie beim Neustart die Taste F8 drücken. Wählen Sie dann im Bootmenü die Option *Letzte als funktionierend bekannte Konfiguration* und drücken Sie die Enter-Taste.
7. Wählen Sie danach die Option zur Wiederherstellung der Konfiguration, drücken Sie die Enter-Taste und booten Sie Windows XP neu.

Update-Installation

Die optimale Methode für den Wechsel von einer ACPI-HAL zu einer Standard-HAL besteht darin, Windows XP als Update erneut zu installieren:

1 Starten Sie das Windows XP-Setup als Update-Vorgang.

2 Um die ACPI-Unterstützung automatisch zu deaktivieren und den unterstützten Computertyp (Standard-HAL) selbstständig zu erkennen und zu installieren, drücken Sie die Taste F7, wenn das Setup-Programm die folgende Meldung ausgibt:

```
Drücken Sie F6, wenn Sie den SCSI- oder RAID-Treiber eines Fremdherstellers
installieren möchten.
(Press F6 if you need to install a third party SCSI or RAID driver.)
```

3 Drücken Sie die Taste F5 und wählen Sie danach manuell anhand der nachstehenden Tabelle den richtigen Standard-Computertyp aus:

i386-Quelldatei	Computertyp
hal.dll	Compaq SystemPro Multiprozessor oder 100 % kompatibel
halapic.dll	MPS-Uniprozessor-PC
halapic.dll	MPS-Multiprozessor-PC
hal.dll	Standard-PC
halborg.dll	SGI mp

Standard-PC -> Multiprozessor-PC

Für das Aufrüsten von einer Standard-PC-HAL auf eine MPS-Multiprozessor-PC-HAL müssen Sie nicht neu installieren. Sie können hier auch die Funktion *Treiber aktualisieren* im Geräte-Manager verwenden. Sie müssen jedoch Windows XP neu installieren, wenn Sie den Computertyp ACPI-HAL auf einem Computer verwenden möchten, der zuvor den Computertyp Standard-PC verwendet hat. Danach erkennt Windows XP den richtigen Computertyp automatisch.

Wiederherstellungskonsole

Falls der Notfallreparaturvorgang keine Reparaturinformationen finden kann oder wenn diese ungültig sind, müssen Sie Ihre Windows XP-Installation mit der Wiederherstellungskonsole wiederherstellen. Weitere Informationen zur Wiederherstellungskonsole finden Sie in Kapitel 5.5 ab Seite 235.

1 Starten Sie Ihren Computer mit der Windows XP-CD-ROM. Drücken Sie im Bildschirm *Willkommen bei Setup* die R-Taste für den Notfallreparaturmodus und drücken Sie danach die C-Taste, um die Wiederherstellungskonsole zu starten.

2 Nachdem Sie die Anmeldung auf dem Computer vorgenommen haben, kopieren Sie mit der Wiederherstellungskonsole die in den Tabellen angegebenen Dateien aus dem Verzeichnis *%SystemRoot%\System32* Ihrer ursprünglichen Windows XP-Installation und benennen sie in *HAL.DLL* um. Die Tabelle zeigt die zu den verschiedenen Computertypen passenden HAL-Dateien:

Computertyp	ACPI/Standard	i368-Quelldatei
ACPI-Multiprozessor-PC	ACPI	*i386\driver.cab\halmacpi.dll*
ACPI-Uniprozessor-PC	ACPI	*i386\driver.cab\halaacpi.dll*

Computertyp	ACPI/Standard	i368-Quelldatei
ACPI-PC (**A**dvanced **C**onfiguration and **P**ower **I**nterface)	ACPI	*i386\driver.cab\halacpi.dll*
Compaq SystemPro Multiprozessor oder 100 % kompatibel	Standard	*i386\driver.cab\halsp.dll*
MPS-Uniprozessor-PC	Standard	*i386\driver.cab\halapic.dll*
MPS-Multiprozessor-PC	Standard	*i386\driver.cab\halmps.dll*
Standard-PC	Standard	*i386\driver.cab\hal.dll*
Standard-PC mit C-Step i486	Standard	*i386\driver.cab\hal.dll*
SGI mp	Standard	*i386\driver.cab\halborg.dll*

3 Extrahieren Sie alle für Ihr System (Uniprozessor oder Multiprozessor) erforderlichen Kernel-Dateien, wie in der nachstehenden Tabelle angegeben, sowie die entsprechende HAL-Datei je nach unterstütztem Computertyp von der Windows XP-CD-ROM aus der Datei *\i386\driver.cab* oder vom installierten Service-Pack in das entsprechende Verzeichnis. Manche Dateien müssen beim Kopieren umbenannt werden.

Zum Extrahieren verwenden Sie den Befehl *EXPAND* mit folgender Syntax:

```
expand E:\i386\driver.cab /F:kernel32.dll %systemroot%\system32\kernel32.dll
```

E: steht hierbei für den Laufwerkbuchstaben Ihres CD-ROM-Laufwerks und muss entsprechend geändert werden

Uniprozessor-Kernel-Dateien	In folgendes Verzeichnis kopieren	In folgenden Dateinamen umbenennen
i386\driver.cab\ntoskrnl.exe	*winnt\System32*	*ntoskrnl.exe*
i386\driver.cab\ntkrnlpa.exe	*winnt\System32*	*ntkrnlpa.exe*
i386\driver.cab\kernel32.dll	*winnt\System32*	*kernel32.dll*
i386\driver.cab\ntdll.dll	*winnt\System32*	*ntdll.dll*
i386\driver.cab\win32k.sys	*winnt\System32*	*win32k.sys*
i386\driver.cab\winsrv.dll	*winnt\System32*	*winsrv.dll*

Erforderliche Multiprozessor-Kernel-Dateien	In folgendes Verzeichnis kopieren	In folgenden Dateinamen umbenennen
i386\driver.cab\ntkrnlmp.exe	*winnt\System32*	*ntoskrnl.exe*
i386\driver.cab\ntkrpamp.exe	*winnt\System32*	*ntkrnlpa.exe*
i386\driver.cab\kernel32.dll	*winnt\System32*	*kernel32.dll*
i386\driver.cab\ntdll.dll	*winnt\System32*	*ntdll.dll*
i386\driver.cab\win32k.sys	*winnt\System32\drivers*	*win32k.sys*
i386\driver.cab\winsrv.dll	*winnt\System32*	*winsrv.dll*

Starten Sie nach dem Extrahieren der Kernel-Dateien Ihren Computer neu.

Warnung – ACPI-Inkompatibilitäten
Windows XP zeigt eine Liste von kompatiblen Computertypen an, die installiert werden können, wenn Sie im Geräte-Manager versuchen, die HAL manuell auszutauschen. Falls Sie andere Komponenten installieren als die als kompatibel angezeigten, kann dies dazu führen, dass Sie Ihren Computer nicht mehr starten können. Wenn Ihr Computertyp als *ACPI-PC (Advanced Configuration Power Interface)* aufgeführt ist oder nachdem Sie ein Update auf das neuste ACPI-BIOS vorgenommen haben, können Sie kein Update auf den Computertyp *ACPI-Multiprozessor-PC* über den Geräte-Manager ausführen. Im Fall einer Multiprozessor-ACPI-HAL müssen Sie zunächst das BIOS auf ein kompatibles ACPI-BIOS updaten, damit Windows XP beide CPUs mit der ACPI-HAL verwenden kann. Installieren Sie anschließend Windows XP als Update neu. Dann wird der Computertyp *ACPI-Multiprozessor-PC* automatisch erkannt und installiert. Andernfalls ist das BIOS nicht vollständig zur Windows XP ACPI-HAL kompatibel.

3.4 Fax- und Druckereinrichtung

Die Installation eines Druckers hat sich in Windows XP gegenüber früheren Windows-Versionen kaum verändert, sodass dieses Kapitel nur auf spezielle, nicht alltägliche Problematiken eingeht und Tipps zu interessanten Konfigurationsoptionen gibt.

Wie frühere Windows-Versionen unterscheidet Windows XP zwischen dem Drucker als Gerät, das an einem Rechner oder Netzwerkanschluss angeschlossen ist, und dem logischen Drucker. Dieser ist das Softwareinterface über das der Drucker konfiguriert wird. Auf dieses Softwareinterface schicken der Computer oder auch andere Arbeitsstationen im Netzwerk ihre Druckaufträge. Der logische Drucker setzt sie dann um zur Ausgabe auf dem physikalischen Drucker.

Der erste Unterschied zu früheren Windows-Versionen ist, dass es im Verzeichnis *Drucker und Faxgeräte* der Systemsteuerung kein Symbol *Neuer Drucker* mehr gibt. Der Druckerinstallations-Assistent muss jetzt, wenn der Drucker nicht automatisch erkannt wird, über den Menüpunkt *Datei/Drucker hinzufügen* aufgerufen werden.

Nach der Auswahl des Druckertyps im Assistenten müssen Sie dem so installierten logischen Drucker noch einen Namen geben. Beachten Sie dabei, dass die wenigsten Programme und besonders auch andere Betriebssysteme keine Druckernamen länger als 31 Zeichen unterstützen. Die von Windows XP vorgegebenen Druckernamen sind aber oftmals länger. Kürzen Sie sie also hier ab. Das hat keinen Einfluss auf den gewählten Druckertyp, nur auf den logischen Druckernamen.

Plug & Play-Drucker

Plug & Play-fähige Drucker können an Parallelports, USB, IEEE 1394/FireWire oder Infrarotanschlüssen automatisch erkannt werden, sodass keine manuelle Treiberinstallation mehr erforderlich ist. Dazu muss am Anfang des Assistenten nur die Option *Plug & Play Drucker automatisch ermitteln und installieren* eingeschaltet sein. Voraussetzung für die automatische Erkennung eines Druckers an einer Parallelschnittstelle ist eine bidirektionale Datenübertragung zum Drucker. Dazu muss die Schnittstelle im BIOS als bidirektional oder ECP/EPP konfiguriert sein und ein Kabel verwendet werden, das eine bidirektionale Datenübertragung zulässt.

Die Tabelle zeigt die Belegung eines bidirektionalen Parallel-Druckerkabels:

Computer	Drucker	Signal
1	1	Strobe (Taktsignal zur Datenübernahme)
2 ... 9	2 ... 9	Datenbits 0 ... 7, einzeln getrennt
10	10	Acknowledge (Verstanden)
11	11	Busy (Besetzt)
12	12	Paper Empty (kein Papier)
13	13	Select (Drucker online)
14	14	Autofeed
15	32	Error
16	31	Init (Drucker zurücksetzen)
18 ... 25	19 ... 30	Signalmasse, alle verbunden

Windows XP unterstützt das DLC-Druckprotokoll (**D**ata **L**ink **C**ontrol) von Hewlett-Packard Jet Direct-Druckern nicht mehr. Für diese Drucker brauchen Sie ein Upgrade vom Hersteller.

Zusätzliche Treiber

Wenn Sie einen Drucker auf einem Windows XP-Computer im Netzwerk zur Verfügung stellen, in dem auch Arbeitsstationen mit anderen (Windows-) Betriebssystemen laufen, können Sie die dafür notwendigen Druckertreiber mitinstallieren. Diese Arbeitsstationen brauchen dann keine Treiberdisketten oder Betriebssystem-CDs mehr. Wird dort ein auf diese Weise freigegebener Drucker installiert, lassen sich die notwendigen Treiber über das Netzwerk kopieren und installieren.

Mit der Schaltfläche *Zusätzliche Treiber* auf der Registerkarte *Freigabe* der Druckereigenschaften blenden Sie eine Liste ein, in der Sie angeben können, für welche Betriebssysteme weitere Treiber installiert werden sollen. Betriebssysteme nicht von Microsoft und auch DOS und Windows 3.x werden hier leider nicht unterstützt.

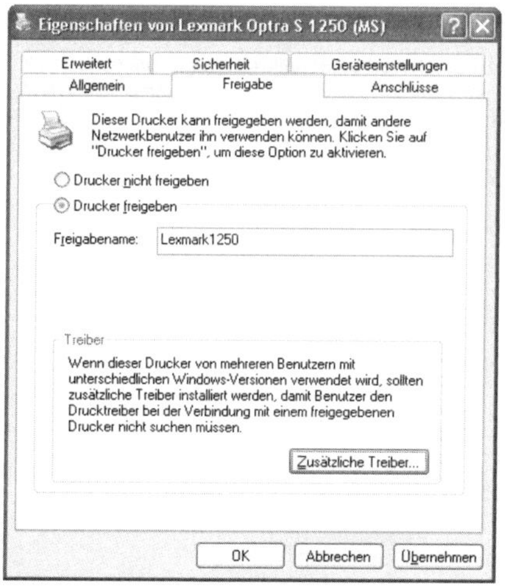

Druckerfreigabe.

Auswahl zusätzlicher Druckertreiber.

Plotter

Windows XP unterstützt Stiftplotter leider nicht besonders gut. Beachten Sie folgende Hinweise:

- Windows XP unterstützt keine 7 Bit seriellen Verbindungen. Die meisten modernen Stiftplotter lassen sich aber auf 8-Bit-Verbindungen konfigurieren oder verfügen auch über einen Parallelport, der ohnehin schneller als ein serieller Port ist.
- Windows XP unterstützt den Plotterstandard HPGL nicht. In den meisten Fällen funktioniert aber ein Umweg: Plotten Sie aus Ihrem Programm eine HPGL-Datei, indem Sie das jeweilige Programm auf Dateiausgabe statt auf Plottausgabe konfigurieren. Definieren Sie dann für Ihren HPGL-Plotter einen einfachen HPGL/2-Treiber und kopieren Sie die Plottdatei an der Eingabeaufforderung auf diesen Drucker.
- Moderne CAD-Programme wie zum Beispiel AutoCAD liefern eigene Plottertreiber mit, die deutlich mehr Optionen unterstützen und meistens auch schneller plotten als die Windows XP-Original-Treiber. Verwenden Sie nach Möglichkeit diese optimierten Treiber der jeweiligen Programme.

Drucker-Berechtigungen

Auf der Registerkarte *Sicherheit* können Sie ähnlich wie bei Laufwerken verschiedenen Benutzergruppen verschiedene Rechte auf den Drucker geben.

Hier gibt es drei Berechtigungen, die bereits standardmäßig an wichtige Benutzergruppen vergeben sind. Diese Zuweisung lässt sich aber beliebig ändern.

- *Drucken* – der Benutzer darf auf diesem Drucker seine Dokumente drucken. Dieses Recht hat standardmäßig jeder Benutzer. Es lässt sich natürlich wie die anderen Rechte beliebig einschränken.
- *Dokumente verwalten* – der Benutzer darf die Dokumente in der Druckerwarteschlange verwalten, zum Beispiel fehlgeschlagene Druckaufträge löschen. Dieses Recht haben standardmäßig Administratoren, Hauptbenutzer und der Besitzer, normalerweise die Person, die an dem Rechner sitzt, an dem der Drucker angeschlossen ist. So kann dieser bei Papierstau oder Tonerausfall schnell eingreifen.
- *Drucker verwalten* – der Benutzer darf die Einstellungen dieses Druckers verändern. Dieses Recht haben standardmäßig Administratoren und Hauptbenutzer.

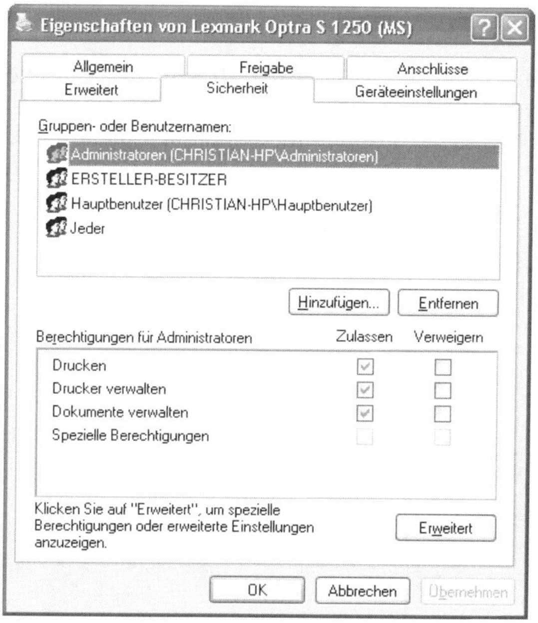

Drucker-Berechtigungen.

Diese drei Rechtegruppen enthalten unterschiedliche Einzelrechte gemäß folgender Tabelle:

Berechtigung	**Drucken**	**Dokumente verwalten**	**Drucker verwalten**
Dokumente drucken	X		X
Anhalten, Fortsetzen und Abbrechen eigener Druckjobs	X		X
Anhalten, Fortsetzen und Abbrechen aller Druckjobs		X	X
Einstellungen aller Druckjobs ändern		X	X
Drucker freigeben			X
Druckereigenschaften ändern			X
Drucker entfernen			X
Druckerberechtigungen ändern			X

Mit der Schaltfläche *Erweitert* können Sie auch hier ähnlich wie bei freigegebenen Laufwerken die Berechtigungen noch detaillierter einstellen. Außerdem können Sie hier Überwachungen definieren und den Besitz an einem Drucker übernehmen.

Gruppenrichtlinien

Die Rechte, die bestimmte Benutzer auf Drucker haben, lassen sich über Gruppenrichtlinien weiter einschränken. Die Gruppenrichtlinien für Drucker finden Sie unter *Computerkonfiguration/Administrative Vorlagen/Drucker* im Gruppenrichtlinien-Editor *GPEDIT.MSC*. Näheres zur Konfiguration von Gruppenrichtlinien finden Sie in Kapitel 8.6 ab Seite 477.

Prioritäten und Druckzeiten

In den erweiterten Eigenschaften eines Druckers können Sie diesen nur während bestimmter Zeiten zur Verfügung stellen. Stellen Sie die Anfangs- und Endzeit ein, außerhalb dieser Zeiten werden keine Druckaufträge angenommen und auch nicht zwischengepuffert. Die Anwender bekommen eine Meldung, dass der Drucker nicht zur Verfügung steht.

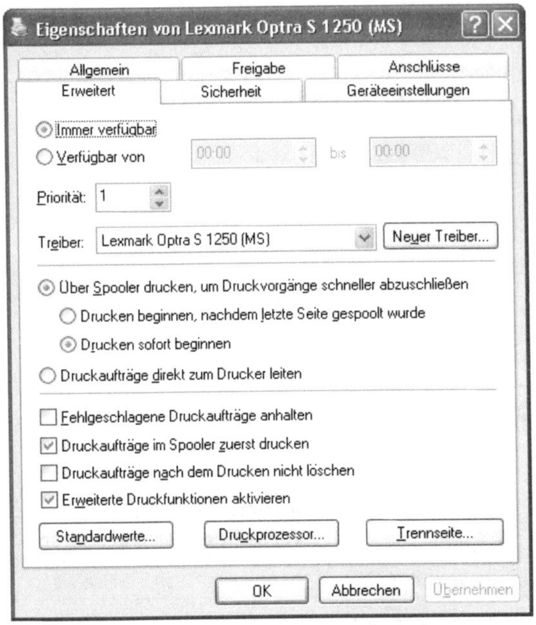

Einstellung von Druckzeiten und Priorität.

Einige Benutzer im Netzwerk brauchen Drucker für wichtige Dokumente, andere eher als Spielerei. Viele Netzwerksysteme bieten daher die Möglichkeit, verschiedenen Benutzern verschiedene Prioritäten beim Drucken zu geben.

Windows XP bietet diese Möglichkeit nicht direkt auf Benutzerebene, stellt aber eine Lösung zur Verfügung, mit der sich das über Umwege auch machen lässt.

Für einen physikalischen Drucker können mehrere logische Drucker definiert werden. Diese sollten alle den gleichen Treiber und auch sonst die gleichen Einstellungen verwenden. Die logischen Drucker unterscheiden sich also nur im Freigabenamen und im Eintrag *Priorität* auf der Registerkarte *Erweitert*.

Geben Sie jetzt den unterschiedlichen Benutzergruppen je nach Wichtigkeit ihrer Druckaufträge Zugriffsrechte auf jeweils einen dieser logischen Drucker.

Stehen für einen physikalischen Drucker mehrere Druckaufträge an, wird der logische Drucker mit der höchsten Priorität zuerst behandelt.

Druckaufträge, die auf Druckerfreigaben niedrigerer Priorität ankommen, werden erst abgearbeitet, wenn alle anderen Aufträge fertig gedruckt sind.

Druckerpool

Haben Sie ein sehr hohes Druckaufkommen auf einem Drucker, können Sie diesen durch ein zweites identisches Gerät entlasten. Beide Geräte werden über einen Druckerpool zu einem logischen Drucker zusammengefasst.

Sogar Druckerpools mit noch mehr Druckern sind möglich, allerdings müssen alle Drucker am gleichen Rechner angeschlossen sein und den gleichen Treiber verwenden.

Die Benutzer brauchen nicht zwischen zwei Druckern auszuwählen, sondern schicken ihre Druckaufträge immer an den gleichen logischen Drucker. Welches Gerät gerade frei ist, erhält den nächsten Druckauftrag.

Um einen solchen Druckerpool zu erstellen, konfigurieren Sie einen der Drucker wie üblich und installieren die notwendigen Druckertreiber. Geben Sie diesen Drucker im Netzwerk frei. Schließen Sie jetzt die weiteren Drucker einfach nur an. Es brauchen keine neuen Treiber konfiguriert zu werden.

Aktivieren Sie auf der Registerkarte *Anschlüsse* in den Eigenschaften dieses Druckers die Option *Druckerpool aktivieren*. Markieren Sie dann im oberen Feld dieser Dialogbox alle Anschlüsse, an denen Drucker des Druckerpools angeschlossen sind. Dabei können sowohl parallele wie auch serielle Anschlüsse verwendet werden. Nur die Drucker müssen baugleich sein.

Drucker-Spooler

Der Spooler oder zu Deutsch Druckwarteschlange speichert die Druckaufträge auf dem Computer, an dem der Drucker angeschlossen ist, um so die Arbeitsstation während des Druckvorgangs nicht zu blockieren. Manche Druckaufträge, besonders bei Großformatplottern, dauern zwar auf dem Drucker sehr lange, scheinen aber auf der Arbeitsstation bereits nach wenigen Sekunden erledigt zu sein.

Hier merkt der Anwender nur die Zeit, die es dauert, den Druckauftrag auf den Spooler zu übertragen. Der Spooler wird standardmäßig automatisch gestartet und braucht für jeden Drucker nur noch konfiguriert zu werden. Die Einstellungen finden Sie auf der Registerkarte *Erweitert* zum jeweiligen Drucker.

Aktivieren Sie die Option *Über Spooler drucken, um Druckaufträge schneller abzuschließen*. Im Gegensatz dazu sendet *Druckaufträge direkt zum Drucker leiten* die Druckaufträge ohne Spooler an den Drucker, was nur bei Inkompatiblitäten und fehlerhaften Ausdrucken sinnvoll sein kann. Beim Spoolen gibt es zwei Möglichkeiten, wann mit dem tatsächlichen Ausdruck begonnen werden soll:

- *Drucken beginnen, nachdem letzte Seite gespoolt wurde* – diese Einstellung ist bei der Verwendung von Prioritäten sinnvoll für Dokumente geringer Priorität. Damit steht der Drucker vor diesem Auftrag noch möglichst lange für wichtigere Aufträge zur Verfügung.
- *Drucken sofort beginnen* – hier wird der Druckprozess sofort beim Eintreffen der ersten Daten begonnen. Die druckende Applikation steht sehr schnell wieder zur Verfügung. Allerdings kann es beim Plotten von Vektorzeichnungen auf Großformatplottern zu dem Problem kommen, dass die Ausgabereihenfolge der Vektoren nicht richtig berechnet werden kann, wenn noch nicht alle Daten am Drucker zur Verfügung stehen.

Weitere Spooler-Einstellungen

In einigen Fällen sind noch weitere Konfigurationsoptionen notwendig. Im Normalfall können Sie die voreingestellten Werte beibehalten. Die voreingestellten Parameter sehen Sie in dieser Abbildung:

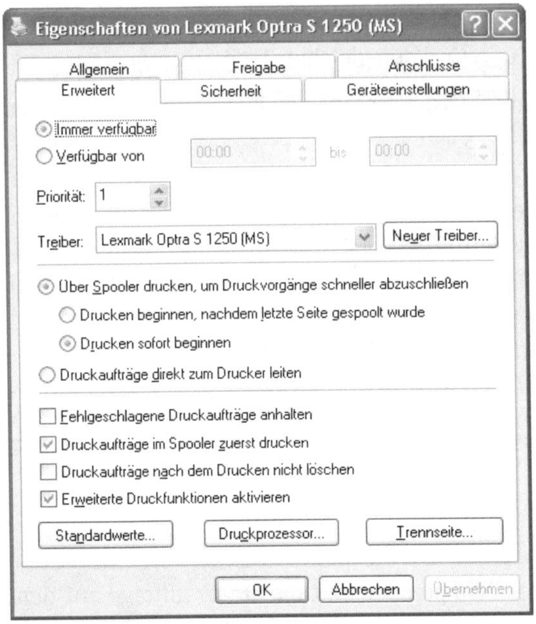

Spooler-Einstellungen.

Fehlgeschlagene Druckaufträge anhalten

Dokumente, die nicht den Druckereinstellungen entsprechen, zum Beispiel falsche Papierformate, werden vom Spooler nicht bearbeitet.

Damit lassen sich Fehldrucke verhindern und Papier und Druckerzeit sparen.

Druckaufträge im Spooler zuerst drucken

Druckaufträge, die bereits komplett im Spooler vorliegen, werden vor Aufträgen gedruckt, die erst teilweise gespoolt sind, unabhängig von der Absendereihenfolge auf der Arbeitsstation.

Druckaufträge nach dem Drucken nicht löschen

Hier verbleiben die gedruckten Druckaufträge im Spooler-Verzeichnis. Das hat den Vorteil, dass man sehr einfach nachträglich eine weitere Kopie anfertigen kann. Allerdings kann so die Festplatte schnell voll werden.

Löschen Sie also bei dieser Einstellung den Drucker-Spooler regelmäßig manuell.

Erweiterte Druckfunktionen aktivieren

Nur diese Option ermöglicht die erweiterten Druckfunktionen wie Blattsortierung, Doppelseitendruck oder mehrere Seiten auf einem Blatt.

Sollten bei einem speziellen Drucker Probleme auftauchen, deaktivieren Sie diese Option.

Trennseite

Zwischen zwei Druckaufträgen kann eine Trennseite ausgegeben werden. Dies ist besonders dann sinnvoll, wenn auf einem Drucker viele Druckaufträge mit sehr vielen Seiten auflaufen.

So können die Benutzer den Anfang Ihres Ausdrucks im großen Stapel leichter finden. Windows XP liefert vorgefertigte Dateien für Trennseiten für PCL-, PostScript- und einfache Windows-Druckertreiber mit. Die Trennseiten können auch dazu verwendet werden, Drucker vom PCL-Modus auf PostScript und wieder zurückzustellen.

Diese Trennseitendateien sind einfache ASCII-Dateien, die Sie auch nach Bedarf selbst gestalten können. Die Dateien können die Zeichen aus folgender Tabelle enthalten:

Befehl	Beschreibung
\	Die erste Zeile der Datei enthält immer nur dieses Zeichen.
0 ... *9*	0 bis 9 Leerzeilen
*B**M*	Bis zum nächsten *U* werden Blockzeichen doppelter Breite geschrieben.
*B**S*	Bis zum nächsten *U* werden Blockzeichen einfacher Breite geschrieben.
D	Datum und Uhrzeit, wie in der Systemsteuerung/Regions- und Sprachoptionen festgelegt.
E	Seitenende
Fxx	Gibt den Inhalt der Datei *xx* direkt auf den Drucker ohne Verarbeitung durch den Treiber aus. *xx* muss den kompletten Pfad enthalten.
Hxx	Gibt das Steuerzeichen, das durch den Hex-Code *xx* definiert ist, aus. Eine Übersicht gültiger Steuerzeichen finden Sie im Druckerhandbuch.
I	Druckauftragsnummer
Lxx	Gibt die Zeichenfolge *xx* auf der Testseite aus.
N	Benutzername, der den Druckauftrag abgeschickt hat.
U	Beendet das Schreiben von Blockzeichen
Wxx	Breite der Trennseite in *xx* Zeichen. Am Zeilenende wird abgeschnitten, kein Umbruch.

Spooler-Verzeichnis

Die Spool-Dateien der Druckaufträge liegen standardmäßig im Verzeichnis

```
%systemroot%\system32\spool\printers
```

Bei häufigen Druckaufträgen erfolgen somit ständig Zugriffe auf das Laufwerk, auf dem sich das Betriebssystem befindet. Dadurch werden Betriebssystemzugriffe verlangsamt und die Platte fragmentiert schnell.

Sinnvoller ist es, das Spooler-Verzeichnis auf eine andere Platte zu legen.

Um das Verzeichnis zu ändern, wechseln Sie im Windows-Explorer in das Druckerverzeichnis der Systemsteuerung und wählen dann im Menü *Datei/Servereigenschaften*.

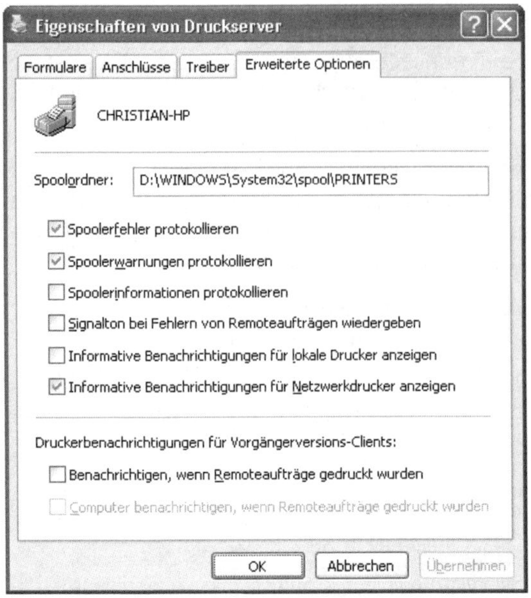

Ändern des Spooler-Verzeichnisses.

Auf der Registerkarte *Erweiterte Optionen* können Sie das Spooler-Verzeichnis einstellen. Hier legen Sie auch fest, welche Meldungen der Spooler protokollieren soll.

Neustart der Druckwarteschlange

Sollte es zu Problemen mit dem Spooler-Dienst kommen und ein einfaches *Drucker anhalten* nicht ausreichen, können Sie diesen Dienst *Druckwarteschlange* unter *Systemsteuerung/Verwaltung/Dienste* manuell anhalten und neu starten.

Verwaltung der Druckerwarteschlange mit NET PRINT

NET PRINT ermöglicht eine Verwaltung der Druckerwarteschlange über die Kommandozeile und damit auch aus Batchdateien.

```
NET PRINT \\Computername\Druckername
```

zeigt den Inhalt der Druckerwarteschlange eines beliebigen Netzwerkdruckers. Jeder Druckjob auf einem Druckserver hat eine eindeutige Nummer. Dabei wird jede Nummer auf einem Druckserver nur einmal vergeben, auch wenn dieser Server mehrere Drucker ansteuert.

```
NET PRINT \\Computername Job [/hold | /release | /delete]
```

verwaltet die Warteschlange. Dabei gibt der Parameter *Job* die Nummer des Druckjobs an.

- */hold* – hält den bezeichneten Druckjob an, sodass andere Jobs der Warteschlange zuerst abgearbeitet werden.
- */release* – gibt einen angehaltenen Druckjob wieder frei.
- */delete* – löscht den bezeichneten Druckjob aus der Warteschlange.

NET START SPOOLER startet den Spooler-Dienst.

NET STOP SPOOLER hält den Spooler-Dienst an.

Typische Druckerfehler

Im folgenden Abschnitt finden Sie einige typische Druckerfehler und Wege, diese zu beheben:

Lokaler Drucker druckt nicht

- Überprüfen Sie die Kabelverbindung zum Drucker und, ob der Drucker bereit ist, Papier enthält und keine Fehler anzeigt. Moderne Plug & Play-Drucker funktionieren nicht mit alten unidirektionalen Standard-Parallelkabeln. Verwenden Sie hier immer das mit dem Drucker gelieferte Kabel.
- Überprüfen Sie, ob der richtige Druckertreiber installiert ist. Wenn Windows XP den verwendeten Drucker nicht in der Liste der Druckertreiber hat, gibt es oftmals kompatible oder ähnliche Treiber, die ebenfalls funktionieren.
- Drucken Sie eine Testseite.
- Drucken Sie aus der Eingabeaufforderung *DIR > LPT1:*.
- Überprüfen Sie, ob auf dem Systemlaufwerk genug Platz zum Spoolen eines evtl. großen Druckauftrags ist.
- Überprüfen Sie die Schnittstelleneigenschaften im Geräte-Manager und im BIOS.

Netzwerkdrucker druckt nicht

- Überprüfen Sie, ob der Drucker lokal funktioniert.
- Überprüfen Sie eventuelle Zeitbeschränkungen des Druckers.
- Überprüfen Sie die Netzwerkverbindung zum Druckserver, Benutzerrechte, Protokolle, Freigabenamen.
- Versuchen Sie, eine Datei auf den Druckserver zu kopieren.
- Überprüfen Sie, ob auf dem Druckserver genug Platz zum Spoolen eines Druckauftrags ist.
- Konfigurieren Sie einen lokalen Drucker und geben Sie als Anschluss *\\Servername\Druckername* des fraglichen Druckers an, um die Netzwerkverbindung zu überprüfen.
- Überprüfen Sie bei Windows 9x-Arbeitsstationen, ob der richtige Druckertreiber installiert ist.

Der Ausdruck erscheint fehlerhaft

- Überprüfen Sie, ob der richtige Druckertreiber installiert ist.
- Schalten Sie von *Drucken sofort beginnen* auf *Drucken beginnen, nachdem letzte Seite gespoolt wurde* um.

Grafiken werden fehlerhaft gedruckt

Schalten Sie die Option *Erweiterte Druckfunktionen* aktivieren auf der Registerkarte *Erweitert* in den Druckereigenschaften aus.

Große Dateien werden unvollständig ausgedruckt oder es werden Timeout-Fehler gemeldet

Erhöhen Sie den Wert *Übertragung wiederholen* in den Druckereigenschaften auf der Registerkarte *Anschlüsse* mit der Schaltfläche *Konfigurieren.*

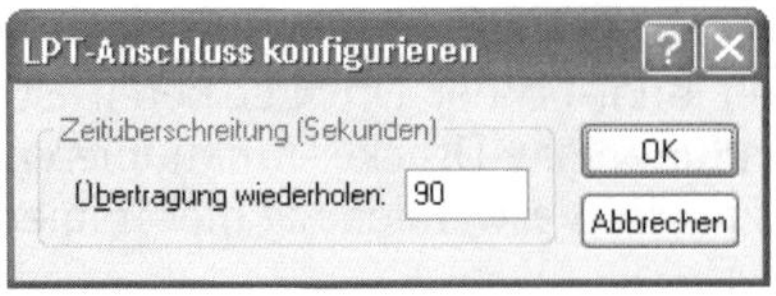

Einstellen der Zeitüberschreitung.

Während des Druckens ergeben sich längere Pausen, wobei manchmal auch Teile der Datei verloren gehen

Stellen Sie auf der Registerkarte *Geräteeinstellungen* in den Druckereigenschaften den Druckerspeicher möglichst genau auf die Größe des tatsächlich installierten Speichers. Ist der genaue Wert in der Liste nicht vorhanden, probieren Sie zuerst den nächst kleineren und dann den nächst größeren.

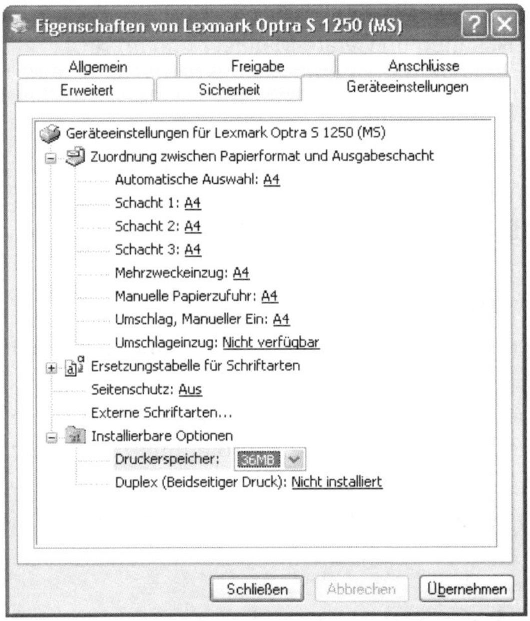

Einstellen des Druckerspeichers.

Hilft die Veränderung der Einstellung nicht, hat der Drucker wirklich zu wenig Speicher für die zu druckenden Daten. Dies betrifft besonders Laserdrucker, bei denen die gesamte zu druckende Seite im Speicher gehalten werden muss. Bauen Sie mehr Speicher in den Drucker oder setzen Sie die Druckauflösung herunter.

Fehlermeldung Zugriff verweigert beim Drucken aus einer Anwendung

Die Anwendung versucht, spezifische Druckereinstellungen vorzunehmen, der Benutzer hat aber nicht das Recht *Drucker verwalten.*

Ein Dokument wird nicht gedruckt und lässt sich aus der Warteschlange auch nicht mehr löschen

Halten Sie am Computer, an dem der Drucker angeschlossen ist, den Dienst *Druckwarteschlange* an und starten Sie ihn neu.

Ein 16-Bit-Windows-Programm meldet Out-of-memory

Es ist kein Standarddrucker installiert oder es besteht kein Zugriff auf den Standarddrucker. Definieren Sie einen funktionsfähigen Drucker als Standarddrucker.

Drucken aus dem Kontextmenü einer Datei

Die meisten Dateitypen lassen sich direkt über das Kontextmenü der Datei aus dem Explorer drucken. Dafür wird die entsprechende Standardanwendung direkt mit einem Druckparameter aufgerufen. Bei einfachen ASCII-Textdateien ist das:

```
%systemroot%\system32\NOTEPAD.EXE /p %1
```

Einige häufig verwendete ASCII-Dateitypen, wie zum Beispiel 1ST aus den diversen *README.1ST*-Dateien, enthalten keine Standardanwendung zum Drucken.

Gehen Sie folgendermaßen vor, um einem neuen Dateityp einen Kontextmenüeintrag *Drucken* zu geben:

1. Klicken Sie im Explorer unter *Extras/Ordneroptionen* auf der Registerkarte *Dateitypen* auf *Neu*.
2. Geben Sie unter *Dateierweiterung* die Endung der Datei an, klicken Sie auf *Erweitert* und wählen Sie den Typ *Textdokument* aus der Liste. Bestätigen Sie mit *OK*.

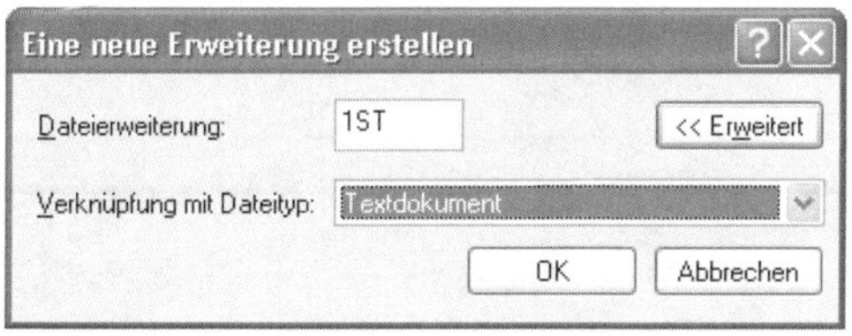

Anlegen einer neuen Erweiterung.

3. Damit werden die Standardanwendungen einer TXT-Datei für das Kontextmenü kopiert, sodass der neue Dateityp das gleiche Kontextmenü hat.

Bei Bedarf können Sie mit der Schaltfläche *Erweitert* in der Dialogbox *Ordneroptionen* die Standardanwendungen und deren Parameter noch verändern.

Diese Änderungen gelten für alle Endungen des gewählten Dateityps, also nicht nur für die neu angelegte.

Außer dem Kontextmenü werden auch die entsprechenden Einträge im *Datei*-Menü des Explorer verändert.

Bearbeiten eines Dateityps.

Einstellungen für den Drucken-Befehl im Kontextmenü.

Intern passiert dabei Folgendes: In der Registry wird unter *HKEY_CLASSES_ROOT* ein neuer Unterschlüssel mit der Dateiendung, hier *.1st*, angelegt. Dieser Schlüssel enthält einen einzigen Parameter *(Standard)*, der den Typ *txtfile* enthält.

Dieser Typ ist unter *HKEY_CLASSES_ROOT\txtfile* definiert. Dort sind die genauen Kontextmenübefehle zum Öffnen und Drucken festgelegt.

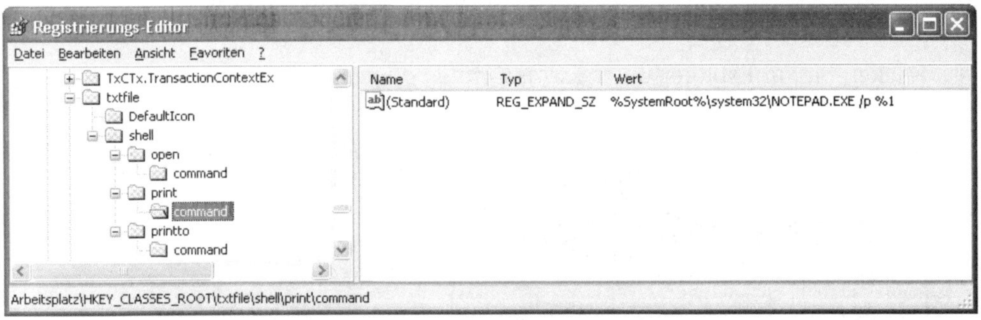

Definition eines Dateitypen in der Registry.

Drucken aus DOS-Programmen

Möchten Sie von Windows XP aus einem DOS-Programm auf einen Netzwerkdrucker drucken, muss diesem ein logischer Schnittstellenname zugewiesen werden, den das DOS-Programm ansprechen kann. Das gilt auch für einige ältere Windows-3.x-Programme, die besonders bei Shareware nicht immer ohne weiteres als solche zu erkennen sind. Beachten Sie dabei, dass viele ältere DOS-Programme nur auf die Schnittstelle LPT1 drucken können.

Mit dem Kommandozeilenbefehl *NET USE* können Sie einem Netzwerkdrucker einen Schnittstellennamen zuweisen:

```
NET USE LPT2: \\server\druckername
```

Diese Zeile weist dem Drucker mit dem Freigabenamen *druckername* auf dem Computer *server* den logischen Schnittstellennamen LPT2 zu. Damit Sie diese Zuweisungen nicht jedes Mal beim Start des DOS-Programms erneut vornehmen müssen, geben Sie einmal noch die folgende Zeile ein:

```
NET USE /persistent:yes
```

Damit wird jede neu zugewiesene Verbindung automatisch gespeichert und steht auch nach einem Neustart sofort wieder zur Verfügung.

NET USE ohne weitere Parameter zeigt alle aktuell zugewiesenen Verbindungen an sowie den Zustand des Parameters */persistent*.

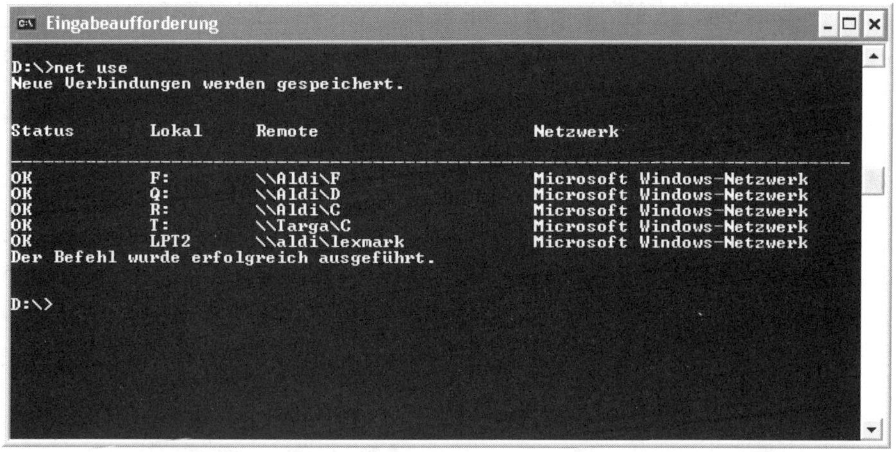

Anzeige von NET USE.

Wenn ein DOS-Programm nur auf LPT1 druckt und Sie mit *NET USE* diesen Schnittstellennamen auf einen Netzwerkdrucker umlenken, steht die lokale Schnittstelle als LPT1 nicht mehr zur Verfügung. Um dieses Problem zu umgehen, starten Sie das betreffende DOS-Programm mit einer Batchdatei:

```
NET USE LPT1: \\server\druckername
Programmaufruf
NET USE LPT1: /delete
```

Damit wird nach dem Programmaufruf die Zuweisung der Schnittstelle automatisch wieder gelöscht. Diese Methode funktioniert unabhängig von der Einstellung des Parameters */persistent*.

Windows-Faxdienst

Fast jedes Modem oder jede ISDN-Karte liefert heute ein eigenes Faxprogramm mit. Windows XP enthält aber auch ein eigenes, das nur standardmäßig nicht mitinstalliert wird. Sie können diesen Windows XP-Faxdienst bei Bedarf über *Systemsteuerung/Software/Windows-Komponenten* hinzufügen.

Der Windows-Faxdienst unterstützt standardmäßig nur Modems. ISDN-Karten funktionieren nur über Modememulationen, eine direkte CAPI-Unterstützung gibt es nicht. Hier empfiehlt es sich meistens, die mit der ISDN-Karte gelieferte Faxsoftware zu verwenden.

Die Faxkonsole, im Startmenü unter *Zubehör/Kommunikation/Fax*, verwaltet eingehende und ausgehende Faxe. Der Faxversand ist direkt aus dieser Konsole heraus mit einem Assistenten möglich – oder über einen Faxdruckertreiber, der aus jedem Programm heraus wie ein normaler Drucker angesprochen werden kann.

Allerdings lässt sich der Faxdruckertreiber nicht im Netzwerk freigeben. In diesem Fall müssen Sie auf Lösungen von Drittanbietern wie AVM Ken (*www.avm.de*) oder Symantec WinFax (*www.symantec.de*) zurückgreifen.

Bevor Sie das Faxprogramm zum ersten Mal benutzen, müssen Sie mit dem Faxkonfigurations-Assistenten Ihre Absenderdaten eintragen. Dabei sind persönliche Daten wie Name, Adresse und Telefonnummer optional. Sie werden automatisch in das Faxdeckblatt übernommen. Was unbedingt angegeben werden muss, ist die Faxkennung, TSID (**T**ransmitting **S**ubscriber **Id**entification), die beim Verbindungsaufbau übermittelt wird. Tragen Sie hier die Faxnummer im internationalen Format ein, in Deutschland also +49- gefolgt von der Vorwahl ohne führende 0 und der eigenen Faxnummer. Theoretisch können Sie auch alphanumerische Kennungen wie zum Beispiel Firmennamen verwenden, die aber nicht von allen Faxgegenstellen korrekt ausgewertet werden. Bei der Annahme eines eingehenden Faxes wird die Empfängerkennung, CSID (**C**alled **S**ubscriber **Id**entification), übertragen, die genauso formatiert sein sollte.

Standardmäßig ist der Faxdienst nur für das Senden von Faxen konfiguriert. Der Faxempfang muss erst in den Eigenschaften des Faxdruckers oder über *Extras/Faxdruckerkonfiguration* aus der Faxkonsole heraus aktiviert werden. Hier können Sie auch festlegen, ob empfangene Faxe automatisch ausgedruckt werden sollen.

Einstellungen für Faxversand.

Einstellungen für Faxempfang.

In der Sendekonfiguration können Sie einen Zeitraum günstiger Telefontarife einstellen. Faxe können beim Versand automatisch in diesen Zeitraum verschoben werden, was besonders bei Serienfaxen erheblich Gebühren spart.

Probleme mit ISDN

Wie bereits erwähnt, unterstützt der Faxdienst nur Modems. Dementsprechend fehlen wichtige Konfigurationseinstellungen für ISDN. So haben Sie keine Möglichkeit, die MSN einzugeben, auf die der Faxempfang ansprechen soll. Konfigurieren Sie also die Modememulation der ISDN-Karte so, dass sie nur auf eine bestimmte MSN anspricht. Eine automatische Selektion zwischen eingehenden Faxen und Telefonanrufen mithilfe des ISDN-Service-Indikators ist ebenfalls nicht möglich. Sie müssen also unterschiedliche MSNs für Fax und Telefon verwenden und diese in den Endgeräten entsprechend einstellen.

Bei Verwendung von Telefonanlagen bietet es sich an, diese so zu konfigurieren, dass eingehende Faxe anhand ihres Service-Indikators oder einer dafür eingerichteten MSN gefiltert und an den Anschluss weitergeleitet werden, an dem der Computer angeschlossen ist.

Der Windows XP-Faxdienst verwendet grundsätzlich den Fax-Gruppe-3-Standard, der von analogen Faxgeräten und Faxmodems gesendet und empfangen werden kann. Der digitale Fax-Gruppe-4-Standard wird nicht unterstützt, was beim Senden unproblematisch ist, da jedes Gruppe-4-Faxgerät auch Gruppe-3-Faxe empfangen kann. Umgekehrt können Sie aber mit dem Windows XP-Faxdienst auch an einem ISDN-Anschluss keine Gruppe-4-Faxe empfangen. Diese Fax-Gruppen sind internationale Standards nach CCITT (**C**omité **C**onsultatif **I**nternational de **T**élégraphique et **T**éléphonique). Der Fax-Gruppe-3-Standard ist definitionsgemäß auf 9.600 Bit/s festgelegt. Viele Geräte ermöglichen aber Übertragungsgeschwindigkeiten bis zu 28.800 Bit/s mit diesem Protokoll. Das Gruppe-4-Protokoll ermöglicht Übertragungsraten bis zu 64 KBit/s.

3.5 Windows XP im Multimonitorbetrieb

Schon zu DOS-Zeiten verwendete man für professionelle CAD- oder DTP-Arbeitsplätze zwei Monitore, um die darstellbare Bildfläche zu vergrößern, oder früher, um textbasierte Informationen auf einen einfachen billigen Monitor zu verlegen und den teuren hochauflösenden Farbmonitor ausschließlich für die Grafik zur Verfügung zu haben.

Seit Windows 98 bietet Microsoft eine Unterstützung für mehrere Monitore auf Betriebssystemebene an. In früheren Windows-Versionen musste man auf spezielle Treiber der Grafikkartenhersteller zurückgreifen. Der Windows-Desktop wird auf alle Monitore erweitert und steht so mit einigen Ausnahmen (DirectX, Video-Overlays) allen Programmen zur Verfügung. Auf diese Weise können Sie sehr bequem mit zwei Programmen gleichzeitig arbeiten, zum Beispiel Webbrowser und Textverarbeitung, oder haben für ein Programm eine größere Arbeitsfläche, was gerade bei CAD- und Grafikprogrammen wichtig ist.

Im Multimonitorbetrieb kann für jeden Monitor die Auflösung und Farbtiefe je nach den Fähigkeiten der Grafikkarte eingestellt werden. Theoretisch können bis zu zehn Monitore angeschlossen werden, was nur meistens daran scheitert, dass in einen Computer nicht so viele Grafikkarten eingebaut werden können – auch nicht bei Verwendung von Dual-Karten mit je zwei Monitoranschlüssen. Windows XP unterstützt für den Multimonitorbetrieb nur AGP- und PCI-Karten, keine alten ISA- oder VLB-Karten.

Präsentationswände

Präsentationswände mit zahlreichen, im Raster angeordneten Monitoren, wie sie in Schaufenstern oder auf Großveranstaltungen zu sehen sind, verwenden eine eigene Steuerelektronik, die das Bildsignal verteilt, sodass sie im Ganzen wie ein einziger Monitor angeschlossen werden können.

Wenn Sie eine AGP- und eine PCI-Karte parallel betreiben, kann auf vielen Motherboards nur die AGP-Karte die VGA-BIOS-Funktionen übernehmen. Achten Sie darauf, dass in den BIOS-Einstellungen für den AGP-Slot die Option *Enable VGA IRQ* aktiviert sein muss. Das VGA-BIOS stellt grundlegende Funktionen zur Text- und Grafikausgabe in den Standard-VGA-Modi zur Verfügung. Diese werden unter anderem zur Ausgabe von BIOS-Meldungen und für Programme im DOS-Grafikmodus gebraucht.

Beim Multimonitorbetrieb gibt es drei verschiedene technische Lösungen, die aber im User Mode des Betriebssystems weitgehend gleich umgesetzt werden:

- Zwei Monitore an einer Grafikkarte
- Mehrere Monitore an mehreren Grafikkarten
- Notebook mit internem Display und extern angeschlossenem Monitor

Bei der Verwendung von mehreren Grafikkarten ist eine die Systemanzeige. Diese zeigt BIOS-Meldungen und das Windows XP-Bootmenü. Nur diese Karte verwendet die VGA-BIOS-Funktionen, da der feste VGA-Adressbereich immer nur von einem Gerät verwendet werden kann. Deshalb laufen DOS-Programme im Grafik-Vollbildmodus auch nur auf dieser Grafikkarte.

Probleme gibt es mit Onboard-VGA-Anschlüssen. Diese werden bei manchen Motherboards automatisch deaktiviert, wenn eine zusätzliche Grafikkarte eingesteckt wird. Deaktivieren Sie in Problemfällen das VGA-BIOS der externen Grafikkarte über Jumper oder Software.

Eine Grafikkarte mit zwei Monitoranschlüssen verwaltet die VGA-Ressourcen selbstständig. Hier erscheinen die Bootmeldungen und auch DOS-Vollbildanwendungen auf beiden Monitoren. Welche Dual-Grafikkarten von Windows XP unterstützt werden, finden Sie im Artikel Q307397 in der Microsoft Knowledgebase *support.microsoft.com*.

Konfiguration mehrerer Monitore

Sind mehrere Monitore angeschlossen, erscheinen unter *Systemsteuerung/Anzeige* mehrere Monitorsymbole. Durch Anklicken eines dieser Symbole werden die Einstellungen dieses Monitors in den unteren Teil der Dialogbox übernommen. Hier können Sie Auflösung und Farbtiefe auf allen Monitoren unabhängig einstellen.

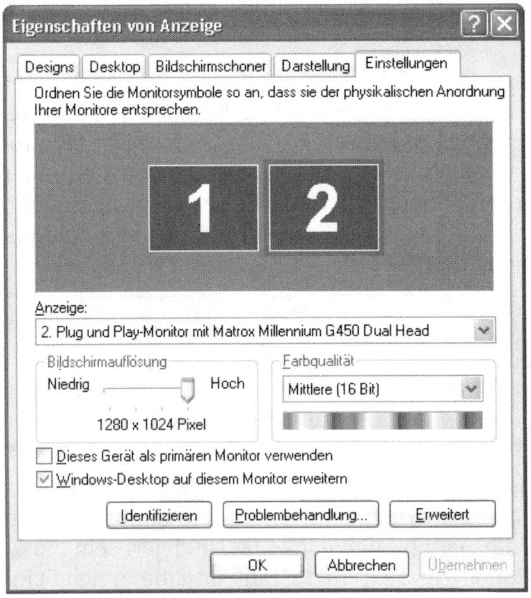

Konfiguration eines zweiten Monitors in der Systemsteuerung/ Anzeige.

Ergonomie
Verwenden Sie aus ergonomischen Gründen möglichst gleiche Monitore und eine gleiche Auflösung und Farbtiefe. Unterschiedliche Einstellungen und vor allem unterschiedliche Bildwiederholungsraten strengen die Augen beim ständigen Hin- und Herblicken erheblich an.

Aktivieren Sie für den zweiten Monitor das Kontrollkästchen *Windows-Desktop auf diesen Monitor erweitern*. Nur dann wird der Monitor von Windows XP verwendet. Durch Ziehen der Symbole können Sie die Anordnung der Monitore so einstellen, wie die Monitore wirklich stehen. Das ist entscheidend wichtig, damit die Anordnung der Desktop-Elemente stimmt und ein Fenster von einem auf den anderen Monitor gezogen werden kann. Sind Sie sich nicht sicher, welcher Monitor welcher ist, klicken Sie auf die Schaltfläche *Identifizieren*. Damit wird auf jedem Monitor eine große weiße Zahl angezeigt, die der Zahl auf den Monitorsymbolen entspricht.

Primär- und Sekundärbildschirm

Windows XP verwaltet einen Monitor als Primärbildschirm. Auf diesem erscheinen die Benutzeranmeldung und Systemdialoge, die auf einer Einschirmlösung mittig auf dem Bildschirm angezeigt werden. Dabei positioniert Windows XP diese Meldungen automatisch asymmetrisch auf dem Primärbildschirm, sodass sie relativ weit in der Mitte des gesamten Desktops erscheinen, ohne durch die Trennlinie zwischen beiden Monitoren geteilt zu werden.

Kompatibilitätsprobleme mit älteren Programmen
Ältere Windows-Programme verwenden in Systemdialogen teilweise unkompatible Maussteuerungen. Hier kann es, wenn ein Programm auf dem Sekundärbildschirm ausgeführt wird und ein Systemdialog dieses Programms auf dem Primärbildschirm erscheint, passieren, dass dort die Maus nicht mehr zur Verfügung steht. Lässt sich die entsprechende Dialogbox nicht mit der Tastatur bedienen, muss das Programm auf dem Primärbildschirm ausgeführt werden.

Der Primärbildschirm muss nicht der Systembildschirm sein, auf dem die BIOS-Meldungen erscheinen. Welcher Monitor Primärbildschirm sein soll, legen Sie unter *Systemsteuerung/Anzeige* mit dem Kontrollkästchen *Dieses Gerät als primären Monitor verwenden* fest.

Nur der Primärbildschirm bietet die volle Unterstützung für DirectX, deshalb sollten Sie immer die Grafikkarte mit der besseren DirectX-Leistung zum Primärbildschirm machen. Zum Testen von DirectX-Eigenschaften liefert Windows XP das Programm DXDIAG mit, das die einzelnen Grafikkarten unabhängig testet. Nur auf dem Primärbildschirm können DirectX-Anwendungen im Vollbildmodus laufen.

Video-Overlay-Karten, die über ein Loopback-Kabel an die Grafikkarte angeschlossen werden, funktionieren ebenfalls meistens nur mit dem Primärbildschirm. Dementsprechend können Sie das Video-Overlay-Fenster auch nicht auf den zweiten Bildschirm verschieben. Ältere Versionen des RealPlayer verloren auch ohne Video-Overlay-Karte das Bild, wenn das Programmfenster auf den Sekundärbildschirm verschoben wurde. Dieses Problem ist in der aktuellen Version aber behoben.

Multimonitorbetrieb auf Notebooks

Nicht jedes Notebook unterstützt den Windows XP-Multimonitorbetrieb. Bei einigen, besonders bei älteren Notebooks zeigt der externe Monitor immer das gleiche Bild wie der Notebook-Bildschirm. Wenn ein Notebook den Windows XP-Multimonitorbetrieb unterstützt, ist der eingebaute Notebook-Bildschirm immer der Primärbildschirm, der externe der Sekundärbildschirm.

Bevor Sie einen externen Bildschirm trennen, um das Notebook wieder mobil zu verwenden, schalten Sie die Option *Windows-Desktop auf diesen Monitor erweitern* in *Systemsteuerung/Anzeige* aus. Damit wird der Desktop wieder auf den Notebook-Bildschirm begrenzt. Andernfalls hätten Sie keinen Zugriff auf diesen Konfigurationsdialog mehr, wenn er zuletzt auf dem externen Bildschirm angezeigt wurde.

Verwenden Sie ein Notebook in einer stationären Docking-Station mit eigener Grafikkarte, kann auch diese als zweiter Bildschirm verwendet werden. Solange eine Multimonitorkonfiguration mit internem Notebook-Bildschirm und Docking-Station läuft, ist ein Abdocken des Notebooks nicht möglich. Auch hier müssen Sie zuerst den zweiten Bildschirm deaktivieren. Die einfachste Lösung sind zwei Hardwareprofile für mobilen Betrieb und für die Docking-Station.

Probleme mit 3-D-Bildschirmschonern

Die bei Windows XP mitgelieferten 3-D-Bildschirmschoner greifen auf 3-D-Rendering-Funktionen der Grafikkarte zurück, die in einigen Konfigurationen auf dem Sekundärmonitor nicht funktionieren. Bei einer Multimonitorkonfiguration kann es in diesem Fall auf einem oder auch auf beiden Monitoren zu Unregelmäßigkeiten in der Darstellung des Bildschirmschoners kommen - bis dahin, dass das Bild komplett wegbleibt.

Überprüfen Sie in solchen Fällen in den Anzeigeeigenschaften des Bildschirmschoners, ob der Sekundärbildschirm das Hardware-3-D-Rendering unterstützt.

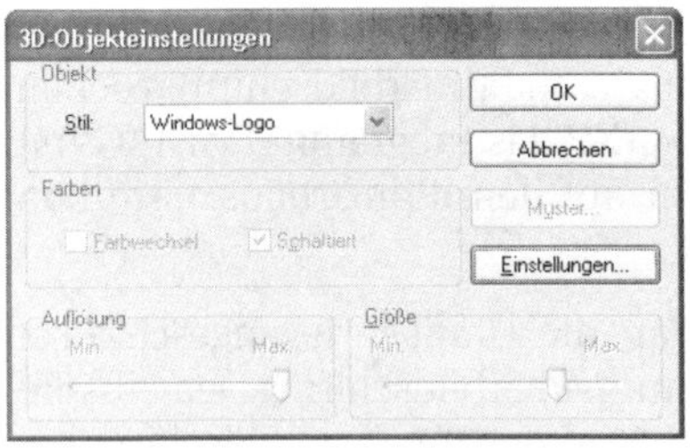

Einstellungen für 3-D-Bildschirmschoner.

Anzeigeeinstellungen bei einer Multimonitorkonfiguration.

Bringt ein Deaktivieren des Hardware-3-D-Rendering nicht den gewünschten Erfolg, deaktivieren Sie den Bildschirmschoner auf dem zweiten Bildschirm. Die Bildschirmschoner *3D Text* und *3D Objekte* funktionieren nicht in der Bildauflösung 640 x 400 x 16 im Multimonitorbetrieb. Schalten Sie für diese Bildschirmschoner die Auflösung beider Monitore auf mindestens 800 x 600 Pixel.

Spezielle Treiber für DualView

Grafikkarten mit zwei Monitoranschlüssen wie zum Beispiel die Matrox DualHead bieten eigene Treiberfunktionen zur Unterstützung von zwei Monitoren an.

Diese unterstützen zusätzlich zur normalen Windows XP-Desktop-Erweiterung auf beide Bildschirme noch weitere spezielle Anzeigemodi:

- **Zoom** - Verwenden des zweiten Monitors als Bildschirmlupe
- **Clone** - Anzeigen des gleichen Bilds auf beiden Monitoren, zum Beispiel zum Ansteuern von Großbildprojektoren bei Präsentationen
- **DVDMax** - Vollbildwiedergabe einer DVD auf dem zweiten Bildschirm, während auf dem ersten der normale Windows-Desktop läuft.

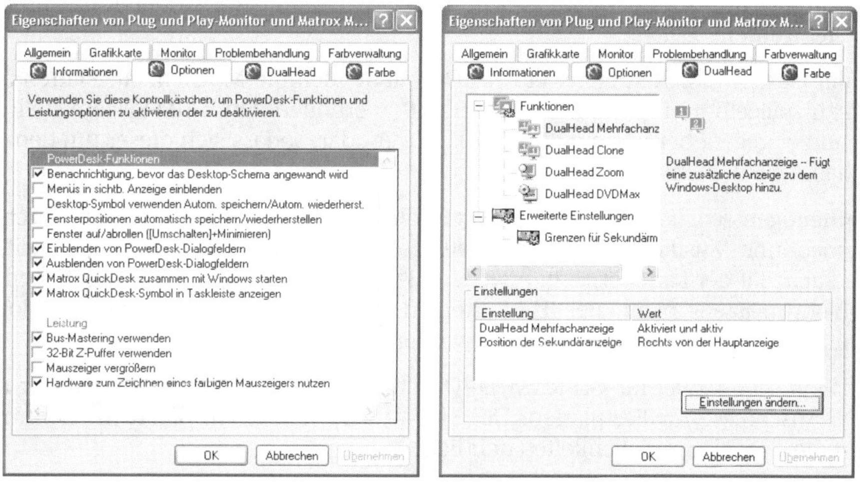

Konfigurationsdialoge für Sonderfunktionen des Matrox DualHead-Treibers.

Allerdings unterscheidet sich das Verhalten dieser speziellen Grafikkartentreiber von den Herstellern in einigen Punkten vom Windows XP-Standardverhalten:

- Systemdialoge erscheinen zentriert über beide Bildschirme verteilt, anstatt auf dem Primärbildschirm.
- Die Taskleiste reicht über beide Bildschirme. Windows XP zeigt diese standardmäßig nur auf dem Primärbildschirm an.
- Ein Fenster wird beim Maximieren auf den gesamten Desktop, beide Bildschirme, vergrößert. Mit den Windows XP-Standardtreibern wird es auf dem Bildschirm maximiert, auf dem es angeklickt wurde.

Diese Eigenschaften lassen sich in vielen Treibern von Herstellern wahlweise umstellen. Wenn nicht, haben Sie auch auf Grafikkarten mit zwei Monitoranschlüssen die Möglichkeit, anstelle der Herstellertreiber die Windows-Treiber zu verwenden.

3.6 RAID-Controller im Windows XP-Einsatz

RAID (**R**edundand **A**rray of **I**ndependent **D**isks = redundante Anordnung unabhängiger Festplatten) ist prinzipiell schon eine alte Technik, die auf Großrechnern und Netzwerkservern seit 20 Jahren eingesetzt wird, im Home-User-Betrieb aber erst in den letzten Jahren, bedingt durch fallende Hardwarepreise und einfache IDE-RAID-Controller, Verbreitung gefunden hat.

In einem RAID-System werden mehrere Festplatten parallel betrieben. Wenn mehrere Programme gleichzeitig auf Daten zugreifen, kann dies parallel geschehen und ist damit deutlich schneller als der serielle Zugriff auf eine einzige Festplatte. Die Aufteilung der Daten auf die einzelnen Platten sowie Fehlererkennung und Korrektur werden vom RAID-Controller übernommen, sodass Betriebssystem und Prozessor damit nur sehr wenig belastet werden.

Neben der Geschwindigkeit bietet ein RAID-System auch die Möglichkeit, Platten automatisch zu spiegeln, um so die Datensicherheit zu erhöhen. Ein RAID-System stellt sich dem Benutzer gegenüber wie ein einziges Laufwerk dar, sodass sich dieser um den physikalischen Aufbau nicht zu kümmern braucht.

Bei den heutigen sehr großen Datenmengen, die vor allem Home-Anwender durch kopierte Video- und Musikdateien haben, bietet RAID auch eine einfache Möglichkeit, die Speicherkapazität der Laufwerke zu erweitern. Anwender von SCSI-Systemen haben dieses Problem meistens nicht. Bei IDE-Systemen können aber auf den meisten Motherboards nur vier Laufwerke angeschlossen werden.

Wenn davon schon zwei für CD-ROM/DVD und Brenner belegt sind, bleiben nur noch zwei IDE-Anschlüsse für Festplatten. Der Einbau eines einfachen IDE-RAID-Controllers erweitert die Anschlussmöglichkeiten deutlich.

An diese Controller sollten zum Aufbau eines RAID-Systems möglichst ähnliche, am besten gleiche Festplatten angeschlossen werden. Diese müssen mindestens dem UltraDMA/33-Standard entsprechen.

Etliche moderne Motherboards haben bereits einen (zusätzlichen) RAID-Controller on Board. Im BIOS muss dann als Bootlaufwerk anstelle von *C:* je nach BIOS-Version *Onboard ATA*, *RAID* oder *Other Boot Device* eingetragen werden. Genauere Informationen hierzu finden Sie im Handbuch Ihres Motherboards.

Vorsicht bei RAID-Umschaltung

Wenn Sie einen Controller, an dem Festplatten angeschlossen sind, in den RAID-Modus umschalten, haben Sie keinen Zugriff mehr auf die Daten dieser Festplatten. Sie müssen zur Verwendung als RAID-System neu formatiert werden.

Im Internet kursieren verschiedene Bastler-Tricks, wie man vorhandene IDE-Controller RAID-tauglich macht. Diese Tricks sind aber allesamt nicht guten Gewissens zu empfehlen, da die Controller beim Löten leicht beschädigt werden können, Garantieansprüche erlöschen und außerdem durch mögliche Fehlfunktionen keine Datensicherheit garantiert werden kann.

RAID-Level

Die verschiedenen Leistungsmerkmale von RAID wurden als Levels von 0 bis 5 durchnummeriert. Dazu kommen noch zwei selten verwendete Level 6 und 7. Die Bezeichnung „Level" ist hier etwas verwirrend, da sie keine Qualitätsstufen, sondern unabhängige Merkmale darstellen.

Professionelle RAID-Systeme unterstützen alle Levels, einfache Systeme nur einen Teil davon. Die häufigsten Verfahren für Einzel-PCs sind RAID 0 und RAID 1 sowie deren Kombination und außerdem RAID 5. Die anderen Verfahren werden im Wesentlichen nur im Serverbetrieb eingesetzt.

Bei allen Verfahren außer RAID 0 kann eine Festplatte ausfallen, ohne dass im gesamten System Daten verloren gehen. Professionelle RAID-Systeme enthalten eine zusätzliche Platte, die beim Ausfall einer Platte automatisch aktiviert wird und deren Aufgabe übernimmt. Der Controller rekonstruiert die fehlenden Daten anhand der Spiegelungen und Parity-Informationen auf den anderen Platten.

Dieses Verfahren wird als Hot-Fix bezeichnet. Die defekte Platte muss manuell ausgetauscht werden, sodass wieder eine Reserveplatte zur Verfügung steht. Dies kann üblicherweise im laufenden Betrieb erfolgen.

Billigere RAID-Systeme kommen ohne Reserve aus. Hier muss die defekte Platte so schnell wie möglich getauscht werden, damit die Daten rekonstruiert werden können. Beim Ausfall einer zweiten Platte wären alle Daten verloren. Auf Servern sind RAID-Festplattensätze üblicherweise Hot-Swap-fähig. Das bedeutet, die Platten sind in von außen zugänglichen Einschüben gelagert.

Eine defekte Platte kann im laufenden Betrieb entnommen werden, ohne das Betriebssystem herunterzufahren. Die neu eingebaute Platte wird automatisch erkannt und mit rekonstruierten Daten in das System integriert. Ganz einfache RAID-Controller, wie sie auf modernen Motherboards vorhanden sind, bieten kein Hot-Swap. Hier muss der Computer zum Austausch einer Festplatte heruntergefahren werden. Danach muss die Rekonstruktion der Daten über ein spezielles Programm manuell ausgeführt werden.

Die folgenden Abschnitte beschreiben die verschiedenen RAID-Level sowie ihre jeweiligen Vor- und Nachteile.

RAID 0

Hier wird der Datenstrom beim Schreiben von Daten auf die Festplatte wie auch beim Lesen auf mehrere Platten aufgeteilt. Jede Datei wird „streifenweise" auf alle angeschlossenen Platten geschrieben, weshalb dieses Verfahren auch als Striping bezeichnet wird. Besteht eine Datei zum Beispiel aus den aufeinander folgenden Datenblöcken ABCDEF, werden in einem RAID-System aus zwei Festplatten die Blöcke ACE auf eine Platte und BDF auf die andere geschrieben. Üblicherweise sind die einzelnen Blöcke 64 KByte groß. Dadurch, dass beide Platten gleichzeitig laufen, reduziert sich die Übertragungszeit bei großen Dateien auf fast die Hälfte. Bei vielen kleinen Dateien bringt ein solches RAID 0 Stripeset fast keinen Geschwindigkeitsgewinn.

- **Vorteile** – höhere Geschwindigkeit, besonders bei großen Dateien.
- **Nachteile** – bei Ausfall einer Platte sind die Daten auf dem ganzen System verloren.

RAID 1

RAID 1 ist die klassische physikalische Datenspiegelung. Alle Dateien werden parallel auf zwei oder mehr Festplatten geschrieben. Fällt eine Platte aus, stehen die Daten weiterhin zur Verfügung. Beim Lesen ergibt sich ein Geschwindigkeitsgewinn, da eine Datei parallel von mehreren Platten gelesen werden kann.

- **Vorteile** - höhere Datensicherheit durch Spiegelung. Höhere Geschwindigkeit, nur beim Lesen.
- **Nachteile** - kein Geschwindigkeitsgewinn beim Schreiben, höhere Hardwarekosten pro MByte bedingt durch doppelte Platten.

RAID 0+1

Die beiden Verfahren RAID 0 und RAID 1 lassen sich in einem größeren Verbund aus vier, sechs oder mehr Festplatten zusammenfassen. Dieses Verfahren wird als RAID 10 oder RAID 0+1 bezeichnet. Dabei gibt es zwei Verfahren, wie die RAID-Level übereinander angewendet werden:

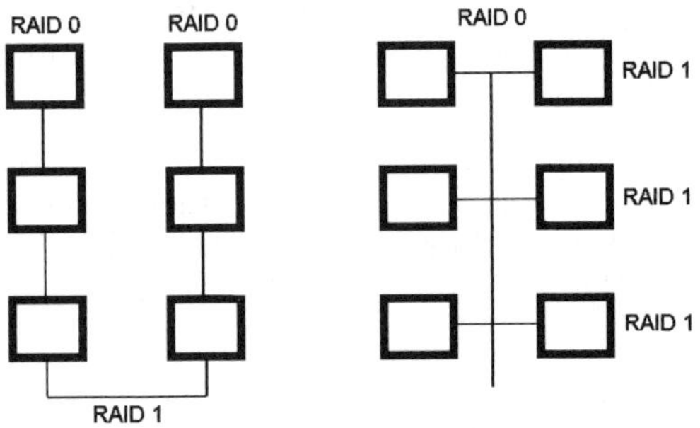

Verschiedene Kombinationen von RAID 0+1.

Die erste Variante verwendet zwei RAID 0-Stripesets, die miteinander über RAID 1 gespiegelt werden, die zweite Variante besteht aus drei RAID 1-Spiegelsätzen, die zu einem RAID 0-Stripeset verbunden sind.

Der technische Unterschied bringt auch einen Unterschied in der Datensicherheit, besonders wenn statt drei vier, fünf oder mehr Platten zu einem Stripeset zusammengefasst werden.

In unserem Beispiel fällt das System frühestens bei der zweiten defekten Platte komplett aus und übersteht im besten Fall drei defekte Platten ohne Problem, wie die folgenden Bilder zeigen.

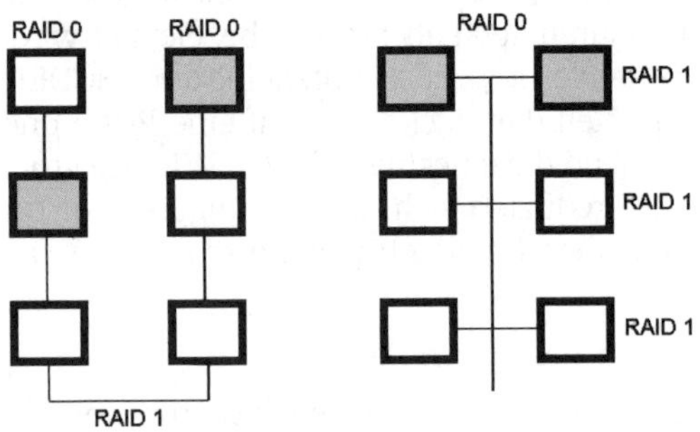

Frühester Ausfall (graue Platten sind defekt).

Der früheste Ausfallzeitpunkt ist in der ersten Variante erreicht, wenn aus jedem der beiden RAID 0-Stripesets eine beliebige Festplatte ausfällt. In der zweiten Variante tritt dieser Fall nur dann ein, wenn genau beide Festplatten eines RAID 1-Spiegelsatzes ausfallen, also mit deutlich geringerer Wahrscheinlichkeit.

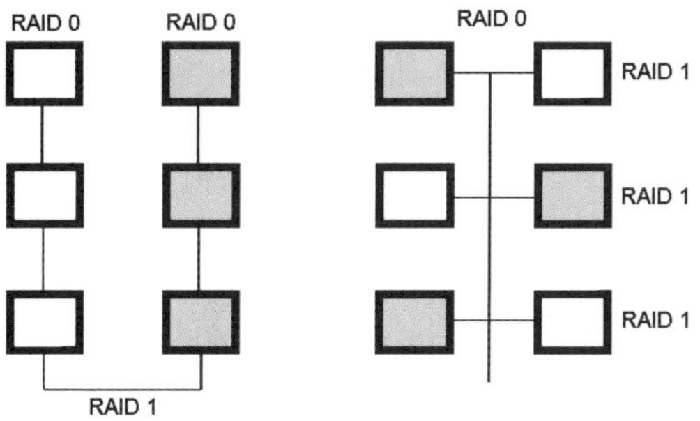

Längster stabiler Zustand bei fehlerhaften Platten (graue Platten sind defekt).

Damit das System bei drei defekten Platten noch stabil bleibt, gibt es in der ersten Variante nur zwei Möglichkeiten. Es dürfen nur genau die drei Platten je eines der beiden Stripesets ausfallen. In der zweiten Variante gibt es wesentlich mehr Möglichkeiten, hier kann eine beliebige Platte jedes Spiegelsatzes ausfallen, ohne dass das System beschädigt wird.

Insgesamt lässt sich also sagen, dass die zweite Variante eine höhere Ausfallsicherheit bringt. Die Geschwindigkeit und die Kosten sind bei beiden Varianten gleich, da immer auf drei Festplatten parallel zugegriffen werden kann und für die Datenmenge, die drei Festplatten entspricht, sechs Festplatten gebraucht werden.

RAID 2

Das RAID 2-Level bietet ein aufwendiges Verfahren zur Fehlerkorrektur. RAID 1 bietet zwar Sicherheit beim kompletten Ausfall einer Festplatte, hilft aber nicht weiter, wenn die Daten beider Platten durch Fehler nicht identisch sind. Hier kann nicht festgestellt werden, auf welcher Platte sich die richtigen Daten befinden.

RAID 2 verwendet zusätzlich zu den acht Datenbits für jedes Byte noch zwei Bit für den **E**rror **C**orrecting **C**ode ECC. Dafür werden insgesamt zehn Festplatten gebraucht, da jedes Bit auf einer eigenen Platte gespeichert wird und die zwei Prüfbits genauso. Wegen dieses großen Aufwands wird das Verfahren nur sehr selten eingesetzt.

- **Vorteile** - hohe Datensicherheit durch Fehlerkorrektur. Höhere Geschwindigkeit, nur beim Lesen (bis zu achtfach).
- **Nachteile** - durch den Korrekturmechanismus beim Schreiben langsam, höhere Hardwarekosten pro MByte bedingt durch zusätzliche Platten für Prüfbits und aufwendige Controller-Technik.

RAID 3

Ähnlich wie bei RAID 0 werden die Daten streifenweise auf mehrere Festplatten verteilt. Allerdings wechselt hier die Festplatte bei jedem Byte. Die Kopfpositionen der Platten werden immer genau synchron gehalten.

Auf einer zusätzlichen Platte werden zur Fehlerkorrektur Parity-Daten synchron mitgeschrieben.

- **Vorteile** - höhere Geschwindigkeit, durch parallele Zugriffe beim Lesen großer Daten.
- **Nachteile** - beim Lesen vieler kleiner Dateien durch die ständige Synchronpositionierung der Köpfe etwas langsamer. Geringfügig höhere Hardwarekosten pro MByte bedingt durch nur eine zusätzliche Platte für Prüfbits.

RAID 4

RAID 4 funktioniert ähnlich wie RAID 3 mit einer zusätzlichen Platte für Prüfbits. Allerdings werden die Daten nicht Byte-weise, sondern in größeren Blöcken abwechselnd auf die Festplatten verteilt. Dadurch laufen die Platten nicht mehr synchron, sodass die Verwaltung der Prüfbits auf der zusätzlichen Platte aufwendiger ist.

- **Vorteile** - höhere Geschwindigkeit, durch parallele Zugriffe auch beim Lesen kleinerer Daten.
- **Nachteile** - beim Schreiben bedingt durch den asynchronen Lauf der Platten langsamer. Geringfügig höhere Hardwarekosten pro MByte bedingt durch nur eine zusätzliche Platte für Prüfbits.

RAID 5

RAID 5 funktioniert ähnlich wie RAID 4 mit einer Verteilung der Daten blockweise auf mehrere Festplatten. Allerdings gibt es hier keine eigene Platte für Parity-Bits, sondern diese werden jeweils auf eine der anderen Platten geschrieben, auf der sich nicht gerade die zugehörigen Daten befinden. RAID 5 ist heute gerade bei Home-Anwendern und kleineren Netzwerkservern ein sehr verbreitetes Verfahren.

- **Vorteile** - höhere Geschwindigkeit durch parallele Zugriffe auch beim Lesen kleinerer Daten und beim Schreiben.
- **Nachteile** - geringfügig höhere Hardwarekosten pro MByte bedingt durch zusätzlich verbrauchten Plattenplatz für Prüfbits. Schwierige, aber mögliche Rekonstruktion der Daten beim Ausfall einer Platte.

RAID 0+5

Ähnlich wie bei RAID 0+1 lassen sich auch RAID 5-Festplattensätze zur Erhöhung der Ausfallsicherheit per RAID 0 spiegeln.

RAID 6

RAID 6 ist ein selten benutztes Verfahren, bei dem zu einem RAID 5-Festplattensatz eine zusätzliche Platte für Prüfbits hinzugefügt wird. Damit soll verhindert werden, dass beim Ausfall von zwei Platten das ganze System verloren ist. RAID 6 wird nur in größeren Servern eingesetzt und ist durch das zusätzliche Schreiben auf das Parity-Laufwerk langsamer als RAID 5.

RAID 7

RAID 7 ist eine spezielle Erweiterung von RAID 5, wobei die gesamte Datenverwaltung über ein eigenes Echtzeitbetriebssystem auf dem Controller geregelt wird. Ein großer Cache vermittelt die Daten zwischen dem eigentlichen Betriebssystem und dem RAID-System.

Dieses Verfahren ist eine Eigenentwicklung von Storage Computer (*www.storage.com*) und kein echter RAID-Standard.

Sicherheit und ihre Grenzen

Technisch gesehen bieten RAID-Systeme ein hohes Maß an Datensicherheit beim Ausfall von einzelnen Festplatten. Beim Ausfall von Controller oder Netzteil steht zwar das System still, aber die meist wertvolleren Daten sind nicht in Gefahr, solange der Controller durch seine Fehlfunktion nicht fehlerhafte Daten auf die Platten schreibt. Hier sind der RAID-Technik Grenzen gesetzt. Was helfen technisch intakte Daten mit fehlerhaftem Inhalt?

Das Gleiche gilt bei Naturkatastrophen, Wasserschäden, Brand oder Blitzschlag. Hier werden RAID-Systeme genauso wie normale Festplatten beschädigt. Genauso treffen menschliche Bedienungsfehler und Viren die Daten auf RAID-Systemen ebenso hart wie auf einzelnen Festplatten. Hier hilft nur eine regelmäßige Datensicherung. Näheres dazu finden Sie in Kapitel 15 ab Seite 1005.

RAID-Systeme unter Windows XP

Ein Hardware-RAID-System erscheint gegenüber dem Betriebssystem wie ein einziges Laufwerk. Einige Controller erfordern vor der Betriebssysteminstallation eine Initialisierung des RAID-Systems von einer speziellen Bootdiskette aus.

Besorgen Sie sich in jedem Fall vor der Windows XP-Installation auf einem RAID-System einen Windows XP-Treiber für den RAID-Controller und kopieren Sie diesen auf eine Diskette. Wenn Sie jetzt von der Windows XP-Original-CD für die Installation booten, erscheint im Textmodus der Installation eine Aufforderung, die Taste [F6] zu drücken, um zusätzliche Treiber zu installieren. Mit der Taste [S] wählen Sie die Option *SCSI/RAID*. Danach müssen Sie die Treiberdiskette einlegen, damit die Windows XP-Installation auf das RAID-System zugreifen kann.

Software-RAID

Als Software RAID werden Lösungen bezeichnet, die RAID-Systeme ohne speziellen Controller, sondern nur mit einer Softwarelösung des Betriebssystems auf normaler Hardware anlegen. Dieses Verfahren ist erheblich langsamer als die Lösung mit einem RAID-Controller, bietet aber, was die Datensicherheit angeht, die gleichen Vorteile.

Windows XP bietet mit seinen dynamischen Festplatten Möglichkeiten, RAID 0-Stripeset-Laufwerksätze softwaremäßig ohne RAID-Controller zu erstellen. Hier bietet die Softwarelösung den Vorteil, dass auch unterschiedliche Festplatten für einen Laufwerksatz verwendet werden können. Auf verschiedenen Festplatten können jeweils gleich große Bereiche zu einem Stripeset zusammengefasst werden, es muss also nicht immer die ganze Festplatte verwendet werden, sie kann auch zusätzlich Bereiche enthalten, die zu anderen logischen Laufwerken gehören. Der Assistent zum Erstellen neuer Volumes für dynamische Datenträger gibt zwar auch andere Volumetypen *Gespiegelt* (RAID 1) und *RAID 5* an, diese werden aber von Windows XP nur gelesen. Näheres zu dynamischen Festplatten finden Sie in Kapitel 7.2 ab Seite 334.

3.7 Konflikte durch Hardwareprofile umgehen

Immer wieder gibt es auch unter Windows XP scheinbar unlösbare Hardwarekonflikte. Zwei Geräte können einfach nicht miteinander laufen, da die systeminterne Ressourcenverteilung besonders bei ACPI-fähigen Computern unlösbare Konflikte verursacht. In solchen Fällen gibt es die Möglichkeit, wie unter früheren Windows-Versionen verschiedene Hardwareprofile anzulegen. Ein solches Hardwareprofil enthält die komplette Hardwarekonfiguration eines PCs mit allen Einstellungen zu belegten Interrupts und I/O-Adressen. Dabei kann in jedem Profil auch festgelegt werden, welche Geräte aktiviert und welche deaktiviert sind. Für deaktivierte Geräte werden im jeweiligen Profil auch keine Treiber geladen.

Windows XP legt auf normalen Desktop-Computern nur ein Hardwareprofil an, auf dockbaren Notebooks automatisch zwei verschiedene, für den mobilen Betrieb und für den Betrieb in der Docking-Station. Damit erspart man sich das Aktivieren und Deaktivieren der Geräte, die nur über die Docking-Station verfügbar sind.

Bei Gerätekonflikten kann man auch auf jedem nicht dockbaren Computer ein zweites Profil anlegen, in dem ein bestimmtes Gerät deaktiviert ist, wogegen im ersten Profil ein anderes Gerät deaktiviert ist, die beide zusammen nicht problemlos zum Laufen zu bringen sind. Sowie mindestens zwei Hardwareprofile vorhanden sind, erscheint beim Start ein Auswahlmenü, in dem man wählen muss, welches Profil gestartet werden soll. Unter *Systemsteuerung/System* können Sie mit der Schaltfläche *Hardwareprofile* auf der Registerkarte *Hardware* ein zweites Profil durch Kopieren des aktuellen Standardprofils anlegen.

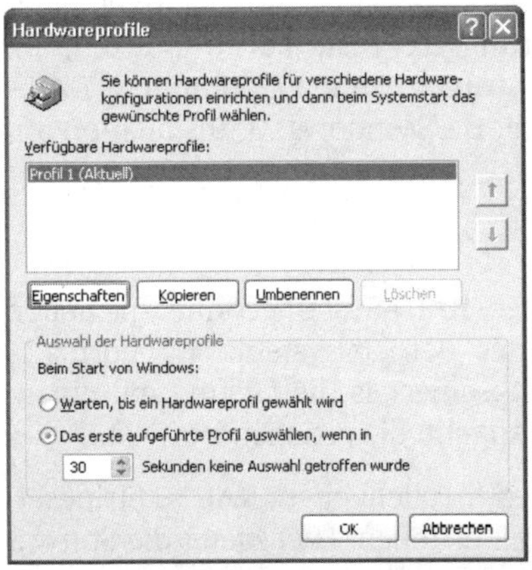

Liste der Hardwareprofile.

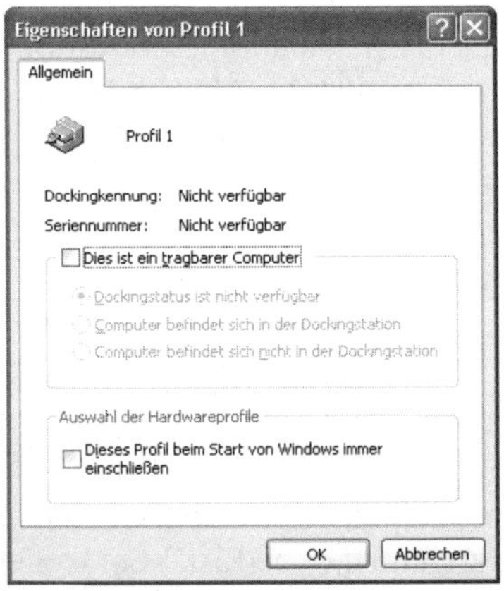

Eigenschaften eines Hardwareprofils.

Hier können Sie auch festlegen, ob eines der Profile nach einer bestimmten Wartezeit automatisch geladen werden soll.

Sind mehrere Hardwareprofile vorhanden, erscheinen bei jedem Gerät im Geräte-Manager anstatt der Option *deaktivieren* zwei Optionen: *Im aktuellen Hardwareprofil deaktivieren* und *In allen Hardwareprofilen deaktivieren*. Nehmen Sie jetzt mit dem Hardware-Assistenten Geräteinstallationen vor, gelten diese immer nur für das aktuelle Hardwareprofil. Auf diese Weise können Sie verschiedene Kombinationen von Geräten definieren und diese bei Bedarf auswählen, wenn alle nicht installierten Geräte gleichzeitig problemfrei laufen.

Die Einstellungen der Hardwareprofile werden in der Registry unter *HKEY_LOCAL_MACHINE\System\CurrentControlSet\Hardware Profiles* in durchnummerierten Unterschlüsseln bei 0000 beginnend abgelegt. Das aktuelle Profil wird in den Schlüssel *HKEY_LOCAL_MACHINE\System\CurrentControlSet\Hardware Profiles\Current* kopiert.

4. Windows XP und Multimedia

Eines der Features, die in der Werbung für Windows XP groß herausgestellt werden, ist die Integration neuer Multimedia-Technologien. Der Computer wird so immer mehr als Unterhaltungsmaschine verwendet und ganz nebenbei werden neue Zielgruppen erschlossen.

Diesem Trend gemäß und, um die Profi-Anwender, ehemalige Windows NT/2000-Nutzer, nicht auszugrenzen, wurden die Multimedia-Funktionen, die bisher dem Consumer-Betriebssystem Windows 98/ME vorbehalten waren, in beide Varianten von Windows XP, Home und Professional Edition übernommen.

In diesem Zusammenhang wurden auch neue Versionen von DirectX und dem Windows Media Player geliefert. Außerdem unterstützt Windows XP aktuelle Multimedia-Hardware, Digitalkameras, Videoschnitt und DVD.

Der Media Player 8 steht im Mittelpunkt der Multimedia-Funktionalität. Zum Abspielen von Video-DVDs müssen aber immer noch externe Player installiert werden.

4.1 Hinter den Kulissen der Multimedia-Funktionalität

Die Windows XP-Multimedia-Funktionalität basiert noch mehr als in früheren Windows-Versionen auf drei Komponenten:

- Gerätetreiber
- DirectX
- Windows Media Player

Bis auf ganz wenige Ausnahmen wie zum Beispiel ältere Videokarten sind Multimedia-Geräte Plug & Play-fähig. Windows XP stellt Treiber zur Verfügung, die beim Anschluss eines Geräts automatisch erkannt und installiert werden.

DirectX stellt einen Hardware Abstraction Layer zur Verfügung, der die Schnittstelle zwischen Multimedia-Software und Hardwaretreibern zur Verfügung stellt, sodass Geräte nicht mehr einzeln direkt angesteuert werden müssen.

Da dieses System im Wesentlichen bei Spielen verwendet wird, stellen wir DirectX in Kapitel 6.6 ab Seite 299 vor.

Der Windows Media Player

Der Windows Media Player ist das zentrale Programm zum Abspielen von Sound und Video in Windows XP.

Er vereinigt Abspielprogramme für verschiedene Multimedia-Technologien unter einer gemeinsamen Oberfläche:

- Audiodateien
- Video- und Animationsdateien
- Audio-CDs
- Streaming-Daten, Internetradio, Web-TV

Auf Seite 151 finden Sie eine Übersicht über alle standardmäßig unterstützten Dateiformate.

Der Windows Media Player 8 ist in Windows XP so im Betriebssystem integriert, dass er nicht deinstalliert werden kann. Da Microsoft damit versucht, im Multimedia-Markt eine Monopolstellung zu erlangen, wurde von einem US-Kartellgericht die Auflage verhängt, Windows XP auch ohne den Media Player betreiben zu können. Mit der Installation des Service-Pack 1 für Windows XP lässt sich der Windows Media Player durch Player alternativer Anbieter ersetzen. Allerdings wird er dabei nicht deinstalliert. Insofern bietet das Service-Pack nichts Neues, da auch jetzt schon alternative Player als Standardapplikation für Multimedia-Formate eingerichtet werden können.

Die Version 8 des Windows Media Player gibt es exklusiv nur für Windows XP. Anwender älterer Windows-Versionen können nur den Media Player bis einschließlich Version 7.x verwenden.

Windows Media Player 9

Das Upgrade Windows Media Player 9 (der WMP 9 war zur Drucklegung noch nicht fertig) wird das Digital Rights Management noch weiter integrieren. Beachten Sie dazu die spezielle Vereinbarung, die Sie während des Installationsvorgangs zusätzlich zum Lizenzvertrag bestätigen müssen. Des Weiteren gibt es einige kleinere Neuerungen:

- Die Schaltfläche *Wiedergabe* enthält ein neues Untermenü, über das Sie die Anzeige nach Wiedergabelisten, Alben oder Interpreten sortieren können.
- Die Anzeige *Medienbibliothek* wurde erweitert.
- Neue Onlineabonnementdienste können integriert werden.
- Der integrierte Internet Explorer enthält jetzt auch die Internet Explorer-Standard-Navigationsschaltflächen.
- Zusätzliche Plug-Ins werden über eine standardisierte Dialogbox verwaltet.

Konfiguration des Windows Media Player

Bei der Verwendung des Windows Media Player sollten Sie einige wichtige Einstellungen beachten. Die Konfigurationsoptionen finden Sie über den Menüpunkt *Extras/Optionen* im Media Player.

Auf der Registerkarte *Dateiformate* stellen Sie ein, welche Dateiformate automatisch vom Windows Media Player abgespielt werden sollen. Externe Player ändern gern die Standardzuordnung. Außerdem möchte man, wenn man eine alternative Software hat, nicht unbedingt mehr alle Medienformate mit dem Windows Media Player abspielen. Die Einstellungen gelten nur für die Standardzuordnung. Mit dem Menüpunkt *Datei/Öffnen* lassen sich weiterhin alle Formate abspielen.

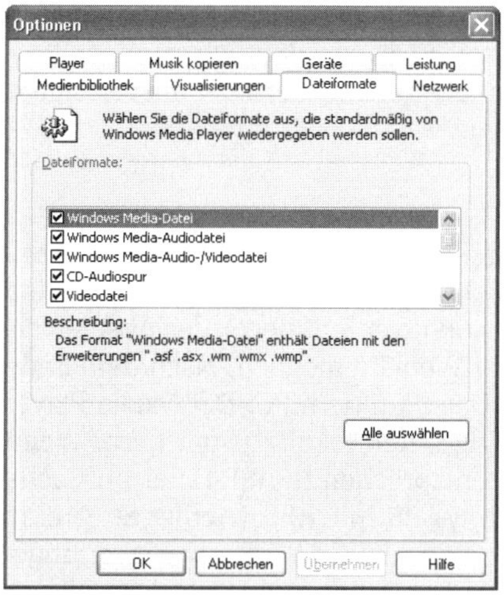

Auswahl der Standarddateitypen.

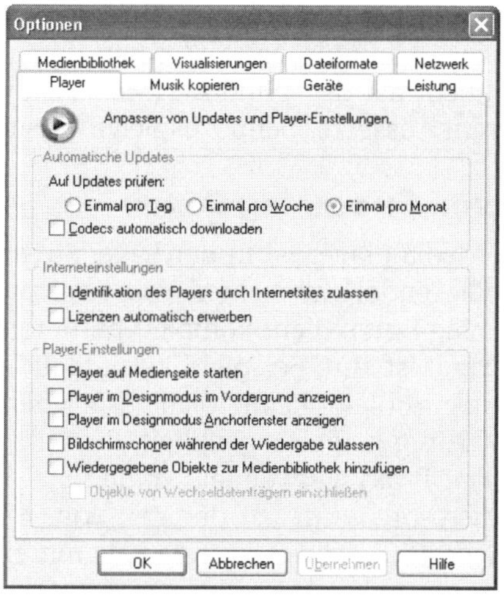

Spezielle Interneteinstellungen.

Schalten Sie auf der Registerkarte *Player* alle Optionen aus, um die „Phone-Home"-Anrufe, soweit möglich, zu minimieren. Das automatische Update lässt sich leider nicht ganz verhindern, auch wenn der Dienst für automatische Updates in der *Dienste*-Konsole deaktiviert ist. Der Windows Media Player verwendet hier nicht die Standard-Windows Update-Funktion. Schalten Sie außerdem den Media Player, solange Sie keine Streaming-Daten aus dem Internet abspielen, mit *Datei/Offline arbeiten* in den Offlinemodus, wobei allerdings auch dann nicht alle Internetverbindungen unterdrückt werden.

Vorsicht mit Medienbibliotheken

Wenn Sie eine eigene Medienbibliothek anlegen, wird deren Inhaltsverzeichnis automatisch an Microsoft gesendet. Dieses Verhalten lässt sich zurzeit nicht abstellen. Wenn Sie keine Datenübertragung wünschen, deaktivieren Sie den automatischen Internetverbindungsaufbau oder installieren eine Firewall, die verhindert, dass vom Windows Media Player Daten an *microsoft.com* und *windowsmedia.com* gesendet werden.

Klassische Medienwiedergabe

Wenn Sie auf Skins und Playlisten verzichten können und auch nicht wollen, dass beim Musikhören ständig Daten mit Microsoft ausgetauscht werden, können Sie auch unter Windows XP die klassische Medienwiedergabe älterer Windows-Versionen verwenden.

Dieser Player ist als *MPLAY32.EXE* weiterhin im *%systemroot%\system32*-Verzeichnis vorhanden. Sie können ihn entweder direkt starten oder auch die Musikdateiformate mit diesem Programm verknüpfen. Beim Doppelklick auf eine Musikdatei wird dann nicht mehr der Windows Media Player gestartet, sondern die klassische Medienwiedergabe.

Abspielen einer MP3-Datei mit der klassischen Medienwiedergabe.

Auch das Abspielen von Videosequenzen und Animationen ist mit der Medienwiedergabe möglich. Diese Methode hat außerdem den Vorteil, dass sie deutlich weniger Ressourcen verbraucht als der Windows Media Player, also auch auf stark ausgelasteten Computern kaum Aussetzer beim Abspielen entstehen.

Abspielen von Streaming-Daten

Der Windows Media Player ist in der Lage, Streaming-Daten aus dem Internet anzuzeigen. Der grundlegende Unterschied von Streaming-Daten zu normalen Mediendateien ist, dass Streaming-Daten nicht komplett heruntergeladen werden, bevor der Abspielvorgang startet. Damit ist zum Beispiel Internetradio und Web-TV möglich. Nach dem Ende des Abspielvorgangs bleibt keine lokal gespeicherte Datei auf dem PC. Der Media Player bietet standardmäßig keine Möglichkeit, die Streaming-Daten lokal zu speichern. Wenn Sie einen lokalen Proxy verwenden, finden Sie die entsprechende ASF-Datei im Cache des Proxys. Microsoft führte zu der Zeit von Windows 98 mit ASF (**A**ctive **S**treaming **F**ormat) ein neues Format ein, das damals mit einem speziellen NetShow Player angezeigt wurde. NetShow ist heute kein eigenständiges Programm mehr, sondern in den Windows Media Player integriert. Die anderen Streaming-Formate können mit dem Windows Media Player nicht dargestellt werden. Hier ist die Parallelinstallation eines anderen Player erforderlich.

Beim Abspielen einer Streaming-Datei aus dem Internet werden die Daten beim Herunterladen in einem Puffer zwischengespeichert. Sind genügend Daten vorhanden, beginnt der Abspielvorgang aus dem Puffer heraus, während weitere Daten heruntergeladen werden. Bei konstanter Internetverbindung ist so der Download dem Abspielvorgang immer ein paar Sekunden voraus, sodass ein flüssiges Videobild entsteht. Bei Unterbrechungen der Internetverbindung oder deutlichen Geschwindigkeitseinbrüchen kommt es zu einer Unterbrechung der Videoanzeige. Kommt es beim Abspielen von Streaming-Daten häufig zu Aussetzern, deaktivieren Sie die Standardpufferung und geben einen höheren als den vorgegebenen Wert in Sekunden ein. So viele Daten, wie in der angegebenen Zeit abgespielt werden, werden immer automatisch im Puffer vorgehalten. So können Sie Unterbrechungen in der Internetverbindung überbrücken.

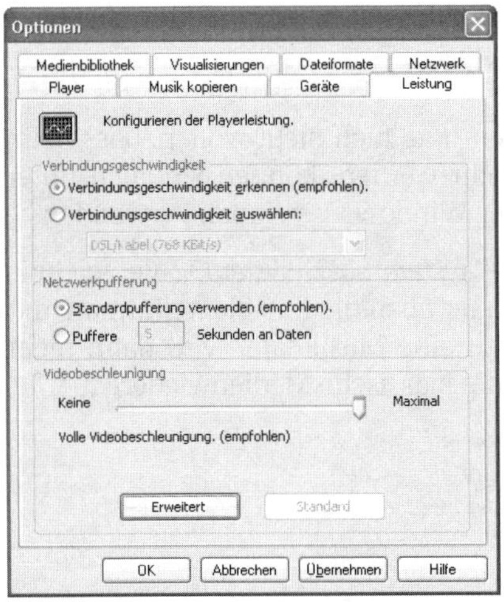

Konfiguration der Übertragungsrate.

Netzwerkeinstellungen.

In Netzwerken müssen Sie auf der Registerkarte *Netzwerk* die Adresse und den Port des Proxy-Servers für den Internetzugang eingeben. Die Einstellungen können automatisch erkannt oder aus den Browser-Einstellungen übernommen werden, was jedoch häufig nicht funktioniert.

Die beste Methode ist, die IP-Adresse des Proxy-Servers manuell einzutragen. Arbeiten Sie in einem Netzwerk mit einer Firewall, müssen Sie unter *Anschlüsse* die Ports eintragen, die in der Firewall für die Übertragung von Steaming-Daten freigeschaltet sind.

Unicast - Multicast

Bei Streaming-Medien unterscheidet man zwischen zwei Übertragungstechnologien, Unicast und Multicast.

- **Unicast** - bidirektionale Punkt-zu-Punkt-Übertragung. Die Streaming-Daten werden ähnlich wie eine Datei nur von demjenigen empfangen, der sie bestellt hat, nur mit dem Unterschied, dass der Abspielvorgang schon beginnt, bevor alle Daten empfangen wurden. Auf diese Weise können vorgefertigte Videosequenzen abgespielt werden. Dieses Verfahren nutzen Fernsehsender, um Kurzfassungen ihrer Nachrichten auch für die Leute zur Verfügung zu stellen, die sie nicht pünktlich im Fernsehen gesehen haben. Außerdem werden immer mehr Trailer aktueller Filme als Unicast-Stream auf den Webseiten der Produktionsfirmen veröffentlicht.
- **Multicast** - ein Replikations- oder Relaisserver sendet einen laufenden Datenstrom, ähnlich wie ein Fernsehprogramm. Jeder kann sich jederzeit einklinken und die Übertragung ansehen. Dieses Verfahren spart Bandbreite im Internet, da die gleichen Daten nur einmal gesendet werden müssen. Außerdem ist es mit Multicast möglich, eine Sendung schon zu starten, bevor sie als fertige Datei vorliegt. Ein konstanter Multicast-Datenstrom braucht kein definiertes Dateiende, um zu funktionieren.

Da nicht jeder Proxy-Server in Netzwerken Multicast-Datenströme verarbeiten kann, lässt sich der Multicast-Empfang bei Bedarf auf der Registerkarte *Netzwerk* abschalten.

Tastenkombinationen

Moderne Multimedia-Tastaturen bieten spezielle Tasten zur Regelung der Lautstärke und für die wichtigsten Funktionen bei der Musik- und Videowiedergabe.

Der Windows Media Player bietet aber auch die Möglichkeit, fast alle Funktionen über eine normale Tastatur zu steuern, was besonders bei drahtlosen Tastaturen interessant ist, wenn man sich in großer Entfernung zum Monitor befindet und so eine Maussteuerung sehr schwierig ist.

Die Tabellen im Anhang auf Seite 1056 zeigen die Tastenkombinationen zur Steuerung des Windows Media Players.

Konfiguration für Internetradio

Der Windows Media Player bietet eine spezielle Option zum Empfang von Internetradiosendern, die über eine spezielle Webseite von WindowsMedia.com verwaltet werden. Diese finden Sie mit der Option *Radioempfänger* im linken Seitenmenü.

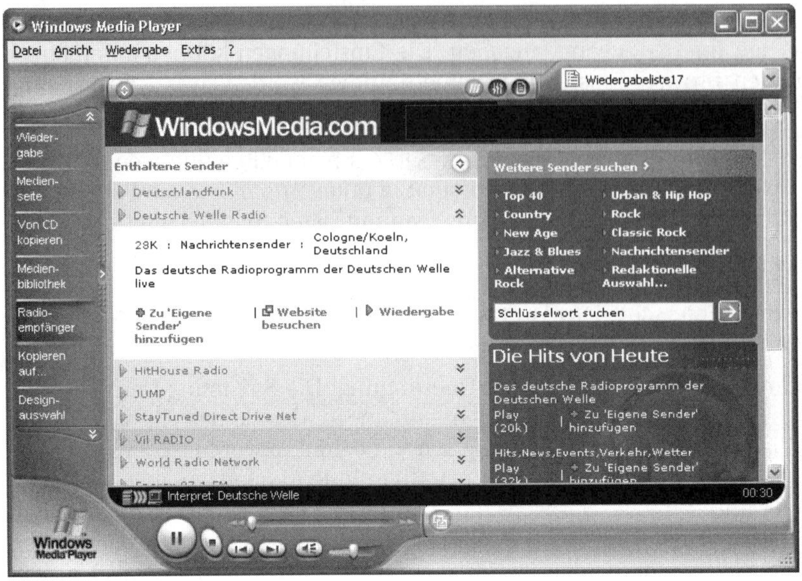

WindowsMedia-Webseite im Windows Media Player.

Auf dieser Liste finden Sie einige Radiosender, die im Internet Streaming-Daten senden.

Wenn Sie einen Sender auswählen, öffnet sich automatisch auch ein Internet Explorer-Fenster mit der Webseite des Senders.

Nichts zu hören

Wenn Sie bei einem Radiosender nichts hören und nach einiger Zeit eine Fehlermeldung erscheint, dass der Sender nicht gefunden wurde, muss das nicht heißen, dass dieser Sender wirklich nicht existiert. Schalten Sie unter *Extras/Optionen* auf der Registerkarte *Netzwerk* alle Protokolle außer HTTP aus. In vielen Fällen läuft das Radio dann, wenn auch mit geringfügigen Qualitätseinbußen. Die Protokolle UDP und TCP werden nicht in allen Netzwerken, nicht von allen Radiosendern und auch nicht von allen Internetprovidern in einer hundertprozentig zum Windows Media Player kompatiblen Weise verwendet. Wenn Sie in einem Firmennetzwerk arbeiten und bei der Auswahl eines Radiosenders nichts hören, wird der zuständige Admin, um die Bandbreite sinnvoller auszunutzen, Multicast deaktiviert haben.

Der Windows Media Player kann über die Option *Radioempfänger* nur Radiosender aus dem Internet abspielen, die über WindowsMedia.com verlinkt sind.

Es gibt zwar eine detaillierte Suchmaske auf der Seite, die aber auch nur die Windows-Media-Datenbank nach verschiedenen Kriterien wie Genre, Sprache oder Region durchsucht.

Andere unabhängige Radiosender sind auf diese Weise nicht erreichbar, können aber über deren Webseiten angehört werden, wenn sie Streaming-Daten im Windows Media Player-Format liefern.

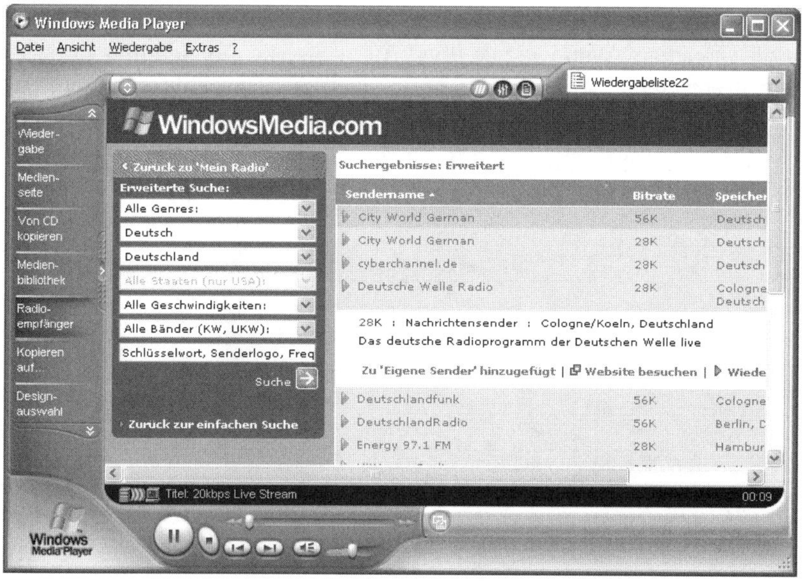

Detaillierte Suche nach Radiosendern.

> **Vorsicht bei Volumen-Rates**
> Viele moderne High-speed-Internetzugänge werden nach Datenvolumen und nicht mehr nach Zeit abgerechnet. Beachten Sie, dass beim Radiohören ein erhebliches Datenvolumen zusammenkommt. Das Hören eines konventionellen Radiosenders ist in solchen Fällen deutlich billiger.

Konfiguration für Offline-IP-Radio

Es besteht aber auch die Möglichkeit, mit dem Windows Media Player völlig kostenlos und offline Radio zu hören. Dazu brauchen Sie allerdings eine DVB-S-Karte zum Empfang von Datenströmen von Satelliten. Viele moderne TV-Karten entsprechen schon dem DVB-S-Standard.

Astra sendet zurzeit über den Satelliten 19,2°E mehrere Radiosender in Form von digitalen IP-Datenströmen, die kostenlos ohne Zeit- oder Volumenabrechnung empfangen werden können. Bei Astra im Internet (*www.ses-astra.com*) finden Sie Konfigurationsdateien für diese Radiosender im NSC-Format. Laden Sie sich diese auf Ihren lokalen Computer herunter. Zum Empfang dieser Radioprogramme ist keine Internetverbindung und keine Anmeldung bei einem Provider nötig. Die DVB-S-Karte, die als Netzwerkkarte im System angemeldet ist, empfängt den Datenstrom und gibt ihn direkt an den Windows Media Player weiter. Konfigurieren Sie dazu in Ihrer DVB-S-Karte ein Profil mit folgenden Parametern:

Parameter	Wert
Frequenz (MHz)	10773 (Die exakte Frequenz liegt bei 10.773,25 MHz. Die DVB-S-Karten lassen sich üblicherweise aber nur auf ganze MHz-Zahlen einstellen.)
Symbolrate (kS/s)	22000
Polarisation	Horizontal

In dieser Einstellung müssten Sie bereits, ohne Daten zu empfangen, volle Signalqualität und Synchronisation erreichen. Wenn nicht, überprüfen Sie die Ausrichtung und DiSEqC-Einstellungen Ihrer Satellitenempfangsanlage. Stellen Sie sicher, dass Sie den Satelliten Astra 19,2 °E empfangen.

Fügen Sie jetzt in der Datenapplikation neue Filter hinzu – mit der PID 252 und den IP-Adressen 229.28.0.1 bis 229.28.0.13. Jeder dieser Filter entspricht einem der IP-Radiosender.

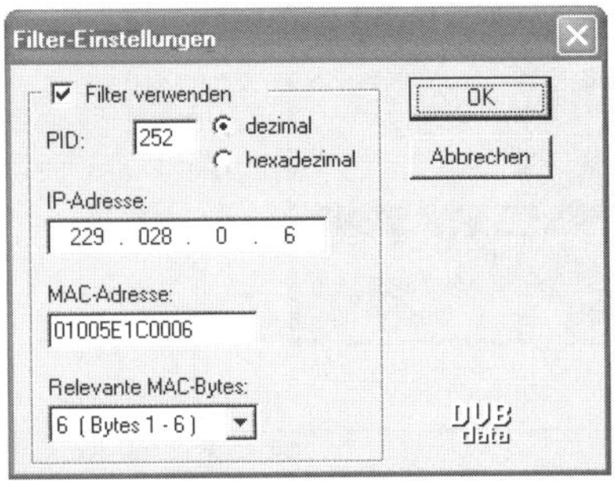

Einen neuen Filter hinzufügen.

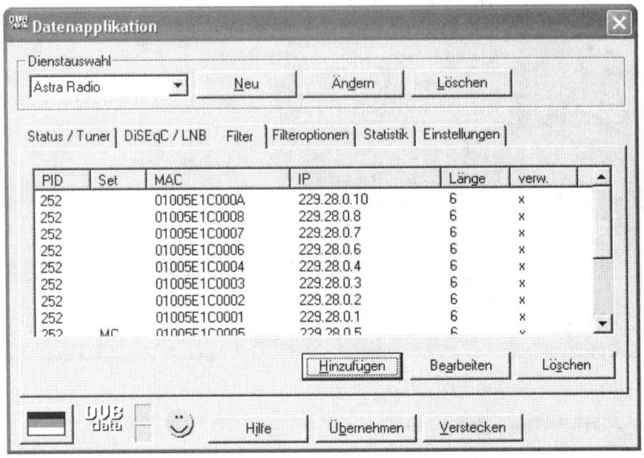

Filterliste in der Datenapplikation.

Öffnen Sie jetzt im Windows-Explorer eine der NSC-Dateien. Da dies ein unbekannter Dateityp ist, erscheint eine Abfrage, mit welchem Programm diese Datei geöffnet werden soll. Wählen Sie hier den Windows Media Player und schalten Sie die Option *Dateityp immer mit dem ausgewählten Programm öffnen* ein.

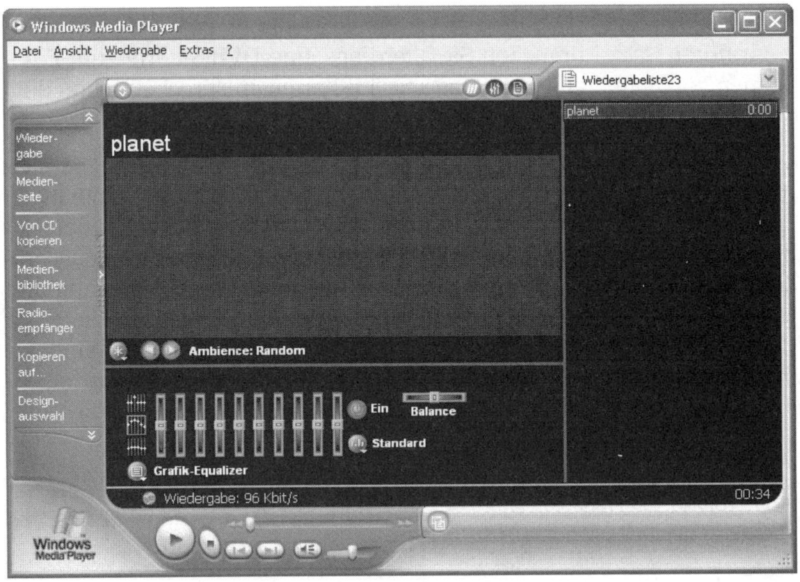

Empfang eines Astra-Radioprogramms mit dem Windows Media Player.

Zum reinen Radioempfang ist keine Internetverbindung notwendig, es entstehen auch keine Gebühren, weder für Zeit noch für Volumen. Sie können aber parallel auf der gleichen Frequenz T-DSL via Satellit nutzen. Hierfür brauchen Sie aber zusätzlich eine konventionelle ISDN- oder Modemverbindung. Näheres dazu finden Sie in Kapitel 12 ab Seite 777.

Astra-Radio und -Internet via Satellit
Wenn Sie einen Internetzugang über einen Astra-Service wie zum Beispiel T-DSL via Satellit verwenden, bekommen Sie die NSC-Dateien von Astra automatisch per Satellit zugestellt. T-DSL via Satellit verwendet die gleiche Frequenz wie Astra-Radio, sodass Sie außer den weiter unten beschriebenen zusätzlichen Filtern an Ihrer DVB-S-Karte nichts zu verändern brauchen. Der Empfang ist parallel möglich. Bei EuropeOnline und Casablanca müssen Sie ein zweites Profil in der Datenapplikation anlegen.

Codecs für zusätzliche Funktionalität

Standardmäßig stellt der Windows Media Player die folgenden Dateiformate dar:

Bezeichnung	MimeType	Beschreibung
AIF, AIFC, AIFF	audio/aiff	AIFF, Audioformat von Macintosh
ASF, ASX	video/x-ms-asf	Active Streaming-Format, von Microsoft für NetShow-Mediendienste entwickelt
AU, SND	audio/basic	Audioformate aus UNIX
AVI	video/avi	Audio Video Interleaved, von Microsoft entwickeltes, schlecht komprimiertes Dateiformat für Videodateien
CDA		Audio-CD
IVF	video/x-ivf	Intel Indeo-Videotechnologie
M3U	audio/x-mpegurl	Link auf eine MP3-Datei
MID, MIDI, RMI	audio/mid	Datenformat für MIDI-Geräte (**M**usical **I**nstruments **D**igital **I**nterface)
MP3	audio/mpeg	MP3-Musik
MPG, MPEG, M1V, MP2, MP2V, MPV2, MPA, MPE	video/mpeg	Videoformate der **M**oving **P**ictures **E**xperts **G**roup. Diese Formate ermöglichen es, Videodaten in hoher Komprimierung zu speichern.
QT, MOV	video/quicktime	Apple QuickTime-Dateiformate
VOB		DVD-Video (Das Dateiformat wird standardmäßig unterstützt, zum Abspielen direkt von DVDs muss ein zusätzlicher Player als Media Player-Plug-In installiert sein.)
WAV	audio/wav	klassisches Wave-Format älterer Windows-Versionen
WAX	audio/x-ms-wax	Windows Audio Extended
WM	video/x-ms-wm	Windows Media
WMA	audio/x-ms-wma	Windows Media Audio, Microsofts Versuch, die Vorherrschaft von MP3 zu kippen
WMD	application/x-ms-wmd	Windows Media Player-Download-Paket
WMP	video/x-ms-wmp	Windows Media Player-Datei
WMS	application/x-ms-wms	Windows Media Player-Designs

Bezeichnung	MimeType	Beschreibung
WMV	video/x-ms-wmv	Windows Media Video.
WMX	video/x-ms-wmx	Windows Media extended – Active Streaming-Format
WMZ	application/ x-ms-wmz	Windows Media Player-Designs
WVX	video/x-ms-wvx	Windows Media Audio/Video

Eine Übersicht über alle Dateiformate, die dem Windows Media Player als Standard zugewiesen sind, finden Sie in der Registry unter *HKEY_LOCAL_MACHINE\SOFTWARE\Microsoft\Multimedia\WMPlayer\Extensions*. Für jedes Dateiformat existiert hier ein Unterschlüssel, in dem auch der MimeTyp und das Standard-Symbol festgelegt sind.

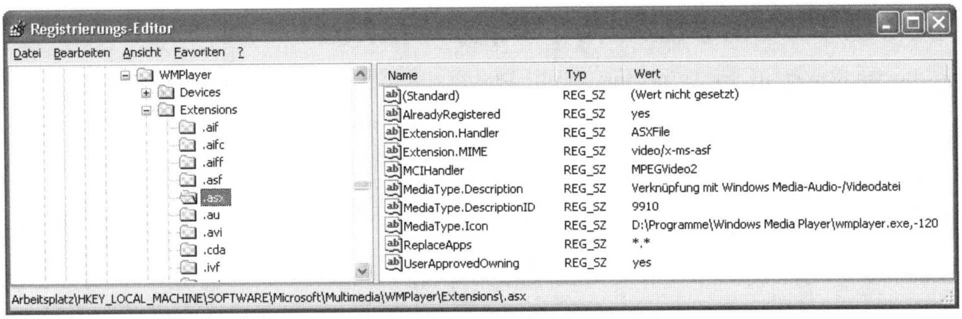

Registrierte Dateiformate des Windows Media Player in der Registry.

Zusätzliche Dateiformate lassen sich über so genannte Codecs einbinden. Die Abkürzung Codec steht für **Co**mpressor/**Dec**ompressor oder **Co**der/**Dec**oder, eine Hardware- oder Softwarekomponente, die komprimierte Audio- und Videodaten in Echtzeit dekodiert und dekomprimiert, sodass sie im Windows Media Player abgespielt werden können.

Für jedes Videoformat, das abgespielt werden soll, muss ein passender Codec im System installiert sein. Fehlt beim Abspielen einer Videodatei das Bild oder der Ton, kann dies ebenfalls an einem fehlenden Codec liegen.

Bei der Videokomprimierung wird nicht mehr jedes Bild in voller Qualität gespeichert, sondern nur noch Schlüsselbilder im Abstand von einer Sekunde oder mehr. Zwischen diesen so genannten Keyframes werden nur noch die Bildunterschiede gespeichert. Dadurch lässt sich die Datenmenge bei minimalem Qualitätsverlust erheblich reduzieren. Derartige Kompressionsverfahren werden als asymmetrisch bezeichnet, da das Komprimieren durch den Berechnungsalgorithmus sehr lange dauert, das Dekomprimieren und Abspielen aber in Echtzeit abläuft.

Bei der Veröffentlichung von Video- und Musikdateien im Internet ist eine Komprimierung unbedingt erforderlich, da die Anzeige eines unkomprimierten Videos einen Datendurchsatz von etwa 160 MBit/s benötigt, das Anhören einer Audiodatei in CD-Qualität etwa 2,8 MBit/s. Kaum eine Internetverbindung wäre schnell genug, diese Datenmenge zu übertragen. Die folgende Tabelle zeigt die Zusammenhänge zwischen Kompression, Datenmenge und Bildqualität bei verschiedenen Videoaufzeichnungsformaten und digitalen Verfahren. Alle Werte beziehen sich auf die PAL-Auflösung 768 x 576 Pixel.

Kompression	MBit/s	Minuten pro 650 MByte CD	Bildqualität
Video 1:1	21,2	00:31	Fernseh-Studiokamera direkt
Video 2:1	10,6	01:01	Direktübertragung TV
Video 3:1	7	01:35	Betacam Digital SP, sendereif
Video 4:1	5,3	02:02	Betacam Digital SP (professionell)
Video 5:1	3,5	03:20	Digital Video DV
Video 7:1	3	03:36	Hi 8, S-VHS (professionell)
Video 10:1	2,1	05:10	Hi 8, S-VHS
Video 15:1	1,4	07:44	VHS
AVI	21,2	00:31	Altes AVI-Verfahren
MOV		wenige Minuten	Abhängig von der eingestellten Qualität
MJPEG	0,72	15:00	
MPEG-2	0,72	15:00	
MPEG-4	0,18 ... 0,12	60:00 ... 90:00	Abhängig von der eingestellten Qualität

Einen Überblick über alle installierten Codecs finden Sie auf Seite 151. In der Liste auf der Registerkarte *Hardware* unter *Systemsteuerung/Sounds und Audiogeräte* stehen außer den Geräten auch zwei Einträge für Audiocodecs und Videocodecs. Ein Doppelklick auf *Videocodecs* öffnet eine weitere Dialogbox mit einer Liste aller installierten Codecs, die von hier aus bei Bedarf auch deinstalliert werden können.

Eigenschaften von Sounds und Audiogeräte.

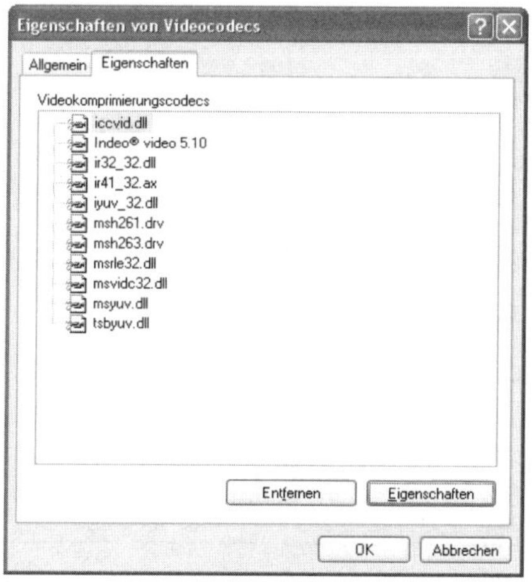

Liste der installierten Videocodecs.

Videoformate

Das AVI-Format war schon zu Zeiten von Windows 3.x das Standardformat für Video for Windows. Damals reichte es aus, sehr kurze Videosequenzen in einer Höchstauflösung von 320 x 200 Pixeln darzustellen. Die Kompressionsrate war sehr gering, sodass schon ein Video von wenigen Minuten trotz der geringen Auflösung mehrere MByte Größe hatte. Seit dieser Zeit wurden zahlreiche verschiedene Codecs zur Kompression entwickelt, was zur Folge hat, dass es heute keinen einheitlichen AVI-Standard mehr gibt. Die bekanntesten AVI-Codecs sind *Cinepac* und *Intel Indeo*. Eine AVI-Datei kann nur dann abgespielt werden, wenn der richtige Codec installiert ist. Die Tabelle zeigt die wichtigsten AVI-Codecs.

Codec	Farbtiefe	Verwendung
Microsoft Video 1	8 ... 16 Bit	Verlustreich, aber trotzdem nur geringe Kompressionsraten
RLE	8 Bit	Im Wesentlichen für Animationen verwendet, nur geringe Kompressionsraten
Cinepak	24 Bit	Gute Komprimierung, auch für Macintosh verfügbar
Intel Indeo R3.2	24 Bit	Gute Komprimierung, auch für Macintosh verfügbar
Intel Indeo Video Raw	24 Bit	Beste Bildqualität, aber keine Komprimierung

Komprimierung nur mit Original-Daten

Wenden Sie einen Codec zur Komprimierung nur auf die unkomprimierten Original-Daten an. Beim Versuch, ein komprimiertes Video erneut mit einem anderen Codec zu komprimieren, kommt es zu erheblichen Qualitätsverlusten.

Jedes Programm, das eine AVI-Datei erstellt, sollte in den erweiterten Dateieigenschaften den zu verwendenden Codec eintragen. Leider ist dies nicht immer der Fall.

AVI-Datei mit erweiterten Dateieigenschaften.

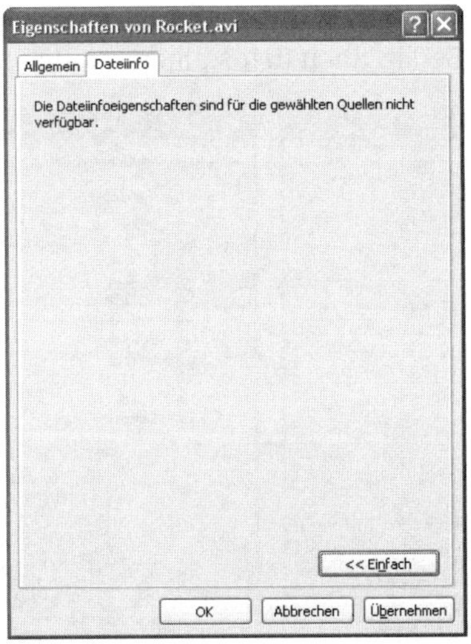

AVI-Datei ohne erweiterte Dateieigenschaften.

Der Codec-Eintrag in den erweiterten Dateieigenschaften dient nur zur Information für den Anwender. Videoabspielprogramme wie der Windows Media Player identifizieren den Codec anhand eines so genannten Four Character Codes in der AVI-Datei. Diesen Code finden Sie, wenn Sie eine AVI-Datei mit einem Hex-Editor öffnen und nach der Zeichenfolge *vids* am Anfang der Datei suchen. Direkt dahinter steht ein Code aus vier Zeichen, der den Codec repräsentiert.

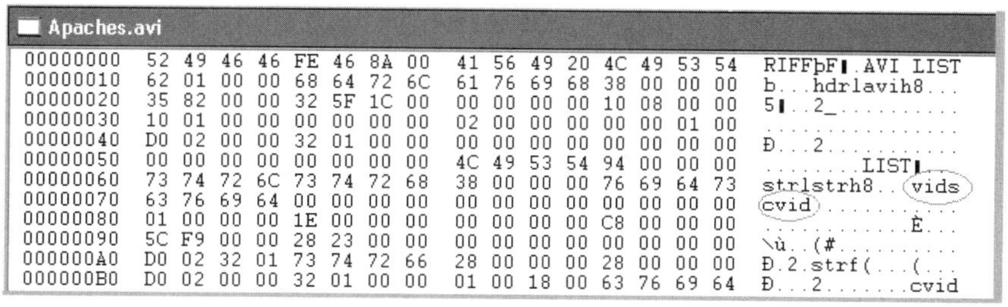

Videodatei im Hex-Editor (Norton Commander).

Im Anhang finden Sie auf Seite 1058 eine Tabelle mit den zurzeit verwendeten Four Character Codes.

Wurden Videodateien, die in den verschiedenen MPEG-Formaten kodiert sind, früher mit den Dateiendungen *.mpg* oder *.mp2* bezeichnet, werden sie heute auch oft als AVI bezeichnet. Sie unterscheiden sich dann nur noch im Four Character Code. Das Programm AVI FourCC Code Changer von *www.inmatrix.com* ermittelt den Four Character Code einer AVI-Datei.

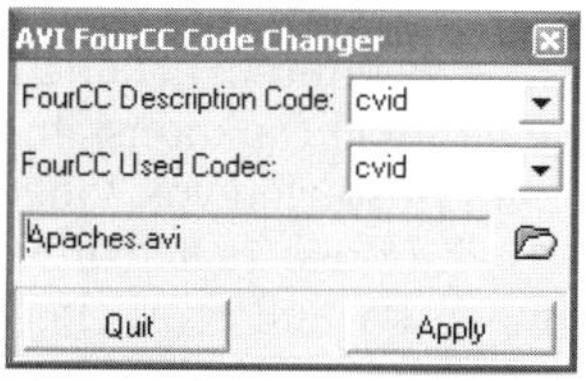

Ermitteln des Four Character Codes mit AVI FourCC Code Changer.

Dieses Programm ermöglicht auch ein Verändern des Four Character Codes, was aber nur in sehr seltenen Fällen sinnvoll ist, wenn Sie einen speziell veränderten Codec installiert haben. Normalerweise bewirkt eine Änderung im Four Character Code, dass die Videodatei danach nicht mehr abspielbar ist.

Die **M**oving **P**ictures **E**xpert **G**roup (*mpeg.telecomitalialab.com*) hat im Laufe der letzten Jahre verschiedene MPEG-Kompressionsverfahren entwickelt, die heute als Standardformate für die Videokomprimierung gelten:

MPEG/MPEG-1

Der erste MPEG-Videostandard bot bereits eine gute Kompression bei hoher Videoqualität. Allerdings war das Abspielen damals nur mit spezieller Zusatzhardware möglich. Heutige Grafikkarten unterstützen alle MPEG-1. Das Erstellen eigener MPEG-1-Dateien war früher sehr aufwendig. Heute gibt es Softwarelösungen, die ohne spezielle Hardware Videos im MPEG-1-Format kodieren. Die klassische MPEG-Auflösung beträgt 352 x 288 Pixel. Nach MPEG-1-Spezifikation lassen sich bei 25 Frames/s ohne Informationen zwischen den Halbbildern Datenraten von 1,2 bis 3 MBit/s erreichen. Video-CDs verwenden immer 1,2 MBit/s.

MJPEG

Gute Bildqualität und einfaches Erstellen von Videodateien mit speziellen MJPEG-Capture-Karten wie zum Beispiel VideoMachine – dieses Format war die erste Lösung für Home-Videobearbeitung. Leider wurde es nie als wirklicher Standard etabliert, sodass jeder Videokartenhersteller das Format etwas anders verwendet, was dazu führt, dass sich viele Videos nur auf der Karte anzeigen lassen, auf der sie erstellt wurden.

MPEG-2

Das klassische DVD-Format für hohe Bildqualität auch bei großen Auflösungen. Moderne DVB-S-Karten können das vom Satelliten empfangene digitale Fernsehsignal direkt in MPEG-2 kodieren und aufzeichnen. Standardmäßig wird die Digital-TV-Auflösung 720 x 576 verwendet. Nach der MPEG-2-Spezifikation können alle folgenden Bildauflösungen verwendet werden:

Auflösung	Datenrate (MBit/s)	Verwendung
1.920 x 1.152	80	HDTV
1.440 x 1.440	60	HDTV
720 x 576	15	Digital TV, DVD Video
352 x 288	4	SVHS, SIF

MPEG-4/DivX

Das aktuelle Format ermöglicht mit Home-Mitteln hohe Videokompression, sodass ein kompletter Spielfilm je nach Länge auf eine 650-MByte-CD-ROM passt. Im MPEG-4 Codec, der wie MP3 vom Fraunhofer-Institut entwickelt wurde, ist die Fähigkeit, Videos abzuspielen, kostenlos, Videos selbst aufzunehmen aber mit Lizenzgebühren behaftet. Deshalb lieferte Microsoft nur bis zur Media-Tools-Version 4.1 einen voll funktionsfähigen MPEG-4-Codec mit. Seitdem gibt es nur noch eine Version zum Abspielen von Videos. Außer dem offiziellen MPEG-4-Codec hat der inoffizielle DivX-Codec (*www.divx.com*), der das gleiche Format verwendet und in beiden Richtungen kostenlos arbeitet, große Verbreitung erlangt. MPEG-4 und DivX verwenden wie auch MPEG-2 die Fernsehauflösung 720 x 576 Pixel.

Audiocodecs

Auf der Registerkarte *Hardware* unter *Systemsteuerung/Sounds und Audiogeräte* bekommen Sie auch eine Liste aller Audiocodecs. Diese werden in einer bestimmten Prioritätenreihenfolge angewendet. Mit einem Doppelklick auf einen Codec können Sie dessen Priorität ändern.

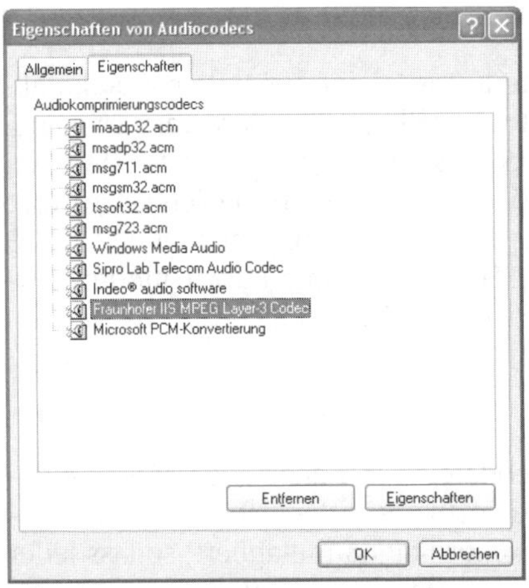

Eigenschaften von Audiocodecs.

Einstellen der Priorität eines Audiocodecs.

Einige Audiocodecs bieten auch noch spezielle Konfigurationsoptionen, wie zum Beispiel Sampling-Rate oder Kompressionsgrad. Die installierten Codecs werden in der Registry unter *HKEY_CURRENT_USER\Software\Microsoft\ActiveMovie\devenum* in Unterschlüsseln mit CLSIDs verwaltet. Im *REG_SZ*-Wert *FriendlyName* steht jeweils die Klartextbezeichnung des Codecs.

Einige Audiocodecs wie zum Beispiel der MP3-Codec ermöglichen nur das Abspielen, nicht aber das Aufnehmen von Dateien im jeweiligen Format.

MP3 ist nicht gleich MPEG-3. MP3 wurde zur Komprimierung des Audiosignals auf Video-CDs entwickelt und heißt eigentlich MPEG 2.5 Audio Layer III. Es ist ein Komprimierungsverfahren mit sehr geringen Qualitätseinbußen bei hohen Komprimierungsraten.

Codec-Update

Microsoft bietet für alle Windows Media Player-Versionen ein Codec-Update zum Download an, das allerdings auch keinen MP3-Codec zum Erstellen von MP3-Dateien enthält:

> *download.microsoft.com/download/winmediatech40/install/8.0/Win98Me/EN-US/wmpcdcs8.exe*

Diese etwa 1 MByte große Datei enthält einen Installer für alle aktuellen Codecs. Unter Windows XP können Sie die Installation im Update-Modus laufen lassen, da außer dem MPEG-4-Videocodec bereits alle Codecs im Windows Media Player 8 enthalten sind und nicht erneut installiert zu werden brauchen.

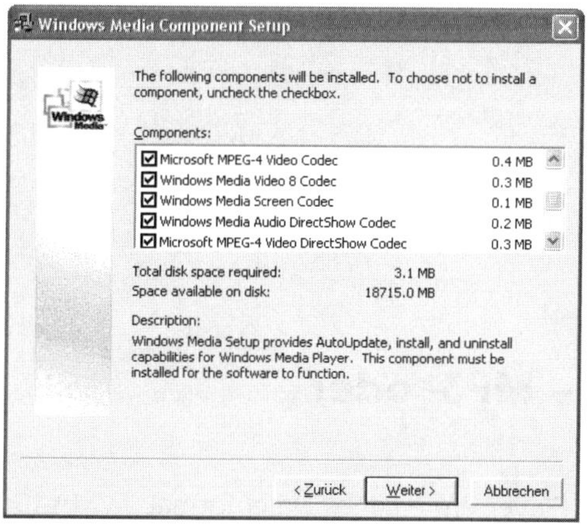

Liste aller Codecs aus dem Download.

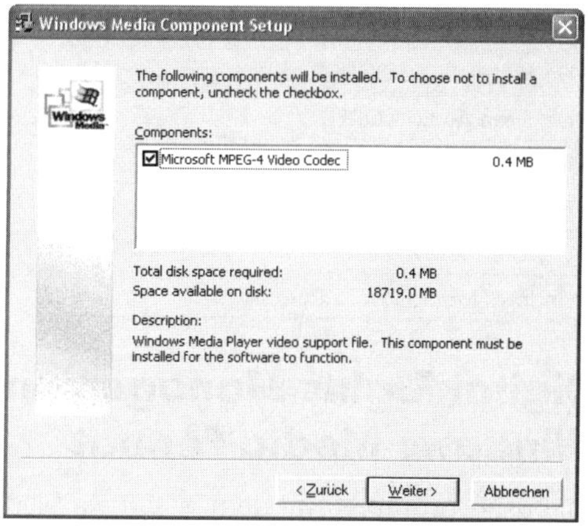

Bei Windows XP ist nur ein Codec erforderlich.

Wenn es Sie nicht stört, dass Microsoft ständig Informationen über die Videodateien bekommt, die Sie ansehen, können Sie den Windows Media Player fehlende Codecs auch automatisch herunterladen und installieren lassen. Dazu muss unter *Extras/Optionen* im Menü des Media Player die Option *Codecs automatisch downloaden* eingeschaltet sein.

Microsoft bietet folgende Codecs zum automatischen Download an:

Codecs für den Windows Media Player
Cinepak codec
ClearVideo Decoder Driver
Fraunhofer IIS MPEG Layer-3 Codec

Codecs für den Windows Media Player
Fraunhofer IIS MPEG Layer-3 Codec for MSACM
Intel Audio Codec
Intel I.263 Video Driver
Intel Indeo 3.0 Video Codec
Intel Indeo 5.0 Video Codec
Intel Indeo(R) Video Interactive 32-Bit Driver
Intel RAW YVU9 Video Driver
Lernout And Hauspie Codecs
Microsoft MPEG-4 Standard Video Codec
Microsoft MPEG-4 Video Codec v1
Microsoft MPEG-4 Video Codec v2
Microsoft MPEG-4 Video Codec v3
Microsoft Network Audio CODEC
Microsoft Screen Video Decompressor
Microsoft Windows Media Video v7
Microsoft Windows Media Video v8
Sharp G.726 Audio Codec
Sipro Lab Audio Telecom CODEC (Acelp)
Streaming Animation Support
Vivo H.263 Video CODEC
Vivo Siren Audio CODEC
VivoActive Audio CODEC
Voxware MetaSound
Voxware MetaVoice
Windows Media Audio Codec

Digital Rights Management – MP3- oder Windows Media-Format

Microsoft promotet mit dem Windows Media Player ein eigenes Datenformat, WMA für Audio und WMV für Videodateien. Dieses Windows Media-Format soll nach den Vorstellungen von Microsoft das beliebte MP3-Format ersetzen. Hier stößt Microsoft bei der Musikindustrie auf offene Ohren, die in MP3 erhebliche Umsatzeinbußen sieht.

Das Windows Media-Format bietet Möglichkeiten, Dateien so zu sperren, dass sie nur auf einem bestimmten PC abgespielt werden können. Auch lässt sich eine Zeitsperre einbauen, mit der ein Video nach dem ersten Ansehen unbrauchbar gemacht wird. Dieses Verfahren wird als DRM (**D**igital **R**ights **M**anagement) bezeichnet.

Sie können es bei der Aufnahme von Windows Media-Dateien von Audio-CDs deaktivieren, indem Sie die Option *Inhalt schützen* auf der Registerkarte *Musik kopieren* in den Optionen des Windows Media Player ausschalten.

Eine eigene Lizenzverwaltung im Windows Media Player ermöglicht eine Sicherung von Lizenzdaten, um es so möglich zu machen, eine kopiergeschützte Musikdatei auf einem anderen Computer anzuhören.

Digital Rights Management und Updates
Wenn Sie auf einem Computer mit dem Windows Media Player 7 von einer älteren Windows-Version auf Windows XP updaten und früher schon das Digital Rights Management aktiviert hatten, kann es passieren, dass sich Ihre Multimedia-Dateien nach dem Update nicht mehr abspielen lassen. Hier müssen Sie unbedingt unter der alten Windows-Version eine Sicherung der Lizenzdaten vornehmen. Diese Informationen können Sie dann unter Windows XP mit dem Media Bonus Pack, wie auf Seite 165 beschrieben, zurücklesen.

MP3-Dateien erstellen

Windows XP bietet die Möglichkeit, aus den Daten einer Musik-CD Dateien im Windows Media-Format anzulegen. Das Erstellen von MP3-Dateien funktioniert nur über Umwege.

Die Qualität einer Sounddatei hängt von der pro Zeiteinheit übertragenen Datenmenge ab. MP3 und Windows Media sind ähnlich wie JPEG im Grafikbereich keine verlustfreien Kompressionsverfahren. Die Kompressionsrate ist einstellbar. Je höher die Kompression, desto schlechter die Qualität, also desto geringer die Datenrate. Die Tabelle zeigt typische Datenraten und die durchschnittlich erforderliche Speichermenge einer 650-MByte (74 Minuten)-Audio-CD nach der Kompression.

Datenrate	Durchschnittliche Speichermenge pro Musik-CD
48 KBit/s	22 MByte
64 KBit/s	28 Mbyte
96 KBit/s	42 MByte
128 KBit/s	56 MByte
160 KBit/s	69 MByte
192 KBit/s	86 MByte

Die Speichermenge hängt von der Komprimierbarkeit des jeweiligen Audiomaterials ab und ist daher nur ein Näherungswert.

In der nächsten Tabelle sehen Sie einige typische Soundqualitäten mit Bandbreite, Bitrate und Kompressionsfaktor:

Soundqualität	Bandbreite	Modus	Bitrate	Kompressionsfaktor
Telefon	2.5 kHz	mono	8 kbps	96:1
Kurzwellenradio	4.5 kHz	mono	16 kbps	48:1
Mittelwellenradio	7.5 kHz	mono	32 kbps	24:1
UKW-Radio	11 kHz	stereo	56 ... 64 kbps	26 ... 24:1
fast CD-Qualität	15 kHz	stereo	96 kbps	16:1
CD-Qualität	>15 kHz	stereo	112 ... 128 kbps	14 ... 12:1

Der bei Windows XP mitgelieferte Fraunhofer MP3-Codec ermöglicht zwar das Abspielen, aber nicht das Erstellen von MP3-Dateien, da das Fraunhofer-Institut (*www.emt.iis.fhg.de*) als Entwickler des MP3-Formats hier Lizenzgebühren verlangt.

Um MP3-Dateien aus dem Windows Media Player heraus zu erstellen, brauchen Sie einen erweiterten Codec.

Die Vorabversionen von Windows XP enthielten noch einen Fraunhofer MP3-Codec, der auch MP3-Dateien erstellen konnte.

Sie brauchen in diesem Fall nur die Datei *L3CODECA.ACM* im *%systemroot%\system32*-Verzeichnis zu ersetzen und einige Registry-Einträge hinzuzufügen:

```
[HKEY_LOCAL_MACHINE\SOFTWARE\Microsoft\MediaPlayer\Settings]

[HKEY_LOCAL_MACHINE\SOFTWARE\Microsoft\MediaPlayer\Settings\MP3Encoding]
"LowRate"=dword:0000dac0
"MediumRate"=dword:0000fa00
"MediumHighRate"=dword:0001f400
"HighRate"=dword:0002ee00
```

Sie finden diese Einstellungen auch als REG-Datei *MP3.REG* auf der CD.

Die Registry-Einträge bewirken, dass bei *Optionen/Musik kopieren* des Windows Media Player die Auswahlmöglichkeit *MP3* erscheint und der Schieberegler vier verschiedene Kompressionsraten ermöglicht:

Rate	Hex-Wert	KBit/s (dez.)
LowRate	0000dac0	56.000
MediumRate	0000fa00	64.000
MediumHighRate	0001f400	128.000
HighRate	0002ee00	192.000

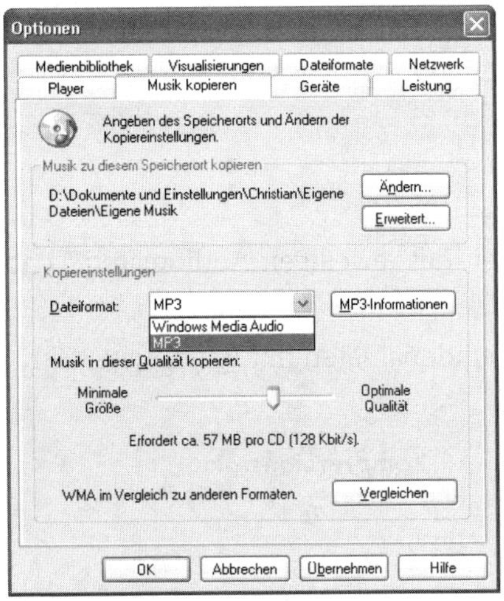

MP3-Einstellungen.

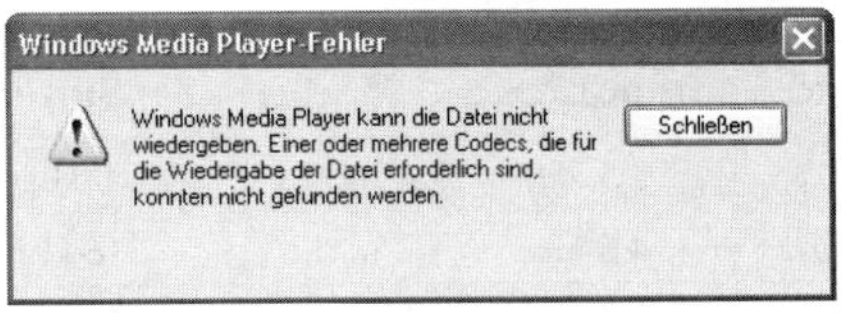

Meldung bei nicht installiertem Codec.

Die beschriebenen Registry-Einträge aktivieren die MP3-Option auf jeden Fall, unabhängig davon, ob der Codec MP3-Dateien schreiben kann oder nicht. Kann er das nicht, erscheint die abgebildete Fehlermeldung beim Versuch, einen CD-Track in eine MP3-Datei zu konvertieren.

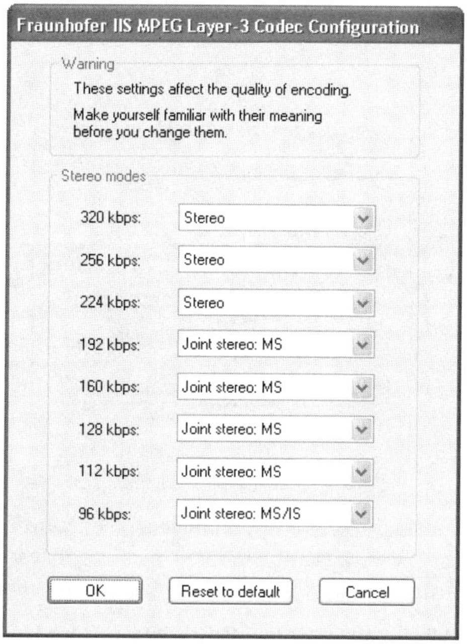

Bei der Vollversion des Fraunhofer MP3-Codec brauchen Sie keine Registry-Einträge manuell anzulegen. Hier gibt es ein eigenes Konfigurationspanel.

Haben Sie keine Vorabversion von Windows XP, finden Sie MP3-Encoder im Internet bei *mitiok.ma.cx*, *www.mp3-encoders.com*, *www.riphelp.com*, *www.mp3dev.org/mp3* oder *home.pi.be/~mk442837*. Die bekanntesten und am meisten verbreitetsten Codecs sind die Freewareencoder LAME und Radium.

Ein bekanntes eigenständiges Programm zum Erstellen von MP3-Dateien aus Musik-CDs ist YAMP (*www.aka-online.de/yamp.html*).

Damit können aus den Audiotracks der CD WAV-Dateien erstellt werden, die anschließend in MP3 kodiert werden. Dabei lassen sich automatisch ID3-Tags mit Titelinformationen in die Dateien schreiben.

Microsoft bietet ein kostenpflichtiges MP3-Creation Pack über WindowsMedia.com an, das in Zusammenarbeit der großen Musiksoftwarehersteller Cyberlink, Intervideo und Ravisent entwickelt wurde und das Erstellen von MP3-Dateien ermöglicht.

Außerdem besteht auch unter Windows XP die Möglichkeit, ein Programm eines Drittanbieters wie zum Beispiel Musicmatch zu installieren und die MP3-Dateien ohne den Windows Media Player zu erstellen.

Das umstrittene Update Q320920

Am 26. Juni 2002 veröffentlichte Microsoft auf der Windows Update-Webseite ein Sicherheits-Update für den Windows Media Player mit der Nummer Q320920, das verschiedene Sicherheitslücken beheben soll. Mit diesem Update erreicht das Digital Rights Management seinen bisherigen Höhepunkt.

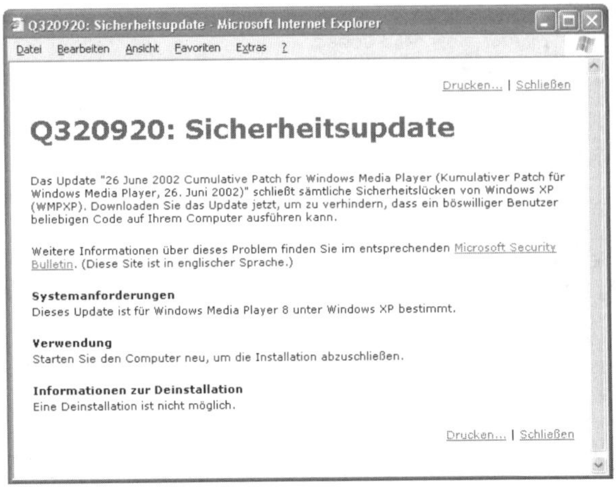

Erklärung zum Update Q320920.

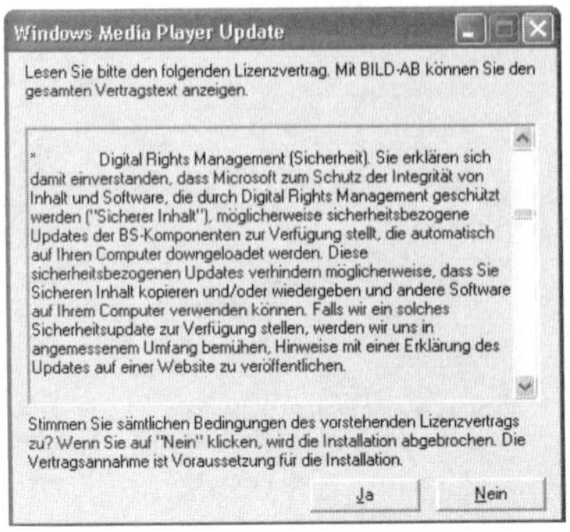

Der kritische Abschnitt aus dem Lizenzvertrag.

Bei der Installation dieses Updates sollten Sie den Lizenzvertrag genau lesen. Er wurde gegenüber früheren Versionen des Standard-Lizenzvertrags für Updates in einigen wesentlichen Punkten geändert, wie auf der Abbildung zu sehen ist.

Mit diesem Lizenzvertrag stimmen Sie zu, dass Microsoft in Zukunft Betriebssystem-Updates automatisch ohne weitere Nachfrage auf Ihrem Computer installieren kann. Diese Updates können laut Lizenzvertrag die Fähigkeit einschränken, mit Digital Rights Management geschützte Dateien abzuspielen oder zu kopieren. Außerdem kann durch die Updates von Microsoft verhindert werden, dass bestimmte, nicht näher angegebene Software weiterhin verwendet wird.

Auch Benutzer älterer Windows-Versionen sind betroffen. Das gleiche Update mit dem gleichen Lizenzvertrag gibt es auch für die Media Player-Versionen 6.4 und 7.1. Vorsichtshalber sollten Sie bei zukünftigen Updates die Lizenzverträge genau lesen, da dieser Passus eventuell häufiger auftreten wird.

Was bewirkt dieses Update?

Das Update Q320920 legt im Gegensatz zu anderen Updates von der Windows Update-Webseite keinen Eintrag unter *Systemsteuerung/Software* an und auch kein *$NtUninstall*-Verzeichnis. Microsoft weist auch ausdrücklich darauf hin, dass dieses Update nicht deinstalliert werden kann.

Ob Sie dieses Update bereits installiert haben oder nicht, lässt sich am einfachsten an der Versionsnummer des Windows Media Player erkennen. Die neue Versionsnummer der *WMPLAYER.EXE* nach dem Update ist 8.0.0.4482. Dazu gehören noch weitere Komponenten, die verändert werden, wie die folgenden Tabellen zeigen.

Veränderte Datei	Neue Version
\Programme\Windows Media Player\WMPLAYER.EXE	8.0.0.4482
\Windows\Inf\UNREGMP2.EXE	8.0.0.4482
\Windows\Inf\WMQFE.INF	Neue Datei
\Windows\System32\AMCOMPAT.TLB	Keine Versionsnummer
\Windows\System32\MSDXM.OCX	6.4.09.1124

Veränderte Datei	Neue Version
\Windows\System32\NSCOMPAT.TLB	Keine Versionsnummer
\Windows\System32\WMPCORE.DLL	8.0.0.4482
\Windows\System32\WMPSCHEME.XML	Keine Versionsnummer
\WINDOWS\system32\CatRoot\{F750E6C3-38EE-11D1-85E5-00C04FC295EE}\TimeStamp	Keine Versionsnummer
\WINDOWS\system32\CatRoot\{F750E6C3-38EE-11D1-85E5-00C04FC295EE}\WM320920.CAT	Sicherheitszertifikat mit Datum vom 25. Mai 2002
\WINDOWS\system32\CatRoot2\{F750E6C3-38EE-11D1-85E5-00C04FC295EE}\TimeStamp	Keine Versionsnummer
\WINDOWS\system32\CatRoot2\{F750E6C3-38EE-11D1-85E5-00C04FC295EE}\catdb	Keine Versionsnummer

Außer den veränderten Dateien werden noch einige Registry-Werte verändert oder neu angelegt:

Registry-Schlüssel	Änderungen
HKEY_CLASSES_ROOT	Änderungen der Schreibweise in den Klartextbezeichnungen für die Formate ASFFile, ASXFile, WMVFile, WVXFile
HKEY_CLASSES_ROOT\Software\Microsoft\Media Player\Setup	Neuer UpdateTimeStamp
HKEY_CLASSES_ROOT\Software\Microsoft\Multimedia\Components\Informational	Neuer Schlüssel *HotFix_wm320920* mit Unterschlüsseln, in denen Dateinamen und Versionsnummern installierter Komponenten stehen
HKEY_LOCAL_MACHINE\Software\Microsoft\Active Setup\Installed Components\{6BF52A52-394A-11d3-B153-00C04F79FAA6}	Version: 8,0,0,4482
HKEY_LOCAL_MACHINE\Software\Microsoft\Cryptography\RNG	Veränderter binärkodierter Seed-Wert
HKEY_LOCAL_MACHINE\Software\Microsoft\Multimedia\Mplayer2\Extensions	Änderungen der Schreibweise in den Klartextbezeichnungen für die Formate asf, asx, wm, wmv, wmx, wvx
HKEY_LOCAL_MACHINE\Software\Microsoft\Multimedia\Mplayer 2\Groups\Video	Änderungen der Schreibweise in der Klartextbezeichnung für WMV
HKEY_LOCAL_MACHINE\Software\Microsoft\Multimedia\Mplayer2\MIME Types	Änderungen der Schreibweise in den Klartextbezeichnungen für die Formate video/x-ms-wmv und video/x-ms-wvx
HKEY_LOCAL_MACHINE\Software\Microsoft\WMPlayer	Änderungen der Schreibweise in den Klartextbezeichnungen für zahlreiche Formate und MIME-Typen
HKEY_LOCAL_MACHINE\Software\Microsoft\Updates\Windows Media Player	euer Schlüssel *wm320920* mit Unterschlüsseln, in denen Dateinamen und Versionsnummern installierter Komponenten stehen
HKEY_CURRENT_USER\Software\Microsoft\Active Setup\Installed Components\{6BF52A52-394A-11d3-B153-00C04F79FAA6}	Version: 8,0,0,4482

Die installierten Systemänderungen und ihre Auswirkungen werden von Microsoft nirgends dokumentiert. Interessant ist vor allem der veränderte Eintrag im Microsoft Active Setup. Dieser wird von dem ActiveX-Control der Windows Update-Webseite gelesen und könnte dem System zu erkennen geben, dass der Anwender die automatischen Komponenteninstallationen im Lizenzvertrag von Q320920 bestätigt hat.

Verzeichnisse Eigene Musik und Gemeinsame Musik

Windows XP erstellt automatisch ein Verzeichnis *Gemeinsame Musik*, auf das alle Benutzer zugreifen können, und für jeden Benutzer ein Verzeichnis *Eigene Musik*.

Diese Verzeichnisse und alle darunter angelegten Unterverzeichnisse haben in den Ordneraufgaben Schalter zum Abspielen aller Musikdateien und zum Besuch der WindowsMedia.com-Webseite, über die kostenpflichtige Musikdateien im WMA-Format vertrieben werden.

- *Eigene Musik* - die Verknüpfung *Eigene Musik* unter *Eigene Dateien* verweist standardmäßig auf das Verzeichnis *\Dokumente und Einstellungen\<Benutzername>\Eigene Dateien\Eigene Musik*. Die genaue Lage dieses Verzeichnisses wird mit dem Registry-Wert *My Music* im Schlüssel *HKEY_CURRENT_USER\Software\Microsoft\Windows\CurrentVersion\Explorer\Shell Folders* festgelegt.
- *Gemeinsame Musik* - die Verknüpfung *Gemeinsame Musik* unter *Gemeinsame Dokumente* verweist standardmäßig auf das Verzeichnis *\Dokumente und Einstellungen\All Users\Dokumente\Eigene Musik*. Die genaue Lage dieses Verzeichnisses wird mit dem Registry-Wert *CommonMusic* im Schlüssel *HKEY_LOCAL_MACHINE\Software\Microsoft\Windows\CurrentVersion\Explorer\Shell Folders* festgelegt.

Musik aus dem Windows Media Player kopieren

Der Windows Media Player enthält mit der Schaltfläche *Von CD kopieren* eine Funktion zum Rippen von CDs, also zum Extrahieren von Musikdaten von Audio-CDs in das Windows Media-Format.

Dabei werden die Daten vorgabemäßig im Verzeichnis *Eigene Musik* abgelegt. Dieses Verzeichnis kann aber in den Optionen des Windows Media Player auf der Registerkarte *Musik kopieren* auch geändert werden.

Das Media Bonus Pack enthält eine Funktion zum automatischen Kopieren aller Tracks einer Audio-CD.

Beim Speichern der Audiodateien kann kein Dateiname und auch kein Verzeichnis ausgewählt werden. Diese Verfahrensweise entspricht also nicht der sonst unter Windows XP üblichen.

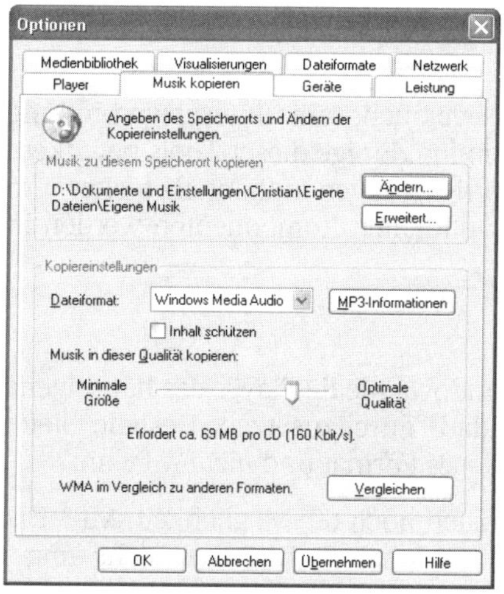

Auswahl des Speicherverzeichnisses.

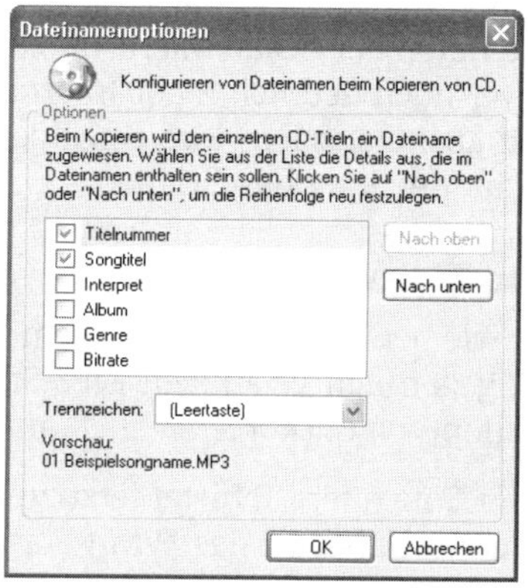

Auswahl der Namensoptionen.

Die Dateinamen der Audiodateien werden automatisch aus den Track-Informationen der CD gebildet. Welche Elemente dabei verwendet werden sollen, können Sie mit der Schaltfläche *Erweitert* festlegen.

Windows Media Bonus Pack

Microsoft bietet zum aktuellen Windows Media Player ein kostenloses Zusatzpaket zum Download an, das weitere Funktionen bietet: *download.microsoft.com/download/winmediaplayer/install/xp/wxp/en-us/wmbonusxp.exe*. Das Paket ist modular aufgebaut, sodass Sie nur die Komponenten installieren müssen, die Sie auch verwenden wollen.

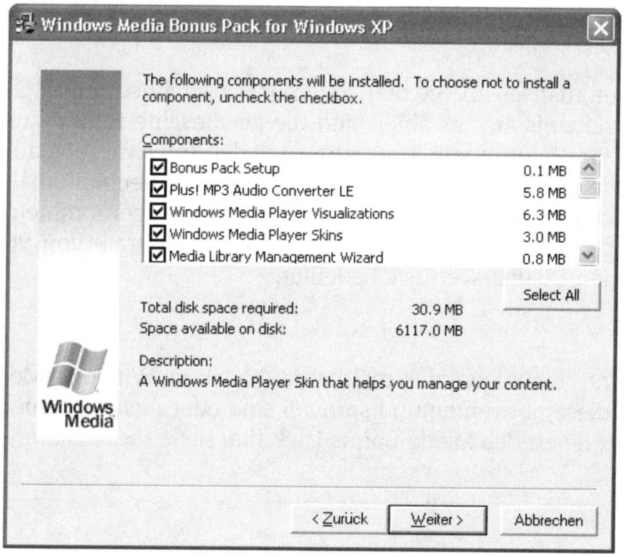

Installation des Windows Media Bonus Pack.

Eine Komponente wird immer installiert: *Copy Music from CD*, ein neuer Eintrag im AutoStart-Menü, der erscheint, wenn eine Audio-CD eingelegt wird. Mit diesem Menüpunkt können die Audiotracks automatisch in das WMA-Format konvertiert und auf der Festplatte gespeichert werden.

Beachten Sie, dass der Windows Media Player dabei versucht, eine Internetverbindung aufzubauen und die Daten der CD an Microsoft zu senden. Einige dieser Tools bewirken, dass der Media Player noch deutlich mehr Internetverbindungen aufbaut als bisher, um Daten mit Microsoft auszutauschen. Die einzelnen optionalen Komponenten werden in den folgenden Abschnitten kurz beschrieben.

Plus! MP3 Audio Converter LE

Microsoft versucht, wie bereits erwähnt, mit dem Windows Media Player das hauseigene Datenformat WMA gegen den geläufigen MP3-Standard durchzusetzen. Deshalb bietet die integrierte Funktion *Von CD kopieren* auch nur dieses Format und nicht MP3 an.

Der Plus! MP3 Audio Converter LE bietet jetzt zusätzlich noch die Möglichkeit, MP3-Dateien oder ganze Verzeichnisse in das WMA-Format zu konvertieren, aber nicht umgekehrt.

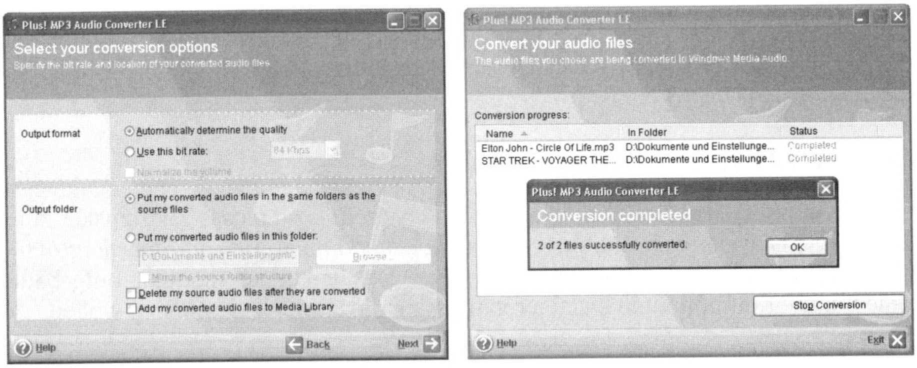

Konvertierung von MP3-Dateien in das WMA-Format.

Der Konverter läuft weitgehend automatisch ab. Sie brauchen nur die gewünschten MP3-Dateien oder ein komplettes Verzeichnis auszuwählen und die gewünschte Bitrate zur Konvertierung anzugeben. Auf Wunsch löscht der Konverter nach der Konvertierung automatisch die Original-MP3-Dateien und trägt die neuen Dateien in die Medienbibliothek ein. Die erweiterten Dateieigenschaften werden bei der Konvertierung übernommen. Allerdings werden die konvertierten Dateien nur mit einer maximalen Bitrate von 96 kbit/s kodiert, was unter Umständen Qualitätsverluste bedeutet.

Visualisierungen

Visualisierungen sind grafische Untermalungen, die im Takt der Musik im Windows Media Player angezeigt werden. Ob diese notwendig und sinnvoll sind oder nicht, soll hier nicht diskutiert werden. Jedenfalls liefert das Media Bonus Pack fünf neue Visualisierungen mit.

Visualisierung	Beschreibung
Dungeon Siege	Werbung für das gleichnamige Microsoft-Spiel
Null	Eine Visualisierung, die nichts anzeigt – der gleiche Effekt wie das Abschalten von Visualisierungen

Visualisierung	Beschreibung
Picture Viz	Slide Show in einem beliebigen Bilderverzeichnis mit verschiedenen Überblendungseffekten. Diese Visualisierung läuft auch dann weiter, wenn die Audiowiedergabe angehalten wird.
Trilogy	Neue fraktale Visualisierungseffekte
Yule Log	Kaminfeuer

Media Library Management Wizard

Dieses Tool hilft bei der Aktualisierung der Medienbibliothek. Die Informationen in der Medienbibliothek werden mit den Daten aus den Musikdateien abgeglichen. Außerdem können Track-Daten und Album-Coverbilder aus dem Internet geladen werden.

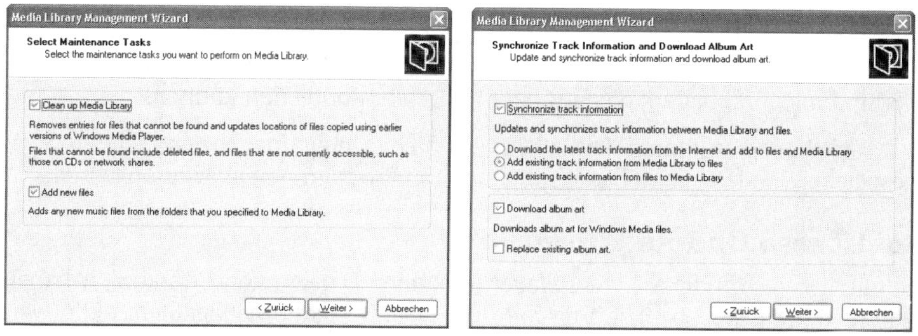

Aktualisieren der Medienbibliothek.

Wie alle anderen Microsoft-Programme, die mit der Medienbibliothek arbeiten, versucht auch der Media Library Management Wizard, eine Internetverbindung zu Microsoft aufzubauen, selbst dann, wenn die Optionen zum Download von Track-Daten und Album-Coverbildern deaktiviert sind. Schalten Sie also, wenn Sie das verhindern wollen, den automatischen Internetverbindungsaufbau aus, wenn Sie dieses Programm benutzen.

Windows Media Player Tray Control

Das Windows Media Player Tray Control ist ein kleines Symbol im Infobereich der Taskleiste. Damit können Sie den Windows Media Player starten. Mit einem Rechtsklick auf das Symbol erscheint ein Menü, in dem Sie die Liste der zuletzt verwendeten Dateien im Windows Media Player jederzeit löschen können. Wenn Sie keinen Wert darauf legen, dass Microsoft protokolliert, welche Musik Sie hören, sollten Sie diese Liste löschen, bevor Sie bei eingeschaltetem Windows Media Player ins Internet gehen.

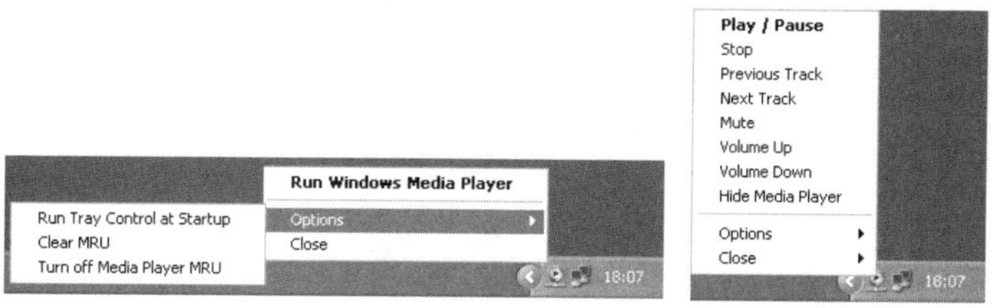

Kontextmenü des Windows Media Player Tray Control.

Wenn der Windows Media Player läuft, ändert sich das Menü des Windows Media Player Tray Control, sodass Sie von hier aus direkten Zugriff auf alle wichtigen Media Player-Funktionen haben.

Sie finden dieses Programm nicht im Menü, sondern nur als Datei *MPXPTRAY.EXE* im Verzeichnis *\Programme\Windows Media Bonus Pack for Windows XP\PowerToys*. Über das Kontextmenü können Sie das Symbol auch bei jedem Systemstart automatisch starten.

Windows Media Player Playlist Import

Dieses Makro ermöglicht den Import einer Play-Liste zur Auswertung in Excel. Allerdings funktioniert es nur in Excel 2002, in keiner älteren Version und auch in keiner anderen Tabellenkalkulation.

Die gewünschte Play-Liste muss in der *Medienbibliothek*-Ansicht im Windows Media Player als ASX-Datei exportiert werden. Dabei versucht der Windows Media Player, eine Internetverbindung aufzubauen, die Sie aber problemlos abbrechen können.

Der Export funktioniert trotzdem. Die ASX-Dateien sind in einem sehr einfachen ASCII-Format gespeichert, sodass sie sich auch von anderen Programmen auswerten lassen.

Personal License Update Wizard

Wenn Sie mit älteren Windows Media Player-Versionen Dateien von CDs kopiert haben und dabei die Option zur Lizenzierung mit dem Digital Rights Management aktiv war, kann es vorkommen, dass diese Lizenzen vom Windows Media Player 8 nicht mehr erkannt werden. In diesem Fall können Sie sie mit diesem Assistenten aktualisieren.

Windows Media Player Power Toy Skin

Der Power Toy Skin ist kein Skin im eigentlichen Sinne zur optischen Veränderung des Windows Media Player, sondern ein Plug-In zur Verwaltung von Wiedergabelisten.

Es ist über die Skin-Schnittstelle in den Windows Media Player integriert und wird wie ein Designmodus aufgerufen. Dann stehen sieben verschiedene Verwaltungsfunktionen zur Verfügung.

Die Funktionen des Media Player stehen über das Menü und über Tastenkombinationen weiterhin zur Verfügung.

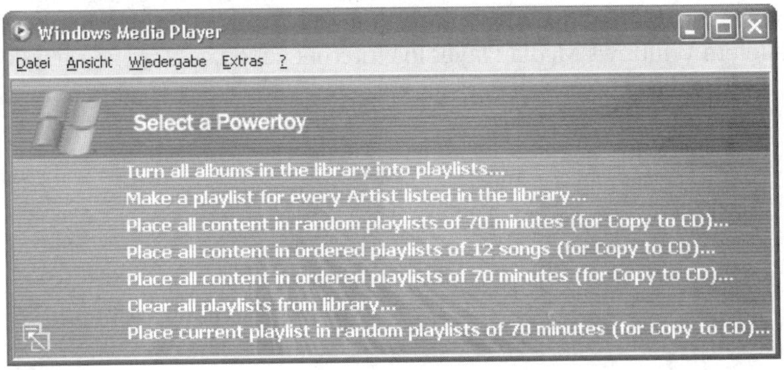

Der Windows Media Player Power Toy Skin.

Funktion	Beschreibung
Turn all albums in the library into playlists	Erstellt eine Wiedergabeliste für jedes Album in der Medienbibliothek.
Make a playlist for every Artist listed in the library	Erstellt eine Wiedergabeliste für jeden Interpreten in der Medienbibliothek.
Place all content in random playlists of 70 minutes (for Copy to CD)	Für die Erstellung von CDs mit zufälligem Inhalt werden Wiedergabelisten mit jeweils 70 Minuten Spielzeit zufällig aus allen Titeln der Medienbibliothek zusammengestellt. Jeder Titel erscheint dabei nur in einer Wiedergabeliste.
Place all content in ordered playlists of 12 songs (for Copy to CD)	Erstellt Wiedergabelisten mit je zwölf Titeln aus allen Titeln in der Medienbibliothek. Die Titel werden nach dem Datum ihres Eintrags in der Medienbibliothek sortiert.
Place all content in ordered playlists of 70 minutes (for Copy to CD)	Erstellt Wiedergabelisten mit je 70 Minuten Spielzeit aus allen Titeln in der Medienbibliothek. Die Titel werden nach dem Datum ihres Eintrags in der Medienbibliothek sortiert.
Clear all playlists from library	Löscht alle Wiedergabelisten aus der Medienbibliothek.
Place current playlist in random playlists of 70 minutes (for Copy to CD)	Für die Erstellung von CDs mit zufälligem Inhalt werden Wiedergabelisten mit jeweils 70 Minuten Spielzeit zufällig aus allen Titeln der aktuell geöffneten Wiedergabeliste zusammengestellt. Jeder Titel erscheint dabei nur in einer Wiedergabeliste.

Zugriffsrechte anderer Anwendungen

Damit dieses Tool funktioniert, müssen anderen Anwendungen Zugriffe auf die Medienbibliothek gestattet werden. Schalten Sie dazu im Windows Media Player unter *Extras/ Optionen* auf der Registerkarte *Medienbibliothek* die Option *Zugriffsrechte anderer Anwendungen* auf *Lese- und Schreibzugriff.*

Windows Media Player Skin Importer

WinAMP, der Marktführer auf dem MP3-Player-Markt, war eines der ersten weit verbreiteten Windows-Programme, das sich durch Skins beliebig in der Optik anpassen ließ.

Der Skin Converter.

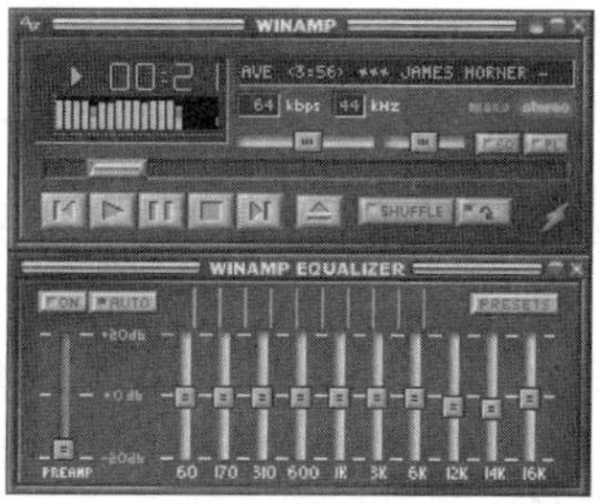

Das ist nicht WinAMP, sondern der Media Player im WinAMP-Design.

Der Windows Media Player Skin Importer importiert WinAMP-Skins, sodass sie für den Windows Media Player nutzbar werden.

Leider besteht keine Möglichkeit, einzelne Skins auszuwählen. Es wird immer ein komplettes Verzeichnis konvertiert. Dabei bleiben die Original-WSZ-Dateien erhalten, im Verzeichnis *\Programme\Windows Media Player\Skins* werden neue WMZ-Dateien angelegt, die etwa doppelt so groß wie die Originale von WinAMP sind. Beide Dateiformate sind umbenannte ZIP-Archive, die Schalter und Hintergrundgrafiken mit bestimmten vordefinierten Namen enthalten.

4.2 Optimierung der Sound- und Grafikausgabe

Windows XP enthält Treiber für alle gängigen Grafik- und Soundkarten. Allerdings haben diese zertifizierten Treiber in vielen Fällen nur die Standardfunktionen. Für Spiele oder komplexere Multimedia-Programme empfiehlt es sich oftmals, einen nicht zertifizierten Treiber direkt vom Hersteller herunterzuladen und das Risiko eventueller Inkompatibilitäten in Kauf zu nehmen.

Näheres zur Treiberzertifizierung sowie zur Hardwarekonfiguration im Allgemeinen finden Sie in Kapitel 3. Im folgenden Abschnitt hier finden Sie wichtige Tipps zur Konfiguration und Optimierung der Sound- und Grafikausgabe unter Windows XP.

Soundkonfiguration

Erkennt Windows XP bei der Installation eine Soundkarte, werden deren Treiber automatisch installiert und auch automatisch die Windows-Systemklänge aktiviert.

Möchten Sie die Systemklänge deaktivieren, den Lautsprecher aber nicht für alle Programme abschalten, wählen Sie unter *Systemsteuerung/Sounds und Audiogeräte* auf der Registerkarte *Sounds* das Soundschema *Keine Sounds*.

Die Sounddateien werden auch bei jedem Systemklang in den Arbeitsspeicher geladen und fressen dort wertvollen Platz - auch ein Grund, auf Systemklänge zu verzichten.

Die Systemklänge werden in dem Registry-Schlüssel *HKEY_CURRENT_USER\AppEvents\Schemes\Apps\.Default* verwaltet. Hier gibt es zu jedem Systemereignis einen Unterschlüssel, der wiederum weitere Schlüssel für jedes gespeicherte Soundschema, die Standardvorgabe und die aktuelle Einstellung enthält. In diesen Schlüsseln sind die Namen der zu verwendenden WAV-Dateien abgelegt.

Lautsprecherkonfiguration

Windows XP kennt in der Systemsteuerung standardmäßig verschiedene Lautsprechertypen.

Diese müssen in den erweiterten Audioeigenschaften unter *Systemsteuerung/Sounds und Audiogeräte* richtig ausgewählt werden, damit Windows XP die speziellen Möglichkeiten der Lautsprecher unterstützt.

Verschiedene Lautsprecherkonfigurationen.

Nicht alle auswählbaren Konfigurationen werden auch von jeder Soundkarte unterstützt. Bei vielen Soundkarten fehlt es einfach an Anschlussmöglichkeiten für mehr als zwei Lautsprecher. Um zusätzliche Anschlüsse unterzubringen, liefern manche Soundkarten ein zweites Slotblech mit - nur mit Anschlussbuchsen -, das in einen freien Steckplatz anstelle einer Steckkarte geschraubt wird. Andere Soundkarten bieten ein spezielles Anschlusspanel in der Frontblende des Computers.

Verschiedene Onboard-Soundkarten bieten die Möglichkeit, die drei Anschlussbuchsen, die standardmäßig für Lautsprecher, Line-Out und Mikrofon verwendet werden, softwaremäßig auf andere Kanäle umzuschalten. Dazu liefern die Hersteller spezielle Konfigurationsprogramme mit. Die Windows XP-Systemsteuerung bietet hierfür keine Möglichkeiten.

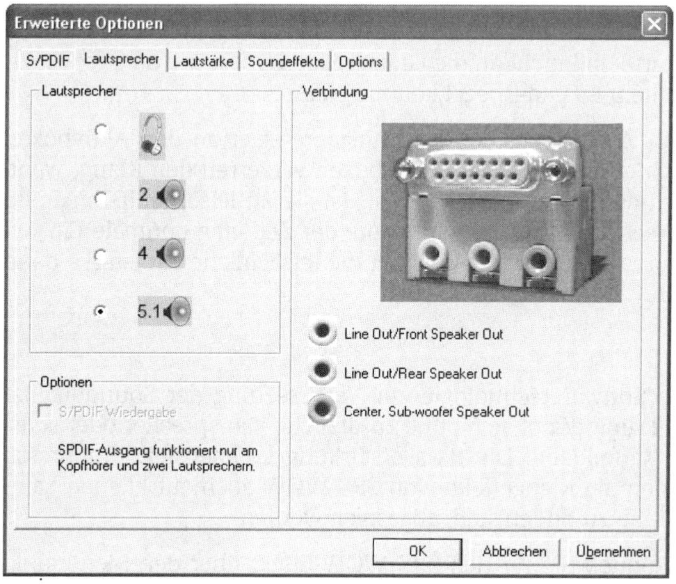

Konfiguration der Anschlüsse bei einer C-Media Onboard-Soundkarte.

Diese 3,5-mm-Stereo-Klinkenbuchsen haben auf den drei Kontaktebenen des Steckers zwei Soundkanäle (Steckerspitze und Mitte) und eine gemeinsame Masseleitung (außen). Dadurch lassen sich über drei Buchsen bis zu sechs unabhängige Audiokanäle abspielen.

Dolby digital

Auf CDs und DVDs wird oft mit dem Schlagwort „Dolby digital" geworben, was aber noch lange nichts darüber aussagt, welches Soundverfahren angewendet wird. Die Dolby-Laboratorien (*www.dolby.com*) haben verschiedene Standards definiert, die vom einfachen Monoklang bis zum 5.1 Dolby Surround reichen. Bei diesem Verfahren werden zusätzlich zu vier Lautsprechern in den Raumecken noch ein zentraler Mittenlautsprecher und ein Subwoofer verwendet, der nur Bässe zwischen 20 und 120 Hertz abgibt.

Auf DVDs wird auf der Rückseite für jede Sprache, in der Audiokanäle vorhanden sind, ein Dolby-Symbol abgebildet, an dem Sie erkennen können, welches Dolby-Verfahren zur Aufzeichnung verwendet wurde.

Symbol	Dolby-Verfahren
	Mono
	Stereo
	Dolby Surround
	5.1 Surround

Aktivlautsprecher

Wenn Sie Aktivlautsprecher mit eigenem Verstärker benutzen, schließen Sie diese an die Line-Out-Buchse der Soundkarte und nicht an die Lautsprecherbuchse an, da es sonst zu Verzerrungen wegen überhöhtem Eingangspegel kommen kann.

Experimentieren Sie mit dem Zusammenspiel der Lautstärkeregler an den Aktivboxen und der Windows XP-Lautstärkeregelung. Viele Aktivboxen verzerren den Klang, wenn die Windows-Lautstärkeregelung zu laut eingestellt ist. Ist sie zu leise, fehlt Dynamik. Bei den meisten Aktivlautsprechern findet man im Laufe der Zeit eine optimale Einstellung für die Windows-Lautstärkeregelung und verstellt die tatsächliche Lautstärke dann nur noch direkt an den Boxen.

SRS WOW

SRS WOW ist eine spezielle Softwaretechnologie zur Verbesserung der Soundqualität durch tiefe verstärkte Bässe. Damit ergibt sich ohne zusätzliche Lautsprecher oder sonstige Hardware ein besserer Raumklang. Die Bassverstärkung kompensiert Kompressionsverluste. Außerdem können die Klangeffekte von SRS WOW auch auf kleinen Lautsprechern, wie sie bei PCs häufig zu finden sind, abgespielt werden.

Im Windows Media Player können Sie für den SRS WOW-Effekt über den Menüpunkt *Ansicht/Wiedergabe-Tools/Equalizer und Einstellungen anzeigen/SRS WOW Effekte* ein spezielles Kontrollpanel einblenden.

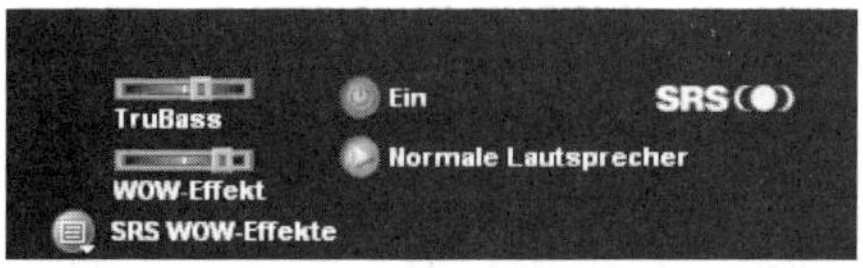

Kontrollpanel für den SRS WOW-Effekt.

Performance-Bremse

Beachten Sie, dass der SRS WOW-Effekt zusätzliche System-Performance kostet, die für parallel laufende Programme verloren geht. Die Effekte werden in dem Prozessor berechnet und nicht auf der Soundkarte.

Nähere Informationen zur SRS WOW-Technik finden Sie im Internet bei *www.srslabs.com*. Dort finden Sie auch Demomusik, die in einem speziellen Internet Explorer-Fenster mit Windows Media Player-Plug-In abgespielt wird und automatisch den SRS WOW-Effekt ein- und ausschaltet.

Demomusik bei www.srslabs.com.

Interrupt-Probleme bei Soundkarten

Ein häufiges Problem bei Soundkarten bilden die belegten Interrupts. Läuft der Sound unregelmäßig oder kommt es zu kurzzeitigen Ausfällen, kann dies an einer fehlerhaften IRQ-Konfiguration liegen. Bei PCI- und ISA-Karten kann das unterschiedliche Ursachen haben:

PCI

Moderne PCI-Soundkarten belegen oft zwei Interrupts, wovon einer lediglich für den Kompatibilitätsmodus zu alten DOS-Spielen reserviert wird. Die Karte wird dann in den meisten Fällen auch als zwei Geräte im Geräte-Manager eingetragen, sodass, wenn keine DOS-Spiele vorhanden sind, der eine Eintrag deaktiviert werden kann.

Das DOS-kompatible Gerät belegt üblicherweise den Interrupt 5, das andere einen höheren. Auf ACPI-Systemen (**A**dvanced **C**onfiguration and **P**ower **I**nterface) wird für den nicht DOS-kompatiblen Modus üblicherweise der von ACPI verwaltete Interrupt 9 angezeigt.

ISA

Bei ISA-Karten wird zwischen Plug & Play fähigen-Karten und manuell zu konfigurierenden Karten unterschieden. Manche Plug & Play fähige-Karten bieten im Geräte-Manager die Möglichkeit, einen Interrupt auszuwählen. Aus Kompatibilitätsgründen zu älteren Spielen sollte - wenn möglich - für eine Soundkarte der Interrupt 5 gewählt werden. Viele DOS-Spiele verlangen unbedingt Interrupt 5 für die Soundausgabe. Allerdings ist dieser oftmals vom Druckerport LPT1 belegt. Viele BIOS-Versionen ermöglichen es, den Druckerport auf Interrupt 7 umzulegen und so den Interrupt 5 freizubekommen.

Einige ältere ISA-Soundkarten lassen sich nur mit einem DOS-Konfigurations-Tool auf einen bestimmten Interrupt setzen. Starten Sie solche Tools grundsätzlich nur von DOS aus. Wenn Sie kein DOS installiert haben, verwenden Sie eine Bootdiskette. Das Windows XP-Schichtenmodell lässt keinen direkten Zugriff auf die Hardware zu, sodass derartige Tools in Eingabeaufforderung-Fenstern nicht richtig funktionieren. Am einfachsten geht es mit einer manuell konfigurierbaren Soundkarte, einen exklusiv nutzbaren Interrupt zu bekommen. Stellen Sie die Karte mit den Jumpern auf den gewünschten Interrupt, in der Regel 5. Reservieren Sie dann im BIOS diesen Interrupt für die Verwendung von nicht Plug & Play-fähigen ISA-Karten. Solche reservierten Interrupts kann Windows XP nicht verändern oder parallel anderen Geräten zuweisen. Windows XP unterstützt von sich aus keine ISA-Soundkarten ohne Plug & Play. Hier brauchen Sie in jedem Fall einen Treiber vom Kartenhersteller. Diese externen Treiber können keine Sounddateien mit Digital Rights Management, dem Kopierschutz in Windows Media-Dateien, abspielen.

Grafikoptimierung

Moderne Grafikkarten benutzen den AGP-Steckplatz, ein speziell für schnelle Grafik entwickelten Bussystem (AGP = **A**ccelerated **G**raphics **P**ort). Dieser hat direkten Zugriff auf den Arbeitsspeicher, sodass die bei aufwendiger 3-D-Spielegrafik verwendeten Texturen nicht im Grafikspeicher der Grafikkarte, sondern im Hauptspeicher auf dem Motherboard ohne Geschwindigkeitseinbußen verwaltet werden können. Inzwischen haben 3-D-Spielegrafikkarten 64 oder 128 MByte Speicher auf der Karte, sodass dieser Vorteil der AGP-Technik in der Praxis nicht mehr zum Tragen kommt. Durch die direkte Verbindung von Grafikkarte und Chipsatz ist AGP deutlich kritischer, was Kompatibilität mit bestimmten Motherboards angeht, als PCI. Besorgen Sie sich also zusätzlich zu aktuellen Grafiktreibern auch immer aktuelle Chipsatztreiber und BIOS-Updates. Der AGP-Standard wurde von einer Gruppe von Hardwareherstellern unter Federführung von Intel festgelegt (*www.agpforum.org*). Dabei gibt es inzwischen verschiedene Spezifikationen von AGP 1x bis AGP 8x, die sich im Wesentlichen in der Taktrate unterscheiden.

AGP-Version	Bustakt	Signal-spannung	max. Datenrate	Bemerkung
1 x	66 MHz	3,3 V	266 MByte/s	Übertragung nur bei steigenden Signalflanken
2 x	66 MHz	3,3 V	533 MByte/s	Übertragung bei steigenden und fallenden Signalflanken
4 x	66 MHz	2,5 V	1 GByte/s	Übertragung bei steigenden und fallenden Signalflanken
8 x	66 MHz	0,8 V	2,1 GByte/s	Übertragung von acht Datenwörtern je 32 Bit in einem Takt

AGP 8 x wird von vielen Motherboards nicht standardmäßig unterstützt. Suchen Sie hier nach eventuellen BIOS- und Board-Treiber-Updates bei den Herstellern.

Interrupt-Problem
Obwohl Windows XP über seinen IRQ-Handler mehreren Geräten den gleichen Interrupt zuweisen kann, funktioniert dies bei Grafikkarten nie wirklich sauber. Die Grafikkarte sollte, wenn irgend möglich, immer einen eigenen Interrupt bekommen. In den meisten Fällen wird der Interrupt des AGP-Steckplatzes mit dem daneben liegenden PCI-Steckplatz geteilt. Lassen Sie diesen also möglichst unbesetzt.

Windows XP liefert für alle gängigen Grafikkarten Treiber mit, die zwar mit den gängigen Windows-2-D-Anwendungen laufen, aber längst nicht alle Spezial-Features haben, die aktuelle Spiele brauchen. Hier hilft nur ein aktueller Treiber direkt vom Hersteller, auch wenn dieser nicht zertifiziert ist.

Da Grafiktreiber sich tief im System festsetzen, empfiehlt es sich hier besonders, vor der Installation der Karte immer den aktuellsten Treiber vom Hersteller zu besorgen und nicht auf die Windows XP-Treiber zu vertrauen. Suchen Sie außerdem im Handbuch oder in Readme-Dateien der Grafikkarte nach eventuell erforderlichen AGP-Einstellungen im BIOS.

Grafikbeschleunigung für Windows XP-Standardprogramme

Windows XP stellt die Farbtiefe der Grafikkarte bei der Installation standardmäßig auf 32 Bit. Diese Farbtiefe bremst die Grafikkarte aus und ist zudem auch noch sinnlos, da die meisten Monitore und das menschliche Auge Farbtiefen von mehr als 24 Bit nicht mehr unterscheiden können. Stellen Sie also in *Systemsteuerung/Anzeige* auf der Registerkarte *Einstellungen* eine niedrigere Farbtiefe ein.

Die Auflösung und Farbtiefe eines einfachen 2-D-Bilds gibt vor, wie viel Speicher eine Grafikkarte haben muss. Bei heutigen Grafikkarten sind selbst sehr hohe Auflösungen bei TrueColor kein Problem mehr. Hier wird der Speicher im Wesentlichen für Texturen im 3-D-Modus gebraucht.

Die Tabelle zeigt den Speicherverbrauch bei verschiedenen 2-D-Bildauflösungen und Farbtiefen.

Auflösung	8 Bit	16 Bit	24 Bit	32 Bit
640 x 480	300 KByte	600 KByte	900 KByte	1.200 KByte
800 x 600	468 KByte	938 KByte	1.406 KByte	1.872 KByte
1.024 x 786	768 KByte	1.536 KByte	2.304 KByte	3.072 KByte
1.152 x 1.024	1.152 KByte	2.304 KByte	3.456 KByte	4.608 KByte
1.280 x 1.024	1.280 KByte	2.560 KByte	3.840 KByte	5.120 KByte
1.600 x 1.200	1.875 KByte	3.750 KByte	5.625 KByte	7.500 KByte

Probieren Sie aus, ob die Grafikkarte mit 16 Bit Farbtiefe oder 24 Bit flüssiger arbeitet. Manchmal kommt es bei 16 Bit auch zu ungewünschten Farbverfälschungen in Fotos. Bei 24 Bit tritt dieses Problem nicht auf, da kaum eine Kamera Fotos in höherer Farbtiefe liefert.

8 Bit Farbtiefe bringt nur 256 Farben, was für Office-Anwendungen zwar ausreicht, für moderne Multimedia-Anwendungen aber eindeutig zu wenig ist. Außerdem kostet das Zurückrechnen auf den 8-Bit-Palettenmodus bei aktuellen Grafikkarten mehr Performance als die Darstellung im 16- oder 24-Bit-Modus.

Grafikkarte umbauen

Viele Grafikkarten installieren außer dem eigentlichen Treiber noch spezielle Konfigurations-Tools. Daher ist es beim Austausch einer Grafikkarte besonders wichtig, diese vorher sauber zu deinstallieren. Gehen Sie dazu folgendermaßen vor:

1. Deinstallieren Sie zuerst mit *Systemsteuerung/Software* das Konfigurations-Tool oder sonstige Zusatzsoftware der Grafikkarte - soweit vorhanden.
2. Deinstallieren Sie danach mit dem Hardware-Assistenten die Grafikkarte.
3. Jetzt ist ein Neustart des Computers erforderlich. Windows XP erkennt die immer noch vorhandene Karte und fordert auf, die Treiber zu installieren. Installieren Sie hier jedoch nicht den Treiber des Herstellers, sondern einen einfachen Standard-VGA-Treiber.
4. Überprüfen Sie mit MSCONFIG, ob sich in den AutoStart-Gruppen oder in der Registry unter *HKEY_LOCAL_MACHINE\Software\Microsoft\Windows\CurrentVersion\Run* noch Reste automatisch startender Grafik-Tools der alten Karte befinden. Wenn ja, löschen Sie diese.
5. Fahren Sie dann den Rechner herunter und schalten Sie ihn wirklich aus. Bei den meisten ATX-Boards muss dazu ein Schalter auf der Gehäuserückseite ausgeschaltet werden. Am besten ziehen Sie den Netzstecker.
6. Bauen Sie die Grafikkarte um und starten Sie den Rechner neu. Die Hardwareerkennung fragt nach dem neuen Grafiktreiber. Installieren Sie hier jetzt den Treiber des Herstellers.

Alpha Blending

Bei der Geschwindigkeit von Grafikkarten ist fast nur von der 3-D-Performance die Rede. Im 2-D-Bereich konnte kaum ein Programm die Möglichkeiten moderner Grafikkarten voll auslasten. Windows XP schafft dies mit seinen Standardeinstellungen. Das voreingestellte Alpha Blending bringt Grafikkarten, die dieses Verfahren nicht per Hardwarebeschleunigung unterstützen, schnell an ihre Leistungsgrenze und führt teilweise sogar zu Ausfällen.

Transparenz-Kontrolle eines Bildpunkts

Jeder Bildpunkt besteht aus den drei Farbkomponenten RGB (**R**ot, **G**rün, **B**lau). Dazu kann ein zusätzlicher Alpha-Kanal definiert werden, der angibt, wie transparent ein Bildpunkt ist, wenn sich zwei Bilder überlagern. Wenn eine Grafikkarte dieses Verfahren nicht unterstützt, muss es von der Software auf dem Hauptprozessor berechnet werden, was zu Performance-Einbußen führt. Beim Rendern fotorealistischer Bilder ist die Transparenz wichtig, sodass man die zusätzlich benötigte Zeit in Kauf nimmt, bei reinen Betriebssystemfunktionen dagegen nicht.

Bei *www.xpbench.com* finden Sie das Testprogramm XPBench, das die Alpha Blending-Fähigkeiten der Grafikkarte testet.

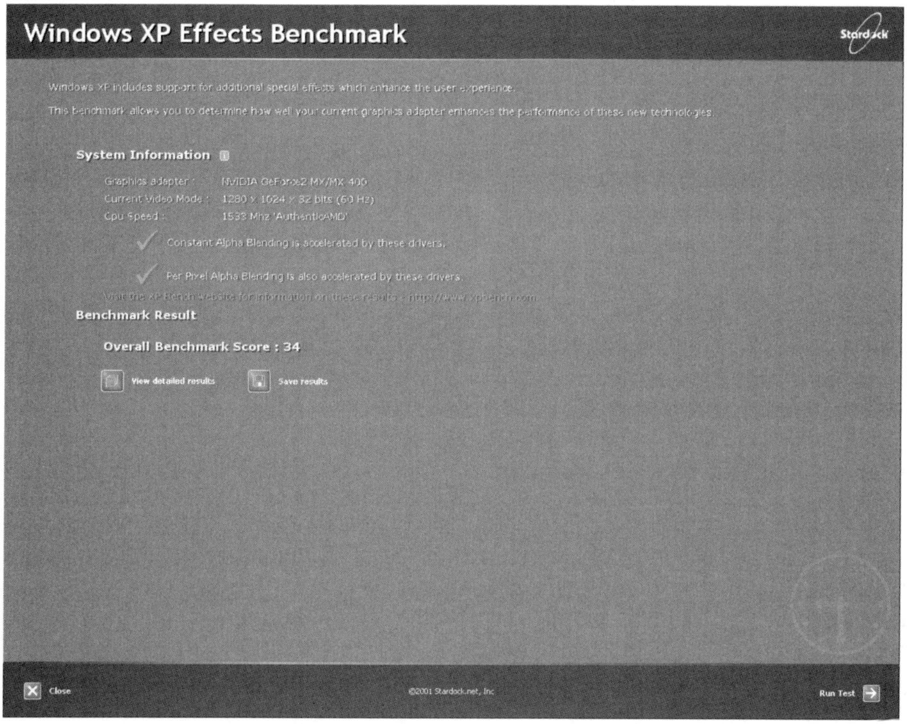

Windows XP Effects Benchmark.

Wird einer der beiden Alpha Blending-Modi nicht unterstützt, ist das noch lange kein Grund, eine neue Grafikkarte anzuschaffen. Unterstützt die Grafikkarte das per Pixel Alpha Blending nicht, deaktivieren Sie unter *Systemsteuerung/System* auf der Registerkarte *Erweitert* über die Schaltfläche *Systemleistung/Einstellungen* die Optionen *Mausschatten anzeigen* und *Menüschatten anzeigen*. Diese Einstellung deaktiviert automatisch auch einen eventuell unter *Systemsteuerung/Maus* eingestellten Mausschatten.

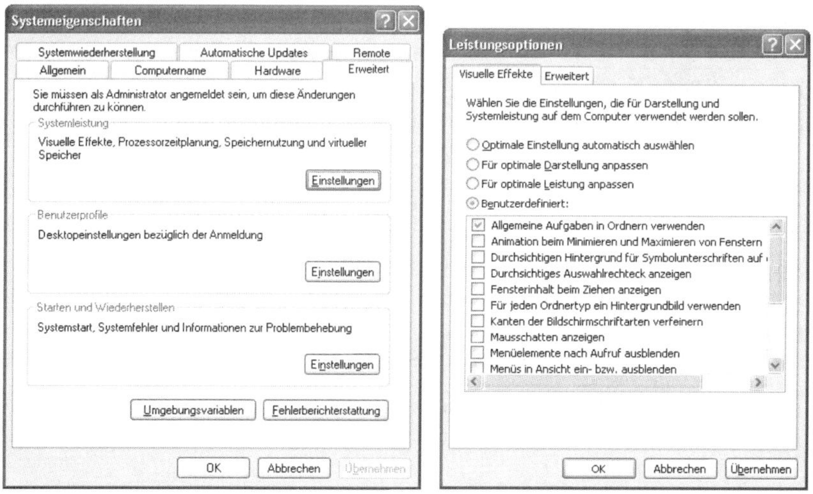

Deaktivieren überflüssiger Alpha Blending-Effekte.

Unterstützt die Grafikkarte das constant Alpha Blending nicht, deaktivieren Sie zusätzlich die folgenden Effekte:

- *Durchsichtigen Hintergrund für Symbolunterschriften auf dem Desktop*
- *Durchsichtiges Auswahlrechteck anzeigen*
- *Fensterinhalt beim Ziehen anzeigen*
- *Menüelemente nach Aufruf ausblenden*
- *Menüs in Ansicht ein- bzw. ausblenden*
- *QuickInfo in Ansicht ein- bzw. ausblenden*
- *Taskleistenschaltflächen einblenden*

Hardwarebeschleunigung der Grafikkarte

Alle modernen Grafikkarten bieten Hardwarebeschleunigungsfunktionen für DirectX, schnelle Darstellung von Bitmaps oder auch zur schnelleren Darstellung von fließendem Text und dem Cursor.

Normalerweise aktiviert Windows XP alle Hardwarebeschleunigungseinstellungen. Sollte es Probleme mit der installierten Grafikkarte geben, dass zum Beispiel Teile von Grafiken oder Mauszeiger nicht mehr korrekt dargestellt werden, können Sie die Beschleunigung unter *Systemsteuerung/Anzeige* reduzieren. Klicken Sie auf der Registerkarte *Einstellungen* auf *Erweitert*. Im folgenden Dialog wechseln Sie auf die Registerkarte *Problembehandlung*. Mit dem Schieberegler können Sie die Beschleunigung stufenweise zurücknehmen. Leider ist keine Auswahl bestimmter Beschleunigungsoptionen möglich. Die Tabelle zeigt die Wirkung der einzelnen Stufen des Reglers:

Stufe	Beschreibung	Wann verwenden?
Maximal	Alle Beschleunigungen aktiv (Standardeinstellung).	Solange es keine Probleme gibt, immer
	Deaktiviert Cursor- und Bitmap-Beschleunigung teilweise	Bei Problemen mit dem Mauszeiger oder unvollständigen Grafiken
	Deaktiviert alle Funktionen zur Cursor- und Bitmap-Beschleunigung	Bei Problemen mit dem Mauszeiger oder unvollständigen Grafiken
	Deaktiviert DirectX-Beschleunigung	Bei Problemen mit DirectX
	Deaktiviert alle erweiterten Beschleunigungsverfahren	Nur bei schweren Grafikproblemen
Keine	Keine Beschleunigungen aktiv	Nur, wenn keine andere Einstellung funktioniert

Im gleichen Dialogfeld ist standardmäßig auch das Write Combining aktiv, was die schnelle Ausgabe von Grafikdaten bei 3-D-Spielen oder Videos verbessert. Dies funktioniert allerdings nicht mit jedem Monitor und auch nicht mit älteren Prozessoren. Bei Anzeigeproblemen mit schneller Grafik sollten Sie diese Option abschalten.

Die Option *Write Combining* ersetzt unter Windows XP die gleichnamige Option in zahlreichen älteren Tuning-Programmen, die jetzt nicht mehr nötig sind.

Aktivieren von AGP 4 x bei VIA-Chipsätzen

Lässt sich der AGP 4 x-Modus auf einem Motherboard mit VIA-Chipsatz nicht aktivieren, hilft auch eine Installation der Windows XP-Treiber nicht immer. Laden Sie sich in so einem Fall die „4 in 1"-Treiber bei *http://www.viaarena.com/?PageID=2#4in1* herunter und starten Sie die Datei *SETUP.EXE* im Kompatibilitätsmodus von Windows 2000. Im Geräte-Manager erscheint nach einem Neustart *Via CPU to AGP Controller.*

Grafik-Benchmarks

Die Geschwindigkeit von Grafikkarten ist im Wesentlichen für Spiele entscheidend. Dementsprechend greifen die meisten Grafik-Benchmark-Programme auf genau die gleichen Berechnungsverfahren zurück, die auch die Spiele benutzen.

Der bekannteste dieser Benchmark-Tests ist 3DMark2001 SE, den Sie im Internet bei *www.3dmark.com* bekommen.

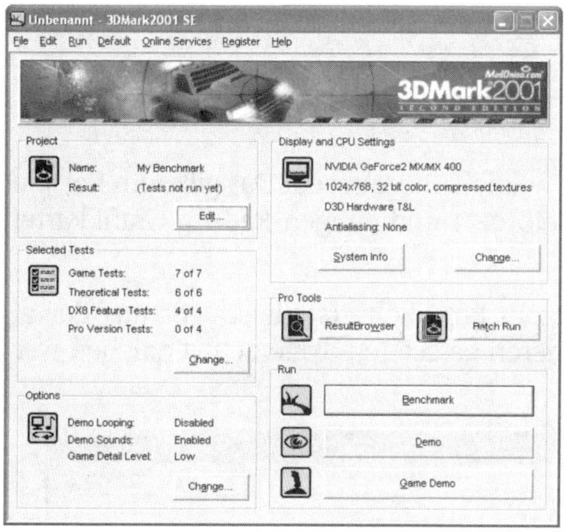

Hauptdialog von 3DMark2001 SE.

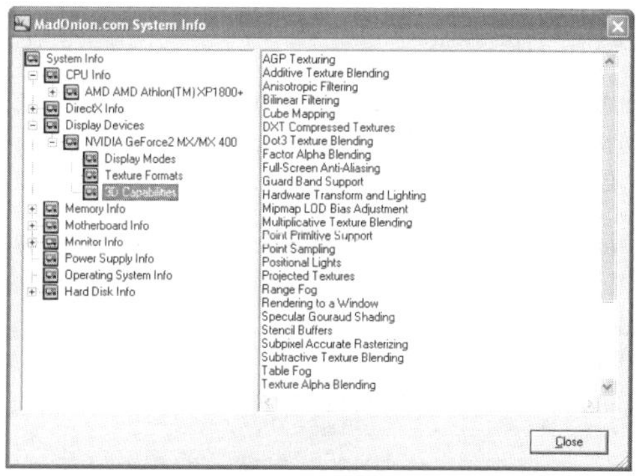

System-Info.

3DMark2001 SE bietet schon vor den eigentlichen Tests umfangreiche Systeminformationen zu Prozessor, Fähigkeiten und Typ der Grafikkarte, DirectX-Version, Motherboard mit Daten zu Chipsatz, PCI- und AGP-Slots, Festplatte und Betriebssystem. Ein Demo-Video zeigt eindrucksvoll die Sound- und Grafikfähigkeiten des Systems.

Für den eigentlichen Benchmark laufen ein paar rasante Szenen aus 3-D-Spielen automatisch ab, wobei verschiedene Mapping-Verfahren und Shader angewendet werden. Im Hintergrund werden die gerenderten Frames pro Sekunde ermittelt. Dazu können Sie vorher in den Test-Optionen auswählen, welche Tests laufen sollen und wie die Auflösung und Render-Optionen eingestellt sein sollen.

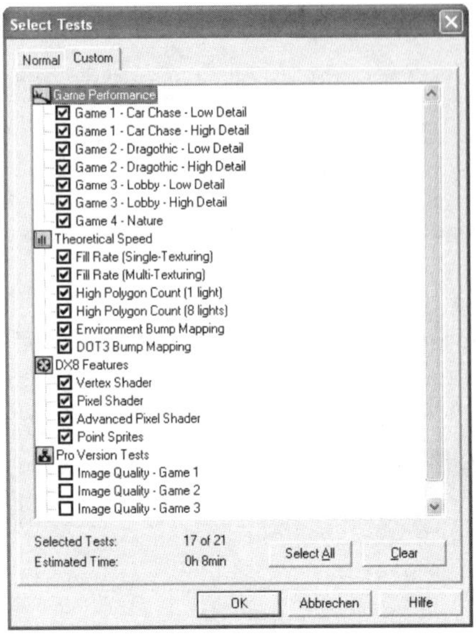

Auswahl der Tests.

Einstellungen für die Tests.

Features, die die Grafikkarte nicht unterstützt, werden ausgelassen. Das gilt zum Beispiel für den Nature-Test, der nur auf Geforce 3, Geforce 4 und einigen Radeon-Grafikkarten läuft.

Nachdem die Tests durchgelaufen sind, wird ein Protokoll erstellt und daraus der eigentliche 3DMark-Testwert, der online mit anderen getesteten Systemen verglichen werden kann.

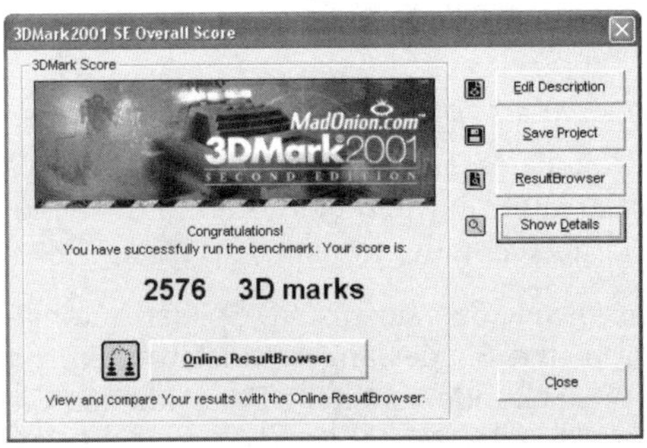

Das Testergebnis ...

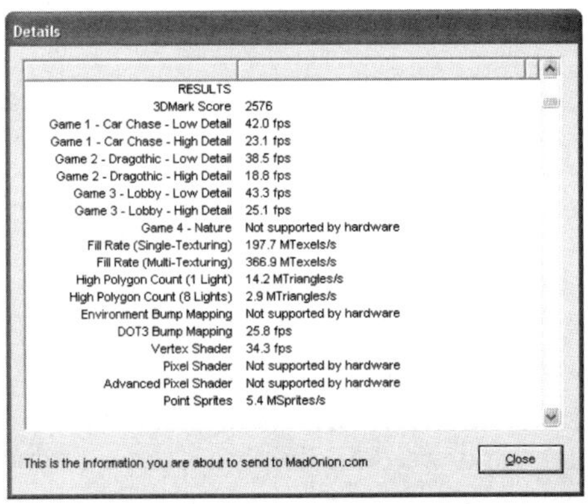

... und der ausführliche Testbericht.

Die 3-D-Geschwindigkeit von Windows XP steht und fällt mit der Qualität der verwendeten Treiber.

In vielen Fällen bringen aktuelle Treiber der Hersteller deutliche Performance-Gewinne gegenüber den Treibern von der Microsoft Windows Update-Webseite.

4.3 CD-ROM und CD-Brenner

Die CD-ROM ist prinzipiell eine Weiterentwicklung der Audio-CD, die bereits seit 1983 große Verbreitung im Hi-Fi-Bereich findet. Wie diese Audio-CDs werden auch CD-ROMs mit Laserstrahlen von 780 nm Wellenlänge gelesen.

CD-Standards

Im Laufe der Zeit wurden verschiedene Standards für die Speicherung von Daten definiert, die in den so genannten Colour Books festgelegt sind:

CD-DA Red book

Der ursprüngliche CD-DA (**C**ompact **D**isc - **D**igital **A**udio)-Standard von 1982 für eine Audio-CD, auf dem alle weiteren Standards basieren: Dazu gibt es hier die Unterformate CD+G mit zusätzlichen Bild- und Textdaten und CD+MIDI mit einem zusätzlichen MIDI-Kanal. Audio-CDs arbeiten nach dem CLV-Verfahren (**C**onstant **L**inear **V**elocity), wobei die Umdrehungsgeschwindigkeit des Laufwerks variiert, sodass die relative Geschwindigkeit in Bezug auf die jeweils gelesene Datenspur immer gleich bei 172,26 KByte/s bleibt.

Audio-CDs sind in maximal 99 Tracks unterteilt. Jedes Musikstück entspricht einem solchen Track. Dabei erfolgt die Adressierung nach Abspielzeit und Track-Nummer.

CD-ROM Yellow book

Standard für eine Daten-CD-ROM. Die Aufteilung in Frames und Sektoren gleicht dem Red book. Nur deshalb lassen sich Audio-CDs auch in CD-ROM-Laufwerken lesen. Jeder Sektor enthält hier einen eigenen Header, da die Daten nicht über Tracks adressiert werden, sondern jeder Sektor einzeln ansprechbar sein muss. Man unterscheidet zwischen Mode-1- und Mode-2-CD-ROMs, die sich aber nur in der Fehlerkorrektur unterscheiden. Mode-2 wird oft auch als CD-ROM/XA (**Ex**tended **A**rchitecture) bezeichnet.

CD-I Green book

CD-I-Medien zur Speicherung von Videos nach MPEG-Standard. Außerdem lassen sich Audiodaten nach dem ADPCM-Verfahren (**A**daptive **D**ifferential **P**ulse **C**ode **M**odulation) aufzeichnen, einem Kompressionsverfahren, bei dem bis zu 19 Stunden Audio, allerdings mit verminderter Qualität, auf eine CD-I passen. CD-I-Player werden an Fernseher angeschlossen, die Videos verwenden dementsprechend die Fernsehauflösung.

Video-CD White book

Video CD (Standard von 1993), Vorläufer der DVD mit MPEG-1 komprimierten Videodaten, bis zu 74 Minuten Spieldauer. White book-CDs können von Windows XP nur mit zusätzlicher Software gelesen werden.

CD Extra/Enhanced CD Blue book

CD Extra oder Enhanced CD (Standard von 1996), eine Multisession-CD mit Audiotracks in der ersten Session und Multimedia-Daten in der zweiten. CD Extra kann in CD-Playern angehört werden, auf Computern sind auch die Daten der zweiten Session verfügbar.

CD-R/CD-RW Orange book

CD-R (= **CD-R**ecordable), manchmal auch als CD-WO (**CD-W**rite**O**nce) bezeichnet, und CD-RW (= **CD-Rew**ritable): Formate für beschreibbare CDs.

Zum Schreiben von CDs gibt es zwei Standards, den ursprünglichen ISO 9660-Standard, auch als High-Sierra-Format bekannt (benannt nach dem Hotel, in dem die erste Konferenz der CD-ROM-Organisation stattfand), und die Erweiterung Joliet.

CD-Format	Beschreibung
ISO 9660 Level 1	Dateinamen im 8+3-Format Ist keine Erweiterung vorhanden, wird automatisch ein Punkt an den Dateinamen gehängt. Dateinamen, die nur aus der Erweiterung bestehen, sind nicht zulässig. Keine Sonderzeichen außer Unterstrich in Dateinamen. Das erste Zeichen des Dateinamens darf keine Ziffer sein. Verzeichnisnamen dürfen keine Erweiterungen haben. Groß- und Kleinschreibung wird nicht beachtet. Die Verzeichnisstruktur darf bis zu acht Ebenen enthalten.
ISO 9660 Level 2	Dateiname und Erweiterung dürfen zusammen bis zu 30 Zeichen lang sein. Dateiname kann auch nur aus der Erweiterung bestehen. Verzeichnisnamen dürfen bis zu 31 Zeichen lang sein.
Joliet	Datei- und Verzeichnisnamen können alle Unicode-Zeichen enthalten. Datei- und Verzeichnisnamen dürfen bis zu 64 Zeichen lang sein. Verzeichnisnamen dürfen Erweiterungen haben. Die Verzeichnisstruktur darf mehr als acht Ebenen enthalten.

In beiden ISO 9660-Formaten können die Dateinamen am Ende mit einem Semikolon getrennt noch eine Versionsnummer enthalten. Dieses Verfahren wird von Windows XP aber nicht unterstützt. Die Dateien werden normal gelesen, aber die Versionsnummer nicht beachtet.

Windows XP enthält als erste Windows-Version eine eigene Software zum Brennen von CD-R und CD-RW. Diese verwendet zum Schreiben von CDs, wenn möglich, das ISO 9660-Level 1-Format, sonst das Joliet-Format. Achten Sie bei der Vergabe von Datei- und Verzeichnisnamen darauf. Nicht immer wird beim Überschreiten der Begrenzungen eine Meldung angezeigt. Die CD ist aber im Fehlerfall nicht lesbar. Möchten Sie die CD auch auf älteren Betriebssystemen lesen, sollten Sie darauf achten, alle Konventionen des ISO 9660-Level 1-Formats einzuhalten.

Brennergeschwindigkeit

Die Geschwindigkeit von Brennern wird wie bei CD-ROM-Laufwerken als Multiplikator zur normalen Lesegeschwindigkeit einer Audio-CD angegeben. Bei der Berechnung geht man vom Basiswert aus, bei dem für 650 MByte die vollen 74 Minuten Spielzeit benötigt werden.

Hersteller bezeichnen ihre Brenner heute werbewirksam mit 32-fach oder noch schneller. Allerdings schafft es kein 32-fach-Brenner, die 650 MByte einer vollen CD in gut 2 Minuten, einem Zweiunddreißigstel der normalen Spielzeit, zu brennen.

In den äußeren Bereichen einer CD-R können bei einer Umdrehung, bedingt durch die größere Länge der Datenspur, deutlich mehr Daten geschrieben werden als im inneren Bereich. Aus der Datendurchsatzrate von 650 MByte/74 Min. errechnet sich eine Transferrate von 8,65 MByte/Min. für einfaches Brennen. Der 32-fache Wert, 276,8 MByte/Min., ist also das Maximum, was ein 32-fach-Brenner auf der äußersten Spur einer CD-R erreicht.

Kommen die Daten nicht mit der geforderten Geschwindigkeit beim Brenner an, kommt es zum gefürchteten Buffer Underrun. Der Datenstrom beim Schreiben reißt ab und die CD wird unbrauchbar. Das passiert vor allem, wenn Daten direkt von einem anderen CD-ROM-Laufwerk gelesen werden und die Original CD Kratzer oder andere Fehler aufweist, wodurch die Lesegeschwindigkeit herabgesetzt wird.

Um diese Fehlerquelle zu minimieren, haben alle Brenner einen Schreib-Cache-Speicher eingebaut, der 2 bis 16 MByte Daten vorhält, um einen gleichmäßigen Datenstrom zu gewährleisten. Moderne CD-R-Laufwerke verfügen zusätzlich über eine Anticoaster-Technologie, die Buffer Underrun-Fehler durch intelligente Anpassung der Brenngeschwindigkeit ausgleicht. Solche Verfahren werden mit Markennamen wie Burn-Proof, Seamless-Link oder Exac-Link bezeichnet. Je höher die nominale Schreibgeschwindigkeit eines Brenners, desto höher ist auch die Wahrscheinlichkeit, dass die Anticoaster-Technik eingreifen muss und die Schreibgeschwindigkeit wieder herabsetzt. Ein 40-fach-Brenner ist also in der Praxis kaum schneller als ein 24-fach-Brenner. Die Praxis zeigt auch, dass CDs, die sehr schnell geschrieben wurden, in einigen älteren CD-ROM-Laufwerken nicht mehr einwandfrei gelesen werden können.

Rohlinge

Zurzeit sind zwei verschiedene Größen von Rohlingen üblich: Standard-CD-R mit 74 Minuten oder 650 MByte und überlange CD-R mit 80 Minuten oder 700 MByte. Beim Brennen von überlangen CD-Rs ist bei den meisten Programmen ein Update oder eine aktuelle Version erforderlich. Bevor das Kopieren von Musik-CDs üblich wurde, hatten diese eine Länge von 60 bis 70 Minuten. Später lag die Spieldauer oft ein paar Minuten höher, um so eine Art einfachen Kopierschutz zu bewirken. Die Hersteller von CD-R-Medien und Software zogen schnell nach, sodass man heute andere Kopierschutzmaßnahmen verwendet. Viele Medien haben auch eine etwas größere Kapazität als angegeben.

Beachten Sie beim Brennen die auf der Verpackung der Rohlinge angegebene Maximalgeschwindigkeit, mit der sie beschrieben werden können. Bei schnellerem Beschreiben kann es zu fehlerhaften Sektoren kommen. Außerdem bergen billige Rohlinge die Gefahr, dass sie nicht gleichmäßig laufen, weil zum Beispiel durch Unregelmäßigkeiten in der Farbschicht oder schlechte Verarbeitung Exzentrizitäten auftreten.

Rohlingfarben

Die Farben der Rohlinge sind sehr modeabhängig. Die meisten Rohlinge sind auf der beschreibbaren Seite grün, es gibt auch blaue und welche, die leicht golden schimmern. Der neuste Trend geht zu Rohlingen, die genauso silbern aussehen wie Original-CDs. Generell kann man sagen, je heller ein Rohling, desto besser erreicht der Laserstrahl die farblose Speicherschicht im Inneren. Dieses Argument ist nur bei älteren Brennern wichtig, deren Laserleistung noch etwas geringer war. Rohlinge in verschiedenen aktuellen Modefarben bekommen Sie zum Beispiel bei Philips oder *www.disc4you.de*.

Novell NetWare in der Home Edition
Schwarze Rohlinge sind nicht zum Speichern von PC-Daten geeignet. Diese werden nur von der Sony Playstation verwendet, deren Laufwerke ein spezielles Kopierschutzverfahren benutzen, das diesen CD-Typ braucht.

Die Farbe der Oberseite des Rohlings, die nicht beschrieben wird, hat keinen Einfluss auf die Qualität. Eine Zeit lang haben Hersteller durch goldene Oberseiten versucht, eine höhere Qualität vorzugaukeln. Zurzeit sind die meisten Rohlinge wieder silbern. Viel wichtiger als die Farbe ist die Beschaffenheit der Oberfläche. Ein Rohling sollte sich gut beschriften lassen.

Keine Aufkleber auf CDs
Verwenden Sie in sehr schnell drehenden Laufwerken keine Aufkleber auf CDs, auch nicht die speziellen runden Aufkleber aus Label-Kits. Diese Aufkleber können leicht eine minimale exzentrische Verlagerung des Schwerpunkts der CD bewirken, was bei den hohen Umdrehungsgeschwindigkeiten moderner CD-ROM-Laufwerke zu erheblichen Fliehkräften führt, die im Extremfall die CD im Laufwerk beschädigen kann. Außerdem kann es durch das ungleichmäßige Laufverhalten zu Datenfehlern kommen, die die Übertragungsrate verringern. Ein Geschwindigkeits-Richtwert zur Problemvermeidung lässt sich nicht angeben, da die Unwucht erheblich von Lage, Gewicht und Form des Etiketts abhängt. Besonders kritisch sind Sicherungsaufkleber, wie sie häufig in Büchereien verwendet werden. Diese bestehen aus sehr schwerem Material und liegen, bedingt durch ihre lang gestreckte Form, immer exzentrisch auf der CD.

Audio-CD-Rohlinge

Manche Hersteller bieten spezielle Audio-CD-Rohlinge an. Da es sich bei der Aufnahme von CD-Rs um ein digitales Verfahren handelt, gibt es die Qualitätsunterschiede, wie bei Audiokassetten nicht in diesem Ausmaß. Der höhere Preis der Audio-CD-R-Rohlinge begründet sich im Wesentlichen damit, dass im Preis wie bei Video- und Audiokassetten eine GEMA-Gebühr enthalten ist, die bei normalen CD-R-Rohlingen zurzeit noch nicht vorgeschrieben ist.

Daten-CDs brennen

Der Windows-Explorer enthält eine sehr einfache Funktion zum Brennen von Daten auf CD-R. Dazu wird eine von Roxio (*www.roxio.com*), dem Hersteller von Easy CD Creator, lizenzierte CD-Brenner-Software als Plug-In eingebunden. Markieren Sie die gewünschten Dateien und wählen Sie im Explorer-Kontextmenü die Option *Senden an/CD-R-Laufwerk*.

Die Daten werden in ein temporäres Verzeichnis kopiert, obwohl sie im Explorer bereits so angezeigt werden, wie wenn sie sich schon auf der CD-R befänden.

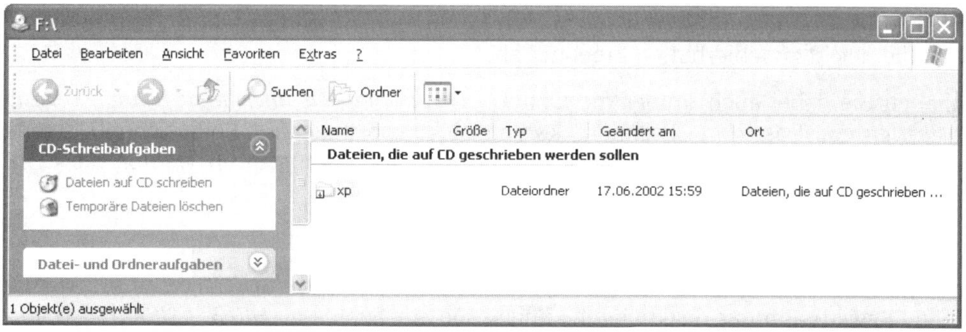

Anzeige der zu brennenden Dateien im Explorer.

Erst ein Klick auf *Dateien auf CD schreiben* startet den eigentlichen Brennvorgang. In den Eigenschaften des CD-R-Laufwerks im Explorer können Sie einstellen, auf welchem Festplattenlaufwerk die Daten zwischengespeichert werden sollen.

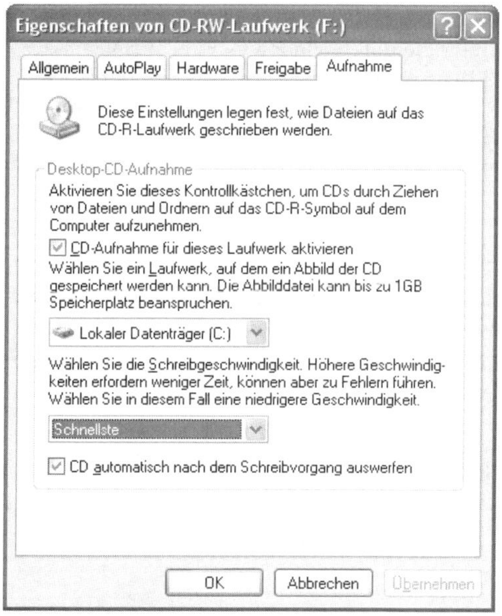

Eigenschaften eines Brenners.

Wählen Sie hier ein Laufwerk, das über mindestens 700 MByte freien Speicherplatz beim Brennen normaler CD-Rs verfügt. Zum Brennen von CD-Rs mit Überlänge sollten Sie 1.000 MByte einplanen.

Angabe des Temporärverzeichnisses

Im Eigenschaften-Dialog können Sie nur das Laufwerk auswählen, nicht aber das Verzeichnis für die Temporärdateien. Das Verzeichnis wird in der Registry unter *CD Burning* im Schlüssel *HKEY_CURRENT_USER\Software\Microsoft\Windows\CurrentVersion\Explorer\Shell Folders* eingetragen.

Dieses Laufwerk sollte möglichst unfragmentiert sein, da es sonst beim Brennen mit höheren Geschwindigkeiten zu Abrissen im Datenstrom und somit zum gefürchteten Buffer Underrun kommen kann und die gebrannte CD später nicht lesbar ist. Im gleichen Dialog stellen Sie auch die maximale Brenngeschwindigkeit ein. Diese sollten Sie immer anhand des Brenners und der verwendeten Rohlinge manuell einstellen. Die Automatik führt hier leicht zu fehlerhaften Ergebnissen.

Schalten Sie dabei auch immer die Option *CD automatisch nach dem Schreibvorgang auswerfen* ein. Das Wort „Brennen" kommt nicht von ungefähr. Beim Schreibvorgang auf eine CD-R entsteht erhebliche Wärme. Durch das Herausfahren werden die CD-R und das Laufwerk gekühlt.

Brennfunktion deaktivieren

Auf öffentlich zugänglichen Computern können Sie die integrierte CD-Brennfunktion mit einem Registry-Eintrag deaktivieren. Fügen Sie im Schlüssel *HKEY_CURRENT_USER\Software\Microsoft\Windows\CurrentVersion\Policies\Explorer* einen neuen DWORD-Wert *NoCDBurning* ein und setzen Sie diesen auf 1. Um die Brennfunktion wieder zu aktivieren, setzen Sie diesen Wert auf 0 oder löschen ihn. Externe CD-Brennprogramme funktionieren weiterhin. Diese Einstellung gilt nur für die integrierte Brennfunktion.

Langsamer Start von Nero

Verwenden Sie die CD-Brennersoftware Nero, startet diese unter Windows XP recht langsam. Es erscheint die Meldung *Scaning SCSI/IDE-Bus Please Wait.* Dies liegt daran, dass Nero auf das gleiche Laufwerk zugreift wie die interne Windows XP-Brennfunktion. Deaktivieren Sie den Dienst *I-MAPI CD-Burning COM Service.* Nero startet dann deutlich schneller.

Mehrere Brenner

Wenn Sie mehrere Brenner installiert haben, können Sie immer nur einen für die in Windows XP integrierte Brennfunktion verwenden. Windows XP hat zur Umschaltung in den Optionen der CD-R-Laufwerke die Option *CD-Aufnahme für dieses Gerät aktivieren* vorgesehen. Allerdings funktioniert dieser in der Praxis nicht. Es kann immer nur der Brenner verwendet werden, der in der Startreihenfolge der Laufwerke am weitesten vorn liegt.

Die Reihenfolge wird folgendermaßen ermittelt:

- Integrierte IDE-Geräte: Primary Master
- Integrierte IDE-Geräte: Primary Slave
- Integrierte IDE-Geräte: Secondary Master
- Integrierte IDE-Geräte: Secondary Slave
- SCSI-Geräte (einschließlich Add-On-IDE-Controller) in der Reihenfolge der ID

Das Problem ist in der Microsoft Knowledgebase beschrieben: *www.microsoft.com/intlkb/Germany/Support/kb/D294/D294652.htm.* Bis jetzt lässt es sich nur dadurch beheben, dass man die Laufwerke am Controller-Kabel umsteckt. Ein Patch zur Problemlösung ist zurzeit noch nicht verfügbar.

Multi-Session CDs

Die Daten auf einer einmal beschriebenen CD-R sind unveränderlich. Dies gilt auch für das Inhaltsverzeichnis, weshalb es anfangs nicht möglich war, nachträglich zusätzliche Daten auf eine nicht ganz volle CD zu brennen.

Das Multi-Session-Verfahren bietet hier eine Lösung. Auf dem freien Bereich der CD-R wird eine zweite Session mit neuen Dateien angelegt, für die auch ein neues Inhaltsverzeichnis geschrieben wird. Voraussetzung dafür ist, dass beim Schreiben der ersten Session auf den inneren Spuren der CD-R genügend Platz für das zweite Inhaltsverzeichnis gelassen und das vorhandene Inhaltsverzeichnis der CD-R vor dem Brennen importiert wird, um die Einträge in das neue Inhaltsverzeichnis einzutragen.

Das zweite Inhaltsverzeichnis ersetzt das erste komplett. Hier wird eine Eigenschaft des ISO 9660-Dateisystems genutzt, dass nämlich im Inhaltsverzeichnis jede Datei über ihre absoluten Sektornummern auf der CD-R referenziert wird. Vor dem Brennen der zweiten Session wird das Inhaltsverzeichnis der ersten Session eingelesen und diese Daten werden in das neu zu schreibende Inhaltsverzeichnis übernommen. So kann auf der neu gebrannten CD-R aus dem neuen Inhaltsverzeichnis problemlos auf Daten beider Sessions zugegriffen werden.

Update der Brennsoftware
Beim Schreiben von Multi-Session-CD-Rs kommt es häufig zu Problemen, wenn die erste Session nicht mit Windows XP erstellt wurde. Microsoft bietet dazu über die Windows Update-Webseite einen Patch mit der Nummer Q320174 an, um diese Fehler zu beheben. Das gleiche Update behebt auch verschiedene andere Fehler in der Original-Windows XP-Brennsoftware.

IsoBuster

Wenn Sie beim Brennen einer Multi-Session-CD vergessen, das vorhandene Inhaltsverzeichnis zu importieren, besteht kein Zugriff mehr auf die Daten der ersten Session. Mit dem Tool IsoBuster (*users.pandora.be/smart.projects*) können Sie in solchen Fällen die alte Session auf die Festplatte auslesen. Das gleiche Programm liest auch Daten von CDs, die durch einen Buffer Underrun auf normalem Weg nicht mehr lesbar sind. Außerdem können Sie damit einzelne Dateien aus ISO- und Raw-Images aller bekannten Brennprogramme extrahieren.

CDs kopieren

Eine in der Microsoft Windows-Hilfe nicht dokumentierte Funktion ermöglicht auch das einfache Kopieren ganzer CDs von einem CD-ROM-Laufwerk auf einen Brenner.

1. Klicken Sie mit der rechten Maustaste im Windows-Explorer auf das CD-ROM-Laufwerk und wählen Sie im Kontextmenü *Kopieren*.
2. Klicken Sie jetzt mit der rechten Maustaste auf den Brenner und wählen im Kontextmenü *Einfügen*.
3. Die Daten werden von der CD in das temporäre Verzeichnis kopiert und können von dort aus gebrannt werden.

Andere CD-Brenner-Software im Paralleleinsatz

Die in Windows XP integrierte Brennfunktion ist zwar für alltägliche Dinge ganz praktisch, versagt aber beim direkten Kopieren von CDs und bietet auch sonst weniger Features als die meisten bekannten Brennprogramme, die mit CD-R-Laufwerken kostenlos mitgeliefert werden.

Vorsicht beim Update

Wenn Sie einen vorhandenen Computer auf Windows XP updaten, in dem ein Brenner installiert ist, haben Sie im Normalfall auch bereits eine Brennsoftware installiert. Deinstallieren Sie diese Software vor dem Update auf Windows XP, da es sonst zu Problemen mit den Brennertreibern kommen kann. Nachdem Windows XP läuft, besorgen Sie sich ein XP-taugliches Update Ihrer Brennersoftware oder verwenden die integrierte Brennfunktion. Ältere Brennersoftware läuft in den allermeisten Fällen nicht unter Windows XP. Erkundigen Sie sich beim jeweiligen Hersteller.

Das Freewaretool ISORecorder von *isorecorder.alexfeinman.com* bietet die Möglichkeit, von einer CD ein ISO-Image zu erstellen, eine komplette Kopie des Dateisystems, die in einer einzigen großen Datei abgelegt wird. Diese kann dann wieder direkt auf eine CD gebrannt werden. Mit dem gleichen Programm können Sie auch unmittelbar von einem CD-Laufwerk auf einen Brenner brennen, ohne dass eine temporäre Kopie der Dateien erforderlich ist.

Der ISO Writing Wizard aus den Microsoft Power-Toys ermöglicht zwar das Brennen von ISO-Image-Dateien auf CD-R, aber nicht das Auslesen von CDs in ein ISO-Image.

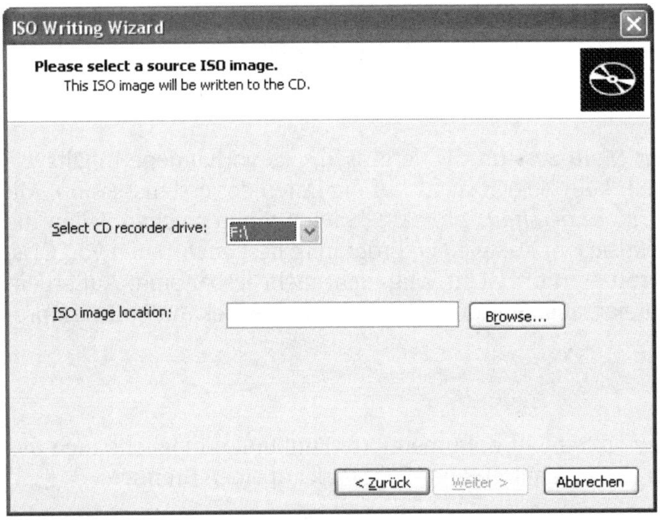

Der ISO Writing Wizard aus den Power-Toys.

Eine ISO-Image-Datei ist eine Kopie des kompletten Dateisystems, nicht aber eine bitweise Kopie der CD. Das bedeutet, mit einem ISO-Image lassen sich keine kopiergeschützten CDs kopieren.

Raw-Modus

Hierfür ist eine Kopie im Raw-Modus nötig. Dabei werden die Daten bitweise einschließlich der Fehlerkorrekturmechanismen ECC (= **E**rror **C**orrection **C**ode) und EDC (= **E**rror **D**etection **C**ode) gelesen und auf die CD-R kopiert.

Der Raw-Modus wird vom Windows XP eigenen Brennprogramm nicht unterstützt. Hierfür sind externe Programme, wie sie mit den meisten Brennern mitgeliefert werden, notwendig. Kopien im Raw-Modus entsprechen dem Original exakt, einschließlich dem Disk-Abschluss, sodass hier auch nachträglich keine weiteren Daten hinzugefügt werden können.

Nicht jedes CD-R-Laufwerk kann im Raw-Modus Daten schreiben und auch nicht jedes CD-ROM-Laufwerk liest Daten im Raw-Modus aus. Infos zur Kompatiblität finden Sie bei *elby.ch*, dem Hersteller von Clone-CD, einem der bekanntesten Kopierprogramme, die den Raw-Modus verwenden. In einigen Fällen reicht auch ein Firmwareupgrade für den Brenner, um ihn in die Lage zu versetzen, Raw-Dateien zu schreiben.

Um Kompatibilitätsprobleme zu vermeiden, ist es das Sicherste, die Original-CD mit dem Brenner in eine Raw-Datei, eine bitweise Kopie der CD, auszulesen und diese dann mit dem gleichen Brenner wieder im Raw-Modus auf die CD-R zu schreiben.

Lesen von Daten-CDs beschleunigen

Das Lesen größerer Datenmengen von einer CD, wie zum Beispiel bei Programminstallationen, lässt sich durch Optimierung des Dateisystem-Cache beschleunigen.

Dazu müssen Sie in der Registry unter *HKEY_LOCAL_MACHINE\SYSTEM\CurrentControlSet\Control\FileSystem* einen neuen Unterschlüssel *CDFS* anlegen und die drei abgebildeten Parameter dort eintragen.

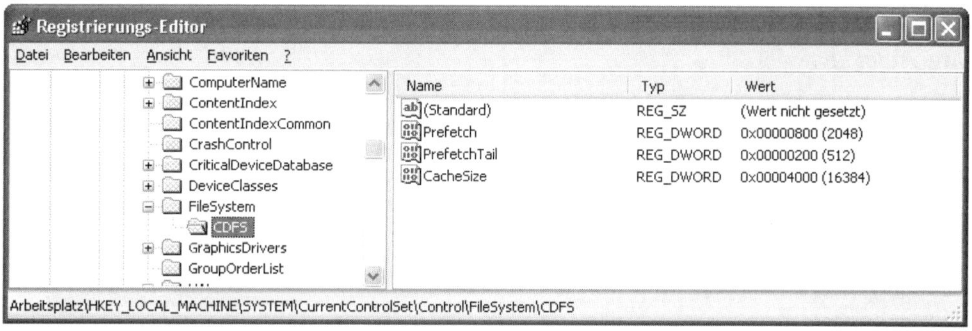

Einträge zum Dateisystem-Cache bei CD-ROMs.

Sie können, anstatt die Werte manuell einzutragen, auch die REG-Datei *CDFS.REG* von der Buch-CD verwenden.

```
[HKEY_LOCAL_MACHINE\SYSTEM\CurrentControlSet\Control\FileSystem\CDFS]
"Prefetch"=dword:00000800
"PrefetchTail"=dword:00000200
"CacheSize"=dword:00004000
```

AutoPlay für eigene Zwecke nutzen

Windows XP bietet wie auch schon frühere Windows-Versionen die Möglichkeit, beim Einlegen einer CD automatisch ein bestimmtes Programm zu starten.

Wollen Sie die AutoPlay-Funktion für eigene CDs nutzen, müssen Sie im Hauptverzeichnis Ihrer CD nur eine Datei *AUTORUN.INF* anlegen. Diese enthält drei Zeilen:

```
[autorun]
OPEN=start.exe
ICON=services.ICO
```

Die abgebildete Datei ist nur ein Beispiel und muss nicht genauso aussehen. Die Parameter haben folgende Bedeutung:

Parameter	Bedeutung
[autorun]	Titel, muss genauso vorhanden sein
OPEN=	Name des Programms, das automatisch gestartet werden soll
ICON=	ICO-Datei für das CD-Symbol im Explorer

Das CD-Symbol im Windows-Explorer kann durch eine beliebige ICO-Datei auf der CD ersetzt werden. Genauso kann man auch ein Symbol aus einer EXE- oder DLL-Datei verwenden. Dazu muss die Nummer des Symbols innerhalb der Datei angegeben werden.

```
ICON=SETUP.EXE,0
```

Diese Zeile verwendet das erste Symbol aus der Datei *SETUP.EXE* als Symbol für das CD-Laufwerk.

AutoPlay konfigurieren

Windows XP bietet eine Möglichkeit, für bestimmte CD-Typen AutoPlay-Aktionen vorzudefinieren.

Schalten Sie dazu im Explorer in den Eigenschaften des CD-Laufwerks auf die Registerkarte *AutoPlay*.

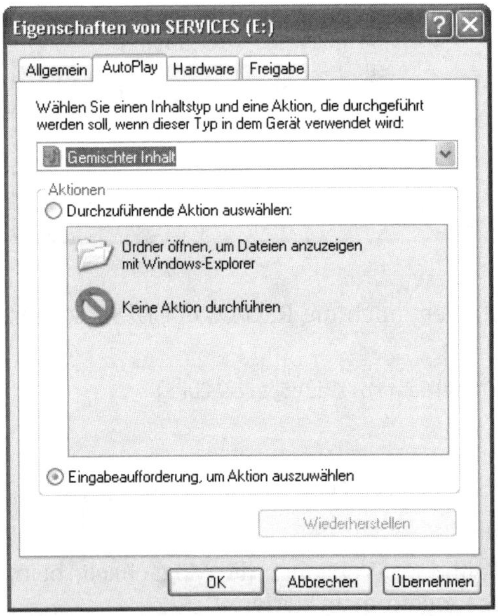

AutoPlay-Einstellungen für CD-ROMs.

Wählen Sie hier in der oberen Liste den Inhaltstyp der CD. Im unteren Fenster erscheinen mögliche Aktionen, von denen Sie eine auswählen können, die dann für alle CD-ROMs dieses Typs gilt.

Solange die Einstellung *Eingabeaufforderung, um Aktion auszuwählen* aktiv ist, erscheint beim Einlegen der CD die Abfrage.

> **Nur für CDs ohne AUTORUN.INF**
> Die Einstellungen in diesem Dialog gelten nur für CDs, auf denen sich keine *AUTORUN.INF* befindet. Die Einstellungen in der *AUTORUN.INF* übergehen in jedem Fall die Einstellungen dieses Dialogs.

AutoPlay deaktivieren

Um AutoPlay komplett zu deaktivieren, wird schnell ein Registry-Schlüssel geändert:

```
HKEY_LOCAL_MACHINE\System\CurrentControlSet\Services\CDRom
```

Setzen Sie hier den Wert *AutoRun* von 1 auf 0. Die AutoPlay-Funktion läuft jetzt gar nicht mehr, unabhängig davon, ob die CD eine *AUTORUN.INF* enthält oder nicht.

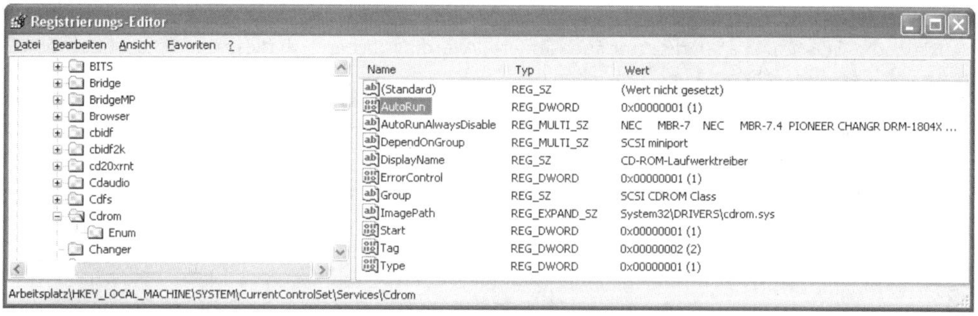

Deaktivieren von AutoPlay in der Registry.

Audio-CDs

Im Zusammenhang mit dem Brennen von Audio-CDs tauchen immer wieder einige Begriffe auf, die in den folgenden Absätzen kurz erklärt werden:

Track-At-Once

Bei dieser Schreibmethode werden die Tracks nacheinander in mehreren Durchgängen geschrieben. Der Vorteil besteht darin, dass die Session nicht geschlossen werden muss. So können auch später noch Tracks in dieselbe Session geschrieben werden. Der Nachteil ist, dass zwischen den einzelnen Tracks immer eine Pause ist. Obwohl manche CD-Rekorder statt der üblichen zwei Sekunden Pause eine so genannte Zero Pause anbieten, werden auch bei diesem Verfahren noch zwei Frames (2 x 1/75 Sekunde) eingefügt.

Session-At-Once

Bei dieser Schreibmethode wird die komplette Session auf einmal geschrieben. Der Vorteil besteht darin, dass zwischen den Tracks keine Pause eingefügt werden muss, aber trotzdem weiterhin auf die CD geschrieben werden kann. Nachteilig ist, dass keine Daten mehr nachträglich in die Session geschrieben werden können.

Disk-At-Once

Bei dieser Schreibmethode wird die komplette CD auf einmal geschrieben. Der Vorteil besteht in einer optimalen Platzausnutzung der CD. Der Nachteil ist, dass keine weiteren Daten mehr angefügt werden können.

CD schließen

Diese Option schließt die CD endgültig ab. Ein weiteres Hinzufügen von Daten ist nicht möglich. Audio-CDs, die auf einem normalen CD-Player und nicht nur in CD-ROM-Laufwerken abgespielt werden sollen, müssen grundsätzlich geschlossen werden.

Session schließen

Diese Option schließt die Session ab. Ein weiteres Hinzufügen von Daten ist nur in einer neuen Session möglich. Solche CDs werden als Multi-Session-CDs bezeichnet. Ein weiteres Hinzufügen von Tracks in die geschriebene Session ist nur möglich, solange diese nicht geschlossen wurde.

Audio-CDs auf CD-RW brennen

CD-RW-Medien enthalten eine andere Inhaltsverzeichnisstruktur als CD-R. Sie können auf CD-RW auch Audio-CDs kopieren und später auch ändern. Allerdings lassen sich diese dann nur in Computern anhören und nicht auf herkömmlichen CD-Spielern.

Kopierschutz

Einige Audio-CDs sind als Multi-Session-CDs gepresst und enthalten in der zweiten Session, die von normalen CD-Playern nicht gelesen wird, nur Datenmüll mit fehlerhaften Prüfsummen. Diese Methode verwenden zum Beispiel die Kopierschutzverfahren Key2Audio und MediaCloq. Ein Brennprogramm stürzt beim Versuch, die Daten aus der zweiten Session zu lesen, ab. Allerdings lassen sich diese CDs auch nicht auf allen CD-ROM-Laufwerken problemlos anhören.

Audio-CDs kopieren

Wenn Sie eine Audio-CD 1:1 von einer Original-CD kopieren wollen, sollten Sie in jedem Fall die Brenngeschwindigkeit auf 16-fach oder noch niedriger einstellen.

Vergleichen Sie einmal die tatsächliche Brenngeschwindigkeit einer Audio-CD mit dem Simulationsmodus, den jedes moderne Brennprogramm anbietet.

Je größer der zeitliche Unterschied, desto häufiger greifen die Anticoaster-Mechanismen der Brenner ein, um Fehler zu korrigieren.

Die bessere Methode ist hier, die Daten erst auf die Festplatte einzulesen. Dabei empfiehlt es sich, Audio-CDs direkt mit dem Brenner einzulesen, da hier der größere Cache ausgenutzt werden kann.

Jedes Mal, wenn der Cache gefüllt ist, wird der Lesevorgang kurz angehalten, bis wieder neue Daten im Cache aufgenommen werden können.

Leider trifft kein Laufwerk beim Neustart des Lesevorgangs exakt die gleiche Position, bei der angehalten wurde.

Dieser Zeitversatz liegt zwar meistens nur im Bereich von Millisekunden, kann aber zu hörbaren Qualitätsverlusten der Audio-CD führen.

Audio-CDs mit dem Windows Media Player anhören

Beim Einlegen einer Audio-CD erscheint standardmäßig ein Auswahlmenü, was mit dieser CD passieren soll.

Wollen Sie hier nicht jedes Mal die Schaltfläche *Audio-CD wiedergeben* anklicken, können Sie auch das Kontrollkästchen *Immer die ausgewählte Aktion durchführen* einschalten.

Eingelegte Audio-CDs starten dann automatisch, die Aktion für Daten-CDs ist davon unabhängig.

Auswahlmenü beim Einlegen einer Audio-CD.

Ändern der Standardaktion einer Audio-CD.

Möchten Sie später bei Audio-CDs eine andere Aktion ablaufen lassen, können Sie über das Kontextmenü *Eigenschaften* des CD-ROM-Laufwerks im Explorer auf der Registerkarte *AutoPlay* wieder die Eingabeaufforderung aktivieren. Dabei müssen Sie in der Liste auswählen, für welche Art von CD die Einstellung gelten soll.

Digitale Wiedergabe

In früheren Windows Media Player-Versionen (vor Version 7) wurden die Audiodaten analog über ein spezielles Audiokabel vom CD-ROM-Laufwerk auf die Soundkarte übertragen und von dieser direkt abgespielt, ohne dass der Prozessor daran wesentlich beteiligt war.

Der Windows Media Player in Windows XP bietet parallel dazu auch eine zweite Methode, die Audiodaten abzuspielen, nämlich digital über das Datenkabel. Diese Methode ist standardmäßig voreingestellt. Der Prozessor liest die Tracks der CD aus und gibt sie digital an die Soundkarte weiter. Diese setzt sie in hörbare Töne um. Diese digitale Methode hat verschiedene Vorteile:

- Es können mehrere CD-ROM-Laufwerke zur Wiedergabe von Audio-CDs verwendet werden. Die meisten Soundkarten haben nur einen Anschluss für ein analoges Audiokabel.
- Die Daten stehen als Daten zur Verfügung und können so für digitale Bildeffekte wie die Visualisierungen im Windows Media Player verwendet werden.
- Die Titelinformationen von selbst gebrannten Mix-CDs stehen zur Verfügung, auch wenn die CD nicht in der CDDB-Datenbank steht. Dieser Vorteil wird natürlich gern von Microsoft und seinen Partnern in der Musikindustrie ausgenutzt. Der Windows Media Player ist bei einer Internetverbindung sehr kommunikationsfreudig.

Ein großer Nachteil der digitalen Wiedergabe ist die nicht unerhebliche Prozessorauslastung, die die Performance des Computers in die Knie zwingt, besonders wenn nebenher noch andere Programme laufen. Das Abspielen einer Audio-CD belegt zusammen mit den Hintergrundprozessen des Systems dauerhaft zwischen 20 % und 50 % der CPU. Läuft im Windows Media Player dazu noch eine Visualisierung, kostet dies weitere 10 % bis 20 %. Die analoge CD-Wiedergabe kostet nur unmerklich Prozessor-Performance.

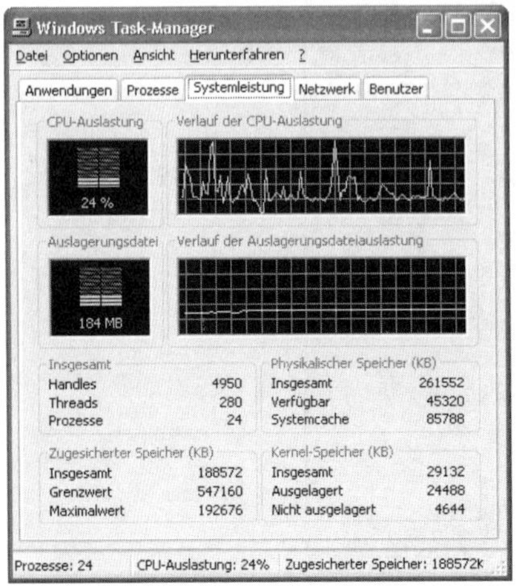

Task-Manager beim digitalen Abspielen einer Audio-CD.

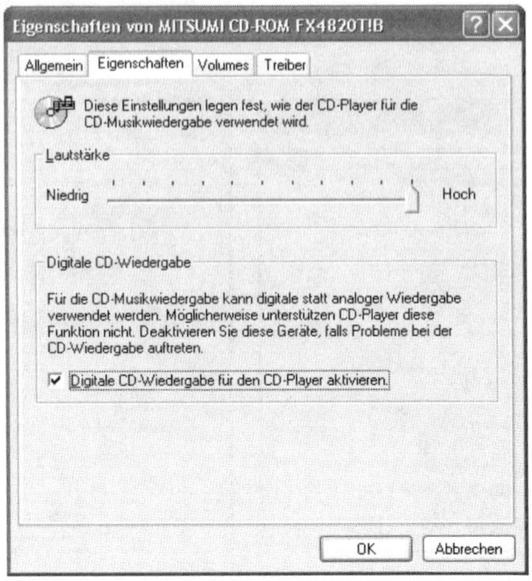

Aktivieren der digitalen CD-Wiedergabe.

Die digitale CD-Wiedergabe kann in den Eigenschaften des CD-ROM-Laufwerks im Explorer auf der Registerkarte *Eigenschaften* aktiviert oder deaktiviert werden. Beachten Sie, dass dieses Verfahren nicht mit jedem CD-ROM-Laufwerk funktioniert.

Audio-CDs mit dem Windows Media Player brennen

Der Windows Media Player erstellt Audio-CDs im Red book-Format, die in jedem CD-Player abgespielt werden können.

Bei diesem Verfahren werden Audiodateien im MP3- oder WMA-Format in CDA-Tracks konvertiert und auf die CD gebrannt. Diese Konvertierung dauert je nach dem für die Erstellung der Datei verwendeten Codec unterschiedlich viel Zeit. Deshalb werden die CDA-Tracks erst auf der Festplatte zwischengespeichert, um das Risiko eines Buffer Underrun nicht einzugehen. Für die Konvertierung einer vollen Audio-CD wird 1 GByte Festplattenspeicher benötigt.

MP3-CDs

Moderne MP3-CD-Player spielen MP3-Dateien direkt ab und brauchen nicht unbedingt das Red book-Audio-CD-Format. Dies hat den Vorteil, dass durch die MP3-Komprimierung eine wesentlich längere Spielzeit auf einer CD untergebracht werden kann. Sogar bei einer hochwertigen 128-KBit/s-Komprimierung wird bei MP3 noch ein Kompressionsfaktor von etwa 1:10 erreicht.

Solche MP3-CDs können nicht mit dem Windows Media Player aufgenommen werden. Verwenden Sie hierfür die normale Brennfunktion für Daten-CDs, da der Windows Media Player automatisch eine Konvertierung in das Audio-CD-Format vornimmt.

4.4 DVD

Die DVD (= **D**igital **V**ideo **D**isc oder **D**igital **V**ersatile **D**isc) ist wegen ihrer deutlich höheren Speicherkapazität auf dem besten Weg, die klassische CD-ROM abzulösen. Kaum ein neuer PC wird noch ohne DVD-Laufwerk ausgeliefert. Bei DVDs unterscheidet man ähnlich wie bei CDs zwischen den industriell gepressten DVD-ROMs und den vom Anwender selbst beschreibbaren Rohlingen. Zum Beschreiben ist ein spezieller DVD-Brenner notwendig, wobei zurzeit vier verschiedene, nicht zueinander kompatible Standards auf dem Markt sind: DVD-RAM, DVD-R, DVD-RW und DVD+RW.

Für DVD-ROMs hat sich nach den ersten Anfangsschwierigkeiten mit dem Vorgängerprodukt **M**ulti**m**edia-**CD** (MMCD) ein Standard durchgesetzt. DVDs gleichen in Durchmesser (120 mm) und Dicke (1,2 mm) den klassischen CDs. Jedes DVD-Laufwerk kann auch CDs lesen. Dafür sind die Laufwerke mit zwei Lasern unterschiedlicher Wellenlänge ausgestattet.

Innerhalb des DVD-Standards sind durch unterschiedliche Medien vier verschiedene Kapazitäten möglich: DVD-5, DVD-9, DVD-10 und DVD-18. Diese Standards sind nach ihrer großzügig nach oben gerundeten Datenkapazität benannt. Dabei wird zu Werbezwecken die Kapazität immer in Millionen Byte (hier Gb) anstatt in rechnerischen GByte (GByte) angegeben.

Typ	Kapazität Gb/ GByte	Beschreibung
DVD-5	4,7/4,37	Eine Aufzeichnungsschicht auf einer Seite (das gebräuchlichste Format für Daten-DVDs)
DVD-9	8,5/7,91	Zwei übereinander liegende Aufzeichnungsschichten auf einer Seite
DVD-10	9,4/8,75	Je eine Aufzeichnungsschicht auf jeder Seite. Die DVD muss zum Lesen der zweiten Seite umgedreht werden.
DVD-18	17,0/15,83	Je zwei übereinander liegende Aufzeichnungsschichten auf jeder Seite. Die DVD muss zum Lesen der zweiten Seite umgedreht werden.

Daten-DVDs

Das Lesen von Daten-DVDs wird standardmäßig vom Windows XP-UDF (**U**niversal **D**isk **F**ormat)-Dateisystem unterstützt. Allerdings sind Daten-DVDs erst langsam im Kommen. Das UDF-Dateisystem ist eine Erweiterung des ISO 9660-Formats von CD-ROMs, das von der OSTA (**O**ptical **S**torage **T**echnology **A**ssociation – *www.osta.org*) für größere Wechselmedien betriebssystemunabhängig definiert wurde. Es beinhaltet gegenüber ISO 9660 einige Erweiterungen, die aber nicht alle von Windows XP unterstützt werden:

Erweiterung	Windows XP-Unterstützung
Lange Datei- und Verzeichnisnamen	x
Unicode-Zeichen in Datei- und Verzeichnisnamen	x
Mehr als acht Verzeichnisebenen	x
64-Bit-Dateien	x
Zugriffssteuerungslisten (ACLs)	-
Benannte Datenströme	-
Erweiterte Dateiattribute	-

Video-DVDs

Windows XP bietet von sich aus keine Möglichkeit, Video-DVDs abzuspielen. Hierzu ist ein eigener DVD-Decoder erforderlich, der aber als Software bei fast jedem DVD-Laufwerk mitgeliefert wird. Diese DVD-Software klinkt sich als Plug-In in den Windows Media Player ein.

Installierte DVD-Decodersoftware wird bei einem Update von Windows 9x/ME nicht automatisch aktualisiert. Wenden Sie sich hier an den jeweiligen Hersteller, um ein Update für Windows XP zu bekommen.

Eine Video-CD enthält drei unabhängige Datenkanäle:

- **Videodaten** liegen im MPEG-2-Format auf der DVD vor. Die Bildauflösung beträgt 720 x 480 Pixel. Diese Auflösung entspricht der von Fernsehern.
- **Audiodaten** werden als AC-3-Datenstrom nach Dolby-Standard auf DVDs gespeichert. Damit sind sechs getrennte Audiokanäle möglich: links/rechts vorn, links/ rechts hinten, Mitte und Subwoofer. Wenn die Soundkarte nicht so viele Kanäle unterstützt, werden die Daten von DirectSound auf zwei Kanäle gemischt.
- **Teilbilder**, Navigationselemente, Menüs oder mehrsprachige Untertitel.

Fehlersuche bei Video-DVDs

Lässt sich eine Video-DVD mit dem Windows Media Player nicht abspielen, versuchen Sie, mit dem Windows-Explorer auf das Laufwerk zuzugreifen. Jede Video-DVD enthält zumindest die Verzeichnisse *VIDEO_TS* und *AUDIO_TS*. Werden diese Verzeichnisse angezeigt, funktioniert der Zugriff auf die DVD. Es fehlen dann Softwarekomponenten wie DVD-Decoder oder der passende MPEG-Codec. Haben Sie auch im Explorer keinen Zugriff auf die DVD, ist das Laufwerk nicht richtig installiert oder die DVD beschädigt.

In der Windows XP-Architektur teilt sich das Abspielen einer DVD auf drei logische Systemebenen auf:

- **Hardwareebene** – auf Hardwareebene werden außer dem DVD-Laufwerk die Grafikkarte und die Soundkarte gebraucht. Die Grafikkarte muss eine Mindestauflösung von 800 x 600 Pixeln bei 16 Bit Farbtiefen darstellen können. Dazu sind mindestens 4 MByte Video-RAM notwendig.
- **Kernel-Ebene** – die Kernel-Ebene bietet eine Zwischenschicht, die den Hardwarezugriff steuert, sodass die Software nicht für jede denkbare Hardwarekonfiguration angepasst werden muss. In der Kernel-Ebene liegen der DVD-ROM-Treiber und das UDF-Dateisystem zum Lesen der DVD sowie DirectX für die Grafik- und Soundausgabe. Auf Kernel-Ebene werden auch der Kopierschutz und die DVD-Regionalcodes verwaltet.
- **Anwendungsebene** – die Anwendungsebene enthält die Decodersoftware und den Windows Media Player zur Verarbeitung der Videodaten von der DVD.

Einstellungen für den Windows Media Player

In den meisten Fällen wird mit DVD-Laufwerken auch automatisch eine Betrachtersoftware installiert. Möchten Sie Video-DVDs aber mit dem Windows Media Player betrachten, sind einige Konfigurationseinstellungen nötig. Aktivieren Sie als Erstes unter *Extras/Optionen* auf der Registerkarte *Dateiformate* die Option *DVD-Video*.

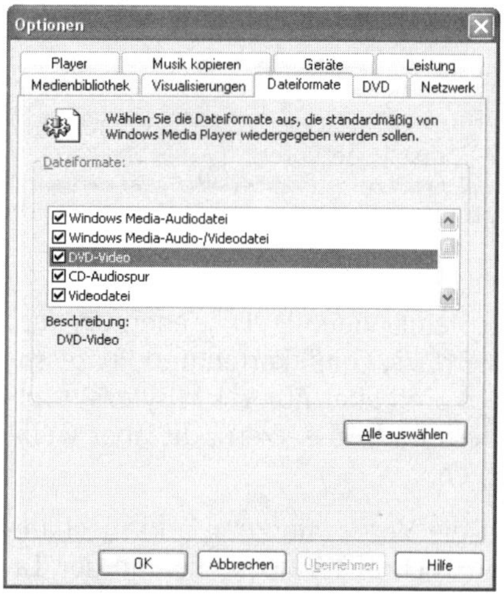

Einstellung der Dateiformate.

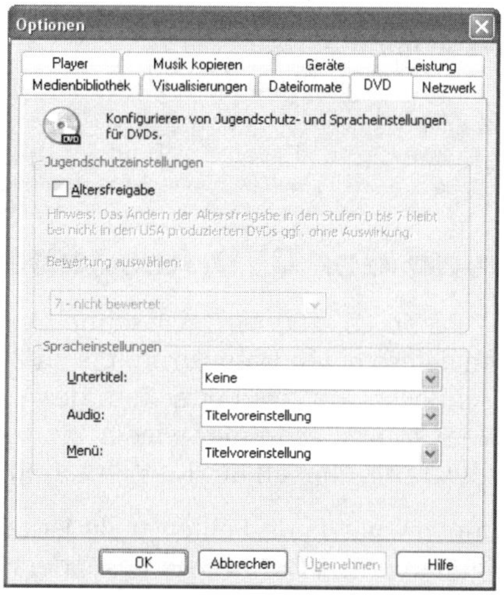

Spracheinstellungen.

Auf der Registerkarte *DVD* haben Sie die Möglichkeit, die Standardvorgaben für die Sprache der Menüs, Untertitel und des Audiokanals zu ändern. Voreingestellt werden diese Informationen immer in der Sprache angezeigt, die die jeweilige DVD vorgibt. Bei Bedarf können Sie die Spracheinstellungen direkt im Menü der DVD ändern. Die Voreinstellungen aus den Windows Media Player-Optionen brauchen Sie nur dann, wenn Sie sehr häufig DVDs ansehen, die in einer fremden Sprache erstellt wurden. Enthält die DVD Optionen zur Auswahl von Sprachen oder Untertiteln, Kamerawinkel oder Interviews mit Schauspielern, erscheinen diese automatisch im Windows Media Player im Menü *Ansicht/DVD-Features*. Die Einstellungen für die Altersfreigabe gelten nur für in den USA produzierte DVDs. Sie bieten auch keinen wirklichen Schutz, da jeder, der den Windows Media Player zum Betrachten der DVD verwendet, diese Einstellungen auch ändern kann. Sollte beim Einlegen einer DVD trotz der Einstellungen auf der Registerkarte *Dateiformate* nicht der Windows Media Player starten, überprüfen Sie in der Registry den Schlüssel *HKEY_LOCAL_MACHINE\SOFTWARE\Microsoft\Windows\CurrentVersion\Explorer\AutoplayHandlers\EventHandlers\PlayDVDMovieOnArrival*. Hier muss ein Eintrag *MSPlayDVDMovieOnArrival* ohne Inhalt stehen. Der gleichnamige Unterschlüssel *HKEY_LOCAL_MACHINE\SOFTWARE\Microsoft\Windows\CurrentVersion\Explorer\AutoplayHandlers\Handlers\MSPlayDVDMovieOnArrival* enthält genaue Informationen zum Start von DVDs.

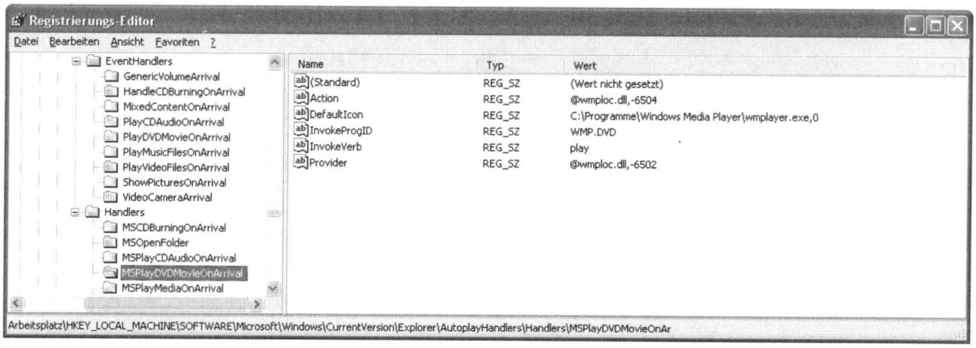

Einträge zum DVD-Start in der Registry.

> **Kopierschutzprobleme**
> Meldet der Windows Media Player ein Problem mit dem Kopierschutz einer Original-DVD, liegt die mit größter Wahrscheinlichkeit an dem veralteten UDF-Treiber *UDFS.SYS*. Laden Sie sich in diesem Fall das Update Q310510 von der Windows Update-Webseite herunter.

Optimierung der DVD-Ausgabe

Jeder moderne PC ab ca. 400 MHz ist schnell genug, eine Video-DVD wiederzugeben. DVD-Laufwerke liefern einen Datenstrom bis zu 21 MByte/s, Grafikkarten und Prozessor sind deutlich schneller. Für das Betrachten des Videos sind aber nur 1,4 MByte/s erforderlich. Trotzdem kommt es immer wieder zu Rucklern und Aussetzern, die aber weniger an der Hardware als eher an der Konfiguration liegen.

Eine nicht zu unterschätzende Fehlerquelle ist auch die Verschmutzung und mechanische Beschädigung von DVDs, wie sie besonders bei DVDs aus Videotheken an der Tagesordnung sind.

Beim Betrachten einer DVD sollten Sie darauf achten, dass so viel Speicher wie möglich zur Verfügung steht. Beenden Sie also alle im Hintergrund laufenden Programme. Besonders Bildschirmschoner, Scheduler, Prozessor-Cooling-Programme und der Microsoft Indexdienst schränken die Performance bei der DVD-Wiedergabe erheblich ein.

Hohe Bildschirmauflösungen und Farbtiefe kosten unnützerweise System-Performance. Windows XP ist standardmäßig auf 32 Bit Farbtiefe eingestellt, obwohl gegenüber 16 Bit fast kein Unterschied zu sehen ist. Ruckelt das Bild beim Abspielen einer DVD, setzen Sie die Farbtiefe auf 16 Bit und die Auflösung auf 800 x 600 Pixel herunter. Das Videobild mit seinen 720 x 480 Pixel kann trotzdem normal angezeigt werden. Besonders bei Shared-Memory-Grafikkarten gewinnen Sie dadurch zusätzliche Performance, da Speicher freigegeben wird, der jetzt zur Pufferung der Bilddaten verwendet werden kann.

DVDs werden im Windows Media Player im Overlay-Modus angezeigt. Dieser kann immer nur von einem Programm verwendet werden. Wenn Sie nebenbei eine TV-Karte verwenden, kann es zu Problemen kommen. In solchen Fällen müssen Sie die Software der TV-Karte zum Abspielen von DVDs deaktivieren.

> **Bildwiederholungsrate**
> PAL-DVDs werden mit einer Bildrate von 25 Frames/s oder entsprechend 50 Halbbilder/s kodiert, NTSC-DVDs mit 30 Frames/s oder entsprechend 60 Halbbilder/s. Wenn das Bild zeitweise ruckelt, kann das an einer Interferenz zwischen dieser Bildrate und der Bildwiederholfrequenz des Monitors liegen. Stellen Sie dies immer auf ein ganzzahliges Vielfaches der Frame-Rate, bei PAL also auf 75 Hz oder 100 Hz, bei NTSC entsprechend auf 90 Hz oder 120 Hz. Die NTSC-Bildraten verursachen durch Interferenzen mit dem europäischen 50-Hz-Stromnetz immer mehr Unregelmäßigkeiten als PAL-Bildraten.

Stellen Sie in den Optionen des Windows Media Player auf der Registerkarte *Leistung* die Videobeschleunigung so hoch wie möglich ein. Sollte es dadurch zu Bildfehlern kommen, besorgen Sie sich einen aktualisierten Grafikkartentreiber oder setzen die Videobeschleunigung für Digital-Video mit der Schaltfläche *Erweitert* wieder eine Stufe nach unten.

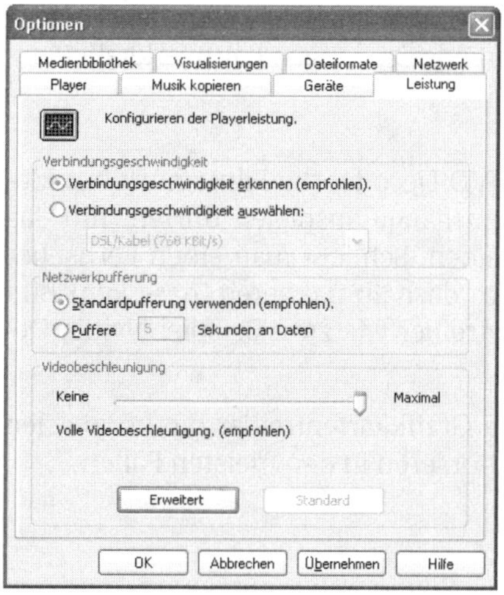

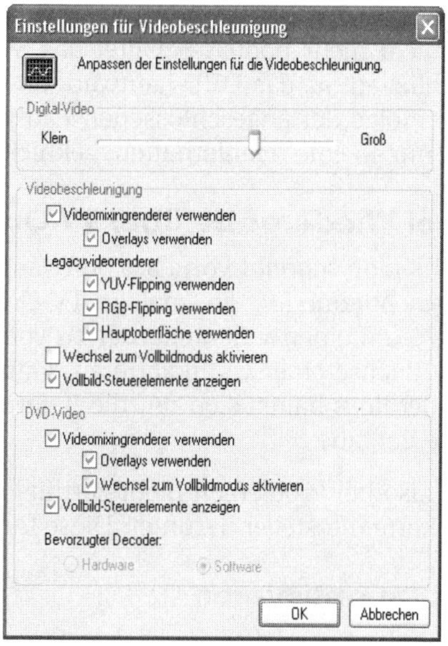

Einstellen der Videobeschleunigung.

Einige Grafikkarten bieten auch spezielle Tools zur Beschleunigung der DVD-Anzeige an.

Beschleunigter Laufwerkzugriff durch DMA

Schalten Sie im Geräte-Manager bei dem für das DVD-Laufwerk verwendeten IDE-Kanal in den erweiterten Einstellungen den Übertragungsmodus auf *DMA, wenn verfügbar*. Damit wird der Laufwerkzugriff schneller und gleichmäßiger.

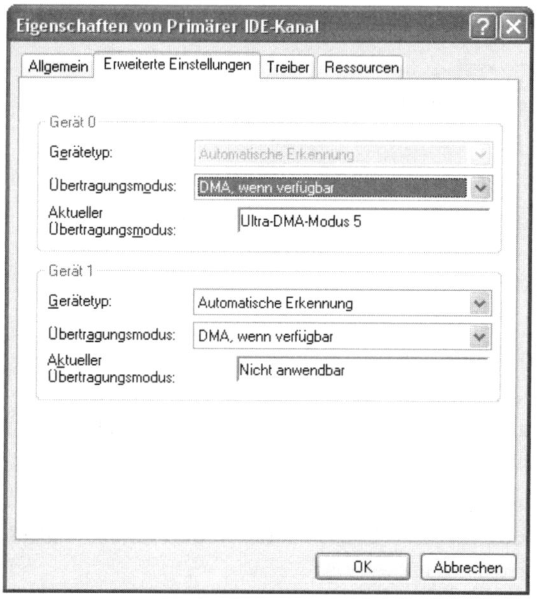

Optimierung der DVD-Ausgabe durch DMA.

Versuchen Sie nicht, den DMA-Modus zu erzwingen. Das kann dazu führen, dass der Computer gar nicht mehr bootet. Schaltet das System selbstständig immer wieder auf PIO zurück, schließen Sie das DVD-Laufwerk an einen anderen Controller an oder tauschen die Reihenfolge der angeschlossenen Laufwerke. In manchen Fällen liegen diese Probleme auch nur an einem fehlerhaften, geknickten oder zu langen Laufwerkkabel.

Probleme bei Wiedergabe über TV-Out

Die DVD-Spezifikation schreibt vor, dass Software-DVD-Decoder die Filme nur über Macrovision-Kopierschutzmodule an analoge TV-Out-Ausgänge abspielen dürfen, um das Kopieren vom PC auf einen Videorekorder zu vermeiden. Schließt man einen Fernseher an eine TV-Out-Buchse einer Grafikkarte an, kann es deshalb passieren, dass kein Bild zu sehen ist. Allerdings halten sich nur die Referenztreiber wie zum Beispiel Nvidia Detonator an diese Vorgabe.

Laden Sie sich also bei Problemen nicht zertifizierte Grafikkartentreiber direkt von den Webseiten der Kartenhersteller herunter. Diese funktionieren in den meisten Fällen.

Soundausgabe optimieren

Zur Optimierung der Soundausgabe klicken Sie unter *Systemsteuerung/Sounds und Audiogeräte* auf *Erweitert* und setzen dort auf der Registerkarte *Systemleistung* die Hardwarebeschleunigung möglichst hoch.

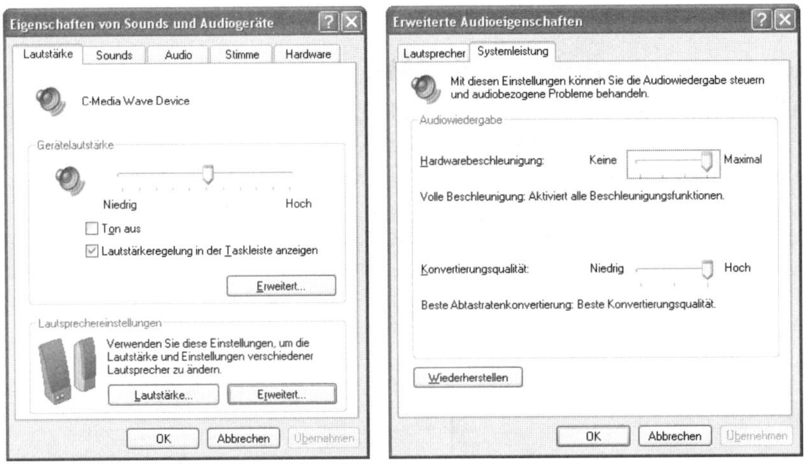

Einstellung der Hardwarebeschleunigung unter Systemsteuerung/Sounds und Audiogeräte.

DVD-Regionalcodes

Die Hersteller von DVDs versuchen, die weltweite Verbreitung urheberrechtlich geschützter Inhalte durch Regionalcodes auf der DVD einzuschränken. Eine DVD soll nur auf DVD-Playern abgespielt werden können, die auf den passenden Regionalcode eingestellt sind.

In Windows XP stellen Sie den Regionalcode Ihres DVD-Laufwerks in den Eigenschaften im Geräte-Manager ein.

Einstellen der DVD-Regionalcodes.

Der Regionalcode wird in einem Flash-Speicher direkt auf dem Laufwerk gespeichert und kann nicht beliebig oft überschrieben werden. In vielen Fällen funktioniert aber die Standardeinstellung ohne ausgewählte Regionalcodes. Sie brauchen den Regionalcode auch nicht für jede DVD aus einem anderen Land zu ändern. Es gibt nämlich insgesamt nur acht verschiedene Regionalcodes:

Regionalcode	Länder
1	USA, Kanada
2	Europa, Japan, Naher Osten (einschl. Ägypten), Südafrika
3	Ostasien, Südostasien ohne China (aber einschl. Hongkong)
4	Australien, Neuseeland, pazifische Inseln, Mexiko, Mittelamerika, Südamerika
5	Mittleres Asien, Indien, Russland, Mongolei (und kleinere Nachbarländer), Nordkorea, Afrika (außer Ägypten, Südafrika)
6	China (ohne Hongkong)
7	nicht verwendet
8	Besondere internationale Standorte, Schiffe, Flugzeuge

Da der Geräte-Manager eine standardisierte Windows-Länderliste verwendet, kann der Regionalcode 8 nicht eingestellt werden. Sollte es irgendwann DVDs mit diesem Regionalcode geben, müssen diese eine eigene Software zur Codeeinstellung mitliefern.

RegionKiller

Solange Ihr DVD-Laufwerk noch keinen Regionalcode eingetragen hat, können Sie die Software RegionKiller von *elby.ch*, dem Hersteller von CloneCD, verwenden. Damit lassen sich beliebige DVDs ohne Probleme abspielen, allerdings nur auf Systemen, die keine ASPI-Treiber verwenden.

5. Systemstabilitäts- und Korrekturfunktionen im Detail

In diesem Kapitel erhalten Sie eine Zusammenstellung der Funktionen, die die Systemstabilität unter Windows XP gewährleisten. In diesem Zusammenhang werden interne Funktionen offen gelegt und es wird vor allem ausführlich beschrieben, wie Sie im Notfall Ihr System wieder zum Laufen bringen können. Der Schwerpunkt liegt in der Fehlerdiagnose und -behebung von Startproblemen und Stabilitätsproblemen.

Leider tauchen trotz der Bemühungen und Versprechungen Microsofts, ein stabiles Betriebssystem zu schaffen, in der Praxis und in Kombination mit diversen Treibern und Programmen diverse Fehler auf. Diese lassen sich in etwa in folgende Kategorien einteilen:

- System startet nicht mehr
- Betriebssystem startet nur mit Fehlermeldungen
- Probleme bei der Installation eines Programms (Näheres hierzu finden Sie in Kapitel 6 ab Seite 255)
- Probleme mit Softwarepaketen, nachdem ein anderes Programm installiert wurde

Je nach Fehlertyp müssen unterschiedliche Maßnahmen ergriffen werden. In diesem Kapitel erhalten Sie neben der reinen Funktionserklärung Hinweise dazu, wann Sie am besten welche Mechanismen einsetzen.

5.1 Grundlegende Problemvorbeugung

Windows XP bietet umfangreiche Möglichkeiten, in das System einzugreifen und im Fehlerfalle die Kontrolle über das Betriebssystem und den Zugriff auf Dateien zurück zu erlangen.

Doch wie so oft haben die Götter vor den Erfolg den Schweiß gesetzt: Viele Funktionen erfordern Vorarbeiten und arbeiten nur dann korrekt, wenn Sie Präventivmaßnahmen bereits vor dem Fehlerfall ergriffen haben.

Zuerst werden die nötigen Präventivmaßnahmen kurz vorgestellt und erläutert, wozu diese nötig sind. Die einzelnen Funktionen werden dann im passenden Abschnitt genauer erläutert.

Grundlegende Informationen zusammenstellen und Diagnose erstellen

Damit Sie im Notfall überhaupt eine Chance haben, Ihr System schnell wieder lauffähig zu bekommen, sollten Sie alle essenziellen Daten Ihres PCs gut erreichbar haben.

Zu den Informationen, die für den Bootvorgang lebenswichtig sind, gehören einige Daten, die Sie vielleicht noch nicht griffbereit haben. Beim Ausfall Ihres PCs müssen Sie aber eventuell Ihre Festplatte in ein anderes System übernehmen, und dann benötigen Sie diese Angaben:

- Die genauen Daten der Systempartition: die wievielte Partition auf der Festplatte ist die Systempartition, primäre oder erweiterte Partition, Dateisystem (FAT, FAT32, NTFS). Diese Angaben können Sie der Datei *BOOT.INI* entnehmen (siehe Kapitel 2.4 ab Seite 220).
- Der Ordner, in dem Windows XP installiert wurde.
- Der Typ des Festplatten-Controllers (IDE, SCSI) sowie Hersteller und Modell.
- Informationen darüber, an welchem Bus die System-Festplatte angeschlossen ist (Master/Slave, primärer oder sekundärer IDE-Kanal bzw. SCSI-ID bei SCSI-Festplatten).
- Falls der Treiber nicht von Windows XP erkannt wurde, sollten Sie auch die Treiberdisketten bereithalten.
- Sind irgendwelche speziellen Treiber auf dem System installiert, beispielsweise Ultra-DMA-Treiber des Mainboard-Herstellers?
- Name und Kennwort des Administrators.

Ein Ausdruck der Datei *BOOT.INI* ist im Fehlerfalle sehr hilfreich. Die Informationen über verwendete Treiber und Festplattentypen stellt Ihnen der Geräte-Manager zur Verfügung.

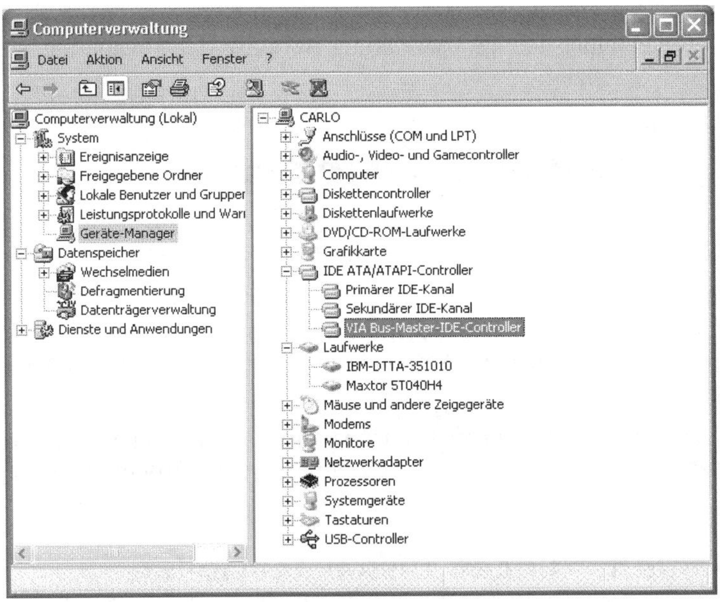

Hier ist ein spezieller Busmaster-Controller für den Chipsatz des Mainboard installiert worden.

Des Weiteren sollten Sie folgende Angaben zur Verfügung haben:

- Computername und IP-Adresse, falls ein Zugriff nur noch über das Netzwerk möglich ist.
- Arbeitsgruppe des Computers.

Diese Angaben können Sie in den Systemeigenschaften (Computername und Arbeitsgruppe) und in den Eigenschaften Ihrer Netzwerkverbindung bzw. über den Kommandozeilenbefehl *ipconfig (IP-Adresse)* finden.

Dokumentation mit MSInfo32

Um eine vollständige Dokumentation Ihres PCs durchzuführen, können Sie das Programm *msinfo32.exe* (Systeminfomationen) verwenden. Rufen Sie es einfach über *Start/ Ausführen* auf.

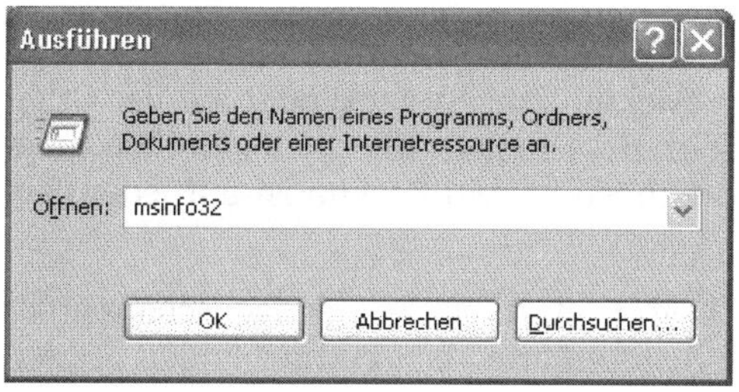

MSInfo32 ist Bestandteil von Windows XP.

Mithilfe dieses Programms können Sie alles dokumentieren, was momentan auf Ihrem PC installiert ist. Dazu gehören:

- Hardwareressourcen
- Treiber
- Dienste
- Geladene Programme (aktive Tasks)
- Geladene DLLs (geladene Module)

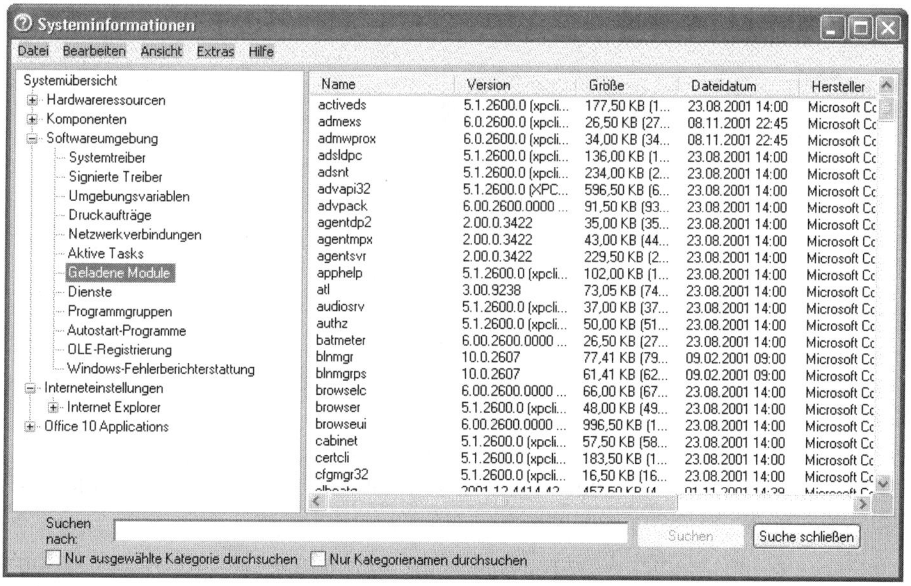

Sie können eine Liste aller aktuell geladenen DLLs mit den zugehörigen Versionen erzeugen und abspeichern.

Eine Dokumentation dieser Komponenten ist deshalb nützlich, weil Sie später im Fehlerfall einfach vergleichen können, wie der alte Zustand ausgesehen hat und welche Versionen der Treiber und DLLs auf Ihrem System installiert waren, als noch alles funktioniert hat.

Wir empfehlen auf jeden Fall vorbeugend eine vollständige Dokumentation des PCs, wenn er fertig installiert ist und funktioniert.

Die Fehlerbehebung bedeutet dann nur noch, genau diese Versionen wieder ins System einzuspielen.

Zum Wiedereinspielen der älteren DLL-Version benötigen Sie natürlich Zugriff auf die Original-Version. Diese sollte entweder auf dem Backup Ihres Systems oder auf der Original-CD der betreffenden Software zu finden sein. Bei Original-CDs ist es natürlich möglich, dass nur eine ältere Version der DLL vorhanden ist, ein Backup ist auf jeden Fall besser.

Um zu prüfen, welche DLL-Version auf der CD vorliegt, rufen Sie die Eigenschaften der DLL-Datei auf und werfen einen Blick auf die Registerkarte *Version*. Hier finden Sie Angaben zum Hersteller, der Dateiversion und der Sprache.

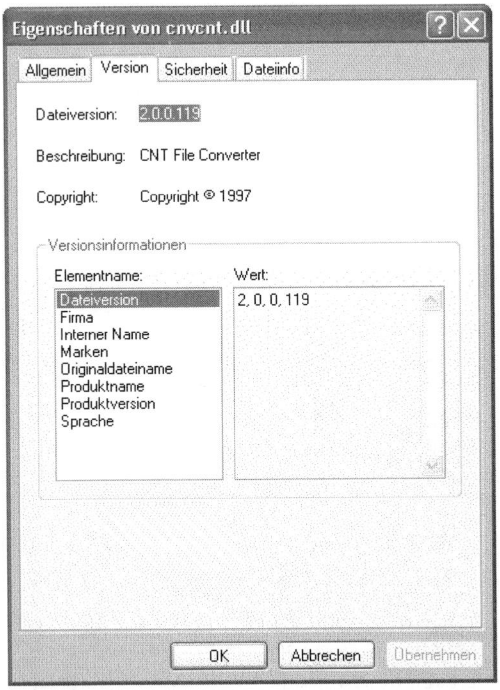

Die Versionsinfo kann aus allen 32 Bit EXE-, SYS- und DLL-Dateien einfach ausgelesen werden.

Auf Installations-CDs finden Sie häufig CAB-Archive anstelle einzelner Dateien vor. Unter Windows XP können Sie jedoch auch innerhalb von CAB-Dateien mithilfe des Windows-Explorer nach Dateien suchen.

Einzig das auf der Original-Windows XP-CD im Verzeichnis *\I386* verwendete Kompressionsformat kann nicht direkt von Windows XP geöffnet werden. Hier müssen Sie entweder das Programm *expand.exe* aufrufen oder das Kommando *EXPAND* der Wiederherstellungskonsole verwenden oder aber ein „professionelles" Packerprogramm installieren, dass die Windows-Kodierung beherrscht.

Klicken Sie einfach im Menü *Datei* auf *Exportieren*, um die Ergebnisse von MSInfo32 als ASCII-Datei abzuspeichern. Wenn Sie die Daten später wieder mithilfe von MSInfo analysieren und sortieren möchten, sollten Sie die Datei mit *Speichern* als NFO-Datei ablegen.

Auch Remote-Dokumentation ist möglich

Wenn Sie den Menüpunkt *Ansicht/Remotecomputer* aufrufen, können Sie sich auch mit einem Computer im Netzwerk verbinden und diesen dokumentieren oder auch die Einstellungen des Remote-Computers mit den eigenen Einstellungen vergleichen. Dies kann die Fehlersuche erheblich erleichtern. Ein Zugriff ist jedoch nur möglich, wenn Sie auf dem Zielrechner über Administratorrechte verfügen.

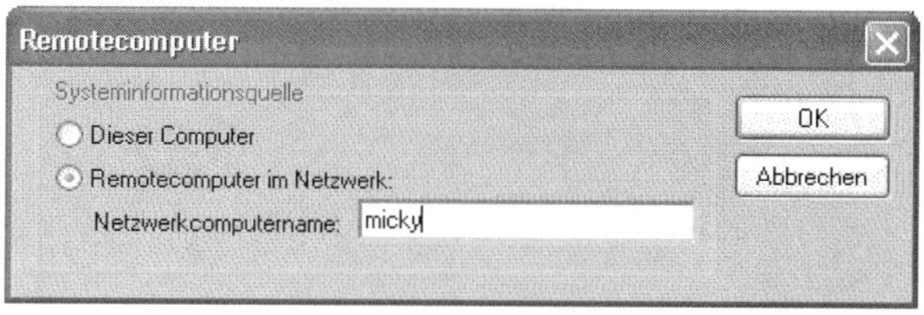

Sie können auch für andere Computer im Netzwerk eine Dokumentation erstellen.

Protokoll der zuletzt durchgeführten Änderungen

Wenn Sie im laufenden Betrieb Fehlermeldungen erhalten, ist es sehr sinnvoll, erst einmal zu überprüfen, welche Änderungen eigentlich in letzter Zeit am System vorgenommen wurden.

Auch diese Information können Sie von *msinfo32.exe* bekommen. Rufen Sie den Menüpunkt *Ansicht/Systemverlauf* auf.

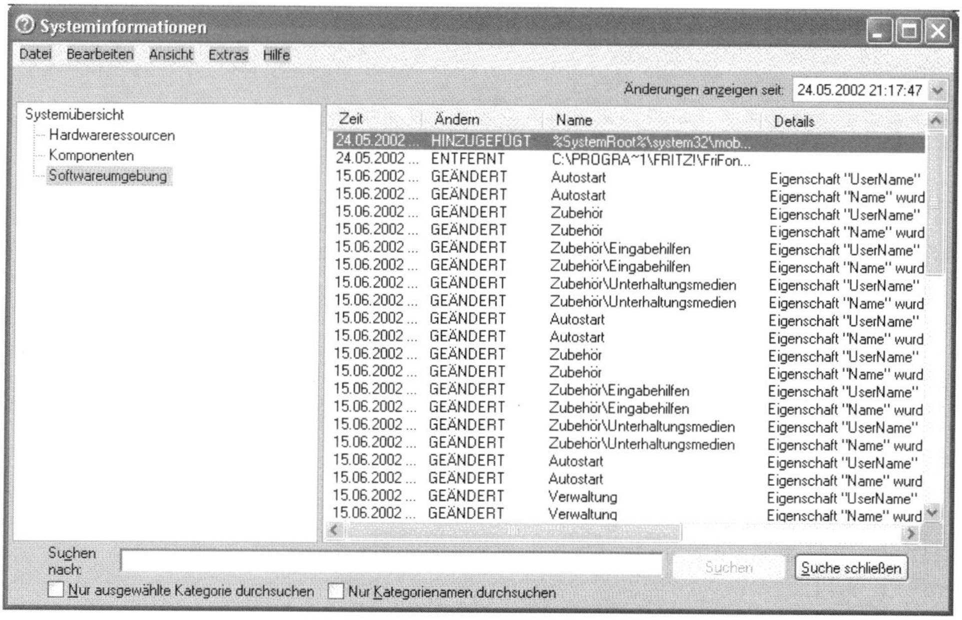

Änderungen an Verknüpfungen und Programmsymbolen sind im Protokoll sichtbar.

Unter *Softwareumgebung* können Sie in einer mit Datum versehenen Logdatei prüfen, wann welche Änderungen an Programmsymbolen und Verknüpfungen vorgenommen wurden.

Im Beispiel kann man erkennen, dass am 24.05. das Programm *FriFon.exe* (Fritz Fon, ein Telefonie-Programm) entfernt wurde. Wenn Sie sich nun also fragen, warum das Fenster des Programms beim Start nicht mehr automatisch erscheint, liegt das an dieser Änderung.

Unter *Komponenten* tauchen auch Informationen über geänderte Hardware und Treiber auf.

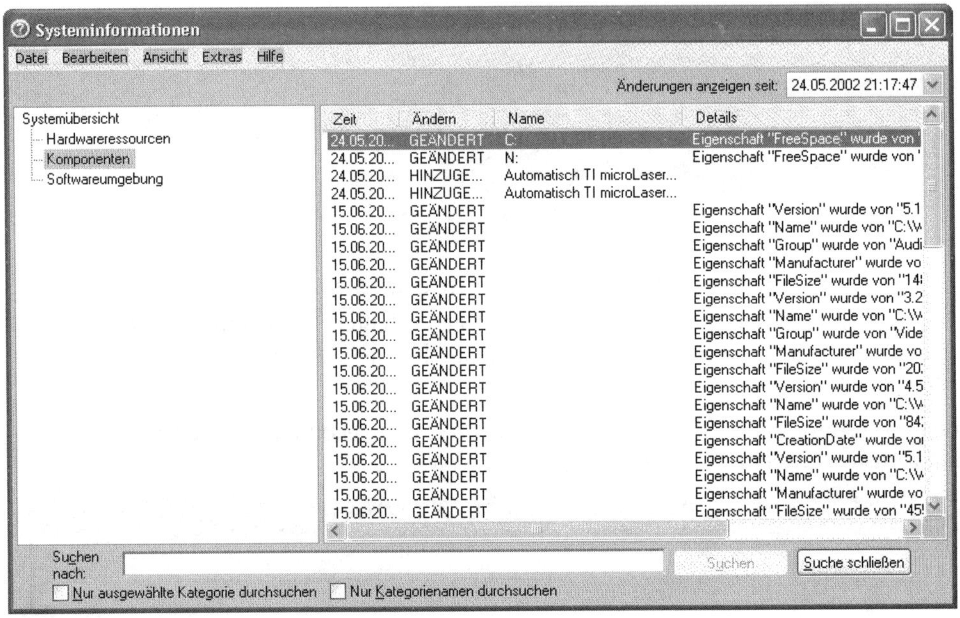

Änderungen an Systemkomponenten und Dateien können verfolgt werden.

Wenn Sie beispielsweise ein neues Gerät installiert oder einen Treiber ausgetauscht haben, finden Sie diesen Vorgang im Protokoll. Auch automatisch im Netzwerk gefundene Geräte werden hier protokolliert, wie im Beispiel der Drucker TI MicroLaser.

Weitere Tools

Im Menü *Extras* dieses Programms finden Sie eine Reihe von Tools, die Ihnen im Fehlerfalle ebenfalls weiterhelfen können:

- Netzwerkdiagnose
- Systemwiederherstellung
- Dateisignaturbestätigung
- DirectX-Diagnoseprogramm
- Dr. Watson

Die grafische Netzwerkdiagnose erleichtert die Fehlersuche im Netzwerk, indem sie die aktuelle Konfiguration und alle wichtigen Adressen wie Standard-Gateway und DNS-Server überprüft.

Die Systemwiederherstellung wird in Kapitel 5.5 ab Seite 235 und Kapitel 15.3 ab Seite 1015 beschrieben, das Direct X-Diagnoseprogramm in Kapitel 6.6 ab Seite 302.

Die Beschreibung der Diagnose von Programmfehlern mit Dr. Watson finden Sie in Kapitel 6.7 ab Seite 307.

Dateisignaturverifizierung

Falls Fehler auftreten und Sie Treiber als Ursache im Verdacht haben, kommen als Fehlerursache Treiber in Betracht, die mit Windows XP nicht ausreichend getestet wurden. Seit Windows 2000 gibt es, wie bereits erwähnt, die Möglichkeit, Treiber signieren zu lassen und damit gegenüber dem Kunden zu bestätigen, dass sie wenigstens die wichtigsten Tests durchlaufen haben.

Ein signierter Treiber ist zwar keine Garantie für einen reibungslosen Betrieb. Bei einem unsignierten Treiber können Sie jedoch noch nicht einmal sicher sein, dass er tatsächlich für Windows XP entwickelt wurde und Sie nicht etwa einen NT-4-Treiber vor sich haben.

Das Programm Dateisignaturverifizierung, das Sie auch mit dem Befehl *sigverif.exe* manuell aufrufen können, hilft bei der Erkennung nicht signierter Treiber.

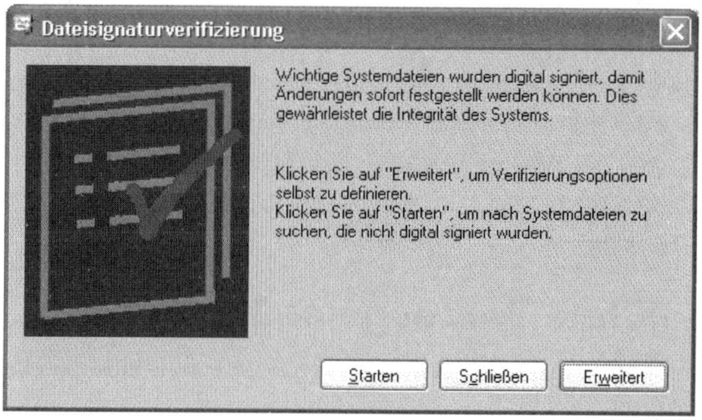

sigverif.exe erkennt unsignierte Treiber.

Falls Sie Probleme wegen „handgestrickter" oder ungetesteter Treiber vermuten, kann Ihnen dieses Programm bei der Ursachenforschung behilflich sein. Möglicherweise müssen Sie jedoch die Optionen verstellen, damit auch wirklich alle unsignierten Treiber gefunden werden. Klicken Sie auf *Erweitert*, um sich die Optionen anzeigen zu lassen.

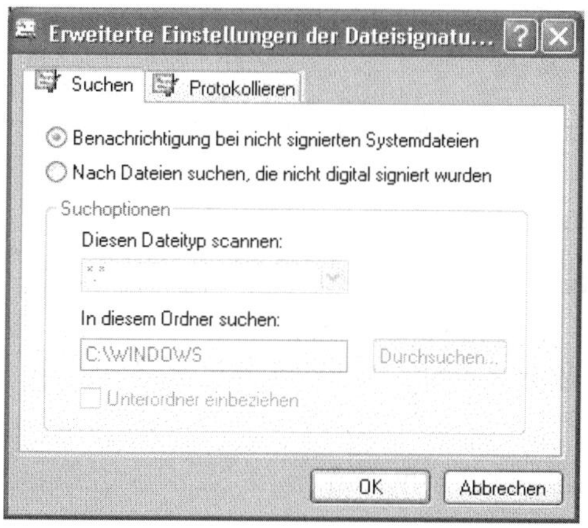

In der Standardeinstellung werden nur Systemdateien gesucht.

Normalerweise sucht das Programm nur nach nicht signierten Systemdateien und kann deshalb nur bei Problemen mit Windows XP-Dateien helfen. Wenn Sie Ihre Probleme bei Treibern von Fremdherstellern vermuten, stellen Sie die Optionen lieber um auf *Nach Dateien suchen, die nicht digital signiert wurden* und wählen ggf. ein anderes Verzeichnis aus, in dem sich die Treiber befinden könnten.

Normalerweise ist dieser Pfad unter Windows XP *%systemroot%\system32\drivers*. Als Ergebnis erhalten Sie eine Liste aller unsignierten Dateien in den entsprechenden Verzeichnissen.

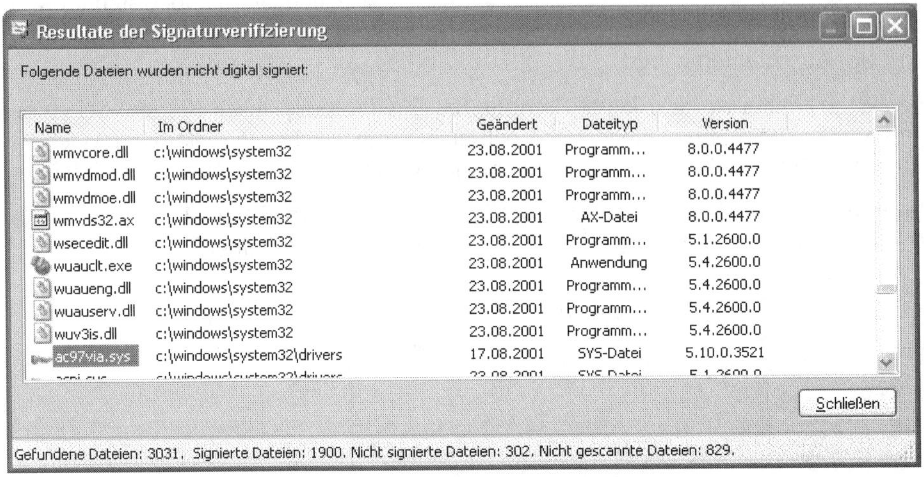

Eine Menge unsignierter Treiber sind aktiv, unter anderem der VIA-Chipsatztreiber.

Automatisch durchgeführte Vorbeugemaßnahmen

Windows XP hält einige Mechanismen parat, um Sie vor Fehlern oder Problemen bereits im Vorfeld zu schützen. Dazu gehören:

- Die Überprüfung der Treibersignatur bei der Installation:
  Von Microsoft signierte Treiber haben eine Testprozedur durchlaufen, bevor sie die Signatur erhalten haben. So ist wenigstens ein minimaler Kompatibilitätstest gewährleistet.
- Die Möglichkeit, jederzeit wieder zur letzten Treiberversion zurückzukehren:
  Der Geräte-Manager bietet, wie auf Seite 71 beschrieben, die Möglichkeit, zum zuletzt installierten Treiber zurückzukehren (Treiber-Rollback). Beachten Sie aber, dass nur eine alte Version gespeichert wird, Sie können nicht zur vorletzten Version zurückwechseln.
- Letzte als funktionierend bekannte Konfiguration (Last-Known-Good):
  Sollten Sie nach der Installation von neuen Treibern oder Diensten unmittelbare Startprobleme haben oder Bluescreens erleben, hilft eventuell die Last-Known-Good-Startmöglichkeit aus dem Startmenü, das Sie mit [F8] aufrufen können. Es verwirft die zuletzt installierten Treiber und Dienste und startet den PC mit dem zuletzt gültigen Systemzustand.
  Das Ganze funktioniert jedoch nur unmittelbar beim ersten Neustart nach einer Änderung: Wenn Sie sich einmal erfolgreich angemeldet haben, wird der neue Zustand

des Betriebssystems automatisch als Last-Known-Good abgespeichert, sodass Sie nicht mehr zum alten Zustand zurückkehren können.

- Systemwiederherstellung:
  Die Systemwiederherstellung stellt sicher, dass Sie nach misslungenen Treiber- oder Programminstallationen zu dem Stand vor Beginn der Installation zurückkehren können. Auch die Definition eigener Wiederherstellungspunkte ist möglich. Näheres dazu finden Sie ab Seite 249.
- Windows Dateischutz
  Der Windows Dateischutz oder System File Protection SFP ermöglicht die automatische Wiederherstellung gelöschter oder überschriebener Systemdateien aus einem DLL-Cache. Sie können diesen Cache auch nach Ihren Wünschen manipulieren und erweitern, um mehr als nur Systemdateien in diesen Schutz einzubeziehen. Näheres dazu erfahren Sie ab Seite 247.

Diese Funktionen ermöglichen gegenüber älteren Windows-Versionen einen deutlich einfacheren Weg zurück zu einem stabilen Betriebssystem. Leider werden jedoch durch die Automatik nicht alle Fehlerquellen ausgeschlossen, sodass es in jedem Falle sinnvoll ist, sich durch zusätzliche Maßnahmen abzusichern.

Manuelle Vorbeugemaßnahmen

Es gibt einige Dinge, die Sie vorbeugend unternehmen sollten, um sich vor Systemausfällen bestmöglich zu schützen. Dazu gehören:

- Erstellen einer Bootdiskette für Windows XP:
  Eine Windows XP-Bootdiskette schützt Sie vor dem Verlust Ihrer Bootdateien, beispielsweise durch Bootsektorviren oder Festplattendefekt, und erlaubt einen Start des Systems auch ohne komplizierte Reparaturversuche.
  Die Windows XP-Bootdiskette enthält nicht das gesamte Betriebssystem, sondern nur die Startdateien und kann nur zusammen mit der Systemfestplatte verwendet werden.
  Das Erstellen einer Windows XP-Bootdiskette wird ab Seite 231 beschrieben.
- Erstellen einer DOS-Bootdiskette:
  Bei Spezialfällen und bei Dual-Boot-Systemen mit Windows 9x ist es sinnvoll, zusätzlich eine Bootdiskette dieses Systems zu erstellen. Eine DOS- oder Windows 9x-Startdiskette enthält einen Teil des Betriebssystems und ist selbstständig lauffähig, sodass Sie beispielsweise eine zerstörte Datei auf der Festplatte editieren oder kopieren können, auch wenn Windows XP nicht mehr läuft. Ein Zugriff auf NTFS-Laufwerke ist so aber nicht möglich.
- NTFSDOS:
  Wenn Sie das Dateisystem NTFS unter Windows XP verwenden und Dateien darauf reparieren wollen, brauchen Sie Zugriff auf das NTFS-Dateisystem. Wenn Sie von einer DOS- oder Windows 9x-Diskette booten, benötigen Sie den Treiber *NTFSDOS.EXE*, den Sie unter *www.sysinternals.com* herunterladen können, um auf die Festplatte zugreifen zu können. Der Readonly-Treiber ist kostenlos, ein Treiber für den schreibenden Zugriff ist ebenfalls erhältlich, aber nicht mehr kostenlos.
- Kennwortrücksetzdiskette anlegen:
  Falls Sie einmal Ihr Kennwort für die Anmeldung bei Windows XP vergessen haben sollten, gibt es unter normalen Umständen keine Möglichkeit, dieses wieder heraus-

zufinden. Zum Schutz vor diesem Fall dient die Kennwortrücksetzdiskette, die Sie vorsorglich anlegen können.
Wenn Sie diese Diskette zur Hand haben, können Sie das Kennwort eines lokalen Computerbenutzers überschreiben, auch wenn Sie es nicht kennen. Näheres dazu finden Sie ab Seite 213.

- Registry-Backup:
  Eines der häufigsten Probleme sind überflüssige oder falsche Einträge in der Registry, die durch unvollständige Installationen oder Deinstallationen von Treibern und Programmen hinterlassen werden und Fehler verursachen. Hier schützt ein Backup der Registry oder eines Teiles der Registry Ihren PC, das Sie bei Bedarf - oder wenn Fehler auftauchen - einfach wieder einspielen. Näheres zur Registry-Sicherung finden Sie in Kapitel 15.5 ab ab Seite 1027.

- Systemstatussicherung:
  Wenn Sie sich vor defekten Systemdateien, Treibern, Diensten und Registry-Einträgen auf einmal schützen wollen, können Sie präventiv den Systemstatus Ihres Computers sichern. Er enthält die gesamte Registry, die Benutzerdatenbank und Systemdateien und damit auch alle Netzwerkkonfigurationen etc. Ein Restore des Systemstatus ist jedoch nur als Ganzes möglich. Näheres zur Systemstatussicherung finden Sie in Kapitel 15.3 ab Seite 1015.

- ASR-Sicherung:
  Einen Schritt weiter geht die ASR-Sicherung (**A**utomated **S**ystem **R**ecovery). Mit dieser Funktion können Sie den gesamten PC „von null an" auf den Stand des letzten Backups zurückbringen. Alle Änderungen, die Sie inzwischen vorgenommen haben, gehen jedoch verloren. Sie müssen dieses Backup daher sehr regelmäßig machen, um es dann in der Praxis auch wirklich einsetzen zu können.
  Eine Beschreibung der ASR-Sicherung finden Sie in Kapitel 5.8 ab Seite 251.

- Recovery Console installieren:
  Die Recovery Console oder Wiederherstellungskonsole erlaubt es Ihnen, den PC in Notfällen in einem speziellen Textmodus zu booten und beispielsweise Dienste oder Treiber in der Registry Ihres Systems zu deaktivieren oder Dateien auszutauschen - auch auf NTFS-Partitionen. Sie geht insofern über die Bootdiskette hinaus, hat jedoch einige Einschränkungen und keinen Editor, sodass Sie meist nur in Kombination mit anderen Schutzmaßnahmen verwendet werden kann.
  Die Installation und die Nutzung der Recovery Console wird in Kapitel 5.5 ab Seite 235 ausführlich beschrieben.

- Hardwareprofile:
  Ähnlich zum Last-Known-Good-Verfahren können Sie mithilfe von Hardwareprofilen die beim Start geladenen Treiber und Dienste beeinflussen. Hardwareprofile können nicht nur, wie in Kapitel 3.7 ab Seite 140 beschrieben, zur Lösung von Hardwarekonflikten eingesetzt werden, sondern auch, um im Fehlerfall mit einer minimalen Hardwarekonfiguration starten zu können, in der die Fehler verursachenden Treiber noch gar nicht installiert waren.
  Dazu müssen Sie lediglich direkt nach der Installation eine Kopie des aktuellen Hardwareprofils anlegen und diesem beispielsweise den Namen *Backup* geben. Im Fehlerfall booten Sie dann unter Verwendung des Backup-Hardwareprofils.

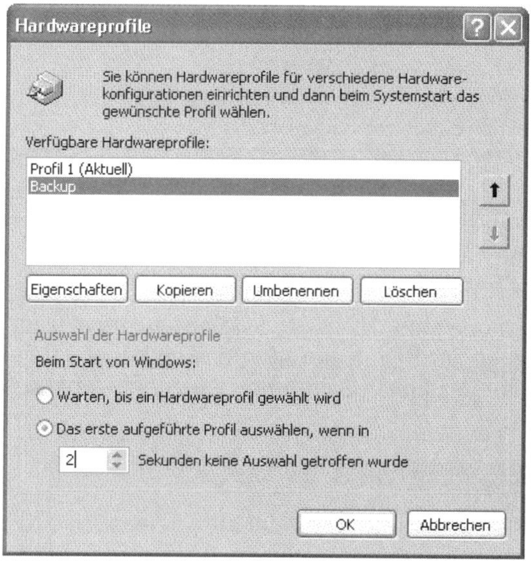

Das Backup-Hardwareprofil kann beim Start innerhalb von zwei Sekunden ausgewählt werden.

Kennwortrücksetzdiskette anlegen

Da Vergessen leider nur menschlich ist, kann es vorkommen, dass Sie irgendwann einmal das Kennwort zum Anmelden an Ihrem PC vergessen. Während Sie bei Windows 9x in der Anmeldemaske noch auf *Abbrechen* klicken und sich trotzdem anmelden können, ist bei Windows XP der Zugriff nur mit einer korrekten Benutzer/Kennwortkombination möglich.

Erschwerend kommt hinzu, dass das Kennwort nach einer gewissen Anzahl von Fehlversuchen automatisch gesperrt werden kann. Diese Option finden Sie in den lokalen Sicherheitsrichtlinien.

Achtung, nicht alle Benutzer werden gesperrt

Wenn das Kennwort eines Benutzers gesperrt ist, brauchen Sie noch keine Hilfsmittel, um wieder an Ihren Computer heranzukommen: Sie müssen sich lediglich als Benutzer „administrator" anmelden. Dieser Benutzer wird automatisch bei der Installation angelegt und niemals gesperrt.
Falls Sie den grafischen Login-Bildschirm (Willkommensseite) gewählt haben, müssen Sie einfach innerhalb des Login-Bildschirms zweimal nacheinander Strg+Alt+Entf drücken. Dann erscheint die herkömmliche Anmeldemaske mit einer Eingabemöglichkeit für Benutzernamen und Kennwort. Geben Sie hier „administrator" und das bei der Installation vergebene Kennwort ein.

Um nun das Vergessen des Kennwortes von vorneherein auszuschließen, können Sie für jeden Benutzer eine Kennwortrücksetzdiskette anlegen. Mithilfe dieser Diskette können das Kennwort und die Benutzereinstellungen eines Benutzers auf den Stand der Sicherung zurückgesetzt werden.

Zum Anlegen der Diskette gibt es unterschiedliche Verfahren, je nachdem, ob Ihr Computer Mitglied einer Domäne ist oder nicht. Das Vorgehen bzw. die aufzurufenden Menüpunkte sind zwar unterschiedlich, aber im Ergebnis erhalten Sie immer Zugriff auf den lokalen PC. In beiden Fällen startet der Assistent für vergessene Kennwörter und hilft Ihnen beim Erstellen der Diskette.

Achtung, Rücksetzen nur für lokale Benutzer möglich

Die Funktion „Kennwort rücksetzen" funktioniert immer nur für lokale Benutzer, nicht für Domänenbenutzer. Sie müssen sich also trotz Domänenmitgliedschaft nicht an der Domäne, sondern an Ihrem lokalen Computer anmelden, um die Funktion einsetzen zu können.

- Wenn Sie Mitglied einer Domäne sind, drücken Sie Strg+Alt+Entf und wählen aus dem Dialogfeld *Windows-Sicherheit* den Befehl *Kennwort ändern* aus. Wählen Sie im Feld *Anmelden An* den lokalen Computer aus und klicken Sie auf *Sicherung*, um den Assistenten für vergessene Kennwörter zu öffnen.
- Wenn Sie nur Mitglied einer Arbeitsgruppe sind, rufen Sie *Systemsteuerung/Benutzerkonten* auf. Klicken Sie auf den Namen des Benutzerkontos, dessen Kennwort gesichert werden soll. Wählen Sie nun auf der linken Seite unter *Aufgaben Vergessen von Kennwörtern verhindern* aus.

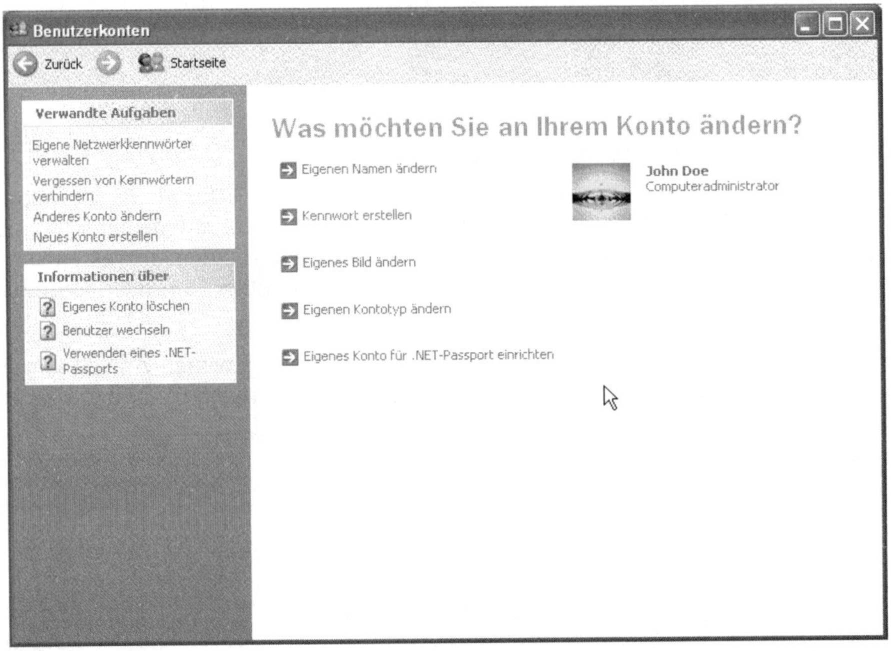

In der Aufgabenliste kann die Kennwortrücksetzdiskette erstellt werden.

Der Assistent für vergessene Kennwörter startet. Klicken Sie auf *Weiter* und halten Sie eine leere Diskette bereit.

Sie müssen im weiteren Verlauf des Assistenten das aktuelle Kennwort des Benutzers eingeben, damit die Diskette erstellt werden kann.

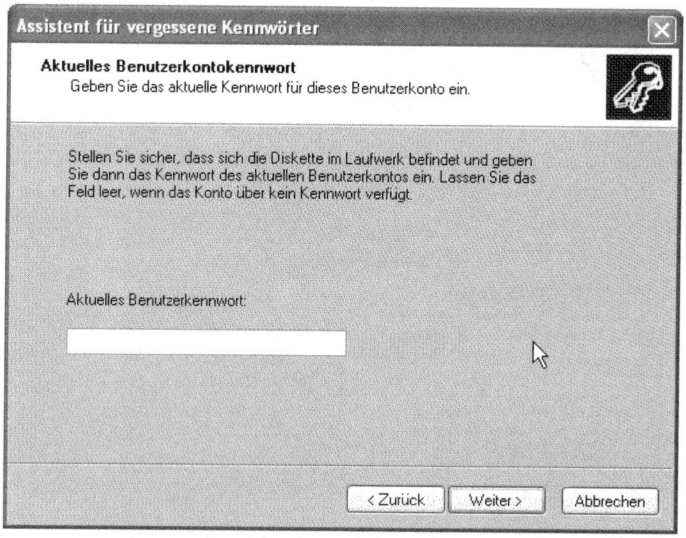

Das aktuelle Benutzerkennwort muss bekannt sein.

Diese Diskette sollten Sie nun sicher aufbewahren. Sie kann für das Rücksetzen des Kennwortes verwendet werden, auch wenn das Kennwort zwischenzeitlich mehrmals verändert wurde.

Erst durch das Erstellen einer neuen Kennwortrücksetzdiskette für den Benutzer wird die alte Diskette ungültig.

Kennwort zurücksetzen in einer Domäne

Das Verfahren zum Einsatz der Kennwortrücksetzdiskette unterscheidet sich, je nachdem, ob Sie sich in einer Domäne oder Arbeitsgruppe befinden.

Als Mitglied einer Domäne haben Sie einen Anmeldebildschirm mit einer Anmeldemaske vor sich. Setzen Sie das Kennwort wie folgt zurück:

Drücken Sie [Strg]+[Alt]+[Entf] und geben Sie dann ein beliebiges Kennwort in das Feld *Kennwort* ein. Daraufhin wird das Dialogfeld *Anmeldung ist fehlgeschlagen* angezeigt.

Klicken Sie auf *Zurücksetzen* und legen Sie die Kennwortrücksetzdiskette in Laufwerk A: ein und gehen Sie Schritt für Schritt durch den Kennwortrücksetz-Assistenten, um ein neues Kennwort zu erstellen.

Nun können Sie sich mithilfe des neuen Kennwortes anmelden.

Kennwort zurücksetzen in einer Arbeitsgruppe

Wenn die Willkommensseite (grafischer Login-Bildschirm) angezeigt wird, können Sie das Kennwort folgendermaßen zurücksetzen:

Klicken Sie auf Ihren Benutzernamen und geben Sie dann ein beliebiges Kennwort ein.

Nach dem Login-Versuch wird die Meldung *Haben Sie das Kennwort vergessen* angezeigt.

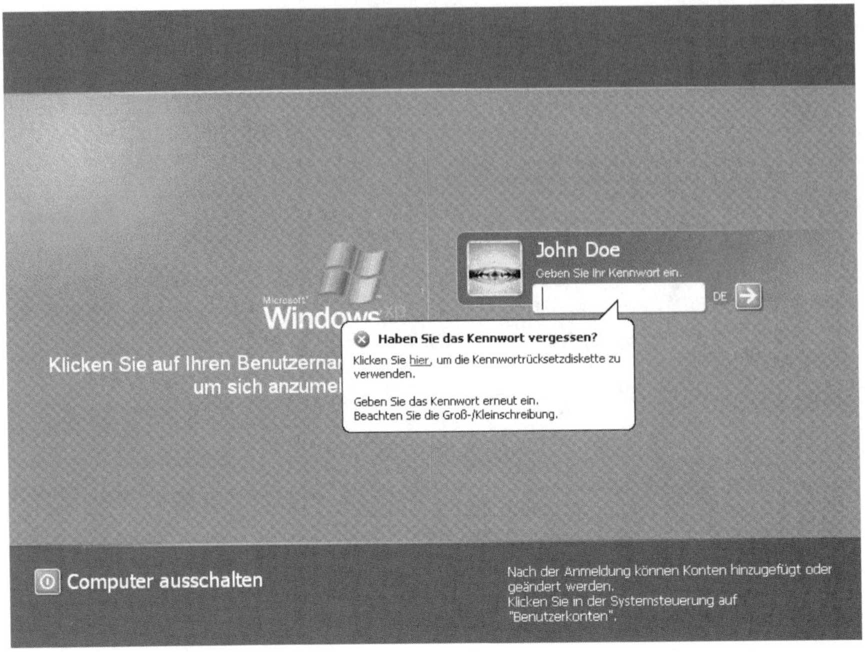

Bei falscher Kennworteingabe können Sie die Rücksetzdiskette verwenden.

Klicken Sie auf *hier*, um den Kennwortrücksetz-Assistenten zu starten, und gehen Sie die einzelnen Schritte des Assistenten durch, um ein neues Kennwort zu erstellen.

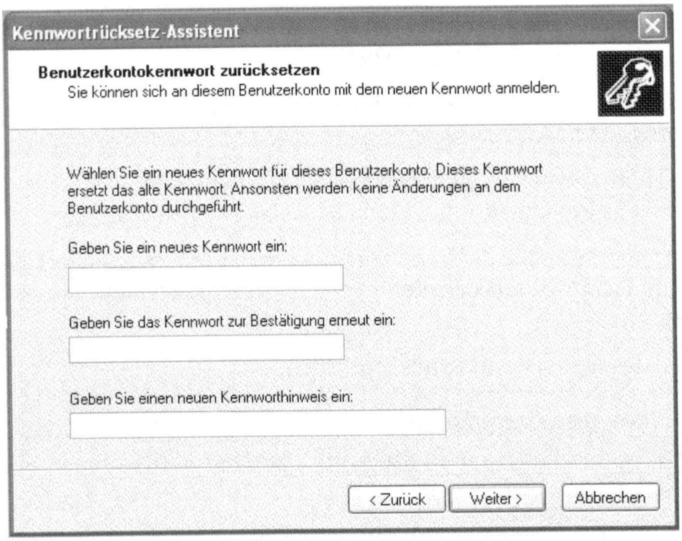

Sie können ein beliebiges neues Kennwort wählen.

Melden Sie sich danach mithilfe des neuen Kennwortes an und bewahren Sie die Kennwortrücksetzdiskette anschließend an einem sicheren Ort auf, falls Sie Ihr Kennwort zu einem späteren Zeitpunkt zurücksetzen müssen.

Diskette nicht neu erstellen
Es ist nicht notwendig, eine neue Kennwortrücksetzdiskette zu erstellen. Mit der bestehenden Diskette können Sie Ihr Kennwort beliebig oft zurücksetzen.

Vor- und Nachteile der Kennwortrücksetzdiskette

Die Kennwortrücksetzdiskette hilft Ihnen, sollten Sie jemals Ihr Kennwort vergessen haben, und ist deshalb eigentlich sehr praktisch. Es schützt auch vor dem (hoffentlich nie eintretenden Fall) eines Unfalls, nach dem eventuell ein anderes Familienmitglied trotzdem noch Zugriff auf den PC benötigt.

Andererseits stellt die Diskette ein Sicherheitsrisiko dar, da jeder mithilfe der Diskette Zugriff auf den lokalen Computer erhalten kann.

Wenn sie einfach neben dem PC liegt, kann so Ihre ganze Benutzerverwaltung und Rechtevergabe ad absurdum geführt werden.

5.2 Systemstabilitätsfunktionen im sinnvollen Verbund

Wie Sie im letzten Abschnitt gesehen haben, können Sie eine ganze Menge machen, um sich bzw. Ihren Computer vor dem GAU zu schützen.

Aber selbst wenn Sie sich nach bestem Wissen vorbereitet haben, ist es im Falle eines Problems manchmal nicht leicht, auf Anhieb die richtige Methode zur Fehlerbehebung auszuwählen und nicht etwa den Schaden noch größer zu machen.

In diesem Kapitel versuchen wir deshalb, die Funktionen den Anwendungsfällen zuzuordnen und Ihnen einen Überblick darüber zu geben, wann Sie eigentlich welche Funktion einsetzen können bzw. wann die Windows XP-Funktionen automatisch korrigierend eingreifen.

Die Funktionen selbst werden dann im Detail in den nachfolgenden Kapiteln erläutert.

Startprobleme lösen

Wenn bereits in der ersten Phase des Systemstarts Fehlermeldungen erscheinen und das System vielleicht noch nicht einmal das Startmenü aufrufen lässt, liegt ein Hardwareproblem oder ein Problem mit den Startdateien bzw. dem Bootsektor/MBR vor.

Mithilfe einer Windows XP-Bootdiskette können Sie überprüfen, ob das Problem wirklich von den Startdateien kommt. In diesem Falle können Sie die Startdateien, den Bootsektor und den Master Boot Record mithilfe von Bootdiskette und der Wiederherstellungskonsole wieder einspielen.

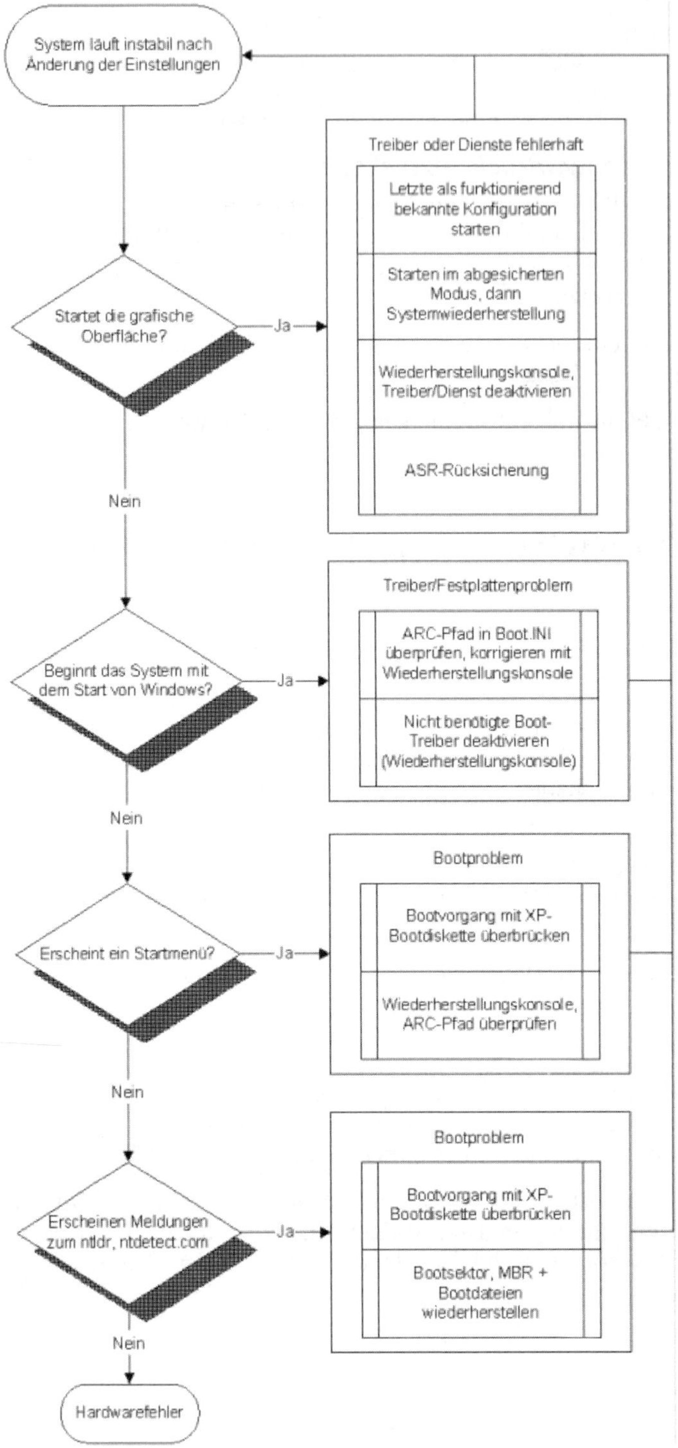

Überblick über die Fehlerdiagnose bei Windows XP.

Boot-Probleme einkreisen

Wenn das eigentliche Starten bereits begonnen hat, jedoch nicht bis zur grafischen Oberfläche durchgestartet wird, kann das Problem nur von Boottreibern, falschen Pfaden in der *BOOT.INI* oder von der **H**ardware **A**bstraction **L**ayer (HAL) herrühren.

Wenn schon kurz nach dem Startmenü gar nichts mehr geht oder die Meldung *ntoskernel nicht gefunden* erscheint, liegt das Problem wahrscheinlich am ARC-Pfad in der *BOOT.INI*. Mit dem Befehl *map arc* der Wiederherstellungskonsole können Sie die Pfade Ihres Systems überprüfen.

Wenn es sich um ein Boottreiber-Problem handelt, hilft eventuell der abgesicherte Modus aus dem Startmenü, der versucht, alle unwichtigen Treiber abzuschalten.

Wenn dies auch nicht zum Erfolg führt oder die HAL das Problem ist, müssen Sie die Wiederherstellungskonsole bemühen und die entsprechenden Dateien austauschen.

Fehlermeldungen beim Starten von Programmen und Diensten lösen

Wenn das System bis zur grafischen Oberfläche startet und dann erst abbricht, ist entweder ein „normaler“ Treiber oder ein Dienst oder sogar ein Programm, das automatisch gestartet wird, für den Abbruch verantwortlich.

Um Treiber als Fehlerquelle auszuschließen, verwenden Sie den abgesicherten Modus aus dem Startmenü.

Um zu verhindern, dass Programme beim Anmelden automatisch gestartet werden, drücken Sie während des Anmeldens die [Umschalt]-Taste und halten sie gedrückt, bis der Desktop sich initialisiert hat.

Programme, die aus der Registry heraus oder in den AutoStart-Programmgruppen gestartet werden, werden dadurch temporär deaktiviert.

Sie können auch das Tool MSConfig verwenden, um den automatischen Start von Programmen und auch von Diensten zu unterbinden.

Wenn Sie wissen, welche Treiber, Programme oder Dienste das Problem verursachen, deaktivieren Sie diese bzw. ersetzen sie durch funktionierende Versionen.

Dies ist eine Aufgabe, die Sie mit der Wiederherstellungskonsole oder im abgesicherten Modus erledigen können.

Nicht funktionierende Treiber könenn Sie im Geräte-Manager mit dem Treiber-Rollback zurücksetzen.

5.3 Startprobleme verstehen und beheben

Die schlimmsten Probleme unter Windows XP sind diejenigen, die bereits beim Bootvorgang auftreten. Da in den meisten Fällen noch nicht einmal das Betriebssystem startbar ist, können auch nicht einmal die einfachsten Diagnoseprogramme eingesetzt werden, sondern Sie müssen spezielle Tools verwenden.

In diesem Abschnitt erfahren Sie im Detail, wie der Bootvorgang funktioniert, wie Sie Probleme lokalisieren und ggf. beheben können, auch wenn Sie keine grafische Betriebssystemumgebung zur Verfügung haben.

Außerdem erhalten Sie Hinweise zur Optimierung des Startvorgangs.

Der Bootvorgang von Windows XP im Detail

Um Probleme mit dem Startvorgang lösen zu können, erhalten Sie nun zunächst einen Überblick darüber, wie der Startvorgang abläuft.

Windows XP startet völlig anders als die MS-DOS-basierten Betriebssysteme Windows 9x und Windows ME. Es hat den Startvorgang von Windows NT 4 und 2000 „geerbt", der eher an manche UNIX-Systeme als an DOS erinnert.

Noch vor dem eigentlichen Start des Systems werden zunächst nach dem BIOS-Test (**Po**wer **O**n **S**elf **T**est oder POST), der die Bootreihenfolge festlegt, anhand des **M**aster **B**oot **R**ecord (MBR) der ersten Festplatte die Informationen über die Partitionen ausgelesen.

Von der aktiven Partition liest der Computer dann den Bootsektor, also den ersten Sektor der Partition, der nicht als Datei erkennbar ist. Wenn dieser Bootsektor von Windows XP angelegt wurde, sucht er nach einer Windows XP-Startdatei, dem NTLDR.

Windows XP und Windows 98-Bootsektoren

Ein MS-DOS- oder Windows 9x-Bootsektor dagegen sucht nach der Datei *io.sys* und versucht diese zu laden. Deshalb ist es sehr wichtig, nach der Installation von Windows XP keine älteren Betriebssysteme mehr aufzuspielen, da diese den Bootsektor überschreiben und der Bootvorgang nicht mehr funktioniert. Wie Sie den Bootsektor sichern und im Fehlerfall wiederherstellen können, finden Sie ab Seite 231 beschrieben.

Windows XP benötigt zum Starten neben NTLDR einige Dateien, die im Stammverzeichnis der aktiven Partition abgelegt sein müssen. Diese Bootdateien dürfen aufgrund des oben geschilderten Bootverfahrens des PCs nicht auf der Systempartition liegen, sondern immer auf der Partition, von der das System später startet (aktive Partition auf der ersten logischen Festplatte, normalerweise C:) oder auf einer Diskette bzw. bootbaren CD.

Bootdateien in Explorer-Standardansicht nicht sichtbar

Beachten Sie, dass der Explorer die Bootdateien normalerweise nicht anzeigt. Nur wenn Sie die Option *Alle Dateien und Ordner anzeigen* aktiviert und *Geschützte Systemdateien ausblenden* deaktiviert haben, können Sie alle Bootdateien sehen.

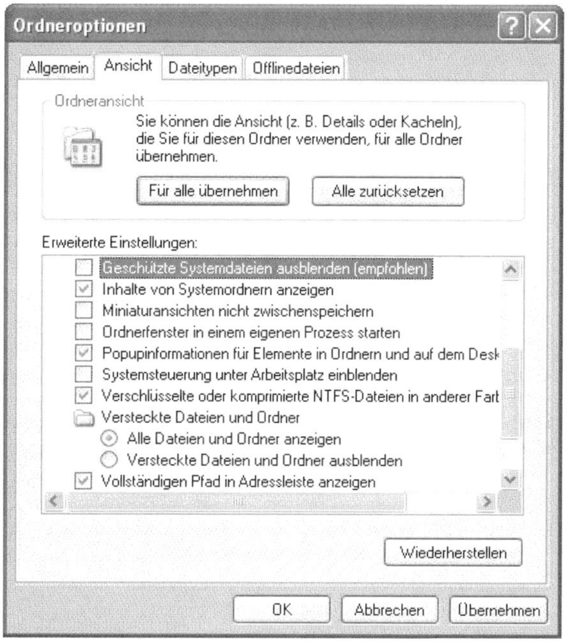

So muss der Explorer eingestellt sein, damit Sie die Bootdateien sehen können.

Im Stammverzeichnis der aktivierten Partition befinden sich mindestens folgende Bootdateien, die in der angegebenen Reihenfolge geladen werden:

NTLDR

Der NT Loader ist das Ladeprogramm des Betriebssystems und übernimmt das Laden der nachfolgenden Programme, nachdem das BIOS die Kontrolle an dieses Programm abgegeben hat.

NTLDR lädt außerdem die Treiber, die zum Zugriff auf FAT-, FAT32- und NTFS-Dateisysteme benötigt werden, damit diese Programme korrekt arbeiten können.

Falls der NTLDR nicht gefunden wurde, erhalten Sie eine Meldung wie

```
Ungültige Partitionstabelle
Fehler beim Laden des Betriebssystems
Betriebssystem nicht vorhanden
NTLDR fehlt
```

Sie können in diesem Fall die Datei von einer zuvor erstellten Bootdiskette mithilfe der Wiederherstellungskonsole wieder einspielen.

BOOT.INI

Die Datei *BOOT.INI* enthält die Pfadangabe zum Betriebssystem und steuert das Auswahlmenü in Multiboot-Umgebungen. Außerdem können Startparameter enthalten sein, die den Bootvorgang steuern.

Wenn der Pfad zum Betriebssystem falsch ist, kann der Bootvorgang nicht fortgesetzt werden. Sie erhalten dann eine Fehlermeldung in der Form

```
Ntoskernel nicht gefunden.
Bootvorgang kann nicht fortgesetzt werden.
```

Oder

```
Ungültige Partitionstabelle.
Bootvorgang kann nicht fortgesetzt werden.
```

Näheres zur Konfiguration der *BOOT.INI* finden Sie weiter unten.

Auch einem Verlust der *BOOT.INI* und weiterer Bootdateien können Sie durch Erstellen einer Bootdiskette vorbeugen und eine Kopie mithilfe der Wiederherstellungskonsole einspielen.

NTDETECT.COM

Das Programm *NTDETECT.COM* hilft bei der Erkennung der verschiedenen Geräte und Informationen, die im Computer vorhanden sind, und gibt diese an den NTLDR weiter.

NTDETECT.COM ist außerdem zuständig für die Suche nach Hardwareprofilen in der Registry und ggf. für die automatische Erkennung, welches Hardwareprofil automatisch geladen werden soll.

Sollte also das Hardwareprofil falsch erkannt werden, ist dieses Programm dafür zuständig.

NTBOOTDD.SYS

Wenn der Festplatten-Controller der Systemplatte nicht über ein BIOS verfügt, benötigt Windows XP einen Treiber zum Zugriff auf die weiteren Bootdateien.

Falls zum Zugriff auf die Systempartition ein Treiber erforderlich ist, wird dieser bei der Installation automatisch im Stammverzeichnis des Bootlaufwerks unter dem Namen *NTBOOTDD.SYS* kopiert. Wenn Sie keine Datei dieses Namens haben, benötigt Ihr System keine Treiber, sondern greift in der ersten Bootphase über das BIOS des PCs (IDE-Festplatten) oder des Festplatten-Controllers zu.

HAL

Nach dem Laden dieser Dateien werden aus dem Systempfad der Kernel und die **H**ardware **A**bstraction **L**ayer (HAL) geladen, anschließend die Treiber anhand der Registry-Einträge. Von der HAL, die nach erfolgter Installation immer unter dem Pfad *%systemroot%\system32\hal.dll* zu finden ist, gibt es mehrere verschiedene Ausgaben, die bei der Hardwareerkennung während der Installation ermittelt und unter diesem Namen auf den Computer kopiert werden. Leider sind nicht alle HALs kompatibel, beispielsweise können die Multiprozessor-HALs nicht in Uniprozessor-Systemen eingesetzt werden.

Wenn Sie die Festplatte später in einen anderen Computer einbauen und die HAL nicht kompatibel ist, führt das dann ebenfalls dazu, dass der Startvorgang nicht glückt.

Hier hilft nur ein Austausch der bestehenden mit einer zum neuen Computer kompatiblen HAL, beispielsweise mithilfe der Recovery Console. Folgende HALs gibt es auf der Windows XP-CD:

Name des Computertyps	Name der DLL auf der Windows XP-CD
ACPI Uniprocessor PC PC, der nur einen Prozessor unterstützt mit ACPI-fähigem BIOS	*Halaacpi.dll*

Name des Computertyps	Name der DLL auf der Windows XP-CD
ACPI Multiprocessor PC PC, der mehrere Prozessoren unterstützt mit ACPI-fähigem BIOS	*Halmacpi.dll*
ACPI-PC Unspezifizierter ACPI-BIOS-PC	*Halacpi.dll*
MPS-Uniprocessor PC Multiprozessor-System mit einem aktiven Prozessor ohne ACPI	*Halapic.dll*
MPS Multiprocessor-PC Multiprozessor-System mit mehreren aktiven Prozessoren ohne ACPI	*Halmps.dll*
Standard-PC Unspezifizierter PC ohne ACPI	*Hal.dll*
Compaq SystemPro Multiprozessor	*Halsp.dll*

Beachten Sie, dass bei manchen Mainboards der Chipsatz auf dem Mainboard mehrere Prozessoren unterstützt, auch wenn kein zweiter Sockel zu sehen ist, beispielsweise ist dies bei vielen Athlon XP-Chipsätzen der Fall.

Die Installation eines solchen PCs (ACPI Multiprocessor PC) lässt sich dann nicht mehr auf einem Singleprocessor-Mainboard „wieder beleben", ohne die HAL auszutauschen.

Bei OEM-Computern, besonders bei Notebooks, ist nicht auszuschließen, dass der Hersteller nochmals eine eigene HAL installiert hat, die nicht in der Tabelle aufgeführt ist.

Um herauszufinden, welcher Typ Ihr eigener Computer ist, rufen Sie den Geräte-Manager auf und klicken auf *Computer*. Hier können Sie anhand obiger Tabelle vergleichen, welche ursprüngliche HAL auf Ihrem PC eingesetzt wird.

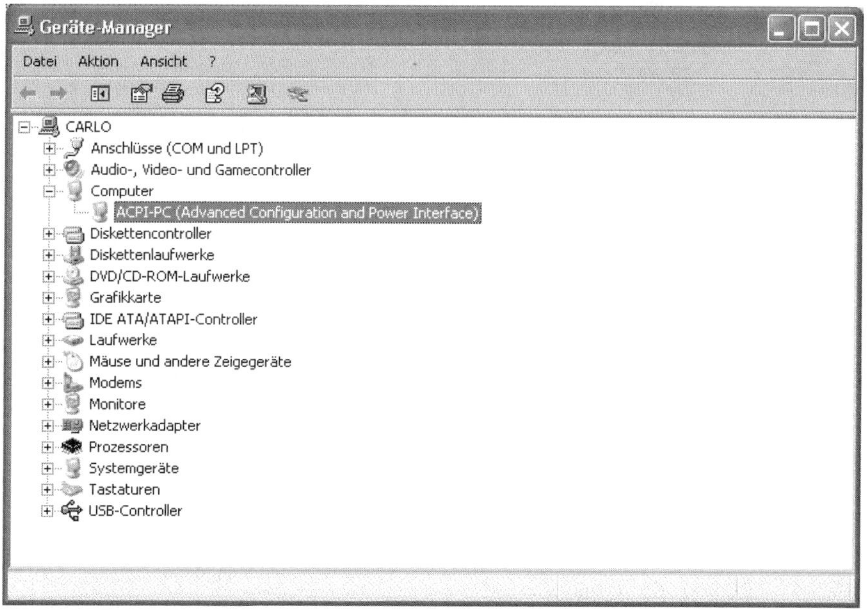

Hier wurde die HAL halacpi.dll kopiert.

Konfigurationsmöglichkeiten der BOOT.INI

Die wichtigste Datei des Bootvorgangs ist offensichtlich die *BOOT.INI*, die die Pfadangaben zum Betriebssystem enthält. Wenn dieser Pfad falsch ist, kann der Bootvorgang nicht fortgesetzt werden. Wir werden uns deshalb noch etwas ausführlicher mit dieser Datei beschäftigen.

Eine einfache *BOOT.INI* kann beispielsweise so aussehen:

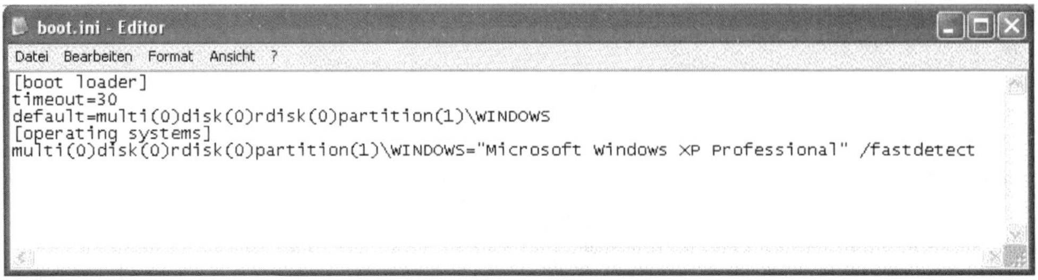


```
[boot loader]
timeout=30
default=multi(0)disk(0)rdisk(0)partition(1)\WINDOWS
[operating systems]
multi(0)disk(0)rdisk(0)partition(1)\WINDOWS="Microsoft Windows XP Professional" /fastdetect
```

BOOT.INI eines Windows XP-PCs.

Im Abschnitt *[boot loader]* sind Information über die Einträge der Betriebssystemauswahl beim Systemstart gespeichert:

- die Zeitdauer, wie lange das Menü ausgezeigt wird (Timeout)
- das Default-Betriebssystem (Wiederholung der Zeile aus dem Abschnitt *[operating systems]*)

Wenn nur ein Betriebssystem eingetragen ist, wird das Auswahlmenü unabhängig vom Timeout überhaupt nicht angezeigt.

Im Abschnitt *[operating systems]* wird

- der ARC-Pfad des Betriebssystems,
- der Text für das Startmenü und
- Bootparameter

angegeben. All diese Angaben können Sie mithilfe von Tools oder mit einem Text-Editor modifizieren.

Der ARC-Pfad setzt sich aus folgenden Elementen zusammen:

ARC-Komponente	Bedeutung
Multi(n)	Angabe des Festplatten-Controllers 0 = erster Controller, 1 = zweiter Controller etc. Gemäß Bootreihenfolge im BIOS (0 ist der Controller, von dem gebootet wird, bei Bootreihenfolge SCSI/CD/C/A also die SCSI-Festplatte)
Disk(n)	Bei SCSI: SCSI-ID der Festplatte; die Bootplatte hat normalerweise immer die 0 als Kennung Bei IDE: immer 0
Rdisk(n)	Bei SCSI: LUN-Nummer der Festplatte, normalerweise immer 0 Bei IDE: 0 = Master, 1 = Slave
Partition(n)	Logische Partitionsnummer 1 = erste primäre Partition

ARC-Komponente	Bedeutung
	Achtung, die Partitionen werden nicht in der physikalischen Reihenfolge nummeriert, sondern zuerst die primären, dann die erweiterten Partitionen.
Scsi(n)	Wird anstatt *multi(n)* verwendet, wenn der Festplatten-Controller kein BIOS hat. Zum Booten ist dann der Treiber *ntbootdd.sys* erforderlich.

Bei der Installation wird der korrekte Pfad selbstverständlich automatisch eingetragen. Wenn Sie aber Änderungen nach der Installation vornehmen, beispielsweise Ihre Festplatte von Slave nach Master jumpern, müssen Sie auch selbst die nötigen Änderungen in der *BOOT.INI* vornehmen, und zwar vor dem Hardwareumbau. Auch wenn Sie die Festplatte an einen anderen Controller anschließen oder neue Partitionen anlegen, kann in der *BOOT.INI* eine Änderung nötig sein.

Ermitteln der neuen Angaben

Wenn Sie keine Vorstellung davon haben, ob die Hardwareänderungen sich auf die *BOOT.INI* auswirken, können Sie den Umbau temporär vornehmen und den Befehl *map arc* innerhalb der Wiederherstellungskonsole verwenden, um sich alle gültigen ARC-Pfade für Windows-Installationen anzeigen zu lassen.

Da die Wiederherstellungskonsole unabhängig von ARC-Pfaden immer lauffähig ist, können Sie mithilfe der Konsole eine entsprechend geänderte *BOOT.INI*-Datei einspielen und danach mit Ihrer Windows XP-Installation wieder korrekt booten.

Am Ende der Zeile sind verschiedene Startparameter möglich. Die wichtigsten sind hier kurz beschrieben:

Parameter	Bedeutung
/basevideo	VGA-Modus, VGA-Treiber werden nicht geladen.
/bootlog	Die Startprotokollierung in der Datei *%systemroot%\ntbtlog.txt* wird eingeschaltet.
/crashdebug	Der Kernel-Debugger von Windows XP wird beim Start geladen und im Falle einer Stoppnachricht aktiviert.
/debug	Der Kernel-Debugger wird geladen und sofort aktiviert.
/fastdetect	Erkennung der seriellen Maus wird während des Bootens abgeschaltet.
/maxmem=Zahl	Der Arbeitsspeicher wird nur bis zur angegebenen Größe verwendet. Nützlich, um Programme zu testen.
/noguiboot	Während des Startvorgangs wird keine Bitmap angezeigt.
/numproc=Zahl	Verwendet auf Multiprozessorsystemen nur die angegebene Anzahl an Prozessoren.
/pcilock	Windows XP ordnet keine Hardwareressourcen mehr zu, sondern das BIOS übernimmt diese Aufgabe.
/safeboot:Parameter	Erzwingt Booten im abgesicherten Modus. Parameter: *minimal* => normaler abgesicherter Modus *network* => mit Netzwerktreibern *minimal(allternateshell)* => abgesicherter Modus (nur Eingabeaufforderung)
/sos	Zeigt während des Systemstarts die Namen der aktuell geladenen Treiber an. Nützlich zur Diagnose.

Parameter können auch kombiniert werden. Der abgesicherte Modus, der sich hinter dem erweiterten Startmenü [F8] versteckt, bootet beispielsweise mit einer Kombination aus folgenden Parametern:

```
/safeboot:minimal /sos /bootlog /noguiboot
```

Dual-Boot-Systeme

Bei Dual-Boot-Systemen stehen mehrere Zeilen im Abschnitt *[operating systems]*.

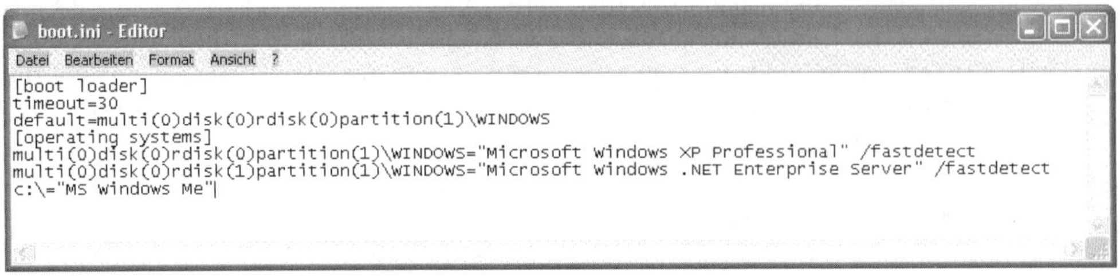

Multiboot zwischen Windows XP, Windows .NET Server und Windows ME.

Wenn Sie vor der Installation von Windows XP ein älteres Betriebssystem wie im Beispiel Windows ME auf der Festplatte hatten, wird der alte Bootsektor in der Datei *bootsect.dos* auf dem ursprünglichen Bootlaufwerk (im Beispiel C) gesichert und bei Auswahl der entsprechenden Zeile einfach nachgeladen. Der restliche Bootvorgang läuft dann genau wie unter einem original Windows ME-System ab.

Workshop: Anpassen der BOOT.INI und der Bootdateien wegen Hardwareumbau

Sie haben eine neue IDE-Festplatte gekauft, die schneller ist als die vorhandene, und wollen diese für Videodaten verwenden. Damit der Datendurchsatz optimal ist, möchten Sie die neue Festplatte als Master anschließen, die alte soll Slave-Festplatte werden.

Die alte *BOOT.INI*-Datei sieht so aus:

```
[boot loader]
timeout=30
default=multi(0)disk(0)rdisk(0)partition(1)\WINDOWS
[operating systems]
multi(0)disk(0)rdisk(0)partition(1)\WINDOWS="Microsoft Windows XP Professional" /fastdetect
C:\CMDCONS\BOOTSECT.DAT="Microsoft Windows XP-Wiederherstellungskonsole" /cmdcons
```

Vor dem Einbau der neuen Platte sollten Sie dafür sorgen, dass Ihre *BOOT.INI* korrekt ist, und außerdem zur Sicherheit eine Bootdiskette erstellen.

Da sich die Master-/Slave-Rolle der Systemfestplatte ändert, müssen Sie die *BOOT.INI* anpassen und den Eintrag für Windows XP Professional von *rdisk(0)* auf *rdisk(1)* ändern:

```
[boot loader]
timeout=30
default=multi(0)disk(0)rdisk(0)partition(1)\WINDOWS
[operating systems]
multi(0)disk(0)rdisk(1)partition(1)\WINDOWS="Microsoft Windows XP Professional" /fastdetect
C:\CMDCONS\BOOTSECT.DAT="Microsoft Windows XP-Wiederherstellungskonsole" /cmdcons
```

Nun haben wir aber in unserem Beispiel nicht nur das Problem der *BOOT.INI*, sondern die Bootfestplatte wurde geändert, da PCs bei IDE-Festplatten normalerweise immer von der aktiven Partition der Master-Festplatte starten. Dort liegen jedoch keine Bootdateien.

Als Lösungsmöglichkeit können Sie nun entweder im BIOS die Bootsequenz verändern, falls Ihr BIOS die Auswahl der Startfestplatte ermöglicht, oder aber Sie stellen die Bootdateien mithilfe der Wiederherstellungskonsole wieder her.

Ein Workshop dazu folgt auf Seite 246.

Weitere Startdateien

Auf einer Windows XP-Standardinstallation sind jedoch noch einige Dateien mehr zu finden:

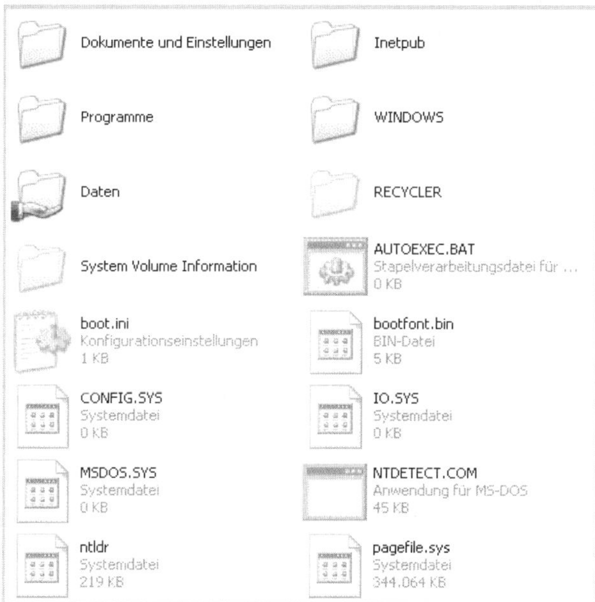

Diese Dateien sind normalerweise unter Windows XP zu finden.

Bei der Datei *pagefile.sys* handelt es sich um die Auslagerungsdatei, sie hat mit dem Bootvorgang nichts zu tun.

Die leere Datei *MSDOS.SYS* und *IO.SYS* sind lediglich Platzhalter und haben keine Bedeutung. Die Datei *CONFIG.SYS* ist ebenfalls nur von Bedeutung, wenn Sie Dual-Boot-Systeme einsetzen. Bei Dual-Boot-Systemen mit DOS oder älteren Windows-Versionen gibt es dann natürlich auch „brauchbare" Versionen von *MSDOS.SYS* und *IO.SYS*.

Einzig die Datei *AUTOEXEC.BAT* kann noch sinnvolle Informationen enthalten.

Unter Windows XP wird jedoch nicht wie unter Windows 9x die gesamte Datei *AUTOEXEC.BAT* eingelesen und ausgeführt, sondern nur bestimmte Befehle:

- *SET*-Befehle
- *PATH*-Befehle

Mithilfe der Datei *AUTOEXEC.BAT* können Sie also den Suchpfad beeinflussen und Umgebungsvariablen setzen.

Fehlermöglichkeiten beim Booten und Diagnosemöglichkeiten

Neben Fehlern wie gelöschten Bootdateien ist das Hauptproblem der „Faktor Mensch“. Möglicherweise versucht ein Benutzer, seine Bootdateien zu komprimieren, Zugriffsrechte zu verändern oder gar die Dateien zu verschlüsseln, um sie zu schützen.

Leider wird damit nur der gegenteilige Effekt erreicht: Das Betriebssystem kommt beim Booten nicht mehr an die Dateien heran und bringt dieselben Fehlermeldungen, als wären die Dateien gelöscht worden.

Auch Bootsektorviren, die den Bootsektor der Partition oder gar den **M**aster **B**oot **R**ecord (MBR) überschreiben, sind sehr verbreitet. Auch wenn die meisten dieser Viren bei laufendem Betriebssystem keine Chance haben, genügt es doch, eine virenverseuchte Diskette beim nächsten Neustart im Laufwerk zu haben, um den Bootsektor zu infizieren und damit für Windows XP unbrauchbar zu machen.

Hier hilft nur noch eine Windows XP-Bootdiskette zur Überbrückung des Bootvorgangs. Danach muss die vorgenommene Änderung an den Dateien einfach rückgängig gemacht, also die Rechte zurückgesetzt bzw. die Bootdateien oder der Bootsektor neu eingespielt werden.

Wie bereits oben kurz skizziert, ist auch bei Festplattenumbauten oder neuen Partitionen Vorsicht angesagt, da die ARC-Pfade innerhalb der *BOOT.INI* manuell angepasst werden müssen.

Es gibt natürlich auch viele Möglichkeiten, beim Editieren der *BOOT.INI* Fehler zu machen, deshalb bietet sich hierfür der Einsatz von Tools an. Einige sind bei Windows XP bereits mit dabei, diese werden hier kurz vorgestellt.

bootcfg

Zur Änderung von Einstellungen und zur Anzeige von Booteinstellungen steht unter Windows XP das Programm bootcfg zur Verfügung.

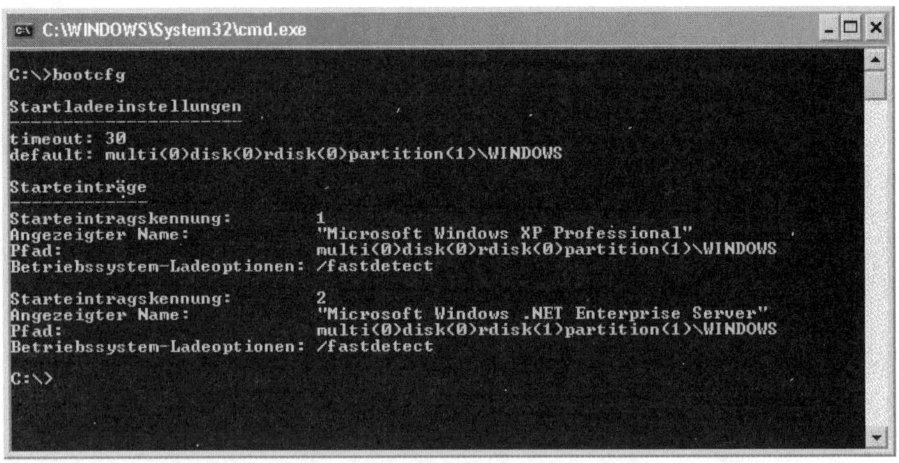

bootcfg.exe zeigt und ändert Einträge in der BOOT.INI.

Mithilfe dieses Befehls können Zeilen in der *BOOT.INI* geändert, gelöscht, kopiert und um Parameter ergänzt werden.

Nach unserer Erfahrung ist es aber wesentlich einfacher, die Datei *BOOT.INI* direkt mit einem Editor zu bearbeiten, als die Syntax des Befehls zu verwenden.

MSCONFIG.EXE – Systemkonfigurationsprogramm

Ein sehr nützliches Tool, um verschiedene Startparameter auszuprobieren, ist *MSCONFIG.EXE*, das Sie einfach über *Start/Ausführen* aufrufen können.

Mithilfe dieses Tools können Sie in der Registerkarte *BOOT.INI* die Bootdatei direkt bearbeiten, Timeouts verändern oder die einzelnen Zeilen mit neuen Startparametern versehen.

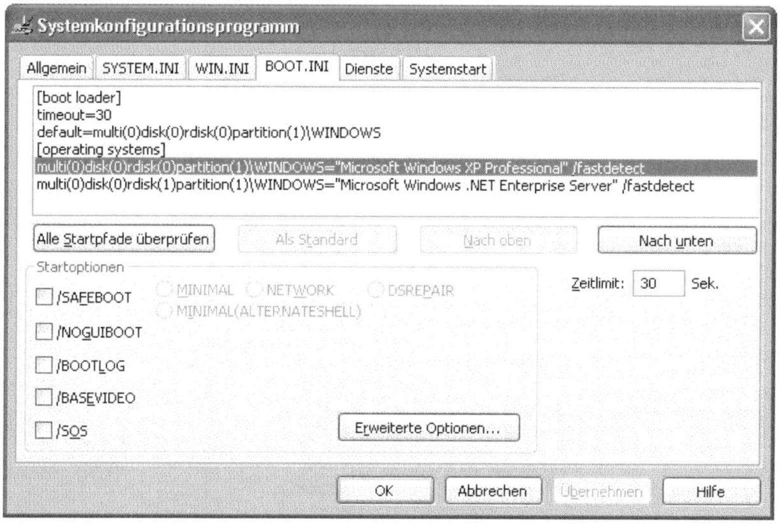

Überprüfen der BOOT.INI mit MSCONFIG.

Eine sehr nützliche Option ist *Alle Startpfade überprüfen.*

Wenn Sie gerade an Ihren Festplatten oder Partitionen Änderungen vorgenommen haben, können Sie schon vor dem nächsten Neustart eventuelle Probleme erkennen.

Falls Sie nicht genau wissen, warum Ihr System beim Neustart Fehlermeldungen bringt, können Sie hier einfach einen Diagnosesystemstart vornehmen, den PC neu starten und dann überprüfen, ob die Fehlermeldungen noch bestehen.

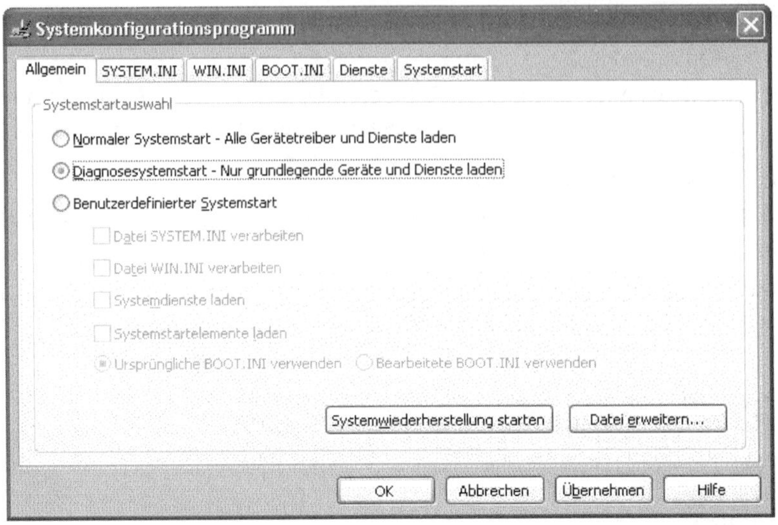

So machen Sie einen Diagnosesystemstart.

Beim Diagnoseneustart werden nur absolut erforderliche Treiber und Dienste geladen. Wenn dies funktioniert, können Sie über das Computermanagement oder wieder über MSCONFIG die Liste der Dienste durchgehen und alle Dienste deaktivieren, die in Zukunft nicht benötigt werden.

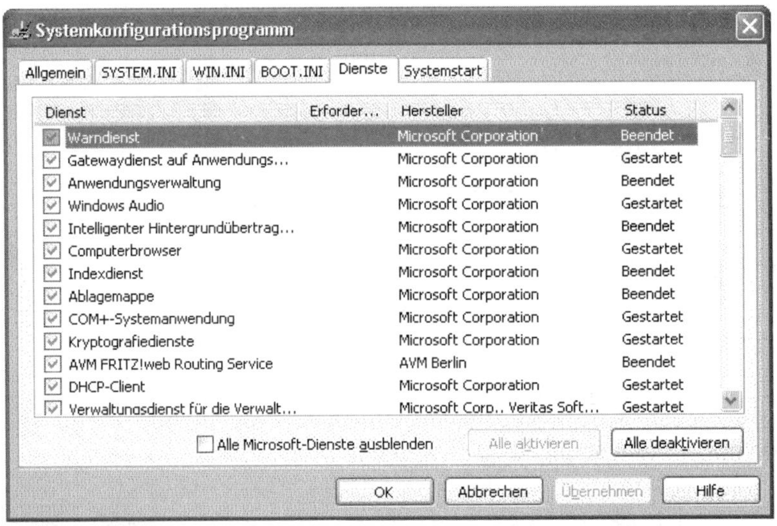

Diensteverwaltung über MSCONFIG.

Sehr praktisch ist bei diesem Tool, dass nicht nur Dienste, sondern auch automatisch startende Programme aller Art (AutoStart-Gruppe, Registry, *WIN.INI* etc.) im Register *Systemstart* aufgelistet werden und von hier aus an zentraler Stelle auch deaktiviert werden können.

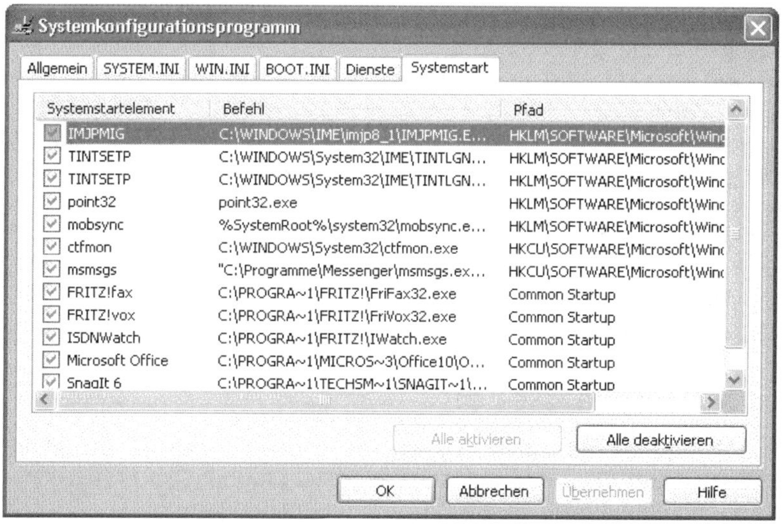

Hier können Sie automatisch startende Programme deaktivieren.

Für den Fall, dass wirklich eine wichtige Systemdatei überschrieben wurde, können Sie mit einem einfachen Menü die Original-Datei von der Windows XP-CD auspacken und in das System kopieren. Klicken Sie hierzu im Register *Allgemein* auf *Datei erweitern*.

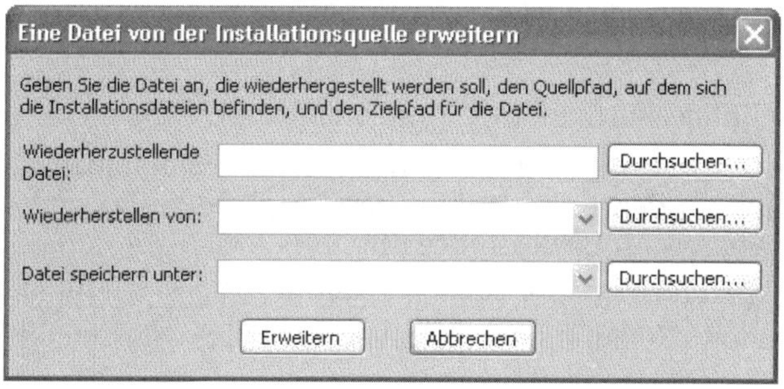

Wiederherstellen von Systemdateien von der Original-CD.

Bootdiskette als Rettungsanker

Um Problemen mit zerstörten Bootsektoren oder Master Boot Records vorzubeugen, sollten Sie auf jeden Fall eine Windows XP-Bootdiskette vorbereiten. Egal ob die Dateien durch ein Virus oder durch Manipulation der Startdateien beschädigt sind, mithilfe der Bootdiskette können Sie den Bootvorgang überbrücken und das System zunächst einmal starten, um dann bei laufendem Betriebssystem den eigentlichen Schaden zu beheben. Um die Bootdiskette zu erstellen, gehen Sie wie folgt vor:

1 Formatieren Sie eine Diskette unter Windows XP (Quick-Format genügt)

2 Kopieren Sie alle Bootdateien Ihres PCs auf die Diskette:

- *ntldr*
- *NTDETECT.COM*
- *BOOT.INI*
- *AUTOEXEC.BAT*

Falls vorhanden, *ntbootdd.sys*.

Nun können Sie mithilfe dieser Diskette starten, falls Ihr Bootsektor defekt ist oder eine Ihrer Bootdateien beschädigt oder gelöscht wurde.

Sicherheitsrisiko Bootdiskette?
Die Diskette stellt kein Sicherheitsrisiko dar, da Benutzer und Kennwörter weiterhin nur auf der SAM der Systemplatte gespeichert sind. Diese wird aber nur über den Pfad innerhalb der Datei *BOOT.INI* referenziert und ist nicht auf der Diskette enthalten.

Sie können außerdem mit einer Bootdiskette mehrere unterschiedliche PCs absichern, Sie müssen nur für jeden PC mit anderer Festplatteneinteilung eine eigene Zeile in der Datei *BOOT.INI* erzeugen bzw. aus der *BOOT.INI* des Original-Systems kopieren.

Startdateien wiederherstellen

Wenn Sie eine Bootdiskette besitzen, ist es sehr einfach, gelöschte oder unbrauchbare Bootdateien wiederherzustellen. Starten Sie einfach das System mithilfe der Bootdiskette und kopieren Sie die darauf enthaltenen Dateien zurück auf die Bootpartition.

Etwas schwieriger ist es, den Bootsektor und den Master Boot Record wiederherzustellen. Sie brauchen dazu ein Hilfsprogramm, beispielsweise:

- Die Wiederherstellungskonsole und den hier enthaltenen Befehl *fixboot* bzw. *fixmbr*. Der Einsatz der Wiederherstellungskonsole wird in Kapitel 5.5 ab Seite 235 beschrieben.
- Fremdprogramme wie Norton Utilities für Windows in einer aktuellen Version.
- Das Programm Diskprobe kann verwendet werden, um die bei NTFS automatisch angelegte Kopie des Bootsektors in den ersten Sektor der Festplatte zu kopieren. Diskprobe ist Bestandteil des Windows 2000 Ressource Kits.
- Das Setup-Programm von Windows XP kopiert ebenfalls den Bootsektor, wenn Sie eine Zweitinstallation von Windows XP auf Ihrem System anstoßen (Sie müssen diese nicht zu Ende führen).

Um den Master Boot Record wiederherzustellen, genügt es, von einer DOS-Startdiskette zu booten und von der Diskette den Befehl

```
Fdisk /mbr
```

aufzurufen. Dies ist nur mit Basisdatenträgern möglich und überschreibt nur die ersten 446 Byte des MBR-Codes, jedoch nicht die Partitionstabelle.

Achtung, Datenverlust möglich!
Wenn ein MBR-Virus die bestehende Partitionstabelle verschlüsselt hat, ist ein Zugriff auf die korrekten Partitionsinformationen nur dann möglich, wenn der Viren-MBR-Code geladen ist.
Ein Überschreiben des MBR-Codes macht in diesem Fall die Partitionstabelle unzugänglich. Es ist deshalb sicherer, vor diesem Schritt mithilfe eines Low-Level-Disk-Editor-Tools die genauen Partitionsinformationen (Beginn- und Endsektor jeder Partition) zu notieren, damit diese notfalls nach dem Eingriff manuell wieder in die Partitionstabelle integriert werden können.
Eventuell hilft hier auch Ihre Antivirensoftware weiter, sofern im Funktionsumfang eine Notfall-Bootroutine vorgesehen ist.

5.4 Problemlösung per Startmenü

Wenn der grundlegende Bootvorgang funktioniert, jedoch der Start der grafischen Oberfläche oder einzelner Dienste oder Treiber Probleme bereitet, kann das Windows-Startmenü weiterhelfen. Es setzt automatisch die nötigen Startparameter, um unnötige Treiber und Dienste abzuschalten und ein Booten im „Reparaturmodus“ zu ermöglichen. In diesem Abschnitt erfahren, Sie, welche der Optionen wann genutzt werden sollten.

Das Startmenü erscheint, wenn Sie während des Bootens nach dem POST die Taste F8 drücken.

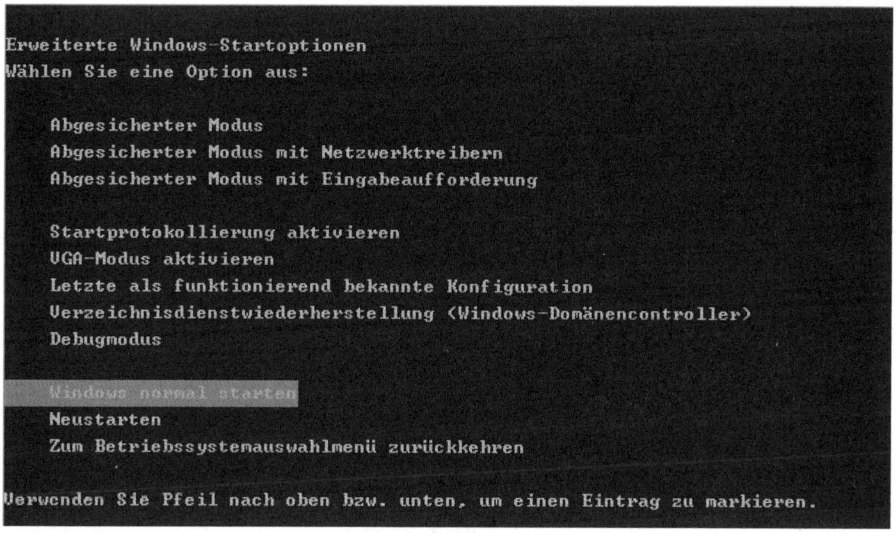

Das Windows-Startmenü.

Die einzelnen Optionen werden nachfolgend genauer erläutert:

Startmenü-Einträge	Bedeutung
Abgesicherter Modus	Es werden nur die als essenziell eingestuften Treiber (z. B. für Festplatten-Controller) geladen.
Abgesicherter Modus mit Netzwerktreibern	Es werden nur die als essenziell eingestuften Treiber (z. B. für Festplatten-Controller) geladen, außerdem werden noch Netzwerktreiber geladen.
Abgesicherter Modus mit Eingabeaufforderung	Es werden nur die als essenziell eingestuften Treiber (z. B. für Festplatten-Controller) geladen. Nach dem Login wird nicht der Explorer gestartet, sondern nur die Eingabeaufforderung.
Startprotokollierung aktivieren	Das System startet normal und führt ein Protokoll über jeden einzelnen geladenen Treiber in der Datei *%systemroot%\ntbtlog.txt* durch. Durch Überprüfen der Datei können Sie herausfinden, welche Treiber nicht geladen werden konnten und den Fehler verursacht haben.
VGA-Modus aktivieren	Falls der VGA-Treiber Probleme verursacht, können Sie hier den Treiber temporär abschalten und mit Standard-VGA-Funktionen arbeiten.

Startmenü-Einträge	Bedeutung
Letzte als funktionierend bekannte Konfiguration	Wenn vor dem Neustart Treiber geändert wurden und noch kein erfolgreicher Neustart durchgeführt wurde, kommen Sie hiermit zum letzten Stand des Systems zurück.
Verzeichnisdienstwiederherstellung	Unter Windows XP nicht anwendbar.
Debugmodus	Aktiviert den Kernel-Debugger, sodass Sie mit den MS-Entwicklungswerkzeugen den Bootvorgang mitverfolgen können.

Der mit Abstand am häufigsten eingesetzte Modus ist der abgesicherte Modus, der einen „quick and dirty" Bootvorgang zulässt und Ihnen die Chance gibt, auf schnellstem Wege das letzte Backup einzuspielen, ohne weitere Diagnosen vorzunehmen.

Nur wenn der abgesicherte Modus ebenfalls nicht funktioniert, müssen Sie auf weitergehende Restore-Mechanismen wie die Wiederherstellungskonsole zurückgreifen.

Der Modus der Startprotokollierung ist in diesem Zusammenhang nützlich, da er die auftretenden Fehler in der Protokolldatei mitschreibt und Ihnen so die Chance gibt, die fehlerhafte Komponente herauszufinden. Nicht jeder gelistete Fehler führt zu Startproblemen, aber jeden nicht geladenen Treiber sollten Sie zumindest kurz überprüfen.

Fehler meist am Schluss

Wenn Ihr System beim Booten „hängt", ist meist einer der zuletzt geladenen Treiber an der Misere schuld. Sie sollten also die Fehlersuche vom Ende des Protokolls beginnen.

Beispiel für eine Logdatei der Startprotokollierung:

```
Microsoft (R) Windows (R) Version 5.1 (Build 2600)
 6 16 2002 17:10:42.500
Treiber geladen \WINDOWS\system32\ntoskrnl.exe
Treiber geladen \WINDOWS\system32\hal.dll
Treiber geladen \WINDOWS\system32\KDCOM.DLL
Treiber geladen \WINDOWS\system32\BOOTVID.dll
...
Treiber geladen \SystemRoot\System32\Drivers\NDProxy.SYS
Der Treiber wurde nicht geladen \SystemRoot\System32\Drivers\NDProxy.SYS
Treiber geladen \SystemRoot\System32\DRIVERS\usbhub.sys
Treiber geladen \SystemRoot\System32\DRIVERS\flpydisk.sys
Der Treiber wurde nicht geladen \SystemRoot\System32\Drivers\lbrtfdc.SYS
Der Treiber wurde nicht geladen \SystemRoot\System32\Drivers\Sfloppy.SYS
Der Treiber wurde nicht geladen \SystemRoot\System32\Drivers\i2omgmt.SYS
Der Treiber wurde nicht geladen \SystemRoot\System32\Drivers\Changer.SYS
Der Treiber wurde nicht geladen \SystemRoot\System32\Drivers\Cdaudio.SYS
Treiber geladen \SystemRoot\System32\Drivers\Fs_Rec.SYS
Treiber geladen \SystemRoot\System32\Drivers\Null.SYS
Treiber geladen \SystemRoot\System32\Drivers\Beep.SYS
Treiber geladen \SystemRoot\System32\drivers\vga.sys
Treiber geladen \SystemRoot\System32\Drivers\mnmdd.SYS
Treiber geladen \SystemRoot\System32\DRIVERS\RDPCDD.sys
Treiber geladen \SystemRoot\System32\Drivers\Msfs.SYS
Treiber geladen \SystemRoot\System32\Drivers\Npfs.SYS
Treiber geladen \SystemRoot\System32\DRIVERS\rasacd.sys
Treiber geladen \SystemRoot\System32\DRIVERS\ipsec.sys
Treiber geladen \SystemRoot\System32\DRIVERS\tcpip.sys
```

```
Treiber geladen \SystemRoot\System32\DRIVERS\netbt.sys
Treiber geladen \SystemRoot\System32\DRIVERS\netbios.sys
Der Treiber wurde nicht geladen \SystemRoot\System32\Drivers\PCIDump.SYS
Treiber geladen \SystemRoot\System32\DRIVERS\rdbss.sys
Treiber geladen \SystemRoot\System32\DRIVERS\mrxsmb.sys
Der Treiber wurde nicht geladen \SystemRoot\System32\Drivers\Imapi.SYS
Treiber geladen \SystemRoot\System32\Drivers\Fips.SYS
Treiber geladen \SystemRoot\System32\Drivers\Cdfs.SYS
Treiber geladen \SystemRoot\System32\DRIVERS\wanarp.sys
Treiber geladen \SystemRoot\System32\drivers\afd.sys
...
```

In diesem Beispiel einer *Ntbtlog.txt*-Datei sehen Sie, dass einzelne Treiber nicht geladen wurden. Es ist wahrscheinlich, dass die Bootprobleme von einem der nicht geladenen Treiber stammen.

5.5 Problembehebung mit der Wiederherstellungskonsole

Die Wiederherstellungskonsole ist ein bereits mit Windows 2000 eingeführtes Hilfsprogramm, das in Form eines „Mini-Betriebssystems“ selbstständig und unabhängig vom eigentlich auf der Festplatte installierten System arbeitet und speziell zur Reparatur von Windows 2000- und XP-Systemen entwickelt wurde.

In diesem Abschnitt erfahren Sie alles über die Funktionen und Kommandos der Wiederherstellungskonsole und darüber, wie Sie mithilfe der Wiederherstellungskonsole ein instabiles oder nicht mehr bootendes Windows XP-System reparieren können.

Wofür kann die Wiederherstellungskonsole eingesetzt werden?

Die Wiederherstellungskonsole ist ein sehr flexibles Tool, das Kommandos für viele Aufgaben unterschiedlicher Art bereithält:

- Dateien auf der Festplatte austauschen, anlegen und löschen (auch bei NTFS)
- Bootsektor korrigieren
- **M**aster **B**oot **R**ecord (MBR) korrigieren
- Partitionsinformationen und korrespondierende ARC-Namen anzeigen
- Bootkonfiguration korrigieren und erweitern
- Dienste oder Treiber deaktivieren bzw. aktivieren
- Teile der Registry sichern und wiederherstellen

Unterschiede zwischen Wiederherstellungskonsole und XP-Textmodus

Es handelt sich bei der Wiederherstellungskonsole um ein sehr stark abgespecktes, aber eigenständiges, Windows NT-basiertes Betriebssystem. Im Unterschied zu dem aus dem Startmenü abrufbaren abgesicherten Modus mit Text Only kann die Wiederherstellungskonsole auch dann gestartet werden, wenn die eigentliche Windows XP-Installation aufgrund mangelnder Treiber, DLLs oder Bootdateien überhaupt nicht mehr startbar ist.

Die Wiederherstellungskonsole ist jedoch nicht für alle Aufgaben einsetzbar. So können Sie keine „fremden" Programme starten, sondern nur die internen Kommandos nutzen. Diese Beschränkung wurde implementiert, da es sich ja eigentlich nicht um ein Betriebssystem handelt, sondern um ein Reparaturwerkzeug, das nicht zur produktiven Arbeit genutzt werden soll.

Aufruf der Wiederherstellungskonsole

Die Wiederherstellungskonsole ist auf jeder Windows XP-CD enthalten und kann direkt von der CD gestartet werden. Dazu müssen Sie im BIOS Ihres PCs das Booten von CD ermöglichen. Während des Systemstarts lassen Sie die Windows XP-CD eingelegt, drücken nach der entsprechenden Aufforderung während des Bootvorgangs eine Taste zum Starten von der CD und dann die Taste [F2], um anstelle des Windows XP-Setup-Programms die Wiederherstellungskonsole aufzurufen.

Wenn Sie die Wiederherstellungskonsole häufiger benötigen, bietet es sich jedoch an, diese direkt auf die Festplatte zu installieren. Sie taucht dann direkt beim Start in der Betriebssystemauswahl auf und kann jederzeit bei auftretenden Problemen gestartet werden.

Achtung bei Service-Packs

Die Wiederherstellungskonsole sollte immer über denselben Stand des Service-Pack verfügen wie das installierte Betriebssystem, damit neue Optionen wie zusätzliche Verschlüsselungsverfahren etc. auch bei der Reparatur unterstützt werden.

Auch deshalb bietet es sich an, die Wiederherstellungskonsole aus einem mit dem aktuellen Service-Pack gepatchten Verzeichnis oder bei laufender Internetverbindung unter Nutzung des automatischen Updates auf der Festplatte zu installieren.

Installation auf die lokale Festplatte

Um die Wiederherstellungskonsole auf die lokale Festplatte zu installieren, brauchen Sie Zugriff auf die Windows XP-CD und 7 MByte freien Festplattenplatz auf Ihrer Systempartition.

Rufen Sie zur Installation von der Windows XP-CD aus dem Verzeichnis *\i386* das Kommando *winnt32* mit dem Parameter */cmdcons* auf.

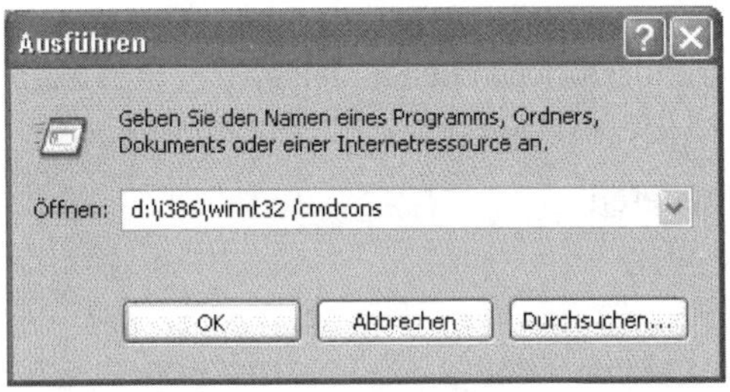

Mit diesem Kommando können Sie die Wiederherstellungskonsole installieren.

Sie erhalten einen Hinweis auf die bevorstehende Installation und erfahren die Systemvoraussetzungen für die Installation.

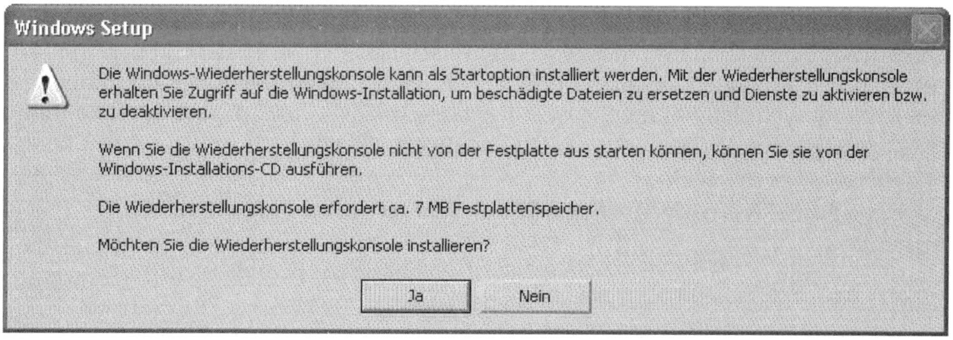

Installation der Wiederherstellungskonsole.

Während der Installation versucht die Setup-Routine, automatisch eine Verbindung zum Microsoft-Webserver herzustellen und nach aktuelleren Treibern und Versionen der Wiederherstellungskonsole zu suchen. Sie können diesen Schritt natürlich überspringen, sollten aber die Gelegenheit zum Update annehmen und – falls nötig – die Internetverbindung aufbauen, damit Sie auch gleich den aktuellen Stand auf Ihrer Festplatte haben und auch ein neueres Windows XP-System reparieren können.

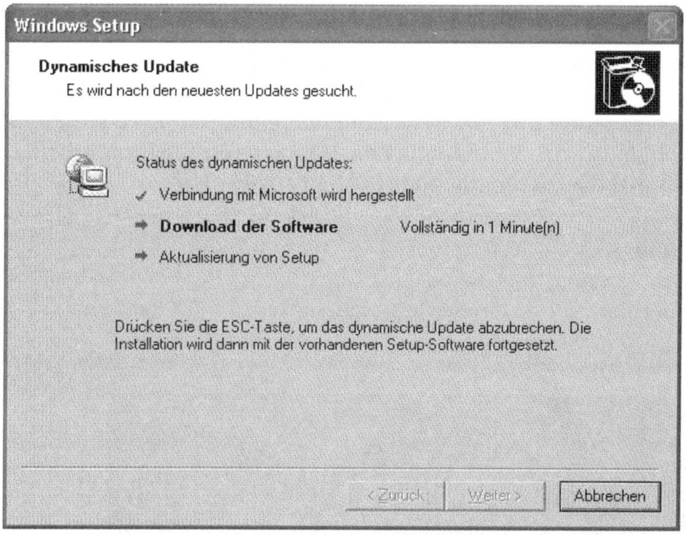

Automatisches Update der Wiederherstellungskonsole während der Installation.

Die Installation dauert nur ein bis zwei Minuten, dann sollten Sie eine Bestätigungsmeldung über die erfolgreiche Installation erhalten.

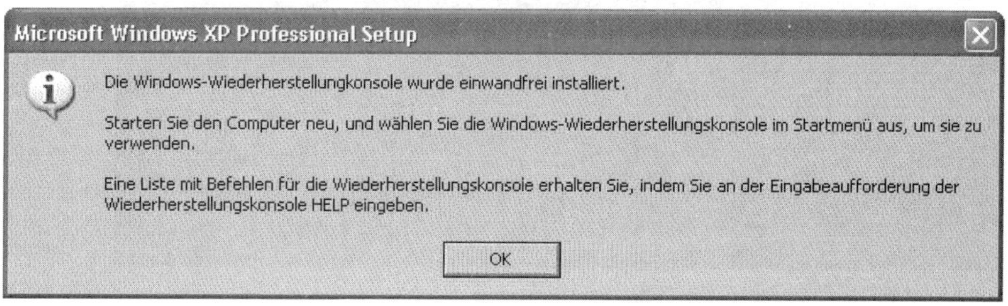

Die Wiederherstellungskonsole ist installiert.

Die Wiederherstellungskonsole wird automatisch auf die Systempartition in das Verzeichnis *\CMDCONS* installiert, das normalerweise versteckt ist. In dem Verzeichnis befinden sich alle wichtigen Festplattentreiber, die zum Booten des Reparatursystems eventuell erforderlich sein könnten, sowie die Datei *BIOSINFO.INF*, die bei der Erkennung der richtigen HAL für das bootende System herangezogen wird.

Exotische Festplatten-Controller mit der Wiederherstellungskonsole verwenden

Versuchen Sie nicht, die Treiberdateien innerhalb des Verzeichnisses zu patchen oder zu ergänzen. Während des Starts der Wiederherstellungskonsole können Sie einfach die Taste [F6] drücken, falls Sie einen speziellen SCSI- oder RAID-Treiber zum Zugriff auf Ihre Festplatten benötigen.

In der Datei *BOOT.INI* ist folgende Zeile eingetragen, damit Sie aus dem Bootmenü die Wiederherstellungskonsole auswählen können:

```
C:\CMDCONS\BOOTSECT.DAT="Microsoft Windows XP-Wiederherstellungskonsole" /cmdcons
```

Ab dem nächsten Bootvorgang können Sie aus dem Startmenü die Wiederherstellungskonsole auswählen.

Start der Wiederherstellungskonsole

Wenn Sie die Wiederherstellungskonsole starten, können Sie während des Startvorgangs mithilfe der Taste [F6] einen zusätzlichen Festplatten-Controller-Treiber in das System einbinden, falls dies erforderlich sein sollte. Da die Wiederherstellungskonsole ein Reparaturwerkzeug ist, das unabhängig von der eigentlichen Windows-Installation arbeitet, müssen Sie beim Start erst einmal das zu reparierende System auswählen.

Mehrere Systeme reparieren?

Die Reparatur wird für Windows 2000 und Windows XP unterstützt. Bei NT funktionieren möglicherweise einige Befehle, es gibt jedoch keine offizielle Unterstützung für die NT-4-Reparatur. Die Reparatur von Windows 9x wird nicht unterstützt.

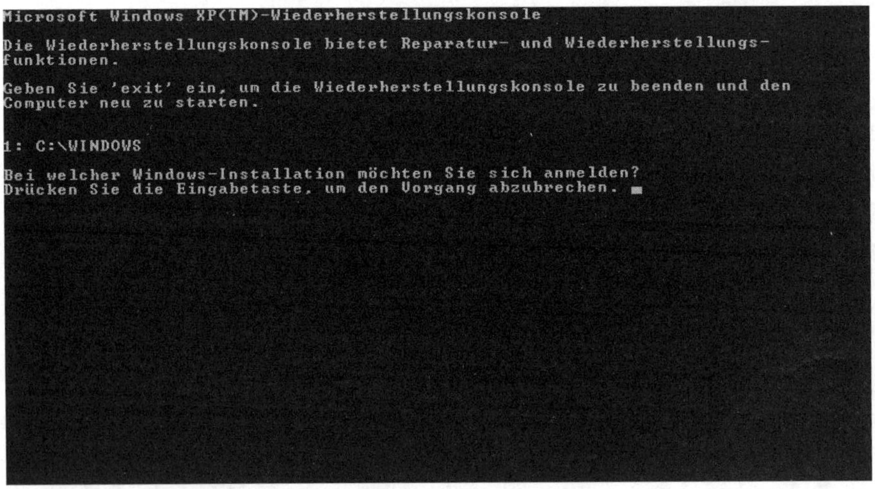

Auswahl der Windows-Version.

Vor dem Start der Eingabeaufforderung ist außerdem die Anmeldung am Windows XP-System als Administrator nötig, damit nicht jeder, der im Besitz einer Windows XP-CD mit der Wiederherstellungskonsole ist, einfach auf Ihre Festplatte zugreifen kann.

Nur Administrator-Login ist möglich

Beachten Sie, dass kein Login mit anderen Benutzern möglich ist, Sie müssen also das Kennwort des Benutzers „Administrator" kennen. Bei einigen vom Hersteller bereits installierten Konfigurationen wird ein zufälliges Passwort für den Administrator generiert, womit dem Anwender der Zugriff auf die Recovery Console versperrt bleibt.

Eine Möglichkeit, dies zu verhindern, ist der automatisierte Login-Prozess. Um den Anmeldeprozess zu automatisieren, muss in der Registry unter *HKEY_LOCAL_MACHINE\Software\Microsoft\Windows NT\CurrentVersion* der Eintrag *DefaultUserName* den gültigen Benutzernamen enthalten. Beim Eintrag *DefaultPassword* muss das Passwort eingegeben werden. *AutoAdminLogon* enthält den Wert 1.

Deutlich komfortabler geht es über die Power-Toys unter dem Punkt *Logon*.

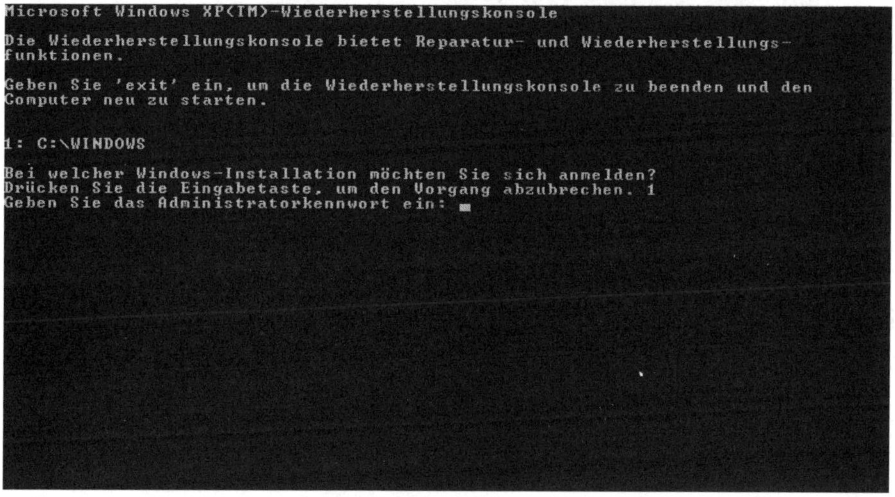

Die Eingabe des Administratorkennwortes ist erforderlich.

Kommandos innerhalb der Wiederherstellungskonsole

Die Wiederherstellungskonsole unterstützt eine ganze Reihe von Kommandos. Sie erhalten eine Übersicht, indem Sie die Wiederherstellungskonsole aufrufen und in der Eingabeaufforderung „HELP" eingeben.

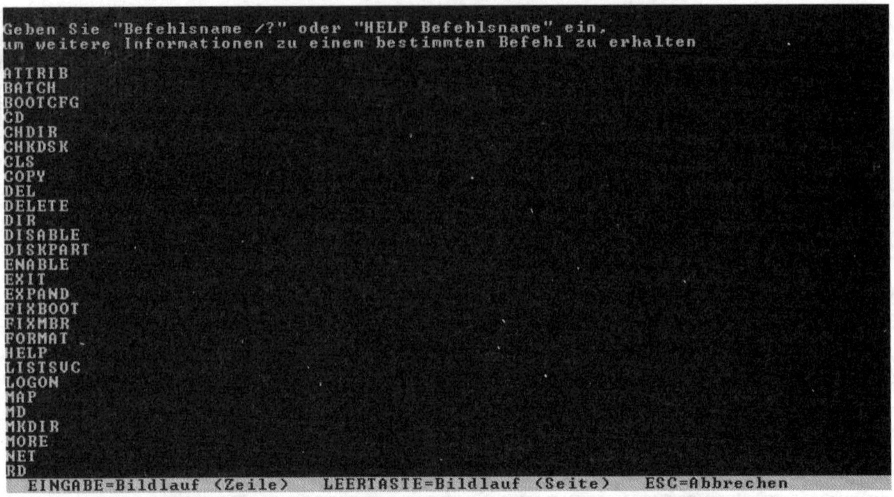

Die eingebaute Onlinehilfe erleichtert die Arbeit.

Dateikommandos

Sie finden in der Wiederherstellungskonsole viele aus DOS oder Windows bekannte Kommandos zur Manipulation von Dateien und des Bildschirms wie beispielsweise diese Befehle:

- *attrib* zum Ändern von Dateiattributen
- *cd* und *chdir* zum Wechseln von Verzeichnissen
- *cls* zum Löschen des aktuellen Bildschirminhalts
- *copy* zum Kopieren von Dateien
- *del* oder *delete* zum Löschen von Dateien
- *dir* zur Anzeige des Verzeichnisinhalts
- *md* oder *mkdir* zum Erstellen von Verzeichnissen
- *more* zum seitenweisen Anzeigen von Dateien
- *ren* oder *rename* zum Umbenennen von Dateien oder Verzeichnissen
- *rmdir* zum Löschen von Verzeichnissen
- *type* zum Anzeigen des Dateiinhalts

Diese Kommandos arbeiten ähnlich zu den DOS-Pendants, kennen jedoch nicht alle von diesen Systemen bekannten Parameter. Insbesondere werden Platzhalterzeichen (* und ?) nicht unterstützt.

Bevor Sie in einem bestehenden Windows-Verzeichnis bei Stabilitätsproblemen des Systems Treiberdateien, DLLs oder sonstige Dateien austauschen, sollten Sie die Festplatte zuerst nach Fehlern absuchen.

Dazu dient der Befehl *chkdsk*. Falls die Festplatte nicht explizit von der „echten“ Windows-Version als fehlerhaft markiert wurde, müssen Sie

```
chkdsk /p
```

aufrufen, um eine Überprüfung zu erzwingen.

Der Befehl

```
chkdsk /r
```

dient zum Recovery von Dateien aus fehlerhaften Sektoren. Die Sektoren werden ausgelesen und in Dateien mit der Endung *.chk* im Stammverzeichnis abgespeichert.

Sollte im schlimmsten Fall eine Neupartitionierung der Festplatte erforderlich sein, können Sie diese mit dem Befehl *diskpart* vornehmen.

Es handelt sich dabei um die textbasierte Ausgabe der Datenträgerverwaltung. Im Unterschied zu dem DOS-Befehl *fdisk* beherrscht *diskpart* auch das NTFS-Format und Partitionsgrößen über 4 GByte.

Der Befehl *format* kann die neu erstellte Partition dann nach Ihren Wünschen formatieren.

Registry wiederherstellen
Mithilfe des *copy*-Befehls können auch Teile der Registry wiederhergestellt werden. Eine Beschreibung finden Sie in Kapitel 5.9 ab Seite 252 und Kapitel 15.5 ab Seite 1027.

Arbeitsumgebung und Besonderheiten

Jeder Befehl der Konsole hat seine Eigenheiten und verhält sich anders, als Sie es von DOS oder Windows her gewohnt sind, da es sich bei der Wiederherstellungskonsole in erster Linie um ein Reparaturwerkzeug handelt.

Der *copy*-Befehl beispielsweise erlaubt es nicht, Dateien auf Wechseldatenträger wie Disketten zu kopieren, außer Sie erlauben es über Gruppenrichtlinien.

Ein Kopieren von einem Wechseldatenträger, beispielsweise der Windows XP-CD-ROM, ist aber möglich. Dafür wird eine komprimierte Datei aus Windows-Archiven automatisch während des Kopierens entpackt.

Alternativ können Sie auch den Befehl *expand* verwenden, um komprimierte Dateien auszupacken.

Eine Hilfe zu den Parametern eines Kommandos und Hinweise darauf, welche Funktionen im Einzelnen unterstützt oder nicht unterstützt werden, erhalten Sie mit dem Befehl

```
HELP Befehlsname
```

Nur Zugriff auf ein Windows-Verzeichnis möglich
Beachten Sie, dass innerhalb der Wiederherstellungskonsole der Zugriff nur auf Wechselmedien, das Stammverzeichnis des Laufwerks und Verzeichnisse unterhalb des aktuellen Windows XP-Verzeichnisses möglich sind. Weiter unten erfahren Sie, wie Sie diese Beschränkung mithilfe von Gruppenrichtlinien aufheben können.
Wenn Sie in einem anderen Windows-Verzeichnis arbeiten möchten, müssen Sie sich dort zuerst mit dem Befehl *logon* anmelden. Auch dann kann aber wiederum nur das neue Windows-Verzeichnis angesprochen werden.

Der Befehl *systemroot* bringt Sie aus jedem Verzeichnis heraus schnell wieder zurück in das aktuelle Windows-Stammverzeichnis.

Wie bereits erwähnt, ist es nicht möglich, andere Befehle und Programme außer den in der Wiederherstellungskonsole eingebauten Befehlen aufzurufen. Dies gilt auch für den *NET*-Befehl und Batchdateien.

Wenn Sie jedoch nur Wiederherstellungskonsolen-Befehle in einer Batchdatei verpacken möchten, können Sie einfach eine Datei mit beliebiger Endung anlegen und dann innerhalb der Wiederherstellungskonsole mit dem Befehl

```
Batch textdateiname
```

aufrufen. Natürlich sollten Sie auch den Befehl *exit* kennen, mit dem Sie die Wiederherstellungskonsole verlassen und das System damit gleichzeitig neu starten können.

Hilfe bei Bootproblemen

Einige Befehle der Wiederherstellungskonsole dienen speziell zur Fehlerbehebung bei Bootproblemen.

Wenn Sie die Datei *BOOT.INI* bearbeiten möchten oder müssen, weil sich beispielsweise die Nummerierung Ihrer Festplatten oder Partitionen geändert hat, können Sie dazu den Befehl *bootcfg* verwenden.

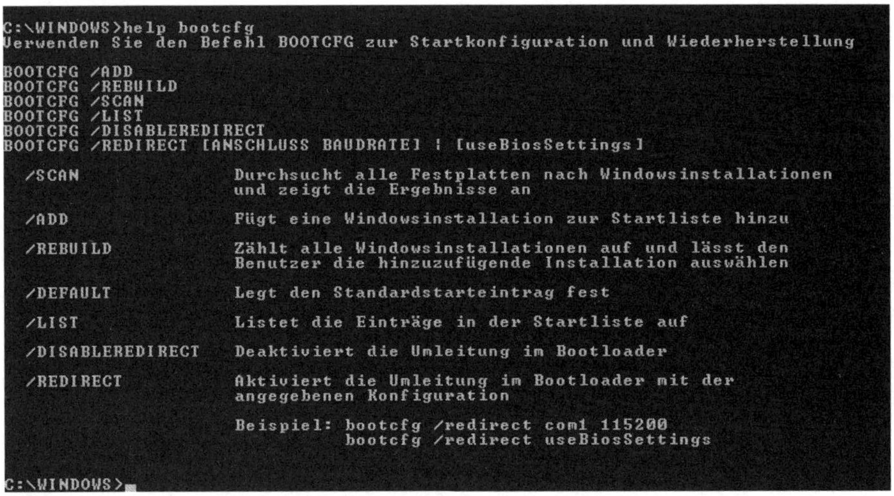

Bootcfg dient zur Bearbeitung der BOOT.INI.

Am nützlichsten bei „verlorenen" *BOOT.INI*-Einträgen ist der Befehl

```
Bootcfg /rebuild
```

Mit diesem Befehl können Sie alle vorhandenen Installationsverzeichnisse auflisten lassen und diese dann in die *BOOT.INI* übernehmen.

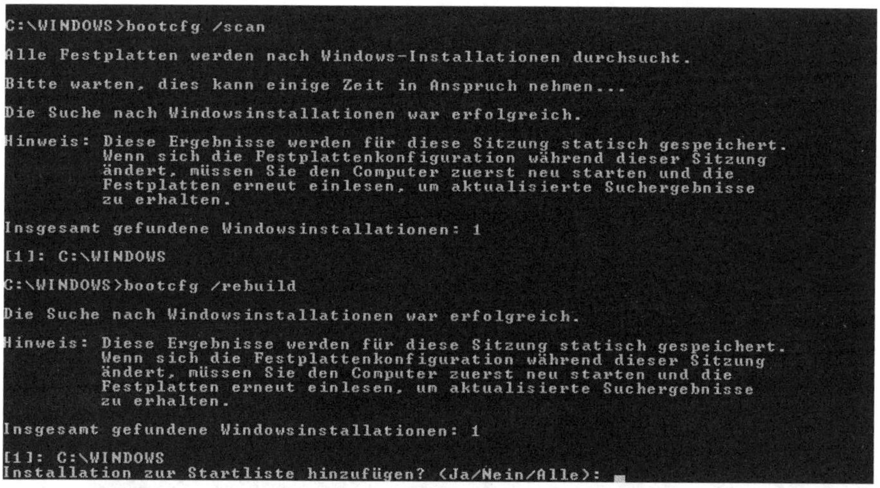

Suche und Übernahme der aktuellen Windows-Installation in die BOOT.INI.

Wenn Sie die *BOOT.INI*-Datei lieber selbst auf einem anderen Computer editieren möchten, verrät Ihnen der Befehl

```
map arc
```

welchen ARC-Pfad Sie in die *BOOT.INI* für die verschiedenen Partitionen eintragen müssen.

Sollten Sie Probleme mit dem Bootsektor haben, beispielsweise durch ein Virus, können Sie mithilfe des Befehls

```
fixboot
```

den Original-Windows XP-Bootsektor wiederherstellen.

Falls nicht nur der Bootsektor, sondern der **M**aster **B**oot **R**ecord (MBR) nicht mehr funktioniert, können Sie diesen mit dem Befehl

```
fixmbr
```

wiederherstellen.

Achtung, Datenverlust möglich!

Wenn ein MBR-Virus die bestehende Partitionstabelle verschlüsselt hat, ist ein Zugriff auf die korrekten Partitionsinformationen nur dann möglich, wenn der Viren-MBR-Code geladen ist.
Ein Überschreiben des MBR-Codes macht in diesem Fall die Partitionstabelle unzugänglich. Es ist deshalb sicherer, vor diesem Schritt mithilfe eines Low-Level-Disk-Editor-Tools die genauen Partitionsinformationen (Beginn- und Endsektor jeder Partition) zu notieren, damit diese notfalls nach dem Eingriff manuell wieder in die Partitionstabelle integriert werden können.
Eventuell hilft hier auch Ihre Antivirensoftware weiter, sofern im Funktionsumfang eine Notfall-Bootroutine vorgesehen ist.

Dienste und Treiber deaktivieren

Wenn Windows XP nicht mehr startet, sind häufig Treiber oder Dienste schuld daran. Wenn Sie wissen, welcher Dienst bzw. Treiber das Problem verursacht, beispielsweise durch Aktivieren der Startprotokollierung und anschließendes Auswerten des Protokolls, können Sie den Treiber gezielt mithilfe der Wiederherstellungskonsole deaktivieren.

Umgekehrt kann es passieren, dass Sie bei einem Festplattenumbau in ein anderes System einen bestimmten Treiber aktivieren müssen, damit das System booten kann. Auch diese Aufgabe können Sie mithilfe der Wiederherstellungskonsole erledigen.

Zunächst einmal müssen Sie den kurzen Treiber- oder Dienstnamen herausfinden. Dazu dient der Befehl *listsvc*, der alle installierten Treiber und Dienste Seite für Seite auflistet.

Lassen Sie die Liste einfach mithilfe der [Leertaste] seitenweise durchscrollen, bis Sie den gesuchten Dienst anhand des Kurznamens oder der Beschreibung wiederfinden. Wenn Sie beispielsweise festgestellt haben, dass auf Ihrem System die Kryptografiedienste Probleme verursachen, scrollen Sie bis zur dritten Bildschirmseite durch und Sie finden den Dienstnamen *CryptSvc*.

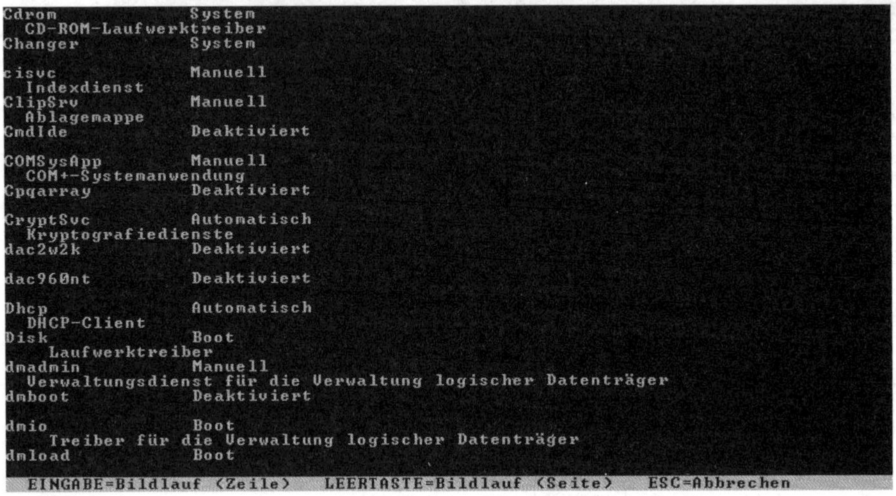

Liste der Dienste - Kryptografiedienste werden automatisch gestartet.

Es gibt verschiedene Zustände, die als Status in der Liste angezeigt werden:

- *Boot*: Hierbei handelt es sich um einen Treiber, der zur Bootzeit geladen wird. Einen solchen Treiber oder Dienst sieht Windows XP als zwingend erforderlich für den Systemstart an und startet ihn auch im abgesicherten Modus.
- *System*: Ein Systemtreiber, der nicht essenziell beim Systemstart verfügbar sein muss, ist als Systemtreiber eingetragen.
- *Manuell*: Hier handelt es sich um einen Dienst, der nur dann startet, wenn der Benutzer oder ein anderes Programm den Start veranlasst.
- *Automatisch*: Ein automatisch gestarteter Dienst versucht, im Rahmen des Systemstarts ebenfalls zu starten. Falls dies nicht gelingt, erhalten Sie die Fehlermeldung *Der Start mindestens eines Dienstes schlug fehl.*
- *Deaktiviert*: Hierbei handelt es sich um nicht installierte Treiber, um nicht konfigurierte Dienste oder um Geräte oder Dienste, die Sie selbst deaktiviert haben, um den Start zu verhindern.

Wenn Sie nun eine der Komponenten deaktivieren wollen, verwenden Sie das Kommando *disable* zusammen mit dem Kurznamen des Dienstes oder Treibers. Um beispielsweise die Kryptografiedienste zu deaktivieren, verwenden Sie das Kommando

```
disable cryptsvc
```

Beim nächsten Systemstart von Windows XP wird dieser Dienst dann nicht mehr mitgestartet.

Sie können anschließend nochmals mit dem Kommando *listsvc* kontrollieren, ob die Aktion erfolgreich war. Als Status muss hier *Deaktiviert* angezeigt werden.

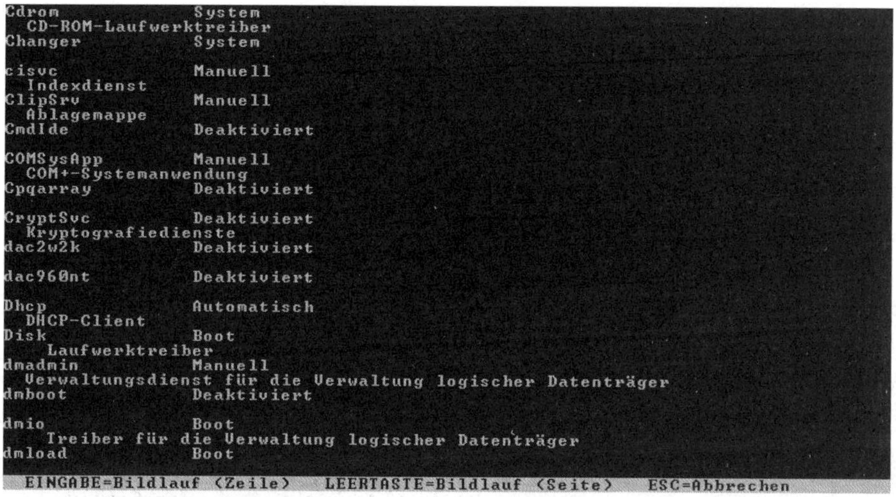

Die Kryptografiedienste wurden deaktiviert.

Um einen Treiber oder Dienst wieder zu aktivieren, verwenden Sie den Befehl *enable*. Sie müssen jedoch neben dem Dienstnamen auch noch mit angeben,

- ob der Dienst automatisch oder manuell gestartet werden soll (*SERVICE_AUTO_START* bzw. *SERVICE_DEMAND_:START*) oder
- ob es sich um einen Boottreiber oder einen Systemtreiber handelt (*SERVICE_BOOT_START* bzw. *SERVICE_SYSTEM_START*).

Um die Kryptografiedienste wieder auf *Automatisch* einzustellen, verwenden Sie das Kommando

```
Enable cryptsvc SERVICE_AUTO_START
```

Auch hier sollten Sie wieder mit *listsvc* kontrollieren, ob alles stimmt, bevor Sie Windows XP neu starten.

Sicherheitseinstellungen in den Gruppenrichtlinien

Die Beschränkungen der Wiederherstellungskonsole können Sie mithilfe von Gruppenrichtlinien aufheben, beispielsweise wenn Sie Dateien von einem anderen als dem Windows-Verzeichnis kopieren wollen.

Rufen Sie dazu

```
Gpedit.msc
```

auf und wählen Sie *Computerkonfiguration/Windowseinstellungen/Sicherheitseinstellungen/Lokale Richtlinien/Sicherheitsoptionen* aus.

Nun wählen Sie die Richtlinie *Wiederherstellungskonsole: Kopieren von Disketten und Zugriff auf alle Laufwerke und Ordner zulassen* aus.

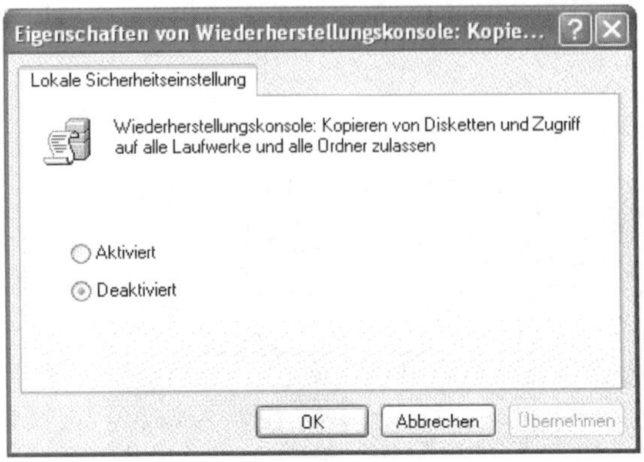

In der Standardeinstellung ist der Zugriff auf Diskettenlaufwerke und andere Verzeichnisse beschränkt.

Wenn Sie diese Richtlinie aktivieren, erhalten Sie beim nächsten Systemstart Zugriff auf Disketten und alle Verzeichnisse aus der Wiederherstellungskonsole heraus.

Mit der Richtlinie *Wiederherstellungskonsole: Automatische administrative Anmeldungen zulassen* können Sie die Abfrage des Administratorkennwortes innerhalb der Wiederherstellungskonsole umgehen.

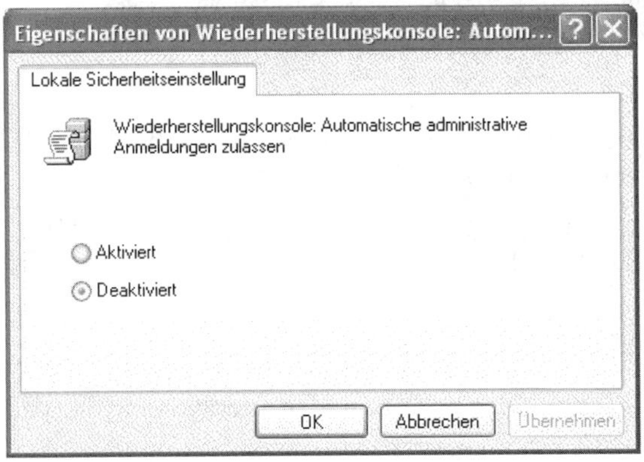

Die Frage nach dem Administratorkennwort ist standardmäßig eingeschaltet.

Workshop: Wiederherstellen der Bootdateien mithilfe der Wiederherstellungskonsole

Wenn Ihre Bootdateien verloren gegangen sind oder beispielsweise durch ein Virus zerstört wurden, kann die Wiederherstellungskonsole und eine Bootdiskette Ihres Systems helfen, diese Dateien wiederherzustellen.

Auch nach einem „Umzug" auf eine neue Festplatte können Sie dieses Verfahren gut gebrauchen.

Auch das Windows XP-Setup erstellt Bootdateien
Die Basisversion der Bootdateien können Sie auch durch ein erneutes Starten des Windows XP-Setup-Vorgangs wieder einrichten. Auch wenn Sie den Setup-Vorgang dann abbrechen, befinden sich die Windows XP-Startdateien auf der Festplatte.
Allerdings erhalten Sie mit diesem Verfahren nicht Ihre alte *BOOT.INI* zurück. Dafür benötigen Sie eine Sicherungskopie, beispielsweise auf Ihrer Bootdiskette.

Um im „worst Case" eine oder mehrere Bootdateien wiederherzustellen, gehen Sie wie folgt vor:

1. Starten Sie die Wiederherstellungskonsole von der Festplatte, falls dies noch möglich ist und Sie die Konsole dort installiert haben. Andernfalls starten Sie von der Windows XP-CD und drücken die Taste [F2], um in die Wiederherstellungskonsole zu gelangen.
2. Wählen Sie als zu reparierendes Betriebssystem Ihre Windows XP-Installation aus.
3. Melden Sie sich mit dem Administratorkennwort an.
4. Reparieren Sie den Bootsektor der Bootfestplatte, indem Sie

   ```
   Fixboot
   ```

   eingeben.
5. Kopieren Sie nun die Startdateien von der Bootdiskette auf die Festplatte um. Verwenden Sie dazu die folgenden Befehle:

   ```
   Copy a:\ntldr c:\
   Copy a:\ntdetect.com c:\
   Copy a:\BOOT.INI c:\
   Copy a:autoexec.bat c:\
   Copy a:\ntbootdd.sys c:\
   ```

Überschreiben Sie dabei ggf. vorhandene Dateien.

Der letzte Befehl ist nur sinnvoll, wenn Sie einen Boottreiber benötigen und diesen auch auf die Bootdiskette kopiert haben.

1. Sollte die *BOOT.INI* nicht zu Ihrem System passen, beispielsweise wegen inzwischen vorgenommener Hardwareänderungen, können Sie nun mit dem Befehl

   ```
   Bootcfg /rebuild
   ```

   die *BOOT.INI* mit den aktuellen Installationsverzeichnissen neu aufbauen lassen.
2. Mithilfe des Befehls

   ```
   Exit
   ```

   verlassen Sie nun die Wiederherstellungskonsole und starten den PC ohne Diskette und CD neu, was nun gelingen sollte.

5.6 WFP – Dateisystemschutz offen gelegt

Eine Funktion, die der Systemstabilität unter Windows XP sehr dienlich ist, ist der Windows-Dateischutz, kurz WFP. Unter älteren Betriebssystemvarianten wurde diese Funktion auch als **S**ystem **F**ile **P**rotection oder SFP bezeichnet.

Der Windows-Dateischutz überwacht wichtige Systemdateien und sorgt dafür, dass diese automatisch wieder durch die Original-Versionen ersetzt werden, falls ein Programm sie einfach überschrieben hat.

Die meisten Original-Dateien werden im geschützten Ordner *%systemroot%\system32\dllcache* als Kopie vorgehalten, damit die Original-CD nicht für die Wiederherstellung benötigt wird.

Hier liegen jedoch nicht nur DLLs, sondern auch verschiedene EXE, OCX und weitere Dateien, die für den stabilen Betrieb von Windows XP wichtig sind.

Sie erhalten folgende Meldung, wenn ein Programm versucht, Systemdateien zu überschreiben:

```
Es wurde versucht, die geschützte Systemdatei xxx zu ersetzen. Diese Datei
wurde von der Originalversion wiederhergestellt, um die Systemstabilität
beizubehalten.
```

Falls sich die Original-Datei nicht im *dllcache* befindet, erhalten Sie eine Aufforderung, die Windows XP-CD einzulegen.

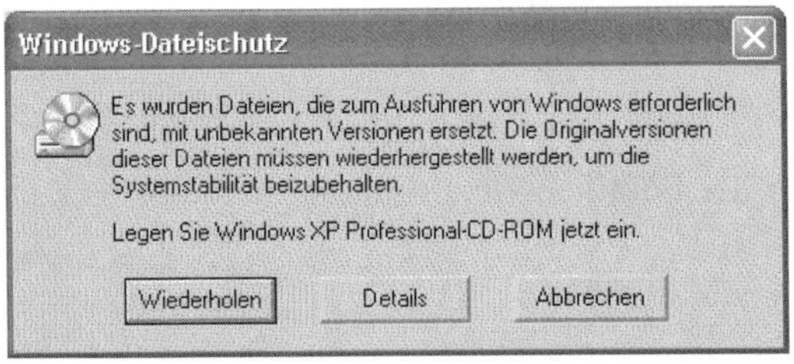

Warnmeldung bei falschen Datei-Versionen.

Diese Aufforderung erhalten Sie einmalig beim Austausch von Systemdateien. Sie müssen Ihr System später manuell scannen, um erneut Gelegenheit zum Zurücksetzen der Dateien zu erhalten.

Der Befehl *sfc.exe*, den Sie über die Kommandozeile aufrufen können, erlaubt die Steuerung und Kontrolle des Windows-Dateischutzes.

Mithilfe des Befehls

```
sfc /purgecache
```

können Sie den *dllcache* leeren und neu auffüllen, falls einzelne Dateien des Cache beschädigt sind oder durch falsche Versionen ersetzt wurden.

Normalerweise belegt dieser Cache etwa 360 MByte, der Inhalt wird automatisch komprimiert, um den Speicherplatzbedarf auf 250 MByte zu reduzieren.

Sollten Sie dennoch mehr Platz benötigen, sollten Sie die Cache-Größe entsprechend reduzieren.

Bei Ersetzungen müssen Sie dann die Windows XP-CD bereithalten, damit der Dateischutz weiterhin funktioniert.

Der Befehl zum Verändern der Cache-Größe lautet:

```
sfc /cachesize=C8
```

Die hexadezimale Zahl C8 (dezimal 200) steht für eine Cache-Größe von 200 MByte.

Wenn Sie den aktuellen Status der Systemdateien überprüfen wollen, rufen Sie den Befehl

```
sfc /scannow
```

auf. Daraufhin überprüft Windows XP alle Systemdateien, weist auf Abweichungen hin und fordert Sie bei jeder ggf. auf, die Windows XP-CD einzulegen. Selbstverständlich können Sie dennoch die geänderten Versionen beibehalten.

Mit dem Befehl

```
sfc /scanonce
```

können Sie das System anweisen, beim nächsten Neustart die Systemdateien zu überprüfen. Der Befehl

```
sfc /scanboot
```

überprüft das System bei jedem Neustart. Um dies wieder rückgängig zu machen, benötigen Sie den Befehl

```
sfc /revert
```

5.7 Systemwiederherstellung

Die Systemwiederherstellung erlaubt es Ihnen, jederzeit einen Systemprüfpunkt (Snapshot) von Ihrer aktuellen Installation zu erstellen und im Fehlerfall zu diesem Stand zurückzuwechseln.

Auch das Betriebssystem generiert bei jeder Treiber- und Programminstallation und alle 30 Tage automatisch einen Systemprüfpunkt.

Dabei werden alle für installierte Software, Treiber und Systemdienste wichtigen Registry-Schlüssel und auch ein Teil der Programm- und Systemdateien im Windows-Verzeichnis überwacht und auf Knopfdruck wiederhergestellt.

Deshalb können Sie diese Funktion nutzen, um bei fehlerhaft arbeitenden Programmen oder Treibern zum letzten Stand zurückzukehren, falls die grafische Oberfläche sich noch starten lässt.

Der schnellste Weg von einem zwar startenden, aber instabilen System zu einem stabilen System lautet deshalb:

- System neu starten
- Falls dies nicht möglich ist, im abgesicherten Modus neu starten
- Zum letzten Prüfpunkt zurückkehren, an dem das System noch stabil lief

Wichtig ist jedoch, dass der Cache für die Systemprüfpunkt-Dateien groß genug ist. Diese Einstellung können Sie prüfen, indem Sie die Systemwiederherstellung unter *Zubehör/Systemprogramme/Systemwiederherstellung* starten und dann auf *Systemwiederherstellungseinstellungen* klicken.

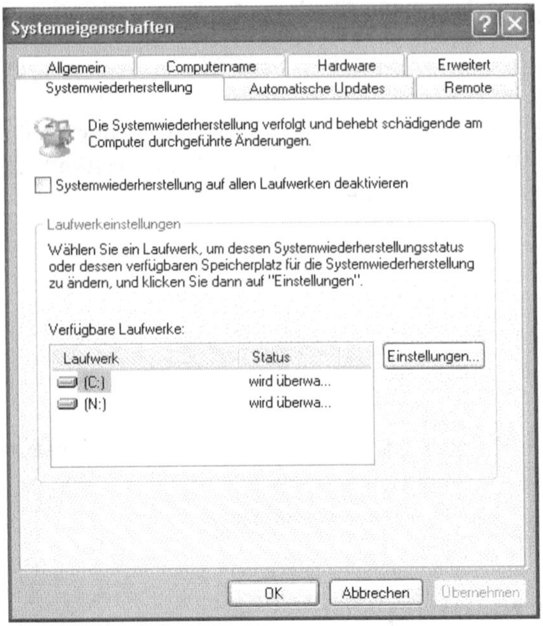

Die Systemwiederherstellung ist für beide Laufwerke aktiviert.

Unter *Einstellungen* können Sie die Cache-Größe für das ausgewählte Laufwerk verändern.

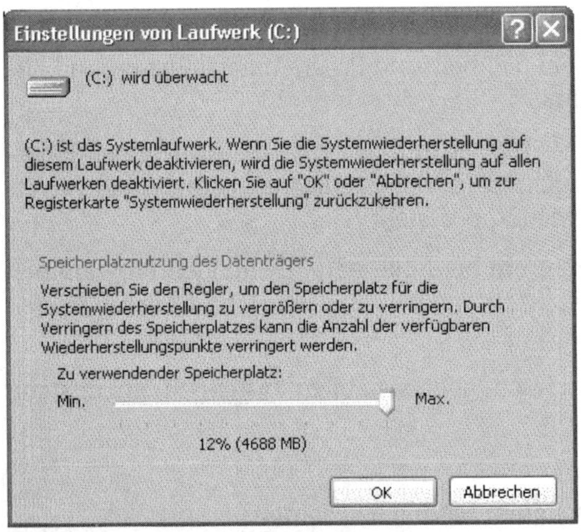

Die Cache-Größe für Wiederherstellungspunkte wird in Prozent des Laufwerks angegeben.

Um über mehrere Prüfpunkte zurückgehen zu können, sollte der Cache mindestens 500 MByte betragen, da manche Programme durch die installierten DLLs eine Menge Platz belegen.

Achtung, Datenverlust möglich!

Bei der Wiederherstellung eines Systemprüfpunkts ist es möglich, dass Dateien durch Rückkehr zum Ausgangszustand gelöscht werden, die sich in Programmverzeichnissen oder im Windows-Verzeichnis befinden. Am sichersten ist es, wenn Sie alle Datendateien im Ordner *Eigene Dateien* ablegen. Dieser Ordner wird niemals verändert.

Sie sollten nach der Wiederherstellung sofort überprüfen, ob irgendwelche wichtigen Dateien fehlen.

Im Notfall können Sie die Systemwiederherstellung dann rückgängig machen, um die verschwundenen Dateien zu sichern und dann nochmals zu starten. Diese Option ist nach der Wiederherstellung automatisch im Programm verfügbar.

Benötigte Dienste
Der Dienst Systemwiederherstellung muss permanent ausgeführt werden, damit das System oder Sie Prüfpunkte erstellen und wiederherstellen können. Deaktivieren Sie diesen Dienst nicht, wenn Sie Prüfpunkte verwenden möchten.

5.8 ASR – automatische Systemdateiwiederherstellung

Die automatische Systemwiederherstellung (**A**utomated **S**ystem **R**ecovery oder ASR) ermöglicht es Ihnen, den PC vollständig auf einen definierten Ausgangszustand zurückzusetzen.

Dabei werden nicht nur die Einstellungen, Treiber und Dienste zurückgesetzt, sondern in einer automatisierten Routine

- mindestens das Systemlaufwerk neu formatiert,
- Windows XP per Script neu installiert und
- die Daten der letzten ASR-Sicherung wieder eingespielt.

Voraussetzung dafür ist, dass Sie entweder selbst eine ASR-Sicherung vorgenommen haben oder der Hersteller des PCs eine ASR-Diskette und CD mitliefert, wie es bei vielen OEM-PCs der Fall ist.

Achtung, Datenverlust unausweichlich!
Wenn Sie eine ASR-Rücksicherung machen, verlieren Sie alle Dateien, die sich auf der Systemfestplatte befunden haben und nicht in der ASR-Sicherung enthalten sind. Von allen anderen Dateien erhalten Sie einen alten Zustand vom Zeitpunkt der letzten Sicherung. Wenn Sie also nicht regelmäßig ASR-Sicherungen vornehmen, sollten Sie dieses Verfahren nur als letzten Ausweg einsetzen, falls alle anderen Methoden versagen.

Um eine ASR-Rücksicherung anzustoßen, starten Sie von der Original-Windows XP-CD und drücken in der ersten Phase des Setup-Vorgangs die Taste [F2]. Windows XP liest dann von der ASR-Diskette die Informationen über Partitionen und Datenträger und fängt an, eine Basisversion von Windows XP mithilfe eines Scripts neu zu installieren. Danach wird das ASR-Sicherungsmedium eingelesen und der letzte Stand wiederhergestellt.

Der ganze Vorgang dauert je nach PC-Geschwindigkeit und Umfang der gesicherten Daten mindestens zwei Stunden.

Keine Festplatte als Sicherungsmedium verwenden
Da die Festplatten, mindestens die Systempartition, im Verlauf der ASR-Sicherung neu formatiert werden, sollte Ihre ASR-Sicherung auf keinen Fall auf die Systempartition erfolgen. Andernfalls klappt nur die Basisinstallation, ein Restore ist dann nicht mehr möglich!

In Kapitel 5.8 ab Seite 251 wird im Detail beschrieben, wie Sie eine ASR-Sicherung vorbereiten, um später dann die Rücksicherung vornehmen zu können.

5.9 Registrierung wiederherstellen

Immer wieder taucht die Problematik auf, dass die Registry Einträge enthält, die nicht mehr benötigt werden, oder schlimmer noch Einträge gelöscht wurden, die zum Betrieb erforderlich sind. Im Rahmen der Systemstatussicherung wird zwar die Registry mitgesichert, jedoch auch viele Dateien, die dann nur „im Paket" wiederhergestellt werden können.

In Kapitel 15.5 finden Sie ab Seite 1027 eine ausführliche Beschreibung darüber, welche alternativen Möglichkeiten Sie zur regelmäßigen Sicherung der Registry haben.

An dieser Stelle sei jedoch das Restore von Teilen der Registry mithilfe der Wiederherstellungskonsole erwähnt. Mit dieser Methode können Sie einen der folgenden Registry-Teile als Gesamtheit inklusive Zugriffsrechte und Überwachungseinstellungen sichern und wiederherstellen.

- *System*
  In diesem Teil der Registry sind Informationen über Hardware, Treiber und Dienste gespeichert.
- *Software*
  Dieser Teil beinhaltet Einstellungen der verschiedenen Programme wie Office, aber auch von Systemprogrammen wie des Internet Explorer sowie die systemweite Zuordnung von Dateiendungen zu Programmen.

Da Windows XP bei einer ASR-Sicherung automatisch eine Sicherung dieser Dateien unter *%systemroot%\repair* anlegt, können Sie die Dateien von der lokalen Festplatte wiederherstellen, falls Sie jemals eine ASR-Sicherung durchgeführt haben. Wenn das Deaktivieren von Treibern oder andere Maßnahmen in der Wiederherstellungskonsole keinen Erfolg bringen, sollten Sie diesen Weg wählen, um Ihr System wieder in einen stabilen Zustand zu bringen.

Achtung, alter Stand!
Wenn Sie nach Ihrer letzten ASR-Sicherung neue Programme oder Dienste installiert oder diese anders konfiguriert haben, gehen diese Informationen verloren. Dennoch ist es besser, ein stabiles System zu haben, in dem vielleicht einige Programme neu installiert werden müssen, als ein instabiles System mit allen Programmen.

Auf jeden Fall sollten Sie vor der vollständigen Wiederherstellung eines Systems mit ASR, die ja einen Datenverlust bedingt, die Variante mit der Wiederherstellungskonsole versuchen, denn Ihre Dateien auf der Festplatte bleiben in diesem Fall erhalten, nur die Registry wird ersetzt.

Um die Registry wiederherzustellen, rufen Sie zuerst die Wiederherstellungskonsole auf. Dann wechseln Sie in das Registry-Verzeichnis mithilfe des Befehls

```
Cd system32\config
```

Nun erstellen Sie eine Sicherungskopie der aktuellen Registry, indem Sie die beiden Befehle

```
Copy system \system.bak
Copy software \software.bak
```

aufrufen. Die Sicherungsdateien liegt damit auf dem Stammverzeichnis des aktuellen Laufwerks unter dem Namen *sytem.bak* bzw. *software.bak*. Sollten sich im Verzeichnis auch gleichnamige Dateien mit der Endung *.sav* befinden, sollten Sie diese ebenfalls sichern.

Nun können Sie die Versionen aus dem Repair-Verzeichnis wieder einspielen. Verwenden Sie dazu den Befehl

```
Copy ..\..\repair\system
```

bzw.

```
Copy ..\..\repair\software
```

Nach einem Neustart verwendet Windows XP die neuen Versionen der Registry-Dateien.

6. Anwendungen und Spiele unter Windows XP

Dieses Kapitel beschäftigt sich damit, wie ältere Anwendungen und Spiele, die vor dem Erscheinen von Windows XP veröffentlicht wurden, unter Windows XP ans Laufen gebracht werden können und wie Programme allgemein von Windows XP verwaltet werden.

Windows XP soll alle früheren Windows-Versionen ablösen und auch einen endgültigen Schlussstrich unter DOS setzen. Trotzdem wird nach den immensen Problemen bei Windows 2000 mehr als jemals zuvor in der Windows-Geschichte ein großes Augenmerk auf die Kompatibilität zu älteren Anwendungen gesetzt, was die Marktakzeptanz erhöhen soll.

Ältere Programme verwenden oftmals Systemfunktionen, die in Windows XP nicht mehr enthalten sind oder sich so weit unterscheiden, dass sie von älterer Software nicht mehr genutzt werden können. Außerdem funktioniert die neue grafische Oberfläche nur mit Programmen, deren Bedienung die von Microsoft dokumentierten Menü- und Schaltflächenaufrufe verwendet. Benutzen Programme eigene Steuerelemente wie Flyouts und dynamische Schaltflächen-Paletten, gibt es in den meisten Fällen Probleme.

Die einfachste und auch von Microsoft empfohlene Methode bei Kompatibilitätsproblemen ist ein Update der jeweiligen Anwendung auf eine neue, zu Windows XP kompatible Version. Aus Anwendersicht sprechen aber einige Punkte gegen diese Variante:

- Außer der Kompatibilität zu Windows XP bringen viele Updates keine neuen nützlichen Funktionen.
- Nicht immer sind neue Versionen abwärtskompatibel zu älteren, sodass Konvertierungen von Dateiformaten und Probleme bei gleichzeitiger Nutzung verschiedener Versionen auftreten.
- Neue Versionen sind oft mit überflüssigen grafischen Gadgets und Assistenten überfrachtet, die keinen Nutzen bringen, aber Performance kosten.
- Viele neue Versionen brauchen erheblich mehr RAM und Festplattenplatz sowie eine höhere Prozessorleistung, ohne wirkliche Vorteile zu bringen.
- Updates kosten Geld. Bei Shareware geht oft die Registrierung verloren.

Windows XP bietet verschiedene Kompatibilitätsmodi, um ältere Programme auch ohne Update unter Windows XP weiter nutzen zu können.

6.1 Kompatibilitätsfunktionen unter der Lupe

Sollte ein älteres Programm unter Windows XP nicht oder nur fehlerhaft laufen, können Sie dem Programm über den Kompatibilitätsmodus eine ältere Betriebssystemversion vortäuschen.

Vorsicht mit systemnahen Programmen
Lassen Sie Programme, die sehr dicht mit der Hardware zusammenarbeiten oder gar gezielt bestimmte Systemfunktionen umgehen, wie zum Beispiel Festplatten-Tools oder Virenscanner grundsätzlich nicht im Kompatibilitätsmodus laufen. Hier kann es zu Datenverlusten kommen, da der Kompatibilitätsmodus bestimmte Systemfunktionen nur simuliert und die Programme deshalb anders als geplant auf die Festplatte und Dateien zugreifen würden. Dies ist bei allen Programmen der Fall, die früher Hardwarezugriffe über eigene VxD-Treiber machten. Windows XP unterstützt dieses Treibermodell nicht mehr.

Für zahlreiche bekannte Programme enthält die Registry unter *HKEY_LOCAL_MACHINE\SOFTWARE\Microsoft\Windows NT\CurrentVersion\Compatibility* eine Liste mit Kompatibilitäts-Flags, die beim Programmstart ausgewertet wird.

Für die standardmäßige Behebung von Kompatibilitätsproblemen gibt es eine neue Registerkarte im Eigenschaften-Dialog jeder Anwendung.

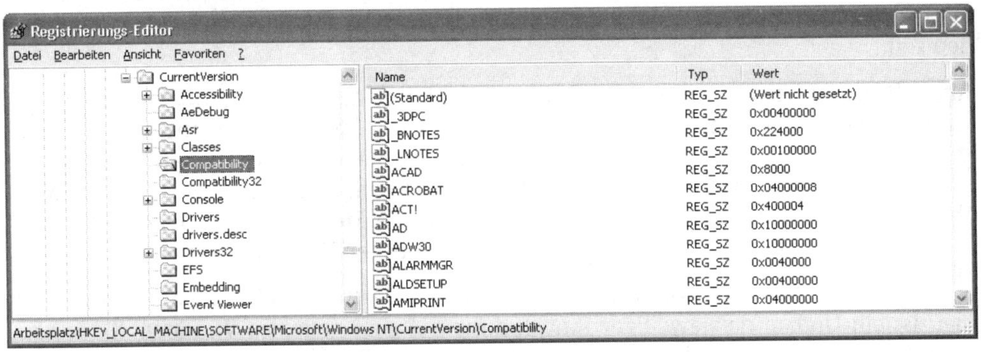

Kompatibilitätsliste in der Registry.

Kompatibilitätsprobleme bei der Installation älterer Anwendungen

Programme, die für Windows 9x/ME entwickelt wurden, haben oftmals Probleme mit beschränkten Benutzerkonten.

Hier müssen Sie sich als Administrator anmelden, um das Programm zu installieren, da meistens volle Zugriffsrechte auf die Registry notwendig sind.

Wenn jetzt auch noch Benutzereinstellungen gespeichert werden, müssen Sie das Programm später auch als Administrator aufrufen, da den anderen Benutzern die notwendigen Registry-Einträge fehlen.

Probleme mit schneller Benutzeranmeldung
Viele ältere Programme haben Schwierigkeiten mit der schnellen Benutzerumschaltung. In den meisten Fällen brauchen Sie diese Funktion aber nicht wirklich zu deaktivieren, sondern es reicht, vor der Installation oder Verwendung des Programms alle anderen Benutzer abzumelden.

Fehlende Startmenü-Einträge

Viele Programme erstellen keine Startmenü-Einträge für mehrere Benutzer. Sie funktionieren trotzdem für alle Benutzer, sind aber nur für den Benutzer im Startmenü zu sehen, der das Programm installiert hat.

Kopieren Sie in so einem Fall die Verknüpfung aus dem Verzeichnis *\Dokumente und Einstellungen\\<Benutzername>\Startmenü\Programme* in das Verzeichnis *\Dokumente und Einstellungen\All Users\Startmenü\Programme.*

Probleme bei Visual Basic-Programmen

Programme, die auf Visual Basic basieren, installieren ein Runtime-Modul *VBRUN*.DLL* oder die neuere *VB6DE.DLL*. Normalerweise sollte das Installationsprogramm vorher überprüfen, ob eine neuere Version dieses Moduls vorhanden ist. Manche Installationsroutinen überschreiben aber ohne Rückfrage auch eine neuere Version. Ältere Versionen als 3.0 laufen nicht mit Windows XP.

Keine POSIX- und OS/2-Subsysteme

Windows XP enthält im Gegensatz zu seinen Vorgängern Windows NT/2000 keine eigenen Subsysteme mehr zur Unterstützung von Anwendungen für POSIX (**P**ortable **O**perating **S**ystem **I**nterface for UNI**X**) oder OS/2. Solche Programme laufen nicht mehr. Dazu gehören auch einige Tools aus dem Windows 2000 Ressource Kit. Diese beiden Subsysteme wurden nur von sehr wenigen Anwendern überhaupt genutzt, sodass der Verlust kaum zum Tragen kommt.

In der Registry gibt es noch einen alten Eintrag für das POSIX-Subsystem, der offenbar vergessen wurde, rechtzeitig herauszunehmen. Er befindet sich bei den anderen Subsystemen unter *HKEY_LOCAL_MACHINE\SYSTEM\CurrentControlSet\Control\SessionManager\SubSystems*. Die dort angegebene Datei *PSXSS.EXE* existiert aber nicht mehr.

Cygwin (*www.cygwin.com*) liefert eine UNIX-Umgebung für Windows auf GNU-Basis. Diese bietet wesentlich mehr Funktionalität, als das alte POSIX in Windows NT/2000 und läuft auch unter Windows XP.

Microsoft liefert ebenfalls die UNIX-Umgebung Interix, die aber als eigenes Produkt kostenpflichtig zu erwerben ist. Interix ist ein Teil der Windows Services for UNIX *www.microsoft.com/windows/sfu*.

6.2 Programminkompatibilitäten schnell beheben

Windows XP bietet zwei Möglichkeiten, einem Programm den Kompatibilitätsmodus zuzuweisen:

- den relativ umständlichen Assistenten im Startmenü unter *Zubehör/Programmkompatibilitäts-Assistent* und
- die einfachere Methode über die Eigenschaften der Programmverknüpfung im Startmenü.

Beide Methoden bewirken das Gleiche. Sie tragen Kompatibilitäts-Flags in der Registry unter *HKEY_CURRENT_USER\Software\Microsoft\Windows NT\CurrentVersion\AppCompatFlags\Layers* ein. Diese werden vor einem Programmstart gelesen und ausgewertet.

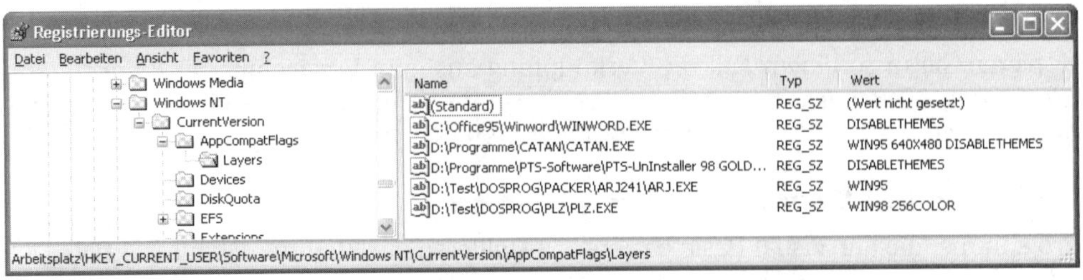

Kompatibilitätseinstellungen in der Registry.

Kompatibilitätseinstellungen müssen für jeden Benutzer gesondert definiert werden.

Programmkompatibilitäts-Assistent

Beim Start versucht dieser Assistent, eine Internetverbindung aufzubauen und Daten über die von Ihnen verwendeten Programme an Microsoft zu senden. Deaktivieren Sie also, wenn Sie den Assistenten verwenden, lieber den automatischen Internetverbindungsaufbau.

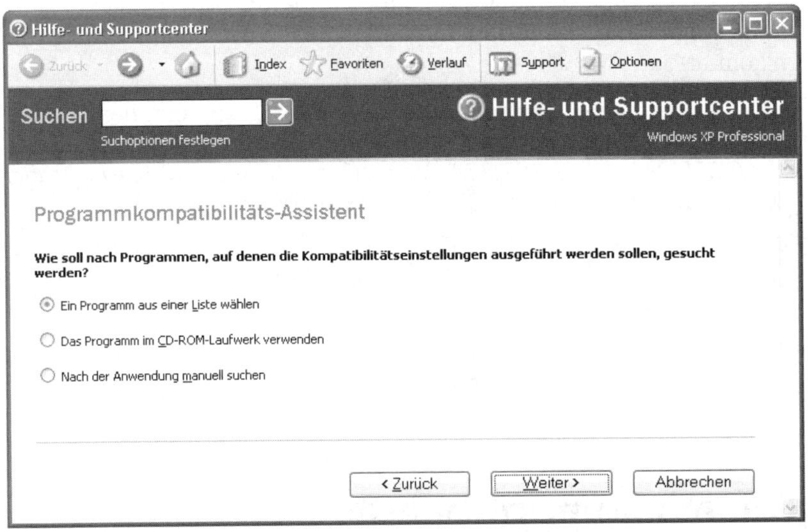

Start des Programm-kompatibilitäts-Assistenten.

Hier haben Sie mehrere Möglichkeiten, das Programm auszuwählen, das mit Kompatibilitätseinstellungen versehen werden soll:

- Programmauswahl aus einer Liste aller Programme im Startmenü und auf dem Desktop.
- Programm im CD-ROM-Laufwerk verwenden. Diese Option ist weitgehend unbrauchbar, da keine Möglichkeit besteht auszuwählen, welches Programm von der CD und welches CD-Laufwerk bei mehreren Laufwerken verwendet werden soll.
- Manuelle Eingabe der Programmdatei.

Im nächsten Schritt wählen Sie den Kompatibilitätsmodus dazu aus, welches Betriebssystem für das jeweilige Programm installiert werden soll. Zur Auswahl stehen Windows 95, Windows NT 4 (SP 5), Windows 98/ME oder Windows 2000.

Danach können Sie noch drei weitere Kompatibilitätsoptionen auswählen:

- **256 Farben** – vor allem Spiele haben häufig Probleme mit mehr als 256 Farben. Unter Windows 9x konnte ein Programm selbstständig die Farbtiefe des Monitors herabsetzen, was unter Windows XP nicht mehr möglich ist. Diese Kompatibilitätsoption schaltet beim Start des Programms den Monitor auf 256 Farben um. Die Einstellung gilt dann für die gesamte Windows XP-Oberfläche, nicht nur für das jeweilige Programmfenster. Beim Beenden des Programms werden die Farbeinstellungen wieder auf die ursprünglichen Werte zurückgesetzt.
- **640 x 480 Bildschirmauflösung** – interaktive Multimedia-Programme wie auch manche Spiele laufen nur in der Auflösung 640 x 480. In höheren Auflösungen kommt es zu den Problemen, dass einzelne Elemente der interaktiven Oberfläche nicht mehr an ihrem richtigen Platz stehen oder Texte nicht mehr zu den Grafiken passen. Diese Kompatibilitätsoption schaltet beim Start des Programms den Monitor auf 640 x 480 um. Die Einstellung gilt dann für die gesamte Windows XP-Oberfläche. Beim Beenden des Programms werden die Farbeinstellungen wieder auf die ursprünglichen Werte zurückgesetzt. Dabei kann es passieren, dass sich beim Zurückschalten die Größen und Positionen der anderen geöffneten Fenster verändern.
- **Visuelle Designs deaktivieren** – die meisten Kompatibilitätsprobleme gibt es mit der neuen Benutzeroberfläche von Windows XP. Interaktive Oberflächen von Programmen, die sich nicht an die Microsoft-Vorgaben halten, wie zum Beispiel Schaltflächen, die beim Darüberfahren ihr Aussehen ändern, Flyouts oder Pulldown-Menüs mitten in Dialogen – nicht nur am oberen Rand – funktionieren mit der neuen Windows XP-Oberfläche oftmals nicht. Auch kann es vorkommen, dass Dialogfelder abgeschnitten und nicht in voller Größe angezeigt werden. In solchen Fällen sollten Sie die visuellen Designs deaktivieren. Diese Einstellung ist vergleichbar mit dem Modus *Windows Klassisch*, gilt aber nur für ein einzelnes Programm und hat keinen Einfluss auf die anderen Windows-Fenster.

Nach diesen Einstellungen startet das gewählte Programm, damit Sie überprüfen können, ob es funktioniert. Wenn es immer noch Probleme gibt, können Sie an dieser Stelle im Assistenten einen Schritt zurückgehen und die Kompatibilitätseinstellungen noch mal verändern.

Im letzten Schritt werden zwei Dateien erzeugt, die Kompatibilitätsinformationen zum getesteten Programm enthalten. Diese werden von Windows XP nicht benötigt, sondern sind nur dazu da, an Microsoft gesendet zu werden. Damit lässt sich verfolgen, wer wann welche Programme versucht zu installieren.

Beide Dateien sind im XML-Format, verwenden aber die Endung *.tmp*. Die kleinere enthält den Programmnamen und die eingestellten Kompatibilitätsinformationen, die größere Datei ist auch für den Anwender aufschlussreich. Hier finden sich außer dem Namen der getesteten Programmdatei auch alle weiteren Dateien, die von dieser aufgerufen werden. Zu jeder Datei gibt es Informationen über den Hersteller, Versionsnummer, Sprache, Datum und Copyright-Informationen.

Bevor die Daten an Microsoft gesendet werden, erscheint noch eine Abfrage, ob Sie das wirklich machen wollen. Vertraut man dieser Abfrage, müsste vorher aber keine Onlineverbindung aufgebaut werden.

Kompatibilitätsmodus in den Programmeigenschaften

Anstelle des Assistenten können Sie auch eine wesentlich einfachere Methode verwenden, um die Kompatibilitätseinstellungen für ein Programm festzulegen.

Schalten Sie in den Eigenschaften der Programmdatei oder der Verknüpfung im Startmenü auf die Registerkarte *Kompatibilität*. Dort können Sie genauso einen Kompatibilitätsmodus für ältere Windows-Versionen sowie die Optionen für die Bildschirmeinstellungen des entsprechenden Programms einstellen.

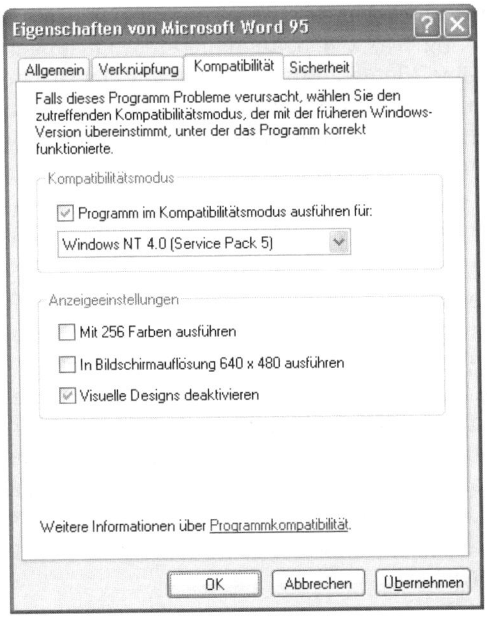

Einstellen des Kompatibilitätsmodus über die Eigenschaften einer Desktop-Verknüpfung.

Kompatibilität fremdsprachiger Programme

Windows XP fasst landesspezifische Einstellungen für Sprache, Zahlen-, Datums- und Währungsformate, Maßsystem und Sortierung zu insgesamt 135 verschiedenen Gebietsschemata zusammen. Diese Einstellungen können bei Bedarf unter *Systemsteuerung/ Regions- und Sprachoptionen* verändert werden.

Enthält ein Programm Texte in einer Sprache, die Sonderzeichen verwendet, die nicht in der standardmäßig eingestellten Codepage enthalten sind, werden diese Zeichen nicht korrekt dargestellt. Verwendet das Programm Unicode-Zeichensätze, werden diese immer korrekt umgesetzt. Unicode ist ein internationaler Standard zur plattformunabhängigen Darstellung aller Zeichen verschiedenster Sprachen. Jedes Zeichen bekommt hier seine eigene unverwechselbare Nummer. Das Unicode-Konsortium (*www.unicode.org*) ist eine gemeinnützige Organisation, die diesen Standard festlegt und weiterentwickelt.

Unter *Systemsteuerung/Regions- und Sprachoptionen* können Sie eine Sprache vorgeben, in der nicht Unicode-fähige Programme standardmäßig angezeigt werden sollen. Diese

Einstellung ist standardmäßig auf die Sprache der installierten Windows XP-Version eingestellt, damit zum Beispiel ältere deutsche Programme die Umlaute richtig darstellen, wenn sie nicht Unicode-fähig sind. Diese Option wurde in älteren Windows-Versionen als Systemgebietsschema bezeichnet.

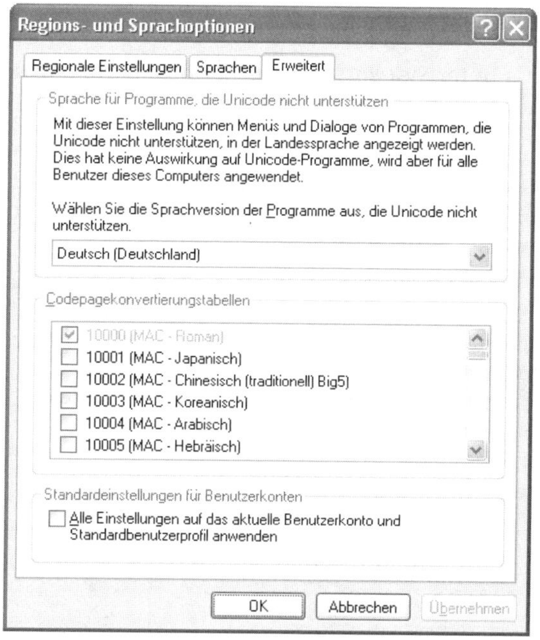

Einstellung der Sprache für nicht Unicode-fähige Programme.

Kennen Sie die Codepage, die die betreffenden Programme verwenden, installieren Sie hier die passenden Codepage-Konvertierungstabellen. Damit werden die fremdsprachigen Sonderzeichen automatisch von Windows XP in Unicode umgesetzt und richtig dargestellt. Wie die Scan-Codes der Tastatur prinzipiell beeinflusst werden können, kann bei Microsoft unter *www.microsoft.com/hwdev/tech/input/w2kscan-map.asp* nachgelesen werden.

Groß-Taste umschalten

Unter *Systemsteuerung/Regions- und Sprachoptionen* finden Sie auch die Einstellung für die Groß-Taste. Unter Windows 9x/ME wurde diese durch Drücken der Umschalt-Taste wieder gelöst, unter Windows NT durch erneutes Drücken von Groß. Windows XP bietet alternativ beide Varianten an. Zur Umschaltung klicken Sie auf der Registerkarte *Sprachen* auf *Details*. Im nächsten Dialog *Einstellungen* klicken Sie auf *Tastatur*, wo sie die Funktion der Groß-Taste umschalten können.

Sprachen mit anderen Schriftarten

Die Gebietsschemata von Windows XP gelten nur für Sprachen, die Standardschriftzeichen mit einer Schreibweise von links nach rechts verwenden. Dazu gehören außer unserem bekannten Alphabet auch die deutschen Umlaute, Sonderzeichen europäischer Sprachen (Französisch, Polnisch, Tschechisch, Dänisch und andere) sowie auch das kyrillische und griechische Alphabet.

Bei den übrigen Sprachen unterscheidet Windows XP in zwei Gruppen:

- Sprachen mit komplexen Schriftzeichen und Zeichen mit Rechts-nach-links-Schreibrichtung: Thai, Hebräisch, Arabisch, Vietnamesisch, Indisch, Georgisch, Armenisch.
- Ostasiatische Sprachen, deren Schrift nicht auf Buchstaben basiert: Japanisch, Koreanisch, Chinesisch (traditionell), Chinesisch (vereinfacht).

Die Unterstützung für diese Sprachen muss unter *Systemsteuerung/Regions- und Sprachoptionen* auf der Registerkarte *Sprachen* gesondert installiert werden.

Beachten Sie, dass die zusätzlichen Sprachunterstützungsdateien das System etwas abbremsen und außerdem Speicherplatz auf der Festplatte kosten: Sprachen mit komplexen Zeichen etwa 10 MByte, ostasiatische Sprachen etwa 230 MByte. Installieren Sie also nur die Sprachunterstützungen, die Sie wirklich brauchen.

IME

Für ostasiatische Sprachen werden zusätzlich automatisch so genannte Eingabemethoden-Editoren IME (Input Method Editors) installiert. Diese setzen Tastenfolgen einer Standardtastatur nach einer bestimmten Konvertierungstabelle in phonetisch oder ideografisch passende Schriftzeichen der entsprechenden Sprache um.

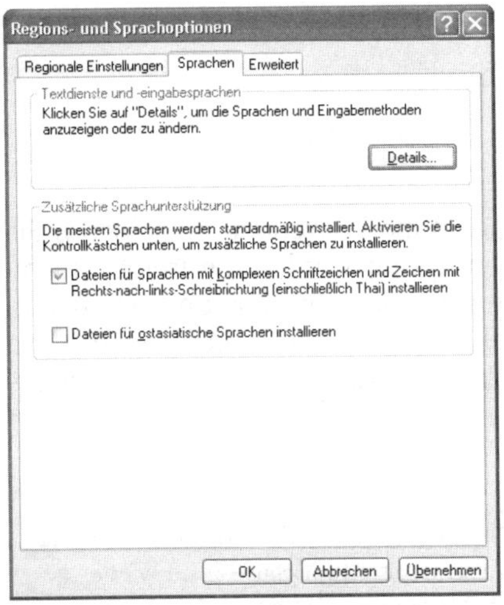

Zusätzliche Sprachunterstützungen installieren.

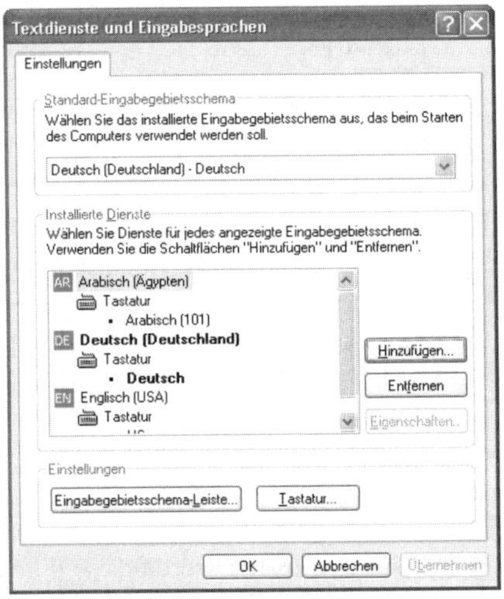

Eingabegebietsschemata installieren.

Nachdem eine Sprachunterstützung installiert ist, können Sie mit der Schaltfläche *Hinzufügen* in der Dialogbox *Textdienste und Eingabesprachen* weitere Sprachen aus einer langen Liste hinzufügen.

Wählen Sie dazu ein Eingabegebietsschema, das passende Tastaturlayout wird automatisch ausgewählt.

Es kann hier zwar geändert werden, was bei den meisten fremdsprachigen Programmen aber nur zu Problemen führt.

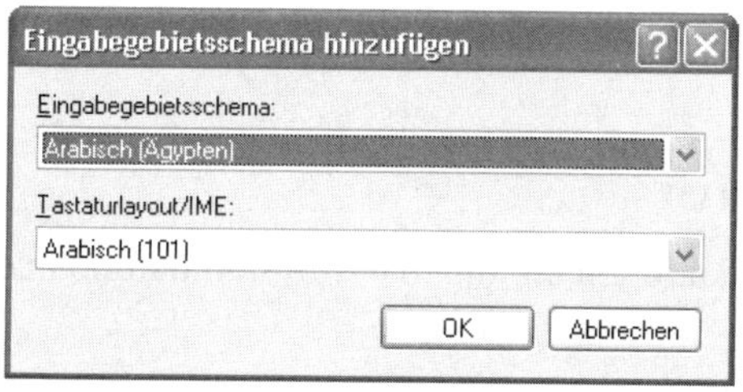

Hinzufügen von Eingabegebietsschema und Tastaturlayout.

Zwischen den installierten Eingabegebietsschemata können Sie über die Eingabegebietsschemaleiste in der Taskleiste hin und her schalten. Hier können Sie auch Kurzwegtasten zum Umschalten definieren. Unterstützt ein Programm wie zum Beispiel ein einfacher Text-Editor bestimmte Sprachen nicht, wird automatisch auf das Standard-Eingabegebietsschema zurückgeschaltet.

Wenn Sie keine spezielle Tastatur für eine Sprache besitzen, können Sie auch die Bildschirmtastatur unter *Zubehör/Eingabehilfen* verwenden. Diese wechselt automatisch auf das eingestellte Eingabegebietsschema.

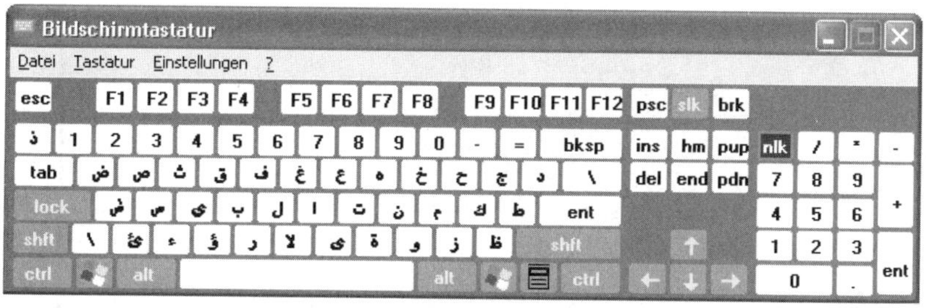

Bildschirmtastatur für das Eingabegebietsschema Arabisch (Ägypten).

Eingabegebietsschema deinstallieren

Wenn Sie zusätzliche Sprachunterstützungen und Eingabegebietsschemata deinstallieren wollen, beachten Sie folgende Reihenfolge: Zuerst müssen alle Tastaturlayouts und Eingabegebietsschemata deinstalliert werden, bevor die entsprechende Sprachunterstützung deinstalliert werden kann.

6.3 Programminkompatibilitäten im Detail

Nicht immer reicht es aus, einen der vordefinierten Kompatibilitätsmodi zu verwenden. Für spezielle und noch detailliertere Anpassungen älterer Windows-Programme bietet Microsoft ein spezielles Application Compatibility Toolkit zum Download an.

Das Application Compatibility Toolkit finden Sie im frei zugänglichen Teil des MSDN (**M**icro**s**oft **D**eveloper **N**etwork) bei *msdn.microsoft.com/compatibility*. Es steht also jedem Anwender kostenlos zur Verfügung. Diese Tool-Sammlung besteht aus drei wichtigen Komponenten:

- **Compatibility Administrator** – Tool zur Einstellung interner Kompatibilitäts-Fixes für vorhandene Programme
- **QFixApp** – Testprogramm zur Kompatibilität von Anwendungen und zur Zuweisung von Fixes
- **Application Verifier Tool** – Entwicklungswerkzeug zur Kompatibilitätsüberprüfung eigener Programmentwicklungen

Außerdem sind einige interessante Word-Dokumente zur Kompatibilität älterer Anwendungen unter Windows XP enthalten.

Der Compatibility Administrator

Der Compatibility Administrator zeigt alle Applikationen an, die in der Systemdatenbank bereits mit Kompatibilitäts-Fixes versehen sind.

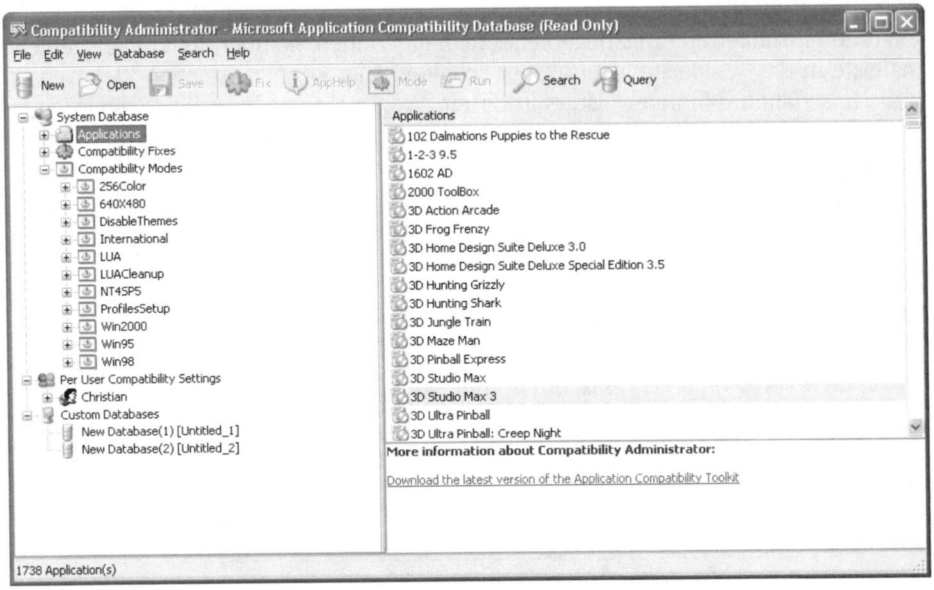

Liste der Applikationen in der Systemdatenbank.

Diese Voreinstellungen können nicht verändert werden. Ein Doppelklick auf eine Applikation zeigt die eingetragenen Kompatibilitäts-Fixes.

Unter *Matching Files* finden Sie die Dateien, an denen das Programm identifiziert wird, sowie die Daten, die übereinstimmen müssen, damit der Kompatibilitäts-Fix angewendet wird.

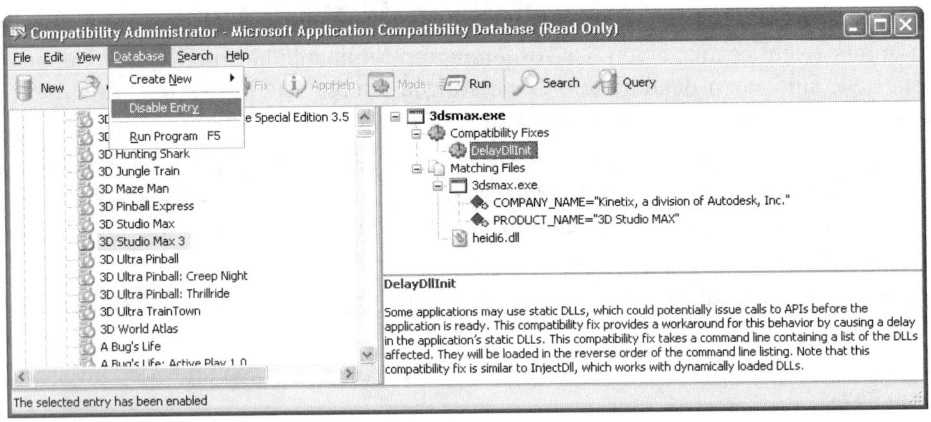

Anzeige der Kompatibilitäts-Fixes für ein Programm.

Bei Updates oder speziellen Problemen können Sie die Kompatibilitätseinstellungen hier zwar nicht verändern, aber über den Menüpunkt *Database/Disable Entry* deaktivieren.

Lassen Sie das Programm dann einmal ohne diese Einstellungen probeweise laufen.

Dazu können Sie die Taste F5 direkt aus dem Compatibility Administrator nutzen.

Braucht das Programm beim Aufruf spezielle Parameter, rufen Sie es wie gewohnt auf, F5 aus dem Compatibility Administrator startet einfach nur die EXE-Datei.

Unter *Compatibility Fixes* finden Sie eine Liste aller 199 Kompatibilitäts-Fixes, die Windows XP bietet, mit kurzen Beschreibungen.

Diese einzelnen Fixes sind für die vom Benutzer einstellbaren Kompatibilitätsmodi zu logischen Gruppen zusammengefasst worden, die weitgehend früheren Windows-Versionen entsprechen.

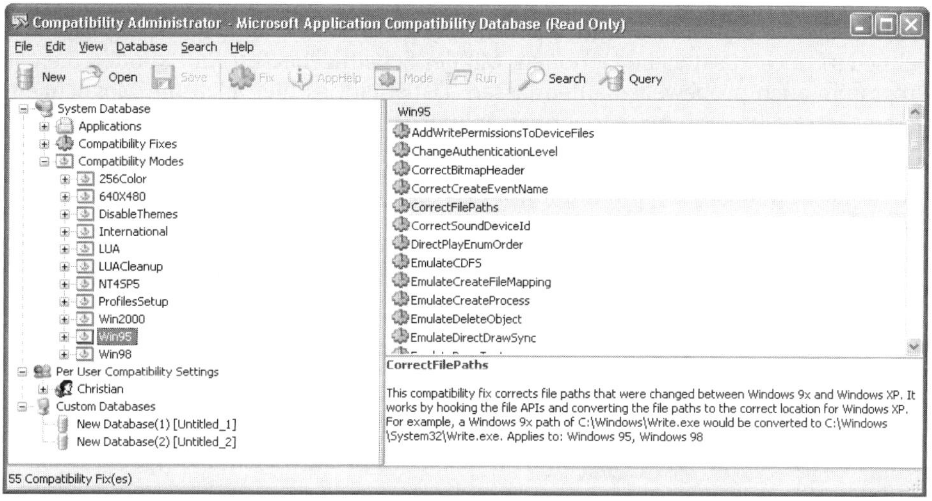

Die einzelnen Kompatibilitäts-Fixes der Betriebssystememulationen.

Außer der Systemdatenbank können Sie noch *Custom Databases*, benutzerdefinierte Kompatibilitätsdatenbanken, einrichten.

Wenn eine dieser Datenbanken im unteren Bereich des Compatibility Administrator markiert ist, werden die Schaltflächen *Fix*, *AppHelp* und *Mode* aktiv.

Erstellen eines Kompatibilitäts-Fixes für eine Applikation

Haben Sie ein Programm, das sich mit den Standard-Kompatibilitätsoptionen von Windows XP nicht zum Laufen bringen lässt, gehen Sie folgendermaßen vor:

1. Selektieren Sie eine der Custom Databases oder legen Sie mit der Schaltfläche *New* eine neue an.
2. Mit der Schaltfläche *Fix* öffnen Sie eine Dialogbox, in der Sie das Programm definieren, für das der Fix gelten soll.

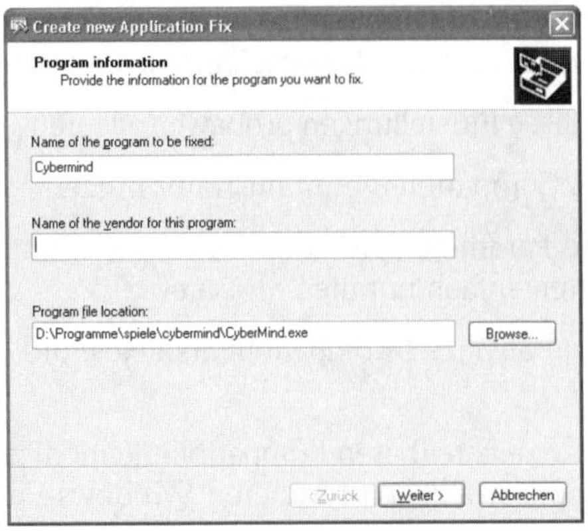

Programmname und Beschreibung.

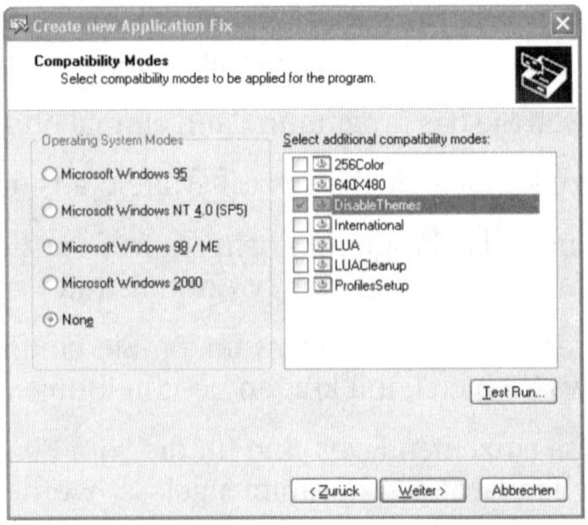

Kompatibilitätsmodus.

3 Wählen Sie im nächsten Schritt einen der vordefinierten Kompatibilitätsmodi und bei Bedarf noch zusätzliche Optionen. Mit der Schaltfläche *Test Run* können Sie das Programm auch probeweise laufen lassen. Dabei gibt es hier auch die Möglichkeit, Parameter und Programmstartoptionen anzugeben.

4 Aus einer langen Liste von 199 Kompatibilitäts-Fixes können Sie jetzt die auswählen, die für das jeweilige Programm nötig sind. Bleiben Sie mit dem Mauszeiger über einem Fix in der Liste stehen, wird eine Beschreibung angezeigt.

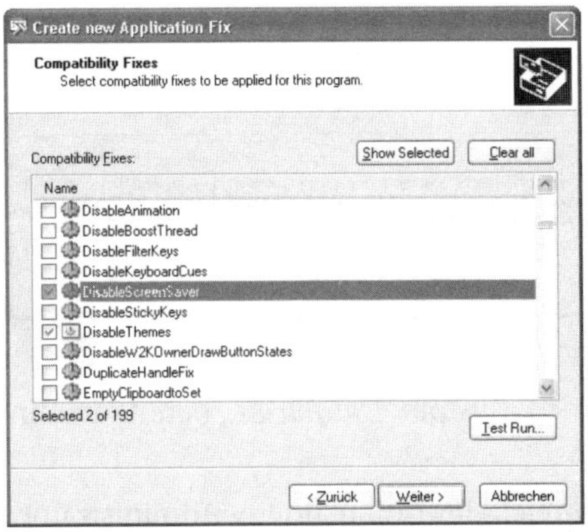

Auswahl von Kompatibilitäts-Fixes.

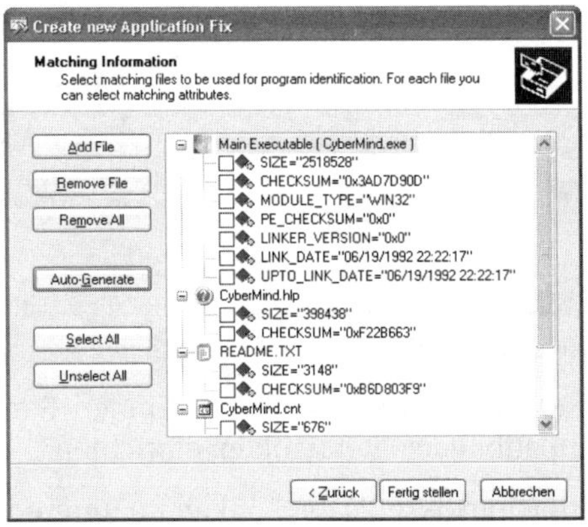

Matching Information.

5 Im Dialogfeld *Matching Information* legen Sie fest, welche Dateinamen zur Identifikation des Programms herangezogen werden sollen. Dabei können auch Dateigrößen, Prüfsummen und Versionsnummern verwendet werden.

6 Das auf diese Weise konfigurierte Programm wird in die Custom Database eingetragen, vergleichbar mit den Standardeinträgen in der System Database.

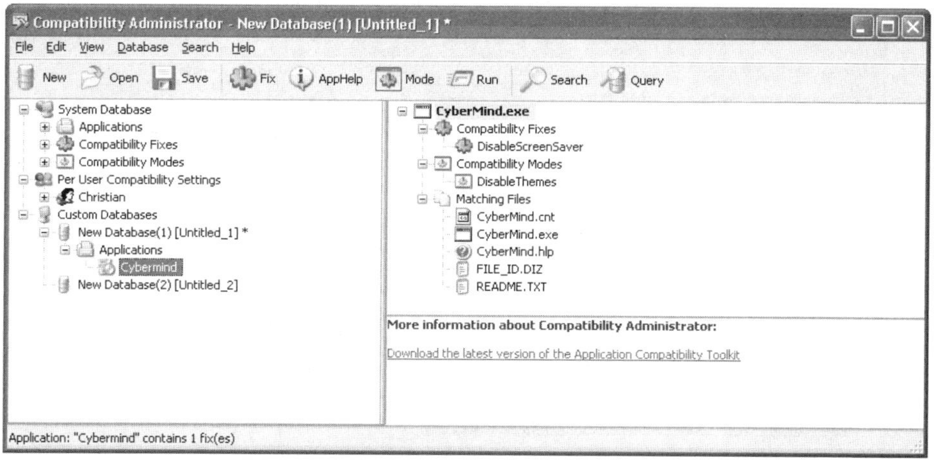

Kompatibilitätseintrag in der Custom Database.

7 Diese Custom Database können Sie jetzt als SDB-Datei speichern und für die Kompatibilität auf anderen Computern verwenden. Dort werden die Kompatibilitätsinformationen mit einem Doppelklick auf die SDB-Datei eingelesen.

Custom Database hat Vorrang

Existieren für eine Anwendung sowohl Einträge in der System Database wie auch in einer Custom Database, haben die Einstellungen aus der Custom Database immer Vorrang.

QFixApp

QFixApp ist ein weiteres Tool zum Testen von Applikationen mithilfe der Windows XP-Kompatibilitätsdatenbank, das ebenfalls im Application Compatibility Toolkit enthalten ist.

Dieses Programm bietet gegenüber dem Compatibility Administrator nicht viel Neues, sondern eine eher eingeschränkte Funktionalität.

1 Klicken Sie nach dem Start von QFixApp auf die Schaltfläche *Advanced* und wählen Sie im oberen Eingabefeld die EXE-Datei des Programms und darunter eventuelle Kommandozeilenparameter.

2 Auf der Registerkarte *Layers* stellen Sie den zu verwendenden Kompatibilitätsmodus ein. Anschließend können Sie auf der Registerkarte *Fixes* optional zusätzliche Fixes definieren.

3 Starten Sie das Programm über die Schaltfläche *Run* mit diesen Kompatibilitätsoptionen und überprüfen Sie danach mit *View log* das Protokoll auf eventuelle Fehler.

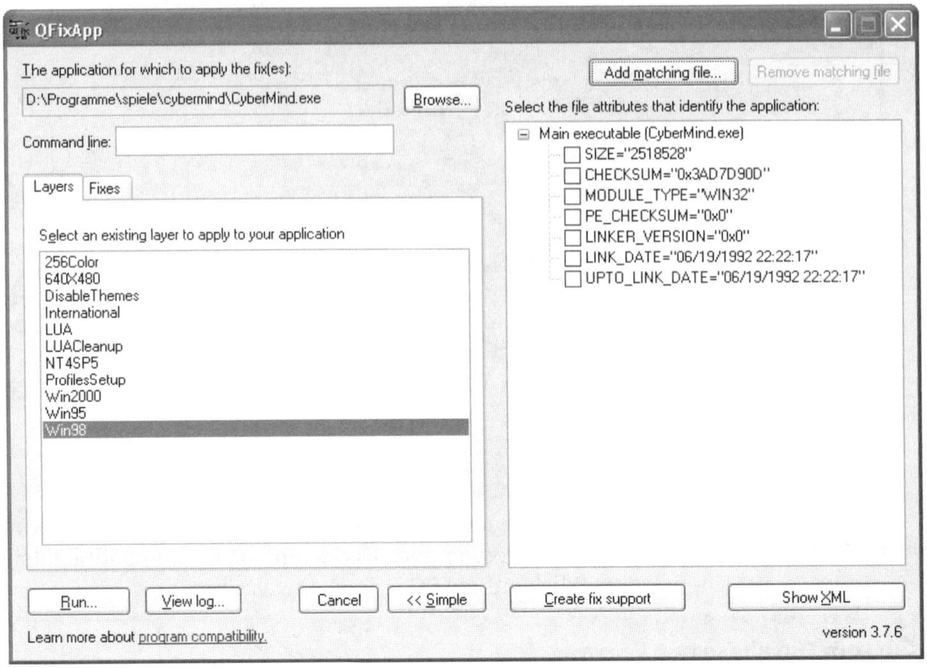

QFixApp.

4 Mit der Schaltfläche *Add matching file* fügen Sie Dateien hinzu, die für die Programmidentifikation verwendet werden sollen.

5 Zum Schluss erstellen Sie wie im Compatibility Administrator mit der Schaltfläche *Create fix support* eine SDB-Datei mit den Kompatibilitätsinformationen.

Eigene Anwendungen auf Kompatibilität überprüfen

Die beiden beschriebenen Tools Compatibility Administrator und QFixApp lösen vor allem Kompatibilitätsprobleme älterer Applikationen. Bei der Entwicklung neuer eigener Programme sollten Sie diese mit dem Application Verifier aus dem Application Compatibility Toolkit testen.

Die Demo-Applikation

Um den Application Verifier und die anderen Kompatibilitäts-Tools auszuprobieren, liefert Microsoft eine Demo-Applikation mit, die ein Setup und ein wirkliches Programm einschließlich Fehlermeldungen simuliert. Dabei werden an verschiedenen Stellen auch bewusst Fehlermeldungen angezeigt.

- *DEMOAPP.EXE* ohne Parameter startet ein fiktives Setup-Programm.
- *DEMOAPP.EXE -runapp* startet ein Programm, das einen Hilfetext anzeigt.

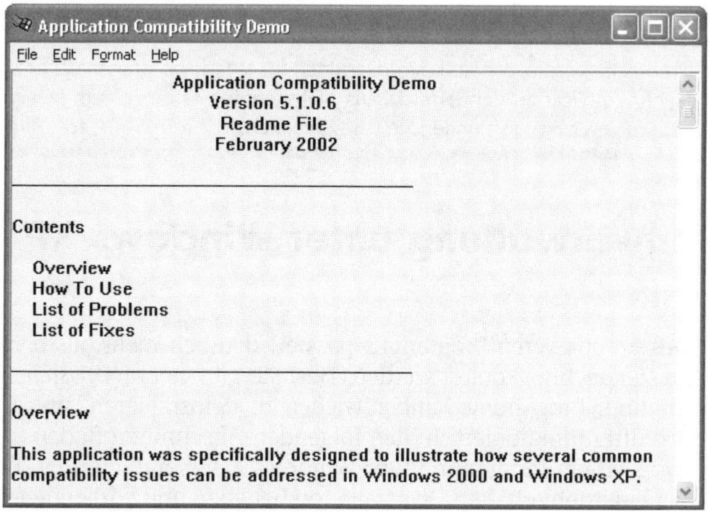

Die Demo-Applikation aus dem Application Compatibility Toolkit.

Mit dieser Applikation können Sie verschiedene Kompatibilitätseinstellungen ausprobieren, ohne das System oder installierte Programme zu beeinflussen.

Application Verifier

Im Application Verifier tragen Sie die zu testende Applikation ein und legen im rechten Fenster die Testbedingungen fest.

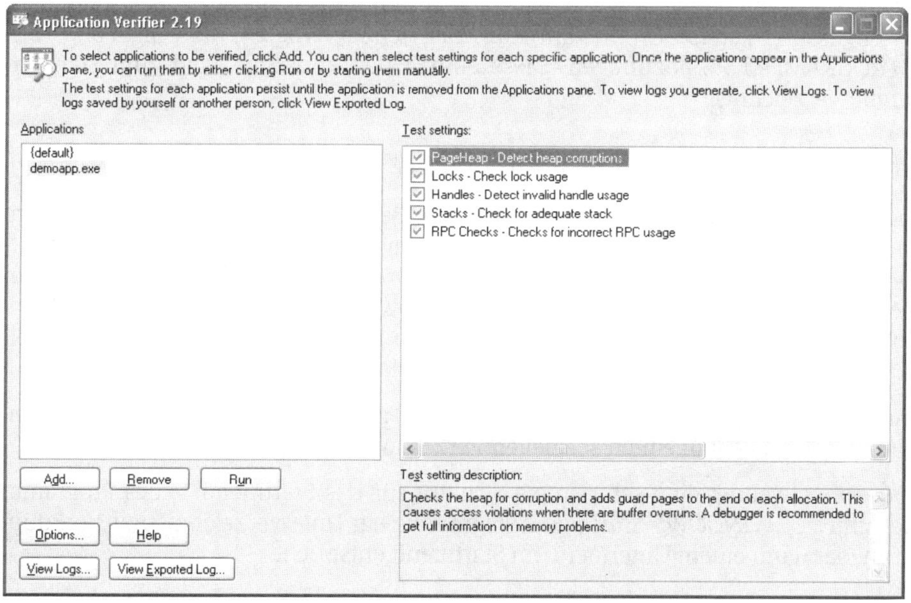

Der Application Verifier.

Starten Sie das Programm unter den vorgegebenen Testbedingungen mit der Schaltfläche *Run*. Anschließend wird ein Protokoll angezeigt, in dem Sie eventuelle Kompatibilitätsprobleme finden.

Designed for Windows
Möchten Sie eine Applikation entwickeln, die das Logo „Designed for Windows" tragen darf, reicht ein Test mit diesem einfachen Application Verifier nicht aus. Nähere Informationen zum *Designed for Windows*-Logo-Programm von Microsoft finden Sie bei *www.microsoft.com/winlogo.*

6.4 Programmverwaltung unter Windows XP im Detail

Bei der Installation eines komplexeren Programms passiert deutlich mehr, als dass die Programmdateien in ein Verzeichnis kopiert werden. Deshalb gibt es unter *Systemsteuerung/Software* eine Funktion, Programme sauber wieder zu deinstallieren, was leider auch nicht immer einwandfrei funktioniert. In den folgenden Abschnitten finden Sie Informationen darüber, wo sich ein Programm unter Windows XP überall einträgt. Damit können Sie Probleme bei einer fehlerhaften Deinstallation beheben und vorhandene Programminstallationen optimieren.

Programmverzeichnis

Das Wichtigste bei jeder Programminstallation ist das Kopieren der Programmdateien in das Programmverzeichnis. Dieses Verzeichnis wird normalerweise unterhalb des Standard-Verzeichnisses *Programme* angelegt. Schlecht programmierte Installationsroutinen gehen hier immer von einem Verzeichnis *C:\Programme* aus – oder gar noch schlimmer von der englischen Version *C:\Program Files*. Der richtige Weg ist, die Umgebungsvariable *%PROGRAMFILES%* abzufragen. Diese enthält den korrekten Pfad zum Standard *Programme*-Verzeichnis.

Startmenü und Desktop-Symbole

In Windows XP setzt sich das Startmenü aus zwei Bereichen zusammen: den Programmen für den angemeldeten Benutzer und den gemeinsamen Programmen für alle Benutzer. In Windows NT/2000 gab es diese beiden Bereiche auch schon, sie wurden im Startmenü aber untereinander angezeigt. Im Windows XP-Startmenü werden die Bereiche nicht mehr getrennt, sodass auch auf den ersten Blick nicht mehr ersichtlich ist, ob ein Programm nur für den aktuellen Benutzer oder für alle Benutzer installiert ist.

Ein Startmenü-Eintrag ist immer eine Verknüpfung mit der jeweiligen Programmdatei. Diese Verknüpfung liegt in einem speziellen Verzeichnis für das Startmenü.

Windows 9x verwendet eine sehr simple Struktur für das Startmenü. Jedes Programm legt hier unter *C:\WINDOWS\Startmenü\Programme* ein Unterverzeichnis mit Verknüpfungen an, das dann einem Untermenü im Startmenü entspricht.

Schlecht programmierte Installationsroutinen gehen hier immer von dem Standard-Verzeichnis *C:\WINDOWS\Startmenü\Programme* aus – oder gar noch schlimmer von der englischen Version *C:\WINDOWS\Start menu\Programme*. Auch unter Windows 9x war aber schon eine Abfrage der Registry möglich, wie sie für eine saubere Installation unter Windows XP zwingend erforderlich ist. Je nach Installationsart und Systemlaufwerk kann das Startmenü in völlig verschiedenen Verzeichnissen liegen.

Jedes Installationsprogramm sollte heutzutage abfragen, ob ein Programm nur für den aktuellen Benutzer oder für alle Benutzer installiert werden soll. Dementsprechend müssen verschiedene Startmenü-Einträge angelegt werden:

- Das Startmenü-Verzeichnis für den aktuellen Benutzer wird in der Registry unter *HKEY_CURRENT_USER\Software\Microsoft\Windows\CurrentVersion\Explorer\Shell Folders\Start Menu* angegeben.
- Das Startmenü-Verzeichnis für alle Benutzer wird in der Registry unter *HKEY_LOCAL_MACHINE\Software\Microsoft\Windows\CurrentVersion\Explorer\User Shell Folders\Common Start Menu* angegeben. Dieses Verzeichnis ist abhängig von der Umgebungsvariable *%ALLUSERSPROFILE%*, die das gemeinsame Profilverzeichnis für alle Benutzer angibt.

Ähnlich verhält es sich mit dem Verzeichnis für automatisch angelegte Desktop-Verknüpfungen, das unter Windows XP auch nicht mehr einfach *C:\WINDOWS\Desktop* heißt – wie unter Windows 9x.

- Das Desktop-Verzeichnis für den aktuellen Benutzer wird in der Registry unter *HKEY_CURRENT_USER\Software\Microsoft\Windows\CurrentVersion\Explorer\Shell Folders\Desktop* angegeben.
- Das Desktop-Verzeichnis für alle Benutzer wird in der Registry unter *HKEY_LOCAL_MACHINE\Software\Microsoft\Windows\CurrentVersion\Explorer\User Shell Folders\Common Desktop* angegeben. Dieses Verzeichnis ist ebenfalls abhängig von der Umgebungsvariable *%ALLUSERSPROFILE%*.

Automatisch startende Programme

Programme, die beim Windows-Start automatisch gestartet werden, sind üblicherweise im Startmenü des Benutzers oder im gemeinsamen Startmenü zu finden. Dort gibt es ein Untermenü für AutoStart-Einträge. Das genaue Verzeichnis ist in der Registry definiert:

- Das AutoStart-Verzeichnis für den aktuellen Benutzer wird in der Registry unter *HKEY_CURRENT_USER\Software\Microsoft\Windows\CurrentVersion\Explorer\Shell Folders\Startup* angegeben.
- Das AutoStart-Verzeichnis für alle Benutzer wird in der Registry unter *HKEY_LOCAL_MACHINE\Software\Microsoft\Windows\CurrentVersion\Explorer\User Shell Folders\Common Startup* angegeben. Dieses Verzeichnis ist ebenfalls abhängig von der Umgebungsvariable *%ALLUSERSPROFILE%*.

Bei einer Standardinstallation von Windows XP sind das diese Verzeichnisse:

- *%systemroot%\Dokumente und Einstellungen\<Benutzername>\Startmenü\Programme\Autostart*
- *%systemroot%\Dokumente und Einstellungen\All Users\Startmenü\Programme\Autostart*

Bei einem Update von Windows NT 4 liegen die AutoStart-Einträge in anderen Verzeichnissen:

- *%windir%\Profiles\<Benutzername>\Startmenü\Programme\Autostart*
- *%windir%\Profiles\All Users\Startmenü\Programme\Autostart*

Vorübergehendes Deaktivieren der AutoStart-Einträge

Drücken Sie direkt nach der Anmeldung die [Umschalt]-Taste so lange, bis die Desktop-Symbole von Windows XP erscheinen und die Sanduhr verschwunden ist. Damit werden die Programme aus den AutoStart-Einträgen im Startmenü nicht gestartet. Diese Methode hat allerdings keinen Einfluss auf Programme, die über die Registry automatisch gestartet werden.

Viele schlecht programmierte Installationsroutinen haben Schwierigkeiten mit den lokalisierten Namen nicht englischer Windows-Versionen und legen im Startmenü ein Verzeichnis *Startup* an.

Eine weitere Möglichkeit, ein Programm beim Windows-Start automatisch zu starten, ist ein Registry-Eintrag. Dafür sind verschiedene Schlüssel vorgesehen:

- Automatisch startende Programme für alle Benutzer stehen unter *HKEY_LOCAL_MACHINE\Software\Microsoft\Windows\CurrentVersion\Run* und *HKEY_LOCAL_MACHINE\Software\Microsoft\Windows\CurrentVersion\RunOnce*.
- Automatisch startende Programme für alle Benutzer stehen unter *HKEY_CURRENT_USER\Software\Microsoft\Windows\CurrentVersion\Run*.

Möchten Sie überprüfen, welche Programme tatsächlich über eine dieser Methoden beim Windows-Start gestartet werden, verwenden Sie am einfachsten das Programm MSCONFIG.

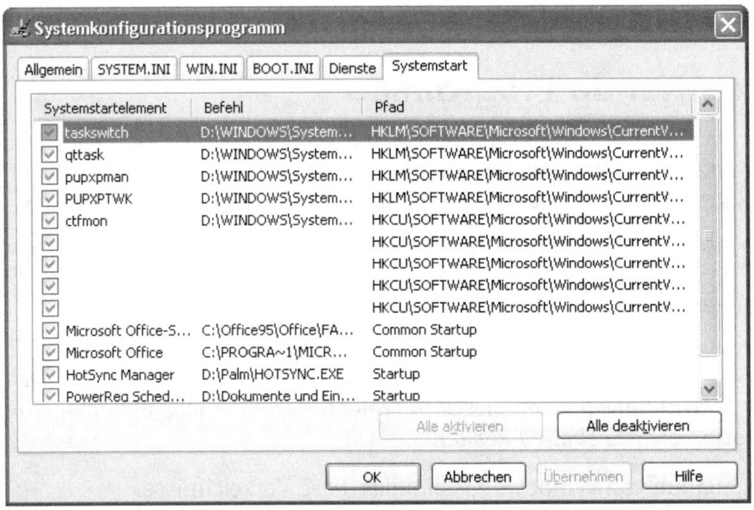

Anzeige der AutoStart-Programme in MSCONFIG.

Hier können Sie auf der Registerkarte *Systemstart* die einzelnen Programme vorübergehend deaktivieren, ohne mit dem Registry-Editor manuelle Änderungen vornehmen zu müssen.

Einträge in der Registry

Die meisten Programme verwenden benutzerdefinierbare Einstellungen, die in der Registry gespeichert werden. Eine Speicherung in INI-Dateien gibt es nur noch in sehr alten Programmen.

WIN.INI und SYSTEM.INI

Aus Kompatibilitätsgründen legt Windows XP immer noch die Dateien *WIN.INI* und *SYSTEM.INI* mit den aus älteren Windows-Versionen bekannten Abschnitten, aber ohne Inhalte an. 16-Bit-Applikationen können auf diese Dateien zugreifen, um Konfigurationseinstellungen zu speichern. Die Einträge in diesen Dateien lassen sich mit dem Systemkonfigurationsprogramm MSCONFIG einzeln deaktivieren.

Die Registry sieht dafür Standardspeicherorte vor, an die sich die Programmhersteller halten sollten:

- Programmeinstellungen für alle Benutzer liegen unter *HKEY_LOCAL_MACHINE\Software*.
- Programmeinstellungen für den aktuellen Benutzer liegen unter *HKEY_CURRENT_USER\Software.*

Unterhalb dieser Registry-Schlüssel sollte jeder Programmhersteller einen Unterschlüssel mit seinem Namen anlegen. Darunter sind für jedes Softwareprodukt eigene Unterschlüssel vorgesehen, die wiederum Schlüssel und Einträge für die jeweiligen Einstellungen enthalten.

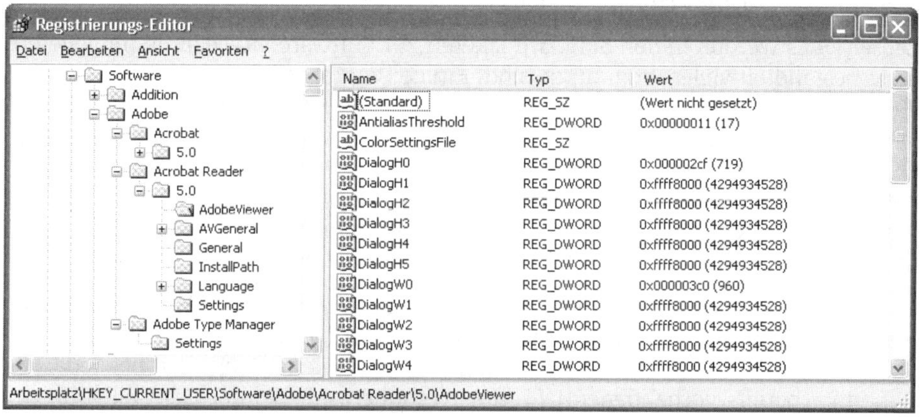

Beispiel für korrekte Registry-Einträge von installierten Programmen.

Zusätzlich kann jedes Programm unter *HKEY_LOCAL_MACHINE\Software\Microsoft\Windows\CurrentVersion\App Paths* einen Unterschlüssel anlegen, der den genauen Pfad der Programmdatei sowie das Standardverzeichnis enthält.

Dass sich leider nicht jeder Softwarehersteller an diese Struktur hält, können Sie leicht herausfinden, wenn Sie einmal nach einem Programmnamen in der Registry suchen. Bei einer sauberen Deinstallation muss der zum Programm gehörige Registry-Zweig komplett entfernt werden.

Uninstall-Einträge

Das Symbol *Software* in der Systemsteuerung zeigt eine Liste aller Programme an, die von der Windows-Uninstall-Funktion deinstalliert werden können. Diese Liste setzt sich aus den Registry-Einträgen unter *HKEY_LOCAL_MACHINE\Software\Microsoft\Windows\CurrentVersion\Uninstall* zusammen. Dort wird für jedes Programm ein Kurzname und ein UninstallString gespeichert. Letzterer enthält die Befehlsfolge, die zur Deinstallation erforderlich ist. Wenn der Windows eigene Uninstaller verwendet wird, ist das *"C:\WINDOWS\unin0407.exe -f"*, gefolgt vom Pfad und Namen einer ISU-Datei, die bei der Installation angelegt wurde und den notwendigen Deinstallationsvorgang beschreibt. Liefern die Programme eigene Uninstaller mit, werden diese hier eingetragen.

Löscht man jetzt ein Programm von der Festplatte, ohne es zu deinstallieren, bleiben diese UninstallStrings in der Registry und die entsprechenden Zeilen unter *Systemsteuerung/Software* stehen. Bei einem Deinstallationsversuch erscheint eine Fehlermeldung.

Löschen Sie den entsprechenden Uninstall-Schlüssel aus der Registry, verschwindet der Eintrag unter *Systemsteuerung/Software.*

Shared DLLs

Die Abkürzung DLL steht für **D**ynamic **L**ink **L**ibrary und bezeichnet Funktionsbibliotheken, die von mehreren Programmen verwendet werden können. Diese Dateien werden zentral im *System-* oder *System32-*Verzeichnis von Windows XP abgelegt. Außerdem besteht die Möglichkeit, unterhalb des *Gemeinsame Dateien-*Verzeichnisses Unterverzeichnisse für Programmpakete anzulegen, die gemeinsam verwendete DLL-Dateien enthalten. Die Lage des *Gemeinsame Dateien-*Verzeichnisses wird durch die Umgebungsvariable *%COMMONPROGRAMFILES%* festgelegt.

Viele dieser DLLs werden in den Standardpaketen zur Softwareentwicklung mitgeliefert, sodass sie Bestandteil vieler Programme sind. Einige Programmhersteller packen zusätzliche Funktionen in diese DLLs und erweitern damit deren Funktionalität für ein spezielles Programm. Bei der Installation eines Programms wird abgefragt, ob die verwendeten DLLs bereits installiert sind. Außerdem enthält jede DLL eine Versionsnummer, die garantieren soll, dass neuere DLLs immer mindestens den gleichen Funktionsumfang oder mehr als ältere Versionen haben. Diese Versionsnummer können Sie im Explorer über *Eigenschaften/Version* im Kontextmenü der Datei einsehen.

Um eindeutig zu markieren, wie viele Programme eine DLL verwenden, gibt es für jede gemeinsam verwendete Datei in der Registry unter *HKEY_LOCAL_MACHINE\Software\Microsoft\Windows\CurrentVersion\SharedDLLs* einen Zahleneintrag, der bei jeder Installation einer bereits vorhandenen DLL um 1 erhöht wird. Bei der Deinstallation des entsprechenden Programms muss dieser Zähler wieder erniedrigt werden. Ist er bei 0 angekommen, erscheint eine Meldung, dass eine gemeinsam verwendete Datei nun nicht mehr benötigt wird und gelöscht werden kann. Windows XP zählt auf die gleiche Weise auch die Verwendung von gemeinsamen EXE- und OCX-Dateien.

Probleme

Soweit die Theorie. Allerdings erhöhen manche Installationsprogramme großer Softwarepakete einen Zähler mehrfach, wenn sie aus Installationsroutinen der Einzelmodule kombiniert wurden. Hier stimmt dann die Gesamtzahl oft nicht mehr, sodass eine Deinstallation nicht sauber funktioniert. Ebenfalls wird der Zähler nicht erniedrigt, wenn Sie ein Programm löschen, ohne es zu deinstallieren. Wird dieser Zähler einmal falsch behandelt, hat er keine Aussagekraft mehr.

Manuelles Löschen von DLLs

Die Dateien, die hier in der Registry auf 0 gesetzt wurden, werden normalerweise nicht mehr verwendet und können manuell gelöscht werden.

Durchsuchen Sie den Registry-Schlüssel *HKEY_LOCAL_MACHINE\Software\Microsoft\Windows\CurrentVersion\SharedDLLs* nach solchen 0-Einträgen.

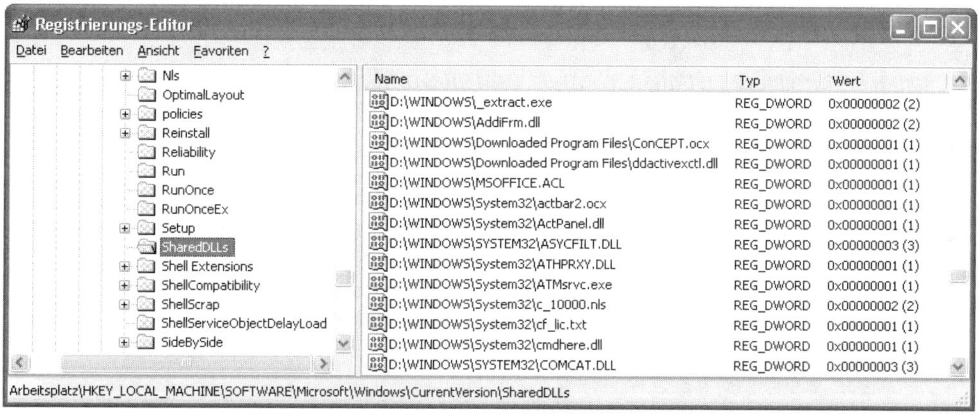

Der Eintrag Shared DLLs in der Registry.

Löschen Sie die betroffenen Dateien nicht sofort, sondern verschieben Sie sie zunächst wegen der beschriebenen Probleme in ein eigenes Verzeichnis, bis Sie sicher sind, dass alle Programme noch ordnungsgemäß laufen.

Dateitypen

Viele Programme tragen sich automatisch als Standardanwendung für bestimmte Dateitypen ein. Diese Einträge finden Sie unter *HKEY_CLASSES_ROOT* in der Registry. Sie sollten bei einer Deinstallation des Programms automatisch gelöscht oder auf ein noch installiertes Programm zurückgesetzt werden, das ebenfalls mit diesem Dateityp umgehen kann. Funktioniert die Deinstallation eines Dateityps nicht, wählen Sie im Kontextmenü einer beliebigen Datei dieses Typs die Option *Öffnen mit/Programm auswählen* und wählen hier das Programm, mit dem diese Dateien ab jetzt geöffnet werden sollen.

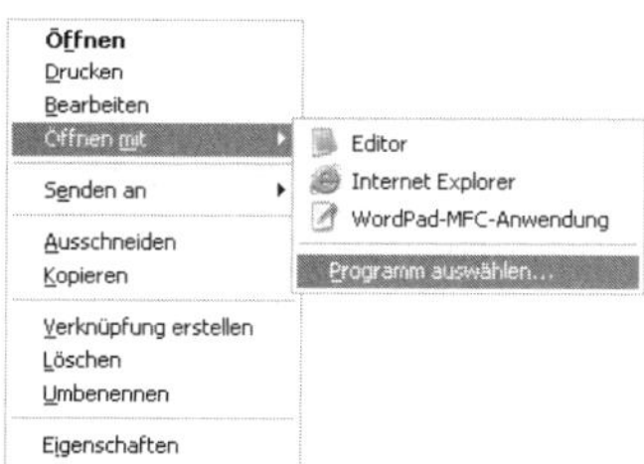

Kontextmenü einer Datei im Windows-Explorer.

Auswahl einer Standardapplikation.

Schalten Sie hier die Option *Dateityp immer mit dem ausgewählten Programm öffnen* ein. Damit wird der Dateityp in der Registry dem neuen Programm zugeordnet. Wenn Sie mit einer der angebotenen Dateiendungen nichts anfangen können, finden Sie im Internet lange Listen aller gängigen Dateiformate:

www.endungen.de, whatis.techtarget.com/fileFormat

Systemwiederherstellungspunkte

Bei systemkritischen Installationen setzt Windows XP automatisch Systemwiederherstellungspunkte, um später bei Problemen auf diesen Zustand zurückzuschalten. Da diese Wiederherstellungspunkte sehr viel Speicherplatz verbrauchen, sollten Sie unter *Systemsteuerung/System* in den Einstellungen auf der Registerkarte *Systemwiederherstellung* den maximal zu verwendenden Speicherplatz einschränken.

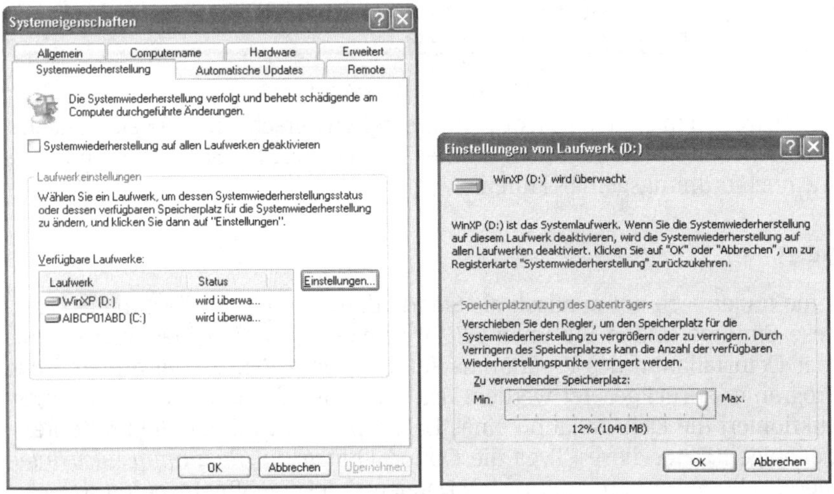

Einstellungen für die Systemwiederherstellung.

Nähere Informationen zur Systemwiederherstellung finden Sie in Kapitel 5.9 ab Seite 252 und Kapitel 15.5 ab Seite 1027.

6.5 DOS-Anwendungen unter Windows XP

Unter Windows 9x ließ sich noch fast jedes DOS-Programm zum Laufen bringen. Dazu gab es drei Möglichkeiten:

- Das Programm wird in einem DOS-Fenster gestartet.
- Das Programm wird als DOS-Vollbildanwendung gestartet. Bei Mehrschirmlösungen laufen diese Anwendungen immer auf dem primären Bildschirm. Hier lässt sich immer noch mit [Alt]+[Tab] auf andere Windows-Anwendungen umschalten.
- Windows 9x wird verlassen und das Programm im reinen DOS-Modus gestartet. Hier können Sie nur Programme auf lokalen Laufwerken verwenden, auf die auch unter DOS ohne weitere Treiber Zugriff besteht.

Diese letzte Variante gab es schon unter Windows NT/2000 nicht mehr. Der DOS-Modus wird auch von Windows XP nicht verwendet. Hier besteht nur die Möglichkeit, ein reines

DOS parallel auf dem gleichen Rechner zu installieren. Da Windows XP auch die Produktlinie Windows 9x/ME ablösen soll, musste ein Verfahren gefunden werden, die alten DOS-Programme weiterhin zu verwenden.

Geschwindigkeit im DOS-Modus von Windows 9x

Der DOS-Modus war hauptsächlich dafür gedacht, Programme zu betreiben, die andernfalls unter Windows 9x nicht korrekt laufen würden, da sie sehr hardwarenah auf Geräte zugreifen, was durch das Windows-Treiberkonzept blockiert wird. Sie laufen im DOS-Modus nicht unbedingt schneller. In den meisten Fällen sind umgekehrt sogar die 32-Bit-Treiber von Windows 9x schneller als die Real-Mode-Treiber im DOS-Modus. Aktuelle Geräte werden speziell auf das Windows-Treibermodell optimiert und laufen unter anderen Betriebssystemen ohnehin langsamer. Dadurch sind DOS-Spiele unter Windows XP in den meisten Fällen schneller als unter Windows 9x/ME.

Verwendung des oberen Speicherbereichs

Waren die alten Windows-Versionen 3.x wie auch 9x im Prinzip grafische Oberflächen für ein darunter liegendes DOS-System, verhält es sich bei allen auf Windows NT-Technologie basierenden Systemen, wozu auch Windows XP gehört, genau umgekehrt. Hier wird DOS wie in einem Emulator als eigener Task unter dem Windows-Betriebssystem ausgeführt. In Windows XP ist dafür das Programm *DOSX.EXE* zuständig. DOS-Programme können nur die ersten 640 KByte des Speichers verwenden. Dieser Platz, auch als konventioneller Speicher bezeichnet, wird zusätzlich vom Betriebssystem selbst und diversen Gerätetreibern eingeschränkt. Was übrig bleibt, sind dann manchmal nur noch weniger als 550 KByte, womit viele Spiele schon nicht mehr funktionieren. Einen Ausweg aus diesem Problem bieten die diversen Speicher-Manager, die in den letzten Versionen auch mit MS-DOS mitgeliefert wurden. Hiermit haben Sie die Möglichkeit, Gerätetreiber und auch Teile von MS-DOS selbst in obere Speicherbereiche auszulagern. Modernere DOS-Programme lieferten auch eigene Speicher-Manager mit, wie zum Beispiel den Pharlap-DOS-Extender oder DOS/4GW, die es auch diesen Programmen ermöglichten, den kompletten Arbeitsspeicher eines PCs zu nutzen. Aus Gründen der Kompatibilität zu älterer DOS-Software verwendet der MS-DOS-Emulator von Windows XP die gleiche Speicherverwaltung wie „echtes" DOS. Auch hier wird der Speicher-Manager *Himem.sys*, der schon von DOS her bekannt ist, mitgeliefert.

Logische Aufteilung des oberen Speicherbereichs

Seit der ersten DOS-Version und dem ersten IBM-PC ist der Arbeitsspeicher jedes PCs in logische Blöcke aufgeteilt. Damals behaupteten Bill Gates und die Verantwortlichen bei IBM übereinstimmend, dass 640 KByte RAM für die Bedürfnisse der PC-Benutzer vieler Generationen ausreichen würden.

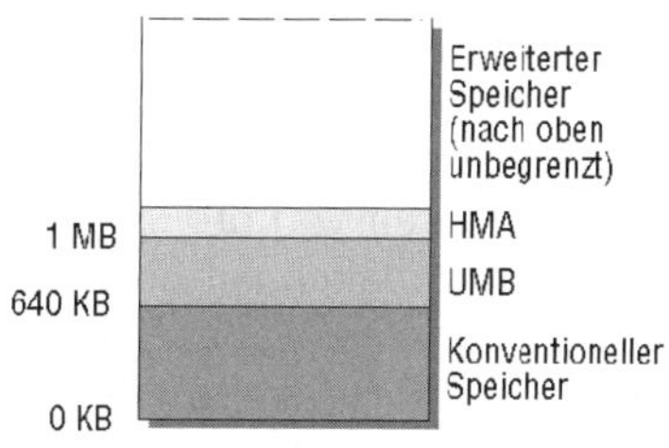

Speicheraufteilung eines PCs.

Der Speicherbereich oberhalb der magischen 640-KByte-Grenze, der in der Windows XP-DOS-Emulation als hoher Speicher bezeichnet wird, wird auch noch einmal logisch aufgeteilt:

- **UMB** (**U**pper **M**emory **B**lock) – der 384 KByte große Speicherbereich zwischen dem konventionellen Speicher und 1 MByte.
- **HMA** (**H**igh **M**emory **A**rea) – die ersten 64 KByte oberhalb der 1-MByte-Grenze.

Um diese Speicherbereiche überhaupt nutzen zu können, musste in der *CONFIG.SYS* folgende Zeile enthalten sein:

```
device=C:\Win98\Himem.sys
```

Dieser Speicher-Manager ermöglichte es DOS, auf die HMA zuzugreifen. Damit Teile des Betriebssystems auch wirklich in diesen Speicherbereich verlegt werden, musste noch folgende Zeile in der *CONFIG.SYS* stehen:

```
dos=high
```

Der Speicher-Manager *Emm386.exe* ermöglicht zusätzlich den Zugriff auf den UMB und den oberen Speicher, der den größten Teil des Gesamtspeichers moderner PCs ausmacht.

```
devicehigh=C:\Win98\Emm386.exe noems
```

Diese Zeile aktivierte den Speicher-Manager *Emm386.exe*. Dabei bedeutet der Aufruf *devicehigh*, dass der Speicher-Manager sich selbst zum größten Teil auch in den UMB laden soll. Jetzt können Sie alle weiteren Treiber, die in der *CONFIG.SYS* weiter hinten stehen, ebenfalls mit *devicehigh* in den oberen Speicher laden. Die DOS-Emulation von Windows XP verwendet weiterhin den Speicher-Manager *HIMEM.SYS*. *EMM386.EXE* gibt es nicht mehr als eigene Datei, die Einstellungen zur Nutzung des Expanded Memory werden jetzt direkt in der Datei *CONFIG.NT* vorgenommen, die die ehemalige *CONFIG.SYS* ersetzt. Damit Teile von DOS und Umgebungsvariablen im UMB abgelegt werden können, muss in der *CONFIG.SYS* noch der folgende Eintrag stehen:

```
dos=umb
```

Diesen können Sie auch mit der Nutzung der HMA kombinieren:

```
dos=high,umb
```

Expanded Memory

Einige Spiele und aufwendige DOS-Programme geben sich jedoch mit dem konventionellen Speicher nicht zufrieden. Sie benötigen zusätzlich Extended oder Expanded Memory. Als Extended Memory oder XMS-Speicher wird der gesamte Speicherbereich oberhalb der HMA bezeichnet. Hiermit kann DOS nichts anfangen. Programme können jedoch über eigene Speicher-Manager diesen Bereich nutzen. Zum Beispiel ist Windows 3.11, das ja im Prinzip kein Betriebssystem, sondern eine grafische, auf DOS aufgesetzte Oberfläche ist, in der Lage, diesen Speicherbereich voll auszunutzen. Expanded Memory ist eine besondere Art der Speicherverwaltung, die in den 80er-Jahren von den Firmen **L**otus, **I**ntel und **M**icrosoft zusammen entwickelt wurde und daher manchmal noch als LIM-Standard bezeichnet wird. Hier wird der Speicher seitenweise verwaltet, sodass auch schon alte 286er-Prozessoren mit ihrem eingeschränkten Adressraum darauf Zugriff hatten. Zum Zugriff auf Expanded Memory ist kein spezielles Speicher-Management nötig, da man bei der Programmierung auf Standardroutinen zugreifen kann. Deshalb wurde Expanded Memory lange Zeit gern beim Programmieren von DOS-Programmen verwendet. Seit der 386er-Prozessorgeneration wird die Verwaltung des Expanded Memory nicht mehr hardwaremäßig geregelt, sondern über die Software *Emm386.exe*, da der 386er-Prozessor über einen ausreichend großen Adressraum verfügt.

Speicheranzeige mit MEM

Die DOS-Emulation von Windows XP verfügt ähnlich wie originales DOS über den Befehl *MEM*, der die Auslastung des unter DOS verfügbaren Arbeitsspeichers anzeigt.

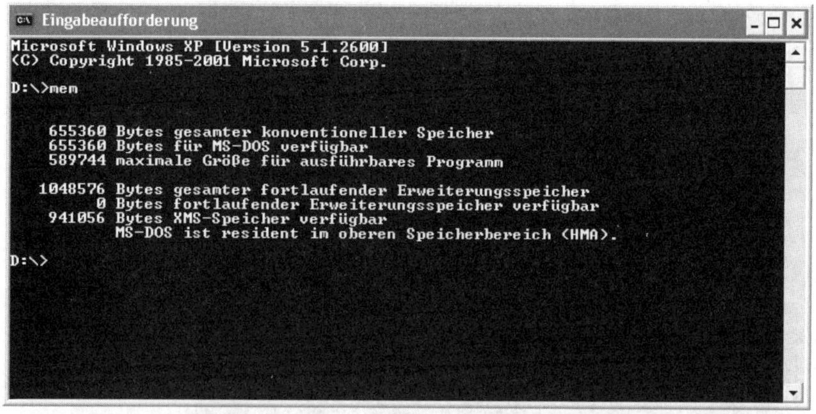

```
Eingabeaufforderung
Microsoft Windows XP [Version 5.1.2600]
(C) Copyright 1985-2001 Microsoft Corp.

D:\>mem

    655360 Bytes gesamter konventioneller Speicher
    655360 Bytes für MS-DOS verfügbar
    589744 maximale Größe für ausführbares Programm

   1048576 Bytes gesamter fortlaufender Erweiterungsspeicher
         0 Bytes fortlaufender Erweiterungsspeicher verfügbar
    941056 Bytes XMS-Speicher verfügbar
           MS-DOS ist resident im oberen Speicherbereich (HMA).

D:\>
```

Anzeige des Arbeitsspeichers mit MEM.

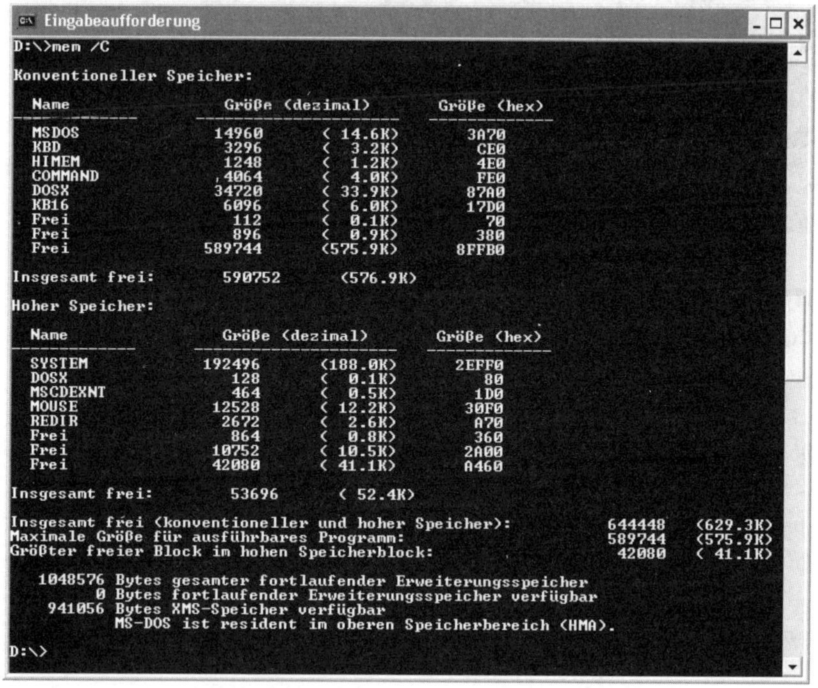

```
Eingabeaufforderung
D:\>mem /C

Konventioneller Speicher:

  Name           Größe (dezimal)        Größe (hex)
  ------------   ----------------------  -----------
  MSDOS           14960      ( 14.6K)       3A70
  KBD              3296      (  3.2K)        CE0
  HIMEM            1248      (  1.2K)        4E0
  COMMAND          4064      (  4.0K)        FE0
  DOSX            34720      ( 33.9K)       87A0
  KB16             6096      (  6.0K)       17D0
  Frei              112      (  0.1K)         70
  Frei              896      (  0.9K)        380
  Frei           589744      (575.9K)      8FFB0

Insgesamt frei:      590752       (576.9K)

Hoher Speicher:

  Name           Größe (dezimal)        Größe (hex)
  ------------   ----------------------  -----------
  SYSTEM         192496      (188.0K)      2EFF0
  DOSX              128      (  0.1K)         80
  MSCDEXNT          464      (  0.5K)        1D0
  MOUSE           12528      ( 12.2K)       30F0
  REDIR            2672      (  2.6K)        A70
  Frei              864      (  0.8K)        360
  Frei            10752      ( 10.5K)       2A00
  Frei            42080      ( 41.1K)       A460

Insgesamt frei:       53696       ( 52.4K)

Insgesamt frei (konventioneller und hoher Speicher):      644448   (629.3K)
Maximale Größe für ausführbares Programm:                 589744   (575.9K)
Größter freier Block im hohen Speicherblock:               42080   ( 41.1K)

   1048576 Bytes gesamter fortlaufender Erweiterungsspeicher
         0 Bytes fortlaufender Erweiterungsspeicher verfügbar
    941056 Bytes XMS-Speicher verfügbar
           MS-DOS ist resident im oberen Speicherbereich (HMA).

D:\>
```

Anzeige der Speicherbelegung in der DOS-Emulation mit MEM /C.

Mit dem zusätzlichen Parameter */C* zeigt *MEM* auch an, welche Programme in der DOS-Emulation geladen wurden und wie viel Speicher diese im konventionellen und im hohen Speicherbereich belegen. Außerdem finden Sie auf diese Weise Informationen über freie Speicherblöcke.

Im Unterschied zum Original-DOS zeigt Windows XP die Speicherblöcke gleichzeitig dezimal und hexadezimal an.

Brauchen Sie eine genaue Auflistung der Speicherblöcke und ihrer Belegung nicht auf Basis der Dateinamen, sondern auf Basis der Speicheradressen, verwenden Sie *MEM /P*.

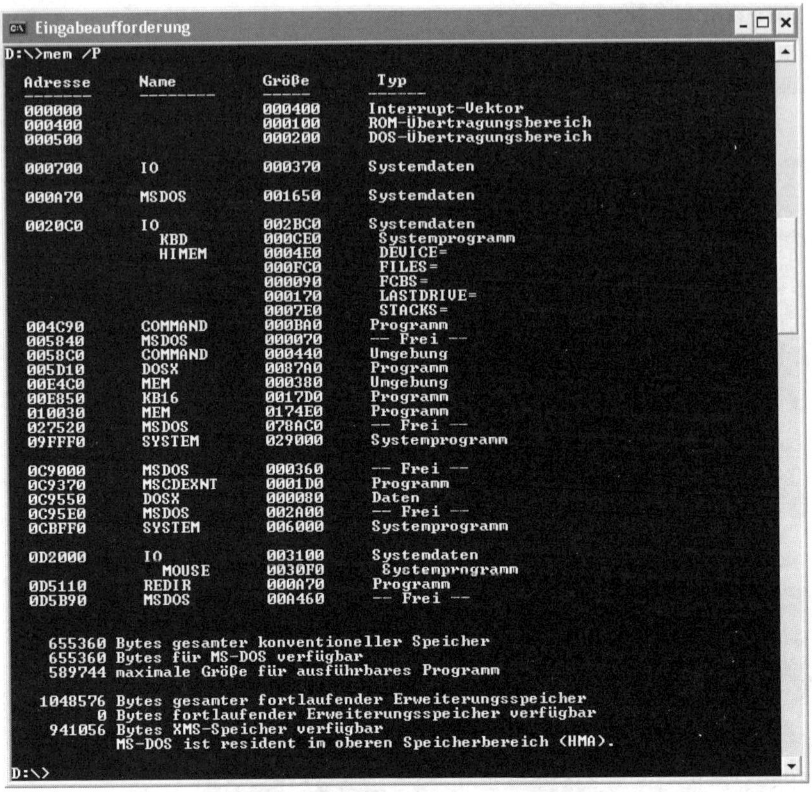

Anzeige der Speicherblöcke mit MEM/P.

Die Konfigurationsdatei CONFIG.NT

Unter DOS gab es weder eine Registry noch einheitliche Gerätetreiber. Jedes Programm musste die meisten Hardwarekomponenten selbst ansteuern.

Generelle Einstellungen zur Speicherverwaltung und zu Umgebungsvariablen wurden in den Dateien *CONFIG.SYS* und *AUTOEXEC.BAT* vorgenommen. Die DOS-Emulation verwendet ähnliche Konfigurationsdateien: *CONFIG.NT* und *AUTOEXEC.NT*.

Viele der Einstellungen aus der ehemaligen *CONFIG.SYS* wurden in die Datei *CONFIG.NT* von Windows XP übernommen, um dort ein DOS-System möglichst genau simulieren zu können. Die Standardvorgabe für *CONFIG.NT* besteht nur aus drei Befehlen:

```
dos=high, umb
device=%SystemRoot%\system32\himem.sys
FILES=127
```

Diese regeln die Speicherverwaltung wie die gleichnamigen DOS-Befehle. Der Parameter *FILES* gab unter DOS an, wie viele Dateien gleichzeitig geöffnet werden konnten. Je höher dieser Wert, desto mehr Systemspeicher wurde für Verwaltungsaufgaben belegt. Dieses Problem besteht in der DOS-Emulation von Windows XP immer noch. Deshalb kann der Vorgabewert von 127 beliebig geändert werden. Zusätzlich sind in der *CONFIG.NT* weitere optionale Parameter möglich. Diese müssen jeweils als eigene Zeile eingetragen werden.

Parameter	Beschreibung
COUNTRY= Ländercode [Codepage] [Dateiname]	Verwendet länderspezifische Einstellungen für Datum und Uhrzeit sowie internationale Codepages. Diese Informationen werden standardmäßig aus der Datei *COUNTRY.SYS* im Verzeichnis *%systemroot%\system32* gelesen. Es kann aber auch eine andere Datei angegeben werden. Informationen zu den Einstellungen entsprechend der Ländercodes enthält die Tabelle auf Seite 282.
DEVICE=	Lädt einen Gerätetreiber in den konventionellen Arbeitsspeicher.
DEVICEHIGH=	Lädt einen Gerätetreiber in den hohen Speicherbereich des Arbeitsspeichers. Dieser Parameter kann nur zusammen mit *DOS=UMB* verwendet werden.
DOS= HIGH|LOW UMB|NOUMB	Gibt an, wo das DOS-Subsystem in den Speicher geladen werden soll: *HIGH | LOW* - das DOS-Subsystem lädt sich in den oberen oder in den konventionellen Speicher. *UMB | NOUMB* - gibt an, ob das MS-DOS-Teilsystem eine Verbindung zwischen konventionellem Speicher und dem hohen Speicherbereich aufrechterhalten soll.
DOSONLY	Windows-Programme, die in der DOS-Emulation ausgeführt werden, unterbrechen laufende DOS-TSR-Programme. Um das zu verhindern, können Sie mit diesem Parameter festlegen, dass nur DOS-Programme aufgerufen werden können.
ECHOCONFIG	Zeigt Meldungen während der Verarbeitung der Konfigurationsdateien *CONFIG.NT* und *AUTOEXEC.NT.*
EMM= [A=AltRegSets] [B=Base Segment] [RAM]	Konfiguriert den Expanded Memory Manager: *A* - Anzahl der zu verwendenden Alternative Mapping Register Sets: 1 ... 255 *B* - Anfangssegmentadresse im konventionellen Speicher, der für EMM-Seitenrahmen reserviert werden soll. Hex-Werte in Schritten von 16 KByte: 0x1000 ... 0x4000. *RAM* - legt fest, dass nur 64 KByte im Upper Memory Block für EMM-Seitenrahmen verwendet werden dürfen. Der Rest wird für die DOS-Befehle *LOADHIGH* und *DEVICEHIGH* verwendet.
FCBS=	Anzahl der File Control-Blocks, die in der DOS-Emulation gleichzeitig geöffnet sein dürfen: 1 ... 255.
FILES=	Anzahl der Dateien, die in der DOS-Emulation gleichzeitig geöffnet sein dürfen: 8 ... 255.
INSTALL=	Lädt ein TSR-Programm (**T**erminate and **S**tay **R**eady = speicherresident) in den Arbeitsspeicher.
NTCMDPROMPT	Nach dem Ende einer DOS-Anwendung wird normalerweise der Kommandointerpreter *COMMAND.COM* ausgeführt. Mit diesem Parameter wird stattdessen der Kommandointerpreter der Eingabeaufforderung *CMD.EXE* ausgeführt.
SHELL=	Verwendet anstelle von *COMMAND.COM* einen alternativen Befehlsinterpreter.
STACKS=n,s	Verwendet dynamische Stacks zur Bearbeitung von Hardware-IRQs. Jeder Stack belegt Speicher, der sonst für Programme frei wäre. *n* - Anzahl der Stacks: 0 oder 8 ... 64 *s* - Größe jedes Stacks in Byte: 0 oder 32 ... 512
SWITCHES=/k	Schaltet eine erweiterte Tastatur zurück, sodass sie sich wie eine Standardtastatur verhält.

Ländereinstellungen in der DOS-Emulation

Die Ländereinstellungen in der *CONFIG.NT* basieren auf den internationalen Ländercodes, die den internationalen Telefonvorwahlen entsprechen. Zu jedem Ländercode gelten Datums- und Uhrzeiteinstellungen sowie Standard-Codepages für den Zeichensatz, die aber in der *COUNTRY*-Anweisung in der *CONFIG.NT* geändert werden können.

Land/Region oder Sprache	Ländercode	Codepage	Datum	Uhrzeit
Belgien	032	850, 437	17/08/02	19:49:00
Brasilien	055	850, 437	17/08/02	19:49:00
Dänemark	045	850, 865	17-08-02	19.49.00
Deutschland	049	850, 437	17.08.2002	19:49:00
Englisch international	061	437, 850	17/08/2002	19:49:00.00
Finnland	358	850, 437	17.8.2002	19.49.00
Frankreich	033	850, 437	17.08.2002	19:49:00
Französisch (Kanada)	002	863, 850	2002-08-17	19:49:00
Großbritannien	044	437, 850	17/08/02	19:49:00.00
Irland	044	437, 850	17/08/02	19:49:00.00
Italien	039	850, 437	17/08/02	19.49.00
Lateinamerika	003	850, 860	17/08/2002	7:49:00.00p
Niederlande	031	850, 437	17-08-02	19:49:00
Norwegen	047	850, 865	17.08.02	19:49:00
Polen	048	852, 850	2002-08-17	19:49:00
Portugal	351	850, 860	17-08-2002	19:49:00
Schweden	046	850, 437	2002-08-17	19.49.00
Schweiz	041	850, 437	17.08.02	19 49.00
Slowakei	042	852, 850	17.08.2002	19:49:00
Spanien	034	850, 437	17/08/02	19:49:00
Tschechische Republik	042	852, 850	17.08.2002	19:49:00
Ungarn	036	852, 850	2002.08.17	19:49:00
USA	001	437, 850	08/17/2002	7:49:00.00p

Die Konfigurationsdatei AUTOEXEC.NT

Die Konfigurationsdatei *AUTOEXEC.NT* entspricht in ihrer Funktion der Datei *AUTOEXEC.BAT* aus DOS-Systemen.

Hier werden einige wichtige Systemprogramme vor dem eigentlichen Start eines DOS-Programms geladen.

Die Standard-*AUTOEXEC.NT* lädt drei Programme:

```
lh %SystemRoot%\system32\mscdexnt.exe
lh %SystemRoot%\system32\redir
lh %SystemRoot%\system32\dosx
```

Der Zusatz *LH* steht für *LOADHIGH* und bedeutet, dass das jeweilige Programm in den oberen Speicherbereich geladen werden soll.

- *mscdexnt* ist der CD-ROM-Treiber für die DOS-Emulation.
- *redir* bietet Netzwerkfunktionen in der DOS-Emulation.
- *dosx* bietet Unterstützung für DPMI (**D**OS **P**rotected **M**ode **I**nterface), womit DOS-Programme auf den Protected Mode von Prozessoren höher als 80286 zugreifen können. Nur damit sind Multitasking und Verwendung des oberen Speicherbereichs möglich.

Konfiguration von DOS-Programmen

Bei Bedarf können Sie für MS-DOS-Programme noch spezielle eigene Einstellungen treffen. Dies ist immer dann erforderlich, wenn die Programme in der Weise, wie Windows XP es vorgibt, nicht zufrieden stellend laufen. Diese Einstellungen werden wie in älteren Windows-Versionen in PIF-Dateien gespeichert. Diese Abkürzung steht für **P**rogram **I**nformation **F**ile. PIF-Dateien aus älteren Windows-Versionen können weiterhin verwendet werden.

Die PIF-Dateien werden im gleichen Verzeichnis wie die EXE-Datei gespeichert. Der Windows-Explorer zeigt die Endung *.pif* nicht an, diese sehen Sie nur in der Eingabeaufforderung.

Immer wenn ein Programm in der DOS-Emulation aufgerufen wird, sucht das System eine gleichnamige PIF-Datei und liest daraus die Einstellungen. Dies gilt nicht, wenn man direkt die EXE-Datei aus der Eingabeaufforderung startet. Wird die PIF-Datei gelöscht, gehen die speziellen Einstellungen verloren.

Windows XP hat keinen eigenen PIF-Editor wie Windows 3.x mehr. Mit einem Rechtsklick auf die EXE-Datei kommen Sie in ein Kontextmenü. Der Menüpunkt *Eigenschaften* bringt eine Dialogbox auf den Bildschirm, in der Sie alle Einstellungen treffen können, die anschließend in der PIF-Datei gespeichert werden.

Die Registerkarten *Allgemein, Kompatibilität, Sicherheit* und *Dateiinfo* entsprechen denen von Windows-Programmen. Spezielle DOS-Konfigurationsoptionen gibt es nur auf den übrigen Registerkarten.

Programm

Auf der Registerkarte *Programm* geben Sie den Namen für das Programm im Startmenü, den Dateinamen der Startdatei und das Arbeitsverzeichnis an. Dieses Arbeitsverzeichnis muss nicht das gleiche Verzeichnis sein wie das, in dem die Startdatei liegt.

Eher wird man hier ein Verzeichnis verwenden, in dem das Programm normalerweise bearbeitete Dateien ablegen soll.

Registerkarte Programm eines DOS-Programms.

Im Feld *Batchdatei* können Sie eine Batchdatei angeben, die vor dem eigentlichen Programmstart ausgeführt werden soll. Diese kann zum Beispiel spezielle Umgebungsvariablen für das Programm enthalten.

Bei *Tastenkombination* können Sie eine Tastenkombination angeben, mit der das Programm gestartet werden kann.

Dies gilt nicht nur für DOS-Programme, sondern auch für jedes beliebige Windows-Programm. Diese Tastenkombinationen bestehen üblicherweise aus [Strg], [Alt] und einer Buchstabentaste oder [Strg], [Umschalt] und einer Buchstabentaste.

Unter *Ausführen* lässt sich einstellen, ob das Programm in einem normalen DOS-Fenster, maximiert oder als Symbol gestartet werden soll.

Ist das Kontrollkästchen *Beim Beenden schließen* aktiv, wird dieses Fenster beim Beenden des DOS-Programms auch automatisch wieder geschlossen. Allerdings sind dann eventuelle Meldungen auf dem DOS-Bildschirm nicht mehr zu sehen.

Mit der Schaltfläche *Erweitert* können Sie Konfigurationsdateien auswählen, wie auf Seite 290 beschrieben.

Die Schaltfläche *Anderes Symbol* ermöglicht es, dem Programm im Startmenü oder auf dem Desktop ein anderes als das Standard-MS-DOS-Symbol zuzuweisen. Diese Symbole können aus einer beliebigen DLL- oder EXE-Datei übernommen werden, die Symbole enthält. Standardmäßig wird die Datei *PIFMGR.DLL* verwendet, die zahlreiche Symbole enthält.

Schriftart

Auf der Registerkarte *Schriftart* stellen Sie die Standard-Schriftart und -Größe für ein DOS-Programm ein, das im Textmodus läuft. Allerdings funktioniert diese Funktion nur bei wenigen DOS-Programmen, da die meisten vor dem Start automatisch den Textmodus reinitialisieren und damit auf die Standardeinstellungen zurücksetzen.

Ein DOS-Textbildschirm ist immer 80 Zeichen breit und 25 Zeilen hoch. Damit ändert sich die Fenstergröße je nach verwendeter Schriftart.

Keine TrueType-Schriften verwenden

Der Bildschirmaufbau der meisten DOS-Programme basiert darauf, dass unter DOS alle Buchstaben gleich breit sind. Damit lassen sich Rahmen und Menüs einfach erstellen. Bei TrueType-Schriften haben die Buchstaben unterschiedliche Breiten, sodass hier die Optik eines DOS-Programms schwer beschädigt wird.

Bildschirm

Hier legen Sie fest, ob ein DOS-Programm im Textmodus als Vollbild oder in einem Fenster erscheinen soll. Programme im Grafikmodus schalten üblicherweise immer automatisch auf Vollbild. Sollte das nicht funktionieren, geben Sie hier die Option *Vollbild* an. Auch im Vollbildmodus können Sie mit der Tastenkombination [Alt]+[Tab] zwischen mehreren Programmen hin und her schalten.

Einstellungen beim Start wiederherstellen legt fest, dass die Größe und Position des Programmfensters gespeichert werden, sodass sich dieses beim nächsten Start an der gleichen Stelle öffnet.

Ist die Option *Schnelle ROM-Emulation* aktiv, werden BIOS-Funktionen der Grafikkarte im RAM simuliert und nicht über langsame BIOS-Aufrufe ausgeführt. Diese Methode ist bei der Textausgabe deutlich schneller. Wenn ein Programm aber gezielt auf das VGA-BIOS zugreift, kann es zu Problemen kommen, sodass die schnelle ROM-Emulation abgeschaltet werden muss.

Bei speicheraufwendigen DOS-Programmen kann freier Speicher gewonnen werden, wenn diese aus dem Grafikmodus in den Textmodus zurückschalten. Dieser kann dann von anderen Funktionen des Programms oder von TSR-Programmen genutzt werden. Dieses unter DOS übliche Verfahren wird von Windows XP mit der Funktion *Dynamische Arbeitsspeicherreservierung* emuliert. Kommt es hier zu Problemen, muss die Option ausgeschaltet werden. Dann wird immer der volle Speicherplatz reserviert, unabhängig davon, in welchem Modus sich das Programm befindet.

Speicher

Auf der Registerkarte *Speicher* stellen Sie die Speicherverwaltung des DOS-Programms ein. Damit lassen sich ehemalige Memory-Manager simulieren, die DOS-Programmen die Möglichkeit gaben, mehr als die standardmäßigen 640 KByte RAM zu verwenden.

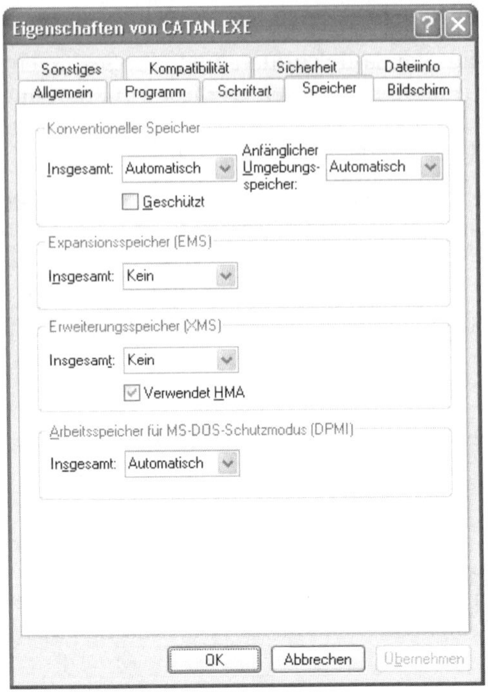

Speicherverwaltung für ein DOS-Programm.

Konventioneller Speicher Insgesamt

Die maximal verfügbare Speichergröße im konventionellen Speicher kann bei Kompatibilitätsproblemen herabgesetzt werden. Standardmäßig stehen hier 640 KByte zur Verfügung.

Anfänglicher Umgebungsspeicher

Der Speicherbereich für Umgebungsvariablen wird in Byte angegeben. Sollte es bei vielen Umgebungsvariablen zu Problemen kommen, dass nicht alle Umgebungsvariablen gespeichert werden, erhöhen Sie den Wert manuell.

Konventioneller Speicher Geschützt

In diesem Modus schützt Windows XP den Systemspeicher vor unzulässigen Zugriffen aus der DOS-Emulation. Diesen Modus brauchen Sie nur, wenn ein laufendes DOS-Programm Windows-Programme beschädigt oder den Computer zum Absturz bringt.

Expansionsspeicher/Erweiterungsspeicher/DPMI

Hier können Sie die Größe der verschiedenen Speicherarten festlegen, wenn ein Programm mit der automatischen Speicherverwaltung der DOS-Emulation nicht läuft.

Sonstiges

Die Registerkarte *Sonstiges* enthält verschiedene Einstellungen, mit denen sich die meisten Probleme älterer DOS-Anwendungen auch ohne Kompatibilitätsmodus lösen lassen.

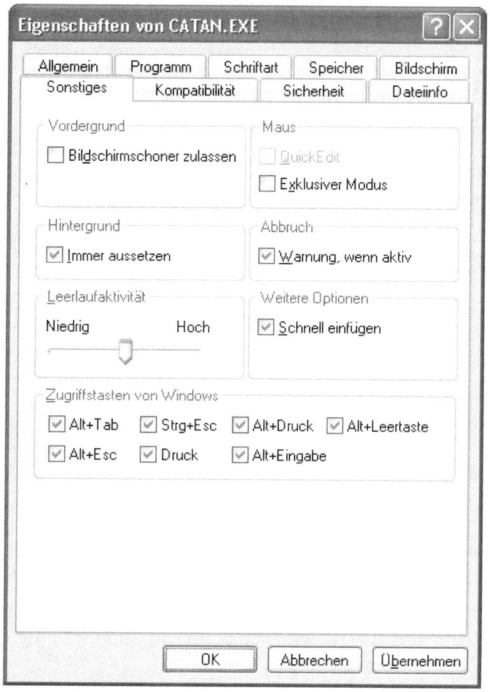

Registerkarte Sonstiges.

Bildschirmschoner zulassen

Mit diesem Kontrollkästchen können Sie den Windows XP-Bildschirmschoner auch über ein DOS-Programm laufen lassen. Da dies bei fast allen Programmen im Grafikmodus Probleme bereitet, sollten Sie diese Option immer ausschalten.

Maus

Exklusiver Modus bewirkt, dass die Maus nur in der DOS-Anwendung benutzt werden kann. Dies ist bei einigen Spielen und DOS-Programmen mit speziellen Mausfunktionen erforderlich. Die Maus steht dann nicht mehr als Zeigegerät für Windows XP zur Verfügung, solange das DOS-Programm läuft.

Das Kontrollkästchen *QuickEdit* ist noch ein Relikt aus Windows 95, das unter Windows XP nicht mehr unterstützt wird.

Hintergrund

Wenn *Immer aussetzen* eingeschaltet ist, stoppt das DOS-Programm, wenn es in den Hintergrund geschaltet wird. Es belegt dann keine Prozessorzeit mehr, wird aber nicht beendet, sondern sofort wieder aktiv, wenn das Fenster in den Vordergrund kommt.

Unter Windows 2000 gab es noch das Problem, dass ein DOS-Programm, das im Hintergrund auf eine Tastatureingabe wartete, das System durch das ständige Tastatur-Polling zu 100 % auslastete. Dieses Problem gibt es unter Windows XP nicht mehr. Auch DOS-Programme werden jetzt von der Prioritätssteuerung korrekt verwaltet und lassen immer noch genügend Systemressourcen für andere Windows-Programme übrig. Die Option *Immer aussetzen* ist damit nicht mehr ganz so wichtig.

Abbruch

Versucht man, ein DOS-Fenster zu schließen, ohne vorher das jeweilige Programm korrekt zu beenden, zeigt Windows XP eine Warnmeldung an. Von hier aus kann man noch ohne Datenverlust in das Programm zurückkehren.

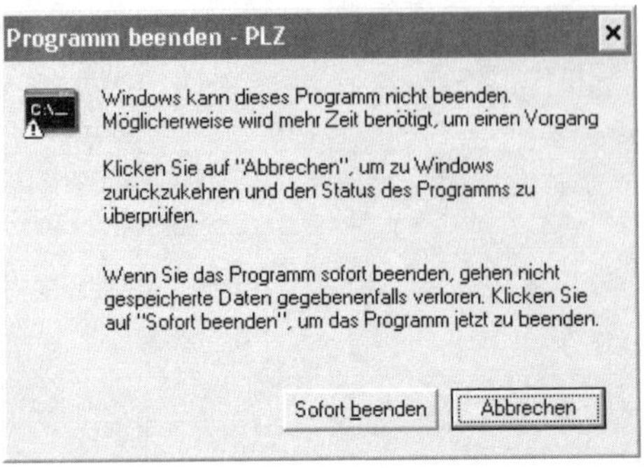

Warnung beim Schließen eines DOS-Programmfensters.

In älteren Windows-Versionen ließ sich diese Meldung mit dem Kontrollkästchen *Warnung, wenn aktiv* unterdrücken, sodass sich das Programm sofort beenden ließ. In Windows XP ist der Schalter zwar noch vorhanden, funktioniert aber nur noch mit den wenigsten Programmen.

Leerlaufaktivität

Je höher die Leerlaufaktivität eingestellt ist, desto schneller gibt ein DOS-Programm die belegten CPU-Ressourcen frei, wenn keine Eingaben passieren. Damit wird die Gesamt-Performance des Systems beschleunigt. Allerdings darf die Leerlaufaktivität nicht zu hoch eingestellt werden, da manche Programme nicht mehr sauber reagieren, wenn ihnen zu wenig CPU-Zeit zur Verfügung steht.

Schnell einfügen

Dieses Kontrollkästchen beeinflusst die Geschwindigkeit des Datenaustauschs per Zwischenablage zwischen DOS- und Windows-Programmen. Kommt es zu Datenverlusten bei der Übernahme aus der Zwischenablage, muss dieses Kontrollkästchen ausgeschaltet werden.

Zugriffstasten von Windows

Manche DOS-Programme verwenden bestimmte Tastenkombinationen für spezielle Funktionen, die von Windows auch benutzt werden. Die Tastenkombinationen, die hier eingeschaltet sind, werden von Windows XP belegt und stehen so für das DOS-Programm nicht zur Verfügung. Deaktivieren Sie hier einzelne Kontrollkästchen, kann das DOS-Programm diese Tastenkombinationen verwenden. Allerdings haben sie solange nicht ihre normale Windows XP-Funktion.

Verwendung vorhandener PIF-Dateien

Viele DOS-Programme verfügen noch über eine PIF-Datei für den Aufruf unter Windows 3.11. Starten Sie diese Programme am besten über die PIF-Datei, auch wenn einige Einträge darin von Windows XP nicht mehr benötigt werden. Die übrigen Einstellungen können trotzdem aus diesen alten PIF-Dateien übernommen werden.

Vergleich: PIF-Editor aus Windows 3.11 – Eigenschaften aus Windows XP

Einige der Funktionen des PIF-Editors aus Windows 3.11 sind in Windows XP überflüssig geworden oder aus anderen Gründen weggefallen. In der folgenden Tabelle sehen Sie, was aus den verschiedenen Parametern des alten PIF-Editors geworden ist.

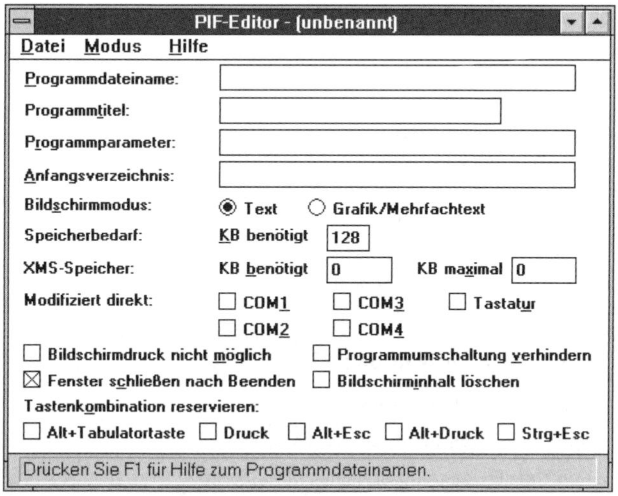

Der PIF-Editor in Windows 3.11.

PIF-Editor Windows 3.11	Eigenschaften Windows XP
Programmdateiname	Programm/Befehlszeile
Programmtitel	Programm/oberes Eingabefeld
Programmparameter	Programm/Befehlszeile (Parameter nach dem Dateinamen)
Anfangsverzeichnis	Programm/Arbeitsverzeichnis
Bildschirmmodus	weggefallen (wird automatisch geregelt)
Speicherbedarf	Speicher/Konventioneller Speicher/Insgesamt
XMS-Speicher	Speicher/Erweiterungsspeicher (XMS)/Insgesamt – hier wird nicht mehr zwischen benötigt und erwünscht unterschieden.
Modifiziert direkt	weggefallen
Bildschirmdruck nicht möglich	weggefallen
Programmumschaltung verhindern	weggefallen
Fenster schließen nach Beenden	Programm/Nach Beenden schließen
Bildschirminhalt löschen	weggefallen
Tastenkombination reservieren	Sonstiges/Zugriffstasten von Windows

Im Modus *368 erweitert* bot der PIF-Editor noch weitere Optionen zur Speicherverwaltung, die in Windows XP teilweise anders umgesetzt wurden.

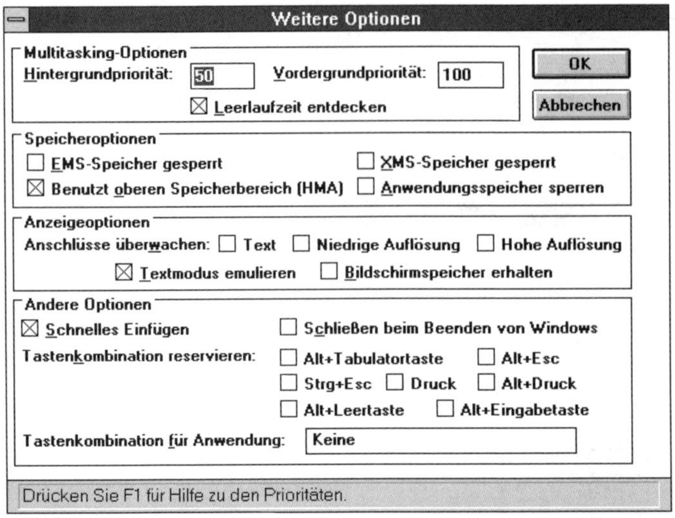

Weitere Optionen im Modus 386 erweitert.

PIF-Editor Windows 3.11	Eigenschaften Windows XP
Multitasking-Optionen	Sonstiges/Leerlaufaktivität
EMS-Speicher gesperrt	Speicher/Expansionsspeicher (EMS)/kein
XMS-Speicher gesperrt	Speicher/Erweiterungsspeicher (XMS)/kein
Benutzt oberen Speicherbereich (HMA)	Speicher/Erweiterungsspeicher (XMS)/Verwendet HMA
Anwendungsspeicher sperren	weggefallen
Anzeigeoptionen	weggefallen
Schnelles Einfügen	Sonstiges/Schnell einfügen
Schließen beim Beenden von Windows	weggefallen
Tastenkombination reservieren	Sonstiges/Zugriffstasten von Windows
Tastenkombination für Anwendung	Programm/Tastenkombination

Verwendung multipler DOS-Konfigurationsdateien

Im Gegensatz zu DOS, bei dem eine *AUTOEXEC.BAT* und eine *CONFIG.SYS* für alle Anwendungen galten, bietet die DOS-Emulation in Windows XP die Möglichkeit, für verschiedene DOS-Programme auch verschiedene Konfigurationsdateien zu verwenden. Gehen Sie dazu folgendermaßen vor:

1. Erstellen Sie eine Kopie der *AUTOEXEC.NT* und der *CONFIG.NT* aus dem Verzeichnis *%systemroot%\system32* und geben Sie dieser Kopie einen anderen Namen **.NT*.
2. Machen Sie in der umbenannten Kopie die nötigen Änderungen.
3. Lassen Sie sich im Windows-Explorer die Eigenschaften der EXE-Datei anzeigen, für die die neuen Konfigurationsdateien gelten sollen, und klicken Sie auf der Registerkarte *Programm* auf die Schaltfläche *Erweitert*.
4. Hier können Sie jetzt die Dateinamen der kopierten Konfigurationsdateien eintragen.

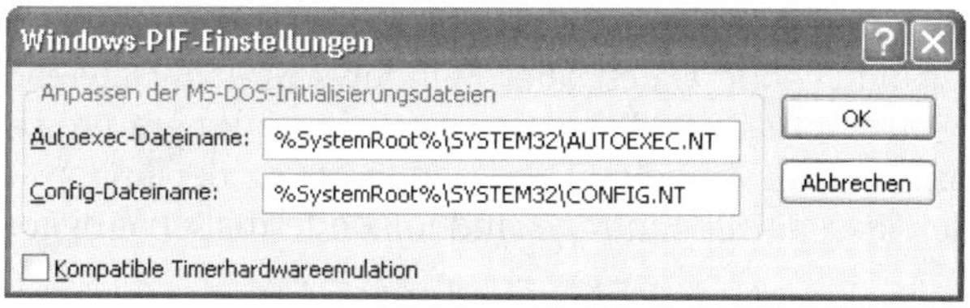

Erweiterte Konfigurationseinstellungen für ein DOS-Programm.

5 Diese Einstellung wird in der PIF-Datei zum jeweiligen Programm gespeichert.

Das Kontrollkästchen *Kompatible Timerhardwareemulation* ermöglicht es, dem DOS-Programm den System-Timer anzupassen. Damit laufen zum Beispiel ältere Spiele immer genauso schnell, unabhängig davon, wie schnell der Prozessor ist.

Umgebungsvariablen für DOS-Programme

Einige Spiele und andere DOS-Programme benötigen Umgebungsvariablen zur Konfiguration, die unter DOS in einer Batchdatei gesetzt werden. Dazu gehören zum Beispiel die Einstellungen *set user=...* oder *set player=...*, mit denen Netzwerkspiele die verschiedenen Benutzer identifizieren. Einige Programme verwenden Variablen wie *set acadcfg=...* oder *set ustation=...*, um ein lokales Konfigurationsverzeichnis festzulegen, wenn das Programm mit verschiedenen Benutzereinstellungen gestartet werden kann. Unter Windows XP können Sie diese Variablen ebenso mit *set* in der *AUTOEXEC.NT* oder einer für das entsprechende Programm angepassten Kopie definieren. Diese Datei wird immer vor dem eigentlichen Programmablauf gestartet.

Voreinstellungen für DOS-Programme in der APPS.INF

Viele bekannte DOS-Programme wurden bereits von Microsoft unter Windows XP getestet, und dabei wurden bestmögliche Voreinstellungen herausgefunden. Alle diese Programme sind in der Datei *APPS.INF* im Verzeichnis *%systemroot%\INF* aufgelistet. Die hier erwähnten Programme können Sie direkt durch Anklicken der jeweiligen EXE- oder BAT-Datei starten. Dabei ist auch voreingestellt, ob die Programme im DOS-Fenster oder als Vollbildanwendung laufen.

```
[Version]
Signature = $Chicago$
ClassGUID={00000000-0000-0000-0000-000000000000}
LayoutFile = layout.inf
[PIF95]
123.COM=%123.COM%,moricons.dll,50,,123.COM
123.EXE=%123.EXE.1%,moricons.dll,51,,123.EXE.1,WYSIWYG.APP
123.EXE=%123.EXE.2%,moricons.dll,51,,123.EXE.2,L123SMP3.RI
1942.EXE=%1942.EXE%,moricons.dll,1,,1942.EXE,MPSCOPY.EXE
1942.BAT=%1942.BAT%,moricons.dll,1,,1942.BAT,1942
ACAD.EXE=%ACAD.EXE%,moricons.dll,16,,ACAD.EXE,ACAD386.BAT
ACAD386.BAT=%ACAD386.BAT%,moricons.dll,16,,ACAD386.BAT,ACAD.EXE
ACCESS.COM=%ACCESS.COM.1%,moricons.dll,95,,ACCESS.COM.1,SYMPHONY.EXE
ACCESS.COM=%ACCESS.COM.2%,moricons.dll,101,,ACCESS.COM.2,ACCESS.MDM ,1
ACROBAT.EXE=%ACROBAT.EXE%,moricons.dll,1,,ACROBAT.EXE,ACROMAIN.EXE
AEGIS.EXE=%AEGIS.EXE%,moricons.dll,1,,AEGIS.EXE,ARCTAN.TAB
AEGISV.EXE=%AEGISV.EXE%,moricons.dll,1,,AEGISV.EXE,ARCTAN.TAB
AOD.EXE=%AOD.EXE%,moricons.dll,1,,AOD.EXE,CHUNK.INF
AOD.BAT=%AOD.BAT%,moricons.dll,1,,AOD.BAT,AODCD.EXE
ARCHON.EXE=%ARCHON.EXE%,moricons.dll,1,,ARCHON.EXE,ARCHON.PKG
ARMADA.EXE=%ARMADA.EXE%,moricons.dll,1,,ARMADA.EXE,ARMADA1.ADV
ADMIN.EXE=%ADMIN.EXE%,moricons.dll,99,,ADMIN.EXE
```

In diesem Ausschnitt aus der *APPS.INF* ist der Aufbau dieser Datei zu erkennen. Der erste Abschnitt *[Version]* enthält grundlegende Daten aller Windows XP-INF-Dateien. Der Abschnitt *[PIF95]* enthält eine Zeile mit sieben Parametern für jedes Programm. Diese sind alphabetisch sortiert, sodass sich die einzelnen Programme trotz der knapp 3.000 Zeilen in dieser Datei leicht finden lassen. Alle Einträge sind folgendermaßen aufgebaut:

- Dateiname der Startdatei für das Programm - *EXE*, *COM* oder *BAT*.
- Name, unter dem das Programm im Abschnitt *[Strings]* identifiziert wird. Dieser entspricht meistens dem Namen der Startdatei. Nur bei Mehrfachnennungen müssen hier eindeutige Namen verwendet werden.
- Datei, aus der ein Symbol für dieses Programm genommen werden soll. Enthält die EXE-Datei des Programms bereits ein eigenes Symbol, kann dieser Parameter weggelassen werden. Sonst bieten sich hier die Dateien *MORICONS.DLL* und *PIFMGR.DLL* an, die diverse Symbole zur allgemeinen Verwendung enthalten.
- Symbolnummer innerhalb der Datei.
- Ist der nächste Parameter (Arbeitsverzeichnis) gleich 0 oder nicht vorhanden, wird als Arbeitsverzeichnis automatisch das Verzeichnis verwendet, in dem die Startdatei liegt. Steht dieser Parameter auf 1, wird das Arbeitsverzeichnis nicht automatisch umgeschaltet.
- Abschnittsname in der *APPS.INF*, in dem nähere Einstellungen zu diesem Programm beschrieben sind. Dieser entspricht meistens dem Namen der Startdatei. Nur bei Mehrfachnennungen müssen hier eindeutige Namen verwendet werden.
- Weitere Datei im gleichen Verzeichnis. Nach dieser Datei wird gesucht, um das Verzeichnis der Applikation zu identifizieren, wenn es mehrere gleichnamige Applikationen gibt.

Programmparameter nach dem Abschnitt PIF95

Nach dem Abschnitt *[PIF95]* folgen weitere Abschnitte für jedes Programm. Die Abschnittsnamen entsprechen dem sechsten Parameter jeder Zeile:

```
[123.COM]
LowMem=256
Disable=win,bgd

[123.EXE.1]
LowMem=350
XMSMem=None
Disable=win,bgd,hma

[123.EXE.2]
LowMem=204
Enable=dos
Disable=win,hma

[1942.EXE]
LowMem=570
EMSMem=2048
XMSMem=None
Enable=dos,mse,ems
Disable=win,hma,emt

[1942.BAT]
```

```
LowMem=570
EMSMem=2048
XMSMem=None
Enable=dos,mse,ems
Disable=win,hma,emt

[ACAD.EXE]
LowMem=512
Disable=win

[ACAD386.BAT]
LowMem=512
Disable=win
```

Hier wird für jedes Programm der Bedarf an freiem Arbeitsspeicher angegeben. Die Parameter *LowMem, EMSMem* und *XMSMem* geben an, wie viel Speicher das Programm im unteren Speicherbereich sowie im Expanded und Extended Memory benötigt. Mit den Parametern *Enable* und *Disable* lassen sich weitere Eigenschaften aktivieren oder deaktivieren. Diese werden durch verschiedene Abkürzungen bezeichnet:

Abkürzung	Bedeutung
aen	Alt+Enter
aes	Alt+Esc
afp	Schnell einfügen
aps	Alt+Druck
ata	Alt+Tab
awc	Automatische Einstellung der Fenstergröße
bgd	Betrieb im Hintergrund
cdr	CD-ROM
ces	Strg+Esc
cwe	Beim Beenden Fenster schließen
dit	Leerlaufaktivität
dos	DOS-Modus
dsk	Direkter Datenträgerzugriff
eml	Expanded Memory gesperrt
ems	Expanded Memory
emt	Schnelle ROM-Emulation
exc	Exklusiver Modus
gmp	Globaler Speicherschutzmodus
hma	Oberen Speicher nutzen
lml	Konventioneller Speicher geschützt
mse	Maus
psc	Druck
rvm	Videospeicher erhalten
rwp	Windows-Anwendungen starten
win	Läuft im DOS-Fenster
xml	Extended Memory geschützt

Programmbezeichnung in der Titelzeile des DOS-Fensters

Am Ende der *APPS.INF* befindet sich noch der Abschnitt *[Strings]*. Hier findet sich zu jedem Programm eine kurze Klartextbeschreibung, die in der Titelzeile des DOS-Fensters auftaucht, wenn das Programm gestartet wird.

```
[Strings]
123.COM="Lotus 1-2-3"
123.EXE.1="Lotus 1-2-3  2.3 WYSIWYG"
123.EXE.2="Lotus 1-2-3, Version 3"
1942.EXE="1942: The Pacific Air War"
1942.BAT="1942: The Pacific Air War"
ACAD.EXE="Autocad"
ACAD386.BAT="Autocad"
ACCESS.COM.1="Symphony (Access)"
ACCESS.COM.2="MS Access für DOS"
ACROBAT.EXE="Adobe Acrobat"
```

Hier ist auch viel leichter zu erkennen, um welche Programme es sich handelt. Jede Zeile enthält am Anfang ein Schlüsselwort, das dem zweiten Parameter der jeweiligen Zeile aus dem Abschnitt *[PIF95]* entspricht. Danach folgt die Beschreibung in Anführungszeichen. Diese Beschreibungen können Sie bei Bedarf auch editieren.

Dateinamen bei DOS-Anwendungen

Die DOS-Emulation von Windows XP arbeitet generell mit allen Windows-Dateinamen. Allerdings konnte DOS ursprünglich nur Dateinamen verarbeiten, die folgende Konventionen nach ISO-Standard erfüllen.

- Maximal acht Zeichen, danach ein Punkt und eine Erweiterung von maximal drei Zeichen.
- Die folgenden logischen Gerätenamen, dürfen nicht als Dateinamen verwendet werden: AUX, COM1, COM2, ..., CON, LPT1, LPT2, ..., NUL, PRN. Außerdem alle Namen von DOS-Befehlen.
- Folgende Zeichen dürfen im Namen nicht vorkommen: `<>=,;:*?&![]()/\$"+~` sowie ein Punkt, der nicht als Trennzeichen verwendet wird.

Wegen der Länge und des Formats dieser Dateinamen, wird dieses Format auch als 8+3-Format bezeichnet. Verwenden Sie für Dateien und Verzeichnisse, die in der DOS-Emulation verwendet werden, nur solche ISO-Dateinamen, damit alle DOS-Programme damit umgehen können.

Zahlen in Dateinamen

Nach der reinen ISO-Konvention darf ein Dateiname auch nicht mit einer Ziffer beginnen und keine deutschen Umlaute oder anderssprachige Sonderzeichen enthalten. DOS hat diese Einschränkung nicht, sodass Sie hier problemlos auch Dateinamen, die mit einer Ziffer beginnen oder sogar nur aus Ziffern bestehen, verwenden können.

DOS und auch die DOS-Emulation von Windows XP sortieren Dateien, deren Dateinamen mit Ziffern beginnen, korrekt. Dagegen hat der Windows-Explorer hier erhebliche Probleme, wie die Abbildungen zeigen.

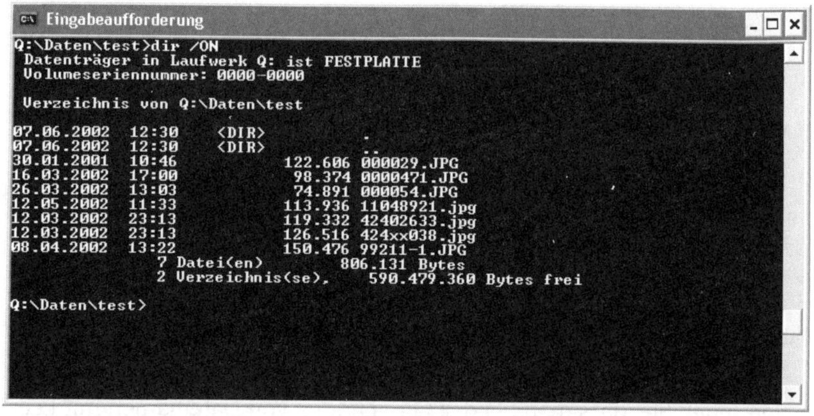

Verzeichnisinhalt in der Eingabeaufforderung.

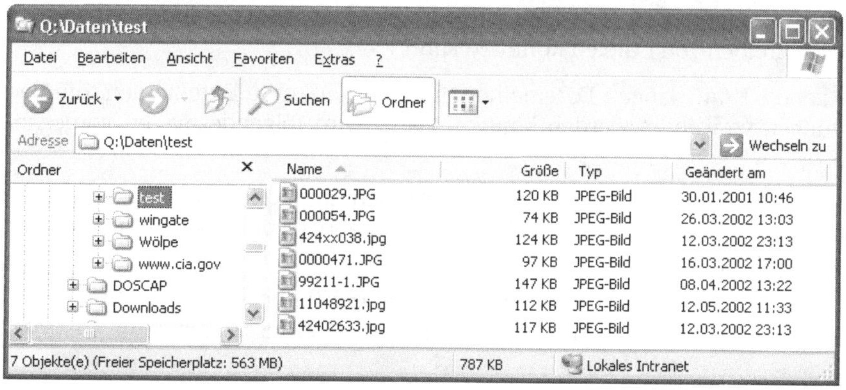

Das gleiche Verzeichnis im Windows-Explorer.

Diese Probleme treten immer dann auf, wenn verschiedene Betriebssysteme Dateien, die mit Ziffern beginnen, auf einem Netzwerklaufwerk anlegen. Das Problem liegt nur im Explorer und den daraus abgeleiteten Systemdialogen. Programme, die eigene Datei-Sortierfunktionen haben, wie zum Beispiel die Browse-Funktion in Paint Shop Pro oder der Norton Commander für Windows, haben keine Probleme, auch unter Windows XP Dateinamen, die nur aus Ziffern bestehen, richtig zu sortieren.

Umsetzung langer Dateinamen

Lange Dateinamen können in der DOS-Emulation verwendet werden, müssen aber, wenn sie Sonderzeichen, mehr als einen Punkt oder Leerzeichen enthalten, in Anführungszeichen gestellt werden.

Diese Befehlsfolge kopiert die Datei *Mein Textdokument.txt* auf den Dateinamen *MeinText.txt*.

```
D:\Test>copy "Mein Textdokument.txt" MeinText.txt
        1 Datei(en) kopiert.
```

Ohne Anführungszeichen wird eine Fehlermeldung ausgegeben:

```
D:\Test>copy Mein Textdokument.txt MeinText.txt
Das System kann die angegebene Datei nicht finden.
```

Hier sucht das System nach einer Datei mit dem Namen *Mein*. Ist diese vorhanden, erscheint eine andere Fehlermeldung:

```
D:\Test>copy Mein Textdokument.txt MeinText.txt
Syntaxfehler.
```

Der *COPY*-Befehl kann keine drei Dateinamen als Argumente enthalten.

Noch schlimmer wäre die folgende Befehlsfolge:

```
D:\Test>copy c:\test\Mein Textdokument.txt
```

Ist im Verzeichnis *c:\test* die Datei *Mein* vorhanden, überschreibt diese Zeile die Datei *Textdokument.txt* im Verzeichnis *d:\test* mit der Datei *Mein*.

```
D:\Test>copy c:\test\"Mein Textdokument.txt"
```

Diese sehr ähnliche Zeile kopiert dagegen die Datei *Mein Textdokument.txt* von *c:\test* nach *d:\test*.

An diesen Beispielen sehen Sie, dass man bei der Verwendung von Dateinamen mit Leerzeichen erhöhte Vorsicht walten lassen muss, da es leicht zu Missverständnissen und so auch zum Überschreiben von Dateien kommen kann.

Windows XP generiert aus langen Dateinamen automatisch kurze Dateinamen, die von DOS-Anwendungen verwendet werden können. Dabei wird folgendermaßen vorgegangen:

1. Die ersten sechs Zeichen des langen Namens werden übernommen, danach folgt die Zeichenkombination ~1. Deutsche Umlaute und anderssprachige Sonderzeichen werden automatisch weggelassen.
2. Würde sich daraus ein kurzer Dateiname ergeben, der in diesem Verzeichnis schon existiert, wird die 1 am Ende durch eine 2 ersetzt. Die Ziffer wird bis zur 4 erhöht, wenn nötig.
3. Ergibt sich dann immer noch ein vorhandener Dateiname, werden für alle weiteren Dateien, deren lange Namen mindestens in den ersten sechs Zeichen gleich sind, nur noch die ersten beiden Zeichen zur Bildung des Kurznamens herangezogen. Danach folgen eine vierstellige Hex-Zahl, die aus dem Dateinamen berechnet wird, und dahinter zur eindeutigen Kenntlichmachung eines automatisch gekürzten Dateinamens die Zeichenfolge ~1.

Unterschied zu früheren Windows-Versionen

Frühere Windows-Versionen zählten automatisch generierte kurze Dateinamen bis ~9 hoch und verwendeten danach zweistellige Zahlen, beginnend mit ~10. Dabei wurden dann nur noch die ersten fünf Zeichen des Original-Dateinamens übernommen.

Anzeige der kurzen Dateinamen

Die kurzen Dateinamen können in der DOS-Emulation genauso wie die langen Dateinamen verwendet werden. Der Befehl *DIR /X* zeigt die kurzen Dateinamen an:

```
D:\Test>dir /x
 Datenträger in Laufwerk D: ist WinXP
 Volumeseriennummer: 0000-0000

 Verzeichnis von D:\Test

07.06.2002  13:22    <DIR>                 .
07.06.2002  13:22    <DIR>                 ..
```

```
30.01.2001  10:46          122.606              stadt.JPG
12.03.2002  23:13          126.516 STADTP~3.JPG Stadtplan Berlin.jpg
12.03.2002  23:13          119.332 ST12A0~1.JPG Stadtplan Bochum.jpg
12.03.2002  23:13          119.332 ST2B4D~1.JPG Stadtplan Bonn.jpg
08.04.2002  13:22          150.476 ST236D~1.JPG Stadtplan Bremen.JPG
26.03.2002  13:03           74.891 STADTP~2.JPG Stadtplan Dortmund.JPG
30.01.2001  10:46          122.606 STA83E~1.JPG Stadtplan Duisburg.jpg
12.03.2002  23:13          119.332 STFE47~1.JPG Stadtplan Düsseldorf.jpg
12.03.2002  23:13          119.332 STD1FF~1.JPG Stadtplan Essen.jpg
12.03.2002  23:13          119.332 ST2FB1~1.JPG Stadtplan Frankfurt.jpg
16.05.2002  16:32           21.241 ST039B~1.JPG Stadtplan Göttingen.jpg
16.03.2002  17:00           98.374 STADTP~4.JPG Stadtplan Hamburg.JPG
12.05.2002  11:33          113.936 STC52D~1.JPG Stadtplan Hannover.jpg
16.03.2002  17:00           98.374 ST3355~1.JPG Stadtplan Köln.JPG
30.01.2001  10:46          122.606 STADTP~1.JPG Stadtplan Nienburg.JPG
              15 Datei(en)      1.648.286 Bytes
               2 Verzeichnis(se),  6.285.746.176 Bytes frei
```

Alle Dateien werden standardmäßig nach ihren langen Namen alphabetisch sortiert. Eine Sortierung nach kurzen Namen ist mit einem Trick ebenfalls möglich. Filtern Sie dazu die Anzeige mithilfe von Jokerzeichen nach **~?.** . Damit werden nur Dateien angezeigt, die einen automatisch erzeugten, kurzen Dateinamen haben. Dafür wird nach diesen kurzen Namen sortiert.

```
D:\Test>dir *~?.* /x
 Datenträger in Laufwerk D: ist WinXP
 Volumeseriennummer: 0000-0000

 Verzeichnis von D:\Test

16.05.2002  16:32           21.241 ST039B~1.JPG Stadtplan Göttingen.jpg
12.03.2002  23:13          119.332 ST12A0~1.JPG Stadtplan Bochum.jpg
08.04.2002  13:22          150.476 ST236D~1.JPG Stadtplan Bremen.JPG
12.03.2002  23:13          119.332 ST2B4D~1.JPG Stadtplan Bonn.jpg
12.03.2002  23:13          119.332 ST2FB1~1.JPG Stadtplan Frankfurt.jpg
16.03.2002  17:00           98.374 ST3355~1.JPG Stadtplan Köln.JPG
30.01.2001  10:46          122.606 STA83E~1.JPG Stadtplan Duisburg.jpg
30.01.2001  10:46          122.606 STADTP~1.JPG Stadtplan Nienburg.JPG
26.03.2002  13:03           74.891 STADTP~2.JPG Stadtplan Dortmund.JPG
12.03.2002  23:13          126.516 STADTP~3.JPG Stadtplan Berlin.jpg
16.03.2002  17:00           98.374 STADTP~4.JPG Stadtplan Hamburg.JPG
12.05.2002  11:33          113.936 STC52D~1.JPG Stadtplan Hannover.jpg
12.03.2002  23:13          119.332 STD1FF~1.JPG Stadtplan Essen.jpg
12.03.2002  23:13          119.332 STFE47~1.JPG Stadtplan Düsseldorf.jpg
              14 Datei(en)      1.525.680 Bytes
               0 Verzeichnis(se),  6.285.873.152 Bytes frei
```

Die meisten DOS-Programme und ältere Windows-3.x-Programme, die Dateiauswahlfelder verwenden, zeigen nur die kurzen Dateinamen an, diese aber alphabetisch sortiert.

Was tun, wenn keine kurzen Dateinamen erstellt werden?

Wenn Sie Probleme mit alten DOS-Anwendungen haben und auch *DIR /X* keine kurzen Dateinamen anzeigt, liegt dies daran, dass die automatische Erstellung kurzer Dateinamen deaktiviert ist.

Mit dem folgenden Befehl können Sie dies in der Eingabeaufforderung überprüfen:

```
fsutil behavior query disable8dot3
```

Hier sind zwei Ergebnisse möglich:

Anzeige	Beschreibung
disable8dot3 = 0	Erstellen kurzer Dateinamen aktiviert
disable8dot3 = 1	Erstellen kurzer Dateinamen deaktiviert

Ist die Erstellung kurzer Dateinamen deaktiviert, aktivieren Sie sie mit dem Befehl:

```
fsutil behavior set disable8dot3 0
```

Danach müssen Sie den Computer neu starten. Dieses Verfahren funktioniert nur auf NTFS-Laufwerken. Auf FAT16/FAT32-Laufwerken ist die Erstellung kurzer Dateinamen immer aktiv.

Nicht unterstützte DOS-Befehle

Einige ehemalige DOS-Befehle werden in Windows XP nicht mehr unterstützt. Dabei handelt es sich größtenteils um Systemprogramme, die durch eine grafische Windows-Version ersetzt wurden, die zudem meistens deutlich mehr Funktionen bietet.

Außerdem können die meisten Befehle zur Speicher- und Laufwerkverwaltung in der DOS-Emulation von Windows XP nicht verwendet werden, da diese Dinge vom wirklichen Betriebssystem und nicht von einer Emulation erledigt werden müssen.

Kaum jemand wird diese nicht mehr unterstützten Befehle in der DOS-Emulation vermissen. Allerdings müssen Sie darauf achten, wenn Sie alte Batchdateien unter Windows XP ausführen wollen.

DOS-Befehl	Funktion	Bemerkung
ASSIGN	Umlenken von Laufwerkanfragen	
BACKUP	Datensicherung	
BOOTDISK	Erstellen einer Bootdiskette	
CHOICE	Auswahlabfrage in Batchdateien	
CTTY	Umlenken der Ein- /Ausgabe auf ein externes Gerät	
DBLSPACE	Laufwerkkomprimierung	DOS-Emulation nutzt NTFS-Komprimierung
DELTREE	Löschen von Verzeichnissen	Ersetzt durch *RMDIR /s*
DOSSHELL	Grafische Oberfläche	
DRVSPACE	Laufwerkkomprimierung	DOS-Emulation nutzt NTFS-Komprimierung
EMM386	Speicherverwaltung	Speicherverwaltung automatisch integriert
FASTHELP	Kurzbeschreibungen der DOS-Befehle	
FDISK	Festplattenpartitionierung	Ersetzt durch *DISKPART*
INCLUDE	Konfiguration von DOS-Startmenüs	DOS-Startmenüs sind durch multiple Konfigurationsdateien nicht mehr nötig.
INTERLNK	Verbindung zweier Computer über Kabel	
INTERSRV	Verbindung zweier Computer über Kabel	
JOIN	Laufwerk als Unterverzeichnis eines anderen Laufwerks anmelden	DOS-Emulation nutzt NTFS-Pfade
MEMMAKER	Speicherverwaltung	Speicherverwaltung automatisch integriert

DOS-Befehl	Funktion	Bemerkung
MENUCOLOR	Konfiguration von DOS-Startmenüs	DOS-Startmenüs sind durch multiple Konfigurationsdateien nicht mehr nötig.
MENUDEFAULT	Konfiguration von DOS-Startmenüs	DOS-Startmenüs sind durch multiple Konfigurationsdateien nicht mehr nötig.
MENUITEM	Konfiguration von DOS-Startmenüs	DOS-Startmenüs sind durch multiple Konfigurationsdateien nicht mehr nötig.
MIRROR	Speichert Laufwerkinformationen	
MSAV	Virenscanner	
MSBACKUP	Datensicherung	
MSD	Systeminformationsprogramm	
NUMLOCK	Einschalten von NumLock in der *CONFIG.SYS*	
POWER	Energiespareinstellungen	
RESTORE	Zurückspielen einer Datensicherung	
SCANDISK	Reparatur von Dateisystemfehlern	Ersetzt durch *CHKDSK*
SMARTDRV	Festplatten-Cache	Automatisch integriert
SUBMENU	Konfiguration von DOS-Startmenüs	DOS-Startmenüs sind durch multiple Konfigurationsdateien nicht mehr nötig.
SYS	Erstellen von Startdisketten	
UNDELETE	Wiederherstellen gelöschter Dateien	Aus der DOS-Emulation gelöschte Dateien werden nicht in den Papierkorb verschoben, sondern immer endgültig gelöscht.
UNFORMAT	Rückgängigmachen einer Formatierung	
VSAFE	Virenschutz	

6.6 Spiele unter Windows XP

Unter Windows NT/2000 liefen viele der Spiele, die für Windows 9x/ME hergestellt wurden, nicht oder nur fehlerhaft. Da Windows XP beide Windows-Produktlinien ablösen soll, bemüht man sich hier um möglichst hohe Kompatibilität. Außerdem ist es nur noch eine Frage kurzer Zeit, bis die Spielehersteller ihre neuen Produkte auf Windows XP und nicht mehr auf Windows 9x optimieren.

In diesem Abschnitt zeigen wir einige Tipps, speziell für die Installation und den Betrieb von Spielen. Außerdem gilt natürlich das weiter vorn für allgemeine Programme beschriebene auch für Spiele.

Problem beim Lesen einer Original-CD

Viele Spiele verwenden die Original-CD als Lizenznachweis. Sie muss beim Start des Spiels eingelegt sein, auch wenn das Spiel komplett auf die Festplatte installiert wurde. Bei solchen Spielen kann es unter Windows XP vorkommen, dass die eingelegte Original-CD nicht als solche erkannt wird. Der in so einem Fall verwendete SafeDisc-Kopierschutz verlangt Administratorenrechte. Melden Sie sich als Administrator an und geben Sie dem Benutzer, der das Spiel installiert hat, Administratorenrechte. Sorgen Sie außerdem dafür, dass während des Spiels nur dieser eine Benutzer angemeldet ist.

Probleme mit Grafik- und Soundhardware

Alle Spiele, die Grafikkarten und Soundkarten nicht über Standard-Windows-Funktionen, sondern direkt über eigene Tools ansprechen, haben unter Windows XP Probleme. In vielen Fällen liefern die Hardwarehersteller oder die Spielehersteller spezielle Patches, um diese Spiele unter Windows XP zum Laufen zu bringen. Meistens hilft hier auch der Kompatibilitätsmodus *Windows 98* nicht weiter.

Windows 95-Spiele, die ohne DirectX arbeiten, können in vielen Fällen im Kompatibilitätsmodus für Windows 95 laufen, solange sie nicht mit direkter Hardwareansteuerung arbeiten, sondern über standardisierte Windows-APIs die Geräte ansprechen.

Force-Feedback-Joysticks

Windows XP bietet keine Treiberunterstützung für die Force-Feedback-Funktion älterer Joysticks, die am Gameport angeschlossen sind, auch nicht für den original Microsoft Sidewinder Force Feedback Pro. Die normalen Joystick-Funktionen dieser Geräte funktionieren weiterhin. Force-Feedback-Joysticks am USB-Anschluss sind von diesem Problem nicht betroffen.

Netzwerkspiele mit IPX

Viele Netzwerkspiele setzen zur Kommunikation das IPX/SPX-Protokoll voraus, da es deutlich schneller als TCP/IP ist. Hier gibt es oftmals Kommunikationsprobleme, wenn Windows XP aufgrund eines falsch eingestellten Rahmentyps andere Computer im Netzwerk nicht korrekt ansprechen kann.

Schalten Sie in den Eigenschaften des IPX/SPX-Protokolls die automatische Erkennung des Rahmentyps aus und wählen Sie auf allen Computern im Netzwerk den Rahmentyp Ethernet II. Wenn ein Novell NetWare Server im Netzwerk vorhanden ist, müssen Sie das Protokoll verwenden, das dieser Server vorgibt.

Spiele-Infos im Internet

Außer den Herstellerseiten gibt es mehrere interessante unabhängige Webseiten, die ständig über Kompatibilitäts-Fixes für Spiele berichten: *komp.winhelpline.info* und *www.ntcompatible.com*.

Probleme mit Benutzerrechten

Viele Spiele haben Probleme mit der Benutzerverwaltung von Windows XP sowie mit eingeschränkten Benutzerrechten. Diese Spiele wurden für Windows 9x/ME programmiert, bei denen jeder Benutzer vollen Zugriff auf alle lokalen Ressourcen hat.

Die ersten Probleme treten oft schon beim Setup auf, weil ein eingeschränkter Benutzer keine DLL-Dateien in Windows XP-Systemverzeichnissen installieren kann und viele Spiele sich bei der Installation nicht auf ihr Verzeichnis beschränken. Außerdem brauchen fast alle Spiele beim Setup das Recht, in der Registry Konfigurationseinträge anzulegen.

Bei vielen Spielen reicht es aus, sie als Administrator zu installieren und dann als eingeschränkter Benutzer zu spielen.

Installationsoption für bestimmte Benutzer
Viele Spiele bieten bei der Installation eine Option, ob sie nur für den aktuellen Benutzer oder für alle Benutzer installiert werden sollen. Diese Installationsoptionen beeinflussen aber nicht die Zugriffsrechte der Benutzer auf das Spiel, sondern legen nur fest, ob es im gemeinsamen Startmenü oder im Startmenü eines einzelnen Benutzers erscheinen soll.

Viele Spiele ändern während des Spielens Registry-Einträge, und zwar teilweise in der Form, dass ein Eintrag gelöscht und anschließend ein gleichnamiger Eintrag angelegt wird. Für diese Methode reicht das einfache Schreibrecht nicht aus, sondern man braucht Vollzugriff. Suchen Sie die betreffenden Einträge des Spiels unter *HKEY_CURRENT_USER\Software\Firmenname* oder *HKEY_LOCAL_MACHINE\Software\Firmenname* und geben Sie hier mit RegEdit als Administrator dem jeweiligen Benutzer Vollzugriff.

Kopiergeschützte Programme und zeitlich begrenzte Shareware legen oftmals zusätzliche Registry-Einträge an schwer zu findenden Stellen an. Lassen Sie in solchen Fällen – am besten schon bei der Installation, sonst aber auch während des Spiels – einen Registry-Monitor wie zum Beispiel NTREGMON von *www.sysinternals.com* mitlaufen, um diese Einträge zu finden. Geben Sie dann dem Benutzer auch für alle weiteren gefundenen Registry-Einträge dieses Spiels Vollzugriff.

Allgemeiner Tipp für schnelle Benutzeranmeldung
Achten Sie bei Spielen aus Performance- und Kompatibilitätsgründen immer darauf, dass nur ein Benutzer angemeldet ist. Sollte die Anmeldung eines zweiten Benutzers unumgänglich sein, beenden Sie vorher das Spiel. Der zweite Benutzer sollte so wenige Programme wie möglich geöffnet lassen, da jedes Programm Speicherplatz kostet, der für das Spiel fehlt.

Sound- und Grafikprobleme bei schneller Benutzeranmeldung

Die meisten Spiele sind nicht für die schnelle Benutzeranmeldung ausgelegt. Hier läuft der Sound weiter, wenn sich ein anderer Benutzer anmeldet. Startet dieser ebenfalls ein Programm mit Sound, kommt es zu Überlagerungen. Genauso kann es passieren, dass, nachdem sich ein anderer Benutzer angemeldet hatte, die Spielgrafik nur noch unvollständig erscheint. Die meisten Spiele lassen sich auch nur von einem Benutzer gleichzeitig starten.

DirectX

DirectX ist ein von Microsoft entwickelter Standard zur Ausgabe von Grafik und Sound vor allem für Spiele. Spielehersteller brauchen nicht mehr auf die Eigenheiten verschiedener Hardwarekomponenten einzugehen, sondern entwickeln ihre Funktionen nur noch für eine einheitliche DirectX-Schnittstelle, die die Hardwareabstraktionsschicht liefert und so zwischen der Software und beliebiger DirectX-fähiger Hardware, Grafikkarten, Soundkarten, Spiele-Netzwerken und Joysticks vermittelt.

In Windows XP ist die DirectX-Version 8.1 integriert. Jedes Spiel, das DirectX verwendet, sollte diese Version erkennen und benutzen. Es ist nicht möglich, eine ältere DirectX-Version darüber zu installieren. Bei älteren Spielen kommt es nur dann zu Kompatibilitätsproblemen, wenn die Installationsprogramme der Spiele, ohne nachzufragen, DirectX installieren.

In so einem Fall starten Sie den Rechner neu, bevor Sie das Spiel aufrufen. Die Windows XP-Dateischutz-Funktionen erkennen die beschädigten Dateien von DirectX und ersetzen diese durch die Original-Versionen aus Windows XP. Danach müssen Sie den Computer ein zweites Mal booten.

DirectX 8.1 bietet Microsoft auch für ältere Windows-Versionen zur nachträglichen Installation an:

- Windows 98/ME: *download.microsoft.com/download/win98/dx/8.1/W98Me/DE/DX81ger.exe*
- Windows 2000: *download.microsoft.com/download/win2000pro/dx/8.1/NT5/DE/DX81NTger.exe*

DirectX-Deinstallation
Microsoft bietet keine Möglichkeit, DirectX zu deinstallieren. Deshalb werden bei einer fehlerhaften Konfiguration die Fehler in einem Update auch wieder übernommen. Wenn Sie auf einer älteren Windows-Version ein DirectX-Update installieren wollen, sollten Sie vorher, um Probleme zu vermeiden, die alte DirectX-Version mit dem Freewaretool DirectXBuster (*www.directxbuster.de*) beseitigen. Damit wird es auch möglich, eine ältere DirectX-Version zu Testzwecken zu installieren. Dies gilt allerdings nicht für Windows XP, bei dem DirectX 8.1 integriert ist.

Das kommende Service-Pack für Windows XP soll schon die nächste DirectX-Version 9 enthalten. DirectX ist weitaus mehr als ein verallgemeinerter Grafiktreiber. Das System setzt sich aus mehreren Komponenten zusammen:

DirectX-Komponente	Beschreibung
DirectX Graphics	Die Grafikausgabe bestand in älteren DirectX-Versionen aus zwei Komponenten, DirectDraw und Direct3D. DirectX Graphics ermöglicht variabel umschaltbare Anzeigemodi, direkten Zugriff auf Funktionen des Grafikchips wie Z-Buffer oder Clipping und volle Unterstützung von 3-D-Beschleunigern auf modernen Grafikkarten.
DirectX Audio	Auch die Audioausgabe bestand früher aus zwei Komponenten: DirectSound und DirectMusic. DirectAudio verwaltet die erweiterten Soundfunktionen der Soundkarte wie zum Beispiel 3-D-Sound oder Mehrkanalmusik. Auch das Mischen und Überlagern verschiedener Soundquellen ist möglich.
DirectShow	Diese DirectX-Grafikkomponente enthält die Funktionen zur Anzeige von Streaming-Daten, Video und TV, wobei auch digitale Videodekodierung über entsprechende Videohardware unterstützt wird.
DirectInput	Ansteuerung spezieller Eingabegeräte für Spiele, Joysticks, Gamepads, Lenkräder.
DirectPlay	Mehrbenutzer-Spielsteuerung, unabhängig vom verwendeten Übertragungsmedium LAN, Modemdirektverbindung oder Internet.

DirectX-Diagnoseprogramm

Windows XP liefert ein spezielles Diagnoseprogramm für die DirectX-Komponenten mit. Dieses rufen Sie mit dem Befehl *DXDIAG* auf. Neben der Anzeige von Versionsnummern und Dateinamen der DirectX-Komponenten haben Sie hier die Möglichkeit, einzelne Komponenten wie DirectDraw und Direct 3D interaktiv zu testen. Sollte es zu Problemen mit der Grafikkarte kommen, können Sie diese Komponenten einzeln deaktivieren.

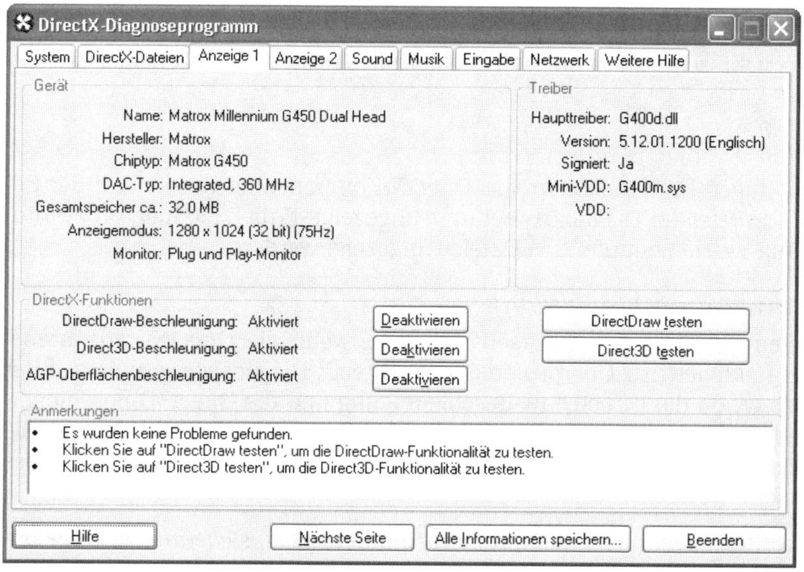

Anzeigediagnose in DXDIAG.

Im Multimonitorbetrieb erscheint für jeden Bildschirm eine eigene Registerkarte *Anzeige*, auf der Sie die Tests unabhängig auf den Monitoren ausführen und auch einzeln die Komponenten deaktivieren können.

Nach dem gleichen Schema testen Sie auf den anderen Registerkarten die Sound- und Musikausgabe in verschiedenen Formaten sowie Eingabegeräte zur Spielsteuerung und die Netzwerkfunktionen von DirectPlay.

Noch wesentlich ausführlichere Informationen zu den von der Hardware unterstützten DirectX-Funktionen bietet das Systemdiagnose-Tool Sandra, das in Kapitel 10.5 ab Seite 671 beschrieben ist.

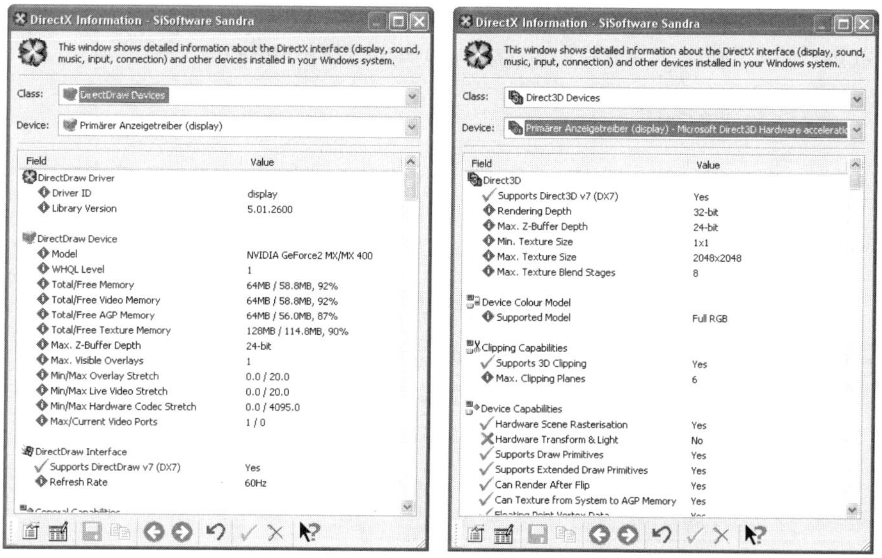

Sandra zeigt ausführliche Details zur DirectX-Unterstützung der Hardwarekomponenten.

Häufige DirectX-Probleme

Die folgende Übersicht zeigt die häufigsten Fehlerquellen im Zusammenhang mit DirectX.

Versionskonflikte

Probleme mit ungültigen Dateiversionen von DirectX-Komponenten werden auf der Registerkarte *DirectX-Dateien* im Diagnoseprogramm angezeigt. Prüfen Sie hier, ob eventuell Beta- oder Debug-Versionen unter den Dateien angezeigt werden.

Fehlende Hardwarebeschleunigung

Einige Spiele laufen gar nicht oder nur sehr langsam, wenn die DirectX-Hardwarebeschleunigung nicht aktiviert ist. Überprüfen Sie im DirectX-Diagnoseprogramm auf der Registerkarte *Anzeige*, ob die DirectDraw-Beschleunigung und die Direct3D-Beschleunigung aktiviert sind. Sollten sich diese Komponenten nicht aktivieren lassen, besorgen Sie sich einen aktualisierten Treiber für die Grafikkarte. Sollte das auch nicht helfen, muss die Grafikkarte ersetzt werden.

In einigen Fällen hilft es auch, bei Grafikproblemen unter *Systemsteuerung/Anzeige* unter *Einstellungen/Erweitert/Problembehandlung* die Hardwarebeschleunigung der Grafikkarte etwas herabzusetzen.

Fehlerhafte Aktualisierungsrate des Monitors

Wenn der Bildschirm beim Spielen nicht korrekt reagiert oder schwarze Bereiche anzeigt, gibt es Fehler bei der automatischen Ermittlung der Aktualisierungsrate des Monitors. Lassen Sie sich in diesem Fall unter *Systemsteuerung/Anzeige* die vom Monitor unterstützten Bildschirmaktualisierungsraten anzeigen. Klicken Sie dazu auf der Registerkarte *Einstellungen* auf *Erweitert*. Im nächsten Dialog finden Sie auf der Registerkarte *Monitor* eine Liste aller Bildschirmaktualisierungsraten. Das Kontrollkästchen *Modi ausblenden, die von diesem Monitor nicht angezeigt werden* muss eingeschaltet sein.

Vergleichen Sie die Hertzzahlen mit den Grafikmodi, die Sie auf der Registerkarte *Grafikkarte* mit der Schaltfläche *Alle Modi anzeigen* angezeigt bekommen.

Mögliche Bildschirmaktualisierungsraten.

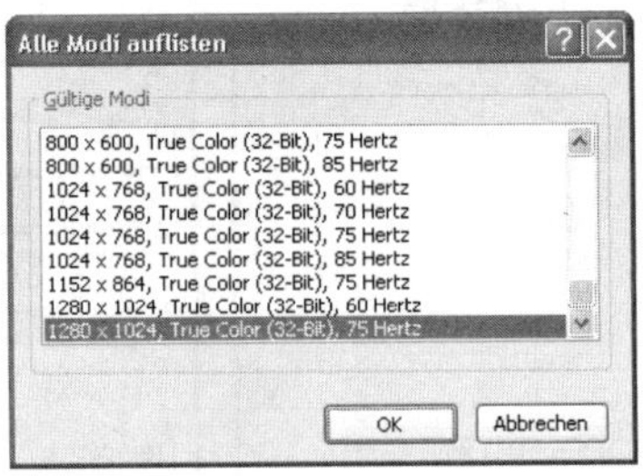

Mögliche Grafikmodi.

Suchen Sie eine Bildschirmaktualisierungsrate, die bei der Auflösung, die das Spiel verwendet, problemlos möglich ist.

Schalten Sie jetzt im DirectX-Diagnoseprogramm auf die Registerkarte *Weitere Hilfe* und klicken Sie dort auf *Außer Kraft setzen.* Tragen Sie bei *Wert für die Außerkraftsetzung* diese gewünschte Bildschirmaktualisierungsrate ein. Das Standard-DirectX-Bildschirmaktualisierungsverfahren wird damit deaktiviert.

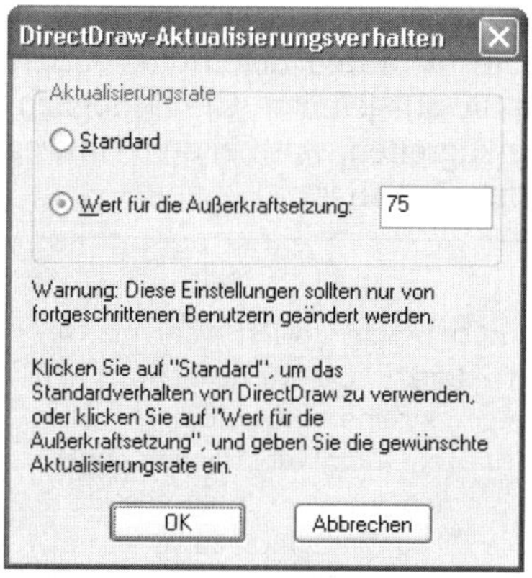

Ändern des Bildschirmaktualisierungsverhaltens.

Nicht signierte Treiber

Nicht alle DirectX-Komponenten funktionieren mit nicht signierten Gerätetreibern. Im Bereich *Treiber*, rechts auf den Registerkarten *Anzeige* und *Sound*, wird der jeweils verwendete Gerätetreiber angezeigt. Sollten Sie einen nicht signierten Treiber verwenden, laden Sie sich von der Microsoft Windows Update-Webseite einen signierten Treiber herunter, installieren diesen und starten das DirectX-Diagnoseprogramm nach einem Neustart des Computers noch einmal.

Fehler mit Eingabegeräten

Einige Eingabegeräte werden auch unter Windows XP nicht automatisch erkannt. Überprüfen Sie auf der Registerkarte *Eingabe*, ob die richtigen Geräte eingetragen sind. Wenn nicht, installieren Sie das Eingabegerät manuell mit *Systemsteuerung/Hardware.*

Terminaldienste

Wenn Sie über Terminaldienste auf einen Computer zugreifen, werden die meisten Spiele nicht funktionieren. Abgesehen davon, dass Terminaldienste für Spiele zu langsam sind, kann die Hardwarebeschleunigung hier nicht verwendet werden, obwohl sie von den meisten Spielen und auch vom Diagnoseprogramm erkannt wird.

OpenGL

Windows XP unterstützt keine OpenGL-Hardwarebeschleunigung, die auf hochwertigen Grafikkarten zum Standard gehört. Diese Funktionen können nur noch über den Umweg DirectX angesprochen werden.

Einige Spiele verwenden OpenGL für schnelle 3-D-Grafik. Diese Spiele funktionieren unter Windows XP nicht mehr. Die Fehler äußern sich durch unscharf dargestellte Objekte, fehlerhafte Farben und fehlende Schattierungen auf 3-D-Objekten. In manchen Fällen funktioniert das Spiel auch überhaupt nicht mehr.

Bei einigen Grafikkarten lässt sich das Problem durch eine OpenGL-Softwareemulation des Treibers beheben. Suchen Sie hier nach Treibern beim Hersteller, die Windows XP-Treiber auf der Microsoft Windows Update-Webseite unterstützen kein OpenGL. Im Zweifelsfall probieren Sie einen Windows 2000-Grafiktreiber aus. Nähere Informationen zu OpenGL finden Sie bei der OpenGL Organisation *www.opengl.org*.

Grafik bei DOS-Spielen

Bei DOS-Spielen sollten Sie auf der Registerkarte *Bildschirm* in den Eigenschaften der EXE-Datei eines DOS-Spiels immer Vollbild angeben, da die ausgefeilten Grafikmöglichkeiten vieler Spiele direkt auf die Register der Grafikkarte zugreifen, was bei dem Umweg über den Windows XP-Treiber in einem DOS-Fenster nicht möglich ist.

Grafikausgabe von DOS-Spielen beschleunigen

In vielen Fällen lässt sich die Grafikausgabe von DOS-Spielen deutlich beschleunigen, wenn die Option *Schnelle ROM-Emulation* aktiviert ist. Hier werden die Grafikfunktionen aus dem langsamen ROM der Grafikkarte von den wesentlich schnelleren Softwaregrafiktreibern übernommen. Dies funktioniert allerdings nicht, wenn ein Programm nicht standardisierte Grafikfunktionen verwendet. Bei manchen Anwendungen kann es auch zu Problemen kommen, wenn Text auf den DOS-Grafikbildschirm geschrieben werden soll. In solchen Fällen müssen Sie diese Option ausschalten.

Bei Programmen, die unter DOS sowohl Textmodus als auch Grafikmodus verwenden, braucht der Textmodus wesentlich weniger Arbeitsspeicher. Dieser beim Umschalten von Grafik auf Text frei werdende Arbeitsspeicher steht dann wieder anderen Programmfunktionen zur Verfügung.

Das kann allerdings beim Zurückschalten in den Grafikmodus zu Problemen führen, wenn nicht mehr genügend Speicher da ist. Sollte ein DOS-Programm nicht mehr korrekt in den Grafikmodus schalten, deaktivieren Sie die Option *Dynamische Arbeitsspeicherreservierung* auf der Registerkarte *Bildschirm*. Dann reserviert Windows XP für diese DOS-Anwendung immer so viel Arbeitsspeicher, dass auch der Grafikmodus ständig verfügbar ist.

Vesa-Treiber

Es gibt einige DOS-Spiele, die auf den Vesa-Treiber der Grafikkarte zugreifen möchten. Dieser Treiber stellt dem System Standardfunktionen für den Zugriff auf Grafikkarten und höhere Auflösungen als VGA zur Verfügung. Er findet sich direkt auf dem ROM der Grafikkarte oder wird als externes Programm mitgeliefert. Diese Methode bietet Spieleherstellern die Möglichkeit, unabhängig von spezieller Hardware hochauflösende Grafikmodi und mehr als 256 Farben zu verwenden.

Dies ist in den meisten Fällen auch unter Windows XP kein Problem, doch kommt es manchmal vor, dass vom Programm eine Fehlermeldung ausgegeben wird:

```
Could not detect VESA-BIOS
```

Versuchen Sie, wenn dieser Fehler auftritt, den mit der Grafikkarte gelieferten Vesa-Treiber im DOS-Vollbildmodus zu laden. Haben Sie keinen Vesa-Treiber und ist auch bei dem Spiel keiner enthalten, finden Sie auf Sharewareservern im Internet die Universal-Vesa-Treiber UNIVESA oder UNIVBE.

Um so einen Treiber bei jedem Start des Spiels automatisch zu installieren, schreiben Sie eine Batchdatei mit dem Aufruf des Vesa-Treibers und geben diese unter *Batchdatei* auf der Registerkarte *Programm* in den Einstellungen dieses Spiels an.

Soundkonfiguration für DOS-Spiele

Der Großteil der DOS-Spiele verwendet heutzutage auch Sound. Allerdings können sie dabei in der DOS-Emulation nicht auf die Windows XP-Soundkartentreiber zurückgreifen. Deshalb finden Sie bei der mit der Soundkarte gelieferten Software immer auch DOS-Treiber.

DOS-Spiele sprechen die Soundkarte über direkte Hardwarezugriffe an, da es kein gemeinsames Treibermodell für DOS gibt und DOS von sich aus keine Soundunterstützung bietet.

Installationsprogramme für Spiele haben verschiedene Vorgehensweisen, um die im Rechner befindliche Soundkarte zu erkennen und einzurichten. Manche versuchen sich in direkter Hardwareerkennung, die allerdings in der DOS-Emulation von Windows XP nicht funktioniert. Andere Programme hingegen wählen die programmiertechnisch einfachere Lösung und lesen einfach die DOS-Umgebungsvariable *BLASTER*.

In reinen DOS-Systemen werden die Hardwareparameter einer Sound Blaster-kompatiblen Soundkarte in der *AUTOEXEC.BAT* mit der Umgebungsvariablen *BLASTER* angegeben.

Verwenden Sie ein DOS-Spiel unter Windows XP, tragen Sie dafür eine Zeile in die *AUTOEXEC.NT* ein. Dort sind bereits Standardwerte vordefiniert:

```
SET BLASTER=A220 I5 D1 P330 T3
```

Je nach verwendeter Hardware können die Parameter entsprechend geändert werden. Die Tabelle zeigt die Bedeutung der einzelnen Parameter:

Parameter	Beschreibung
A	Basis E/A-Port
I	Interrupt
D	8 Bit DMA-Kanal
P	MPU-401 Basis-E/A-Port
T	Typ der Sound Blaster-Karte

Beim Typ unterstützt NTVDM nur den Sound Blaster 2.0, der die Typenkennung T3 hat. Andere können nicht verwendet werden. Allerdings bietet jede moderne Soundkarte eine Unterstützung für den Sound Blaster-2.0-Modus.

6.7 Dr. Watson – Programmfehler überwachen und protokollieren

Dr. Watson, eine der Hauptfiguren aus Arthur Conan Doyles Detektivgeschichten, gab einem Systemüberwachungsprogramm in Windows XP den Namen, was helfen soll, aus Spuren eines Speicherabbilds die Ursache für einen Programmabsturz herauszufinden.

Das Programm Dr. Watson wird bei den meisten Fehlern automatisch gestartet. Sie können aber auch die Datei *DRWATSON.EXE* manuell starten und im Hintergrund mitlaufen lassen. Das Programm versteckt sich in der Taskleiste. Wenn Sie einen Fehler bemerken, klicken Sie auf das Dr. Watson-Symbol. Bei einem protokollierten Fehler erhalten Sie ein Fehlerprotokoll, andernfalls eine Meldung, dass keine Fehler festgestellt wurden.

Meldung von Dr. Watson.

Vor der ersten Verwendung sollten Sie einmal das Konfigurationsprogramm *DRWTSN32.EXE* aufrufen. Hier legen Sie die Verzeichnisse für das Protokoll und das Absturzabbild fest.

Die Protokolldatei hat immer den Namen *DRWTSN32.LOG*. Dieser kann nicht geändert werden, nur das Verzeichnis ist frei wählbar.

Wenn die akustische Benachrichtigung aktiviert ist, können Sie auch noch eine WAV-Datei angeben, die bei einem Fehler abgespielt werden soll.

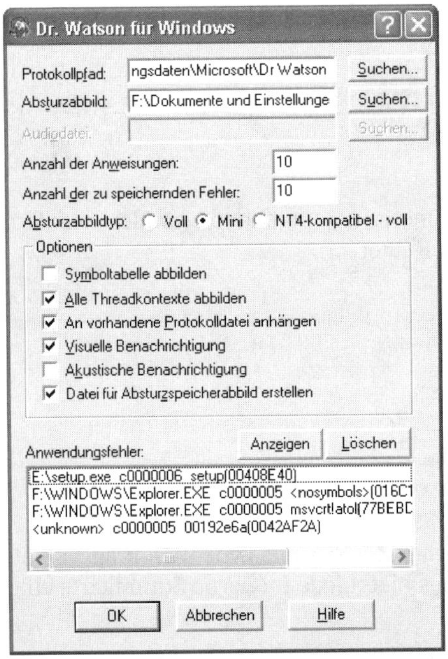

Konfigurationsprogramm für Dr. Watson.

Alle Benutzer müssen ein Schreibrecht für das Protokollverzeichnis und die Datei mit dem Absturzabbild haben, damit Dr. Watson Fehler protokollieren kann.

Weitere Konfigurationsoptionen

Die Tabelle beschreibt die weiteren Konfigurationsoptionen von Dr. Watson. In den meisten Fällen können Sie die Einstellungen auf den Standardwerten belassen.

Option	Beschreibung
Anzahl der Anweisungen	Anzahl der Prozessoranweisungen vor und nach dem aktuellen Programmzähler, die für das Statusabbild berücksichtigt werden sollen.
Anzahl der zu speichernden Fehler	Anzahl der Fehler, die maximal in die Protokolldatei *DRWTSN32.LOG* aufgenommen werden.
Absturzabbildtyp	Typ der Absturzabbilddatei.
Symboltabelle abbilden	Gibt an, ob die Symboltabelle für jedes Modul gespeichert werden soll.
Alle Threadkontexte abbilden	Gibt an, ob jeder Thread im Programm protokolliert werden soll – oder nur der, der den Fehler verursacht hat.
An vorhandene Protokolldatei anhängen	Neue Fehler werden an ein vorhandenes Fehlerprotokoll angehängt oder bei jedem Fehler eine neue Protokolldatei erstellt. Das letzte Protokoll geht dann verloren.
Visuelle Benachrichtigung	Bei einem Fehler wird automatisch ein Dialogfeld eingeblendet.
Akustische Benachrichtigung	Bei einem Fehler wird die unter *Audiodatei* angegebene WAV-Datei abgespielt.
Datei für Absturzspeicherabbild erstellen	Erstellt ein binäres Speicherabbild vom Zeitpunkt des Absturzes. Der Dateiname muss im Feld *Absturzabbild* angegeben werden.

Diese Einstellungen werden in der Registry unter *HKEY_LOCAL_MACHINE\SOFTWARE\Microsoft\DrWatson* gespeichert.

Analyse eines Fehlerprotokolls

Im unteren Fenster werden die protokollierten Fehler aufgelistet. Mit der Schaltfläche *Anzeigen* kann das Protokoll eines Fehlers angezeigt werden.

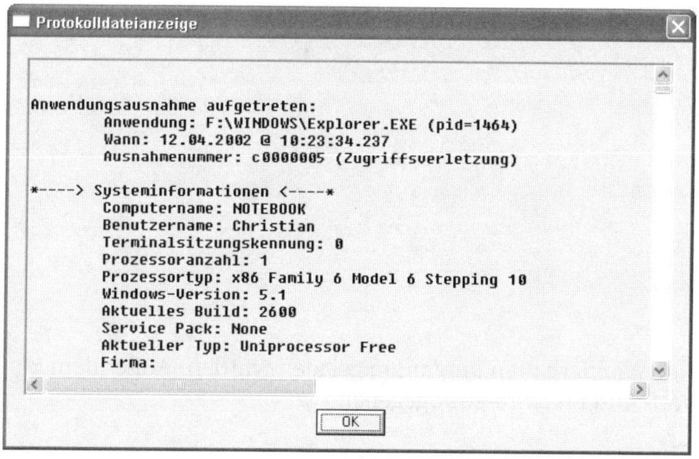

Fehleranzeige von Dr. Watson.

Die Protokolldatei *DRWTSN32.LOG* enthält einige interessante Informationen zur Ursache des Absturzes:

Anwendung und Zeit

Name des Programms, das den Absturz verursachte, Zeitpunkt und Fehlernummer:

```
Anwendungsausnahme aufgetreten:
        Anwendung: F:\WINDOWS\Explorer.EXE (pid=952)
        Wann: 11.04.2002 @ 19:31:58.013
        Ausnahmenummer: c0000005 (Zugriffsverletzung)
```

Systeminformationen

Allgemeine Informationen zum System, Prozessortyp und Windows-Versionsnummer, dazu auch Benutzername, Besitzer und Organisation. Beachten Sie, dass diese Daten bei der automatischen Fehlerberichterstattung auch an Microsoft gesendet werden.

```
*----> Systeminformationen <----*
        Computername: NOTEBOOK
        Benutzername: Christian
        Terminalsitzungskennung: 1
        Prozessoranzahl: 1
        Prozessortyp: x86 Family 6 Model 6 Stepping 10
        Windows-Version: 5.1
        Aktuelles Build: 2600
        Service Pack: None
        Aktueller Typ: Uniprocessor Free
        Firma:
        Besitzer: Christian
```

Task-Liste

Liste aller Tasks, die zum Absturzzeitpunkt liefen. Zu jedem Task wird die Task-Kennung und der Task-Name angegeben.

```
*----> Taskliste <----*
   0 System Process
   4 System
 348 smss.exe
 404 csrss.exe
 428 winlogon.exe
 472 services.exe
 484 lsass.exe
 788 svchost.exe
 972 spoolsv.exe
1548 Explorer.EXE
2004 taskswitch.exe
2040 CTFMON.EXE
1220 winlogon.exe
 952 Explorer.EXE
1864 fast.exe
1908 ctfmon.exe
1960 IXApplet.exe
 696 drwtsn32.exe
```

Modulliste

Liste aller Module, die von dem fehlerhaften Programm geladen wurden. Außer dem Modulnamen wird noch die Start- und Endadresse angegeben.

```
*----> Modulliste <----*
(0000000001000000 - 00000000010f7000: F:\WINDOWS\Explorer.EXE
(0000000001100000 - 0000000001108000: F:\WINDOWS\system32\WS2HELP.dll
(00000000011b0000 - 00000000011c5000: F:\WINDOWS\system32\WS2_32.dll
(0000000002030000 - 0000000002052000: F:\WINDOWS\system32\IMAGEHLP.dll
(000000001f7b0000 - 000000001f7e1000: F:\WINDOWS\System32\ODBC32.dll
(000000001f850000 - 000000001f868000: F:\WINDOWS\System32\odbcint.dll
(000000005b0f0000 - 000000005b124000: F:\WINDOWS\System32\UxTheme.dll
(000000005b9b0000 - 000000005ba21000: F:\WINDOWS\System32\themeui.dll
```

Statusabbild

Für jeden protokollierten Thread folgen jetzt nacheinander drei Abschnitte in der Protokolldatei: *Statusabbild, Stack Back Trace* und *Raw Stack Dump*. In *Statusabbild* stehen am Anfang die Inhalte der Prozessorregister, danach erscheinen Adressen und disassemblierte Anweisungen rund um den aktuellen Programmzähler.

```
*----> Statusabbild für Threadkennung 0x364 <----*

eax=00000001 ebx=000c4b30 ecx=000008ca edx=00000000 esi=000c4b30 edi=00000000
eip=7ffe0304 esp=0006ff00 ebp=0006ff18 iopl=0         nv up ei pl nz na pe nc
cs=001b  ss=0023  ds=0023  es=0023  fs=0038  gs=0000             efl=00000202

Funktion: <nosymbols>
        7ffe02f2 0000           add     [eax],al
        7ffe02f4 0000           add     [eax],al
        7ffe02f6 0000           add     [eax],al
        *SharedUserSystemCall:
        7ffe02f8 0000           add     [eax],al
        7ffe02fa 0000           add     [eax],al
        7ffe02fc 0000           add     [eax],al
        7ffe02fe 0000           add     [eax],al
        7ffe0300 8bd4           mov     edx,esp
        7ffe0302 0f34           sysenter
```

Stack Back Trace

Stack Back Trace zeigt die letzten Funktionsaufrufe im Stack.

```
*----> Stack Back Trace <----*
*** ERROR: Symbol file could not be found.  Defaulted to export symbols for
F:\WINDOWS\system32\USER32.dll -
*** ERROR: Symbol file could not be found.  Defaulted to export symbols for
F:\WINDOWS\system32\SHELL32.dll -
WARNING: Stack unwind information not available. Following frames may be wrong.
ChildEBP RetAddr  Args to Child
0006fefc 77d13fbe 773c21a1 77e5751a 000c4b30 *SharedUserSystemCall+0xc (FPO: [0,0,0])
0006ff18 773dbe1d 00000000 0100f0f8 000c4b30 USER32!WaitMessage+0xc
0005234a 00000000 00000000 00000000 00000000 SHELL32!Ordinal201+0x24
```

Raw Stack Dump

Unter *Raw Stack Dump* wird ein hexadezimales Abbild des Stapelspeichers dargestellt.

```
*----> Raw Stack Dump <----*
000000000006ff00  be 3f d1 77 a1 21 3c 77 - 1a 75 e5 77 30 4b 0c 00  .?.w.!<w.u.w0K..
000000000006ff10  30 4b 0c 00 4a 23 05 00 - 4a 23 05 00 1d be 3d 77  0K..J#..J#....=w
000000000006ff20  00 00 00 00 f8 f0 00 01 - 30 4b 0c 00 c0 ff 06 00  ........0K......
000000000006ff30  00 f0 fd 7f c0 ff 06 00 - 00 00 00 00 60 00 00 00  ............`...
```

7. Datenträgerverwaltung optimieren

Windows XP ist ein speicherintensives Betriebssystem. Schon eine Standardinstallation von Windows XP Professional belegt etwa 1,2 GByte. Dazu kommen mehrere Hundert MByte für die Auslagerungsdatei *PAGEFILE.SYS* und die Datei für das Speicherabbild im Ruhezustand *HIBERFIL.SYS*. Wie Sie Windows XP-Laufwerke optimal partitionieren, einrichten und für den laufenden Betrieb durch Aufräumen und Defragmentieren optimieren, wird in diesem Kapitel beschrieben.

Zuerst sollen kurz einige Grundbegriffe der Low-Level-Speicherverwaltung besprochen werden.

Zylinder, Köpfe und Sektoren

Jede moderne Festplatte besteht aus einer oder mehreren runden, magnetbeschichteten Platten, die sich gleichzeitig auf einer Achse mit hoher Geschwindigkeit drehen. Um Beschädigungen durch Schmutzpartikel (z. B. Zigarettenrauch) zu verhindern, sind Festplatten immer in staubversiegelten Gehäusen eingebaut.

Köpfe

Über jeder einzelnen Plattenoberfläche schwebt in minimalem Abstand berührungsfrei ein Schreib-/Lesekopf. In der Regel hat eine Festplatte also doppelt so viele Köpfe wie beschichtete (benutzte) Platten. Die Köpfe sind mechanisch miteinander verbunden (Kamm) und können nicht separat bewegt werden.

Zylinder

Auf jeder einzelnen Platte befindet sich eine bestimmte Anzahl an Datenspuren. Die Anzahl dieser Spuren ist auf jeder Einzelplatte gleich. Die horizontale Zusammenfassung gleicher Spuren (alle Köpfe fahren über den Kamm immer die gleiche Spurnummer an) bezeichnet man als Zylinder.

Sektoren/Blöcke

Jede Spur ist radial in mehrere Sektoren aufgeteilt. Ein Block ist der Teil eines Sektors, der auf einer Spur liegt. Diese Sektorierung wird gemacht, um die Datenbereiche einer Spur kleinschrittig adressieren zu können. Microsoft verwendet die Begriffe „Sektor" und „Block" in der Literatur synonym. Sektoren haben eine einheitliche Größe von 512 Byte.

Cluster

Mehrere Sektoren/Blöcke werden zu einem Cluster zusammengefasst. Windows XP arbeitet mit variabler Cluster-Größe. Eine typische Cluster-Größe unter NTFS ist 4 KByte, das entspricht acht Sektoren von 512 Byte. Cluster sind die kleinste ansprechbare Einheit des Betriebssystems. Das heißt, auch eine 50 Byte große Datei verbraucht unter Windows XP typische 4 KByte Plattenplatz. Größere Dateien belegen entsprechend mehrere Cluster.

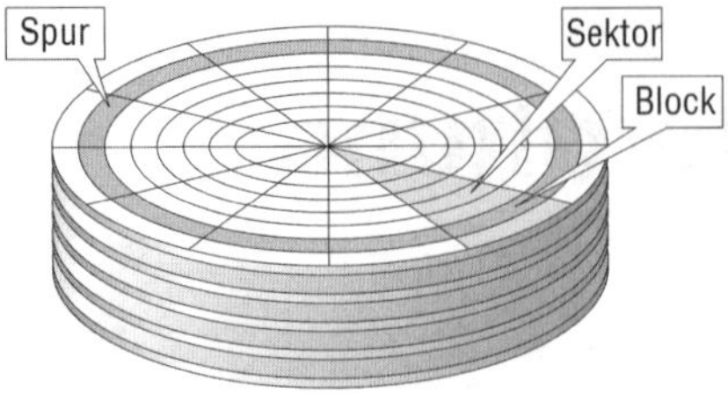

Aufbau einer Festplatte.

CHS-Adressierung

Im veralteten CHS-Modus (**C**ylinder/**H**ead/**S**ector) erstrecken sich die Sektoren gleichmäßig über alle Zylinder, alle Zylinder hatten die gleiche Anzahl an Sektoren. Der Vorteil war, dass Dateien direkt über die CHS-Daten angesprochen werde konnten. Anhand dieser Daten lässt sich die theoretische Kapazität einer Festplatte einfach mit folgender Formel ermitteln: Kapazität = Zylinder x Köpfe x Sektoren x Sektorgröße

LBA-Adressierung

Im einfachen CHS-Modus wird nicht berücksichtigt, dass in den Außenbereichen der Festplatten den Sektoren wesentlich mehr Fläche zur Verfügung steht. Hier könnten also auch mehr Daten abgelegt werden. Bei modernen IDE-Festplatten werden auf äußere Zylinder deshalb mehr Sektoren abgelegt als auf innere - **Z**one **B**it **R**ecording (ZBR). Die tatsächliche Sektoranzahl pro Spur hängt deshalb vom Plattentyp (der Plattengeometrie) ab.

Ein Ansprechen der Dateien durch die direkten CHS-Daten ist deshalb vom Betriebssystem nicht mehr möglich. Heute ist das **L**inear oder **L**ogical **B**lock **A**ddressing (LBA) üblich. Die Platten werden über fortlaufende Blocknummern zwischen 0 und einer Maximalzahl angesprochen, die von der Kapazität der Platte abhängig ist. Die Blockadressen werden von der Laufwerkelektronik in die CHS-Koordinaten umgesetzt. In Windows XP wird diese Hardwareebene gegenüber den Programmen weitestgehend abgeschirmt. Es existieren nur spezielle Schnittstellen, die zwischen Hardware und Betriebssystem vermitteln. Die Abschirmung wird durch eine **H**ardware **A**bstraction **L**ayer (HAL) realisiert.

7.1 Dateisystemvielfalt – Laufwerkverwaltung optimiert

Windows 2000/XP ist mit allen wichtigen Microsoft-Dateisystemen kompatibel und unterstützt die verschiedenen Vorläufer des aktuellen Dateisystems (FAT, FAT16, FAT32, NTFS4) und bietet damit einen optimierten, sichereren Zugriff auf eine Vielzahl von Datenquellen wie Festplatten, Disketten, CD-ROMs, Laufwerke für austauschbare Datenträger (Zip, JAZ, LS120 etc.) und Netzlaufwerke.

Vor Windows 2000 gab es auf Rechnern mit mehreren Betriebssystemen das Problem, dass Windows NT die Dateisysteme FAT16 und NTFS4 unterstützte, Windows 98/SE und Windows 95 ab der Version OSR2 die Dateisysteme FAT16 und FAT32, sodass nur FAT16 als kleinster gemeinsamer Nenner übrig blieb. Windows 2000 unterstützte bereits alle drei Dateisysteme: FAT16, FAT32 und NTFS4 wie auch das neue NTFS5, mit dem z. B. Verschlüsselung und Benutzer-Kontingente möglich sind. Windows XP unterstützt die gleichen Dateisysteme wie Windows 2000.

Begriffserklärung
FAT – File Allocation Table, die Tabelle, in der die physikalische Position jeder Datei auf einer Festplatte beschrieben ist.
FAT12 – älteres Dateisystem für Laufwerke kleiner als 16 MByte
FAT16 – Standarddateisystem von DOS und Windows 95a
FAT32 – Standarddateisystem von Windows 98/SE/ME
NTFS4 – New Technology File System von Windows NT 4
NTFS5 – Erweiterung des NTFS. Empfohlenes Dateisystem für Windows XP.

Es sind nicht auf jedem Dateisystem alle Features verfügbar. Die folgenden Tabellen vergleichen die Funktionalität der Dateisysteme:

Funktionen verschiedener Dateisysteme

Funktion	FAT16	FAT32	NTFS4	NTFS5
Lange Dateinamen	X	X	X	X
Benutzerrechte auf Dateien und Verzeichnisse	-	-	X	X
Dateien und Verzeichnisse online komprimieren	-	-	X	X
Change Journals (Aufzeichnen von Veränderungen der Partition)	-	-	-	X
Verschlüsselung, unter Windows 2000/XP als Encrypting Filesystem bezeichnet	-	-	-	X
Datenträgerkontingente	-	-	-	X
Sparse File Support (Verwaltung von Dateien mit geringer Dateidichte)	-	-	-	X
Active Directory und domänenbasierte Sicherheit	-	-	-	X
Max. Partitionsgröße	2 GByte	32 GByte	8,4 GByte	16 EByte (ExaByte) (theoretischer Wert), empfohlen werden max. 2 TByte
Max. Dateigröße	2 GByte	4 GByte	-	-
Max. Anzahl an Dateien	65.536	4.177.920	4.294.967.295	4.294.967.295

Betriebssystemunterstützung verschiedener Dateisysteme

Betriebssystemunterstützung	FAT16	FAT32	NTFS4	NTFS5
Windows XP	X	X	X	X
Windows 2000	X	X	X	X
Windows NT 4	X	X	X	ab SP4
Windows ME	X	X		
Windows 98	X	X		
Windows 95	X	ab OSR2		
MS-DOS/Windows 3.x	X			

Dateisystemtyp feststellen

Um den Dateisystemtyp einer Partition festzustellen, haben Sie unter Windows XP verschiedene Möglichkeiten, z. B.:

- Laufwerkeigenschaften
- Detailansicht im Windows-Explorer
- Datenträgerverwaltung in der Computerverwaltung
- CHKDSK
- *Fsutil fsinfo volumeinfo <Laufwerk>* (Kommandozeile)

Laufwerkeigenschaften

Möchten Sie eine Übersicht über alle Partitionen und deren Dateisystemen, gehen Sie folgendermaßen vor:

1. Aktivieren Sie im linken Fenster des Windows-Explorer das Symbol *Arbeitsplatz.*
2. Schalten Sie den Explorer auf *Detailansicht.*
3. Klicken Sie mit der rechten Maustaste auf den Spaltentitel *Name.* Wählen Sie hier im Kontextmenü die Option *Dateisystem.*

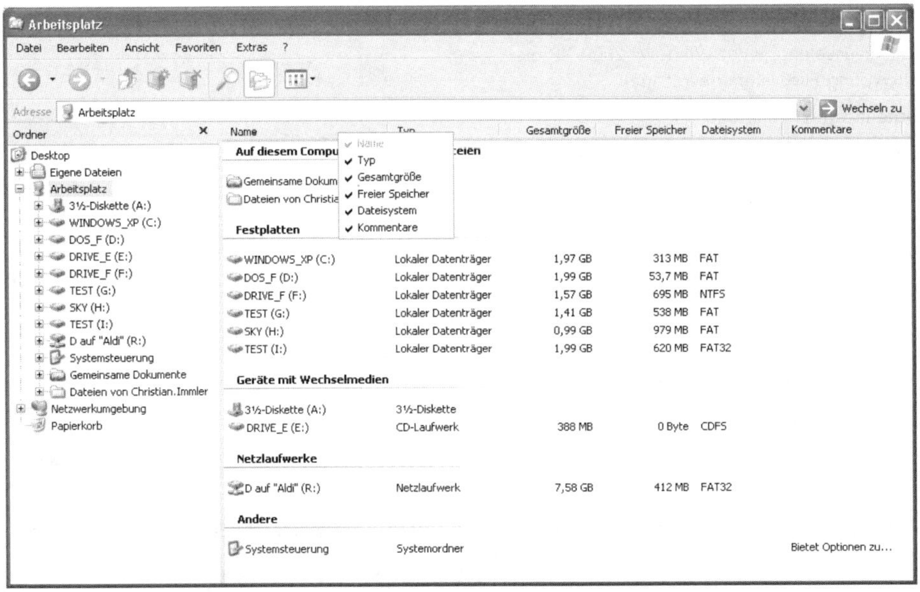

Darstellung der Dateisysteme im Windows-Explorer.

Festplatten, die im Windows-Explorer als Dateisystem FAT angezeigt werden, verwenden das Dateisystem FAT16, zwischen NTFS4 und 5 wird nicht unterschieden.

Jede Partition ist in der Partitionstabelle im Master Boot Record der Festplatte eingetragen. Eine zweistellige Hexadezimalzahl, die Partitions-ID, gibt das Dateisystem an. Eine Übersicht über die verschiedenen Partitions-IDs finden Sie im Anhang.

FAT16

Mit MS-DOS 1.0 wurde 1981 das erste FAT-Dateisystem eingeführt, das auch für die Windows-Versionen 3.1 und 3.11 Verwendung fand und heute zur Unterscheidung gegenüber dem FAT32-Dateisystem als FAT16 bezeichnet wird.

Mit der ersten Windows 95-Version wurden einige Veränderungen in das Dateisystem implementiert:

Erweiterungen des FAT16-Dateisystems

- Die Verwendung von langen Dateinamen wurde eingeführt, sodass Dateien unter wesentlich aussagefähigeren Namen mit über 200 Zeichen gespeichert werden konnten, aber gleichzeitig die Kompatibilität zu MS-DOS und Windows 3.1x durch parallele Speicherung eines gekürzten Dateinamens gewahrt blieb.
- Das Dateisystem arbeitet als 32-Bit-Protected Mode-konforme Applikation mit den damit verbundenen Sicherheitsmerkmalen. Eine geöffnete Datei wird vor Zugriffen durch andere Anwendungen geschützt und es wird sichergestellt, dass die Datei auch bei Veränderung der Größe sauber geschlossen werden kann, ohne dass Fragmente anderer Dateien integriert werden. FAT16 unterstützt Multithreading, kann also beim Mehrfachzugriff auf das Dateisystem mehrere Operationen scheinbar zur gleichen Zeit ausführen.
- Bereitstellung eines dynamischen Cache für den Zugriff auf die Datei und das Netzwerk: Das Reservieren eines statisch großen Bereichs im Arbeitsspeicher, wie das mit SmartDrive unter DOS noch notwendig war, gehört damit der Vergangenheit an.
- Das FAT16-Dateisystem ist schnell (min. Overhead), und es kann im Notfall von einer Bootdiskette problemlos auf alle Daten zugegriffen werden.

Lange Dateinamen

Die tatsächlich mögliche Länge eines Dateinamens schwankt in der Microsoft-Dokumentation zwischen 200 und 255 Zeichen. Der Windows-Explorer schneidet einen Dateinamen beim Kopieren und Umbenennen innerhalb eines Verzeichnisses nach 247 Zeichen, abzüglich der Länge des aktuellen Verzeichnisnamens ab, während zum Beispiel der NotePad-Editor die Möglichkeit bietet, eine Datei mit einem Namen von 255 Zeichen anzulegen. Diese kann dann aber nicht mehr vom Explorer geöffnet werden, weil durch das Abschneiden der letzten Zeichen dort die Endung *.txt* verloren geht, die beim direkten Öffnen in NotePad aber erhalten bleibt. Bleibt zu sagen, dass die verschiedenen Windows XP-Komponenten hier nicht durchgehend zueinander kompatibel sind. Allerdings ergeben derart lange Dateinamen ohnehin keinen praktischen Nutzen.

Seit Windows 95 wird ein neuer Dateisystemtreiber verwendet, der diese Erweiterungen verarbeitet. Dieser wird als VFAT bezeichnet. Das zugrunde liegende Dateisystem kann ohne die langen Dateinamen aber weiterhin von DOS benutzt werden.

Partitionsgröße

Eine entscheidende Einschränkung von FAT16 ist die maximale Partitionsgröße von 2 GByte. Demnach können auch keine Dateien, die größer als 2 GByte sind, auf FAT16-Partitionen gespeichert werden. Das FAT16-System ist nicht auf Mehrbenutzer-Verwaltung ausgelegt und kennt deshalb auch nicht die dazu notwendigen Sicherheitsfunktionen.

Anzahl möglicher Dateien

Eine weitere Einschränkung des FAT16-Dateisystems ist die maximal mögliche Anzahl von Dateien. Im Root-Verzeichnis konnten unter FAT16 nur max. 512 Ordner und Dateien im 8+3-Namensverfahren gespeichert werden. Lange Dateinamen wurden nur unzureichend unterstützt und konnten diese Grenze noch deutlich nach unten verschieben. Es sind maximal 512^2 = 262.144 Einträge im gesamten Directory möglich. Das Directory bekommt einen genau eingeteilten Speicherplatz an einer fest bestimmten Stelle des Laufwerks zugeteilt. Liegen aber gerade an dieser Position fehlerhafte Sektoren auf der Platte, reduziert sich der Speicherplatz für die FAT, da eine Erweiterung des Directory auf andere Art und Weise nicht vorgesehen ist.

Dies ist der schematische Aufbau einer FAT16:

Boot-Sektor	Reservierter Sektor	FAT1	FAT2 (Duplikat)	Root Ordner	Andere Ordner und Dateien

FAT32

Mit Windows 95 OSR2 wurde neben dem bestehenden Dateisystem FAT16/VFAT zusätzlich das neue Dateisystem FAT32 angeboten. Es zeichnet sich durch folgende Merkmale aus:

- Die theoretisch maximale Größe einer FAT32-Partition beträgt 8 TByte, die maximale Größe einer einzelnen Datei ist 4 GByte. Windows XP kann aber maximal 32 GByte große FAT32 Partitionen formatieren. Größere Partitionen, die von anderen Betriebssystemen angelegt wurden, können aber gelesen werden.
- Bessere Ausnutzung des Festplattenspeichers durch geringere Cluster-Größen, womit sich die nutzbare Speicherkapazität erhöhen kann.
- Das Hauptverzeichnis eines FAT32-Laufwerks ist nicht an eine bestimmte Position auf dem Laufwerk gebunden. Es ist also in der Größe variabel, sodass die maximale Anzahl an Einträgen nicht begrenzt ist.
- Der Bootsektor einer FAT32-Partition wird automatisch gesichert.

Nachteile von FAT32

Geschwindigkeitseinbußen - bei jedem Zugriff auf eine Datei muss zunächst deren Position auf der Festplatte in der Partitionstabelle gesucht werden. Je größer diese Partitionstabelle, desto länger dauert auch die Suche nach der Datei. Partitionstabellen sind logischerweise auf größeren Partitionen auch größer. FAT32-formatierte Partitionen verwenden ebenfalls größere Partitionstabellen, da hier mehr und kleinere Cluster als unter FAT16 zu verwalten sind, was dazu führt, dass der Zugriff auf eine FAT32-Partition tendenziell langsamer erfolgt als auf eine FAT16-Partition gleicher Größe.

Schlechte Sicherheit - eine Marketing-Aussage bei der Einführung von FAT32 waren ausgefeilte Sicherheitsmechanismen, die die Gefahr von Datenverlusten verringern sollten. Diese Merkmale wurden kaum in Programmen sinnvoll genutzt. Die neuen Sicherheitsfunktionen von Windows 2000/XP werden nur auf NTFS-Laufwerken unterstützt.

FAT-Struktur und Cluster-Größen

FAT16-Partitionen können unter Windows maximal 2 GByte groß sein. Dieses Limit ist begründet im Speicherplatz für die Adresse des Folgesektors in der FAT, die maximal 16 Bit groß sein kann. Somit ist die Größe des Speicherbereichs auf 65.536 (2^{16}) Sektoren begrenzt. Es können also nicht mehr als 65.536 unterschiedlicher Sektoren verwaltet werden. Bei 512 Byte pro Sektor multipliziert mit 65.536 ergibt sich ein maximaler Speicherbereich von nur ca. 32 MByte.

Dieses Adressierungssystem reichte bald nicht mehr aus. Deshalb fügte man mehrere Sektoren zu einem Cluster zusammen. So braucht in der FAT nur jeweils die Adresse eines ganzen Clusters gespeichert zu werden und nicht die der kleineren Sektoren. Fasst man zum Beispiel vier Sektoren zu einem Cluster zusammen, ergibt sich bereits die vierfache Speichermenge, die adressiert werden kann, also ca. 128 MByte Speicherplatz. Bei 8 oder 16 Sektoren pro Cluster entsprechend mehr.

Das Feld, in dem die Größe der Cluster gespeichert wird, befindet sich im **M**aster **B**oot **R**ecord (MBR). In diesem Feld kann bedingt durch die Feldgröße, die in der MBR-Struktur festgelegt ist, maximal der Wert 64 eingetragen werden. Damit kann ein Cluster maximal 64 Sektoren beinhalten. Mit 64 Sektoren pro Cluster und 512 Byte pro Sektor und maximal 65.536 Clustern pro Partition ergibt sich so ein adressierbarer Bereich von maximal 2 GByte je Partition.

Durch ein zusätzliches Bit im Master Boot Record lassen sich auch 64 KByte große Cluster verarbeiten, was aber nicht mehr dem FAT16-Standard entspricht. Windows NT/2000 und XP unterstützen diese Methode, Windows 9x/ME dagegen nicht. Da es hier mit vielen Anwendungen, die die Festplattengröße oder den freien Speicherplatz ermitteln, Kompatibilitätsprobleme gibt, formatiert Windows XP keine FAT16-Partitionen größer als 2 GByte, um die maximale Cluster-Größe von 32 KByte nicht zu überschreiten. Vorhandene FAT16-Partitionen mit 64 KByte großen Clustern werden aber gelesen.

Die Größe eines Clusters in Byte ist unter FAT16 vom physikalischen Speichervolumen der Festplattenpartition abhängig. Die Tabelle zeigt eine Übersicht über die Cluster-Größen:

Größe des Laufwerks	Größe der Cluster in Byte	Größe der Cluster in Sektoren
bis 32 MByte	512 Byte	1
32 bis 62 MByte	1.024 Byte (1 KByte)	2
63 bis 127 MByte	2.048 Byte (2 KByte)	4
128 bis 255 MByte	4.096 Byte (4 KByte)	8
256 bis 511 MByte	8.192 Byte (8 KByte)	16
512 bis 1.023 MByte	16.384 Byte (16 KByte)	32
1.024 bis 2.048 MByte	32.768 Byte (32 KByte)	64
2.048 bis 4.096 MByte	65.536 Byte (64 KByte)	128

Cluster-Größe ermitteln

Die Größe der Cluster einer Festplatte lässt sich mit Windows XP-Bordmitteln, mit dem Programm CHKDSK oder *fsutil fsinfo ntfsinfo <Laufwerk>* von der Eingabeaufforderung aus ermitteln.
Unter CHKDSK wird nach einem Prüfvorgang neben anderen Informationen die Größe der Zuordnungseinheiten angezeigt, womit die Cluster-Größe gemeint ist.

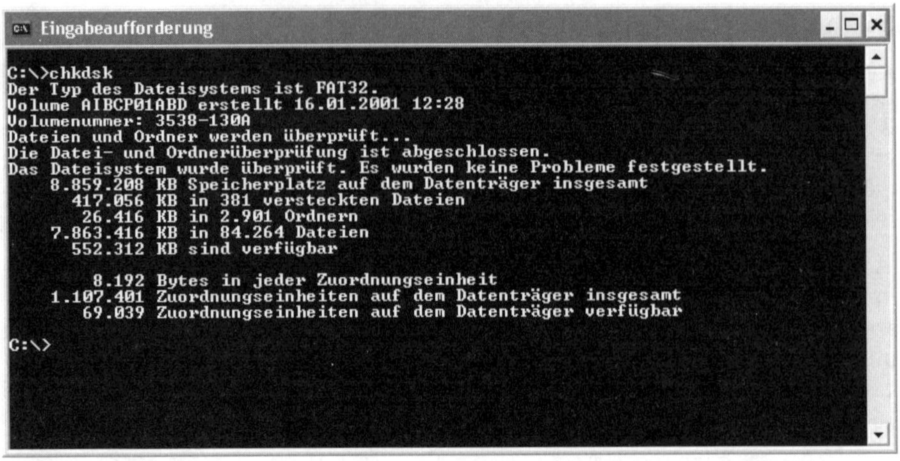

CHKDSK zeigt unter Bytes in jeder Zuordnungseinheit die Cluster-Größe einer Partition an.

Ineffiziente Speicherplatznutzung

Dass in der FAT nicht mehr die Adressen der Sektoren gespeichert werden wie unter FAT16, sondern die Adressen der Cluster, hat allerdings auch seine Nachteile:

Das Dateisystem kann immer nur auf den Beginn eines Clusters zugreifen, da nur diese Adressen in der FAT gespeichert werden.

Sind die zu speichernden Daten kleiner als ein Cluster, setzt das Dateisystem bis zum Ende eines Clusters Füllzeichen ein.

Der Speicherplatz zwischen dem Ende der Daten und dem Ende des Clusters kann aufgrund des groben Adressierungssystems nicht anderweitig genutzt werden. Es geht also bei vielen kleinen Dateien bzw. bei jedem Dateirest eine gewisse Menge an Festplattenplatz ungenutzt verloren.

Cluster-Größe in FAT32

Die Erweiterung der maximalen Partitionsgröße wird bei FAT32 durch die Vergrößerung des Wertebereichs für die Speicheradressen der Cluster auf einen 32 Bit großen Wert erreicht. Die maximale Anzahl von Clustern unter FAT32 ist 2^{28} = 268.435.465, da die ersten 4 Bit in der Dateizuordnungstabelle für eventuelle Dateisystemerweiterungen reserviert werden, zu denen es aber bedingt durch die zunehmende Verbreitung von NTFS wahrscheinlich nie kommen wird.

Windows XP kann FAT32-Partitionen über 32 GByte nicht formatieren, aber solche Partitionen lesen, die von anderen Betriebssystemen formatiert wurden.

Mit externen Tools wie PartitionMagic können auch unter Windows XP größere Partitionen mit FAT32 formatiert werden, obwohl dies wegen der schlechten Auslastung sehr großer Cluster nicht unbedingt sinnvoll ist.

Wie auch bei FAT16 hängt die Größe der Cluster unter FAT32 von der Größe des Laufwerks ab.

Die Tabelle zeigt die entsprechenden Cluster-Größen einer FAT32-Partition:

Größe des Laufwerks	Größe der Cluster in Byte	Größe der Cluster in Sektoren
bis 260 MByte	512 Byte	1
260 bis 8 GByte	4.096 Byte (4 KByte)	8
8 bis 16 GByte	8.192 Byte (8 KByte)	16
16 bis 32 GByte	16.384 Byte (16 KByte)	32
ab 32 GByte	32.768 Byte (32 KByte)	64

Die Platzausnutzung verbessert sich, da die Cluster kleiner geworden sind. Mussten bisher bei einem 2 GByte großen Laufwerk Cluster von 32 KByte verwendet werden, reichen mit FAT32 Cluster mit einer Größe von 4 KByte aus. Die Speicherung kleiner Dateien ist also deutlich effizienter.

Vergleich der Festplattenauslastung

Mit einem Rechtsklick auf ein Laufwerk im Windows-Explorer erscheint das Kontextmenü. Wählen Sie hier *Eigenschaften*, können Sie sich den Typ des Dateisystems und die Auslastung der Festplatte anzeigen lassen.

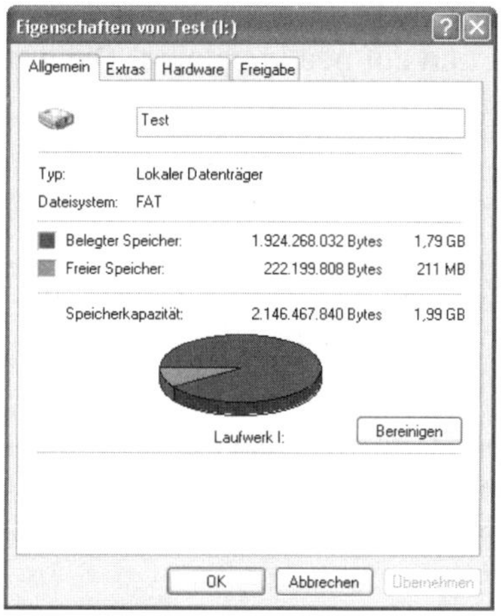

FAT16-Partition.

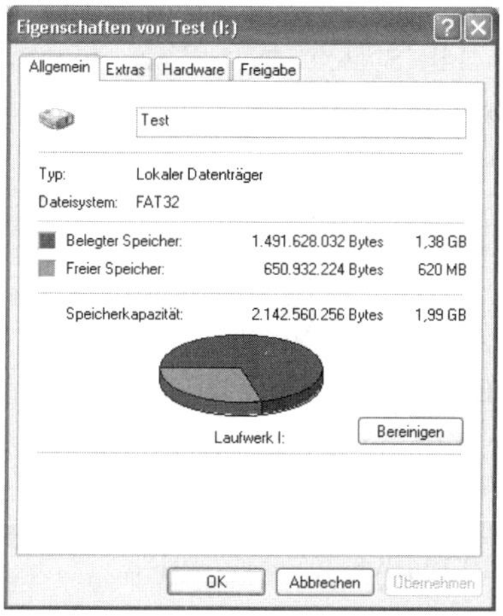

Die gleiche Partition in FAT32 konvertiert.

Die Abbildungen zeigen zweimal die gleiche Partition mit identischer Datenbelegung, in den Dateisystemen FAT16 und FAT32 formatiert. Die gleichen Dateien nutzen unter FAT16 die Cluster nicht so gut aus, sodass sie mehr Platz auf der Festplatte beanspruchen als unter FAT32. Auf großen Platten/Partitionen kann das schnell mehrere Hundert MByte ausmachen.

Einen guten Überblick über die tatsächliche Auslastung der Cluster und eine Abschätzung bei einer anderen Cluster-Größe geben die Partitionsinformationen aus PartitionMagic 7.0 (ältere Versionen unterstützen Windows XP nicht). Hier wird auch deutlich, wie sich die Anzahl der Dateien auf den Auslastungsgrad der Festplatte auswirkt.

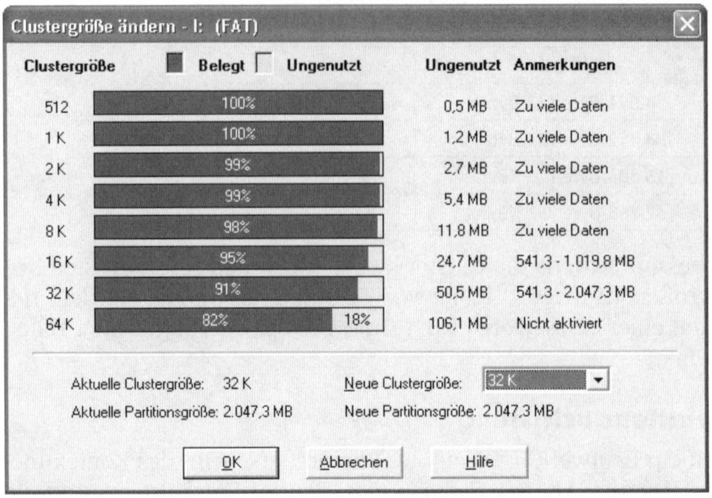

Anzeige verschiedener Cluster-Größen in PartitionMagic.

NTFS

Das **N**ew **T**echnology **F**ile **S**ystem (NTFS) wurde von Grund auf neu konzipiert. Die wesentlichen Neuerungen in NTFS sind:

- Größere Sicherheit durch Transaktionsprotokolle und automatische Wiederherstellung fehlerhafter Dateioperationen: Fehlerhafte Sektoren werden auf dem Datenträger erkannt und markiert.
- Sicherheits- und Zugriffsschutzfunktionen: Berechtigungen können für Dateien und Ordner an Gruppen und Benutzer fein abgestuft vergeben werden.
- Einführung des **E**ncrypting **F**ile **S**ystem (EFS) zur Verschlüsselung von Dateien.
- Effiziente Unterstützung großer Volumes. Mit der Standard-Cluster-Größe von 4 KByte können Volumes von 16 TByte erstellt werden. Wegen des Platzaufwands für die Verwaltung der Master File Table empfiehlt es sich nicht, NTFS auf Laufwerken mit weniger als 400 MByte zu verwenden.
- Verbesserte Speicherplatzverwaltung durch kleinere Cluster.
- Einführung von Datenträgerkontingenten, unabhängig vom physikalischen Datenträger: Der maximale Speicherplatz kann für jeden Benutzer begrenzt werden.
- Unterstützung von komprimierten Dateien und Partitionen.
- Ausweitung der Ansprechbarkeit von Speicherplatz durch Mounted Drives (NTFS-Pfade) und die Vergrößerung von NTFS-Partitionen.
- Dateien geringer Datendichte, also Dateien, die große Bereiche mit Nullen enthalten, wie das zum Beispiel bei Microsoft Office-Dokumenten der Fall ist, werden effizienter verwaltet. Der ungenutzte Speicherplatz wird anderen Dateien zur Verfügung gestellt.
- Das Änderungsjournal protokolliert alle Änderungen. So lassen sich selten genutzte Dateien aufspüren oder Dateien nach ihrem letzten Zugriff sortieren.

Das Dateisystem von Windows NT wurde für Windows 2000 weiter optimiert und als NTFS 5.0 bezeichnet. Diese Version wird auch von Windows XP verwendet. Viele der gegenüber Windows 9x/ME neuen XP-Funktionen – wie zum Beispiel komprimierte Verzeichnisse, Kontingente, Sortierung nach letztem Zugriff oder Verschlüsselung von Dateien – sind erst durch NTFS5 möglich geworden und funktionieren demnach auch nur auf diesen NTFS-Partitionen.

Wenn im Folgenden von NTFS gesprochen wird, ist NTFS5 unter Windows XP gemeint. Spezielle Eigenheiten von NTFS4 werden auch mit NTFS4 bezeichnet.

Windows NT 4 unterstützt ab Service-Pack 4 auch das NTFS5-Dateiformat. Ältere Windows NT-Versionen unterstützen nur NTFS4. Windows 9x/ME kann ohne Zusatz-Tools nicht auf NTFS-Partitionen zugreifen.

In den folgenden Abschnitten werden die wichtigsten Strukturelemente von NTFS erklärt.

Partitionsgröße

NTFS4 hatte noch die Einschränkung der maximalen Partitionsgröße auf 8,4 GByte. Die Partitionsgröße ist bei NTFS5 in der Praxis nur durch die Größe des Datenträgers begrenzt. Theoretisch gibt es bei NTFS5 eine Begrenzung auf maximal 16 ExaByte (EByte), 16 x 10^9 GByte, was mit den zurzeit erhältlichen Speichermedien nicht annähernd erreicht wird. Einzelne Dateien können beliebig groß sein bis hin zur vollen Größe der Partition.

NTFS unterstützt als einziges Dateisystem Active Directory und domänenbasierte Sicherheit, Datei- und Ordnerberechtigungen, Verschlüsselung und die Verwaltung von Dateien mit geringer Dateidichte. Dies gilt z. B. besonders für Dokumente aus Microsoft Office-Produkten. Diese enthalten oft lange Abschnitte, die nur aus Nullen bestehen. Die Sparse-File-Support-Funktion in NTFS5 fasst diese Bereiche zusammen, was den Speicherplatz einer Datei reduziert, ohne dass es wie bei einer echten Kompression zu Performance-Verlusten kommt.

Transaction logging

Ein wichtiger Schritt in Richtung Dateisystemsicherheit ist die Einführung der Transaktionsprotokolle bei Dateioperationen (transaction logging). NTFS schreibt alle Änderungen an Dateien und Ordner (inkl. Metadaten) in einen Logfile. Sind alle Änderungen der Transaktion erfolgreich abgeschlossen, vermerkt XP den Abschluss (committing the transaction). Um die Performance nicht zu stark zu beanspruchen, werden die Operationen erst nur im Speicher als Hintergrundprozess (lazy commit) protokolliert und anschließend auf die Platte geschrieben. Zusätzlich werden alle fünf bis acht Sekunden Checkpoints in die Logdatei geschrieben, sodass eine Wiederherstellung nicht die gesamte Logdatei durchsuchen muss.

CHKDSK kann diese Logfiles bei einem Crash nutzen, um die Systemintegrität wiederherzustellen:

- Analyse-Lauf: Das System analysiert die Art des Fehlers und entscheidet, welche weiteren Schritte eingeleitet werden.
- Redo-Lauf: Diese Einträge speichern Informationen zu Änderungen, die wiederholt werden müssen, um die Systemstabilität wiederherzustellen. Das System wiederholt alle als komplett markierten Transaktionen seit dem letzten Checkpoint.
- Undo-Lauf: Bei Undo-Einträgen ist es entsprechend umgekehrt: Über ein roll back werden Änderungen seit dem letzten Checkpoint zurückgenommen.

Transaktionen überwachen nur den Prozess der Operation, der gegebenenfalls als erfolgreich markiert wird. Es kann keine unmittelbare Aussage darüber treffen, ob die Daten an sich konsistent sind, und es gibt auch keine Garantie, dass Daten nicht verloren gehen.

Master File Table

Herzstück des NTFS-Dateisystems ist die **M**aster **F**ile **T**able (MFT). Sie enthält alle Angaben über die Dateien und Verzeichnisse eines Laufwerks. Die MFT ist in Records, mehrere logische Einheiten, unterteilt. Diese MFT entspricht der **F**ile **A**llocation **T**able (FAT) in FAT-Dateisystemen. Es werden alle Informationen wie Attribute, Sicherheitseinstellungen und der genaue Ort auf der Platte gespeichert. Die MFT wird selbst auch als Datei behandelt und kann sich so leicht in der Größe ändern und ist nicht mehr auf eine absolute Position fixiert. Da die MFT schnell sehr groß und auch selbst fragmentiert werden kann (was die Zugriffs-Performance stark senken kann), wird bei der Neuanlage einer NTFS-Partition standardmäßig eine gewisse Anzahl von Clustern (12,5 %) hinter der MFT freigehalten (MFT-Zone).

Die MFT kann so ohne Fragmentierung wachsen. Nur wenn die MFT über diesen Bereich hinaus zunimmt oder der physische freie Plattenplatz sehr gering ist (MFT-Zone wird dann zum Speichern freigegeben), wird auch die MFT fragmentiert. Ist es sehr wichtig, höchste Zugriffsgeschwindigkeit zu realisieren (auf Kosten von Plattenplatz), kann mit dem Kommandozeilenbefehl

```
fsutil behavior set mftzone <Wert>
```

die MFT-Zone vergrößert werden. Die Werte betragen:

Wert	Größe
1	ca. 12,5 % (Standard)
2	ca. 25 %
3	ca. 37,5 %
4	ca. 50 %

In der MFT folgen nach dem Dateinamen und den Attributen gleich die ersten Daten der Datei, sodass sehr kleine Dateien komplett in der MFT gespeichert werden können, was zu sehr schnellen Zugriffszeiten führt. Reicht der Speicherplatz im Datensatz der MFT für die ganze Datei nicht aus (was bei den allermeisten Dateien der Fall ist), wird hier noch eingetragen, an welcher Position auf der Festplatte sich die weiteren Daten befinden. Dazu kommen das Datum der Dateierstellung und der letzten Veränderung sowie die Dateinamen. Hier werden der Windows-Name und der DOS-Name im 8+3-Format eingetragen. Abhängig von der Größe der verschiedenen Attribute werden diese entweder direkt in der MFT oder als Zeiger auf die entsprechenden Daten gespeichert.

Vorteil von 8+3-Namen

Verwendet man generell kurze Dateinamen nach der ISO-Konvention, spart man dadurch viel Speicherplatz in der MFT, was bei kleinen Dateien dazu führen kann, dass diese komplett im MFT-Datensatz untergebracht werden können. Auf diese Dateien kann dann wesentlich schneller zugegriffen werden. Diesen Vorteil nutzen zum Beispiel alle Webbrowser außer dem Internet Explorer, die ihren automatisch erstellten Cache-Dateien nur 8+3-Namen geben, um schneller darauf zuzugreifen.

Metadata-Files

Neben der Master File Table enthält das NTFS-Dateisystem noch einige weitere Metadata-Files zur Verwaltung einer Partition. Diese werden ähnlich wie Dateien behandelt, sind aber für den Benutzer nicht sichtbar - auch dann nicht, wenn alle versteckten und Systemdateien angezeigt werden.

Kurzname	Langname	Inhalt
$MFT	Master File Table	Übergeordnete Datenbank zur Dateiverwaltung, enthält auch Verweise auf alle anderen Metadata Files.
$MFTMirr	Master File Table Mirror	Kopie der ersten 16 Einträge der Master File Table mit den Verweisen auf alle anderen Metadata Files.
$LogFile	Log File	Protokoll der Änderungen des Dateisystems. Hierüber können fehlerhafte Operationen rückgängig gemacht werden.
$Volume	Volume Descriptor	Name, Version und Erstellungsdatum der Partition.
$AttrDef	Attribute Definition Table	Bedeutung der Attribute im NTFS. Hier werden nicht die Attribute selbst gespeichert, diese liegen in den einzelnen Dateien.
-	Index	Der Stammordner
$Bitmap	Cluster Allocation Bitmap	Übersicht über alle benutzten und unbenutzten Cluster einer Partition
$Boot	Volume Boot Code	Kopie des Bootsektors der Partition
$BadClus	Bad Cluster File	Alle beschädigten Cluster werden hier eingetragen und dann für NTFS nicht mehr benutzt.
$Quota	Quota Table	Tabelle zur Verwaltung von Datenträgerkontingenten
$Secure	Secure File	Sicherheitsbeschreibungen von Dateien
$UpCase	Upper Case Table	Unicode-Versionen aller Dateinamen aus Kompatibilitätsgründen

Struktur einer NTFS-Datei

Eine Datei, die auf einer NTFS-Partition gespeichert ist, besteht nicht nur aus den eigentlichen Daten, sondern aus insgesamt fünf Datenblöcken:

Bezeichnung	Inhalt
Header	Grundlegende Verwaltungsinformationen, USN-Sequenznummern für das Änderungsjournal und Pointer auf Attribute, die aufgrund ihrer Lände nicht mehr innerhalb der MFT gespeichert werden.
Standard Information Attribute	Standard-Dateiattribute: Datum, Uhrzeit, Versteckt, System, Archiv, Read-Only
File Name Attribute	Angezeigter Dateiname und 8+3-Kurzname und Verknüpfungen von anderen Positionen auf diese Datei.
Data Attribute	Die Dateninhalte der Datei: Nur dieser Bereich wird bei einer Komprimierung komprimiert. Die anderen Datenblöcke bleiben unverändert.
Security Descriptor Attribute	Sicherheitsinformationen aus der **A**ccess **C**ontrol **L**ist (ACL), die den Zugriff verschiedener Benutzer auf die Datei regeln (siehe Kapitel 8.4 ab Seite 434).

Namenskonventionen

Für NTFS gelten weitgehend die gleichen Namenskonventionen wie für FAT16 und FAT32. Auch hier können die Dateinamen über 200 Zeichen haben. An der Eingabeaufforderung können nur Dateinamen bis zu 253 Zeichen verarbeitet werden, wogegen einige Windows-Programme bis zu 255 Zeichen akzeptieren. Beachten Sie auch die auf Seite 317 beschriebenen Inkompatibilitäten im Windows-Explorer. Greift ein DOS- oder Windows 3.11-Client über das Netzwerk auf eine NTFS-Partition des Servers zu, werden die Dateinamen automatisch auf sechs Stellen plus Tilde (~) und eine Ziffer zur Unterscheidung gekürzt. Dabei kann es zu Problemen kommen, da Windows XP lange Dateinamen anders in kurze umsetzt, als ältere Windows-Versionen dies taten. Genaueres dazu finden Sie in Kapitel 6.5.

Problem: Umlaute

Im Gegensatz zu den FAT-Dateisystemen, die Dateinamen im Windows-Zeichensatz speichern, verwendet NTFS Unicode. Dies hat den Nachteil, dass Programme, die eigene Dateilisten anlegen, wie zum Beispiel Packer oder Backup-Programme, die Umlaute in Dateinamen in einer anderen Form speichern, sodass es beim Entpacken oder Rücksichern zu Unterschieden kommen kann. Neuere Versionen solcher Programme müssen, um den XP-Logotest zu bestehen, allgemein gültig gehalten werden. Verwenden Sie aber trotzdem auf NTFS-Partitionen nach Möglichkeit keine Umlaute in Dateinamen.

Maximale Pfadlänge

In den Spezifikationen des NTFS-Dateisystems ist eine maximale Pfadlänge von 32.767 Zeichen festgelegt. Windows XP kann aber Pfade maximal mit einer Länge von 256 Zeichen verarbeiten. Versucht man, einen längeren Pfad anzulegen, erscheint eine Fehlermeldung.

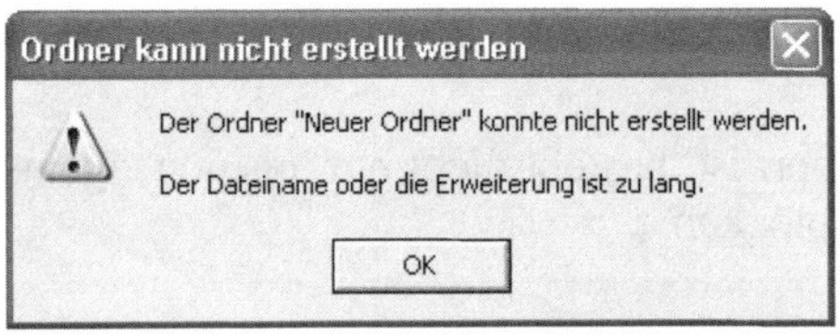

Fehlermeldung beim Anlegen eines Pfades mit mehr als 256 Zeichen.

Diskmanagement mit Fsutil fsinfo

Auf der Kommandozeile kann das leistungsfähige Tool Fsutil eingesetzt werden, das auch in diesem Kapitel öfter angesprochen wird. An dieser Stelle soll eine Übersicht über die Möglichkeiten von *Fsutil fsinfo* gegeben werden. Eine Übersicht der Möglichkeiten befindet sich im Anhang ab Seite 1049.

Kommando	Beschreibung
fsutil fsinfo drives	Listet die Laufwerkbuchstaben aller Volumes auf dem Computer
fsutil fsinfo drivetype	Zeigt den spezifizierten Laufwerktyp an
fsutil fsinfo volumeinfo	Listet Informationen zum Dateisystem eines NTFS-Laufwerks
fsutil fsinfo statistics	Zeigt umfassende statistische Daten zum Laufwerk
fsutil fsinfo ntfsinfo	Low-Level-Informationen zum bezeichneten NTFS Laufwerk

7.2 Laufwerke nachrüsten, partitionieren und formatieren

In vielen PCs mit vorinstalliertem Windows XP ist eine Festplatte eingebaut, die mit einer einzigen Partition formatiert ist, auf der Betriebssystem, Programme und Daten gespeichert werden. Trotzdem ist es aus verschiedenen Gründen sinnvoll, diesen Zustand zu ändern und die Festplatte in mehrere Partitionen aufzuteilen.

Vorteile von Partitionierung

- Eine Partition kann nur eine bestimmte Anzahl an Cluster enthalten. Sehr große Partitionen brauchen relativ große Cluster. Da ein Cluster immer nur von einer Datei belegt sein kann, wird beim Speichern von vielen kleinen Dateien Festplattenplatz verschwendet.

Partitionsgröße	NTFS-Cluster-Größe
513 MByte - 1.024 MByte	1 KByte
1.025 MByte - 2 GByte	2 KByte
ab 2 GByte - 2 TByte	4 KByte

- Speichert man Programme und Daten auf getrennten Partitionen, lässt sich bei einem Komplett-Ausfall des Betriebssystems die Programmpartition problemlos neu installieren, die Datenpartition bleibt unbehelligt. Windows XP löscht bei einer Neuinstallation automatisch die Daten in den persönlichen Standardverzeichnissen (*Eigene Dateien*, ...) auf der Systempartition.
- Um schneller Fragmentierung vorzubeugen, empfiehlt es sich, eine eigene Partition für Temporärdateien, die Auslagerungsdateien und Internetbrowser-Cache etc. anzulegen, die regelmäßig gelöscht werden kann.
- Verwendet man mehrere Betriebssysteme auf einem Rechner, ist es sinnvoll, diese auf verschiedene Partitionen zu installieren.
- Das Argument „Partitionierung bringt Geschwindigkeitsgewinn“ ist bei NTFS und den heutigen Festplattenzugriffszeiten nur noch bedingt relevant.

Datenträgerverwaltung unter Windows XP

Das wichtigste Werkzeug zur Partitionierung von Festplatten unter Windows XP ist die Datenträgerverwaltung, der Nachfolger des Festplatten-Managers aus Windows NT.

Die Datenträgerverwaltung befindet sich in der Systemsteuerung unter *Verwaltung*.

Dieses Programm ist ein MMC-Modul für die Microsoft Management-Konsole und kann deshalb entsprechend eingesetzt werden. Wählen Sie im linken Fenster unter *Datenspeicher* die Option *Datenträgerverwaltung*.

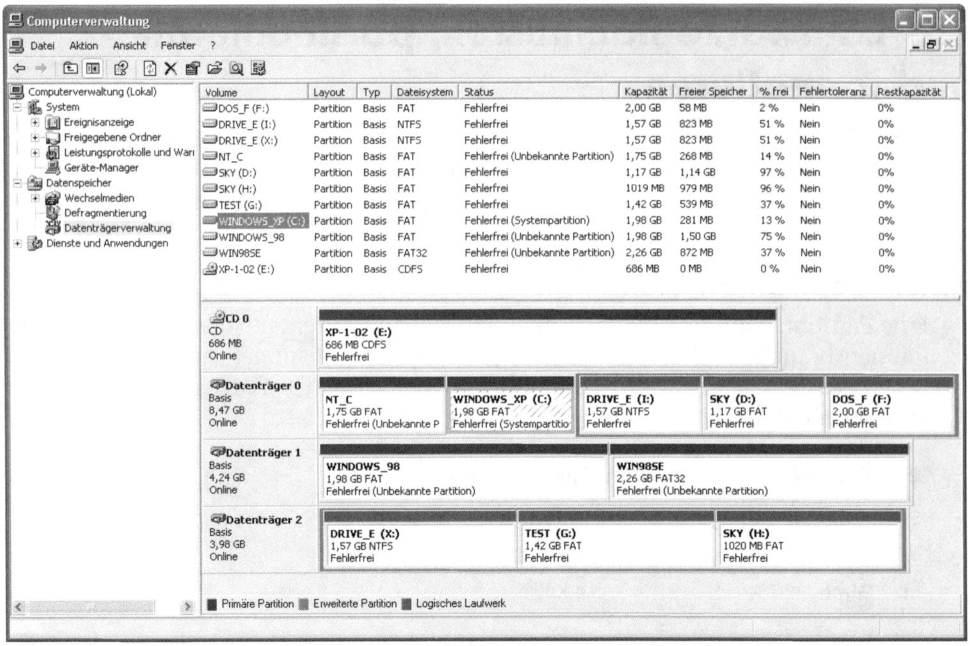

Die Datenträgerverwaltung von Windows XP.

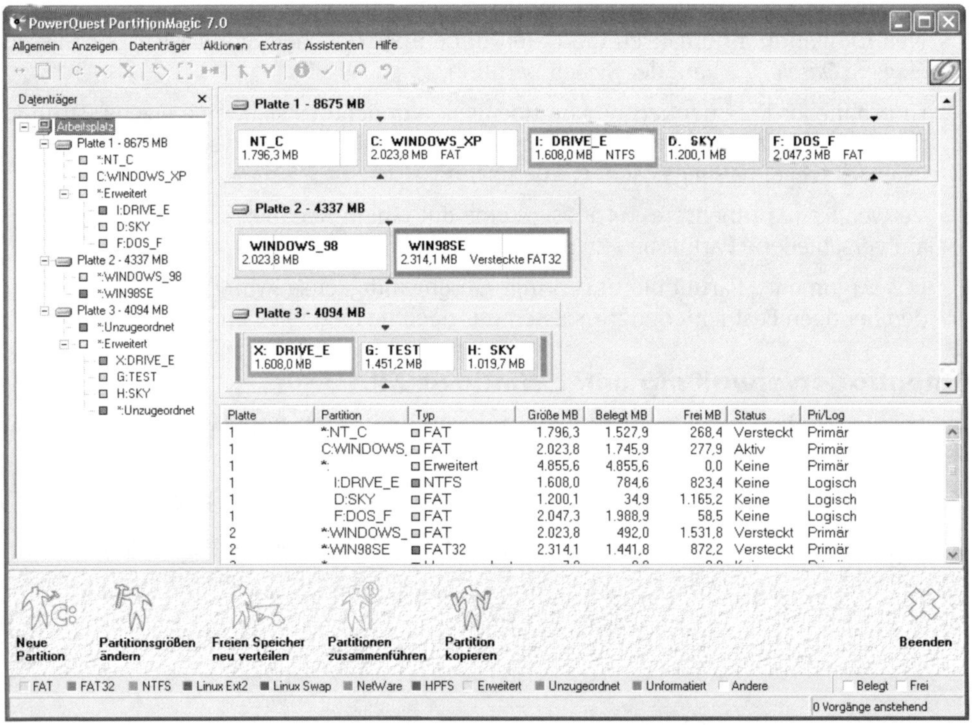

Komfortable Partitionsverwaltung mit PartitionMagic (www.powerquest.com).

Hier finden Sie alle Partitionen mit ihren wichtigsten Daten aufgelistet. Im unteren Bereich sehen Sie eine grafische Übersicht über die vorhandenen Festplatten und die darauf befindlichen Partitionen. Nicht zugeordnete Bereiche der Platten, die keine Partitionen enthalten, sind mit einem schwarzen Balken gekennzeichnet.

Mit diesem Programm können Sie Partitionen anlegen, formatieren und Laufwerkbuchstaben zuweisen. Ein Verschieben und Kopieren von Partitionen oder beliebiges Ändern der Partitionsgröße ohne Datenverlust ist immer noch nicht möglich. Hierzu braucht man externe Tools, wie zum Beispiel PartitionMagic.

Begriffserklärung

System-Bootpartition – Partition, auf der sich der Bootblock und die *BOOT.INI* befinden. Dies ist ohne externen Boot-Manager immer die erste Partition auf der ersten Festplatte.

Startpartition – Partition, auf der sich das Windows XP-Betriebssystem befindet. Die Lage dieser Partition wird in der *BOOT.INI* angegeben. Sie kann auf jeder Festplatte/Partition liegen.

Basisdatenträger und Basis-Volumes

Üblicherweise werden in Einzelplatzrechnern (Workstations) Basisdatenträger angelegt und verwaltet. Basisdatenträger sind die physischen Träger der Basis-Volumes, in der Regel primäre und logische Laufwerke. Basisdatenträger besitzen einen **M**aster **B**oot **R**ecord (MBR), der maximal vier Einträge verwaltet. Sie können auf vier primäre oder drei primäre und eine erweiterte Partition verteilt werden.

Die primäre Partition

Primäre Partitionen sind bootfähig. Im einfachsten Fall wird auf dem Rechner nur ein Betriebssystem in einer großen primären Partition installiert. Windows XP wird dann in der ersten primären Partition (Laufwerk C:) installiert. In diesem Fall handelt es sich dann gleichzeitig um Systempartition und Startpartition.

Primäre Partitionen werden zuerst mit Laufwerkbuchstaben versehen. Erweiterte Partitionen erhalten keine Laufwerkbuchstaben, sondern nur sekundär die auf ihnen angelegten logischen Laufwerke. Die Laufwerkbuchstaben können unter Windows XP geändert werden - außer denen der System- und Startpartition.

Erweiterte Partitionen und logische Laufwerke

Neben primären Partitionen kann eine erweiterte Partition hinzugefügt werden (von der dann aber nicht gebootet werden kann). Auf diesen Partitionen können theoretisch beliebig viele logische Partitionen angelegt werden. Über die reale Anzahl schweigt sich Microsoft aus. Logische Partitionen erhalten einen Laufwerkbuchstaben.

Andere Betriebssysteme mit eigenem Dateisystem

Vorsicht bei der Installation von anderen Betriebssystemen, die ihre eigenen Dateisysteme verwenden, wenn diese innerhalb einer erweiterten Partition liegen. Microsoft-Betriebssysteme auf DOS-Basis bis hin zu Windows ME haben einen Fehler: Ist die letzte logische Partition innerhalb einer erweiterten Partition ein unbekanntes Dateisystem und existieren mehrere primäre sichtbare FAT-Partitionen, wird die letzte logische Partition als FAT-Partition anstelle der letzten Primärpartition angesprochen. Dabei wird die Größe der Primärpartition angenommen. Hierbei kann es zu Datenverlusten kommen.

Erweiterung um neue Festplatten

Haben Sie eine neue Festplatte installiert, wird diese normalerweise automatisch vom System erkannt. Sollte dies nicht der Fall sein, wählen Sie im Kontextmenü der Datenträgerverwaltung die Option *Datenträger neu einlesen.*

Wenn Ihr Computer Hot-Swapping unterstützt, können Sie bei laufendem Betrieb, ohne den Rechner herunterzufahren, eine neue Festplatte einbauen. Rufen Sie dann die Option *Datenträger neu einlesen* auf, um die Platte vom Betriebssystem erkennen zu lassen.

Enthält die neu eingebaute Festplatte bereits Partitionen, die zu Windows XP kompatibel sind, werden diese in den meisten Fällen in der Datenträgerverwaltung automatisch erkannt. Sollte dies nicht so sein, überprüfen Sie den Status der Festplatte im unteren Fenster der Festplattenverwaltung. Hier sollte *Online* angegeben sein. Wird als Status *Fehlt* angegeben, ist die Festplatte beschädigt, ausgeschaltet oder nicht angeschlossen. Im Status *Fremd* enthält sie dynamische Volumes, die auf einem anderen Computer angelegt wurden. Diese können mit dem Menüpunkt *Fremde Datenträger importieren* übernommen und weiter verwendet werden. Näheres zu dynamischen Datenträgern finden Sie ab Seite 334.

Eine weitere Möglichkeit ist, die Festplatte mit dem Menüpunkt *In einen Basisdatenträger konvertieren* komplett zu löschen. Der Begriff „Konvertieren" wird hier missverständlich verwendet. Danach können auf dieser Festplatte Partitionen angelegt werden.

Enthält die neue Festplatte noch keine Partitionen, muss sie zunächst initialisiert werden. Dabei werden ein Master Boot Record angelegt und Strukturinformationen für das Anlegen von Festplatten geschrieben. Klicken Sie dazu mit der rechten Maustaste auf die Festplatte in der Datenträgerverwaltung und wählen Sie im Kontextmenü *Datenträger initialisieren.*

Neue Partitionen erstellen

Mithilfe der Datenträgerverwaltung können Sie neue Partitionen auf freien Bereichen der Festplatte erstellen. Klicken Sie mit der rechten Maustaste auf einen nicht zugeordneten Bereich und wählen Sie im Kontextmenü *Partition erstellen.* Es startet ein Assistent zum Erstellen neuer Partitionen.

Zuerst werden Angaben zum Partitionstyp abgefragt. Im nächsten Dialog legen Sie die Größe der Partition fest. Dabei wird der maximal zur Verfügung stehende Platz vorgegeben. Die Partition wird, wenn sie nicht den ganzen freien Bereich ausfüllt, immer an dessen Anfang erstellt.

Danach können Sie der Partition einen Laufwerkbuchstaben zuweisen oder auch einen Verzeichnisnamen innerhalb eines bereits vorhandenen NTFS-Laufwerks.

Jetzt fragt der Assistent, ob die Partition gleich formatiert werden soll. Dabei können Sie zwischen den Dateisystemen FAT16, FAT32 und NTFS wählen und je nach Partitionsgröße die Cluster-Größe selbst einstellen. In der Standardeinstellung wird automatisch die maximal notwendige Cluster-Größe gewählt. Bei NTFS-Partitionen können Sie auch von Anfang an eine Komprimierung aktivieren.

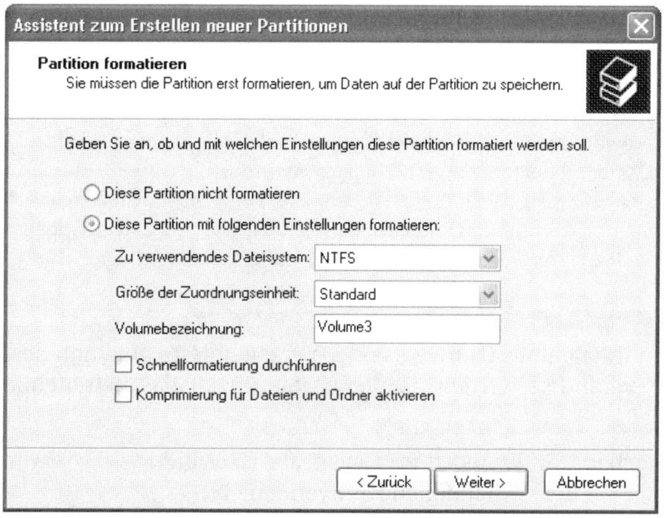

Formatieren der neuen Partition.

Danach wird die Partition angelegt. Je nach Größe dauert die Formatierung einige Minuten. Die Option *Schnellformatierung durchführen* unterdrückt die Suche nach fehlerhaften Sektoren. Eventuell vorhandene fehlerhafte Sektoren werden nicht markiert und dementsprechend normal zur Datenspeicherung verwendet. Dabei kann es zu Datenverlusten kommen.

Bei erweiterten Partitionen erscheinen die Abfragen nach Laufwerkbuchstaben und Formatierung nicht. Hier wird sofort die Partition in der gewünschten Größe angelegt. Danach können Sie mit dem gleichen Assistenten logische Laufwerke in dieser Partition anlegen.

Laufwerkbuchstaben

Die Datenträgerverwaltung von Windows XP bietet die Möglichkeit, Laufwerkbuchstaben nachträglich zu verändern und Partitionen, die keine Laufwerkbuchstaben haben, welche zuzuweisen.

Im Kontextmenü übernimmt das die Option *Laufwerkbuchstaben und -Pfade ändern.*

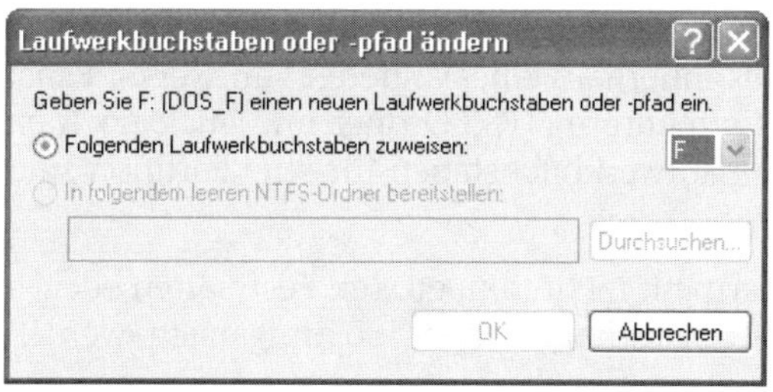

Ändern eines Laufwerkbuchstabens.

Hier können Sie einen freien Laufwerkbuchstaben für die Partition auswählen. Belegte Laufwerkbuchstaben werden nicht zur Auswahl angeboten. Dabei sind die Laufwerkbuchstaben A: und B: für Diskettenlaufwerke reserviert. B: kann, wenn nur ein Diskettenlaufwerk installiert ist, auch für ein Wechselmedium (ZIP-Laufwerk) oder ein Netzwerklaufwerk verwendet werden, nicht aber für eine lokale Festplatte.

Die Laufwerkbuchstaben des System-Volumes und des Start-Volumes können nicht verändert werden.

Vorsicht beim Ändern von Laufwerkbuchstaben

Lassen Sie beim Ändern von Laufwerkbuchstaben Vorsicht walten, falls Programme auf dem betreffenden Laufwerk installiert sind. Diese funktionieren danach meistens nicht mehr, da die meisten Programme Verknüpfungen und Registry-Einträge mit dem Laufwerkbuchstaben angelegt haben, auf dem sie installiert wurden. Externe Tools wie zum Beispiel PowerQuest DriveMapper bieten komfortable Möglichkeiten, Programme von einem Laufwerk auf ein anderes zu verschieben.

Zeigt ein Windows-Fenster den Inhalt eines Laufwerks oder Verzeichnisses an, kann dessen Laufwerkbuchstabe nicht verändert werden. Schließen Sie zuerst das betreffende Fenster.

Wird eine neue Festplatte eingebaut, ändern sich im Gegensatz zu Windows 95/98 die zugewiesenen Laufwerkbuchstaben der vorhandenen Laufwerke nicht.

Mounted Drives – Partitionen als NTFS-Pfade einhängen

Festplattenpartitionen können anstatt mit Laufwerkbuchstaben auch als Verzeichnispfade in einem vorhandenen NTFS-Laufwerk definiert werden. Die neu hinzugefügte Partition kann dabei auch FAT16 oder FAT32 formatiert sein. Wählen Sie hierzu anstatt eines Laufwerkbuchstabens die Option *In diesem NTFS-Ordner bereitstellen.*

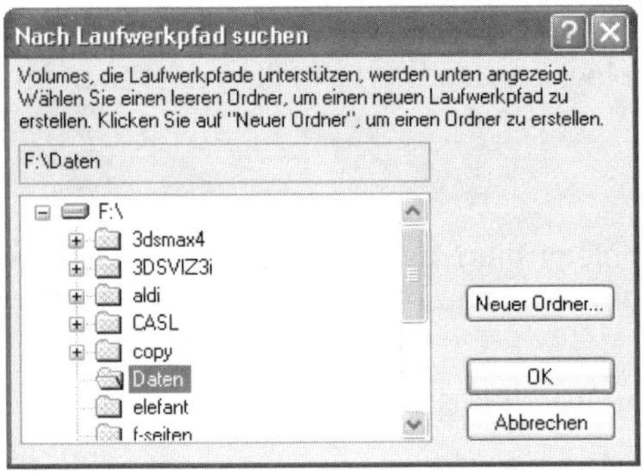

Wahl eines NTFS-Pfades.

Die Platte erscheint dann wie ein Verzeichnis innerhalb eines anderen Laufwerks. Es ist auch möglich, dass eine Partition gleichzeitig mehrere NTFS-Ordner und auch noch einen Laufwerkbuchstaben darstellt. Mehrere Laufwerkbuchstaben für eine Partition sind nicht möglich.

Sinnvoll ist diese Möglichkeit z. B. in Rechnern mit mehreren, großen Festplatten oder in Fileservern, da die Beschränkung auf 26 Laufwerkbuchstaben so umgangen werden kann.

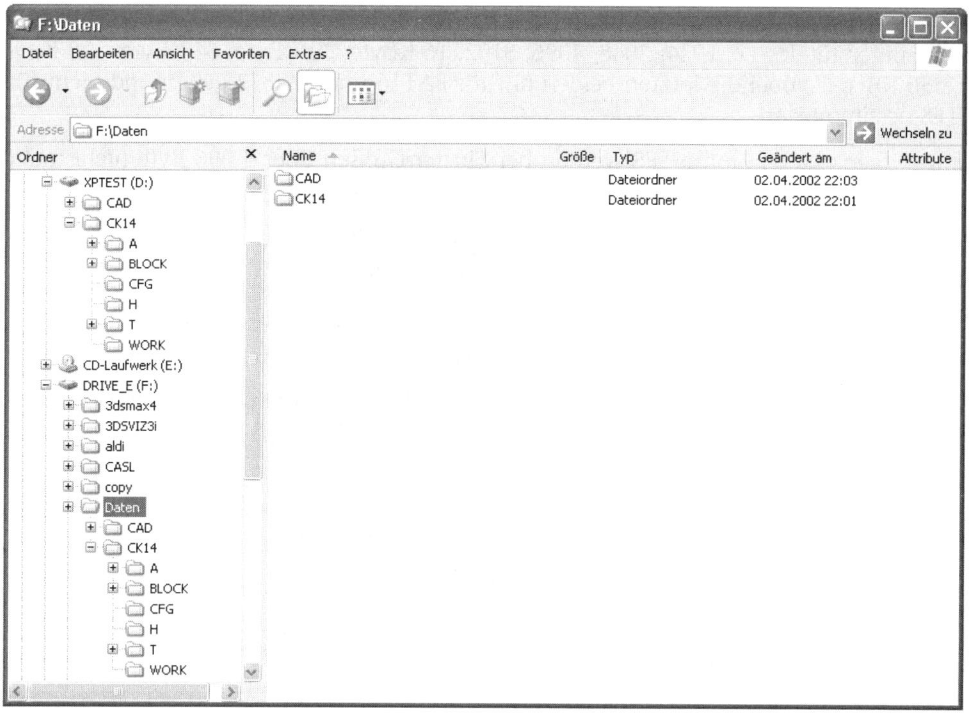

Das Laufwerk D: entspricht hier dem Verzeichnis Daten auf dem Laufwerk F:

Vorsicht bei doppelten Pfaden

Werden einer Partition mehrere NTFS-Pfade zugewiesen, erscheint sie auch als mehrere Verzeichnisse in der Verzeichnisstruktur. Ändert oder löscht man in einem dieser Verzeichnisse Daten, werden sie im anderen Verzeichnis automatisch mit geändert. Die Daten sind ja physikalisch nur ein einziges Mal gespeichert, obwohl sie im Windows-Explorer mehrfach auftauchen.

Partitionen löschen

Die Datenträgerverwaltung bietet eine einfache Möglichkeit, Partitionen zu löschen. Klicken Sie mit der rechten Maustaste auf die Partition und wählen Sie die Option *Löschen*. Nach einer Sicherheitsabfrage wird die Partition einschließlich aller darauf befindlichen Daten unwiderruflich gelöscht.

Greift ein Programm aktuell auf die Partition zu, kann diese nicht gelöscht werden. Schließen Sie zuerst die betreffende Anwendung.

Formatierung mit Format

Neue Partitionen werden standardmäßig in der Datenträgerverwaltung aus dem Kontextmenü heraus formatiert. Ist eine automatisierte, flexible Formatierung für spezielle Bedürfnisse erforderlich, ist dies auf der Kommandoebene möglich. Sollen z. B. mehrere Partition nicht mit den Standard-Cluster-Größen formatiert werden, kann mit dem Kommandozeilen-Tool FORMAT auch ein anderer Wert angegeben werden.

```
FORMAT Laufwerk: /A:Größe
```

Der Parameter */A* überschreibt die Standardgröße der Cluster. Dabei werden folgende Werte unterstützt: 512, 1024, 2048, 4096, 8192, 16 KByte, 32 KByte, 64 KByte, 128 KByte, 256 KByte. Wobei die letzten beiden nur für FAT16 und FAT 32 gelten und nicht für NTFS bestimmt sind.

Einige Eigenschaften von NTFS werden bei Cluster-Größen über 4.096 Byte nicht mehr unterstützt (z. B. Laufwerkkomprimierung).

Bedenken Sie, dass für die Dateisysteme FAT und FAT32 folgende Einschränkungen bezüglich der Anzahl der Cluster auf einem Volume gelten:

- FAT: Anzahl der Cluster <= 65.526
- FAT32: 65.526 < Anzahl der Cluster < 4.177.918

FORMAT wird sofort abgebrochen, wenn diese Bedingungen mit der angegebenen Cluster-Größe nicht eingehalten werden können.

Weitere Parameter beeinflussen die Formatierung:

Parameter	Bedeutung
/FS:Dateisystem	Typ des Dateisystems: FAT, FAT32, NTFS
/Q	Schnellformatierung
/C	Nur NTFS: Auf dem neuen Volume erstellte Dateien werden standardmäßig komprimiert.
/V:Bezeichnung	Volumenbezeichnung
/X	Erzwingt das Aufheben der Bereitstellung des Volumes, falls erforderlich. Alle zu dem Volume geöffneten Bezüge werden ungültig.
/T	Formatiert jede Seite mit der angegebenen Anzahl von Spuren (Disketten).
/N	Formatiert jede Spur mit der angegebenen Anzahl an Sektoren (Disketten).

Dynamische Datenträger

Dynamische Festplatten waren ein neues Feature in Windows 2000, Windows XP kennt dynamische Festplatten nur in der Professional-Version. Die Home Edition unterstützt nur Basisfestplatten.

Dynamische Datenträger enthalten dynamische Volumes, ähnlich den Servervolumes auf Novell-Servern. Dynamische Datenträger bieten Unterstützung für logische Volumes, die sich über mehrere physikalische Festplatten verteilen. Es wird zwischen einfachen, übergreifenden und Stripesetvolumes unterschieden.

Festplatten müssen zur Verwendung dynamischer Laufwerke im Ganzen konvertiert werden. Eine gleichzeitige Verwendung dynamischer Laufwerke und Basislaufwerke auf einer physikalischen Platte ist nicht möglich.

Achtung: kein Zurück!
Basisfestplatten können ohne Datenverlust in dynamische Festplatten konvertiert werden, eine Umkehrung ist nicht möglich. Die Daten sind für andere Betriebssysteme (außer Windows 2000) auf dem gleichen Rechner nicht mehr lesbar. Die Festplatte kann nur zurückkonvertiert werden, wenn vorher alle Daten gelöscht wurden.

Um eine vorhandene Basisfestplatte in eine dynamische Festplatte zu konvertieren, muss am Ende der Platte mindestens 1 MByte nicht zugeordneter Speicherplatz zur Verfügung stehen, der für Verwaltungszwecke gebraucht wird.

Sollte dies nicht der Fall sein, können Sie mit Tools wie PartitionMagic am Ende etwas freien Platz schaffen.

Klicken Sie dann mit der rechten Taste auf die zu konvertierende Festplatte (nicht auf eine Partition) in der Datenträgerverwaltung. Wählen Sie im Kontextmenü die Option *In dynamischem Datenträger konvertieren*.

Wählen Sie in der Liste alle Festplatten aus, die in dynamische Festplatten konvertiert werden sollen.

Wenn eine dieser Festplatten die Boot- oder Systempartition oder eine Auslagerungsdatei enthält, müssen Sie den Rechner zur Konvertierung neu booten.

Festplatten in Laptops, externe Festplatten (USB, IEEE 1394) und Platten mit Sektorgrößen > 512 Byte können nicht konvertiert werden.

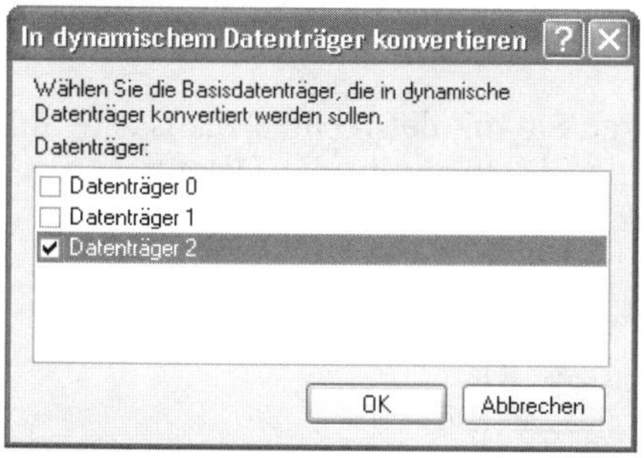

Auswahl der zu konvertierenden Festplatten.

Im nächsten Dialog werden noch einmal die gewählten Festplatten angezeigt – und welche Art von Partitionen sie enthalten.

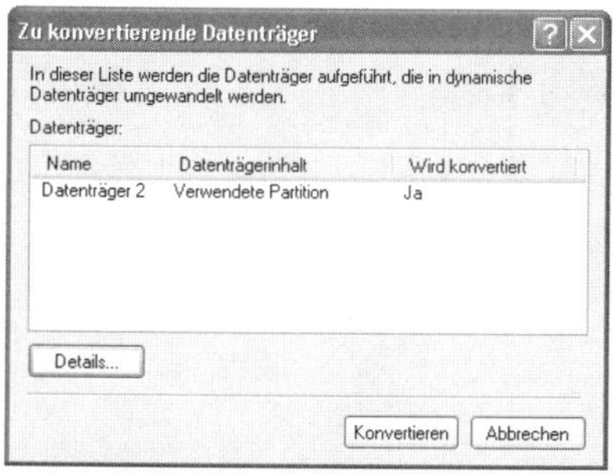

Liste der zu konvertierenden Datenträger.

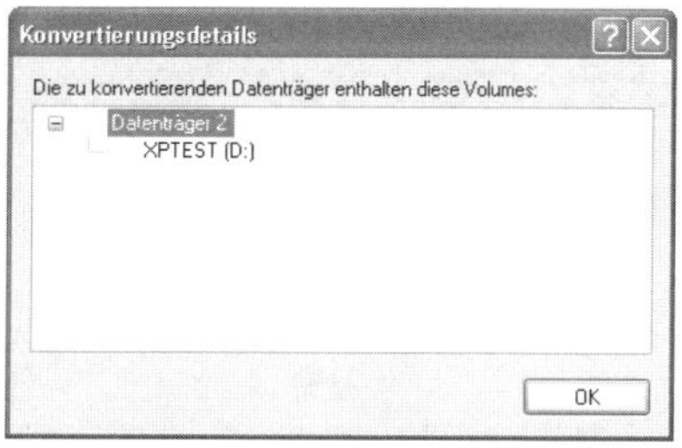

Liste der Volumes.

Achtung: kein Abbrechen der Konvertierung

Die Konvertierung geht sehr schnell. Brechen Sie den Vorgang auf keinen Fall ab! Dabei würde das Laufwerk einschließlich aller Daten komplett unbrauchbar (Datensicherung!).

Bei der Konvertierung werden vorhandene Partitionen automatisch nach folgender Tabelle konvertiert:

Basisfestplatte	Dynamische Festplatte
System- und Bootpartition	Einfacher Datenträger
Primäre Partition	Einfacher Datenträger
Logisches Laufwerk in erweiterter Partition	Einfacher Datenträger
Datenträgersatz (logisches Laufwerk, das auf mehrere physikalische Festplatten verteilt ist)	Übergreifendes Laufwerk
Stripeset (RAID 0 Softwareemulation aus Windows NT)	Stripeset-Datenträger

Einfache Datenträger anlegen

Ein einfacher Datenträger auf einer dynamischen Festplatte verhält sich ähnlich wie eine Partition auf einer Basisfestplatte, hat gegenüber dieser aber einige Vorteile.

- Einfache Datenträger unterliegen im Gegensatz zu Basispartitionen keinerlei Größenbeschränkungen.
- Auf einer dynamischen Festplatte können bis zu 2.000 einfache Datenträger angelegt werden. Microsoft empfiehlt aber maximal 32 einfache Datenträger auf einer Festplatte.

Um einen einfachen Datenträger zu erstellen, klicken Sie mit der rechten Maustaste auf einen nicht zugeordneten Bereich einer dynamischen Festplatte in der Datenträgerverwaltung und wählen im Kontextmenü die Option *Neues Volume*.

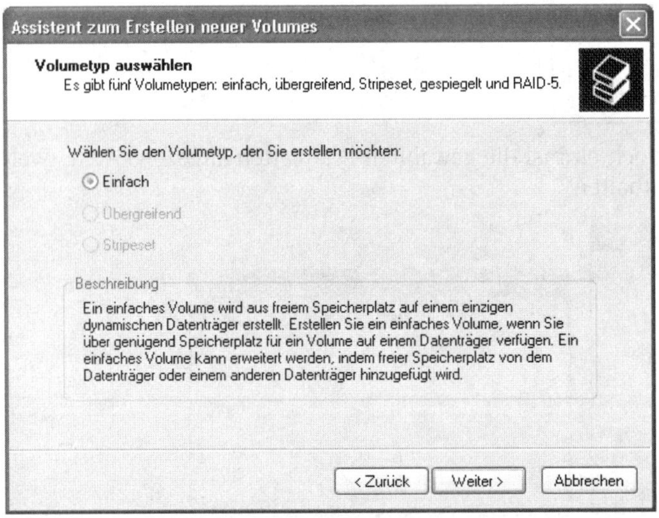

Auswahl des Datenträgertyps.

Wählen Sie im Assistenten den Datenträgertyp *Einfach*. Im nächsten Dialog können Sie festlegen, auf welcher Festplatte dieser Datenträger erstellt werden soll.

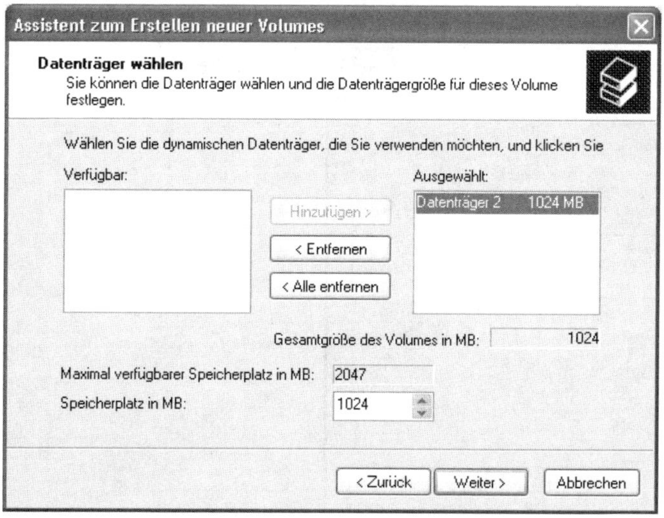

Auswahl eines Datenträgers.

In den Listen werden alle dynamischen Festplatten angezeigt. Vorausgewählt ist die Platte, die Sie in der Datenträgerverwaltung ausgewählt haben. Stellen Sie in diesem Dialog auch noch die gewünschte Größe des einfachen Datenträgers ein.

Im nächsten Dialog legen Sie wie bei Partitionen einen Laufwerkbuchstaben oder einen NTFS-Pfad fest, unter dem der neu erstellte Datenträger im Windows-Explorer erscheint. Danach wählen Sie das Dateisystem, die Datenträgerbezeichnung und eine eventuelle Komprimierung bei NTFS-Datenträgern. Jetzt wird der Datenträger formatiert und steht als Laufwerk zur Verfügung.

Einfache Datenträger erweitern

Einfache Datenträger, die auf einer dynamischen Festplatte neu erstellt wurden, können später ohne Datenverlust noch vergrößert werden, wenn noch nicht zugewiesener Festplattenplatz vorhanden ist. Dieser muss sich nicht unmittelbar hinter der Partition anschließen. Der einfache Datenträger muss dazu NTFS formatiert sein.

- Boot- und Systempartitionen können nicht erweitert werden!
- Befindet sich der freie Speicherplatz auf der gleichen Festplatte, ändert sich die Art des Volumes nicht.
- Liegt der freie Speicherplatz auf einer anderen Festplatte, wird der einfache Datenträger in einen übergreifenden Datenträger umgewandelt. Vorsicht, übergreifende Datenträger sind nicht fehlertolerant (s. nächsten Abschnitt).

Um einen einfachen Datenträger zu erweitern, klicken Sie in der Datenträgerverwaltung mit der rechten Maustaste darauf und wählen im Kontextmenü die Option *Volume erweitern*.

Im nun folgenden Dialog ist die Festplatte bereits ausgewählt und der maximal zur Verfügung stehende Speicherplatz wird angezeigt. Hier können Sie wahlweise auch weniger Speicherplatz für die Erweiterung verwenden.

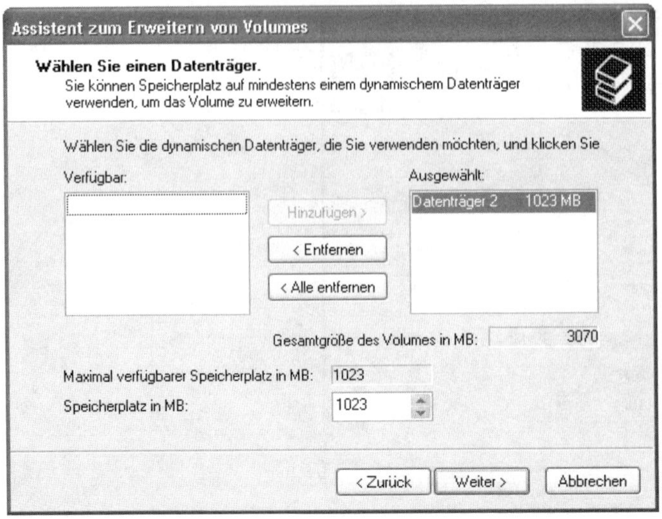

Erweitern eines einfachen Datenträgers auf einer dynamischen Festplatte.

Diese Erweiterung geht nach einer weiteren Abfrage des Assistenten relativ schnell. Danach werden in der Datenträgerverwaltung zwei einfache Datenträger mit gleicher Bezeichnung und gleichem Laufwerkbuchstaben angezeigt, die zusammen ein Laufwerk darstellen.

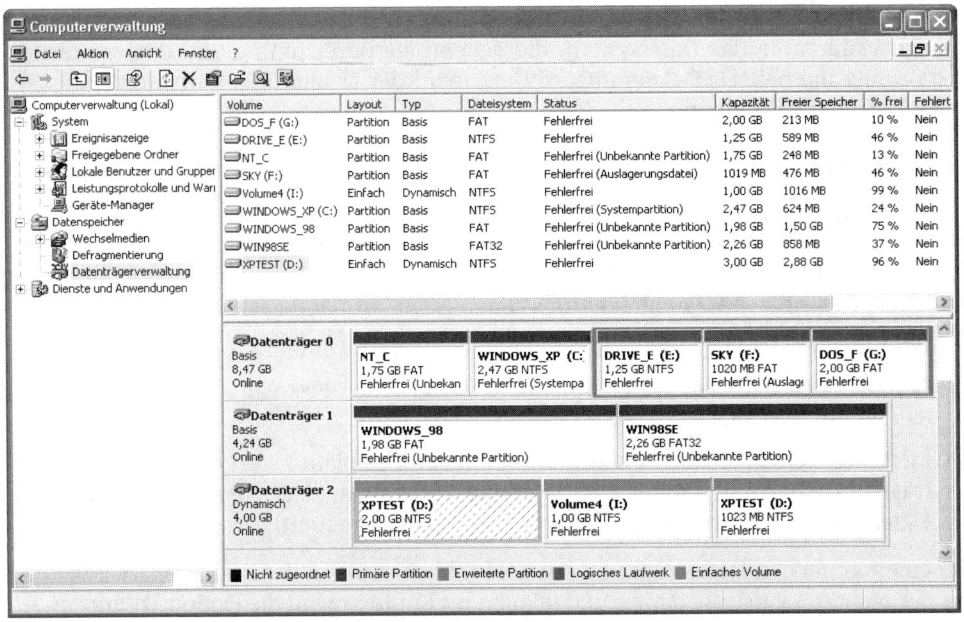

Erweiterter einfacher Datenträger in der Datenträgerverwaltung.

Der erweiterte Datenträger erscheint auf der Festplatte in zwei Teilen, in der Liste im oberen Fenster aber nur noch als ein Datenträger. In den Eigenschaften dieses Laufwerks sehen Sie die Größenveränderung.

Keine Rücknahme der Erweiterung

Eine solche Erweiterung kann nicht zurückgenommen werden. Im Gegensatz zu PartitionMagic und ähnlichen Programmen, die Partitionen auf Basisfestplatten vergrößern und auch wieder verkleinern können, ist eine Verkleinerung eines einfachen Datenträgers unter Windows XP nicht möglich, auch dann nicht, wenn dieser aus mehreren Blöcken durch eine Erweiterung zusammengesetzt wurde.

Unter Windows 2000 gab es immer wieder Probleme bei der Erweiterung von einfachen Datenträgern, die durch Konvertierung einer Basisfestplatte entstanden waren. Diese Probleme sind jetzt in Windows XP behoben worden.

Übergreifende Datenträger erstellen

Übergreifende Datenträger kombinieren Speicherbereiche von 2 bis 32 dynamischen Festplatten zu einem großen Laufwerk. Alle verwendeten Festplatten müssen dynamische Festplatten sein. Beim Beschreiben eines übergreifenden Datenträgers wird zuerst die erste Platte gefüllt, danach die weiteren.

Keine Fehlertoleranz bei Festplattenausfällen

Beim Ausfall oder Fehlern auf einer der Festplatten sind die Daten des gesamten übergreifenden Datenträgers verloren. Windows XP bietet keine Möglichkeit, auf die Daten, die auf den fehlerfreien Festplatten abgelegt sind, zuzugreifen. Es besteht auch keine Möglichkeit, nachträglich eine Platte aus dem übergreifenden Datenträger herauszunehmen.

Um einen übergreifenden Datenträger zu erstellen, klicken Sie mit der rechten Maustaste auf einen nicht zugeordneten Bereich einer dynamischen Festplatte und wählen im Kontextmenü die Option *Neues Volume*.

Wählen Sie im Assistenten den Datenträgertyp *Übergreifender Datenträger*. Im nächsten Dialog können Sie festlegen, welche Festplatten für diesen Datenträger verwendet werden sollen. Auf jeder Festplatte können Sie angeben, wie viel des nicht zugeordneten Speicherplatzes verwendet werden soll. Danach folgt das übliche Auswählen eines Laufwerkbuchstabens und eines Dateisystems, bevor der übergreifende Datenträger formatiert wird. Übergreifende Datenträger können nicht für einen Stripeset verwendet werden.

Übergreifende Datenträger erweitern

Übergreifende Datenträger können auch nachträglich auf weitere Festplatten erweitert werden. Die Vorgehensweise ist die gleiche wie beim Erweitern einfacher Datenträger.

Umbau von Festplatten

Beim Umbau von Festplatten mit übergreifenden Datenträgern in einen anderen Rechner müssen grundsätzlich alle beteiligten Platten auf einmal umgebaut werden. Andernfalls bringt die Erkennung der neuen Festplatten den Fehler *Unvollständiger Datenträger* und es besteht kein Zugriff auf die gespeicherten Daten.

Stripeset-Datenträger

Der Flaschenhals bei der Schreib- und Lesegeschwindigkeit von Daten ist die Mechanik der Festplatte. Controller und Bus sind deutlich schneller. Durch Kombination mehrerer

Festplatten lässt sich die Übertragungsrate erhöhen. Dieses Verfahren wird als RAID 0 bezeichnet. Die Stripeset-Datenträger von Windows XP bieten eine Softwarelösung für RAID 0 ohne Verwendung spezieller RAID-Controller.

Stripeset-Datenträger kombinieren Speicherbereiche von 2 bis 32 dynamischen Festplatten zu einem großen Laufwerk. Alle verwendeten Festplatten müssen dynamische Festplatten sein. Beim Beschreiben eines Stripeset-Datenträgers werden im Gegensatz zu übergreifenden Datenträgern abwechselnd alle Platten mit 64 KByte großen Datenblöcken sequenziell beschrieben. Dadurch ist der Zugriff auf diesen Datenträger deutlich schneller, da, während eine Festplatte noch physikalisch Daten schreibt, der Controller schon die nächste Platte mit Daten versorgen kann.

Stripeset-Datenträger lassen sich nachträglich nicht um weitere Festplatten erweitern, und auch die Größe auf den einzelnen Festplatten lässt sich später nicht mehr erhöhen.

Vorsicht bei Festplattenausfällen

Beim Ausfall oder Fehlern auf einer der Festplatten sind die Daten des gesamten Stripeset-Datenträgers verloren. Windows XP bietet keine Möglichkeit, auf die Daten, die auf den fehlerfreien Festplatten abgelegt sind, zuzugreifen. Es besteht auch keine Möglichkeit, nachträglich eine Platte aus dem übergreifenden Datenträger herauszunehmen.

Die Größe des Stripeset-Volumes richtet sich nach der Größe des kleinsten freien Speicherplatzes – stehen z. B. auf drei Festplatten einmal 8 GByte und zweimal 30 GByte freier Speicherplatz zur Verfügung, kann der Stipeset max. 24 GByte groß werden (Größe des kleinsten Platzes mal Anzahl der Laufwerke). Werden nur die beiden 30-GByte-Platten benutzt, könnte ein 60-GByte-Stripevolume erstellt werden.

Es empfiehlt sich, mit gleichen oder sehr ähnlichen Festplatten zu arbeiten. Die Geschwindigkeit kann bei Stripesets nicht mit beliebig vielen Platten beliebig erhöht werden, sondern wird spätestens durch die Geschwindigkeit des Busses beschränkt. In der Praxis werden häufig nicht die Erwartungen an eine Geschwindigkeitszunahme erfüllt. Die Vor- und Nachteile von Stripesets sollten, evtl. in einem Test, sorgfältig gegeneinander abgewägt werden. Auf Stripevolumes sollten keine wichtigen Daten liegen, sondern eher Auslagerungsdateien und Dateien, die sich leicht ersetzen lassen.

Der Stripeset-Datenträger erscheint auf allen beteiligten Festplatten in der Datenträgerverwaltung in der gleichen Größe, in der Liste im oberen Fenster aber nur noch als ein Datenträger mit der Summe aller Größen.

Stripeset-Datenträger werden automatisch angelegt, wenn Stripesets aus Windows NT in dynamische Festplatten für Windows XP konvertiert werden.

Umbau von Festplatten

Beim Umbau von Festplatten mit Stripeset-Datenträgern in einen anderen Rechner müssen grundsätzlich alle beteiligten Platten auf einmal umgebaut werden. Andernfalls bringt die Erkennung der neuen Festplatten den Fehler *Unvollständiger Datenträger* und es besteht kein Zugriff auf die gespeicherten Daten.

Eine kostengünstige Alternative bieten IDE-RAID-Controller, die zwar in der Regel kein RAID 5 beherrschen, aber immerhin RAID 0+1. Mehr zu RAID in Kapitel 3.6.

Festplattenverwaltung mit DiskPart

Die Funktionen der Datenträgerverwaltung können unter Windows XP auch mit einem Kommandozeilen-Tool ausgeführt werden. Besonders interessant ist es, da es sich per Script automatisiert steuern lässt, wenn es zum Beispiel darum geht, mehrere PCs identisch zu konfigurieren.

Nach dem Aufruf von DiskPart erscheint ein Kommando-Prompt, an dem weitere Befehle eingegeben werden können.

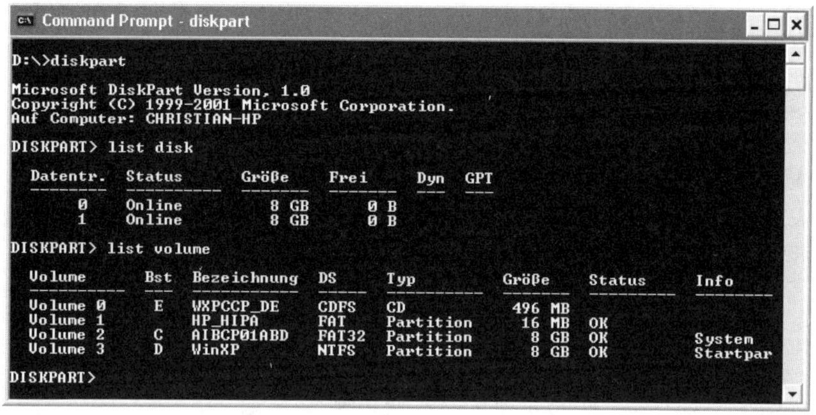

Festplattenverwaltung mit DiskPart.

DiskPart läuft prinzipiell sowohl mit Basisfestplatten wie auch mit dynamischen Festplatten. Die möglichen Optionen richten sich nach der aktuell verwendeten Datenträgervariante.

Als Erstes lassen Sie sich mit den Befehlen *list disk, list volume* oder *list partition* die Festplatten, Volumen oder Partitionen anzeigen, danach wählen Sie mit den Befehlen *select disk, select volume* oder *select partition* eine Festplatte, ein Volume oder eine Partition aus.

Das ausgewählte Objekt bekommt den Focus und wird für alle weiteren Befehle solange verwendet, bis ein anderes Objekt den Focus bekommt.

Die folgenden Tabellen beschreiben alle Befehle von DiskPart. Bei allen Befehlen ist angegeben, ob sie auf Basisdatenträgern oder dynamischen Datenträgern laufen.

Die Tabellen sind nach Objektgruppen sortiert, je nachdem, welches Objekt den Focus haben muss, damit der jeweilige Befehl läuft. Dabei gelten folgende Begriffsdefinitionen, die Microsoft in der Original-Dokumentation und auch in der Syntax der DiskPart-Befehle leider oft durcheinander bringt.

- **Disk** – physikalisch greifbare Festplatte. Jede Disk ist von der anderen mechanisch trennbar.
- **Partition** – primäre oder erweiterte Partition auf einer Disk, Partition innerhalb einer erweiterten Partition auf Basisfestplatten oder für eine bestimmte Verwendung festgelegter Bereich auf einer dynamischen Festplatte. Eine Partition ist ein physikalisch begrenzter Bereich auf einem Datenträger.

- **Volume** - Primärpartition oder logisches Laufwerk auf einer Basisfestplatte oder logisches Laufwerk auf dynamischen Festplatten, das sich auch über mehrere Partitionen oder mehrere Disks verteilen kann. Alles, was einen Laufwerkbuchstaben haben kann, ist ein Volume.
- **Datenträger** - entspricht Volume.

Globale Befehle

Befehl	Bedeutung	Basis-Datentr.	Dynam. Datentr.
exit	Beendet DiskPart.	x	x
help	Zeigt eine einfache Liste aller DiskPart-Befehle.	x	x
rescan	Sucht nach neuen Datenträgern.	x	x

Befehle auf Disk-Ebene

Befehl	Bedeutung	Basis-Datentr.	Dynam. Datentr.
clean	Löscht eine Festplatte logisch, indem die Partitionsdaten im Master Boot Record und Informationen verborgener Sektoren überschrieben werden. Der zusätzliche Parameter *all* überschreibt alle Sektoren auf der Platte mit Nullen und löscht so alle Daten physikalisch.	x	x
convert basic	Konvertiert eine leere dynamische Festplatte zurück in eine Basisfestplatte.	-	x
convert dynamic	Konvertiert eine Basisfestplatte in eine dynamische Festplatte.	x	-
create partition extended	Erstellt auf der Festplatte, die den Focus hat, eine erweiterte Partition. Auf jeder Platte kann nur eine erweiterte Partition existieren. Der Befehl verwendet zwei optionale Parameter: *size=...* Größe in MByte. Fehlt dieser Parameter, wird die Partition so groß wie möglich. *Offset=...* Byteoffset für den Anfang der Partition. Fehlt dieser Parameter, beginnt die Partition so weit vorn wie möglich.	x	-
create partition primary	Erstellt auf der Festplatte, die den Focus hat, eine Primärpartition. Der Befehl verwendet zwei optionale Parameter: *size=...* Größe in MByte. Fehlt dieser Parameter, wird die Partition so groß wie möglich. *Offset=...* Byteoffset für den Anfang der Partition. Fehlt dieser Parameter, beginnt die Partition so weit vorn wie möglich.	x	-
create volume raid	Erstellt ein RAID-5-Volume auf den angegebenen dynamischen Datenträgern. Der Befehl verwendet zwei optionale Parameter: *size=...* Größe in MByte. Fehlt dieser Parameter, wird das Volume so groß wie möglich. *disk=...* Nummern der dynamischen Datenträger, auf denen das Volume erstellt wird.	-	x

Befehl	Bedeutung	Basis-Datentr.	Dynam. Datentr.
create volume simple	Erstellt ein einfaches Volume. Der Befehl verwendet zwei optionale Parameter: *size=...* Größe in Mbyte. Fehlt dieser Parameter, wird das Volume so groß wie möglich. *disk=...* Nummern des dynamischen Datenträgers, auf dem das Volume erstellt wird. Fehlt dieser Parameter, wird der Datenträger verwendet, der den Focus hat.	–	x
create volume stripe	Erstellt ein Stripeset-Volume auf den angegebenen dynamischen Datenträgern. Der Befehl verwendet zwei optionale Parameter: *size=...* Größe in Mbyte. Fehlt dieser Parameter, wird das Volume so groß wie möglich. *disk=...* Nummern der dynamischen Datenträger, auf denen das Volume erstellt wird.	–	x
delete disk	Löscht einen fehlenden dynamischen Datenträger aus der Datenträgerliste.	–	x
delete disk override	Löscht alle einfachen Volumes auf einem Datenträger sowie gespiegelte Hälften, die sich auf dem gleichen Datenträger befinden.	–	x
detail disk	Zeigt die Eigenschaften und Partitionen der Platte, die den Focus hat.	x	x
import	Importiert eine fremde Datenträgergruppe in die Datenträgergruppe des lokalen Computers.	x	x
list disk	Zeigt eine Liste mit Details aller Datenträger. Der Datenträger, der den Focus hat, ist mit einem Sternchen gekennzeichnet.	x	x
list partition	Zeigt eine Liste mit Details aller Partitionen auf dem Datenträger, der den Focus hat.	x	x
list volume	Zeigt eine Liste mit Details aller Volumes auf dem Datenträger, der den Focus hat.	x	x
online	Versetzt einen Offlinedatenträger in den Onlinemodus.	x	x
select disk	Wählt den angegebenen Datenträger und gibt ihm den Focus.	x	x

Befehle auf Partitions-Ebene

Befehl	Bedeutung	Basis-Datentr.	Dynam. Datentr.
active	Aktiviert die Partition mit dem Focus. Dabei wird nicht überprüft, ob die Partition auch wirklich Betriebssystemdateien enthält.	x	–
assign	Weist der Partition, die den Focus hat, einen Laufwerkbuchstaben oder Bereitstellungspunkt in einem NTFS-Pfad zu. Systempartitionen, Startpartitionen oder Partitionen, die die Auslagerungsdatei enthalten, können keine Laufwerkbuchstaben erhalten. Der Befehl verwendet zwei Parameter, von denen genau einer verwendet werden muss: *letter=...* Laufwerkbuchstabe *mount=...* NTFS-Pfad	x	–

Befehl	Bedeutung	Basis-Datentr.	Dynam. Datentr.
create partition logical	Erstellt ein logisches Laufwerk in einer erweiterten Partition. Der Befehl verwendet zwei optionale Parameter: *size=...* Größe in MByte. Fehlt dieser Parameter, wird das logische Laufwerk so groß wie möglich. *Offset=...* Byteoffset für den Anfang des logischen Laufwerks. Fehlt dieser Parameter, beginnt es so weit vorn wie möglich.	x	-
delete partition	Löscht die Partition, die den Focus hat. Systempartitionen, Startpartitionen oder Partitionen, die die Auslagerungsdatei enthalten, können nicht gelöscht werden. Der Parameter *override* löscht eine beliebige Partition unabhängig vom Typ.	x	x
extend	Vergrößert eine NTFS-Partition ohne Datenverlust (siehe Erklärung nach den Tabellen). Der Befehl verwendet einen optionalen Parameter: *size=...* Größe in MByte, um die die Partition vergrößert wird. Fehlt dieser Parameter, wird die Partition so groß wie möglich.	x	-
select partition	Wählt eine Partition und gibt ihr den Focus.	x	x

Befehle auf Volume-Ebene

Befehl	Bedeutung	Basis-Datentr.	Dynam. Datentr.
add disk	Spiegelt das einfache Volume, das den Focus hat, auf den als Parameter angegebenen dynamischen Datenträger.	-	x
assign	Weist dem Volume, das den Focus hat, einen Laufwerkbuchstaben oder Bereitstellungspunkt in einem NTFS-Pfad zu. System-Volumes, Start-Volumes oder Volumes, die die Auslagerungsdatei enthalten, können keine Laufwerkbuchstaben erhalten. Der Befehl verwendet zwei Parameter, von denen genau einer verwendet werden muss: *letter=...* Laufwerkbuchstabe *mount=...* NTFS-Pfad	-	x
break disk	Teilt das gespiegelte Volume, das den Focus hat, in zwei einfache Volumes auf, wobei eines den Laufwerkbuchstaben und alle Bereitstellungspunkte behält, das andere bekommt den Focus und kann danach bearbeitet werden.	-	x
delete volume	Löscht das Volume, das den Focus hat. System-Volumes, Start-Volumes oder Volumes, die die Auslagerungsdatei enthalten, können nicht gelöscht werden.	-	x
detail volume	Zeigt den Datenträger an, auf dem sich das Volume befindet, das den Focus hat.	x	x
extend	Vergrößert ein Volume. Der Befehl verwendet zwei optionale Parameter: *size=...* Größe in Mbyte, um die das Volume vergrößert wird. Fehlt dieser Parameter, wird das Volume so groß wie möglich.	-	x

Befehl	Bedeutung	Basis-Datentr.	Dynam. Datentr.
	disk=... dynamischer Datenträger, auf den das Volume erweitert wird. Fehlt dieser Parameter, wird das Volume auf dem aktuellen Datenträger erweitert.		
online	Versetzt ein Offlinevolume in den Onlinemodus.	x	x
remove	Entfernt Laufwerkbuchstaben oder Bereitstellungspunkte von dem Volume, das den Focus hat. Der Befehl verwendet drei optionale Parameter: *letter=...* Laufwerkbuchstabe, der entfernt werden soll. *mount=...* Bereitstellungspunkt, der entfernt werden soll. *all* - alle Laufwerkbuchstaben und Bereitstellungspunkte Fehlt dieser Parameter, wird der erste gefundene Laufwerkbuchstabe oder Bereitstellungspunkt entfernt.	x	x
retain	Bereitet ein einfaches Volume vor, um als Start- oder System-Volume verwendet werden zu können. Dazu wird ein Eintrag im Master Boot Record erstellt.	-	x
select volume	Wählt ein Volume aus und gibt ihm den Focus.	x	x

Scriptbefehle

Befehl	Bedeutung	Basis-Datentr.	Dynam. Datentr.
rem	Kommentarzeile in Scripts	x	x

Spezialbefehle für Itanium-Systeme

Befehl	Bedeutung	Basis-Datentr.	Dynam. Datentr.
convert gbt	Konvertiert eine leere MBR-Basisfestplatte in eine Basisfestplatte mit GUID-Partitionstabelle.	x	-
convert mbr	Konvertiert eine leere Basisfestplatte mit GUID-Partitionstabelle in eine MBR-Basisfestplatte.	x	-
create partition efi	Erstellt eine EFI-Systempartition auf einem GUID-Partitionstabellen-Datenträger.	x	-
create partition msr	Erstellt eine für Microsoft reservierte Partition auf einem GUID-Partitionstabellen-Datenträger.	x	-
Retain	Bereitet ein einfaches Volume vor, um als Start- oder System-Volume verwendet werden zu können. Dazu wird ein Eintrag in der GUID-Partitionstabelle auf dem Volume erstellt, das den Focus hat.	-	x

Partition mit Extend vergrößern

Mit DiskPart ist es z. B. möglich, eine vorhandene Basispartition scriptgesteuert zu vergrößern.

Auch ohne Scriptsteuerung ist dies die einzige Methode, ohne externe Tools eine Partition ohne Datenverlust zu vergrößern.

Dazu müssen zwei Voraussetzungen erfüllt sein:

- Die Partition muss NTFS-formatiert sein.
- Unmittelbar hinter der Partition muss ein unpartitionierter Bereich auf der Festplatte sein.

Anhand dieser neuen Funktion erklärt der folgende Abschnitt die allgemeine Arbeitsweise mit DiskPart. Auf unserer Festplatte befindet sich eine relativ volle NTFS-Partition und dahinter ein nicht partitionierter Bereich:

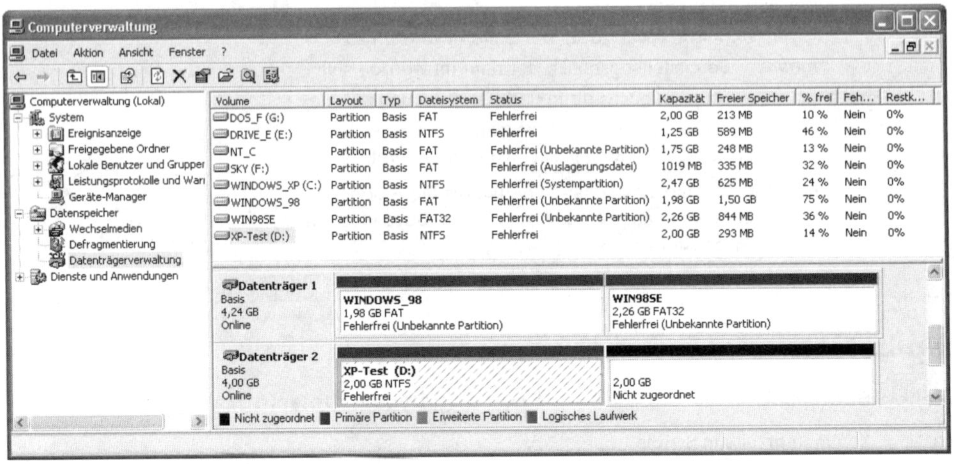

Die Ausgangslage in der Datenträgerverwaltung.

1. Beenden Sie die Datenträgerverwaltung, falls sie geöffnet ist, und starten Sie an der Eingabeaufforderung das Programm DiskPart.
2. Lassen Sie sich die installierten Datenträger anzeigen.
   ```
   list disk
   ```
3. Selektieren Sie die Platte mit der zu vergrößernden Partition.
   ```
   select disk n
   ```
   Der Parameter *n* steht für die angezeigte Nummer der Festplatte.
4. Lassen Sie sich die Partitionen auf dieser Festplatte anzeigen.
   ```
   list partition
   ```
5. Selektieren Sie die zu vergrößernde Partition.
   ```
   select partition n
   ```
   Der Parameter *n* steht für die angezeigte Nummer der Partition.
6. Erweitern Sie die Partition auf den freien Bereich der Festplatte.
   ```
   extend
   ```
7. Lassen Sie sich zur Kontrolle Informationen über die neue Partition anzeigen.
   ```
   detail volume
   ```
8. Verlassen Sie jetzt das Programm DiskPart.
   ```
   exit
   ```

Hier das vollständige Protokoll des Vorgangs:

```
Microsoft DiskPart Version, 1.0
Copyright (C) 1999-2001 Microsoft Corporation.
Auf Computer: CHRISTIAN

DISKPART> list disk

  Datentr. Status      Größe   Frei    Dyn GPT
  -------- ----------  ------- ------- --- ---
      0    Online        8 GB     0 B
      1    Online      4338 MB    0 B
      2    Online      4095 MB 2047 MB

DISKPART> select disk 2

Datenträger 2 ist der derzeit gewählte Datenträger.

DISKPART> list partition

  Partition      Typ              Größe    Offset
  -------------  ---------------- -------  -------
  Partition 1    Primär           2047 MB    32 KB

DISKPART> select partition 1

Partition 1 ist die derzeit gewählte Partition.

DISKPART> extend

Das Volume wurde erfolgreich erweitert.

DISKPART> detail volume

  Datentr. Status      Größe   Frei    Dyn GPT
  -------- ----------  ------- ------- --- ---
*     2    Online      4095 MB    0 B

DISKPART> exit

Datenträgerpartitionierung wird beendet...

C:\>
```

Die eingegebenen Befehle könnten auch über ein Script automatisch abgearbeitet werden. Die abgedruckte Scriptdatei wird über folgende Syntax aufgerufen:

```
DISKPART /S script.txt protokoll.txt
```

Dabei steht *script.txt* für das Eingabescript, *protokoll.txt* für die Datei, in die die Ausgaben protokolliert werden.

```
list disk
select disk n
list partition
select partition n
extend
detail volume
exit
```

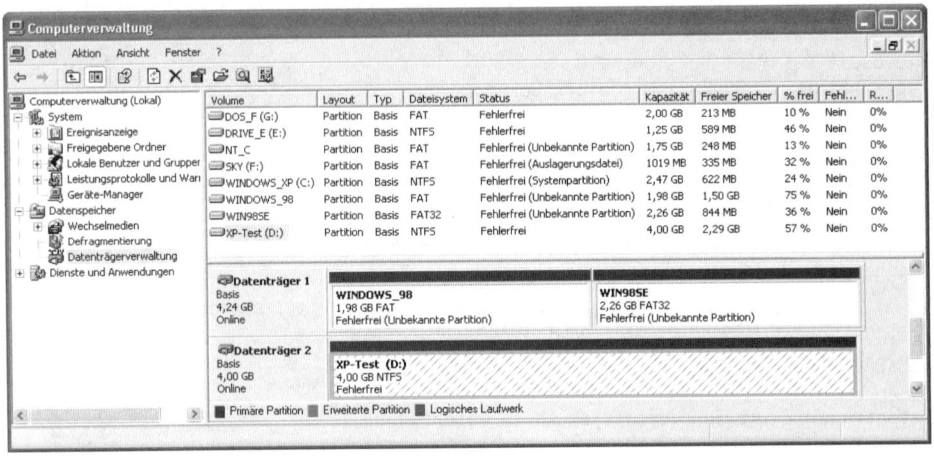

Die neue Partition in der Datenträgerverwaltung.

Verwendung von Disketten

Windows XP verwendet für Disketten eine eigene Form des FAT-Dateisystems. Disketten können mit dem Menüpunkt *Formatieren* im Kontextmenü des Diskettenlaufwerks im Explorer formatiert werden. Dabei wird nur noch das 1,44-MByte-Format angeboten. Die Option *Schnellformatierung* schreibt nur das Directory neu, ohne die einzelnen Sektoren der Diskette zu formatieren.

Erstellen von DOS-Bootdisketten

Auch in Zeiten von Windows XP braucht man immer wieder eine einfache DOS-Bootdiskette, zum Beispiel um BIOS-Updates aufzuspielen, zur Schlüsselverwaltung älterer kopiergeschützter Software, zur Konfiguration von Flash-ROMs auf Netzwerkkarten oder zum Zugriff auf ein System, das selbst im abgesicherten Modus nicht mehr läuft.

1. Wählen Sie im Kontextmenü des Diskettenlaufwerks den Punkt *Formatieren*.
2. Wählen Sie hier die Option *MS-DOS-Startdiskette erstellen*. Alle anderen Optionen werden dann deaktiviert.

Diese Methode erstellt eine Bootdiskette der Windows ME-Version 4.90.3000.

Kein SYS-Befehl

Das nachträgliche Schreiben eines MS-DOS-Bootblocks auf eine Diskette mit Daten ist unter Windows XP nicht mehr möglich. Es gibt keinen *SYS*-Befehl mehr.

Die Diskette startet mit deutscher Tastaturbelegung. Die dazu notwendigen Dateien und Einträge in *CONFIG.SYS* und *AUTOEXEC.BAT* werden automatisch angelegt.

CONFIG.SYS

```
device=display.sys con=(ega,,1)
```

AUTOEXEC.BAT

```
mode con codepage prepare=((850) ega.cpi)
mode con codepage select=850
keyb gr,,keybrd2.sys
```

Inhalt der Diskette

```
Volume in Laufwerk A: hat keine Bezeichnung.
 Volumeseriennummer: 2A87-6CE1

 Verzeichnis von A:\

02.04.2002  22:58                95 AUTOEXEC.BAT
08.06.2000  17:00            93.040 COMMAND.COM
02.04.2002  22:58                33 CONFIG.SYS
08.06.2000  17:00            17.175 DISPLAY.SYS
08.06.2000  17:00            58.870 EGA.CPI
08.06.2000  17:00            58.870 EGA2.CPI
08.06.2000  17:00            58.753 EGA3.CPI
08.06.2000  17:00            21.607 KEYB.COM
08.06.2000  17:00            34.566 KEYBOARD.SYS
08.06.2000  17:00            31.942 KEYBRD2.SYS
08.06.2000  17:00            31.633 KEYBRD3.SYS
08.06.2000  17:00            13.014 KEYBRD4.SYS
08.06.2000  17:00            29.239 MODE.COM
              13 Datei(en)        448.837 Bytes
               0 Verzeichnis(se),       888.320 Bytes frei
```

Leider enthalten die automatisch erstellten Bootdisketten keine CD-ROM-Unterstützung mehr, wie dies in früheren Windows-Versionen der Fall war. Dies können Sie aber folgendermaßen z. B. für ATAPI-Geräte manuell nachholen:

1. Kopieren Sie sich aus einer Windows ME-Installation die Datei *MSCDEX.EXE* sowie einen Treiber für Ihr CD-ROM-Laufwerk. Sollte kein DOS/Windows 9x-Treiber für das CD-ROM-Laufwerk aufzutreiben sein, probieren Sie die Dateien *OAKCDROM.SYS* oder *BTCDROM.SYS* aus Windows ME. *MSCDEX.EXE* aus Windows 95 oder älteren DOS-Versionen funktioniert nicht.
2. Kopieren Sie diese Dateien auf die Bootdiskette.
3. Tragen Sie mit einem Editor in der Datei *CONFIG.SYS* der Bootdiskette die folgende Zeile ein. Wenn Sie einen eigenen CD-ROM-Treiber haben, ersetzen Sie *OAKCDROM.SYS* durch die jeweilige Treiberdatei.

   ```
   device=oakcdrom.sys /D:mscd001
   ```
4. Fügen Sie anschließend in der Datei *AUTOEXEC.BAT* am Ende die folgende Zeile ein:

   ```
   MSCDEX.EXE /D:mscd001
   ```

Beim Start mit dieser modifizierten Bootdiskette erhält das CD-ROM-Laufwerk den ersten freien Laufwerkbuchstaben nach den Festplatten.

Laufwerke überprüfen

Um Schäden vorzubeugen, sollten Sie regelmäßig die Festplatten überprüfen. Windows XP liefert hier verschiedene Tools mit, sodass Sie im Regelfall keine externen Programme mehr brauchen.

Datenträger prüfen

In den Eigenschaften der Datenträger findet sich die Option *Datenträger prüfen*. Folgende Optionen können gewählt werden.

- *Dateisystemfehler automatisch korrigieren* - entspricht dem CHKDSK-Parameter */f*.
- *Fehlerhafte Sektoren suchen/wiederherstellen* - entspricht dem CHKDSK-Parameter */r*.

Wird eine der Reparaturoptionen gewählt, verlängert sich die benötigte Zeit deutlich. Außerdem kann das zu prüfende Laufwerk solange nicht verwendet werden. Beenden Sie vorher alle Programme und auch Explorer-Fenster, die Daten dieses Laufwerks verwenden oder anzeigen.

Auch im Standard-Read-Only-Modus sollten Sie, während die Überprüfung läuft, möglichst nicht auf die getestete Festplatte zugreifen, da sich sonst die Prüfzeit erheblich verlängert. CHKDSK überprüft sowohl die logischen Strukturen des Laufwerks wie auch die Festplatte physikalisch.

Logische Fehler

Logische Fehler treten immer dann auf, wenn das Verzeichnis einer Festplatte nicht mehr mit den tatsächlich vorhandenen Dateien übereinstimmt. Solche Dateisystemfehler sind auf FAT16/FAT32-Partitionen deutlich häufiger als bei NTFS, da NTFS durch seine Transaktionsprotokolle automatisch fehlerhafte Einträge korrigiert. Allerdings wird durch dieses Verfahren zwar die Dateisystemstruktur wiederhergestellt, was aber nicht bedeutet, dass der Inhalt der Datei nach der Wiederherstellung noch stimmt. Um dieses Problem zu vermeiden, hilft nur eine regelmäßige Datensicherung.

Häufig auftretende logische Fehler sind Schleifen in der Verzeichnisstruktur. In solchen Fällen ist ein Verzeichnis sich selbst übergeordnet. Die Verzeichnishierarchie ist nicht mehr linear, sondern enthält eine Schleife, was logisch nicht sein darf. Die Verzeichnisse sind über die Kommandozeile noch ansprechbar, mit dem Explorer und darauf basierenden Tools aber nicht mehr. Der Fehler tritt beim Kopieren sehr tief verschachtelter Verzeichnisstrukturen auf sowie bei einigen älteren Packprogrammen beim Entpacken von geschachtelten Archiven auf ein NTFS-Laufwerk.

Ein weiterer möglicher Fehler auf NTFS-Laufwerken sind inkonsistente Datensatzsegmente. In der Master File Table eines NTFS-Laufwerks steht für jede Datei und jedes Verzeichnis ein Datensatzeintrag. Wenn diese nicht mit den tatsächlichen Dateien übereinstimmen, besteht nicht mehr auf alle Daten Zugriff.

Auf FAT-Laufwerken treten häufig verlorene Cluster oder quer verbundene Dateien auf. Dies passiert meistens dann, wenn eine Datei durch einen Systemabsturz oder einen Programmfehler nicht sauber geschlossen wurde.

- **Verlorene Cluster** sind Datenblöcke, die in der FAT keiner Datei zugeordnet sind.
- **Quer verbundene Dateien** sind Datenblöcke, die in der FAT mehr als einer Datei zugeordnet sind.

CHKDSK speichert die betreffenden Cluster in Dateien mit dem Namen *FILEnnnn.CHK*. Hier können Sie bei ASCII-Dateien eventuell noch brauchbare Daten finden, in den meisten anderen Fällen sind die *FILEnnnn.CHK*-Dateien aber nutzlos.

Physikalische Fehler

Physikalische Fehler können durch Hardwarefehler hervorgerufen werden. In diesem Fall kann ein Sektor nicht mehr einwandfrei gelesen werden. Hier versucht CHKDSK, möglichst viele Daten zu lesen und diese in einen einwandfreien Sektor zu speichern. Der fehlerhafte Sektor wird markiert, sodass er vom Dateisystem in Zukunft nicht mehr benutzt wird.

Eine weitere Ursache für fehlerhafte Sektoren sind Festplatten, deren Parameter im BIOS falsch eingetragen sind. Überprüfen Sie, wenn sehr viele fehlerhafte Sektoren angezeigt werden, zuerst die BIOS-Einträge der Festplatte, bevor Sie versuchen, Daten wiederherzustellen. Sicherheitshalber sollten Sie einmal mit den falschen Einstellungen und einmal mit den richtigen so viele Daten wie möglich von der Festplatte sichern. Nehmen Sie dann die richtigen BIOS-Einstellungen vor und lassen Sie CHKDSK laufen. Wenn die Datenstruktur wieder stimmt, können Sie zerstörte Dateien aus der Datensicherung zurückspielen.

CHKDSK

Neben der Datenträgerprüfung gibt es noch CHKDSK als Kommandozeilen-Tool zur Überprüfung von Festplatten. Dieses Tool unterstützt unter Windows XP auch NTFS-Datenträger.

```
Eingabeaufforderung
C:\>chkdsk G:
Der Typ des Dateisystems ist NTFS.
Die Volumebezeichnung lautet TEST.

WARNUNG! Der Parameter F wurde nicht angegeben.
CHKDSK wird im schreibgeschützten Modus ausgeführt.

CHKDSK überprüft Dateien (Phase 1 von 3)...
Dateiüberprüfung beendet.
CHKDSK überprüft Indizes (Phase 2 von 3)...
Indexüberprüfung beendet.
CHKDSK überprüft Sicherheitsbeschreibungen (Phase 3 von 3)...
Überprüfung der Sicherheitsbeschreibungen beendet.

  10241405 KB Speicherplatz auf dem Datenträger insgesamt
   2334656 KB in 1999 Dateien
       496 KB in 21 Indizes
         0 KB in fehlerhaften Sektoren
     74217 KB vom System benutzt
     53264 KB von der Protokolldatei belegt
   7832036 KB auf dem Datenträger verfügbar

      4096 Bytes in jeder Zuordnungseinheit
   2560351 Zuordnungseinheiten auf dem Datenträger insgesamt
   1958009 Zuordnungseinheiten auf dem Datenträger verfügbar

C:\>
```

CHKDSK auf einer fehlerfreien NTFS-Partition.

Auf NTFS-Partitionen läuft CHKDSK standardmäßig in drei Phasen ab:

- **1. Phase** – hier wird nacheinander jedes Segment der Master File Table überprüft.
- **2. Phase** – alle Verzeichnisse werden auf Konsistenz geprüft und darauf, ob für jedes ein gültiger Eintrag in der Master File Table vorliegt. Umgekehrt wird auch überprüft, ob für jeden Eintrag in der Master File Table wirklich ein Verzeichnis vorliegt, ob es keine Zirkularverweise gibt und ob die Angaben zu Dateigrößen und Datum in der Master File Table mit den tatsächlichen Dateien und Verzeichnissen übereinstimmen.
- **3. Phase** – hier werden die Sicherheitsbeschreibungen zu allen Dateien und Verzeichnissen auf Konsistenz überprüft.

Durch zusätzliche Parameter können weitere Überprüfungsphasen folgen. CHKDSK läuft ohne weitere Parameter im Read-Only-Modus, verändert also auf der Festplatte nichts.

```
CHKDSK [Laufwerk [[Pfad] Dateiname][/f][/v][/r][/x][/i][/c][/l:Größe]
```

Wird kein Laufwerk angegeben, wird CHKDSK auf dem aktuellen Laufwerk ausgeführt. Das Laufwerk kann als Laufwerkbuchstabe oder bei NTFS-Laufwerken auch als Verzeichnispfad angegeben werden, in dem eine weitere Festplatte eingebunden ist.

Auf FAT16/FAT32-Laufwerken können auch ein einzelnes Verzeichnis oder sogar nur spezielle Dateien geprüft werden. Unter NTFS ist die Angabe eines Verzeichnisses nur möglich, wenn dieses Verzeichnis im Verzeichnisbaum durch eine eigene Partition dargestellt wird.

Hat ein Laufwerk keinen Laufwerkbuchstaben, können Sie stattdessen auch die symbolische Bezeichnung des Laufwerks eingeben, die Sie mit dem Befehl *MOUNTVOL* feststellen können.

Die Tabelle erklärt die Bedeutungen der optionalen Parameter von CHKDSK:

Parameter	Bedeutung	NTFS	FAT16/ FAT32
/f	Behebt eventuell gefundene Fehler.	x	x
/v	Zeigt zusätzliche Informationen an, bei FAT16/FAT32 auch den vollständigen Pfad und Dateinamen jeder geprüften Datei.	x	x
/r	Findet fehlerhafte Sektoren und stellt die lesbaren Daten wieder her.	x	x
/x	Erzwingt automatisch das Aufheben der Bereitstellung des zu prüfenden Laufwerks, zusammen mit */f*. Funktioniert nicht auf dem Systemlaufwerk.	x	x
/i	Überspringt die Indexüberprüfung in Phase 2.	x	
/c	Überspringt die Zyklusüberprüfung der Ordnerstruktur in Phase 2.	x	
/l:Größe	Ändert die Größe der Protokolldatei.	x	

Läuft CHKDSK mit einer der Reparaturoptionen */f* oder */r*, verlängert sich die benötigte Zeit u. U. deutlich. Auch im Standard-Read-Only-Modus sollten Sie, während CHKDSK läuft, möglichst wenig auf die getestete Festplatte zugreifen, da sich sonst die Prüfzeit erheblich verlängert. CHKDSK kann jederzeit mit [Strg]+[C] abgebrochen werden.

Wird CHKDSK mit den Reparaturoptionen */f* oder */r* ausgeführt, kann das zu prüfende Laufwerk solange nicht verwendet werden. Beenden Sie vorher alle Programme und auch Explorer-Fenster, die Daten dieses Laufwerks verwenden oder anzeigen. Findet CHKDSK noch offene Bezüge, erscheint eine Abfrage, ob diese automatisch beendet werden sollen. Der Parameter */x* unterdrückt diese Abfrage und schließt alle Bezüge automatisch.

Auf dem Systemlaufwerk sind ständig Dateien geöffnet, deshalb kann hier CHKDSK mit den Reparaturoptionen nicht laufen. In diesem Fall wird eine Option angeboten, das Systemlaufwerk beim nächsten Systemstart mit *AutoChk* zu überprüfen.

CHKDSK in Kontextmenü einbinden

Wenn Sie CHKDSK öfter verwenden, können Sie es mit einem Registry-Eintrag ins Kontextmenü von Laufwerken einbinden:

1. Fügen Sie unter *HKEY_CLASSES_ROOT\Drive\shell* einen neuen Schlüssel *chkdsk* ein und geben Sie im Parameter *(Standard)* den *REG_SZ*-Wert *ChkDsk* ein.

2 Fügen Sie dann unterhalb dieses Schlüssels einen weiteren Schlüssel *command* ein geben Sie hier im Parameter *(Standard)* als *REG_SZ*-Wert die Zeichenkette *cmd.exe /k "chkdsk"* ein.

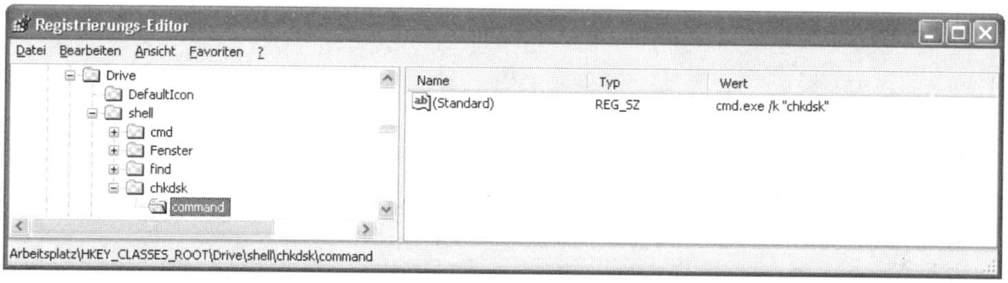

Der Registry-Eintrag für CHKDSK im Kontextmenü.

Sie können den Eintrag auch mit der Datei *CHKDSK.REG* von der CD automatisch erledigen lassen.

```
[HKEY_CLASSES_ROOT\Drive\shell\chkdsk]
@="ChkDsk"

[HKEY_CLASSES_ROOT\Drive\shell\chkdsk\command]
@="cmd.exe /k \"chkdsk\""
```

Im Kontextmenü der Laufwerke im Windows-Explorer erscheint damit ein neuer Eintrag *ChkDsk*. Dieser startet CHKDSK auf dem gewählten Laufwerk. Nach dem Ende bleibt das Programmfenster geöffnet, sodass Sie das Ergebnis sehen können.

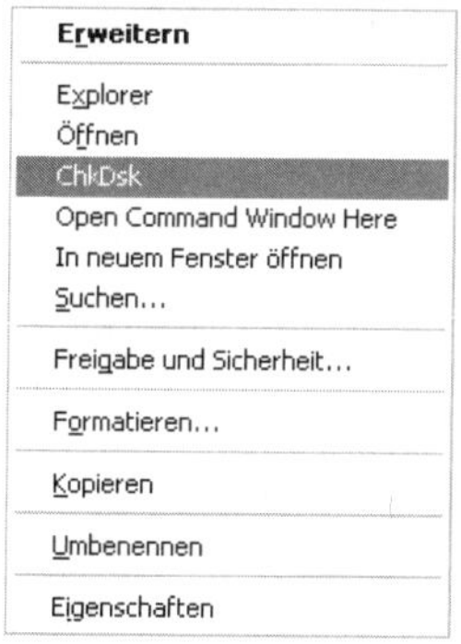

Das neue Kontextmenü.

AutoChk

Wenn Windows XP einen Fehler auf einer Festplatte gefunden hat oder nicht ordnungsgemäß heruntergefahren wurde, wird beim nächsten Start CHKDSK automatisch ausgeführt und im Ereignisprotokoll eine entsprechende Meldung angezeigt. Dazu werden alle Laufwerke kurz geprüft und auf den fehlerhaften wird CHKDSK ausgeführt.

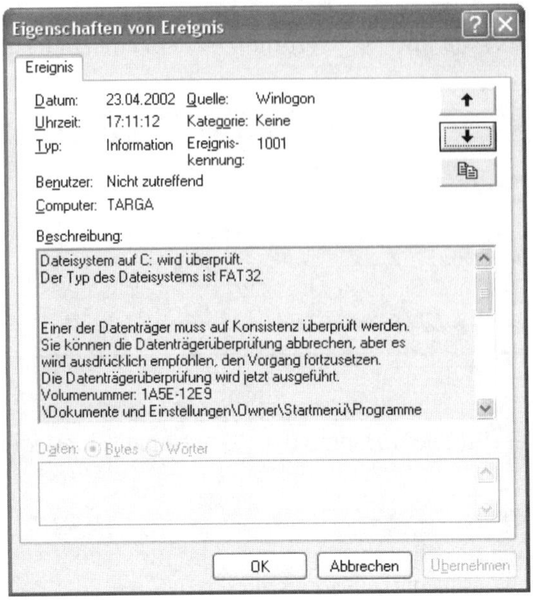

AutoChk-Anzeige im Ereignisprotokoll.

Das Gleiche passiert auch, wenn Sie versucht haben, CHKDSK mit Reparaturoption auf dem Systemlaufwerk oder einem Laufwerk, das sich nicht zur ausschließlichen Verwendung sperren ließ, auszuführen.

Mit dem Befehl *CHKNTFS* können Sie feststellen, ob ein Laufwerk für AutoChk als fehlerhaft markiert ist, und das Prüfverhalten beim nächsten Systemstart beeinflussen.

```
CHKNTFS Laufwerk [/d | /t[:Zeit] | /x | /c]
```

Geben Sie bei CHKNTFS nur ein Laufwerk und keine weiteren Parameter an, wird der Dateisystemtyp und der Fehlerzustand dieses Laufwerks angezeigt.

Von den folgenden Parametern kann immer nur einer angegeben werden. Sie können aber CHKNTFS mehrfach hintereinander aufrufen, da die Einstellungen sowieso erst beim nächsten Neustart wirksam werden.

Parameter	Bedeutung
/d	Setzt alle anderen Parameter zurück und stellt die Standardkonfiguration wieder her. Alle Laufwerke werden geprüft, und CHKDSK wird auf den fehlerhaften Laufwerken ausgeführt.
/t[:Zeit]	Ändert die Zeit für den Initialisierungs-Countdown von AutoChk. Standard: 10 sec.
/x	Schließt die angegebenen Laufwerke von der Überprüfung aus. Hier können auch mehrere Laufwerke angegeben werden. Wird *CHKNTFS /x* mehrfach hintereinander ausgeführt, überschreibt jeder Aufruf die Einstellungen des vorigen.
/c	Setzt den Parameter */x* für ein Laufwerk außer Kraft, sodass es trotzdem beim nächsten Neustart überprüft wird. Auch hier können mehrere Laufwerke auf einmal angegeben werden. Mehrere Aufrufe von *CHKNTFS /c* kumulieren sich, sodass alle erwähnten Laufwerke geprüft werden.

Laufwerk als fehlerhaft markieren

Möchten Sie zu Testzwecken ein Laufwerk bewusst als fehlerhaft markieren, verwenden Sie den Befehl: *fsutil dirty set <Laufwerkbuchstabe>*. Dieser Befehl funktioniert nur auf NTFS-Laufwerken.

Bluescreen-Fehlermeldungen bei Festplattenfehlern

Sollte es zu schwereren Festplattenproblemen kommen, die ein Weiterlaufen von Windows XP unmöglich machen, kommt es zum gefürchteten Bluescreen. Hier erscheinen entsprechende Fehlermeldungen auf einem blauen Bildschirm. Danach ist nur noch ein Abschalten des Rechners möglich. Die Tabelle erklärt die Bluescreen-Meldungen, die sich auf einen Festplattenfehler zurückführen lassen:

Fehlercode Hex	Fehlercode Text	Erklärung
0x00000024	*NTFS_FILE_SYSTEM*	Fehler in der Datei *NTFS.SYS*, dem Systemtreiber für NTFS-
0x00000050	*PAGE_FAULT_IN_NONPAGED_AREA*	Adressierung ungültigen Systemspeichers, wodurch angeforderte Daten im Speicher nicht gefunden werden konnten. Dieser Fehler kann durch einen beschädigten NTFS-Datenträger verursacht werden, aber auch durch fehlerhafte Software, die sehr hardwarenah auf die Festplatte zugreift, wie z. B. Virenscanner oder Festplatten-Tools.
0x00000077	*KERNEL_STACK_INPAGE_ERROR*	Angeforderte Kernel-Daten konnten aus der Auslagerungsdatei nicht gelesen werden. Dies kann verschiedene Ursachen haben: fehlerhafte Sektoren auf der Festplatte, fehlerhafte Kabelverbindung oder SCSI-Terminierung, Ressourcenkonflikt des Festplatten-Controllers mit einem anderen Gerät.
0x0000007A	*KERNEL_DATA_INPAGE_ERROR*	Ähnlich dem vorigen Fehler. Allerdings basiert dieser Fehler in den meisten Fällen auf fehlerhafter Hardware, fehlerhaften Sektoren im Bereich der Auslagerungsdatei oder auf ein Virus. Er kann auch auftreten, wenn die Festplatte sehr voll ist.
0x0000007B	*INACCESSIBLE_BOOT_DEVICE*	Problem beim Booten von der Systemplatte. Dies kann verschiedene Ursachen haben: fehlerhafte Hardware (Controller oder Festplatte), inkompatible Treiber, fehlerhaftes Dateisystem, Bootsektorvirus, fehlerhafte Controller-Firmware.

Festplatte nie ganz voll werden lassen
Viele dieser Probleme lassen sich vermeiden, wenn Sie dafür sorgen, dass auf der Startpartition immer mindestens 5 % - 10 % freier Speicherplatz zur Verfügung stehen.

7.3 Dateisysteme sicher umwandeln

Bei der Installation erkennt Windows XP ein evtl. vorhandenes Dateisystem und fragt nach, ob dieses auf FAT32 oder NTFS aktualisiert werden soll. Diese Aktualisierung gilt immer nur für die Systempartition.

Keine Rück-Konvertierung
Windows XP enthält im Gegensatz zu Windows 98/SE/ME kein Tool mehr zur Konvertierung von FAT16 nach FAT32. Eine Rück-Konvertierung von NTFS-Partitionen in FAT16 oder FAT 32 ist ebenfalls nicht möglich. Hierfür können Sie aber externe Programme wie PartitionMagic verwenden.

Soll auf dem Rechner später nur noch Windows XP laufen, ist auf jeden Fall eine Konvertierung in das NTFS-Dateisystem sinnvoll, um die neuen Funktionen wie Transaktionsprotokolle und Komprimieren nutzen zu können.

Vorsicht bei Multiboot-Systemen
Konvertiert man die Systempartition von FAT32 nach NTFS, ist auf dieser Partition natürlich kein Windows 98/SE/ME mehr lauffähig.

Beim Umwandeln bleiben die Daten der Partition erhalten. Beachten Sie jedoch die Sicherheitshinweise auf Seite 357.

Konvertierung mit CONVERT

Eine Konvertierung von FAT32 in NTFS ist auch noch nachträglich möglich. Dazu enthält Windows XP das Kommandozeilen-Tool CONVERT.

Das Programm verwendet folgende Syntax:

```
convert [Volume] /fs:ntfs [/v] [/cvtarea:Dateiname] [/nosecurity] [/x]
```

Die einzelnen Parameter haben die folgenden Bedeutungen:

Parameter	Bedeutung
Volume	Laufwerkbuchstabe (mit Doppelpunkt) oder Volumenname.
/fs:ntfs	Konvertierung in NTFS. Dieser Parameter ist zwingend erforderlich.
/v	Ausführlicher Modus. Hier wird jede konvertierte Datei angezeigt (optional).
/cvtarea: Dateiname	Für eine optimale Konvertierung kann eine Platzhalterdatei angegeben werden, in die die Master File Table und andere Metadatendateien von NTFS geschrieben werden. Damit wird eine mögliche Fragmentierung des NTFS-Dateisystems verringert (optional).
/nosecurity	Jeder kann auf die Sicherheitseinstellungen der konvertierten Dateien und Verzeichnisse zugreifen (optional).
/x	Hebt bei Bedarf die Bereitstellung des Volumes vor der Konvertierung auf. Wird dieser Parameter nicht angegeben, erscheint eine Abfrage, falls ein Fenster geöffnet ist, das auf den Inhalt der zu konvertierenden Partition zugreift (optional).

Zur Sicherheit muss vor der Konvertierung die Volumenbezeichnung des zu konvertierenden Laufwerks angegeben werden.

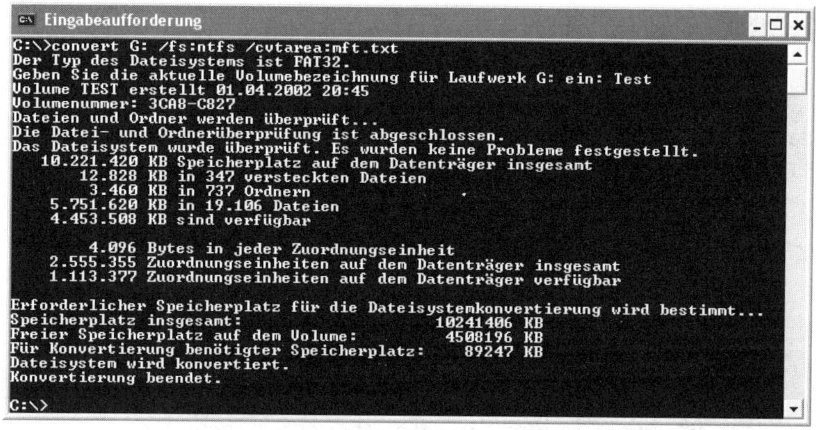

```
Eingabeaufforderung
C:\>convert G: /fs:ntfs /cvtarea:mft.txt
Der Typ des Dateisystems ist FAT32.
Geben Sie die aktuelle Volumebezeichnung für Laufwerk G: ein: Test
Volume TEST erstellt 01.04.2002 20:45
Volumenummer: 3CA8-C827
Dateien und Ordner werden überprüft...
Die Datei- und Ordnerüberprüfung ist abgeschlossen.
Das Dateisystem wurde überprüft. Es wurden keine Probleme festgestellt.
   10.221.420 KB Speicherplatz auf dem Datenträger insgesamt
       12.828 KB in 347 versteckten Dateien
        3.460 KB in 737 Ordnern
    5.751.620 KB in 19.106 Dateien
    4.453.508 KB sind verfügbar

        4.096 Bytes in jeder Zuordnungseinheit
    2.555.355 Zuordnungseinheiten auf dem Datenträger insgesamt
    1.113.377 Zuordnungseinheiten auf dem Datenträger verfügbar

Erforderlicher Speicherplatz für die Dateisystemkonvertierung wird bestimmt...
Speicherplatz insgesamt:                     10241406 KB
Freier Speicherplatz auf dem Volume:          4508196 KB
Für Konvertierung benötigter Speicherplatz:     89247 KB
Dateisystem wird konvertiert.
Konvertierung beendet.

C:\>
```

Konvertierung einer FAT32-Partition in NTFS.

Achtung: Kein Abbrechen der Konvertierung

Die Konvertierung kann einige Minuten dauern. Dabei werden kein Fortschrittsbalken und auch keine Prozentzahlen angezeigt. Wundern Sie sich auch nicht, wenn sich die Festplatten-LED für längere Zeit ausschaltet. Brechen Sie den Vorgang auf keinen Fall ab! Dabei würde die Partition einschließlich aller Daten komplett unbrauchbar. Die Sperre der Partition verhindert, dass während der Konvertierung jemand über das Netzwerk auf die betreffende Partition zugreift und Daten verändert.

Virenwächter deaktivieren

Es kommt vor, dass im BIOS eine Überwachung des Master Boot Record vor Virenbefall aktiviert ist. Diese Überwachung muss ausgeschaltet werden, da während der Konvertierung der Master Boot Record verändert wird. Sollte während der Konvertierung der Virenwächter doch aktiv werden, weil diese Einstellung versehentlich nicht deaktiviert wurde, brechen Sie die Beseitigung des scheinbar eingedrungenen Virus einfach ab. Das gilt nicht nur für CONVERT, sondern auch für Tools von Drittanbietern, die Partitionen konvertieren und damit den MBR verändern.

Ist auf dem System ebenfalls ein Virenscanner installiert, sollten Sie diesen deaktivieren. Einige Vorgänge bei der Konvertierung (Update der Partitionstabelle, des Bootsektors und des Master Boot Record) könnten dem Scanner wie ein Virenbefall erscheinen und ein erfolgreiches Beenden der Konvertierung gefährden. Nach erfolgter Konvertierung können Sie den Virenscanner wieder aktivieren.

Platzhalterdatei für Master File Table

NTFS verwendet, wie auf Seite 324 beschrieben, eine Master File Table zur Verwaltung des Dateisystems. Diese wird wie eine Datei behandelt, kann also auch fragmentiert an verschiedenen Stellen auf der Festplatte liegen.

Um das zu verhindern, kann vor der Konvertierung einer FAT16/FAT32-Partition in NTFS am Anfang der Partition ein Bereich definiert werden, der später diese Master File Table aufnimmt.

Die optionale Platzhalterdatei, die bei der Konvertierung im Parameter */cvtarea* angegeben werden kann, gibt die Größe der NTFS-Master File Table vor.

Diese Datei wird an den Anfang der Partition geschrieben und während der Konvertierung mit den MFT-Daten gefüllt.

Damit wird eine Fragmentierung dieses im NTFS-Dateisystem sehr wichtigen Partitionsbereichs verhindert.

```
convert [Volume] /fs:ntfs [/cvtarea:Dateiname]
```

Die Platzhalterdatei muss in der Größe der Anzahl von Dateien und Verzeichnissen in der zu konvertierenden Partition mal 4 KByte entsprechen und im Hauptverzeichnis dieser Partition stehen.

Windows XP bietet ein Tool namens FSUTIL FILE an, mit dem leere Dateien einer bestimmten Größe erstellt werden können.

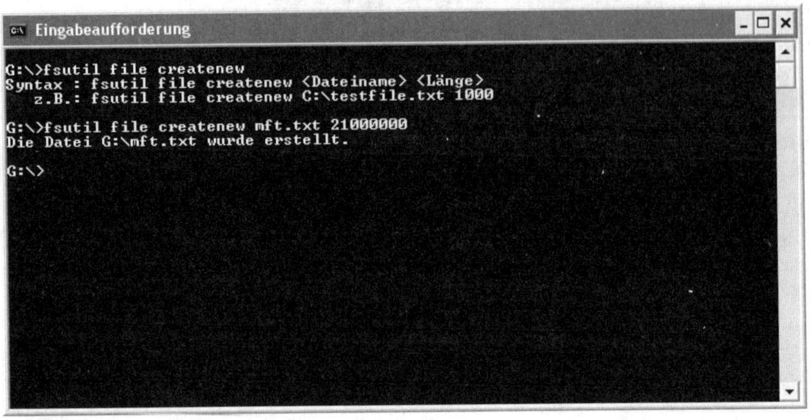

Das Programm verwendet folgende Syntax:

```
FSUTIL FILE CREATENEW Pfadname Länge
```

Die einzelnen Parameter haben die folgenden Bedeutungen:

Parameter	Bedeutung
CREATENEW	Erstellt eine neue Datei
Pfadname	Dateiname, optional auch mit Pfadangabe
Länge	Dateigröße in Byte

Im Anhang finden Sie einen Überblick über alle Parameter von FSUTIL.

7.4 NTFS-Laufwerkzugriff für Windows 9x/ME und DOS

Ein bedeutender Nachteil von NTFS ist, dass man mit einer Bootdiskette nicht auf NTFS-Partitionen zugreifen kann. Ist in Problemfällen unter Windows XP die Recovery Console das erste Mittel der Wahl, steht diese Methode leider nicht immer zur Verfügung z. B. bei Rechnern, die lediglich mit einem Wiederherstellungs-Image auf Festplatte ausgeliefert werden.

Obwohl Totalausfälle in Windows XP sehr selten geworden sind, bietet sich für Notfälle ein weiterer Weg an: Ein spezieller Treiber ermöglicht das Lesen einer NTFS-Partition von einer DOS- oder Windows 9x/ME-Bootdiskette.

Dieser NTFSDOS-Treiber wird von SysInternals (*www.sysinternals.com*) geliefert und nicht von Microsoft.

NTFSDOS läuft unter DOS, mountet NTFS-Laufwerke und weist ihnen Laufwerkbuchstaben zu, sodass beliebige DOS-Programme darauf zugreifen können.

Unterschied: Freeware – Vollversion

Die Freewareversion von NTFSDOS kann Daten auf NTFS-Partitionen nur lesen, was für eine Datensicherung im Notfall aber völlig ausreicht. Die Vollversion kann auch Daten auf NTFS-Partitionen schreiben.

NTFSDOS ist eine 32-Bit-Applikation, die das **D**OS **P**rotected **M**ode **I**nterface (DPMI) verwendet.

Das Programm simuliert einen Netzwerk-Redirector, um auf NTFS-Partitionen zuzugreifen.

In einem realen Netzwerk kann ein MS-DOS-Client auch auf NTFS-Partitionen auf anderen Rechnern zugreifen.

Der Redirector lenkt Laufwerkzugriffe über den NTFS-Treiber auf die lokale Festplatte um.

Für den wirklichen Datenzugriff können so die Original-Microsoft-Treiber verwendet werden, sodass NTFSDOS unabhängig von Betriebssystemversionen und Service-Packs arbeitet.

Erstellen einer NTFSDOS-Diskette

Als Erstes brauchen Sie eine DOS-Bootdiskette. Verwenden Sie nach Möglichkeit mindestens die DOS-Version 7.0 aus Windows 95/98, da diese auch lange Dateinamen verarbeiten kann.

Unter Windows 95/98 erstellen Sie eine Bootdiskette, indem Sie folgende Befehlsfolge an der Eingabeaufforderung eingeben:

```
FORMAT A: /S
```

Falls Sie keine DOS-Bootdiskette haben, erfahren Sie weiter hinten in diesem Kapitel, wie Sie auch unter Windows XP eine solche Diskette erstellen können.

1 Starten Sie das Programm von NTFSDOS Professional Boot Disk Wizard.

2 Wählen Sie eine Codepage für die Darstellung der Umlaute unter DOS. Je nach Einstellung in der *CONFIG.SYS* verwenden hierzulande die meisten PCs die internationale Codepage 437 oder die Codepage 850.

   Diese beiden Codepages unterscheiden sich im Zeichensatz. Wo Codepage 437 grafische Linien enthält, sind in der Codepage 850 internationale Sonderzeichen.

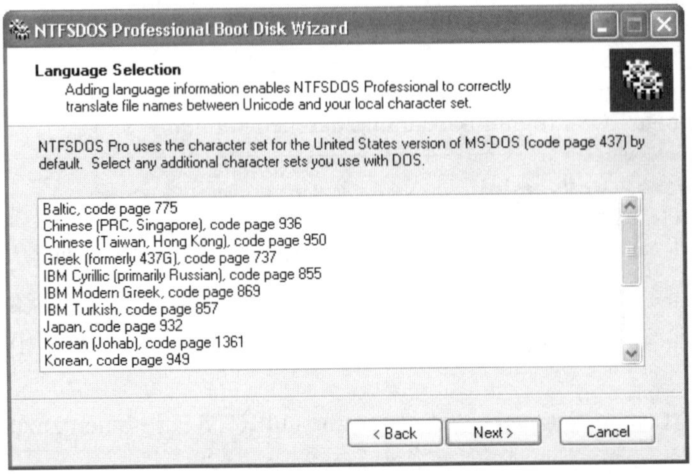

Einstellung der Codepage für NTFSDOS.

3 Geben Sie das Verzeichnis der Windows XP-Systemdateien an.

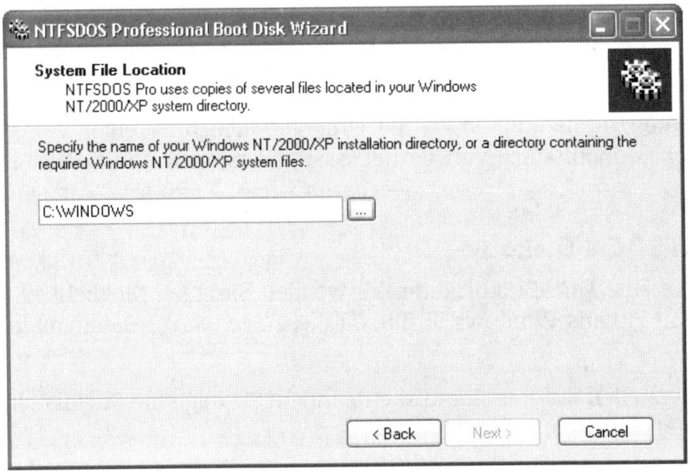

Auswahl des Verzeichnisses mit den XP-Systemdateien.

4 Geben Sie jetzt noch den Laufwerkbuchstaben des Diskettenlaufwerks an. Sie können NTFSDOS auch auf einer anderen Festplattenpartition installieren, wenn Sie über einen Boot-Manager den Rechner auch unter MS-DOS booten können.

Einige MS-DOS Programme haben Probleme mit dem verwendeten DOS-Extender. In solchen Fällen haben Sie die Möglichkeit, über die Schaltfläche *Advanced* den bekannten DOS-Extender DOS4GW einzubinden, der auf allen bekannten Sharewareservern zu finden ist und außerdem bei den meisten speicherkritischen DOS-Programmen mitgeliefert wird.

Bei der Installation auf Diskette werden drei Disketten benötigt, zwei für NTFSDOS und eine dritte für das Festplattentestprogramm NTFSCHK.

Verwendung von NTFSDOS

Um unter MS-DOS auf eine NTFS-Partition zuzugreifen, starten Sie das Programm *NTFSPRO.EXE* von der soeben erstellten Bootdiskette oder der angegebenen DOS-Partition:

```
NTFSPRO [/L:Laufwerk] [/C:Cache] [/T:[+|-]hh[:mm[:ss]]]
```

Mit zusätzlichen Parametern können Sie das Verhalten beeinflussen:

Parameter	Bedeutung
/L	Laufwerkbuchstaben, die NTFSDOS verwenden darf.
/C	Laufwerk-Cache in KByte für schnelleren Datenzugriff. DOS verwendet standardmäßig keinen Laufwerk-Cache.
/T	Lokale Zeitzone zur Umrechnung der NTFS-Dateidaten. NTFS speichert Dateidaten standardmäßig immer als GMT.

Standardmäßig durchsucht NTFSPRO alle NTFS-Partitionen und weist ihnen der Reihe nach freie Laufwerkbuchstaben zu. NTFSDOS unterstützt keine dynamischen Datenträger.

Reihenfolge der Laufwerkbuchstaben

Windows XP verwendet eine weitgehend frei definierbare Zuordnung von Laufwerkbuchstaben. Dagegen übernimmt NTFSPRO die physikalische Zuordnung, wie dies unter DOS und Windows 9x üblich war. Zuerst werden nacheinander die physikalischen Festplatten mit Laufwerkbuchstaben versehen, dann die weiteren primären Partitionen aller Festplatten aufgelistet, danach die logischen Laufwerke innerhalb der erweiterten Partitionen gemäß ihrer physikalischen Reihenfolge. Um ein Laufwerk leichter zu finden, sollten Sie ihnen unter Windows XP eindeutige Namen geben, zum Beispiel die von Windows XP verwendeten Laufwerkbuchstaben.

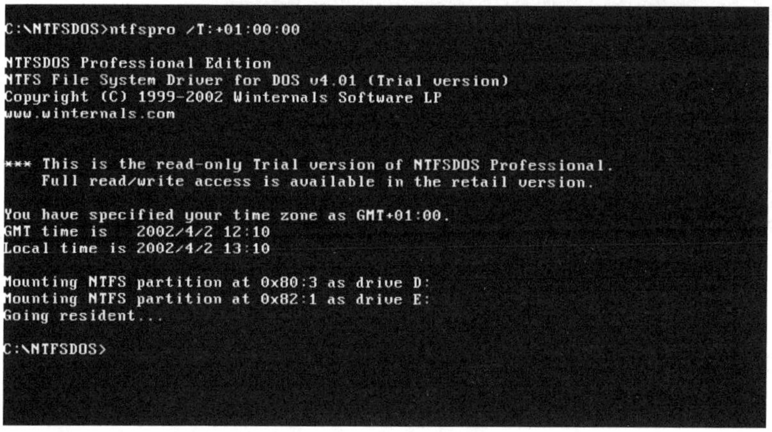

Ausführen von NTFSPRO unter DOS.

Die langen Dateinamen bleiben erhalten, wenn die Dateien auf ein Netzwerklaufwerk oder ein anderes NTFS-Laufwerk kopiert oder mit einem ZIP-Programm archiviert werden, das lange Dateinamen unterstützt. Beim Einsatz von NTFSDOS mit einer MS-DOS-Version vor 7.0 gehen die langen Dateinamen beim Kopieren der Dateien auf FAT16/FAT32-Partitionen verloren.

Problematisch ist NTFSDOS unter Sicherheitsgesichtspunkten, weil es die NTFS-Sicherheitsattribute ignoriert.

Auf einem von NTFSDOS gemounteten Laufwerk waren alle Ordner und Dateien aller Benutzer sichtbar. Auf Dateien und Ordner, die mit dem **E**ncrypting **F**ile **S**ystem (EFS) verschlüsselt sind, hat NTFSDOS aber keinen Zugriff.

Zur Sicherung der Daten verwenden Sie am einfachsten eine vorhandene FAT-Partition oder ein Wechselmedium. SCSI-ZIP- und JAZ-Laufwerke werden von NTFSDOS unterstützt. Mit einem DOS-Netzwerktreiber können Sie die Daten auch über das Netzwerk sichern. Falls Sie ein Brennprogramm für DOS für Ihren Brenner haben, können Sie dies ebenfalls verwenden. Allerdings unterstützt NTFSDOS nur SCSI-Brenner.

Das Testprogramm NTFSCHK

NTFSCHK ist ein Zusatzmodul zu NTFSDOS, mit dem man unter MS-DOS das Programm CHKDSK von Windows XP auf einer NTFS-Partition laufen lassen kann. NTFSCHK startet dabei das Original-Windows XP-Programm, unabhängig von der Betriebssystemversion und der Sprache. Sollte NTFSCHK die notwendigen Dateien der Windows XP-Installation nicht mehr finden, kopieren Sie folgende Dateien von einem Windows XP-Rechner auf eine Diskette oder in ein Verzeichnis auf der Festplatte: *AUTOCHK.EXE, C_1252.NLS, C_437.NLS, L_INTL.NLS, NTDLL.DLL*. Sinnvollerweise legen Sie sich eine Diskette mit diesen Dateien vor einem eventuellen Notfall an.

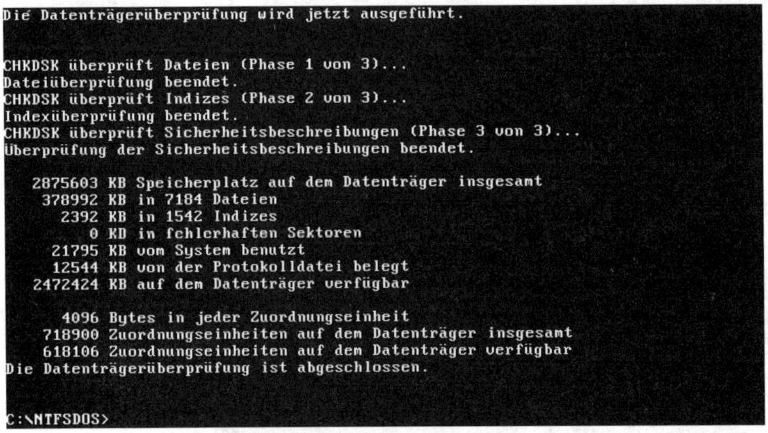

NTFSCHK unter MS-DOS.

Die Syntax lautet folgendermaßen:

```
NTFSCHK Laufwerk: [/F] [/S] [Q]
```

Mit zusätzlichen Parametern können Sie das Verhalten beeinflussen:

Parameter	Bedeutung
/F	Gefundene Fehler werden repariert. Standardmäßig arbeitet NTFSCHK im Read-Only-Modus. Da NTFSCHK die Original-Windows XP-Routinen zur Fehlerbehebung verwendet, ist die Gefahr einer weiteren Beschädigung der Partition nicht größer, als wenn man die Fehlerüberprüfung unter Windows XP verwendet.
/S	Zeigt eine Liste aller NTFS-Partitionen, ohne sie einzeln zu überprüfen.
/Q	Der Schnellmodus überprüft eine NTFS-Partition nur dann, wenn sie nicht korrekt dismounted wurde. Damit simuliert NTFSCHK den AUTOCHK-Dienst, der beim Booten von Windows XP abläuft.

Anzeige aller NTFS-Partitionen mit NTFSCHK /S.

NTFS für Windows 9x

Auch unter Windows 95/98 gibt es eine Möglichkeit, über einen Spezialtreiber Daten auf NTFS-Partitionen zu lesen. Dieser Treiber wird auch von SysInternals (*www.sysinternals.com*) geliefert.

NTFS for Windows 98 läuft unter Windows 95, Windows 95 OSR2, Windows 98 und Windows 98SE, mounted NTFS-Laufwerke und weist ihnen Laufwerkbuchstaben zu, sodass beliebige Windows-Programme darauf zugreifen können.

Unterschied: Freeware – Vollversion
Die Freewareversion kann auch hier Daten auf NTFS-Partitionen nur lesen, was für eine Datensicherung im Notfall aber völlig ausreicht. Die Vollversion kann auch Daten auf NTFS-Partitionen schreiben.

Für die Installation müssen Sie einige Dateien aus Windows NT/2000/XP zur Verfügung stellen. Kopieren Sie diese, wenn sie auf einer NTFS-Partition liegen, in ein Verzeichnis, das Windows 98 lesen kann.

Dateiname	Standardverzeichnis
NTFS.SYS	*<winnt>\system32\drivers*
NTOSKRNL.EXE	*<winnt>\system32*
AUTOCHK.EXE	*<winnt>\system32*
NTDLL.DLL	*<winnt>\system32*
C_437.NLS	*<winnt>\system32*
C_1252.NLS	*<winnt>\system32*
L_INTL.NLS	*<winnt>\system32*

Geben Sie dann bei der Installation von NTFS for Windows 98 dieses Verzeichnis an.

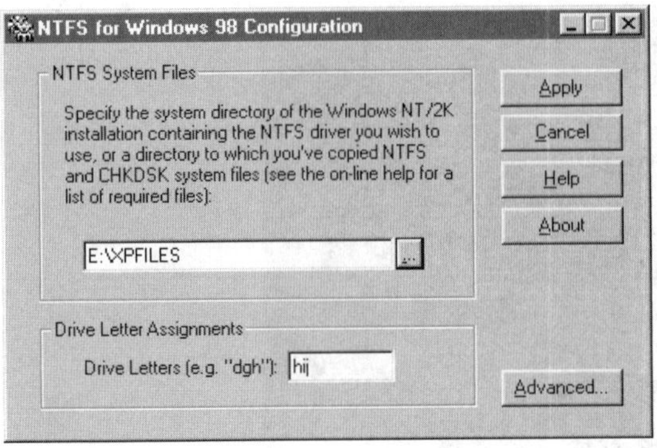

Installation von NTFS for Windows 98.

Geben Sie im unteren Feld an, welche Laufwerkbuchstaben für die NTFS-Laufwerke verwendet werden sollen.

Nach einem Neustart sind die NTFS-Laufwerke verfügbar. Der Treiber wird ab jetzt bei jedem Start von Windows 98 automatisch mitgestartet. NTFS for Windows 98 liest alle nicht verschlüsselten NTFS-Dateien unabhängig von eventuell vorhandenen Benutzerbeschränkungen und Zugriffsrechten. Auf diese Weise kommen Sie also auch noch an Ihre Daten, wenn Sie das Windows XP-Passwort vergessen haben. NTFS for Windows 98 unterstützt wie auch NTFSDOS keine dynamischen Datenträger.

7.5 Laufwerkwartung und -beschleunigung

Die Standard-Defragmentierung unter Windows ist komfortabel und für den Anwender völlig transparent. An dieser Stelle werden wir nur kurz auf die Defragmentierung eingehen und einige weniger bekannte Informationen geben.

Grundlegendes zur Fragmentierung unter Windows XP

Die effektive Geschwindigkeit einer Festplatte hängt zu einem guten Teil von der Zugriffsgeschwindigkeit auf Dateien und Ordner ab. Im Idealfall liegen die Dateien alle hintereinander, jede als ein geschlossener Block auf der Platte. Beim Lesen muss der Lesekopf der Festplatte also nur einmal über diesen Datenblock fahren und hat damit die komplette Datei gelesen. In der Praxis kommt dieser Idealfall jedoch nur kurz nach einer Neuinstallation vor. Wird eine Datei nach dem Bearbeiten und erneutem Speichern größer, passt sie nicht mehr an die vorgesehene Stelle auf der Festplatte. Das Betriebssystem legt den übrigen Teil der Datei automatisch an eine andere freie Stelle. Die Datei wird dabei in keiner Weise beeinträchtigt, allerdings muss sie beim nächsten Öffnen aus zwei Stücken wieder zusammengesetzt werden, was zusätzliche Zeit kostet. Beim Löschen von Dateien entstehen Lücken auf der Festplatte, die später wieder von anderen Dateifragmenten gefüllt werden. So werden im Laufe der Zeit viele Dateien in mehreren Einzelteilen auf der Platte verteilt sein. Der Zugriff auf die Dateien funktioniert logisch weiterhin problemlos, dauert allerdings physikalisch deutlich länger. Der Lesekopf fährt zwischendurch über nicht relevante Bereiche der Festplatte. Eine regelmäßige Defragmentierung ist also Pflicht, wenn die Leistungsfähigkeit des Systems erhalten bleiben soll.

In Windows XP verbirgt sich das Defragmentierungs-Tool in den Eigenschaften eines Laufwerks auf der Registerkarte *Extras*. Nach verschiedenen Schwierigkeiten mit dem Tool von Windows 2000 hat Microsoft Windows XP ein völlig neues Defragmentierungsprogramm auf Basis der Microsoft Management Console spendiert, das jetzt auch mit der Konkurrenz von Drittherstellern mithalten kann. Technische Basis des Windows XP-Defragmentierungsprogramms ist das kommerzielle Tool Diskeeper von *www.execsw.co.uk*.

Defragmentierung aus der Systemsteuerung
Wenn Sie die Systemsteuerung in der Kategorieansicht anzeigen lassen, finden Sie unter *Leistung und Wartung* die Option *Elemente auf der Festplatte anders anordnen, damit Programme schneller ausgeführt werden.* Diese Option startet ebenfalls das Defragmentierungsprogramm.

Einige Änderungen seit Windows 2000 sind hinzugekommen:

- Die Defragmentierung von Volumes mit beliebiger Cluster-Größe ist jetzt möglich.
- Dateien, die kleiner als 16 Cluster sind, werden unter Windows XP defragmentiert.
- Der **M**aster **F**ile **T**able (MFT) kann eingeschränkt defragmentiert werden.

Um ein Laufwerk defragmentieren zu können, müssen Sie als Administrator angemeldet sein. Es sollten mindestens 15 % der Laufwerkkapazität frei sein. Sollte der MFT stärker fragmentiert sein, kann (genügend Platz vorausgesetzt) die Fragmentierung auf zwei Teilstücke reduziert werden. Vor einer Defragmentierung sollte das Laufwerk auf Fehler geprüft werden.

Folgende Dateien können nicht defragmentiert werden:

- Die Auslagerungsdatei (*pagefile.sys*)
- *Bootsec.dos*, *Safeboot.fs*, *Safeboot.csv*, *Hiberfil.sys* und *Memory.dmp*.

Wird das Laufwerk, das die Auslagerungsdatei enthält, defragmentiert, zeigt die Logdatei an, ob die Auslagerungsdatei fragmentiert ist. Sollte sie stärker fragmentiert sein, kann sie gelöscht und neu angelegt werden. Lesen Sie zur Optimierung der Auslagerungsdatei auch die Hinweise in Kapitel 7.7.

Defragmentierung

Ein Defragmentierungsprogramm reorganisiert die komplette Festplatte und schreibt die File Allocation Table neu. Damit es bei einem kurzfristigen Stromausfall bei der Defragmentierung nicht zu einem totalen Datencrash kommt, wird jeder zu verschiebende Sektor zunächst an eine freie Stelle kopiert, bevor er verändert wird. Nach dem Verschieben des Sektors wird jedes Mal die File Allocation Table neu auf die Platte geschrieben. Dadurch kann eine komplette Defragmentierung einer stark fragmentierten Platte durchaus eine Stunde dauern. Eine Voraussetzung für erfolgreiches Defragmentieren ist auch, dass genug freier Platz zum Zwischenspeichern der zu verschiebenden Daten auf der Platte ist.

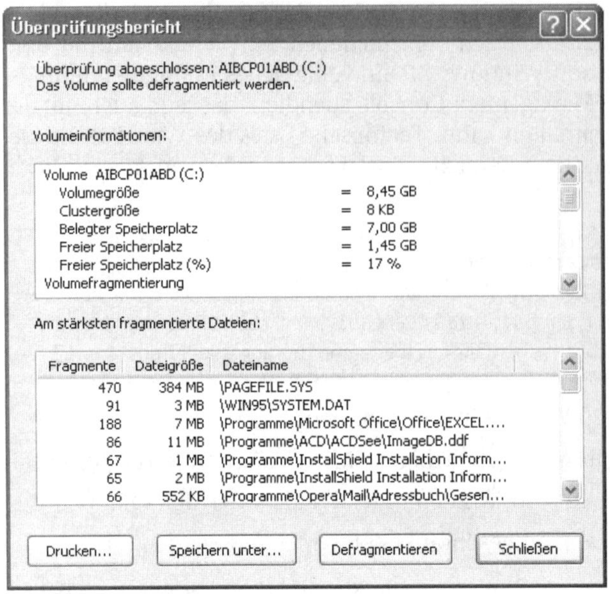

Überprüfungsbericht zeigt eine fragmentierte pagefile.sys.

Keine Laufwerkzugriffe

Wenn Sie jetzt die Defragmentierung starten, sollten Sie Zugriffe auf dieses Laufwerk vermeiden, da jede Veränderung des Dateisystems die Defragmentierung stört. Die Defragmentierung kann je nach Plattengröße bis zu mehreren Stunden dauern. Startet während der Defragmentierung eine automatische Datensicherung, bricht die Defragmentierung selbstständig ab. Schließen Sie nach Möglichkeit alle offenen Dateien auf dem Laufwerk, da NTFS, um Defragmentierung zu vermeiden, zusammenhängende Speicherplatzbereiche für offene Dateien reserviert, in die das Defragmentierungsprogramm dann nicht schreiben kann.

Bei Bedarf können Sie das Defragmentierungsprogramm jederzeit unterbrechen und später weiterlaufen lassen.

Das Defragmentierungsprogramm kann nur einmal gleichzeitig laufen und auch nur lokale Laufwerke defragmentieren, keine Netzwerklaufwerke.

Auf NTFS-Laufwerken kann das NTFS-Änderungsjournal ebenfalls nicht defragmentiert werden. Es können auch keine Daten vom Defragmentierungsprogramm in die Bereiche verschoben werden, die als Master File Table reserviert sind.

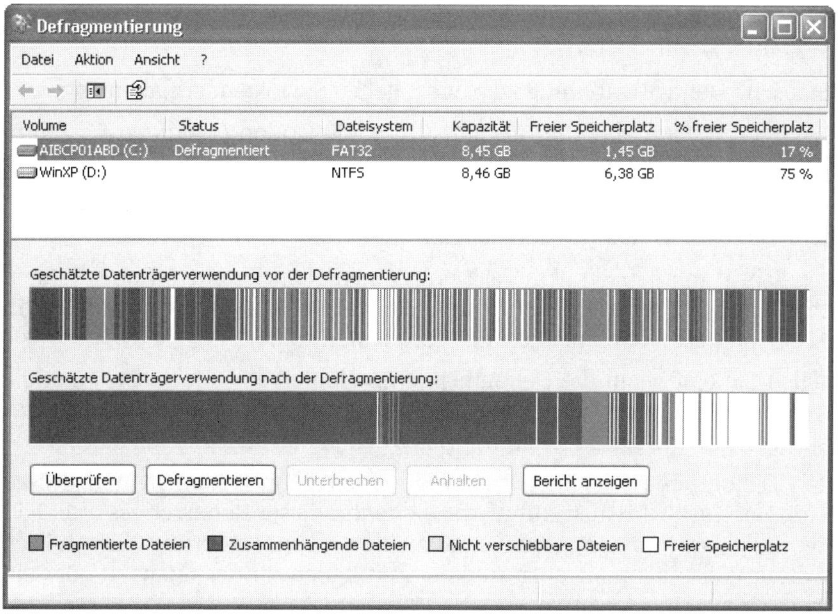

Ergebnis der Defragmentierung.

Bedingt durch offene Dateien, unverschiebbare Bereiche und begrenzten Speicherplatz auf dem Laufwerk wird die Defragmentierung so gut wie nie eine hundertprozentig unfragmentierte Platte herstellen können. Zur Kontrolle wird am Ende ein Bericht angezeigt. Liefert der erste Durchlauf noch kein gutes Ergebnis, startet die Defragmentierung am Ende automatisch erneut.

Defragmentierung von der Kommandozeile

Die Defragmentierung großer Laufwerke sollte in Zeiten passieren, in denen der Rechner wenig belastet ist. Da bietet es sich an, solche Vorgänge automatisiert zum Beispiel einmal in der Woche während der Nacht laufen zu lassen.

Das Defragmentierungsprogramm bietet leider keine Möglichkeit der Automatisierung. Es gibt aber ein zweites, kommandozeilenorientiertes Tool, das man mithilfe des Windows-Task-Planer automatisch laufen lassen kann.

Die Syntax lautet:

```
defrag <Volume> [-a] [-f] [-v]
```

Dabei haben die Parameter die folgenden Bedeutungen:

Parameter	Bedeutung
Volume	Laufwerkbuchstabe oder Bereitstellungspunkt im Dateisystem. Es können keine einzelnen Verzeichnisse defragmentiert werden, nur ganze Partitionen.
-a	Überprüfungsmodus ohne wirkliche Defragmentierung
-f	Erzwingt das Defragmentieren auch bei wenig freiem Speicherplatz. Normalerweise läuft auch das kommandozeilenorientierte Tool nur, wenn mindestens 15 % Speicherplatz auf dem Laufwerk frei sind.
-v	Ausführliche Textausgabe

Das Kommandozeilen-Tool läuft nicht, solange ein Fenster mit dem Windows-Defragmentierungsprogramm geöffnet ist.

Um eine automatische Defragmentierung zu planen, gehen Sie folgendermaßen vor:

1. Wählen Sie unter *Systemsteuerung/Geplante Tasks* die Option *Geplanten Task hinzufügen*.
2. Suchen Sie im ersten Schritt des Assistenten für geplante Tasks die Datei *DEFRAG.EXE* aus dem Verzeichnis *\windows\system32*.
3. Im nächsten Schritt müssen Sie dem Task noch einen Namen geben. Dabei können Sie es auch einfach bei der Vorgabe belassen. Außerdem müssen Sie auswählen, in welchen Abständen der Defragmentierungs-Task laufen soll.
4. Danach stellen Sie ein, wann die Defragmentierung laufen soll. Dabei bedeutet die Zahl der Woche nicht, in der wievielten Kalenderwoche eines Monats oder Jahres der Task ausgeführt wird, sondern alle wie viel Wochen nach dem ersten Start.
5. Im nächsten Dialog des Assistenten geben Sie einen Benutzernamen und dessen Kennwort an. Der Task wird ausgeführt, wie wenn ihn dieser Benutzer gestartet hätte. Beachten Sie, dass nur ein Administrator eine Defragmentierung durchführen kann. Auf diese Weise kann sie aber zu einer Zeit laufen, in der niemand oder ein anderer Benutzer angemeldet ist.
6. Im letzten Dialog müssen Sie unbedingt die Option *Erweiterte Eigenschaften* aktivieren, da noch das zu defragmentierende Laufwerk angegeben werden muss.
7. Geben Sie in den Task-Eigenschaften in der Zeile *Starten* hinter dem Dateinamen als Parameter noch den Laufwerkbuchstaben des Laufwerks an, das defragmentiert werden soll.

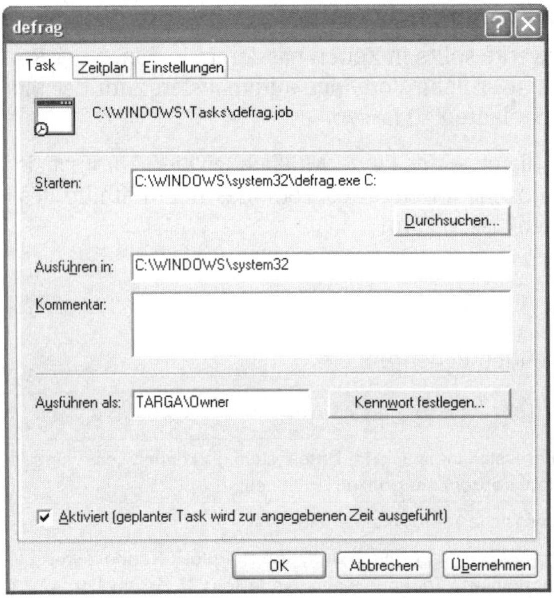

Detaillierte Task-Eigenschaften.

> **Defragmentieren mehrerer Laufwerke**
> Möchten Sie mehrere Laufwerke regelmäßig defragmentieren, müssen Sie dafür mehrere Tasks anlegen. Planen Sie diese so, dass sie sich nicht überschneiden, da immer nur eine Defragmentierung gleichzeitig laufen kann. Die Defragmentierungsvorgänge können sehr unterschiedlich lang dauern, deshalb legen Sie am besten die verschiedenen Tasks auf verschiedene Wochentage.

Bootvorgang durch Defragmentieren beschleunigen

Der Bootvorgang von Windows kann etwas beschleunigt werden, wenn alle dazu benötigten Dateien in einem Block am Anfang der Festplatte zusammengefasst sind.

Diese Funktion sollte bei der Windows XP-Installation automatisch aktiviert werden, was aber nicht immer der Fall ist.

Überprüfen Sie mit RegEdit, ob in der Registry der Parameter *Enable* im Schlüssel *HKEY_LOCAL_MACHINE\SOFTWARE\Microsoft\Dfrg\BootOptimizeFunction* auf *Y* steht.

Wenn nicht, setzen Sie ihn auf *Y*.

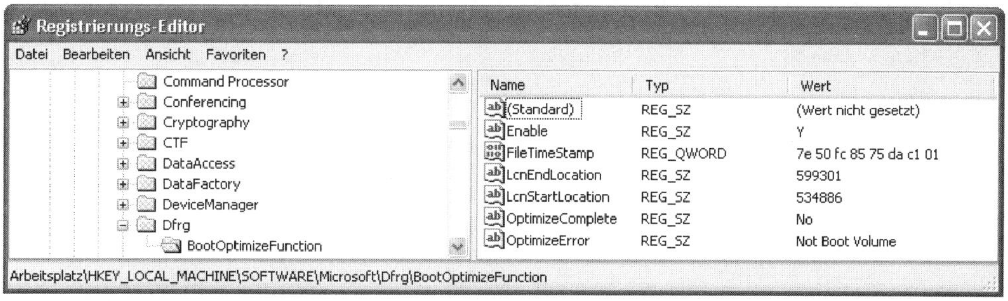

Bootoptimierung in der Registry.

Da die Bootoptimierung nicht immer funktioniert, bietet die Registry auch eine Überprüfungsmöglichkeit.

Nur wenn der Wert *OptimizeComplete* im gleichen Schlüssel auf *Yes* steht und unter *OptimizeError* keine Fehlermeldung eingetragen ist, war die Optimierung erfolgreich.

Ändern Sie diese beiden Werte auf keinen Fall! In den meisten Fällen, in denen eine Bootoptimierung nicht klappt, liegen die Windows XP-Dateien auf einer anderen Partition als der Bootblock, was bei nachträglich installierten Multiboot-Umgebungen der Regelfall ist.

Hier ist also für die nächste Windows-Version noch Verbesserungsbedarf.

> **Bootbeschleunigung mit BOOTVIS**
> Microsoft bietet bei *www.microsoft.com/hwdev/fastboot* das Programm BOOTVIS zum Download an, das den Bootvorgang des einzelnen PCs analysiert und zeitlich optimiert.

Laufwerkbeschleunigung und Schreib-Cache

Wichtige Faktoren für die schnelle Datenübertragung sind der Schreib-Cache und der DMA-Modus.

Der DMA-Modus (**D**irect **M**emory **A**ccess) ist bei aktuellen IDE ATA/ATAPI-Controllern meist möglich.

Windows XP konfiguriert diesen Modus normalerweise beim Setup automatisch.

Trotzdem sollten Sie es nachkontrollieren, besonders wenn die Festplatte subjektiv langsam ist.

Die Einstellung finden Sie im Geräte-Manager in den erweiterten Einstellungen der beiden IDE-Kanäle des IDE ATA/ATAPI-Controllers.

Hier sollte immer die Option *DMA, wenn verfügbar* aktiviert sein. Im Feld darunter wird der aktuell verwendete Übertragungsmodus angezeigt.

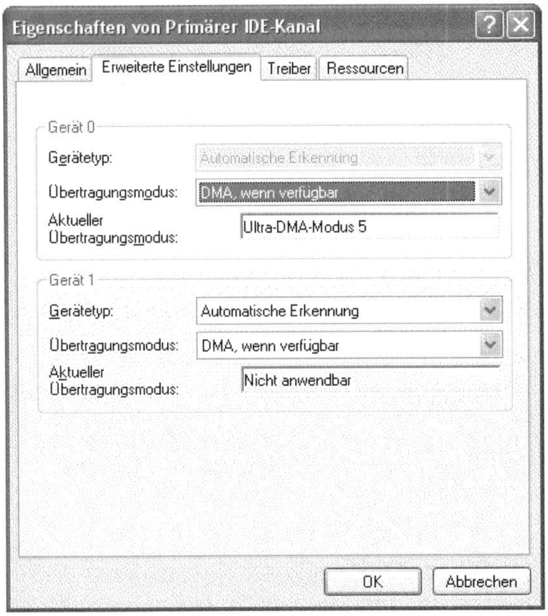

Eigenschaften des primären IDE-Kanals.

Der Schreib-Cache auf Festplatten bewirkt, dass die Daten, bevor sie auf die langsame Platte geschrieben werden, in einem schnellen Speicher gepuffert werden, um das System möglichst schnell wieder für andere Zwecke frei zu machen.

Windows XP installiert den Schreib-Cache normalerweise automatisch. Läuft Ihr System unerwartet langsam, können Sie den Schreib-Cache im Geräte-Manager unter *Laufwerke/Richtlinien aktivieren.*

In den Eigenschaften jedes Laufwerks kann der Schreib-Cache einzeln aktiviert werden.

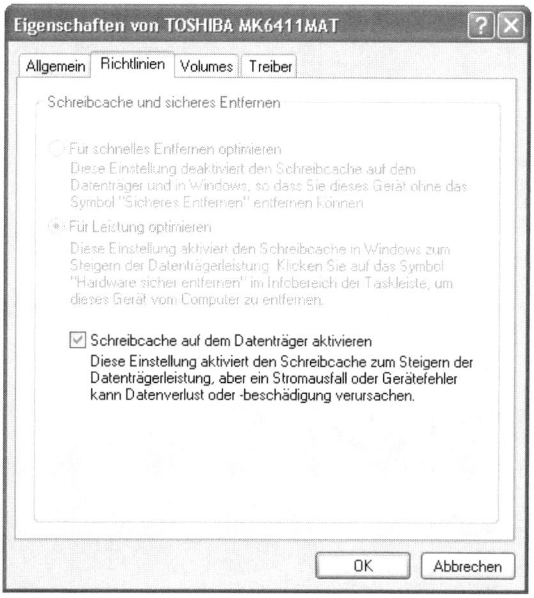

Aktivieren des Schreib-Cache für ein Laufwerk.

Festplattengeschwindigkeit überprüfen

Möchten Sie die Geschwindigkeit Ihrer Festplatte testen, brauchen Sie dafür kein externes Tuning-Tool.

Windows XP liefert ein eigenes Testprogramm für Performance-Messungen mit.

Dieses Programm finden Sie unter *Systemsteuerung/Verwaltung* unter dem Namen *Leistung*, oder Sie starten *PERFMON.EXE* direkt über *Start/Ausführen*.

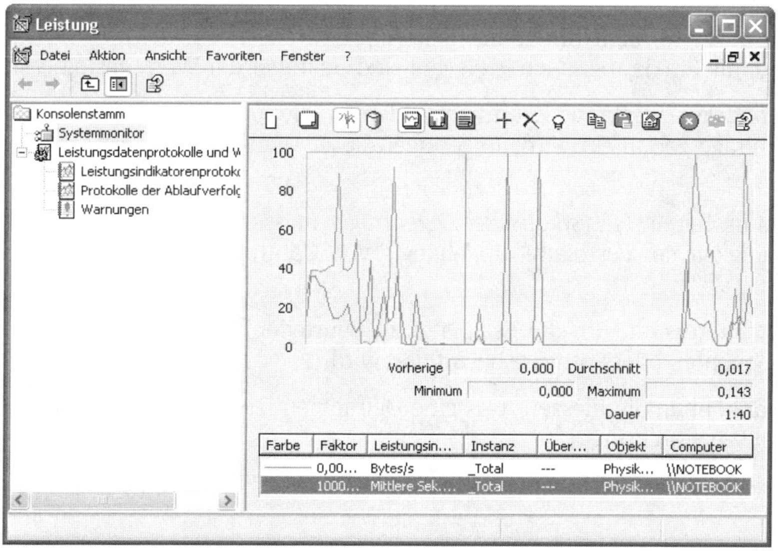

Leistungsmessung unter Windows XP.

1 Das Programm ermöglicht ein Testen verschiedenster Leistungsindikatoren. Um die Übersicht zu behalten, erstellen Sie als Erstes mit dem Symbol ganz links oder der Tastenkombination [Strg]+[E] einen neuen Leistungsindikatorensatz.

2 Fügen Sie jetzt mit dem Plussymbol oder der Tastenkombination Strg+I neue Leistungsindikatoren hinzu.

3 In der Liste finden Sie unter *Physikalischer Datenträger* eine Auswahl verschiedener Möglichkeiten zur Messung der Festplattenleistung.

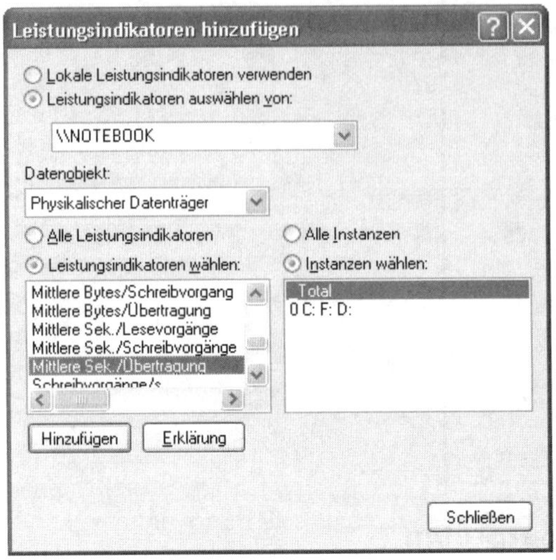

Leistungsindikatoren in PERFMON hinzufügen.

4 Viele dieser Indikatoren sind für die Leistungsmessung in Netzwerkservern gedacht. Für einzelne Rechner sind vor allem die Indikatoren *Bytes/s* und *Mittlere Sek./Übertragung* interessant.

Bytes/s liefert minimale Werte, maximale Werte und einen Durchschnitt für die Übertragungsrate der Festplatte, so wie sie von Windows XP verwendet wird, also mit dem Cache gerechnet.

Damit sind diese Werte nicht direkt mit den Angaben des Festplattenherstellers vergleichbar, die für die Praxis aber auch irrelevant sind. Je höher der Wert, desto besser.

Mittlere Sek./Übertragung gibt die Zeit in Sekunden an, die für die Datenübertragung einer Prozessoranfrage gebraucht wird. Je geringer dieser Wert ist, desto besser die Festplatte.

Die Indikatoren im Bereich *Physikalischer Datenträger* messen die tatsächliche Übertragungsgeschwindigkeit der Festplatte, unabhängig von Controller, Cache oder Dateisystem.

Dieser Wert ist interessant, um die Festplatte zu beurteilen, da er nicht von anderen Hardwarekomponenten oder Software beeinflusst wird.

Mit diesem Tool können Sie messen, was eine Defragmentierung der Platte wirklich an Geschwindigkeitsgewinn bringt.

Näheres zur Leistungsüberwachung von Windows XP finden Sie in Kapitel 10.

7.6 Laufwerke aufräumen

Im Laufe der Zeit sammeln sich auf Windows-Systemen viele überflüssige Daten und Dateileichen an, wie zum Beispiel Temporärverzeichnisse von Installationsprogrammen, Browsercache oder temporäre Kopien entpackter ZIP-Archive.

Es gibt viele kommerzielle Programme, die sich dieses Problems annehmen, aber Windows XP liefert auch einige Bordmittel.

Die Datenträgerbereinigung

Windows XP liefert ein eigenes Tool mit, das dabei helfen soll, überflüssige Dateien von der Festplatte zu löschen, um so freien Speicherplatz zu gewinnen.

Das Programm können Sie über *Start/Alle Programme/Zubehör/Systemprogramme/Datenträgerbereinigung* oder über die Schaltfläche *Bereinigen* in den Eigenschaften eines Laufwerks aufrufen.

Bei der letzten Methode wird die erneute Auswahl des zu bereinigenden Laufwerks übersprungen.

Außerdem öffnet sich eine Warnung, wenn auf einer Festplatte nur noch weniger als 200 MByte freier Platz ist.

Von dieser Warnung können Sie direkt die Datenträgerbereinigung starten.

Automatische Warnung verhindern
Stört Sie das ewig aufblendende Warnfenster bei vollen Festplatten? Mit einem Registry-Eintrag können Sie diese Meldung deaktivieren. Fügen Sie mit RegEdit unter *HKEY_CURRENT_USER\Software\Mircosoft\Windows\CurrentVersion\Policies\Explorer* einen neuen DWORD-Wert *NoLowDiskSpaceCheck* hinzu und geben Sie ihm den Wert 1. Ist auf einer Platte nur noch sehr wenig freier Speicherplatz, kann es dazu kommen, dass geöffnete Dateien nicht mehr gesichert werden können. Wird die „magische Grenze" von etwa 20 MByte freiem Festplattenspeicher auf dem Systemlaufwerk unterschritten, stürzt Windows XP kommentarlos ab.

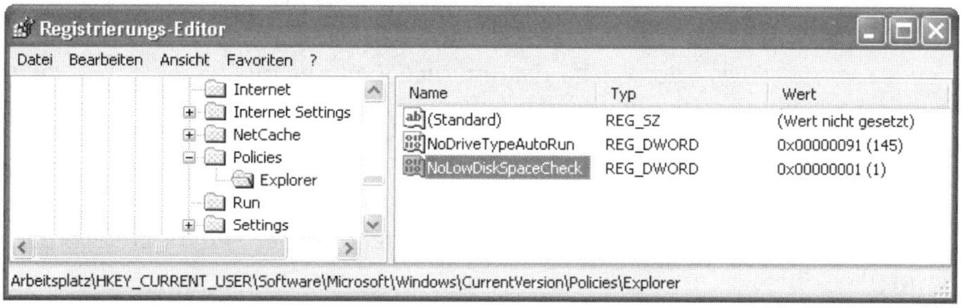

Neuer Registry-Wert zum Unterdrücken der Warnung bei vollen Festplatten.

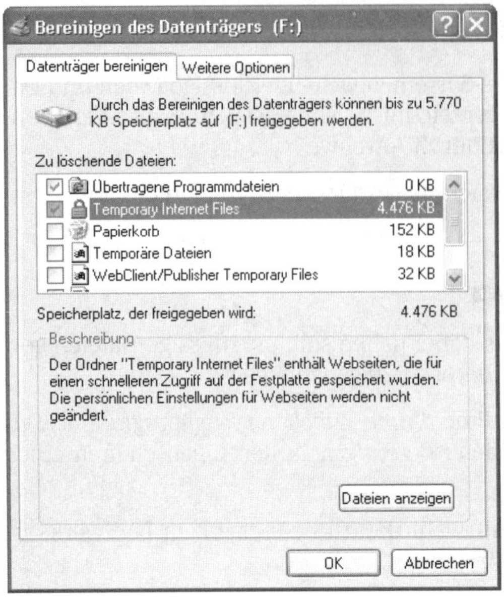

Datenträgerbereinigung.

Das Programm ermittelt verschiedene Kategorien von Dateien, die mit großer Wahrscheinlichkeit unwichtig sind, und bietet sie zum Löschen an.

Dabei wird auch gleich angezeigt, wie viel Speicherplatz beim Löschen frei wird. Einige Optionen werden nur dann angezeigt, wenn in diesem Bereich auch Dateien vorliegen.

Darunter sind keine Dateien, die zum Betrieb des Systems essenziell nötig sind. Außerdem werden nur Verzeichnisse vorgeschlagen, in denen Benutzer keine eigenen Dateien ablegen sollten. Sicherheitshalber sollten Sie aber trotzdem vor dem Bereinigen überprüfen, was gelöscht wird, und Windows XP hier nicht blind vertrauen.

- *Übertragene Programmdateien* – ActiveX-Steuerelemente und Java-Applets, die von Webseiten heruntergeladen wurden. Diese Dateien befinden sich im Verzeichnis *\WINDOWS\Downloaded Program Files*. Werden diese Dateien gelöscht und wird die entsprechende Seite später wieder besucht, müssen die Dateien erneut heruntergeladen werden, was dann zu längeren Ladezeiten führt.
- *Temporary Internet Files* – der Cache des Internet Explorer im Verzeichnis *\Dokumente und Einstellungen\Benutzername\Lokale Einstellungen\Temporary Internet Files*. Der Verlaufsordner und die als Offlinewebseiten gespeicherten Inhalte sind davon nicht betroffen. Die Datenträgerbereinigung berücksichtigt nur den Cache des Internet Explorer, nicht die Cache-Verzeichnisse anderer installierter Browser. Da der Cache aus sehr vielen, sehr kleinen Dateien besteht, ist der effektiv frei werdende Speicherplatz hoch.
- *Offlinewebseiten* –Seiten, die mit dem Internet Explorer zum Offline-Lesen zur Verfügung gestellt wurden.
- *Papierkorb* – diese Option entspricht dem Leeren des Papierkorbs.
- *Temporäre Dateien* – entfernt Temporärdateien aus dem TEMP-Verzeichnis des aktuellen Benutzers: *\Dokumente und Einstellungen\Benutzername\Lokale Einstellungen\Temp*. Das allgemeine Windows TEMP-Verzeichnis wird nicht berücksichtigt. Auch werden nur Dateien gelöscht, die Windows XP selbst angelegt hat. Sie sollten

diese Verzeichnisse also lieber regelmäßig manuell löschen. Einige wenige Programme legen ihre Uninstall-Informationen im TEMP-Verzeichnis ab und können nach dem Löschen dieser Dateien nicht mehr deinstalliert werden. Dieses Verfahren entspricht allerdings keineswegs dem Windows-Standard. Uninstall-Informationen von Programmen sollten immer im Programmverzeichnis oder in einem Unterverzeichnis von *%systemroot%\uninstall* liegen.

- *WebClient/Publisher Temporary Files* - Cache-Dateien des WebClient/Publisher-Dienstes.
- *Temporäre Offline-Dateien* - temporäre Kopien von Dateien, auf die über das Netzwerk zugegriffen wurde; nur vorhanden, wenn der Offlinemodus aktiviert ist. Dabei handelt es sich nur um Dateien, die automatisch offline gespeichert wurden, nicht um solche, die manuell zur Offlineverwendung ausgewählt wurden.
- *Offline-Dateien* - lokale Kopien von Dateien aus dem Netzwerk; nur vorhanden, wenn der Offlinemodus aktiviert ist. Falls Sie im Offlinemodus Dateien verändert haben oder daran weiter arbeiten wollen, dürfen Sie diese nicht löschen.
- *Alte Dateien komprimieren* - Diese Option löscht nichts, sondern komprimiert alle Dateien, auf die während einer frei wählbaren Frist nicht zugegriffen wurde. Die Dateien sind trotzdem weiterhin verwendbar. Der frei werdende Speicherplatz ist hier nur geschätzt, da sich verschiedene Dateiformate unterschiedlich gut komprimieren lassen. Diese Option wird nur auf NTFS-Laufwerken angeboten.
- *Katalogdateien für den Inhaltsindex* - der Indexdienst legt Kataloge zum schnelleren Durchsuchen von Laufwerken an. Alte Katalogdateien werden normalerweise automatisch gelöscht. Sollten noch welche übrig sein, findet diese Option sie. Die Dateien können gefahrlos gelöscht werden. Informationen zum Abschalten des Indexdienstes finden Sie in Kapitel 10.

Letztes Zugriffsdatum anzeigen

Die Datenträgerbereinigung ist leider nicht in der Lage, die Dateien, die von der Option *Alte Dateien komprimieren* komprimiert werden, anzuzeigen. Möchten Sie sich selbst einen Überblick darüber verschaffen, welche Dateien lange nicht benutzt wurden, gehen Sie folgendermaßen vor:

1. Geben Sie im Explorer eine Suchanfrage ein, bei der Sie nach dem Dateinamen *.* auf dem gewünschten Laufwerk suchen. Aktivieren Sie dabei die Option *Unterordner durchsuchen*.
2. Schalten Sie im Explorer auf Detailansicht und klicken Sie mit der rechten Maustaste auf eine der Spaltenüberschriften.
3. Wählen Sie im Menü die Option *Weitere* und aktivieren Sie in der Dialogbox das Kontrollkästchen *Letzter Zugriff am*.

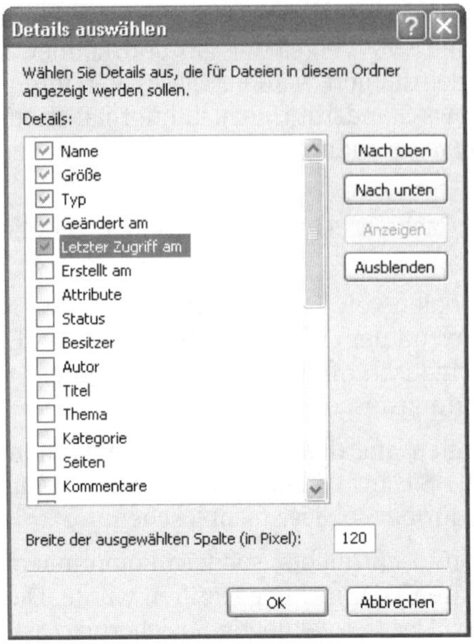

Hinzufügen einer Spalte in der Detailansicht des Explorer.

4 Lassen Sie die Detailansicht jetzt nach dieser Spalte sortieren. Es werden alle Dateien auf dem Laufwerk nach ihrem letzten Zugriff sortiert.

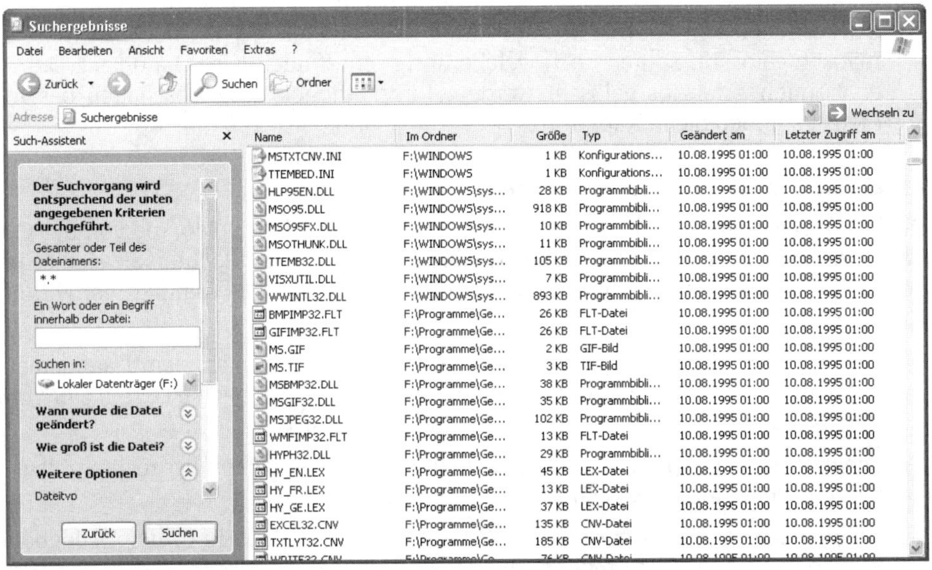

Dateien nach letztem Zugriff sortiert.

Dabei werden Sie feststellen, dass Sie einen großen Teil der DLL-Dateien unter *\WINDOWS\SYSTEM32* und auch die komplette Windows-Hilfe so gut wie nie benutzen, also problemlos komprimieren können.

Nur NTFS

Das hier beschriebene Verfahren funktioniert nur auf NTFS-Laufwerken, da FAT-Dateisysteme nicht in der Lage sind, das letzte Zugriffsdatum zu protokollieren. In Kapitel 9 finden Sie eine Methode, wie Sie diese Protokollfunktion bei Bedarf abschalten können, wenn Sie zum Beispiel aus Datenschutzgründen Dateizugriffe verschleiern wollen. Außerdem erhöht sich die Performance beim Zugriff auf NTFS-Laufwerke minimal ohne die Zugriffsprotokollierung.

Beseitigung nicht benötigter Windows-Komponenten

Auch die größte Festplatte ist irgendwann voll. Dabei wird oftmals ein nicht zu vernachlässigender Teil des wertvollen Festplattenplatzes mit Daten belegt, die nicht benutzt werden. Dazu gehören auch zahlreiche Windows-Komponenten, die automatisch installiert wurden. Diese belegen nicht nur Speicherplatz, sondern kosten unter Umständen auch Performance, wenn sie beim Windows-Start in den Arbeitsspeicher geladen werden, ohne dass sie je verwendet werden. Die folgenden Abschnitte zeigen einige Komponenten, die viele Anwender auf ihrer Festplatte haben, aber nie benutzen.

Windows XP bietet beim Setup nicht mehr wie frühere Windows-Versionen eine Auswahlmöglichkeit für Komponenten, die installiert werden sollen. Es wird grundsätzlich immer alles installiert. Sie können aber nachträglich einige Komponenten deinstallieren und damit Platz gewinnen.

Die Deinstallation von Windows-Komponenten finden Sie entweder auf der Registerkarte *Weitere Optionen* in der Datenträgerbereinigung oder über *Systemsteuerung/Software/Windows-Komponenten hinzufügen und entfernen*.

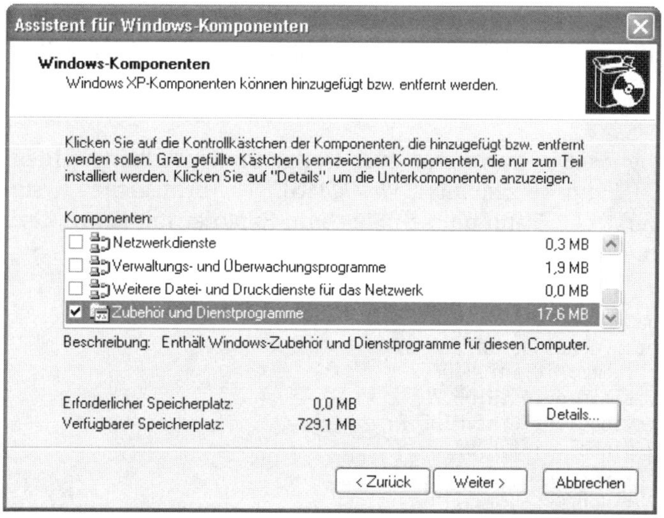

Löschen von Windows-Komponenten.

Hier können Sie z. B. den MSN Explorer und die Spiele löschen. Überlegen Sie gut, welche Programme aus dem Bereich *Zubehör* Sie wirklich brauchen. In der Liste werden die wichtigen System- und Kommunikationsprogramme ohnehin nicht angezeigt. Viele Anwender verwenden von den optionalen Komponenten – wenn überhaupt – nur den Rechner und die Zeichentabelle. Nach der Deinstallation sollten Sie das Verzeichnis *\Programme\MSN Gaming Zone* manuell löschen, da das Deinstallationsprogramm hier unvollständig arbeitet.

Für die meisten Anwender ist auch NetMeeting und das Verzeichnis *\Programme\Online Dienste* überflüssig, in dem auf vielen PCs als Werbung die Zugangssoftware für AOL oder CompuServe zur Installation bereitliegt. Es handelt sich hierbei nur um Setup-Dateien, die Sie problemlos einfach löschen können und nicht zu deinstallieren brauchen.

Auch die multimediale Windows XP-Tour wird kaum ein fortgeschrittener Anwender jemals verwenden. Durch Löschen des Verzeichnisses *\WINDOWS\Help\Tours* einschließlich aller Unterverzeichnisse können Sie etwa 26 MByte Platz gewinnen. Den Eintrag für die Tour im Startmenü können Sie dann natürlich ebenfalls löschen.

Die Datei *TOUR.EXE* im Unterverzeichnis *MMTOUR* lässt sich nicht löschen, da sie vom Windows-Dateischutz blockiert wird. Löschen Sie die Datei *TOURW.EXE* im Verzeichnis *\WINDOWS\SYSTEM32\DLLCACHE*. Anschließend lässt sich *TOUR.EXE* auch löschen. Es erscheint einmal eine Fehlermeldung, wenn der Windows-Dateischutz versucht, die fehlende Datei zu ersetzen. Bestätigen Sie diese auch in der deutschen Windows XP-Version englischsprachige Meldung mit *Ja*, damit sie nicht bei jedem Windows-Start wieder erscheint.

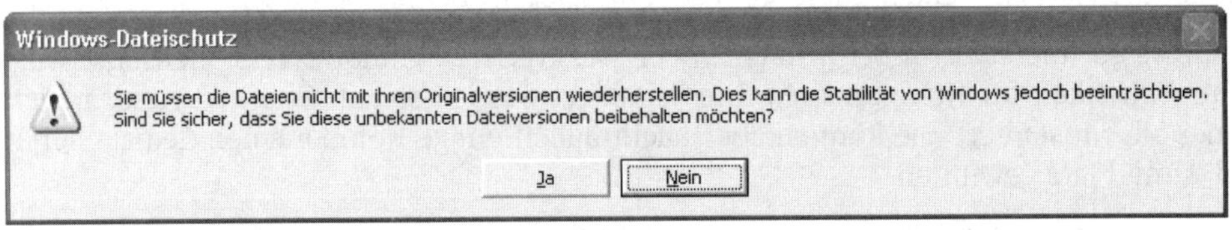

Meldung des Windows-Dateischutzes beim Versuch, eine nicht mehr vorhandene Datei zu restaurieren.

Nicht angezeigte Komponenten deinstallieren

Einige Systemkomponenten sollen nach der Microsoft-Produktpolitik vom Anwender nicht deinstalliert werden und werden deshalb hier nicht angeboten. Dabei handelt es sich vor allem um Spyware, also Programme, die Daten sammeln und an Microsoft zurücksenden, wie zum Beispiel der Messenger.

Mit einem kleinen Trick können diese Programme aber trotzdem deinstalliert werden. Editieren Sie die Datei *SYSOC.INF* im Verzeichnis *\WINDOWS\INF*. Auf manchen Systemen ist das *INF*-Verzeichnis versteckt. Dann müssen Sie es im Explorer mit *Extras/Ordneroptionen* einblenden lassen.

```
...
Games=ocgen.dll,OcEntry,games.inf,,7
AccessUtil=ocgen.dll,OcEntry,accessor.inf,,7
CommApps=ocgen.dll,OcEntry,communic.inf,HIDE,7
MultiM=ocgen.dll,OcEntry,multimed.inf,HIDE,7
AccessOpt=ocgen.dll,OcEntry,optional.inf,HIDE,7
Pinball=ocgen.dll,OcEntry,pinball.inf,HIDE,7
MSWordPad=ocgen.dll,OcEntry,wordpad.inf,HIDE,7
ZoneGames=zoneoc.dll,ZoneSetupProc,igames.inf,,7
```

Löschen Sie in der Datei *SYSOC.INF* überall das Wort *HIDE*. Die Kommas müssen stehen bleiben. Bei der Deinstallation von Windows-Komponenten tauchen jetzt deutlich mehr Komponenten auf.

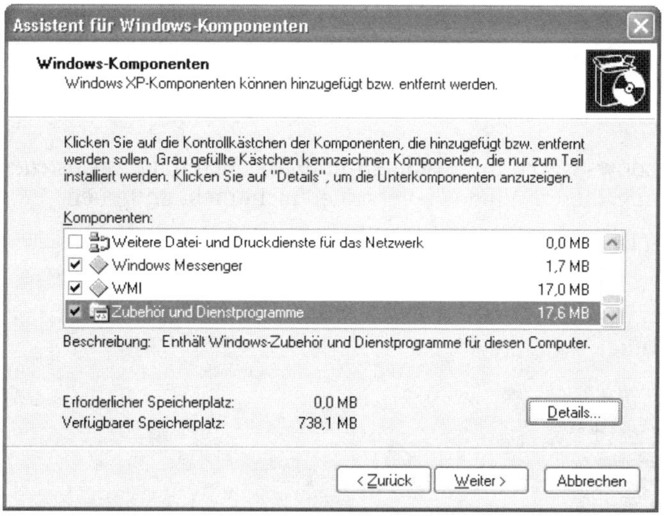

Deinstallieren versteckter Systemkomponenten.

Die Komponenten COM+ und WMI sollten nicht verändert oder gelöscht werden.

Verschiedene Programme, die OLE-Funktionen nutzen, aber auch einige ActiveX-Controls setzen diese Komponenten für ein einwandfreies Funktionieren voraus.

Weniger um Speicherplatz zu sparen, sondern eher um Spionageversuche abzublocken, sollten Sie hier den Windows-Messenger und evtl. die automatische Update-Funktion deinstallieren. Löschen Sie danach auch die Verzeichnisse *\Programme\Messenger* und *\Programme\WindowsUpdate*.

Unter *Zubehör und Dienstprogramme* installiert Windows XP standardmäßig ohne Nachfrage eine Menge an Komponenten, die kaum ein Anwender je benutzt.

Die Tabelle zeigt die wichtigsten davon und, wozu diese gebraucht werden können.

Entscheiden Sie danach, welche Komponenten Sie problemlos deinstallieren können:

Komponente	Nutzung
Eingabehilfen-Assistent	Verwendung spezieller Eingabegeräte für Behinderte
Hyperterminal	Einfaches Telnet-Programm, wird eventuell zur Konfiguration von Routern gebraucht
Telefon	Einfaches Netzwerkkommunikationsprogramm
Wählhilfe	Programm zum Wählen einer Telefonnummer mit einem Modem
Lautstärkeregelung	Erweiterte Lautstärkeregelung in der Taskleiste
Media Player	Die alte Windows-Medienwiedergabe, nicht der Windows Media Player
Desktop-Hintergrund	Hintergrundbilder für den Desktop
Mauszeiger	Animierte Mauszeiger
Paint	Sehr einfaches Malprogramm
Multimedia-Audioschema	Zusätzliche Systemklänge

Entfernen von Outlook Express

Die Microsoft-E-Mail-Programme Outlook und Outlook Express stellen erhebliche Sicherheitsrisiken dar. Das gilt leider auch, wenn man nur Netscape, Opera oder ein anderes E-Mail-Programm benutzt.

Outlook Express wird mit Windows XP zwangsinstalliert und lässt sich mit *Systemsteuerung/Software* im Gegensatz zu früheren Windows-Versionen nicht mehr entfernen.

Hier sind manuelle Arbeiten nötig.

Im ersten Schritt löschen Sie die folgenden Dateien:

Verzeichnis	**Datei**
%systemroot%\system32	*inetcomm.dll*
%systemroot%\system32	*msoeacct.dll*
%systemroot%\system32	*msoert2.dll*
%commonprogramfiles%\system	*directdb.dll*
%commonprogramfiles%\system	*wab32.dll*
%commonprogramfiles%\system	*wab32res.dll*

Bei einigen Dateien wird eine Meldung des Windows-Dateischutzes erscheinen, dass Sie die Windows XP-CD einlegen müssen. Legen Sie die CD nicht ein und übergehen Sie alle Meldungen. Löschen Sie danach das komplette Verzeichnis, in dem Outlook Express installiert ist. Standardmäßig ist das *%programfiles\Outlook express*.

Löschen Sie anschließend noch die folgenden Registry-Schlüssel einschließlich eventuell vorhandener Unterschlüssel:

- *HKEY_CURRENT_USER\Identities*
- *HKEY_CURRENT_USER\Software\Microsoft\Outlook Express*
- *HKEY_CURRENT_USER\Software\Microsoft\WAB*
- *HKEY_LOCAL_MACHINE\Software\Microsoft\Outlook Express*
- *HKEY_LOCAL_MACHINE\Software\Microsoft\WAB*
- *HKEY_LOCAL_MACHINE\Software\Microsoft\Active Setup\Installed Components\{44BBA840-CC51-11CF- AAFA-00AA00B6015C}*
- *HKEY_LOCAL_MACHINE\Software\Microsoft\Active Setup\Installed Components\{7790769C- 0471-11d2- AF11-00C04FA35D02}*

Suchen Sie noch die folgenden weiteren Registry-Schlüssel, die nicht bei jeder Installation vorhanden sind, und löschen Sie sie auch:

- *HKEY_USERS\.DEFAULT\Software\Microsoft\Outlook Express*
- *HKEY_USERS\.DEFAULT\Software\Microsoft\WAB*

Sowie in den Unterschlüsseln der einzelnen Benutzer:

- *HKEY_USERS\...\Software\Microsoft\Outlook Express*
- *HKEY_USERS\...\Software\Microsoft\WAB*

Für Outlook Express 5 bot Microsoft noch ein Tool an, das die Registry-Einträge automatisch beseitigt. Dieses gibt es für Outlook Express 6 aus Windows XP nicht mehr.

Unter *Extras/Ordneroptionen/Dateitypen* im Windows-Explorer können Sie zum Schluss die von Outlook Express belegten Dateitypen EML, NWS und VCF löschen, falls diese nicht bereits von Ihrem neuen E-Mail-Programm reserviert wurden, was meistens nur bei VCF der Fall ist.

Standardordner verlagern

Neben dem Beseitigen nicht benötigter Programme und Windows-Komponenten gehört auch eine aufgeräumte Festplatte mit sinnvoller Verzeichnis- und Partitionsstruktur zu einem effizienten System.

Windows XP verwendet standardmäßig für alle Programme und Benutzerdaten die Startpartition, normalerweise C:. Dies ist aus mehreren Gründen nicht sinnvoll:

- Bei schweren Systemabstürzen und auch bei Neuinstallationen gehen eigene Daten verloren. Wären sie auf einem anderen Laufwerk, könnte das Betriebssystem einfach neu installiert werden.
- Die Startpartition wird schneller voll und fragmentiert auch stärker, was zu Lasten der Gesamt-Performance geht.
- Eine Datensicherung einer reinen Datenpartition geht schneller und unproblematischer als bei einer großen Partition, die zusätzlich auch Programme und das Betriebssystem enthält.

Eine gute Empfehlung sind vier getrennte Partitionen für:

- Betriebssystem
- nachträglich installierte Programme
- Eigene Dateien
- Temporärdateien, Cache und Auslagerungsdatei

Fast jedes Programm bietet die Möglichkeit, die erstellten eigenen Dateien in einem beliebigen Verzeichnis abzuspeichern.

Die meisten Programme ermöglichen es auch, ein Verzeichnis festzulegen, in dem vorgabemäßig gespeichert wird, sodass Sie nicht bei jedem Speichern erst mühsam das Verzeichnis wechseln müssen.

Bietet ein Programm diese Option nicht an, hilft es meistens, in der entsprechenden Startmenü-Verknüpfung den Pfad unter *Ausführen in* zu ändern.

Das hier angegebene Verzeichnis wird oft auch als Standardverzeichnis zum Öffnen und Speichern von Daten verwendet.

Datenspeicherung in Outlook Express

Ein Sonderfall für die Speicherung von Benutzerdaten stellt das E-Mail-Programm Outlook Express dar. Standardmäßig wird auf dem Systemlaufwerk unter *\Dokumente und Einstellungen\Christian\Lokale Einstellungen\Anwendungsdaten* eine Unterverzeichnisstruktur *Identities\{Benutzer-ID}\Microsoft\Outlook Express* angelegt, wobei eine 32-stellige Benutzer-ID aus der Registry übernommen wird.

In diesem Verzeichnis liegen die verschiedenen E-Mail-Ordner als einzelne Dateien.

In Outlook Express können Sie dieses Verzeichnis über *Extras/Optionen* auf der Registerkarte *Wartung* mit der Schaltfläche *Speicherordner* ändern.

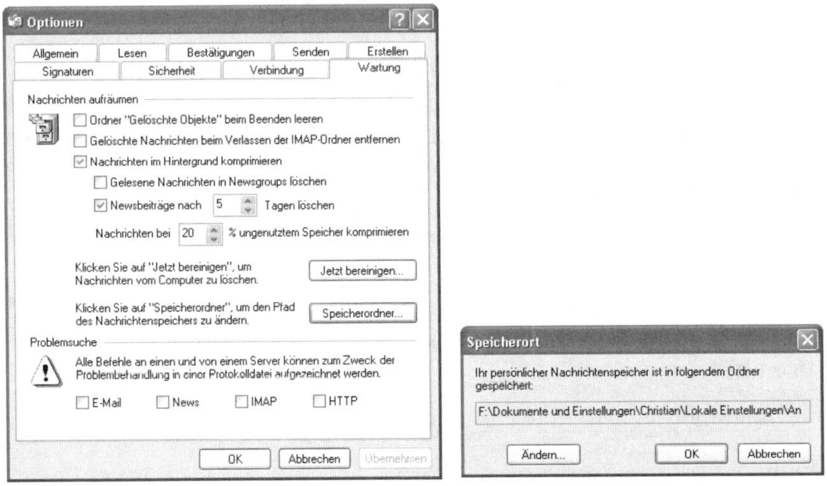

Ändern des Speicherordners in Outlook Express.

Wenn Sie hier ein anderes Verzeichnis angeben, Outlook Express verlassen und wieder neu starten, wird nicht nur das eingestellte Verzeichnis geändert, sondern die vorhandenen Mail-Daten automatisch verschoben.

Sie brauchen also nicht wie bei den meisten anderen Programmen Ihre eigenen Dateien noch in das neue Verzeichnis zu verschieben.

Eigene Dateien verlegen

Windows XP speichert verschiedene persönliche Einstellungen, aber auch Dokumente, Vorlagen, den persönlichen Desktop und den Cache des Internet Explorer in der Verzeichnisstruktur *\Dokumente und Einstellungen\Benutzername\...*

Alle diese Daten können Sie auf ein anderes Laufwerk oder in eine beliebige andere Verzeichnisstruktur legen, indem Sie die entsprechenden Werte in diesem Registry-Schlüssel verändern: *HKEY_CURRENT_USER\Software\Microsoft\Windows\CurrentVersion\Explorer\Shell Folders.*

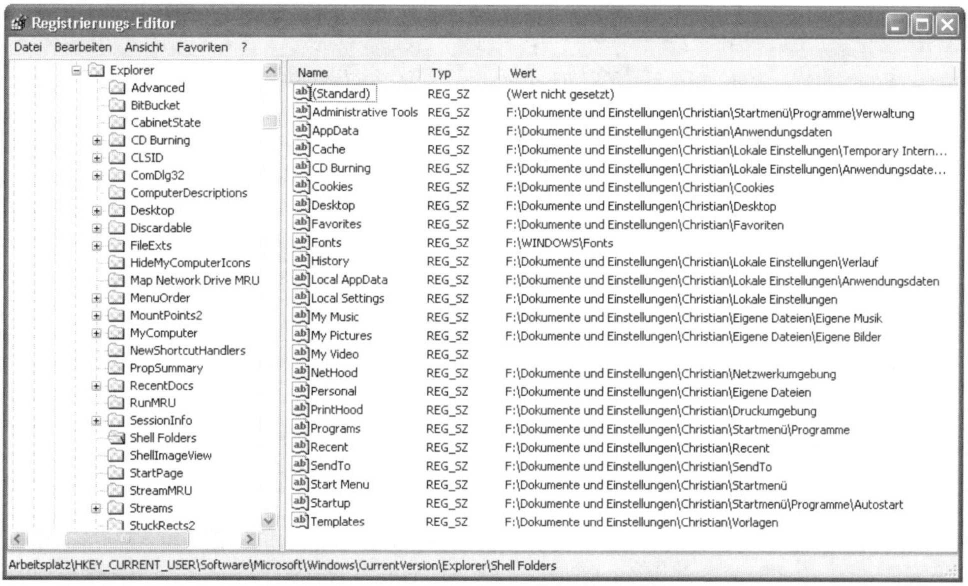

Einstellung der Verzeichnispfade für Eigene Dateien in der Registry.

Nach dem Ändern der Verzeichnispfade in der Registry müssen Sie noch die vorhandenen Dateien aus den alten Verzeichnissen in die neuen verschieben, damit sie später von den Programmen wieder gefunden werden.

Wenn Sie mit mehreren Benutzern an einem Rechner arbeiten, bietet der Windows-Explorer Verknüpfungen zu den Datenverzeichnissen jedes Benutzers, die standardmäßig alle auf *\Dokumente und Einstellungen\Benutzername\Eigene Dateien* zeigen.

Diese Pfade sind in der Registry unter *HKEY_LOCAL_MACHINE\SOFTWARE\Microsoft\Windows\CurrentVersion\Explorer\DocFolderPaths* gespeichert und können dort auch geändert werden, sodass die Verknüpfungen auf beliebige andere Verzeichnisse zeigen.

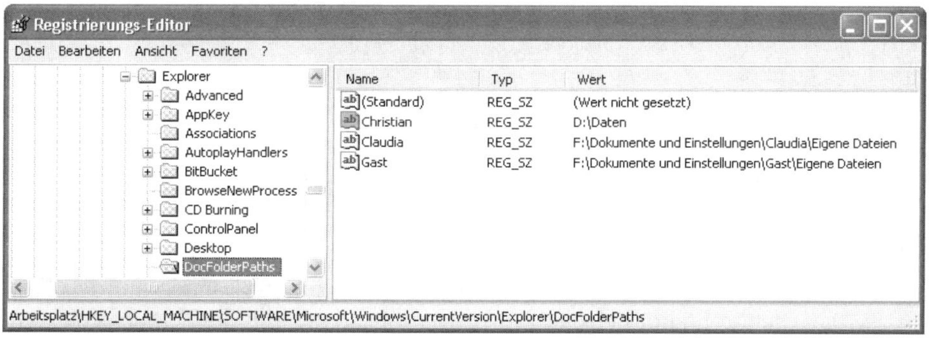

Pfade für Benutzerverzeichnisse.

Die gemeinsamen Verzeichnisse aller Benutzer ändern Sie in folgenden Registry-Schlüsseln:

Verzeichnis	Registry-Schlüssel
Gemeinsame Dokumente	*HKEY_LOCAL_MACHINE\SOFTWARE\Microsoft\Windows\CurrentVersion\Explorer\Shell Folders\Common Documents*
Gemeinsame Bilder	*HKEY_LOCAL_MACHINE\SOFTWARE\Microsoft\Windows\CurrentVersion\Explorer\Shell Folders\CommonPictures*
Gemeinsame Musik	*HKEY_LOCAL_MACHINE\SOFTWARE\Microsoft\Windows\CurrentVersion\Explorer\Shell Folders\CommonMusic*

Die Voreinstellung für diese Verzeichnisse beim Anlegen neuer Benutzer ändern Sie hier:

HKEY_USERS\.DEFAULT\Software\Microsoft\Windows\CurrentVersion\Explorer\User Shell Folders

Theoretisch können Sie neue Programme in jedes beliebige Verzeichnis auf einem beliebigen Laufwerk installieren. Windows XP schlägt standardmäßig immer ein Unterverzeichnis unter *C:\Programme* vor.

Um eine gewisse Übersichtlichkeit und Einheitlichkeit zu bewahren, können Sie diese Vorgabe im Registry-Schlüssel *HKEY_LOCAL_MACHINE\SOFTWARE\Microsoft\Windows\CurrentVersion* ändern:

- Der Wert *ProgramFilesDir* gibt das Vorgabeverzeichnis für Programminstallationen an.
- Viele große Softwarehersteller legen unter *\Programme\Gemeinsame Dateien* eigene Unterverzeichnisse an, in denen Programmkomponenten abgelegt werden, die von mehreren Softwarepaketen dieses Herstellers genutzt werden und so nur einmal installiert zu werden brauchen. Den Vorgabewert für dieses Verzeichnis ändern Sie mit dem Registry-Wert *CommonFilesDir*.

Gemeinsame Dateien beseitigen

Möchten Sie das Verzeichnis *Gemeinsame Dateien* nicht verwenden, hilft es nicht, es einfach zu löschen. Sie müssen zusätzlich im Registry-Schlüssel *HKEY_LOCAL_MACHINE\SOFTWARE\Microsoft\Windows\CurrentVersion\Explorer\My Computer\NameSpace\DelegateFolders* den Unterschlüssel *{59031a47-3f72-44a7-89c5-5595fe6b30ee}* löschen.

7.7 Systemfunktionen und Datenträger im optimierten Verbund

Zahlreiche Systemfunktionen greifen automatisch auf bestimmte Dateien auf den Festplatten zu. Dazu gehören zum Beispiel die Auslagerungsdatei und die Temporärdateien. Im Gegensatz zu Benutzerdaten werden diese ohne bewusstes Zutun des Anwenders angelegt und verwaltet.

Hier lässt sich gegenüber der vorgegebenen Windows XP-Grundeinstellung einiges optimieren, um das System schlanker, stabiler und schneller zu machen.

Auslagerungsdatei

Wenn Windows nicht mehr genug Arbeitsspeicher für alle laufenden Anwendungen hat, werden gerade nicht verwendete Speicherbereiche in den so genannten virtuellen Speicher auf der Festplatte ausgelagert. Windows XP verwaltet standardmäßig die Auslagerungsdatei dynamisch. Das bedeutet, dass immer nur so viel Speicher ausgelagert wird, wie wirklich notwendig ist. Leider kostet das ständige Verändern der Größe der Auslagerungsdatei erheblich Zeit, außerdem wird die Auslagerungsdatei so im Laufe der Zeit stark fragmentiert. Bei jeder Änderung der Größe muss sie komplett neu geschrieben werden. Erheblich besser ist hier eine permanente Auslagerungsdatei mit gleich bleibender Größe. Diese wird als fester unfragmentierter Block auf der Platte angelegt, auf den Windows an jeder beliebigen Stelle sofort zugreifen kann, ohne immer die ganze Datei neu organisieren zu müssen.

Unter *Systemsteuerung/System* finden Sie auf der Registerkarte *Leistungsmerkmale* den Bereich *Systemleistung*. Hier erscheint die Dialogbox *Leistungsoptionen*, auf der Sie wiederum auf der Registerkarte *Erweitert* eine Angabe zum virtuellen Arbeitsspeicher finden. Mit der Schaltfläche *Ändern* können Sie die Auslagerungsdatei einstellen. Die Auslagerungsdatei erscheint als Datei *PAGEFILE.SYS* im Hauptverzeichnis der Festplatte.

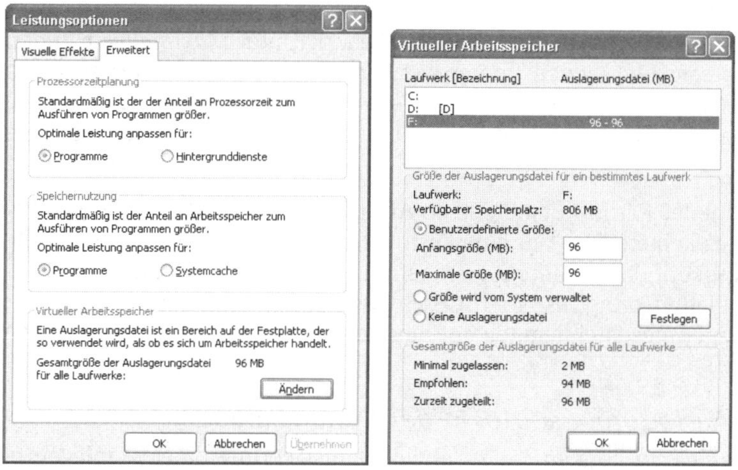

Einstellen der Auslagerungsdatei.

Dieser feste Block wird im Defragmentierungsprogramm als unbeweglich markiert. Sorgen Sie also vor der Definition einer permanenten Auslagerungsdatei dafür, dass genügend freier Festplattenplatz in einem Stück verfügbar ist, damit die Auslagerungsdatei nicht fragmentiert angelegt werden muss. Wenn Sie bereits eine fragmentierte Auslagerungsdatei haben, verlegen Sie diese am besten auf eine andere Partition.

Bei der Installation von Windows XP wird automatisch eine Auslagerungsdatei angelegt, die um 12 MByte größer ist als der vorhandene Arbeitsspeicher. Wenn Sie über ausreichend Plattenplatz verfügen, sollten Sie diese Auslagerungsdatei auf die doppelte Größe des Arbeitsspeichers vergrößern. Wie viel Arbeitsspeicher ein Windows XP-Rechner im laufenden Betrieb tatsächlich benötigt, können Sie im Task-Manager unter *Zugesicherter Speicher* jederzeit mitverfolgen.

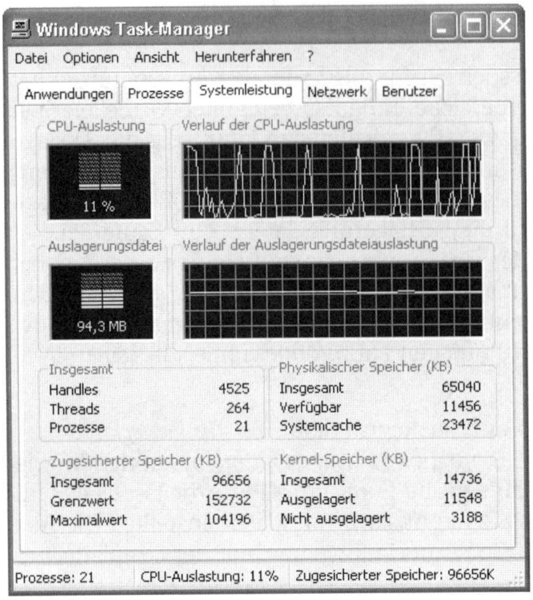

Speicherauslastung im Task-Manager.

Der Wert bei *Insgesamt* zeigt den aktuellen Speicherbedarf. Unter *Maximalwert* finden Sie das Maximum, das seit dem letzten Booten verwendet wurde. *Grenzwert* zeigt die Summe des tatsächlich vorhandenen RAMs und aller Auslagerungsdateien an. Solange zwischen dem Maximalwert und dem Grenzwert mindestens 30 MByte liegen, sind Sie auf der sicheren Seite.

Windows XP kann auf jeder Partition eine eigene Auslagerungsdatei *PAGEFILE.SYS* haben. Allerdings macht es keinen Sinn, auf eine Festplatte mehr als eine Auslagerungsdatei zu legen, da der Lesekopf dann ständig zwischen den Partitionen hin und her springen müsste. Bei SCSI-Platten bringt es einen Geschwindigkeitsgewinn, wenn auf jeder Platte eine kleine Auslagerungsdatei liegt, da auf diese dann parallel zugegriffen werden kann.

Einstellungen der Auslagerungsdatei in der Systemsteuerung

Unter *Systemsteuerung/System* können Sie zusätzliche Auslagerungsdateien anlegen oder die vorhandene vergrößern. Für jede Auslagerungsdatei können Sie eine Anfangsgröße und eine Maximalgröße angeben.

Wenn der Festplattenplatz ausreicht, sollten Sie hier die Anfangsgröße gleich auf die geplante Maximalgröße setzen. Damit verhindern Sie, dass das Betriebssystem ständig die Größe der Auslagerungsdatei anpassen muss.

Außerdem ist die Gefahr der Fragmentierung der Auslagerungsdatei kleiner, wenn diese permanent in gleicher Größe auf der Festplatte liegt.

Eigene Partition für Auslagerungsdatei und Temporärdateien

Sinnvollerweise verwenden Sie eine eigene Partition für Temporärdateien. Legen Sie auf diese Partition, solange sie noch leer ist, auch die Auslagerungsdatei. Diese liegt dann unfragmentiert im schnellsten Bereich am Anfang der Partition.

Speicherauslagerung optimieren

Windows XP lagert standardmäßig immer Daten in die Auslagerungsdatei aus, auch wenn noch genügend RAM zur Verfügung steht.

Mit einigen Registry-Einstellungen können Sie dem System dieses Verhalten abgewöhnen:

> **Vorsicht!**
> Verwenden Sie diese Registry-Einstellungen mit äußerster Vorsicht und nur, wenn Sie mindestens 256 MByte RAM im Rechner haben. Steht zu wenig Arbeitsspeicher zur Verfügung, kommt es zu unkontrollierten Abstürzen.

Setzen Sie im Registry-Schlüssel *HKEY_LOCAL_MACHINE\SYSTEM\CurrentControlSet\Control\Session Manager\Memory Management* den Wert *DisablePagingExecutive* auf 1.

Der DWORD-Wert *IOPageLockLimit* im gleichen Schlüssel legt die Seitengröße für die Speicherauslagerung fest.

Bei den meisten Installationen fehlt dieser Wert.

Legen Sie ihn an und weisen Sie ihm als Größe ein Achtel des vorhandenen RAM, maximal aber 65.536 KByte zu.

Die Tabelle zeigt Richtwerte für *IOPageLockLimit.*

IOPageLockLimit	Arbeitsspeicher im Computer
4.096	32 MByte oder weniger (unter Windows XP nicht sinnvoll)
8.192	über 32 MByte
16.384	über 64 MByte
32.768	über 128 MByte
65.536	über 256 MByte

Cache-Optimierung

Bei viel RAM können Sie mit der Option *Systemcache* in den Leistungsoptionen unter *Systemsteuerung/System* die allgemeinen Betriebssystemfunktionen beschleunigen.

Sinnvoll ist dies erst ab etwa 256 MByte RAM. Allerdings kann es dabei zu Leistungseinbußen bei sehr speicherintensiven Anwendungsprogrammen kommen.

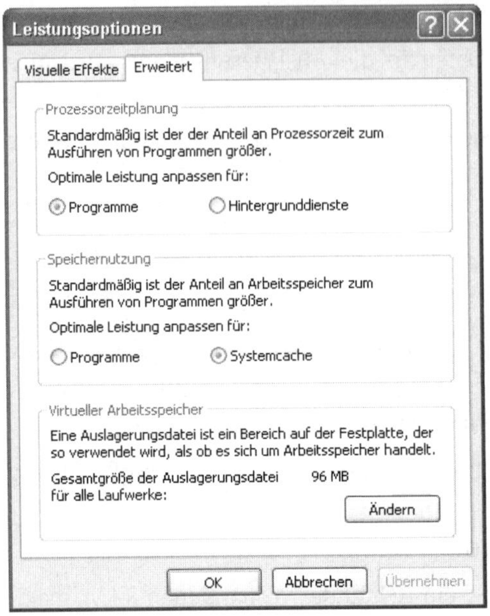

Optimierung der Speichernutzung bei Systemsteuerung/System.

Diese Option setzt den Registry-Wert *LargeSystemCache* im Schlüssel *HKEY_LOCAL_MACHINE\SYSTEM\CurrentControlSet\Control\Session Manager\Memory Management* auf 1.

CacheMan

Das Programm CacheMan von *www.outertech.com* verbessert die Windows XP-Speicherverwaltung und verhindert das häufige Auslagern in den virtuellen Speicher in Fällen, in denen noch genügend RAM zur Verfügung steht.

Temporärverzeichnisse

Viele Programme und auch einige Systemkomponenten verwenden Temporärdateien während des Programmablaufs.

Da diese nach Beenden des jeweiligen Programms nicht immer zuverlässig gelöscht werden, sollten sie alle in einem Verzeichnis gesammelt werden, das man bei Bedarf manuell löschen kann.

Windows XP verwendet dafür standardmäßig das Verzeichnis *\WINDOWS\TEMP*.

Die Lage des Temporärverzeichnisses wird nur durch die Umgebungsvariable *TEMP* bestimmt, die Sie unter *Systemsteuerung/System* auf der Registerkarte *Erweitert* mit der Schaltfläche *Umgebungsvariablen* ändern können.

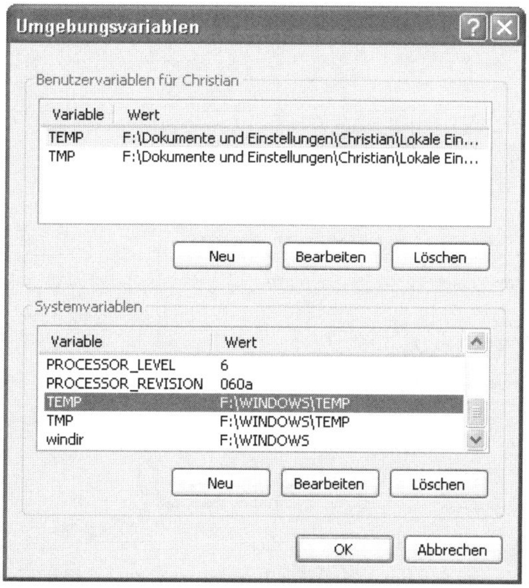

Einstellen des Temporärverzeichnisses.

Programme sollten immer nur auf diese Variable zugreifen. Auch Windows XP selbst speichert in der Registry nirgends einen absoluten Pfad auf das Temporärverzeichnis, sondern immer nur die Variable *%TEMP%*. So können Sie das Temporärverzeichnis auf eine eigene Partition legen, auf der sich zum Beispiel auch die Auslagerungsdatei befindet, und so das Systemlaufwerk entlasten.

Kompatibilität zu älteren Programmen

Ältere Programme verwenden intern oft die Bezeichnung *TMP* für das Temporärverzeichnis. Aus Kompatibilitätsgründen legt Windows XP eine zweite Umgebungsvariable *TMP* an, die auf das gleiche Verzeichnis verweist.

Regelmäßig sollten auch der Browser-Cache gelöscht und die Papierkorb-Größe angepasst werden.

Systemwiederherstellung

Die Systemwiederherstellung von Windows XP ermöglicht bei Problemen das automatische Wiederherstellen eines älteren Systemzustands. Allerdings wird für das Speichern der Wiederherstellungspunkte auf der Festplatte nicht unerheblich Speicherplatz verbraucht. Die Daten dafür liegen in Unterverzeichnissen des Verzeichnisses *\System Volume Information* auf der jeweiligen Festplatte.

Den maximal verwendbaren Speicherplatz können Sie auf der Registerkarte *Systemwiederherstellung* unter *Systemsteuerung/System* für jedes Laufwerk getrennt konfigurieren. Wird das hier eingestellte Speicherplatzlimit erreicht, werden ältere Wiederherstellungspunkte automatisch gelöscht.

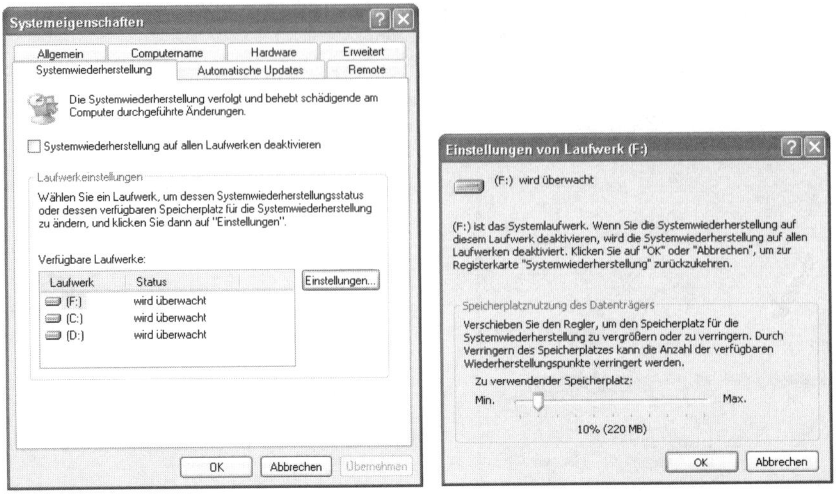

Einstellungen für die Systemwiederherstellung.

Für einzelne Laufwerke, zum Beispiel für ein Laufwerk, das nur Temporärdaten und die Auslagerungsdatei enthält, können Sie die Systemwiederherstellung auch ganz deaktivieren. Beachten Sie, dass Sie beim Deaktivieren der Systemwiederherstellung auf dem Systemlaufwerk diese komplett für alle Laufwerke abschalten.

Ruhezustand

Der Ruhezustand oder Hibernate-Modus ist eine sehr nützliche Funktion für Notebooks, bei denen es darauf ankommt, Batterie zu sparen. Über eine spezielle Taste kann das Notebook in eine Art Schlafzustand versetzt werden. Dabei wird der gesamte Inhalt des Arbeitsspeichers in eine spezielle Datei *HIBERFIL.SYS* ausgelagert, sodass Prozessor und Arbeitsspeicher nahezu stromlos geschaltet werden können. Beim Aufwecken aus diesem Zustand wird der Arbeitsspeicher aus der Datei zurückgelesen und das System steht wieder genau an derselben Stelle wie vor dem Ruhezustand.

Wird die Batterie sehr schwach, geht der Rechner „mit letzter Kraft“ in den Ruhezustand. Dadurch gehen keine Daten verloren und man kann nach dem Aufladen normal weiterarbeiten.

So vorteilhaft diese Funktion erscheint, sie hat einen Nachteil. Die Datei *HIBERFIL.SYS* belegt ständig einen Bereich auf der Festplatte von der Größe des Arbeitsspeichers, was bei modernen Rechnern mehrere Hundert MByte sein können. Die Datei braucht das *System*-Attribut und ist deshalb nicht komprimierbar.

Wenn Sie auf einem stationären PC den Ruhezustand nicht brauchen, können Sie ihn unter *Systemsteuerung/Energieoptionen* deaktivieren. Die Datei *HIBERFIL.SYS* wird damit automatisch gelöscht.

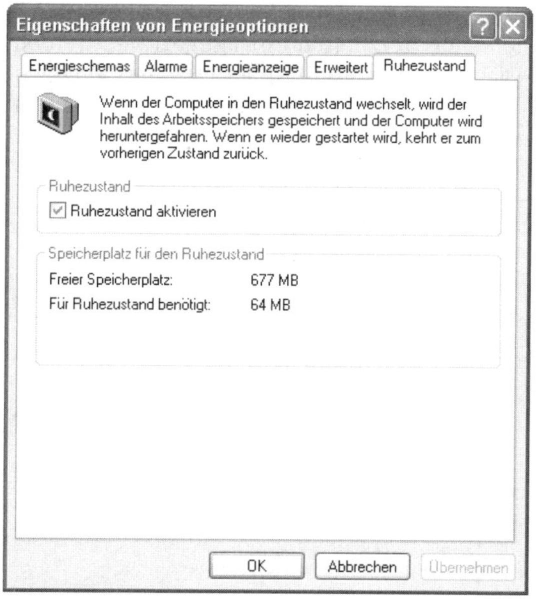

Einstellung für den Ruhezustand.

7.8 Mehr Platz durch effektive Komprimierung

Durch Komprimierung lässt sich Speicherplatz sparen, allerdings zu den Kosten einer geringeren Performance. Windows XP bietet zwei verschiedene integrierte Komprimierungsmethoden an:

- Onlinekomprimierung von Verzeichnissen
- Unterstützung des bekannten ZIP-Formats

Beide Komprimierungsarten sind unter Windows XP unmittelbar ins Betriebssystem integriert, sodass externe Komprimierungs-Tools nicht mehr unbedingt nötig sind.

Verwendung komprimierter Verzeichnisse

Die in Windows XP integrierten Verfahren zur Dateikomprimierung arbeiten auch bei Media-Daten selbstverständlich verlustfrei. Trotzdem ist es nicht immer sinnvoll, sie einzusetzen, da sich einige Dateiformate kaum noch weiter komprimieren lassen und hier die Kompression nur Performance kosten würde.

Alte DOS- und Windows-Versionen enthielten ein Programm namens DRIVESPACE, mit dem eine Festplatte im Ganzen so komprimiert werden konnte, dass Programme trotzdem weiterhin normal auf die Daten zugreifen konnten. Die komprimierten Verzeichnisse in Windows XP können ebenfalls wie normale Verzeichnisse genutzt werden, arbeiten aber technisch nach einem anderen Prinzip. Bei DRIVESPACE erschien eine ganze komprimierte Festplatte im Dateisystem wie eine große Datei. Zum Zugriff wurde innerhalb dieser Datei ein Dateisystem simuliert. Die komprimierung in Windows XP komprimiert jede Datei für sich und verwendet dabei aber weiterhin das NTFS-Dateisystem. Diese Methode hat den Vorteil, dass bei einem Kompressionsfehler nur die betroffenen Dateien beschädigt werden und nicht das ganze Laufwerk.

Eine solche Onlinekompression von ganzen Verzeichnissen oder Datenträgern ist nur auf NTFS-Partitionen möglich. Auf die Daten kann trotzdem normal zugegriffen werden. Sie müssen nicht extra entpackt werden. Die erstmalige Komprimierung eines Verzeichnisses oder einer Partition kann je nach Menge der enthaltenen Daten mehrere Stunden dauern. Danach sind die Zugriffe relativ schnell. Allerdings ist die Kompressionsrate bei weitem nicht so gut wie bei speziellen Packprogrammen oder ZIP-Ordnern.

Nur für Administratoren

Das Komprimieren eines Laufwerks ist nur möglich, wenn man als Benutzer Administratorrechte hat.

Um ein Verzeichnis zu komprimieren, klicken Sie im Windows-Explorer mit der rechten Maustaste darauf und wählen im Kontextmenü *Eigenschaften*. Mit der Schaltfläche *Erweitert* auf der Registerkarte *Allgemein* finden Sie eine Dialogbox, in der Sie die Komprimierung aktivieren können.

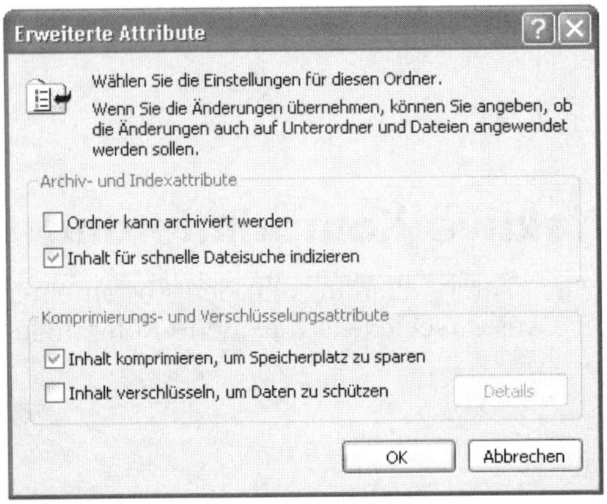

Komprimieren eines Verzeichnisses unter NTFS.

Ganze Partitionen können Sie mit dem Kontrollkästchen *Laufwerk komprimieren, um Speicherplatz zu sparen* in den Eigenschaften des Laufwerks komprimieren. Danach erscheint eine Abfrage, ob die Kompression nur für das gewählte Verzeichnis oder auch für alle Dateien und Unterverzeichnisse gelten soll. Diese Entscheidung lässt sich nachträglich nicht ändern. Dazu muss das Verzeichnis erst dekomprimiert und danach wieder neu komprimiert werden.

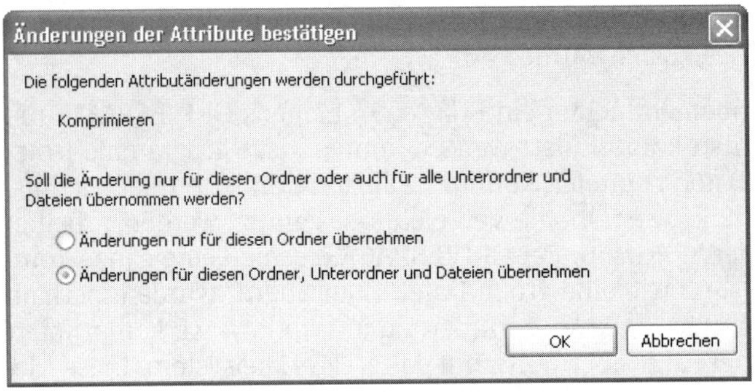

Komprimierung auch für untergeordnete Verzeichnisse.

Während der Kompression darf keine der zu komprimierenden Dateien geöffnet sein. Schließen Sie also alle Anwendungen, die auf Dateien des komprimierten Verzeichnisses zugreifen.

Der Kompressionsfortschritt wird in einem kleinen Dialogfenster angezeigt.

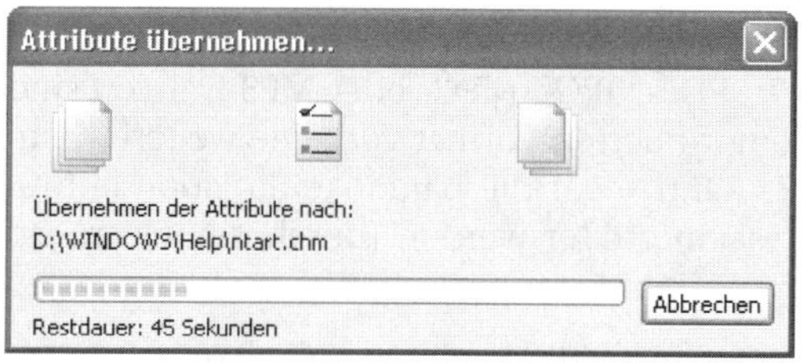

Während der Kompression.

Später werden Dateien, die in komprimierte Verzeichnisse kopiert oder verschoben werden, automatisch komprimiert. Beim Zurückkopieren werden sie wieder entpackt.

Komprimierung aufheben

Möchten Sie die Komprimierung wieder aufheben, deaktivieren Sie das Kontrollkästchen in den erweiterten Eigenschaften des Verzeichnisses wieder. Das Dekomprimieren geht meistens schneller als das ursprüngliche Komprimieren. Auch hierbei darf keine der Dateien geöffnet sein.

Anzeige der Kompressionsrate

Möchten Sie wissen, wie viel die Kompression eines Verzeichnisses wirklich gebracht hat, lassen Sie sich die Eigenschaften des komprimierten Verzeichnisses oder Laufwerks anzeigen.

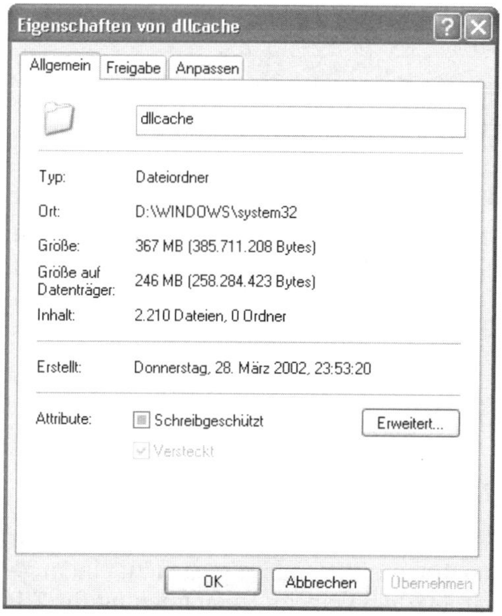

Eigenschaften eines komprimierten Verzeichnisses.

Der Wert *Größe* gibt die Summe aller Bytes in den Original-Dateien an, der Wert *Größe auf Datenträger* das tatsächlich belegte Volumen. Bei unkomprimierten Verzeichnissen ist dieser zweite Wert etwas höher als der erste, da die Verluste durch unvollständige Auslastung der Cluster mitgerechnet werden.

Welche Dateien komprimieren?

Prinzipiell kann fast jede Datei und jedes Verzeichnis komprimiert werden. Ausgeschlossen sind nur aktive Systemdateien und die Auslagerungsdatei. Die Komprimierung macht allerdings nicht immer Sinn, z. B. AVI-, PDF-, JPG-, MPG- oder MP3-Dateien sind bereits sehr kompakt und liegen in einem komprimierten Format vor, eine weitere Komprimierung bringt in diesen Fällen nichts. Es kann sogar die paradoxe Situation auftreten, dass Dateien durch nochmalige Kompression größer werden (durch den Overhead an Kompressionsinformationen).

In Verzeichnissen mit Datensicherungen, älteren eigenen Dateien oder selten gebrauchten Programmmodulen kann man durch Komprimierung hingegen erheblich Speicherplatz sparen und trotzdem im Gegensatz zu einer herkömmlichen Datensicherung per Backup-Programm normal auf die Daten zugreifen. NTFS-formatierte Wechseldatenträger können ebenfalls komprimiert werden. Auf diese Daten greift man meist deutlich seltener zu und bei einem Kopieren auf die Festplatte werden sie ohnehin dekomprimiert. Außerdem ist der Speicherplatz auf Wechselmedien deutlich teurer als auf Festplatten.

Windows XP bietet im Programm Datenträgerbereinigung eine Option, automatisch Dateien zu komprimieren, die lange nicht benutzt wurden. Nähere Informationen zur Datenträgerbereinigung finden Sie auf Seite 373.

Windows komprimiert ein Verzeichnis standardmäßig: *system32\dllcache*. Hier befinden sich Sicherungskopien von Original-Windows-Dateien, die nur vom Windows-Dateischutz bei der Überprüfung von Programminstallationen gebraucht werden. Allein durch die Kompression dieses Verzeichnisses sparen Sie ca. 130 MByte.

Vorteile komprimierter Verzeichnisse

- Komprimierte Verzeichnisse belegen weniger Speicherplatz.
- Jedes Programm kann auf die komprimierten Daten zugreifen.

Nachteile komprimierter Verzeichnisse

- Rückgang der Leistung beim Zugriff auf Dateien in komprimierten Verzeichnissen: Dies gilt besonders für Programme, die ständig Daten in eine Datenbank oder ein Protokoll schreiben, und für Dateien, auf die häufig über ein Netzwerk zugegriffen wird.
- Nur auf NTFS-Partitionen verfügbar.
- Keine Verschlüsselung komprimierter Verzeichnisse.

Verwendung von ZIP-Ordnern

Das ZIP-Format ist seit Jahren eines der beliebtesten Kompressionsformate auf PCs. Zahlreiche Tools verschiedener Hersteller unterstützen ZIP, sodass es sich zu einem gewissen Standard etabliert hat. Windows XP hat jetzt eine eigene Unterstützung für ZIP-Dateien integriert.

Windows XP behandelt ZIP-Dateien ähnlich wie Verzeichnisse, unabhängig davon, ob sie mit Windows XP oder einem externen ZIP-Packer erstellt wurden.

ZIP-Ordner können im Windows-Explorer über das Kontextmenü *Neu/Zip-komprimierter Ordner* ähnlich wie ein normales Verzeichnis erstellt werden. Außerdem kann eine Auswahl von Dateien über das Kontextmenü *Senden an/ZIP-komprimierten Ordner* in ein ZIP-Archiv gepackt werden. Dabei können ZIP-Ordner wie normale Verzeichnisse auch weitere Unterverzeichnisse beinhalten. Ein Kopieren, Verschieben und Löschen von Dateien per Drag & Drop ist wie bei normalen Verzeichnissen möglich.

ZIP-Ordner können theoretisch auch in komprimierte NTFS-Verzeichnisse kopiert werden, was aber keinen Sinn ergibt, da hier keine weitere Kompression möglich ist, sondern nur mit Performance-Verlusten zu rechnen ist. Sie belegen im komprimierten NTFS-Verzeichnis auch mehr Platz, als eigentlich erwartet, weil jede Datei nur einmal komprimiert werden kann.

Unterschiede zu normalen Verzeichnissen

ZIP-Ordner verhalten sich nicht genau wie normale Verzeichnisse. Einige Unterschiede sollten Sie beachten.

- Ein ZIP-Ordner ist immer noch eine normale Datei und kann wie jede andere Datei kopiert, verschoben und gelöscht werden.
- ZIP-Dateien haben eine Maximalgröße von 2 GByte.
- ZIP-Ordner werden im Explorer wie Dateien einsortiert und nicht am Anfang der Liste bei den Verzeichnissen.
- Einige Programme können direkt aus ZIP-Ordnern laufen oder Daten darin öffnen. Dies funktioniert nur mit Programmen, die keine weiteren Dateien verwenden.
- ZIP-Ordner werden im Windows-Explorer immer in einem eigenen Fenster geöffnet, auch wenn in den Ordneroptionen *Jeden Ordner im selben Fenster öffnen* eingeschaltet ist.
- Auch wenn sich mehrere ZIP-Ordner in einem Verzeichnis befinden, erscheint in der Baumstruktur im linken Explorer-Fenster nur einer.

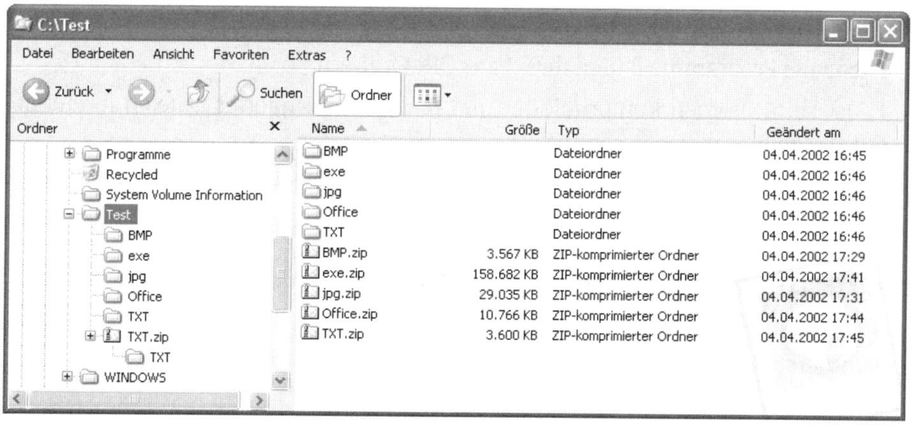

Mehrere ZIP-Ordner in einem Verzeichnis.

- Dateien in ZIP-Ordnern werden im Windows-Explorer mit Original-Größe, gepackter Größe und Kompressionsfaktor angezeigt. In einer zusätzlichen Spalte kann man sich die CRC-Prüfsumme anzeigen lassen.

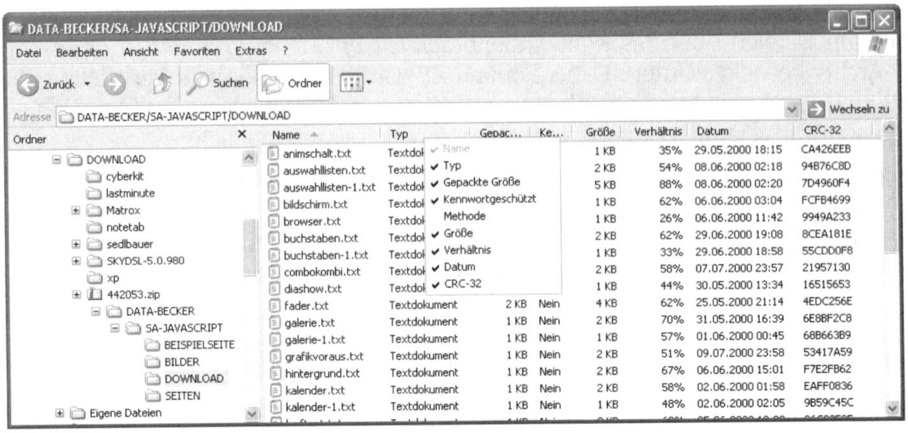

Anzeige von Dateien in einem ZIP-Ordner mit Prüfsumme.

Kennwortverschlüsselung

Der Inhalt von ZIP-Ordnern kann mit einem Kennwort geschützt werden. Auf die geschützten Dateien besteht kein Zugriff ohne das Kennwort, die ungeschützten Dateien im gleichen Ordner können weiterhin normal verwendet werden.

Zum Hinzufügen eines Kennwortschutzes markieren Sie die zu schützenden Dateien im ZIP-Ordner und wählen aus dem Menü *Datei/Ein Kennwort hinzufügen*.

Vorteile von ZIP-Ordnern

- ZIP-Ordner sind in jedem Dateisystem möglich (FAT16, FAT32, NTFS).
- ZIP-Ordner entsprechen dem ZIP-Standard und können von anderen Betriebssystemen mit einer breiten Palette von Programmen bearbeitet werden.

Nachteile von ZIP-Ordnern

- Nicht alle Programme laufen direkt aus ZIP-Ordnern.
- Es ist kein Mischen komprimierter und nicht komprimierter Dateien in einem Ordner möglich.
- Microsoft unterstützt hier nur das Standard-ZIP-Format mit einer relativ schwachen Kompressionsrate.

Alternativen zu ZIP-Ordnern

Auch unter Windows XP ist natürlich die Verwendung von Kompressions-Programmen von Drittherstellern möglich, die teilweise deutlich mehr Funktionalität bieten.

Kein Entfernen der ZIP-Ordner
Ein Versuch, die ZIP-Funktionalität zu entfernen, indem man die dafür zuständige Datei *ZIPFLDR.DLL* mit REGSVR32 deinstalliert, hat unter Windows XP wenig Erfolg. Spätestens beim nächsten Neustart erkennt Windows XP seine Unvollkommenheit und der integrierte Windows-Dateischutz installiert die ZIP-Ordner wieder neu.

Moderne ZIP-Programme lassen sich aber parallel zu den ZIP-Ordnern verwenden und bieten interessante Zusatzfunktionen und teilweise bessere Kompressionsraten, wie folgende Tabelle zeigt.

Dateityp	Windows XP-ZIP-Ordner	WinZip 8.1	WinRAR 2.90	WinAce 2.11
BMP	3.567 KByte	2.783 KByte	2.783 KByte	2.792 KByte
Kompr.-Rate Δ%		22,0 %	22,0 %	21,7 %
Office	10.766 KByte	10.619 KByte	10.615 KByte	10.619 KByte
Kompr.-Rate Δ%		1,4 %	1,4 %	1,4 %
TXT	3.600 KByte	3.561 KByte	3.560 KByte	3.561 KByte
Kompr.-Rate Δ%		1,1 %	1,1 %	1,1 %

Die angegebenen Prozentwerte sind keine absoluten Kompressionsraten, sondern prozentuale Unterschiede zur Original-Windows-Kompression, immer mit den gleichen Testdateien gemessen. Kennen die Programme verschiedene Kompressionsraten, wurde jeweils die bestmögliche Kompression im ZIP-Format verwendet. Mit den eigenen Formaten der Packer RAR und ACE lassen sich noch bessere Kompressionsraten erreichen.

Die bekanntesten externen ZIP-Tools stellen wir hier kurz vor. Alle erwähnten Programme bieten die Möglichkeit, selbstentpackende Archive zu erstellen, und unterstützen auch weitere Packerformate außer dem Standard ZIP.

Dateityp	Windows XP-ZIP-Ordner	WinZip 8.1	WinRAR 2.90	WinAce 2.11
ACE	–	–	x	x
ARC	–	nur mit Plug-In	–	x
ARJ	–	nur mit Plug-In	x	x
BinHex	–	x	x	–
CAB	–	x	x	x
GZIP	–	x	x	x
JAR	–	–	x	x
LZH/LHA	–	nur mit Plug-In	x	x
MIME	–	x	–	–
MS Compress	–	x	–	–
RAR	–	–	x	x
TAR	–	x	x	x
UUencode	–	x	x	–
XXencode	–	x	x	–
ZIP	x	x	x	x

WinAce kann als einziges Programm auch neue Archive in den Fremdformaten erstellen. Die anderen erstellen nur ZIP, WinRAR auch RAR, lesen aber vorhandene Archive in den anderen Formaten.

Einbinden eines eigenen Packers

Sollen für exotische Dateiformate kommandozeilenorientierte Packer benutzt werden, können sie in die Windows XP-Oberfläche eingebunden werden.

Als Beispiel für so einen Fall zeigen wir die Einbindung des Packers für das Dateiformat JAR – den Packer JAR32 von Arjsoft (*www.arjsoft.com*).

1 Schalten Sie unter *Systemsteuerung/Ordneroptionen* auf die Registerkarte *Dateitypen*.

2 Mit der Schaltfläche *Neu* erstellen Sie den neuen Dateityp JAR.

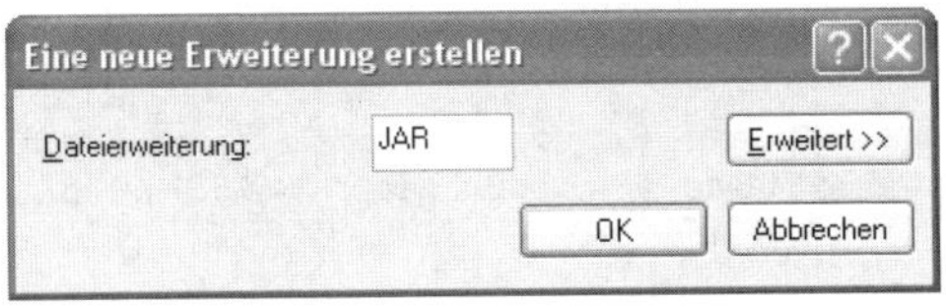

Erstellen eines neuen Dateityps.

3 Der neue Dateityp erscheint als erster in der Liste. Jetzt müssen Sie ihm noch eine Standardanwendung zuweisen. Kommandozeilenorientierte Packer verwenden alle diverse Parameter, sodass sie nicht einfach über *Öffnen mit* zugewiesen werden können. Klicken Sie deshalb auf *Erweitert*. Hier können für jeden Dateityp verschiedene Aktionen definiert werden.

4 Mit der Schaltfläche *Neu* legen Sie eine neue Aktion an. Die Aktion bekommt im oberen Feld einen Namen, der später im Kontextmenü erscheint, im unteren Feld steht die Befehlszeile. JAR32 braucht die Parameter *x -y*, um eine Datei zu entpacken. Der letzte Parameter *%1* steht für den aktuellen Dateinamen, der an dieser Stelle in der Befehlszeile übergeben wird.

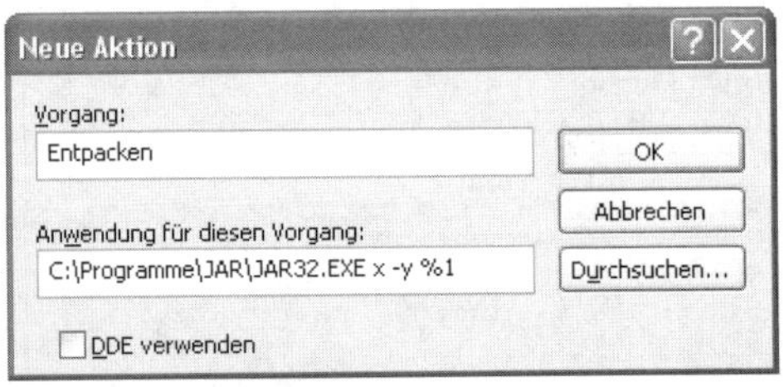

Erstellen einer neuen Aktion.

5 Jetzt können Sie für den neuen Dateityp noch ein Symbol auswählen. Standardmäßig werden Symbole aus der Datei *SHELL32.DLL* zur Auswahl angeboten. Sie können aber auch andere DLL-Dateien oder EXE-Dateien von Windows-Programmen auswählen, die ebenfalls Symbole enthalten.

Keine verwirrenden Symbole

Verwenden Sie bei der Auswahl eines Symbols für einen neuen Dateityp keine Symbole, die Windows standardmäßig für einen anderen Zweck verwendet. Das stiftet bei den Anwendern nur Verwirrung.

6 Der neue Dateityp erscheint jetzt in der Liste der Dateitypen und alle Dateien dieses Typs erhalten das neue Symbol.

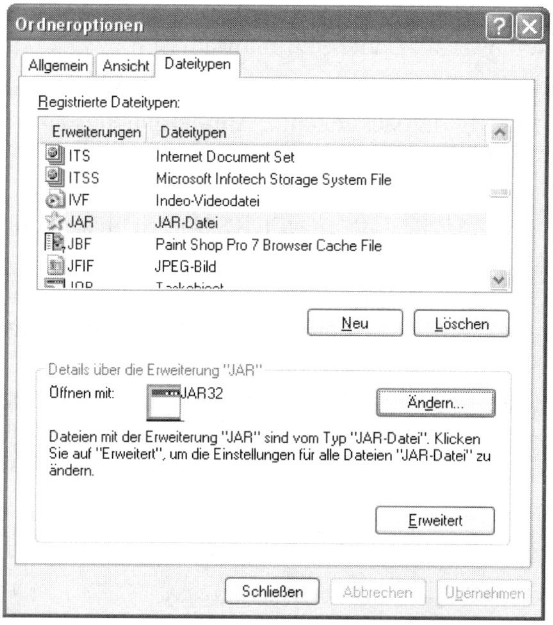

Der neue Dateityp.

7 Klickt man mit der rechten Maustaste auf so eine Datei, erscheint der neue Menüpunkt im Kontextmenü. Ein Klick auf *Entpacken* entpackt das JAR-Archiv im aktuellen Verzeichnis.

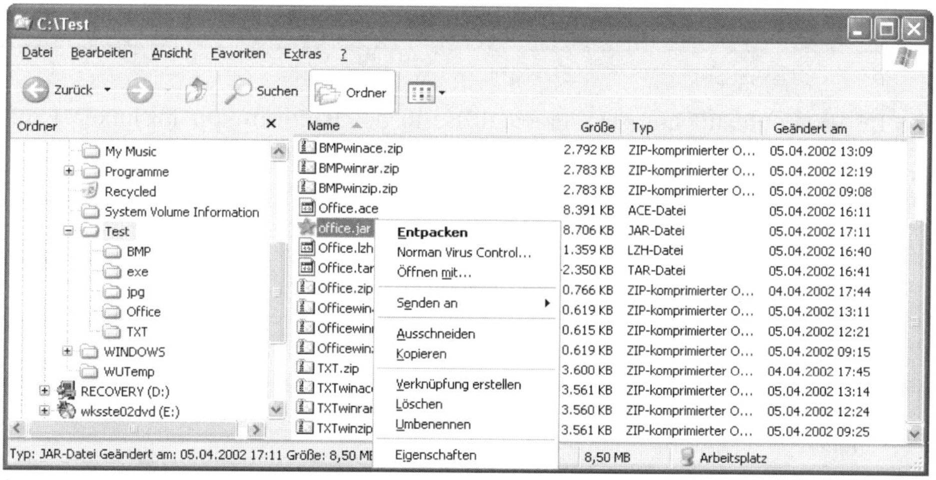

Der neue Eintrag im Kontextmenü.

Benutzerdefinierte Aktionen

Solange ein Dateityp nur eine benutzerdefinierte Aktion hat, ist diese immer auch Standardaktion, wird also auch bei einem Doppelklick auf die Datei ausgeführt.

Mehrere Archive automatisch entpacken

Die ZIP-Funktion aus Windows XP öffnet immer nur eine ZIP-Datei und lässt sich nicht automatisieren. Lädt man zum Beispiel viele ZIP-Dateien aus dem Internet herunter, muss man diese alle einzeln entpacken, was auf Dauer sehr mühsam ist.

Externe Kommandozeilen-Packer lassen sich im Batchmode aufrufen, sodass man mehrere Hundert ZIP-Dateien mit einem Aufruf entpacken kann. Am Beispiel des Freewaretools UNZIP von *www.info-zip.org* zeigen wir, wie sich eine solche Funktion in den Windows-Explorer integrieren lässt.

1. Kopieren Sie sich die Datei *UNZIP.EXE* in das *\WINDOWS*-Verzeichnis, damit sie sich von überall her aufrufen lässt.
2. Legen Sie mit RegEdit unter *HKEY_CLASSES_ROOT\Directory\shell* einen neuen Schlüssel mit Namen *unzip* an und weisen Sie dem Parameter *(Standard)* die Zeichenkette *Alle ZIP entpacken* zu.
3. Legen Sie unterhalb dieses Schlüssels einen Schlüssel *command* an und weisen Sie dem Parameter *(Standard)* die Zeichenkette *cmd /k \"for %%i in (*.zip) do unzip %%i -d %%~ni\"* zu – genauso geschrieben, mit den Anführungszeichen (siehe Abbildung).

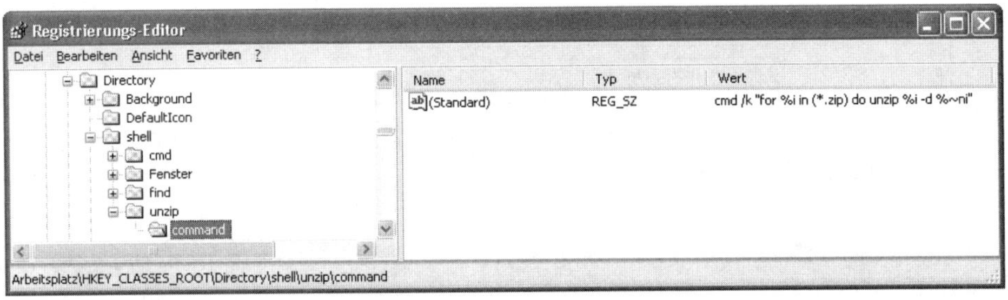

Der neue Registry-Eintrag.

4. In den Kontextmenüs der Verzeichnisse in der Baumstruktur im linken Explorer-Fenster erscheint der neue Menüpunkt *Alle ZIP entpacken.*

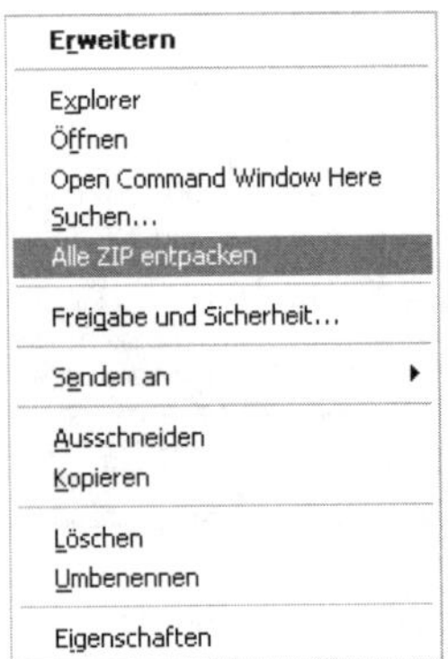

Der neue Eintrag im Kontextmenü.

5. Klicken Sie auf diesen Eintrag, öffnet sich ein Fenster mit der Windows XP-Eingabeaufforderung. Hier startet automatisch UNZIP und entpackt jedes ZIP-Archiv in diesem Verzeichnis in ein eigenes Unterverzeichnis mit dem Namen des Archivs. Die

Original-ZIP-Dateien bleiben erhalten. Das Eingabeaufforderungs-Fenster bleibt geöffnet, sodass Sie hier eventuelle Meldungen noch nachlesen können.

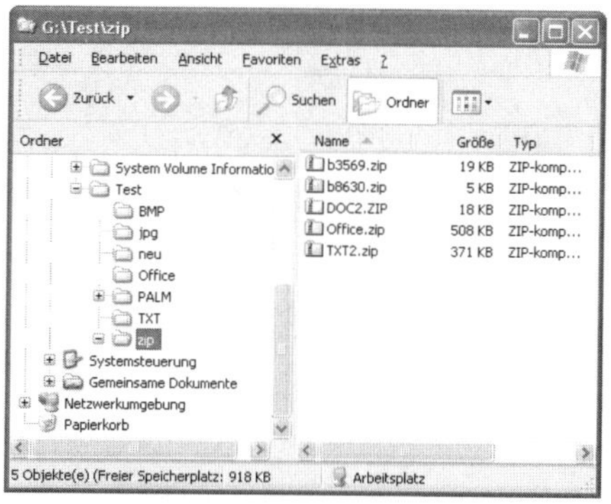

Verzeichnisstruktur vor ...

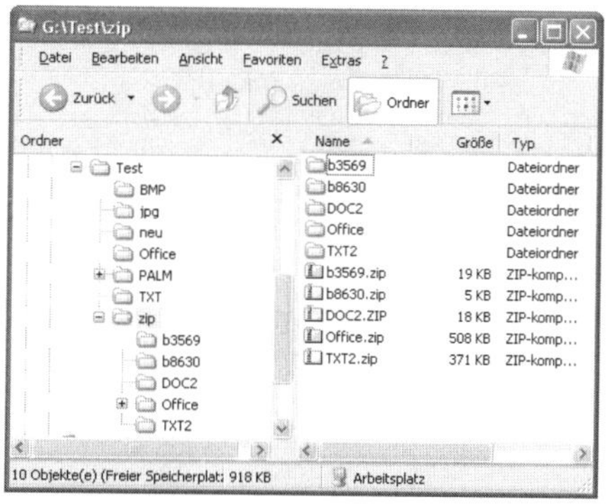

... und nach dem Entpacken.

Anstatt die Schlüssel in der Registry manuell zu erstellen, können Sie auch die REG-Datei *UNZIP.REG* von der CD verwenden.

```
[HKEY_CLASSES_ROOT\Directory\shell\unzip]
@="Alle ZIP entpacken"

[HKEY_CLASSES_ROOT\Directory\shell\unzip\command]
@="cmd /k \"for %%i in (*.zip) do unzip %%i -d %%~ni\""
```

7.9 Verschlüsselung

NTFS bietet eine Möglichkeit, Dateien in Echtzeit zu verschlüsseln. Derart verschlüsselte Dateien können nur vom Besitzer der Datei geöffnet werden und von Benutzern, denen der Besitzer das Recht dazu gegeben hat. Im Gegensatz zu Dateien, die nur durch NTFS-Benutzerrechte geschützt sind, lassen sich verschlüsselte Dateien auch unter anderen Betriebssystemen nicht lesen, da die Daten nicht im Klartext vorliegen. Auf einschlägigen Hacker-Seiten im Internet finden sich verschiedene Tools, um verschlüsselte NTFS-Dateien zu entschlüsseln.

Windows XP bezeichnet das verwendete Verschlüsselungsverfahren als **E**ncrypted **F**ile **S**ystem EFS, obwohl es sich genau genommen um kein eigenes Dateisystem handelt, sondern nur um eine in NTFS enthaltene Systemfunktion.

Nähere Hinweise zu den verwendeten Verschlüsselungsverfahren DES und 3DES wie auch zur Steuerung der Benutzerrechte auf verschlüsselte Dateien finden Sie in Kapitel 8.4 ab Seite 434.

Um ein Verzeichnis zu verschlüsseln, klicken Sie im Windows-Explorer mit der rechten Maustaste auf das Verzeichnis, wählen im Kontextmenü *Eigenschaften* und klicken auf der Registerkarte *Allgemein* auf die Schaltfläche *Erweitert*.

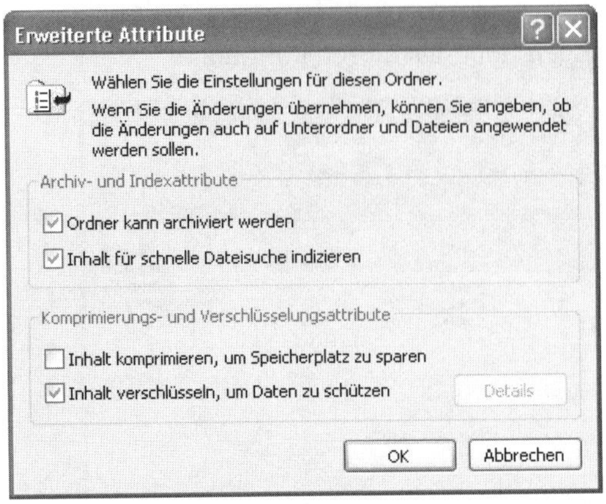

Aktivieren der Verschlüsselung.

Aktivieren Sie hier das Kontrollkästchen *Inhalt verschlüsseln, um Daten zu schützen* und klicken Sie wieder auf *OK*.

Wenn Sie die nächste Dialogbox mit *OK* beenden, erscheint eine Abfrage, ob Sie nur den aktuellen Ordner oder alle Dateien und Unterverzeichnisse ebenfalls verschlüsseln wollen. Letztere Variante ist meistens die sinnvollere, um die Übersicht zwischen verschlüsselten und unverschlüsselten Verzeichnissen zu behalten. Nach dem Verschlüsseln eines Verzeichnisses werden Dateien und Verzeichnisse, die im verschlüsselten Verzeichnis später neu angelegt werden, automatisch auch verschlüsselt, unabhängig davon, welche der beiden Optionen gewählt wurde.

Einschränkungen bei der Verschlüsselung

Windows XP kann nur Dateien auf NTFS-Partitionen verschlüsseln, die nicht komprimiert sind. Beim Versuch, eine komprimierte Datei zu verschlüsseln, wird diese automatisch dekomprimiert. Dateien im Windows-systemroot-Verzeichnis, üblicherweise *\Windows*, und Dateien mit dem *System*-Attribut können ebenfalls nicht verschlüsselt werden.

Da die EFS-Verschlüsselung sich immer auf einen Benutzer bezieht, ist es nicht möglich, verschlüsselte Verzeichnisse im Netzwerk freizugeben.

Verschlüsselte Verzeichnisse und Dateien werden im Explorer standardmäßig in grüner Farbe dargestellt. Um die Darstellungsfarbe zu ändern, können Sie das Microsoft-Tool Tweak UI verwenden. Sie können den RGB-Farbwert auch direkt in hexadezimaler Form in den *REG_BINARY*-Wert *AltEncryptionColor* im Registry-Schlüssel *HKEY_CURRENT_USER\Software\Microsoft\Windows\CurrentVersion\Explorer* eintragen. Das letzte Byte steht dabei immer auf 00.

Um ein verschlüsseltes Verzeichnis wieder zu entschlüsseln, schalten Sie die Option *Inhalte verschlüsseln ...* in den erweiterten Eigenschaften wieder aus.

Informationen zur Verschlüsselung

Das Tool EFSINFO zeigt eine Übersicht über den Verschlüsselungszustand von Dateien und Unterverzeichnissen in einem beliebigen NTFS-Verzeichnis. Dabei erfahren Sie auch, welche Benutzer das Recht haben, die Verzeichnisse wieder zu entschlüsseln.

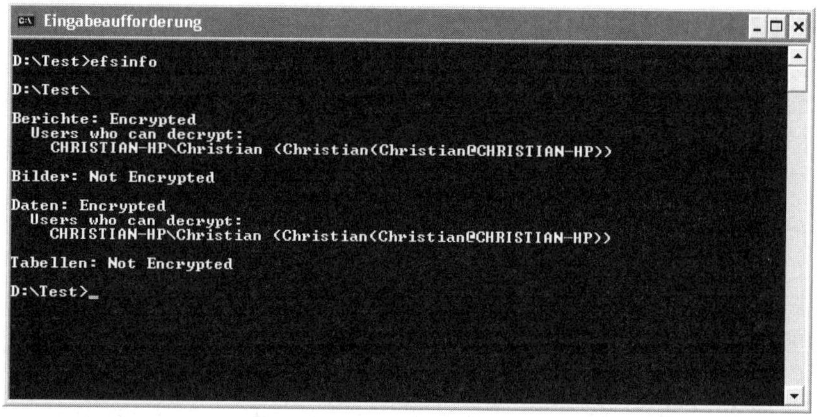

Anzeige von EFSINFO.

Dieses Tool wird standardmäßig nicht mitinstalliert. Sie müssen es manuell mit den Windows XP Support Tools aus dem Verzeichnis *\SUPPORT\TOOLS* von der Windows XP-CD installieren.

Rechtevergabe

Als Besitzer einer Datei merken Sie von der Verschlüsselung außer dem geringfügig langsameren Zugriff auf die Datei nichts. Ein anderer Benutzer auf dem Rechner kann die Verzeichnisse zwar sehen, die Dateien aber weder lesen (keine Vorschau), öffnen, löschen noch kopieren. Beim Versuch erscheint nur eine Fehlermeldung.

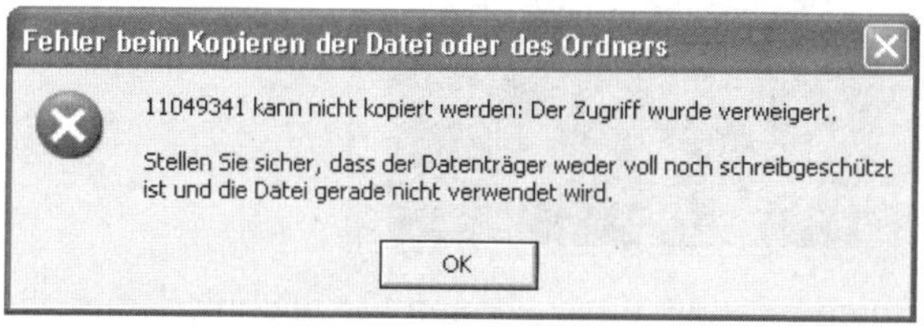

Fehlermeldung, wenn ein nicht autorisierter Besucher versucht, eine verschlüsselte Datei zu kopieren.

Auch ein Administrator hat standardmäßig keinen Zugriff auf verschlüsselte Dateien eines anderen Benutzers, auch dann nicht, wenn die Gruppe der Administratoren als Besitzer der Datei eingetragen ist. Ein Ausweg für Administratoren ist, das Passwort des Benutzers zu löschen, sich unter seinem Namen anzumelden und die Verschlüsselung der Datei auszuschalten. Eine elegantere, wenn auch umständlichere Methode bietet die Funktion des Datenwiederherstellungs-Agenten.

Keine aussagekräftigen Dateinamen

Solange Sie diese einfache Freigabemethode verwenden, sollten Sie keine allzu aussagekräftigen Dateinamen verwenden, da nicht autorisierte Benutzer die Verzeichnisse sehen und so aus den Namen Rückschlüsse auf den Inhalt der Dateien ziehen können. Verwenden Sie spezielle Benutzerrechte, wie in Kapitel 8 beschrieben, können Sie Verzeichnisse auch komplett verbergen.

Als Eigentümer verschlüsselter Dateien können Sie anderen Benutzern Zugriffsrechte erteilen. Näheres dazu finden Sie in Kapitel 8.4 ab Seite 434. Gast-Benutzer können keine benutzerspezifischen Rechte an Dateien bekommen.

Datenwiederherstellungs-Agenten

Die Funktion des Datenwiederherstellungs-Agenten ermöglicht es Administratoren, ohne das Passwort eines Benutzers zu kennen, auf dessen verschlüsselte Dateien zuzugreifen.

Der Datenwiederherstellungs-Agent muss allerdings erst etwas umständlich installiert werden. Gehen Sie dazu folgendermaßen vor:

1 Erstellen Sie mit dem Befehl

```
cipher /r:<Verzeichnisname>
```

zwei Zertifikatsdateien. Dabei muss im Parameter *Verzeichnisname* ein gültiger Verzeichnisname angegeben werden. Die Datenwiederherstellungs-Agenten-Funktion funktioniert aber trotzdem für die gesamte lokale Festplatte, unabhängig vom angegebenen Verzeichnisnamen. Der Verzeichnisname ist nur für serverbasierte Netzwerke relevant. *CIPHER* fragt nach einem Kennwort, das während der Installation später noch einmal eingegeben werden muss, für die Entschlüsselung von Daten aber nicht benötigt wird. Sie können es auch weglassen.

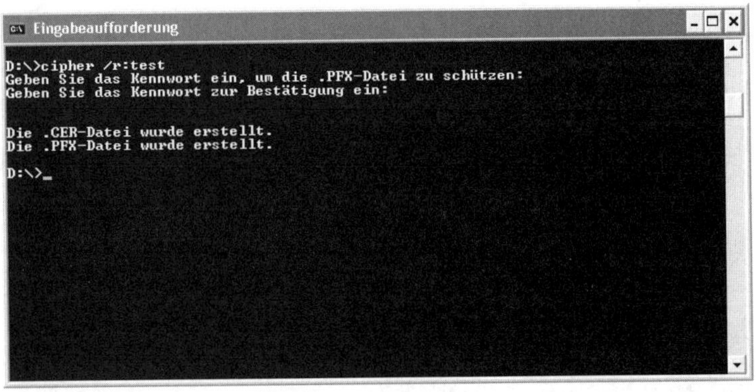

Erstellen von Zertifikatsdateien mit CIPHER /r.

2 Jetzt werden automatisch zwei Dateien mit dem angegebenen Verzeichnisnamen als Dateinamen angelegt. Die Endungen sind *.cer* und *.pfx*.

3 Öffnen Sie jetzt mit einem Doppelklick die PFX-Datei und bestätigen Sie alle Anfragen des automatisch startenden Zertifikatsimport-Assistenten mit den Standardwerten. Falls Sie bei *CIPHER* ein Passwort verwendet haben, müssen Sie dies jetzt auch wieder eingeben.

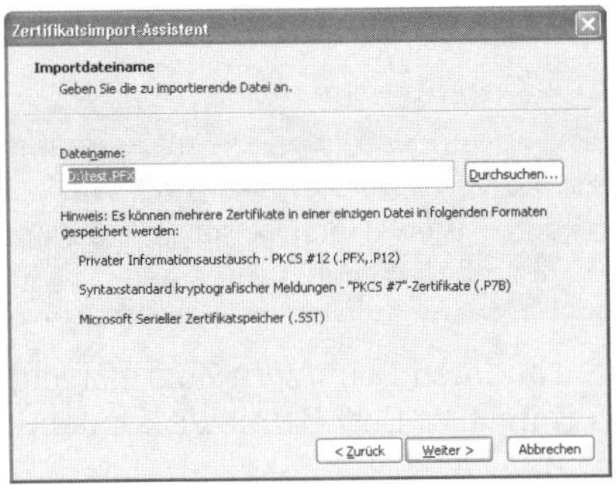

Der Zertifikatsimport-Assistent.

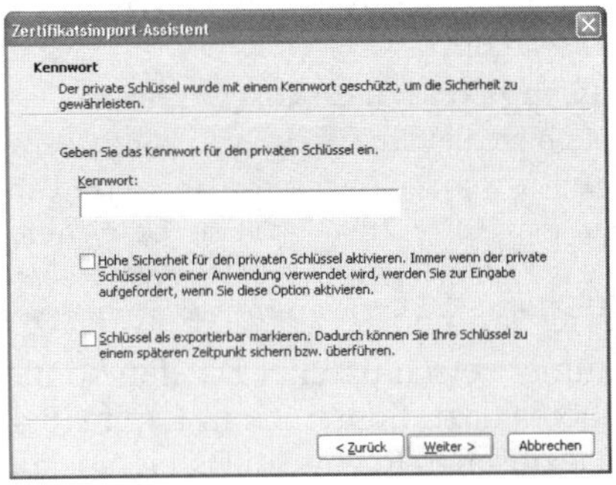

Eingabe des Passwortes.

4 Nachdem dieser Assistent durchgelaufen ist, wählen Sie im Gruppenrichtlinien-Editor *GPEDIT.MSC* unter *Computerkonfiguration/Windows-Einstellungen/Sicherheitseinstellungen/Richtlinien öffentlicher Schlüssel/Dateisystem wird verschlüsselt* im Kontextmenü die Option *Datenwiederherstellungs-Agenten hinzufügen*.

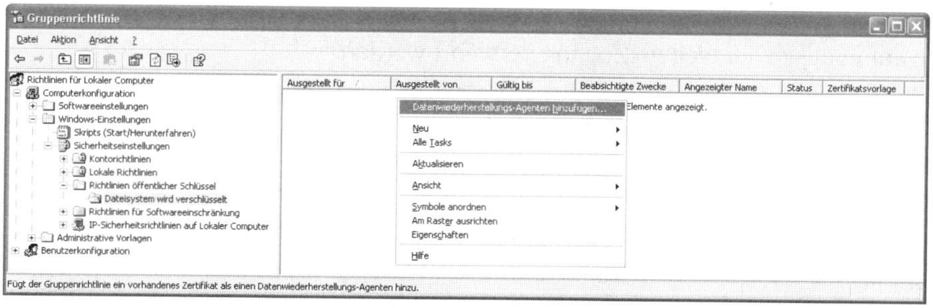

Hinzufügen eines Datenwiederherstellungs-Agenten in den Gruppenrichtlinien.

5 Wählen Sie im folgenden Assistenten über die Schaltfläche *Ordner durchsuchen* die am Anfang angelegte CER-Datei.

6 Jetzt müssen Sie sich einmal ab- und wieder anmelden. Ab jetzt können Sie verschlüsselte Dateien anderer Benutzer normal öffnen oder auch über den *Eigenschaften*-Dialog entschlüsseln.

7.10 Verwaltung von Datenträgerkontingenten

Um zu verhindern, dass Benutzer einen Rechner mit überflüssigen Daten vollschreiben, können Administratoren unter Windows XP ähnlich wie in Novell-Netzwerken Datenträgerkontingente vergeben, die ein Benutzer nicht überschreiten kann. Windows XP ermöglicht die Verwaltung solcher Kontingente nur auf NTFS-Datenträgern. Die Kontingente werden auf jedem Laufwerk getrennt auf Benutzerbasis vergeben, sind also unabhängig davon, in welchem Verzeichnis der Benutzer die Daten speichert. Dabei spielt es keine Rolle, ob einzelne Laufwerke physikalisch auf der gleichen Festplatte oder auf unterschiedlichen Festplatten liegen.

Grundlage für die Berechnung der Kontingente ist der Besitz einer Datei. Wenn ein Benutzer eine Datei auf einen kontingentüberwachten NTFS-Datenträger kopiert, eine neue Datei dort erstellt oder das Besitzrecht an einer Datei übernimmt, wird diese auf sein Kontingent angerechnet.

Datenträgerkontingente berücksichtigen keine Komprimierung von NTFS-Laufwerken. Alle Dateien werden in ihrer vollen Größe auf die Kontingente angerechnet, ohne Rücksicht auf die tatsächliche Speicherplatzgröße, die sie auf einem komprimierten NTFS-Laufwerk belegen. Die Kontingente garantieren aber den Benutzern nicht den verfügbaren Speicherplatz. Wenn ein Laufwerk objektiv voll ist, hilft einem Benutzer auch ein nicht ausgeschöpftes Kontingent nicht weiter. Haben zum Beispiel 50 Benutzer auf einem 40 GByte großen Laufwerk je 1 GByte Kontingent, werden es nicht alle gleichzeitig ausschöpfen können.

Die Kontingentverwaltung funktioniert nur auf Laufwerken, die unter Windows XP im neuen NTFS-5.0-Format formatiert oder von Windows 2000 übernommen wurden, nicht auf Laufwerken, die aus Windows NT 4 vor SP4 übernommen wurden. Windows NT 4 mit SP4 unterstützt zwar NTFS 5, aber keine Datenträgerkontingente.

Ein Benutzer kann also unter Windows NT 4 problemlos ein Kontingent überschreiten, das unter Windows XP gilt. Windows XP kann Warnungen ausgeben, wenn ein Benutzer sein Kontingent fast erschöpft hat. Benutzern, die ihre Kontingente überschritten haben, kann automatisch der weitere Zugang verwehrt werden.

Generelle Kontingente festlegen

Kontingente können allgemein für alle Benutzer oder nur für spezielle Benutzer definiert werden, wobei sie für den Administrator natürlich nicht gelten.

Um für einen NTFS-Datenträger die Kontingentverwaltung zu aktivieren, wählen Sie im Kontextmenü dieses Laufwerks (in der Datenträgerverwaltung oder im Windows-Explorer) die Option *Eigenschaften* und dann die Registerkarte *Kontingent*.

Kontingenteinstellungen einer NTFS-Partition.

Die Ampel im oberen Bereich dieser Dialogbox zeigt den Status der Datenträgerkontingentverwaltung an:

- Rot: Die Datenträgerkontingentverwaltung ist deaktiviert.
- Gelb: Die Datenträgerkontingentinformationen werden gerade neu ermittelt. Dies ist auch dann der Fall, wenn auf einem Datenträger erstmalig Speicherplatzkontingente definiert werden.
- Grün: Die Datenträgerkontingentverwaltung ist aktiv.

Aktivieren Sie als Erstes mit dem obersten Kontrollkästchen die Kontingentverwaltung auf diesem Laufwerk. Schalten Sie außerdem *Speicherplatz bei Kontingentüberschreitung verweigern* ein, damit die Benutzer die Meldung *Nicht genügend Speicherplatz* bekommen, wenn sie versuchen, ihr Kontingent zu überschreiten. Andernfalls werden die Überschreitungen zwar vom System protokolliert, die Kontingentbeschränkungen machen aber keinen praktischen Sinn.

Stellen Sie im Feld *Speicherplatz beschränken auf* ein, wie viel Speicherplatz ein Benutzer auf diesem Laufwerk maximal mit seinen Dateien belegen darf. Im Feld *Warnstufe festlegen auf* geben Sie die Grenze an, bei deren Überschreitung ein Ereignis protokolliert wird, dass ein Benutzer sein Kontingent fast erreicht hat.

Mit den unteren beiden Kontrollkästchen können Sie festlegen, wann im Ereignisprotokoll eine Information eingetragen werden soll: beim Erreichen der Kontingentbegrenzung oder auch schon beim Erreichen der Warnschwelle.

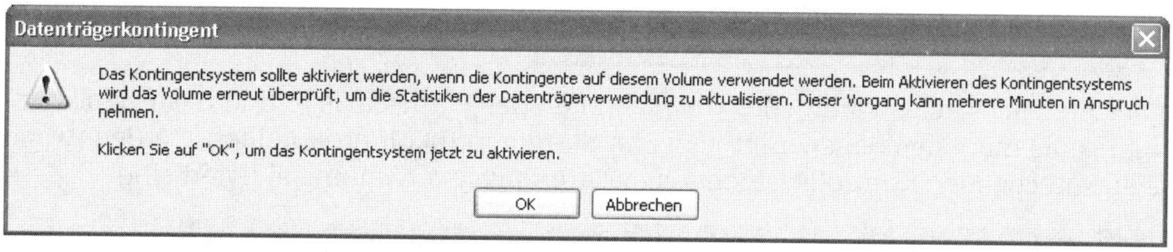

Vor der Verwendung von Kontingenten muss die Festplatte überprüft werden, um die Statistik zu aktualisieren.

Wirkung der Kontingente

Eine Festplatte mit Kontingentverwaltung erscheint für den normalen Benutzer nur so groß, wie sein Speicherplatzkontingent darauf ist.

Dem normalen Benutzer ohne Administratorenrechte fehlt auch die Registerkarte *Kontingent*, sodass er keine Möglichkeit hat, selbst die Kontingentbegrenzungen zu manipulieren.

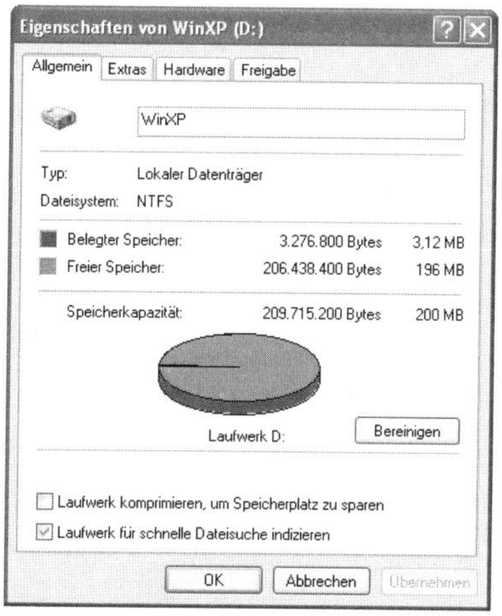

Festplatte aus der Sicht eines Benutzers.

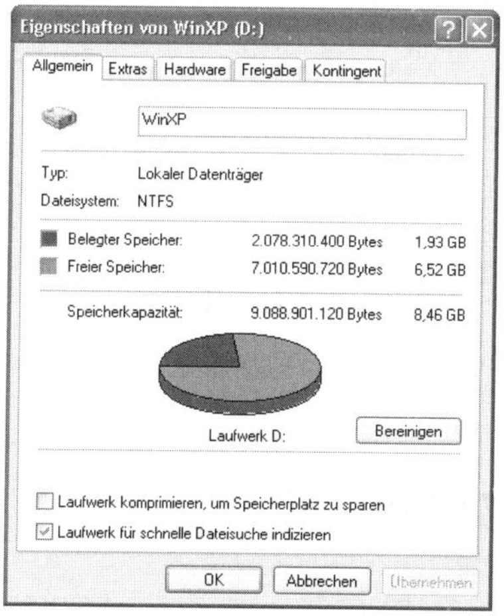

Die gleiche Festplatte aus der Sicht des Administrators.

Die abgebildete NTFS-Festplatte hat eine Kontingentbeschränkung auf 200 MByte. Aus dieser Begrenzung wird die Gesamtkapazität der Platte ermittelt. Als belegter Speicher werden nur die Daten des jeweiligen Benutzers zusammengefasst, sodass dieser jederzeit einen Überblick über seine persönliche Plattenkapazität hat.

Der Administrator sieht die Platte in voller Größe. Hier erscheint in der Statistik auch die Summe aller Dateien – unabhängig davon, welchem Benutzer sie gehören.

Versucht ein Benutzer, Daten auf eine Festplatte zu kopieren, die sein Kontingent übersteigen, bekommt er eine Fehlermeldung, als wäre die Festplatte physisch voll.

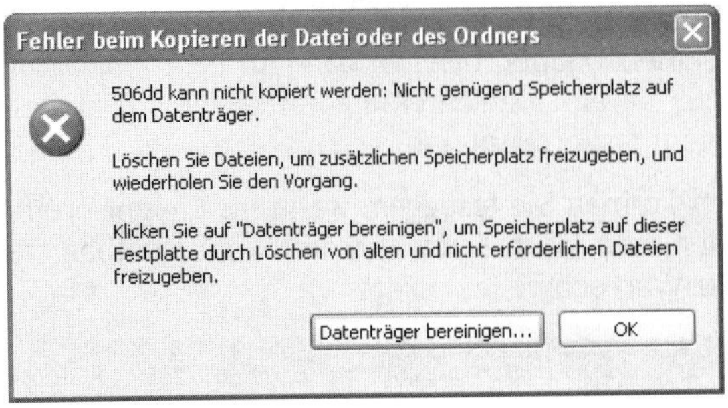

Fehlermeldung beim Erreichen des Datenträgerkontingents.

In der Ereignisanzeige kann jedes Überschreiten der Warnschwelle und des Festplattenkontingents mit einem eigenen Ereignis im Systemprotokoll protokolliert werden, wenn die entsprechenden Kontrollkästchen in der Kontingentverwaltung aktiviert sind.

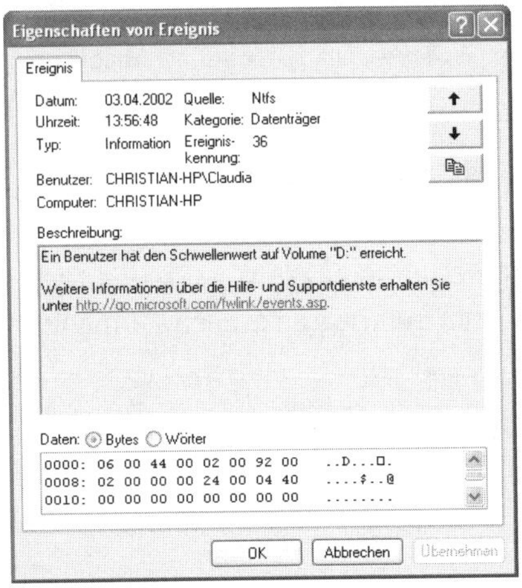

Erreichen der Warnstufe.

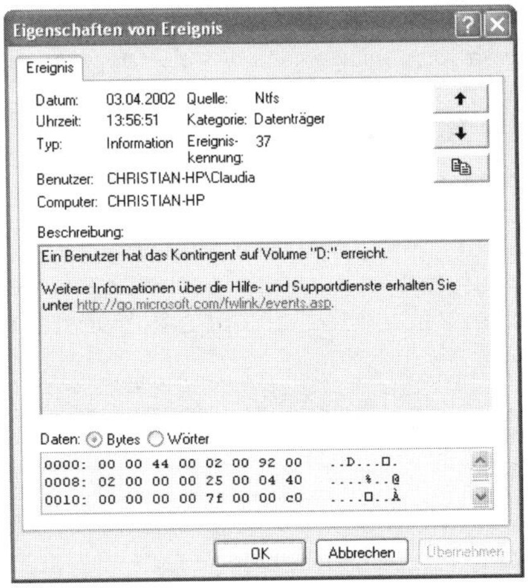

Erreichen des Kontingents.

Kontingente für einzelne Benutzer

Einzelnen Benutzern oder Benutzergruppen können verschiedene Kontingente zugewiesen werden. Klicken Sie dazu in den Eigenschaften eines Datenträgers auf der Registerkarte *Kontingent* auf die Schaltfläche *Kontingenteinträge*.

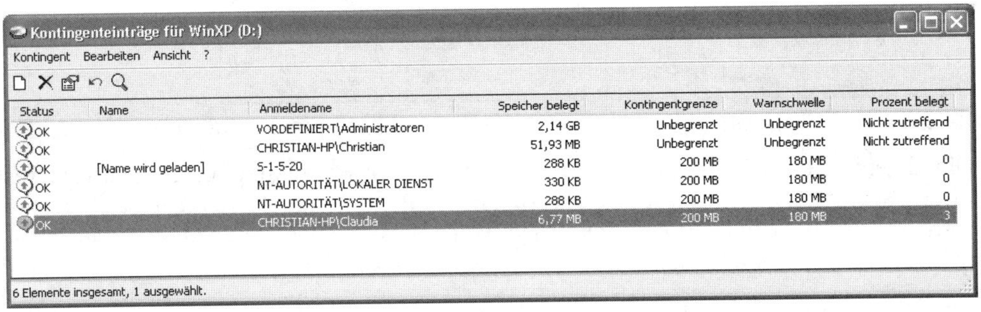

Liste der Kontingenteinträge.

In dieser Liste sehen Sie alle Kontingenteinträge für das jeweilige Laufwerk. Dabei wird auch angezeigt, welche Benutzer bereits wie viel ihres Kontingents verbraucht haben.

Ein gelbes Dreieck gibt an, dass ein Benutzer die Warnschwelle überschritten hat, ein roter Kreis, dass ein Benutzer sein Kontingent überschritten hat. Dies ist nur möglich, wenn in den globalen Kontingenteinstellungen für das Laufwerk das Kontrollkästchen *Speicherplatz bei Kontingentüberschreitung verweigern* ausgeschaltet ist. In diesem Fall machen Kontingente aber keinen Sinn, da jeder Benutzer sie beliebig überschreiten und somit das Kontingent überschreiten kann.

Mit *Kontingent/Neuer Kontingenteintrag* erstellen Sie ein neues Benutzerkontingent. Hier müssen Sie einen bereits existierenden Benutzernamen eingeben. Es wird nicht mehr wie bei Windows 2000 eine Liste aller Benutzer angezeigt. Allerdings können Sie mit der Schaltfläche *Namen überprüfen* den Namen für den Rechner verifizieren lassen.

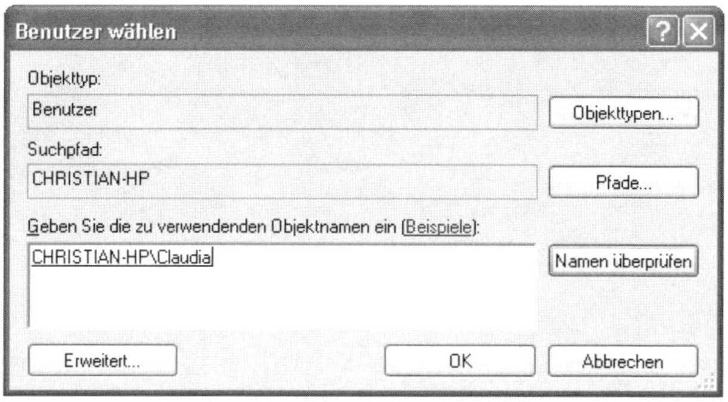

Eingabe und Prüfung eines Benutzernamens.

Geben Sie einen oder mehrere Benutzer an, die auf diesem Laufwerk alle die gleichen Kontingentbegrenzungen bekommen sollen. Im nächsten Dialog legen Sie dann für diese Benutzer eine Speicherplatzbeschränkung und eine Warnstufe fest.

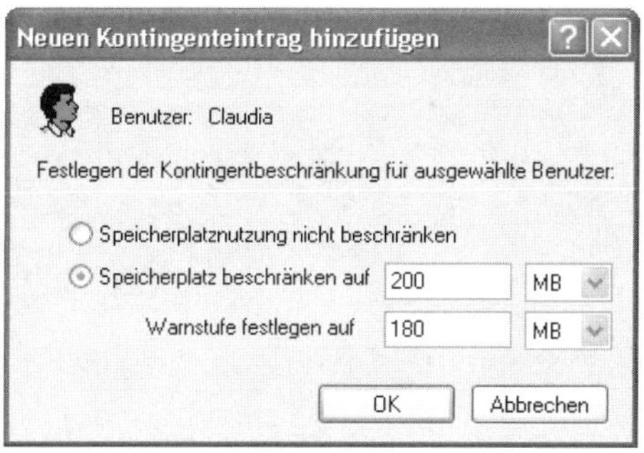

Speicherplatzkontingent für einen einzelnen Benutzer.

8. Benutzerverwaltung und Systemsicherheit

Windows XP bietet verschiedene Sicherheitsfunktionen, die Daten und das System selbst vor den Benutzern schützen. Auf Computern, auf die mehrere Benutzer Zugriff haben, können die Daten eines Benutzers vor neugierigen Blicken oder Veränderungen der anderen Benutzer gesichert werden. Aber auch bei Computern, die man nur allein benutzt, kann eine Benutzerverwaltung zum eigenen Schutz sinnvoll sein. Solange man während der alltäglichen Arbeit nur mit eingeschränkten Rechten angemeldet ist, kann man verhindern, dass das System durch fehlerhafte Konfigurationseinstellungen versehentlich beschädigt wird. So kann zum Beispiel auch ein Virus nur auf die Dateien und Systemeinstellungen zugreifen, auf die der angemeldete Benutzer Zugriff hat.

Wie bereits erwähnt, wurde Windows XP für den durchschnittlichen amerikanischen User entwickelt. Um diesen möglichst viel Komfort zu bieten, werden zahlreiche wichtige Einstellungsmöglichkeiten und Sicherheitsoptionen standardmäßig nicht angezeigt, obwohl sie vorhanden und gegenüber Windows NT/2000 auch noch verbessert wurden. In der Grundeinstellung ist die Sicherheit eines Windows XP-Systems recht niedrig gehalten. Man kann aber als Systemadministrator mit einer gut geplanten Benutzerverwaltung zahlreiche Sicherheitssysteme aktivieren.

8.1 Mehr Security – das Sicherheitsmodell von XP

Windows XP entspricht der NCSC-Sicherheitsstufe C2 (NCSC = **N**ational **C**omputer **S**ecurity **C**enter), womit bestimmte Voraussetzungen erfüllt sein müssen:

- Jeder Benutzer muss sich über einen eindeutigen Benutzernamen mit Kennwort identifizieren.
- Eine Überwachung der Benutzer muss möglich sein, der Administrator muss die Überwachungsdaten einsehen können.
- Jede Ressource hat einen Besitzer, der die Rechte für andere an diese Ressource festlegen kann.
- Ein unrechtmäßiger Zugriff auf Ressourcen und externe Manipulation an Systemdateien muss unterbunden werden.
- Speicherinhalte eines Prozesses müssen nach dessen Beenden gelöscht werden und dürfen nicht von fremden Prozessen ausgelesen werden können.

Die Anmeldung eines Benutzers gliedert sich in Windows XP in zwei Schritte:

Authentifizierung

Hier wird die Identität des Benutzers anhand des Benutzernamens und des Passwortes geprüft. Dazu kann entweder ein manuell eingegebenes Passwort, ein Kerberos-Ticket oder eine SmartCard verwendet werden.

Windows XP verwendet zur Authentifizierung das eigene Subsystem LSA (**L**ocal **S**ecurity **A**uthority), das außer der Benutzerauthentifizierung auch die lokale Sicherheitsrichtlinie und die Überwachungsrichtlinie verwaltet sowie Tokens generiert, die Benutzer- und Gruppendaten sowie Informationen zu deren Sicherheitsberechtigungen enthalten.

Auf einzelnen Rechnern erfolgt die Authentifizierung durch Überprüfung der lokalen SAM-Datenbank (**S**ecurity **A**ccounts **M**anager). Ist der Rechner Bestandteil einer Domäne, fragt das LSA-Subsystem automatisch die Benutzerkonten des Domänenservers ab.

Autorisierung

In diesem zweiten Schritt werden dem Benutzer Zugriffsrechte auf Dateien, Drucker und Netzwerkressourcen gegeben. Diese sind im Benutzerkonto festgelegt.

Unterschiede gegenüber Windows 9x/ME

Unter Windows 9x/ME konnten nur Netzwerkressourcen, Dateien und Drucker benutzerabhängig freigegeben werden. Unter Windows XP können Sie für jede Datei, jedes Verzeichnis, jeden Drucker und auch für jeden Registry-Schlüssel benutzerabhängige Zugriffsrechte vergeben.

Unterschiede gegenüber Windows NT/2000

Die folgende Übersicht zeigt alle Änderungen im Sicherheitssystem gegenüber Windows NT/2000. Eine genaue Erklärung der einzelnen Funktionen finden Sie in den entsprechenden Abschnitten dieses Kapitels.

- **Benutzernamen** - es muss mindestens ein namentlich benannter Benutzer existieren. Nur der Benutzer Administrator ist nicht möglich.
- **Einfache Freigaben** - standardmäßig ist auf Computern, die nicht in einer Domäne integriert sind, die einfache Freigabe aktiviert. Anstelle der Sicherheitseigenschaften wird nur das Dialogfeld *Eigenschaften von Gemeinsame Dokumente* angezeigt.
- **Schnelle Benutzerumschaltung** - auf Computern, die nicht in einer Domäne integriert sind, kann zwischen verschiedenen Benutzern hin und her geschaltet werden, ohne dass diese sich zuerst abmelden müssen. Diese Option lässt sich bei Bedarf deaktivieren.
- **Gruppe Jeder** - die Gruppe *Jeder*, die in der Benutzerverwaltung nicht angezeigt wird, enthält keine anonymen Benutzer mehr, sondern nur noch Benutzer aus den Gruppen *Benutzer* und *Gäste*.
- **Besitzrechte** - ein Objekt gehört standardmäßig dem Benutzer, der es erstellt hat. Dies gilt in Windows XP jetzt auch für Benutzer aus der Gruppe *Administratoren*. Früher war die ganze Gruppe *Administratoren* Besitzer eines Objekts, das eines der Gruppenmitglieder angelegt hatte.
- **EFS Data Recovery Agent** - in Windows XP haben Benutzer bei der Konfiguration einer EFS-Wiederherstellungsrichtlinie die Möglichkeit, Dateien auch ohne einen Data Recovery Agent zu verschlüsseln.

- **Druckerinstallation** - lokale Drucker können nur noch von Administratoren oder Hauptbenutzern durchgeführt werden. Letztere müssen das Recht zum Laden und Entfernen von Gerätetreibern explizit zugewiesen bekommen.
- **Leere Passwörter** - eine Anmeldung ohne Passwort ist nur direkt am jeweiligen Computer möglich, nicht über eine Domäne.
- **Kennwortrücksetzdiskette** - Benutzer können eine Kennwortrücksetzdiskette erstellen, mit der sie später ihr eigenes Passwort zurücksetzen können, falls sie es vergessen haben.
- **Sicherheitsrichtlinien für Software** - mit neuen Sicherheitsrichtlinien kann das Ausführen von Programmen je nach Internetzone, Verzeichnis oder Zertifikat eingeschränkt werden.
- **Gespeicherte Benutzernamen und Kennwörter** - Anmeldedaten zum Zugriff auf Netzwerk- und Internetressourcen werden in einem sicheren Bereich gespeichert.

Verschiedene Sicherheitsverfahren, die in Windows 2000-Netzwerken verwendet werden, sind in Windows XP standardmäßig nicht aktiviert, können aber bei Bedarf eingeschaltet werden. Näheres dazu finden Sie in Kapitel 8.6 ab Seite 474.

8.2 Baseline Security Analyzer

Microsoft bietet zur Sicherheitsanalyse des eigenen Computers den Baseline Security Analyzer kostenlos unter *www.microsoft.com/technet/security/tools/Tools/mbsahome.asp* zum Download an. Das Programm wird als Windows Installer-Paket geliefert und muss vor der ersten Verwendung auf einem Computer im lokalen Netzwerk installiert werden.

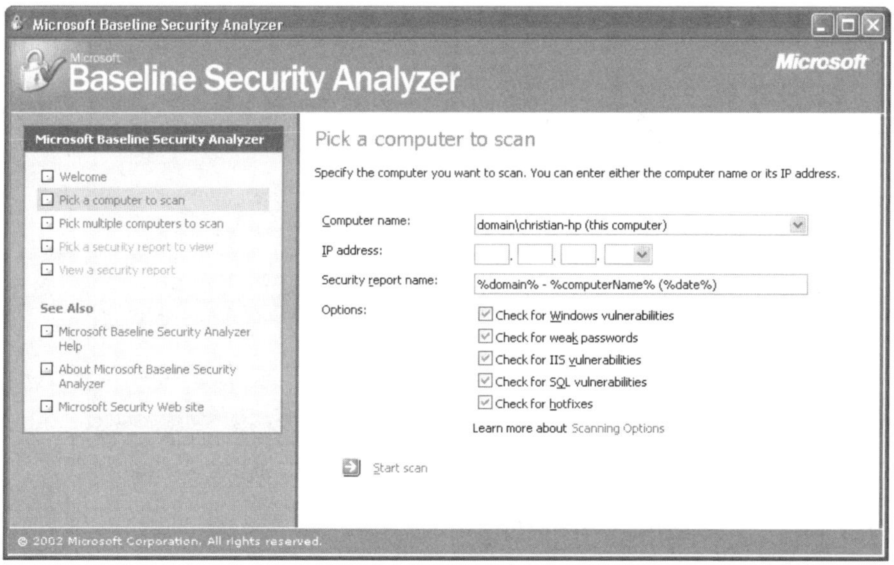

Auswahl eines Computers im Baseline Security Analyzer.

Im ersten Schritt wählen Sie den zu überprüfenden Computer aus. Dies kann entweder über den Computernamen oder über die IP-Adresse erfolgen.

Dabei lassen sich auch mehrere Computer anhand eines gemeinsamen Domänennamens oder eines IP-Adressbereichs auswählen. Im Netzwerk können nicht nur Windows XP-Computer, sondern auch solche mit Windows 2000 oder NT 4 ab Service-Pack 4 überprüft werden.

Das Programm testet verschiedene Sicherheits-Features und liefert danach einen Bericht mit Bewertung der Ergebnisse sowie Lösungsvorschlägen ab.

Damit die Tests fehlerfrei laufen, müssen unter *Systemsteuerung/Verwaltung/Dienste* der Arbeitsstationsdienst und der Computerbrowser laufen.

Der Test läuft in sechs Gruppen ab:

- **Check for Windows vulnerabilities** - allgemeine Windows-Sicherheitsprobleme
- **Check for weak passwords** - schlechte oder fehlende Passwörter
- **Check for IIS vulnerabilities** - Sicherheitslücken beim **I**nternet **I**nformation **S**ervice
- **Check for SQL vulnerabilities** - Sicherheitslücken in SQL
- **Check for hotfixes** - Überprüfung der Installation aktueller Sicherheits-Patches
- **Desktop application scan** - Überprüfung anderer Microsoft-Produkte

Im folgenden Abschnitt werden diese Testgruppen ausführlicher beschrieben.

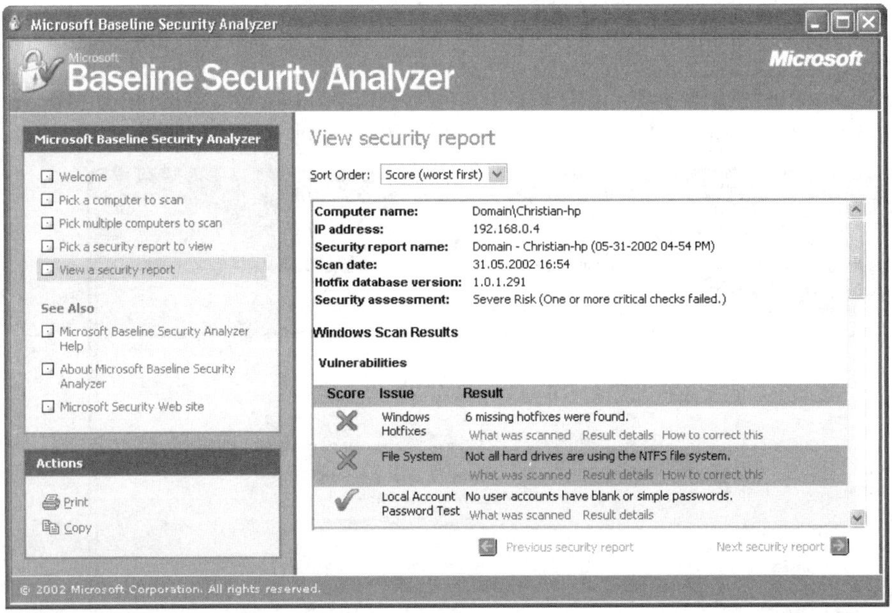

Ergebnisbericht.

Check for Windows vulnerabilities

Dieser Test überprüft verschiedene Sicherheits-Features im Betriebssystem.

Dateisystem

Hier werden alle lokalen Festplatten darauf überprüft, ob sie das NTFS-Dateisystem verwenden, weil dies weitaus bessere Sicherheitsmerkmale bietet als die FAT-Dateisysteme.

Ist mindestens eine Festplatte in einem anderen Dateisystem formatiert, erscheint eine Warnung.

Ausführliche Informationen zu den Unterschieden zwischen den Dateisystemen finden Sie in Kapitel 7.

Gastbenutzer

Dieser Test überprüft, ob ein Gastbenutzer existiert. Bei Verwendung der einfachen Dateifreigabe werden Benutzer, die sich über das Netzwerk von anderen Rechnern anmelden, als Gast bewertet. In diesem Fall wird der Gastbenutzer vom Baseline Security Analyzer nicht als Sicherheitslücke gewertet. Wird allerdings die erweiterte Dateifreigabe verwendet, gilt der Gastbenutzer als problematisch.

Anonyme Benutzer

Dieser Test überprüft die Zugriffsrechte für anonyme Benutzer, die sich über das Netzwerk anmelden. Haben anonyme Benutzer Zugriff, können sie Systeminformationen, Benutzernamen und Freigabenamen auslesen.

Der anonyme Zugriff kann über die Sicherheitsoptionen unter *Systemsteuerung/Verwaltung/Lokale Sicherheitseinstellungen* beschränkt werden.

Administratoren

Auf jedem Rechner sollte es höchstens zwei Benutzer geben, die der Gruppe *Administratoren* angehören. Findet dieser Test mehr als zwei Administratoren, wird eine Sicherheitswarnung ausgegeben.

Auto Logon

Die automatische Benutzeranmeldung stellt in domänenbasierten Netzwerken ein Sicherheitsrisiko dar. Auf Computern, die nicht einer Domäne angehören, wird dieser Test übersprungen.

Bei der automatischen Benutzeranmeldung werden Benutzername und Passwort in der Registry unter *HKEY_LOCAL_MACHINE\SOFTWARE\Microsoft\Windows NT\CurrentVersion\Winlogon* gespeichert.

Ablaufende Passwörter

Passwörter, die nie ablaufen, stellen ein Sicherheitsrisiko dar. Dieser Test überprüft, ob es Benutzer gibt, deren Passwort nie abläuft. Auf Computern, die nicht einer Domäne angehören, wird dieser Test übersprungen.

Überwachung

Dieser Test überprüft, ob die Überwachungsfunktionen installiert sind, um Benutzeraktivitäten zu protokollieren. Auf Computern, die nicht einer Domäne angehören, wird dieser Test übersprungen.

Unnötige Dienste

Unnötige Dienste, die im Hintergrund laufen, belasten das System und können in einigen Fällen auch ein Sicherheitsrisiko darstellen, weil ein Rechner läuft, auf dem niemand angemeldet ist. Außerdem stellen sie eine zusätzliche Angriffsfläche dar.

Dieser Test überprüft installierte Dienste darauf, ob sie gestartet sind oder nicht. Dazu wird standardmäßig eine Datei *SERVICES.TXT* installiert, die eine Liste der zu prüfenden Dienste enthält. Diese Datei kann beliebig erweitert werden und enthält anfangs folgende Dienste:

Dateiname	Dienst
MSFTPSVC	FTP
TlntSvr	Telnet
RasMan	RAS-Verbindungsverwaltung
W3SVC	WWW
SMTPSVC	SMTP

Der Test meldet gestoppte Dienste, die nicht verwendet werden, also aus Sicherheits- und Performance-Gründen deaktiviert werden können.

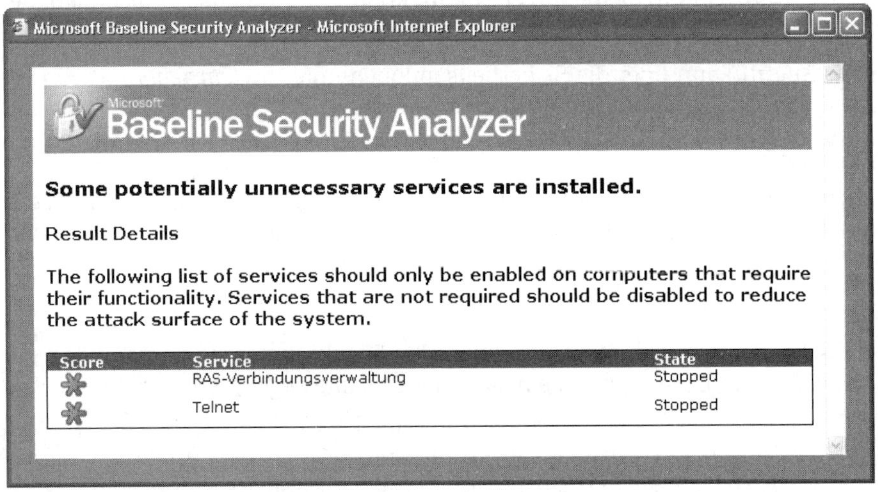

Anzeige überflüssiger Dienste.

Freigaben

Dieser Test listet alle Freigaben und die jeweiligen NTFS-Dateirechte auf. Überprüfen Sie, welche davon Sie wirklich brauchen, und beschränken Sie die vorhandenen Freigaben auf bestimmte Benutzergruppen.

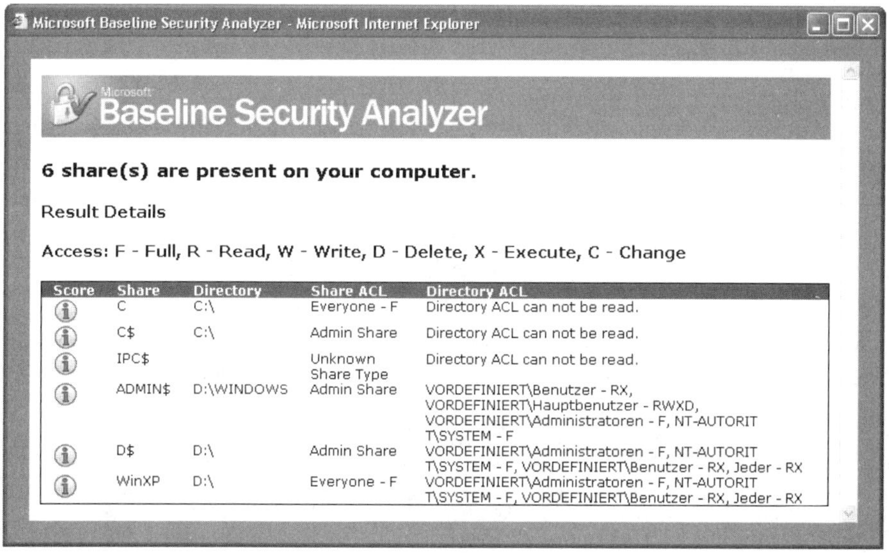

Analyse der Freigaben.

Check for weak passwords

Dieser Test überprüft alle Benutzerkonten auf leere oder sehr einfach herauszufindende Passwörter. Auf Computern mit vielen Benutzerkonten kann der Test sehr lange dauern. Außerdem wird überprüft, ob gesperrte oder deaktivierte Benutzer vorhanden sind.

Beachten Sie, dass dieser Test Meldungen im Sicherheitsprotokoll in der Ereignisanzeige hervorrufen kann.

Eine Warnung erscheint, wenn mindestens eines der folgenden Kriterien erfüllt ist:

- Passwort ist leer.
- Passwort ist gleich wie der Benutzername.
- Passwort ist gleich wie der Computername.
- Passwort lautet „password“, „admin“ oder „administrator“.
- Ein oder mehrere Benutzer sind gesperrt oder deaktiviert.

Check for IIS vulnerabilities

Die **I**nternet **I**nformation **S**ervices stellen ein großes Sicherheitsproblem dar, weshalb hierfür ein eigener Test läuft. Falls die Internet Information Services installiert sind, überprüft der Test auch, ob das Sicherheitsprogramm IIS Lockdown Tool verwendet wird, um den Computer abzusichern.

Check for SQL vulnerabilities

Dieser Test überprüft Sicherheits-Features im SQL-Server, falls dieser installiert ist.

Check for hotfixes

In diesem Test wird die aktuelle Windows XP-Installation mit dem neusten Stand der Windows Update-Datenbank verglichen und überprüft, ob alle sicherheitsrelevanten Patches installiert sind. Wurde ein Service-Pack installiert, enthält dies automatisch alle bis dahin erschienenen Hotfixes.

Diese Überprüfung bezieht sich allerdings auf die englische Windows XP-Version, sodass es hier zu Fehlanzeigen kommen kann, wenn ein Patch noch nicht auf Deutsch verfügbar ist.

Das Programm sucht nicht nur nach Windows XP-Patches, sondern auch Patches für den Internet Explorer 5.01 und höher sowie Windows 2000, Internet Information Services und SQL Server 7.0 oder 2000 einschließlich der Microsoft Data Engine, falls eines dieser Programme installiert ist.

Alle fehlenden Sicherheits-Patches werden angezeigt – mit direkten Links auf die jeweilige Beschreibung auf dem Microsoft-Server, auf dem Sie auch den Download finden.

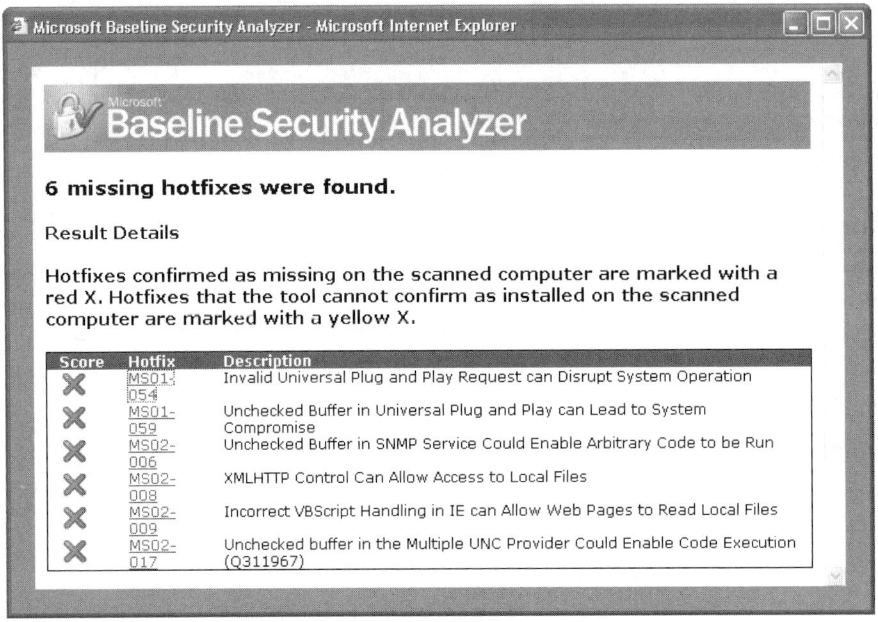

Anzeige fehlender Hotfixes.

Dieses Überprüfungs-Tool gibt es auch in einer Kommandozeilenversion, die Sie leicht automatisiert ablaufen lassen können. Dieses Programm bekommen Sie bei Microsoft im Internet unter *www.microsoft.com/technet/security/tools/hfnetchk.asp*.

Desktop application scan

Dieser letzte Test überprüft weitere Microsoft-Programme, den Internet Explorer und Office-Produkte auf vorhandene Sicherheitsrisiken.

Internet Explorer-Sicherheitszonen

Der Internet Explorer-Test überprüft die Einstellung der Sicherheitszonen im Internet Explorer. Sind eine oder mehrere Zonen auf eine geringere als die empfohlene Sicherheitsstufe eingestellt, wird eine Warnmeldung ausgegeben. Das Gleiche gilt, wenn eine Sicherheitszone manuell angepasst wurde. Hier werden nicht alle Einstellungen einzeln überprüft, sondern es wird direkt eine Meldung ausgegeben.

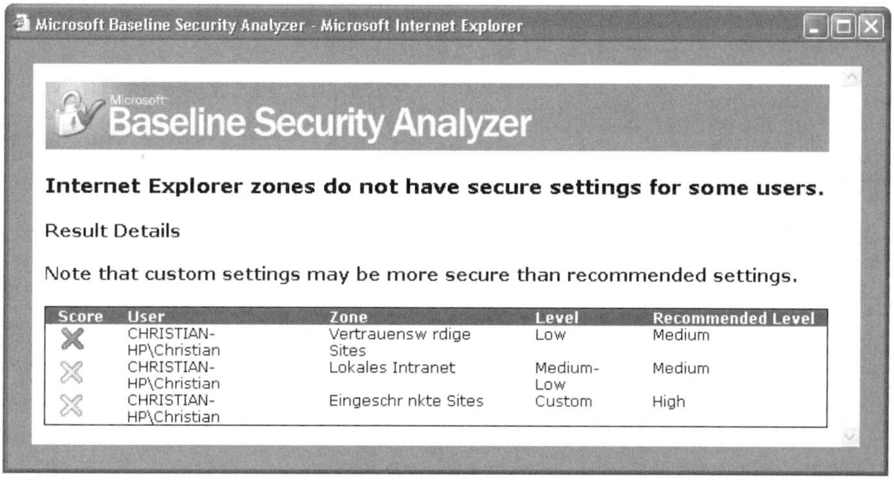

Überprüfung der Internet Explorer-Sicherheitszonen.

Office Macro Test

Dieser Test überprüft die Makro-Einstellungen von Office XP, 2000 und 97 auf Benutzerbasis. Dabei werden außer Word auch Excel, PowerPoint und Outlook – falls installiert – überprüft. Ältere Office-Versionen und Office-Produkte anderer Hersteller können nicht geprüft werden.

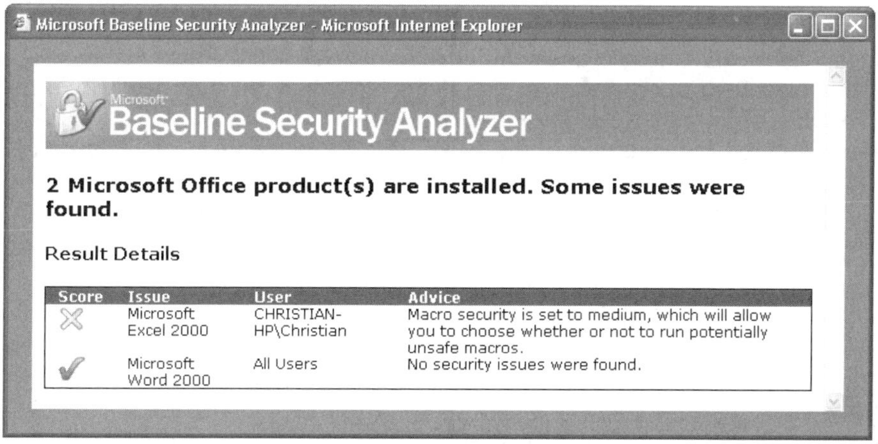

Office Macro Test.

In vielen Fällen ist gerade in Excel die Verwendung von Makros wichtig, sodass Sie hier lieber einen aktuellen Virenscanner installieren sollten, anstatt die Makros zu deaktivieren.

Outlook Zones

Falls Outlook, nicht Outlook Express, installiert ist, werden auch hier die Sicherheitszonen überprüft.

8.3 Benutzerverwaltung optimiert

In den allermeisten Netzwerken gibt es verschiedene Benutzer mit verschiedenen Rechten. Die Benutzer haben Zugriff auf verschiedene Anwendungen auf dem Server und verschiedene gemeinsam genutzte Daten. Benutzer haben ihre eigenen Home- und Mail-Verzeichnisse und Zugriff auf bestimmte Drucker und sonstige externe Geräte.

In den meisten Fällen entsprechen die logischen Netzwerkbenutzer auch den wirklichen Benutzern der Rechner in einem Netzwerk, sodass jeder seinen eigenen Benutzernamen hat. Man kann aber auch für bestimmte Aufgaben im Netzwerk logische Benutzer anlegen, die keinem wirklichen Benutzer entsprechen.

- So richten sich zum Beispiel Administratoren Dummy-Benutzer ein, die bestimmten Benutzergruppen angehören, um das Verhalten des Netzwerks beim Anmelden eines Benutzers dieser Gruppe zu simulieren.
- Bei rein persönlichen Arbeiten am Netzwerk sollte man sich auch nicht immer als Administrator anmelden, um Fehlkonfigurationen aus Versehen zu vermeiden. Mit weniger Rechten kann man auch weniger verkehrt machen.
- Im Gegensatz zu einer biometrischen Identifizierung einer Person ist es bei logischen Benutzernamen möglich, dass mehrere Personen einen Benutzernamen oder eine Person mehrere Benutzernamen verwendet.

In kleineren Netzwerken übernimmt ein zentraler Administrator das Anlegen und Verwalten von Benutzern sowie die Vergabe der verschiedenen Rechte. In größeren Netzwerken kann der Administrator Teile dieser Verwaltungsaufgaben und damit auch die notwendigen Rechte an untergeordnete Administratoren abgeben. Diese haben dann auch die Möglichkeit, in ihrem Bereich neue Benutzer anzulegen und deren Zugriffsrechte zu ändern. Da die technische Betreuung der Computer im Netzwerk und die Netzwerkadministration oft bei einer Person liegt, ist diese Art der Aufgabenteilung besonders wichtig in Netzwerken, die sich auf verschiedene Standorte verteilen. Damit wird der persönliche Kontakt zu den Benutzern ermöglicht und man erspart sich viele Fahrten.

Windows XP ermöglicht eine differenzierte Benutzerverwaltung nicht nur für Netzwerkressourcen, sondern auch für den lokalen Rechner. So haben Benutzer hier eigene Verzeichnisse, eigene Desktop-Einstellungen und Zugriffsberechtigungen für lokale Ressourcen.

Benutzer anlegen und bearbeiten

Bei der Installation von Windows XP wird ein Administrator, ein Gast und ein Standardbenutzer mit beliebigem Namen automatisch angelegt. Dieser Benutzername darf allerdings nicht gleich dem Computernamen oder Domänennamen sein. Er hat automatisch Administratorenrechte. Bei der Installation können auch gleich noch bis zu vier weitere Benutzer angelegt werden. Windows XP bietet nach der Installation zwei verschiedene Möglichkeiten, einen neuen Benutzer anzulegen:

- *Systemsteuerung/Benutzerkonten*
- *System/Lokale Benutzer und Gruppen* in der Computerverwaltung

Das Modul in der Computerverwaltung bietet deutlich mehr Möglichkeiten. Hier können Sie aber auch nachträglich Eigenschaften von Benutzern bearbeiten, die über *Systemsteuerung/Benutzerkonten* angelegt wurden.

Um einen Benutzer anlegen zu können, muss man mit Administratorenrechten angemeldet sein.

Regeln für Benutzernamen unter Windows XP

- Benutzernamen dürfen aus bis zu 20 Zeichen bestehen.
- Groß- und Kleinschreibung wird – anders als bei Passwörtern – nicht unterschieden.
- Folgende Zeichen dürfen nicht enthalten sein: „ / \ [ ] : ; | = , + * ? < >
- Leerzeichen und Punkte können verwendet werden, aber ein Benutzername kann nicht ausschließlich aus diesen Zeichen bestehen. Damit versucht man, einen Schutz gegen den Trojaner BackOrifice zu bieten, dessen Benutzernamen der Unauffälligkeit halber nur aus Leerzeichen bestehen.

Diese Regeln gelten nur für den Anmeldenamen, nicht für den vollständigen Namen. Der vollständige Name wird nur informationshalber verwendet und hat keine Bedeutung für das System, kann aber alternativ zur Anmeldung verwendet werden. Dies gilt selbstverständlich nur, wenn der Computer nicht Mitglied einer Domäne ist.

Doppelte Benutzernamen

Windows XP überprüft beim Anlegen eines Benutzers, ob der gewählte Benutzername oder Anmeldename schon vorhanden ist. Dabei erfolgt aber kein Überkreuz-Vergleich. So ist es möglich, einen Benutzernamen anzulegen, der als Anmeldename schon existiert.

Da man sich sowohl mit seinem Benutzernamen wie auch mit seinem vollständigen Namen anmelden kann, kann es hier zu einem Konflikt kommen. Je nachdem, welches Passwort eingegeben wird, wird der entsprechend zugehörige Benutzer angemeldet.

Werden keine Passwörter verwendet, wird der Benutzer angemeldet, dessen Benutzername den eingegebenen Namen entspricht. Der andere muss sich also mit seinem Benutzernamen anmelden und kann den vollständigen Namen nicht verwenden.

Um solche Probleme zu vermeiden, definieren Sie am besten den Benutzernamen und den vollständigen Namen immer gleich. Auch hier gilt die Einschränkung, dass die Anmeldung mit vollständigem Namen nur dann erfolgen kann, wenn der Computer nicht Mitglied einer Domäne ist.

Benutzer in der Systemsteuerung anlegen

Mit der Schaltfläche *Neues Konto erstellen* können Sie unter *Systemsteuerung/Benutzerkonten* einen neuen Benutzer anlegen. Dabei geben Sie nur einen Namen ein und wählen zwischen *Computeradministrator* oder *Eingeschränkt*.

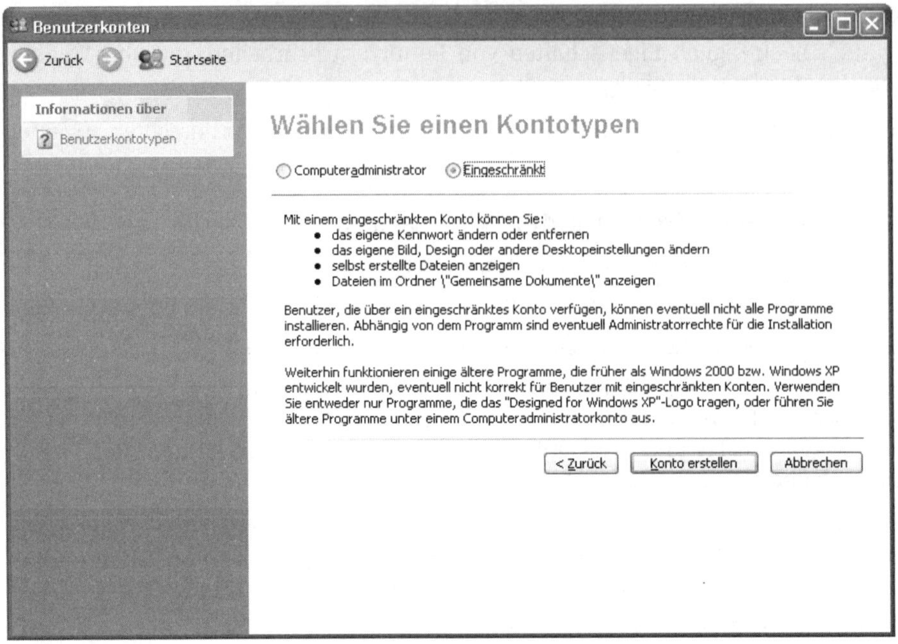

Auswahl eines Kontotyps.

Anhand des hier ausgewählten Kontotyps wird der neue Benutzer entweder Mitglied der Gruppe *Administratoren* oder Mitglied der Gruppe *Benutzer*. Bei Computern, die Mitglied einer Domäne sind, kann der Benutzer nur entweder als Mitglied der Gruppe *Hauptbenutzer* oder *Benutzer* angelegt werden.

Der Benutzer bekommt standardmäßig das Bild *Gitarre* zugewiesen, solange dies nicht von einem anderen Benutzer verwendet wird. In diesem Fall wird zufällig ein noch nicht verwendetes Bild ausgewählt.

In der Computerverwaltung wird der ausgewählte Name als Benutzername und als vollständiger Name für den neuen Benutzer eingetragen.

Die persönliche Verzeichnisstruktur unter *\Dokumente und Einstellungen* wird erst bei der ersten Anmeldung des Benutzers angelegt.

Benutzer in der Computerverwaltung anlegen

In der Computerverwaltung können Sie unter *System/Lokale Benutzer und Gruppen/Benutzer* mit dem Kontextmenüpunkt *Neuer Benutzer* einen neuen Benutzer anlegen.

Diese Art der Benutzerverwaltung gibt es nur in der Professional Edition von Windows XP, nicht in der Home Edition.

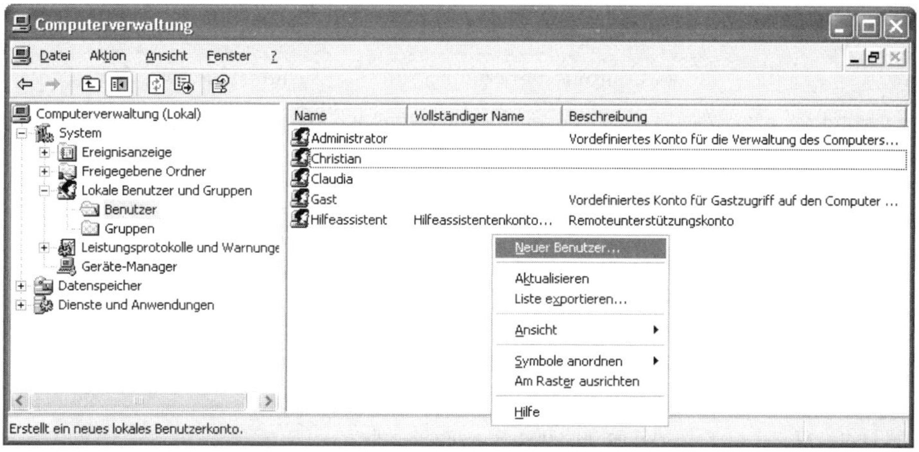

Die Benutzer in der Computerverwaltung.

Hier können Sie einen Benutzernamen und einen davon unabhängigen vollständigen Namen angeben. Auf Computern, die nicht Mitglied in einer Domäne sind, taucht der vollständige Name unter *Systemsteuerung/Benutzerkonten* auf, der Benutzername nicht.

Anlegen eines Benutzers in der Computerverwaltung.

Die Auswahl eines Bilds ist hier nicht möglich. Der neue Benutzer wird automatisch ein eingeschränkter Benutzer und Mitglied der Gruppe *Benutzer*.

Das Dialogfenster *Neuer Benutzer* erscheint sofort danach wieder, sodass Sie gleich den nächsten Benutzer anlegen können.

Unterschiede zwischen den beiden Methoden der Benutzerverwaltung

Die beiden Methoden der Benutzerverwaltung verhalten sich recht unterschiedlich, obwohl sie auf die gleiche Benutzerdatenbank zugreifen.

Die Tabelle zeigt die Unterschiede:

Aktion	Computerverwaltung	Systemsteuerung
Angabe Benutzername und vollständiger Name	Beim Anlegen oder nachträglich	Nur ein Name möglich
Beschreibung	Beim Anlegen oder nachträglich	Nachträglich (nur bei Computern in einer Domäne)
Kennwort	Beim Anlegen oder nachträglich	Nachträglich (nur bei Computern in einer Domäne)
Benutzer muss Kennwort bei der nächsten Anmeldung ändern	Beim Anlegen oder nachträglich	-
Benutzer kann Kennwort nicht ändern	Beim Anlegen oder nachträglich	-
Kennwort läuft nie ab	Beim Anlegen oder nachträglich	-
Konto ist deaktiviert	Beim Anlegen oder nachträglich	-
Gruppenmitgliedschaft	Nachträglich beliebig einstellbar, standardmäßig immer *Benutzer*	Nachträglich beliebig einstellbar, standardmäßig immer Hauptbenutzer (nur bei Computern in einer Domäne), sonst *Benutzer* oder *Administrator*, nachträglich auch nur zwischen diesen beiden Gruppen wählbar
Profilpfad	Nachträglich beliebig einstellbar	-
Anmeldescript	Nachträglich beliebig einstellbar	-
Basisordner	Nachträglich beliebig einstellbar	-
Bild ändern	-	Nachträglich möglich
Benutzer umbenennen	siehe folgenden Abschnitt	siehe folgenden Abschnitt
Benutzer löschen	siehe Seite 426	siehe Seite 426

Benutzer umbenennen

Benennen Sie unter *Systemsteuerung/Benutzerkonten* einen Benutzer um, erscheint der neue Name in der Computerverwaltung im Feld *Vollständiger Name* und nicht im Feld *Name*.

Ein eventuell dort vorhandener Name wird überschrieben, auch wenn dieser nicht dem Benutzernamen entspricht.

Ein Beispiel verdeutlicht die Namensänderung. Der Benutzer *Claudia* wird unter *Systemsteuerung/Benutzerkonten* in *Chefin* umbenannt.

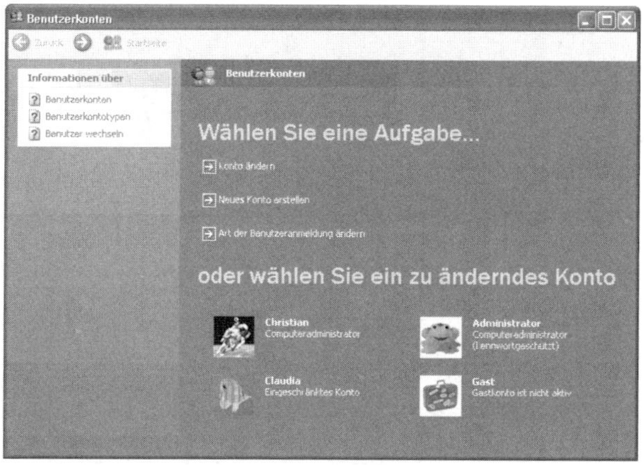

Der ursprüngliche Benutzer in der Systemsteuerung und ... *... in der Computerverwaltung.*

Über die Option *Konto ändern* wird ein neuer Name eingegeben.

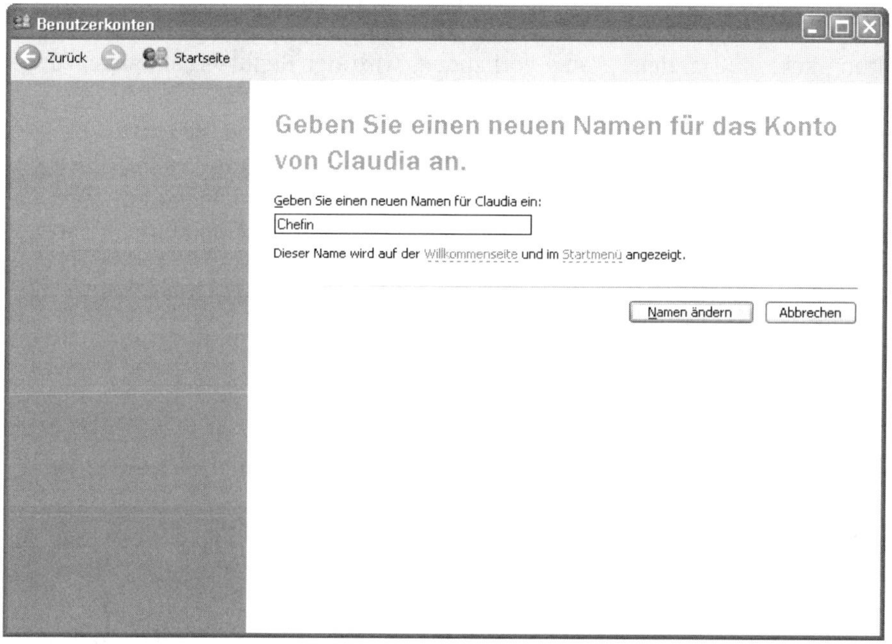

Ändern des angezeigten Benutzernamens.

Der wirkliche Benutzername hat sich nicht geändert.

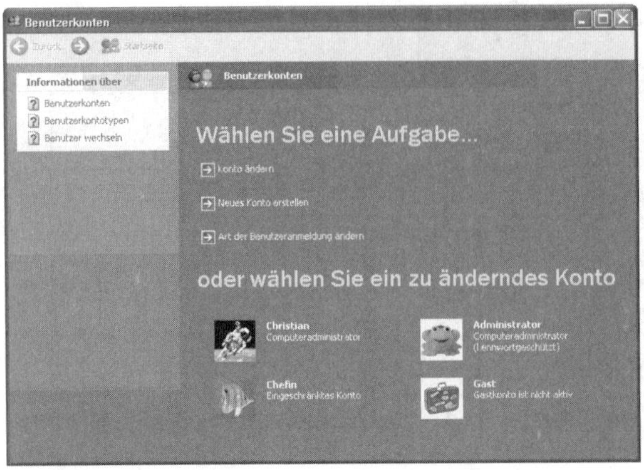

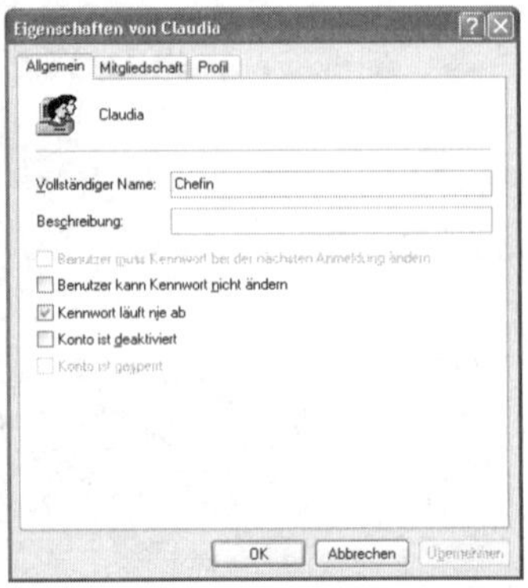

Der geänderte Benutzer in der Systemsteuerung und ... *... in der Computerverwaltung.*

Umgekehrt kann man in der Computerverwaltung mit dem Kontextmenüpunkt *Umbenennen* einen Benutzer umbenennen. Der Name unter *Systemsteuerung/Benutzerkonten* ändert sich dabei nicht, solange der vollständige Name erhalten bleibt. Ist in der Computerverwaltung kein vollständiger Name vorhanden, wird der Benutzername auch unter *Systemsteuerung/Benutzerkonten* verändert.

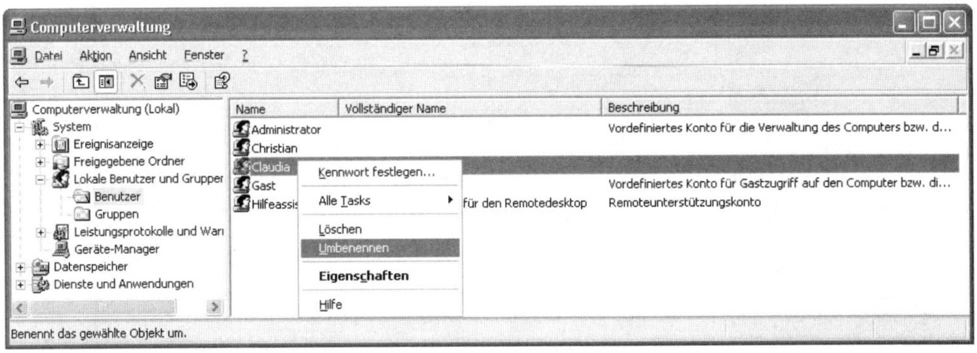

Umbenennen eines Benutzers in der Computerverwaltung.

In jedem Fall wird beim Umbenennen eines Benutzers in der Computerverwaltung das Anmeldebild unter *Systemsteuerung/Benutzerkonten* auf das Standardbild *Gitarre* zurückgesetzt.

Ein umbenannter Benutzer behält alle seine Eigenschaften, Gruppenmitgliedschaften, Dateien und Rechte. Intern bezieht sich Windows XP immer auf die Sicherheits-ID (SID) des Benutzers und nicht auf dessen Namen. Jedem Benutzer wird systemintern eine solche SID zugeordnet, auf die der Benutzer keinen Einfluss hat.

Benutzer löschen

Löschen Sie einen Benutzer der Computerverwaltung, erscheint noch ein Warnhinweis, den Sie bestätigen müssen. Danach sind alle persönlichen Einstellungen dieses Benutzers sowie seine Verzeichnisstruktur *Eigene Dateien* unwiderruflich gelöscht. Die Verzeichnisstruktur mit allen Daten bleibt allerdings erhalten, wenn der Benutzer aus der Computerverwaltung heraus gelöscht wird.

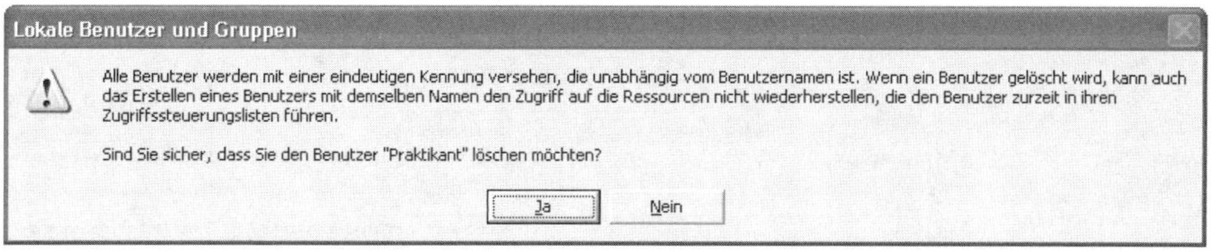

Sicherheitsabfrage vor dem Löschen eines Benutzers in der Computerverwaltung.

Beim Löschen eines Benutzers unter *Systemsteuerung/Benutzerkonten* haben Sie noch die Möglichkeit, den Desktop und das Verzeichnis *Eigene Dateien* des Benutzers zu sichern. Internet Explorer-Favoriten und persönliche Einstellungen gehen in jedem Fall verloren.

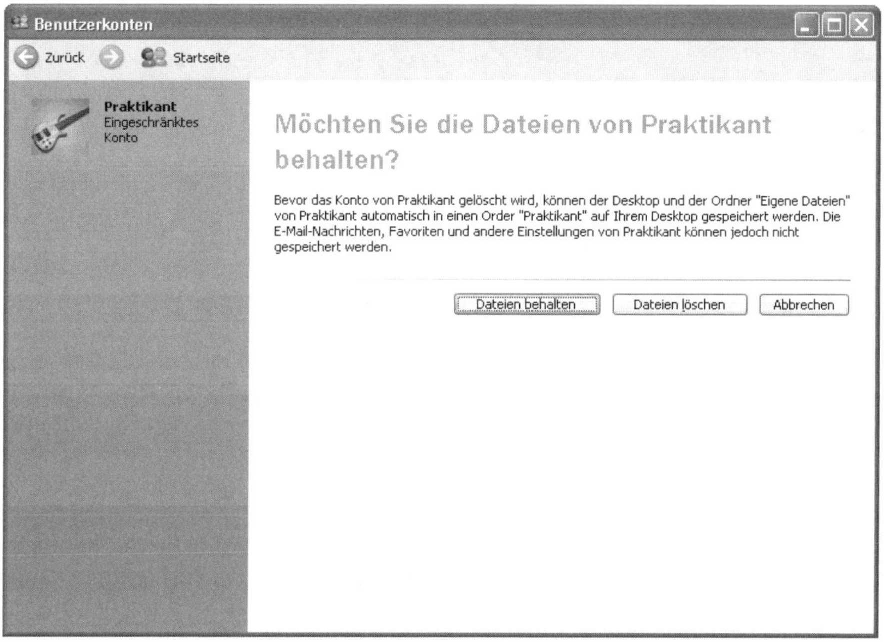

Sicherheitsabfrage vor dem Löschen eines Benutzers in der Systemsteuerung.

Deaktivieren von Benutzern

Als Administrator kann man Benutzer deaktivieren, ohne dass dessen Einstellungen und Daten verloren gehen, wie dies beim Löschen des Benutzers der Fall wäre. Dies ist zum Beispiel eine wirkungsvolle Sofortmaßnahme bei entdecktem Missbrauch eines Benutzernamens durch jemand anderen.

In großen unpersönlichen Netzwerken wie zum Beispiel an Hochschulen ist das Deaktivieren eine beliebte Methode, um mit Benutzern Kontakt aufzunehmen, die der Administrator wegen ihres Verhaltens im Netzwerk (Mail-Bomben, Viren, ...) sprechen möchte. Wenn andere Methoden bei diesen Benutzern nicht helfen, sind sie so gezwungen, sich beim Administrator zu melden, wenn sie weiterhin im Netzwerk arbeiten wollen.

Zum Deaktivieren eines Benutzers klicken Sie in der Benutzerverwaltung doppelt auf seinen Namen und wählen im Dialogfeld die Option *Konto ist deaktiviert*. Auf die gleiche Weise kann ein gesperrter Benutzer auch wieder aktiviert werden.

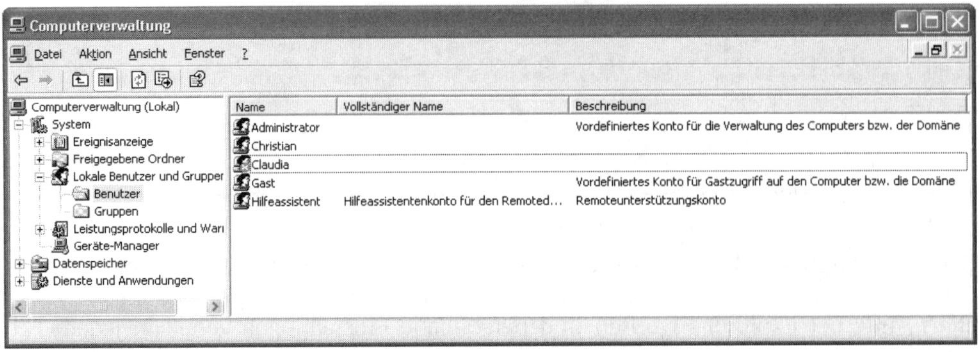

Ein deaktivierter Benutzer erscheint mit einem roten Symbol.

Nach dem Reaktivieren hat der Benutzer wieder die gleichen Eigenschaften und Rechte wie vorher.

Vorsicht beim Löschen von Benutzern

Wenn ein Benutzer gelöscht werden soll, deaktivieren Sie ihn vorher lieber für eine gewisse Zeit, falls irgendwelche Benutzereinstellungen doch noch gebraucht werden sollten. Beim Löschen gehen alle Eigenschaften des Benutzers verloren. Auch ein erneutes Erstellen eines Benutzers mit dem gleichen Namen erweckt den alten Benutzer nicht mehr zum Leben. Es wird ein komplett neuer Benutzer angelegt, der mit dem ehemaligen nichts mehr gemeinsam hat.

SIDs

Systemintern werden Benutzern und Benutzergruppen jeweils eigene SIDs (**S**ecurity **I**-**d**entifier) zugeordnet, die eindeutig und unabhängig von Benutzernamen sind. Damit werden die Benutzer identifiziert, der Benutzername wird nur verwendet, da 30-stellige Zahlenkombinationen sehr schwer zu merken sind. Diese SIDs finden Sie in der Registry als einzelne Zweige unterhalb von *HKEY_USERS*. Diese SID wird aus dem Anmeldenamen und der Windows-Versionsnummer nach einem von Microsoft nicht veröffentlichten Verfahren gebildet, sodass jede SID praktisch weltweit nur einmal vorkommen kann. Auch bei einer Neuinstallation oder beim späteren erneuten Anlegen eines Benutzers, dessen Name schon einmal vorhanden war, wird eine andere SID vergeben.

Mit dem Befehl *WHOAMI /USER /SID* aus den Windows Support Tools können Sie sich die SID des gerade angemeldeten Benutzers anzeigen lassen. Näheres zum Befehl *WHOAMI* finden Sie auf Seite 457.

Benutzerverwaltung per Kommandozeile

Möchten Sie mehrere Benutzer anlegen oder bearbeiten, bieten sich automatisierte Verfahren an, wie sie auch in großen Netzwerken üblich sind. Über Batchdateien lassen sich diverse Aufgaben in der Benutzerverwaltung unbeaufsichtigt ohne viele Mausklicks durchführen. Windows XP bietet dafür den Kommandozeilenbefehl *NET USER* an.

Benutzerverwaltung in der Home Edition

In der Windows XP Home Edition fehlt die Benutzerverwaltung in der Computerverwaltung. Damit können viele detailliertere Benutzereinstellungen nur per Kommandozeile gemacht werden. Das Tool NET USER steht in beiden Windows XP-Versionen zur Verfügung.

net user

net user erstellt neue Benutzer, ändert vorhandene Benutzer oder liefert Informationen über Benutzer. Dazu sind verschiedene Syntaxvarianten möglich:

```
net user
```

net user ohne weitere Parameter liefert eine Übersicht über alle definierten Benutzer auf dem Computer, unabhängig davon, ob sie angemeldet sind oder nicht.

```
net user Benutzername
```

net user mit einem Benutzernamen liefert detaillierte Informationen über diesen Benutzer.

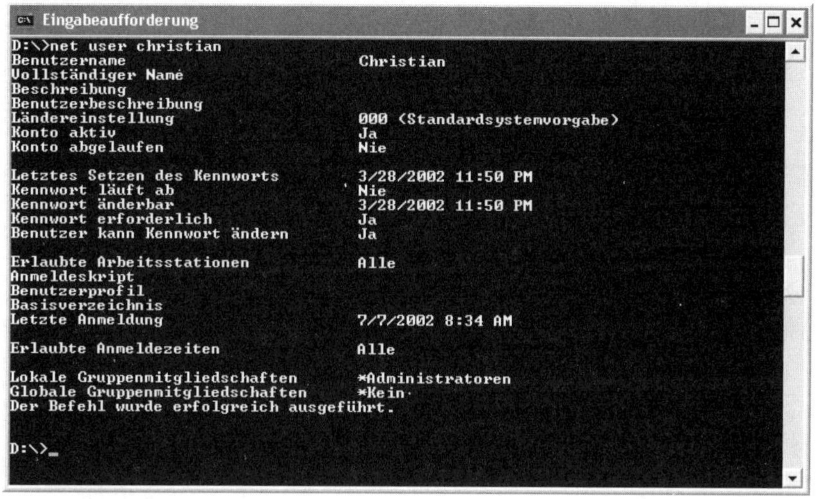

Detaillierte Informationen zu einem Benutzer.

Die allgemeine Syntax lautet:

```
NET USER [Benutzername [Kennwort|*] [Optionen]] [/DOMAIN]
NET USER Benutzername {Kennwort|*} /ADD [Optionen] [/DOMAIN]
NET USER Benutzername [/DELETE] [/DOMAIN]
```

Die einzelnen Parameter haben folgende Bedeutung:

Parameter	Beschreibung
Kennwort	Passwort im Klartext
*	Eingabeaufforderung für das Passwort. Es wird dann nur als Sternchen angezeigt.
/DOMAIN	Beeinflusst einen Benutzer, der auf einem Domänen-Controller registriert ist.
/ADD	Fügt einen neuen Benutzer hinzu.
/DELETE	Entfernt einen Benutzer.

Zusätzlich können weitere Optionen verwendet werden:

Option	Beschreibung	Entsprechung in der Benutzerverwaltung
/active:yes	Benutzer aktivieren	*Konto ist deaktiviert* aus
/active:no	Benutzer deaktivieren	*Konto ist deaktiviert* ein

Option	Beschreibung	Entsprechung in der Benutzerverwaltung
/comment: "Beschreibung" /usercomment: "Beschreibung"	Beliebige Beschreibung des Benutzers, bis zu 48 Zeichen	*Beschreibung*
/countrycode:xxx	Regionalcode zum Festlegen der Sprache für Systemmeldungen. Bei 000 wird die Standardeinstellung verwendet.	Keine Option in der Benutzerverwaltung
/expires:Datum	Ablaufdatum des Benutzerkontos. Das Datum kann in den Formaten *TT.MM.JJ*, *T.M.JJ*, *TT.MM.JJJJ* oder *JJJJ-MM-TT* eingegeben werden, abhängig von den regionalen Einstellungen.	Keine Option in der Benutzerverwaltung
/expires:never	Löscht ein Ablaufdatum und bewirkt so, dass das Benutzerkonto nie abläuft.	Keine Option in der Benutzerverwaltung
/fullname:"Name"	Vollständiger Name eines Benutzers	*Vollständiger Name*
/homedir:Pfad	Basisverzeichnis des Benutzers	*Basisordner/Lokaler Pfad*
/homedirreq:yes	Benutzer muss ein Basisverzeichnis verwenden.	Keine Option in der Benutzerverwaltung
/homedirreq:no	Benutzer muss kein Basisverzeichnis verwenden.	Keine Option in der Benutzerverwaltung
/passwordchg:yes	Benutzer kann Passwort ändern.	*Benutzer kann Kennwort nicht ändern* aus
/passwordchg:no	Benutzer kann Passwort nicht ändern.	*Benutzer kann Kennwort nicht ändern* ein
/passwordreq:yes	Benutzer muss ein Passwort verwenden.	Keine Option in der Benutzerverwaltung
/passwordreq:no	Benutzer muss kein Passwort verwenden.	Keine Option in der Benutzerverwaltung
/profilepath:Pfad	Verzeichnis des Profils des Benutzers	*Benutzerprofil/Profilpfad*
/scriptpath:Pfad	Verzeichnis für das Anmeldescript des Benutzers als relativer Pfad bezogen auf das Verzeichnis *%systemroot%\System32\Repl\Import\Scripts*	*Benutzerprofil/Anmeldescript*
/times	Zeiten, in denen sich der Benutzer anmelden darf. Ein angemeldeter Benutzer hat dann zeitlich unbegrenzten Zugriff, auch über die angegebene zeit hinaus. Es kann nur der Anmeldezeitpunkt beschränkt werden.	Keine Option in der Benutzerverwaltung
/times:all	Hebt eine zeitliche Anmeldebeschränkung auf.	Keine Option in der Benutzerverwaltung
/workstations	Computernamen von bis zu acht Arbeitsstationen, von denen sich der Benutzer anmelden darf. Eine Anmeldung von anderen Computern ist nicht möglich.	Keine Option in der Benutzerverwaltung
*/workstations:**	Hebt eine Anmeldebeschränkung bezogen auf Computernamen auf	Keine Option in der Benutzerverwaltung

Benutzergruppen

Benutzer mit gleichen Rechten auf eine Ressource können in Gruppen zusammengefasst werden.

Damit braucht man als Administrator nicht mehr jedem Benutzer einzeln Rechte zuzuweisen.

Die einzelnen Mitglieder der Gruppe bekommen automatisch die Rechte der Gruppe.

Jeder Benutzer muss mindestens in einer Gruppe Mitglied sein.

Ein Benutzer kann durchaus auch in mehreren Gruppen Mitglied sein, soweit dies in der Hierarchiestruktur der Gruppen sinnvoll ist.

Um einen Benutzer in eine Gruppe einzufügen, gibt es in der Computerverwaltung zwei Möglichkeiten:

- Klicken Sie doppelt auf einen Benutzernamen und fügen Sie auf der Registerkarte *Mitgliedschaft* die neuen Gruppenmitgliedschaften hinzu.
- Klicken Sie doppelt auf einen Gruppennamen und fügen Sie die neuen Gruppenmitglieder hinzu.

Gruppenmitgliedschaften eines Benutzers.

Benutzer in einer Gruppe.

Über die Schaltfläche *Hinzufügen* können Sie in einer Gruppe neue Benutzer hinzufügen.

In der Dialogbox müssen Sie die Benutzernamen entweder manuell eingeben, oder Sie können sich über die Schaltflächen *Erweitert* und *Jetzt suchen* eine Liste aller Benutzer anzeigen lassen und dort die gewünschten Benutzer auswählen.

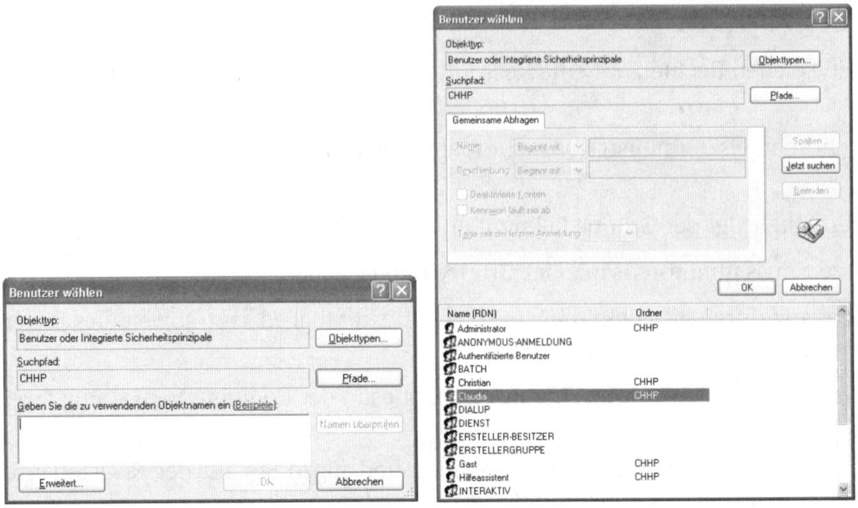

Hinzufügen eines Benutzers zu einer Gruppe.

Auf die gleiche Weise können Sie sich beim Hinzufügen einer Gruppenmitgliedschaft zu einem Benutzer auch eine Liste der vorhandenen Gruppen anzeigen lassen.

Vordefinierte Benutzergruppen

Neben der Möglichkeit, beliebige Gruppen selbst anzulegen, bietet Windows XP einige vordefinierte Gruppen mit Standardeigenschaften und Rechten, die in den meisten Fällen eine persönliche Gruppendefinition unnötig machen.

Gruppe	Beschreibung
Administratoren	Volle Rechte auf alle Dateien und Einstellungen sowie die Fähigkeit, ihre eigenen Rechte und die Rechte anderer Benutzer zu ändern, Benutzer anzulegen und zu löschen. Diese Gruppe hat standardmäßig auch das Besitzrecht auf alle Dateien.
Benutzer	Keine Rechte, Änderungen am System auszuführen, keine Freigaben zu erstellen. Durch die Einschränkungen können auch nicht alle Anwendungen ausgeführt werden, da einige Einstellungen im Systembereich die Registry verändern. Keine Rechte, Gerätetreiber zu installieren oder zu verändern.
Gäste	Gegenüber normalen Benutzern noch weiter eingeschränkte Rechte.
Hauptbenutzer	Rechte, Benutzer und Gruppen zu erstellen und die selbst erstellten zu ändern. Kein Zugriff auf Benutzer der Gruppen *Administratoren* und *Sicherungs-Operatoren*. Keine Rechte, Gerätetreiber zu installieren oder zu verändern.
Netzwerkkonfigurations-Operatoren	Ähnlich wie normale Benutzer, aber mit erweiterten Rechten für die Administration und Konfiguration von Netzwerkfunktionen.
Remotedesktop-Benutzer	Berechtigung, sich über eine Remotedesktop-Verbindung anzumelden.
Replikations-Operator	Diese Gruppe enthält keine natürlichen Personen, sondern ein einziges Benutzerobjekt, das zum Anmelden der Replikationsdienste des Domänen-Controllers verwendet wird.
Sicherungs-Operatoren	Rechte, Dateien zu sichern und wiederherzustellen, auch wenn sie auf diese Dateien sonst keinen Zugriff haben. Keine Rechte, die Sicherheitseinstellungen zu ändern.

Gruppe	Beschreibung
Hilfedienstgruppe	Hier legt das Microsoft-Onlinehilfe- und Supportcenter eigene Objekte an.

Integrierte Sicherheitsprinzipale
Wenn Sie irgendwo in der Windows XP-Dokumentation auf das Wort „integrierte Sicherheitsprinzipale" stoßen und damit nichts anfangen können: Damit sind die vordefinierten Benutzergruppen gemeint.

Vorsicht bei Administratoren
Überlegen Sie sich gut, wen Sie in die Gruppe *Administratoren* aufnehmen! Ein Mitglied dieser Gruppe hat Vollzugriff auf alle Objekte und kann damit auch andere Benutzer verändern und im Extremfall Ihnen selbst Rechte wegnehmen, indem er Ihren Benutzernamen aus der *Administratoren*-Gruppe entfernt.

Hilfedienstgruppe löschen
Die Hilfedienstgruppe ist vorgabemäßig dafür angelegt, dass Onlinesupportdienste sich auf dem Rechner anmelden und Einstellungen vornehmen können. Die genauen Rechte dieser Gruppe werden von Microsoft nur unvollständig dokumentiert. Diese Benutzer können sich nicht lokal, sondern nur über das Netzwerk oder über Batchdateien anmelden. Hier besteht ein erhebliches Sicherheitsrisiko, da auch potenzielle Angreifer sich hierüber Zugriff auf Ihren Rechner verschaffen können. Eine Nutzung der Texte und Download-Angebote der Microsoft-Onlinehilfe ist auch ohne diese Gruppe möglich, sodass Sie sie aus Sicherheitsgründen löschen können.

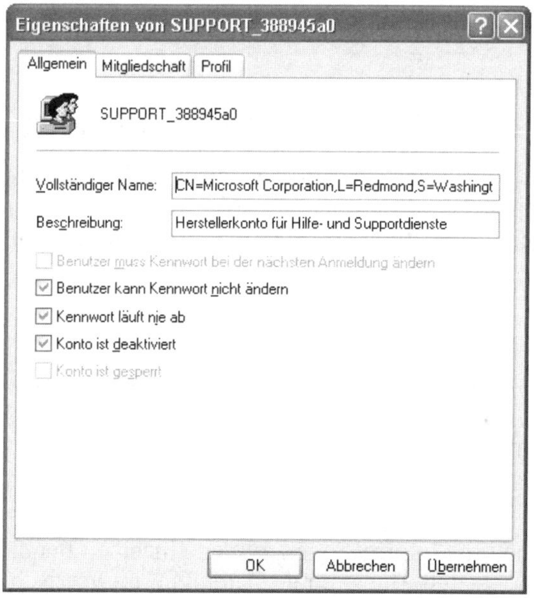

Automatisch erstellter Benutzer des Microsoft Support-Service.

Benutzergruppenverwaltung per Kommandozeile

Ähnlich wie die Benutzerverwaltung können Sie auch die Verwaltung von Benutzergruppen über Batchdateien mithilfe eines Kommandozeilenbefehls automatisieren.

net localgroup

net localgroup ändert vorhandene Benutzergruppen, fügt ihnen Benutzer oder weitere Gruppen hinzu oder entfernt solche aus der Gruppe. Dazu sind verschiedene Syntaxvarianten möglich:

```
net localgroup
```

net localgroup ohne weitere Parameter liefert eine Übersicht über alle definierten Benutzergruppen auf dem Computer.

```
net localgroup Gruppenname
```

net localgroup mit einem Gruppennamen liefert Informationen über die Eigenschaften der Gruppe und eine Liste der Benutzer in dieser Gruppe.

Die allgemeine Syntax lautet:

```
NET LOCALGROUP [Gruppenname [/COMMENT:"Text"]][/DOMAIN]
NET LOCALGROUP Gruppenname {/ADD [/COMMENT:"Text"]|/DELETE} [/DOMAIN]
NET LOCALGROUP Gruppenname Name [ ...] {/ADD|/DELETE} [/DOMAIN]
```

Die einzelnen Parameter haben folgende Bedeutung:

Parameter	Beschreibung
/DOMAIN	Beeinflusst eine Benutzergruppe, die auf einem Domänen-Controller registriert ist.
/ADD	Fügt einen neuen Benutzer oder eine Gruppe zur gewählten Benutzergruppe hinzu.
/DELETE	Entfernt einen Benutzer oder eine Gruppe aus der gewählten Benutzergruppe.
/comment:"Beschreibung"	Beliebige Beschreibung der Benutzergruppe, bis zu 48 Zeichen.

8.4 Objektschutz – Datenzugriff unter Kontrolle

Bereits Windows NT/2000 boten Möglichkeiten, den Zugriff auf Dateien auf bestimmte Benutzer zu beschränken. Unter Windows 9x/ME konnten Benutzerrechte nur über Netzwerke verwendet werden. Die Benutzerverwaltung von Windows XP bietet die Option zur Vergabe von Benutzerrechten auf lokale Dateien und andere Objekte.

SAM und ACL

Hinter diesen beiden Abkürzungen verbirgt sich die interne Verwaltung der Sicherheits-Features von Windows XP. Verständlicherweise ist der Zugriff auf diese sicherheitsrelevanten Daten für Benutzer nur mit speziellen Tools und nur eingeschränkt möglich.

SAM

Der **S**ecurity **A**ccount **M**anager SAM enthält die Informationen zu den einzelnen Benutzern, ihren Rechten und Gruppenzugehörigkeiten. Die zentrale Datei *SAM* im Verzeichnis *%systemroot%\system32\config* bildet den Registry-Schlüssel *HKEY_LOCAL_MACHINE\SAM\SAM*. Dessen Inhalt bleibt in RegEdit allerdings neugierigen Blicken verborgen. Selbst wenn Sie sich mit dem Menüpunkt *Bearbeiten/Berechtigungen* Zugriffsrechte verschaffen oder mit einem anderen Registry-Tool darauf zugreifen, sehen Sie nur binär verschlüsselte Zeichen.

Versuchen Sie auf keinen Fall, hier etwas manuell zu verändern. Die Folge ist, dass die Benutzerverwaltung beschädigt wird und Sie im schlimmsten fall keinen Zugriff auf die Daten mehr haben.

ACL

ACL steht für **A**ccess **C**ontrol **L**ist. Diese Listen enthalten die Berechtigungen für die einzelnen Benutzer auf jede Datei und jedes andere Objekt wie zum Beispiel Netzwerkfreigaben, Drucker oder Registry-Schlüssel.

Diese ACLs werden für Dateien und Verzeichnisse direkt im NTFS-Dateisystem gespeichert. Auf FAT16/FAT32-Dateisystemen ist keine Steuerung lokaler Zugriffsrechte über ACLs möglich.

ACLs für andere Objekte stehen in versteckten Registry-Schlüsseln.

Kein Schutz unter DOS

Bootet man den Computer mit einer DOS-Bootdiskette mit dem NTFSDOS-Treiber, besteht voller Zugriff auf alle Dateien und Verzeichnisse. Da DOS die Einträge aus den ACLs nicht liest, besteht auch keinerlei Beschränkung. Nähere Informationen zu NTFSDOS finden Sie in Kapitel 7.1.

Der Zugriff auf die ACLs von Dateien und Verzeichnissen erfolgt über die Registerkarte *Sicherheit* in den Dateieigenschaften, wie ab Seite 445 beschrieben.

Freigaben

Der Datenzugriff auf eine lokale Ressource durch einen nicht lokal angemeldeten Benutzer im Netzwerk wird über Freigaben geregelt.

So eine Freigabe kann ein Laufwerk, ein Verzeichnis oder eine andere Ressource wie zum Beispiel einen Drucker enthalten. Sie können im Kontextmenü des jeweiligen Objekts erstellt werden. Dabei gelten folgende Grundregeln:

- Für einzelne Dateien kann keine Freigabe eingerichtet werden, nur für Laufwerke oder Verzeichnisse.
- Die Freigaben gelten nur für Benutzer, die sich über das Netzwerk anmelden, nicht für lokal angemeldete Benutzer.
- Jede Freigabe braucht einen auf diesem Computer eindeutigen Namen. In gemischten Umgebungen mit 16-Bit-Clients wie Windows for Workgroups müssen die Freigabenamen im 8+3-Format lauten. Daran sollten Sie sich allgemein halten, um keine Probleme in Netzwerken zu bekommen, in denen nicht von Anfang an klar ist, welche Betriebssysteme und welche Programme auf den verschiedenen Arbeitsstationen verwendet werden.
- Beim Kopieren eines freigegebenen Verzeichnisses bleibt die ursprüngliche Freigabe erhalten. Die Kopie wird nicht automatisch freigegeben.
- Beim Verschieben eines freigegebenen Verzeichnisses geht die Freigabe verloren.

Einfache und detaillierte Dateifreigabe

Windows XP verwendet zwei verschiedene Freigabeverfahren:

- **Einfache Dateifreigabe** - ermöglicht nur ein allgemeines Freigeben oder Sperren von Dateien und Verzeichnissen, unabhängig vom Benutzernamen. Dieses Verfahren ist neu unter Windows XP.
- **Detaillierte Dateifreigabe** - hier können jedem Benutzer unterschiedliche Rechte auf Dateien und Verzeichnisse zugewiesen werden. Dieses Verfahren wurde auch schon von Windows NT/2000 verwendet.

Die Möglichkeit zum Umschalten zwischen den beiden Freigabearten finden Sie im Windows-Explorer unter *Extras/Ordneroptionen* auf der Registerkarte *Ansicht*.

Umschalten zwischen verschiedenen Freigabearten.

Die einfache Dateifreigabe wird von Windows XP standardmäßig auf allen Computern aktiviert, die nicht in einem domänenbasierten Windows NT/2000-Netzwerk hängen.

> **Gemeinsame Dokumente**
> Windows XP legt standardmäßig ein Verzeichnis *\Dokumente und Einstellungen\All Users\Gemeinsame Dokumente* an. Dieses Verzeichnis kann standardmäßig von allen lokalen Benutzern verwendet werden und ist auch automatisch im Netzwerk freigegeben.

Die Registerkarte *Freigabe* eines freigegebenen Verzeichnisses enthält unterschiedliche Optionen, je nachdem, welche Freigabeart verwendet wird.

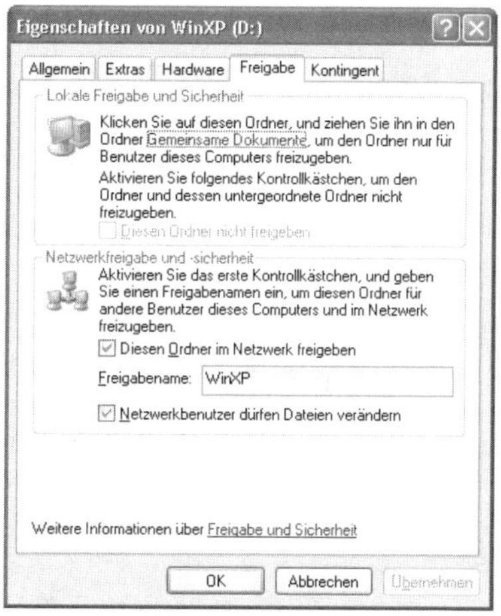

Einfache Dateifreigabe.

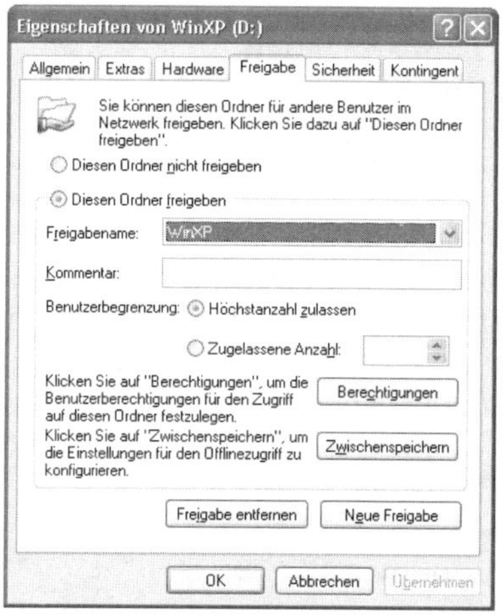

Detaillierte Dateifreigabe.

Freigabe eines Verzeichnisses mit einfacher Dateifreigabe

Gehen Sie zum Freigeben eines Verzeichnisses mit einfacher Dateifreigabe folgendermaßen vor:

- Wählen Sie im Kontextmenü des Verzeichnisses die Option *Freigabe und Sicherheit*.
- Schalten Sie das Kontrollkästchen *Diesen Ordner im Netzwerk freigeben* ein.
- Tragen Sie einen Freigabenamen ein, unter dem das Verzeichnis in der Netzwerkumgebung der anderen Rechner im Netz erscheint.
- Wenn Sie zusätzlich das Kontrollkästchen *Netzwerkbenutzer dürfen Dateien verändern* einschalten, erteilen Sie damit der Gruppe *Jeder* die Benutzerrechte *Vollzugriff* für Ordner und *Ändern* für Dateien.

Freigabe eines Verzeichnisses mit detaillierter Dateifreigabe

Gehen Sie zum Freigeben eines Verzeichnisses mit detaillierter Dateifreigabe folgendermaßen vor:

- Wählen Sie im Kontextmenü des Verzeichnisses die Option *Freigabe und Sicherheit*.
- Schalten Sie das Kontrollkästchen *Diesen Ordner freigeben* ein.
- Tragen Sie einen Freigabenamen und bei Bedarf einen Kommentar ein, unter dem das Verzeichnis in der Netzwerkumgebung der anderen Rechner im Netz erscheint.
- Über die Option *Benutzerbegrenzung* können Sie die Anzahl der Benutzer beschränken, die gleichzeitig eine Verbindung zu dem freigegebenen Verzeichnis herstellen darf. Diese Option ist nur in sehr großen Netzwerken nötig.
- Mit der Schaltfläche *Berechtigungen* legen Sie Zugriffsrechte für Benutzer und Gruppen fest. Näheres dazu finden Sie auf Seite 441 in diesem Kapitel.
- Mit der Schaltfläche *Zwischenspeichern* stellen Sie die Optionen für den Offlinezugriff ein. Näheres dazu finden Sie in Kapitel 11 über das Windows-Netzwerk.

Langsamer Zugriff auf Freigaben

Ist der Zugriff auf ein freigegebenes Laufwerk extrem langsam, kann dies an einem älteren Virenscanner liegen, der nicht zu Windows XP kompatibel ist.

ForceGuest

Standardmäßig melden sich Benutzer auf einem Windows XP-Computer, der nicht in einem domänenbasierten Netzwerk hängt, als Gast an, wenn sie sich über das Netz und nicht auf der lokalen Arbeitsstation einloggen. Dieses Verfahren wird als ForceGuest bezeichnet. Um Zugriff auf Dateien zu bekommen, muss die Freigabe Rechte für den Benutzer *Gast* oder für die Gruppe *Jeder* enthalten. Dies ist die einzige Gruppe, in der der *Gast*-Benutzer standardmäßig Mitglied ist.

Unterschiede zu Windows 95/98

Unter Windows 95/98 konnten verschiedene Passwörter für Schreib-, Lese- oder Vollzugriff definiert werden. Jeder Benutzer, der das entsprechende Passwort kannte, konnte unabhängig von seinem Benutzernamen auf die Freigabe zugreifen. Dieses Verfahren war aber nicht besonders sicher, da die Passwörter im Klartext über das Netzwerk übertragen wurden.

Unterschiede zu Windows 2000/NT

Unter Windows 2000/NT mussten auf beiden Computern Benutzer mit gleichem Namen und gleichem Passwort eingerichtet werden, damit die transparente Freigabe verwendet werden konnte. Dem lokalen Benutzer mussten die gleichen Rechte lokal eingerichtet werden, um auch über das Netzwerk Zugriff auf das freigegebene Verzeichnis zu erlangen. Andernfalls musste der Benutzer bei jeder Verbindung mit dem freigegebenen Verzeichnis seinen Benutzernamen und Passwort eingeben.

Sie können bei Bedarf diese ForceGuest-Funktion in den lokalen Sicherheitseinstellungen unter *Systemsteuerung/Verwaltung* deaktivieren. Wählen Sie dort die Richtlinie *Sicherheitseinstellungen/Lokale Richtlinien/Sicherheitsoptionen/Netzwerkzugriff: Modell für gemeinsame Nutzung und Sicherheitsmodell für lokale Konten*.

Stellen Sie dort die Option *Klassisch - lokale Benutzer authentifizieren sich als sie selbst* ein. Dann verhält sich Windows XP wieder wie Windows 2000.

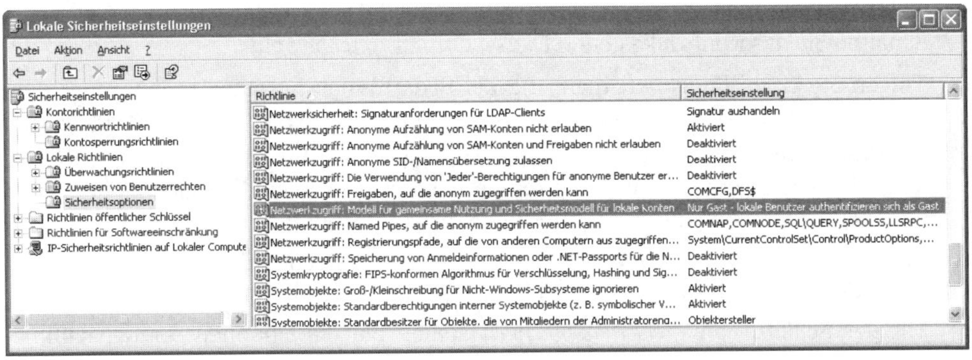

Einstellen der lokalen Sicherheitsrichtlinie.

Mehrfache Netzwerkfreigaben vermeiden

Theoretisch ist es möglich, bestimmte Daten auf einem Laufwerk mehrfach freizugeben, indem zum Beispiel das ganze Laufwerk unter einem Namen freigegeben wird und einzelne Verzeichnisse nochmals unter einem anderen Namen.

Dies bringt allerdings für Anwender im Netz nur Verwirrung. Wenn man beiden Freigaben Laufwerkbuchstaben zuweist, sieht man die Dateien im doppelt freigegebenen Verzeichnis auf zwei Laufwerken. Hier ist die Gefahr groß, dass eine Datei als überflüssig betrachtet und gelöscht wird. Damit verschwindet die Datei gleichzeitig auf beiden logischen Laufwerken, da sie physikalisch nur einmal vorhanden war.

Wenn Sie auf einem Laufwerk verschiedene Freigaben zur Rechtevergabe brauchen, stellen Sie diese so ein, dass Benutzer nach Möglichkeit immer nur die für sie wichtige Freigabe sehen, um doppelt erscheinende Dateien zu vermeiden.

Verborgene Ressourcen innerhalb der Netzwerkumgebung

Möchten Sie ein Laufwerk nur bestimmten Benutzern zur Verfügung stellen, ohne großartig Rechte ändern zu müssen, können Sie es in der Netzwerkumgebung verdecken. Wer den Freigabenamen nicht kennt, kann das Laufwerk nicht sehen.

Hängen Sie bei der Freigabe des Laufwerks an den Freigabenamen ein *$*-Zeichen an. Auf diese Weise freigegebene Laufwerke erscheinen nicht in der Netzwerkumgebung der anderen Rechner. Diese versteckten Freigaben werden allerdings erst beim Client ausgeblendet. Ein erfahrener Anwender kann den Netzwerkverkehr beim Zugriff auf einen Server protokollieren und aus den mitgeschnittenen Daten anschließend die Namen aller Freigaben, auch der nicht angezeigten, auslesen.

Automatisch erstellte Freigaben

Solche Freigaben werden für administrative Zwecke automatisch definiert. Der Freigabename entspricht hierbei dem Laufwerkbuchstaben mit einem angehängten *$*-Zeichen. Auf diese Freigabe haben alle Benutzer der Gruppen *Administratoren, Server-Operatoren* und *Sicherungs-Operatoren* Zugriff. Außerdem verwendet Windows XP noch weitere automatisch angelegte Freigaben:

- *ADMIN$* –diese Freigabe wird zur Remote-Administration eines Computers definiert. Sie bezieht sich immer auf das Hauptverzeichnis von Windows XP.
- *FAX$* – Freigabe für Fax-Systeme im Netzwerk, falls solche installiert sind. Dieses Verzeichnis wird für vordefinierte Fax-Deckblätter und zum Zwischenpuffern von Faxen beim Senden und Empfangen verwendet.
- *IPC$* – Freigabe für die benannten Pipes zur Kommunikation zwischen Programmen. Sie wird zur Remote-Administration verwendet, wenn die Ausgabe eines Programms als Eingabe für ein Programm auf dem Remote-Computer verwendet werden soll.
- *NETLOGON* – diese Freigabe wird auf Windows 2000-Servern für den Domänen-Anmeldeprozess verwendet, bevor der Benutzer angemeldet ist, und Freigaben gemäß seinen eigenen Rechten verwenden kann.
- *PRINT$* – Freigabe für die Remote-Administration von Netzwerkdruckern.
- *SYSVOL* – erforderliche Ressource auf Domänen-Controllern, darf nicht verändert werden.

Übersicht über Freigaben in der Computerverwaltung

In der Computerverwaltung finden Sie unter *System/Freigegebene Ordner/Freigaben* eine ausführliche Übersicht über alle Freigaben auf dem Server.

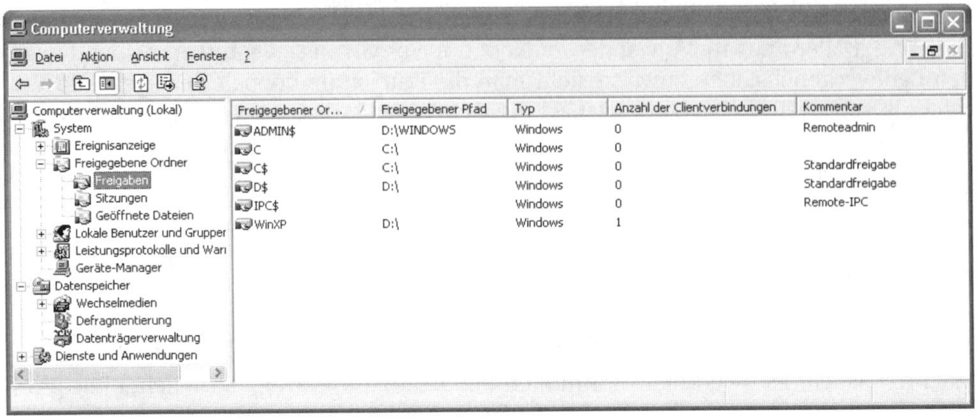

Liste der Freigaben in der Computerverwaltung.

Hier werden alle Freigabenamen und die dazugehörigen Verzeichnisse oder Laufwerke angezeigt. In der Spalte *Typ* finden Sie in heterogenen Netzwerken die Art der Freigabe: *Windows, NetWare* oder *Macintosh*. Die Spalte *Anzahl der Clientverbindungen* gibt an, wie viele Benutzer über das Netzwerk gerade Dateien auf der jeweiligen Freigabe geöffnet haben.

Unter *System/Freigegebene Ordner/Sitzungen* sehen Sie alle Benutzer, die zurzeit Dateien auf dem Server geöffnet haben. Dabei werden die Anzahl der geöffneten Dateien und der Rechnername angezeigt, von dem aus sie angemeldet sind, sowie die verbundene Gesamtzeit und die Zeit, während der die Verbindung bestand, aber keine Dateizugriffe getätigt wurden. Mit einem Rechtsklick auf einen der Benutzer erscheint ein Kontextmenü, in dem Sie die Sitzung dieses Benutzers vom Server aus schließen können.

System/Freigegebene Ordner/Geöffnete Dateien zeigt alle Dateinamen von Dateien an, die zurzeit von Netzwerkbenutzern geöffnet sind. Dabei sehen Sie auch, ob die jeweiligen Benutzer die Datei nur lesen oder sie auch zum Schreiben geöffnet haben.

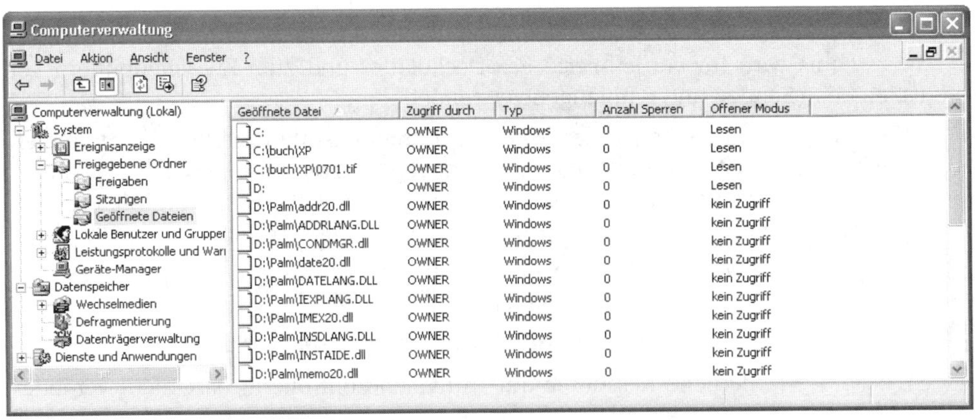

Liste der über das Netzwerk geöffneten Dateien.

Freigabeberechtigungen

Wenn die detaillierte Dateifreigabe verwendet wird, können Sie mit einem Doppelklick auf einen Freigabenamen in der Computerverwaltung die Berechtigungen für diese Freigabe einstellen. Voraussetzung dafür ist, dass Sie als Mitglied der Gruppe *Administratoren* angemeldet sind.

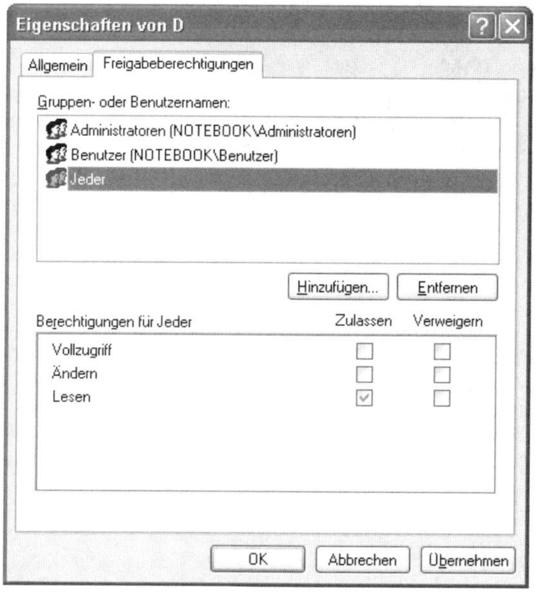

Einstellen von Freigabeberechtigungen.

Kommandozeilen-Tools

Die Freigaben auf einem Computer können auch mit Kommandozeilen-Tools verwaltet werden. Das ermöglicht auch eine Verwaltung von Freigaben über Scripts und Batchdateien. Sie können auch einfache Desktop-Verknüpfungen anlegen, die einen der Kommandozeilenbefehle mit den entsprechenden Parametern aufrufen.

net share

net share erstellt neue Freigaben, entfernt Freigaben oder liefert Informationen über Freigaben. Dazu sind verschiedene Syntaxvarianten möglich:

```
net share
```

net share ohne weitere Parameter liefert eine Übersicht über alle Freigaben auf dem Computer.

```
net share Freigabename
```

net share mit einem Freigabenamen liefert detaillierte Informationen über diese Freigabe.

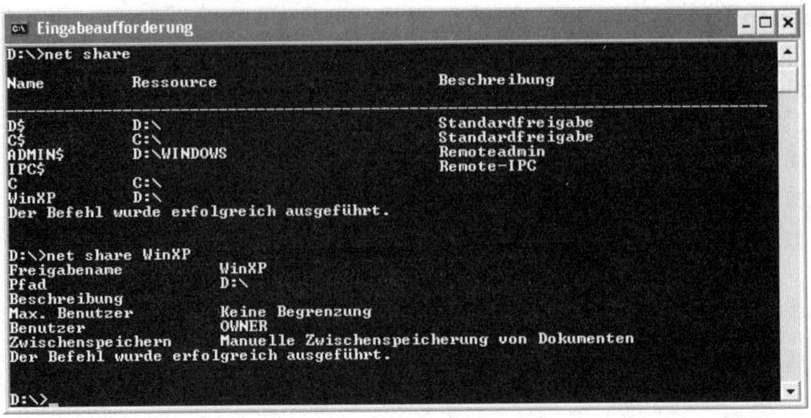

Anzeige von net share und net share mit Freigabenamen.

```
net share Freigabename=Laufwerk:Pfad [/USERS:Anzahl | /UNLIMITED]
          [/REMARK:"Beschreibung"]
          [/CACHE:Manual | Documents | Programs | None ]
```

Diese Syntax erstellt eine neue Freigabe. Eine Beschreibung der einzelnen Parameter finden Sie in der folgenden Tabelle.

```
net share Freigabename [/USERS:Anzahl | /UNLIMITED]
          [/REMARK:"Beschreibung"]
          [/CACHE:Manual | Documents | Programs | None ]
```

Diese Syntax ändert die Parameter einer vorhandenen Freigabe. Eine Beschreibung der einzelnen Parameter finden Sie in der folgenden Tabelle.

```
net share {Freigabename | Gerätename | Laufwerk:Pfad} /DELETE
```

net share mit dem Parameter */DELETE* löscht eine Freigabe. Die Daten des freigegebenen Verzeichnisses bleiben natürlich bestehen, das Verzeichnis ist nur danach nicht mehr freigegeben.

Parameter	Beschreibung
Freigabename	Der Netzwerkname der freigegebenen Ressource. Geben Sie *net share* nur dann mit einem Freigabenamen ein, um Informationen über die Freigabe anzuzeigen.
Laufwerk:Pfad	Legt den absoluten Pfad des Verzeichnisses fest, das freigegeben werden soll.
/USERS:Anzahl	Legt die Höchstzahl an Benutzern fest, die gleichzeitig auf die freigegebene Ressource zugreifen können.
/UNLIMITED	Legt fest, dass eine unbegrenzte Anzahl von Benutzern gleichzeitig auf eine freigegebene Ressource zugreifen kann.
/REMARK: "Beschreibung"	Fügt eine Beschreibung für die Ressource hinzu. Der Text muss in Anführungszeichen (" ") stehen.
Gerätename	Ein oder mehrere Drucker (LPT1 bis LPT9), die über den Freigabenamen freigegeben werden.
/DELETE	Beendet die Freigabe einer Ressource.
/CACHE:Manual	Aktiviert manuelles Client-Zwischenspeichern von Programmen und Dokumenten von dieser Freigabe.
/CACHE:Documents	Aktiviert automatisches Zwischenspeichern von Dokumenten von dieser Freigabe.

Parameter	Beschreibung
/CACHE:Programs	Aktiviert automatisches Zwischenspeichern von Dokumenten und Programmen von dieser Freigabe.
/CACHE:None	Deaktiviert die Zwischenspeicherung von dieser Freigabe.

net use

net use wird auf einer Arbeitsstation ausgeführt und verbindet diese mit einer freigegebenen Ressource. Dazu sind verschiedene Syntaxvarianten möglich:

net use ohne Parameter liefert eine Übersicht über die aktiven Verbindungen mit freigegebenen Ressourcen.

```
net use [Gerätename | *] [\\Computername\Freigabename[\Datenträger]
        [Kennwort |]
        [/USER:[Domänenname\]Benutzername]
        [/USER:[punktierter Domänenname\]Benutzername]
        [/USER:[Benutzername@punktierter Domänenname]
        [/SMARTCARD]
        [/SAVECRED]
        [[/DELETE] | [/PERSISTENT:{YES | NO}]]
```

Die Tabelle beschreibt die verschiedenen Parameter:

Parameter	Beschreibung
Gerätename	Der Name der Ressource, zu der die Verbindung hergestellt, oder das Gerät, das getrennt werden soll. Es gibt Gerätenamen für Laufwerke (D: bis Z:) und für Drucker (LPT1 bis LPT3). Geben Sie einen Stern (*) anstatt eines bestimmten Gerätenamens an, wenn der nächste verfügbare Gerätenamen verwendet werden soll.
\\Computername	Der Name des Computers, der die Ressource freigibt. Wenn der Computername Leerzeichen enthält, müssen die beiden umgekehrten Schrägstriche (\\) und der Computername in Anführungszeichen (" ") eingegeben werden. Die Länge des Computernamens kann 1-15 Zeichen betragen.
\Freigabename	Der Netzwerkname der freigegebenen Ressource.
\Datenträger	Gibt einen NetWare-Datenträger auf dem Computer an. Sie müssen den Client Service für NetWare oder den Gateway Service für NetWare installiert und aktiviert haben, um sich zu NetWare-Servern verbinden zu können.
Kennwort	Das Passwort, mit dem Sie auf eine freigegebene Ressource zugreifen können.
*	Es erscheint die Eingabeaufforderung für das Passwort. Das Passwort wird bei der Eingabe nicht angezeigt.
/USER	Gibt einen anderen Benutzernamen an, mit dem die Verbindung hergestellt wird.
Domänenname	Der Name einer anderen Domäne. Ohne Eingabe eines Domänennamens gilt die aktuelle Domäne, an der der Benutzer angemeldet ist.
Benutzername	Legt den Benutzernamen fest, mit dem Sie sich anmelden.
/SMARTCARD	Gibt an, dass die Verbindung Anmeldeinformationen von einer SmartCard verwenden soll.
/SAVECRED	Gibt an, dass der Benutzername und das Kennwort gespeichert werden sollen. Die Option wird ignoriert, es sei denn, es erfolgt eine Aufforderung zur Eingabe von Benutzernamen und Kennwort. Diese Option ist in der Windows XP Home Edition nicht verfügbar.
/DELETE	Beendet eine Netzwerkverbindung und entfernt die Verbindung aus der Liste der gespeicherten Verbindungen.

Parameter	Beschreibung
/PERSISTENT	Steuert die automatische Wiederaufnahme von gespeicherten Netzwerkverbindungen. Standardmäßig wird die zuletzt eingestellte Verbindung verwendet.
YES	Speichert alle hergestellten Verbindungen und stellt sie bei der nächsten Anmeldung wieder bereit.
NO	Aktuelle und nachfolgende Verbindungen werden nicht gespeichert. Nur bestehende Verbindungen werden bei der nächsten Anmeldung wiederhergestellt. Mit der Option */DELETE* löschen Sie gespeicherte Verbindungen.

```
net use {Gerätename | *} [Kennwort | *] /HOME
```

Diese Sonderform des *net use*-Befehls verbindet einen Benutzer mit seinem Basisverzeichnis.

net config

net config server zeigt Informationen zum Serverdienst an. Über optionale Parameter können folgende Einstellungen geändert werden:

Parameter	Beschreibung
/AUTODISCONNECT:Minuten	Legt die maximale Dauer einer inaktiven Benutzersitzung in Minuten fest, bevor die Verbindung automatisch getrennt wird. Wenn Sie keine automatische Trennung wünschen, geben Sie -1 ein. Gültige Werte sind -1 bis 65535 Minuten; Standardeinstellung ist 15.
/SRVCOMMENT:"Beschreibung"	Dient zur Eingabe einer Serverbeschreibung, die von der Windows-Oberfläche oder mit dem Befehl *NET VIEW* angezeigt wird. Die maximale Länge einer Beschreibung beträgt 48 Zeichen. Die Beschreibung muss in Anführungszeichen (" ") stehen.
/HIDDEN:{YES|NO}	Legt fest, ob der Computername eines Servers bei der Anzeige von Serverlisten verborgen bleibt oder angezeigt wird. Das Verbergen des Computernamens ändert nichts an den Berechtigungen auf diesem Server. Standardeinstellung ist *NO*.

net config workstation zeigt Informationen zum Arbeitsstationsdienst an.

net file

Durch unsauber beendete Programme auf Arbeitsstationen kommt es immer wieder vor, dass freigegebene Dateien von einem Benutzer geöffnet bleiben und so von anderen Benutzern nicht mehr verwendet werden können. Mit dem Befehl *net file* können Sie geöffnete Dateien auf dem Computer, auf dem sie lokal gespeichert sind, wieder schließen.

```
net file [ID /close]
```

net file ohne Parameter zeigt alle geöffneten Dateien an. Zu jeder Datei wird eine Identifikationsnummer angezeigt.

Mit dieser Identifikationsnummer schließt der Befehl *net file [ID /close]* die jeweilige Datei.

Lokale Benutzerrechte

Windows XP bietet im Gegensatz zu Windows 9x/ME auch die Möglichkeit, die Rechte lokaler Benutzer auf bestimmte Dateien einzuschränken. Dies gilt nur für die Professional Edition.

> **Lokale Benutzerrechte nur ohne einfache Dateifreigabe**
> Die hier beschriebenen Möglichkeiten zur Einstellung lokaler Benutzerrechte funktionieren nur, wenn die einfache Dateifreigabe in den Ordneroptionen ausgeschaltet ist.

Die Sicherheitseinstellungen für Verzeichnisse finden Sie im Kontextmenü *Freigabe und Sicherheit* des Verzeichnisses im Windows-Explorer, die Sicherheitseinstellungen für Dateien im Kontextmenü *Eigenschaften* der Datei. Diese Einstellungen gibt es nur auf NTFS-Laufwerken.

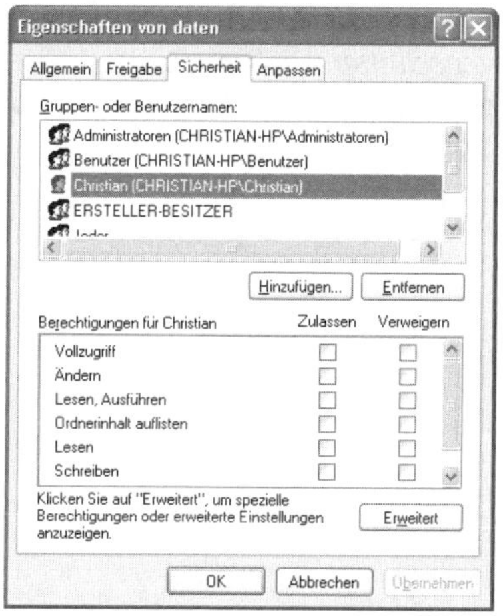

Sicherheitseinstellungen für ein Verzeichnis.

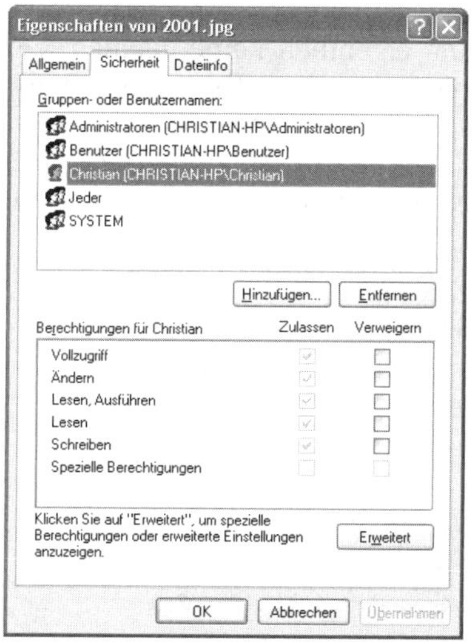

Sicherheitseinstellungen für eine Datei.

Im oberen Fenster finden Sie alle Benutzer und Benutzergruppen, die Rechte auf das Verzeichnis oder die Datei haben. Markieren Sie hier einen Eintrag, sehen Sie im unteren Fenster dessen Rechte und können sie auch bearbeiten.

Die entsprechenden Rechte können Sie durch Aktivieren der Kontrollkästchen in der Spalte *Zulassen* an die Benutzer vergeben. Ist bei einem Recht keines der beiden Kontrollkästchen aktiv, bedeutet dies normalerweise, das Recht ist nicht gewährt. Ist der Benutzer aber Mitglied einer Gruppe, die das jeweilige Recht hat, erhält er es durch seine Gruppenmitgliedschaft ebenfalls.

Benutzerrechte werden, sofern nichts anderes eingestellt ist, automatisch auf untergeordnete Verzeichnisse und Dateien vererbt. Sie können dort aber trotzdem explizit geändert werden.

Die Kontrollkästchen unter *Verweigern* haben in jedem Fall Priorität. Damit können Sie einem Benutzer ein bestimmtes Recht gezielt verweigern, unabhängig davon, ob er Mitglied einer Gruppe ist, die das Recht hat oder das Recht von weiter oben ererbt hat.

Eine Ausnahme bildet die Berechtigung *Vollzugriff*. Benutzer mit dem Recht *Vollzugriff* auf ein Verzeichnis können Dateien in diesem Verzeichnis löschen, auch wenn für diese Dateien Zugriffsrechte verweigert sind.

Auf diese Weise können Sie mehrere Benutzergruppen hinzufügen, die jeweils unterschiedliche Rechte auf die Freigabe bekommen sollen.

Benutzergruppen zur Rechtevergabe
Verwenden Sie sinnvollerweise immer Benutzergruppen zur Vergabe bestimmter Zugriffsrechte. So haben Sie es beim Anlegen neuer Benutzer deutlich leichter, diesem die passenden Rechte zu geben. Sie brauchen ihn nur der richtigen Gruppe hinzuzufügen und ihm nicht für jedes freigegebene Netzlaufwerk einzeln Rechte zuzuweisen.

Übersicht über Berechtigungen

Die in der *Eigenschaften*-Dialogbox einer Datei oder eines Verzeichnisses angezeigten Berechtigungen stellen eigentlich keine eigenen Berechtigungen dar, sondern nur eine Kombination von erweiterten Berechtigungen. Wird in den erweiterten Berechtigungen eine ausgeschaltet, verschwindet das Häkchen in der *Eigenschaften*-Dialogbox, was demnach noch nicht bedeutet, dass der Benutzer diese Berechtigung im Ganzen nicht mehr hat. Die Kombinationen werden nach folgender Tabelle zugewiesen:

Berechtigung	Erweiterte Berechtigungen
Vollzugriff	alle
Ändern	Ordner durchsuchen/Datei ausführen Ordner ausführen/Daten lesen Attribute lesen Erweiterte Attribute lesen Dateien erstellen/Daten schreiben Ordner erstellen/Daten anhängen Attribute schreiben Erweiterte Attribute schreiben Löschen Berechtigungen lesen Synchronisieren
Lesen, Ausführen	Ordner durchsuchen/Datei ausführen Ordner ausführen/Daten lesen Attribute lesen Erweiterte Attribute lesen Berechtigungen lesen Synchronisieren
Ordnerinhalt auflisten	Ordner durchsuchen/Datei ausführen Ordner ausführen/Daten lesen Attribute lesen Erweiterte Attribute lesen Berechtigungen lesen Synchronisieren
Lesen	Ordner ausführen/Daten lesen Attribute lesen Erweiterte Attribute lesen Berechtigungen lesen Synchronisieren

Berechtigung	Erweiterte Berechtigungen
Schreiben	Dateien erstellen/Daten schreiben Ordner erstellen/Daten anhängen Attribute schreiben Erweiterte Attribute schreiben Berechtigungen lesen Synchronisieren

Die Bedeutung der einzelnen Rechte wird in den folgenden Abschnitten beschrieben:

Ordner durchsuchen/Datei ausführen

Wird diese Berechtigung einem Verzeichnis zugewiesen, dürfen die Benutzer durch das Verzeichnis blättern, um untergeordnete Verzeichnisse oder Dateien zu erreichen. Ist die Berechtigung einer Programmdatei zugewiesen, darf der Benutzer die Datei ausführen.

Ordner auflisten/Dateien lesen

Die Namen von Dateien und Unterverzeichnissen eines Verzeichnisses dürfen angezeigt werden. Der Inhalt einer Datei darf betrachtet werden.

Attribute lesen

Benutzer dürfen sich die Dateiattribute wie *schreibgeschützt* oder *versteckt* anzeigen lassen.

Erweiterte Attribute lesen

Benutzer dürfen sich die erweiterten Dateiattribute anzeigen lassen. Dazu gehören die Attribute *archiv* und *index* sowie Komprimierungs- und Verschlüsselungsoptionen. Zusätzliche erweiterte Attribute können von Programmen definiert werden.

Dateien erstellen/Daten schreiben

Erlaubt Benutzern, in diesem Verzeichnis eine Datei zu erstellen oder hineinzukopieren, wenn die Berechtigung einem Verzeichnis zugewiesen ist. Ist die Berechtigung einer Datei zugewiesen, darf der Benutzer diese Datei ändern oder durch eine andere Version überschreiben.

Ordner erstellen/Daten anhängen

Erlaubt Benutzern, in diesem Verzeichnis ein Unterverzeichnis zu erstellen oder hineinzukopieren, wenn die Berechtigung einem Verzeichnis zugewiesen ist. Ist die Berechtigung einer Datei zugewiesen, darf der Benutzer an diese Datei Daten anhängen, aber keine Teile der Datei überschreiben. Leider wird diese Option nicht von allen Programmen unterstützt. Einige Programme wie zum Beispiel Microsoft Word überschreiben die ganze Datei, wenn am Ende nur ein Satz angehängt wird. Deshalb kann diese Berechtigung im Zusammenhang mit vielen Applikationen nicht verwendet werden.

Attribute schreiben

Benutzer dürfen die Dateiattribute wie *schreibgeschützt* oder *versteckt* verändern.

Erweiterte Attribute schreiben

Benutzer dürfen die erweiterten Dateiattribute verändern. Dazu gehören die Attribute *archiv* und *index* sowie Komprimierungs- und Verschlüsselungsoptionen wie auch spezielle Attribute, die von einigen Programmen definiert werden können.

Unterordner und Dateien löschen

Benutzer dürfen in diesem Verzeichnis Unterverzeichnisse oder Dateien löschen.

Löschen

Benutzer dürfen die Datei oder das Verzeichnis, dem diese Berechtigung zugewiesen ist, löschen. Benutzer, die diese Berechtigung nicht haben, dürfen die Datei trotzdem löschen, wenn sie für das übergeordnete Verzeichnis die Berechtigung *Unterordner und Dateien löschen* haben.

Berechtigungen lesen

Benutzer dürfen die Berechtigungen lesen, die sie an einer Datei oder einem Verzeichnis haben.

Berechtigungen ändern

Benutzer dürfen die Berechtigungen ändern, die sie an einer Datei oder einem Verzeichnis haben. Das bedeutet für Benutzer, die sich etwas mit dem System auskennen, sozusagen den Vollzugriff, da sie sich dieses Recht jederzeit selbst erteilen können. Der Besitzer einer Datei kann die Berechtigungen immer ändern, unabhängig davon, welche weiteren Rechte er an der Datei hat.

Besitzrechte übernehmen

Erlaubt einem Benutzer, die Besitzrechte an einer Datei zu übernehmen. Damit kann er seine Berechtigungen beliebig einstellen und so mit der Datei machen, was er will.

Synchronisieren

Multithread-Programme dürfen diese Datei synchronisieren. Dies hat nichts mit der Synchronisation von Verzeichnissen im Explorer oder mit der Datensynchronisation mit mobilen Geräten zu tun.

Erweiterte Einstellungen

Über die Schaltfläche *Erweitert* in den Sicherheitseinstellungen einer Datei oder eines Verzeichnisses können Sie die erweiterten Berechtigungen innerhalb der Standardberechtigungen genauer definieren.

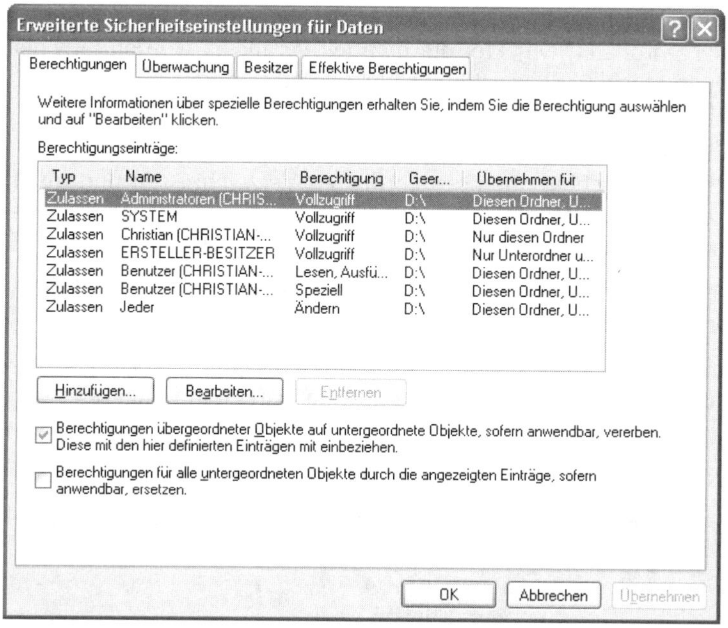

Erweiterte Berechtigungen eines Verzeichnisses.

Klicken Sie doppelt auf einen Berechtigungseintrag, haben Sie die Möglichkeit, für diesen Benutzer oder diese Gruppe einzelne Rechte zu verändern.

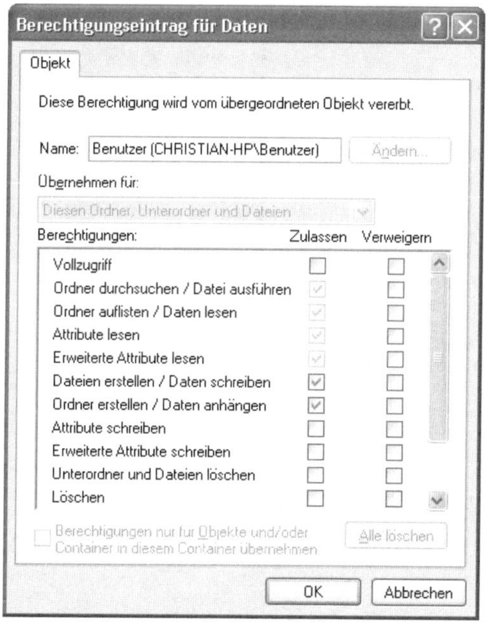

Bearbeiten erweiterter Berechtigungen.

Die grau markierten Häkchen in der Spalte *Zulassen* beziehen sich auf Berechtigungen, die von weiter oben geerbt wurden.

In der Dialogbox *Erweiterte Sicherheitseinstellungen* können Sie das Vererben von Berechtigungen auf untergeordnete Objekte mit der Option *Berechtigungen übergeordneter Objekte* ausschalten.

Mit der unteren Option *Berechtigungen für alle untergeordneten Objekte* können Sie die Berechtigungen der untergeordneten Objekte, die manuell verändert wurden, auf den Standard zurücksetzen, der vom aktuell gewählten Objekt vererbt wurde.

Effektive Berechtigungen

Durch Vererbung von Benutzerrechten aus übergeordneten Verzeichnissen und durch Mitgliedschaft in Gruppen ist es manchmal nicht ganz einfach, die wirklichen Zugriffsrechte eines Benutzers auf eine Datei herauszufinden.

Windows XP bietet hier eine übersichtliche Darstellung auf der Registerkarte *Effektive Berechtigungen* in der Dialogbox *Erweiterte Sicherheitseinstellungen*.

Hier können Sie mit der Schaltfläche *Auswählen* einen Benutzer oder eine Gruppe auswählen, deren Rechte für das aktuelle Verzeichnis oder die Datei dann angezeigt werden.

Eine Änderung der Berechtigungen ist hier nicht möglich.

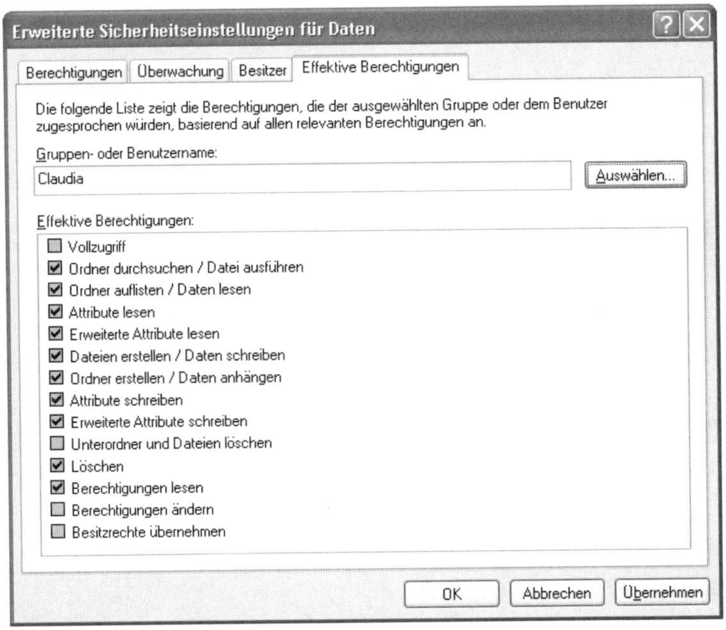

Effektive Berechtigungen für ein Verzeichnis.

Besitz

Wer eine Datei erstellt hat, ist üblicherweise auch deren Besitzer.

Der Besitzer kann seine Berechtigungen beliebig einstellen und so mit der Datei machen, was er will.

Dieses Besitzrecht kann von einem anderen Benutzer übernommen werden.

Um den Besitz an einer Datei oder einem Verzeichnis zu übernehmen, schalten Sie in der Dialogbox *Erweiterte Sicherheitseinstellungen* auf die Registerkarte *Besitzer*.

Hier wird der aktuelle Besitzer angezeigt.

In einer Liste können Sie den neuen Besitzer auswählen. Dabei ist es nicht möglich, jemandem den Besitz einer Datei aufzuzwingen. Man kann ihn nur selbst übernehmen. Daher werden in dieser Liste nur diejenigen Benutzer und Benutzergruppen angezeigt, die mindestens eine der beiden folgenden Bedingungen erfüllen:

- Man muss selbst Mitglied dieser Gruppen sein oder man ist selbst der angezeigte Benutzer.
- Die Benutzer oder Benutzergruppen müssen die Berechtigung zur Übernahme der Besitzrechte an der jeweiligen Datei haben.

Ist das Kontrollkästchen *Besitzer der Objekte und untergeordneten Container ersetzen* eingeschaltet, werden nicht nur die Besitzrechte am gewählten Verzeichnis, sondern auch an allen Unterverzeichnissen und enthaltenen Dateien auf die neue Benutzergruppe übertragen.

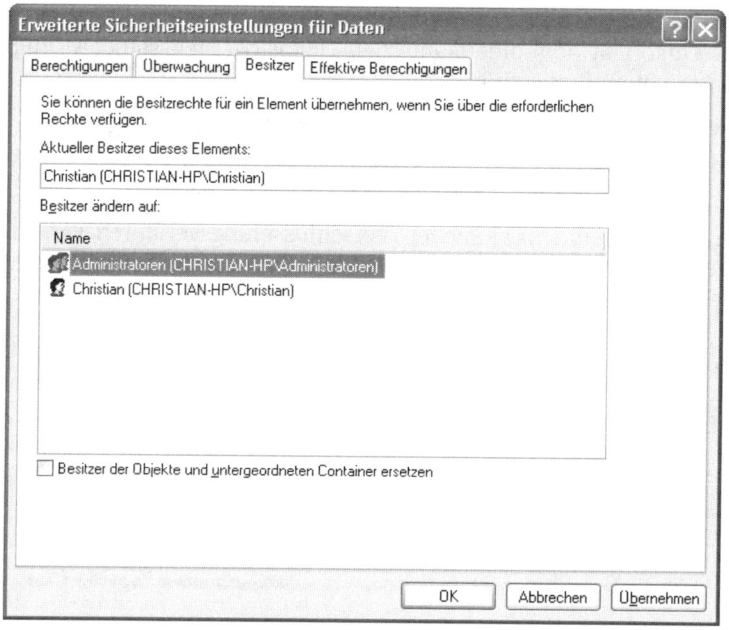

Besitz an einer Datei übernehmen.

Kopieren, ohne den Besitzer zu wechseln

Wenn Sie mit dem Windows-Explorer eine Datei kopieren, geht die Kopie automatisch in Ihren Besitz über.

Möchten Sie Dateien kopieren und die Besitzinformationen sowie die Sicherheitsberechtigungen aus den Access Control Lists in die Kopie übernehmen, verwenden Sie im Eingabeaufforderungs-Fenster den Befehl *XCOPY* mit der Option */O*.

Gruppe Administratoren nicht als Besitzer eintragen

Standardmäßig trägt Windows XP die Benutzergruppe *Administratoren* immer als Besitzer einer Datei ein.

Möchten Sie dies verhindern, setzen Sie in der Registry den Wert *nodefaultadminowner* im Schlüssel *HKEY_LOCAL_MACHINE\SYSTEM\CurrentControlSet\Lsa* auf 0.

Zugriff auf verschlüsselte Dateien

Die Verschlüsselung von Dateien auf NTFS-Laufwerken basiert auf dem Expanded Data Encryption Standard DESX.

DESX ist eine Erweiterung des klassischen DES (**D**ata **E**ncryption **S**tandard), der bereits in den 70er-Jahren von IBM und der amerikanischen National Security Agency entwickelt wurde.

Bei diesem Verfahren werden öffentliche und private Schlüssel eingesetzt, die von Windows XP automatisch für jeden Benutzer generiert werden.

DES verwendet nur 56-Bit-Schlüssel und gilt daher heute als unsicher. Dazu kommt, dass die amerikanische National Security Agency eine Hintertür in dieses Verfahren eingebaut hat, um verschlüsselte Dateien jederzeit entschlüsseln zu können.

Eine Weiterentwicklung des DES-Algorithmus mit höherer Sicherheit ist das Triple-DES-Verfahren 3DES. Dieses entspricht dem amerikanischen Hochsicherheitsstandard FIPS 140-1 Level 1 (**F**ederal **I**nformation **P**rocessing **S**tandards).

Bei diesem Verfahren werden zwei Schlüssel, aber drei Verschlüsselungsvorgänge verwendet. Beim Verschlüsseln einer Datei wird diese zuerst mit Schlüssel 1 verschlüsselt, danach mit Schlüssel 2 und schließlich mit Schlüssel 1 wieder entschlüsselt.

Das Ergebnis lässt sich nicht mit einem einfachen Verschlüsselungsverfahren vergleichen, auch nicht bei Verwendung komplexerer Schlüssel. Also können verschlüsselte Dateien auch nicht mit einem einfachen Verfahren wieder entschlüsselt werden.

Zur Entschlüsselung muss der dreistufige Vorgang wieder umgekehrt werden. Insgesamt ergibt sich eine effektive Schlüssellänge von 112 Bit.

Nachteile von 3DES

Die 3DES-Verschlüsselung kostet erhebliche System-Performance, sodass der Dateizugriff deutlich langsamer wird. Ein weiterer Nachteil ist, dass ältere Windows-Versionen nicht auf 3DES-verschlüsselte Dateien zugreifen können. Für Windows 2000 gibt es ein spezielles High Encrypting Pack zur Verwendung der 3DES-Verschlüsselung.

3DES in Windows XP

3DES kann in Windows XP für die IP-Sicherheit und für die EFS-Dateiverschlüsselung verwendet werden. Möchten Sie 3DES verwenden, aktivieren Sie im Gruppenrichtlinien-Editor *GPEDIT.MSC* die Gruppenrichtlinie *Systemkryptografie: FIPS-konformen Algorithmus für Verschlüsselung, Hashing und Signatur verwenden* im Bereich *Computerkonfiguration\Windows-Einstellungen\Sicherheitseinstellungen\Lokale Richtlinien\Sicherheitsoptionen.*

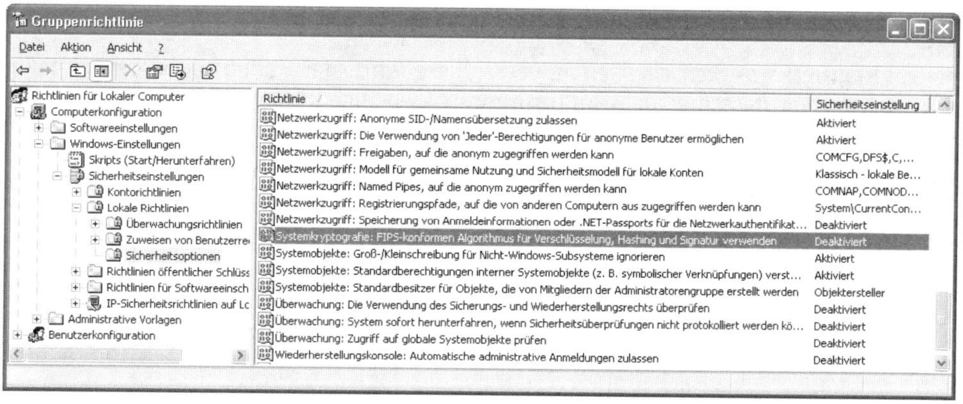

3DES-Richtlinie im Gruppenrichtlinien-Editor.

Näheres zur Verwendung von Gruppenrichtlinien finden Sie ab Seite 477. Bei diesem Verfahren werden auch IP-Protokolle im Netzwerk verschlüsselt, was zu Kompatibilitätsproblemen mit Computern führt, die im Netzwerk andere Betriebssysteme verwenden. Um 3DES nur für die Verschlüsselung von Dateien, nicht aber für die IP-Sicherheit einzusetzen, gehen Sie folgendermaßen vor.

Fügen Sie in der Registry unter *HKEY_LOCAL_MACHINE\SOFTWARE\Microsoft\Windows NT\CurrentVersion\EFS* einen DWORD-Wert *AlgorithmID* ein und geben Sie diesem den Wert 0x00006603. Danach müssen Sie den Computer neu starten, um das Verschlüsselungsverfahren zu aktivieren.

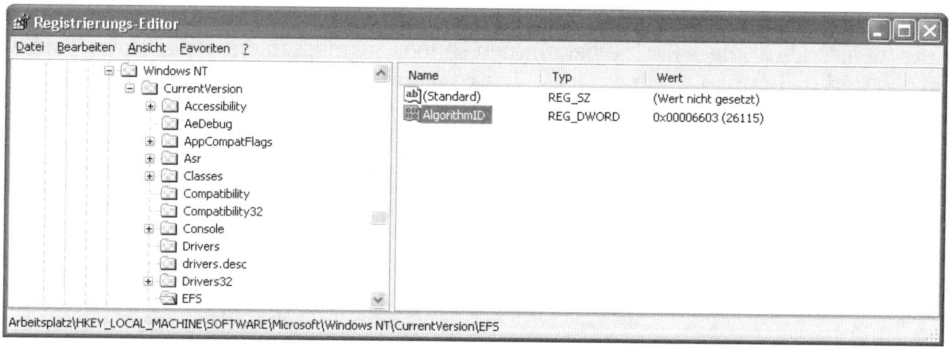

Registry-Eintrag für 3DES-Verschlüsselung.

Sie können auch die Datei *3DES.REG* von der Buch-CD verwenden:

```
[HKEY_LOCAL_MACHINE\SOFTWARE\Microsoft\Windows NT\CurrentVersion\EFS]
"AlgorithmID"=dword:00006603
```

Um die Verschlüsselung wieder auf das Standard-DESX-Verfahren zurückzusetzen, löschen Sie den Registry-Wert wieder.

Das 3DES-Verfahren verschlüsselt nach seiner Aktivierung alle neuen Dateien. Bereits vorhandene verschlüsselte Dateien bleiben mit DESX verschlüsselt, können aber auch bei aktivem 3DES jederzeit entschlüsselt werden.

Vergabe von Benutzerrechten

Auf der Registerkarte *Sicherheit* einer verschlüsselten Datei finden Sie standardmäßig vorgegebene Zugriffsrechte für Administratoren, den Eigentümer und alle anderen Benutzer.

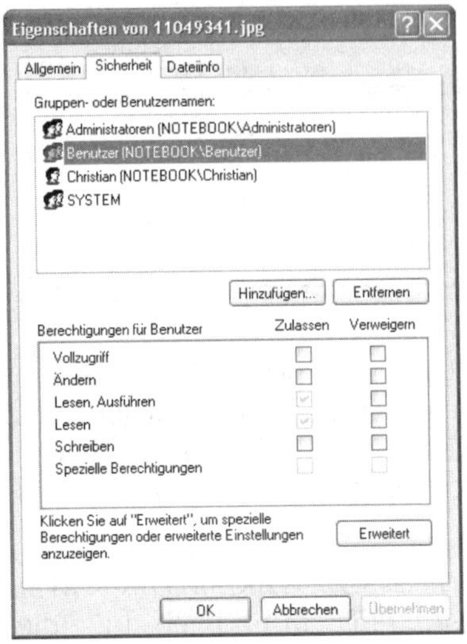

Zugriffsrechte auf eine verschlüsselte Datei.

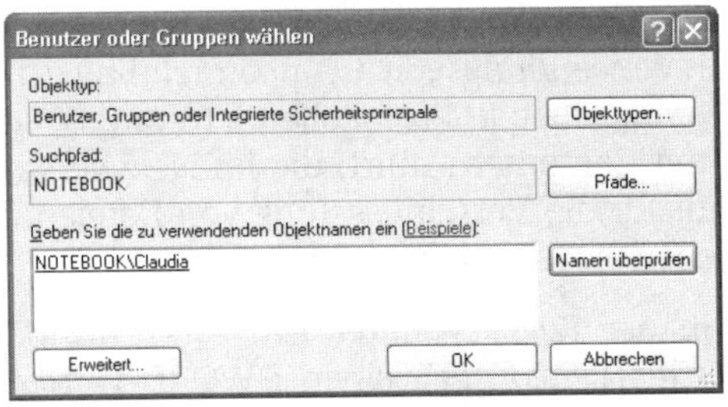

Auswahl eines Benutzers, der Zugriffsrechte auf die verschlüsselte Datei bekommen soll.

Fügen Sie hier mit der Schaltfläche *Hinzufügen* alle Benutzer oder Benutzergruppen hinzu, die mehr oder weniger Rechte bekommen sollen. Sie müssen entweder einen Namen eingeben und dann mit der Schaltfläche *Namen überprüfen* Benutzer mit diesem Namen finden, oder Sie lassen sich mit der Schaltfläche *Erweitert* eine Liste aller Benutzer anzeigen.

Verweigern hat immer Vorrang

Wird einem Benutzer oder einer Gruppe der Zugriff auf eine Datei verweigert, gilt das immer – auch dann, wenn der Benutzer Mitglied in einer anderen Gruppe ist, die Zugriffsrechte auf diese Datei hat.

Die Rechtevergabe für verschlüsselte Dateien funktioniert prinzipiell genauso wie bei unverschlüsselten Dateien, mit der Ausnahme, dass ein Gast keinerlei Rechte auf eine verschlüsselte Datei bekommen kann.

Verschlüsselung verhindern

Möchten Sie verhindern, dass Benutzer Dateien verschlüsseln, können Sie das EFS-Dateisystem mit der Richtlinie *Dateisystem wird verschlüsselt* unter *Computerkonfiguration\Windows-Einstellungen\Sicherheitseinstellungen\Richtlinien öffentlicher Schlüssel* komplett deaktivieren. Im Gegensatz zum üblichen Verfahren bei Gruppenrichtlinien erreichen Sie diese Einstellung nicht per Doppelklick, sondern nur über den Kontextmenüpunkt *Eigenschaften*.

Zertifikate

Die Verschlüsselung bezieht sich immer auf einen bestimmten Benutzer. Verschlüsselte Dateien können nicht im Netzwerk freigegeben und auch nicht ohne weiteres mit anderen Benutzern ausgetauscht werden. Um verschlüsselte Objekte zu tauschen, müssen Sie zuvor Zertifikate exportieren.

Windows XP enthält eine eigene Zertifikatsverwaltung, *CERTMGR.MSC*, die Sie über *Start/Ausführen* aufrufen können.

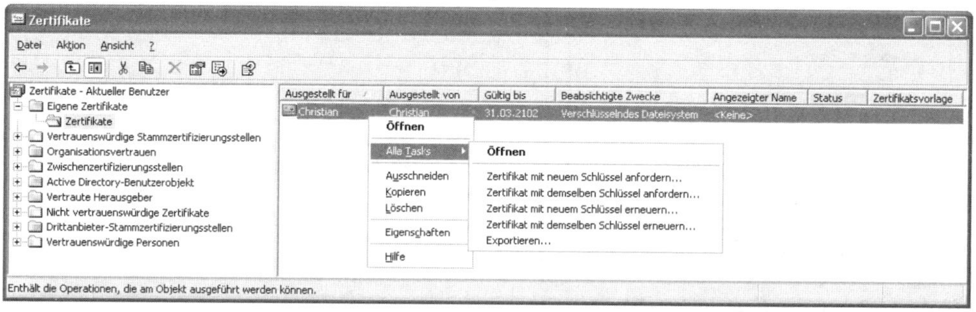

Zertifikatsverwaltung in Windows XP.

Hier können Sie Ihr Zertifikat für das verschlüsselte Dateisystem exportieren. Dazu startet Windows XP einen speziellen Assistenten, in dem Sie die Zertifikate mit oder ohne den privaten Schlüssel in verschiedenen Dateiformaten exportieren können.

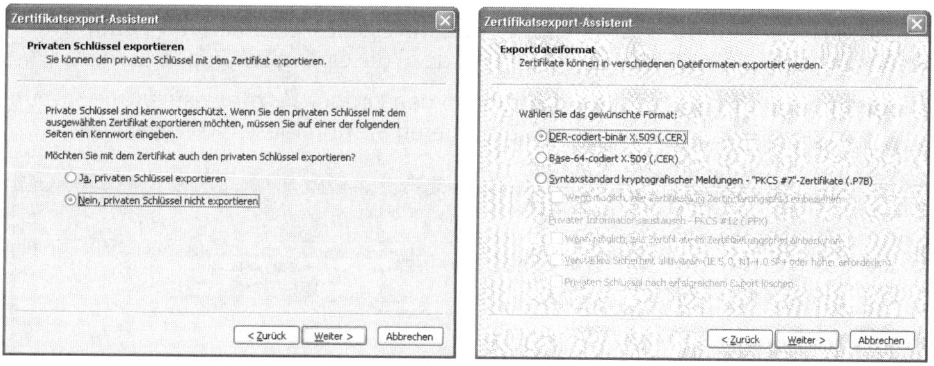

Exportieren eines Zertifikats ohne den privaten Schlüssel.

Auf die gleiche Weise können Sie auch ein Zertifikat zur Sicherung auf Diskette exportieren. Beim Sichern des Zertifikats mit privatem Schlüssel sollte immer ein Passwort angegeben werden. Dieses ist dann zum Importieren des Zertifikats auch wieder erforderlich.

Mit einem Doppelklick auf ein Zertifikat können Sie sich in der Zertifikatsverwaltung genauere Informationen zu diesem Zertifikat anzeigen lassen.

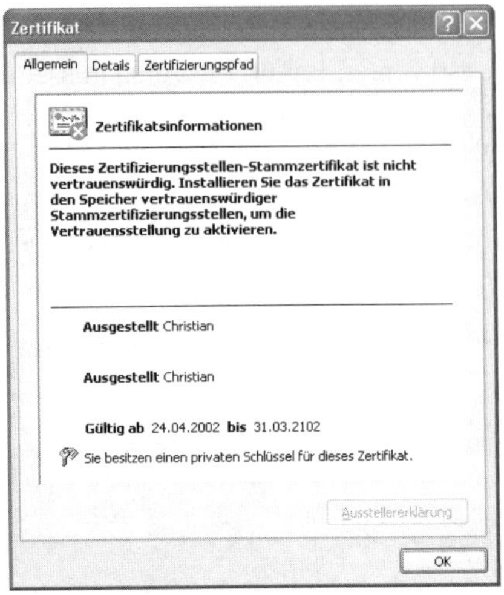

Zertifikatsinformationen.

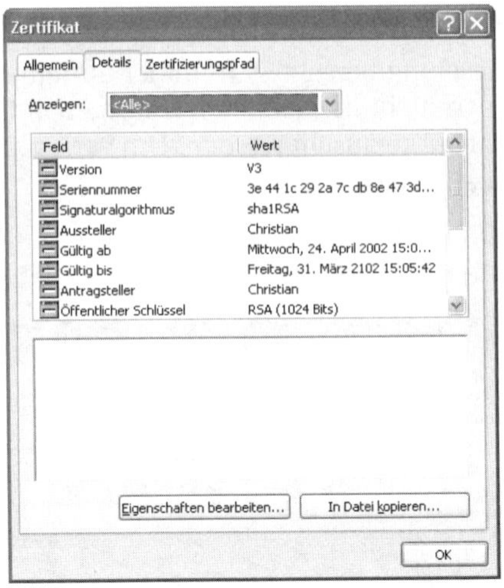

Details zu einem Zertifikat.

Vertrauenswürdige Zertifikate

Die Zertifikate, die Sie sich auf diese Weise selbst ausstellen, gelten nicht als vertrauenswürdig, da sie von keiner Stammzertifizierungsstelle bestätigt wurden.

Sie können sich allerdings selbst Ihre eigenen Zertifikate vertrauenswürdig zertifizieren. Gehen Sie dazu folgendermaßen vor.

1 Exportieren Sie in der Zertifikatsverwaltung Ihr eigenes Zertifikat mit dem privaten Schlüssel in eine PFX-Datei. Verwenden Sie dazu die Option *erhöhte Sicherheit*.

2 Wechseln Sie in der Zertifikatsverwaltung in den Ordner *Vertrauenswürdige Stammzertifizierungsstellen\Zertifikate* und importieren Sie dort diese PFX-Datei wieder.

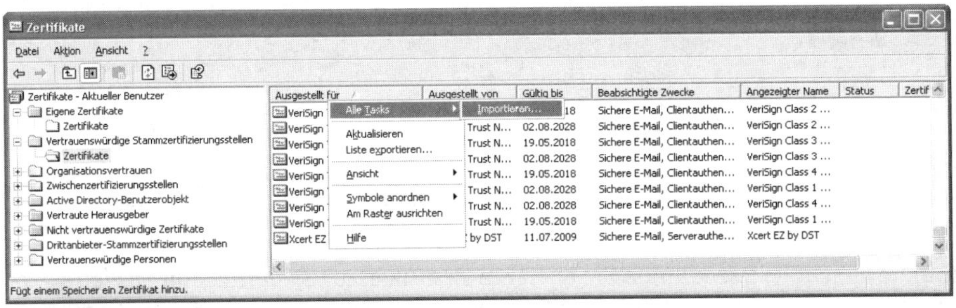

Import eines Zertifikats zu den vertrauenswürdigen Stammzertifizierungsstellen.

3 Beim Import müssen Sie darauf achten, dass das Zertifikat in den Speicher *Vertrauenswürdige Stammzertifizierungsstellen* importiert wird. Dazu muss das Kennwort, das beim Speichern des Zertifikats verwendet wurde, erneut eingegeben werden.

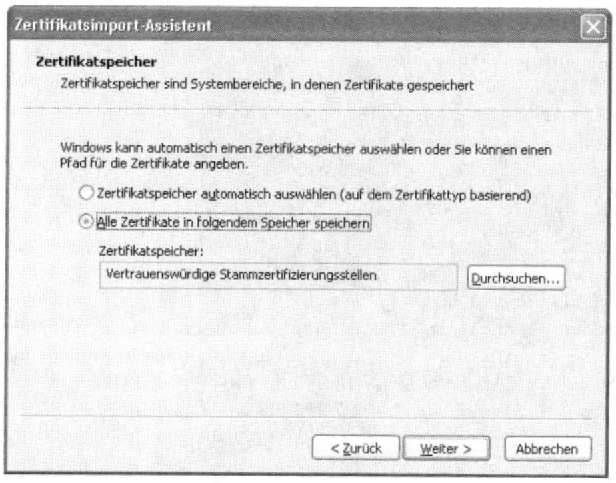

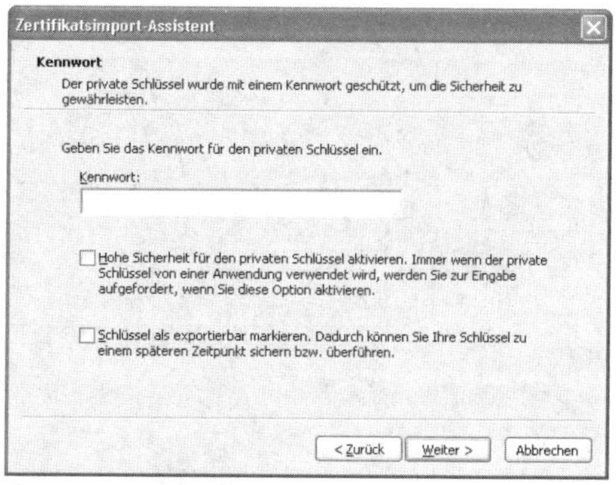

Zertifikatsimport-Assistent.

4 Bestätigen Sie die Meldung mit der Seriennummer des Zertifikats. Danach gilt das Zertifikat, wenn Sie es doppelt anklicken, als vertrauenswürdig.

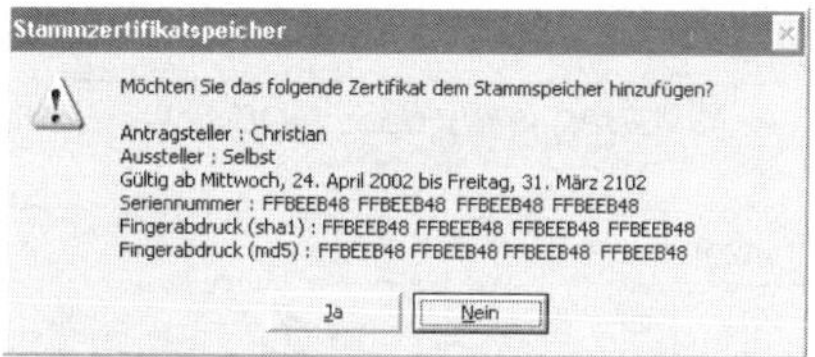

Bestätigungsmeldung.

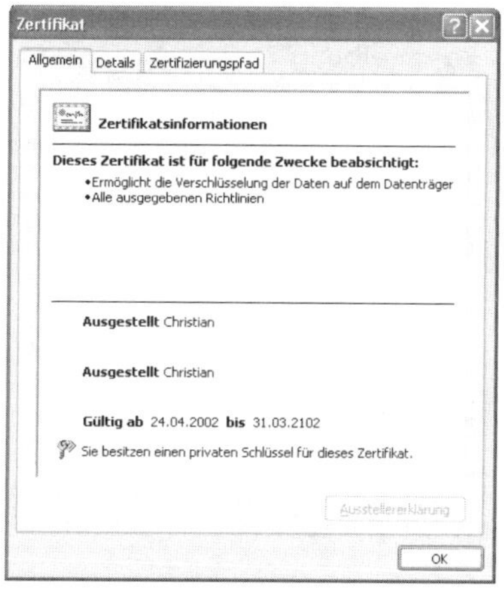

Das vertrauenswürdige Zertifikat.

Spezielle Tools zu Benutzerrechten

Windows XP liefert noch ein paar interessante, weniger bekannte Kommandozeilen-Tools mit, die für bestimmte Aufgaben in der Benutzerverwaltung eingesetzt werden können. Die drei Tools WHOAMI, CACLS und XCACLS stellen wir in den folgenden Abschnitten vor:

WHOAMI

Das Kommandozeilen-Tool WHOAMI zeigt Informationen über den aktuell angemeldeten Benutzer. Das Programm muss nachträglich mit den Windows Support Tools aus dem Verzeichnis *\SUPPORT\TOOLS* der Windows XP-CD installiert werden. Es wird mit der Installation von Windows XP nicht automatisch installiert.

WHOAMI ohne weitere Parameter gibt den Rechnernamen und den Benutzernamen zurück.

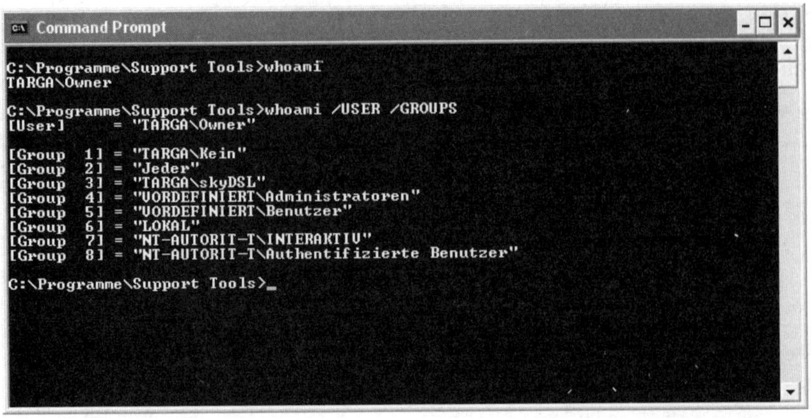

Anzeige von WHOAMI.

Die Tabelle zeigt die verschiedenen Parameter, die miteinander kombiniert weitere Informationen ausgeben.

Parameter	Beschreibung
/USER	Benutzername und Servername, wie WHOAMI ohne Parameter, in Kombination mit anderen Parametern aber sinnvoll, da diese Informationen sonst nicht angezeigt würden.
/GROUPS	Gruppenzugehörigkeiten des aktuellen Benutzers
/PRIV	Zugewiesene Sicherheitsrechte
/LOGONID	Logon-ID der aktuellen Sitzung
/SID	Zeigt zusammen mit den Parametern */USER*, */GROUPS*, */PRIV* oder */LOGONID* zusätzlich die SIDs an.
/NOVERBOSE	Zeigt zusammen mit den Parametern */USER*, */GROUPS*, */PRIV* oder */LOGONID* nur die Mindestinformationen an.
/ALL	Zeigt alle Informationen zum aktuellen Benutzer an.

CACLS

Der Kommandozeilenbefehl *CACLS* zeigt zu jeder beliebigen Datei die Liste der Zugriffsrechte, DACL (**D**iscretionary **A**ccess **C**ontrol **L**ist), an und bietet auch die Möglichkeit, diese Rechte zu ändern, Benutzern also andere Zugriffsrechte auf die Datei zu geben.

Das Programm entspricht weitgehend den Möglichkeiten, die auch die Registerkarte *Sicherheit* in den Eigenschaften einer Datei oder eines Verzeichnisses bietet.

```
CACLS Datei- oder Verzeichnisname
```

CACLS nur mit der Angabe eines Datei- oder Verzeichnisnamens ohne weitere Parameter listet die Rechte des angemeldeten Benutzers auf diese Datei oder das Verzeichnis auf sowie die Rechte der Gruppen, in denen der Benutzer Mitglied ist.

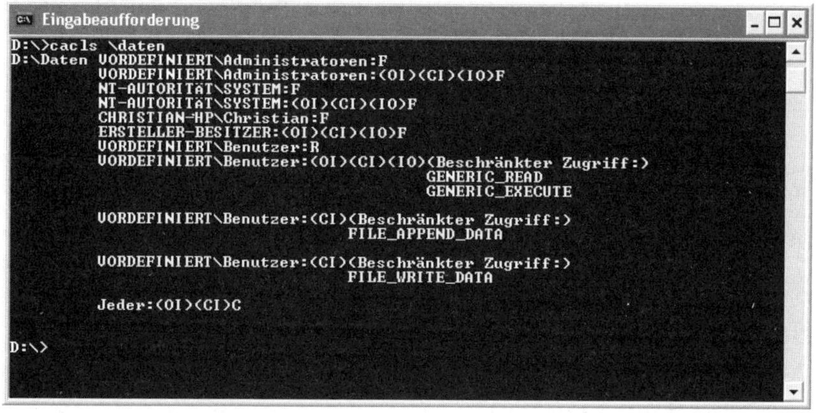

Anzeige von CACLS.

Die jeweiligen Rechte werden durch verschiedene Buchstabenkürzel dargestellt:

Buchstabe	Recht
N	Kein
R	Lesen
W	Schreiben
C	Ändern mit Schreibzugriff
F	Vollzugriff

Die Buchstabenkombinationen in Klammern geben an, wie die Rechte vererbt werden:

Buchstaben	Bedeutung
(OI)	Objektvererbung – Weitervererbung auf Dateien (**O**bject **I**nherit)
(CI)	Containervererbung – Weitervererbung auf Verzeichnisse (**C**ontainer **I**nherit)
(IO)	Nur Vererbung – keine Auswirkung auf das aktuelle Verzeichnis (**I**nherit **O**nly)
Keine Angabe	Keine Vererbung – Auswirkung nur auf das aktuelle Verzeichnis

Mit zusätzlichen Parametern können die Benutzerrechte in den Dateizugriffstabellen ACLs bearbeitet werden:

```
cacls Dateiname [/t] [/e] [/c]
                [/g Benutzer:Berechtigung]
                [/r Benutzer [...]]
                [/p Benutzer:Berechtigung [...]]
                [/d Benutzer [...]]
```

Die folgende Tabelle beschreibt die verschiedenen Parameter:

Parameter	Beschreibung
/t	Ändert die ACLs im aktuellen Verzeichnis und allen Unterverzeichnissen.
/e	Bearbeitet eine ACL, anstatt sie zu ersetzen.
/c	Ändern der ACLs bei Zugriffsverletzung fortsetzen
/g Benutzer: Berechtigung	Einem Benutzer die angegebenen Zugriffsrechte zuweisen. Diese werden über die bereits beschriebenen Buchstaben angegeben.
/r Benutzer	Einem Benutzer Zugriffsrechte entziehen.

Parameter	Beschreibung
/p Benutzer: Berechtigung	Einem Benutzer die angegebenen Zugriffsrechte ersetzen. Diese werden über die bereits beschriebenen Buchstaben angegeben.
/d Benutzer	Einem Benutzer den Zugriff auf die Datei komplett verweigern.

XCACLS

In den Windows Support Tools gibt es eine erweiterte Version von CACLS, das Programm XCACLS. Damit können Sie auch erweiterte Benutzerrechte verwalten, wie dies mit der Schaltfläche *Erweitert* auf der Registerkarte *Sicherheit* in den Eigenschaften einer Datei möglich ist.

Die Syntax von XCACLS ist weitgehend gleich der Syntax von CACLS:

```
xcacls Dateiname [/t] [/e|/x] [/c] [/y]
                 [/g Benutzer:Berechtigung]
                 [/r Benutzer [...]]
                 [/p Benutzer:Berechtigung [...]]
                 [/d Benutzer [...]]
```

Im Dateinamen können auch Jokerzeichen verwendet werden, um die rechte für mehrere Dateien gleichzeitig zu verändern. Hier können die folgenden Rechte verwendet werden:

Buchstabe	Recht
R	Lesen
W	Schreiben
C	Ändern mit Schreibzugriff
F	Vollzugriff
P	Berechtigungen ändern
O	Besitz übernehmen
X	Datei ausführen
E	Daten lesen
D	Löschen

Die Parameter ähneln ebenfalls denen von CACLS:

Parameter	Beschreibung
/t	Ändert die ACLs im aktuellen Verzeichnis und allen Unterverzeichnissen.
/e	Bearbeitet eine ACL, anstatt sie zu ersetzen.
/c	Ändern der ACLs bei Zugriffsverletzung fortsetzen
/g Benutzer: Berechtigung	Einem Benutzer die angegebenen Zugriffsrechte zuweisen. Diese werden über die bereits beschriebenen Buchstaben angegeben.
/r Benutzer	Einem Benutzer Zugriffsrechte entziehen.
/p Benutzer: Berechtigung	Einem Benutzer die angegebenen Zugriffsrechte ersetzen. Diese werden über die bereits beschriebenen Buchstaben angegeben.
/d Benutzer	Einem Benutzer den Zugriff auf die Datei komplett verweigern.
/y	Unterdrückt die Bestätigungsabfrage, sodass XCACLS auch in Batchdateien eingesetzt werden kann.

In den Parametern */g* und */p* kann nach den Buchstaben für die Rechte mit einem Semikolon getrennt der zusätzliche Buchstabe *T* eingesetzt werden. Damit können weitere Rechte definiert werden, die nur für das aktuelle Verzeichnis gelten und nicht für Dateien, die in diesem Verzeichnis neu angelegt werden. Diese Methode funktioniert nicht bei der Bearbeitung von Rechten für eine Datei.

Programmstart als Administrator

Für die alltägliche Arbeit sollten Sie immer mit Benutzer- oder Hauptbenutzerrechten angemeldet sein und nicht als Administrator.

Möchten Sie nun zwischendurch ein Programm ausführen, das Administratorenrechte braucht, können Sie dies unter Windows XP machen, ohne sich extra als Administrator anzumelden.

Klicken Sie im Startmenü oder im Windows-Explorer mit der rechten Maustaste auf das Programm und wählen Sie im Kontextmenü *Ausführen als*. Wählen Sie dort aus der Liste den Administrator und geben Sie dessen Passwort ein. Das Programm wird genauso gestartet, wie wenn es der Administrator selbst gestartet hätte.

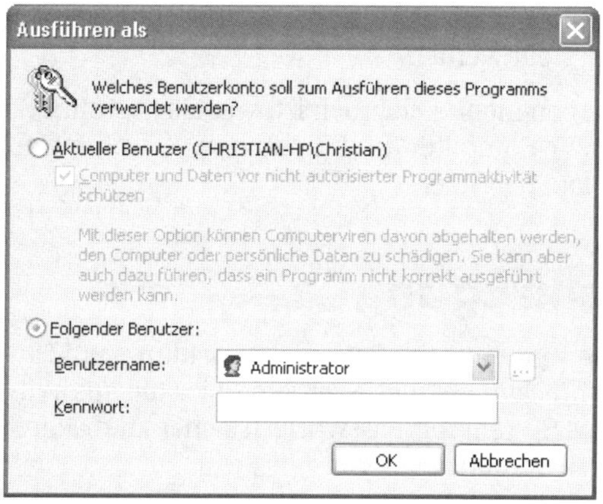

Eingabeaufforderung für Benutzernamen.

Am einfachsten können Sie dieses Verfahren ausprobieren, indem Sie eine Eingabeaufforderung mit *Ausführen als* starten und sich dann mit WHOAMI den aktuellen Benutzernamen anzeigen lassen. Dieser entspricht dem, den Sie bei *Ausführen als* angegeben haben.

Ausführen als funktioniert nur mit der klassischen Passwortauthentifizierung, nicht mit einer SmartCard-Anmeldung.

Programmstart mit RUNAS

Für Batchdateien oder Desktop-Verknüpfungen, die Programme als Administrator starten sollen, können Sie das Kommandozeilen-Tool RUNAS verwenden.

```
runas [{/profile|/noprofile}]
      [/env] [/netonly] [/smartcard] [/showtrustlevels] [/trustlevel]
       /user:Benutzername Programm
```

Die Tabelle beschreibt die verschiedenen Parameter von RUNAS.

Parameter	Beschreibung
/profile	Legt fest, dass das Benutzerprofil geladen werden soll. Dies gilt auch, wenn weder */profile* noch */noprofile* verwendet werden.
/noprofile	Legt fest, dass das Benutzerprofil nicht geladen werden soll. Führt dazu, dass die Anwendung schneller geladen wird. Dies kann bei einigen Anwendungen zu Fehlern führen.
/env	Verwendet die aktuelle Umgebung anstatt der des Benutzers.
/netonly	Gibt an, dass die verwendeten Benutzerdaten nur für den Remote-Zugriff gelten.
/smartcard	Benutzerdaten werden von einer SmartCard gelesen.
/showtrustlevels	Zeigt die verfügbaren Vertrauensstufen. Dieser Parameter kann einzeln nur zur Anzeige verwendet werden, ohne dass RUNAS ein Programm startet.
/trustlevel	Gibt die Vertrauensstufe an, mit der das Programm ausgeführt werden soll.
/user: Benutzername	Benutzername im Format *Computername\Benutzername* oder *Benutzername@Computername*
Programm	Programm, das gestartet werden soll

Im Programmaufruf können auch weitere Parameter je nach verwendetem Programm angegeben werden. Wenn der Programmaufruf Leerzeichen oder Sonderzeichen enthält, muss er im Ganzen in Anführungszeichen gestellt werden.

Beachten Sie, dass bei den meisten Programmen nicht ersichtlich ist, wer sie ausführt. So haben Sie zum Beispiel bei MMC-Konsolen zur Computer- und Richtlinienverwaltung als Administrator ganz andere Rechte wie normale Benutzer.

8.5 Abgesicherter Systemzugang

Standardmäßig verwendet Windows XP eine sehr einfache Benutzeranmeldung, um Umsteiger von Windows 9x/ME nicht zu verschrecken. Es gibt aber auch hier die aus Windows NT/2000 bekannten Mechanismen, das System mit Passwörtern sicher zu machen. Diese wurden in einigen Punkten auch noch erweitert.

Passwörter

Legen Sie vor Ihr Haus auf die Straße einen Hausschlüssel! Das macht vieles deutlich einfacher. Wenn man nach Hause kommt, braucht man keine Taschen zu durchsuchen und muss sich auch keine Sorgen machen, den Schlüssel mal zu vergessen. Gegen Sturm und Unwetter können Sie diesen Schlüssel mit einer Schnur an der Tür befestigen. Diese sollte nur lang genug sein, sodass man den Schlüssel noch, ohne ihn loszuknoten, im Schloss umdrehen kann. Würde das nicht das Leben deutlich vereinfachen, im modernen EDV-Slang „die Benutzerfreundlichkeit erhöhen"? Sie finden diese Idee völlig abwegig? Warum gehen Sie dann mit Ihren Benutzerdaten und Zugangspasswörtern genauso wie hier beschrieben um?

Nicht wenige Anwender schreiben sich ihre Passwörter auf Zettel am Bildschirm oder auf der Tastatur oder schreiben sie auf die in Büros beliebten Schreibtischunterlagen. Die meisten sind sich dabei der daraus entstehenden Gefahren nicht bewusst.

Einerseits kann jemand, der das Passwort eines anderen Anwenders kennt, dieses verändern und so den eigentlichen Inhaber von der Benutzung des Systems ausschließen, andererseits kann er auch, was manchmal noch gefährlicher ist, unbemerkt Dokumente und E-Mails des anderen mitlesen und manipulieren. Ändert jemand zum Beispiel im letzten Moment wichtige Wörter in Vertragsdokumenten oder Zahlen in Kalkulationsblättern, fällt dies dem eigentlichen Verfasser des Dokuments oft gar nicht oder erst dann auf, wenn es zu spät ist.

Passwörter sind nur solange sinnvoll, wie sorgsam mit ihnen umgegangen wird. Benutzernamen sind meistens öffentlich bekannt, allerdings sollte niemand sein Passwort weitergeben, auch nicht an den Administrator oder sonstige, mit der Systemwartung betraute Mitarbeiter.

Administratoren können die Passwörter nicht einsehen, aber löschen, wenn es zu Problemen kommt, zum Beispiel, wenn jemand sein Passwort vergessen hat.

Durch diesen Mechanismus kann jeder Anwender, der sein Passwort geheim hält, überprüfen, ob sich der Systemadministrator zwischenzeitlich auf seinen Namen eingeloggt hat. Das Passwort müsste dann gelöscht oder verändert sein.

- Schreiben Sie Ihr Passwort nirgendwo auf, es kann immer jemand unbefugt finden.
- Verwenden Sie keine offensichtlichen Passwörter wie den Namen der Freundin oder den der Kinder. Das sind die ersten, die ein Hacker ausprobieren würde. Genauso wenig sollten Sie Ihren eigenen Namen oder Ihren Benutzernamen verwenden. Am sichersten sind zufällige Buchstaben- oder Zahlenkombinationen, die niemand errät, sich aber auch niemand merken kann. Es bringt schon einiges an Sicherheit, wenn man in ein gut zu merkendes Passwort an irgendeiner Stelle eine Ziffer einfügt.
- Schwer zu erratende Passwörter lassen sich aus den Anfangsbuchstaben eines gut zu merkenden Satzes bilden. Zum Beispiel ergibt „Ich fahre morgens mit der U-Bahn-Linie 3 ins Büro“ das Passwort „IfmmdUBL3iB“. Hier müssen Sie nur dafür sorgen, dass Ihnen niemand bei der Passworteingabe über die Schulter schaut. Das Gleiche gilt für Passwörter, deren Eingabe auf der Tastatur leicht zu erkennen ist, wie etwa „qwertz“ oder „789“.
- Ändern Sie Ihr Passwort in regelmäßigen Zeitabständen, falls jemand anderes es zufällig herausgefunden haben sollte.

Einschränkung für Netzwerke mit Windows 9x-Rechnern

Windows XP kann theoretisch Passwörter bis zu einer Länge von 127 Zeichen verarbeiten, obwohl niemand in der Praxis so lange Passwörter einsetzt. Hängt der Windows XP-Rechner in einem Netzwerk, in dem sich auch noch Rechner mit Windows 9x befinden, darf das Passwort höchstens 14 Zeichen lang sein, da sonst eine Anmeldung auf den Windows 9x-Rechnern nicht möglich ist. Windows 9x sendet im Netzwerk immer den Benutzernamen, der bei der Windows-Anmeldung verwendet wurde. Dieser lautet standardmäßig *Administrator*. Um nicht jedem Netzwerkbenutzer auf einem Windows XP-Computer Administratorenrechte zu geben, sollten Sie auf den Windows 9x-Arbeitsstationen die Benutzernamen ändern und auf dem Windows XP-Computer entsprechende Benutzer anlegen.

Sicherheitshinweise für Administratoren

Administratoren können die Sicherheit auf ihrem System deutlich erhöhen, wenn sie folgende Tipps beachten:

- Teilen Sie den Benutzern den Benutzernamen und das Passwort auf unterschiedlichen Kommunikationswegen mit. Geben Sie zum Beispiel den Benutzernamen auf einem Vordruck zusammen mit eventuell vorhandenen Benutzerrichtlinien aus und teilen Sie das Passwort per Telefon oder in einem getrennt verschickten Umschlag mit.
- Weisen Sie die Benutzer darauf hin, das vorgegebene Anfangspasswort so bald wie möglich zu verändern. Beim Anlegen eines Benutzers über die Computerverwaltung können Sie den Benutzer dazu zwingen, sein Passwort nach der ersten Anmeldung zu ändern.
- Windows XP und die meisten Netzwerke bieten die Möglichkeit, eine minimale Passwortlänge von zum Beispiel vier Buchstaben vorzugeben. Dadurch wird die Wahrscheinlichkeit, dass jemand ein Passwort durch Zufall oder Ausprobieren herausbekommt, geringer.
- Über Kontosperrungsrichtlinien können Anmeldeversuche mit falschen Passwörtern protokolliert und ein Benutzername nach einer bestimmten Anzahl aufeinander folgender fehlerhafter Anmeldeversuche gesperrt werden. Das schützt den wirklichen Benutzer davor, dass jemand anderes sein Passwort durch mehrfaches Ausprobieren herausbekommt.
- Geben Sie ein maximales und ein minimales Alter für ein Passwort vor. Der Benutzer wird so gezwungen, sein Passwort nach einer bestimmten Zeit zu ändern, und kann es auch nicht direkt danach wieder in das alte Passwort zurück ändern.
- In besonders sicherheitsrelevanten Fällen können Sie geänderte Passwörter protokollieren und gegen die erneute Verwendung sperren. So lässt sich verhindern, dass ein Anwender immer zwischen wenigen Lieblingspasswörtern hin und her wechselt.

Administrator-Passwort in der Home Edition

Bei einer Standardinstallation hat der Administrator unter Windows XP Home kein Passwort. Damit kann sich jeder Benutzer unter dem Namen *Administrator* anmelden. Hier sollten Sie in der Systemsteuerung für den Administrator immer ein Passwort festlegen.

Pro und Kontra Passwortschutz

Passwortschutz ist eine gute Methode zum Schutz vor Datenmissbrauch und Bespitzelung.

Die Anwender werden zu größerer Sorgfalt und Verantwortungsbewusstsein im Umgang mit ihren Daten erzogen, da ihnen durch ihre persönliche Anmeldung eine Protokollierbarkeit und Überprüfbarkeit ihrer Aktionen suggeriert wird.

In der Praxis werden die meisten Netzwerkadministratoren aus Zeitmangel auf jegliches Mitverfolgen von Anwenderaktionen verzichten, aber die psychologische Wirkung reicht oftmals aus, um Anwender davon abzuhalten, im Netzwerk Unfug zu treiben.

Allerdings hat übertriebener Passwortschutz auch Nachteile.

Die Benutzer empfinden es als lästig, für jede Anwendung und jeden Laufwerkzugriff ein Passwort eingeben zu müssen, und versuchen dann durch sehr einfache kurze Passwörter oder geschickte Batchdateien, die Passworteingabe zu automatisieren, was die eigentlich geplante Sicherheit ins Negative umkehrt.

Kennwortrichtlinien

Kennwortrichtlinien definieren bestimmte Eigenschaften von Passwörtern, die dann für alle lokalen Benutzer gelten. Kennwortrichtlinien auf Domänen-Controllern in Windows 2000-Netzwerken gelten für Benutzer, die sich von einem Windows XP-Computer an dieser Domäne anmelden.

Kennwortrichtlinien werden über die Management Console *Lokale Sicherheitsrichtlinien* verwaltet. Dieses Programm starten Sie über das Systemsteuerung-Modul *Verwaltung/ Lokale Sicherheitsrichtlinien*. Dort finden Sie die Kennwortrichtlinien unter *Computerkonfiguration/Windows-Einstellungen/Sicherheitseinstellungen/Kontorichtlinien*.

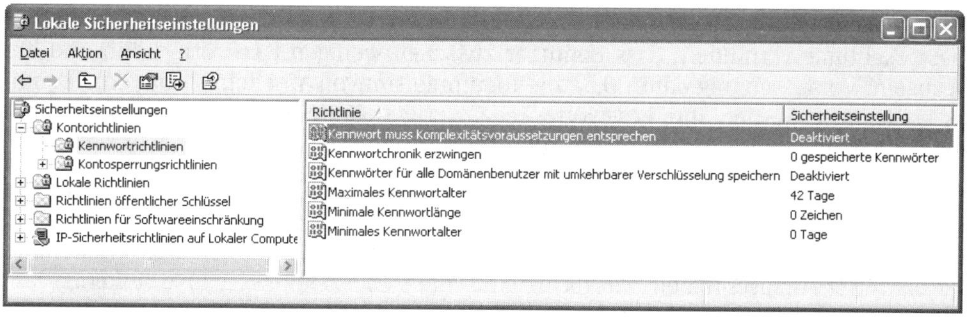

Kennwortrichtlinien in der Management Console.

Mit einem Doppelklick auf eine Richtlinie erscheint ein Konfigurationsdialog, in dem Sie je nach Typ der Richtlinie diese aktivieren und deaktivieren oder einen Wert einstellen können.

Verschiedene Einstellungsoptionen für Kennwortrichtlinien.

Im Folgenden werden die verschiedenen Richtlinien, die unter Windows XP verwendet werden können, beschrieben:

Kennwort muss Komplexitätsvoraussetzungen entsprechen

Mit dieser Richtlinie können komplexe Passwörter erzwungen werden. Windows XP verwendet hierfür den speziellen Passwortfilter *PASSFILT.DLL*. Dazu muss das Passwort die folgenden Voraussetzungen erfüllen:

- Es muss aus mindestens sechs Zeichen bestehen.
- Es darf weder einen Teil noch den vollständigen Benutzernamen enthalten.
- Aus mindestens drei der folgenden vier Zeichengruppen müssen Zeichen enthalten sein:
  - Großbuchstaben A ... Z
  - Kleinbuchstaben a ... z
  - Ziffern
  - Nicht alphanumerische Sonderzeichen (z. B. !, $, #, %, @)

Kennwortchronik erzwingen

Diese Richtlinie verhindert, dass Benutzer zwischen wenigen Passwörtern hin und her wechseln. Voraussetzung dafür, dass die Richtlinie sinnvoll arbeitet, ist, dass die Benutzer gezwungen werden, ihre Passwörter regelmäßig zu ändern. Außerdem sollte ein minimales Kennwortalter vorgegeben werden.

In den Einstellungen können Sie festlegen, wie viele eindeutige Passwörter verwendet werden müssen, bevor ein Benutzer ein einmal verwendetes wieder verwenden darf. Beachten Sie hierbei, dass zu rigorose Kennwortchroniken die Benutzer dazu verleiten, ihre Passwörter aufzuschreiben, was die gewünschte Sicherheit ins Negative verkehrt.

Kennwörter für alle Domänenbenutzer mit umkehrbarer Verschlüsselung speichern

Diese Richtlinie ermöglicht ein Speichern von Passwörtern für Anwendungen, die Protokolle verwenden, denen das Benutzerpasswort bekannt sein muss. Da mit jeder Speicherung von Passwörtern Sicherheitsrisiken verbunden sind, sollte die Richtlinie nur verwendet werden, wenn eine Anwendung dies unbedingt erfordert.

Maximales Kennwortalter

Anzahl von Tagen, nach denen ein Passwort spätestens verändert werden muss: Wollen Sie Benutzern ermöglichen, ihr Passwort auf ewig unverändert zu behalten, setzen Sie diesen Wert auf 0.

Minimale Kennwortlänge

Mindestlänge eines Passwortes in Zeichen. Dieser Wert kann maximal auf 14 stehen, damit immer gewährleistet ist, dass sich ein Benutzer mit diesem Passwort auch auf einem Windows 9x-System anmelden kann, das keine längeren Passwörter unterstützt.

Steht der Wert auf 0, ist ein Passwort nicht zwingend erforderlich.

Minimales Kennwortalter

Anzahl von Tagen, nach denen ein Passwort frühestens geändert werden muss: Damit können Sie verhindern, dass ein Benutzer bei einer erzwungenen Passwortänderung sofort wieder auf sein Lieblingspasswort zurückwechselt.

Wollen Sie Benutzern ermöglichen, ihr Passwort sofort wieder zu ändern, setzen Sie diesen Wert auf 0.

Für eine sinnvolle Nutzung einer Kennwortchronik sollten Sie für das minimale Kennwortalter einen Wert von mindestens 1 eintragen, damit die Benutzer ihr Passwort nicht sofort hintereinander so oft verändern, bis sie die Kennwortchronik überwunden haben und wieder ihr Lieblingspasswort verwenden können.

Passwort-Einstellungen in der Registry

Kriterien für Passwörter können außerdem noch in der Registry festgelegt werden:

Passwörter müssen Zahlen enthalten

Legen Sie im Registry-Schlüssel *HKEY_CURRENT_USER\Software\Microsoft\Windows\CurrentVersion\Policies\System* einen *REG_SZ*-Wert *AlphanumPwds* an und weisen Sie diesem den Wert 1 zu, damit Passwörter unbedingt Zahlen enthalten müssen.

Minimale Passwortlänge

Die Mindestlänge eines Passwortes kann im Registry-Schlüssel *HKEY_LOCAL_MACHINE\Software\Microsoft\Windows\CurrentVersion\Policies\Network* mit dem *REG_BINARY*-Wert *MinPwdLen* festgelegt werden.

Warnmeldung vor Passwortablaufdatum

Normalerweise warnt Windows XP die Benutzer 14 Tage vor Ablauf ihrer Passwörter, dass sie diese erneuern müssen. Gerade bei relativ kurzen Ablauffristen empfinden viele Benutzer den Zeitpunkt dieser Meldung zu früh und möchten gern erst kurzfristiger benachrichtigt werden.

Wie viel Tage vor Ablauf des Passwortes die Warnung erscheinen soll, wird im *REG_DWORD*-Parameter *passwordexpirywarning* im Registry-Schlüssel *HKEY_LOCAL_MACHINE\SOFTWARE\Microsoft\Windows NT\CurrentVersion\Winlogon* festgelegt.

Zusätzlicher Schutz mit SYSKEY

Windows XP lässt sich noch weiter schützen, sodass zum Systemstart eine spezielle Diskette erforderlich ist und die einfache Benutzeranmeldung mit Benutzernamen und Passwort nicht mehr ausreicht. Starten Sie dazu das Programm SYSKEY. Klicken Sie hier im ersten Dialog auf *Aktualisieren* und wählen Sie danach die Option für ein systemgeneriertes Passwort. In diesem Schritt sichern Sie die Startinformationen auf eine Diskette. Diese Diskette ist später zu jeder Anmeldung erforderlich.

Kontosperrungsrichtlinien

Durch beliebiges Ausprobieren ist theoretisch jedes Passwort herauszufinden. Es ist nur eine Frage der Zeit und der benötigten Versuche.

In den meisten Fällen geht es nicht darum, Daten irgendwelcher fremden Personen auszuspionieren, sondern von Kollegen, Chefs, Mitarbeitern, Konkurrenten oder persönlichen Feinden. Hier lassen sich menschliche Schwächen besonders einfach nutzen, um sicherheitsrelevante Zugangsinformationen zu bekommen. Das neudeutsche Wort „Social Engineering“ steht für gezieltes Aufspüren persönlicher Informationen durch Ausfragen und Ausspionieren. Das reicht von der beiläufigen Frage „Sag mir mal eben dein Passwort“, die im richtigen Moment auch zum richtigen Ergebnis führen kann, bis zum

Sammeln von Informationen über Namen der Kinder, Freundin, Geburtsort, beliebte Film- und Musikstars, Automarken, Witzfiguren und Ähnliches. Auf diese Weise kann man sich Listen möglicher Passwörter zusammenstellen.

Durch Social Engineering kann man sich relativ einfach Listen zusammenstellen, die ein paar Hundert wahrscheinlich mögliche Passwörter einer bestimmten Person enthalten. Diese Passwörter alle manuell auszuprobieren würde ewig dauern. Brute Force-Programme (brute force = rohe Gewalt) probieren in sehr kurzer Zeit ein Passwort nach dem anderen aus einer vorgegebenen Liste aus. Sind keine Passwörter bekannt, können einige der Programme auch alle möglichen Kombinationen aus einer bestimmten Anzahl von Zeichen ausprobieren, was allerdings bei längeren Passwörtern sehr lange dauert.

Um derartige Versuche zu unterbinden, kann Windows XP einen Benutzer nach einer bestimmten Anzahl falsch eingegebener Passwörter automatisch sperren - ein System, das zum Beispiel bei Geldautomaten erfolgreich eingesetzt wird, um zu verhindern, dass jemand eine PIN spätestens nach 9.989 Fehlversuchen mit Sicherheit herausfindet (es gibt keine PINs mit vier gleichen Ziffern).

Diese Kontosperrungsrichtlinien werden ebenfalls über die Management Console *Lokale Sicherheitsrichtlinien* verwaltet. Dort finden Sie die Kontosperrungsrichtlinien unter *Computerkonfiguration/Windows-Einstellungen/Sicherheitseinstellungen/Kontorichtlinien.*

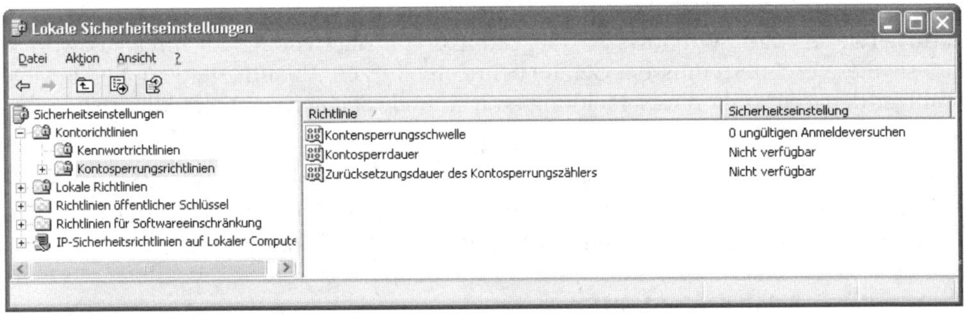

Kennwortrichtlinien in der Management Console.

Im Folgenden werden die verschiedenen Richtlinien, die unter Windows XP verwendet werden können, beschrieben.

Kontosperrungsschwelle

Dieser Wert gibt die Anzahl fehlgeschlagener Anmeldeversuche an, bevor ein Benutzerkonto gesperrt wird. Steht der Wert auf 0, können beliebig viele falsche Passwörter ausprobiert werden. Setzen Sie den Wert aber auch nicht auf 1, da ein versehentliches Vertippen bei der Passworteingabe immer vorkommen kann. Ein Benutzer sieht das Passwort nicht im Klartext, sondern nur als Punktsymbole. Bei einer Kontosperrungsschwelle von 1 würde der Benutzer beim ersten Vertippen bereits gesperrt. Auch fehlerhafte Anmeldungen über eine Remote-Verbindung werden mitgezählt.

Fehlgeschlagene Anmeldeversuche an gesperrten Arbeitsstationen oder über passwortgeschützte Bildschirmschoner zählen hier nicht als Anmeldeversuche.

Nachdem Sie eine Kontosperrungsschwelle festgelegt haben, werden automatisch die beiden anderen Kontosperrungsrichtlinien auf empfohlene Werte gesetzt, die aber jederzeit verändert werden können.

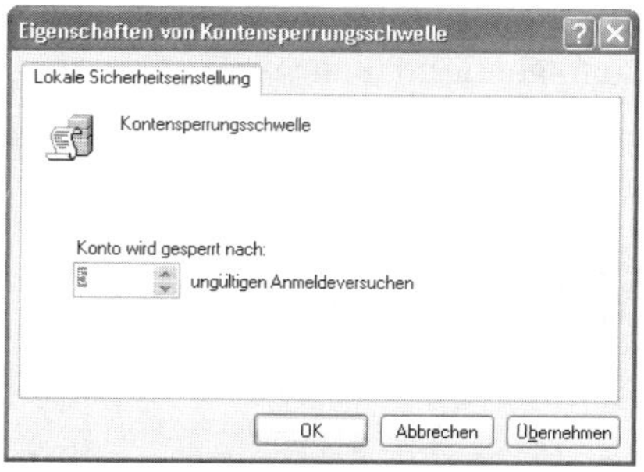

Einstellen einer Kontosperrungsschwelle.

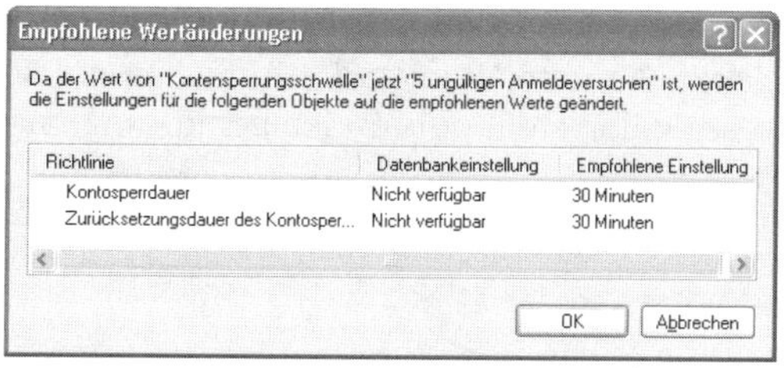

Automatisches Setzen der anderen Kontosperrungsrichtlinien.

Kontosperrdauer

Diese Richtlinie gibt die Anzahl von Minuten an, wie lange ein Benutzer nach Überschreiten der Kontosperrungsschwelle gesperrt bleibt, bevor er automatisch wieder freigeschaltet wird. Dieser Wert kann maximal auf 99.999 Minuten, entsprechend 69,4 Tagen, gesetzt werden.

Während dieser Zeit kann der Administrator den Benutzer wieder freigeben. Dazu muss in den Benutzereigenschaften die Option *Konto ist gesperrt* ausgeschaltet werden. Diese wird automatisch beim Überschreiten der Kontosperrungsschwelle eingeschaltet und kann nur von Administratoren betätigt werden.

Steht die Kontosperrdauer auf 0, wird ein gesperrter Benutzer nicht nach einer gewissen Zeit automatisch freigeschaltet. Hier muss der Administrator eingreifen.

Zurücksetzungsdauer des Kontosperrungszählers

Diese Richtlinie gibt die Anzahl von Minuten an, nach denen der Zähler mit den fehlerhaften Anmeldeversuchen wieder automatisch auf 0 zurückgesetzt wird. Dieser Wert darf höchstens so hoch wie die Kontosperrdauer sein. Um Brute Force-Attacken zu verhindern, reichen hier schon wenige Minuten aus.

Passwort zurücksetzen

Seit es Computer gibt, schlagen sich Administratoren mit dem Problem herum, dass die Benutzer ihre Passwörter vergessen. Windows XP bietet hier ein Verfahren an, mit dem sich ein Benutzer selbst vor dem Vergessen seines Passwortes schützen kann.

Dazu wird eine so genannte Kennwortrücksetzdiskette angelegt, mit deren Hilfe man sein Passwort zurücksetzen und sich so auch ohne Passwort anmelden kann. Diese Diskette muss auf jeden Fall sicher verwahrt werden, da jeder, der Zugriff darauf hat, das Passwort des entsprechenden Benutzers zurücksetzen kann.

Die Diskette enthält kein Passwort im Klartext, sondern den öffentlichen und privaten Schlüssel des Benutzers. Damit kann das Passwort auch nicht gelesen, sondern nur zurückgesetzt werden, sodass der Benutzer sich ein neues Passwort anlegen kann.

Wenn Sie so eine Diskette verwenden wollen, müssen Sie sie auf jeden Fall erstellen, bevor Sie das Passwort vergessen haben. Gehen Sie dazu folgendermaßen vor:

1 Wählen Sie unter *Systemsteuerung/Benutzerkonten* Ihren Benutzernamen aus und klicken Sie unter *Verwandte Aufgaben* auf *Vergessen von Kennwörtern verhindern*. Diese Option steht nur für den gerade angemeldeten Benutzer zur Verfügung.

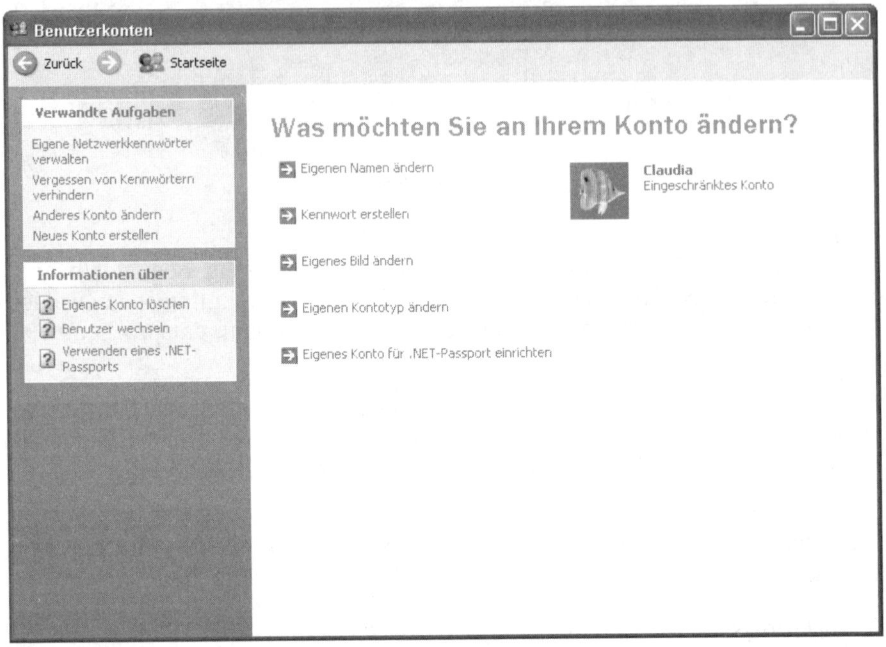

Vergessen von Kennwörtern verhindern.

2 Jetzt startet ein Assistent. Legen Sie eine leere formatierte Diskette in das Diskettenlaufwerk.

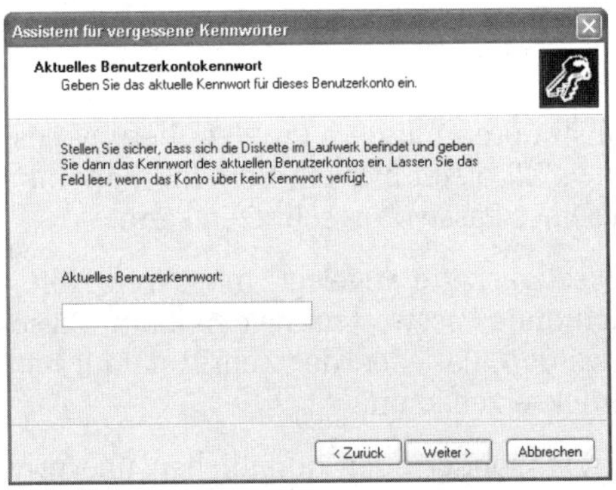

Eingabe des aktuellen Passwortes.

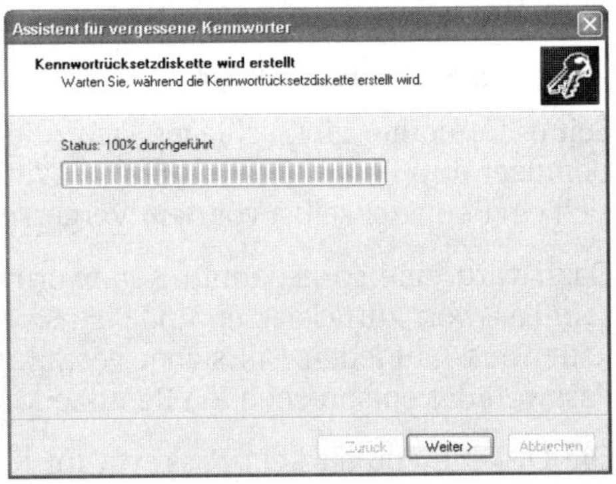

Status der Diskettenerstellung.

3 In diesem Assistenten müssen Sie nur das aktuelle Passwort eingeben, der Rest läuft vollautomatisch. Auf der Diskette wird eine etwa 2 KByte große Datei *USERKEY.PSW* abgelegt. Verwahren Sie diese Diskette an einem sicheren Ort.

Diese Kennwortrücksetzdaten können nicht auf der Festplatte, sondern nur auf einer Diskette abgelegt werden. Auf dem Computer wird parallel dazu ein Zertifikat abgelegt, das die SID des Benutzers und das mit dem öffentlichen Schlüssel verschlüsselte Passwort enthält. Dieses Zertifikat kann im Zertifikats-Manager nicht eingesehen werden. Es wird in der Registry unter *HKEY_LOCAL_MACHINE\SECURITY\Recovery\<Benutzer-SID>* gespeichert. Dieser Schlüssel kann mit RegEdit nicht gelesen werden. Wenn dieser Schlüssel vorhanden ist, wird das darin gespeicherte Passwort bei jeder Passwortänderung aktualisiert, sodass keine neue Kennwortrücksetzdiskette erforderlich ist.

Da die Kennwortrücksetzdiskette auf die eindeutige SID des Benutzers zugreift, funktioniert sie auch nur auf dem Rechner, auf dem sie erstellt wurde.

Was tun bei vergessenem Passwort?

Wenn Sie jetzt Ihr Passwort wirklich einmal vergessen und bei der Benutzeranmeldung ein falsches oder leeres Passwort eingeben, erscheint ein Hinweis, in dem Sie den Kennwortrücksetz-Assistenten starten können. Dieser fragt dann nach der Kennwortrücksetzdiskette.

Beim Zurücksetzen des Passwortes wird der auf der Kennwortrücksetzdiskette gespeicherte private Schlüssel dazu verwendet, die Kopie des alten Passwortes zu entschlüsseln. Danach wird der Benutzer aufgefordert, ein neues Kennwort einzugeben.

Weitere Tools zur Hilfe bei vergessenen Passwörtern

Außer den offiziellen Microsoft-Tools gibt es noch diverse weitere, mit denen man sich bei einem vergessenen Passwort helfen kann. Locksmith von *www.winternals.com* ermöglicht das Verändern eines Passworts eines beliebigen Benutzers, ohne das alte Passwort kennen zu müssen. Die einschlägig bekannten Programme von L0pht lesen Passwörter aus der Datei *SAM* aus, in der sie verschlüsselt enthalten sind.

Keine Kennwortrücksetzdiskette vorhanden

Ist keine Kennwortrücksetzdiskette vorhanden und hat ein Benutzer sein Passwort vergessen, bleibt noch die Möglichkeit, dass der Administrator das Passwort zurücksetzt.

Melden Sie sich dazu als Administrator an. Im Kontextmenü des Benutzers unter *Computerverwaltung/Lokale Benutzer und Gruppen* finden Sie den Menüpunkt *Kennwort festlegen*.

Hier erscheint eine Warnmeldung, da aus Sicherheitsgründen beim Zurücksetzen des Passwortes einige persönliche Daten gelöscht werden:

- Dateien, die der Benutzer verschlüsselt hat.
- Internetpasswörter, die lokal gespeichert wurden, nur bei Verwendung des Internet Explorer.
- E-Mails, die mit dem öffentlichen Schlüssel des Benutzers verschlüsselt wurden, nur in Outlook Express und Outlook.

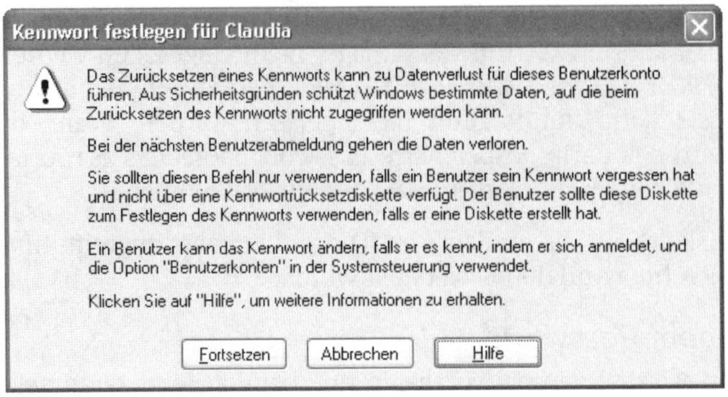

Warnmeldung vor dem Zurücksetzen eines Passwortes durch den Administrator.

Sichern Sie als Administrator diese Dateien auf Wechselmedien oder FAT16/FAT32-Partitionen, damit sie nicht verloren gehen.

Probleme bei Benutzern ohne Passwort

Theoretisch können Sie in einem kleinen Heimnetzwerk auf allen Computern einen Standardbenutzer ohne Passwort definieren, der über das Netzwerk freien Zugriff auf die anderen Computer hat. Unter Windows 9x/ME war diese Methode problemlos möglich und wurde auch häufig eingesetzt. Windows XP sperrt unter bestimmten, nicht dokumentierten Umständen Benutzer, die sich ohne Passwort von einem anderen Computer aus auf einem Computer mit Windows XP Professional anmelden.

Möchten Sie nicht jedem Benutzer ein Passwort zuweisen, setzen Sie mit dem Gruppenrichtlinien-Editor *GPEDIT.MSC* die Richtlinie *Computerkonfiguration/Windows-Einstellungen/Sicherheitseinstellungen/Lokale Richtlinien/Sicherheitsoptionen/Konten: Lokale Kontenverwendung von leeren Kennwörtern auf Konsolenanmeldung beschränken* auf *Deaktiviert*.

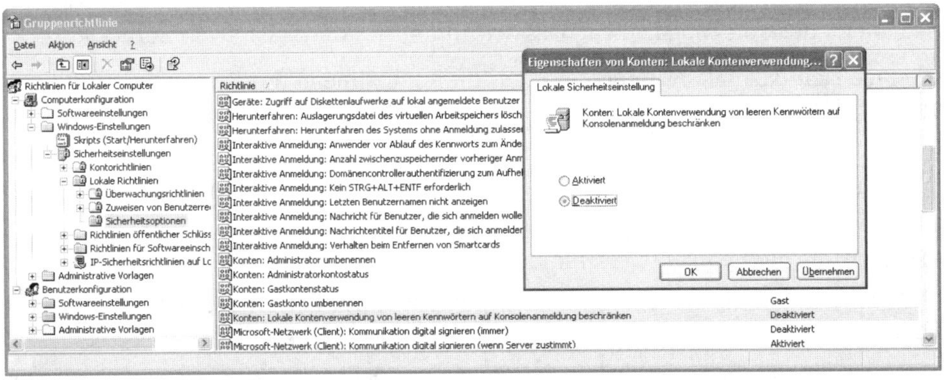

Gruppenrichtlinie, um Beschränkungen von Benutzern ohne Passwort aufzuheben.

Beschreibungen zu den zahlreichen Gruppenrichtlinien von Windows XP finden Sie in den Tabellen ab Seite 481.

Schneller Benutzerwechsel

Eine Neuerung von Windows XP ist der schnelle Benutzerwechsel. Damit kann ein Benutzer Programme laufen lassen, die selbstständig langwierige Aufgaben erledigen, und ein anderer Benutzer kann sich solange am gleichen Rechner anmelden. Die Programme und Dateien des ersten Benutzers bleiben geöffnet, der zweite Benutzer sieht diese nicht, bekommt dafür aber seine gewohnte Oberfläche zu sehen.

Zwischen mehreren angemeldeten Benutzern kann sehr schnell hin und her gewechselt werden, da die lokalen Einstellungen nicht jedes Mal neu geladen werden müssen.

Drei Einschränkungen gelten für den schnellen Benutzerwechsel:

- Offlinedateien können nicht verwendet werden, solange der schnelle Benutzerwechsel verwendet wird.
- Externe Eingabehilfen können beim schnellen Benutzerwechsel ebenfalls nicht verwendet werden.
- Bei Computern, die Mitglied in einer Domäne sind, steht diese Funktion nicht zur Verfügung.

Bei aller Bequemlichkeit hat die gleichzeitige Anmeldung von mehreren Benutzern auch Nachteile, die Sie gegen die Vorteile abwägen müssen:

- **Ressourcenverbrauch** - alle geöffneten Programme und auch das Benutzerprofil des anderen Benutzers verbraucht Arbeitsspeicher. Steht nicht ausreichend Arbeitsspeicher zur Verfügung, wird virtueller Speicher in der Auslagerungsdatei verwendet, was zu Performance-Einbußen führt. Jeder Benutzer sollte also, bevor sich ein anderer Benutzer anmeldet, möglichst viele Programme schließen.
- **Sicherheit** - da die Dateien des anderen Benutzers weiterhin geöffnet sind, sind deren Inhalte auch im Arbeitsspeicher vorhanden. Der zweite Benutzer kann also mit einem geeigneten Tool den Arbeitsspeicher auslesen und so an persönliche Daten des ersten Benutzers gelangen.

Unter *Systemsteuerung/Benutzerkonten* können Sie über die Schaltfläche *Art der Benutzeranmeldung ändern* den schnellen Benutzerwechsel deaktivieren und auf die klassische Windows An- und Abmeldung umschalten.

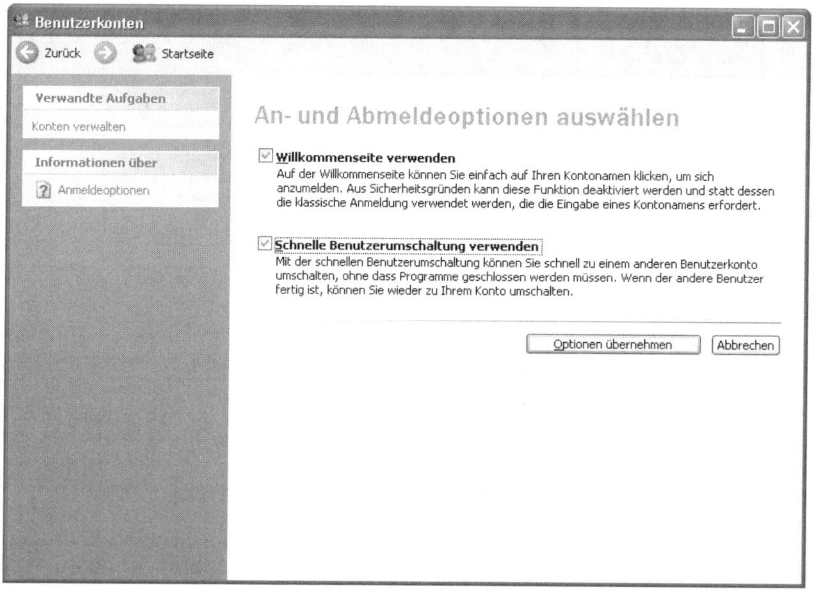

Umschalten der An- und Abmeldeoptionen.

An dieser Stelle können Sie auch den Willkommensbildschirm komplett deaktivieren, wenn Sie nicht möchten, dass jeder sieht, welche Benutzernamen auf dem System eingerichtet sind. Damit ist die schnelle Benutzerumschaltung nicht mehr möglich. Einige sicherheitsrelevante Programme wie zum Beispiel Symantec pcAnywhere deaktivieren den schnellen Benutzerwechsel automatisch.

Computer sperren
Vermissen Sie die aus Windows NT/2000 bekannte Funktion, den Computer während Abwesenheitszeiten vor fremden Zugriffen zu sperren? Wenn die schnelle Benutzerumschaltung deaktiviert ist, gibt es diese Schaltfläche im Abmeldedialog von Windows XP immer noch. Sie können den Computer aber auch bei aktiver schneller Benutzerumschaltung jederzeit mit der Tastenkombination [Win]+[L] sperren. Die Sperre ist natürlich nur dann sinnvoll, wenn für die einzelnen Benutzer Passwörter zur Autorisierung definiert wurden.

8.6 Systemschutz und Sicherheitsrichtlinien

Zum Schutz des Systems lassen sich unter Windows XP verschiedene Einschränkungen, die so genannten Richtlinien, definieren, die weit über das hinausgehen, was sich in der Benutzerverwaltung festlegen lässt.

Überwachungsrichtlinien

Das Ereignisprotokoll, das in Windows NT 4.0 im Wesentlichen dazu diente, Fehlermeldungen zu protokollieren, kann in Windows XP auch zur Überwachung von Benutzeraktivitäten verwendet werden.

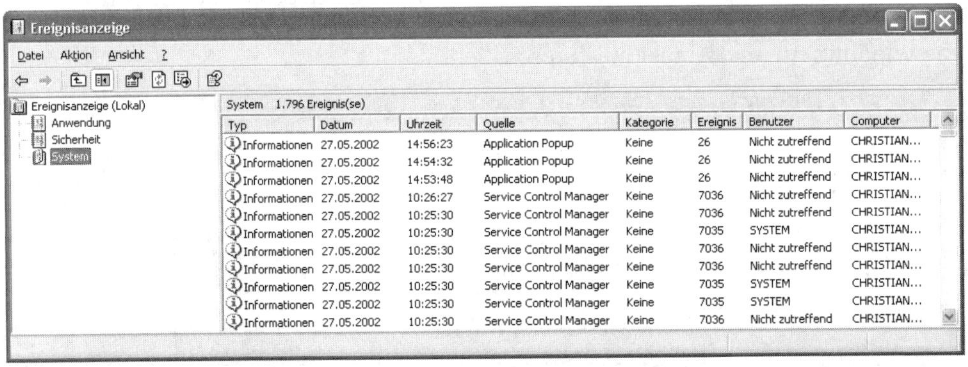

Das Ereignisprotokoll in Windows XP.

Das Ereignisprotokoll von Windows XP ist wie schon unter Windows 2000 ein Modul für die Microsoft Management Console. Die Ereignisse werden nach verschiedenen Kategorien gegliedert. Die Ereignisanzeige wird über *Systemsteuerung/Verwaltung/Ereignisanzeige* gestartet.

Überwachung von Anmeldeversuchen und Programmzugriffen

Windows XP bietet die Möglichkeit, Benutzerzugriffe auf bestimmte Applikationen, Dateien oder Verzeichnisse detailliert mitzuprotokollieren. Dabei können Sie genau einstellen, welche Benutzer und welche Art von Zugriffen protokolliert werden sollen.

Standardmäßig ist diese Überwachung durch eine lokale Richtlinie deaktiviert, da sie Speicherplatz und Performance kostet. Sie können mit dem Systemsteuerung-Modul *Verwaltung/Lokale Sicherheitsrichtlinie* verschiedene Überwachungen aktivieren.

Hier finden Sie unter *Lokale Richtlinien/Überwachungsrichtlinien* verschiedene Überwachungsmethoden, die unabhängig voneinander konfiguriert werden können.

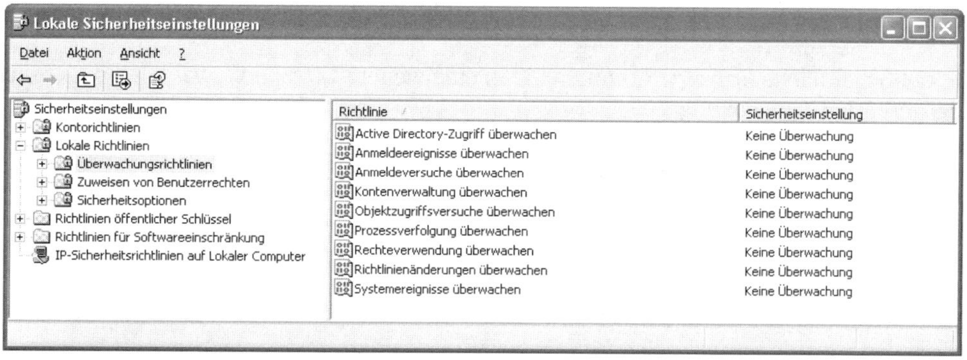

Aktivieren von Überwachungsvorgängen.

Mit einem Doppelklick auf eine der Richtlinien können Sie zwei verschiedene Typen von Überwachung aktivieren:

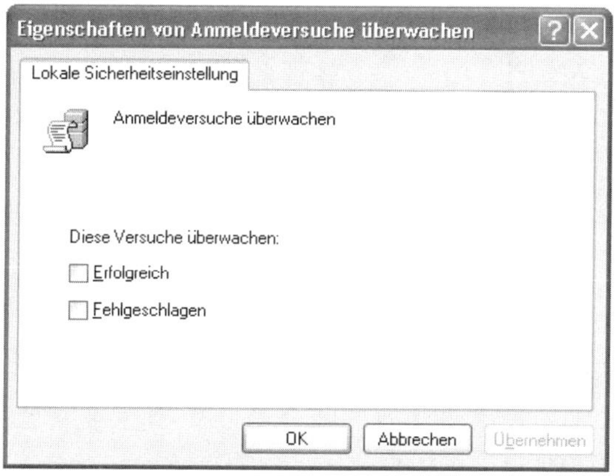

Konfiguration einer Überwachungsrichtlinie.

- *Erfolgreich* - aktiviert die Überwachung von erfolgreichen Zugriffen, z. B. wenn ein Benutzer sich anmelden wollte und dann vom System auch wirklich angemeldet wurde oder wenn ein Benutzer eine Datei öffnen wollte und dies auch wirklich machen konnte.
- *Fehlgeschlagen* - aktiviert die Überwachung von fehlgeschlagenen Zugriffen, z. B. wenn ein Benutzer sich anmelden oder eine Datei öffnen wollte, das System diese Aktion aufgrund fehlender Berechtigungen des Benutzers aber nicht akzeptierte.

Überwachung maßvoll einsetzen

Wenn Sie jede nur mögliche Form von Überwachung einsetzen, kostet dies erheblich Performance auf dem Server. Außerdem wird das Ereignisprotokoll schon nach kurzer Zeit so voll mit unbedeutenden Ereignissen, dass Sie wirklich interessante Ereignisse gar nicht bemerken werden.

Wenn Sie hier in den lokalen Richtlinien Überwachungsfunktionen aktivieren, bedeutet dies noch nicht, dass wirklich Ereignisse überwacht werden. Es besteht jetzt erst die Möglichkeit dazu.

Jetzt können Sie die verschiedenen Überwachungsfunktionen für die verschiedenen freigegebenen Laufwerke und Verzeichnisse einstellen. Klicken Sie im Windows-Explorer mit der rechten Maustaste auf ein Verzeichnis und wählen Sie die Registerkarte *Sicherheit*.

Mit der Schaltfläche *Erweitert* kommen Sie in eine weitere Dialogbox, wählen Sie hier die Registerkarte *Überwachung*.

Wählen Sie hier über die Schaltfläche *Hinzufügen* eine Benutzergruppe aus, deren Zugriffe auf dieses Verzeichnis überwacht werden sollen. Jetzt können Sie genau einstellen, welche Art von Zugriffen protokolliert werden soll.

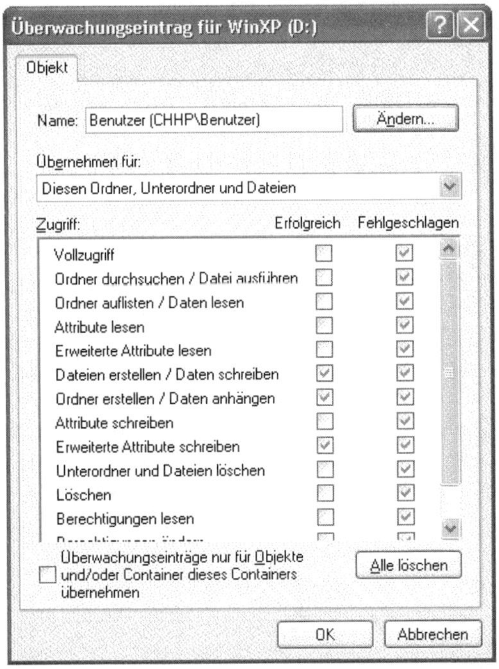

Einstellen verschiedener Überwachungen.

Auch hier wählen Sie noch einmal aus, ob für die jeweilige Benutzergruppe oder den einzelnen Benutzer erfolgreiche, fehlgeschlagene oder beide Arten von Zugriffen protokolliert werden sollen.

Je nach Auswahl im Listenfeld im oberen Teil dieser Dialogbox können die Überwachungseinstellungen auf Dateien und Unterverzeichnisse dieses Verzeichnisses übernommen werden.

Nur für NTFS

Die Überwachung mit erweiterten Sicherheitsrichtlinien funktioniert nur auf NTFS-Laufwerken.

Auf diese Weise überwachte Vorgänge erscheinen als Ereignisse im Sicherheitsprotokoll.

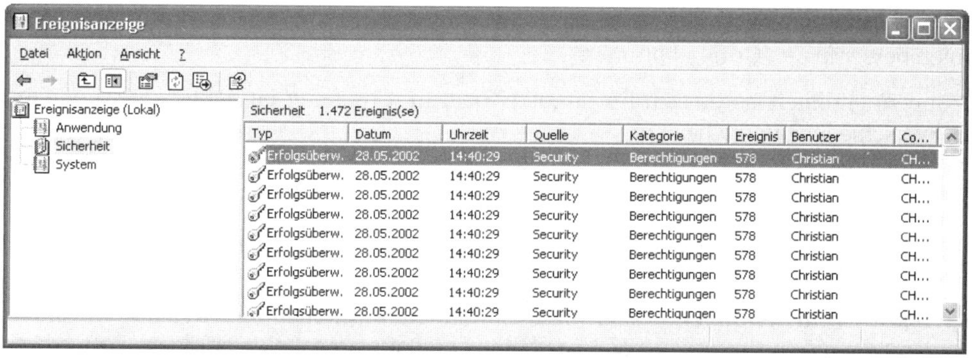

Sicherheitsüberwachungen in der Ereignisanzeige.

Sie können als Administrator das Sicherheitsprotokoll eines Computers auch von einem anderen Computer aus lesen. Erstellen Sie sich dazu mit dem Programm MMC eine neue Microsoft Management Console und fügen Sie hier das Snap-In *Ereignisanzeige* hinzu. Wählen Sie dabei den Computer aus, dessen Ereignisprotokoll Sie sehen wollen.

Anwendungsprotokoll

Verschiedene Programme können von sich aus eigene Ereignisse protokollieren, die unabhängig von der Benutzerüberwachung sind. Diese Ereignisse zeigen in den meisten Fällen Programmfehler an, die nicht so wichtig sind, dass sie als Fehlermeldung direkt auf dem Bildschirm eingeblendet werden müssten.

Derartige Meldungen erscheinen im Anwendungsprotokoll in der Ereignisanzeige. Hier erscheinen auch Meldungen von Programmen, die standardmäßig in Windows XP integriert sind.

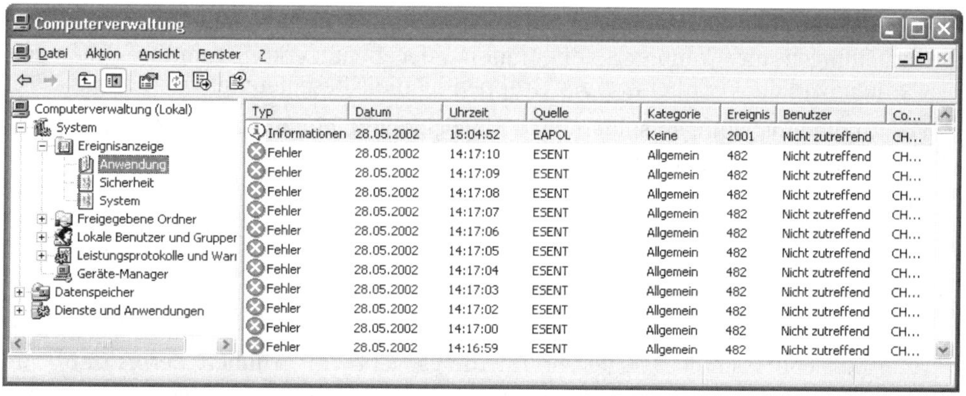

Anwendungsprotokoll in der Ereignisanzeige.

Verwenden von Gruppenrichtlinien

Gruppenrichtlinien sind Vorgaben und Einschränkungen für Benutzer, die die Administration eines Netzwerks vereinfachen. Dadurch können Benutzer nicht mehr beliebig an den Systemeinstellungen ihrer Rechner herumspielen und die Funktionalität des Systems nicht mehr so sehr beeinträchtigen. So werden Ausfallzeiten gespart und Administrationskosten gesenkt. Besonders Hochschulnetze und andere öffentlich zugängliche

Netzwerke mit großer Sabotage-Gefahr durch die Benutzer lassen sich mit Gruppenrichtlinien besser in den Griff bekommen.

Gruppenrichtlinien lassen sich für Benutzer oder für Computer einrichten. Sie umfassen drei verschiedene Bereiche:

- **Administrative Vorlagen** – der wichtigste Bereich der Gruppenrichtlinien beeinflusst zahlreiche Einstellungen für System, Netzwerk und Desktop.
- **Windows-Einstellungen** – hier können Anmeldescripts und die Benutzeroberfläche des Internet Explorer festgelegt werden.
- **Softwareeinstellungen** – über diese Option kann innerhalb einer Active Directory-Umgebung eine automatische Installation von Softwarepaketen erfolgen.

Planung von Gruppenrichtlinien

Gruppenrichtlinien bieten Möglichkeiten, sehr tief in das Verhalten des Betriebssystems einzugreifen. Allerdings besteht auch schnell die Gefahr, ein größeres Netzwerk durch zahlreiche, ineinander greifende Gruppenrichtlinien sehr unübersichtlich zu machen.

Einzelne Arbeitsstationen verwenden immer nur ein Gruppenrichtlinienobjekt. In domänenbasierten Netzwerken können mehrere Gruppenrichtlinienobjekte ineinander greifen, sodass dieses System schnell sehr komplex werden kann.

- Beschränken Sie die Zahl verschiedener Gruppenrichtlinien, die auf einen Benutzer oder einen Computer wirken. Jede zusätzliche Gruppenrichtlinie kostet weitere Zeit bei der Benutzeranmeldung oder beim Hochfahren des Rechners.
- Über Sicherheitsgruppen können Sie die Auswirkungen von Gruppenrichtlinien filtern und damit die Anzahl der Gruppenrichtlinien, die verarbeitet werden müssen, begrenzen.
- Deaktivieren Sie nicht benötigte Teile von Gruppenrichtlinienobjekten. Indem die Einstellungen für Computerkonfiguration oder Benutzerkonfiguration deaktiviert werden, wird die Verarbeitung der Gruppenrichtlinie beschleunigt.
- Verwandte Einstellungen sollten nach Möglichkeit zu einem einzigen Gruppenrichtlinienobjekt zusammengefasst werden.
- Verwenden Sie die Optionen *Deaktiviert* und *Kein Vorrang* nur sparsam. Diese bewirken zusätzliche Komplexität. Das Gleiche gilt für Domänen, die über Gruppenrichtlinienobjekte verknüpft sind. Verwenden Sie diese Optionen nach Möglichkeit auch nur einzeln und nicht in Kombination.
- Durch Aufteilen von Gruppenrichtlinien in mehrere Objekte lassen sich Verantwortungsbereiche leichter delegieren. Allerdings geht ein Erhöhen der Anzahl von Gruppenrichtlinien auf Kosten der Leistung.

Verarbeitung von Gruppenrichtlinien

Beim Starten eines Rechners werden die verschiedenen Einstellungen der Gruppenrichtlinien in einer genau festgelegten Reihenfolge abgearbeitet:

- Beim Starten von Windows XP werden die Gruppenrichtlinieneinstellungen für Computer synchron verarbeitet.
- Die Startscripts werden nacheinander ausgeführt. Ein Script muss immer vollständig beendet sein, bevor das nächste ausgeführt wird.

- Die Gruppenrichtlinienobjekte für das Objekt Computer werden noch vor der Benutzeranmeldung ausgeführt.
- Nachdem der Benutzer seinen Benutzernamen und Passwort eingegeben hat, werden die Gruppenrichtlinieneinstellungen für Benutzer verarbeitet.
- Die Anmeldescripts werden ausgeführt.
- Nach 60 bis 120 Minuten werden regelmäßig die Gruppenrichtlinieneinstellungen im Netzwerk aktualisiert, alle fünf Minuten die Gruppenrichtlinien auf Domänen-Controllern.

Computer mit Windows XP, die nicht in einer Domäne integriert sind, verwenden ein lokales Gruppenrichtlinienobjekt, dessen Vorlage unter *%systemroot%\System32\GroupPolicy* gespeichert wird.

Erstellen und Bearbeiten von Gruppenrichtlinien

Gruppenrichtlinien werden mit dem Gruppenrichtlinien-Editor *GPEDIT.MSC* bearbeitet, den Sie über *Start/Ausführen* aufrufen können.

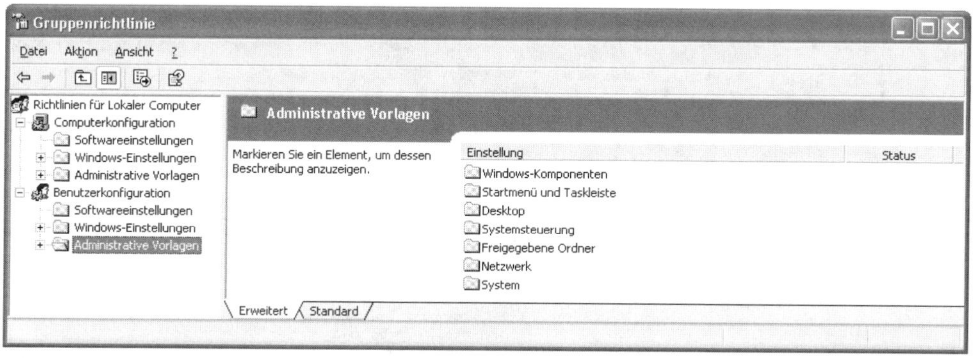

Der Gruppenrichtlinien-Editor.

Hier werden zwei Bereiche, *Computerkonfiguration* und *Benutzerkonfiguration*, unterschieden. Jeder der beiden Bereiche hat die gleichen drei Untergruppen *Softwareeinstellungen*, *Windows-Einstellungen* und *Administrative Vorlagen*, jedoch mit unterschiedlichen Parametern.

- *Computerkonfiguration* – hier finden Sie alle Richtlinien, die das Aussehen des Desktops beeinflussen, das Verhalten des Betriebssystems und der auf diese Weise konfigurierbaren Anwendungsprogramme, Sicherheitseinstellungen und Scripts beim Starten und Herunterfahren des Computers sowie Sicherheitseinstellungen für generelle Konto- und Überwachungsrichtlinien. Sie werden auf einem Computer angewendet, unabhängig davon, welcher Benutzer angemeldet ist.
- *Benutzerkonfiguration* – diese Einstellungen werden für einen Benutzer angewendet. Hier können ebenfalls Richtlinien, die das Aussehen des Desktops oder das Verhalten des Betriebssystems und der auf diese Weise konfigurierbaren Anwendungsprogramme beeinflussen, definiert werden, aber diesmal auf Benutzerbasis. Dazu kommen Sicherheitseinstellungen und Scripts, die beim An- und Abmelden des Benutzers abgearbeitet werden.

Administrative Vorlagen

Administrative Vorlagen enthalten Einstellungen in Gruppenrichtlinien, die in der Registry gespeichert werden.

- *HKEY_LOCAL_MACHINE\Software\Policies* - enthält die administrativen Vorlagen der Computerkonfiguration.
- *HKEY_CURRENT_USER\Software\Policies* - enthält die administrativen Vorlagen der Benutzerkonfiguration.

Der Bereich *Administrative Vorlagen* gliedert sich in der Benutzerkonfiguration in die Unterbereiche *Windows-Komponenten, Startmenü und Taskleiste, Desktop, Systemsteuerung, Freigegebene Ordner, Netzwerk* und *System*. In der Computerkonfiguration kommt der Bereich *Drucker* hinzu, dafür fehlen hier *Startmenü und Taskleiste, Desktop, Systemsteuerung* und *Freigegebene Ordner*.

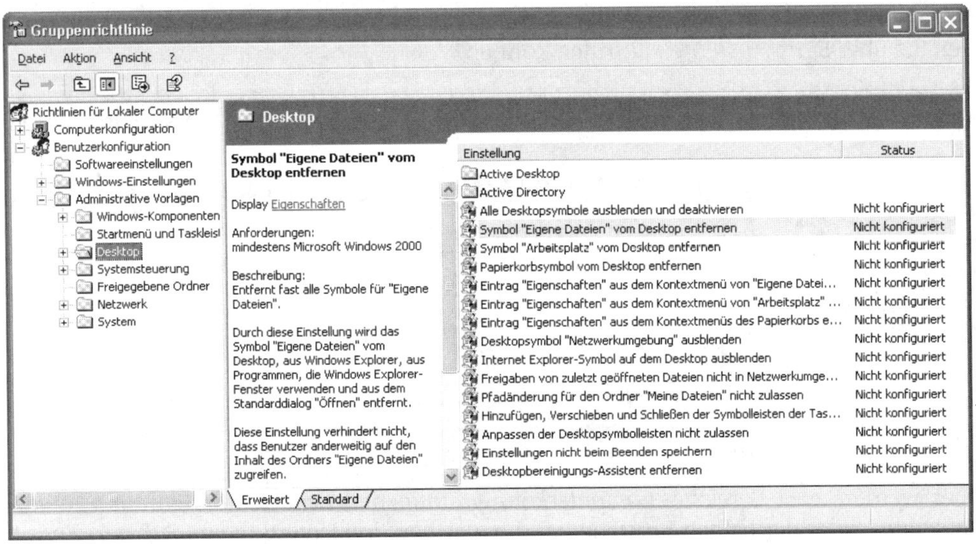

Administrative Vorlagen in der Benutzerkonfiguration.

Klicken Sie doppelt auf eine Richtlinie, können Sie sie aktivieren. Dabei gibt es in den meisten Fällen drei Möglichkeiten:

- **Nicht konfiguriert** - diese Richtlinie hat keinen Einfluss. Wenn sie in einem übergeordneten Gruppenrichtlinienobjekt definiert ist, wird sie von dort vererbt und übernommen.
- **Aktiviert** - die Richtlinie gilt und wird in die Registry übernommen. Damit wird eine eventuell ererbte Einstellung von weiter oben überschrieben.
- **Deaktiviert** - die Richtlinie gilt nicht und wird bei Bedarf aus der Registry gelöscht. Damit wird eine eventuell ererbte Einstellung von weiter oben überschrieben.

Änderung gegenüber Windows 2000
Beachten Sie, dass viele dieser Richtlinien gegenüber Windows 2000 scheinbar minimal, aber doch entscheidend geändert wurden, indem das Wort „zulassen" durch „nicht zulassen" oder umgekehrt ersetzt wurde. Eine Richtlinie kann jetzt also gelten, wenn sie aktiviert ist, wogegen sie vorher nur galt, wenn sie deaktiviert war, oder umgekehrt.

Die Bedeutung der einzelnen Richtlinien wird in den folgenden Tabellen erläutert.

Startmenü und Taskleiste

Richtlinie	Beschreibung
Ordner des Benutzers aus dem Startmenü entfernen	Alle benutzerdefinierten Einträge im oberen Bereich von *Startmenü/Alle Programme* werden ausgeblendet. Diese Richtlinie ist besonders wichtig bei der Verwendung von umgeleiteten Verzeichnissen, die dann im Startmenü ein zweites Mal erscheinen würden. Fügt ein Benutzer selbst weitere Verzeichnisse hinzu, erscheinen sie zwar im Unterverzeichnis, aber nicht im Startmenü.
Verknüpfungen und Zugriff auf Windows Update entfernen	Der Eintrag für das automatische Windows Update im Startmenü und im *Extras*-Menü des Internet Explorer wird entfernt. Außerdem wird verhindert, dass Benutzer auf die Onlineupdate-Seite *windowsupdate.microsoft.com* zugreifen.
Standardprogrammgruppen aus dem Startmenü entfernen	Entfernt alle Objekte im Profil *All Users* (alle Benutzer) aus dem Menü *Programme* auf dem Startmenü. Standardmäßig enthält das Menü *Programme* Objekte aus dem Profil *All Users* und Objekte aus dem Profil des Benutzers. Durch Aktivieren dieser Richtlinie werden nur die Objekte aus dem Profil des Benutzers angezeigt. Die Einträge des Startmenüs *All Users* finden Sie unter *\Dokumente und Einstellungen\All Users\Startmenü\Programme.*
Symbol 'Eigene Dateien' aus dem Startmenü entfernen	Entfernt den Menüeintrag *Eigene Dateien* aus dem Startmenü. Das Verzeichnis bleibt weiterhin verfügbar und kann über den Windows-Explorer aufgerufen werden.
Menüeintrag 'Dokumente' aus dem Startmenü entfernen	Entfernt das Menü *Zuletzt verwendete Dokumente* aus dem Startmenü. Dieses Menü enthält Verknüpfungen zu Dateien (die keine Programme sind), die der Benutzer zuletzt geöffnet hat. Diese Verknüpfungen werden angezeigt, um den Zugriff auf diese Dateien zu erleichtern.
Programme im Menü 'Einstellungen' deaktivieren	Entfernt die Einträge *Systemsteuerung/Netzwerkverbindungen* und *Drucker* aus dem Startmenü und aus dem Windows-Explorer. Die Programme können auch nicht mehr über die Kommandozeile gestartet werden.
'Netzwerkverbindungen' aus dem Startmenü entfernen	Verhindert, dass Benutzer das Fenster *Netzwerkverbindungen* öffnen. Zusätzlich wird dieser Eintrag aus dem Startmenü entfernt. Das Symbol *Netzwerkverbindungen* wird weiterhin in der Systemsteuerung und im Windows-Explorer angezeigt, kann aber nicht ausgeführt werden.
Menüeintrag 'Favoriten' aus dem Startmenü entfernen	Verhindert, dass Benutzer das Menü *Favoriten* dem Startmenü hinzufügen. Standardmäßig wird das Menü *Favoriten* nicht im Startmenü angezeigt. Zum Anzeigen des Menüs *Favoriten* müssen Sie die entsprechende Option in den Einstellungen der Taskleiste und Startmenü wählen. Durch Aktivieren dieser Richtlinie wird die Option *Favoriten anzeigen* dort nicht mehr angezeigt. Diese Richtlinie gilt nur für das Startmenü. Das Menü *Favoriten* wird weiterhin im Windows-Explorer und im Internet Explorer angezeigt.

Richtlinie	Beschreibung
Menü 'Suchen' aus dem Startmenü entfernen	Mit dieser Richtlinie wird das Menü *Suchen* aus dem Startmenü und aus dem Kontextmenü, auf das Sie mit einem Rechtsklick auf die *Start*-Schaltfläche zugreifen können, entfernt. Zusätzlich können Benutzer nicht mehr mit der Tastenkombination Win+F die Suchfunktionen aufrufen. Im Windows-Explorer wird das Menü *Suchen* weiterhin auf der Symbolleiste angezeigt, aber die Suchfunktionen werden mit Tastendruck auf Strg+F nicht mehr angezeigt. Bei einem Rechtsklick auf Laufwerk- oder Ordnersymbole wird die Option *Suchen* auch nicht angezeigt.
Menüeintrag 'Hilfe' aus dem Startmenü entfernen	Entfernt den Menüeintrag *Hilfe* aus dem Startmenü. Das Menü *Hilfe* wird nicht aus dem Windows-Explorer entfernt, und Benutzer werden auch nicht daran gehindert, die Windows XP-Hilfe anderweitig auszuführen.
Menüeintrag 'Ausführen' aus dem Startmenü entfernen	Entfernt den Menüeintrag *Ausführen* aus dem Startmenü und den Befehl *Neuer Task* im Task-Manager. Zusätzlich können Benutzer das Dialogfeld *Ausführen* nicht mehr mit der Tastenkombination Win+R anzeigen. In der Adresszeile des Internet Explorer besteht auch kein Zugriff mehr auf lokale Laufwerke und Verzeichnisse.
Symbol 'Eigene Bilder' aus dem Startmenü entfernen	Entfernt den Menüeintrag *Eigene Bilder* aus dem Startmenü. Das Verzeichnis bleibt weiterhin verfügbar und kann über den Windows-Explorer aufgerufen werden.
Symbol 'Eigene Musik' aus dem Startmenü entfernen	Entfernt den Menüeintrag *Eigene Musik* aus dem Startmenü. Das Verzeichnis bleibt weiterhin verfügbar und kann über den Windows-Explorer aufgerufen werden.
Symbol 'Netzwerkumgebung' aus dem Startmenü entfernen	Entfernt den Menüeintrag *Netzwerkumgebung* aus dem Startmenü. Das Verzeichnis bleibt weiterhin verfügbar und kann über den Windows-Explorer aufgerufen werden.
Option 'Abmelden' dem Startmenü hinzufügen	Fügt den Menüeintrag *<Benutzername> abmelden* dem Startmenü hinzu und verhindert, dass Benutzer den Eintrag entfernen.
Option 'Abmelden' aus dem Startmenü entfernen	Entfernt den Menüeintrag *<Benutzername> abmelden* aus dem Startmenü und verhindert, dass Benutzer den Eintrag einfügen.
Befehl 'Herunterfahren' entfernen und Zugriff darauf verweigern	Verhindert, dass Benutzer Windows XP herunterfahren oder neu starten können. Durch Aktivieren dieser Richtlinie wird die Option *Ausschalten* im Startmenü entfernt und im Task-Manager deaktiviert.
Drag & Drop-Kontextmenüs aus dem Startmenü entfernen	Verhindert, dass Anwender per Drag & Drop Einträge im Startmenü verschieben. Außerdem werden die Kontextmenüs des Startmenüs deaktiviert.
Ändern der Einstellungen für die Taskleiste und das Startmenü verhindern	Der Dialog mit den Einstellungen für die Taskleiste und das Startmenü kann nicht mehr aufgerufen werden.
Zugriff auf Kontextmenüs für die Taskleiste deaktivieren	Blendet die Menüs, die mit einem Rechtsklick auf die Taskleiste angezeigt werden, aus. Das gilt auch für die Kontextmenüs der Uhr, der *Start*-Schaltfläche und der anderen Taskleisten-Symbole.
Liste der kürzlich geöffneten Dokumente nicht beibehalten	Diese Verknüpfungen werden normalerweise im Startmenü unter *Zuletzt verwendete Dokumente* angezeigt und ermöglichen es Benutzern, ihre zuletzt verwendeten Dateien einzusehen und zu starten. Durch Aktivieren dieser Richtlinie werden die Verknüpfungen nicht mehr gespeichert, das Menü *Zuletzt verwendete Dokumente* wird nicht mehr angezeigt und Anwendungen zeigen im unteren Bereich des Menüs *Datei* nicht mehr die zuletzt geöffneten Dateien an.

Richtlinie	Beschreibung
Beim Beenden die Liste der zuletzt geöffneten Dokumente leeren	Löscht den Inhalt des Menüs *Zuletzt verwendete Dokumente* im Startmenü bei der Benutzerabmeldung.
Persönlich angepasste Menüs deaktivieren	Diese Richtlinie verhindert, dass Menüs zuerst nur teilweise aufgebaut und erst nach einem Klick auf den kleinen Pfeil komplett gezeigt werden. Ist diese Richtlinie aktiviert, können Benutzer auch nicht manuell auf persönlich angepasste Menüs zurückschalten.
Benutzerüberwachung deaktivieren	Diese Richtlinie verhindert, dass Benutzervorgänge wie Programme, Pfade oder Dokumente, die Benutzer verwenden, nachverfolgt werden. Damit wird automatisch auch der verzögerte Aufbau von persönlich angepassten Menüs deaktiviert.
Dem Dialogfeld 'Ausführen' ein Kontrollkästchen für 'In getrenntem Speicherbereich ausführen' hinzufügen	Damit können Benutzer 16-Bit-Programme wahlweise in einer eigenen **V**irtual **DOS M**achine (VDM) laufen lassen. Dadurch können mehrere 16-Bit-DOS-Programme parallel laufen.
Beim Zuordnen von Shellshortcuts nicht die suchbasierte Methode verwenden	Verhindert, dass auf Ziellaufwerken nach Verknüpfungszuordnungen umfassend gesucht wird. Standardmäßig werden alle mit einer Verknüpfung assoziierten Pfade durchsucht, wenn eine Zieldatei einer Verknüpfung (*.lnk*) nicht gefunden wird. Falls sich die Zieldatei auf einer NTFS-Partition befindet, wird die Kennung der Zieldatei zum Suchen nach einem Pfad verwendet. Falls der Pfad ungültig ist, wird auf dem Ziellaufwerk eine umfassende Suche nach der Datei durchgeführt. Durch Aktivieren dieser Richtlinie wird diese umfassende Suche nicht durchgeführt. Diese Richtlinie gilt nur für Dateien auf NTFS-Partitionen. FAT-Partitionen verfügen nicht über diese Kennungsnachverfolgung und Suchfähigkeiten.
Beim Zuordnen von Shellshortcuts nicht die verfolgungsbasierte Methode verwenden	Verhindert, dass die NTFS-Nachlaufverfolgungsfunktion zum Zuordnen einer Verknüpfung verwendet wird. Durch Aktivieren dieser Richtlinie wird die Dateisuche mithilfe der Dateikennung nicht durchgeführt. Stattdessen wird dieser Vorgang übersprungen und die ausgiebige Suche auf dem angegebenen Laufwerk auf dem Zielpfad gestartet.
Nicht verfügbare Windows-Installer Programme in den Verknüpfungen des Startmenüs deaktivieren	Markiert Verknüpfungen im Startmenü zu teilweise installierten Programmen grau. Diese Richtlinie hilft Benutzern, zwischen vollständig und teilweise installierten Programmen zu unterscheiden. Teilweise installierte Programme sind u. a. Programme, die vom Systemadministrator mit dem Windows-Installer zugewiesen werden und die die Benutzer erst bei der ersten Verwendung vollständig installieren und konfigurieren. Solange diese Richtlinie nicht konfiguriert ist, werden alle Verknüpfungen im Startmenü schwarz angezeigt. Durch Aktivieren kann sich die Öffnungsgeschwindigkeit des Startmenüs verlangsamen.
Gruppierung von Taskleistenelementen verhindern	Durch Taskleisten-Gruppierung werden ähnliche Anwendungen zusammengefasst, wenn in der Taskleiste kein Platz ist. Sie erfolgt, wenn die Taskleiste des Benutzers voll ist. Wenn Sie diese Eigenschaft aktivieren, wird verhindert, dass Elemente mit demselben Programmnamen in der Taskleiste gruppiert werden.
Bereinigung des Infobereichs deaktivieren	Der Infobereich befindet sich unten rechts in der Taskleiste und enthält die Uhrzeit sowie verschiedene Symbole. Diese Einstellung legt fest, ob die Elemente immer ausgeblendet oder immer expandiert werden. Die Standardeinstellung ist, dass Informationen ausgeblendet werden. Wenn Sie diese Einstellung aktivieren, wird der Systeminfobereich expandiert und zeigt alle Informationen, die diesen Bereich verwenden.

Richtlinie	Beschreibung
Taskleiste fixieren	Standardmäßig wird die Taskleiste am unteren Rand des Bildschirms angezeigt, kann jedoch an eine beliebige Seite des Bildschirms gezogen werden. Wenn sie gesperrt ist, kann sie nicht verschoben oder ihre Größe geändert werden. Wenn Sie diese Einstellung aktivieren, kann der Benutzer die Taskleiste weder verschieben noch ihre Größe ändern. Auch wenn die Taskleiste gesperrt ist, stehen das automatische Ausblenden und andere Taskleisten-Optionen in den Taskleisten-Eigenschaften zur Verfügung.
Klassisches Startmenü erzwingen	Wenn Sie diese Einstellung aktivieren, erscheint das Startmenü als klassisches Startmenü im Stil von Windows 2000 und zeigt die Standard-Desktop-Symbole *Eigene Dokumente, Eigene Bilder, Eigene Musik, Arbeitsplatz* und *Netzwerkumgebung*. Benutzer können die Einstellung nicht verändern.
Infosymbole für Startmenüeinträge entfernen	Wenn Sie den Cursor über ein Element auf dem Startmenü bzw. dem Infobereich halten, wird ein Popup-Text mit zusätzlichen Informationen über das Objekt angezeigt. Durch Aktivieren dieser Einstellung werden folgende Popup-Texte nicht angezeigt: *Klicken Sie zum Starten auf diese Schaltfläche* auf der *Start*-Schaltfläche, *Wo sind die Programme* im Startmenü und *Wo sind die Symbole* im Infobereich.
Liste angehefteter Programme aus dem Startmenü entfernen	Wenn Sie diese Einstellung aktivieren, wird die Liste *Angeheftete Programme* im oberen Bereich des Startmenüs entfernt und die Kontrollkästchen *Internet* und *E-Mail* werden aus der Systemsteuerungsoption zum Anpassen des einfachen Startmenüs entfernt.
Liste häufig verwendeter Programme aus dem Startmenü entfernen	Diese Einstellung entfernt die Liste häufig verwendeter Programme aus dem Startmenü.
Liste 'Alle Programme' aus dem Startmenü entfernen	Wenn Sie diese Einstellung aktivieren, wird der Punkt *Alle Programme* aus dem Startmenü entfernt.
Schaltfläche 'Computer ausschalten' deaktivieren und entfernen	Wenn Sie diese Einstellung aktivieren, wird der Menüpunkt *Computer ausschalten* aus dem Startmenü entfernt und der Benutzer kann Windows nicht über die Standard-Benutzerschnittstelle zum Herunterfahren ausschalten.
Schaltfläche 'Abdocken' aus dem Startmenü entfernen	Wenn Sie diese Einstellung aktivieren, wird der Menüpunkt *Abdocken* aus dem Startmenü eines Notebooks entfernt und der Computer kann nicht von der Dockingstation getrennt werden.
Benutzernamen aus dem Startmenü entfernen	Diese Einstellung entfernt den Benutzernamen aus dem obersten Bereich des Startmenüs.
Uhr aus dem Infobereich des Systems entfernen	Entfernt die Uhr aus dem Infobereich der Taskleiste.
Infobereich ausblenden	Wenn diese Einstellung aktiviert ist, wird der gesamte Infobereich, einschließlich der Benachrichtigungs-Symbole, ausgeblendet. Die Taskleiste zeigt nur die *Start*-Schaltfläche, Taskleisten-Schaltflächen, benutzerdefinierte Symbolleisten (falls vorhanden) und die Systemuhr.
Keine benutzerdefinierten Symbolleisten in der Taskleiste anzeigen	Wenn diese Einstellung aktiviert wird, werden in der Taskleiste keine benutzerdefinierten Symbolleisten angezeigt und der Benutzer kann keine benutzerdefinierten Symbolleisten zur Taskleiste hinzufügen. Darüber hinaus werden der Menübefehl und das Untermenü *Symbolleisten* aus dem Kontextmenü entfernt.

Desktop

Richtlinie	Beschreibung
Alle Desktopsymbole ausblenden und deaktivieren	Entfernt Symbole, Verknüpfungen und andere Standard- und benutzerdefinierte Elemente vom Desktop. Dies umfasst auch den Papierkorb, Arbeitsplatz und Netzwerkumgebung.
Symbol 'Eigene Dateien' vom Desktop entfernen	Durch diese Richtlinie wird das Symbol *Eigene Dateien* vom Desktop, aus dem Windows-Explorer, aus Programmen, die Windows-Explorer-Fenster verwenden, und aus dem Standarddialogfeld *Öffnen* entfernt. Diese Richtlinie verhindert nicht, dass Benutzer anderweitig auf den Inhalt des Verzeichnisses *Eigene Dateien* zugreifen.
Symbol 'Arbeitsplatz' vom Desktop entfernen	Durch diese Richtlinie wird das Symbol *Arbeitsplatz* vom Desktop, aus dem Windows-Explorer, aus Programmen, die Windows-Explorer-Fenster verwenden, aus der Webansicht der Explorer-Fenster und aus dem Startmenü entfernt.
Papierkorbsymbol vom Desktop entfernen	Mit dieser Richtlinie wird das Papierkorb-Symbol vom Desktop, aus dem Windows-Explorer, aus Programmen, die Windows-Explorer Fenster verwenden, und aus dem Standarddialogfeld *Öffnen* entfernt. Diese Einstellung verhindert nicht, dass der Benutzer andere Methoden für den Zugriff auf den Inhalt des Papierkorbs verwendet.
Eintrag 'Eigenschaften' aus dem Kontextmenü von 'Eigene Dateien' entfernen	Wenn Sie diese Einstellung aktivieren, ist die Option *Eigenschaften* im Kontextmenü und im Explorer-Menü *Datei* von *Eigene Dateien* nicht mehr vorhanden. Außerdem hat die Tastenkombination Alt+Enter keine Wirkung, wenn *Eigene Dateien* gewählt ist.
Eintrag 'Eigenschaften' aus dem Kontextmenü von 'Arbeitsplatz' entfernen	Wenn Sie diese Einstellung aktivieren, ist die Option *Eigenschaften* im Kontextmenü und im Explorer-Menü *Datei* von *Arbeitsplatz* nicht mehr vorhanden. Außerdem hat die Tastenkombination Alt+Enter keine Wirkung, wenn *Arbeitsplatz* gewählt ist.
Eintrag 'Eigenschaften' aus dem Kontextmenü des Papierkorbes entfernen	Wenn Sie diese Einstellung aktivieren, ist die Option *Eigenschaften* im Kontextmenü und im Explorer-Menü *Datei* des Papierkorbs nicht mehr vorhanden. Außerdem hat die Tastenkombination Alt+Enter keine Wirkung, wenn der Papierkorb gewählt ist.
Desktopsymbol 'Netzwerkumgebung' ausblenden	Das Symbol für die Netzwerkumgebung wird vom Desktop und aus dem Windows-Explorer entfernt. Diese Richtlinie verhindert nicht, dass Benutzer anderweitig eine Verbindung zum Netzwerk herstellen.
Internet Explorer Symbol auf dem Desktop ausblenden	Entfernt das Symbol für den Internet Explorer vom Desktop und von der Schnellstartleiste auf der Taskleiste. Diese Richtlinie verhindert nicht, dass Benutzer den Internet Explorer anderweitig starten.
Freigaben von zuletzt geöffneten Dateien nicht in Netzwerkumgebung hinzufügen	Durch Aktivieren dieser Richtlinie werden freigegebene Verzeichnisse beim Öffnen einer Datei nicht automatisch in der Netzwerkumgebung hinzugefügt.
Pfadänderung für den Ordner 'Meine Dateien' nicht zulassen	Verhindert, dass Benutzer den Pfad für das Verzeichnis *Eigene Dateien* im *Eigenschaften*-Dialogfeld ändern.
Hinzufügen, Verschieben und Schließen der Symbolleisten der Taskleiste nicht zulassen	Durch Aktivieren dieser Richtlinie können Benutzer keine Desktop-Symbolleisten hinzufügen oder entfernen. Zusätzlich können Benutzer Symbolleisten nicht auf die oder von den verankerten Symbolleisten ziehen.

Richtlinie	Beschreibung
Anpassen der Desktopsymbolleisten nicht zulassen	Hindert Benutzer, die Länge der Desktop-Symbolleisten zu verändern. Außerdem können Benutzer Elemente oder Symbolleisten auf verankerten Symbolleisten nicht verschieben. Diese Richtlinie verhindert nicht, dass Benutzer Desktop-Symbolleisten hinzufügen oder entfernen. Falls Benutzer ihre Symbolleisten angepasst haben, können sie die Standardkonfiguration, wenn diese Richtlinie aktiviert ist, nicht wiederherstellen.
Einstellungen nicht beim Beenden speichern	Durch Aktivieren dieser Richtlinie können Benutzer den Desktop verändern, aber manche Änderungen, wie z. B. die Position eines geöffneten Fensters oder die Größe und Position der Taskleiste, werden bei der Abmeldung nicht gespeichert. Verknüpfungen auf dem Desktop werden trotzdem immer gespeichert.
Desktopbereinigungs-Assistent entfernen	Durch Aktivieren dieser Richtlinie wird der Desktop-Bereinigungs-Assistent nicht mehr automatisch nach 60 Tagen gestartet. Benutzer können ihn auch nicht mehr manuell starten.

Desktop/Active Desktop

Richtlinie	Beschreibung
Active Desktop aktivieren	Aktiviert den Active Desktop und verhindert, dass Benutzer ihn deaktivieren. Durch Aktivieren dieser Richtlinie wird die Registerkarte *Web* unter *Desktop/Desktop anpassen* aus *Systemsteuerung/Anzeige* entfernt. Somit können Benutzer den Active Desktop nicht deaktivieren. Beachten Sie dabei, dass der Active Desktop das System deutlich bremst.
Active Desktop deaktivieren	Deaktiviert umgekehrt den Active Desktop und verhindert, dass Benutzer ihn aktivieren.
Alle Elemente deaktivieren	Durch diese Richtlinie werden alle Active Desktop-Objekte vom Desktop entfernt. Außerdem wird die Registerkarte *Web* unter *Desktop/Desktop anpassen* aus *Systemsteuerung/Anzeige* entfernt. Folglich können Benutzer keine Webseiten oder Bilder aus dem Internet dem Desktop hinzufügen.
Keine Änderungen zulassen	Benutzer können den Active Desktop nicht aktivieren oder deaktivieren. Falls der Active Desktop bereits aktiviert ist, können Benutzer keine Webinhalte hinzufügen, entfernen oder bearbeiten und Active Desktop-Komponenten nicht deaktivieren, sperren oder synchronisieren. Damit lässt sich eine vom Administrator vorgegebene Active Desktop-Konfiguration sichern. Beachten Sie dabei, dass der Active Desktop das System deutlich bremst.
Hinzufügen von Objekten nicht zulassen	Benutzer können keine neuen Active Desktop-Komponenten hinzufügen. Vorhandene Komponenten werden nicht automatisch gelöscht, können aber von den Benutzern beliebig gelöscht werden.
Löschen von Elementen nicht zulassen	Verhindert, dass Benutzer Webinhalte von ihrem Active Desktop löschen.
Bearbeiten von Elementen nicht zulassen	Verhindert, dass Benutzer die Eigenschaften von Active Desktop-Objekten ändern.
Schließen von Objekten nicht zulassen	Verhindert, dass Benutzer Webinhalte auf ihrem Active Desktop ausblenden. Die Richtlinie verhindert nicht das wirkliche Löschen von Active Desktop-Objekten.

Richtlinie	Beschreibung
Objekte hinzufügen/entfernen	Hier können Sie bestimmte Active Desktop-Komponenten gezielt hinzufügen oder entfernen. In den Einstellungen dieser Richtlinie können Sie sie nicht nur aktivieren und deaktivieren, sondern müssen auch das gewünschte Objekt angeben, das eingefügt oder, falls vorhanden, entfernt werden soll.
Active Desktop-Hintergrund	Legt einen bestimmten Hintergrund für den Active Desktop fest. Dabei können Sie ein BMP- oder JPG-Bild oder eine HTML-Seite auswählen.
Nur Bitmaphintergrund zulassen	Diese Richtlinie beschränkt den Desktop-Hintergrund auf BMP-Dateien. Der Hintergrund wird nicht geladen, wenn Benutzer andere Dateiformate wie z. B. JPEG, GIF oder HTML wählen. Diese Richtlinie wurde entwickelt, um Active Desktop-Aufforderungen zu verhindern. Bei Verwendung anderer Bildformate werden Benutzer zum Aktivieren des Active Desktop aufgefordert. Dadurch, dass Benutzer nur Bitmap-Dateien verwenden dürfen, wird die Aufforderung nicht angezeigt.

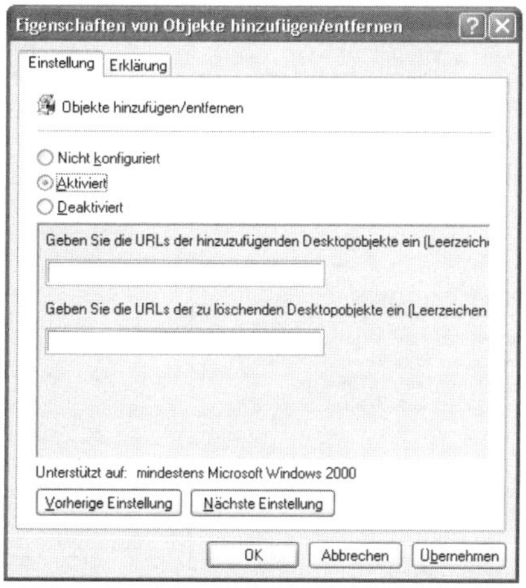

Active Desktop hinzufügen.

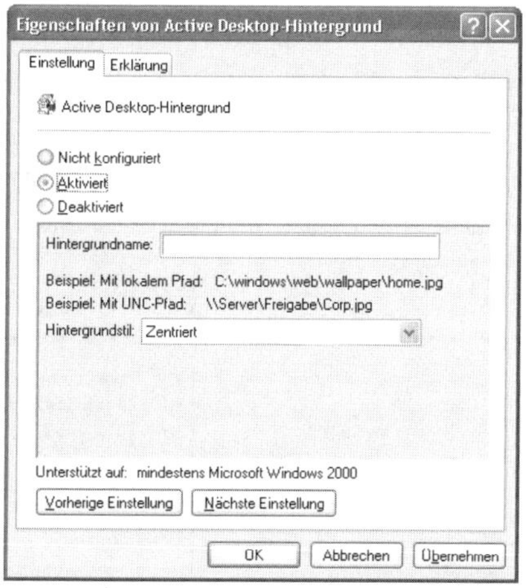

Eigenschaften vom Active Desktop-Hintergrund.

Desktop/Active Directory

Diese Richtlinien sind nur relevant, wenn der Computer in einem domänenbasierten Netzwerk mit Active Directory hängt.

Richtlinie	Beschreibung
Maximale Suchgröße des Active Directory	Bestimmt die maximale Anzahl der Ergebnisobjekte, die nach den Befehlen *Durchsuchen* und *Suchen* im Active Directory angezeigt werden sollen. Durch Aktivieren dieser Richtlinie können Sie das Feld *Anzahl der gefundenen Objekte* verwenden, um die Anzahl der Ergebnisse einer Active Directory-Suche einzuschränken. Wenn Sie diese Richtlinie deaktivieren oder nicht konfigurieren, werden bis zu 10.000 Objekte angezeigt, wofür ca. 2 MByte Speicherplatz erforderlich sind. Diese Richtlinie wurde zum Schutz für Netzwerk und Domänen-Controller gegen riesige Suchvorgänge und deren Ergebnisse entwickelt.
Filter im Dialogfeld 'Suchen' aktivieren	Zeigt die Filterleiste für die Suchergebnisse des Active Directory an. Die Filterleiste besteht aus Schaltflächen für das zusätzliche Filtern der Suchergebnisse.
Ordner 'Active Directory' ausblenden.	Blendet das Verzeichnis *Active Directory* in der Netzwerkumgebung aus.

Systemsteuerung

Richtlinie	Beschreibung
Zugriff auf die Systemsteuerung nicht zulassen	Deaktiviert alle Systemsteuerungsprogramme. Diese Richtlinie verhindert, dass *CONTROL.EXE* gestartet wird. Benutzer können weder die Systemsteuerung starten noch Systemsteuerungselemente ausführen. Durch Aktivieren dieser Richtlinie wird die Systemsteuerung aus dem Startmenü aus dem Windows-Explorer entfernt.
Angegebene Systemsteuerungssymbole ausblenden	Blendet die angegebenen Systemsteuerungselemente aus.
Nur angegebene Systemsteuerungssymbole anzeigen	Blendet alle Systemsteuerungselemente außer den angegebenen aus.
Klassischen Stil der Systemsteuerung erzwingen	Zeigt die Systemsteuerung im klassischen Stil älterer Windows-Versionen an. Benutzer können nicht auf den neuen Windows XP-Stil umschalten.

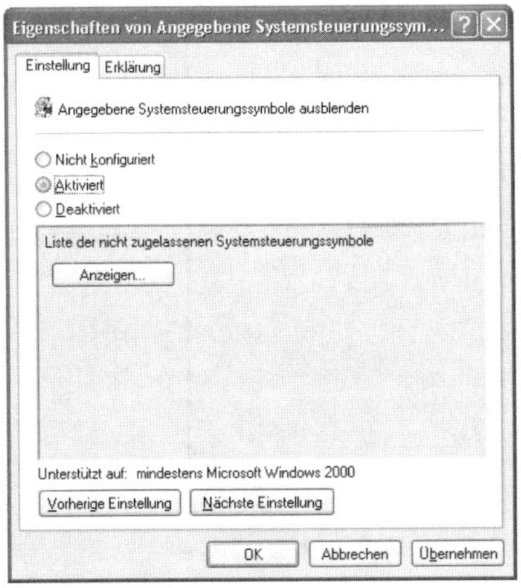

Auswahl auszublendender Systemsteuerungssymbole.

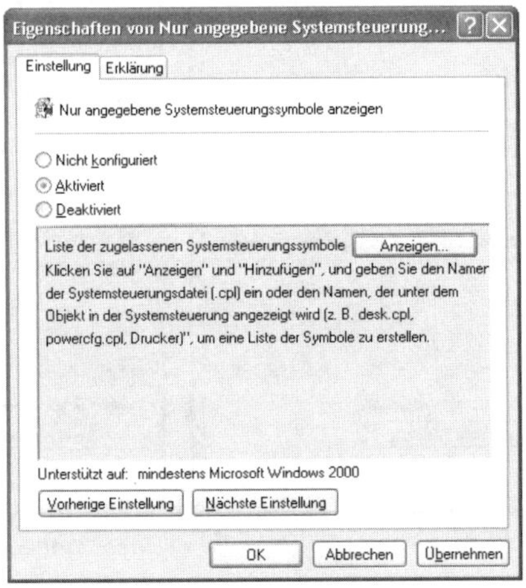

Auswahl zugelassener Systemsteuerungssysmbole.

Die Systemsteuerungssymbole müssen hier über ihre Dateinamen angegeben werden. Die Tabelle zeigt diese Namen:

Systemsteuerungssymbol	Dateiname
Anzeige	*DESK.CPL*
Benutzerkonten	*NUSRMGR.CPL*
Datum und Uhrzeit	*TIMEDATE.CPL*
Eingabehilfen	*ACCESS.CPL*
Energieoptionen	*POWERCFG.CPL*
Gamecontroller	*JOY.CPL*
Hardware	*HDWWIZ.CPL*
Internet	*INETCPL.CPL*
Maus	*MAIN.CPL*

Systemsteuerungssymbol	Dateiname
Netware Client	*NWC.CPL*
Netzwerkverbindungen	*NCPA.CPL*
ODBC-Datenquellen-Administrator	*ODBCCP32.CPL*
Regions- und Sprachoptionen	*INTL.CPL*
Software	*APPWIZ.CPL*
Sounds und Audiogeräte	*MMSYS.CPL*
System	*SYSDM.CPL*
Telefon- und Modemoptionen	*TELEPHON.CPL*

Systemsteuerung/Software

Richtlinie	Beschreibung
Systemsteuerungssymbol 'Software' entfernen	Verhindert, dass Benutzer die Option *Software* verwenden. Diese Richtlinie verhindert nicht, dass Benutzer anderweitig Programme installieren oder deinstallieren.
Option 'Programme ändern oder entfernen' ausblenden	Entfernt die Schaltfläche *Programme ändern oder entfernen* aus *Systemsteuerung/Software*. Diese Richtlinie verhindert nicht, dass Benutzer anderweitig Programme löschen oder deinstallieren.
Option 'Neue Programme hinzufügen' ausblenden	Entfernt die Schaltfläche *Neue Programme hinzufügen* aus *Systemsteuerung/Software*. Diese Richtlinie verhindert nicht, dass Benutzer anderweitig Programme installieren oder deinstallieren.
Dialogfeld 'Windows Komponenten hinzufügen/entfernen' ausblenden	Entfernt die Option *Windows Komponenten hinzufügen/entfernen* aus *Systemsteuerung/Software*. Diese Richtlinie verhindert nicht, dass Benutzer anderweitig Windows-Komponenten installieren oder deinstallieren.
Option 'Ein Programm von CD oder Diskette hinzufügen' ausblenden	Entfernt die Option *Ein Programm von CD oder Diskette hinzufügen* aus *Systemsteuerung/Software*. Diese Richtlinie verhindert nicht, dass Benutzer anderweitig Programme von CD oder Diskette installieren.
Option 'Programme von Microsoft hinzufügen' ausblenden	Entfernt die Option *Programme von Microsoft hinzufügen* aus *Systemsteuerung/Software*. Diese Richtlinie verhindert, dass Benutzer über die Option *Software* die Verbindung mit dem Windows Update herstellen. Diese Richtlinie verhindert nicht, dass Benutzer die Verbindung mit dem Windows Update anderweitig herstellen.
Option 'Programme aus dem Netzwerk hinzufügen' ausblenden	Entfernt die Option *Programme aus dem Netzwerk hinzufügen* aus *Systemsteuerung/Software*. Diese Programme werden vom Administrator über den Windows-Installer im lokalen Netzwerk zur Verfügung gestellt. Benutzer können trotzdem die vom Windows-Installer im Startmenü eingetragenen Programme installieren. Die Option *Programme aus dem Netzwerk hinzufügen* ist nur in domänenbasierten Netzwerken vorhanden, wenn Programme zur Installation zur Verfügung gestellt wurden.
Direkt zum Komponenten-Assistent wechseln	Blendet die Liste *Dienste einrichten* mit noch nicht konfigurierten Windows-Komponenten nicht mehr ein. Es wird sofort der normale Assistent für Windows-Komponenten gestartet, unabhängig davon, ob noch nicht konfigurierte Komponenten vorhanden sind. Die Liste *Dienste einrichten* ist nur vorhanden, wenn Dienste noch nicht konfiguriert wurden.
Supportinformationen entfernen	Entfernt den Link auf die Supportdialogfenster unter *Programme ändern oder entfernen* unter *Systemsteuerung/Software*.

Richtlinie	Beschreibung
Standardkategorie für 'Neue Programme hinzufügen' festlegen	Durch Aktivieren dieser Richtlinie werden nur die in der Kategorie angegebenen Programme beim Öffnen der Seite *Neue Programme hinzufügen* angezeigt. Benutzer können die Liste *Kategorie* verwenden, um auf der Seite *Neue Programme hinzufügen* Programme in anderen Kategorien anzuzeigen.

Systemsteuerung/Anzeige

Richtlinie	Beschreibung
Symbol 'Anzeige' aus der Systemsteuerung entfernen	Durch Aktivieren dieser Richtlinie werden die *Eigenschaften von Anzeige* in der Systemsteuerung nicht mehr angezeigt.
Registerkarte 'Desktop' ausblenden	Registerkarte *Desktop* aus *Systemsteuerung/Anzeige* entfernen. Diese Richtlinie verhindert, dass Benutzer mithilfe der Systemsteuerung Muster und Hintergrund auf dem Desktop ändern.
Hintergrundänderung deaktivieren	Verhindert das Hinzufügen oder Ändern des Hintergrunddesigns des Desktops. Die Registerkarte *Desktop* wird trotzdem angezeigt.
Registerkarten 'Darstellung' und 'Designs' ausblenden	Diese Richtlinie verhindert, dass Benutzer Farben oder Farbschemata für den Desktop ändern. Dazu werden die Registerkarten *Designs* und *Darstellung* und die Farbauswahl auf der Registerkarte *Desktop* in *Systemsteuerung/Anzeige* entfernt.
Registerkarte 'Einstellungen' ausblenden	Registerkarte *Einstellungen* aus *Systemsteuerung/Anzeige* entfernen. Diese Richtlinie verhindert, dass Benutzer Auflösung, Farbtiefe oder den Typ der Grafikkarte ändern.
Registerkarte 'Bildschirmschoner' ausblenden	Registerkarte *Bildschirmschoner* aus *Systemsteuerung/Anzeige* entfernen. Diese Richtlinie verhindert, dass Benutzer einen Bildschirmschoner konfigurieren oder verändern.
Bildschirmschoner	Deaktiviert die Bildschirmschonerfunktionen und verhindert, dass Benutzer einen Bildschirmschoner einstellen.
Programmname des Bildschirmschoners	Definiert einen bestimmten Bildschirmschoner und verhindert, dass Benutzer diesen ändern. Der Bildschirmschoner muss mit seinem Dateinamen angegeben werden.
Kennwortschutz für den Bildschirmschoner verwenden	Aktiviert in allen Bildschirmschonern die Option *Kennwortschutz* und verhindert, dass Benutzer diese Option ausschalten. Nachdem der Bildschirmschoner gestartet wurde, müssen sich Benutzer wieder mit ihrem eigenen Passwort anmelden, um Zugriff auf den Rechner zu haben.
Bildschirmschoner-Zeitlimit	Bestimmt, wie viel Leerlaufzeit verstreichen muss, bevor der Bildschirmschoner aktiviert wird. Mit dieser Richtlinie wird nicht automatisch ein Bildschirmschoner aktiviert.

Systemsteuerung/Anzeige/Desktopdesigns

Richtlinie	Beschreibung
Designoption entfernen	Registerkarte *Designs* aus *Systemsteuerung/Anzeige* entfernen. Diese Richtlinie verhindert, dass Benutzer das Windows-Design verändern.
Auswahl des Fenster- und Schaltflächenstils verhindern	Verhindert, dass der Benutzer den visuellen Stil der Fenster und Schaltflächen ändert. Wird diese Einstellung aktiviert, wird die Liste *Fenster und Schaltflächen* auf der Registerkarte *Darstellung* unter *Systemsteuerung/Anzeige* deaktiviert.

Richtlinie	Beschreibung
Auswahl der Schriftgröße nicht zulassen	Verhindert, dass der Benutzer die Schriftgröße der Fenster und Schaltflächen ändert. Wird diese Einstellung aktiviert, wird die Liste *Schriftgrad* auf der Registerkarte *Darstellung* unter *Systemsteuerung/Anzeige* deaktiviert.
Designfarbauswahl nicht zulassen	Verhindert, dass der Benutzer das Farbschema ändert. Wird diese Einstellung aktiviert, wird die Liste *Farbschema* auf der Registerkarte *Darstellung* unter *Systemsteuerung/Anzeige* deaktiviert.
Bestimmten visuellen Stil laden bzw. "Windows-klassisch" erzwingen	Verhindert, dass der Benutzer den visuellen Stil verändert. In der Richtlinie muss ein visueller Stil angegeben werden, der geladen wird. Für *Windows-klassisch* lassen Sie das Eingabefeld leer.

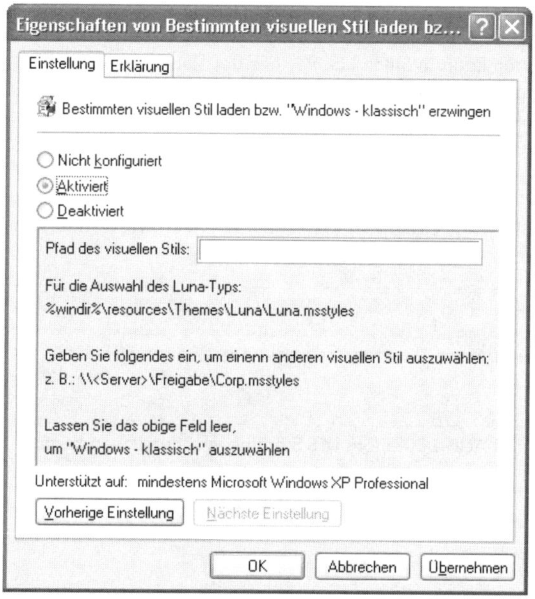

Einstellungen für bestimmten visuellen Stil.

Systemsteuerung/Drucker

Richtlinie	Beschreibung
Websites nach Druckern durchsuchen	Fügt dem Druckerinstallations-Assistenten einen Link zu einer Internet- oder Intranetwebseite hinzu. Von hier aus können Benutzer einen Drucker installieren, um über das Internet z. B. an einem anderen Firmenstandort etwas auszudrucken.
Netzwerk nach Druckern durchsuchen	Durch Deaktivieren dieser Richtlinie können Benutzer im Druckerinstallations-Assistenten das Netzwerk nicht nach Druckern durchsuchen, sondern sie müssen den Druckernamen selbst eingeben. Diese Richtlinie gilt nur für den Druckerinstallations-Assistenten. Sie verhindert nicht, dass Benutzer mit anderen Programmen nach freigegeben Netzwerkdruckern suchen oder die Verbindung mit Netzwerkdruckern herstellen.
Standardpfad im Active Directory für die Suche nach Druckern	Der Druckerinstallations-Assistent bietet eine Möglichkeit zur Suche nach freigegebenen Druckern im Active Directory. Diese Richtlinie gibt an, wo diese Suche beginnen soll. Tragen Sie hier einen Active Directory-Pfad ein.

Richtlinie	Beschreibung
Hinzufügen von Druckern verhindern	Durch Aktivieren dieser Richtlinie wird die Option *Drucker hinzufügen* aus *Systemsteuerung/Drucker* entfernt. Diese Richtlinie verhindert nicht, dass Benutzer andere Programme oder den Hardware-Assistenten zum Hinzufügen von Druckern ausführen.
Löschen von Druckern verhindern	Verhindert, dass Benutzer in der Systemsteuerung lokale oder Netzwerkdrucker löschen. Diese Richtlinie verhindert nicht, dass Benutzer andere Programme zum Löschen von Druckern ausführen.

Systemsteuerung/Regions- und Sprachoptionen

Richtlinie	Beschreibung
Auswahl der Windows-Menüs und Dialoge einschränken	Legt eine Sprache für Menüs und Dialoge fest, die dann von den Benutzern auch nicht mehr geändert werden kann. Wählen Sie hier aus der Liste eine Sprache aus. Ist die gewählte Sprache nicht installiert, wird die Standardsprache Englisch verwendet.

Freigegebene Ordner

Diese Richtlinien sind nur relevant, wenn der Computer in einem domänenbasierten Netzwerk mit Active Directory hängt.

Richtlinie	Beschreibung
Veröffentlichung freigegebener Ordner zulassen	Legt fest, ob der Benutzer in Active Directory freigegebene Ordner veröffentlichen kann.
Veröffentlichung von DFS-Stämmen zulassen	Legt fest, ob der Benutzer in Active Directory DFS-Stämme veröffentlichen kann.

Netzwerk/Offlinedateien (Benutzerkonfiguration)

Richtlinie	Beschreibung
Benutzerkonfiguration von Offlinedateien nicht zulassen	Verhindert, dass Benutzer die Konfiguration für das Zwischenspeichern bei Offlinenutzung verändern.
Alle Offlinedateien beim Anmelden synchronisieren	Synchronisiert alle Dateien aus dem Offlineverzeichnis, unabhängig davon, ob sie in der Zwischenzeit geändert wurden oder nicht, wenn sich ein Benutzer anmeldet.
Alle Offlinedateien vor der Abmeldung synchronisieren	Legt fest, ob Offlinedateien vollständig synchronisiert werden, bevor sich Benutzer abmelden. Benutzer können diese Einstellung nicht mehr ändern.
Alle Offlinedateien vor der Unterbrechung synchronisieren	Legt fest, ob Offlinedateien synchronisiert werden, bevor ein Computer angehalten wird.
Maßnahme bei Serververbindungstrennung	Hier können Sie auswählen, ob der Rechner in den Offlinemodus schalten soll oder nicht, wenn die Verbindung zum Server getrennt wurde.

Richtlinie	Beschreibung
Maßnahme bei nicht standardmäßiger Serververbindungstrennung	Hier können Sie für einzelne Server Ausnahmen vom Standard festlegen, was passieren soll, wenn die Verbindung zum Server getrennt wurde.
'Offline verfügbar machen' entfernen	Verhindert, dass Benutzer selbstständig Verzeichnisse für die Offlinenutzung verfügbar machen.
Verwendung von Offlinedateiordnern verhindern	Deaktiviert die *Dateien anzeigen*-Schaltfläche in der Konfiguration für die Offlinenutzung. Benutzer können aber weiterhin z. B. mit dem Windows-Explorer die Dateien im Offlineverzeichnis nutzen.
Vom Administrator zugewiesene Offlinedateien	Zeigt Netzwerkdateien und Verzeichnisse an, die immer für die Offlineverwendung verfügbar sind. Mit dieser Einstellung können Sie die angegebenen Dateien und Ordner den Benutzern des Computers für die Offlineverwendung zur Verfügung stellen.
Erinnerungssymbole deaktivieren	Verhindert das Anzeigen von Erinnerungssymbolen während der Offlinenutzung in der Taskleiste.
Erinnerungssymbolfre quenz	Gibt an, wie oft Erinnerungssymbole während der Offlinenutzung in der Taskleiste angezeigt werden.
Lebensdauer des ersten Erinnerungssymbols	Gibt an, wie lange das erste Erinnerungssymbol nach einem Ausfall der Serververbindung angezeigt werden soll.
Lebensdauer des Erinnerungssymbols	Gibt an, wie lange die weiteren Erinnerungssymbole während eines Ausfalls der Serververbindung angezeigt werden sollen.
Ereignisprotokollierun gsstufe	Gibt an, welche Arten von Ereignissen bei einem Ausfall der Serververbindung protokolliert werden sollen.
'Offline zur Verfügung stellen' für diese Dateien und Ordner nicht zulassen	Verhindert, dass spezielle Netzwerkdateien und Verzeichnisse für die Offlineverwendung zur Verfügung gestellt werden. Die Dateien und Verzeichnisse müssen in der Richtlinie explizit angegeben werden.
Umgeleitete Ordner nicht automatisch offline verfügbar machen	Standardmäßig stehen alle umgeleiteten Shell-Ordner wie *Eigene Dateien, Desktop, Startmenü* und *Anwendungsdaten* offline zur Verfügung. Mit dieser Einstellung können Sie dieses Verhalten so ändern, dass umgeleitete Shell-Ordner nicht automatisch für die Verwendung im Offlinemodus bereitstehen. Die Benutzer können jedoch weiterhin selbst Dateien und Ordner offline verfügbar machen.

Netzwerk/Offlinedateien (Computerkonfiguration)

Einige der Richtlinien für Offlinedateien in der Computerkonfiguration entsprechen den gleichnamigen Richtlinien in der Benutzerkonfiguration. Diese werden hier nicht noch einmal beschrieben.

Richtlinie	Beschreibung
Die Funktion 'Offlinedateien' zulassen bzw. nicht zulassen	Ist diese Richtlinie aktiviert, werden für Offlinenutzung freigegebene Verzeichnisse automatisch zwischengespeichert.
Benutzerkonfiguration von Offlinedateien nicht zulassen	Verhindert, dass Benutzer die Konfiguration für das Zwischenspeichern bei Offlinenutzung verändern.

Richtlinie	Beschreibung
Standardzwischenspeichergröße	Gibt an, welcher Prozentsatz der lokalen Festplatte für das Zwischenspeichern von Offlinedateien verwendet werden darf. Diese Richtlinie verhindert auch, dass ein Benutzer diesen Wert ändert.
Nicht zwischengespeicherte Dateien	Hier können Sie eine Liste von Dateitypen angeben, die nicht für die Offlinenutzung zwischengespeichert werden dürfen.
Lokale Kopien der Benutzerofflinedateien bei der Abmeldung löschen	Alle lokalen Kopien von Offlinedateien, auf die der Benutzer zugegriffen hat, werden automatisch bei der Abmeldung gelöscht. Damit wird verhindert, dass ein anderer Benutzer, der sich danach anmeldet, Zugriff auf die Dateien im Offlineverzeichnis hat, auf die er auf dem Server keine Zugriffsrechte hätte.
Untergeordnete Ordner immer offline verfügbar machen	Stellt untergeordnete Ordner offline zur Verfügung, wenn deren übergeordneter Ordner offline verfügbar ist.
Offlinedateicache verschlüsseln	Diese Einstellung legt fest, ob Offlinedateien verschlüsselt werden. Durch Verschlüsselung der Daten dieses Cache-Speichers wird die Sicherheit auf einem lokalen Computer erhöht. Wenn die Daten des Cache-Speichers auf dem lokalen Computer nicht verschlüsselt werden, werden alle vom Netzwerk zwischengespeicherten, verschlüsselten Dateien auf dem lokalen Computer nicht verschlüsselt.
Übertragungsrate für langsame Verbindungen konfigurieren	Konfiguriert den Schwellenwert, bei dem Offlinedateien eine Netzwerkverbindung als langsam betrachten. Jede Netzwerkdatenrate unterhalb dieses Wertes wird als langsam betrachtet. Wenn eine Verbindung als langsam betrachtet wird, passen Offlinedateien ihr Verhalten automatisch an, um zu großen Synchronisationsverkehr zu vermeiden, und werden nicht automatisch mit einem Server verbunden, wenn das Vorhandensein eines Servers erkannt wird. Standardmäßig gilt ein Schwellenwert von 64.000 Bit/s.

Netzwerk/Netzwerkverbindungen (Benutzerkonfiguration)

Richtlinie	Beschreibung
Umbenennen von LAN-Verbindungen oder RAS-Verbindungen für alle Benutzer zulassen	Legt fest, ob Benutzer LAN-Verbindungen oder für alle Benutzer gültige RAS-Verbindungen umbenennen können.
Zugriff auf Komponenteneigenschaften einer LAN-Verbindung nicht zulassen	Legt fest, ob Administratoren und Netzwerkkonfigurations-Operatoren die Eigenschaften von Komponenten ändern können, die von einer LAN-Verbindung verwendet werden. Diese Richtlinie taucht im Gruppenrichtlinien-Editor zweimal auf. Die erste gilt für Administratoren und Netzwerkkonfigurations-Operatoren, die zweite für Benutzer.
Erweiterte TCP/IP-Konfiguration nicht zulassen	Legt fest, ob Benutzer erweiterte TCP/IP-, DNS- und WINS-Einstellungen konfigurieren dürfen.
Zugriff zu 'Erweiterte Einstellungen' im Menü 'Erweitert' nicht zulassen	Legt fest, ob die Option *Erweiterte Einstellungen* im Menü *Erweitert* unter *Netzwerkverbindungen* für Administratoren aktiviert ist.

Richtlinie	Beschreibung
Entfernen und Hinzufügen von Komponenten für RAS- oder LAN-Verbindungen nicht zulassen	Legt fest, ob Administratoren Netzwerkkomponenten hinzufügen oder entfernen können. Durch Aktivieren dieser Richtlinie werden die Schaltflächen *Installieren* und *Deinstallieren* für Netzwerkkomponenten unter *Netzwerkverbindungen* deaktiviert. Diese Einstellung wirkt sich nicht auf Benutzer ohne Administratorrechte aus.
Zugriff auf Eigenschaften einer LAN-Verbindung nicht zulassen	Legt fest, ob Benutzer die Eigenschaften einer LAN-Verbindung ändern dürfen.
Aktivieren/Deaktivieren der Komponenten einer LAN-Verbindung nicht zulassen	Legt fest, ob Benutzer die verschiedenen LAN-Verbindungskomponenten aktivieren oder deaktivieren dürfen. Durch Aktivierung dieser Richtlinie werden in der Dialogbox *Eigenschaften für eine Verbindung* die Optionen für das Aktivieren und Deaktivieren von Komponenten deaktiviert.
Ändern von Eigenschaften einer für alle Benutzer gültigen RAS-Verbindung zulassen	Legt fest, ob Benutzer die Eigenschaften der für alle Benutzer freigegebenen RAS-Verbindungen anzeigen und ändern dürfen. Diese Richtlinie setzt Richtlinien, die Teile des Dialogfelds *Eigenschaften einer Verbindung* entfernen oder deaktivieren, außer Kraft.
Ändern der Eigenschaften einer für einen Benutzer gültigen RAS-Verbindung nicht zulassen	Legt fest, ob Benutzer die Eigenschaften ihrer privaten RAS-Verbindungen anzeigen und ändern dürfen. Diese Richtlinie setzt Richtlinien, die Teile des Dialogfelds *Eigenschaften für RAS-Verbindung* entfernen oder deaktivieren, außer Kraft.
Löschen von RAS-Verbindungen nicht zulassen	Bestimmt, ob Benutzer private DFÜ-Verbindungen löschen dürfen. Private Verbindungen sind Verbindungen, die nur einem Benutzer zur Verfügung stehen.
Möglichkeit, alle Benutzer RAS-Verbindungen zu löschen	Ermöglicht es Benutzern, freigegebene RAS-Verbindungen zu löschen. Freigegebene Verbindungen stehen allen Benutzern des Computers zur Verfügung.
Herstellen und Trennen einer RAS-Verbindung nicht zulassen	Legt fest, ob Benutzer RAS-Verbindungen manuell aufbauen und trennen dürfen.
Aktivieren/Deaktivieren einer LAN-Verbindung zulassen	Legt fest, ob Benutzer LAN-Verbindungen manuell aufbauen und trennen dürfen.
Zugriff auf den Assistent für neue Verbindungen nicht zulassen	Durch Aktivieren dieser Richtlinie wird das Symbol *Neue Verbindung erstellen* in den Netzwerkverbindungen nicht mehr angezeigt, sodass Benutzer den Netzwerkverbindungs-Assistent nicht starten können.
Umbenennen von LAN-Verbindungen zulassen	Legt fest, ob Benutzer ohne Administratorrechte lokale Netzwerkverbindungen umbenennen dürfen.
Umbenennen von für alle Benutzer gültigen RAS-Verbindungen zulassen	Legt fest, ob Benutzer ohne Administratorrechte die für alle Benutzer gültigen RAS-Verbindungen umbenennen dürfen.
Umbenennen privater RAS-Verbindungen nicht zulassen	Legt fest, ob Benutzer private RAS-Verbindungen umbenennen dürfen.
Zugriff auf 'DFÜ-Einstellungen' im Menü 'Erweitert' nicht zulassen	Legt fest, ob der Menüeintrag *DFÜ-Einstellungen* im Menü *Erweitert* in Netzwerkverbindungen aktiviert ist.

Richtlinie	Beschreibung
Anzeige des Status aktiver Verbindungen nicht zulassen	Gibt an, ob Benutzer die Statusseite für eine aktive Verbindung anzeigen lassen können. Diese enthält auch Schaltflächen zum Abbau der Verbindung und zur Konfiguration von Verbindungseigenschaften.
Windows 2000 Netzwerkverbindungseinstellungen für Administratoren aktivieren	Legt fest, ob Einstellungen, die in Windows 2000 vorhanden waren, für Administratoren gelten. Wenn Sie diese Einstellung aktivieren, weisen die Windows XP-Einstellungen, die in Windows 2000 vorhanden waren, die Möglichkeit auf, die Verwendung bestimmter Funktionen für Administratoren nicht zuzulassen.

Netzwerk/Netzwerkverbindungen (Computerkonfiguration)

Richtlinie	Beschreibung
Verwendung der gemeinsam genutzten Internetverbindung im eigenen DNS-Domänennetzwerk nicht zulassen	Legt fest, ob Administratoren die Funktion für eine gemeinsame Nutzung der Internetverbindung verwenden können und ob der Dienst für eine gemeinsame Nutzung der Internetverbindung auf dem Computer ausgeführt werden kann.
Verwendung des Internetverbindungsfirewalls im eigenen DNS-Domänennetzwerk nicht zulassen	Verhindert die Verwendung der Windows XP-Internetverbindungs-Firewall im eigenen DNS-Domänennetzwerk.
Installation und Konfiguration der Netzwerkbridge im eigenen DNS-Domänennetzwerk nicht zulassen	Legt fest, ob eln Benutzer die Netzwerkbrücke installieren und konfigurieren kann.
IEEE 802.1x-Zertifizierungsstelle für Computerauthentifizierung	Konfigurieren Sie diese Einstellung, wenn Sie die IEEE 802.1x-Computerauthentifizierung verwenden möchten.

System (Benutzerkonfiguration)

Richtlinie	Beschreibung
Willkommenseite für 'Erste Schritte' bei der Anmeldung nicht anzeigen	Verhindert, dass die Willkommenseite nach jeder Benutzeranmeldung angezeigt wird.
Jahrhundertinterpretation für Jahr 2000	Diese Richtlinie bestimmt, welches das höchste zweistellige Jahr, das mit 20 anfängt, sein soll. Alle Zahlen, die kleiner oder gleich dieser Zahl sind, fangen mit 20 an. Alle Zahlen, die einen größeren Wert als diese Zahl haben, fangen mit 19 an. Der Standardwert 2029 legt fest, dass alle zweistelligen Jahre, die kleiner als oder gleich 29 sind (00 bis 29), mit 20 anfangen, 2000 bis 2029. Alle zweistelligen Jahre, die größer als 29 (30 bis 99) sind, fangen mit 19 an, 1930 bis 1999.
Treibersuchpfade konfigurieren	Mit dieser Einstellung wird der Speicherort konfiguriert, den Windows nach Treibern durchsucht, wenn eine neue Hardwarekomponente gefunden wird. Dabei können Diskettenlaufwerke, CD-ROM-Laufwerke und das Online-Windows Update aus der Suche ausgenommen werden.

Richtlinie	Beschreibung
Codesignatur für Gerätetreiber	Legt fest, was passieren soll, wenn ein Benutzer versucht, Gerätetreiberdateien, die nicht digital signiert sind, zu installieren. Benutzer können über die Systemsteuerung den Sicherheitsgrad erhöhen. Allerdings werden keine niedrigeren Sicherheitseinstellungen zugelassen, als es in dieser Richtlinie festgelegt wurde. Drei Möglichkeiten stehen zur Auswahl: *Ignorieren* ermöglicht das Installieren von unsignierten Treibern. *Warnen* benachrichtigt Benutzer, wenn Treiber nicht signiert sind. *Blockieren* verweigert das Installieren von unsignierten Treibern.
Benutzerdefinierte Benutzerschnittstelle	Hier können Sie anstatt der Standard-Windows-Oberfläche *EXPLORER.EXE* eine alternative Benutzeroberfläche von einem Dritthersteller verwenden. Diese kann aus einem freigegebenen Netzwerkverzeichnis auf die Rechner geladen werden.
Zugriff auf Eingabeaufforderung verhindern	Verhindert, dass Benutzer die interaktive Eingabeaufforderung *CMD.EXE* ausführen. Zusätzlich legt die Richtlinie fest, ob Batchdateien (*.bat* und *.cmd*) auf dem Computer ausgeführt werden dürfen.
Zugiff auf Programme zum Bearbeiten der Registrierung verhindern	Deaktiviert den Registry-Editor *REGEDIT.EXE*. Verwenden Sie zusätzlich die Richtlinie *Nur zugelassene Windows-Anwendungen ausführen*, um Benutzer daran zu hindern Registry-Editoren von Drittherstellern zu verwenden.
Nur zugelassene Windows-Anwendungen ausführen	Lässt nur das Starten bestimmter Programme aus der Windows-Oberfläche oder dem Explorer zu. Diese Richtlinie verhindert nicht das Starten von Programmen von der Eingabeaufforderung aus.
Angegebene Windows-Anwendungen nicht ausführen	Verhindert das Starten bestimmter Programme aus der Windows-Oberfläche oder dem Explorer. Diese Richtlinie verhindert nicht das Starten von Programmen von der Eingabeaufforderung aus.
Autoplay deaktivieren	Deaktiviert die Funktion AutoPlay auf CD-ROM-Laufwerken oder generell allen Wechselmedien.
Ausführung aus der Hilfe für folgende Programme nicht zulassen	Verhindert das Starten bestimmter Programme aus der Windows-Onlinehilfe.
Fehlende COM-Komponenten übertragen	Durchsucht das Active Directory nach fehlenden COM-Objekten (**C**omponent **O**bject **M**odel), die für ein Programm erforderlich sind.
Automatische Windows Updates	Diese Richtlinie verhindert, dass der Computer bei einer Internetverbindung automatisch nach Windows Updates sucht.

System/Benutzerprofile (Benutzerkonfiguration)

Richtlinie	Beschreibung
Basisverzeichnis mit dem Freigabestamm verbinden	Stellt die Werte der Umgebungsvariablen *%HOMESHARE%* und *%HOMEPATH%* wie in Windows NT 4.0 oder niedriger wieder her.
Profilgröße beschränken	Bestimmt die maximale Größe jedes servergespeicherten Benutzerprofils und, welche Vorgänge ausgeführt werden sollen, wenn ein servergespeichertes Benutzerprofil die maximale Größe erreicht.
Verzeichnisse aus servergespeichertem Profil ausschließen	Mit dieser Richtlinie können Sie Ordner ausschließen, die normalerweise Teil des Benutzerprofils sind.

System/Scripts (Benutzerkonfiguration)

Richtlinie	Beschreibung
Anmeldescripts gleichzeitig ausführen	Bewirkt, dass die Windows-Benutzeroberfläche erst gestartet wird, nachdem die Anmeldescripts vollständig abgelaufen sind.
Legacy-Anmeldescripts im Hintergrund ausführen	Unterdrückt die Meldungen von Anmeldescripts, die für Windows NT 4.0 und früher geschrieben wurden.
Anmeldescripts sichtbar ausführen	Zeigt alle Meldungen eines Anmeldescripts während der Ausführung an.
Abmeldescripts sichtbar ausführen	Zeigt alle Meldungen eines Abmeldescripts während der Ausführung an.

System/Strg+Alt+Entf-Optionen (Benutzerkonfiguration)

Richtlinie	Beschreibung
Task-Manager entfernen	Verhindert, dass Benutzer den Task-Manager *TASKMGR.EXE* starten.
Sperren des Computers entfernen	Verhindert, dass Benutzer mit Strg+Alt+Entf den Computer sperren.
Kennwortänderung entfernen	Verhindert, dass Benutzer ihr Windows-Passwort auf Wunsch ändern. Allerdings können Benutzer weiterhin ihr Passwort ändern, wenn sie durch eine Systemmeldung dazu aufgefordert werden. Wenn der Administrator eine Passwortänderung anfordert oder das Passwort abgelaufen ist, wird der Benutzer durch eine Systemmeldung dazu aufgefordert.
Abmeldung entfernen	Durch diese Richtlinie werden alle Abmeldemethoden, einschließlich der Verwendung von Befehlszeilenprogrammen wie z. B. Batchdateien, deaktiviert. Zusätzlich werden alle Menüeinträge und Schaltflächen, die zum Abmelden verwendet werden, entfernt.

System/Anmeldung (Benutzerkonfiguration)

Richtlinie	Beschreibung
Diese Programme bei der Benutzeranmeldung ausführen	Hier können Sie eine Liste von Programmen angeben, die bei der Benutzeranmeldung automatisch ausgeführt werden.
Einmalige Ausführungsliste nicht verarbeiten	Ignoriert die benutzerdefinierten Listen für das einmalige Ausführen von Programmen und Diensten beim Hochfahren des Rechners. Diese Liste finden Sie in der Registry unter *HKEY_LOCAL_MACHINE\Software\Microsoft\Windows\CurrentVersion\RunOnce*.
Herkömmliche Ausführungsliste nicht verarbeiten	Ignoriert die benutzerdefinierte Ausführungsliste. Diese Listen finden Sie in der Registry unter *HKEY_LOCAL_MACHINE\Software\Microsoft\Windows\CurrentVersion\Run* und *HKEY_CURRENT_USER\Software\Microsoft\Windows NT\CurrentVersion\Windows\Run*.

System/Gruppenrichtlinien (Benutzerkonfiguration)

Diese Einstellungen sind nur innerhalb einer Active Directory-Domäne wirksam.

Richtlinie	Beschreibung
Gruppenrichtlinien-Aktualisierungsintervall für Benutzer	Legt fest, wie oft die Gruppenrichtlinien auf Benutzer neu angewendet werden. Dieses Intervall kann innerhalb eines vorgegebenen Zeitraums zufällig verzögert werden, um einen gleichzeitigen Zugriff auf alle Gruppenrichtlinien zu vermeiden.
Gruppenrichtlinien zur Erkennung von langsamen Verbindungen	Einige Programme verhalten sich bei langsamen Verbindungen, z. B. analoge Internetverbindungen, anders als bei schnellen Netzwerkverbindungen. Hier können Sie einen Grenzwert angeben, ab dem eine Verbindung als langsam oder schnell gilt.
Auswahl der Gruppenrichtlinien-Domänen-Controller	Legt fest, welchen Domänen-Controller das Gruppenrichtlinien-Snap-In in der Microsoft Management Console verwenden soll.
Verknüpfungen für neues Gruppenrichtlinienobjekt (standardmäßig deaktiviert) erstellen	Diese Richtlinie erstellt standardmäßig alle Gruppenrichtlinien-Objektverknüpfungen im deaktivierten Status. Diese Objektverknüpfungen können für die Verwendung auf dem Computer aktiviert werden, nachdem Sie sie konfiguriert und getestet haben.
Standardname für neue Gruppenrichtlinienobjekte	Stellt den voreingestellten Anzeigenamen für neue Gruppenrichtlinienobjekte ein. Der Anzeigename kann Umgebungsvariablen enthalten und maximal 255 Zeichen lang sein.
'Nur Richtlinien anzeigen' erzwingen	Verhindert, dass Administratoren die bevorzugten Gruppenrichtlinieneinstellungen einsehen oder verwenden können. Eine Gruppenrichtlinien-Verwaltungsdatei (*.adm*) kann sowohl echte Richtlinien wie auch bevorzugte Einstellungen enthalten. Echte Richtlinien, die von der Gruppenrichtlinie vollständig unterstützt werden, müssen Registry-Einträge in den Schlüsseln *HKEY_CURRENT_USER\Software\Policies, HKEY_LOCAL_MACHINE\Software\Policies, HKEY_CURRENT_USER\Software\Microsoft\Windows\CurrentVersion\Policies* oder *HKEY_LOCAL_MACHINE\Software\Microsoft\Windows\CurrentVersion\Policies* verwenden. Bevorzugte Einstellungen, die nicht vollständig unterstützt werden, verwenden Registry-Einträge in anderen Unterschlüsseln.
Automatische Aktualisierung von ADM-Dateien deaktivieren	Verhindert, dass die Quelldateien der administrativen Vorlagen beim Starten der Gruppenrichtlinien automatisch aktualisiert werden. Standardmäßg werden die neusten Kopien der Quelldateien (*.adm*) der administrativen Vorlagen im Verzeichnis *%Systemroot%\inf* beim Starten der Gruppenrichtlinien geladen. Mithilfe der ADM-Dateien wird eine Liste aller Richtlinien, die unter *Administrative Vorlagen* in *Gruppenrichtlinie* angezeigt werden, erstellt. Durch Aktivieren dieser Richtlinie werden die ADM-Dateien, die beim letzten Ausführen der Gruppenrichtlinie verwendet wurden, geladen. Anschließend müssen die ADM-Dateien manuell aktualisiert werden.
Generieren von Richtlinienergebnissatzdateien durch interaktive Benutzer nicht zulassen	Mit dieser Einstellung wird festgelegt, ob Benutzer ihre Richtlinienergebnissatzdaten anzeigen können. Wenn diese Einstellung aktiviert ist, können interaktive Benutzer keine Richtlinienergebnissatzdaten erstellen. Richtlinienergebnissätze können mit dem Programm *RSOP.MSC* eingesehen werden.

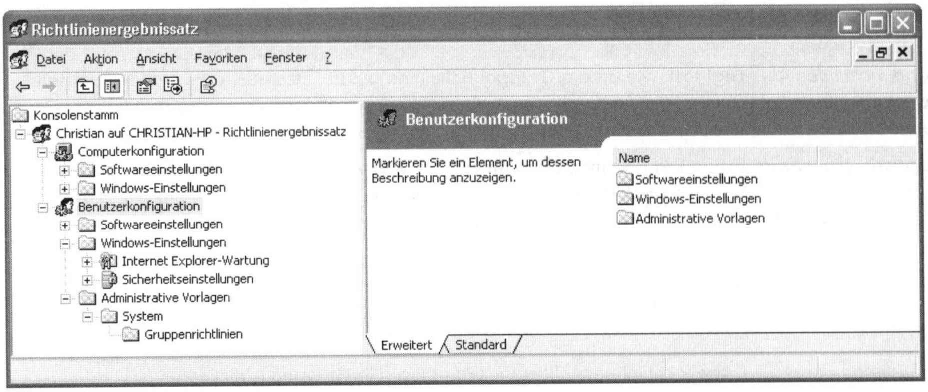

Anzeige von Richtlinienergebnissätzen.

System/Energieverwaltung (Benutzerkonfiguration)

Richtlinie	Beschreibung
Kennworteingabe bei der Wiederaufnahme aus dem Ruhezustand bzw. Standbymodus	Mit dieser Richtlinie können Sie Computer so konfigurieren, dass sie immer gesperrt sind, wenn sie den Ruhezustand oder den angehaltenen Zustand verlassen. Der Benutzer muss, um weiter arbeiten zu können, sein Passwort eingeben.

System (Computerkonfiguration)

Einige der Richtlinien in der Computerkonfiguration entsprechen den gleichnamigen Richtlinien in der Benutzerkonfiguration. Diese werden hier nicht noch einmal beschrieben. Das gilt auch für die untergeordneten Richtlinien unterhalb von *Computerkonfiguration/Administrative Vorlagen/System*.

Richtlinie	Beschreibung
Ereignisprotokollierung für Herunterfahren anzeigen	Wenn Sie den Computer herunterfahren, kann die Ereignisnachverfolgung angezeigt werden. Dies ist ein zusätzlicher Satz von Fragen, die angezeigt werden, wenn das System heruntergefahren werden soll, um Informationen darüber zu sammeln, warum der Computer abgeschaltet wird.
Windows-Installationsdateipfad angeben	Legt einen alternativen Pfad für die Windows-Installationsdateien fest.
Windows Service Pack-Installationsdateipfad angeben	Legt einen alternativen Pfad für die Windows Service-Pack-Installationsdateien fest.
Statusmeldungen zum Neustart, Herunterfahren, Anmeldung und Abmeldung entfernen	Durch Aktivieren dieser Richtlinie werden dem Benutzer keine Systemstatusmeldungen, die beim Hoch- oder Herunterfahren des Computers oder beim An- oder Abmelden den Benutzer zum Warten auffordern, angezeigt.
Ausführliche im Vergleich zu normalen Meldungen	Hier werden Statusmeldungen zu jedem einzelnen Vorgang beim Starten, Herunterfahren, An- oder Abmelden des Systems angezeigt.
Dateien, die in verschlüsselte Ordner verschoben werden, nicht automatisch verschlüsseln	Verhindert die Verschlüsselung durch den Windows-Explorer von Dateien, die in einen verschlüsselten Ordner verschoben werden.

System/Benutzerprofile (Computerkonfiguration)

Richtlinie	Beschreibung
Zwischengespeicherte Kopien von servergespeicherten Profilen löschen	Legt fest, ob eine Kopie des servergespeicherten Benutzerprofils auf der Festplatte dieses Computers bei der Benutzerabmeldung gespeichert wird.
Langsame Netzwerkverbindungen nicht erkennen	Deaktiviert die Funktion zur Erkennung von langsamen Verbindungen.
Zeitlimit für langsame Verbindungen für Benutzerprofile	Hier können Sie einen Grenzwert angeben, ab dem eine Verbindung zum Server für Benutzerprofile als langsam oder schnell gilt.
Remotebenutzerprofil abwarten	Bestimmt, dass das System auf ein servergespeichertes Benutzerprofil warten muss, auch wenn die Verbindung langsam ist.
Benutzer bei langsamen Verbindungen zum Bestätigen auffordern	Benachrichtigt Benutzer, wenn ihr servergespeichertes Profil langsam geladen wird. Durch diese Meldung können Benutzer selbst entscheiden, ob sie eine lokale Kopie verwenden oder auf ihr servergespeichertes Benutzerprofil warten möchten. Ist die Richtlinie *Zwischengespeicherte Kopien von servergespeicherten Profilen löschen* aktiviert, ist keine lokale Kopie des Profils vorhanden und das System muss immer auf das servergespeicherte Benutzerprofil warten.
Zeitlimit für Dialogfelder	Gibt an, wie lange bei Dialogboxen auf eine Benutzerantwort gewartet wird, bevor automatisch der Standardwert angenommen wird.
Benutzer bei Fehlschlag des servergespeicherten Profils abmelden	Meldet einen Benutzer automatisch ab, wenn das servergespeicherte Profil nicht geladen werden kann.
Maximale Wiederholungsversuche zum Entladen und Aktualisieren des Benutzerprofils	Legt fest, wie oft das System versucht, den Registrierungsteil eines Benutzerprofils zu entladen und zu aktualisieren. Wenn die in dieser Einstellung festgelegte Anzahl erreicht wurde, werden keine weiteren Versuche durchgeführt.
Sicherheitsgruppe 'Administratoren' zu servergespeicherten Profilen hinzufügen	Fügt die Gruppe *Administratoren* zur Freigabe der servergespeicherten Benutzerprofile hinzu.
Übermittlung von Änderungen an servergespeicherten Profilen auf den Server verhindern	Diese Richtlinie gibt an, ob die Änderungen, die Benutzer an ihren servergespeicherten Profilen vornehmen, mit der Serverkopie der entsprechenden Profile zusammengeführt werden.
Nur lokale Benutzerprofile zulasssen	Mit dieser Einstellung wird festgelegt, ob servergespeicherte Benutzerprofile auf einem bestimmten Computer zur Verfügung stehen. Standardmäßig wird dann, wenn sich Benutzer mit einem servergespeicherten Profil an einem Computer anmelden, deren servergespeichertes Profil auf den lokalen Computer kopiert.

System/Scripts (Computerkonfiguration)

Richtlinie	Beschreibung
Startscripts asynchron ausführen	Bewirkt, dass die Startscripts vor der Benutzeranmeldung nicht nacheinander, sondern gleichzeitig ausgeführt werden.

Richtlinie	Beschreibung
Startscripts sichtbar ausführen	Zeigt die Meldungen der Startscripts vor der Benutzeranmeldung an.
Scripts zum Herunterfahren sichtbar ausführen	Zeigt die Meldungen der Scripts beim Herunterfahren des Rechners an.
Maximale Wartezeit für Gruppenrichtlinienscripts	Gibt an, wie lange das System auf Scripts warten soll, die von Gruppenrichtlinien definiert sind.

System/Anmeldung (Computerkonfiguration)

Richtlinie	Beschreibung
Immer klassische Anmeldung verwenden	Die schnelle Benutzeranmeldung mit dem Willkommen-Bildschirm von Windows XP wird deaktiviert. Benutzer müssen sich mit dem klassischen Anmeldedialog von Windows 2000 anmelden.
Beim Neustart des Computers und bei der Anmeldung immer auf das Netzwerk warten	Diese Richtlinie legt fest, ob Windows XP beim Start des Computers und bei der Benutzeranmeldung auf das Netzwerk wartet. Standardmäßig wartet Windows XP beim Start und bei der Benutzeranmeldung nicht, bis das Netzwerk vollständig konfiguriert ist. Vorhandene Benutzer werden angemeldet, indem zwischengespeicherte Zugangsberechtigungen verwendet werden, was zu kürzeren Anmeldezeiten führt. Wenn das Netzwerk verfügbar wird, werden im Hintergrund Gruppenrichtlinien angewendet.

System/Datenträgerkontingente (Computerkonfiguration)

Richtlinie	Beschreibung
Datenträgerkontingente ermöglichen	Aktiviert die Datenträgerkontingentverwaltung auf allen NTFS-Datenträgern eines Computers. Benutzer können diese Einstellung nicht mehr deaktivieren.
Datenträgerkontingentsgrenze erzwingen	Verhindert, dass Benutzer ihre Datenträgerkontingentsgrenze überschreiten. Wenn Benutzer ihre Datenträgerkontingentsgrenze erreichen, reagiert das System, als sei der physikalische Festplattenspeicher auf dem Datenträger voll.
Standarddatenträgerkontingent und Warnschwelle	Legt die Standarddatenträgerkontingentsgrenze und Warnschwelle für neue Benutzer eines Datenträgers fest.
Ereignis protokollieren, wenn die Datenträgerkontingentsgrenze überschritten wird	Erstellt einen Ereigniseintrag im Anwendungsprotokoll, wenn Benutzer ihre Datenträgerkontingentsgrenze auf einem Datenträger überschreiten.
Ereignis protokollieren, wenn die Kontingentshinweisstufe überschritten wird	Erstellt einen Ereigniseintrag im Anwendungsprotokoll, wenn Benutzer ihre Warnschwelle auf einem Datenträger überschreiten.
Richtlinie auf austauschbare Datenträger anwenden	Legt fest, dass die Datenträgerkontingent-Richtlinie, die durch Richtlinien in diesem Ordner erstellt wurde, auf NTFS-Laufwerke auf Wechselmedien wie z. B. Disketten, JAZ- und ZIP-Laufwerke erweitert wird.

System/Netzwerkanmeldung (Computerkonfiguration)

Nähere Informationen zur Netzwerkanmeldung finden Sie im Kapitel 11 über das Windows-Netzwerk.

System/Gruppenrichtlinien (Computerkonfiguration)

Diese Einstellungen sind nur innerhalb einer Active Directory-Domäne wirksam.

Richtlinie	Beschreibung
Hintergrundaktualisierung der Gruppenrichtlinie deaktivieren	Verhindert, dass Gruppenrichtlinien aktualisiert werden, wenn der Computer verwendet wird. Diese Richtlinie gilt für Gruppenrichtlinien für Computer, Benutzer und Domänen-Controller.
Gruppenrichtlinien-Aktualisierungsintervall für Computer	Legt fest, wie oft die Gruppenrichtlinien auf Computer neu angewendet werden. Dieses Intervall kann innerhalb eines vorgegebenen Zeitraums zufällig verzögert werden, um einen gleichzeitigen Zugriff auf alle Gruppenrichtlinien zu vermeiden.
Gruppenrichtlinien-Aktualisierungsintervall für Domänen-Controller	Legt fest, wie oft die Gruppenrichtlinien auf Domänen-Controller neu angewendet werden. Dieses Intervall kann innerhalb eines vorgegebenen Zeitraums zufällig verzögert werden, um einen gleichzeitigen Zugriff auf alle Gruppenrichtlinien zu vermeiden.
Loopbackverarbeitungsmodus für Benutzergruppenrichtlinie	Wendet andere Benutzergruppenrichtlinien an, wenn sich ein Benutzer auf einem Computer anmeldet, der diese Richtlinie verwendet.
Gruppenrichtlinien zur Erkennung von langsamen Verbindungen	Einige Programme verhalten sich bei langsamen Verbindungen, z. B. analoge Internetverbindungen, anders als bei schnellen Netzwerkverbindungen. Hier können Sie einen Grenzwert angeben, ab dem eine Verbindung als langsam oder schnell gilt.
Protokollierung des Richtlinienergebnissatzes deaktivieren	Mit dieser Einstellung können Sie die Protokollierung von Richtlinienergebnissätzen auf einem Clientcomputer aktivieren oder deaktivieren.
Aktualisierung der Computerrichtlinie durch Benutzer entfernen	Mit dieser Einstellung können Sie festlegen, ob ein Benutzer eine Aktualisierung der Computerrichtlinie durchführen kann.
Generieren von Richtlinienergebnissatzdaten durch interaktive Benutzer nicht zulassen	Mit dieser Einstellung wird festgelegt, ob Benutzer ihre Richtlinienergebnissatzdaten anzeigen können. Standardmäßig können interaktiv angemeldete Benutzer ihre eigenen Richtlinienergebnissatzdaten anzeigen.
Registrierungsrichtlinienverarbeitung	Legt fest, wann Registrierungsrichtlinien aktualisiert werden. Diese Richtlinie gilt für alle Richtlinien im Ordner *Administrative Vorlagen* und alle anderen Richtlinien, die Werte in der Registrierung speichern.
Verarbeitung der Richtlinie für die Internet Explorer-Wartung	Legt fest, wann Internet Explorer-Wartungsrichtlinien aktualisiert werden. Diese Richtlinie gilt für alle Richtlinien, die die Internet Explorer-Wartungskomponente der Gruppenrichtlinie verwenden, wie z. B. die Richtlinien unter *Windows-Einstellungen/Sicherheitseinstellungen.* Näheres zur Internet Explorer-Wartung über Gruppenrichtlinien finden Sie auf Seite 884.
Softwareinstallations-Richtlinienverarbeitung	Bestimmt, wann Softwareinstallationsrichtlinien aktualisiert werden. Diese Richtlinie hat Einfluss auf alle Richtlinien, die die Softwareinstallations-Komponente der Gruppenrichtlinie wie z. B. unter *Softwareeinstellungen/Softwareinstallation* verwenden. Sie können die Softwareinstallations-Richtlinie nur für Gruppenrichtlinienobjekte, die im Active Directory und nicht lokal gespeichert werden, anwenden.
Ordnerumleitung-Richtlinienverarbeitung	Bestimmt, wann Ordnerumleitungs-Richtlinien aktualisiert werden. Diese Richtlinie hat Einfluss auf alle Richtlinien, die die Ordnerumleitungs-Komponente der Gruppenrichtlinie wie z. B. unter *Windows-Einstellungen/Ordnerumleitung* verwenden. Sie können die Ordnerumleitungs-Richtlinie nur für Gruppenrichtlinienobjekte, die im Active Directory und nicht lokal gespeichert werden, anwenden.

Richtlinie	Beschreibung
Scriptrichtlinienverarbeitung	Legt fest, wann Richtlinien, die freigegebene Scripts zuweisen, aktualisiert werden. Diese Richtlinie gilt für alle Richtlinien, die die Scriptkomponente der Gruppenrichtlinie verwenden, wie z. B. die Richtlinien unter *Windows-Einstellungen/Scripts*.
Sicherheitsrichtlinienverarbeitung	Legt fest, wann Sicherheitsrichtlinien aktualisiert werden. Diese Richtlinie gilt für alle Richtlinien, die die Sicherheitskomponente der Gruppenrichtlinie verwenden, wie z. B. die Richtlinien unter *Windows-Einstellungen/Sicherheitseinstellungen*.
IP-Sicherheitsrichtlinienverarbeitung	Legt fest, wann IP-Sicherheitsrichtlinien aktualisiert werden. Diese Richtlinie gilt für alle Richtlinien, die die IP-Sicherheitskomponente der Gruppenrichtlinie verwenden, wie z. B. Richtlinien unter *Computerkonfiguration/Windows-Einstellungen/Sicherheitseinstellungen/IP-Sicherheitsrichtlinien auf lokalem Computer*.
Richtlinienverarbeitung der EFS-Wiederherstellung	Legt fest, wann Verschlüsselungsrichtlinien aktualisiert werden. Diese Richtlinie gilt für alle Richtlinien, die die Verschlüsselungskomponente der Gruppenrichtlinie verwenden, wie z. B. Richtlinien bezüglich Verschlüsselung unter *Windows-Einstellungen/Sicherheitseinstellungen*.
Datenträgerkontingent-Richtlinienverarbeitung	Legt fest, wann Datenträgerkontingent-Richtlinien aktualisiert werden. Diese Richtlinie gilt für alle Richtlinien, die die Datenträgerkontingent-Komponente der Gruppenrichtlinie verwenden, wie z. B. die Richtlinien unter *Computerkonfiguration/Administrative Vorlagen/System/Datenträgerkontingente*.

System/Remote-Unterstützung (Computerkonfiguration)

Richtlinie	Beschreibung
Angeforderte Remoteunterstützung	Verwenden Sie diese Einstellung, um festzulegen, ob angeforderte Remote-Unterstützung von diesem Computer erlaubt ist oder nicht.
Remoteunterstützung anbieten	Verwenden Sie diese Einstellung, um festzulegen, ob eine Supportperson für diesen Computer Remote-Unterstützung anbieten kann, ohne dass ein Benutzer diese zuerst explizit über einen Kanal, über E-Mail oder Instant Messenger anfordert.

System/Systemwiederherstellung (Computerkonfiguration)

Richtlinie	Beschreibung
Systemwiederherstellung deaktivieren	Legt fest, ob die Systemwiederherstellung ein- oder ausgeschaltet ist.
Konfiguration deaktivieren	Erlaubt es, die Konfigurationsschnittstelle für die Systemwiederherstellung auszuschalten.

System/Fehlerberichterstattung (Computerkonfiguration)

Richtlinie	Beschreibung
Fehlerbenachrichtigung anzeigen	Verwenden Sie diese Einstellung, um zu steuern, ob der Benutzer die Wahl hat, einen Fehler zu melden oder nicht. Wenn *Fehlerbenachrichtigung anzeigen* aktiviert ist, wird der Benutzer darüber benachrichtigt, dass ein Fehler aufgetreten ist, und erhält Zugriff auf Einzelheiten über den Fehler. Wenn die Einstellung *Fehler melden* ebenfalls aktiviert ist, hat der Benutzer außerdem die Wahl, den Fehler zu melden.

Richtlinie	Beschreibung
Fehler melden	Verwenden Sie diese Einstellung, um zu steuern, ob Fehler gemeldet werden oder nicht. Wenn *Fehler melden* aktiviert ist, können die Fehler über das Internet an Microsoft oder an eine Firmendatei gemeldet werden.

System/Fehlerberichterstattung/Erweiterte Fehlerberichterstattungseinstellungen (Computerkonfiguration)

Richtlinie	Beschreibung
Standardeinstellungen für Anwendungsfehlerberichterstattung	Diese Einstellung steuert, ob Fehler in allgemeinen Anwendungen mit aufgenommen werden sollen, wenn die Fehlerberichterstattung aktiviert ist. Dabei kann ausgewählt werden, ob Fehler von Windows-Komponenten oder Fehler aller Microsoft-Anwendungen gemeldet werden.
Liste von Anwendungen, für die Fehler immer gemeldet werden sollen	Diese Einstellung gibt die Anwendungen an, die immer in die Fehlerberichterstattung aufgenommen werden.
Liste von Anwendungen, für die keine Fehler gemeldet werden sollen	Diese Einstellung steuert die Fehlerberichterstattung für Fehler in allgemeinen Anwendungen, wenn die Fehlerberichterstattung aktiviert ist.
Betriebssystemfehler melden	Diese Einstellung steuert, ob Fehler des Betriebssystems eingeschlossen sind, wenn die Fehlerberichterstattung aktiviert ist.
Nicht geplante Herunterfahrereignisse melden	Diese Richtlinie steuert, ob ein nicht planmäßiges Herunterfahren gemeldet werden kann, wenn die Fehlerberichterstattung aktiviert ist.

System/Windows-Dateischutz (Computerkonfiguration)

Richtlinie	Beschreibung
Überprüfungseinstellungen für den Windows-Dateischutz festlegen	Gibt an, wann der Windows-Dateischutz geschützte Dateien überprüfen soll.
Statusfenster der Dateiüberprüfung ausblenden	Blendet das Statusfenster der Dateiüberprüfung aus.
Größe des Windows-Dateischutzcache einschränken	Gibt die maximale Größe des Festplattenplatzes an, der für den Windows-Dateischutz-Cache verwendet werden darf. Soll es keine maximale Größenbeschränkung geben, tragen Sie als Wert 4294967295 (entspricht Hex: FFFFFFFF) ein.
Geben Sie einen Cachepfad für Windows-Dateischutz ein	Der Cache für den Windows-Dateischutz befindet sich normalerweise im Verzeichnis *%Systemroot%\System32\Dllcache*. Hier können Sie aber auch ein anderes Verzeichnis angeben.

System/Remote-Prozeduraufruf (Computerkonfiguration)

Richtlinie	Beschreibung
Statusinformation für RPC-Problembehandlung	Legt fest, ob die RPC Runtime RPC-Statusinformationen für das System unterhält und wie viele Informationen gespeichert werden.
Verbreitung erweiterter Fehlerinformationen	Gibt der RPC-Runtime die Anweisung, erweiterte Fehlerinformationen zu erzeugen, wenn ein Fehler auftritt. Erweiterte Fehlerinformationen enthalten die Ortszeit, zu der der Fehler auftrat, die RPC-Version und die Bezeichnung des Computers, auf dem der Fehler aufgetreten ist.

System/Windows-Zeitdienst (Computerkonfiguration)

Richtlinie	Beschreibung
Windows NTP-Client aktivieren	Legt fest, ob der Windows NTP-Client aktiviert ist. Bei aktiviertem Windows NTP-Client kann der Computer seine Systemuhr mit NTP-Servern synchronisieren. Sie können diesen Dienst deaktivieren, wenn ein fremder Zeitanbieter verwendet werden soll.
Windows NTP-Client konfigurieren	Legt zahlreiche Parameter zur Zeitsynchronisation mit dem Windows NTP-Client fest.
Windows NTP-Server aktivieren	Legt fest, ob der Windows NTP-Server aktiviert ist. Bei aktiviertem Windows NTP-Server kann der Computer NTP-Anforderungen von anderen Rechnern bedienen.
Globale Konfigurationseinstellungen	Legt eine Reihe von Parametern für alle im System installierten Zeitanbieter fest.

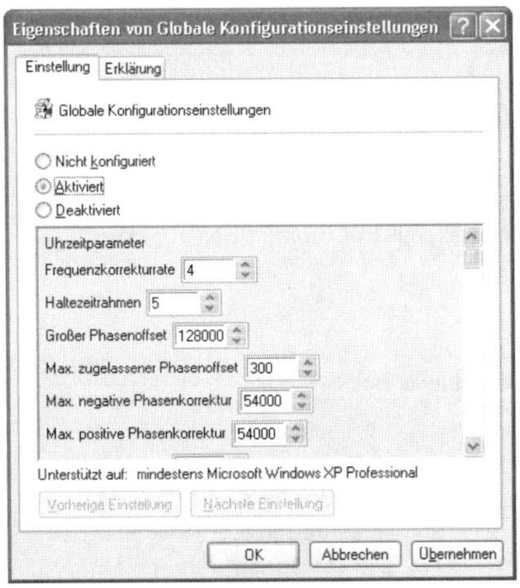

Globale Konfigurationseinstellungen.

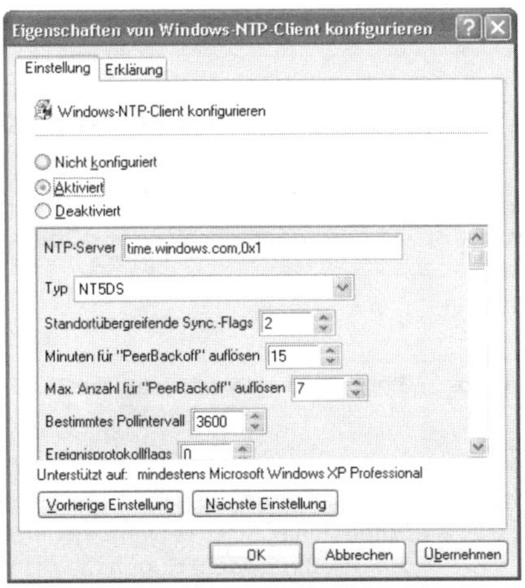

Windows NTP-Client konfigurieren.

Drucker (Computerkonfiguration)

Viele dieser Richtlinien sind nur relevant, wenn der Computer in einem domänenbasierten Netzwerk mit Active Directory hängt.

Richtlinie	Beschreibung
Druckerveröffentlichung zulassen	Diese Richtlinie gibt an, ob die freigegebenen Drucker dieses Computers im Active Directory veröffentlicht werden dürfen.
Löschen von öffentlichen Druckern zulassen	Bestimmt, ob auf diesem Computer veröffentlichte Drucker (aus dem Active Directory) vom Domänen-Controller gelöscht werden dürfen. Standardmäßig löscht der Löschdienst auf dem Domänen-Controller Drucker aus dem Active Directory, wenn der Computer, der die Drucker veröffentlicht hat, nicht auf Anfragen reagiert. Beim Starten des Computers werden dann die gelöschten Drucker erneut veröffentlicht.
Neue Drucker automatisch im Active Directory veröffentlichen	Legt fest, ob freigegebene neue Drucker automatisch im Active Directory veröffentlicht werden.
Veröffentlichungsstatus überprüfen	Gibt an, wie oft überprüft wird, ob alle veröffentlichten Drucker auch wirklich in der Active Directory-Struktur vorhanden sind.
Computerstandort	Hier können Sie den lokalen Standort des Computers angeben. Bei eingeschalteter Standortverfolgung kann das System so den nächstgelegenen Drucker finden.
Benutzerdefinierter Support-URL im linken Fensterbereich des Ordners 'Drucker'	Standardmäßig enthält das Verzeichnis *Drucker* einen Link zur Microsoft-Support-Webseite *Hilfe über Drucken*. Hier kann aber auch ein Link zu einer vom Hersteller des Druckers angegebenen Webseite stehen. Dieser Link ist nur in der Webansicht des Verzeichnisses zu sehen.
Verzeichnislöschintervall	Gibt an, wie lange ein Drucker nicht erreichbar sein darf, bis er aus der Active Directory-Struktur entfernt wird.
Verzeichnislöschpriorität	Gibt die Prioritätsstufe für den Verzeichnislöschdienst an, der nicht wieder veröffentlichende Drucker aus der Active Directory-Struktur entfernt.
Verzeichnislöschwiederholungen	Legt fest, wie oft der Löschdienst auf einem Domänen-Controller die Anfrageversuche von Computern wiederholt, bevor die Drucker eines Computers gelöscht werden.
Installation von Druckern, Kernelmodustreiber verwenden, nicht zulassen	Legt fest, ob Drucker mit Kernel-Modustreibern auf dem lokalen Computer installiert werden können.
Verzeichnislöschwiederholungsversuche protokollieren	Legt fest, ob Ereignisse protokolliert werden oder nicht, wenn der Löschdienst auf einem Domänen-Controller versucht, eine Anfrage an einen Computer zu stellen, bevor die Drucker des Computers gelöscht werden.
Druckerstandortsuchtext im Vorhinein ausfüllen	Ist diese Richtlinie aktiviert, wird die Standortnachverfolgung für Windows 2000-Drucker eingeschaltet. Bei der Druckersuche im Active Directory können Sie dann Stichwörter eingeben, um nach den Standortangaben der Drucker den nächstgelegenen Drucker zu finden. Standortnachverfolgung setzt die Standardbenutzer- und -computersuche außer Kraft.
Nach Druckern suchen	Kündigt freigegebene Drucker dem Druckerhauptsuchserver für die Domäne an.
Nicht wiederveröffentlichende Drucker löschen	Hier können Sie festlegen, wann Drucker, die sich im Active Directory aufgrund von Fehlern nicht wieder veröffentlichen, automatisch aus der Active Directory-Struktur entfernt werden sollen.
Webbasiertes Drucken	Legt fest, ob Internetdrucken auf diesem Server unterstützt wird. Internetdrucken ermöglicht es, dass Drucker über das Internet oder Intranet angezeigt, verwaltet und verwendet werden können.

Windows-Komponenten

Die Kategorie *Windows-Komponenten* taucht sowohl in der Benutzerkonfiguration als auch in der Computerkonfiguration auf. Die Unterkategorien beziehen sich größtenteils auf spezielle Microsoft-Programme wie NetMeeting, Internet Explorer, Microsoft Management Console, Task-Planer, Messenger, Media Player und Windows-Installer.

Wenn Sie eines dieser Programme verwenden, sehen Sie in der Windows-Hilfe nach, um Kurzbeschreibungen zu den verschiedenen konfigurierbaren Richtlinien zu finden.

Diese Richtlinien sind hier im Buch nicht alle einzeln beschrieben. Nähere Hinweise zur Internet Explorer-Wartung mit Gruppenrichtlinien finden Sie auf Seite 884.

Die einzige der so genannten Windows-Komponenten, die alle Anwender brauchen, ist der Windows-Explorer.

Über Gruppenrichtlinien können Sie verhindern, dass unbedarfte Benutzer hier wild herumkonfigurieren und so ihren eigenen Computer so unübersichtlich machen, dass die Produktivität darunter leidet.

Einige Richtlinien, die gar nicht den Windows-Explorer betreffen, sondern allgemein die Benutzeroberfläche sind ebenfalls hier zu finden.

In diesem Abschnitt finden Sie alle unter *Benutzerkonfiguration/Administrative Vorlagen/Windows-Komponenten/Windows-Explorer* konfigurierbaren Richtlinien dafür:

Richtlinie	Beschreibung
Klassische Shell aktivieren	Deaktiviert den Active Desktop, die Web- , und Miniaturansichten. Danach sieht die Benutzeroberfläche aus und funktioniert wie die von Windows NT 4.0. Benutzer können die neuen Funktionen nicht wiederherstellen. Die Darstellung der Bildschirmfenster und Menüs ist in der klassischen Shell deutlich schneller als mit dem Active Desktop.
Entfernt das Menü 'Ordneroptionen' aus dem Menü 'Extras'	Entfernt sämtliche Möglichkeiten, die Darstellung von Verzeichnissen zu verändern, auch in der Systemsteuerung.
Menü 'Datei' aus Windows-Explorer entfernen	Entfernt das Menü *Datei* im Windows-Explorer und Arbeitsplatz. Diese Richtlinie verhindert nicht, dass Benutzer anderweitig Aufgaben aus dem Menü *Datei* ausführen.
Optionen 'Netzlaufwerk verbinden' und 'Netzlaufwerk trennen' entfernen	Entfernt die Optionen *Netzlaufwerk verbinden* und *Netzlaufwerk trennen* aus den Menüs und Symbolleisten des Windows-Explorer sowie aus den Kontextmenüs.
Schaltfläche 'Suchen' aus Windows-Explorer entfernen	Entfernt die *Suchen*-Schaltflächen im Windows-Explorer, Arbeitsplatz und Netzwerkumgebung. Diese Richtlinie hat keinen Einfluss auf die Suchfunktion im Startmenü.
Standardkontextmenü des Windows-Explorers deaktivieren	Entfernt die Kontextmenüs vom Desktop und aus dem Windows-Explorer. Diese Richtlinie verhindert nicht, dass Benutzer anderweitig die Befehle, die in diesen Kontextmenüs aufgeführt sind, ausführen.
Blendet den Menüeintrag 'Verwalten' im Windows-Explorer Kontextmenü aus	Diese Richtlinie blendet den Menüeintrag *Verwalten* im Windows-Explorer-Kontextmenü aus, nicht aber die Computerverwaltung in der Systemsteuerung. Sie verhindert auch nicht, dass Benutzer die Computerverwaltung über die Microsoft Management Console anderweitig aufrufen.

Richtlinie	Beschreibung
Nur benutzerbezogene oder zugelassene Shellerweiterungen zulassen	Veranlasst Windows, nur die Schnittstellenerweiterungen zu starten, die durch die Systemsicherheit oder den Benutzer zugelassen wurden. Wenn der Benutzer ein externes Programm überträgt, das als Teil der Windows-Benutzeroberfläche ausgeführt wird, sucht das System nach einem digitalen Zertifikat oder fordert den Benutzer auf, den Vorgang zu genehmigen. Zugelassene Shell-Erweiterungen sind in der Registry unter *HKEY_LOCAL_MACHINE\Software\Microsoft\Windows\CurrentVersion\Shell Extensions\Approved* oder *HKEY_CURRENT_USER\Software\Microsoft\Windows\CurrentVersion\Shell Extensions\Approved* gekennzeichnet.
Shellshortcuts beim Zwischenspeichern auf dem Server nicht überwachen	Legt fest, ob nach Quellen von Verknüpfungen gesucht werden soll, wenn das Ziel auf dem Computer des Benutzers nicht gefunden wird. Verknüpfungsdateien enthalten einen absoluten Pfad zur Original-Zieldatei und einen relativen Pfad zu der aktuellen Zieldatei. Standardmäßig wird nach dem Ziel auf dem Original-Pfad gesucht, wenn eine Datei nicht auf dem aktuellen Zielpfad gefunden wird.
Diese angegebenen Datenträger im Fenster Arbeitsplatz ausblenden	Blendet die Symbole und Laufwerkbuchstaben der angegebenen Laufwerke im Windows-Explorer, Arbeitsplatz, Netzwerkumgebung sowie der Standard-Öffnen-Dialogbox aus. In einem Listenfeld können Sie verschiedene Kombinationen von Laufwerken wählen. An der Eingabeaufforderung oder in der Dialogbox *Start/Ausführen* können Sie weiterhin auf die Laufwerke zugreifen.

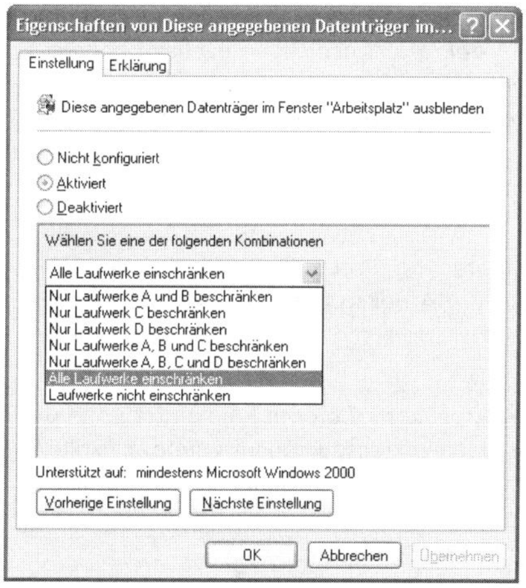

Diese angegebenen Datenträger im Fenster Arbeitsplatz ausblenden.

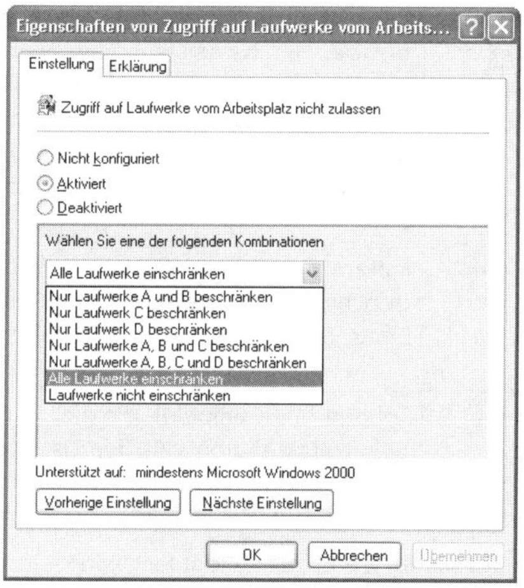

Zugriff auf Laufwerke vom Arbeitsplatz nicht zulassen.

Richtlinie	Beschreibung
Zugriff auf Laufwerke vom Arbeitsplatz nicht zulassen	Sperrt den Zugriff auf bestimmte Laufwerke. Die Symbole werden weiter angezeigt, aber es besteht keinerlei Zugriff mehr, auch nicht aus der Eingabeaufforderung. Versucht der Benutzer, auf ein so gesperrtes Laufwerk zuzugreifen, erhält er eine Fehlermeldung.

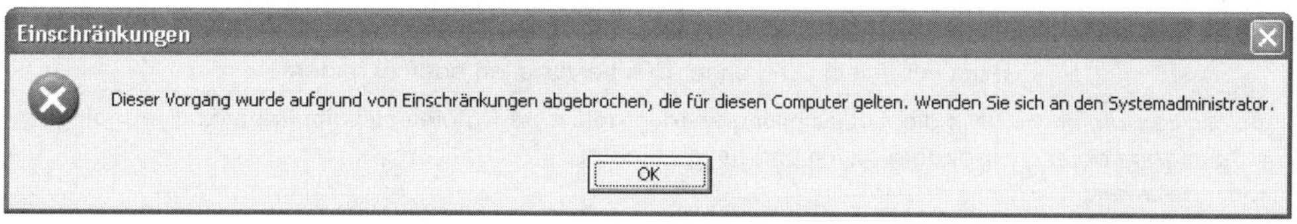

Fehlermeldung beim Versuch, auf ein gesperrtes Laufwerk zuzugreifen.

Richtlinie	Beschreibung
Registerkarte 'Hardware' entfernen	Durch diese Richtlinie wird die Registerkarte *Hardware* für die Systemsteuerungsobjekte *Maus, Tastatur* und *Sounds und Audiogeräte* entfernt. Zusätzlich wird die Registerkarte *Hardware* aus den Eigenschaften aller lokalen Treiber, inklusive Festplatten, Diskettenlaufwerken und CD-ROM-Laufwerken, entfernt. Damit wird verhindert, dass Benutzer falsche Gerätekonfigurationen provozieren.
Registerkarte 'DFS' entfernen	Diese Einstellung entfernt die Registerkarte *DFS* - falls vorhanden - aus dem Windows-Explorer und aus anderen Programmen, die den Windows-Explorer zum Suchen verwenden. Benutzer können diese Registerkarte nicht verwenden, um die Eigenschaften der verfügbaren DFS-Freigaben anzuzeigen oder zu ändern.
Registerkarte 'Sicherheit' entfernen	Mit dieser Einstellung haben Benutzer, die das Dialogfeld *Eigenschaften* öffnen, für alle Dateisystemobjekte, einschließlich Ordner, Dateien, Verknüpfungen und Laufwerke, keinen Zugang zur Registerkarte *Sicherheit*. Der Benutzer kann weder die Sicherheitseinstellungen ändern, noch eine Liste aller Benutzer anzeigen, die Zugriff auf die betreffende Ressource haben.
Benutzeroberfläche zum Ändern der Menüanimationseinstellung entfernen	Verhindert, dass Benutzer die Option zum Animieren von Fenstern, Menüs und Listen wählen können. Ohne animierte Menüs läuft die Benutzeroberfläche deutlich schneller.
Benutzeroberfläche zum Ändern der Einstellung für Tastaturnavigationsanzeige entfernen	Deaktiviert die Option *Tastaturnavigationsanzeiger ausblenden (mit Alt-Taste einblenden)* im Systemsteuerungssymbol *Anzeige*. Unterstrichene Buchstaben, die die Abkürzungstasten in Menüs und Dialogen anzeigen, werden erst mit Drücken auf die [Alt]-Taste eingeblendet, wenn diese Option in den Anzeigeeigenschaften aktiviert ist. Benutzer, die Explorer-Funktionen schnell über Tastatur aufrufen wollen, bräuchten dann deutlich länger, um die richtige Tastenkombination zu finden.
'Benachbarte Computer' nicht unter Netzwerkumgebung anzeigen	Entfernt das Symbol *Benachbarte Computer* und die Liste aus der Netzwerkumgebung. Diese Liste zeigt Computer aus der Arbeitsgruppe oder Domäne des Benutzers an. Die normale Funktion der Netzwerkumgebung bleibt aber erhalten.
Symbol 'Gesamtes Netzwerk' nicht in Netzwerkumgebung anzeigen	Entfernt alle Computer, die nicht zu der Arbeitsgruppe oder lokalen Domäne des Benutzers gehören, aus den Listen der Netzwerkressourcen im Windows-Explorer und in der Netzwerkumgebung. Benutzer können weiterhin mit anderen Methoden auf Netzwerkcomputer zugreifen.
Maximale Anzahl von neueren Dokumenten	Diese Richtlinie legt fest, wie viele Verknüpfungen im Menü *Zuletzt verwendete Dokumente* im Startmenü angezeigt werden dürfen.
Keine alternativen Anmeldeinformationen anfordern	Verhindert, dass Benutzer Programme im Namen anderer Benutzer installieren.
Anmeldeinformationen für Installation vom Netzwerk anfordern	Administratoren können bei der Installation von Programmen über das Netzwerk durch Eingabe des richtigen Passwortes auch für andere Benutzer installieren, ohne sich vorher abmelden zu müssen.
CD-Brennfunktion entfernen	Wenn Sie diese Einstellung aktivieren, werden alle Funktionen im Windows Exlorer entfernt, die eine Benutzung des CD-Brenners erlauben. Diese Einstellung verhindert nicht, dass Benutzer Anwendungssoftware anderer Hersteller verwenden, um mit einem CD-Brenner CDs herzustellen oder zu ändern.
Gelöschte Dateien nicht in den Papierkorb verschieben	Mit dieser Einstellung werden gelöschte Dateien nicht im Papierkorb abgelegt, sondern gleich endgültig gelöscht.

Richtlinie	Beschreibung
Bestätigungsdialog beim Löschen von Dateien anzeigen	Ermöglicht die Anzeige eines Bestätigungsdialogs in Windows-Explorer, sobald eine Datei gelöscht oder in den Papierkorb verschoben wird.
Maximal zugelassene Papierkorbgröße	Begrenzt den Prozentsatz des Plattenspeicherplatzes eines Datenträgers, der zur Speicherung von gelöschten Dateien verwendet werden kann.
Gemeinsame Dokumente vom Arbeitsplatz entfernen	Entfernt das Verzeichnis *Gemeinsame Dokumente* vom Arbeitsplatz.
Zwischenspeichern von Bildern in Miniaturansicht deaktivieren	Diese Einstellung steuert, ob Bilder in Miniaturansicht zwischengespeichert werden.

Windows-Explorer/Standarddialog Datei öffnen

Richtlinie	Beschreibung
Elemente, die in der Ortsleiste angezeigt werden	Konfiguriert die Liste von Elementen, die in der Ordnerleiste im Windows-Dialog *Öffnen* angezeigt werden. Ist diese Einstellung aktiviert, können Sie die Anzeige von eins bis fünf Elementen in der Ordnerleiste spezifizieren.
Standarddialog 'Zurück' ausblenden	Entfernt die *Zurück*-Schaltflächen aus dem Standarddialog *Öffnen*. Diese Richtlinie gilt nur für Programme, die den Standarddialog *Öffnen* und keine eigene Dialogbox verwenden.
Dropdownliste der zuletzt verwendeten Dateien ausblenden	Entfernt die Liste der zuletzt verwendeten Dateien aus dem Standarddialog *Öffnen*. Diese Richtlinie gilt nur für Programme, die den Standarddialog *Öffnen* und keine eigene Dialogbox verwenden.
Ortsleiste in Standarddialogen ausblenden	Entfernt die Symbolleiste am linken Rand aus dem Standarddialog *Öffnen*. Diese Richtlinie ermöglicht es, den Standarddialog *Öffnen* genauso wie in Windows NT 4.0 aussehen zu lassen. Diese Richtlinie gilt nur für Programme, die den Standarddialog *Öffnen* und keine eigene Dialogbox verwenden.

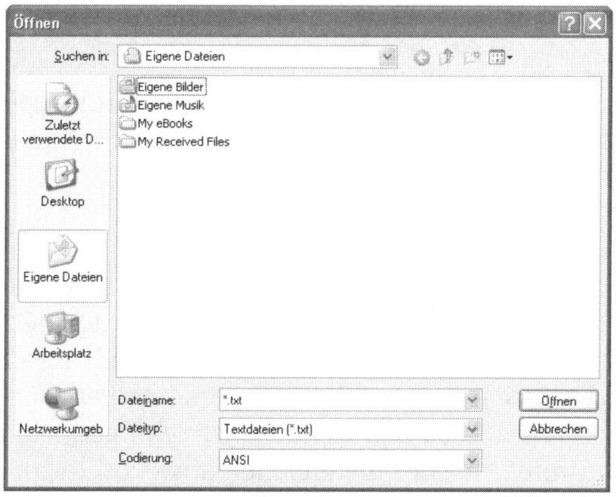

Standarddialog mit allen Elementen.

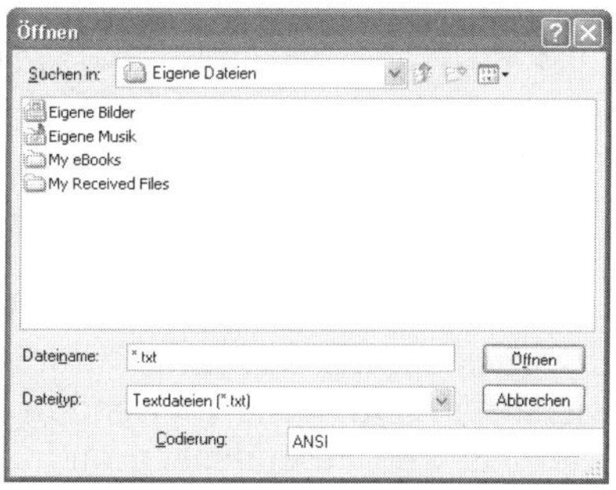

Standarddialog ohne Ortsleiste und Zurück-Schaltfläche.

Windows-Einstellungen

Ein weiterer großer Bereich der Gruppenrichtlinien sind die so genannten Windows-Einstellungen. Hier finden Sie vor allem Parameter für Anmeldescripts und Sicherheitseinstellungen aber auch konfigurierbare Dienste, Richtlinien zur Ordnerumleitung und Remote-Installation sowie zur optischen Umgestaltung des Internet Explorer.

Scripteinstellungen

Windows XP ermöglicht Scripts, die zu verschiedenen Anlässen automatisch abgearbeitet werden. Gab es in Windows NT 4.0 lediglich die Möglichkeit, bei der Benutzeranmeldung ein benutzerspezifisches Anmeldescript ablaufen zu lassen, bieten sich seit Windows 2000 hier deutlich mehr Möglichkeiten:

- **Anmeldescripts** - laufen ab, wenn sich ein Benutzer anmeldet, sie werden unter *Benutzerkonfiguration/Windows-Einstellungen/Skripts* konfiguriert.
- **Abmeldescripts** - laufen ab, wenn sich ein Benutzer abmeldet, sie werden unter *Benutzerkonfiguration/Windows-Einstellungen/Skripts* konfiguriert.
- **Startscripts** - laufen ab, wenn sich ein Computer hochfährt, sie werden unter *Computerkonfiguration/Windows-Einstellungen/Skripts* konfiguriert.
- **Herunterfahren-Scripts** - laufen ab, wenn sich ein Computer herunterfährt, sie werden unter *Computerkonfiguration/Windows-Einstellungen/Skripts* konfiguriert.

In jedem Bereich können mehrere Scripts nacheinander ausgeführt werden. Die Reihenfolge kann in der Richtlinie beliebig eingestellt werden.

Beim Herunterfahren eines Computers werden zuerst die Abmeldescripts des zuletzt angemeldeten Benutzers abgearbeitet, danach die Herunterfahren-Scripts des Computers.

Für alle Scripts wird eine maximale Zeit von standardmäßig zehn Minuten vorgegeben. Sollte bis dahin das Script nicht abgearbeitet oder nicht einmal gestartet sein, bricht die Scriptverarbeitung mit einem Fehler ab. Sollten die Scripts planmäßig länger brauchen, können Sie die Wartezeit mit der Richtlinie *Computerkonfiguration/Administrative Vorlagen/System/Skripts/Maximale Wartezeit für Gruppenrichtlinienscripts* verlängern.

Sicherheitseinstellungen

Die Sicherheitseinstellungen sind besonders für Computer mit vielen Benutzern und große unpersönliche Netzwerke wichtig, bei denen die Administratoren ihre Benutzer nicht persönlich kennen. Hier gibt es verschiedene sicherheitsrelevante Bereiche:

Kontorichtlinien

Hier können Sie Richtlinien für die Benutzerpasswörter festlegen, wie zum Beispiel eine bestimmte Mindestlänge oder ein maximales Alter, nachdem das Passwort geändert werden muss. Ein minimales Alter verhindert, dass Benutzer ihr Passwort danach sofort wieder zurück ändern. Mit einer Chronik lassen sich einige zuletzt verwendete Passwörter speichern und für neue Verwendung sperren, um so den Benutzer zu zwingen, sich ein neues Passwort auszudenken und nicht immer wieder die gleichen abwechselnd zu verwenden. Näheres zu Kontorichtlinien für lokale Benutzer finden Sie auf Seite 465.

Die Kontosperrung sperrt den Benutzer nach einer bestimmten Anzahl ungültiger Anmeldeversuche für eine einstellbare Zeitdauer.

Lokale Richtlinien

Lokale Richtlinien betreffen Überwachungseinstellungen und andere Parameter, die nur den lokalen Computer selbst betreffen. Zum Beispiel lässt sich damit verhindern, dass sich bestimmte Benutzer lokal am Server anmelden. Diese haben dann nur Zugriff auf Arbeitsstationen im Netz.

8.7 Unsicherheitsfaktoren beseitigen

Wer auf Datenschutz bedacht ist, sollte nicht nur seine bearbeiteten Dateien vor unbefugtem Zugriff schützen, sondern auch die Spuren seines Tuns möglichst verwischen, nachdem er den Rechner verlässt. Vor allem nachfolgende Benutzer des gleichen Computers können an vielen Stellen Reste der Arbeit des Vorgängers finden.

Nähere Informationen zum Datenschutz im Internet Explorer finden Sie in Kapitel 12. In Kapitel 9 finden Sie Hinweise zum Löschen der Verlaufslisten, die viele Programme in der Registry anlegen. Die folgenden Seiten geben Hinweise dazu, wie Sie lokale sicherheitsrelevante Informationen vor den Augen anderer Benutzer verbergen können.

Bildschirm sperren bei kurzfristigem Verlassen des Computers

Möchten Sie, dass in Büroumgebungen nicht jeder Ihre aktuelle Arbeit sieht, wenn Sie den Computer nur mal kurz verlassen, hilft ein manuell gestarteter Bildschirmschoner unter Windows XP nur noch bedingt. In früheren Windows-Versionen konnte man die SCR-Datei eines Bildschirmschoners mit Passwortschutz über eine Desktop-Verknüpfung oder eine Tastenkombination manuell starten und damit den Computer sperren. Windows XP ermöglicht zwar immer noch das manuelle Starten des Bildschirmschoners, aber nur bei automatisch gestarteten Bildschirmschonern gibt es nach der Reaktivierung die Option, eine Benutzeranmeldung zu erzwingen.

Einfacher können Sie mit der Tastenkombination [Win]+[L] den Computer sperren. Hier erscheint sofort der Anmeldebildschirm. Eine wirkliche Sperre ist diese Methode aber nur, wenn die Benutzer sich mit Passwort anmelden müssen.

Daten löschen

Wenn Sie im Windows-Explorer über das Kontextmenü *Löschen* oder mit der Taste [Entf] eine Datei löschen, ist dies noch lange nicht wirklich gelöscht, sondern wird nur im Papierkorb abgelegt. Wie das Durchwühlen von realen Papierkörben von feindselig gestimmten Kollegen oder Steuerfahndern gern zur Datenbeschaffung genutzt wird, stellt auch der Windows-Papierkorb ein gewisses Sicherheitsrisiko dar.

Gewöhnen Sie sich also an, den Papierkorb regelmäßig zu leeren und persönliche Dateien nicht in den Papierkorb zu werfen, sondern endgültig zu löschen. Verwenden Sie dazu die Tastenkombination [Umschalt]+[Entf] im Windows-Explorer. Dateien, die mit den Befehlen *DEL*, *ERASE* oder *RD* von der Eingabeaufforderung gelöscht werden, erscheinen ebenfalls nicht im Papierkorb.

Um die Sicherheit des Papierkorbs vor fremden Zugriffen zu erhöhen, können Sie diesen wie jedes andere Verzeichnis auch verschlüsseln. Dazu muss der Papierkorb auf einem NTFS-Laufwerk liegen. Der Papierkorb ist ein Verzeichnis mit Namen *RECYCLED* oder *RECYCLER* im Hauptverzeichnis jeder Festplatte.

In den Eigenschaften des Papierkorbs können Sie diesen auch generell deaktivieren und die Dateien beim Löschen im Windows-Explorer sofort löschen. Diese Einstellung kann wahlweise für jedes Laufwerk unabhängig oder für alle Laufwerke eingestellt werden.

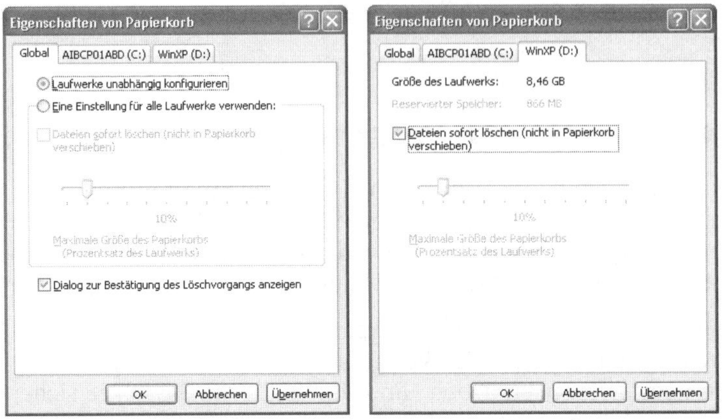

Papierkorbeinstellungen.

Auch beim Leeren des Papierkorbs oder beim endgültigen Löschen von Dateien werden diese nicht wirklich von der Festplatte entfernt, sondern nur im Inhaltsverzeichnis gelöscht. Die Daten bleiben auf der Platte. Sie lassen sich mit Hex-Editoren und Datenwiederherstellungs-Tools wiederfinden.

Der beste Schutz gegen eine derartige Datenwiederherstellung ist ein Überschreiben der zu löschenden Datei mit sinnlosen Daten. Externe Sicherheits-Tools wie Norton Systemworks (*www.symantec.de*) bieten dafür Programme an, die direkt in die Windows XP-Oberfläche integriert werden können.

Sicheres Löschen selbst gemacht

Wenn Sie kein spezielles Löschprogramm zur Verfügung haben, können Sie eine Datei auch selbst sicher löschen. Gehen Sie dazu folgendermaßen vor:

1. Löschen Sie die Datei nicht, sondern kopieren Sie eine andere willkürliche Datei von etwa der gleichen Größe auf den gleichen Dateinamen und überschreiben Sie damit die ursprüngliche Datei. Eine gleichnamige neue Datei überschreibt eine alte Datei immer an der gleichen Position auf der Festplatte. Zum Kopieren können Sie allerdings nicht den Windows-Explorer verwenden, da dieser immer eine neue Datei mit dem Namen *Kopie von* anlegt, die einen neuen Festplattenbereich belegt. Kopieren Sie die Datei also mit der Eingabeaufforderung oder einem externen Datei-Manager wie zum Beispiel dem Norton Commander.
2. Löschen Sie jetzt die kopierte Datei. Der Verzeichniseintrag wird entfernt, auf der Festplatte bleiben nur die Daten der sinnlosen Kopie übrig, die eventuell jemand wiederherstellen kann. Das Original ist unwiederbringlich verloren.

Daten beseitigen mit CIPHER

Das Kommandozeilen-Tool CIPHER, eigentlich zum Verschlüsseln von Dateien gedacht, bietet auch eine Option, ungenutzte Bereiche der Festplatte, die zum Beispiel gelöschte Dateien enthalten können, komplett zu bereinigen.

```
CIPHER /W:<Verzeichnisname>
```

Dazu müssen Sie den Parameter */W:* und dahinter einen beliebigen Verzeichnisnamen auf dem aktuellen Laufwerk angeben. Dieser Verzeichnisname hat keine Bedeutung, da immer das gesamte Laufwerk durchsucht wird. Alle freien Bereiche, die von keiner gültigen Datei belegt sind, werden mit Nullen und in einem zweiten Durchlauf mit 0xFF überschrieben. CIPHER sperrt das Laufwerk nicht für die exklusive Verwendung. Beenden Sie daher möglichst viele Programme, damit während des Laufs von CIPHER möglichst wenig weitere Zugriffe auf die Festplatte erfolgen.

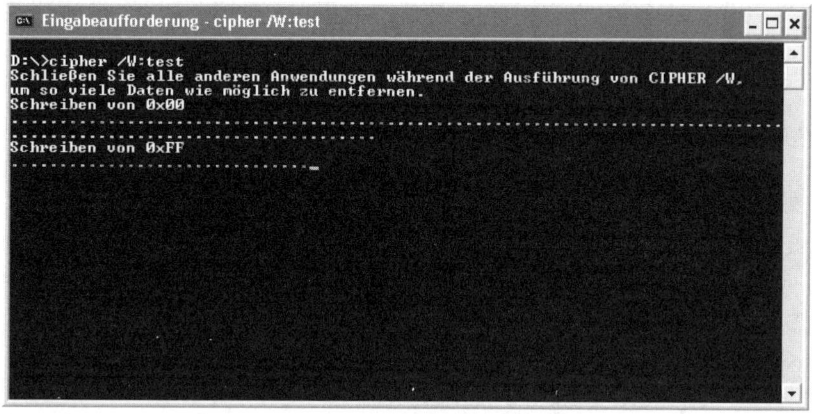

CIPHER überschreibt gelöschte Dateien.

Bei großen Laufwerken kann dieser Vorgang mehrere (zig) Minuten dauern.

Nicht nur NTFS

Die Verschlüsselung mit CIPHER funktioniert nur auf NTFS-Laufwerken. Der Parameter */W:* zum Bereinigen leerer Festplattenbereiche funktioniert aber auch auf FAT16/FAT32-Partitionen.

Temporärdateien löschen

Aus dem Inhalt temporärer Dateien lassen sich oftmals Rückschlüsse auf bearbeitete Dateien ziehen. Gerade die Temporärdateien von Microsoft Office enthalten oft komplette Kopien der zuletzt bearbeiteten Dokumente. Solche Temporärdateien sollten eigentlich automatisch gelöscht werden, was aber schon in früheren Windows-Versionen nicht sauber funktionierte. Mit einem einfachen Abmeldescript können Sie beim Abmelden automatisch das Temporärverzeichnis löschen.

```
%homedrive%
cd %temp%
del . /Q
```

Erstellen Sie aus diesen drei Befehlen eine Batchdatei und fügen Sie diese über die Gruppenrichtlinie *Benutzerkonfiguration/Windows-Einstellungen/Skripts/Abmelden* zu den Abmeldescripts hinzu, sodass sie bei jedem Abmelden eines Benutzers ausgeführt wird.

Die Bedeutung der drei Befehle aus dem Script:

- *%homedrive%* – wechselt auf das Laufwerk, auf dem sich die persönlichen Verzeichnisse befinden.
- *cd %temp%* – wechselt ins Temporärverzeichnis.
- *del . /Q* – löscht ohne weitere Nachfrage alle Dateien in diesem Verzeichnis.

Auslagerungsdatei löschen

Die Auslagerungsdatei von Windows enthält Inhalte des virtuellen Arbeitsspeichers und lässt so auch nach dem Abmelden eines Benutzers noch Rückschlüsse auf dessen Arbeit zu. Hier findet man unter Umständen sogar Fragmente oder vollständige Dokumente, die zuletzt geöffnet wurden. Da dies auf Computern, auf die mehrere Benutzer Zugriff haben, ein Sicherheitsrisiko darstellt, können Sie die Auslagerungsdatei beim Abmelden eines Benutzers automatisch löschen lassen. Allerdings dauert das Anmelden eines neuen Benutzers dann länger, da die Auslagerungsdatei erst wieder angelegt werden muss.

Aktivieren Sie dazu unter *Systemsteuerung/Verwaltung/Lokale Sicherheitsrichtlinie* die Richtlinie *Herunterfahren: Auslagerungsdatei des virtuellen Arbeitsspeichers löschen* unter *Lokale Richtlinien/Sicherheitsoptionen*.

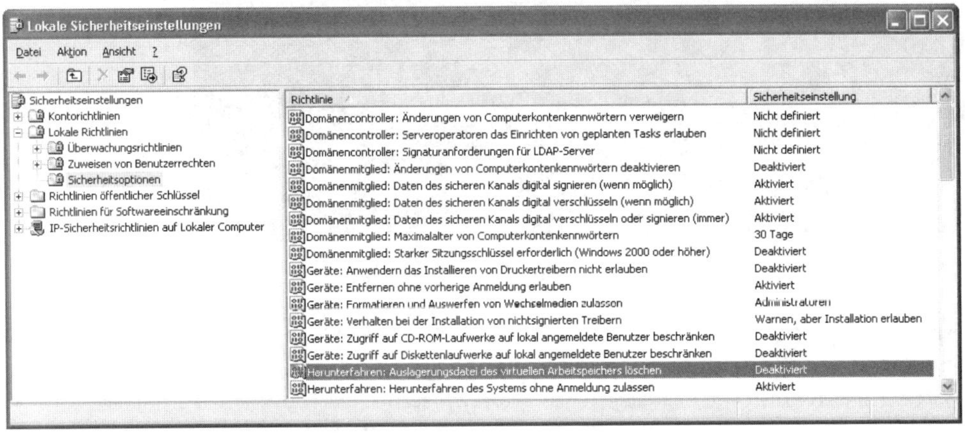

Richtlinie zum automatischen Löschen der Auslagerungsdatei.

9. Optimal arbeiten unter Windows XP

Nach einer Standardinstallation ist die Windows XP-Benutzeroberfläche für eine praktische effiziente Arbeit kaum nutzbar. Überflüssige Funktionen werden angezeigt, häufig gebrauchte sind nur schwer zu finden. Windows XP bietet aber noch mehr als frühere Windows-Versionen zahlreiche Tricks, mit denen der Benutzer das System auf seine persönliche Arbeitsweise anpassen kann. Dazu gehören unter anderem Systemordner und das optische Design der Oberfläche. Kann auf schnellen Rechnern mit der bunten XP-Oberfläche gearbeitet werden, bietet sich auf älteren Rechnern die Weiterverwendung der klassischen Darstellung an. Dabei geht es nicht nur um eine einfache Umschaltung zwischen zwei Darstellungsvarianten, sondern um eine Vielzahl von Optionen, sich eine eigene Benutzeroberfläche zu konfigurieren. Einige dieser Tuning- oder Tweaking-Tipps sind nicht einmal über Optionen in der Windows-Oberfläche erreichbar, sondern nur durch manuelles Editieren der Registry. Diese sind in der Original-Dokumentation von Windows XP nirgends dokumentiert.

Viele neue Automatismen in Windows XP sind für den unkritischen amerikanischen Konsumenten konzipiert worden. Ein europäischer Nutzer möchte aber doch gern wissen, was sein Rechner macht, und nicht ständig von irgendwelchen Assistenten und Popups bei der Arbeit unterbrochen werden. Auch vertraut hierzulande kaum jemand blind einem großen Softwaregiganten, dafür sind die meisten Anwender durchaus in der Lage, bestimmte Konfigurationseinstellungen manuell vorzunehmen.

Wie die Systemkonfiguration rechnerspezifisch vorgenommen wird, wie Voreinstellungen optimiert und verbessert werden und wie das System an individuelle Bedürfnisse angepasst werden kann, beschreibt dieses Kapitel.

9.1 Konfigurationseinstellungen im Direktzugriff

Windows XP bietet an vielen Stellen Einstellungs- und Anpassungsmöglichkeiten. In Wirklichkeit sind es gar nicht so viele verschiedene. Sie erscheinen nur an verschiedenen Stellen in Windows XP unter Verknüpfungen mit unterschiedlichen Namen. In den folgenden Abschnitten erfahren Sie, was sich wirklich hinter den diversen Schaltern und Reglern verbirgt, wie Sie die Systemsteuerung anpassen können und was für weit reichende Konfigurationsoptionen noch in der Registry verborgen sind.

Die Systemsteuerung

Die Systemsteuerung war schon immer die zentrale Schaltstelle für alle Windows-Konfigurationen. Seit Windows 3.x bestand die Systemsteuerung aus einer alphabetischen Liste verschiedener Konfigurationsmodule für unterschiedliche Systemkomponenten. Diese Konfigurationsmodule sind Dateien mit der Endung *.cpl* (**C**ontrol **P**ane**l** – die englische Bezeichnung der Systemsteuerung), die im Verzeichnis *\WINDOWS\SYSTEM32* liegen. Hard- und Softwarehersteller können für die Konfiguration ihrer Komponenten eigene derartige Module erstellen und der Systemsteuerung hinzufügen. Dieses Verfahren nutzen zum Beispiel Symantec LiveUpdate, QuickTime oder skyDSL zur Konfiguration ihrer Dienste. Systemsteuerungsmodule, die in anderen Verzeichnissen liegen, müssen in der Registry unter *HKEY_LOCAL_MACHINE\Software\Microsoft\Windows\CurrentVersion\Control Panel\Cpls* eingetragen sein. Jedes Systemsteuerungsmodul legt die Einstellungen, die der Benutzer gemacht hat, in der Registry unter *HKEY_CURRENT_USER\Control Panel* in einem eigenen Unterschlüssel ab. Allgemeine Einstellungen aus der Systemsteuerung finden Sie unter *HKEY_LOCAL_MACHINE\Software\Microsoft\Windows\CurrentVersion\Control Panel.*

Windows XP kennt neben der bunten aufgabenorientierten Kategorieansicht weiterhin die klassische Ansicht der Systemsteuerung mit den einzelnen Modulen.

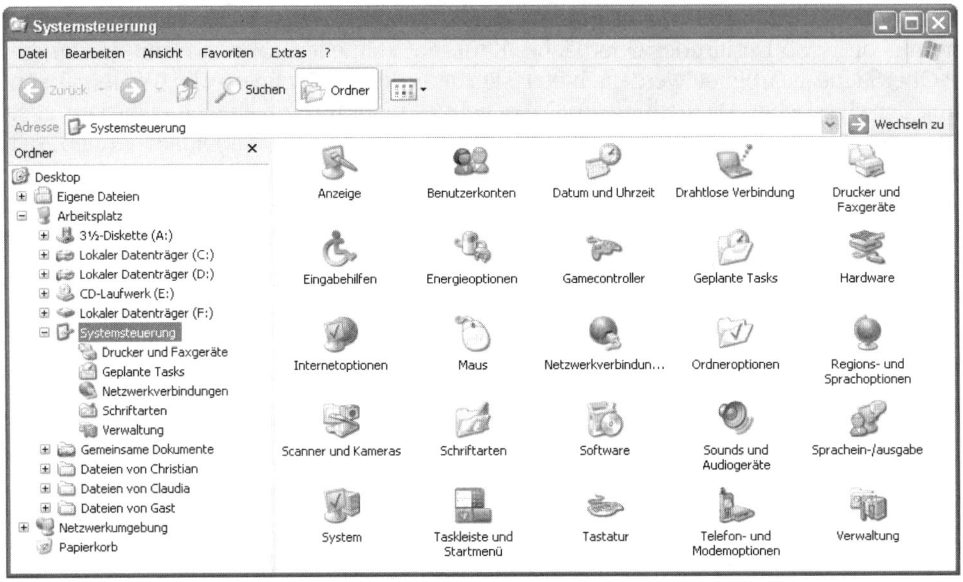

Systemsteuerung in der klassischen Ansicht.

Die folgende Tabelle zeigt die Namen aller von Windows XP automatisch installierten Systemsteuerungsmodule:

Name in der Systemsteuerung	Dateiname
Anzeige	*desk.cpl*
Benutzerkonten	*nusrmgr.cpl*
Client Service für NetWare (standardmäßig ausgeblendet)	*nwc.cpl*
Datum und Uhrzeit	*timedate.cpl*
Drahtlose Verbindung	*irprops.cpl*
Eingabehilfen	*access.clp*
Energieoptionen	*powercfg.cpl*
Gamecontroller	*joy.cpl*
Geplante Tasks	Verknüpfung mit *%systemroot%\Tasks*
Hardware	*hdwwiz.cpl*

Name in der Systemsteuerung	Dateiname
Internetoptionen	*inetcpl.cpl*
Maus	*main.cpl*
Netzwerkverbindungen	*ncpa.cpl*
ODBC-Datenquellen-Administrator (standardmäßig ausgeblendet)	*odbccp32.cpl*
Ordneroptionen	Verknüpfung mit der Explorer-Option *Extras/Ordneroptionen.*
Regions- und Sprachoptionen	*intl.cpl*
Scanner und Kameras	Verknüpfung mit *%systemroot%\Twain*
Schriftarten	Verknüpfung mit *%systemroot%\Fonts*
Software	*appwiz.cpl*
Sounds und Audiogeräte	*mmsys.cpl*
Sprachein-/ausgabe	*sapi.cpl*
System	*sysdm.cpl*
Taskleiste und Startmenü	Verknüpfung mit dem Einstellungsdialog der Taskleiste
Tastatur	*main.cpl*
Telefon- und Modemoptionen	*telephon.cpl/modem.cpl*
Verwaltung	Verknüpfung mit *\Dokumente und Einstellungen\All Users\Startmenü\Programme\Verwaltung*

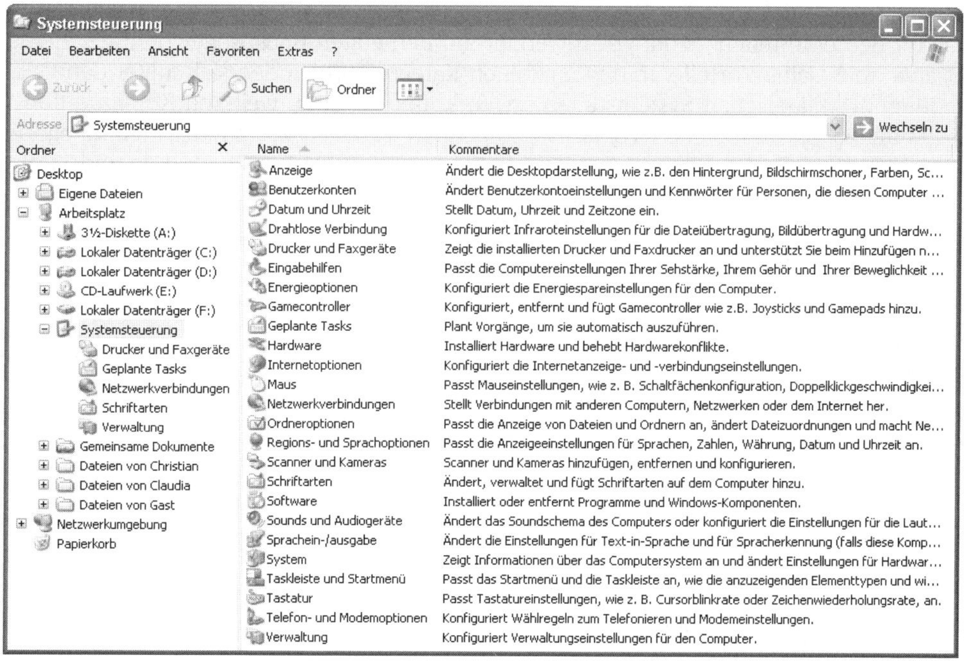

Systemsteuerung in der Detailansicht.

Einen besseren Überblick über die Module der Systemsteuerung erhalten Sie in der Detailansicht.

Die Kategorieansicht der Systemsteuerung

Windows XP zeigt die Systemsteuerung vorgabemäßig in einer neuen Darstellung, der Kategorieansicht.

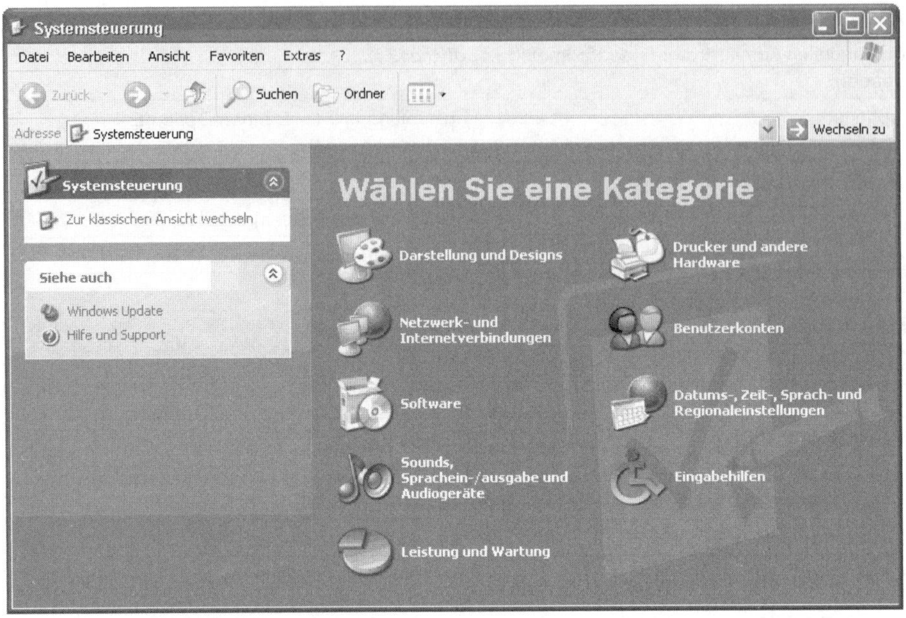

Kategorieansicht der Systemsteuerung.

Was für den erfahrenen Windows-Anwender auf den ersten Blick ungewohnt erscheint, hat aber auch seine Vorteile. In den einzelnen Kategorien befinden sich außer den CPL-Modulen der klassischen Systemsteuerung Verknüpfungen zu weiteren Konfigurationseinstellungen und nützlichen Tools. Die folgenden Tabellen zeigen zu jeder Kategorie die zusätzlichen Funktionen, wie man sie sonst aufrufen würde, CPL-Module und Tools, die über das Zusatzmenü *Siehe auch* aufgerufen werden können.

Darstellung und Designs

Neue Funktionen	
Design des Computers ändern	*Systemsteuerung/Anzeige/Designs*
Desktop-Hintergrund ändern	*Systemsteuerung/Anzeige/Desktop*
Neuen Bildschirmschoner wählen	*Systemsteuerung/Anzeige/Bildschirmschoner*
Bildschirmauflösung ändern	*Systemsteuerung/Anzeige/Einstellungen*
Systemsteuerungsmodule	
Anzeige	Rechtsklick auf Desktop -> *Eigenschaften*
Ordneroptionen	Windows-Explorer -> *Extras/Ordneroptionen*
Taskleiste und Startmenü	Rechtsklick auf Taskleiste -> *Eigenschaften*

Siehe auch	
Schriftarten	*Systemsteuerung/Schriftarten*
Mauszeiger	*Systemsteuerung/Maus/Zeigeroptionen*
Hoher Kontrast	*Systemsteuerung/Eingabehilfen/Anzeige*
Benutzerkontobild	Klick auf Benutzerkontobild im Startmenü

Drucker und andere Hardware

Neue Funktionen	
Installierte Drucker bzw. Faxdrucker anzeigen	*Systemsteuerung/Drucker und Faxgeräte*
Drucker hinzufügen	*Systemsteuerung/Drucker und Faxgeräte/Drucker hinzufügen*
Systemsteuerungsmodule	
Drahtlose Verbindung	Rechtsklick auf Infrarot-Symbol in der Taskleiste
Drucker und Faxgeräte	Startmenü/*Drucker und Faxgeräte*
Gamecontroller	*Systemsteuerung/Gamecontroller*
Maus	*Systemsteuerung/Maus*
Scanner und Kameras	*Systemsteuerung/Scanner und Kameras*
Tastatur	*Systemsteuerung/Tastatur*
Telefon und Modemoptionen	*Systemsteuerung/Telefon und Modemoptionen*
Siehe auch	
Hardware	*Systemsteuerung/Hardware*
Anzeige	*Systemsteuerung/Anzeige*
Sounds, Sprachein-/-ausgabe und Audiogeräte	*Systemsteuerung* (Kategorieansicht)*/Sounds, Sprachein-/Ausgabe und Audiogeräte*
Energieoptionen	*Systemsteuerung/Energieoptionen*
System	*Systemsteuerung/System*

Netzwerk- und Internetverbindungen

Neue Funktionen	
Eine Internetverbindung einrichten bzw. ändern	Internet Explorer -> *Extras/Internetoptionen/Verbindungen*
Verbindung mit dem Netzwerk am Arbeitsplatz erstellen	Startmenü/*Alle Programme/Zubehör/Kommunikation/Assistent für neue Verbindungen/Verbindung mit dem Netzwerk am Arbeitsplatz erstellen*
Heimnetzwerk bzw. kleines Büronetzwerk einrichten oder ändern	Startmenü/*Alle Programme/Zubehör/Kommunikation/Netzwerkinstallationsassistent*
Systemsteuerungsmodule	
Internetoptionen	Internet Explorer -> *Extras/Internetoptionen/Verbindungen*
Netzwerkverbindungen	*Systemsteuerung/Netzwerkverbindungen*

Siehe auch	
Netzwerkumgebung	Windows-Explorer -> *Netzwerkumgebung*
Drucker und andere Hardware	*Systemsteuerung* (Kategorieansicht)/*Drucker und andere Hardware*
Remotedesktop	*Systemsteuerung/System/Remote*
Telefon und Modemoptionen	*Systemsteuerung/Telefon und Modemoptionen*

Benutzerkonten

Entspricht der Option *Benutzerkonten* in der klassischen Ansicht.

Software

Entspricht der Option *Software* in der klassischen Ansicht.

Datums-, Zeit-, Sprach- und Regionaleinstellungen

Neue Funktionen	
Datum und Uhrzeit ändern	Doppelklick auf Uhr in der Taskleiste
Format für Zahlen, Datum und Zeit ändern	*Systemsteuerung/Regions- und Sprachoptionen/Regionale Einstellungen*
Weitere Sprachen hinzufügen	*Systemsteuerung/Regions- und Sprachoptionen/Sprachen*
Systemsteuerungsmodule	
Datum und Uhrzeit	Doppelklick auf Uhr in der Taskleiste
Regions- und Sprachoptionen	*Systemsteuerung/Regions- und Sprachoptionen*
Siehe auch	
Geplante Tasks	Startmenü/*Alle Programme/Zubehör/Systemprogramme/Geplante Tasks*

Sounds, Sprachein-/-ausgabe und Audiogeräte

Neue Funktionen	
Systemlautstärke anpassen	*Systemsteuerung/Sounds und Audiogeräte/Lautstärke*
Soundschema ändern	*Systemsteuerung/Sounds und Audiogeräte/Sounds*
Lautsprechereinstellungen ändern	*Systemsteuerung/Sounds und Audiogeräte/Lautstärke*
Systemsteuerungsmodule	
Sounds und Audiogeräte	*Systemsteuerung/Sounds und Audiogeräte*
Sprachein-/-ausgabe	*Systemsteuerung/Sprachein-/ausgabe*
Siehe auch	
Soundoptionen für Eingabehilfen	*Systemsteuerung/Eingabehilfen/Sound*
Erweiterte Lautstärkeeinstellungen	Startmenü/*Alle Programme/Zubehör/Unterhaltungsmedien/Lautstärke*

Eingabehilfen

Neue Funktionen	
Kontrast für Text und Farben auf dem Bildschirm anpassen	*Systemsteuerung/Eingabehilfen/Anzeige*
Windows Ihrer Sehstärke, Ihrem Gehör und Ihrer Beweglichkeit entsprechend anpassen	Startmenü/*Alle Programme/Zubehör/Eingabehilfen/Eingabehilfen-Assistent*
Systemsteuerungsmodule	
Eingabehilfen	*Systemsteuerung/Eingabehilfen*
Siehe auch	
Bildschirmlupe	Startmenü/*Alle Programme/Zubehör/Eingabehilfen/Bildschirmlupe*
Bildschirmtastatur	Startmenü/*Alle Programme/Zubehör/Eingabehilfen/Bildschirmtastatur*

Leistung und Wartung

Neue Funktionen	
Grundlegende Informationen über den Computer anzeigen	*Systemsteuerung/System*
Visuelle Effekte anpassen	*Systemsteuerung/System/Erweitert/Visuelle Effekte*
Speicherplatz auf der Festplatte freigeben	Startmenü/*Alle Programme/Zubehör/Systemprogramme/Datenträgerbereinigung*
Daten sichern	Startmenü/*Alle Programme/Zubehör/Systemprogramme/Sicherung*
Elemente auf der Festplatte anders anordnen, damit Programme schneller ausgeführt werden	Startmenü/*Alle Programme/Zubehör/Systemprogramme/Defragmentierung*
Systemsteuerungsmodule	
Energieoptionen	*Systemsteuerung/Energieoptionen*
Geplante Tasks	Startmenü/*Alle Programme/Zubehör/Systemprogramme/Geplante Tasks*
System	*Systemsteuerung/System*
Verwaltung	*Dokumente und Einstellungen\All Users\Startmenü\Programme\Verwaltung*
Siehe auch	
Dateitypen	Windows-Explorer -> *Extras/Ordneroptionen*
Systemwiederherstellung	Startmenü/*Alle Programme/Zubehör/Systemprogramme/Systemwiederherstellung*

Systemsteuerung als Menü

Arbeiten Sie lieber mit der klassischen Ansicht der Systemsteuerung? Dann können Sie den Zugriff noch mehr vereinfachen, indem Sie die Systemsteuerung direkt ins Startmenü einbinden.

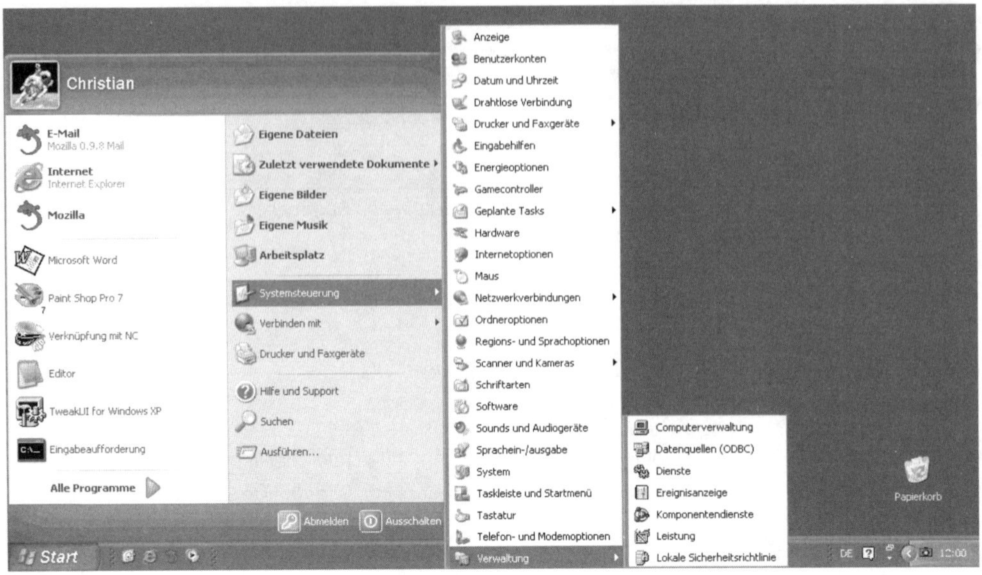

Systemsteuerung im Startmenü.

Gehen Sie dazu folgendermaßen vor:

1 Klicken Sie auf der Registerkarte *Startmenü* der Dialogbox *Eigenschaften von Taskleiste und Startmenü* auf *Anpassen*.

2 Schalten Sie in der Dialogbox *Startmenü anpassen* auf die Registerkarte *Erweitert* und wählen Sie dort in der Liste die Option *Systemsteuerung/Als Menü anzeigen*.

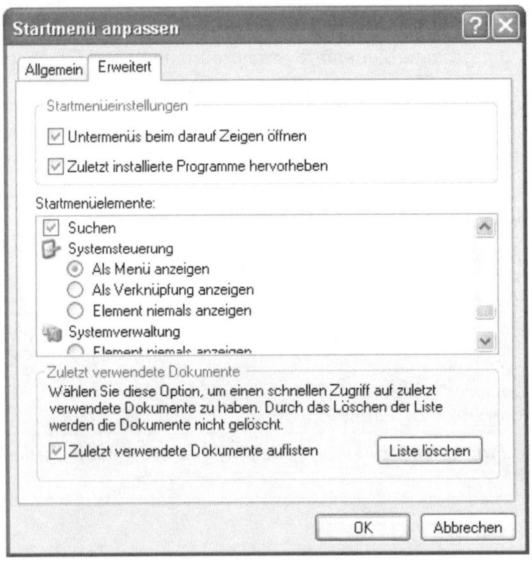

Systemsteuerung als Menü anzeigen.

Direktzugriff auf Systemfunktionen

Fast alle Windows-Systemfunktionen sind über **D**ynamic **L**ink **L**ibraries, DLL-Dateien, realisiert. Auf diese Weise können Programme auf Systemfunktionen zugreifen, ohne jedes Mal „das Rad neu erfinden" zu müssen.

Diese Systemfunktionen kann man sich für eigene Kommandozeilenaufrufe, Verknüpfungen oder Menüerweiterungen zunutze machen. Dazu liefert Windows XP das Tool *RUNDLL32.EXE* mit, mit dem die Funktionen aus DLL-Dateien wie normale Anwendungen ausgeführt werden können.

RUNDLL32 kann von der Eingabeaufforderung, *Start/Ausführen* oder aus einer Verknüpfung aufgerufen werden. Als Parameter wird der Name der DLL-Datei und mit einem Komma getrennt, ohne Leerzeichen direkt dahinter der Eintrittspunkt oder der Funktionsname der gewünschten Funktion innerhalb der DLL-Datei angegeben. Bei diesen Funktionsnamen und eventuellen zusätzlichen Parametern ist auf genaue Groß- und Kleinschreibung zu achten.

```
RUNDLL32 <DLL-Datei>,[Funktionsname|Eintrittspunkt],[Parameter]
```

Die Funktion *Control_RunDLL* in der Datei *SHELL32.DLL* kontrolliert die Module der Systemsteuerung. Damit können Sie sich gemäß der nachfolgenden Tabelle Verknüpfungen zu einzelnen Systemfunktionen anlegen.

RunDLL und Systemsteuerungsmodule
Wie bei der echten Systemsteuerung kann auch hier immer nur ein Modul gleichzeitig angezeigt werden. Startet man mit RUNDLL32 ein Modul, solange ein weiteres geöffnet ist, bleibt der zweite Aufruf ohne Wirkung.

Ohne weitere Parameter öffnet die Kommandozeile

```
rundll32 shell32.dll,Control_RunDLL
```

ein Fenster mit der Systemsteuerung. Die Tabellen sind nach den entsprechenden Systemsteuerungsmodulen sortiert.

Anzeige

Systemsteuerungsmodul	RunDLL-Aufruf
Anzeige/Designs	*rundll32 shell32.dll,Control_RunDLL desk.cpl*
Anzeige/Desktop	*rundll32 shell32.dll,Control_RunDLL desk.cpl,,0*
Anzeige/Bildschirmschoner	*rundll32 shell32.dll,Control_RunDLL desk.cpl,,1*
Anzeige/Einstellungen	*rundll32 shell32.dll,Control_RunDLL desk.cpl,,3*

Benutzerkonten

Systemsteuerungsmodul	RunDLL-Aufruf
Benutzerkonten	*rundll32 shell32.dll,Control_RunDLL nusrmgr.cpl*

Datum und Uhrzeit

Systemsteuerungsmodul	RunDLL-Aufruf
Datum und Uhrzeit/Datum und Uhrzeit	*rundll32 shell32.dll,Control_RunDLL timedate.cpl*
Datum und Uhrzeit/Zeitzone	*rundll32 shell32.dll,Control_RunDLL timedate.cpl,,1*

Drahtlose Verbindung

Systemsteuerungsmodul	RunDLL-Aufruf
Drahtlose Verbindung/Infrarot	*rundll32 shell32.dll,Control_RunDLL irprops.cpl*
Drahtlose Verbindung/Bildübertragung	*rundll32 shell32.dll,Control_RunDLL irprops.cpl,,1*
Drahtlose Verbindung/Hardware	*rundll32 shell32.dll,Control_RunDLL irprops.cpl,,2*

Drucker und Faxgeräte

Systemsteuerungsmodul	RunDLL-Aufruf
Drucker und Faxgeräte	*rundll32 shell32.dll,SHHelpShortcuts_RunDLL PrintersFolder*
Druckerinstallations-Assistent	*rundll32 shell32.dll,SHHelpShortcuts_RunDLL AddPrinter*

Eingabehilfen

Systemsteuerungsmodul	RunDLL-Aufruf
Eingabehilfen/Tastatur	*rundll32 shell32.dll,Control_RunDLL access.cpl*
Eingabehilfen/Sound	*rundll32 shell32.dll,Control_RunDLL access.cpl,,2*
Eingabehilfen/Anzeige	*rundll32 shell32.dll,Control_RunDLL access.cpl,,3*
Eingabehilfen/Maus	*rundll32 shell32.dll,Control_RunDLL access.cpl,,4*
Eingabehilfen/Allgemein	*rundll32 shell32.dll,Control_RunDLL access.cpl,,5*

Energieoptionen

Systemsteuerungsmodul	RunDLL-Aufruf
Energieoptionen	*rundll32 shell32.dll,Control_RunDLL powercfg.cpl*

Gamecontroller

Systemsteuerungsmodul	RunDLL-Aufruf
Gamecontroller	*rundll32 shell32.dll,Control_RunDLL joy.cpl*

Internetoptionen

Systemsteuerungsmodul	RunDLL-Aufruf
Internetoptionen/Allgemein	*rundll32 shell32.dll,Control_RunDLL inetcpl.cpl*
Internetoptionen/Sicherheit	*rundll32 shell32.dll,Control_RunDLL inetcpl.cpl,,1*
Internetoptionen/Datenschutz	*rundll32 shell32.dll,Control_RunDLL inetcpl.cpl,,2*
Internetoptionen/Inhalte	*rundll32 shell32.dll,Control_RunDLL inetcpl.cpl,,3*
Internetoptionen/Verbindungen	*rundll32 shell32.dll,Control_RunDLL inetcpl.cpl,,4*
Internetoptionen/Programme	*rundll32 shell32.dll,Control_RunDLL inetcpl.cpl,,5*
Internetoptionen/Erweitert	*rundll32 shell32.dll,Control_RunDLL inetcpl.cpl,,6*

Maus

Systemsteuerungsmodul	RunDLL-Aufruf
Maus/Tasten	*rundll32 shell32.dll,Control_RunDLL main.cpl*
Maus/Zeiger	*rundll32 shell32.dll,Control_RunDLL main.cpl,,1*
Maus/Zeigeroptionen	*rundll32 shell32.dll,Control_RunDLL main.cpl,,2*
Maus/Hardware (bei Mäusen ohne Rad)	*rundll32 shell32.dll,Control_RunDLL main.cpl,,3*
Maus/Hardware (bei Mäusen mit Rad)	*rundll32 shell32.dll,Control_RunDLL main.cpl,,4*
Maus/Rad (bei Mäusen mit Rad)	*rundll32 shell32.dll,Control_RunDLL main.cpl,,3*

Netzwerkverbindungen

Systemsteuerungsmodul	RunDLL-Aufruf
Netzwerkverbindungen	*rundll32 shell32.dll,Control_RunDLL ncpa.cpl*
Client für NetWare-Netzwerke	*rundll32 shell32.dll,Control_RunDLL nwc.cpl*

ODBC

Systemsteuerungsmodul	RunDLL-Aufruf
ODBC-Datenquellen-Administrator	*rundll32 shell32.dll,Control_RunDLL odbccp32.cpl*

Regions- und Sprachoptionen

Systemsteuerungsmodul	RunDLL-Aufruf
Regions- und Sprachoptionen/Regionale Einstellungen	*rundll32 shell32.dll,Control_RunDLL intl.cpl*
Regions- und Sprachoptionen/Sprachen	*rundll32 shell32.dll,Control_RunDLL intl.cpl,,1*
Regions- und Sprachoptionen/Erweitert	*rundll32 shell32.dll,Control_RunDLL intl.cpl,,2*

Schriftarten

Systemsteuerungsmodul	RunDLL-Aufruf
Schriftarten	*rundll32 shell32.dll,SHHelpShortcuts_RunDLL FontsFolder*

Software

Systemsteuerungsmodul	RunDLL-Aufruf
Software/Programme ändern oder entfernen	*rundll32 shell32.dll,Control_RunDLL appwiz.cpl*
Software/Neue Programme hinzufügen	*rundll32 shell32.dll,Control_RunDLL appwiz.cpl,,1*
Software/Windows-Komponenten hinzufügen/entfernen	*rundll32 shell32.dll,Control_RunDLL appwiz.cpl,,2*

Sounds und Audiogeräte

Systemsteuerungsmodul	RunDLL-Aufruf
Sounds und Audiogeräte/Lautstärke	*rundll32 shell32.dll,Control_RunDLL mmsys.cpl*
Sounds und Audiogeräte/Sounds	*rundll32 shell32.dll,Control_RunDLL mmsys.cpl,,1*
Sounds und Audiogeräte/Audio	*rundll32 shell32.dll,Control_RunDLL mmsys.cpl,,2*
Sounds und Audiogeräte/Stimme	*rundll32 shell32.dll,Control_RunDLL mmsys.cpl,,3*
Sounds und Audiogeräte/Hardware	*rundll32 shell32.dll,Control_RunDLL mmsys.cpl,,4*

System

Systemsteuerungsmodul	RunDLL-Aufruf
Hardware-Assistent	*rundll32 shell32.dll,Control_RunDLL hdwwiz.cpl*
System/Allgemein	*rundll32 shell32.dll,Control_RunDLL sysdm.cpl*
System/Computername	*rundll32 shell32.dll,Control_RunDLL sysdm.cpl,,1*
System/Hardware	*rundll32 shell32.dll,Control_RunDLL sysdm.cpl,,2*
System/Erweitert	*rundll32 shell32.dll,Control_RunDLL sysdm.cpl,,3*
System/Systemwiederherstellung	*rundll32 shell32.dll,Control_RunDLL sysdm.cpl,,4*
System/Automatische Updates	*rundll32 shell32.dll,Control_RunDLL sysdm.cpl,,5*
System/Remote	*rundll32 shell32.dll,Control_RunDLL sysdm.cpl,,6*

Tastatur

Systemsteuerungsmodul	RunDLL-Aufruf
Tastatur/Geschwindigkeit	*rundll32 shell32.dll,Control_RunDLL main.cpl @1*
Tastatur/Hardware	*rundll32 shell32.dll,Control_RunDLL main.cpl @1,1*

Telefon- und Modemoptionen

Systemsteuerungsmodul	RunDLL-Aufruf
Telefon- und Modemoptionen/Wählregeln	*rundll32 shell32.dll,Control_RunDLL telephon.cpl*
Telefon- und Modemoptionen/Modems	*rundll32 shell32.dll,Control_RunDLL modem.cpl*
Telefon- und Modemoptionen/Erweitert	*rundll32 shell32.dll,Control_RunDLL telephon.cpl,,2*

Die DLL-Dateien ändern sich mit jeder Betriebssystemversion und jedem Service-Pack, sodass auch die RunDLL-Aufrufe meistens nicht mit verschiedenen Betriebssystemversionen funktionieren. Unsere Tabelle wurde mit Windows XP Professional Version 2002 und der dabei mitgelieferten *SHELL32.DLL* Version 6.0.2600.0 getestet.

Versionsnummer einer Datei anzeigen

Einen Überblick über die Versionsnummern von Dateien erhalten Sie in der Detailansicht des Windows-Explorer, indem Sie mit der rechten Maustaste auf die Spaltentitel klicken. Wählen Sie im Kontextmenü *Weitere* und schalten Sie die Option *Dateiversion* ein.

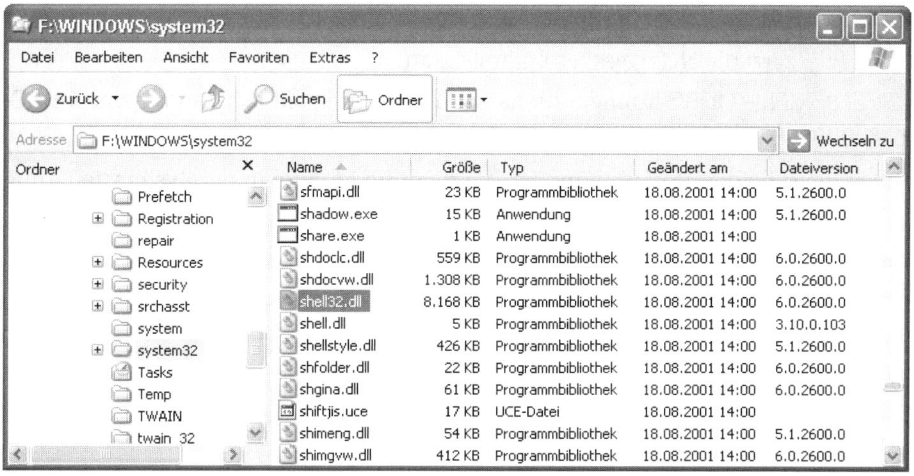

Explorer mit Spalte für die Dateiversion.

Systemsteuerungsmodule deaktivieren

Möchten Sie verhindern, dass Benutzer an der Systemsteuerung herumspielen, können Sie bestimmte Module oder auch einzelne Registerkarten von Modulen ausblenden.

Diese sind dann für den entsprechenden Benutzer nicht mehr zu sehen, können aber immer noch über die Kommandozeile oder vorher angelegte Verknüpfungen aufgerufen werden.

Tragen Sie ein Systemsteuerungsmodul als Zeichenfolge unter *HKEY_CURRENT_USER\Control Panel\don't load* ein, ist es für den aktuellen Benutzer nicht zu sehen.

Unter *HKEY_USERS\Benutzername\Control Panel\don't load* finden Sie die gleiche Liste für beliebige vorhandene Benutzer und unter *HKEY_USERS\.DEFAULT\Control Panel\don't load* legen Sie fest, welche Module ein neu angelegter Benutzer nicht sehen soll.

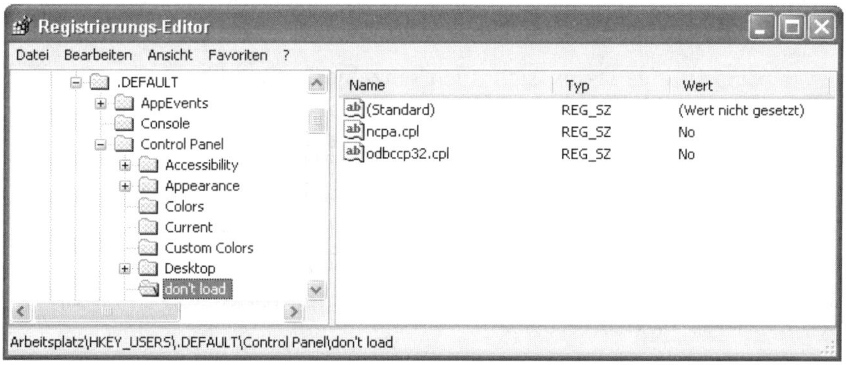

Systemsteuerungsmodule ausblenden.

Erstellen Sie einen Registry-Wert vom Typ Zeichenfolge (*REG_SZ*), geben Sie ihm den Namen des auszublendenden Systemsteuerungsmoduls und geben Sie als Wert einfach das Wort „No" ein.

Standardmäßig sind bereits zwei Systemsteuerungsmodule ausgeblendet:

- *NCPA.CPL* - zeigt die Netzwerkverbindungen an.
- *ODBCCP32.CPL* - ODBC-Konfigurationsmodul, wird erst aktiviert, wenn eine ODBC-Anwendung installiert ist.

Löschen Sie diese beiden Registry-Einträge, werden die Module in der Systemsteuerung wieder eingeblendet.

Um ausgeblendete Module wieder einzublenden, löschen Sie die betreffenden Werte im Schlüssel *HKEY_CURRENT_USER\Control Panel\don't load.*

Anzeige

- *Systemsteuerung/Anzeige* deaktivieren (*0601.REG*)

```
[HKEY_CURRENT_USER\Control Panel\don't load]
"desk.cpl"="no"
```

Systemsteuerung/Anzeige ist weiterhin mit einem Rechtsklick auf den Desktop über das Kontextmenü *Eigenschaften* erreichbar. Der nächste Registry-Tipp deaktiviert *Systemsteuerung/Anzeige* komplett. Egal, wie man versucht, sie zu starten, erscheint nur noch eine Fehlermeldung:

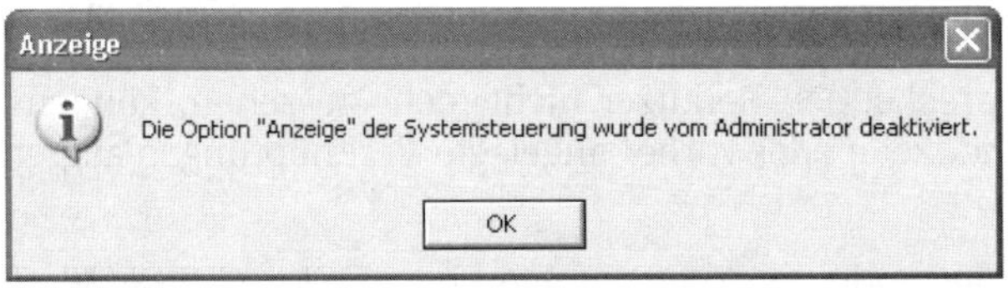

Meldung beim Versuch, die deaktivierte Systemsteuerung/ Anzeige aufzurufen.

- *Systemsteuerung/Anzeige* komplett deaktivieren (*0602.REG*)

```
[HKEY_CURRENT_USER\Software\Microsoft\Windows\CurrentVersion\Policies\System]
"NoDispCPL"=hex:01,00,00,00
```

- *Systemsteuerung/Anzeige* wieder aktivieren (*0603.REG*)

```
[HKEY_CURRENT_USER\Software\Microsoft\Windows\CurrentVersion\Policies\System]
"NoDispCPL"=hex:00,00,00,00
```

Unter *Systemsteuerung/Anzeige* lassen sich auch einzelne Registerkarten deaktivieren, sodass die anderen weiterhin funktionieren.

- *Systemsteuerung/Anzeige/Desktop* deaktivieren (*0604.REG*)

```
[HKEY_CURRENT_USER\Software\Microsoft\Windows\CurrentVersion\Policies\System]
"NoDispBackgroundPage"=hex:01,00,00,00
```

- *Systemsteuerung/Anzeige/Desktop* aktivieren (*0605.REG*)

```
[HKEY_CURRENT_USER\Software\Microsoft\Windows\CurrentVersion\Policies\System]
"NoDispBackgroundPage"=hex:00,00,00,00
```

- *Systemsteuerung/Anzeige/Bildschirmschoner* deaktivieren (*0606.REG*)

```
[HKEY_CURRENT_USER\Software\Microsoft\Windows\CurrentVersion\Policies\System]
"NoDispScrSavPage"=hex:01,00,00,00
```

- *Systemsteuerung/Anzeige/Bildschirmschoner* aktivieren (*0607.REG*)

```
[HKEY_CURRENT_USER\Software\Microsoft\Windows\CurrentVersion\Policies\System]
"NoDispScrSavPage"=hex:00,00,00,00
```

Energieeinstellungen für Monitor

Wenn die Registerkarte *Bildschirmschoner* unter *Systemsteuerung/Anzeige* deaktiviert ist, können die Energieeinstellungen für den Monitor trotzdem noch über *Systemsteuerung/Energieoptionen* eingestellt werden.

- *Systemsteuerung/Anzeige/Darstellung* deaktivieren (*0608.REG*)

```
[HKEY_CURRENT_USER\Software\Microsoft\Windows\CurrentVersion\Policies\System]
"NoDispAppearancePage"=hex:01,00,00,00
```

- *Systemsteuerung/Anzeige/Darstellung* aktivieren (*0609.REG*)

```
[HKEY_CURRENT_USER\Software\Microsoft\Windows\CurrentVersion\Policies\System]
"NoDispAppearancePage"=hex:00,00,00,00
```

Mit der Registerkarte *Darstellung* wird die Registerkarte *Designs* automatisch auch deaktiviert und wieder aktiviert.

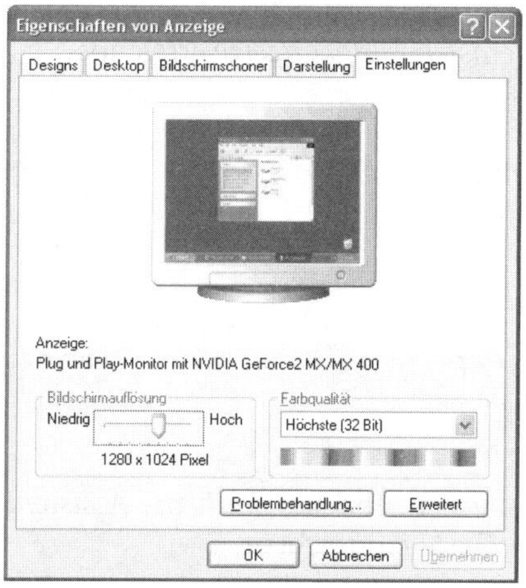

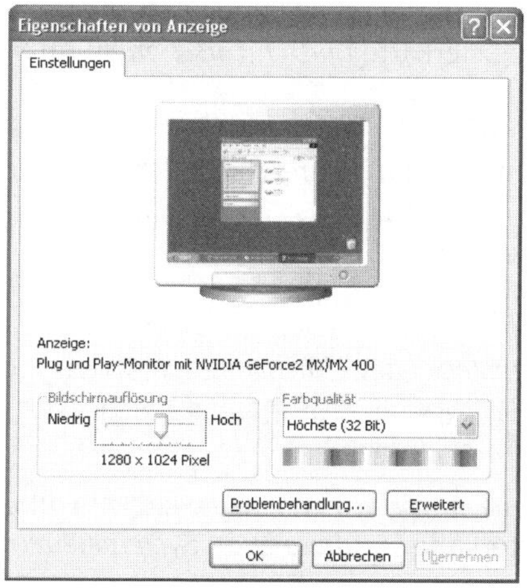

Systemsteuerung/Anzeige mit aktiven und ... ... deaktivierten Registerkarten.

- Alle Registerkarten von *Systemsteuerung/Anzeige* wieder aktivieren (*0610.REG*)

```
[HKEY_CURRENT_USER\Software\Microsoft\Windows\CurrentVersion\Policies\System]
"NoDispCPL"=hex:00,00,00,00
"NoDispBackgroundPage"=hex:00,00,00,00
"NoDispScrSavPage"=hex:00,00,00,00
"NoDispAppearancePage"=hex:00,00,00,00
```

Benutzerkonten

- *Systemsteuerung/Benutzerkonten* deaktivieren (*0611.REG*)

```
[HKEY_CURRENT_USER\Control Panel\don't load]
"nusrmgr.cpl"="no"
```

Client Service für NetWare

- *Systemsteuerung/Client Service für NetWare* deaktivieren (*0612.REG*)

```
[HKEY_CURRENT_USER\Control Panel\don't load]
"nwc.cpl"="no"
```

Der Client Service für NetWare wird in der Systemsteuerung nur angezeigt, wenn der NetWare-Client für eine Netzwerkverbindung installiert ist.

Datum und Uhrzeit

- *Systemsteuerung/Datum und Uhrzeit* deaktivieren (*0613.REG*)

```
[HKEY_CURRENT_USER\Control Panel\don't load]
"timedate.cpl"="no"
```

Eingabehilfen

- *Systemsteuerung/Eingabehilfen* deaktivieren (*0614.REG*)

```
[HKEY_CURRENT_USER\Control Panel\don't load]
"access.cpl"="no"
```

Energieoptionen

- *Systemsteuerung/Energieoptionen* deaktivieren (*0615.REG*)

```
[HKEY_CURRENT_USER\Control Panel\don't load]
"powercfg.cpl"="no"
```

Systemsteuerung/Energieoptionen ist weiterhin über die Schaltfläche *Energieverwaltung* auf der Registerkarte *Bildschirmschoner* von *Systemsteuerung/Anzeige* erreichbar.

Gamecontroller

- *Systemsteuerung/Gamecontroller* deaktivieren (*0616.REG*)

```
[HKEY_CURRENT_USER\Control Panel\don't load]
"joy.cpl"="no"
```

Hardware

- *Systemsteuerung/Hardware* deaktivieren (*0617.REG*)

```
[HKEY_CURRENT_USER\Control Panel\don't load]
"hdwwiz.cpl"="no"
```

Systemsteuerung/Hardware ist weiterhin über die Schaltfläche *Hardware-Assistent* auf der Registerkarte *Hardware* von *Systemsteuerung/System* erreichbar.

Internetoptionen

- *Systemsteuerung/Internetoptionen* deaktivieren (*0618.REG*)

```
[HKEY_CURRENT_USER\Control Panel\don't load]
"inetcpl.cpl"="no"
```

Systemsteuerung/Internetoptionen ist weiterhin über den Menüpunkt *Extras/Internetoptionen* im Internet Explorer erreichbar.

Maus

- *Systemsteuerung/Maus* deaktivieren (*0619.REG*)

```
[HKEY_CURRENT_USER\Control Panel\don't load]
"main.cpl"="no"
```

ODBC

- *Systemsteuerung/ODBC* deaktivieren (*0620.REG*)

```
[HKEY_CURRENT_USER\Control Panel\don't load]
"odbccp32.cpl"="no"
```

Dieses Systemsteuerungsmodul ist standardmäßig ausgeblendet und wird erst bei der Installation eines ODBC-fähigen Programms aktiviert. Möchten Sie es vorher aktivieren, löschen Sie den Wert *odbccp32.cpl* aus dem Registry-Schlüssel *HKEY_CURRENT_USER\Control Panel\don't load*.

Regions- und Sprachoptionen

- *Systemsteuerung/Regions- und Sprachoptionen* deaktivieren (*0621.REG*)

```
[HKEY_CURRENT_USER\Control Panel\don't load]
"intl.cpl"="no"
```

Software

- *Systemsteuerung/Software* deaktivieren (*0622.REG*)

```
[HKEY_CURRENT_USER\Control Panel\don't load]
"appwiz.cpl"="no"
```

Sounds und Audiogeräte

- *Systemsteuerung/Sounds und Audiogeräte* deaktivieren (*0623.REG*)

```
[HKEY_CURRENT_USER\Control Panel\don't load]
"mmsys.cpl"="no"
```

System

- *Systemsteuerung/System* deaktivieren (*0624.REG*)

```
[HKEY_CURRENT_USER\Control Panel\don't load]
"sysdm.cpl"="no"
```

Systemsteuerung/System ist weiterhin mit einem Rechtsklick auf das Symbol *Arbeitsplatz* und dem Menüpunkt *Eigenschaften* im Kontextmenü erreichbar.

Telefon- und Modemoptionen

- *Systemsteuerung/Telefon- und Modemoptionen* deaktivieren (*0625.REG*)

```
[HKEY_CURRENT_USER\Control Panel\don't load]
"telephon.cpl"="no"
```

Die Registry

Die Registrierdatenbank ist seit Windows 95 die zentrale Datenbank für Systemeinstellungen aller Art. Hier werden nicht nur alle Einstellungen aus der Systemsteuerung und anderen Windows-Konfigurationsprogrammen abgelegt, sondern auch die Optionen und Konfigurationen aller installierter Programme.

Damit hat die Registry das Durcheinander diverser INI-Dateien früherer Windows-Versionen weitgehend abgelöst.

Aus Kompatibilitätsgründen zu älteren Programmen gibt es auch in Windows XP noch die beiden Standard-Konfigurationsdateien *SYSTEM.INI* und *WIN.INI*. Diese lassen sich mit dem Systemkonfigurationsprogramm MSCONFIG komfortabel bearbeiten.

Außerdem können Programme beliebig eigene INI-Dateien für Konfigurationseinstellungen anlegen.

Durch ihre zentrale Lage im System ermöglicht die Registrierdatenbank überhaupt erst die Mehrbenutzerfähigkeit in der Form, wie es sie seit Windows 95 gibt, da die INI-Dateien keine einheitliche Möglichkeit boten, Daten nach Benutzern getrennt abzulegen. Hier musste jedes Programm bei Bedarf selbst für die benutzerspezifische Unterscheidung der Einträge sorgen.

Microsoft dokumentiert die Registry nur sehr mangelhaft, was Programmhersteller aller Art dazu nutzen, Sharewarebeschränkungen oder unbeliebte Spywarefunktionen dort irgendwo zu verstecken.

Diese Einträge finden Sie am leichtesten, wenn Sie während der Installation eines Programms einen Registry-Monitor, zum Beispiel NTREGMON (*www.sysinternals.com*), oder einen externen Uninstaller mitlaufen lassen. Solche Tools protokollieren jede Veränderung der Registry. Eine Möglichkeit, speziell versteckte Spywarefunktionen von Werbeanbietern zu finden, ist das Tool AD-Aware von *www.lavasoft.de*.

Die Registry ist als hierarchische Baumstruktur aufgebaut, ähnlich der Verzeichnisstruktur eines Laufwerks. Dadurch kann ein Programm eine bestimmte Einstellung viel schneller finden, als wenn immer länger werdende, unstrukturierte INI-Dateien gelesen werden müssen. Die Struktur der Registry spiegelt sich im Programm RegEdit wider:

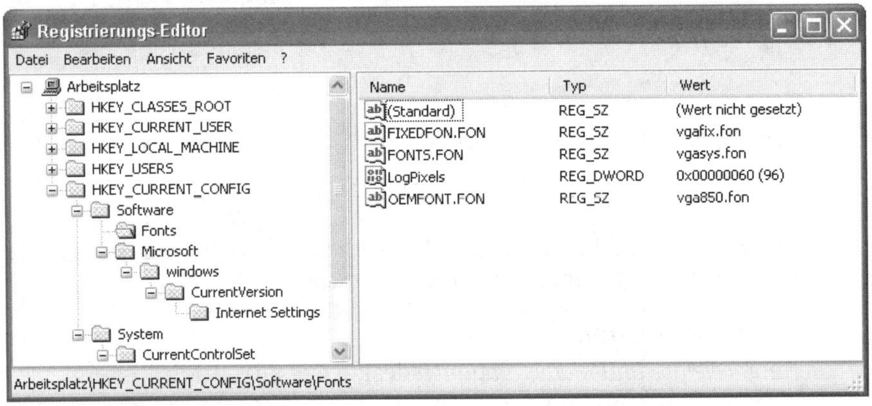

Struktur der Registry in RegEdit.

Die Registry besteht aus verschiedenen Schlüsseln, vergleichbar mit Verzeichnissen auf einem Laufwerk, die weitere Schlüssel und die eigentlichen Einträge enthalten können. Jedes Programm und auch jede installierte Hardware kann eigene Schlüssel hinzufügen.

Im Dateisystem ist die Registry durch verschiedene Dateien realisiert, die größtenteils die Attribute *Versteckt* und *System* haben, also normalerweise nicht zu sehen sind. Der System-Teil der Registry *HKEY_LOCAL_MACHINE* wird aus den Dateien unter *\WINDOWS\system32\config* gebildet, der User-Teil *HKEY_USERS* aus verschiedenen Dateien mit Namen *NTUSER.DAT* in den Benutzerverzeichnissen *\Dokumente und Einstellungen\Benutzername*.

In der obersten Ebene der Registry erscheinen fünf Hauptschlüssel, in denen die Daten eingeordnet sind.

Drei davon sind nur Abkürzungen auf Unterstrukturen, sodass sich die Registry auf zwei eigentliche Schlüssel beschränkt.

Hauptschlüssel	Inhalt
HKEY_LOCAL_MACHINE	Windows- und Programmeinstellungen, die allgemein gelten.
HKEY_USERS	Benutzereinstellungen für jeden Benutzer und Vorgaben, die für neu angelegte Benutzer gelten.
HKEY_CLASSES_ROOT	Abkürzung für: *HKEY_LOCAL_MACHINE\Software\Classes*
HKEY_CURRENT_USER	Abkürzung für: *HKEY_USERS\<aktueller Benutzername>*
HKEY_CURRENT_CONFIG	Abkürzung für: *HKEY_LOCAL_MACHINE\SYSTEM\CurrentControlSet\Hardware Profiles\Current*

HKEY_CLASSES_ROOT

Im Hauptschlüssel *HKEY_CLASSES_ROOT* werden Dateitypen, ihre Endungen, Standardanwendungen und Kontextmenüs verwaltet.

Schlüssel	Inhalte
.<Dateiendung>	Für jede Dateiendung wird ein Content-Type und ein PersistantHandler definiert, unter dem der Dateityp in der Registry verwaltet wird. Der Content-Type gibt den Mimetyp der Daten an, der PersistantHandler eine Klassenkennung (CLSID), unter der dieser Dateityp in der Registry zu finden ist.
Dateitypen	Bei den Beschreibungen der Dateitypen stehen auch die DefaultIcons, die Standardsymbole für dieses Dateiformat, Standardapplikationen und Kontextmenüs.
Applications	Alle installierten Applikationen mit Einstellungen zu den Kontextmenüs im Windows-Explorer
Briefcase	Kontextmenü, DefaultIcon und Klassenkennung des Windows-Aktenkoffers
CLSID	Klassenkennungen (ClassIDs) aller Windows-Objekttypen. Mit diesen Klassenkennungen werden Objekte aller Art in der Registry eindeutig identifiziert, auch wenn sich ihr Name ändert.
Directory	Kontextmenü, DefaultIcon und Klassenkennung des Arbeitsplatz-Hauptverzeichnisses im Windows-Explorer
Drive	Kontextmenü, DefaultIcon und Klassenkennung von Laufwerken
Folder	Kontextmenü, DefaultIcon und Klassenkennung von Verzeichnissen im Windows-Explorer
Interfaces	Klassenkennungen (ClassIDs) aller Hard- und Softwareschnittstellen.
Licenses	Registrierungen für Softwarelizenzen in verschlüsselter Form
Printers	Kontextmenüs der Drucker
TypeLib	Klassenkennungen registrierter Typenbibliotheken

HKEY_CURRENT_USER

Unter *HKEY_USERS* wird für jeden Benutzer ein untergeordneter Schlüssel mit den persönlichen Einstellungen angelegt. Dieser wird nicht nach dem Benutzernamen bezeichnet, sondern mit einer kryptischen Zahlenkombination, die weltweit einmalig ist. Das ist notwendig, um Benutzereinstellungen zwischen zwei Rechnern transferieren zu können.

Der Registry-Zweig des aktuell angemeldeten Benutzers wird unter *HKEY_CURRENT_USER* gespiegelt.

Schlüssel	Inhalte
AppEvents	Systemereignisse und Systemklänge
Console	Einstellungen der Eingabeaufforderung
Control Panel	Einstellungen aus der Systemsteuerung
Environment	Benutzerdefinierte Umgebungsvariablen
Identities	Benutzeridentität für Outlook Express
Keyboard Layout	Tastaturlayout
Network	Netzwerklaufwerke, denen ein Laufwerkbuchstabe zugewiesen ist
Printers	Druckereinstellungen
SessionInformation	Anzahl der aktuell vom Benutzer geöffneten Programme
Software	Benutzerabhängige Einstellungen aller installierten Programme und Windows XP-Komponenten
UNICODE Program Groups	Einstellungen für Unicode-Namen
Volatile Environment	Benutzerpfade und temporäre Benutzereinstellungen
Windows 3.1 Migration Status	Eventuell noch vorhandene Informationen über Programmgruppen und INI-Dateien einer alten Windows-3.1-Installation

HKEY_LOCAL_MACHINE

Der Hauptschlüssel *HKEY_LOCAL_MACHINE* enthält benutzerunabhängige Einstellungen zu installierten Programmen und vor allem auch zur Hardware.

Schlüssel	Inhalte
HARDWARE	Konfigurationsdaten und Plug & Play-Informationen zur installierten Hardware
SAM	Sicherheitseinstellungen für Benutzer und Gruppen beim Betrieb in einem serverbasierten Netzwerk
SECURITY	Lokale Sicherheitsrichtlinien
SOFTWARE	Einstellungen zu installierten Programmen und Windows XP-Komponenten, die nicht benutzerabhängig sind
SYSTEM	Systemeinstellungen und Dienste

HKEY_CURRENT_CONFIG

Hier wird die aktuelle Systemkonfiguration gespeichert, die Windows XP beim Booten ausliest. Für den Fall, dass es hier Probleme gibt, legt Windows XP die letzten, als funktionierend bekannten Konfigurationen unter *HKEY_LOCAL_MACHINE\System\ControlSet001* und *HKEY_LOCAL_MACHINE\System\ControlSet002* ab. Diese können beim Systemstart reaktiviert werden.

Letzte, als funktionierend bekannte Konfiguration
Startet der Computer nach dem Umbau eines Geräts oder einer Konfigurationsänderung in der Software nicht mehr richtig, können Sie, solange das Bootmenü angezeigt wird, die Taste [F8] drücken und in den erweiterten Windows-Startoptionen die Option *Letzte als funktionierend bekannte Konfiguration* wählen. Damit wird der Registry-Hauptschlüssel *HKEY_CURRENT_CONFIG* aus der Sicherung wiederhergestellt.

Schlüssel	Inhalte
Software	System-Fonts und Proxy-Einstellungen für den Internetzugang
System	Hardwareeinstellungen und Systemdienste

In der Registry können Daten verschiedener Typen gespeichert werden. Es stehen folgende Datentypen zur Verfügung:

Bezeichnung	Datentyp	Inhalt
REG_SZ	Zeichenfolge	Beliebige Zeichenfolge, kurzer Text, Verzeichnispfad
REG_BINARY	Binärwert	Binäre Daten beliebiger Struktur
REG_DWORD	DWORD-Wert	Ganzzahl zwischen 0 und 4.294.967.295 dezimal bzw. zwischen 0 und FFFFFFFF hex
REG_MULTI_SZ	Wert der mehrteiligen Zeichenfolge	Mehrere Zeichenketten in einem Registry-Eintrag
REG_EXPAND_SZ	Wert der erweiterbaren Zeichenfolge	Zeichenkette mit erweiterter Überprüfung: Enthält sie den Namen einer Umgebungsvariable, wird diese durch ihren aktuellen Inhalt ersetzt.
REG_FULL_RESOURCE_DESCRIPTOR	Kann mit RegEdit nicht angelegt werden	Folge verschachtelter Arrays, in der eine Ressourcenliste für eine Hardwarekomponente oder einen Treiber gespeichert wird.

Registry-Tuning
In Kapitel 9.5 auf Seite 562 erfahren Sie, wie Sie durch manuelles Bearbeiten der Registry Einstellungen vornehmen können, für die es keine Einstellungsmöglichkeiten in der Systemsteuerung gibt.

9.2 Die rechnerspezifische Systemanpassung

Der erste auffällige Unterschied von Windows XP gegenüber älteren Versionen ist die neue bunte Oberfläche. Hier erfahren Sie, wie Sie diese an Ihre Bedürfnisse anpassen oder aber auch ganz abschalten und mit der klassischen Windows-Oberfläche weiterarbeiten können. Außerdem stellen wir Ihnen weitere Tools aus den Windows XP Power-Toys vor, die dem Desktop und der Taskleiste zusätzliche Funktionalität geben.

Optimale Konfiguration von Desktop und Startmenü

Der neue Windows XP-Desktop unterscheidet sich nicht nur in der Optik, sondern auch in der Funktionalität deutlich vom bisherigen Windows-Design. Er bietet zahlreiche Möglichkeiten zur persönlichen Anpassung, die teilweise nur Spielerei sind, teilweise aber auch wirkliche Vorteile bringen. Allerdings verbraucht die Luna-Oberfläche in der Standardeinstellung auch mehr Systemressourcen als die klassische Oberfläche. Die interne Bezeichnung Luna kommt übrigens von dem Hintergrundbild *Wüstenmond*, das in den Beta-Versionen die Standardeinstellung war.

Startmenü

Das neue Windows XP-Startmenü gliedert sich in zwei Spalten: Links finden Sie die zuletzt verwendeten Programme, rechts Verknüpfungen auf Arbeitsplatz, Netzwerkverbindungen und Hilfe, alles das, was in früheren Windows-Versionen auch im Startmenü stand. Alle Konfigurationsoptionen für das Startmenü finden Sie, indem Sie mit der rechten Maustaste auf *Start* links unten klicken und im Kontextmenü *Eigenschaften* wählen. Mit der Schaltfläche *Anpassen* erscheint die Dialogbox *Startmenü anpassen*. Das *Favoriten*-Menü wird im Startmenü standardmäßig nicht mehr angezeigt. Sie können es sich aber wieder einblenden lassen, indem Sie auf der Registerkarte *Erweitert* der Dialogbox *Startmenü anpassen* die Option *Menü Favoriten* aktivieren. Wenn Sie, wie bereits mehrfach beschrieben, aus Sicherheitsgründen das Verzeichnis *Eigene Dateien* nicht verwenden, können Sie in der gleichen Liste die Optionen *Eigene Bilder*, *Eigene Dateien* und *Eigene Musik* alle auf die Option *Element niemals anzeigen* setzen und so Platz im Startmenü gewinnen. In der linken Spalte stehen die zuletzt benutzen Programme - eine gute Idee, das Startmenü für den Benutzer übersichtlicher zu machen, die aber von Windows XP schlecht umgesetzt wurde, da der größte Teil dieses Menüs mit Programmen vorbelegt ist, die kaum jemand braucht, wie Windows XP Tour, Movie Maker oder Media Player. Diese Programme sind fest im Startmenü verankert, sodass der von ihnen belegte Platz auch dann nicht freigegeben wird, wenn andere Programme deutlich häufiger genutzt werden. Für die zuletzt verwendeten Programme bleibt kaum Platz im Startmenü.

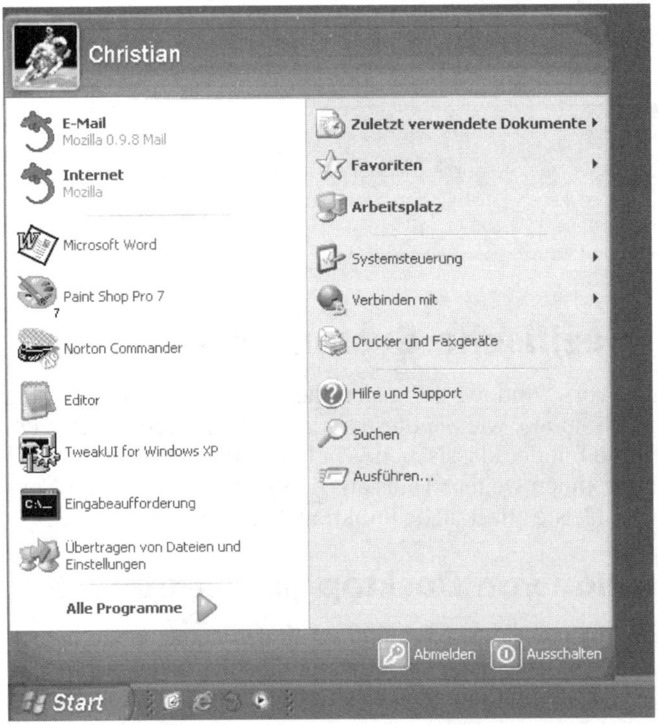

Angepasstes Startmenü.

Die linke Spalte des Windows XP-Startmenüs besteht aus drei Bereichen:

- **Internet** - die obersten beiden Einträge sind für einen Webbrowser und ein E-Mail-Programm reserviert. Auf der Registerkarte *Allgemein* der Dialogbox *Startmenü anpassen* können Sie auswählen, welcher Browser und welches E-Mail-Programm hier angezeigt werden sollen. Benutzen Sie den Rechner nicht fürs Internet, können Sie diese beiden Einträge auch ausschalten.
- **Persönliche Favoriten** - noch oberhalb der Trennlinie lassen sich Programme aus dem Startmenü *Alle Programme* über den Kontextmenüpunkt *An Startmenü anheften* eintragen. Mit dem Kontextmenüeintrag *Aus Liste entfernen* können Sie hier die vorgegebenen Programme Windows XP Tour, Movie Maker und Media Player entfernen und so Platz für andere persönliche Favoriten oder zuletzt benutzte Programme schaffen.
- **Zuletzt benutzte Programme** - die zuletzt benutzten Programme werden nur so lange im Startmenü eingetragen, wie noch Platz unterhalb der persönlichen Favoriten frei ist. Dabei wird das klassische FIFO-Prinzip (**F**irst **I**n, **F**irst **O**ut) verwendet. Ein Programm, das also schon am längsten unbenutzt in diesem Bereich steht, wird als Erstes entfernt, wenn kein Platz mehr für neue Einträge ist.

Reicht Ihnen der Platz im Startmenü, der durch Löschen der vorgegebenen Programme Windows XP Tour, Movie Maker und Media Player frei wird, noch nicht aus, können Sie auf der Registerkarte *Allgemein* der Dialogbox *Startmenü anpassen* das Startmenü vergrößern, sodass mehr Programme Platz haben.

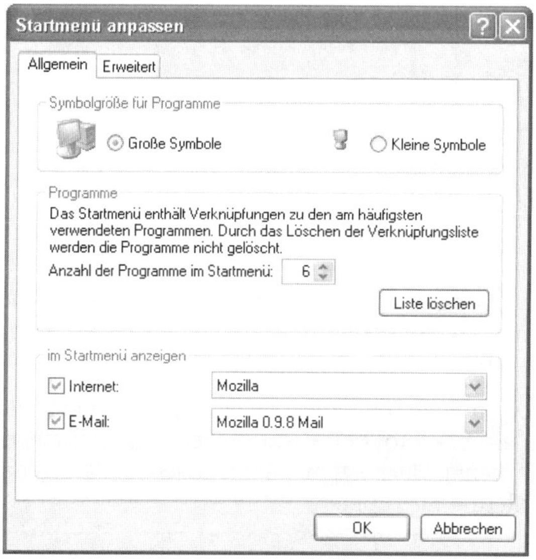

Startmenü anpassen.

Keine gleichen Programmnamen

Die automatisch erstellten Einträge der zuletzt verwendeten Programme in der linken Spalte des Startmenüs hängen vom Dateinamen des Programms ab. Haben Sie zwei Versionen eines Programms in unterschiedlichen Verzeichnissen parallel laufen, zum Beispiel Word 95 und Word 2002, deren EXE-Dateien den gleichen Namen haben, erscheint in der Liste immer nur eins davon. Sie können natürlich jederzeit mit der Option *An Startmenü anheften* das zweite Programm in den Bereich der persönlichen Favoriten einbinden.

Taskleiste

Die Taskleiste von Windows XP sieht nach einer Standardinstalltion auf den ersten Blick ziemlich leer aus. Wo sind all die kleinen nützlichen Tools, die sich in früheren Windows-Versionen in der Taskleiste breit gemacht hatten? Es gibt sie unter Windows XP immer noch, sie werden nur beim ersten Windows-Start nicht angezeigt. Klicken Sie mit der rechten Maustaste auf einen leeren Bereich der Taskleiste und wählen Sie im Kontextmenü *Eigenschaften*.

Einstellung der Taskleiste.

Hier können Sie die seit Windows 98 bekannte Schnellstartleiste für den einfachen Aufruf eines Webbrowsers wieder einblenden. Damit sich diese Leiste für zusätzliche Programme vergrößern kann, muss das Kontrollkästchen *Taskleiste fixieren* ausgeschaltet werden.

Nur so kann man auf der Taskleiste verschiedene Symbolleisten verschieben oder die Taskleiste in der Höhe verändern. Zwischen den Symbolleisten erscheinen Trennlinien, mit denen sich die Symbolleisten verschieben lassen.

Die Option *Ähnliche Elemente gruppieren* verhindert, dass die Taskleiste sehr schnell voll wird. Öffnet ein Programm, zum Beispiel ein Webbrowser, mehrere Fenster, erscheinen diese, wenn in der Taskleiste nur noch wenig Platz ist, nicht mehr jedes als eigene Schaltfläche, sondern in einem kleinen Untermenü gruppiert.

Lautstärkeregelung in der Taskleiste

Vermissen Sie auch das Lautsprechersymbol in der Taskleiste, mit dem man bequem die Lautstärke einstellen und die Lautsprecher auch kurzfristig stumm schalten konnte? Das Symbol gibt es unter Windows XP immer noch, es ist nur standardmäßig nicht eingeschaltet. Unter *Systemsteuerung/Sounds und Audiogeräte* finden Sie auf der Registerkarte *Lautstärke* die Option *Lautstärkeregelung in der Taskleiste anzeigen*, mit der Sie dieses Symbol wieder aktivieren können.

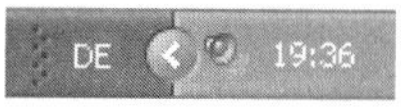

Lautstärkeregler in der Taskleiste.

Es gibt zwei Typen von Windows-Nutzern: Die einen starten ein Programm und öffnen damit eine Datei, die anderen öffnen lieber per Doppelklick eine Datei und starten damit das diesem Dateityp zugeordnete Programm. Für diese zweite Gruppe bietet die Windows XP-Taskleiste eine interessante Zusatzfunktion:

Mit einem Rechtsklick auf die Taskleiste erscheint ein Kontextmenü. Wählen Sie hier *Symbolleisten/Neue Symbolleiste*. Wählen Sie dann in der Dialogbox *Arbeitsplatz* und bestätigen Sie mit *OK*.

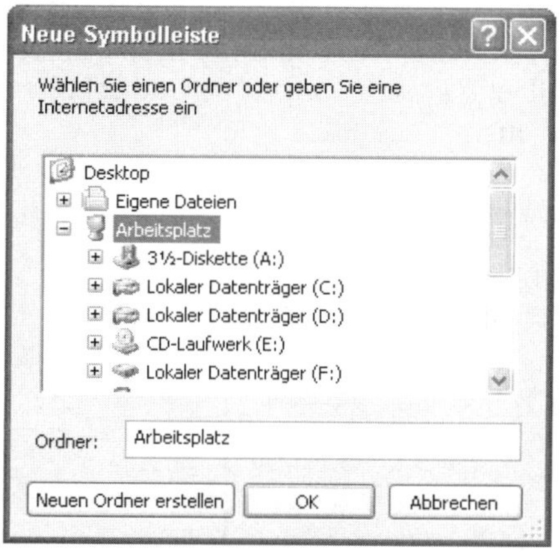

Erstellen der Symbolleiste Arbeitsplatz.

Es erscheint eine kleine Symbolleiste mit dem Symbol >>, das ein kaskadiertes Menü aufklappt, in dem Sie zu jeder Datei navigieren und diese direkt öffnen können.

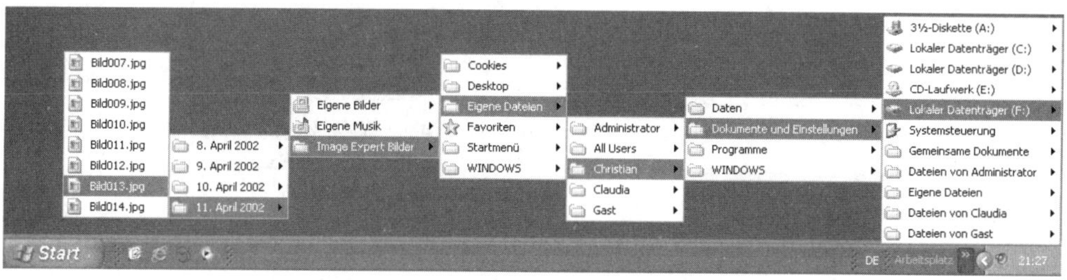

Das Menü der Symbolleiste Arbeitsplatz.

Geschwindigkeits-Tuning

Ein wesentlicher Nachteil der neuen Benutzeroberfläche sind die Performance-Einbußen, die dadurch zustande kommen. Mit geschickten Einstellungen lassen sich diese aber in Grenzen halten.

Hintergrundbild

Schalten Sie als Erstes das Hintergrundbild aus. Es belegt abhängig von der Bildauflösung etwa 1 MByte im RAM ohne wirklichen Nutzen. Die genaue Größe in Bit können Sie sich aus der Formel

```
Breite x Höhe x Farbtiefe
```

ausrechnen. Das gilt auch für JPG-Bilder, da diese zur Anzeige dekomprimiert werden. Noch schlimmer sind eventuelle Active Desktop-Elemente, die außer Speicher auch noch Prozessorleistung kosten. Aus gutem Grund installiert Windows nach dem Misserfolg der ersten Windows 98-Version keine Active Desktop-Elemente mehr standardmäßig.

Active Desktop

Der Active Desktop, heute als Webelemente bezeichnet, ist eine Technologie, die mit dem Internet Explorer 4 eingeführt und in Windows 98 (erste Version) auch standardmäßig aktiviert wurde. Damit lassen sich bestimmte Webinhalte wie Hintergrundbilder auf dem Desktop platzieren. Diese können automatisch in bestimmten Zeitabständen über das Internet aktualisiert werden.

Deaktivieren Sie also alle Webelemente auf der Registerkarte *Desktop* unter *Systemsteuerung/Anzeige*. Klicken Sie dazu hier auf die Schaltfläche *Desktop anpassen* und schalten Sie auf der Registerkarte *Web* alle Kontrollkästchen aus.

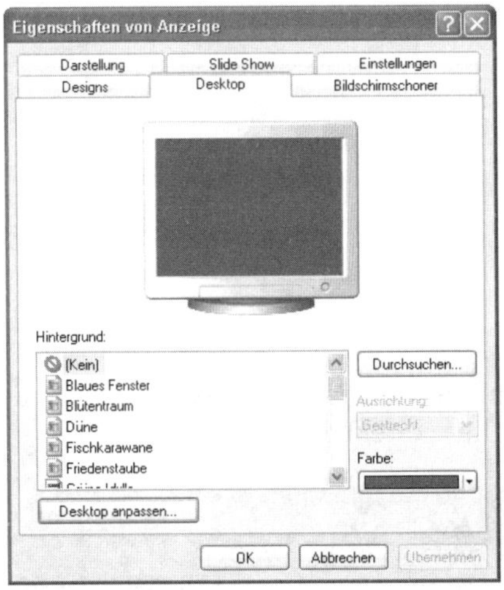

Dialog der Anzeigeeigenschaften.

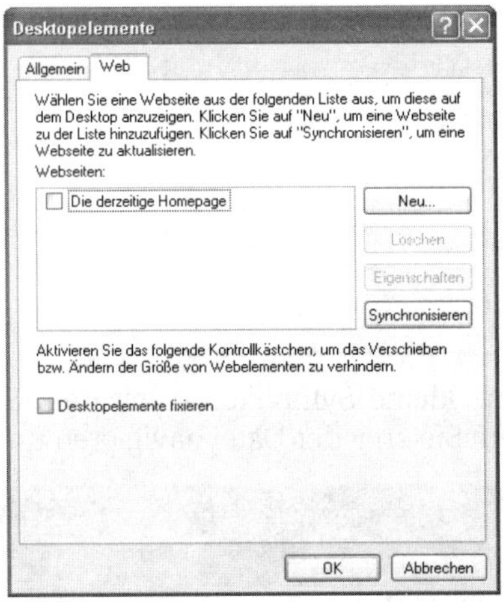

Deaktivieren der Active Desktop-Elemente.

Registry-Tuning

In Kapitel 9.5 erfahren Sie, wie Sie den Active Desktop komplett deaktivieren können, sodass kein Benutzer mehr Webelemente anlegen kann.

Farbtiefe

Aus „produktpolitischen" Gründen setzt Windows XP die Farbtiefe, solange die Grafikkarte es hergibt, bei der Installation auf 32 Bit. Das entspricht 4.294.967.296 Farben. Das menschliche Auge kann aber nur etwa 20.000.000 Farben unterscheiden, weshalb die meisten Digitalkameras auch nur mit 24 Bit Farbtiefe arbeiten, was 16.777.215 Farben entspricht. Sie können also selbst, wenn Sie professionelle Bildbearbeitung machen, die Bildschirmdarstellung auf 24 Bit Farbtiefe reduzieren, für den normalen Internet- und Office-Gebrauch sogar problemlos auf 16 Bit. Viele Spiele nutzen wegen der notwendigen Geschwindigkeit ohnehin nur 8 Bit. Nähere Informationen dazu finden Sie in Kapitel 4.2 im Abschnitt über Grafikoptimierung.

Die Farbtiefe lässt sich unter *Systemsteuerung/Anzeige* auf der Registerkarte *Einstellungen* ändern.

Eine zu hohe Farbtiefe kostet deutlich Ressourcen im Bildaufbau und frisst Grafikkartenspeicher, sodass sich nur geringere Auflösungen oder schlechtere Bildwiederholfrequenzen realisieren lassen als mit geringerer Farbtiefe. Besonders fatal ist dieser Effekt bei Shared-Memory-Grafikkarten. Hier wird ein Teil des RAM für den Grafikspeicher verwendet. Eine zu hohe Farbtiefe nimmt zusätzlichen realen Arbeitsspeicher weg, der für Anwendungsprogramme dann fehlt.

Visuelle Effekte

Das Ein- und Ausblenden von Menüs sowie die verschiedenen Schatteneffekte und kleinen Animationen kosten Performance ohne erkennbare Vorteile. Schalten Sie sie mit der Schaltfläche *Einstellungen* unter *Systemleistung* auf der Registerkarte *Erweitert* von *Systemsteuerung/System* einfach ab.

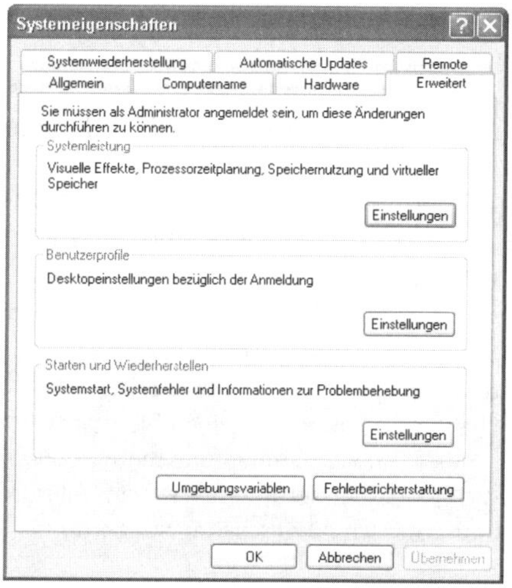

Dialogfeld der Systemeigenschaften.

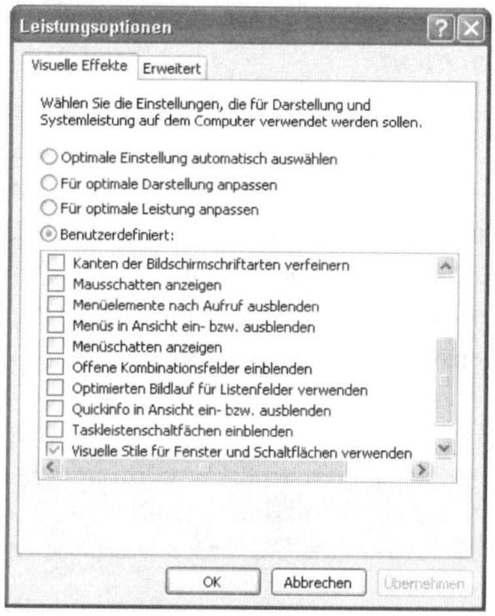

Deaktivieren visueller Effekte.

Schalten Sie auf der Registerkarte *Visuelle Effekte* auf *Benutzerdefiniert* und dann alle Kontrollkästchen außer dem letzten aus.

Funktionseinschränkungen

Durch Ausschalten von *Allgemeine Aufgaben in Ordnern verwenden* funktioniert die neue Seitenleiste der Arbeitsplatzfenster und die Kategorieansicht der Systemsteuerung nicht mehr. Die neue Hilfe und das Programm Benutzerkonten funktionieren weiterhin, da diese ihr neues Aussehen nicht durch Systemfunktionen, sondern durch HTML-Dateien bekommen.

Auf der Registerkarte *Darstellung* von *Systemsteuerung/Anzeige* finden Sie auch noch die Schaltfläche *Effekte*. Schalten Sie hier ebenfalls alle Kontrollkästchen aus.

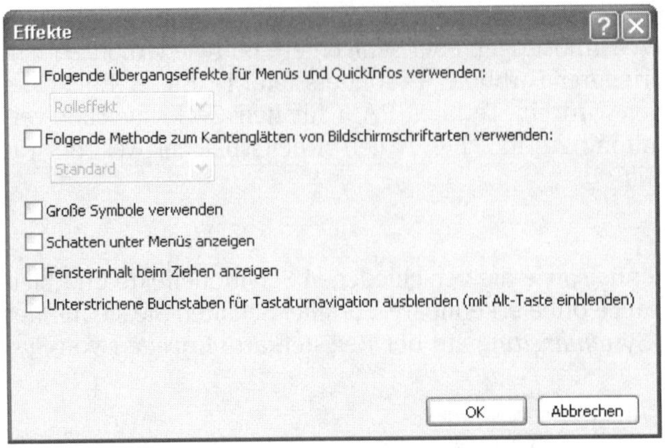

Deaktivieren von überflüssigen Effekten.

Tastaturnavigation

Durch Ausschalten des untersten Kontrollkästchens in der Dialogbox *Effekte* blenden Sie die bekannten Unterstreichungen von Buchstaben in Menüs wieder ein, die für die Tastaturnavigation gebraucht werden. Auf diese Art prägen Sie sich diese Buchstaben unbewusst ein. Die Tastaturnavigation bewirkt eine wesentlich schnellere und flüssigere Programmbedienung als die Mausnavigation – auch eine Art von Tuning.

Herunterfahren mit einem Klick

Zum Herunterfahren eines Windows XP-Computers sind immer drei Mausklicks *Start/Ausschalten/Ausschalten* notwendig. Mit einer neuen Desktop-Schaltfläche können Sie einen Neustart oder das Herunterfahren auf einen Klick reduzieren. Legen Sie eine neue Verknüpfung mit dem Inhalt *SHUTDOWN -r -t 00 -f* (Neustart) oder *SHUTDOWN -s -t 01* (Herunterfahren) an. Allerdings werden ACPI-Computer bei dieser Methode nicht automatisch ausgeschaltet, sondern nur heruntergefahren.

XP mit der klassischen Windows-Oberfläche

Obwohl die neue Benutzeroberfläche diverse Vorteile in Bezug auf Anwenderfreundlichkeit hat, sie hat auch Nachteile. Die vielen Animationen und grafischen Effekte fressen einen erheblichen Teil der Performance des Rechners. Außerdem gibt es Kompatibilitätsprobleme zu Programmen, die eigene grafische Oberflächen oder Skins bieten, die über den alten Windows-Standard hinausgehen.

Die neue Oberfläche unterscheidet sich von älteren Windows-Versionen vor allem durch die neue Optik der Fenster und Bedienelemente sowie durch das neue Startmenü. Diese beiden Elemente lassen sich unabhängig voneinander auf das klassische Windows-Design zurücksetzen.

Klassisches Startmenü

Mit einem Rechtsklick auf die *Start*-Schaltfläche und den Kontextmenüpunkt *Eigenschaften* erreichen Sie die Dialogbox *Eigenschaften von Startmenü und Taskleiste*. Hier können Sie sich für das klassische einspaltige Startmenü entscheiden.

Das klassische Startmenü im XP-Design.

Beim Umschalten auf das klassische Startmenü erscheinen automatisch auch vier Desktop-Symbole für *Eigene Dateien*, *Arbeitsplatz*, *Netzwerkumgebung* und *Internet Explorer*, wie aus älteren Windows-Versionen gewohnt. Diese verschwinden genauso automatisch beim Zurückschalten auf das XP-Startmenü, solange sie nicht über *Desktop anpassen* unter *Systemsteuerung/Anzeige* gesondert aktiviert wurden.

Symbole unter Windows XP
Möchten Sie diese Symbole auch trotz des neuen Startmenüs auf dem Desktop sehen, können Sie sie unter *Systemsteuerung/Anzeige* auf der Registerkarte *Desktop* mit der Schaltfläche *Desktop anpassen* einzeln wieder aktivieren.

Mit der Schaltfläche *Erweitert* in der Dialogbox *Eigenschaften von Startmenü und Taskleiste* können Sie festlegen, welche Menüpunkte im klassischen Startmenü zu sehen sein sollen und welche nicht.

Auswahl der angezeigten Menüpunkte im klassischen Startmenü.

Hier finden Sie auch die wichtige, seit Windows 95 bekannte Schaltfläche *Erweitert*, mit der Sie selbst Startmenü-Einträge anlegen und verschieben können. Eine Funktion, die im neuen XP-Startmenü leider fehlt. Die hier gemachten Änderungen wirken sich aber auch auf das Startmenü *Alle Programme* im neuen Startmenü aus. Wie Sie im neuen Design Ihr Startmenü erweitern können ohne auf das klassische Startmenü zurückzuschalten, lesen Sie in Kapitel 9.3.

Klassisches Windows-Design

Aus Kompatibilitäts- und Performance-Gründen bietet Windows XP alternativ auch noch die klassische Windows-Oberfläche an.

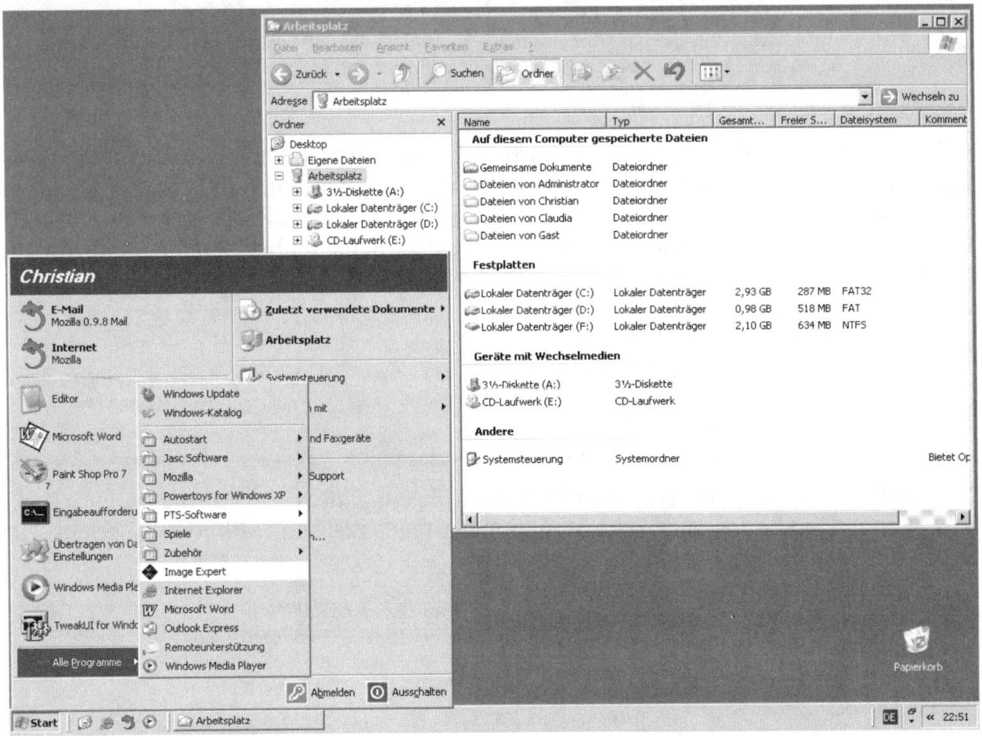

Klassisches Windows-Design in Windows XP.

Zum Umschalten auf die klassische Windows-Oberfläche gibt es zwei Möglichkeiten, die beide genau das Gleiche bewirken:

- Rechtsklick auf Desktop -> *Eigenschaften/Darstellung/Fenster und Schaltflächen/ Windows-klassisch.*
- *Systemsteuerung/System/Erweitert/Systemleistung/Einstellungen/Visuelle Effekte/ Für optimale Leistung anpassen.*

Zurück auf die moderne Windows XP-Oberfläche kommen Sie entsprechend mit:

- Rechtsklick auf Desktop -> *Eigenschaften/Darstellung/Fenster und Schaltflächen/ Windows XP-Stil.*
- *Systemsteuerung/System/Erweitert/Systemleistung/Einstellungen/Visuelle Effekte/ Visuelle Stile für Fenster und Schaltflächen verwenden.*

Gibt es mit speziellen Programmen Kompatibilitätsprobleme mit der neuen Oberfläche, brauchen Sie nicht immer ganz darauf zu verzichten. Oftmals reicht es, das betreffende Programmfenster auf das klassische Design umzustellen. Mehr dazu finden Sie in Kapitel 6.

Durch eine Kombination von klassischer Oberfläche und klassischem Startmenü sieht Windows XP (fast) wie Windows 2000 aus.

Zusätzliche Taskleisten-Tools aus den Power-Toys

Die Power-Toys sind kostenlose Zusatz-Tools zu Windows XP, die Microsoft bei *www.microsoft.com/windowsxp/pro/downloads/powertoys.asp* im Internet zur Verfügung stellt. Im Gegensatz zu älteren Versionen können die aktuellen Power-Toys ab Versionsstand April 2002 einzeln heruntergeladen und installiert werden. Das bekannteste dieser Programme, Tweak UI, stellen wir ab Seite 599 in diesem Kapitel vor. Nachfolgend geht es um zwei nützliche Taskleisten-Tools.

Taskbar-Magnifier

Manche Webseiten und andere Dokumente enthalten Schriften, die so klein sind, dass sie kaum noch erkennbar sind. Auch bei der Arbeit mit Grafikprogrammen fällt es unter manchen Lichtverhältnissen schwer, Punkte exakt mit der Maus zu treffen. CAD-Programme bieten schon seit Generationen Bildschirmlupen an. Der Taskbar-Magnifier aus den Power-Toys erfüllt genau diese Funktion.

Bildschirmlupe in der Taskleiste.

Das Programm finden Sie nach der Installation im Kontextmenü der Taskleiste unter *Symbolleisten/Taskbar Magnifier*. Damit in dem neuen Lupenfenster auch wirklich etwas zu sehen ist, sollten Sie die Taskleiste auf die doppelte oder gar dreifache Höhe ziehen. Dies kostet natürlich etwas Platz auf dem Desktop, der aber bei den hohen Auflösungen aktueller Monitore nicht mehr so stark ins Gewicht fällt, wie die Tabelle zeigt. Das Verändern der Taskleiste funktioniert nur, wenn die Option *Taskleiste fixieren* im Kontextmenü ausgeschaltet ist.

Taskleiste	640 x 480	800 x 600	1.024 x 768	1.280 x 1.024
einfache Höhe	6 %	4,8 %	3,8 %	2,8 %
zweifache Höhe	12 %	9,6 %	7,6 %	5,6 %
dreifache Höhe	18 %	14,4 %	11,4 %	8,4 %

Mit einem Rechtsklick in das Lupenfenster des Taskbar-Magnifier können Sie den Zoomfaktor verändern.

Ein vergleichbares Tool ist die Bildschirmlupe unter *Zubehör/Eingabehilfen*, die ein Lupenfenster am oberen Bildschirmrand über die ganze Breite etwa in Höhe der dreifachen Taskleiste öffnet. Zwischen beiden Varianten gibt es keine nennenswerten technischen Vor- oder Nachteile. Es bleibt der persönlichen Arbeitsweise jedes Benutzers überlassen, welche Lupe er bevorzugt.

Virtual Desktop-Manager

Windows-Bildschirme werden schnell durch viele Fenster unübersichtlich und überladen. Linux bietet zur Lösung dieses Problems seit längerem virtuelle Desktops an, mit denen man sich auf dem Bildschirm die Übersicht verschaffen kann. Spezielle Tools von Drittanbietern boten diese Möglichkeit auch schon unter früheren Windows-Versionen, was nur oft zu Kompatibilitätsproblemen mit bestimmten Programmen führte, die eigene Oberflächen und nicht das Standard-Windows-Fensterdesign verwendeten. Der Virtual Desktop-Manager bietet jetzt auch unter Windows XP mehrere virtuelle Desktops.

Aktivieren Sie den Virtual Desktop-Manager MSVDM nach der Installation der PowerToys mit dem Menüpunkt *Symbolleisten/Desktop Manager* im Kontextmenü der Taskleiste.

Symbolleiste des Virtual Desktop-Manager.

Mit den vier blauen Symbolen können Sie zwischen vier virtuellen Desktops hin und her schalten. Der Desktop-Manager kostet kaum zusätzliche Ressourcen, da alle Programme nur einmal gestartet werden und nur der Zustand der Fenster gespeichert wird. Die Methode ist also nicht vergleichbar mit einer parallelen Anmeldung unter verschiedenen Benutzernamen.

Zusätzlich zu den Symbolen können Sie auch mit den Tastenkombinationen Win+1 ... Win+4 einen der Desktops auswählen. Die Option *Configure Shortcut Keys* im Kontextmenü ermöglicht ein Verändern dieser Tastenkombinationen.

Ein Klick auf das grüne Symbol zeigt vier Vorschaubilder der Desktops. Hier können Sie direkt durch Anklicken einen auswählen.

Zur besseren Unterscheidung können Sie den vier Desktops unterschiedliche Hintergrundbilder geben. Wählen Sie dazu im Kontextmenü den Menüpunkt *Configure Desktop Images*. Beachten Sie dabei, dass durch den erhöhten Speicherverbrauch durch die Hintergrundbilder die Umschaltung zwischen den Desktops deutlich langsamer erfolgt.

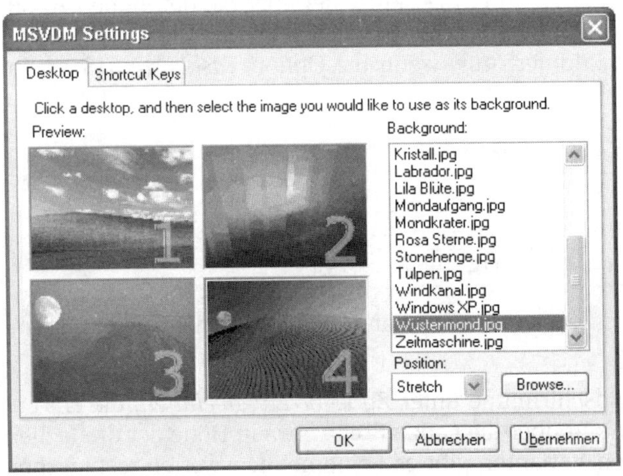

Verschiedene Hintergrundbilder für vier virtuelle Desktops.

9.3 (System-)Ordner im Einsatz

Die Verzeichnisstruktur, die Windows XP bei der Installation anlegt, scheint auf den ersten Blick etwas unübersichtlich. Sie ermöglicht aber beim genauen Hinsehen ein paar interessante Funktionen.

Anlegen eines Startmenü-Eintrags

Das Startmenü älterer Windows-Versionen bot im Konfigurationsdialog einen Eintrag *Erweitert*, mit dem man über den Windows-Explorer Untermenüs und Verknüpfungen im Startmenü anlegen konnte.

Windows XP nutzt diesen speziellen Konfigurationsdialog nur noch für das klassische Startmenü und bietet ihn im modernen XP-Startmenü nicht mehr an, obwohl die getätigten Einstellungen aus dem klassischen Startmenü in das neue Startmenü *Alle Programme* übernommen werden.

Am Beispiel von Clip'n Save, einem Tool, das bei der Installation nicht automatisch einen Startmenü-Eintrag anlegt, zeigen wir das Vorgehen.

1 Angenommen, das Programm wurde unter *C:\Programme\clip'n save* installiert. Legen Sie im Verzeichnis *\Dokumente und Einstellungen\All Users\Startmenü\Programme* ein neues Unterverzeichnis *Clip'n Save* an. Möchten Sie den Menüeintrag nur für einen Benutzer vornehmen, verwenden Sie das Verzeichnis *\Dokumente und Einstellungen\Benutzername\Startmenü\Programme.*

2 Markieren Sie die Programmdatei und bei Bedarf auch die Hilfedatei von Clip'n save im Verzeichnis *C:\Programme\clip'n save* und ziehen Sie diese mit der rechten Maustaste auf das neu angelegte Verzeichnis.

3 Wählen Sie im Kontextmenü *Verknüpfungen hier erstellen.* Öffnen Sie jetzt das Startmenü. Dort finden Sie die neuen Einträge.

Probleme bei gleichen Dateinamen

Durch einen kleinen Fehler in Windows XP werden immer dann nicht alle Verknüpfungen übernommen, wenn mehrere Dateinamen bis auf die Erweiterung gleich sind. In unserem Beispiel hieß die Programmdatei *CLIP.EXE* und die Hilfedatei *CLIP.HLP.* Auch wenn im Explorer die Anzeige der Erweiterungen aktiviert ist, verwendet Windows XP zum Erstellen der Verknüpfungen nur den vorderen Teil des Dateinamens. Hier würde also zweimal die Verknüpfung *Verknüpfung mit CLIP* entstehen, wovon eine automatisch gelöscht wird, da es keine zwei gleichnamigen Dateien in einem Verzeichnis geben kann. Legen Sie hier also nacheinander erst eine Verknüpfung an und benennen Sie diese um, bevor Sie die zweite Verknüpfung erstellen.

Die neuen Startmenüeinträge mit umbenannten Verknüpfungen.

Klicken Sie zum Schluss einmal mit der rechten Maustaste auf das Startmenü *Alle Programme* und wählen Sie im Kontextmenü *Nach Namen sortieren*, um das neue Untermenü passend einzuordnen.

Verknüpfung mit entfernen

Stört es Sie, dass Windows XP in Startmenüs und bei Desktop-Verknüpfungen immer *Verknüpfung mit* schreibt? Mit einer kleinen Änderung in der Registry können Sie das verhindern. Im Schlüssel *HKEY_CURRENT_USER\Software\Microsoft\Windows\CurrentVersion\Explorer* finden Sie den Wert *link*, der standardmäßig auf *1A 00 00 00* gesetzt ist. Setzen Sie diesen Wert auf *00 00 00 00*, dann wird eine Verknüpfung nur noch genauso wie die verknüpfte Datei benannt. Damit die Änderung wirkt, müssen Sie sich abmelden und neu anmelden.

Benutzerspezifische Startmenüs

Windows XP hat wie schon Windows NT die Möglichkeit, für jeden Benutzer ein eigenes Startmenü anzulegen. Allerdings bieten nur die wenigsten Installationsprogramme eine Auswahl an, ob ein Programm nur für den angemeldeten Benutzer oder für alle installiert werden soll.

Windows NT teilte das Startmenü in zwei Bereiche, einen für den aktuellen Benutzer und einen für alle. Windows XP macht diese Unterteilung nicht mehr, obwohl es immer noch zwei getrennte Verzeichnisse für die Menüeinträge gibt:

- *\Dokumente und Einstellungen\All Users\Startmenü\Programme* enthält die Einträge für alle Benutzer.
- *\Dokumente und Einstellungen\Benutzername\Startmenü\Programme* enthält die Einträge für einzelne Benutzer.

Für das Startmenü werden diese Einträge alle zusammen sortiert. Gibt es gleichnamige Unterverzeichnisse, erscheinen diese im Gegensatz zu Windows NT auch nur noch einmal und enthalten die Verknüpfungen beider Verzeichnisse. Dabei macht es keinen Unterschied, ob das moderne XP-Startmenü oder das klassische Startmenü verwendet wird.

Installiert ein Benutzer ein Programm, erscheint dies normalerweise in den Startmenüs aller Benutzer. Hier können Sie als Administrator für Ordnung sorgen, indem Sie bestimmte Verknüpfungen und Unterverzeichnisse von *\Dokumente und Einstellungen\All Users\Startmenü\Programme* aus in die jeweiligen Verzeichnisse *\Dokumente und Einstellungen\Benutzername\Startmenü\Programme* der Benutzer verschieben.

Am Aufbau des Startmenüs des betreffenden Benutzers ändert sich nichts. In den Startmenüs der anderen Benutzer und auch in Startmenüs neu angelegter Benutzer erscheint das verschobene Programm aber nicht mehr.

Das Gleiche gilt für Desktop-Verknüpfungen. Auch hier können Sie die Verknüpfungsdateien aus *\Dokumente und Einstellungen\All Users\Desktop* in die entsprechenden Benutzerverzeichnisse *\Dokumente und Einstellungen\Benutzername\Desktop* verschieben.

Soll ein Programm für mehrere, aber nicht für alle Benutzer zur Verfügung stehen, legen Sie in den entsprechenden Benutzerverzeichnissen Kopien der Verknüpfungsdatei an und löschen die Verknüpfung aus dem *All Users*-Verzeichnis.

Dateien an andere Benutzer senden

Teilen sich mehrere Benutzer einen Rechner, können sie sich mit einer Verknüpfung im Kontextmenü sehr einfach Dateien zusenden.

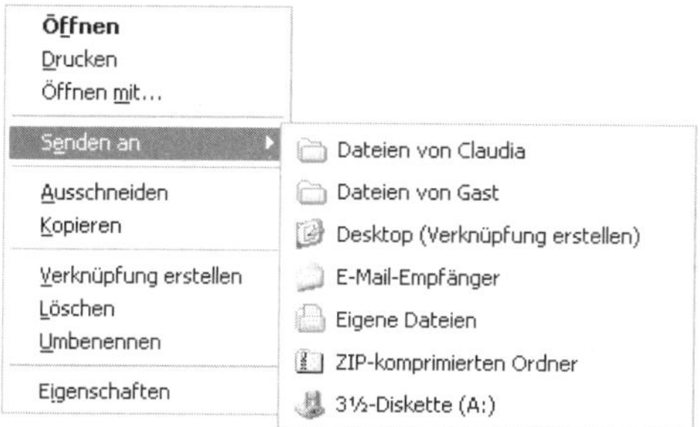

Kontextmenü Senden an mit neuen Verknüpfungen.

Im Explorer finden Sie unterhalb der Systemsteuerung verschiedene Ordner *Dateien von*. Ziehen Sie die gewünschten Ordner mit der linken Maustaste in Ihren eigenen Ordner *\Dokumente und Einstellungen\Benutzername\SendTo*. Damit erstellen Sie eine Verknüpfung, die später in Ihrem Menü *Senden an* erscheint.

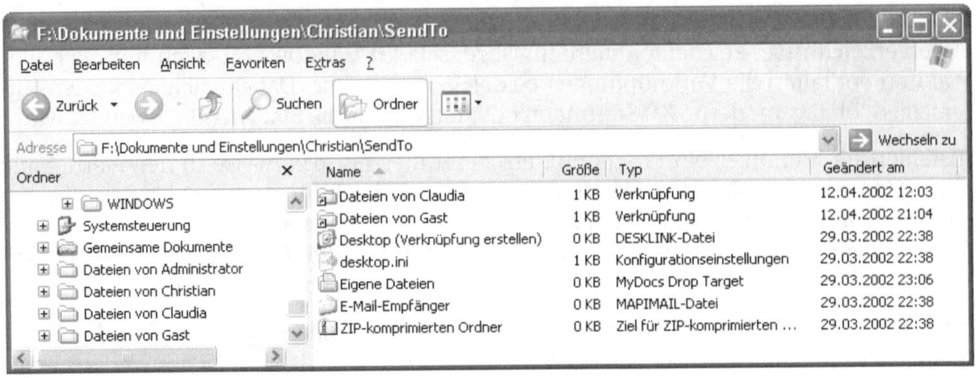

Verknüpfungen im SendTo-Verzeichnis.

Bilder für Benutzeranmeldung

Jeder Benutzer hat ein eigenes Bild im Startmenü, durch das er sich auf den ersten Blick von anderen Benutzern unterscheidet. Als Administrator können Sie diese Bilder ändern und für neue Benutzer auch neue Bilder zur Verfügung stellen.

Die Bilder, die den Benutzern zur Auswahl stehen, liegen im Verzeichnis *\Dokumente und Einstellungen\All Users\Anwendungsdaten\Microsoft\User Account Pictures\Default Pictures*. Dabei handelt es sich um BMP-Dateien mit einer Größe von 48 x 48 Pixeln. Hier können Sie neue Bilder hinzufügen.

Im Verzeichnis *\Dokumente und Einstellungen\All Users\Anwendungsdaten\Microsoft\User Account Pictures* wird für jeden Benutzer das verwendete Bild unter dem entsprechenden Benutzernamen gespeichert.

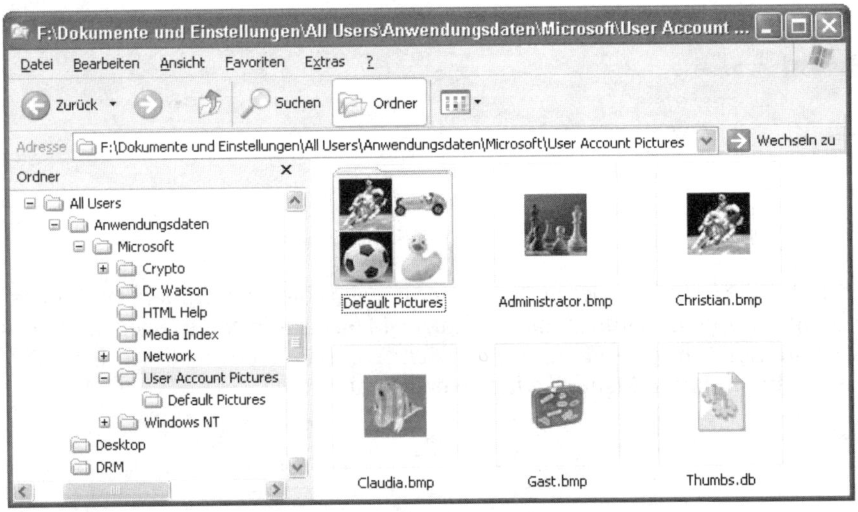

Anmeldebilder der Benutzer.

Windows XP stellt die Zugriffsrechte auf diese Dateien automatisch so ein, dass nur der Administrator und der jeweilige Benutzer die Bilder ändern können. Man ist also nicht auf die Standardauswahlmöglichkeiten festgelegt, sondern kann mit einem Bildbearbeitungsprogramm sich sein eigenes Anmeldebild gestalten.

Spuren verwischen

Seit es Windows gibt, gibt es in Tuning-Programmen eine „Paranoia“-Option, mit der man die Spuren seines Tuns am PC verwischen kann. Windows XP bietet jetzt standardmäßig eine Option zum Löschen der Liste *Zuletzt verwendete Dokumente*. Diese Schaltfläche *Liste löschen* finden Sie auf der Registerkarte *Erweitert* der Eigenschaften des Startmenüs.

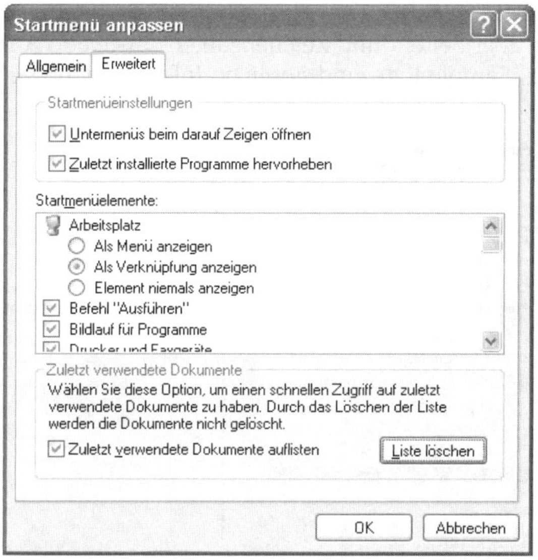

Löschen der Liste Zuletzt verwendete Dokumente.

Allerdings wird jedem Administrator sofort auffallen, wenn diese Liste leer ist. Wollen Sie also wirklich das illegale Öffnen einer Datei verbergen, löschen Sie lieber nur diesen einen Eintrag aus der Liste. Im Verzeichnis *\Dokumente und Einstellungen\Benutzername\Recent* finden Sie für alle in letzter Zeit geöffneten Dateien eine Verknüpfung. Nur die letzten 15 davon werden im Startmenü angezeigt. Verknüpfungen, die in diesem Verzeichnis gelöscht worden sind, können auch im Startmenü nicht mehr auftauchen.

Die Original-Dateien bleiben beim Löschen der Verknüpfungen natürlich erhalten.

Windows XP führt zusätzlich zu dieser noch eine zweite Verlaufsliste, die zu sehen ist, wenn man im Windows-Explorer-Menü *Ansicht/Explorerliste/Verlauf* aktiviert. Den Inhalt dieser Liste finden Sie unter *\Dokumente und Einstellungen\Benutzername\Lokale Einstellungen\Verlauf\Heute\Arbeitsplatz*. Um einen Dateizugriff also wirklich zu verbergen, müssen Sie auch hier die entsprechende Verknüpfung löschen.

9.4 Dateiattribute effektiv nutzen

Frühere DOS- und Windows-Versionen konnten schon außer dem Dateinamen noch das letzte Änderungsdatum und vier Systemattribute, *Archiv*, *Hide*, *System* und *Read-Only*, speichern. Mit der Erfindung des NTFS-Dateisystems kamen Dateinamen hinzu, die länger als die bisherigen 8+3 Zeichen sein durften. Diese Dateinamenerweiterung, die unter NTFS im Dateisystem gespeichert wird, wurde auf anderen Dateisystemen softwaremäßig emuliert.

Windows XP ermöglicht jetzt noch eine Vielzahl weiterer Dateieigenschaften, vergleichbar mit den Versionsinformationen von Programmdateien.

Automatisch vergebene Attribute

Einige der neuen Dateiattribute werden von Windows XP einer Datei automatisch zugewiesen, andere kann der Benutzer selbst vergeben.

Ein Teil dieser Attribute ist vom Dateityp abhängig.

So enthalten Office-Dokumente Angaben über Seiten- und Zeichenzahlen sowie den Autor, wogegen in Audiodateien die Dauer, Sample-Rate und ähnliche Informationen gespeichert sind.

Erweiterte Dateiinformationen eines Office-Dokuments und ... *... einer Audiodatei.*

Wählen Sie zur Anzeige der Dateiinformationen den Menüpunkt *Eigenschaften* im Kontextmenü einer Datei. Klicken Sie dann auf der Registerkarte *Dateiinfo* des Eigenschaften-Dialogs auf die Schaltfläche *Erweitert*, um die volle Übersicht über alle Dateieigenschaften zu bekommen.

Fotos können zusätzlich zu Daten über Größe und Farbtiefe auch noch Informationen zur verwendeten Kamera enthalten. Dabei legen die Kameras bzw. deren Software unterschiedliche Felder auf der *Dateiinfo*-Registerkarte an.

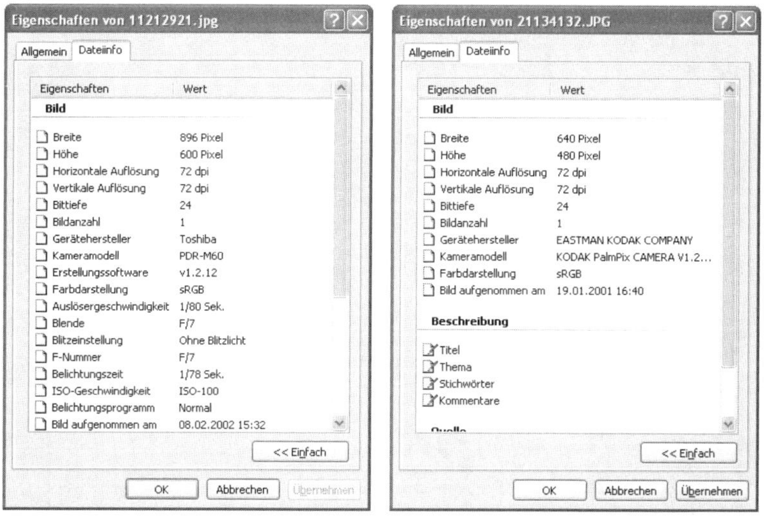

Fotos von zwei verschiedenen Kameras.

Diese Kameradaten wurden auch schon vor Windows XP von den Kameras in den Bilddateien abgelegt, nur konnten frühere Windows-Versionen sie nicht anzeigen.

Kameradaten

Bearbeitet man ein Foto mit einem Bildbearbeitungsprogramm, gehen die Daten über die Kamera verloren. Solange das Bild nur angezeigt wird, passiert nichts. Dreht man ein Bild mit der Windows-Bild- und Faxanzeige, wird es zwar gedreht gespeichert, die Kameradaten bleiben aber erhalten und auch das Datum ändert sich nicht.

Das neue Windows XP-Arbeitsplatz-Fenster zeigt die Bildinformationen gleich mehrfach an:

- Beim Dateinamen wird in der Ansicht *Kacheln* die Bildgröße angezeigt. In der Ansicht *Details* lassen sich wahlweise verschiedene Informationen anzeigen.
- In der Statuszeile werden zusätzlich Kamerainformationen und Aufnahmedatum angezeigt.
- Die gleichen Daten erscheinen auch als Tooltip (Schnellhilfe), wenn man den Mauscursor einen Moment über dem Bild ruhen lässt.
- Im blauen Seitenbalken erscheinen unter *Details* die Bildabmessungen und das letzte Änderungsdatum. Solange die Ansicht nicht auf *Miniaturansicht* oder *Filmstreifen* steht, wird hier auch noch eine Miniaturansicht des Bilds dargestellt.

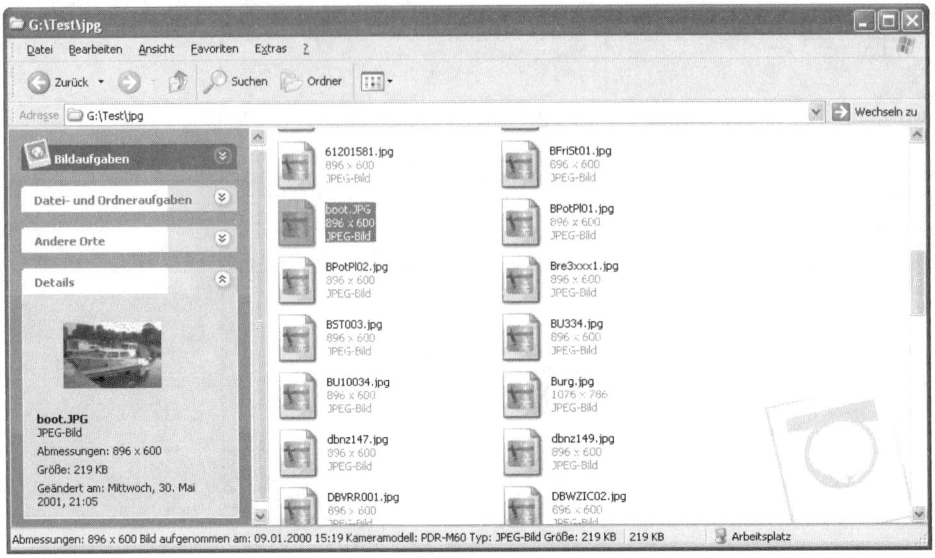

Darstellung von Bildinformationen im Arbeitsplatz-Fenster.

Datumsangaben

Mit jeder Datei werden drei verschiedene Datumsangaben gespeichert, bei Fotos sogar vier. Bei früheren Windows-Versionen kannte man in der Explorer-Anzeige immer nur ein Datum.

Datum	Bedeutung	Besonderheiten
Geändert	Dieses Datum entspricht dem letzten Speichern der Datei, wie schon in früheren Windows-Versionen.	
Erstellt am	Erstellungsdatum der Datei in diesem Verzeichnis, wird beim Kopieren oder Verschieben aktualisiert.	
Letzter Zugriff	Letzter Zugriff, auch Anzeigen, Verschieben, Kopieren oder Eigenschaften-Anzeige	Nur bei NTFS
Bild aufgenommen	Dieses Datum speichert die Kamera bei der Aufnahme mit dem Bild. Verliert die Kamera beim Batteriewechsel die Uhrzeit, kann hier ein völlig falscher Wert stehen.	Nur bei Fotos

Die Angabe *Erstellt am* bezieht sich immer auf die physikalische Datei. Kopiert oder verschiebt man also eine Datei in ein anderes Verzeichnis, wird dort das *Erstellt am*-Datum neu geschrieben. Das *Geändert am*-Datum der Datei bleibt aber bestehen. So lässt sich erklären, dass das Erstellungsdatum einer Datei neuer ist als das letzte Änderungsdatum, was nach deutschem Sprachverständnis unlogisch erscheint.

Das Datum *Bild aufgenommen am* gehört wie die Kameraeinstellungen nicht zu den eigentlichen Datumsangaben, sondern zu den erweiterten Attributen. Es geht beim Bearbeiten der Datei genauso wie die anderen Attribute verloren.

Nur NTFS protokolliert die Zugriffe, sodass nur hier das Datum des letzten Zugriffs interessant ist. Dabei macht es keine Unterschiede, welcher Art der Dateizugriff war, ob die Datei angezeigt, kopiert, geändert oder auch nur die Eigenschaften angezeigt wurden. Auf FAT16/32-Dateisystemen wird das Feld *Letzter Zugriff* der Vollständigkeit halber zwar dargestellt, es enthält aber immer das aktuelle Tagesdatum mit einer Zeitangabe 00:00, unabhängig vom tatsächlich letzten Zugriff.

Protokollierung unterdrücken
Bei Bedarf können Sie, um Dateizugriffe zu verschleiern, diese Protokollfunktion mit einem Registry-Eintrag unterdrücken. Fügen Sie dazu unter *HKEY_LOCAL_MACHINE\System\CurrentControlSet\Control\FileSystem* den DWORD-Wert *NtfsDisableLastAccessUpdate* ein und geben Sie diesem den Wert 1.

Erweiterte Dokumenteigenschaften

Die frei definierbaren Attribute *Titel, Thema, Stichwörter, Kommentare* und *Autor* lassen sich im *Dateiinfo*-Dialog frei editieren. Dagegen sind die Bildauflösung, das Aufnahmedatum und die Kameraeinträge festgeschrieben. Ob eine Eigenschaft editierbar ist oder nicht, ist am Symbol links vor dem Namen der Eigenschaft erkennbar.

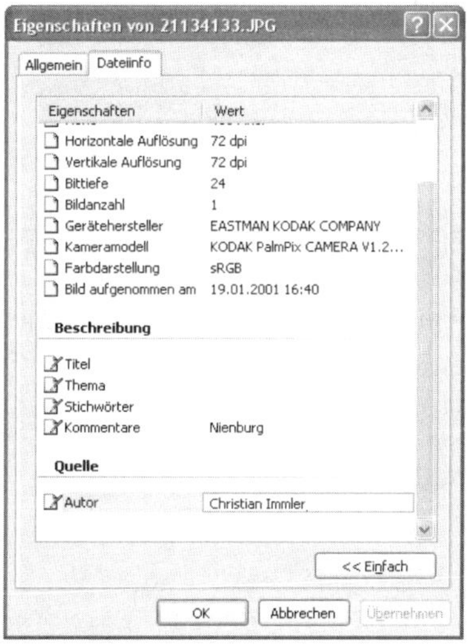

Editieren des Autors einer Bilddatei.

Editieren des Sicherungsdatums einer Office-Datei.

In Office-Dateien lassen sich außer den benutzerdefinierten Eigenschaften, die Office selbst auch verändern kann, im *Dateiinfo*-Dialog auch Werte anpassen, die Office normalerweise automatisch setzt: der Anwendungsname und die Versionsnummer. Letztere wird normalerweise beim Speichern aus Office heraus automatisch um 1 erhöht, kann hier aber auf jeden beliebigen Wert gesetzt werden.

Eigenschaften, die als Datum definiert sind, werden mit einem speziellen Kalenderfeld editiert, sodass auch nur gültige Kalenderdaten eingegeben werden können.

Seltsamerweise lässt sich in einer Office-Datei das Datum *Zuletzt gespeichert am* auf jeden beliebigen Tag setzen, auch vor dem eigentlichen Dateierstellungsdatum. Der Name der Person, die zuletzt gespeichert hat, ist aber unveränderlich.

Sortieren

Die erweiterten Dokumenteigenschaften können auch zum Sortieren von Dateien verwendet werden. Klicken Sie dazu im Explorer in der Detailansicht mit der linken Maustaste auf einen der Spaltentitel. Das Verzeichnis wird nach dieser Spalte sortiert, der Spaltentitel mit einem Dreieck markiert. Diese Sortierung bleibt auch dann bestehen, wenn Sie in eine andere Ansicht des Explorer (*Miniaturansicht*, *Filmstreifen* ...) wechseln.

Ein Rechtsklick auf einen Spaltentitel öffnet ein Kontextmenü, in dem Sie auswählen können, welche Spalten in der Detailansicht dargestellt werden sollen.

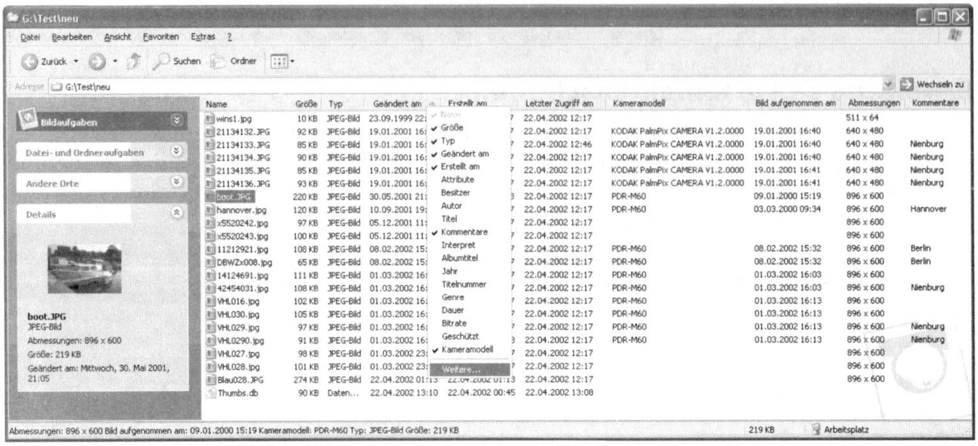

Auswahl der Spalten in der Detailansicht.

Mit dem Menüpunkt *Weitere* können Sie Spalten für Eigenschaften hinzufügen, die hier nicht angezeigt sind. Außerdem kann in diesem Dialog die Reihenfolge verändert werden, in der die Spalten angezeigt werden.

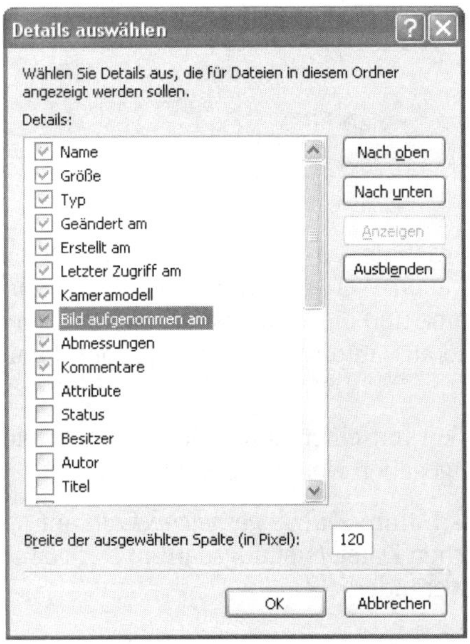

Auswahl der anzuzeigenden Spalten.

Gruppieren

Eine weitere Neuerung des Explorer von Windows XP ist die Gruppenansicht, die Sie im Menü unter *Ansicht/Symbole anordnen nach/In Gruppen anzeigen* finden.

Die angezeigten Dateien werden zu Gruppen zusammengefasst, die sich nach dem jeweils aktuellen Sortierkriterium richten. Bei Sortierung nach Namen wird für jeden Anfangsbuchstaben eine Gruppe angelegt, bei Sortierung nach Datum bezeichnen die Gruppen bestimmte Zeiträume. Entsprechend kann auch nach Stichwörtern in frei definierten erweiterten Dokumenteigenschaften gruppiert werden.

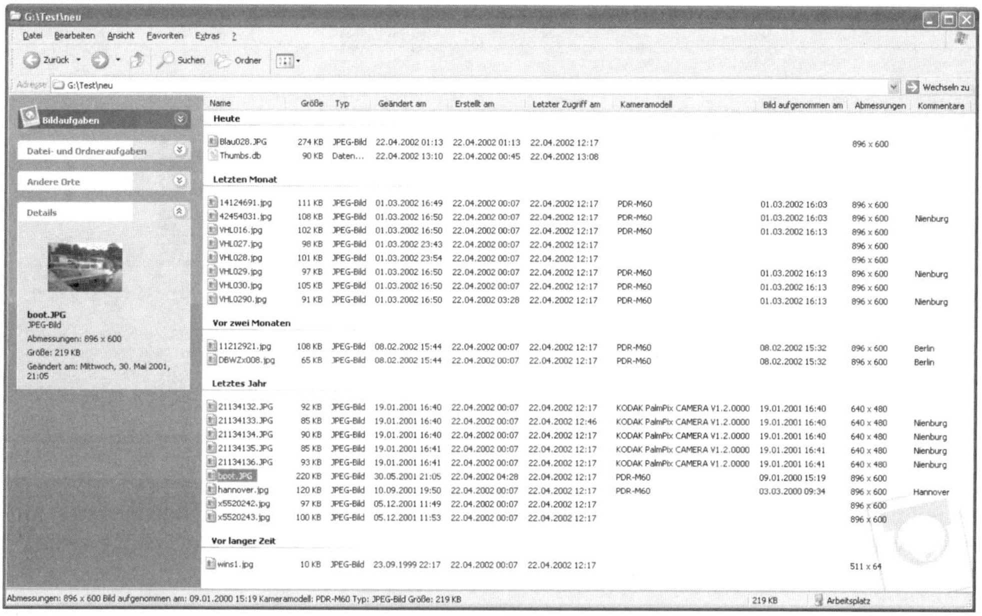

Nach Änderungsdatum in Gruppen sortiert.

Auch hier kann man durch Anklicken eines Spaltentitels das Sortierkriterium ändern. Dabei werden die Gruppen automatisch neu aufgeteilt. Leider zeigt der Explorer in der Gruppenansicht den Pfeil für das Sortierkriterium in den Spaltentiteln nicht mehr an.

Sortieren nach Bildaufnahmedatum

Versucht man, ein Verzeichnis mit Fotos nach dem Bildaufnahmedatum zu gruppieren, ergibt sich eine nicht chronologische Aufteilung der Gruppen. Das liegt daran, dass die Eigenschaft *Bild aufgenommen am* nicht als Datumszahl, sondern als Zeichenkette von der Kamera in die Datei geschrieben wird. Demnach erfolgt hier eine alphanumerische Sortierung. Die von Windows erstellten Datumsangaben sind Datumszahlen, die vom Explorer anhand des Datumsformats aus den Regions- und Sprachoptionen interpretiert werden.

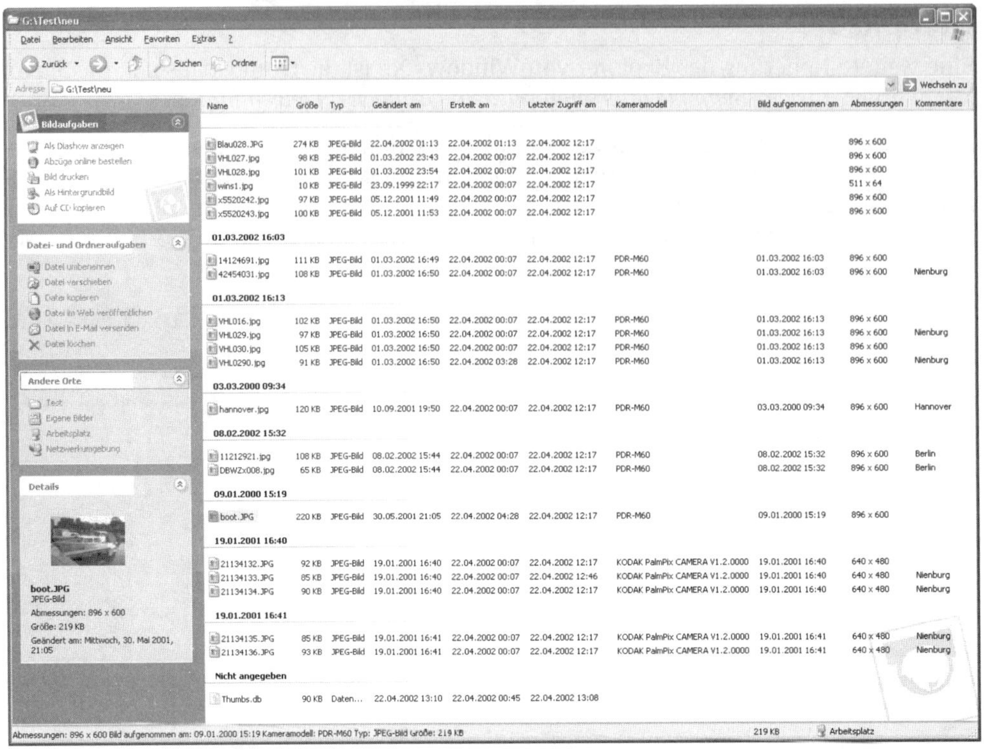

Nach Aufnahmedatum gruppierte Bilder.

Dateien, bei denen ein Eigenschaftsfeld nicht ausgefüllt ist, wie zum Beispiel das Aufnahmedatum bei Bildern, die mit einem Bildbearbeitungsprogramm nachbearbeitet wurden, erscheinen in einer namenlosen Gruppe am Anfang der Liste.

Enthält das Verzeichnis auch Dateien anderer Dateiformate, bei denen eine bestimmte Eigenschaft nicht definiert ist, wird dafür eine eigene Gruppe *Nicht angegeben* angelegt.

Nach Dokumenteigenschaften suchen

Die erweiterten Dokumenteigenschaften können auch dazu verwendet werden, Dateien mit dem Windows-Such-Assistenten zu finden. Textdateien und Office-Dokumente ließen sich schon in früheren Windows-Versionen nach Stichwörtern durchsuchen. In Windows XP können Sie auch Bilder und Multimedia-Dateien nach Stichwörtern finden, wenn Sie diese in die erweiterten Dokumenteigenschaften eingetragen haben.

Geben Sie im Such-Assistenten im Feld *Ein Wort oder ein Begriff innerhalb der Datei* das Stichwort ein. Das Feld *Gesamter oder Teil des Dateinamens* können Sie dann leer lassen.

Um die Suche auf einen bestimmten Dateityp einzugrenzen, können Sie, anstatt diesen Dateityp unter *Weitere Optionen* auszuwählen, auch einfach „*.Dateiendung" in das Dateinamensfeld eingeben, was deutlich schneller geht.

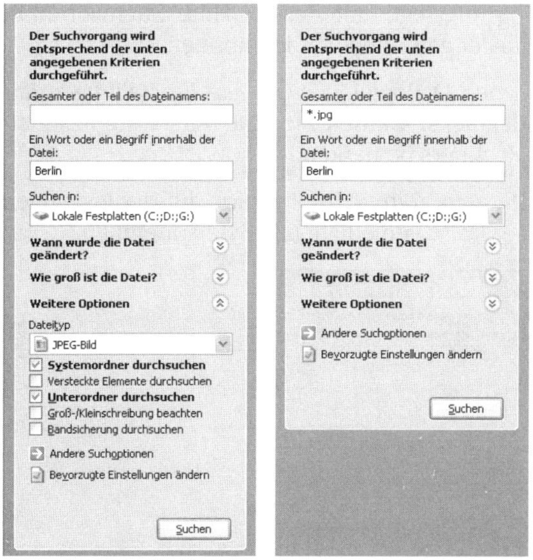

Zwei Möglichkeiten zur Suche nach einem Stichwort in den Eigenschaften von JPG-Bildern.

Diese Stichwortsuche durchsucht die Dateinamen und die erweiterten Dokumenteigenschaften. Bei Textdateien, Office-Dokumenten und HTML-Seiten wird auch der gesamte Dokumenteninhalt durchsucht, was lange dauern kann, weshalb Sie so eine Suche immer auf bestimmte Dateitypen einschränken sollten.

Optimierung der Suche

Die vorgegebenen Einstellungen des Such-Assistenten sind nicht unbedingt optimal. Mit der Option *Bevorzugte Einstellungen ändern* können Sie noch ein paar Einstellungen treffen:

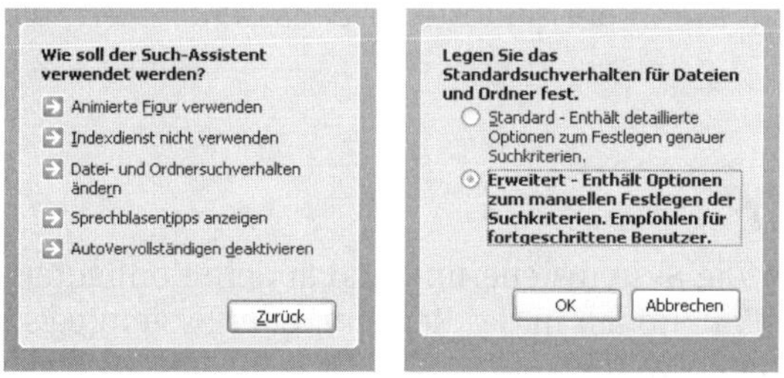

Optimierung der Sucheinstellungen.

Wenn Sie hier das Standardsuchverhalten auf *Erweitert* stellen, ersparen Sie sich den ersten Dialog *Wonach soll gesucht werden*. Die Suche springt dann sofort auf die Eingabemaske für Dateinamen oder Suchbegriffe.

Schalten Sie an dieser Stelle auch gleich die Sprechblasentipps und die wirklich überflüssige animierte Figur aus.

Der Indexdienst

Der Indexdienst bietet eine Methode, die Suche nach Stichwörtern in Dateien und erweiterten Dokumenteigenschaften zu beschleunigen. Hier wird im Hintergrund, während der Ruhezeiten des Rechners, ein Katalog angelegt, mit dessen Hilfe Stichwörter in HTML-, Text- und Office-Dokumenten schneller gefunden werden können.

Der Indexdienst kann im zuvor beschriebenen Dialogfeld *Bevorzugte Einstellungen ändern* aktiviert werden. Bei aktiviertem Indexdienst werden Sie eine verstärkte Festplattenaktivität während der Ruhephasen des Rechners bemerken.

Die Indexdateien werden im Verzeichnis *\System Volume Information* auf der jeweiligen Festplatte angelegt und können schnell eine Größe von etlichen MByte annehmen.

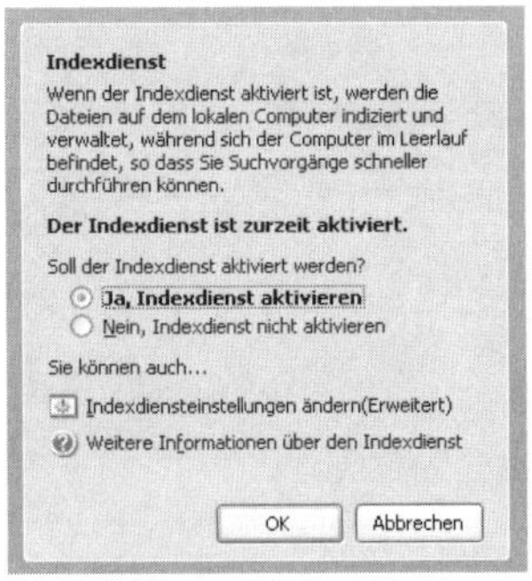

Aktivieren des Indexdienstes.

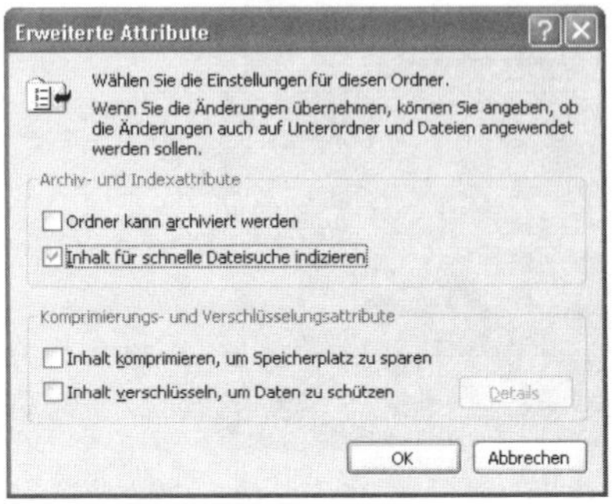

Indizierung eines Verzeichnisses.

Möchten Sie durch den Indexdienst einen optimalen Geschwindigkeitsgewinn beim Suchen erzielen, sollten Sie nicht die ganze Festplatte indizieren lassen, sondern nur die Verzeichnisse, in denen Sie auch regelmäßig suchen. Temporäre und Cache-Verzeichnisse sollten zum Beispiel von der Suche ausgenommen werden. In den erweiterten Eigenschaften jedes Verzeichnisses können Sie mit dem Kontrollkästchen *Inhalt für schnelle Dateisuche indizieren* die Indizierung eines Verzeichnisses ein- und ausschalten.

Der Indexdienst selbst kann in der Computerverwaltung unter *Dienste und Anwendungen/Indexdienst* optimiert werden. Im Kontextmenü stehen unter *Alle Task/Leistung optimieren* vier Einstellungen zur Verfügung. Die interessanteste ist *Benutzerdefiniert*, die eine feinere Auflösung bereithält.

9.5 Tuning per Registry

Nicht alles lässt sich in Windows XP über die Systemsteuerung und andere Konfigurationsoptionen einstellen. Einige versteckte Funktionen in der Registry, oder Systemregistrierung genannt, können nur manuell geändert werden.

Windows XP liefert für den direkten Zugriff auf die Registry das Tool RegEdit mit. Damit können Sie unmittelbar Registrierdatenbankeinträge bearbeiten, löschen oder neu hinzufügen.

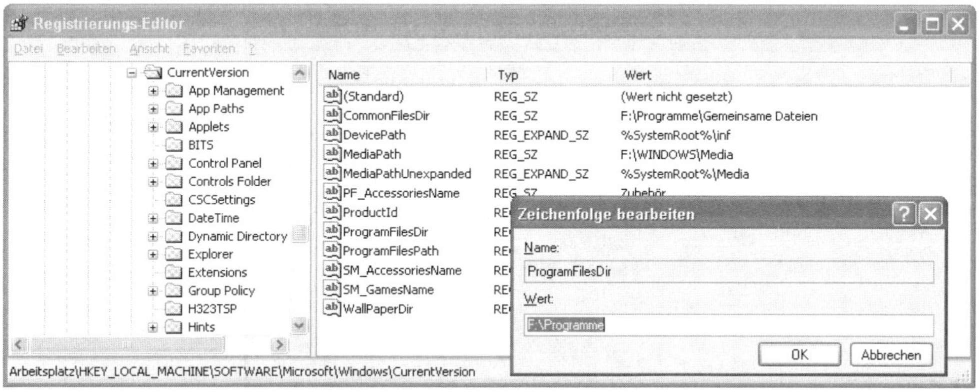

Der Registrierungs-Editor.

Zum Schutz vor unbefugter Verwendung taucht der Registry-Editor in keinem Standardmenü von Windows XP auf. Er kann nur über *Start/Ausführen* aufgerufen werden.

Nach einer Verwendung erscheint er auch nicht unter den zuletzt benutzten Programmen im Startmenü.

Natürlich können Sie das Programm auch mit der Funktion *An Startmenü anheften* dort fixieren. In älteren Windows-Versionen gab es noch zwei Registrierungs-Editoren, RegEdit und REGEDT32.

Die Funktionalität beider Programme wurde unter Windows XP in dem Programm RegEdit zusammengefasst.

Beim Start springt RegEdit automatisch an die Position in der Registry, an der Sie den Editor beim letzten Editieren verlassen haben. Diese Position wird in der Registry unter *HKEY_CURRENT_USER\Software\Microsoft\Windows\CurrentVersion\Applets\Regedit* als *REG_SZ*-Wert *LastKey* gespeichert.

Vorsicht bei Änderungen in der Registry!
Vorsicht bei der Verwendung des Registrierungs-Editors. Änderungen in der Registry können Windows XP in einen instabilen oder nicht mehr lauffähigen Zustand versetzen. Überlegen Sie sich genau, was Sie tun, und beachten Sie die Hinweise zum Sichern von Registry-Zweigen. Im Registry-Editor gibt es keine Zurück-Funktion.

Bevor Sie eine kritische Änderung an der Registry vornehmen, sollten Sie den betreffenden Registry-Zweig sichern.

Klicken Sie dazu mit der rechten Maustaste auf den Schlüssel und wählen Sie im Kontextmenü *Exportieren*.

Achten Sie darauf, dass im unteren Teil der Dialogbox die Option *Ausgewählte Teilstruktur* aktiv ist.

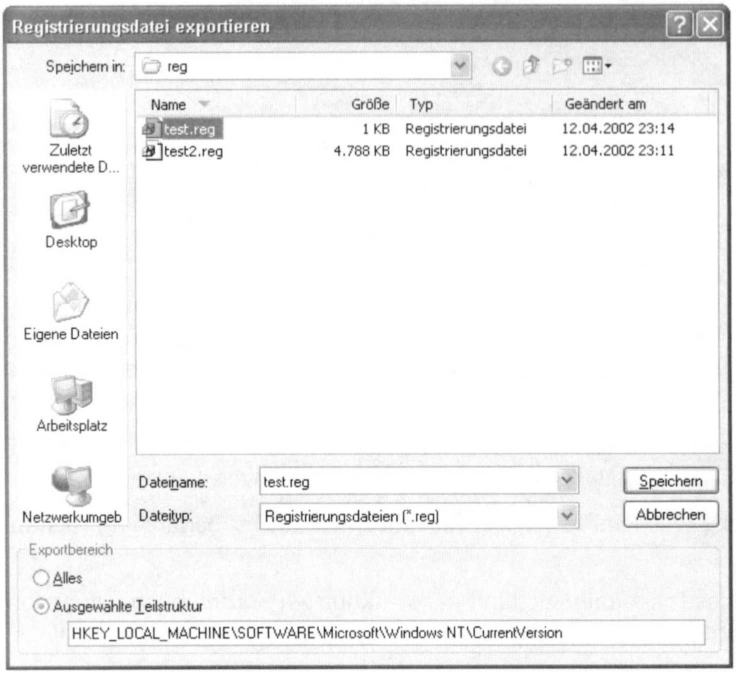

Exportieren eines Registry-Zweigs.

Hier wird immer ein ganzer Registry-Zweig exportiert, nicht nur ein einzelner Schlüssel. Die auf diese Weise erstellte REG-Datei enthält im ASCII-Format den exportierten Schlüssel einschließlich aller untergeordneten Schlüssel.

```
Windows Registry Editor Version 5.00

[HKEY_CLASSES_ROOT\.gif]
"PerceivedType"="image"
@="giffile"
"Content Type"="image/gif"

[HKEY_CLASSES_ROOT\.gif\OpenWithProgids]
"giffile"=hex(0):

[HKEY_CLASSES_ROOT\.gif\PersistentHandler]
@="{098f2470-bae0-11cd-b579-08002b30bfeb}"
```

Das Beispiel zeigt die Definition eines Dateiformats unter *HKEY_CLASSES_ROOT\.gif*.

Diese REG-Dateien können mit einem Doppelklick im Windows-Explorer wieder in die Registry importiert werden. Dabei werden nur die in der REG-Datei vorhandenen Werte in der Registry überschrieben. Werte, die in der REG-Datei fehlen, aber in der Registry vorhanden sind, bleiben erhalten.

REG-Dateien auf der Buch-CD

Die folgenden Registry-Tipps können Sie entweder manuell mit RegEdit vornehmen, oder Sie importieren die entsprechenden REG-Dateien von unserer Buch-CD. Die Dateinamen sind in Klammern angegeben. Bei einigen Tipps, die benutzerspezifische Angaben benötigen, bleibt Ihnen nichts anderes übrig, als sie von Hand einzugeben.

Die Registry-Tipps sind nach Themen sortiert und – soweit möglich – in Form einer REG-Datei dargestellt. In diesen Darstellungen erkennen Sie auch die genaue Schreibweise der verschiedenen Parameter.

Desktop

In modernen grafischen Oberflächen hängen Optik und Benutzerfreundlichkeit oft unmittelbar zusammen. Die folgenden Registry-Tipps verändern Aussehen oder Funktionalität des Desktops. Hier erfahren Sie zum Beispiel, wie Sie bestimmte Desktop-Symbole durch Einträge in der Registry aktivieren oder deaktivieren.

Windows-Version anzeigen

In der rechten unteren Ecke können Sie sich die Windows-Version einschließlich Build-Nummer anzeigen lassen. Bei mehreren Monitoren zeigten frühere Windows-Versionen auch eine Monitor-Information an. Windows XP macht das nicht mehr.

Anzeige der Windows-Version.

Solange Active Desktop-Elemente aktiv sind, kann die Windows-Version nicht angezeigt werden.

- Einschalten (*0101.REG*)

```
[HKEY_CURRENT_USER\Control Panel\Desktop]
"PaintDesktopVersion"=dword:00000001
```

- Ausschalten (*0102.REG*)

```
[HKEY_CURRENT_USER\Control Panel\Desktop]
"PaintDesktopVersion"=dword:00000000
```

Die Änderung wird erst nach erneuter Anmeldung aktiv.

Fehlersignal

Bei Fehlbedienung kann Windows XP einen kurzen Beep ausgeben. Dieser kann hilfreich, aber auch störend sein. Deshalb lässt er sich auf Wunsch ein- oder ausschalten.

- Einschalten (*0103.REG*)

```
[HKEY_CURRENT_USER\Control Panel\Sound]
"Beep"="Yes"
```

- Ausschalten (*0104.REG*)

```
[HKEY_CURRENT_USER\Control Panel\Sound]
"Beep"="No"
```

Active Desktop deaktivieren

Möchten Sie verhindern, dass Benutzer über Active Desktop-Elemente den Rechner ausbremsen und sich außerdem einer permanenten Virengefahr aussetzen, können Sie den Active Desktop komplett deaktivieren. Die Registerkarte *Web* unter *Systemsteuerung/Anzeige/Desktop/Desktop anpassen* verschwindet dann.

- Active Desktop deaktivieren (*0105.REG*)

```
[HKEY_CURRENT_USER\Software\Microsoft\Windows\CurrentVersion\Policies\Explorer]
"NoActiveDesktop"=hex:01,00,00,00
```

- Active Desktop wieder aktivieren (*0106.REG*)

```
[HKEY_CURRENT_USER\Software\Microsoft\Windows\CurrentVersion\Policies\Explorer]
"NoActiveDesktop"=hex:00,00,00,00
```

Active Desktop sperren

Mit dieser Einstellung sperren Sie den Active Desktop, sodass die vorhandenen Elemente nicht verändert oder entfernt und auch keine neuen Elemente hinzugefügt werden können.

- Active Desktop sperren (*0107.REG*)

```
[HKEY_CURRENT_USER\Software\Microsoft\Windows\CurrentVersion\Policies\Explorer]
"NoActiveDesktopChanges"=hex:01,00,00,00
```

- Active Desktop freigeben (*0108.REG*)

```
[HKEY_CURRENT_USER\Software\Microsoft\Windows\CurrentVersion\Policies\Explorer]
"NoActiveDesktopChanges"=hex:00,00,00,00
```

Desktop-Symbole einblenden

Windows XP blendet bei Verwendung des neuen Startmenüs standardmäßig die Desktop-Symbole für *Arbeitsplatz, Eigene Dateien, Internet Explorer* und *Netzwerkumgebung* nicht mehr ein. Nur der Papierkorb wird noch auf dem Desktop angezeigt. Schaltet man auf das klassische Startmenü um, erscheinen alle Symbole wieder. Mit den folgenden Registry-Tipps können Sie einzelne Desktop-Symbole auch bei Verwendung des neuen XP-Startmenüs anzeigen lassen. Die Werte sind standardmäßig nicht vorhanden und müssen manuell angelegt werden, oder Sie übernehmen die REG-Dateien von der CD.

- Arbeitsplatz anzeigen (*0109.REG*)

```
[HKEY_CURRENT_USER\Software\Microsoft\Windows\CurrentVersion\Explorer\
HideDesktopIcons\NewStartPanel]
"{20D04FE0-3AEA-1069-A2D8-08002B30309D}"=dword:00000000
```

- Arbeitsplatz ausblenden (*0110.REG*)

```
[HKEY_CURRENT_USER\Software\Microsoft\Windows\CurrentVersion\Explorer\
HideDesktopIcons\NewStartPanel]
"{20D04FE0-3AEA-1069-A2D8-08002B30309D}"=dword:00000001
```

- Papierkorb anzeigen (*0111.REG*)

```
[HKEY_CURRENT_USER\Software\Microsoft\Windows\CurrentVersion\Explorer\
HideDesktopIcons\NewStartPanel]
"{645FF040-5081-101B-9F08-00AA002F954E}"=dword:00000000
```

- Papierkorb ausblenden (*0112.REG*)

```
[HKEY_CURRENT_USER\Software\Microsoft\Windows\CurrentVersion\Explorer\
HideDesktopIcons\NewStartPanel]
"{645FF040-5081-101B-9F08-00AA002F954E}"=dword:00000001
```

- Eigene Dateien anzeigen (*0113.REG*)

```
[HKEY_CURRENT_USER\Software\Microsoft\Windows\CurrentVersion\Explorer\
HideDesktopIcons\NewStartPanel]
"{450D8FBA-AD25-11D0-98A8-0800361B1103}"=dword:00000000
```

- Eigene Dateien ausblenden (*0114.REG*)

```
[HKEY_CURRENT_USER\Software\Microsoft\Windows\CurrentVersion\Explorer\
HideDesktopIcons\NewStartPanel]
"{450D8FBA-AD25-11D0-98A8-0800361B1103}"=dword:00000001
```

- Internet Explorer anzeigen (*0115.REG*)

```
[HKEY_CURRENT_USER\Software\Microsoft\Windows\CurrentVersion\Explorer\
HideDesktopIcons\NewStartPanel]
"{871C5380-42A0-1069-A2EA-08002B30309D}"=dword:00000000
```

- Internet Explorer ausblenden (*0116.REG*)

```
[HKEY_CURRENT_USER\Software\Microsoft\Windows\CurrentVersion\Explorer\
HideDesktopIcons\NewStartPanel]
"{871C5380-42A0-1069-A2EA-08002B30309D}"=dword:00000001
```

- Netzwerkumgebung anzeigen (*0117.REG*)

```
[HKEY_CURRENT_USER\Software\Microsoft\Windows\CurrentVersion\Explorer\
HideDesktopIcons\NewStartPanel]
"{208D2C60-3AEA-1069-A2D7-08002B30309D}"=dword:00000000
```

- Netzwerkumgebung ausblenden (*0118.REG*)

```
[HKEY_CURRENT_USER\Software\Microsoft\Windows\CurrentVersion\Explorer\
HideDesktopIcons\NewStartPanel]
"{208D2C60-3AEA-1069-A2D7-08002B30309D}"=dword:00000001
```

Desktop-Symbole für Papierkorb ändern

Die Symbole für den leeren und den gefüllten Papierkorb können in der Registry geändert werden. Die Symbolnamen stehen im Registry-Schlüssel *HKEY_LOCAL_MACHINE\Software\Classes\CLSID\{645F040-5081-101B-9F08-00AA002F954E}\DefaultIcon* in den Werten *Empty* und *Full*.

Grafische Effekte

Viele grafische Effekte der Windows XP-Oberfläche werden durch den Registry-Wert *HKEY_CURRENT_USER\Control Panel\Desktop\UserPreferencesMask* bestimmt. Hierbei handelt es sich um einen Binärwert, der, solange alle Effekte ausgeschaltet sind, den Wert 30 40 03 80 hat. Durch Addition einzelner Bits in den ersten beiden Bytes können Sie grafische Effekte hinzufügen.

Effekt	Bitwerte erstes Byte								Bitwerte zweites Byte								Hex	Hex
	8	4	1	1	8	4	2	1	8	4	2	1	8	4	2	1		
Menü-Animation							x										02	00
Combo Box-Animation						x											04	00
List Box-Animation					x												08	00
Menü-Fading															x		00	02
Menü Selection-Fading														x			00	04
Tooltip-Animation													x				00	08
Tooltip-Fade												x					00	10

Addieren Sie die entsprechenden Hex-Werte gemäß der Tabelle. Um einen Effekt auszuschalten, ziehen Sie den jeweiligen Hex-Wert wieder ab.

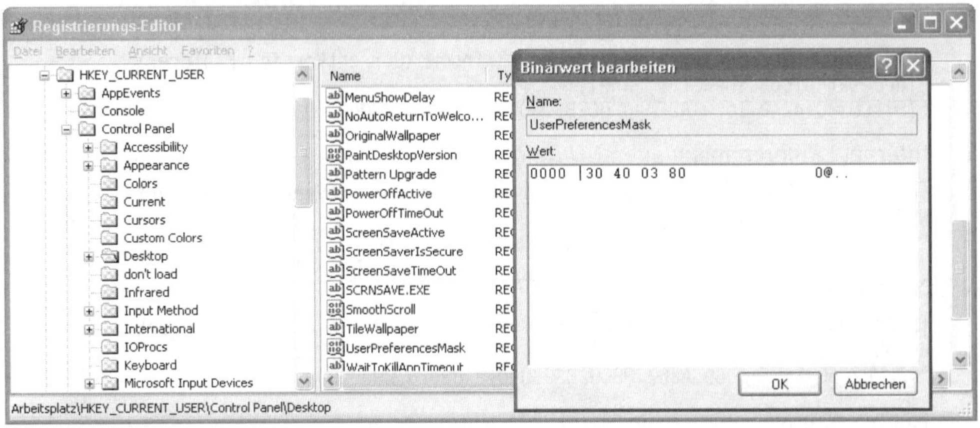

Bearbeiten des Binärwertes UserPreferencesMask.

Fensteranimation

Windows XP kann das Maximieren und Minimieren von Fenstern animiert darstellen. Dieser Effekt kann nett aussehen, kostet aber Zeit und Performance.

- Einschalten (*0201.REG*)

```
[HKEY_CURRENT_USER\Control Panel\Desktop\WindowMetrics]
"MinAnimate"="1"
```

- Ausschalten (*0202.REG*)

```
[HKEY_CURRENT_USER\Control Panel\Desktop\WindowMetrics]
"MinAnimate"="0"
```

Cursor-Blinkrate

Die Blinkrate des Textcursors legt Windows XP global für alle Programme fest. Der Cursor blinkt umso schneller, je kleiner der Wert *CursorBlinkRate* ist.

- Cursor-Blinkrate auf Standardwert zurücksetzen (*0203.REG*)

```
[HKEY_CURRENT_USER\Control Panel\Desktop]
"CursorBlinkRate"="530"
```

Taskleiste und Startmenü

Die Taskleiste ist ein wichtiges Element zum schnellen Zugriff auf Programme und dient gleichzeitig zur aktuellen Information über laufende Programme, Uhrzeit und andere nützliche Informationen. Das Startmenü ist die zentrale Schaltstelle zum Aufruf von Windows-Programmen, die jeder Anwender auf seine persönliche Arbeitsweise möglichst optimal einrichten sollte, um langwierige Sucherei zu vermeiden.

Die folgenden Registry-Tipps verändern das Verhalten oder Aussehen des Startmenüs und der Taskleiste.

ForegroundLockTimeout

Mit dieser Einstellung können Sie verhindern, dass eine Applikation im Hintergrund selbstständig dem aktuellen Fenster den Fokus wegnimmt, sich also automatisch in den Vordergrund bringt.

Stattdessen blinkt das Taskleisten-Symbol dieser Applikation orange.

- Einschalten (*0301.REG*)

```
[HKEY_CURRENT_USER\Control Panel\Desktop]
"ForegroundLockTimeout"=dword:00030d40
```

- Ausschalten (*0302.REG*)

```
[HKEY_CURRENT_USER\Control Panel\Desktop]
"ForegroundLockTimeout"=dword:00000000
```

Wie oft das Taskleisten-Symbol der Applikation blinken soll, können Sie mit dem Registry-Wert *ForegroundFlashCount* im gleichen Schlüssel festlegen. Setzen Sie diesen Wert auf 0, blinkt das Taskleisten-Symbol so lange, bis man darauf klickt.

- Dauerhaftes Blinken (*0303.REG*)

```
[HKEY_CURRENT_USER\Control Panel\Desktop]
"ForegroundFlashCount"=dword:00000000
```

Startmenü beschleunigen

Standardmäßig werden die Untermenüs des Startmenüs beim Darüberfahren mit der Maus verzögert eingeblendet. Diese Verzögerung können Sie abschalten, sodass die Menüs so schnell wie möglich erscheinen.

- Startmenüverzögerung ausschalten (*0304.REG*)

```
[HKEY_CURRENT_USER\Control Panel\Desktop]
"MenuShowDelay"="0"
```

Möchten Sie wieder eine Verzögerung haben, weisen Sie dem Wert *MenuShowDelay* eine entsprechende Zahl in Millisekunden zu.

Der gleiche Wert gilt auch für die Verzögerung beim Aufklappen von Kontextmenüs im Windows-Explorer.

Bestimmte Applikationen im Startmenü nicht anzeigen

Die zuletzt verwendeten Programme werden in der linken Spalte des XP-Startmenüs angezeigt. Möchten Sie auf öffentlich zugänglichen Rechnern verhindern, dass Benutzer planlos mit Programmen herumspielen, können Sie für bestimmte Applikationen die Anzeige in der linken Spalte unterdrücken. Suchen Sie die Applikation unter *HKEY_CLASSES_ROOT\Applications* und fügen Sie dort den leeren *REG_SZ*-Wert *NoStartPage* ein.

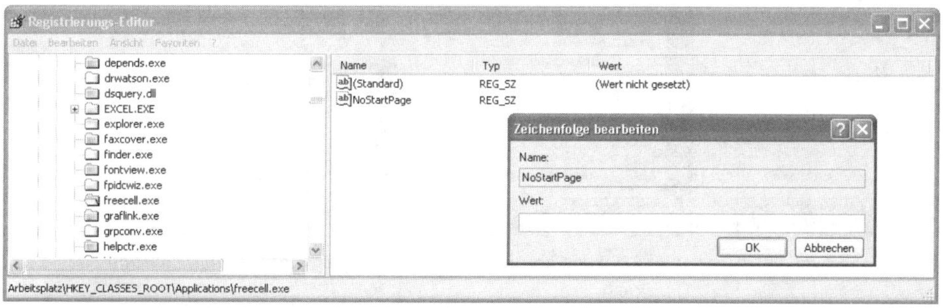

Unterdrücken der Anzeige einer Applikation im Startmenü.

Um die Applikation später wieder im Startmenü anzuzeigen, löschen Sie diesen Wert wieder.

Hilfe im Startmenü deaktivieren

Der Menüpunkt *Hilfe und Support* kann über die Eigenschaften des XP-Startmenüs deaktiviert werden. Um diesen Menüpunkt im klassischen Startmenü zu deaktivieren, brauchen Sie einen Registry-Wert. Ist *Hilfe und Support* auf diese Weise deaktiviert, gibt es auch im XP-Startmenü keine Möglichkeit mehr, diesen Menüpunkt über die Eigenschaften wieder einzuschalten.

- Hilfe im Startmenü deaktivieren (*0305.REG*)

```
[HKEY_CURRENT_USER\Software\Microsoft\Windows\CurrentVersion\Policies\Explorer]
"NoSMHelp"=hex:01,00,00,00
```

- Hilfe im Startmenü wieder aktivieren (*0306.REG*)

```
[HKEY_CURRENT_USER\Software\Microsoft\Windows\CurrentVersion\Policies\Explorer]
"NoSMHelp"=hex:00,00,00,00
```

Dokumente im Startmenü deaktivieren

Der Menüpunkt *Zuletzt verwendete Dokumente* kann über die Eigenschaften des XP-Startmenüs deaktiviert werden. Um diesen Menüpunkt im klassischen Startmenü zu deaktivieren, brauchen Sie einen Registry-Wert. Ist *Zuletzt verwendete Dokumente* auf diese Weise deaktiviert, gibt es auch im XP-Startmenü keine Möglichkeit mehr, diesen Menüpunkt über die Eigenschaften wieder einzuschalten.

- Dokumente im Startmenü deaktivieren (*0307.REG*)

```
[HKEY_CURRENT_USER\Software\Microsoft\Windows\CurrentVersion\Policies\Explorer]
"NoRecentDocsMenu"=hex:01,00,00,00
```

- Dokumente im Startmenü wieder aktivieren (*0308.REG*)

```
[HKEY_CURRENT_USER\Software\Microsoft\Windows\CurrentVersion\Policies\Explorer]
"NoRecentDocsMenu"=hex:00,00,00,00
```

Klassisches Startmenü.

Über Einstellungen entfernte Einträge.

Über Registry entfernte Einträge.

Eigene Dateien im klassischen Startmenü

Im klassischen Startmenü können am oberen Ende des *Dokumente*-Menüs Einträge für die Verzeichnisse *Eigene Dateien* und *Eigene Bilder* angezeigt werden. Diese Registry-Tipps haben keinen Einfluss auf das neue XP-Startmenü.

- Eigene Dateien einblenden (*0309.REG*)

```
[HKEY_CURRENT_USER\Software\Microsoft\Windows\CurrentVersion\Policies\Explorer]
"NoSMMyDocs"=hex:00,00,00,00
```

- Eigene Dateien ausblenden (*0310.REG*)

```
[HKEY_CURRENT_USER\Software\Microsoft\Windows\CurrentVersion\Policies\Explorer]
"NoSMMyDocs"=hex:01,00,00,00
```

- Eigene Bilder einblenden (*0311.REG*)

```
[HKEY_CURRENT_USER\Software\Microsoft\Windows\CurrentVersion\Policies\Explorer]
"NoSMMyPictures"=hex:00,00,00,00
```

- Eigene Bilder ausblenden (*0312.REG*)

```
[HKEY_CURRENT_USER\Software\Microsoft\Windows\CurrentVersion\Policies\Explorer]
"NoSMMyPictures"=hex:01,00,00,00
```

Netzwerkverbindungen im klassischen Startmenü

Im klassischen Startmenü kann im Untermenü *Einstellungen* eine Liste aller Netzwerk- und DFÜ-Verbindungen angezeigt werden oder auch nicht. Diese Registry-Tipps haben keinen Einfluss auf das neue XP-Startmenü.

- Netzwerkverbindungen einblenden (*0313.REG*)

```
[HKEY_CURRENT_USER\Software\Microsoft\Windows\CurrentVersion\Policies\Explorer]
"NoNetworkConnections"=hex:00,00,00,00
```

- Netzwerkverbindungen ausblenden (*0314.REG*)

```
[HKEY_CURRENT_USER\Software\Microsoft\Windows\CurrentVersion\Policies\Explorer]
"NoNetworkConnections"=hex:01,00,00,00
```

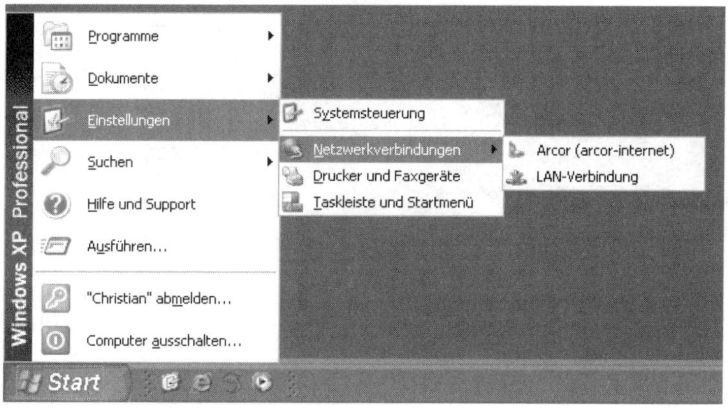

Netzwerkverbindungen im klassischen Startmenü.

Balloon-Tipps

Einige Windows-Programme wie auch integrierte Systemkomponenten blenden oberhalb der Taskleiste Tipps in Sprechblasen ein. Diese können am Anfang interessant, auf Dauer aber auch lästig sein. Mit diesem Registry-Tipp schalten Sie die Balloon-Tipps aus.

- Balloon-Tipps ausblenden (*0315.REG*)

```
[HKEY_CURRENT_USER\Software\Microsoft\Windows\CurrentVersion\Explorer\Advanced]
"EnableBalloonTips"=dword:00000000
```

- Balloon-Tipps einblenden (*0316.REG*)

```
[HKEY_CURRENT_USER\Software\Microsoft\Windows\CurrentVersion\Explorer\Advanced]
"EnableBalloonTips"=dword:00000001
```

Warnung bei voller Festplatte

Auf der Taskleiste erscheint eine Warnung, wenn auf einer Festplatte nur noch weniger als 200 MByte freier Platz ist. Von dieser Warnung aus können Sie direkt die Datenträgerbereinigung starten. Diese Warnung können Sie aber auch deaktivieren.

- Warnung deaktivieren (*0317.REG*)

```
[HKEY_CURRENT_USER\Software\Microsoft\Windows\CurrentVersion\Policies\Explorer]
"NoLowDiskSpaceChecks"=dword:00000001
```

- Warnung wieder aktivieren (*0318.REG*)

```
[HKEY_CURRENT_USER\Software\Microsoft\Windows\CurrentVersion\Policies\Explorer]
"NoLowDiskSpaceChecks"=dword:00000000
```

Diese Änderung wird erst nach Abmelden und erneutem Anmelden wirksam. Außerdem erhalten nur Benutzer mit Administratorrechten eine Warnung.

Gruppierung in der Taskleiste

Die Gruppierung von Fenstern in der Taskleiste, die das gleiche Programm geöffnet hat, fördert die Übersichtlichkeit. In der Registry lässt sich einstellen, wann und wie Windows XP Fenster gruppieren soll:

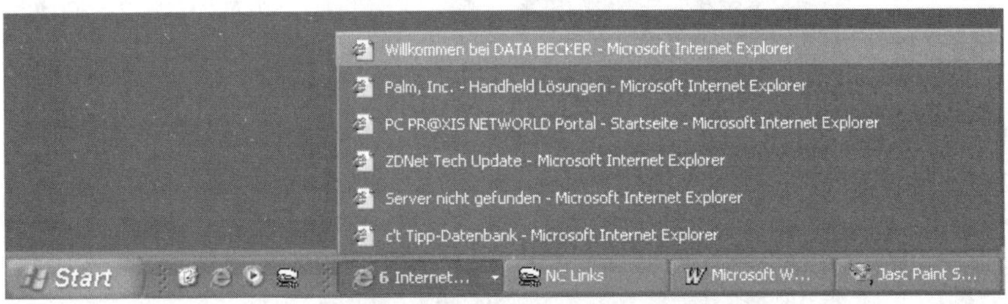

Gruppierung in der Taskleiste.

Im Schlüssel *HKEY_CURRENT_USER\Software\Microsoft\Windows\CurrentVersion\Explorer\Advanced* gibt es den DWORD-Wert *TaskbarGroupSize*, der das Gruppierungsverhalten bestimmt:

TaskbarGroupSize	Gruppierungsverhalten
0	Zuerst die Applikation gruppieren, die am wenigsten benutzt wird
1	Zuerst die Applikation mit den meisten Fenstern gruppieren
2 ... n	Alle Applikationen gruppieren, die mindestens n Fenster haben

- Gruppierung auf Standardwert zurücksetzen (*0319.REG*)

```
[HKEY_CURRENT_USER\Software\Microsoft\Windows\CurrentVersion\Explorer\Advanced]
"TaskbarGroupSize"=dword:00000003
```

Ausführen im Startmenü deaktivieren

Der Menüpunkt *Ausführen* kann über die Eigenschaften des XP-Startmenüs deaktiviert werden. Um diesen Menüpunkt im klassischen Startmenü zu deaktivieren, brauchen Sie einen Registry-Wert. Ist *Ausführen* auf diese Weise deaktiviert, gibt es auch im XP-Startmenü keine Möglichkeit mehr, diesen Menüpunkt über die Eigenschaften wieder einzuschalten.

Gleichzeitig wird auch die Tastenkombination Win+R deaktiviert.

- Ausführen im Startmenü deaktivieren (*0320.REG*)

```
[HKEY_CURRENT_USER\Software\Microsoft\Windows\CurrentVersion\Policies\Explorer]
"NoRun"=hex:01,00,00,00
```

- Ausführen im Startmenü wieder aktivieren (*0321.REG*)

```
[HKEY_CURRENT_USER\Software\Microsoft\Windows\CurrentVersion\Policies\Explorer]
"NoRun"=hex:00,00,00,00
```

Die Änderung wirkt erst nach Abmelden und erneutem Anmelden des Benutzers.

Suchen im Startmenü deaktivieren

Der Menüpunkt *Suchen* kann über die Eigenschaften des XP-Startmenüs deaktiviert werden. Um diesen Menüpunkt im klassischen Startmenü zu deaktivieren, brauchen Sie einen Registry-Wert. Ist *Suchen* auf diese Weise deaktiviert, gibt es auch im XP-Startmenü keine Möglichkeit mehr, diesen Menüpunkt über die Eigenschaften wieder einzuschalten.

Gleichzeitig wird auch die Tastenkombination Win+F und die Suchfunktion im Windows-Explorer deaktiviert.

- Suchen im Startmenü deaktivieren (*0322.REG*)

```
[HKEY_CURRENT_USER\Software\Microsoft\Windows\CurrentVersion\Policies\Explorer]
"NoFind"=hex:01,00,00,00
```

- Suchen im Startmenü wieder aktivieren (*0323.REG*)

```
[HKEY_CURRENT_USER\Software\Microsoft\Windows\CurrentVersion\Policies\Explorer]
"NoFind"=hex:00,00,00,00
```

Die Änderung wirkt erst nach Abmelden und erneutem Anmelden des Benutzers.

Systemsteuerung im klassischen Startmenü deaktivieren

Dieser Registry-Tipp blendet die Einträge *Systemsteuerung*, *Netzwerkverbindungen* und *Drucker und Faxgeräte* im klassischen Startmenü unter *Einstellungen* aus. Auf das neue XP-Startmenü hat die Einstellung keinen Einfluss.

- Systemsteuerung im klassischen Startmenü deaktivieren (*0324.REG*)

```
[HKEY_CURRENT_USER\Software\Microsoft\Windows\CurrentVersion\Policies\Explorer]
"NoSetFolders"=hex:01,00,00,00
```

- Systemsteuerung im klassischen Startmenü wieder aktivieren (*0325.REG*)

```
[HKEY_CURRENT_USER\Software\Microsoft\Windows\CurrentVersion\Policies\Explorer]
"NoSetFolders"=hex:00,00,00,00
```

Win+E abgeschaltet
Ohne ersichtlichen Grund deaktiviert dieser Registry-Tipp die Tastenkombination Win+E für den Windows-Explorer.

Einstellungen für Taskleiste und Startmenü deaktivieren

Dieser Registry-Tipp deaktiviert das Dialogfeld *Eigenschaften von Taskleiste* im Kontextmenü *Eigenschaften* der *Start*-Schaltfläche und der Taskleiste sowie im Menüpunkt *Einstellungen* im klassischen Startmenü.

Damit ist auch keine Umschaltung zwischen dem XP-Startmenü und dem klassischen Startmenü mehr möglich.

- Einstellungen für Taskleiste und Startmenü deaktivieren (*0326.REG*)

```
[HKEY_CURRENT_USER\Software\Microsoft\Windows\CurrentVersion\Policies\Explorer]
"NoSetTaskbar"=hex:01,00,00,00
```

- Einstellungen für Taskleiste und Startmenü wieder aktivieren (*0327.REG*)

```
[HKEY_CURRENT_USER\Software\Microsoft\Windows\CurrentVersion\Policies\Explorer]
"NoSetTaskbar"=hex:00,00,00,00
```

Menüpunkt Einstellungen ausblenden
Werden alle Untermenüpunkte des Menüs *Einstellungen* im klassischen Startmenü deaktiviert, verschwindet der Menüpunkt *Einstellungen* automatisch auch.

Favoriten im Startmenü deaktivieren

Der Menüpunkt *Favoriten* kann über die Eigenschaften des XP-Startmenüs und auch des klassischen Startmenüs deaktiviert werden. Sie können die Favoriten mit einem Registry-Wert auch komplett deaktivieren. Dann gibt es keine Möglichkeit mehr, diesen Menüpunkt über die Eigenschaften wieder einzuschalten.

Der Menüpunkt *Favoriten* im Windows-Explorer funktioniert aber weiterhin. Das Verzeichnis *\Dokumente und Einstellungen\Benutzername\Favoriten* bleibt ebenfalls bestehen.

- Favoriten im Startmenü deaktivieren (*0328.REG*)

```
[HKEY_CURRENT_USER\Software\Microsoft\Windows\CurrentVersion\Policies\Explorer]
"NoFavoritesMenu"=hex:01,00,00,00
```

- Favoriten im Startmenü wieder aktivieren (*0329.REG*)

```
[HKEY_CURRENT_USER\Software\Microsoft\Windows\CurrentVersion\Policies\Explorer]
"NoFavoritesMenu"=hex:00,00,00,00
```

Die Änderung wirkt erst nach Abmelden und erneutem Anmelden des Benutzers.

Selbst erstellte Ordner im Startmenü deaktivieren

Wenn Sie unter *\Dokumente und Einstellungen\Benutzername\Startmenü* oder unter *\Dokumente und Einstellungen\All Users\Startmenü* ein weiteres Unterverzeichnis anlegen, erscheint dies im XP-Startmenü *Alle Programme* oberhalb einer Trennlinie, im klassischen Startmenü sogar gleich auf der obersten Ebene noch oberhalb von *Programme*.

Selbst erstellter Ordner im XP-Startmenü ...

... und im klassischen Startmenü.

Einige Programme wie zum Beispiel Lotus SmartSuite legen auch selbstständig eigene Untermenüs auf dieser Ebene an.

Der folgende Registry-Tipp blendet Untermenüs auf dieser Ebene aus, Untermenüs unterhalb von *Programme* bleiben bestehen.

- Selbst erstellte Ordner im Startmenü deaktivieren (*0330.REG*)

```
[HKEY_CURRENT_USER\Software\Microsoft\Windows\CurrentVersion\Policies\Explorer]
"NoStartmenuSubFolders"=hex:01,00,00,00
```

- Selbst erstellte Ordner im Startmenü wieder aktivieren (*0331.REG*)

```
[HKEY_CURRENT_USER\Software\Microsoft\Windows\CurrentVersion\Policies\Explorer]
"NoStartmenuSubFolders"=hex:00,00,00,00
```

Die Änderung wirkt erst nach Abmelden und erneutem Anmelden des Benutzers.

Startmenü-Änderungen verhindern

Mit einem Rechtsklick auf einen Menüpunkt im Startmenü kann man normalerweise die Eigenschaften dieses Menüpunkts verändern. Möchten Sie das verhindern, können Sie das Startmenü in der Registry vor Veränderungen schützen.

- Startmenü-Änderungen verhindern (*0332.REG*)

```
[HKEY_CURRENT_USER\Software\Microsoft\Windows\CurrentVersion\Policies\Explorer]
"NoChangeStartMenu"=hex:01,00,00,00
```

- Startmenü-Änderungen wieder ermöglichen (*0333.REG*)

```
[HKEY_CURRENT_USER\Software\Microsoft\Windows\CurrentVersion\Policies\Explorer]
"NoChangeStartMenu"=hex:00,00,00,00
```

Die Änderung wirkt erst nach Abmelden und erneutem Anmelden des Benutzers.

Startmenü scrollen

Stehen im klassischen Startmenü sehr viele Programme, passt es nicht mehr auf den Bildschirm. Windows 95 und NT4 zeigten in so einem Fall das Startmenü in mehreren

Spalten an, Windows 98/ME und 2000 boten eine Möglichkeit, das Startmenü nach oben oder unten zu scrollen.

Windows XP bietet hier die Möglichkeit, zwischen beiden Methoden auszuwählen. Dabei können auch für das neue XP-Startmenü *Alle Programme* und für das klassische Startmenü verschiedene Einstellungen vorgenommen werden.

- XP-Startmenü scrollen (*0334.REG*)

```
[HKEY_CURRENT_USER\Software\Microsoft\Windows\CurrentVersion\Explorer\Advanced]
"Start_ScrollPrograms"=dword:00000001
```

- XP-Startmenü in Spalten anzeigen (*0335.REG*)

```
[HKEY_CURRENT_USER\Software\Microsoft\Windows\CurrentVersion\Explorer\Advanced]
"Start_ScrollPrograms"=dword:00000000
```

- Klassisches Startmenü scrollen (*0336.REG*)

```
[HKEY_CURRENT_USER\Software\Microsoft\Windows\CurrentVersion\Explorer\Advanced]
"StartMenuScrollPrograms"="YES"
```

- Klassisches Startmenü in Spalten anzeigen (*0337.REG*)

```
[HKEY_CURRENT_USER\Software\Microsoft\Windows\CurrentVersion\Explorer\Advanced]
"StartMenuScrollPrograms"="NO"
```

Zeitzonen

Ein Doppelklick auf die Uhr in der Taskleiste zeigt außer dem Kalender und einer Analoguhr auch die aktuelle Zeitzone an.

Die für Deutschland gültige Zeitzone GMT+01:00, die von Windows XP mit *Amsterdam, Berlin, Bern, Rom, Stockholm, Wien* bezeichnet wird, hat in der Uhrzeitanzeige die Bezeichnung *Westeuropäische Sommerzeit* bzw. *Westeuropäische Normalzeit*. Diese Bezeichnung stimmt nicht mit den internationalen Konventionen überein. Offiziell gilt die westeuropäische Zeit in Großbritannien, Irland, Island und Portugal und bezeichnet die Zeitzone GMT±00:00. Die in Deutschland und großen Teilen Mitteleuropas gültige Zeitzone GMT+01:00 wird als mitteleuropäische Zeit bzw. mitteleuropäische Sommerzeit bezeichnet. Windows XP verwendet diese Bezeichnung nur für die Region *Sarajevo, Skopje, Warschau, Zagreb* bei unveränderter Zeiteinstellung GMT+01:00.

Falsch angezeigte Zeitzone für Deutschland.

Offizielle Zeitzonenkarte

Hier finden Sie eine offizielle Karte mit den Zeitzonen auf der Erde: *http://www.cia.gov/cia/publications/factbook/ref/pdf/802801.pdf.* Die Seite ist Teil des bekannten World Factbook.

Mit dem nächsten Registry-Tipp können Sie diese Angabe korrigieren:

- Mitteleuropäische Zeit für Deutschland (*0338.REG*)

```
[HKEY_LOCAL_MACHINE\SOFTWARE\Microsoft\Windows NT\CurrentVersion\Time Zones\
W. Europe Standard Time]
"Dlt"="Mitteleuropäische Sommerzeit"
"Std"="Mitteleuropäische Normalzeit"
```

Nicht unbedingt nötig, aber ein netter Effekt ist auch die Änderung der Städtenamen in den Zeitzonenbezeichnungen. So können Sie auch kleinere Orte in der Auswahlliste eintragen.

Ändern der Orte in der Zeitzonenauswahl.

Suchen Sie dazu in der Registry unter *HKEY_LOCAL_MACHINE\Software\Microsoft\Windows NT\CurrentVersion\Time Zones* Ihre Zeitzone aus. Für Deutschland gilt hier *W.Europe Standard Time*. Dort ändern Sie den *REG_SZ*-Parameter *Display*.

- Alle Zeitzonen auf Ursprungswerte zurücksetzen (*0339.REG*)

Der komplette Registry-Schlüssel ist sehr umfangreich, sodass die REG-Datei hier nicht abgedruckt ist.

Explorer

Viele Einstellungen zum Aussehen und Verhalten des Windows-Explorer lassen sich über *Extras/Ordneroptionen* vornehmen. Dieses zentrale Windows XP-Programm und besonders seine diversen Kontextmenüs bieten aber noch deutlich mehr Konfigurationsmöglichkeiten, die nur direkt in der Registry einstellbar sind. Die folgenden Registry-Tipps verändern Aussehen oder Funktionalität des Windows-Explorer.

Kontextmenü beschleunigen

Zum Beschleunigen der Geschwindigkeit, mit der Kontextmenüs im Explorer aufklappen, lesen Sie den Tipp „Startmenü beschleunigen“ auf Seite 569.

Eingabeaufforderung in einem Verzeichnis

Auch in Zeiten grafischer Benutzeroberflächen braucht man hin und wieder ein DOS-Fenster, unter Windows XP Eingabeaufforderung genannt. Allerdings ist dort das Navigieren in ein bestimmtes Verzeichnis deutlich mühsamer als mit dem Explorer. Mit diesem Registry-Tipp fügen Sie eine neue Zeile in das Kontextmenü von Verzeichnissen ein.

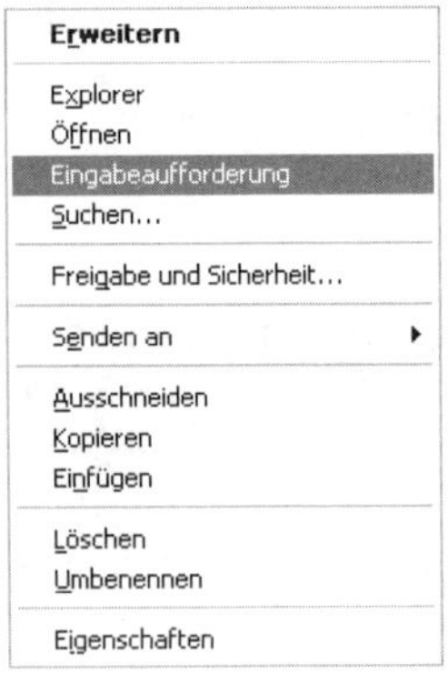

Eingabeaufforderung im Kontextmenü.

Diese Zeile öffnet ein Eingabeaufforderung-Fenster im jeweiligen Verzeichnis.

- Kontextmenü-Erweiterung *Eingabeaufforderung* (*0401.REG*)

```
[HKEY_LOCAL_MACHINE\SOFTWARE\Classes\Directory\shell\cmd]
@="Eingabeaufforderung"

[HKEY_LOCAL_MACHINE\SOFTWARE\Classes\Directory\shell\cmd\command]
@="cmd.exe /k \"cd %L\""
```

Doppelklick im Einfachklick-Modus ignorieren

In der ersten Windows 98-Version öffnete man im Explorer eine Datei standardmäßig mit einem Einfachklick statt, wie sonst unter Windows üblich, mit einem Doppelklick. Diese Einstellung stieß bei den Benutzern auf wenig Gegenliebe und wurde von kaum jemandem benutzt, sodass Microsoft, ohne dies groß anzukündigen, wieder zum Doppelklick-Modus als Standard-Einstellung zurückkehrte. Windows XP bietet den Einfachklick-Modus optional in den Ordneroptionen aber noch an.

Ist dieser Einfachklick-Modus aktiv und klickt ein Benutzer gewohnheitsmäßig doppelt auf eine Datei, wird diese zweimal geöffnet. Dieses Problem können Sie mit dem folgenden Registry-Tipp umgehen, mit dem der Explorer im Einfachklick-Modus einen Doppelklick ignoriert und wie einen Einfachklick behandelt.

- Doppelklick im Einfachklick-Modus ignorieren (*0402.REG*)

```
[HKEY_CURRENT_USER\Software\Microsoft\Windows\CurrentVersion\Explorer\Advanced]
"UseDoubleClickTimer"=dword:00000001
```

- Doppelklick im Einfachklick-Modus nicht mehr ignorieren (*0403.REG*)

```
[HKEY_CURRENT_USER\Software\Microsoft\Windows\CurrentVersion\Explorer\Advanced]
"UseDoubleClickTimer"=dword:00000000
```

Verknüpfung mit ausblenden

Stört Sie der Text *Verknüpfung mit* den Windows XP automatisch vor jede Verknüpfung schreibt? Mit diesem Registry-Tipp heißt eine Verknüpfung genauso wie die verknüpfte Datei.

- *Verknüpfung mit* ausblenden (*0404.REG*)

```
[HKEY_CURRENT_USER\Software\Microsoft\Windows\CurrentVersion\Explorer]
"link"=hex:00,00,00,00
```

- *Verknüpfung mit* wieder einblenden (*0405.REG*)

```
[HKEY_CURRENT_USER\Software\Microsoft\Windows\CurrentVersion\Explorer]
"link"=hex:1A,00,00,00
```

Diese Einstellung wirkt erst nach dem Abmelden und erneuten Anmelden.

Klassische Suche im Windows-Explorer

Die Suchfunktion des Windows-Explorer wurde in Windows XP um einige interessante Funktionen erweitert. Wer trotzdem lieber mit dem alten Suchformular arbeitet, kann dies in der Registry umstellen.

Microsoft-Spyware

Die englische Version von Windows XP sendet alle Suchanfragen aus dem neuen Such-Assistenten über das Internet an Microsoft, auch wenn nur auf lokalen Laufwerken gesucht wurde. Dies ist in jedem Fall ein Grund, die klassische Suchfunktion zu verwenden. In der deutschen Windows XP-Version konnte eine derartige Spywarefunktion bis jetzt nicht nachgewiesen werden.

Der neue Such-Assistent in Windows XP.

Das klassische Suchformular.

- Klassische Suche verwenden (*0406.REG*)

```
[HKEY_CURRENT_USER\Software\Microsoft\Windows\CurrentVersion\Explorer\
CabinetState]
"Use Search Asst"="no"
```

- Modernen Such-Assistenten verwenden (*0407.REG*)

```
[HKEY_CURRENT_USER\Software\Microsoft\Windows\CurrentVersion\Explorer\
CabinetState]
"Use Search Asst"="yes"
```

Farbeinstellungen im Explorer

Der Windows-Explorer kann verschlüsselte und komprimierte Dateien in anderen Farben darstellen. Standardmäßig ist für komprimierte Dateien ein Blauton (RGB 00 00 FF) (RGB = **R**ot, **G**rün, **B**lau jeweils in Abstufungen zwischen Hex 00 und FF) und für verschlüsselte Dateien ein dunkles Grün (RGB 00 80 00) definiert. Diese Farben können Sie aber auch ändern.

Farbwerte

Eine einfache Möglichkeit, unter Windows XP RGB-Farbwerte zu ermitteln, bietet der Menüpunkt *Farben/Palette bearbeiten* im mitgelieferten Programm Paint. Allerdings finden Sie hier die Farbwerte in dezimaler Schreibweise und nicht in Hex. Die meisten anderen Malprogramme wie Paint Shop Pro oder Photoshop liefern auch Hex-Werte.

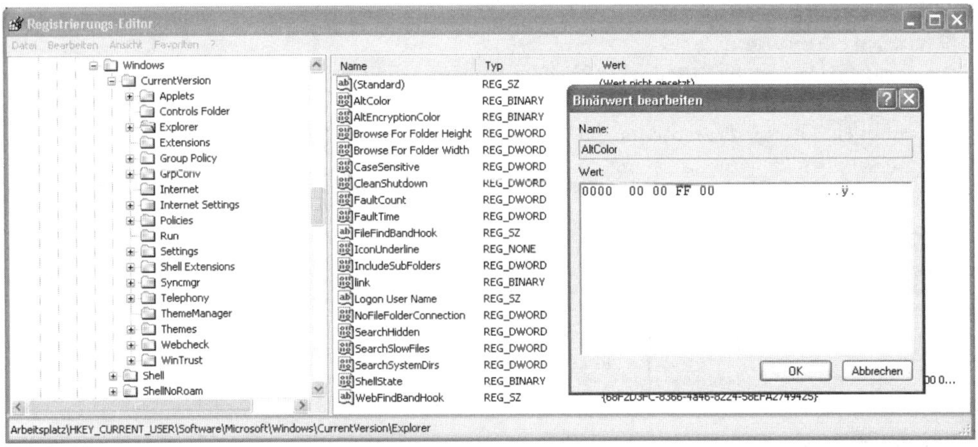

Einstellen der Farbe für komprimierte Dateien.

Die ersten drei Bytes des Wertes *AltColor* im Registry-Schlüssel *HKEY_CURRENT_USER\Software\Microsoft\Windows\CurrentVersion\Explorer* enthalten die Farbe für komprimierte Dateien.

Die ersten drei Bytes des Wertes *AltEncryptionColor* im Registry-Schlüssel *HKEY_CURRENT_USER\Software\Microsoft\Windows\CurrentVersion\Explorer* enthalten die Farbe für verschlüsselte Dateien.

Läuft der Explorer im Einfachklick-Modus, werden Dateien, über denen der Mauszeiger steht, ebenfalls in einer anderen Farbe angezeigt. Diese Farbe speichert Windows XP eigenartigerweise nicht als *REG_BINARY*, sondern als *REG_SZ* und auch nicht hexadezimal, sondern dezimal als Wert *HotTrackingColor* im Schlüssel *HKEY_CURRENT_USER\Control Panel\Colors*.

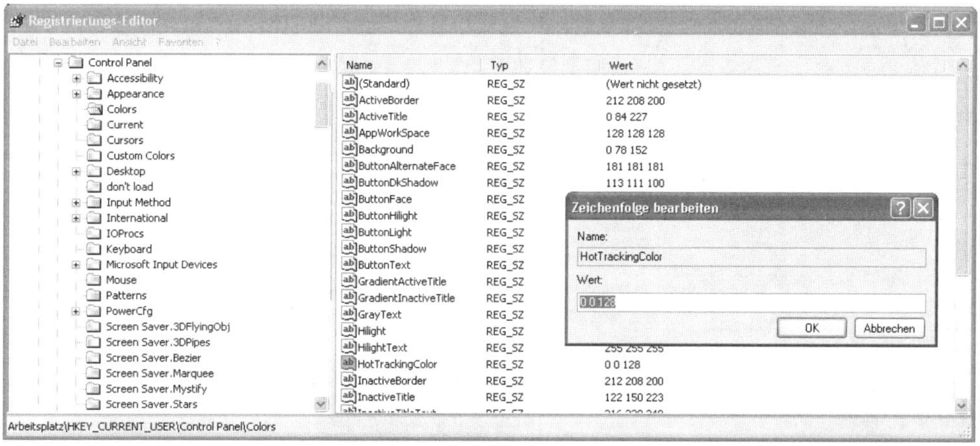

Einstellen der Hover-Farbe für den Einfachklick-Modus.

Thumbnails für Miniaturansicht

Lässt man im Explorer ein Verzeichnis mit Bildern im Modus *Miniaturansicht* anzeigen, werden automatisch kleine Vorschaubilder, so genannte Thumbnails, generiert und in der Datenbank *THUMBS.DB* im gleichen Verzeichnis abgelegt. Die Größe und Bildqualität dieser Thumbnails lassen sich im Schlüssel *HKEY_CURRENT_USER\Software\Microsoft\Windows\CurrentVersion\Explorer* einstellen.

ThumbnailQuality ist der Wert für die Bildqualität. Dieser entspricht dem JPEG-Kompressionsfaktor in Prozent, umgerechnet in das Hexadezimalsystem, also einem Wert zwischen 00 und 64.

ThumbnailSize ist der Wert für die Bildgröße in Pixeln, ebenfalls umgerechnet in das Hexadezimalsystem.

Dabei gelten die Änderungen nur für neu angelegte Thumbnails und nicht für die bereits vorhandenen.

- Thumbnail-Einstellungen auf Vorgaben zurücksetzen (*0408.REG*)

```
[HKEY_CURRENT_USER\Software\Microsoft\Windows\CurrentVersion\Explorer]
"ThumbnailSize"=dword:00000060
"ThumbnailQuality"=dword:0000005a
```

Die Vorgaben entsprechen einer Bildqualität von 90 % und einer Größe von 96 Pixeln.

Alle Thumbnails zurücksetzen

Haben Sie in einem Verzeichnis Thumbnails in verschiedenen Größen, reicht es nicht, die Werte in der Registry zurückzusetzen, da damit vorhandene Thumbnails nicht verändert werden. Löschen Sie zuerst die Datei *THUMBS.DB* im betreffenden Verzeichnis und schalten Sie dann auf den Modus *Miniaturansicht*, um neue Thumbnails zu generieren.

Symbole in Arbeitsplatz-Anzeige

In der Anzeige *Arbeitsplatz* im Windows-Explorer können außer den Laufwerken auch Verknüpfungen zu den Benutzerverzeichnissen und zur Systemsteuerung angezeigt oder ausgeschaltet werden.

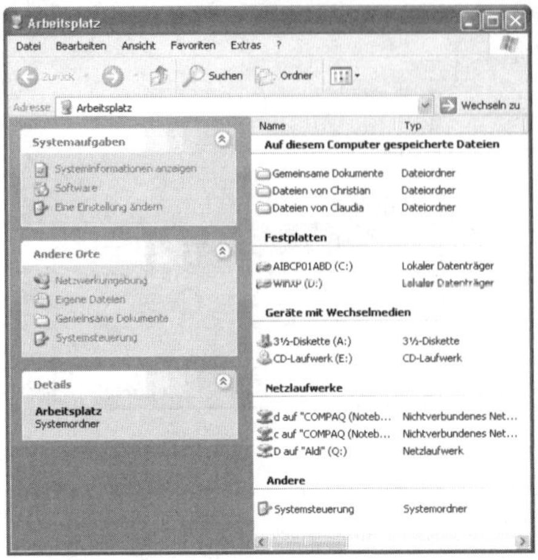

Arbeitsplatz mit ...

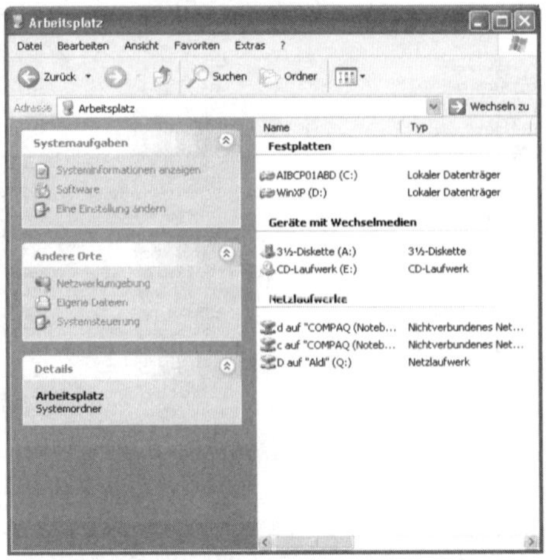

... und ohne zusätzliche Symbole.

Diese Einstellungen haben keinen Einfluss auf die Anzeige der Symbole im Startmenü.

- Auf diesem Computer gespeicherte Dateien anzeigen (*0409.REG*)

```
[HKEY_CURRENT_USER\Software\Microsoft\Windows\CurrentVersion\Policies\Explorer]
"NoSharedDocuments"=hex:00,00,00,00
```

- Auf diesem Computer gespeicherte Dateien ausblenden (*0410.REG*)

```
[HKEY_CURRENT_USER\Software\Microsoft\Windows\CurrentVersion\Policies\Explorer]
"NoSharedDocuments"=hex:01,00,00,00
```

- Systemsteuerung anzeigen (*0411.REG*)

```
[HKEY_CURRENT_USER\Software\Microsoft\Windows\CurrentVersion\Explorer\
HideMyComputerIcons]
"{21EC2020-3AEA-1069-A2DD-08002B30309D}"=dword:00000000
```

- Systemsteuerung ausblenden (*0412.REG*)

```
[HKEY_CURRENT_USER\Software\Microsoft\Windows\CurrentVersion\Explorer\
HideMyComputerIcons]
"{21EC2020-3AEA-1069-A2DD-08002B30309D}"=dword:00000001
```

Laufwerke ausblenden

Im Windows-Explorer können Sie die Anzeige einzelner Laufwerke ausblenden. Allerdings ist der Schutzeffekt gering, da die Inhalte der Laufwerke sofort wieder auftauchen, wenn man in der Adresszeile einen Laufwerkbuchstaben eintippt.

Die ausgeblendeten Laufwerke werden durch Addition der Bit-Codes gemäß der Tabelle im *REG_BINARY*-Wert *NoDrives* im Schlüssel *HKEY_CURRENT_USER\Software\Microsoft\Windows\CurrentVersion\Policies\Explorer* dargestellt.

LW:	REG_BINARY	Bit-Codes							
A:	01 00 00 00		0001						
B:	02 00 00 00		0010						
C:	04 00 00 00		0100						
D:	08 00 00 00		1000						
E:	10 00 00 00	0001							

LW:	REG_BINARY	Bit-Codes							
F:	20 00 00 00	0010							
G:	40 00 00 00	0100							
H:	80 00 00 00	1000							
I:	00 01 00 00				0001				
J:	00 02 00 00				0010				
K:	00 04 00 00				0100				
L:	00 08 00 00				1000				
M:	00 10 00 00			0001					
N:	00 20 00 00			0010					
O:	00 40 00 00			0100					
P:	00 80 00 00			1000					
Q:	00 00 01 00						0001		
R:	00 00 02 00						0010		
S:	00 00 04 00						0100		
T:	00 00 08 00						1000		
U:	00 00 10 00					0001			
V:	00 00 20 00					0010			
W:	00 00 40 00					0100			
X:	00 00 80 00					1000			
Y:	00 00 00 01								0001
Z:	00 00 00 02								0010

Bytes, die den Bit-Code 0000 enthalten, wurden zur Übersichtlichkeit in der Tabelle als leere Felder dargestellt. Möchte man alle Laufwerke ausblenden, ergibt sich durch die Addition der Bit-Codes der Wert FF FF FF 03.

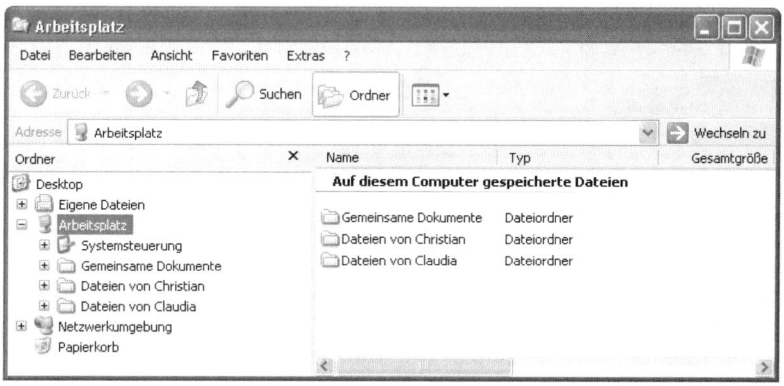

Alle Laufwerke ausgeblendet.

- Auf Standard zurücksetzen, alle Laufwerke anzeigen (*0413.REG*)

```
[HKEY_CURRENT_USER\Software\Microsoft\Windows\CurrentVersion\Policies\Explorer]
"NoDrives"=hex:00,00,00,00
```

AutoPlay deaktivieren

Mit den gleichen Bit-Codes wie im letzten Tipp können Sie auch die AutoPlay-Funktion für einzelne Laufwerke deaktivieren. Diese startet bestimmte Anwendungen beim Einlegen einer CD-ROM, DVD oder einer Speicherkarte in einen Kartenleser.

Der dafür zuständige *REG_BINARY*-Wert heißt *NoDriveAutoRun* und liegt im gleichen Schlüssel.

- Auf Standard zurücksetzen, AutoPlay für alle Laufwerke aktivieren (*0414.REG*)

```
[HKEY_CURRENT_USER\Software\Microsoft\Windows\CurrentVersion\Policies\Explorer]
"NoDriveAutoRun"=hex:00,00,00,00
```

Im DWORD-Wert *NoDriveTypeAutoRun* können Sie die AutoPlay-Funktion für bestimmte Laufwerktypen deaktivieren. Der Wert ergibt sich wiederum durch Addition von Bit-Codes auf den Standardwert 91.

Deaktivierte Laufwerke	Bit-Code								zus. Hex	ges. Hex
Standard (keine deaktivierten Laufwerke)	x			x				x	00	91
CD und DVD	x		x	x				x	20	B1
Wechselmedien, Smartmedia, CompactFlash	x			x		x		x	04	95
Alle Typen	x		x	x		x		x	24	B5

Kontextmenü Neu

Windows XP legt im Explorer-Kontextmenü *Neu* fünf verschiedene Einträge selbstständig an. Zusätzlich installierte Programme können hier weitere Einträge einbinden.

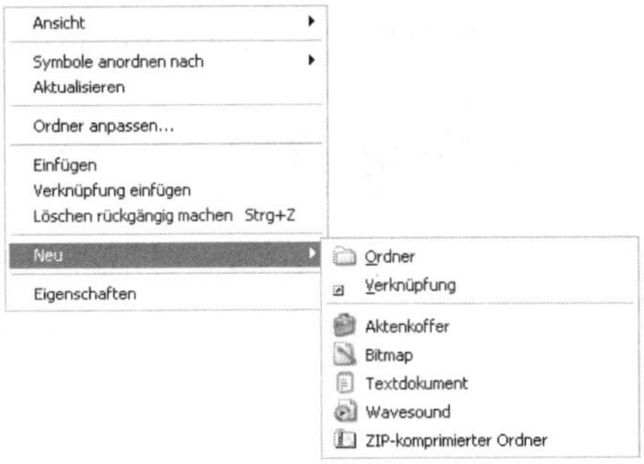

Explorer-Kontextmenü Neu.

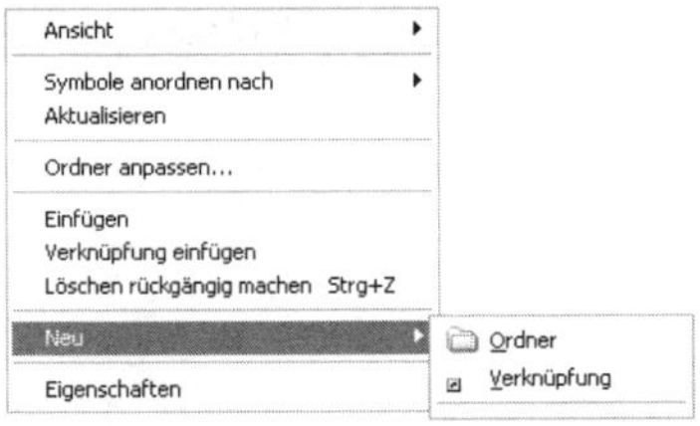

Ausgeblendete Einträge.

Diese Einträge können Sie bei Bedarf, um eine bessere Übersicht zu bekommen, deaktivieren. Dazu müssen Schlüssel in der Registry umbenannt werden. Das Umbenennen lässt sich nicht mit REG-Dateien darstellen. Die Tabelle zeigt die Schlüssel für die verschiedenen Menüeinträge. Benennen Sie zum Deaktivieren des Menüpunkts jeweils den Unterschlüssel *ShellNew* in *ShellNew-* um.

Um einen Menüeintrag nachträglich wieder zu aktivieren, benennen Sie den Schlüssel wieder zurück.

Menüpunkt	Registry-Schlüssel
Aktenkoffer	*HKEY_CLASSES_ROOT\.bfc*
Bitmap	*HKEY_CLASSES_ROOT\.bmp*
Textdokument	*HKEY_CLASSES_ROOT\.txt*
Wavesound	*HKEY_CLASSES_ROOT\.wav*
ZIP-komprimierter Ordner	*HKEY_CLASSES_ROOT\.zip\CompressedFolder*

Kontextmenü In neuem Fenster öffnen

Im Windows-Explorer lässt sich über *Extras/Ordneroptionen* einstellen, ob neu geöffnete Verzeichnisse im gleichen oder in einem neuen Fenster geöffnet werden sollen. In den meisten Fällen ist die Variante *Im gleichen Fenster öffnen* sinnvoller. Für manche Zwecke wäre es aber doch praktisch, eine Möglichkeit zu haben, ein bestimmtes Verzeichnis über das Kontextmenü auch ausnahmsweise in einem neuen Fenster zu öffnen.

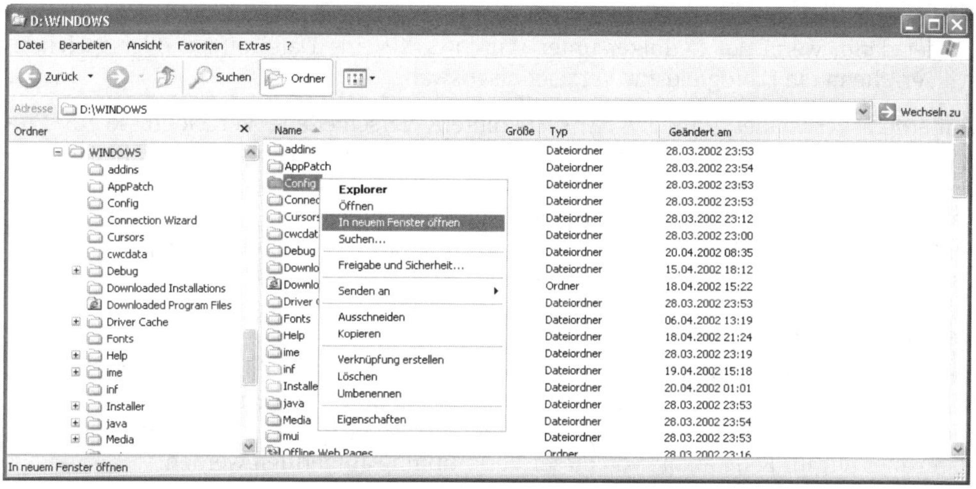

Kontextmenü zum Öffnen eines Verzeichnisses in einem neuen Fenster.

Einige Registry-Einträge machen das möglich. Das Kontextmenü für ein Verzeichnis steht in der Registry unter *HKEY_CLASSES_ROOT\Directory\shell*. Hier müssen Sie für einen neuen Menüpunkt einen neuen Schlüssel mit beliebigem Namen anlegen. In diesem Schlüssel steht im Wert *(Standard)* der Name des Menüpunkts und in einem untergeordneten Schlüssel *command* der Befehl, der aufgerufen wird.

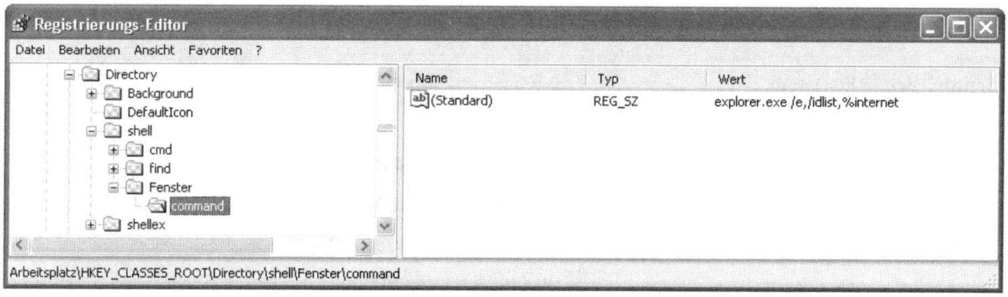

Der neue Kontextmenüpunkt in der Registry.

Damit das Gleiche auch bei Laufwerken und nicht nur bei Verzeichnissen funktioniert, müssen Sie unter *HKEY_CLASSES_ROOT\Drive\shell* die gleichen Einträge noch einmal anlegen.

- Kontextmenü *In neuem Fenster öffnen* erstellen (*0415.REG*)

```
[HKEY_CLASSES_ROOT\Directory\shell\Fenster]
@="In neuem Fenster öffnen"

[HKEY_CLASSES_ROOT\Directory\shell\Fenster\command]
@="explorer.exe /e,/idlist,%internet"

[HKEY_CLASSES_ROOT\Drive\shell\Fenster]
@="In neuem Fenster öffnen"

[HKEY_CLASSES_ROOT\Drive\shell\Fenster\command]
@="explorer.exe /e,/idlist,%internet"
```

Benutzer und Verzeichnisse

Immer dann, wenn der Benutzer unter Windows XP eine Datei öffnen oder speichern will, erscheint ein Dialogfeld zur Verzeichnisauswahl.

Außerdem verwendet Windows XP systemintern verschiedene Verzeichnisse für Programme, Treiber und Service-Packs. Alle diese Verzeichnisvorgaben sind bei Bedarf variierbar, wenn zum Beispiel Dateien standardmäßig auf Netzwerklaufwerken abgelegt werden. Die folgenden Registry-Tipps verändern Benutzereinstellungen, Verzeichnisse und Dateinamen der Windows-Oberfläche sowie Einstellungen für die Eingabeaufforderung.

Textfarbe der Eingabeaufforderung

Die Eingabeaufforderung (DOS-Fenster) verwendet standardmäßig hellgrauen Text auf schwarzem Grund. Die Textfarbe und die Hintergrundfarbe können in der Verknüpfung, die die Eingabeaufforderung aufruft, beliebig eingestellt werden. Diese Einstellung gilt dann aber nur für Fenster, die von dieser Verknüpfung aufgerufen werden.

In der Registry können Sie die Textfarbe auf eine von 15 Standardfarben setzen und so den Text zum Beispiel durch ein klares Weiß besser vom Hintergrund abheben.

Die Farbe wird als Hex-Ziffer im DWORD-Wert *DefaultColor* im Registry-Schlüssel *HKEY_CURRENT_USER\Software\Microsoft\Command Processor* gespeichert.

Im Schlüssel *HKEY_CURRENT_USER\Console\Eingabeaufforderung* können Sie die Vorgaben für die Farben mit den DWORD-Werten *ColorTableXX* ändern. Hier werden die Teilwerte R, G und B in einer anderen Reihenfolge abgelegt.

DefaultColor	Farbton	RGB	ColorTable
0	Farbe gemäß Verknüpfung		0x00000000
1	Dunkelblau	00 00 80	0x00800000
2	Dunkelgrün	00 80 00	0x00008000
3	Dunkelcyan	00 80 80	0x00808000
4	Dunkelrot	80 00 00	0x00000080
5	Violett	80 00 80	0x00800080
6	Oliv	80 80 00	0x00008080

DefaultColor	Farbton	RGB	ColorTable
7	Hellgrau	C0 C0 C0	0x00C0C0C0
8	Dunkelgrau	80 80 80	0x00808080
9	Blau	00 00 FF	0x00FF0000
A	Grün	00 FF 00	0x0000FF00
B	Cyan	00 FF FF	0x00FFFF00
C	Rot	FF 00 00	0x000000FF
D	Magenta	FF 00 FF	0x00FF00FF
E	Gelb	FF FF 00	0x0000FFFF
F	Weiß	FF FF FF	0x00FFFFFF

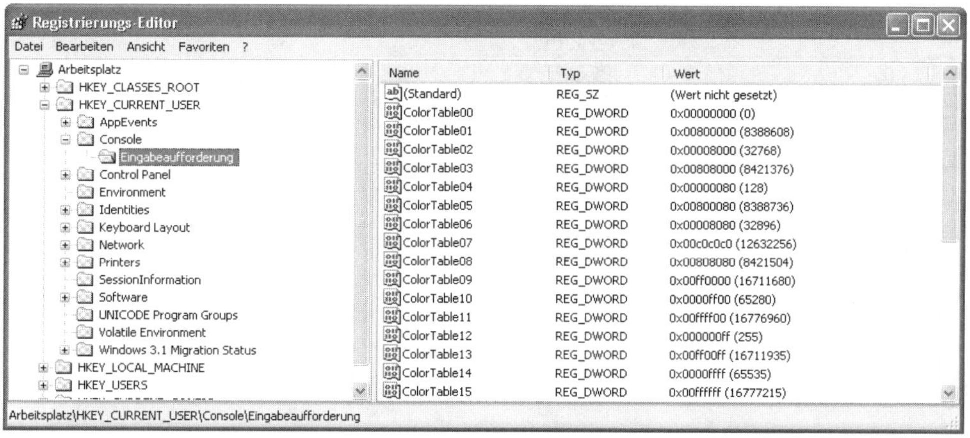

Standardfarben für Eingabeaufforderung.

- Textfarbe auf Standard zurücksetzen (*0501.REG*)

```
[HKEY_CURRENT_USER\Software\Microsoft\Command Processor]
"DefaultColor"=dword:00000000
```

Automatisches Ausfüllen von Dateinamen

In der Eingabeaufforderung können Sie mit speziellen Tastenkombinationen automatisch Dateinamen auswählen. Erwartet ein Befehl einen Dateinamen, tippen Sie nur dessen erste Buchstaben und dann die entsprechende Taste so oft, bis der richtige Dateiname erscheint. Die gleiche Methode gibt es auch für Verzeichnisnamen. So können Sie Namen auswählen, ohne die exakte Schreibweise wissen zu müssen.

Die verwendeten Tastenkombinationen werden als Hex-Code im Schlüssel *HKEY_CURRENT_USER\Software\Microsoft\Command Processor* gespeichert. Dabei enthält der Wert *CompletionChar* die Tastenkombination zum Ausfüllen von Dateinamen, der Wert *PathCompletionChar* die Tastenkombination zum Ausfüllen von Verzeichnisnamen.

DWORD (Hex)	Tastenkombination (deutsche Tastatur)
01	Strg+A
02	Strg+B
04	Strg+D

DWORD (Hex)	Tastenkombination (deutsche Tastatur)
05	Strg+E
06	Strg+F
07	Strg+G
09	Tab
0B	Strg+K
0C	Strg+L
0E	Strg+N
0F	Strg+O
10	Strg+P
11	Strg+Q
12	Strg+R
14	Strg+T
15	Strg+U
16	Strg+V
17	Strg+W
18	Strg+X
19	Strg+Y
1A	Strg+Z
1B	Strg+Ü
1C	Strg+#
1D	Strg++

Nicht alle Tastenkombinationen möglich
Hier können nicht alle denkbaren Tastenkombinationen verwendet werden, da einige unter DOS und demnach auch in der XP-Eingabeaufforderung spezielle Bedeutungen haben, wie zum Beispiel Strg+C für Abbruch.

- Auf Standardwerte – *CompletionChar* Tab, *PathCompletionChar* Strg+D setzen (*0502.REG*)

```
[HKEY_CURRENT_USER\Software\Microsoft\Command Processor]
"CompletionChar"=dword:00000009
"PathCompletionChar"=dword:00000004
```

AUTOEXEC.BAT

Es klingt wie ein Relikt aus alten DOS-Zeiten, aber auch Windows XP kann eine *AUTOEXEC.BAT* verarbeiten. Darin können *SET*-Befehle für Umgebungsvariablen stehen sowie *Path*-Einträge, die in den Suchpfad von Windows XP übernommen werden.

In der Registry können Sie festlegen, ob beim Einloggen des aktuellen Benutzers die *AUTOEXEC.BAT* verarbeitet werden soll oder nicht.

- *AUTOEXEC.BAT* verarbeiten (*0503.REG*)

```
[HKEY_CURRENT_USER\Software\Microsoft\Windows NT\CurrentVersion\Winlogon]
"ParseAutoexec"="1"
```

- *AUTOEXEC.BAT* nicht verarbeiten (*0504.REG*)

```
[HKEY_CURRENT_USER\Software\Microsoft\Windows NT\CurrentVersion\Winlogon]
"ParseAutoexec"="0"
```

Benutzeranzeige auf dem Anmeldebildschirm

Auf dem Anmeldebildschirm werden standardmäßig alle Benutzer außer dem Administrator angezeigt. Diese Anzeige können Sie aber auch verändern. Legen Sie im Schlüssel *HKEY_LOCAL_MACHINE\SOFTWARE\Microsoft\Windows NT\CurrentVersion\Winlogon\SpecialAccounts\UserList* einen DWORD-Wert mit dem Namen des Benutzers und dem Wert 0 an, wird dieser Benutzer nicht mehr angezeigt.

Umgekehrt können Sie den Administrator anzeigen lassen, indem Sie ihm hier den Wert 1 zuweisen.

- Administrator auf dem Anmeldebildschirm anzeigen (*0505.REG*)

```
[HKEY_LOCAL_MACHINE\SOFTWARE\Microsoft\Windows NT\
CurrentVersion\Winlogon\SpecialAccounts\UserList]
"Administrator"=dword:00000001
```

Standardverzeichnisse

Windows XP legt diverse Standardverzeichnisse für Benutzerdaten an. Die Lage dieser Verzeichnisse wird in der Registry festgelegt und kann dort auch geändert werden. Bei einer Änderung in der Registry werden die Daten aus dem Verzeichnis nicht automatisch verschoben.

In der Tabelle finden Sie die Werte in der Registry, in denen diese Verzeichnisse eingetragen sind, sowie die vorgegebenen Standardwerte. Die Verzeichnisse liegen alle unterhalb des Verzeichnisses, das durch die Systemvariable *%USERPROFILE%* definiert ist. Dies ist üblicherweise *\Dokumente und Einstellungen\Benutzername*. In serverbasierten Netzwerken verweist *%USERPROFILE%* auf das Profilverzeichnis des Benutzers auf dem Server. Möchten Sie einzelne Verzeichnisse trotzdem lokal verwalten, können Sie in der Registry auch direkte Pfade unabhängig von der Variable *%USERPROFILE%* angeben.

Die Parameter sind alle vom Typ *REG_EXPAND_SZ* und liegen im Schlüssel *HKEY_CURRENT_USER\Software\Microsoft\Windows\CurrentVersion\Explorer\User Shell Folders*.

Verzeichnis	Registry-Wert	Vorgabe
Anwendungsdaten	*AppDate*	*%USERPROFILE%\Anwendungsdaten*
Autostart	*Startup*	*%USERPROFILE%\Startmenü\Programme\Autostart*
CD Burning	*CD Burning*	*%USERPROFILE%\Lokale Einstellungen\Anwendungsdaten\Microsoft\CD Burning*
Cookies	*Cookies*	*%USERPROFILE%\Cookies*
Desktop	*Desktop*	*%USERPROFILE%\Desktop*
Druckumgebung	*PrintHood*	*%USERPROFILE%\Druckumgebung*
Eigene Bilder	*My Pictures*	*%USERPROFILE%\Eigene Dateien\Eigene Bilder*
Eigene Dateien	*Personal*	*%USERPROFILE%\Eigene Dateien*
Favoriten	*Favorites*	*%USERPROFILE%\Favoriten*
Lokale Anwendungsdaten	*Local AppData*	*%USERPROFILE%\Lokale Einstellungen\Anwendungsdaten*
Lokale Einstellungen	*Local Settings*	*%USERPROFILE%\Lokale Einstellungen*

Verzeichnis	Registry-Wert	Vorgabe
Netzwerkumgebung	*NetHood*	*%USERPROFILE%\Netzwerkumgebung*
Programme	*Programs*	*%USERPROFILE%\Startmenü\Programme*
Senden An	*SendTo*	*%USERPROFILE%\SendTo*
Startmenü	*Start Menu*	*%USERPROFILE%\Startmenü*
Temporary Internet Files	*Cache*	*%USERPROFILE%\Lokale Einstellungen\Temporary Internet Files*
Verlauf	*History*	*%USERPROFILE%\Lokale Einstellungen\Verlauf*
Vorlagen (ShellNew)	*Templates*	*%USERPROFILE%\Vorlagen*
Zuletzt verwendete Dateien	*Recent*	*%USERPROFILE%\Recent*

- Verzeichnisse auf Vorgabe zurücksetzen (*0506.REG*)

Die Werte vom Typ *REG_EXPAND_SZ* werden in REG-Dateien als Hex-Werte abgebildet, weshalb diese Dateien sehr groß werden, sodass wir hier die REG-Datei nicht abdrucken.

Weitere Windows-Verzeichnisse

Windows XP speichert noch weitere wichtige Verzeichnisangaben in der Registry. Einige interessante davon zeigen wir im Folgenden:

Gemeinsame Dateien	
Registry-Wert	*CommonFilesDir*
Registry-Schlüssel	*HKEY_LOCAL_MACHINE\Software\Microsoft\Windows\CurrentVersion*
Standard	*\Programme\Gemeinsame Dateien*

Das Verzeichnis *Gemeinsame Dateien* kann für Systemkomponenten verwendet werden, die für mehrere Programme zur Verfügung gestellt werden sollen. So können Softwarehersteller hier auch Unterverzeichnisse anlegen, in denen sie ihre Bibliotheken und oft auch Uninstaller ablegen.

Programme	
Registry-Wert	*ProgramFilesDir*
Registry-Schlüssel	*HKEY_LOCAL_MACHINE\Software\Microsoft\Windows\CurrentVersion*
Standard	*\Programme*

Das Verzeichnis *Programme* wird von Installationsprogrammen als Standardverzeichnis für die Neuinstallation von Programmen vorgeschlagen. Die Lage dieses Verzeichnisses wird auch in der Umgebungsvariable *%ProgramFiles%* gespeichert und kann so von Installationsscripts abgefragt werden.

INF	
Registry-Wert	*DevicePath*
Registry-Schlüssel	*HKEY_LOCAL_MACHINE\Software\Microsoft\Windows\CurrentVersion*
Standard	*%SystemRoot%\inf*

In diesem Verzeichnis werden die INF-Dateien für Gerätetreiber abgelegt und dort auch vom Hardware-Assistenten gesucht.

SourcePath	
Registry-Wert	*SourcePath*
Registry-Schlüssel	*HKEY_LOCAL_MACHINE\Software\Microsoft\Windows\CurrentVersion\Setup*
Standard	CD-ROM-Laufwerk

Wenn Windows XP bei einer Programminstallation Dateien von der Original-CD braucht, werden diese standardmäßig auf dem CD-Laufwerk gesucht. Wenn Sie der Einfachheit halber die CD auf eine lokale Partition kopiert haben, ändern Sie den Eintrag *SourcePath*, damit Windows XP die Dateien dort sucht und die CD nicht mehr verlangt.

Für die Installation von Service-Packs gibt es einen ähnlichen Eintrag:

ServicePackSourcePath	
Registry-Wert	*ServicePackSourcePath*
Registry-Schlüssel	*HKEY_LOCAL_MACHINE\Software\Microsoft\Windows\CurrentVersion\Setup*
Standard	CD-ROM-Laufwerk

Diesen Eintrag können Sie zum Beispiel auf ein gemeinsames Verzeichnis auf einem Netzwerkserver legen, auf dem die aktuellen Service-Packs zentral für alle Anwender zur Verfügung gestellt werden.

Driver-Cache	
Registry-Wert	*DriverCachePath*
Registry-Schlüssel	*HKEY_LOCAL_MACHINE\Software\Microsoft\Windows\CurrentVersion\Setup*
Standard	*%SystemRoot%\Driver Cache*

Windows XP verlangt nicht jedes Mal, wenn ein Gerät installiert wird, die Original-Windows XP-CD, wie dies frühere Windows-Versionen getan haben. Alle mit dem Betriebssystem gelieferten Treiber werden in einer über 70 MByte großen CAB-Datei im *Driver Cache*-Verzeichnis gespeichert. In diesem Verzeichnis werden außerdem zusätzliche Treiber aus System-Updates abgelegt.

Temporärverzeichnis	
Registry-Wert	*TEMP*
Registry-Wert	*TMP*
Registry-Schlüssel	*HKEY_CURRENT_USER\Environment*
Standard	*%USERPROFILE%\Lokale Einstellungen\Temp*

Hier werden zwei verschiedene Variablen gesetzt, da manche Programme nach TEMP suchen, andere nach TMP.

Vorgaben für Öffnen/Speichern-Dialog

Die neuen Dialogboxen zum Öffnen oder Speichern von Dateien enthalten links fünf Schaltflächen mit häufig verwendeten Bildsymbolen, nämlich *Zuletzt verwendete Dateien*, *Desktop*, *Eigene Dateien*, *Arbeitsplatz* und *Netzwerkumgebung*.

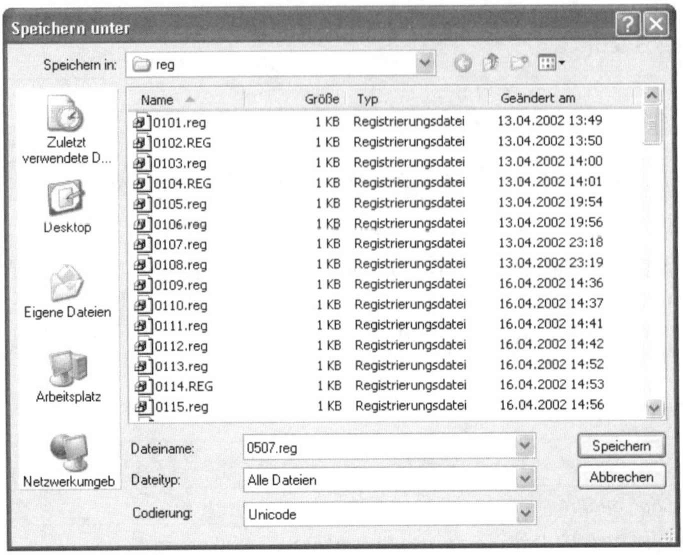

Standard-Dialog Speichern unter

Diese Symbole und auch deren Reihenfolge lassen sich in der Registry verändern. Legen Sie dazu unter *HKEY_CURRENT_USER\Software\Microsoft\Windows\CurrentVersion\Policies\comdlg32* einen neuen Unterschlüssel *PlacesBar* und innerhalb dieses Schlüssels die fünf DWORD-Werte *Place0 ... Place4* an. Diese enthalten per Zahlencode die verschiedenen Verzeichnisse. Anstatt die Werte manuell anzulegen, können Sie auch unsere REG-Datei verwenden, die die Werte anlegt und mit den Standardbezeichnungen füllt. Es ergibt sich also kein Unterschied zur Windows XP-Vorgabe. Sie können die REG-Datei auch genauso verwenden, um nach einer Änderung wieder den Ursprungszustand zu erhalten.

- Schaltflächen auf Standardwerte setzen (*0507.REG*)

```
[HKEY_CURRENT_USER\Software\Microsoft\Windows\CurrentVersion\Policies\comdlg32\
PlacesBar]
"Place0"=dword:00000008
"Place1"=dword:00000000
"Place2"=dword:00000005
"Place3"=dword:00000011
"Place4"=dword:00000012
```

Die Tabelle zeigt die verwendbaren Zahlencodes für die *PlaceX*-Werte. Dabei bezeichnet *Place0* die oberste Schaltfläche, *Place4* die unterste.

Fehlen von diesen Werten welche oder enthalten welche ungültige Werte, werden entsprechend weniger Schaltflächen angezeigt.

DWORD (Hex)	Bedeutung
23	Allgemeine Anwendungsdaten *\Dokumente und Einstellungen\All Users\Anwendungsdaten*
1F	Allgemeine Favoriten *\Dokumente und Einstellungen\All Users\Favoriten*
2D	Allgemeine Vorlagen *\Dokumente und Einstellungen\All Users\Vorlagen*

DWORD (Hex)	Bedeutung
19	Allgemeines Desktop-Verzeichnis *\Dokumente und Einstellungen\All Users\Desktop*
16	Allgemeines Startmenü (oberste Ebene) *\Dokumente und Einstellungen\All Users\Startmenü*
3D	Arbeitsgruppe im Netzwerk
11	Arbeitsplatz
18	AutoStart im allgemeinen Startmenü *\Dokumente und Einstellungen\All Users\Startmenü\Programme\Autostart*
07	AutoStart im persönlichen Startmenü *\Dokumente und Einstellungen\Benutzername\Startmenü\Programme\Autostart*
28	Benutzerverzeichnis *\Dokumente und Einstellungen\Benutzername*
3B	CD-Burning
21	Cookies
00	Desktop
04	Drucker und Faxgeräte
27	Eigene Bilder
05	Eigene Dateien
0D	Eigene Musik
14	Fonts
36	Gemeinsame Bilder
2B	Gemeinsame Dateien
2E	Gemeinsame Dokumente
35	Gemeinsame Musik
12	Netzwerkumgebung
31	Netzwerkverbindungen
0A	Papierkorb
1C	Persönliche Anwendungsdaten (lokale Einstellungen) *\Dokumente und Einstellungen\Benutzername\Lokale Einstellungen\Anwendungsdaten*
1A	Persönliche Anwendungsdaten *\Dokumente und Einstellungen\Benutzername\Anwendungsdaten*
1B	Persönliche Druckumgebung *\Dokumente und Einstellungen\Benutzername\Druckumgebung*
06	Persönliche Favoriten *\Dokumente und Einstellungen\Benutzername\Favoriten*
13	Persönliche Netzwerkumgebung *\Dokumente und Einstellungen\Benutzername\Netzwerkumgebung*

DWORD (Hex)	Bedeutung
15	Persönliche Vorlagen *\Dokumente und Einstellungen\Benutzername\Vorlagen*
10	Persönliches Desktop-Verzeichnis *\Dokumente und Einstellungen\Benutzername\Desktop*
0B	Persönliches Startmenü (oberste Ebene) *\Dokumente und Einstellungen\Benutzername\Startmenü*
17	Programme im allgemeinen Startmenü *\Dokumente und Einstellungen\All Users\Startmenü\Programme*
02	Programme im persönlichen Startmenü *\Dokumente und Einstellungen\Benutzername\Startmenü\Programme*
26	Programme *%ProgramFiles%*
38	Resources *%SystemRoot%\Resources*
09	Senden an *\Dokumente und Einstellungen\Benutzername\SendTo*
25	System32 *%SystemRoot%\system32*
20	Temporary Internet Files
22	Verlauf
2F	Verwaltung im allgemeinen Startmenü *\Dokumente und Einstellungen\All Users\Startmenü\Programme\Verwaltung*
24	Windows-Verzeichnis *%SystemRoot%*
08	Zuletzt verwendete Dokumente

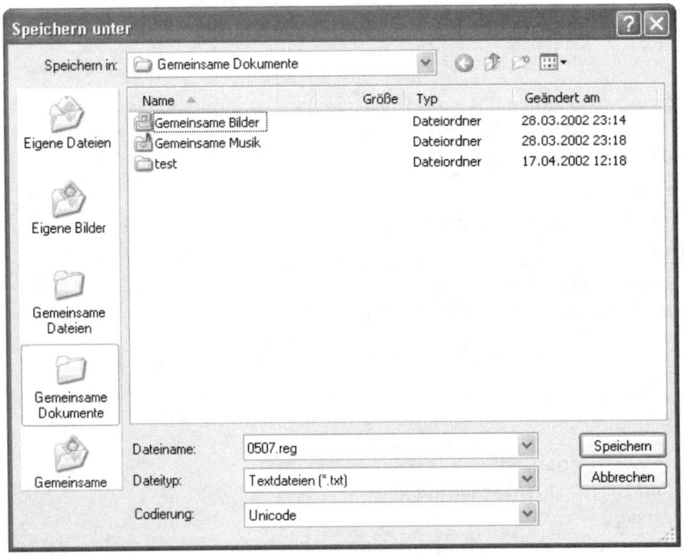

Angepasste Schaltflächen im Speichern unter-Dialog.

Dokumentenverlauf beim Herunterfahren löschen

Diese Einstellung in der Registry, in Tweak UI als Paranoia bezeichnet, löscht beim Herunterfahren des Rechners die Liste der zuletzt verwendeten Dateien, die Liste der zuletzt verwendeten Programme und die Verlaufsliste im Internet Explorer, sodass ein nachfolgender Benutzer nicht mehr nachvollziehen kann, was man am Rechner gemacht hat. Allerdings reicht ein Abmelden oder ein Benutzerwechsel nicht aus, Windows XP muss wirklich beendet werden.

- History beim Herunterfahren löschen (*0508.REG*)

```
[HKEY_CURRENT_USER\Software\Microsoft\Windows\CurrentVersion\Policies\Explorer]
"ClearRecentDocsOnExit"=hex:01,00,00,00
```

- History beim Herunterfahren nicht mehr löschen (*0509.REG*)

```
[HKEY_CURRENT_USER\Software\Microsoft\Windows\CurrentVersion\Policies\Explorer]
"ClearRecentDocsOnExit"=hex:00,00,00,00
```

Dokumentenverlauf nicht mehr protokollieren

Es gibt auch eine Möglichkeit, den Dokumentenverlauf zu behalten, aber keine neuen Einträge mehr dort zu protokollieren. Damit bleibt die Liste auf einem bestimmten Stand fixiert, kann also als eine Art zweite Favoritenliste verwendet werden.

- Dokumentenverlauf nicht mehr protokollieren (*0510.REG*)

```
[HKEY_CURRENT_USER\Software\Microsoft\Windows\CurrentVersion\Policies\Explorer]
"NoRecentDocsHistory"=hex:01,00,00,00
```

- Dokumentenverlauf wieder protokollieren (*0511.REG*)

```
[HKEY_CURRENT_USER\Software\Microsoft\Windows\CurrentVersion\Policies\Explorer]
"NoRecentDocsHistory"=hex:00,00,00,00
```

Viele, aber leider nicht alle Programme berücksichtigen diese Einstellung auch für die Einträge der zuletzt geöffneten Dateien im programmeigenen *Datei*-Menü.

MRU-Listen

Windows XP speichert an vielen Stellen zuletzt verwendete Dateien, Programme oder URLs. Überall, wo ein Programm eine Auswahlliste der zuletzt verwendeten Dateien anbietet, gibt es in der Registry die dazu passende *MRUList*. Die Abkürzung MRU steht für **M**ost **R**ecently **U**sed.

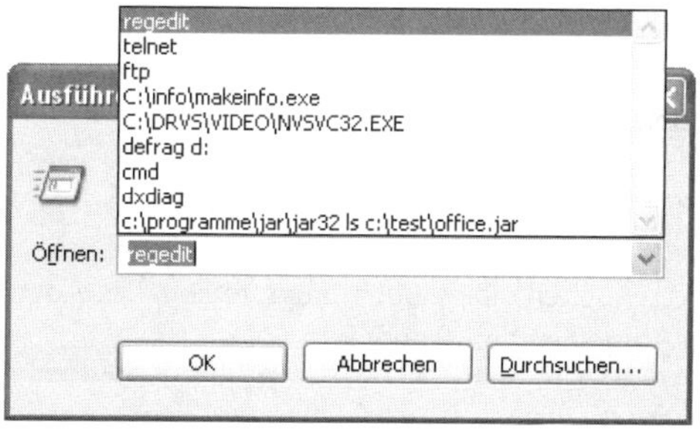

Zuletzt verwendete Dateien im Start/Ausführen-Dialog.

Die MRU-Listen in der Registry enthalten in den meisten Fällen die neun zuletzt verwendeten Dateien, mit den Buchstaben a bis j bezeichnet. Sie stehen unterhalb des Hauptschlüssels *HKEY_CURRENT_USER*, werden also für jeden Benutzer getrennt gespeichert.

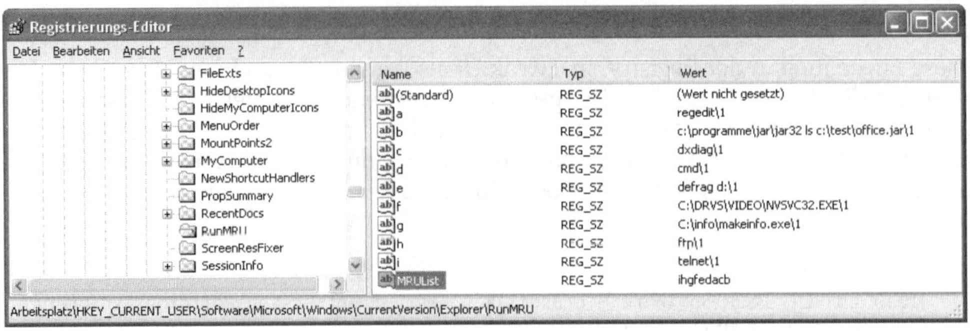

Die gleiche Liste in der Registry.

Der Wert *MRUList* enthält in einer Zeichenkette die Buchstaben in der umgekehrten Reihenfolge, in der die Dateien angezeigt werden. Wurde eine Datei aus der Liste später noch mal aufgerufen, ändert sich die Reihenfolge der Einträge aber nicht.

Die neue *Öffnen/Speichern*-Dialogbox legt für jedes darüber verwendete Dateiformat eine eigene MRU-Liste im Registry-Schlüssel *HKEY_CURRENT_USER\Software\Microsoft\Windows\CurrentVersion\Explorer\ComDlg32\OpenSaveMRU* an, in der die zuletzt verwendeten Dateien dieses Dateiformats eingetragen sind.

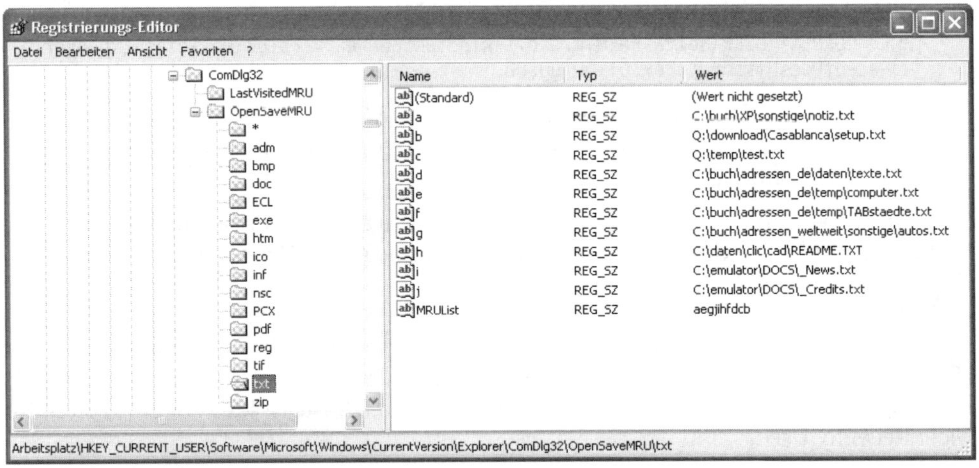

MRU-Liste für TXT-Dateien.

Einträge aus MRU-Listen verschwinden lassen

Möchten Sie bestimmte Einträge aus einer MRU-Liste verschwinden lassen, löschen Sie die betreffenden Werte und editieren außerdem den Wert *MRUList*. Hier müssen die Buchstaben entfernt werden, zu denen es keine Einträge mehr gibt. Dabei ist es kein Problem, wenn die Buchstaben a bis j keine durchgehende Folge mehr ergeben, weil dazwischen einige Buchstaben fehlen. Die Änderung wirkt sich erst nach Abmelden und erneutem Anmelden des Benutzers aus.

Dateizugriffsdatum nicht protokollieren

NTFS protokolliert alle Dateizugriffe. Diese lassen sich in der Explorer-Detailansicht in der Spalte *Letzter Zugriff am* anzeigen. Möchten Sie Dateizugriffe verschleiern, können Sie diese Protokollfunktion unterdrücken.

- Dateizugriffsdatum nicht protokollieren (*0512.REG*)

```
[HKEY_LOCAL_MACHINE\SYSTEM\CurrentControlSet\Control\FileSystem]
"NtfsDisableLastAccessUpdate"=dword:00000001
```

Mauseinstellungen

Das Verhalten der Maus lässt sich in der Registry noch wesentlich detaillierter einstellen als unter *Systemsteuerung/Maus*. Die Werte, die sich mit *Systemsteuerung/Maus* verändern lassen, werden an dieser Stelle nicht mehr erwähnt.

Einige Mauseffekte werden durch den Registry-Wert *HKEY_CURRENT_USER\Control Panel\Desktop\UserPreferencesMask* bestimmt. Hierbei handelt es sich um einen Binärwert, der bereits im Abschnitt über grafische Effekte beschrieben wurde. Durch Addition einzelner Bits in den ersten beiden Bytes können Sie Mauseffekte hinzufügen.

Effekt	Bitwerte erstes Byte								Bitwerte zweites Byte								Hex	Hex
	8	4	1	1	8	4	2	1	8	4	2	1	8	4	2	1		
X-Mouse								x									01	00
X-Mouse - aktives Fenster in den Vordergrund		x															40	00
Maus-Hot-Tracking-Effekte	x																80	00
Mauscursor-Schatten											x						00	20

Addieren Sie die entsprechenden Hex-Werte gemäß der Tabelle. Um einen Effekt auszuschalten, ziehen Sie den jeweiligen Hex-Wert wieder ab.

X-Mouse bedeutet, dass ein Fenster über dem die Maus steht, automatisch den Focus bekommt. Damit haben Sie zum Beispiel die Möglichkeit, in einer Textverarbeitung, die als maximiertes Fenster läuft, zu schreiben, während davor im Vordergrund ein kleines Nachrichtenfenster liegt.

Ist zusätzlich die Option *Aktives Fenster in den Vordergrund* eingeschaltet, wird ein Fenster, über dem die Maus steht, auch sofort in den Vordergrund gebracht. Um diese Option sinnvoll verwenden zu können, müssen Sie unbedingt eine Zeitverzögerung im Registry-Wert *ActiveWndTrkTimeout* eintragen. Ein Fenster wird erst dann in den Vordergrund gebracht, wenn die Maus diese Zeitspanne über dem Fenster war. Andernfalls ist es nicht möglich, mit der Maus in ein kleineres Fenster zu kommen, das vollständig auf einem größeren liegt.

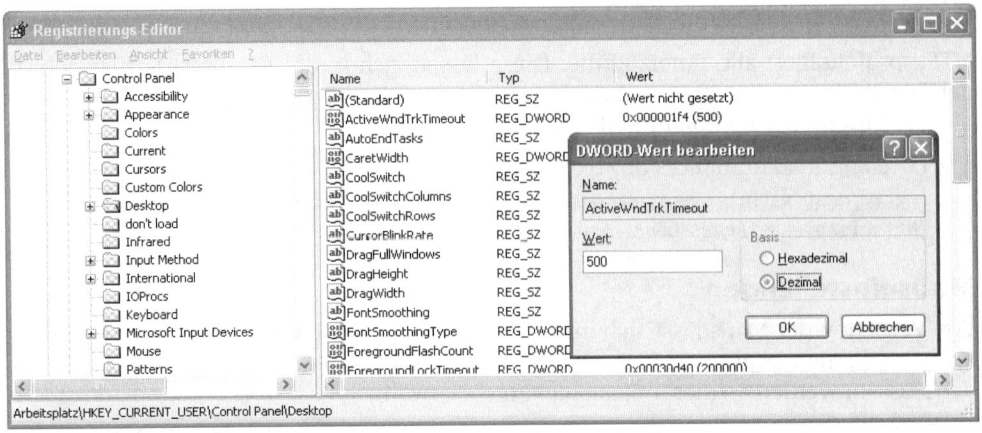

Der Eintrag ActiveWndTrkTimeout.

Der Wert *ActiveWndTrkTimeout* ist ein DWORD-Wert. Dabei wird eine Zahl in Millisekunden dezimal eingegeben, die dann in der Registry automatisch als Hex-Zahl gespeichert wird.

Doppelklickabstand

Unter *Systemsteuerung/Maus* können Sie die Zeit einstellen, die maximal zwischen zwei Klicks liegen darf, sodass diese noch als Doppelklick gelten. Im Registry-Schlüssel *HKEY_CURRENT_USER\Control Panel\Mouse* können Sie auch den Abstand festlegen, den diese beiden Klicks voneinander haben dürfen. *DoubleClickWidth* legt den horizontalen Abstand fest, *DoubleClickHeight* den vertikalen. Gemessen werden die Werte jeweils als Doppeltes der maximal gültigen Pixelzahl.

Geben Sie immer für beide Parameter die gleichen Werte an, da das Mausverhalten sonst als sehr unergonomisch empfunden wird.

Zugabstand

Auf ähnliche Weise können Sie auch einstellen, wie lang eine Bewegung mit gedrückter Maustaste sein muss, damit sie als Ziehen erkannt wird. Im Schlüssel *HKEY_CURRENT_USER\Control Panel\Desktop* gibt der Wert *DragWidth* die horizontale Enfernung und *DragHeight* die vertikale an. Hier wird die einfache Pixelzahl eingetragen und auch hier gilt: Verwenden Sie für beide Parameter gleiche Werte.

Hover

Mit Hover wird der Effekt bezeichnet, dass sich ein Symbol verändern kann, wenn der Mauszeiger eine kurze Zeit darüber steht. Im Registry-Schlüssel *HKEY_CURRENT_USER\Control Panel\Mouse* können Sie verschiedene Parameter für diesen Effekt einstellen:

MouseHoverWidth legt den horizontalen Abstand fest, *MouseHoverHeight* den vertikalen, den der Mauszeiger vom Symbol maximal haben darf. Gemessen werden die Werte jeweils als Doppeltes der maximal gültigen Pixelzahl.

MouseHoverTime gibt die Zeit in Millisekunden an, wie lange der Mauspfeil über dem Symbol stehen muss, bis sich der Hover-Effekt einstellt.

Diese drei Registry-Werte sind standardmäßig nicht vorhanden und müssen für eine Änderung des Hover-Effekts als *REG_SZ* neu angelegt werden.

Mausrad

Die Scrollgeschwindigkeit des Mausrads wird im *REG_SZ*-Wert *WheelScrollLines* im Schlüssel *HKEY_CURRENT_USER\Control Panel\Desktop* eingestellt. Diese Einstellung gilt nur für die Programme, die keine eigenen Einstellungsmöglichkeiten für das Mausrad verwenden.

WheelScrollLines	Verhalten
0	Mausrad deaktivieren
-1	Eine Seite pro Schritt scrollen
1 ... n	Anzahl der gescrollten Zeilen pro Bewegungsschritt des Mausrads

Tweak UI für Windows XP

Wichtige Funktionen der Benutzeroberfläche lassen sich anstatt mit RegEdit auch mit dem Microsoft-Tool Tweak UI verändern. Dies ist nichts anderes als eine grafische Oberfläche zum Setzen bestimmter Registry-Werte. Sie brauchen in diesem Fall die Namen der einzelnen Parameter in der Registry nicht zu kennen.

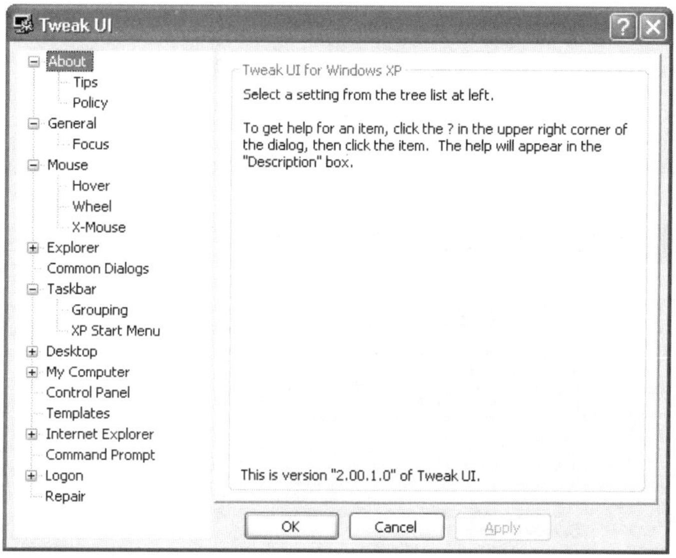

Der Startbildschirm von Tweak UI.

Tweak UI ist eine Komponente der Power-Toys für Windows XP, die kostenlos bei Microsoft im Internet heruntergeladen werden können (*www.microsoft.com/windowsxp/pro/downloads/powertoys.asp*).

Aktuelle Version

Verwenden Sie nur die Version 2.00.1.0 oder neuer. Die ältere Version wurde von Microsoft kommentarlos für mehrere Wochen vom Netz genommen, was auf Fehler hindeutet. Falls Sie eine ältere Version installiert haben, deinstallieren Sie diese vor der Installation der aktuellen Version.

> **Tweak UI und manuelle Registry-Änderungen**
> Tweak UI sollte niemals laufen, während Sie mit RegEdit manuell die Registry bearbeiten. Hier kann es zu unberechenbaren Fehlfunktionen und zum ungewollten Löschen von Registry-Schlüsseln kommen. Beenden Sie Tweak UI immer, bevor Sie die Registry manuell editieren.

Gruppenrichtlinien-Editor

Ein weiteres Tool zum Bearbeiten von Eigenschaften der Benutzeroberfläche ist der Gruppenrichtlinien-Editor. Allerdings wird hier nicht der betreffende Registry-Wert unmittelbar verändert, sondern eine lokale Richtlinie für die Benutzer erstellt.

Bei der Anmeldung eines Benutzers werden diese Richtlinien ausgelesen und danach die Einstellungen in der Registry vorgenommen.

Der Gruppenrichtlinien-Editor und die zahlreichen in Windows XP enthaltenen Richtlinien bieten mächtige Funktionen zur Benutzer- und Systemverwaltung.

Ausführliche Informationen zu den einzelnen Richtlinien finden Sie in Kapitel 8.6 ab Seite 474.

Der Gruppenrichtlinien-Editor ist ein Modul für die Microsoft Management Console und wird durch Eingabe von „GPEDIT.MSC“ unter *Start/Ausführen* gestartet.

Sie können auch eine Verknüpfung auf diese Datei im Startmenü anlegen.

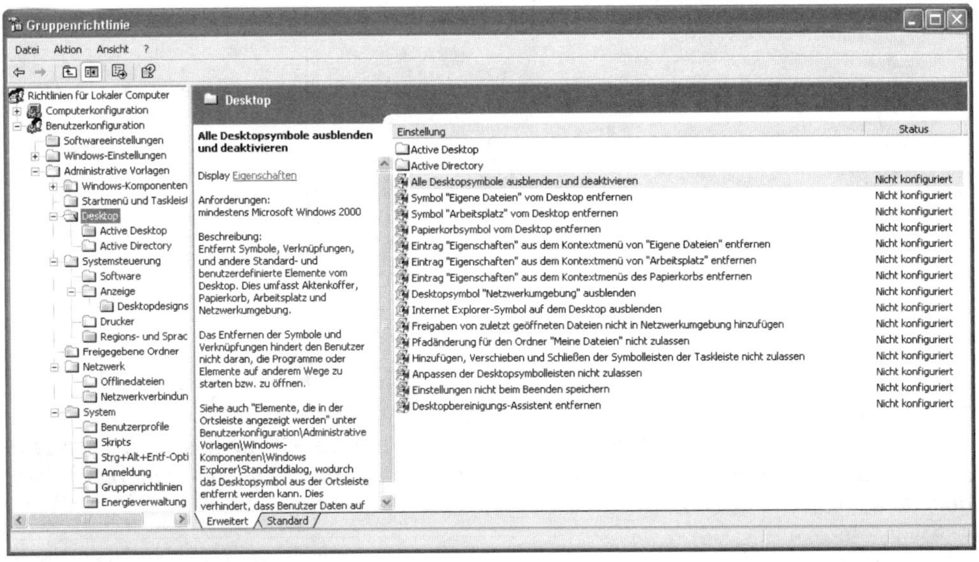

Der Gruppenrichtlinien-Editor.

Unter *Benutzerkonfiguration/Administrative Vorlagen* finden Sie nach Themen sortiert diverse Einstellungsmöglichkeiten.

Jede Richtlinie kann drei verschiedene Zustände annehmen:

- *Nicht konfiguriert* - die Registry wird für diese Eigenschaft beim nächsten Anmelden eines Benutzers nicht verändert. So bleiben die aktuellen Einstellungen bestehen.
- *Aktiviert* - die Registry wird für diese Eigenschaft beim nächsten Anmelden eines Benutzers so verändert, dass der in der Richtlinie beschriebene Zustand eintritt.
- *Deaktiviert* - die Registry wird für diese Eigenschaft beim nächsten Anmelden eines Benutzers so verändert, dass das Gegenteil von dem in der Richtlinie beschriebenen Zustand eintritt.

Wie die nächste Abbildung zeigt, verwirrt manchmal der Wortlaut der Formulierungen im Gruppenrichtlinien-Editor.

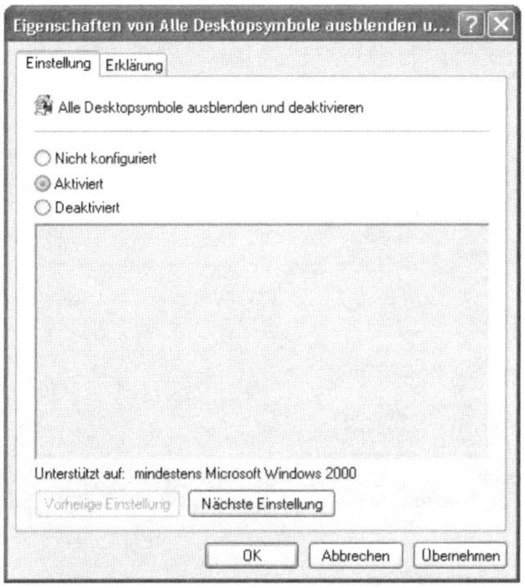

Einstellen einer Richtlinie im Gruppenrichtlinien-Editor.

Zu jeder Richtlinie gibt es eine Erklärung.

In diesem Beispiel werden die Desktop-Symbole ausgeblendet und deaktiviert, wenn die Richtlinie auf *Aktiviert* steht. Umgekehrt sind die Symbole immer aktiv, wenn die Richtlinie auf *Deaktiviert* steht.

Gruppenrichtlinien wirken erst nach dem Abmelden

Da Gruppenrichtlinien die Registry nicht unmittelbar beeinflussen, sondern erst beim Anmeldevorgang eines Benutzers Parameter umstellen, wirken sie erst nach dem Abmelden und erneutem Anmelden eines Benutzers.

Registry-Änderungen beobachten

Viele Programme führen selbstständig Änderungen an der Registry durch - und das nicht nur während der Installation oder in den MRU-Listen.

Solche im Hintergrund ablaufenden Änderungen können Sie mit einem Registry-Monitor wie zum Beispiel Regmon von *www.sysinternals.com* mitverfolgen.

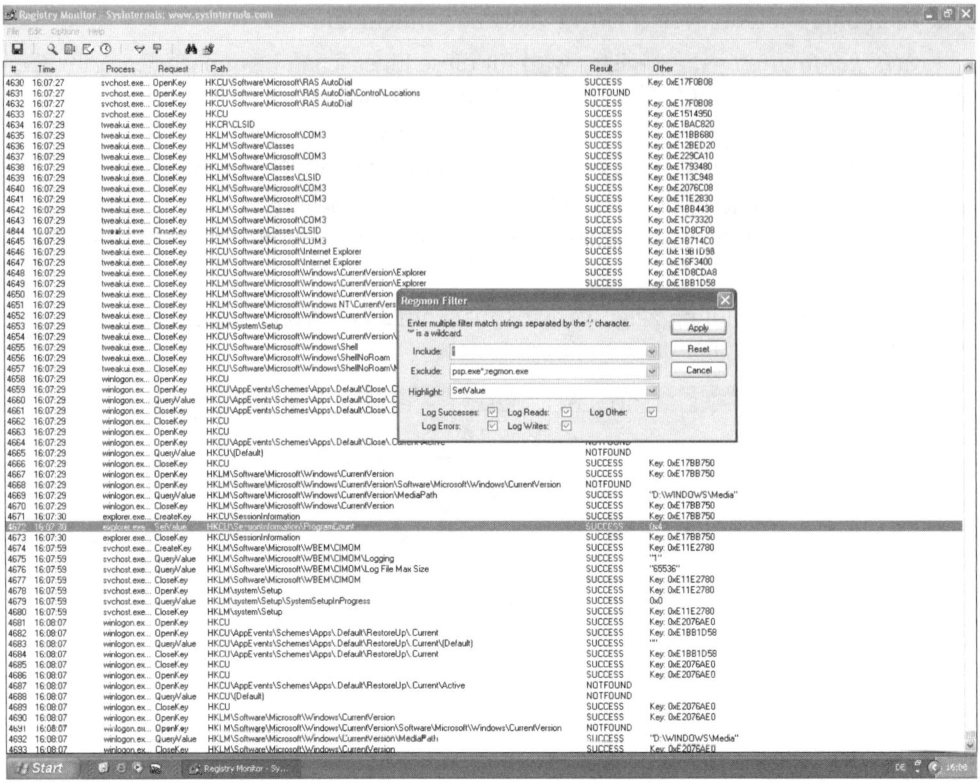

Regmon verfolgt Registry-Änderungen.

Über eine spezielle Filterfunktion können Sie wie abgebildet bestimmte Programme, die ständig Registry-Zugriffe verursachen, aus der Protokollierung ausgrenzen, um besser die Übersicht zu behalten.

Wichtige Ereignisse wie *SetValue,* das Ändern eines Registry-Wertes, lassen sich farbig hervorheben.

Möchten Sie einen Eintrag genauer unter die Lupe nehmen, markieren Sie ihn im Protokoll und drücken die Tastenkombination Strg+J. Dann öffnet sich RegEdit genau an dieser Stelle in der Registry.

Im Gegensatz zum Windows XP-Ereignisprotokoll, das nur wesentliche Systemereignisse und Fehler protokolliert, zeigt Regmon alle Änderungen der Registry.

Das können mehrere Hundert pro Minute sein, weshalb dieses Tool auch in nicht unerheblichem Maße System-Performance kostet.

Registry sperren

Möchten Sie verhindern, dass ein Benutzer in der Registry herumspielt, können Sie RegEdit und auch alle anderen Tools, die direkt auf die Registry zugreifen, sperren.

> **Vorsicht bei nur einem Benutzer!**
> Verwenden Sie diesen Registry-Tipp nie, wenn Sie nur einen Benutzer auf dem PC angelegt haben. Sie sperren sich dann selbst aus und haben keine Möglichkeit mehr, die Registry zu bearbeiten. Auf der nächsten Seite finden Sie eine Möglichkeit, so eine Sperre trotzdem zu knacken.

Ohne Administratorenrechte kann ein Benutzer in der Registry manuell zwar nichts verändern, aber immerhin die Registry auslesen. Dieser Tipp sperrt alle derartigen Programme, sodass der Benutzer unabhängig von seinen Administratorenrechten in der Registry auch nichts lesen kann.

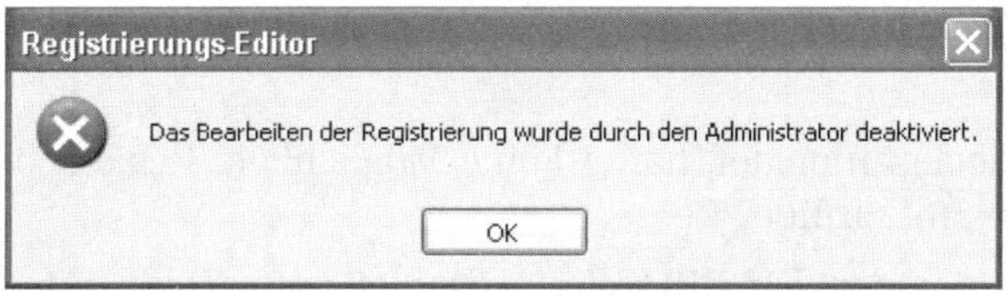

Meldung beim Versuch, die Registry zu bearbeiten.

Man könnte auch einfach die Datei *REGEDIT.EXE* in ein Verzeichnis verschieben, auf das andere Benutzer keinen Zugriff haben. Das schützt aber nicht vor der Verwendung anderer Registry-Tools und auch nicht davor, dass RegEdit von einer Diskette aus aufgerufen wird.

Um einem Benutzer den Registry-Zugriff zu verwehren, gehen Sie folgendermaßen vor. Sie müssen als Administrator angemeldet sein:

1 Windows XP schreibt die Benutzernamen nicht im Klartext in die Registry, deshalb müssen Sie den Benutzer erst suchen. Unter *HKEY_LOCAL_MACHINE\SOFTWARE\Microsoft\Windows NT\CurrentVersion\ProfileList* finden Sie verschiedene Unterschlüssel *S-1-5...* und eine längere Zahlenkombination. Wenn Sie diese im linken Fenster von RegEdit durchblättern, finden Sie rechts unter *ProfileImagePath* relativ einfach den Benutzernamen.

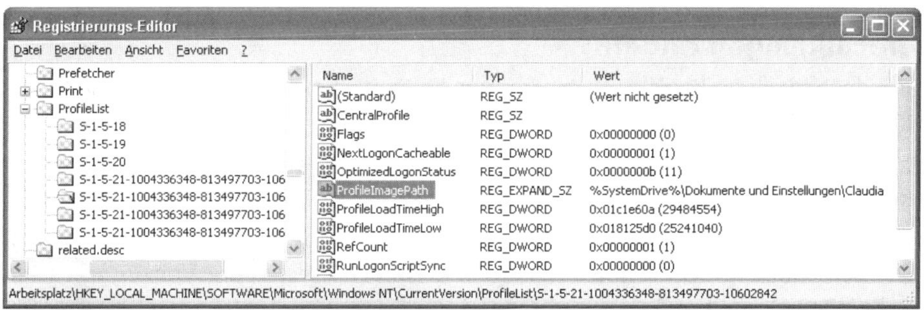

Benutzernamen in der Registry finden.

2 Merken Sie sich die so gefundene Benutzer-ID des gesuchten Benutzers. Im Normalfall unterscheiden sich die Benutzer-IDs nur in den letzten Ziffern. Wechseln Sie jetzt in den Registry-Schlüssel *HKEY_USERS\<Benutzer-ID>\Software\Microsoft\Windows\CurrentVersion\Policies* und legen Sie dort einen neuen Unterschlüssel *System* an.

3 Legen Sie in diesem Schlüssel einen DWORD-Wert *DisableRegistryTools* an und geben Sie ihm den Wert 1.

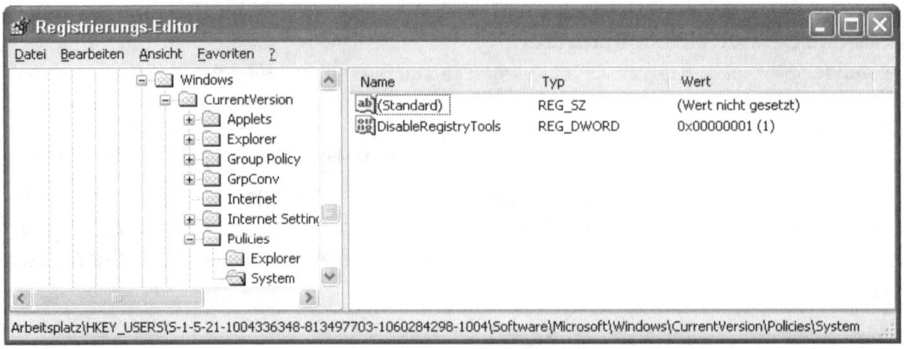

Der neue Registry-Eintrag.

4 Wenn sich der Benutzer jetzt wieder anmeldet, hat er keine Möglichkeit, RegEdit oder einen anderen Registry-Editor aufzurufen.

Erst dann, wenn der Administrator den DWORD-Wert *DisableRegistryTools* auf 0 setzt, sind Registry-Tools wieder erlaubt.

Registry-Sperre knacken

Dieser Schutz wirkt nicht hundertprozentig, da ein auf diese Weise gesperrter Benutzer immer noch die Möglichkeit hat, eine REG-Datei zu importieren und damit den entscheidenden Parameter zurückzusetzen.

- Registry-Sperre knacken (*0701.REG*)

```
[HKEY_CURRENT_USER\Software\Microsoft\Windows\CurrentVersion\Policies\System]
"DisableRegistryTools"=dword:00000000
```

Diese REG-Datei ist durch die Verwendung von *HKEY_CURRENT_USER* allgemein gehalten, sodass man sie für sich selbst jederzeit unabhängig von der Benutzer-ID einsetzen kann.

Berechtigungen ändern

Für jeden einzelnen Registry-Zweig können Sie einzelnen Benutzern Berechtigungen geben oder wegnehmen, ob sie diesen Zweig lesen oder bearbeiten dürfen.

Markieren Sie dazu in RegEdit den gewünschten Zweig und wählen Sie dann im Menü *Bearbeiten/Berechtigungen*.

Es erscheint die aus der Benutzerverwaltung bekannte Dialogbox, in der Sie jetzt Benutzer oder Benutzergruppen hinzufügen und diesen Leserecht oder Vollzugriff einschließlich Bearbeiten und Löschen dieses Zweigs geben können.

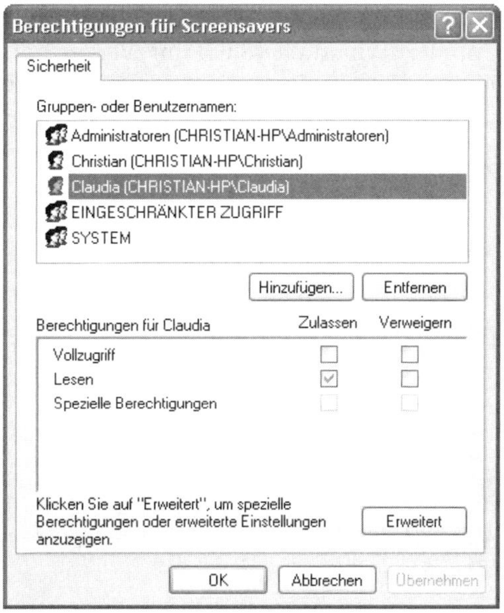

Ändern der Berechtigungen für einen Registry-Zweig.

Netzwerkadministration

Windows XP bietet jetzt die neue Remote-Administrationsfunktion, die in Kapitel 14 beschrieben wird.

Darüber können Sie auch die Registry eines anderen Computers bearbeiten.

Für Rechner, die noch unter Windows 95/98 laufen, unterstützt Windows XP auch noch das alte Verfahren mit dem Remote-Registrierungsdienst.

Dieser muss auf den zu administrierenden Rechnern eigens installiert werden. Gehen Sie dazu unter Windows 95/98 folgendermaßen vor:

1 Stellen Sie als Erstes sicher, dass die Zugriffssteuerung auf Benutzerebene aktiviert ist und dass Sie vom Windows XP-Rechner problemlos auf den anderen Rechner zugreifen können.

2 Installieren Sie jetzt unter *Systemsteuerung/Netzwerk* von Windows 95/98 einen neuen Dienst.

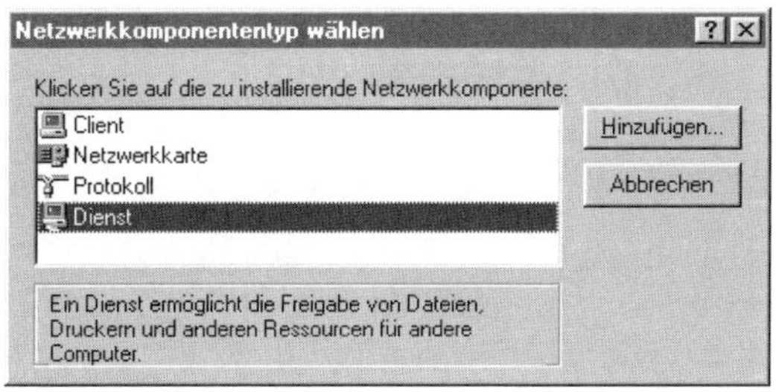

Installation eines neuen Netzwerkdienstes unter Windows 98/ME.

3 Sie finden den Remote-Registrierungsdienst auf der Windows 95-CD im Verzeichnis *\ADMIN\NETTOOLS\REMOTEREG* und auf der Windows 98-CD im Verzeichnis *\TOOLS\RESKIT\NETADMIN\REMOTEREG* und nicht in dem in der Microsoft-Hilfe von Windows 98 angegebenen Verzeichnis.

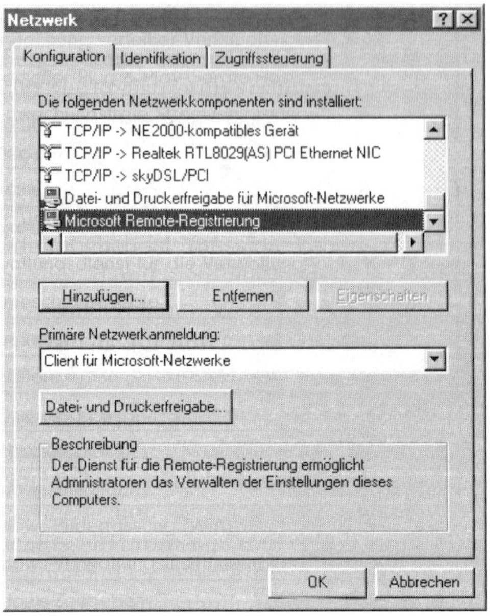

Der Remote-Registrierungsdienst.

4 Nach der Installation müssen Sie den Rechner neu booten.

Dabei wird unmittelbar nach dem Neustart noch eine Datei des Remote-Registrierungsdienstes von der CD gebraucht. Lassen Sie die CD also im Laufwerk.

Falls Ihr Rechner das Booten von CD unterstützt, müssen Sie sie kurzfristig herausnehmen und dann, während Windows hochläuft, wieder einlegen.

5 Starten Sie jetzt RegEdit auf dem Windows XP-Rechner und wählen Sie im Menü *Datei/Mit Netzwerkregistrierung verbinden*.

6 Geben Sie im nächsten Dialog den Namen des Windows 98-Rechners ein oder suchen Sie ihn über die Schaltfläche *Erweitert*.

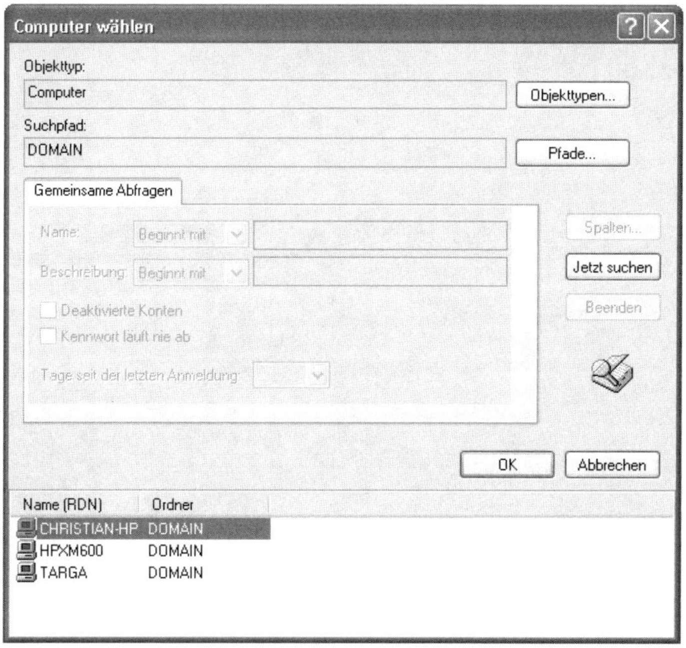

Auswahl des anderen Rechners unter Windows XP.

7 Die Registry-Zweige *HKEY_LOCAL_MACHINE* und *HKEY_USERS* des anderen Rechners erscheinen zusätzlich im Registry-Editor und können wie die lokale Registry bearbeitet werden.

10. Leistungsüberwachung und System-Tuning

Wie kommt es, dass manche Computer schnell sind und andere langsam? Das liegt auf jeden Fall nicht nur an den Hardwaredaten, mit denen PC-Hersteller ständig neue Geräte verkaufen wollen – Prozessortaktfrequenz und Daten der Grafikkarte.

In den meisten Fällen hat die Konfiguration einen nicht unerheblichen Einfluss auf die allgemeine System-Performance.

10.1 Speicheroptimierung und -überwachung

Während Windows XP läuft, belegen zahlreiche einzelne Prozesse Bereiche im Arbeitsspeicher, sodass dieser, auch ohne dass Anwendungen gestartet sind, deutlich mehr ausgelastet ist als unter Windows 9x.

Speicherausbau und Geschwindigkeit
Grundsätzlich lässt sich sagen, dass Windows XP mit mehr Speicher auch wirklich schneller läuft. Statt der Mindestanforderung von 64 MByte sollten es schon 128 MByte oder besser 256 MByte Arbeitsspeicher sein. Unter Windows ME war der Effekt zu beobachten, dass Anwendungen bei 256 MByte RAM langsamer starteten als bei 128 MByte. Dieses Problem gibt es in Windows XP nicht mehr.

Geladene DLL-Dateien automatisch entfernen

Viele Programme laden außer der eigentlichen Programmdatei noch zahlreiche weitere DLL-Dateien (**D**ynamic **L**ink **L**ibrary) in den Speicher.

Diese werden beim Beenden des Programms nicht aus dem Speicher entfernt. Dieses Verhalten ist einer der Gründe, weshalb Windows auch schon in früheren Versionen immer instabiler wurde, je länger ein Computer durchgehend lief.

Dabei lässt sich dieses Verhalten durch einen einfachen Registry-Eintrag beheben, sodass geladene DLL-Dateien beim Beenden eines Programms automatisch wieder aus dem Speicher entfernt werden.

Fügen Sie dazu im Schlüssel *HKEY_LOCAL_MACHINE\Software\Microsoft\Windows\CurrentVersion\Explorer* einen neuen *REG_SZ*-Wert *AlwaysUnLoadDLL* ein. Dieser Parameter bekommt keinen Namen, wie es in der Abbildung zu sehen ist.

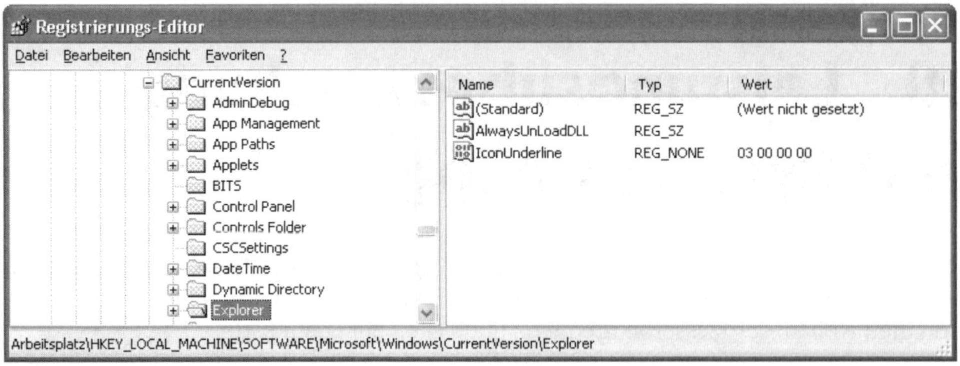

Registry-Eintrag zum automatischen Entfernen von DLL-Dateien aus dem Arbeitsspeicher.

Prefetcher-Funktion optimieren

Für häufig verwendete Anwendungen werden vom Prefetcher automatisch beim Windows XP-Start Speicherbereiche reserviert, um diese später schneller laden zu können. Dazu muss der Wert *EnablePrefetcher* im Registry-Schlüssel *HKEY_LOCAL_MACHINE\SYSTEM\CurrentControlSet\Control\Session Manager\Memory Management\PrefetchParameters* auf 3 gesetzt werden. Mit dem Wert 0 wird er deaktiviert. Der Rechner muss anschließend neu gestartet werden.

Die Auslagerungsdatei

Wenn der tatsächliche Arbeitsspeicher des Computers nicht für alle laufenden Prozesse ausreicht, vergrößert Windows XP den Speicher virtuell. Dieser virtuelle Speicher setzt sich aus dem tatsächlichen RAM und der Auslagerungsdatei *PAGEFILE.SYS* zusammen.

Auf jedem Laufwerk kann eine solche Auslagerungsdatei existieren, wobei mehrere Auslagerungsdateien auf Laufwerken, die zusammen auf einer physikalischen Festplatte liegen, geschwindigkeitsmäßig nur Nachteile bringen. Die Größe der Auslagerungsdatei legen Sie auf der Registerkarte *Erweitert* unter *Systemsteuerung/System* fest.

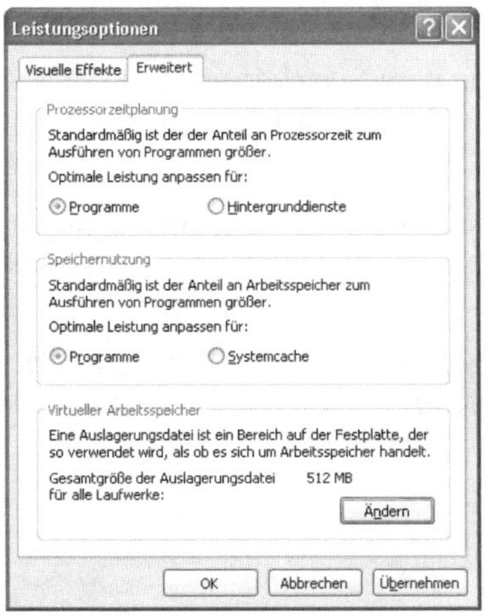

Einstellungen für die Auslagerungsdatei.

Setzen Sie hier die Anfangs- und maximale Größe immer auf den gleichen Wert, da die permanente Änderung der Größe der Auslagerungsdatei Performance kostet und dazu führt, dass die Auslagerungsdatei schnell fragmentiert. Als Richtwert für die Größe nehmen Sie die 1,5-fache Größe des RAM. Mehr als 300 MByte braucht die Auslagerungsdatei aber nicht zu haben.

Windows XP nutzt die Auslagerungsdatei immer - auch wenn es gar nicht nötig wäre - zur Auslagerung gerade nicht benötigter Programmteile.

Wenn Sie mindestens 512 MByte Arbeitsspeicher haben, können Sie dieses Verhalten auch abschalten.

Setzen Sie dafür in der Registry den Wert *DisablePagingExecutive* im Schlüssel *HKEY_LOCAL_MACHINE\SYSTEM\CurrentControlSet\Control\Session Manager\Memory Management* auf 1.

Auslagerungsdatei löschen

Die Auslagerungsdatei kann Fragmente der letzten vom Benutzer geöffneten Dateien enthalten und somit ein Sicherheitsrisiko darstellen auf Computern, auf die mehrere Benutzer Zugriff haben. Mit einem Registry-Eintrag können Sie die Auslagerungsdatei automatisch bei der Benutzerabmeldung löschen. Setzen Sie dazu im Registry-Schlüssel *HKEY_LOCAL_MACHINE\System\CurrentControlSet\Control\Session Manager\Memory Management* den Parameter *ClearPageFileAtShutDown* auf 1. Windows XP startet dann etwas langsamer, da die Auslagerungsdatei jedes Mal neu angelegt werden muss. Außerdem besteht eher die Gefahr der Fragmentierung der Auslagerungsdatei.

Weitere Informationen zur Auslagerungsdatei finden Sie in Kapitel 7.

Auslagerungsdatei defragmentieren

Die Auslagerungsdatei namens *PAGEFILE.SYS* ist genauso wie die Systemdateien *BOOTSECT.DOS*, *SAFEBOOT.FS*, *SAFEBOOT.CSV*, *SAFEBOOT.RSV*, *HIBERFIL.SYS* und *MEMORY.DMP* von der Defragmentierung ausgenommen. Dabei ist diese Datei, wenn die Größe schon mehrfach manuell oder automatisch geändert wurde, stark von der Fragmentierung betroffen.

Externe Defragmentierer bieten Möglichkeiten, die Auslagerungsdatei beim Systemstart automatisch zu defragmentieren. Mit Windows XP-Bordmitteln müssen Sie zu einem Trick greifen:

1. Legen Sie unter *Systemsteuerung/System* auf einem bisher nicht für Auslagerungsdateien verwendeten Laufwerk eine neue Auslagerungsdatei an.
2. Setzen Sie die ursprüngliche Auslagerungsdatei auf die Größe 0.
3. Starten Sie den Computer neu und defragmentieren Sie das Laufwerk, auf dem sich früher die Auslagerungsdatei befand.
4. Legen Sie jetzt auf dem defragmentierten Laufwerk eine neue Auslagerungsdatei an und geben Sie dabei für *Anfangs-* und *Maximale Größe* den gleichen Wert an.
5. Setzen Sie die zwischenzeitlich verwendete Auslagerungsdatei auf die Größe 0 zurück.
6. Jetzt müssen Sie den Computer noch mal neu starten.

Ramdisk

DOS und ältere Windows-Versionen boten die Möglichkeit, ungenutzten Arbeitsspeicher als Ramdisk zu verwenden. Er konnte dann wie ein zusätzliches Laufwerk angesprochen werden. Dessen Inhalte gingen aber beim Ausschalten verloren. Wenn Sie so viel Arbeitsspeicher installiert haben, dass Windows XP diesen im Normalbetrieb nicht ausnützt und auch die Auslagerungsdatei nicht ständig verwendet, können Sie auch hier eine Ramdisk installieren, um darauf zum Beispiel den Browsercache oder Cookies zu installieren, die beim Neustart gelöscht werden sollen.

Windows XP liefert keinen Ramdisk-Treiber mit. Microsoft bietet aber einen bei *support.microsoft.com/default.aspx?scid=kb;GER;q257405* zum Download an, seltsamerweise nicht wie üblich als Windows-Installer, sondern als WinZip-Self-Extractor. Für diesen Treiber wird keine Installationsroutine mitgeliefert. Sie müssen mit *Systemsteuerung/ Hardware* die INF-Datei aus dem entpackten Archiv installieren. Der Treiber ist auch nicht signiert.

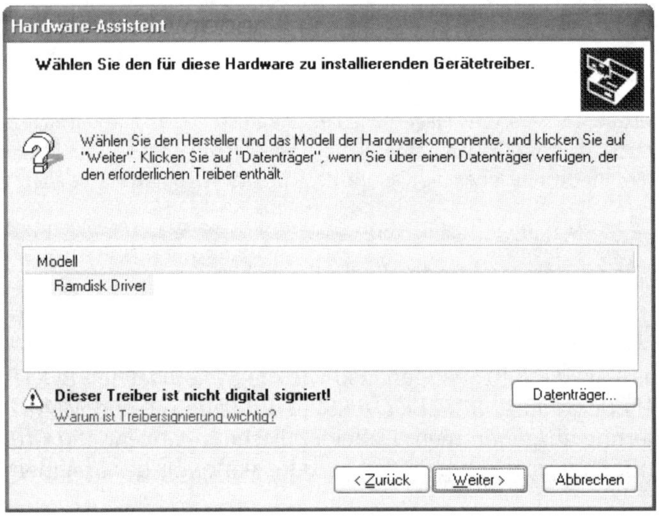

Installation der Ramdisk.

Die Ramdisk bekommt standardmäßig den Laufwerkbuchstaben Z:. Sie erscheint im Geräte-Manager nicht bei den Laufwerken, sondern unter *Sample Driver*. Im Explorer ist sie erst zu finden, wenn man in der Adresszeile einmal *Z:* eingegeben hat. Ein einfaches Aktualisieren der Anzeige oder Neustart des Explorer hilft nicht.

In der Registry finden Sie unter *HKEY_LOCAL_MACHINE\System\CurrentControlSet\Services\Ramdisk\Parameters* die Konfigurationsoptionen für diese Ramdisk. Ein eigenes Konfigurationspanel gibt es nicht. Die folgende Tabelle zeigt die Parameter, die für die User-Version der Ramdisk relevant sind. Für die Entwicklerversion gelten weitere Parameter:

Parameter	Beschreibung	Vorgabe
DiskSize	Größe in Byte	0x00100000 (1048576)
DriveLetter	Laufwerkbuchstabe	Z:
RootDirEntries	Maximale Einträge im Hauptverzeichnis	0x00000200 (512)
SectorsPerCluster	Sektoren pro Cluster	2

10.2 Verwaltung von Tasks

Mit dem Task-Manager verschaffen Sie sich einen Überblick über die aktuelle Speicherauslastung. Drücken Sie dazu die Tastenkombination Strg+Alt+Entf.

Neustart mit Affengriff

Dieser so genannte Affengriff, so bezeichnet, weil er beim Betätigen mit einer Hand (Alt+Strg+Entf) eine seltsam verkrampfte Handhaltung hervorruft, wurde unter DOS und älteren Windows-Versionen zum Neustarten des Computers verwendet. Wer die Tastenkombination unter Windows XP aus Gewohnheit drückt, findet im Menü des Task-Managers immer noch eine Option zum Herunterfahren des Computers.

Außerdem befindet sich der Task-Manager im Kontextmenü mit einem Rechtsklick auf die Taskleiste.

Auf der Registerkarte *Systemleistung* im Task-Manager finden Sie neben der Prozessorauslastung Hinweise über die aktuelle Speicherauslastung. Diese wird in der linken unteren Grafik aktuell angezeigt, die rechte untere Grafik zeigt den Verlauf der Speicherauslastung in den letzten Sekunden. Dabei findet sich hier wieder einer von zahlreichen Übersetzungsfehlern in der deutschen Windows XP-Version: Die angezeigte Zahl gibt nicht die Auslastung der Auslagerungsdatei, sondern die gesamte Arbeitsspeicherauslastung an.

Unter *Physikalischer Speicher/Insgesamt* finden Sie die tatsächliche RAM-Größe in KByte. *Zugesicherter Speicher* gibt den gesamt nutzbaren Speicher einschließlich der Auslagerungsdatei an.

Unter *Kernel-Speicher* finden Sie Angaben zum Speicher, den das Betriebssystem ohne zusätzliche Prozesse belegt. Davon ist nur der nicht ausgelagerte Speicher tatsächlich vom Betriebssystemkern belegt, der ausgelagerte Speicher kann auch von anderen Prozessen genutzt werden. Windows XP reserviert also tatsächlich nur etwa 4 MByte fest für das Betriebssystem.

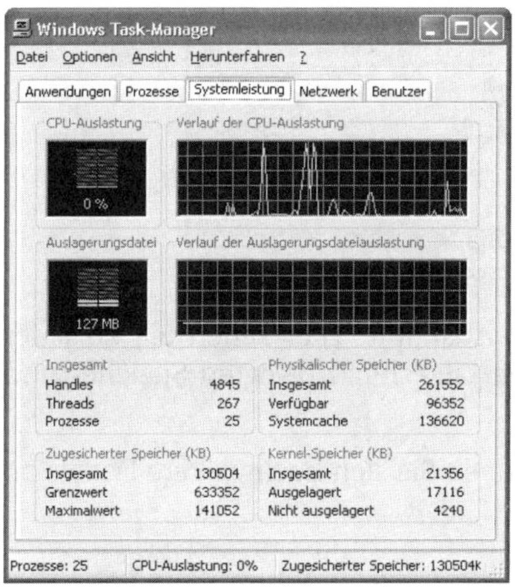

Systemleistung im Task-Manager.

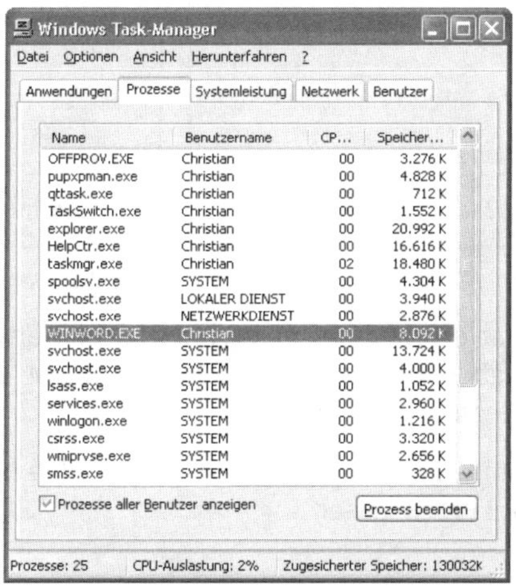

Prozesse im Task-Manager.

Der größte Teil des Speichers wird für Prozesse und Dienste belegt - Anwendungen, die entweder vom Benutzer oder automatisch vom Betriebssystem gestartet wurden.

Im Feld *Insgesamt* erhalten Sie einen Überblick über die Anzahl der gestarteten Prozesse. Diese Zahlen haben rein informativen Charakter. Auf die Anzahl der Handles und Threads hat der Benutzer keinen Einfluss:

- *Prozesse* - Anzahl der Prozesse, Programme oder Dienste, die gestartet wurden. Diese sind auf der Registerkarte *Prozesse* zu sehen.
- *Threads* - jeder Prozess kann aus mehreren Objekten bestehen, die unabhängig voneinander Programmanweisungen ausführen. So lässt sich ein Prozess zum Beispiel auf mehrere Prozessoren verteilen.
- *Handles* - Handles werden zur dynamischen Speicherverwaltung eingesetzt. Ein Handle ist eine Zeigervariable, die die Speicheradresse eines weiteren Zeigers enthält, der dann auf das gesuchte Objekt zeigt. Dadurch sind Zeiger auf verschiebbare Speicherblöcke möglich, was zur Speicherauslagerung in Auslagerungsdateien nötig ist.

Die Registerkarte *Anwendungen* zeigt eine Liste aller laufenden Anwendungen, vergleichbar mit den Schaltflächen in der Taskleiste. Anwendungen, die in der Taskleiste nicht erscheinen, erscheinen hier ebenfalls nicht. Wird bei einer Anwendung der Status *Keine Rückmeldung* angezeigt, ist diese entweder extrem ausgelastet oder abgestürzt. In diesem Fall können Sie sie mit der Schaltfläche *Task beenden* beenden.

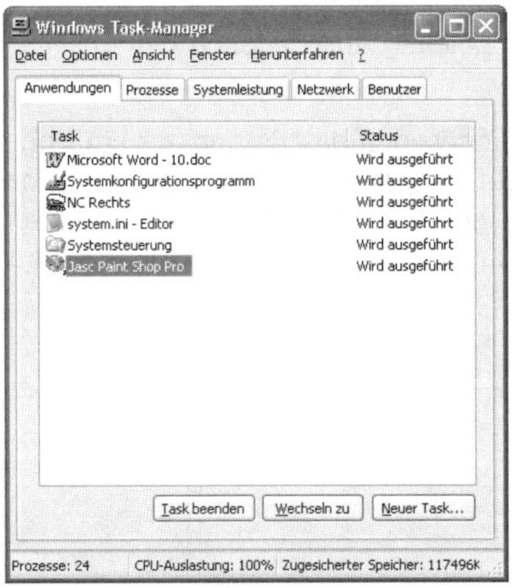

Liste aller laufenden Anwendungen.

Einstellen der Priorität eines Tasks.

Die Registerkarte *Prozesse* bietet noch detaillierter Auskunft. Hier sehen Sie zu jeder Anwendung, aber auch zu jedem Systemdienst den tatsächlich belegten Speicher und die aktuell belegte CPU-Zeit.

Mit dem Menüpunkt *Ansicht/Spalten auswählen* können Sie sich noch weitere Details zu jedem Task anzeigen lassen.

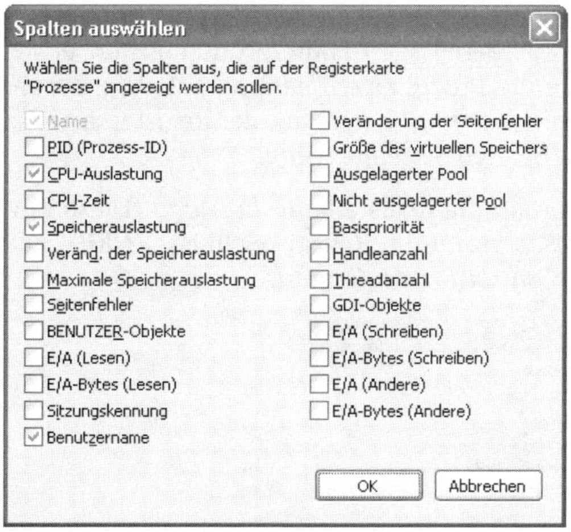

Auswahl zusätzlicher Spalten im Task-Manager.

Bei vielen ausgewählten Spalten kann das Fenster des Task-Managers verbreitert werden. Allerdings verursacht der Task-Manager dann selbst einiges an CPU-Auslastung, sodass die gemessenen Werte nicht mehr genau sind.

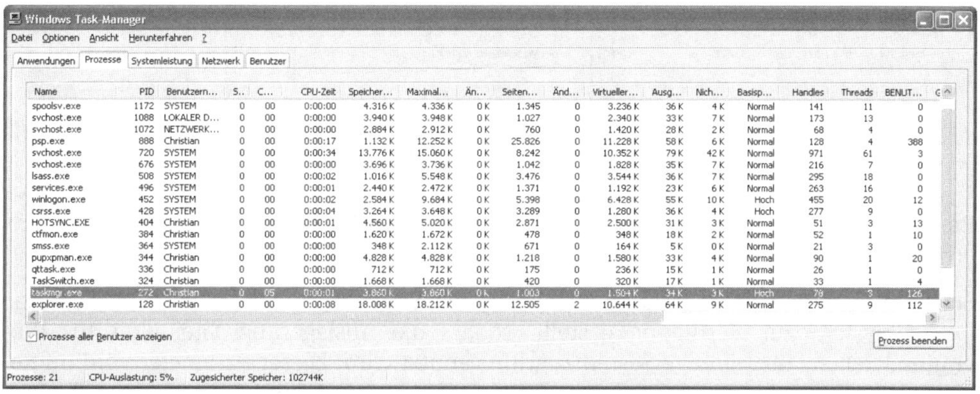

Task-Manager mit zusätzlichen Spalten.

Einige Anwendungen belegen auch im Hintergrund viel CPU-Zeit, ohne dass sie tatsächlich genutzt werden. Ein gutes Beispiel hierfür ist die Datenbank Microsoft Access. Selbst wenn Sie nicht aktiv am Computer arbeiten und nur den Task-Manager mitverfolgen, wird permanent eine gewisse CPU-Auslastung angezeigt, wenn eine Access-Datenbank geöffnet ist.

Solche Programme belegen Systemressourcen, die für andere Programme fehlen, von denen sie nötiger gebraucht werden. Hier können Sie im Task-Manager Einfluss auf die automatische Verteilung der CPU-Zeit nehmen.

Task-Prioritäten

Ein Rechtsklick auf einen Task blendet ein Kontextmenü ein, in dem Sie die Priorität dieses Tasks höher oder niedriger einstellen können. Hier können Sie unerwünschte Tasks auch direkt beenden und so die von ihnen belegte CPU-Zeit und Arbeitsspeicher wieder freigeben.

Möchten Sie generell das Programm, das jeweils im aktuellen Fenster läuft, mit voller Geschwindigkeit laufen lassen und sind dafür bereit, den Hintergrunddiensten etwas weniger CPU-Zeit einzuräumen, schalten Sie die Prozessorzeitplanung auf *Programme*. Die zuständige Option finden Sie unter *Systemsteuerung/System* auf der Registerkarte *Erweitert* mit der Schaltfläche *Einstellungen* im Bereich *Systemleistung*.

Im nächsten Dialog schalten Sie dann wieder auf die Registerkarte *Erweitert*. Diese Einstellung beeinflusst den Wert *Win32PrioritySeparation* im Registry-Schlüssel *HKEY_LOCAL_MACHINE\SYSTEM\CurrentControlSet\Control\PriorityControl*.

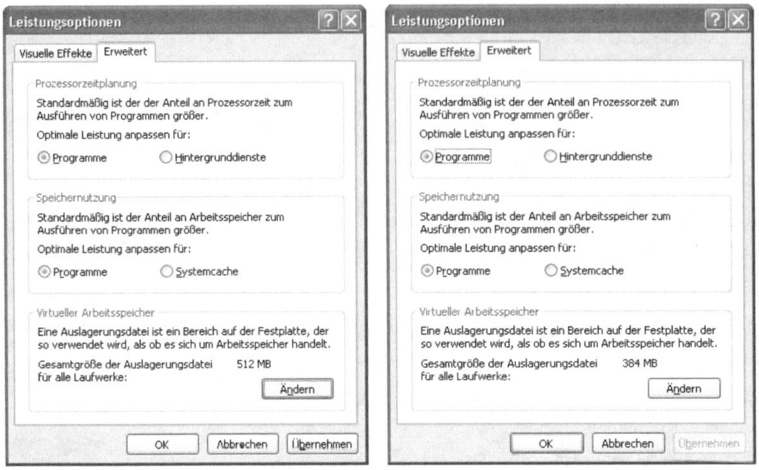

Einstellungen zur Prozessorzeitplanung.

Bei ausreichend Arbeitsspeicher können Sie im gleichen Dialogfeld den System-Cache erhöhen.

Schalten Sie die Speichernutzung auf die Option *Systemcache*, wird mehr RAM für das Betriebssystem zur Verfügung gestellt, sodass die Auslagerungsdatei eher für Programmdaten als für ständige Systemzugriffe genutzt wird. Dieser Parameter wird im Registry-Wert *LargeSystemCache* unter *HKEY_LOCAL_MACHINE\SYSTEM\CurrentControlSet\Control\Session Manager\Memory Management* gespeichert.

Wichtige Prozesse

Die in der Tabelle aufgelisteten Prozesse sind für die Stabilität des Systems essenziell und dürfen in der Regel nicht beendet werden.

Prozess	Beschreibung
CSRSS.EXE	**C**lient/**S**erver **R**untime **S**ub**s**ystem – verantwortlich für den Windows-Benutzermodus
EXPLORER.EXE	Nicht nur der Windows-Explorer, sondern die gesamte grafische Benutzeroberfläche mit Taskleiste und Desktop werden von diesem Prozess gesteuert. Der Task-Manager zeigt an, das häufig mehrere Explorer-Prozesse gestartet werden. Wenn Windows einfriert, ist es einen Versuch wert, alle Explorer-Prozesse zu beenden und anschließend einen neuen Explorer-Prozess zu starten (Anwendungen/Neuer Task). Die Oberfläche wird dann neu aufgebaut.
INTERNAT.EXE	Steuert die Gebietsschemata für verschiedene Sprachen.
Leerlaufprozess	Protokolliert die nicht verwendete Prozessorzeit.

Prozess	Beschreibung
LSASS.EXE	**L**ocal **S**ecurity **A**uthority **S**ub**s**ystem – Authentifizierung der Benutzer bei der Windows XP-Anmeldung
MSTASK.EXE	Task-Planer für den automatischen zeitgesteuerten Start von Prozessen
SERVICES.EXE	Verwalten, Starten und Beenden von Systemdiensten
SMSS.EXE	**S**ession **M**anager **S**ub**s**ystem startet eine Benutzersitzung mit allen wichtigen Systemdiensten und stellt Systemvariablen ein.
SPOOLSV.EXE	Verwaltung der Drucker- und Faxwarteschlangen. Bei Druckproblemen kann ein Neustart dieses Dienstes hilfreich sein, wenn sich Aufträge aus der Queue nicht mehr löschen lassen.
SVCHOST.EXE	Host-Prozess für andere Prozesse, die von DLL-Dateien aufgerufen werden. Dieser Prozess kann mehrfach im Task-Manager eingetragen sein.
SYSTEM	Das eigentliche Betriebssystem, der Systemprozess, der den Kernel ausführt.
TASKMGR.EXE	Task-Manager
WINLOGON.EXE	Verwaltet die Benutzeran- und -abmeldung.
WINMGMT.EXE	Dieser Prozess ist nur vorhanden, wenn eine Clientanwendung eine Verbindung aufbaut oder wenn Verwaltungsanwendungen diesen Dienst benötigen.

Mehrere Explorer-Prozesse

Wird unter *Extras/Ordneroptionen/Ansicht* jeder Explorer-Aufruf als eigener Prozess gestartet, sind im Task-Manager auch mehrere Prozesse aufgelistet. Diese Option ist aus Geschwindigkeitsgründen nur auf Computern mit mehr als 256 MByte RAM sinnvoll, läuft dann aber durch geringere Fragmentierung des Arbeitsspeichers stabiler.

Damit diese Option sinnvoll funktioniert, muss unter *Systemsteuerung/System/Erweitert* über die Schaltfläche *Systemleistung/Einstellungen* auf der Registerkarte *Erweitert* die Prozessorzeitplanung auf *Programme* gestellt werden.

Ordnerfenster in eigenem Prozess starten.

Einstellung der Prozessorzeitplanung.

Task-Verwaltung per Kommandozeile

Bei sehr vielen parallel laufenden Tasks wird die Task-Verwaltung unter der grafischen Oberfläche des Task-Managers sehr schnell unübersichtlich. Außerdem kann sie zur automatischen Erfassung und Protokollierung von Tasks nicht verwendet werden. Der Task-Manager zeigt auch immer nur die Prozesse auf dem lokalen Computer an. Hier bietet Windows XP zwei nützliche Kommandozeilen-Tools an:

TASKLIST

TASKLIST zeigt eine Liste aller laufenden Prozesse mit Prozess-IDs an. Damit kann der lokale, aber auch ein anderer Computer im Netzwerk überwacht werden.

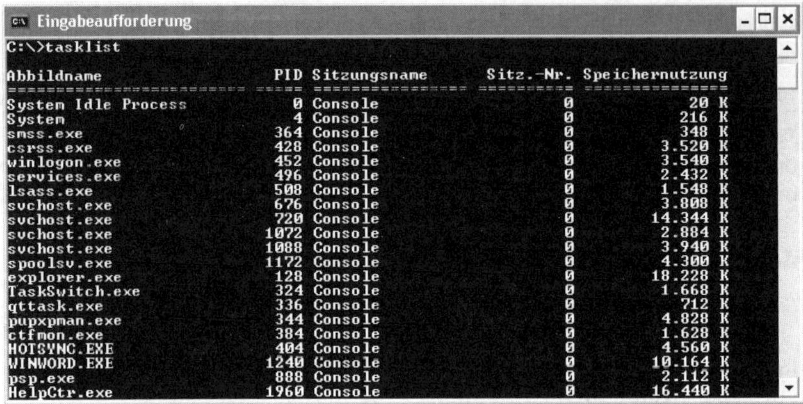
```
Eingabeaufforderung
C:\>tasklist

Abbildname                     PID Sitzungsname       Sitz.-Nr. Speichernutzung
========================= ====== ================ ========== ===============
System Idle Process              0 Console                   0          20 K
System                           4 Console                   0         216 K
smss.exe                       364 Console                   0         348 K
csrss.exe                      428 Console                   0       3.520 K
winlogon.exe                   452 Console                   0       3.540 K
services.exe                   496 Console                   0       2.432 K
lsass.exe                      508 Console                   0       1.548 K
svchost.exe                    676 Console                   0       3.808 K
svchost.exe                    720 Console                   0      14.344 K
svchost.exe                   1072 Console                   0       2.884 K
svchost.exe                   1088 Console                   0       3.940 K
spoolsv.exe                   1172 Console                   0       4.300 K
explorer.exe                   128 Console                   0      18.228 K
TaskSwitch.exe                 324 Console                   0       1.668 K
qttask.exe                     336 Console                   0         712 K
pupxpman.exe                   344 Console                   0       4.828 K
ctfmon.exe                     384 Console                   0       1.628 K
HOTSYNC.EXE                    404 Console                   0       4.560 K
WINWORD.EXE                   1240 Console                   0      10.164 K
psp.exe                        888 Console                   0       2.112 K
HelpCtr.exe                   1960 Console                   0      16.440 K
```

Standardanzeige von TASKLIST.

Die Standardanzeige von TASKLIST, die im Wesentlichen der Anzeige im Task-Manager entspricht, kann durch Kommandozeilenparameter erweitert oder nach bestimmten Kriterien gefiltert werden.

```
TASKLIST [/s Computer] [/u Domäne\Benutzer [/p Passwort]]
         [/fo {TABLE|LIST|CSV}] [/nh]
         [/fi Filtername [/fi Filtername2 [ ... ]]]
         [/m [Modulname] | /svc | /v]
```

Die Bedeutung der Parameter im Einzelnen:

Parameter	**Beschreibung**
/s Computer	Name oder IP-Adresse des zu überwachenden Computers (keine Backslash (\) verwenden). Fehlt dieser Parameter, wird der lokale Computer überwacht.
/u Domäne\Benutzer	TASKLIST wird mit den Rechten eines anderen Benutzers ausgeführt.
/p Passwort	Passwort des Benutzers, der im Parameter */u* angegeben wurde.
/fo {TABLE|LIST|CSV}	Format der Ausgabe. Anstelle des Standardformats *TABLE* können für die Auswertung in Datenbanken oder Tabellenkalkulationen auch Listen ausgegeben werden, wenn die Ausgabe in eine Datei umgelenkt wird.
/nh	Unterdrückt die Ausgabe der Kopfzeile mit den Spaltenüberschriften in den Formaten *TABLE* und *CSV*. Im *LIST*-Format erscheinen die Feldbezeichnungen immer vor jedem Wert.
/fi Filtername	Filtert die anzuzeigenden Prozesse nach verschiedenen Kriterien. Es können mehrere Filter nacheinander angegeben werden. Eine Beschreibung der Filter und Operatoren finden Sie in den folgenden Tabellen.

Parameter	Beschreibung
/m [Modulname]	Listet Prozesse auf, die von einem Modul (= Programm) aufgerufen werden. Wird kein Modulname angegeben, werden alle Prozesse aller Module aufgelistet. Diese Anzeige kann so lang werden, dass sie den Speicherplatz eines Eingabe-aufforderung-Fenster überschreitet und deshalb nicht komplett dargestellt wird.
/svc	Listet alle Dienstinformationen für jeden unverkürzten Prozess auf. Kann nur mit dem Format *TABLE* und nicht mit den Parametern */m* und */v* verwendet werden.
/v	Zeigt ausführliche Informationen zu den Tasks an. Kann nicht mit den Parametern */m* und */svc* verwendet werden.

```
TASKLIST [Parameter] > DATEI.TXT
```

Die Ausgabe von TASKLIST kann zur weiteren Auswertung in eine beliebige Textdatei umgelenkt werden. Dies ist besonders bei Verwendung des Parameters */m* sinnvoll, da hier die Ausgabe länger als der Speicherplatz eines Eingabeaufforderung-Fensters werden kann.

Je nachdem, wie die Ausgabe ausgewertet werden soll, empfiehlt sich die Verwendung der Formate *LIST* oder *CSV*.

Ausgabe im LIST-Format

Das LIST-Format kann zum Einlesen in andere Programme verwendet werden. Hier erscheint vor jedem Wert die Feldbezeichnung.

```
Abbildname:      System Idle Process
PID:             0
Sitzungsname:    Console
Sitz.-Nr.:       0
Speichernutzung: 20 K

Abbildname:      System
PID:             4
Sitzungsname:    Console
Sitz.-Nr.:       0
Speichernutzung: 216 K

Abbildname:      smss.exe
PID:             364
Sitzungsname:    Console
Sitz.-Nr.:       0
Speichernutzung: 348 K
```

Ausgabe im CSV-Format

Das CSV-Format eignet sich für die Auswertung der Taskliste in einer Tabellenkalkulation oder Datenbank.

```
"Abbildname","PID","Sitzungsname","Sitz.-Nr.","Speichernutzung"
"System Idle Process","0","Console","0","20 K"
"System","4","Console","0","216 K"
"smss.exe","364","Console","0","348 K"
"csrss.exe","428","Console","0","3.988 K"
"winlogon.exe","452","Console","0","3.116 K"
```

Filterung der Ausgabe

Sie können die Ausgabe von TASKLIST mit Filtern auf die interessanten Tasks einschränken. Dazu können die Filter aus der folgenden Tabelle verwendet werden. Mehrere Filter hintereinander sind möglich. Innerhalb eines Filters werden Operatoren verwendet, um bestimmte Werte herauszufiltern.

Name	Operatoren	Wert
Status	*eq, ne*	*RUNNING|NOT RESPONDING*
Imagename	*eq, ne*	Beliebige gültige Zeichenfolge
PID	*eq, ne, gt, lt, ge, le*	Jede gültige Prozess-ID
Session	*eq, ne, gt, lt, ge, le*	Jede gültige Sitzungsnummer
SessionName	*eq, ne*	Beliebige gültige Zeichenfolge
CPUTime	*eq, ne, gt, lt, ge, le*	Eine gültige Uhrzeit im Format *HH:MM:SS*
Memusage	*eq, ne, gt, lt, ge, le*	Jede gültige ganze Zahl
Username	*eq, ne*	Jeder gültiger Benutzername ([*Domäne*\]*Benutzer*)
Services	*eq, ne*	Dienstname, beliebige gültige Zeichenfolge
Windowtitle	*eq, ne*	Fenstertitel des Moduls, beliebige gültige Zeichenfolge
Module	*eq, ne*	Modulname, beliebige gültige Zeichenfolge

Die Operatoren geben an, ob die zu filternden Werte gleich oder ungleich der Angabe sind, bei Zahlen auch größer oder kleiner.

Operator	Abkürzung	Beschreibung
eq	**eq**ual	gleich
ne	**n**ot **e**qual	ungleich
gt	**g**reater **t**han	größer als
lt	**l**ower **t**han	kleiner als
ge	**g**reater or **e**qual	größer oder gleich
le	**l**ower or **e**qual	kleiner oder gleich

TASKKILL

Mit dem Kommandozeilenprogramm TASKKILL lassen sich einzelne Prozesse auf dem lokalen Computer oder einem anderen Computer im Netzwerk beenden.

```
taskkill [/s Computer] [/u Domäne\Benutzer [/p Kennwort]]] [/fi Filtername]
         [/pid ProzessID]|[/im Bildname] [/f][/t]
```

TASKKILL ersetzt damit das alte Programm KILL aus Windows NT 4. Die folgende Tabelle beschreibt die einzelnen Parameter.

Parameter	Beschreibung
/s Computer	Name oder IP-Adresse des Computers, auf dem ein Task beendet werden soll (keine Backslash (\) verwenden). Fehlt dieser Parameter, wird der lokale Computer überwacht.
/u Domäne\Benutzer	TASKKILL wird mit den Rechten eines anderen Benutzers ausgeführt.
/p Passwort	Passwort des Benutzers, der im Parameter */u* angegeben wurde.

Parameter	Beschreibung
/fi Filtername	Filtert die abzubrechenden Prozesse nach verschiedenen Kriterien. Es können mehrere Filter nacheinander angegeben werden. Eine Beschreibung der Filter und Operatoren finden Sie in den Tabellen bei TASKLIST.
/pid	Identifiziert den anzuhaltenden Prozess über seine Prozess-ID.
/im	Identifiziert den anzuhaltenden Prozess über seinen Namen.
/f	Gibt an, dass das Abbrechen der Prozesse erzwungen wird. Remote-Prozesse werden automatisch erzwungen beendet. Hier hat dieser Parameter keine Bedeutung.
/t	Strukturabbruch – untergeordnete Prozesse werden automatisch mit den übergeordneten Prozessen abgebrochen.

PSTAT

PSTAT liefert eine Liste aller laufenden Prozesse mit zugehörigen Statusinformationen. Das Programm gehört zu den Windows Support Tools, die gesondert installiert werden müssen.

Da die Liste, die PSTAT erzeugt, sehr lang sein kann, passt sie nicht mehr im Ganzen in den Pufferspeicher eines Eingabeaufforderung-Fensters. PSTAT kann also nur sinnvoll verwendet werden, wenn man die Ausgabe in eine Datei umlenkt.

```
PSTAT >PSTAT.TXT
```

Das Beispiel zeigt die ersten Zeilen einer solchen Ausgabedatei:

```
Pstat version 0.3:  memory: 261552 kb  uptime:  0  8:43:19.265

PageFile: \??\D:\pagefile.sys
    Current Size: 307200 kb  Total Used:  33056 kb    Peak Used  34884 kb

 Memory: 261552K Avail:  60196K  TotalWs: 210620K InRam Kernel: 1460K P:20084K
 Commit: 174716K/ 120756K Limit: 547160K Peak: 184936K  Pool N: 4492K P:23596K

    User Time     Kernel Time     Ws    Faults  Commit Pri Hnd Thd Pid Name
                               56856  1101119                          File Cache
  0:00:00.000   7:29:28.718     20        1       0  0    0   1   0 Idle Process
  0:00:00.000   0:00:34.250    124     3493      28  8  227  47   4 System
  0:00:00.015   0:00:00.062    228      671     164 11   21   3 368 smss.exe
  0:00:01.390   0:00:19.031   3452     3654    1524 13  334  10 432 csrss.exe
  0:00:01.062   0:00:01.671   3848     5904    7100 13  497  19 456 winlogon.exe
  0:00:02.906   0:00:07.000   2104     2925    1280  9  272  15 500 services.exe
  0:00:03.328   0:00:04.156    912    15149    3688  9  322  19 512 lsass.exe
  0:00:00.125   0:00:00.187   3068     1182    1896  8  252   6 680 svchost.exe
  0:01:51.921   0:00:09.562  12772    43388   10896  8  987  57 724 svchost.exe
  0:00:00.171   0:00:00.500   2084      773    1420  8   68   4 848 svchost.exe
  0:00:00.046   0:00:00.046   3296     1038    2364  8  174  14 904 svchost.exe
  0:00:01.578   0:00:03.921   2924     3218    3208  8  138  10 1176 spoolsv.exe
  0:00:43.140   0:00:19.109  19032   104804   14492  8  396  12 124 explorer.exe
  0:00:00.015   0:00:00.000    476      176     236  8   26   1 284 qttask.exe
  0:00:00.046   0:00:00.109   3260     1250    1584  8   90   1 328 pupxpman.exe
  0:00:00.062   0:00:00.281   1312      491     348  8   52   1 352 ctfmon.exe
  0:00:00.859   0:00:01.687   5336     5595    3048  8   67   3 280 HOTSYNC.EXE
  0:04:02.312   0:02:34.140  31828    66284   27320  8  227  11 976 Netscp.exe
```

Danach folgen Informationen zum aktuellen Zustand jedes einzelnen Prozesses und ganz am Ende eine Übersicht über die im Speicher geladenen Module.

```
ModuleName Load Addr   Code    Data   Paged           LinkDate
------------------------------------------------------------------------------
ntoskrnl.exe 804D0000  391040   76032 1082240 Tue Feb 26 00:32:36 2002
     hal.dll 8069B000   33408   42624   28928 Fri Aug 17 22:48:15 2001
   KDCOM.DLL F9F32000    2560     256    1280 Fri Aug 17 22:49:10 2001
 BOOTVID.dll F9E42000    5632    3584       0 Fri Aug 17 22:49:09 2001
    ACPI.sys F99E5000  103808   11008   40192 Fri Aug 17 22:57:52 2001
  WMILIB.SYS F9F34000     512       0    1280 Fri Aug 17 23:07:23 2001
     pci.sys F9A32000   14080    1664   30976 Fri Aug 17 22:58:04 2001
  isapnp.sys F9A42000    8704     768   18688 Fri Aug 17 22:58:01 2001
intelide.sys F9F36000    2176     128       0 Fri Aug 17 22:51:45 2001
 PCIIDEX.SYS F9CB2000    5120     512   12288 Fri Aug 17 22:51:46 2001
MountMgr.sys F9A52000    1280     128   29696 Fri Aug 17 22:47:36 2001
  ftdisk.sys F99C6000    5888     128  102400 Fri Aug 17 22:52:41 2001
  dmload.sys F9F38000    2560     128       0 Fri Aug 17 22:58:15 2001
    dmio.sys F99A2000  114432   15104    1152 Fri Aug 17 22:58:27 2001
 PartMgr.sys F9CBA000    1920     128   11136 Sat Aug 18 03:32:23 2001
```

PMON

Das Windows XP Support Tool PMON zeigt ähnlich wie der Task-Manager eine Liste aller laufenden Prozesse an. PMON läuft zwar in einem Eingabeaufforderung-Fenster, erzeugt dort aber keine statische Anzeige, sondern aktualisiert die angezeigten Werte regelmäßig im Abstand von wenigen Sekunden. So kann es wie der Task-Manager nebenbei mitlaufen, verbraucht selbst aber nahezu keine Ressourcen.

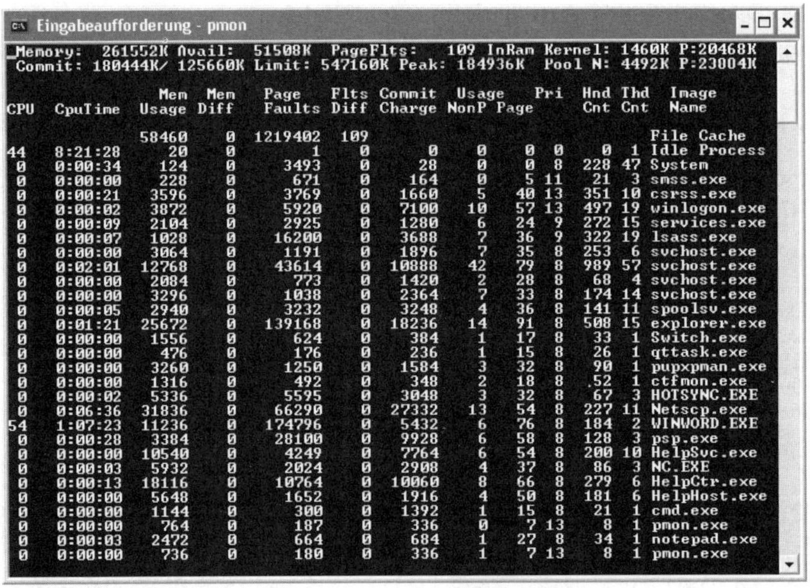

Anzeige von PMON in einem Eingabeaufforderung-Fenster.

10.3 Die Windows XP-Leistungsüberwachung

Außer beim Spielen kommt man heute kaum noch an die Leistungsgrenzen moderner PCs, sodass auf nur einen Blick schwer feststellbar ist, welche Komponenten voll ausgelastet sind, wo also eine Optimierung Performance-Gewinne bringen würde.

Windows XP liefert zur genaueren Diagnose des Computers das Tool Systemmonitor mit. Sie finden es unter *Systemsteuerung/Verwaltung* unter *Leistung*. Sie können auch direkt das Programm PERFMON starten. Dieser Systemmonitor ist ein Modul für die Microsoft Management Console.

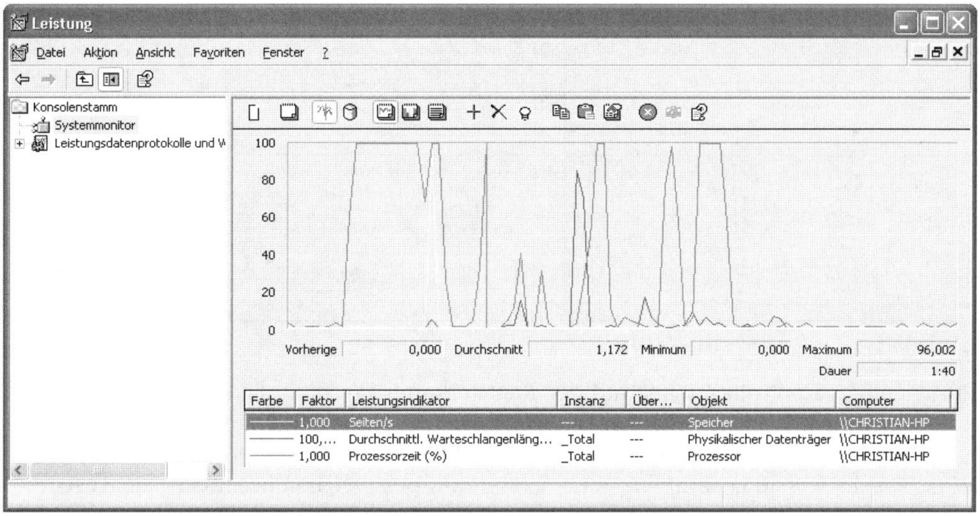

Windows XP-Systemmonitor.

Der Systemmonitor ist frei konfigurierbar. Standardmäßig werden nur drei Leistungsindikatoren – *Speicherseiten/s*, *Durchschnittliche Warteschlangenlänge* und *Prozessorzeit* – angezeigt.

Anstatt der Grafik können Sie die Messwerte auch in Berichtsform als reine Zahlenwerte anzeigen lassen. Mit der Tastenkombination Strg+R (= Report) schalten Sie in diese Ansicht um, Strg+G schaltet wieder zurück in die Grafik.

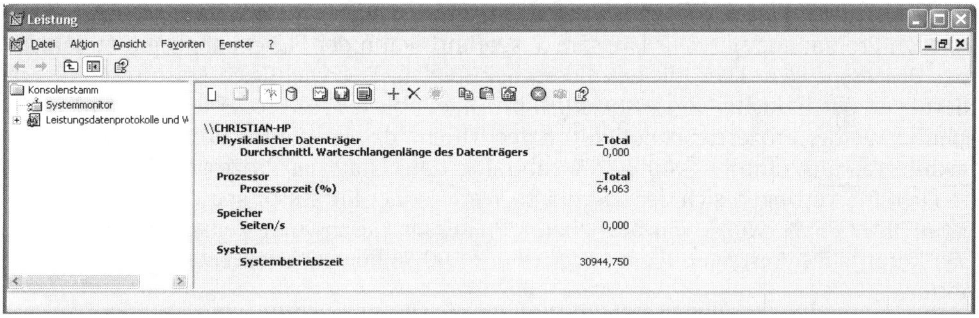

Systemmonitor im Berichtsmodus.

Mit einem Rechtsklick in das Anzeigefeld des Systemmonitors kommen Sie in ein Kontextmenü, in dem Sie verschiedene Darstellungsoptionen einstellen können. Hier lassen sich den einzelnen Indikatoren Farben und Linienstile zuweisen.

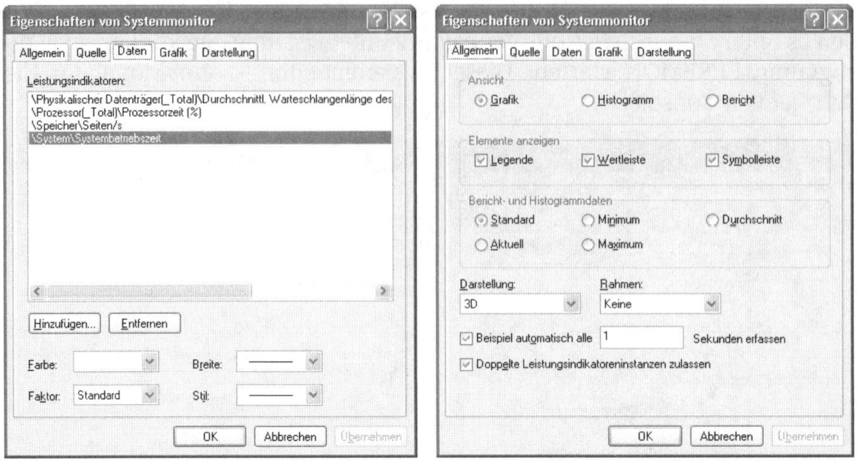

Darstellungsoptionen im Systemmonitor.

Ein wichtiges Kontrollkästchen auf der Registerkarte *Allgemein* ist *Beispiel automatisch alle 1 Sekunden erfassen*. Hier wird angegeben, wie oft die Indikatoren einen Testwert zurückgeben sollen. Das Wort *Beispiel* ist ein Übersetzungsfehler aus der englischen Windows XP-Version. Sampling steht außer für Beispiel nämlich auch für Test oder Stichprobe. Je kürzer die hier angegebene Zeit, desto höher wird das System durch die laufenden Anfragen des Systemmonitors belastet. Die ausgegebenen Werte werden also bei höheren Sampling-Raten nicht unbedingt genauer.

Szenarien für den Systemmonitor

Im Folgenden werden einige typische Szenarien beschrieben, bei denen der Systemmonitor hilft, Schwachstellen zu erkennen und zu optimieren.

Langsames Ausführen von Programmen

Werden Programme nur sehr langsam ausgeführt, kann der Flaschenhals ein zu langsamer Prozessor sein. Dies gilt besonders bei Spielen. Der wichtigste Leistungsindikator hierfür ist der Indikator *Prozessorzeit %* im Datenobjekt *Prozessor*. Dieser gibt die Zeitspanne, die der Prozessor benötigt, um den Thread des Leerlaufprozesses in jedem Abtastintervall auszuführen, von 100 % subtrahiert an. Läuft der Prozessor also lange Zeit im Leerlauf, verringert sich der angezeigte Wert. Ist der Prozessor stark ausgelastet, dauerhaft über 85 %, würde ein schnellerer Prozessor Geschwindigkeitsgewinne bringen. Das kurzfristige Ansteigen dieses Wertes auf 100 % beim Starten eines Programms ist normal.

Ein weiterer wichtiger Indikator zum Messen der CPU-Leistung ist die Länge der Prozessor-Warteschlange. Diese entsteht immer dann, wenn für die Threads eines Prozesses mehr Prozessor-Zyklen benötigt werden als zur Verfügung stehen. Dadurch werden die anderen Threads nur verzögert abgearbeitet. Die Prozessor-Warteschlange können Sie mit dem gleichnamigen Indikator im Datenobjekt *System* überprüfen. Ist sie dauerhaft größer als 3, deutet dies auf Probleme hin. Deaktivieren Sie zum Test alle Programme im Hintergrund wie Virenscanner, Bildschirmschoner oder Screenshot-Utilities.

Schalten Sie auch eventuell laufende Microsoft Office-Programme aus. Fällt die Anzeige der Prozessorwarteschlange dadurch nicht auf = 3, würde ein schnellerer Prozessor deutliche Leistungsgewinne bringen.

Umgekehrt deutet auch der Indikator *Leerlaufzeit %* auf versteckte Prozesse hin, die unnötig Prozessorzeit kosten. Solange man nicht am Computer arbeitet, sollte die Leerlaufzeit bis auf kurze Unterbrechungen durch Speicherauslagerung kurz unter 100 % liegen. Andernfalls läuft irgendetwas im Hintergrund, das auch, während ein anderes Programm läuft, einen bestimmten Prozentsatz der Leistung frisst.

Welcher laufende Prozess welchen Anteil der Prozessorzeit verbraucht, können Sie im Task-Manager unter *Prozesse/CPU-Auslastung* (%) in der Übersicht sehen. Mit dem Indikator *Prozessorzeit %* im Datenobjekt *Prozess* können einzelne Prozesse genauer überprüft werden. Hier gibt es für jeden aktuell laufenden Prozess eine Instanz des Indikators.

Langsame und häufige Festplattenzugriffe

Dauern Festplattenzugriffe beim Öffnen und Kopieren von Dateien verdächtig lange, kann dies unterschiedliche Ursachen haben. Der Systemmonitor enthält mehrere Indikatoren zum Überprüfen der Festplattenleistung, von denen allerdings die meisten nur zur Überwachung von Servern vorgesehen sind und auf Einzelplatz-PCs nur eingeschränkte Ergebnisse liefern.

Zur Messung der Festplattengeschwindigkeit gibt es zwei verschiedene Gruppen von Indikatoren: *Logischer Datenträger* und *Physikalischer Datenträger*. Die Indikatoren im Bereich *Logischer Datenträger* messen Geschwindigkeit und Datendurchsatz auf der Basis des Dateisystemzugriffs vom Betriebssystem. Hier können Sie einzelne logische Laufwerke über ihre Laufwerkbuchstaben auswählen. Im Bereich *Physikalischer Datenträger* finden Sie die gleichen Indikatoren, die jetzt allerdings den direkten Laufwerkzugriff messen. Dabei wählen Sie die Datenträger über die physikalischen Laufwerknummern aus.

Der wichtigste Messwert zur Ermittlung der Festplattengeschwindigkeit ist der Indikator *Mittlere Sekunden/Übertragung* im Datenobjekt *Physikalischer Datenträger*. Dieser Wert spiegelt die tatsächliche mittlere Zugriffszeit der Festplatte wider. Kopieren Sie größere Dateien von einem physikalischen Laufwerk auf ein anderes. Der Durchschnittswert sollte nicht über 0,3 Sekunden liegen. Andernfalls ist die gemessene Festplatte entweder sehr langsam oder weist Defekte auf. Wenn der Controller z. B. wegen fehlerhafter Sektoren immer wieder versucht, auf die Festplatte zuzugreifen, erhöht sich die Übertragungszeit erheblich.

Mit diesem Wert können Sie auch die Nutzung des virtuellen Arbeitsspeichers ermitteln. Multiplizieren Sie dazu den hier angezeigten Durchschnittswert während einer längeren normalen Arbeitsphase mit dem Durchschnittswert des standardmäßig angezeigten Indikators *Speicher/Seiten/s*. Das Ergebnis entspricht dem Anteil der Auslagerungszugriffe an den gesamten Festplattenzugriffen. Je höher dieser Wert ist, desto dringender ist die Aufrüstung des Systems mit zusätzlichem RAM anzuraten.

Um Festplattenzugriffe auf die langsame Auslagerungsdatei zu messen, überprüfen Sie mit dem Indikator *Belegung (%)* aus dem Datenobjekt *Auslagerungsdatei* die Ausnutzung der Auslagerungsdatei. Werden hier hohe Werte nahe an 100 % angezeigt, sollte die Auslagerungsdatei vergrößert werden. Ist eine mehrere Hundert MByte große Auslagerungsdatei zugewiesen und wird diese nur zu einem sehr geringen Prozentsatz genutzt, kann man durch Verringerung der Größe auch die unnötigen Festplattenzugriffe reduzieren.

Eine weitere Ursache für häufige Festplattenzugriffe kann der Indexdienst sein. Dieser wird, wenn überhaupt, auf Netzwerkservern mit vielen Tausend Dokumenten gebraucht. Auf einem lokalen PC können Sie den Dienst deaktivieren. Im Datenobjekt *Indexdienst* finden Sie verschiedene Indikatoren, um die Nutzung des Indexdienstes zu überprüfen. Lassen sich diese Indikatoren nicht hinzufügen, ist der Indexdienst bereits deaktiviert worden.

Langsames Netzwerk

Der Systemmonitor bietet im Datenobjekt *Netzwerkschnittstelle* verschiedene Indikatoren zur Überprüfung der Performance im lokalen Netzwerk.

Empfangene Bytes/s und *Bytes gesendet/s* geben einen Überblick über die tatsächlich über das Netzwerk laufenden Daten. Zeigen die Indikatoren *Ausgehende Pakete, Fehler* und *Empfangene Pakete, Fehler* über längere Zeit Werte größer als 0 an, deutet dies auf Fehler im Netzwerk hin. In den meisten Fällen sind das physische Fehler an Kabeln oder Steckverbindern.

Der Indikator *Aktuelle Bandbreite* liefert dagegen in den meisten Fällen keinen sinnvollen Wert, da bei Netzwerkkarten die Nennbandbreite angezeigt wird, unabhängig von der tatsächlich übertragenen Datenrate.

In der Liste *Datenobjekt* finden Sie für jedes im Netzwerk verwendete Protokoll weitere Indikatoren. Dort zeigen die Indikatoren *Lokaler Ressourcenfehler* häufig Fehler an, die auf Fehlkonfigurationen oder Speichermangel beruhen und nicht an der Netzwerkhardware liegen.

Internetverbindungen lassen sich mit den Indikatoren *Bytes empfangen/s* und *Bytes gesendet/s* im Datenobjekt *RAS insgesamt* messen. Um z. B. die DSL-Download-Geschwindigkeit zu protokollieren, geben Sie unter *Eigenschaften/Grafik* die Skalierungswerte Maximum 100.000 und Minimum 82.000 ein.

Dies funktioniert allerdings nur, wenn der zu messende Computer direkt über eine RAS-Verbindung mit dem Internet verbunden ist, und nicht bei Computern, deren Internetzugang über ein lokales Netzwerk oder einen Router läuft.

Problem mit Zeitzonen beim Systemmonitor

Beim Systemmonitor kann es im Zusammenhang mit lokalen Zeitzoneneinstellungen zu Problemen kommen, die dazu führen, dass sich laufende Systemprotokolle nicht anhalten lassen. Dieser Fehler ist bei Microsoft bekannt und wird in der Knowledge Base unter der Nummer Q308276 beschrieben. Dort gibt es derzeit kein Update, das den Fehler behebt. Dieses müsste speziell bei Microsoft angefordert werden, man findet es aber auch auf zahlreichen unabhängigen Webseiten über Windows XP.

Konfiguration des Systemmonitors

Der Systemmonitor kann zahlreiche verschiedene Indikatoren gleichzeitig anzeigen. Diese Indikatoren messen im Sekundenrhythmus bestimmte Systemdaten. Das untere Listenfenster im Systemmonitor zeigt die zurzeit verwendeten Indikatoren an, wobei ganz links die Farbe der jeweiligen Kurvenlinie steht, an der die einzelnen Indikatoren in der Grafik zu unterscheiden sind.

Bei vielen Kurven oder schwer zu unterscheidenden Farben können Sie einen Indikator im Listenfeld markieren und die Tastenkombination Strg+H (= Highlight) drücken. Damit wird dieser Indikator in der Grafik durch eine dickere Linie hervorgehoben.

Weitere Indikatoren fügen Sie mit dem Plussymbol zusätzlich in die Anzeige ein. Wählen Sie im Dialogfeld *Leistungsindikatoren hinzufügen* die Option *Lokale Leistungsindikatoren verwenden* und dann unter *Datenobjekt* die Komponente, die überprüft werden soll.

Hinzufügen zusätzlicher Leistungsindikatoren.

Im Feld *Leistungsindikatoren wählen* können Sie zu jeder Komponente detailliert einzelne Messdaten auswählen. Klicken Sie auf *Hinzufügen*, um den neuen Indikator im Systemmonitor anzuzeigen.

In einigen Fällen gibt es mehrere Instanzen eines Leistungsindikators, zum Beispiel, wenn mehrere parallel laufende Prozesse untersucht werden können. In solchen Fällen können Sie im rechten Listenfeld die gewünschten Instanzen auswählen oder mit der Option *_Total* einen Gesamtwert anzeigen lassen.

Mit dem Löschen-Symbol oder der Taste Entf kann der markierte Indikator aus der Anzeige wieder entfernt werden.

Systembelastung durch Systemmonitor

Der Systemmonitor ist zwar so konzipiert, dass er selbst wenig Systemressourcen verbraucht, allerdings kosten viele parallel laufende Indikatoren bei sehr schneller Abtastrate besonders im Diagrammodus einiges an Prozessorzeit. Die getesteten Werte sind also nicht ganz exakt, was in den meisten Fällen aber nicht relevant ist.

Die folgenden Tabellen geben einen Überblick über die wichtigsten Indikatoren, die zum Überprüfen von Arbeitsplatzrechnern - nicht von Netzwerkservern - gebraucht werden.

Auslagerungsdatei

Indikatoren zur Messung der Belegung der Auslagerungsdatei insgesamt: Indikatoren zur Belegung der Auslagerungsdatei durch einzelne Prozesse gibt es unter der Kategorie *Prozess*.

Wichtig ist hier vor allem der Indikator *Belegung (%)*, der den aktuell verwendeten Anteil der Auslagerungsdatei angibt. Ist dieser Anteil sehr hoch, sollte die Auslagerungsdatei vergrößert werden. Außerdem ist eine hohe Auslastung der Arbeitsdatei ein sicheres Indiz dafür, dass der Computer zu wenig Arbeitsspeicher hat.

Indikatoren	Beschreibung
Belegung (%)	Der Umfang der verwendeten Auslagerungsdatei in Prozent
Maximale Belegung (%)	Die maximale Verwendung der Systemauslagerungsdatei in Prozent

Cache

Indikatoren zur Messung des Dateisystem-Cache. Dabei geht es nur um den Speicher-Cache des Betriebssystems, nicht um den Cache des Internet Explorer oder anderer Webbrowser.

Indikatoren	Beschreibung
Datenleerung - Seiten/s	Die Anzahl an Seiten, die der Dateisystem-Cache auf den Datenträger geschrieben hat, um eine Leerungsanforderung oder um eine Schreib-Fertig-Dateischreibanforderung zu erfüllen. Während eines Schreibvorgangs können mehrere Seiten übertragen werden.
Datenleerungen/s	Die Rate, mit der der Inhalt des Dateisystem-Cache auf den Datenträger geschrieben wird, um auf eine Leerungsanforderung oder eine Schreib-Fertig-Dateischreibanforderung zu reagieren. Während eines Leerungsvorgangs können mehrere Seiten übertragen werden.
Datenzuordnung - Festsetzungen/s	Zeigt an, wie oft Datenverlagerungen im Dateisystem-Cache auftreten, die ein Festsetzen der Seite im Hauptspeicher zur Folge haben. Dies wird normalerweise ausgeführt, um das Schreiben der Datei auf den Datenträger vorzubereiten. Während eine Seite festgesetzt ist, können die Adresse im Arbeitsspeicher und die virtuelle Adresse im Dateisystem-Cache nicht geändert werden.
Datenzuordnungen/s	Zeigt an, wie oft ein Dateisystem, z. B. NTFS, eine Seite einer Datei in den Dateisystem-Cache verlagert, um diese zu lesen.
Datenzuordnungen/s (async.)	Zeigt an, wie oft ein Dateisystem, z. B. NTFS, eine Seite einer Datei in den Dateisystem-Cache verlagert, um diese zu lesen, und nicht wartet, bis der Cache die Seite wieder eingelesen hat, wenn sie nicht im Arbeitsspeicher ist.
Datenzuordnungen/s (sync.)	Zeigt an, wie oft ein Dateisystem, z. B. NTFS, eine Seite einer Datei in den Dateisystem-Cache verlagert, um diese zu lesen, und darauf wartet, bis der Cache die Seite wieder eingelesen hat, wenn sie nicht im Arbeitsspeicher ist.
Datenzuordnungstreffer (%)	Der Prozentanteil von Datenverlagerungen im Dateisystem-Cache, die ausgeführt werden können, ohne die Seite vom Datenträger wieder einzulesen, da die Seite bereits im Hauptspeicher war.

Indikatoren	Beschreibung
Festsetzung - Lesetreffer (%)	Der Prozentanteil von Festsetzungs-Leseanforderungen, die den Dateisystem-Cache treffen, d. h. kein Lesen des Datenträgers für den Zugriff auf die Seite im Dateisystem-Cache erfordern. Während eine Seite festgesetzt ist, kann die Adresse der Seite im Cache nicht geändert werden. Der LAN-Redirector verwendet diese Methode, um Cache-Informationen abzufragen. Der LAN-Server verwendet sie für kleinere Übertragungen. Diese Methode wird normalerweise auch vom Datenträgerdateisystem verwendet.
Festsetzung - Lesevorgänge/s	Zeigt an, wie oft Daten in den Dateisystem-Cache gelesen werden, um ein Zurückschreiben auf den Datenträger vorzubereiten. Auf diese Art gelesene Seiten werden ab dem Beenden des Lesevorgangs im Speicher festgesetzt. Während eine Seite festgesetzt ist, kann die Adresse der Seite im Dateisystem-Cache nicht geändert werden.
Festsetzung - Lesevorgänge/s (async.)	Zeigt an, wie oft Daten in den Dateisystem-Cache gelesen werden, um ein Zurückschreiben zum Datenträger vorzubereiten. Auf diese Art gelesene Seiten werden im Speicher festgesetzt, wenn der Lesevorgang beendet ist. Das Dateisystem erhält die Kontrolle sofort zurück, auch wenn auf den Datenträger zugegriffen werden muss, um die Seite wieder einzulesen.
Festsetzung - Lesevorgänge/s (sync.)	Zeigt an, wie oft Daten in den Dateisystem-Cache gelesen werden, um ein Zurückschreiben zum Datenträger vorzubereiten. Auf diese Art gelesene Seiten werden im Speicher festgesetzt, wenn der Lesevorgang beendet ist. Das Dateisystem erhält die Kontrolle erst zurück, wenn die Seite im Dateisystem-Cache festgesetzt ist. Während eine Seite festgesetzt ist, kann die Adresse der Seite im Dateisystem-Cache nicht geändert werden.
Kopieren - Lesetreffer (%)	Der Prozentanteil von Cache-Anforderungen zum Erzeugen einer lokalen Kopie im Puffer einer Anwendung, die ohne Lesen vom Datenträger ausgeführt werden konnten. Der LAN-Redirector verwendet diese Methode, um Cache-Informationen abzufragen. Der LAN-Server verwendet sie für kleinere Übertragungen. Diese Methode wird auch vom Datenträgerdateisystem verwendet.
Kopieren - Lesevorgänge/s	Die Anzahl der Lesevorgänge von Seiten im Dateisystem-Cache, die eine Kopie der Daten vom Cache im Puffer der Anwendung erzeugen. Der LAN-Redirector verwendet diese Methode, um Cache-Informationen abzufragen. Der LAN-Server verwendet sie für kleinere Übertragungen. Diese Methode wird auch vom Datenträgerdateisystem verwendet.
Kopieren - Lesevorgänge/s (async.)	Die Anzahl der Lesevorgänge von Seiten im Dateisystem-Cache, die eine Kopie der Daten vom Cache im Puffer der Anwendung erzeugen. Die Anwendung erhält die Kontrolle sofort zurück, auch wenn auf den Datenträger zugegriffen werden muss, um die Seite wieder einzulesen.
Kopieren - Lesevorgänge/s (sync.)	Die Anzahl der Lesevorgänge von Seiten im Dateisystem-Cache, die eine Kopie der Daten vom Cache im Puffer der Anwendung erzeugen. Das Dateisystem erhält die Kontrolle erst zurück, wenn der Kopiervorgang abgeschlossen ist, auch wenn auf den Datenträger zugegriffen werden muss, um die Seite wieder einzulesen.
MDL-Lesetreffer (%)	Der Prozentanteil von MDL-Leseanforderungen an den Dateisystem-Cache, die durch den Cache ausgeführt werden, d. h., vom Datenträger wurde nicht gelesen, um Speicherzugriff auf die Seite im Cache zu ermöglichen.

Indikatoren	Beschreibung
MDL-Lesevorgänge/s	Die Anzahl der Lesevorgänge im Dateisystem-Cache, die eine Speicherbeschreibungsliste (**M**emory **D**escriptor **L**ist); (MDL) verwenden, um auf die Daten zuzugreifen. Die MDL enthält die reale Adresse jeder übertragenen Seite und kann verwendet werden, um mit einem DMA-Gerät (**D**irect **M**emory **A**ccess) eine Kopie zu erstellen. Der LAN-Server verwendet sie für große Übertragungen vom Server.
MDL-Lesevorgänge/s (async.)	Die Anzahl der Lesevorgänge im Dateisystem-Cache, die eine Speicherbeschreibungsliste (**M**emory **D**escriptor **L**ist); (MDL) verwenden, um auf die Seiten zuzugreifen. Die MDL enthält die reale Adresse jeder übertragenen Seite. Sie ermöglicht so Direct Memory-Zugriff (DMA) auf die Seiten. Falls die Seite(n), auf die zugegriffen werden soll, nicht im Arbeitsspeicher sind, wartet die aufrufende Anwendung nicht darauf, dass die Seiten vom Datenträger geladen werden.
MDL-Lesevorgänge/s (sync.)	Die Anzahl der Lesevorgänge im Dateisystem-Cache, die eine Speicherbeschreibungsliste (**M**emory **D**escriptor **L**ist); (MDL) verwenden, um auf die Seiten zuzugreifen. Die MDL enthält die reale Adresse jeder übertragenen Seite. Sie ermöglicht so Direct Memory-Zugriff (DMA) auf die Seiten. Falls die Seite(n), auf die zugegriffen werden soll, nicht im Arbeitsspeicher sind, wartet die aufrufende Anwendung, bis die Seiten vom Datenträger geladen sind.
Schnelle Lesevorgänge/s	Die Anzahl der Lesevorgänge im Dateisystem-Cache, die das installierte Dateisystem umgehen und die Daten direkt aus dem Cache abfragen. Normalerweise verwenden Datei-E/A-Anforderungen das entsprechende Dateisystem, um Daten aus einer Datei abzufragen. Aber diese Methode erlaubt direkten Zugriff auf die Cache-Daten, ohne das Dateisystem einzubeziehen, wenn die Daten im Cache sind. Auch wenn die Daten nicht im Cache sind, ist ein Aufruf des Dateisystems weniger erforderlich.
Schnelle Lesevorgänge/s (async.)	Die Anzahl der Lesevorgänge im Dateisystem-Cache, die das installierte Dateisystem umgehen und die Daten direkt aus dem Cache erhalten. Normalerweise verwenden Datei-E/A-Anforderungen das entsprechende Dateisystem, um Daten aus einer Datei abzufragen, aber diese Methode erlaubt direkten Zugriff auf die Cache-Daten, ohne das Dateisystem einzubeziehen, wenn die Daten im Cache sind. Auch wenn die Daten nicht im Cache sind, wird eine Einbeziehung des Dateisystems vermieden.
Schnelle Lesevorgänge/s (sync.)	Die Anzahl der Lesevorgänge im Dateisystem-Cache, die das installierte Dateisystem umgehen und die Daten direkt aus dem Cache erhalten. Normalerweise verwenden Datei-E/A-Anforderungen das entsprechende Dateisystem, um Daten aus einer Datei abzufragen, aber diese Methode erlaubt direkten Zugriff auf die Cache-Daten, ohne das Dateisystem einzubeziehen, wenn die Daten im Cache sind. Auch wenn die Daten nicht im Cache sind, wird eine Einbeziehung des Dateisystems vermieden.
Schnelllesen nicht möglich/s	Die Anzahl der Versuche eines API-Funktionsaufrufs, das Dateisystem zu umgehen, um Cache-Daten abzufragen, die nicht erlangt werden konnten, ohne das Dateisystem mit einzubeziehen.
Schnelllesen-Ressourcefehltreffer/s	Die Anzahl von Cache-Fehltreffern, die aufgrund von für die Vollendung der Anforderung fehlenden Ressourcen entstanden sind.
Verzögertes Schreiben - Leerungen/s	Die Rate, mit der der Thread *Verzögertes Schreiben* auf den Datenträger geschrieben hat. Es können mehrere Seiten während eines Schreibvorgangs übertragen werden.
Verzögertes Schreiben - Seiten/s	Die Rate, mit der der Thread *Verzögertes Schreiben* auf den Datenträger geschrieben hat. Es können mehrere Seiten während eines einzelnen Schreibvorgangs auf den Datenträger übertragen werden.

Indikatoren	Beschreibung
Vorauslesevorgänge/s	Die Anzahl der Lesevorgänge im Dateisystem-Cache, bei denen der Cache sequenziellen Zugriff auf eine Datei feststellt. Das Vorauslesen ermöglicht ein Übertragen von größeren Datenblöcken, als von der Anwendung angefordert wurden, und dabei ein Reduzieren von Verwaltungsaufwand.

Druckerwarteschlange

Diese Indikatoren protokollieren Aufträge, Bytes und Fehler aus den Druckerwarteschlangen der lokalen Drucker. Netzwerkdrucker können nur auf dem Computer überprüft werden, an dem sie physikalisch angeschlossen sind. Dabei können Sie einzelne Druckerwarteschlangen auswählen oder die jeweiligen Werte für alle Druckerwarteschlangen zusammen erfassen.

Achten Sie darauf, dass der Indikator *Auftragsfehler* immer 0 zeigt. Andernfalls liegt ein Fehler in der Druckerkonfiguration vor. Vergleichen Sie den Wert *Bytes gedruckt/s* mit den vom Druckerhersteller angegebenen Werten. Zeigen sich hier deutliche Unterschiede, deutet dies auf einen Fehler im Druckeranschluss oder im Anschlusskabel hin.

Ist die maximale Auftragszahl in der Warteschlange sehr hoch, kommt der Drucker nicht schnell genug mit dem Abarbeiten der Aufträge hinterher. In diesem Fall sollten Sie einen leistungsfähigeren Drucker oder einen Druckerpool einrichten.

Indikatoren	Beschreibung
Aufträge	Aktuelle Auftragsanzahl in einer Druckerwarteschlange
Aufträge in Warteschlange	Aktuelle Anzahl der Spoolaufträge in einer Druckerwarteschlange
Auftragsfehler	Gesamtanzahl der Auftragsfehler in einer Druckerwarteschlange seit dem letzten Neustart
Bytes gedruckt/s	Die Anzahl der pro Sekunde gedruckten Bytes in einer Druckerwarteschlange
Gesamtanzahl gedruckter Aufträge	Gesamtanzahl der gedruckten Aufträge in einer Druckerwarteschlange seit dem letzten Neustart
Gesamtanzahl gedruckter Seiten	Gesamtanzahl der über GDI gedruckten Seiten in einer Druckerwarteschlange seit dem letzten Neustart
Kein Papier	Gesamtanzahl der Papierfehler in einer Druckerwarteschlange seit dem letzten Neustart
Maximale Auftragsanzahl in Warteschlange	Maximale Anzahl der Spoolaufträge in einer Druckerwarteschlange seit dem letzten Neustart
Netzwerkdrucker aufzählen	Gesamtanzahl der Aufrufe an diesen Druckserver, um Netzwerksuchlisten seit dem letzten Neustart anzufordern
Netzwerkdrucker hinzufügen	Gesamtanzahl der Aufrufe von anderen Druckservern, um seit dem letzten Neustart freigegebene Netzwerkdrucker zu diesem Server hinzuzufügen
Nicht bereit	Gesamtanzahl der Druckerfehler in einer Druckerwarteschlange seit dem letzten Neustart
Referenzen	Aktuelle Referenzanzahl (offene Handles) für diesen Drucker
Referenzenmaximum	Maximale Referenzanzahl (offene Handles) für diesen Drucker

Indexdienst

Der Indexdienst soll das Suchen innerhalb von Dokumenten dadurch beschleunigen, dass permanent ein Index mitgeführt wird. Dieser wird erstellt, wenn die aktiven Programme keine CPU-Zeit brauchen. Allerdings kostet der Indexdienst erheblich Ressourcen und legt sehr große Dateien an. Die tatsächlichen Geschwindigkeitsvorteile sind kaum messbar. Manchmal läuft eine Suche sogar langsamer, wenn die Indexdatei erst geladen werden muss.

In den meisten Fällen empfiehlt es sich also, den Indexdienst abzuschalten. Die Indikatoren zum Datenobjekt *Indexdienst* liefern statistische Daten über die aktuelle Nutzung des Indexdienstes.

Indikatoren	Beschreibung
Abfragen insgesamt	Gesamtanzahl der Abfragen seit der Indexbereitstellung
Anzahl der indizierten Dokumente	Anzahl der indizierten Dokumente seit der Indexbereitstellung
Ausgeführte Abfragen	Anzahl der aktiven abfragenden Clientverbindungen
Dokumente insgesamt	Gesamtanzahl der Dokumente im Index
Eindeutige Schlüssel	Anzahl der eindeutigen Schlüssel (Wörter usw.) im Index
Gespeicherte Indizes	Anzahl der gespeicherten Indizes
Indexgröße (MB)	Größe des Inhaltindexes (Nur *.ci*-Dateien) in MByte
Wortlisten	Anzahl der Wortlisten
Zu indizierende Dateien	Anzahl der Dateien, die gefiltert und dem Index hinzugefügt werden sollen
Zurückgestellt zwecks Indexerstellung	Anzahl der Dateien, die nicht verfügbar sind und von der Indexerstellung zurückgestellt werden
Zusammenführungsforschritt	Prozentsatz der abgeschlossenen Zusammenführung

Indexdienstfilter

Außer den Statistiken, die unter *Indexdienst* angezeigt werden, zeigt der Systemmonitor unter *Indexdienstfilter* auch noch die Geschwindigkeit des Indexdienstes an.

Indikatoren	Beschreibung
Indizierungsgeschwindigkeit (MB/St.)	Geschwindigkeit der Indexinhalte der Dateien in MByte pro Stunde
Indizierungsgeschwindigkeit insgesamt (MB/St.)	Geschwindigkeit der Indexdateiinhalte und -eigenschaften in MByte pro Stunde
Zeit zum Binden (ms)	Durchschnittliche Zeit, die zum Binden an Indexfilter benötigt wird

Logischer Datenträger/Physikalischer Datenträger

Zur Messung der Festplattengeschwindigkeit gibt es zwei verschiedene Gruppen von Indikatoren: *Logischer Datenträger* und *Physikalischer Datenträger*. Die Indikatoren im Bereich *Logischer Datenträger* messen Geschwindigkeit und Datendurchsatz auf der Basis des Dateisystemzugriffs vom Betriebssystem. Hier können Sie einzelne logische Laufwerke über ihre Laufwerkbuchstaben auswählen. Im Bereich *Physikalischer Datenträger* finden Sie die gleichen Indikatoren, die hier allerdings den direkten Laufwerkzugriff messen. Dabei wählen Sie die Datenträger über die physikalischen Laufwerknummern aus. Der wichtigste Messwert zur Ermittlung der Festplattengeschwindigkeit ist *Mittlere Sekunden/Übertragung*. Dieser Wert spiegelt die tatsächliche mittlere Zugriffszeit der Festplatte wider. Kopieren Sie größere Dateien von einem Laufwerk auf ein anderes. Der Durchschnittswert sollte nicht über 0,3 Sekunden liegen. Andernfalls ist die gemessene Festplatte entweder sehr langsam oder weist Defekte auf.

Mit diesem Wert können Sie auch die Nutzung des virtuellen Arbeitsspeichers ermitteln. Multiplizieren Sie dazu den hier angezeigten Durchschnittswert während einer längeren normalen Arbeitsphase mit dem Durchschnittswert des standardmäßig angezeigten Indikators *Speicher/Seiten/s*. Das Ergebnis entspricht dem Anteil der Auslagerungszugriffe an den gesamten Festplattenzugriffen. Je höher dieser Wert ist, desto dringender ist die Aufrüstung des Systems mit zusätzlichem RAM. Vergleichen Sie hierzu auch die Indikatoren der Kategorie *Auslagerungsdatei*, die auf Seite 628 beschrieben sind.

Indikatoren	Beschreibung
Aktuelle Warteschlangenlänge	Die Anzahl der anstehenden Anforderungen auf dem Datenträger zu dem Zeitpunkt, an dem die Leistungsdaten gesammelt wurden. Dies enthält auch die gerade ausgeführten Anforderungen. Es handelt sich dabei um einen Schnappschuss zu einem bestimmten Zeitpunkt und keinen Durchschnittswert über ein Zeitintervall. Dieser Leistungsindikator kann eine vorübergehend niedrig bzw. hoch ausgelastete Warteschlange reflektieren, wenn jedoch eine lang anhaltende Last auf dem Datenträgerlaufwerk liegt, ist es wahrscheinlich, das er konstant hoch ist.
Bytes gelesen/s	Die Rate, mit der Bytes während Lesevorgängen vom Datenträger übertragen werden
Bytes geschrieben/s	Die Rate, mit der Bytes während Schreibvorgängen auf den Datenträger übertragen werden.
Bytes/s	Die Rate, mit der Bytes während Schreib- oder Lesevorgängen vom oder auf den Datenträger übertragen werden
Durchschnittliche Warteschlangenlänge der Datenträgerlesevorgänge	Die durchschnittliche Anzahl der Leseanforderungen, die für den gewählten Datenträger während des Abtastintervalls in der Warteschlange aufgenommen wurden
Durchschnittliche Warteschlangenlänge der Datenträgerschreibvorgänge	Die durchschnittliche Anzahl der Schreibanforderungen, die für den gewählten Datenträger während des Abtastintervalls in der Warteschlange aufgenommen wurden
Durchschnittliche Warteschlangenlänge des Datenträgers	Die durchschnittliche Anzahl der Lese- und Schreibanforderungen, die für den gewählten Datenträger während des Abtastintervalls in der Warteschlange aufgenommen wurden
Freier Speicherplatz (%)	Der Prozentwert des auf dem logischen Datenträger verfügbaren freien Speicherplatzes
Leerlaufzeit (%)	Gibt die Leerlaufzeit des Datenträgers während des Abtastintervalls in Prozent an.
Lesevorgänge/s	Die Rate von Lesevorgängen auf dem Datenträger
Lesezeit (%)	Der Prozentanteil der verstrichenen Zeit, die das ausgewählte Laufwerk mit dem Bearbeiten von Leseanforderungen beschäftigt war
MB frei	Zeigt den nicht zugeordneten Speicherplatz auf dem Laufwerk in MByte an.
Mittlere Bytes/Lesevorgang	Die durchschnittliche Anzahl der Bytes, die während Lesevorgängen vom Datenträger übertragen wurden

Indikatoren	Beschreibung
Mittlere Bytes/Schreibvorgang	Die durchschnittliche Anzahl der Bytes, die während Schreibvorgängen auf den Datenträger übertragen wurden
Mittlere Bytes/Übertragung	Die durchschnittliche Anzahl der Bytes, die während Lese- oder Schreibvorgängen vom oder auf den Datenträger übertragen wurden
Mittlere Sek./Lesevorgänge	Die durchschnittliche Zeitdauer in Sekunden für das Lesen von Daten auf dem Datenträger
Mittlere Sek./Schreibvorgänge	Die durchschnittliche Zeitdauer in Sekunden für das Schreiben von Daten auf den Datenträger
Mittlere Sek./Übertragung	Die Zeitdauer in Sekunden für eine durchschnittliche Datenträgerübertragung
Schreibvorgänge/s	Die Rate von Schreibvorgängen auf dem Datenträger.
Schreibzeit (%)	Der Prozentanteil der verstrichenen Zeit, die das ausgewählte Laufwerk mit dem Bearbeiten von Schreibanforderungen beschäftigt war.
Teil-E/A/s	Gibt die Teilungsrate der E/As auf dem Datenträger an. Ein E/A kann geteilt werden, wenn Daten angefordert werden, die zu groß für einen einzelnen E/A sind, oder wenn der Datenträger fragmentiert ist.
Übertragungen/s	Die Rate von Lese- und Schreibvorgängen auf dem Datenträger
Zeit (%)	Der Prozentanteil der verstrichenen Zeit, die das ausgewählte Laufwerk mit dem Bearbeiten von Lese- und Schreibanforderungen beschäftigt war

Prozess

Die Leistungsindikatoren in der Kategorie *Prozess* messen Datendurchsatz und Prozessorzeit für jeden im System laufenden Prozess einzeln oder als Gesamtwert.

Indikatoren	Beschreibung
Andere E/A-Bytes/s	Die Rate, mit der der Prozess Bytes für E/A-Vorgänge zuweist, die keine Daten wie z. B. Steuervorgänge enthalten. Dieser Indikator zählt alle vom Prozess generierten E/A-Aktivitäten, um Datei-, Netzwerk- und Geräte-E/As einzubeziehen.
Andere E/A-Vorgänge/s	Die Rate, mit der der Prozess E/A-Vorgänge zuweist, die keine Lese- oder Schreibvorgänge sind (z. B. eine Steuerfunktion). Dieser Indikator zählt alle vom Prozess generierten E/A-Aktivitäten, um Datei-, Netzwerk- und Geräte-E/As einzubeziehen.
Arbeitsseiten	Die aktuelle Größe der Arbeitsseiten des Prozesses in Bytes. Arbeitsseiten sind ein Satz von Speicherseiten, die vor kurzem von den Threads eines Prozesses verwendet wurden.
Arbeitsseiten (max.)	Die maximale Größe der Arbeitsseiten des Prozesses in Bytes zu einem beliebigen Zeitpunkt. Arbeitsseiten sind ein Satz von Speicherseiten, die vor kurzem von den Threads eines Prozesses verwendet wurden.
Auslagerungsdatei (Bytes)	Die aktuelle Anzahl der Bytes, die ein Prozess in der Auslagerungsdatei verwendet. Die Auslagerungsdatei wird verwendet, um Speicherseiten, die vom Prozess verwendet werden, zu speichern, die in anderen Dateien nicht enthalten sind. Die Auslagerungsdatei wird von allen Prozessen verwendet, und eine zu kleine Auslagerungsdatei kann die fehlerfreie Ausführung von anderen Prozessen unmöglich machen.
Auslagerungsdatei (max. Bytes)	Die maximale Anzahl der Bytes, die der Prozess in der Auslagerungsdatei verwendet hat.

Indikatoren	Beschreibung
Auslagerungsseiten (Bytes)	*Ausgelagerter Pool (Bytes)* ist die Größe in Bytes von ausgelagertem Speicherpool, ein Bereich des Systemspeichers (physikalischer Speicher, der vom Betriebssystem verwendet wird) für Objekte, die auf den Datenträger geschrieben werden können, wenn sie nicht verwendet werden. *Speicher\Ausgelagerter Pool (Bytes)* wird anders als *Prozess\Ausgelagerter Pool (Bytes)* berechnet, sodass der Wert nicht mit *Prozess\Ausgelagerter Pool (Bytes)\Insgesamt* übereinstimmt. Dieser Counter zeigt nur den letzten ermittelten Wert an, nicht den Durchschnittswert.
Basispriorität	Die aktuelle Basispriorität des Prozesses. Threads können ihre Basispriorität in einem Prozess relativ zur Basispriorität des Prozesses erhöhen oder verringern.
Benutzerzeit (%)	Der Prozentanteil der verstrichenen Zeit für Prozess-Threads, die im Benutzermodus ausgeführt werden. Anwendungen, Umgebungsteilsysteme und fest zugehörige Teilsysteme werden im Benutzermodus ausgeführt. Code, der im Benutzermodus ausgeführt wird, kann die Integrität der Windows-Exekutive, des Kernel, sowie von Gerätetreibern nicht beschädigen. Im Gegensatz zu früheren Betriebssystemen verwendet Windows zusätzlich zum traditionellen Schutz des Benutzer- bzw. privilegierten Modus Prozessgrenzen für den Teilsystemschutz.
E/A-Bytes gelesen/s	Die Rate, mit der der Prozess Bytes in E/A-Vorgängen liest. Dieser Indikator zählt alle vom Prozess generierten E/A-Aktivitäten, um Datei-, Netzwerk- und Geräte-E/As einzubeziehen.
E/A-Bytes geschrieben/s	Die Rate, mit der der Prozess Bytes in E/A-Vorgängen schreibt. Dieser Indikator zählt alle vom Prozess generierten E/A-Aktivitäten, um Datei-, Netzwerk- und Geräte-E/As einzubeziehen.
E/A-Datenbytes/s	Die Rate, mit der der Prozess Bytes in E/A-Vorgängen liest und schreibt. Dieser Indikator zählt alle vom Prozess generierten E/A-Aktivitäten, um Datei-, Netzwerk- und Geräte-E/As einzubeziehen.
E/A-Datenvorgänge/s	Die Rate, mit der der Prozess E/A-Vorgänge (Lese- und Schreibvorgänge) zuweist. Dieser Indikator zählt alle vom Prozess generierten E/A-Aktivitäten, um Datei-, Netzwerk- und Geräte-E/As einzubeziehen.
E/A-Lesevorgänge/s	Die Rate, mit der der Prozess E/A-Vorgänge (Lesevorgänge) zuweist. Dieser Indikator zählt alle vom Prozess generierten E/A-Aktivitäten, um Datei-, Netzwerk- und Geräte-E/As einzubeziehen.
E/A-Schreibvorgänge/s	Die Rate, mit der der Prozess E/A-Vorgänge (Schreibvorgänge) zuweist. Dieser Indikator zählt alle vom Prozess generierten E/A-Aktivitäten, um Datei-, Netzwerk- und Geräte-E/As einzubeziehen.
Handleanzahl	Summe der Handles, die durch jeden einzelnen Thread in diesem Prozess geöffnet sind. Diese Zahl ist gleich der Summe der Handles, die momentan von jedem Thread des Prozesses geöffnet wurden.
Nicht-Auslagerungsseiten (Bytes)	*Nicht-ausgelagerter Pool (Bytes)* ist die Größe in Bytes von nicht ausgelagerten Speicherpool, ein Bereich des Systemspeichers (physikalischer Speicher, der vom Betriebssystem verwendet wird) für Objekte, die nicht auf den Datenträger geschrieben werden können, sondern im physikalischen Speicher verbleiben müssen, solange sie zugewiesen sind. *Speicher\Nicht-ausgelagerter Pool (Bytes)* wird anders als *Prozess\Nicht-ausgelagerter Pool (Bytes)* berechnet, sodass der Wert nicht mit *Prozess\Nicht-ausgelagerter Pool (Bytes)\Insgesamt* übereinstimmt. Dieser Counter zeigt nur den letzten ermittelten Wert an, nicht den Durchschnittswert.

Indikatoren	Beschreibung
Private Bytes	Die aktuelle Größe (in Bytes) von Speicher, der vom Prozess reserviert wurde und nicht mit anderen Prozessen geteilt werden kann
Privilegierte Zeit (%)	Der Prozentanteil der verstrichenen Zeit für Prozess-Threads, die im privilegierten Modus ausgeführt werden. Wenn ein Windows-Systemdienst aufgerufen wird, wird dieser oft im privilegierten Modus ausgeführt, um Zugriff auf Systemdaten zu erhalten. Solche Daten sind vom Zugriff von Threads, die im Benutzermodus ausgeführt werden, geschützt.
Prozesskennung	Die eindeutige Kennung dieses Prozesses. Prozesskennnummern werden wiederverwendet, sodass sie nur für die Lebensdauer des entsprechenden Prozesses gültig sind.
Prozesskennung erstellen	Die Kennung des Prozesses, der den Prozess erstellt hat. Wenn der Erstellungsprozess abgebrochen wurde, gibt dieser Wert keinen aktiven Prozess an.
Prozessorzeit (%)	Der Prozentanteil der verstrichenen Zeit, in der alle Threads eines Prozesses den Prozessor verwendet haben, um Anweisungen auszuführen. Eine Anweisung ist die kleinste Befehlsausführungseinheit eines Computers, ein Thread ist das Objekt, durch das die Anweisungen ausgeführt werden, und ein Prozess ist das Objekt, das erzeugt wird, wenn ein Programm ausgeführt wird. Code, der ausgeführt wird, um bestimmte Hardwareinterrupts oder Trap-Bedingungen zu verarbeiten, wird gegebenenfalls auch gezählt.
Seitenfehler/s	Die Rate, mit der Seitenfehler in den Threads auftreten, die in diesem Prozess ausgeführt werden. Ein Seitenfehler tritt auf, wenn ein Thread zu einer virtuellen Speicherseite verweist, die nicht in seinen Arbeitsseiten im Hauptspeicher ist. Ein Seitenfehler verursacht nicht, dass die Seite vom Datenträger geladen wird, wenn diese Seite auf der Stand-by-Liste und daher bereits im Arbeitsspeicher ist oder die Seite von einem anderen Prozess verwendet wird, mit dem sie geteilt wird.
Threadanzahl	Die Anzahl der in diesem Prozess aktiven Threads. Eine Anweisung ist die Basisausführungseinheit in einem Prozessor und ein Thread ist das Objekt, das diese Anweisungen ausführt. Jeder ausgeführte Prozess besitzt mindestens einen Thread.
Verstrichene Zeit	Die gesamte Zeitdauer, in Sekunden, in der dieser Prozess ausgeführt wurde
Virtuelle Bytes (max.)	Die maximale Größe in Bytes des virtuellen Adressraums, den ein Prozess verwendet hat. Die Verwendung von virtuellem Adressraum bedeutet nicht unbedingt korrespondierende Verwendung von Datenträger- oder Arbeitsspeicherseiten. Virtueller Speicherplatz ist begrenzt und es können möglicherweise keine Bibliotheken geladen werden.
Virtuelle Größe	Die aktuelle Größe des virtuellen Adressraums in Bytes, den der Prozess verwendet. Die Verwendung von virtuellem Adressraum bedeutet nicht unbedingt korrespondierende Verwendung von Datenträger- oder Arbeitsspeicherseiten. Virtueller Speicherplatz ist begrenzt und es können möglicherweise keine Bibliotheken geladen werden.

Prozessor

Die Indikatoren in der Kategorie *Prozessor* messen die Prozessorauslastung in verschiedenen Modi. Bei Mehrprozessorsystemen kann jeder Prozessor einzeln überprüft werden. Nicht immer ist der Prozessor für einen scheinbar langsamen Computer ausschlaggebend, obwohl die Prozessortaktfrequenz in den Werbeaussagen der Computerhersteller gern als wichtigster Faktor in den Vordergrund gestellt wird.

Dualprozessor-Systeme

Mit einem Dualprozessor-System lässt sich theoretisch die Leistungsfähigkeit eines Computers verdoppeln. In der Praxis wird allerdings der doppelte Leistungswert nie erreicht, da für die Verteilung der Aufgaben zusätzliche Rechenzeit verloren geht. Die Windows XP Home Edition unterstützt keine Dualprozessor-Systeme. Auch eignet sich nicht jeder Prozessor für den Betrieb auf einem Dual-Board. Von den aktuellen Prozessoren können die AMD Athlon XP, MP und Duron sowie die Intel Pentium II, Pentium III, Celeron bis 500 und einige Typen der Xeon-Serie im Dualbetrieb eingesetzt werden.

Nicht alle Anwendungen werden im Dualbetrieb beschleunigt. Besonders macht sich die zusätzliche Performance bei optimierten Anwendungen wie z. B. AutoCAD oder Inventor bemerkbar. Auf der Registerkarte *Systemleistung* im Task-Manager sehen Sie in den oberen Grafiken die aktuelle CPU-Auslastung. Bei Dualprozessor-Systemen werden getrennte Leistungskurven für beide Prozessoren angezeigt.

Der wichtigste Messwert in dieser Kategorie ist *Prozessorzeit (%)*. Diese gibt an, wie groß der zeitliche Anteil ist, während der Prozessor wirklich arbeitet, also sich nicht im Leerlauf befindet. Dieser Wert steigt beim Start eines Programms für kurze Zeit auf 100 %, sollte dann aber wieder zurückgehen. Steht dieser Wert längere Zeit sehr hoch, kann dies verschiedene Ursachen haben:

- Ein Programm lastet den Prozessor automatisch bis auf das Maximum aus. Dies ist der Fall bei Programmen, die längere Zeit ohne Benutzereingriff rechnen, wie zum Beispiel Rendering-Programme oder Video-Ripper. Baut man hier einen schnelleren Prozessor ein, würde dieser ebenfalls voll ausgelastet, die gesamte Rechenzeit würde allerdings zurückgehen.
- Ein Programm lastet während des normalen Betriebs voll aus, was bei Spielen oft der Fall ist. In diesem Fall ist der Prozessor das schwächste Glied in der Kette aller Systemkomponenten und sollte auf jeden Fall ersetzt werden.
- Ein Programm ist schlecht programmiert und frisst im Hintergrund Systemressourcen. Das beste Beispiel dafür ist Microsoft Office, das den Prozessor bis zu 100 % auslastet, ohne dass irgend etwas passiert. In diesem Fall lohnt es sich nicht, die Hardware zu verbessern.

Einen weiteren wichtigen Messwert finden Sie unter *System/Prozessor-Warteschlangenlänge* auf Seite 643 beschrieben.

Indikatoren	Beschreibung
% C1-Zeit	Die prozentuale Angabe für die Zeit, die der Prozessor im C1-Stromsparmodus (Leerlauf) verbringt. % C1-Zeit ist eine Untermenge der gesamten Prozessorleerlaufzeit. Dieser Modus ermöglicht das Beibehalten des System-Cache-Kontexts und schnelles Wechseln in den Ausführungsmodus. Der C1-Modus wird nicht auf allen Systemen unterstützt.
% C2-Zeit	Die prozentuale Angabe für die Zeit, die der Prozessor im C2-Stromsparmodus (Leerlauf) verbringt. % C2-Zeit ist eine Untermenge der gesamten Prozessorleerlaufzeit. Dieser Modus ermöglicht das Beibehalten des System-Cache-Kontexts. Der C2-Modus verbraucht weniger Strom und erzeugt eine höhere Beendigungslatenz als der C1-Modus. Der C2-Modus wird nicht auf allen Systemen unterstützt.

Indikatoren	Beschreibung
% C3-Zeit	Die prozentuale Angabe für die Zeit, die der Prozessor im C3-Stromsparmodus (Leerlauf) verbringt. % C3-Zeit ist eine Untermenge der gesamten Prozessorleerlaufzeit. Wenn sich der Prozessor im C3-Stromsparmodus befindet, kann die Zuverlässigkeit des Caches nicht erhalten werden. Der C3-Modus verbraucht weniger Strom und erzeugt eine höhere Beendigungslatenz als der C2-Modus. Der C3-Modus wird nicht auf allen Systemen unterstützt.
Benutzerzeit (%)	Die verstrichene Prozessorzeit im Benutzermodus in Prozent. Der Benutzermodus ist ein eingeschränkter Modus für Anwendungen, Umgebungsteilsysteme und fest zugehörige Teilsysteme. Alternativ dazu wurde der privilegierte Modus für Betriebssystemkomponenten entwickelt und ermöglicht direkten Zugriff auf Hardware und den gesamten Arbeitsspeicher. Das Betriebssystem schaltet Anwendungs-Threads in den privilegierten Modus um, um auf Betriebssystemdienste zugreifen zu können. Der Indikator zeigt die durchschnittliche Auslastungszeit als Prozentwert der Stichprobenzeit an.
C1-Übergänge/s	Die Rate, bei der die CPU in den C1-Stromsparmodus wechselt. Die CPU wechselt in den C1-Status, sobald sie sich im Leerlaufmodus befindet, und wechselt aus dem Status im Falle eines Interrupts. Dieser Leistungsindikator zeigt die Differenz zwischen den letzten beiden Messwerten an, geteilt durch die Länge des Messintervals.
C2-Übergänge/s	Die Rate, mit der die CPU in den C2-Stromsparmodus wechselt.
C3-Übergänge/s	Die Rate, mit der die CPU in den C3-Stromsparmodus wechselt
DPC-Rate	Die Geschwindigkeit, mit der DPCs (**d**eferred **p**rocedure **c**alls) der DPC-Warteschlange des Prozessors zwischen den Zeiteinheiten der Prozessoruhr hinzugefügt werden. (DPCs sind Interrupts, die mit niedrigerer Priorität als Standard-Interrupts ausgeführt werden. Jeder Prozessor hat seine eigene DPC-Warteschlange.) Dieser Indikator misst die Geschwindigkeit, mit der DPCs der Warteschlange hinzugefügt werden, und zeigt nur den letzten Wert an, keinen Durchschnittswert.
DPCs in Warteschlange/s	Die durchschnittliche Rate in Versuchen pro Sekunde, mit der DPCs der DPC-Warteschlange des Prozessors hinzugefügt werden. Dieser Indikator misst die Rate, mit der DPCs der Warteschlange hinzugefügt werden, nicht die Anzahl der DPCs, die sich in der Warteschlange befinden. Dieser Leistungsindikator zeigt den Unterschied zwischen den Werten in den letzten beiden Abtastintervallen dividiert durch die Abtastintervalldauer an.
DPC-Zeit (%)	Prozentuale Angabe der Prozessorzeit zum Empfangen und Bearbeiten von DPCs während dem Abtastintervall. DPCs werden im priviligierten Modus ausgeführt. Sie werden einzeln gezählt und sind keine Komponenten von Interrupt-Indikatoren. Dieser Indikator zeigt die durchschnittliche Auslastung in Prozent an.
Interrupts/s	Die durchschnittliche Rate, mit der der Prozessor Hardwareinterrupts pro Sekunde empfängt und bearbeitet. DPCs sind nicht enthalten, da diese separat gezählt werden. Dieser Wert ist eine indirekte Anzeige der Aktivitäten von Geräten, die Interrupts erzeugen, z. B. Systemuhr, Maus, Datenträgertreiber, Datenkommunikationsleitungen, Netzwerkschnittstellenkarten und andere Peripheriegeräte. Diese Geräte erzeugen normalerweise einen Prozessor-Interrupt, wenn sie einen Vorgang abgeschlossen haben oder ein Eingreifen erfordern.

Indikatoren	Beschreibung
Interruptzeit (%)	Prozentuale Angabe für die Zeit, die der Prozessor für das Empfangen und Verarbeiten von Hardwareinterrupts während eines Abtastintervalls verbraucht hat
Leerlaufzeit (%)	*Leerlaufzeit (%)* ist die prozentuale Angabe der Leerlaufzeit des Prozessors während dem Abtastintervall.
Privilegierte Zeit (%)	Der Prozentanteil der verstrichenen Zeit für Prozess-Threads, die im privilegierten Modus ausgeführt werden. Wenn ein Windows-Systemdienst aufgerufen wird, wird dieser oft im privilegierten Modus ausgeführt, um Zugriff auf Systemdaten zu erhalten. Solche Daten sind vom Zugriff von Threads, die im Benutzermodus ausgeführt werden, geschützt. Systemaufrufe können explizit oder implizit sein, wie z. B. wenn ein Seitenfehler oder ein Interrupt auftritt. Im Gegensatz zu früheren Betriebssystemen verwendet Windows zusätzlich zum traditionellen Schutz des Benutzer- bzw. privilegierten Modus Prozessgrenzen für den Teilsystemschutz.
Prozessorzeit (%)	Prozentuale Angabe der vergangenen Prozessorzeit, die zum Ausführen eines Threads benötigt wird, der sich nicht im Leerlauf befindet. Dieser Leistungsindikator ist die primäre Anzeige der Prozessoraktivität. Die Zeitspanne, die der Prozessor benötigt, um den Thread des Leerlaufprozesses in jedem Abtastintervall auszuführen, wird von 100 % subtrahiert. (Jeder Prozessor besitzt einen Leerlauf-Thread, der Zyklen belegt, wenn keine anderen Threads ausgeführt werden können.) Der Leistungsindikator zeigt die durchschnittliche prozentuale Belegung während dem Abtastintervall an, indem die Zeitspanne, die der Dienst nicht aktiv war, von 100 % subtrahiert wird.

Speicher

Unter der Kategorie *Speicher* finden Sie verschiedene Indikatoren, die Werte zum verfügbaren RAM, Cache und ausgelagerten Speicher angeben. Die meisten Indikatoren zeigen hier den jeweils letzten Wert an, keine Durchschnittswerte.

Indikatoren	Beschreibung
Auslagerungsseiten (Bytes)	*Ausgelagerter Pool (Bytes)* ist die Größe in Bytes von ausgelagertem Speicherpool, ein Bereich des Systemspeichers (physikalischer Speicher, der vom Betriebssystem verwendet wird) für Objekte, die auf den Datenträger geschrieben werden können, wenn sie nicht verwendet werden. *Speicher\Ausgelagerter Pool (Bytes)* wird anders als *Prozess\Ausgelagerter Pool (Bytes)* berechnet, sodass der Wert nicht mit *Prozess\Ausgelagerter Pool (Bytes)\Insgesamt* übereinstimmt.
Auslagerungsseiten reserviert	Die Anzahl der Aufrufe, um Platz im Auslagerungsspeicher zu reservieren. Auslagerungsspeicher ist ein Bereich im Systemspeicher für Objekte, die auf den Datenträger geschrieben werden können, wenn sie nicht verwendet werden. Dieser Wert wird nach der Anzahl der Aufrufe für die Speicherreservierung gemessen, ungeachtet dem in jedem Aufruf zugeordneten Speicherplatz.
Auslagerungsseiten: Residente Bytes	Die aktuelle Größe des Auslagerungsspeichers in Bytes. Auslagerungsspeicher ist ein Bereich im Systemspeicher für Objekte, die auf den Datenträger geschrieben werden können, wenn sie nicht verwendet werden. Der von Auslagerungsspeicher und nicht-Auslagerungsspeicher verwendeter Speicher wird vom physikalischen Speicher verwendet. Ein zu großer Pool nimmt den Prozessspeicher in Anspruch.

Indikatoren	Beschreibung
Cachebytes	Die Summe aus den Indikatoren *Speicher\Systemcache: Residente Bytes, Speicher\Systemtreiber: Residente Bytes, Speicher\Systemcode: Residente Bytes* und *Speicher\Auslagerungsseiten: Residente Bytes*
Cachebytes (max.)	Die maximale Cache-Größe in Bytes, seit das System zuletzt neu gestartet wurde. Dieser Wert ist möglicherweise größer als die aktuelle Cache-Größe.
Cache-Fehler/s	Die Rate, mit der Fehler auftreten, wenn eine Seite im Dateisystem-Cache nicht gefunden wird und aus dem Arbeitsspeicher oder vom Datenträger abgerufen werden muss. Der Dateisystem-Cache ist physikalischer Speicher, in dem kürzlich verwendete Datenseiten für Anwendungen gespeichert werden. Die Cache-Aktivität ist eine zuverlässige Anzeige der meisten E/A-Vorgänge von Anwendungen. Dieser Indikator zählt die Fehler ohne die Seitenfehler bei jedem Vorgang.
Freie Seitentabelleneinträge	Die Anzahl der Seitentabelleneinträge, die momentan nicht vom System verwendet werden
Geänderte Seiten/s	Die Rate, mit der Seiten auf den Datenträger geschriebenen werden, um Speicherplatz im physikalischen Speicher freizugeben. Seiten werden nur zurück auf den Datenträger geschrieben, wenn sie im physikalischen Speicher geändert wurden und vermutlich Daten und keinen Code enthalten. Eine hohe Seitenausgabe zeigt an, dass möglicherweise nicht genügend Speicher verfügbar ist. Windows schreibt mehr Seiten zurück auf den Datenträger, um Speicherplatz freizugeben, wenn wenig Speicherplatz frei ist. Dieser Leistungsindikator zeigt die Seitenanzahl an und kann ohne Konvertierung mit anderen Werten verglichen werden.
Nicht-Auslagerungsseiten (Bytes)	*Nicht-ausgelagerter Pool (Bytes)* ist die Größe in Bytes von nicht ausgelagerten Speicherpool, ein Bereich des Systemspeichers (physikalischer Speicher, der vom Betriebssystem verwendet wird) für Objekte, die nicht auf den Datenträger geschrieben werden können, sondern im physikalischen Speicher verbleiben müssen, solange sie zugewiesen sind. *Speicher\Nicht-ausgelagerter Pool (Bytes)* wird anders als *Prozess\Nicht-ausgelagerter Pool (Bytes)* berechnet, sodass der Wert nicht mit *Prozess\ Nicht-ausgelagerter Pool (Bytes)\Insgesamt* übereinstimmt.
Nicht-Auslagerungsseiten reserviert	Die Anzahl der Aufrufe, um Platz im Nicht-Auslagerungsspeicher zu reservieren. Nicht-Auslagerungsspeicher ist ein Bereich im Systemspeicher für Objekte, die nicht auf den Datenträger geschrieben werden können, aber über die gesamte Zuordnungsdauer im physikalischen Speicher verbleiben müssen. Dieser Wert wird nach der Anzahl der Aufrufe für die Speicherreservierung gemessen, ungeachtet dem in jedem Aufruf zugeordneten Speicherplatz.
Nullforderungsfehler/s	Die Rate, zu der eine mit Nullen aufgefüllte Seite gefordert wird, um den Fehler zu beheben. Genullte Seiten sind eine Sicherheitsfunktion von Windows. Genullte Seiten sind mit Nullen aufgefüllte Speicherseiten, die verhindern, dass nachfolgende Prozesse auf Daten von vorherigen Prozessen zugreifen können. In Windows wird eine Liste der genullten Seiten verwaltet, um diesen Prozess zu beschleunigen. Dieser Leistungsindikator zeigt die Differenz zwischen den Werten in den letzten beiden Abtastintervallen dividiert durch die Intervalldauer an.

Indikatoren	Beschreibung
Schreibkopien/s	Die Rate, mit der Schreibversuche Seitenfehler verursachen, die behoben wurden, indem die Seite in den physikalischen Speicher kopiert wurde. Dies ist eine ökonomische Methode, Daten zu teilen, da Seiten nur kopiert werden, wenn auf sie geschrieben wird. Dieser Indikator zählt die Anzahl der Kopien ohne die Seiten, die bei jedem Vorgang kopiert werden.
Seiten/s	*Seiten/s* ist die Rate, zu der Seiten vom Datenträger gelesen bzw. auf den Datenträger geschrieben werden, um schwere Ausnahmefehler zu beheben. Dieser Leistungsindikator ist hauptsächlich für das Anzeigen von Fehlern, die das ganze System verlangsamen, zuständig. Der Indikator ist die Summe von *Speicher/Seiteneingabe/s* und *Speicher/Seitenausgabe/s*. Er wird laut Seitenanzahl gezählt, sodass die Werte mit anderen Seitenzählungen verglichen werden können, wie z. B. *Speicher/Seitenfehler/s* ohne Konvertierung. Seiten zum Beheben von Fehlern sind in nicht zwischengespeicherten, zugeordneten Speicherdateien im Dateisystem-Cache miteinbezogen (diese werden normalerweise von Anwendungen angefordert).
Seiteneingabe/s	Die Rate, mit der Seiten vom Datenträger gelesen werden, um Hardwareseitenfehler zu beheben. Hardwareseitenfehler treten auf, wenn sich ein Prozess auf eine Seite im virtuellen Speicher bezieht, die sich nicht in seiner Arbeitsseite oder im physikalischen Speicher befindet und vom Datenträger abgerufen werden muss. Wenn eine Seite fehlerhaft ist, versucht das System mehrere angrenzende Seiten in den Speicher zu lesen, um die Ausnutzung des Lesevorgangs zu optimieren. Vergleichen Sie den Wert von *Speicher/Seiteneingabe/s* mit dem Wert von *Speicher/Seitenlesevorgänge/s*, um die durchschnittliche Anzahl der während jedes Lesevorgangs gelesenen Seite zu ermitteln.
Seitenfehler/s	*Seitenfehler/s* ist die durchschnittliche Anzahl an Seitenfehlern pro Sekunde. Der Wert wird laut der Zahl der fehlgeschlagenen Seiten pro Sekunde gemessen, da nur eine Seite pro Fehlervorgang fehlschlagen kann. Daher ist der Wert auch mit der Anzahl der Seitenfehlervorgänge identisch. Dieser Leistungsindikator zeigt schwer wiegende Fehler (Fehler, die Festplattenzugriff erfordern) und nebensächliche Fehlern (Fehler, bei denen die Ausnahmeseite woanders im physikalischen Speicher gefunden wird) an. Die meisten Prozessoren können eine große Anzahl an nebensächlichen Fehlern ohne schwer wiegende Nachfolgen verarbeiten. Schwer wiegende Fehler erfordern Festplattenzugriff, was große Verzögerungen verursachen kann.
Seitenlesevorgänge/s	Die Rate, mit der Seiten vom Datenträger gelesen werden, um Hardwareseitenfehler zu beheben. Es wird die Anzahl der Lesevorgänge ohne Rücksicht auf die Anzahl der in jedem Vorgang abgerufenen Seiten angezeigt. Hardwareseitenfehler treten auf, wenn sich ein Prozess auf eine Seite im virtuellen Speicher bezieht, die sich nicht in seiner Arbeitsseite oder im physikalischen Speicher befindet und vom Datenträger abgerufen werden muss. Dieser Indikator ist ein primärer Hinweis auf Fehler, die systemweite Verzögerungen verursachen. Er enthält Lesevorgänge, um Fehler im Dateisystem-Cache (normalerweise durch Anwendungen angefordert) und in nicht zwischengespeicherten, zugeordneten Speicherdateien zu erfassen. Vergleichen Sie den Wert von *Speicher/Seitenlesevorgänge/s* mit dem Wert von *Speicher/Seiteneingabe/s*, um die durchschnittliche Anzahl der während jedes Lesevorgangs gelesenen Seite zu ermitteln.

Indikatoren	Beschreibung
Seiten-Schreibvorgänge/s	Die Rate, mit der Seiten auf den Datenträger geschrieben wurden, um Speicherplatz im physikalischen Speicher freizugeben. Seiten werden nur auf den Datenträger geschrieben, wenn sie im physikalischen Speicher geändert wurden und vermutlich Daten und keinen Code enthalten. Dieser Leistungsindikator zeigt Schreibvorgänge an – ohne die bei jedem Vorgang geschriebenen Seiten – und die Differenz zwischen den Werten in den letzten beiden Abtastintervallen dividiert durch die Intervalldauer.
Systemcache: Residente Bytes	Die Größe des auslagerungsfähigen Betriebssystemcodes im Dateisystem-Cache in Bytes. Dieser Wert enthält nur die aktuellen physikalischen Seiten und enthält keine virtuellen Speicherseiten, die zu diesem Zeitpunkt nicht resident sind. Er ist ungleich dem im Task-Manager angezeigten Wert des System-Caches. Daraus resultierend kann dieser Wert kleiner als der tatsächliche Wert des virtuellen Speichers sein, der vom Dateisystem-Cache verwendet wird. Dieser Wert ist eine Komponente von *Speicher/Systemcode: Residente Bytes*, der allen auslagerungsfähigen Betriebssystemcode repräsentiert, der sich zu diesem Zeitpunkt im physikalischen Speicher befindet.
Systemcode: Gesamtanzahl Bytes	Die Größe des auslagerungsfähigen Betriebssystemcodes im virtuellen Speicher in Bytes (gemessen an der Größe des vom Betriebssystem verwendeten physikalischen Speichers, der auf den Datenträger geschrieben werden kann, wenn er nicht verwendet wird). Dieser Wert wird durch Addieren der Bytes in *Ntoskrnl.exe*, *Hal.dll*, den Starttreibern und dem Dateisystem berechnet. Der Code, der im physikalischen Speicher verbleiben muss und nicht auf den Datenträger geschrieben werden kann, wird nicht berücksichtigt.
Systemcode: Residente Bytes	Die Größe des Betriebssystemcodes im physikalischen Speicher in Bytes, der auf den Datenträger geschrieben werden kann, wenn er nicht verwendet wird. Dieser Wert ist eine Komponente von *Speicher/Systemcode: Gesamtanzahl Bytes*, die den Betriebssystemcode auf dem Datenträger enthält. *Speicher/Systemcode: Residente Bytes* (und *Speicher/Systemcode: Gesamtanzahl Bytes*) enthält keinen Code, der im physikalischen Speicher verbleiben muss und nicht auf den Datenträger geschrieben werden kann.
Systemtreiber: Gesamtanzahl Bytes	Die Größe des auslagerungsfähigen virtuellen Speichers in Bytes, der derzeit von Gerätetreibern verwendet wird. Auslagerungsfähiger Speicher kann auf den Datenträger geschrieben werden, wenn er nicht verwendet wird. Dieser Wert enthält ausgelagerten physikalischen Speicher (*Speicher/Systemtreiber: Residente Bytes*), Code und Daten. Er ist eine Komponente von *Speicher/Systemcode: Gesamtanzahl Bytes*.
Systemtreiber: Residente Bytes	Die Größe des auslagerungsfähigen physikalischen Speichers in Bytes, der derzeit von Gerätetreibern verwendet wird. Dies ist eine Arbeitsseite (physikalischer Speicherbereich) der Treiber. Der Wert ist eine Komponente von *Speicher/Systemtreiber: Gesamtanzahl Bytes*, der auch Treiberspeicher enthält, der auf den Datenträger geschrieben wurde. Weder *Speicher/Systemtreiber: Residente Bytes* noch *Speicher/Systemtreiber: Gesamtanzahl Bytes* enthalten Speicher, der nicht auf den Datenträger geschrieben werden kann.

Indikatoren	Beschreibung
Verfügbare Bytes	Für Prozesse verfügbarer physikalischer Speicher in Bytes. Dieser Wert wird durch Addieren der genullten, freien und Stand-by-Speicherlisten berechnet. Der freie Speicher kann verwendet werden. Genullter Speicher besteht aus mit Nullen aufgefüllten Speicherseiten, die verhindern, dass nachfolgende Prozesse auf Daten von vorherigen Prozessen zugreifen können. Stand-by-Speicher ist Speicher, der noch verfügbar ist, aber von den Arbeitsseiten (dem physikalischen Speicher) des Prozesses entfernt wurde.
Verfügbare KB	Für Prozesse verfügbarer physikalischer Speicher in KByte
Verfügbare MB	Für Prozesse verfügbarer physikalischer Speicher in MByte
Wechselfehler/s	*Wechselfehler/s* ist die Rate, zu der Seitenfehler behoben wurden, indem Seiten wiederhergestellt wurden, die von einem anderen Prozess verwendet wurden oder Teil der Seiten- oder Stand-by-Liste waren bzw. auf den Datenträger geschrieben wurden. Die Seiten werden ohne zusätzliche Datenträgeraktivität wiederhergestellt. Übergangsfehler werden nach Anzahl der Fehler gezählt. Da jeweils nur eine Seite pro Vorgang fehlschlägt, ist die Anzahl mit der Anzahl der Seitenfehler identisch.
Zugesicherte Bytes	Zugesicherter virtueller Speicher in Bytes. Zugesicherter Speicher ist physikalischer Speicher, für den in Auslagerungsdateien Speicherplatz reserviert wurde. Es können eine oder mehrere Auslagerungsdateien auf jedem physikalischem Laufwerk vorhanden sein.
Zugesicherte verwendbare Bytes (%)	Das Verhältnis von *Speicher/Zugesicherte Bytes* zu *Speicher/Zusicherungslimit.* (Zugesicherter Speicher ist belegter physikalischer Speicher, für den in der Auslagerungsdatei Speicherplatz reserviert wurde, damit er auf den Datenträger geschrieben werden kann. Das Zusicherungslimit wird durch die Größe der Auslagerungsdatei bestimmt. Wenn die Auslagerungsdatei vergrößert wird, wird das Zusicherungslimit erhöht und das Verhältnis reduziert.)
Zusagegrenze	Virtueller Speicher in Bytes, der zugesichert werden kann, ohne die Auslagerungsdatei(en) zu vergrößern. Zugesicherter Speicher ist physikalischer Speicher, für den in den Auslagerungsdateien Speicherplatz reserviert wurde. Auf jedem logischen Laufwerk kann sich eine Auslagerungsdatei befinden. Wenn die Auslagerungsdateien vergrößert werden, wird dieses Limit entsprechend erweitert.

System

In der Kategorie *System* finden Sie einige globale Indikatoren, die Systemvorgänge, Speicheranforderungen und Zugriffe auf das Dateisystem protokollieren.

Ein wichtiger Index für die Dimensionierung des Prozessors ist der Wert *Prozessor-Warteschlangenlänge.* So eine Warteschlange entsteht, wenn die einzelnen Threads eines Prozesses mehr Prozessorzyklen benötigen, als abgearbeitet werden können. Damit verzögert sich die Bearbeitung der folgenden Anfragen. Diese Warteschlangen entstehen, wenn Tasks im Hintergrund laufen, die Prozessorzeit beanspruchen. Ein durchschnittlicher Wert von 1 bis 2 ist normal. Liegt der Wert längere Zeit darüber, sollten Sie im Hintergrund laufende Programme abschalten oder den Prozessor durch einen schnelleren ersetzen.

Indikatoren	Beschreibung
Ausnahmeverteilungen/s	Die Rate, in Ereignissen pro Sekunde, mit der Ausnahmen vom System erteilt wurden
Ausrichtungskorrekturen/s	Die Rate, in Ereignissen pro Sekunde, mit der Ausrichtungsfehler vom System korrigiert wurden
Bytes gelesen/s	Die Gesamtrate, mit der Bytes für Dateisystem-Leseanforderungen auf allen Geräten gelesen werden, einschließlich Leseanforderungen vom Dateisystem-Cache (gemessen nach Bytes pro Sekunde). Dieser Leistungsindikator zeigt die Differenz zwischen den Werten in den letzten beiden Abtastintervallen dividiert durch die Intervalldauer an.
Bytes geschrieben/s	Die Gesamtrate, mit der Bytes für Dateisystem-Schreibanforderungen auf allen Geräten geschrieben werden, einschließlich Schreibanforderungen im Dateisystem-Cache (gemessen nach Bytes pro Sekunde).
Dateisteuerbytes/s	Die Gesamtrate, mit der Bytes für alle Systemvorgänge übertragen werden, die weder Lese- noch Schreibvorgänge sind; einschließlich Steueranforderungen oder Informationsanforderungen über Merkmale oder den Status des Geräts (gemessen nach Byte-Anzahl). Dieser Leistungsindikator zeigt die Differenz zwischen den Werten in den letzten beiden Abtastintervallen dividiert durch die Intervalldauer an.
Dateisteuervorgänge/s	Die gesamte Anzahl der peripheren Vorgänge, die weder Schreib- noch Lesevorgänge sind, z. B. Steueranforderungen oder Informationsanforderungen über Merkmale oder den Status des Geräts (gemessen nach Anzahl der Vorgänge pro Sekunde). Dieser Leistungsindikator zeigt die Differenz zwischen den Werten in den letzten beiden Abtastintervallen dividiert durch die Intervalldauer an.
Dateivorgänge/s	Die Gesamtgeschwindigkeit der Lese- und Schreibvorgänge auf allen logischen Datenträgern. Dieser Leistungsindikator zeigt die Differenz zwischen den Werten in den letzten beiden Abtastintervallen dividiert durch die Intervalldauer an.
Gleitkommaemulationen/s	Die Anzahl der vom System durchgeführten Gleitkomma-Emulationen. Dieser Leistungsindikator zeigt die Differenz zwischen den Werten in den letzten beiden Abtastintervallen dividiert durch die Intervalldauer an.
Kontextwechsel/s	Die Rate, mit der alle Prozessoren von einem Thread zum anderen umgeschaltet werden. Kontextwechsel treten auf, wenn ein ausgeführter Thread den Prozessor freiwillig aufgibt bzw. von einem Prozess höherer Priorität verdrängt wurde oder vom Benutzer- in der Kernel-Modus wechselt, um eine Exekutive oder einen Teilsystemdienst zu verwenden. Dies ist die Summe von *Thread/Kontextwechsel/s* für alle Threads, die auf allen Prozessoren des Computers ausgeführt werden, und wird in der Anzahl der Wechsel gemessen. Es gibt Kontextwechselindikatoren für die Objekte „System" und „Thread". Dieser Leistungsindikator zeigt die Differenz zwischen den Werten in den letzten beiden Abtastintervallen dividiert durch die Intervalldauer an.
Lesevorgänge/s	Die gesamte Anzahl der Dateisystem-Leseanforderungen auf allen Geräten, einschließlich Leseanforderungen vom Dateisystem-Cache (gemessen nach Anzahl der Lesevorgänge). Dieser Leistungsindikator zeigt die Differenz zwischen den Werten in den letzten beiden Abtastintervallen dividiert durch die Intervalldauer an.
Max. verwendete Registrierungsgröße (%)	Der Prozentanteil der maximal zulässigen Registrierungsgröße, die momentan vom System verwendet wird. Dieser Indikator zeigt nur den aktuellen Prozentwert an, keinen Durchschnittswert.

Indikatoren	Beschreibung
Prozesse	Die Anzahl der Prozesse in einem System zurzeit des Datensammelns. Dies ist ein unmittelbarer Indikator, kein Durchschnitt über ein Zeitintervall. Jeder Prozess stellt das Ausführen eines Programms dar.
Prozessor-Warteschlangenlänge	Die Anzahl der Threads in der Prozessorwarteschlange. Im Gegensatz zu den Datenträgerindikatoren werden mit diesem Leistungsindikator nur abgeschlossene und keine noch ausgeführten Threads gezählt. Auch wenn mehrere Prozessoren vorhanden sind, wird eine einzelne Warteschlange für die Prozessorzeit verwendet.
Schreibvorgänge/s	Die gesamte Anzahl der Dateisystem-Schreibanforderungen auf allen Geräten, einschließlich Schreibanforderungen im Dateisystem-Cache (gemessen nach Anzahl der Schreibvorgänge). Dieser Leistungsindikator zeigt die Differenz zwischen den Werten in den letzten beiden Abtastintervallen dividiert durch die Intervalldauer an.
Systemaufrufe/s	Die Rate an Aufrufen an Betriebssystem-Dienstroutinen aller auf dem Computer ausgeführten Prozesse. Diese Routinen führen alle einfachen Planungen und Synchronisationen von Aktivitäten im System aus und ermöglichen den Zugriff auf nicht grafische Geräte, Speicherverwaltung und Namensplatzverwaltung. Dieser Leistungsindikator zeigt die Differenz zwischen den Werten in den letzten beiden Abtastintervallen dividiert durch die Intervalldauer an.
Systembetriebszeit	Die Gesamtzeit (in Sekunden), die der Computer seit dem letzten Start in Betrieb war. Dieser Indikator zeigt die Differenz zwischen der Startzeit und der aktuellen Zeit an.
Threads	Die Anzahl der Threads in einem System zurzeit des Datensammelns. Dies ist ein unmittelbarer Indikator, kein Durchschnitt über ein Zeitintervall. Ein Thread ist die Basiseinheit, die Anweisungen in einem Prozessor ausführen kann.

Erstellen von Protokollen mit dem Systemmonitor

Niemand wird während der Arbeit langfristig den Systemmonitor beobachten wollen, um eventuelle Unregelmäßigkeiten festzustellen. Deshalb bietet der Systemmonitor einen speziellen Protokollmodus, der im Hintergrund läuft und die gemessenen Werte in eine Protokolldatei schreibt. Im Konsolenstamm *Leistungsdatenprotokolle und Warnungen/Leistungsindikatorenprotokolle* klicken Sie mit der rechten Maustaste in das leere Feld und blenden damit ein Kontextmenü ein. Hier können Sie jetzt einen neuen Indikatorensatz für das Protokoll anlegen.

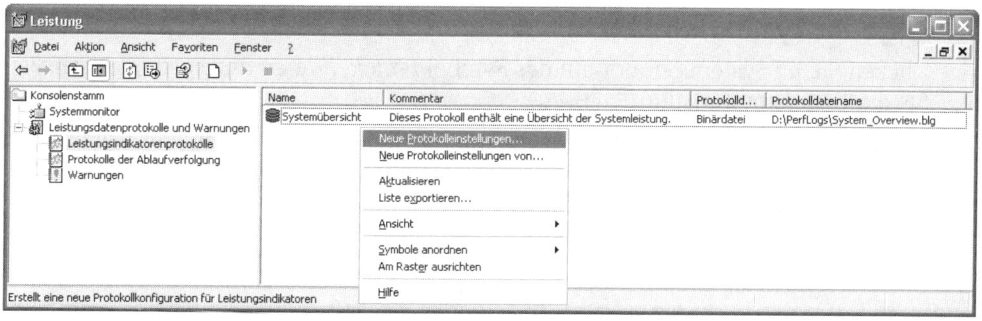

Anlegen eines neuen Leistungsindikatorenprotokolls.

Geben Sie diesem Protokoll einen aussagekräftigen Namen und fügen Sie dann die gewünschten Leistungsindikatoren mit *Indikatoren hinzufügen* hinzu. Über die Schaltfläche *Objekte hinzufügen* können Sie auch komplette Objekte mit allen Indikatoren hinzufügen. Zum Testen können Sie auch das standardmäßig vorgegebene Protokoll modifizieren.

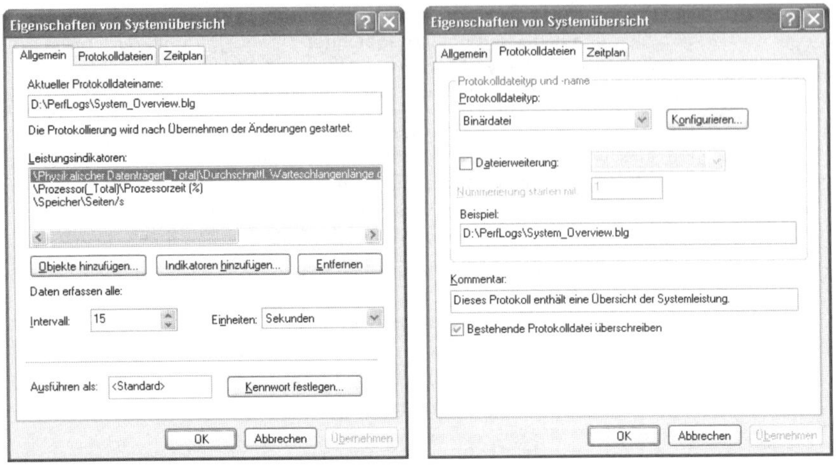

Erstellen eines Leistungsindikatorenprotokolls.

Auf der Registerkarte *Protokolldateien* wählen Sie den Typ des Protokolls aus. Möchten Sie das Protokoll mit einer Tabellenkalkulation auswerten, wählen Sie hier *Textdatei*, möchten Sie es später mit dem Internet Explorer ansehen oder im Systemmonitor genauer auswerten, wählen Sie *Binärdatei*.

Über die Schaltfläche *Konfigurieren* können Sie den Dateinamen festlegen. Hier können Sie mit dem Kontrollkästchen *Dateierweiterung* noch einen Namenszusatz auswählen, was besonders sinnvoll ist, wenn Sie automatisch in regelmäßigen Abständen Protokolle erstellen. Dazu können Sie auf der Registerkarte *Zeitplan* Zeiträume angeben, von wann bis wann ein Protokoll geschrieben werden soll. Der Name wird dann für jede Protokolldatei automatisch vergeben.

Protokolle, die nicht automatisch gestartet werden, müssen Sie mit der Schaltfläche *Startet das gewählte Protokoll* manuell starten.

Zur Anzeige einer fertigen Protokolldatei haben Sie zwei Möglichkeiten:

Anzeige im Systemmonitor

1. Klicken Sie im Systemmonitor auf das Symbol *Protokolldaten anzeigen* oder drücken Sie die Tastenkombination Strg+L.
2. Wählen Sie im nächsten Dialog die Option *Protokolldateien* und mit der Schaltfläche *Hinzufügen* die entsprechende BLG-Datei aus dem *\PERFLOGS*-Verzeichnis.

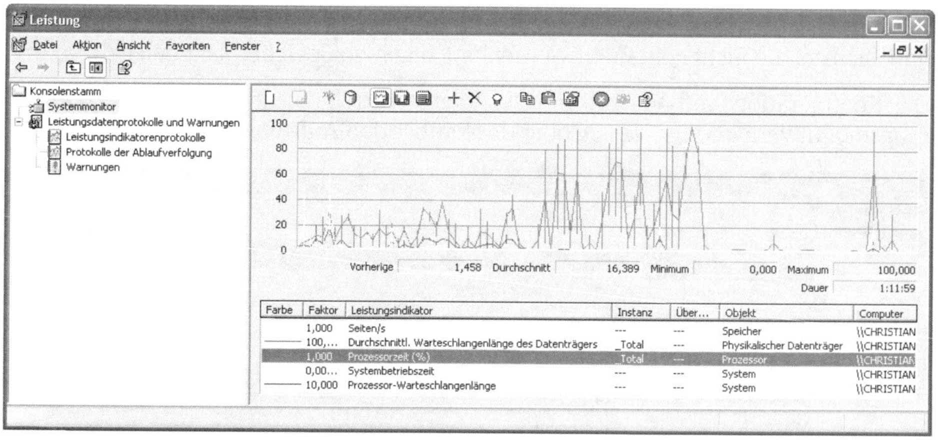

Anzeige einer Protokolldatei im Systemmonitor.

Anzeige im Internet Explorer

1 Mit einem Rechtsklick auf das Protokoll in der Anzeige *Leistungsdatenprotokolle und Warnungen/Leistungsindikatorenprotokolle* können Sie im Kontextmenü mit *Einstellungen speichern unter* eine HTML-Datei generieren.

2 Diese HTML-Datei enthält den Systemmonitor als ActiveX-Control. Über die im HTML-Code gespeicherten Parameter wird die Protokolldatei im Internet Explorer angezeigt. Hier stehen auch alle Bedienelemente des Systemmonitors zur Verfügung. Allerdings lässt sich die Datei in keinem anderen Browser darstellen, da die Daten ja nicht wirklich im HTML-Code vorhanden sind.

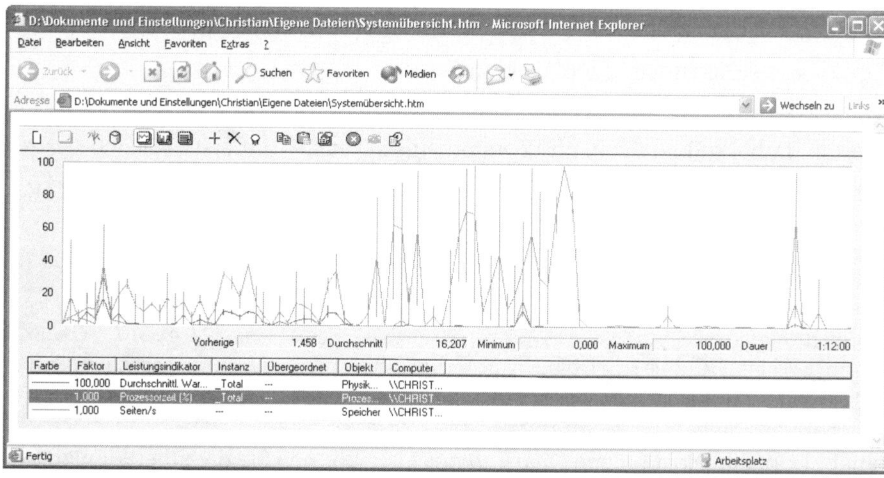

Anzeige einer Protokolldatei im Internet Explorer.

10.4 Systemdienste verstehen

Zahlreiche Funktionen von Windows XP, die wie Betriebssystemfunktionen aussehen, werden in Wirklichkeit von so genannten Diensten erledigt. Das sind Programme, die im Hintergrund laufen und bei Bedarf automatisch gestartet werden. Diese Methode hat den

Vorteil, dass sich das Betriebssystem um zusätzliche Funktionalitäten erweitern lässt und Dienste, die nicht gebraucht werden, auch keinen Speicherplatz belegen.

Die Konfiguration und Verwaltung der Dienste erfolgt zentral über das Systemsteuerungsmodul *Verwaltung/Dienste* oder direkt über den Aufruf von *SERVICES.MSC*.

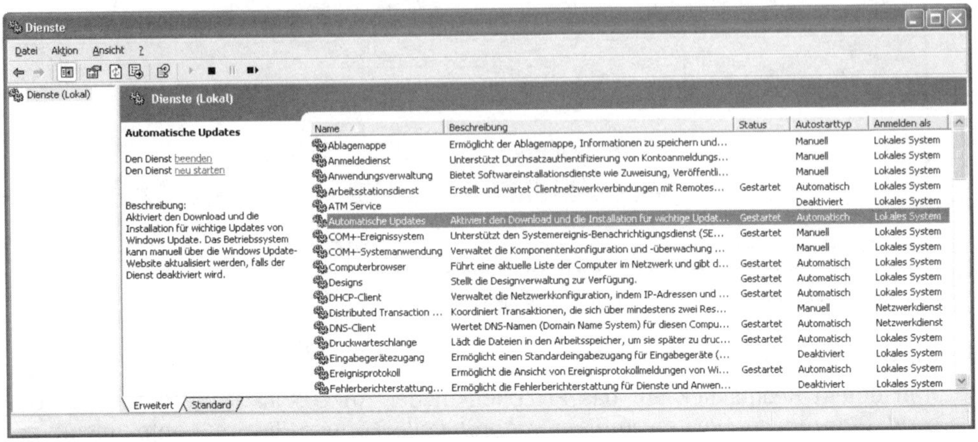

Management Console zur Konfiguration von Diensten.

Zu jedem Dienst bekommen Sie hier eine Kurzbeschreibung angezeigt, eine Statusmeldung, ob der Dienst gestartet ist, und eine Information über den AutoStart-Typ. Jeder Dienst kann auf verschiedene Weisen gestartet werden:

- *Automatisch* - automatischer Start des Dienstes vom Betriebssystem aus. Diese Dienste werden auch gestartet, wenn sich kein Benutzer am System anmeldet.
- *Manuell* - Start des Dienstes durch den Benutzer oder einen anderen Dienst.
- *Deaktiviert* - Dienst wird nicht gestartet.

Aus der Dienste-Konsole heraus können Sie einzelne Dienste beenden, anhalten oder neu starten. Dabei sollten Sie beim Beenden eines Dienstes äußerste Vorsicht walten lassen, da das Fehlen bestimmter Dienste zu Systeminstabilitäten und/oder zum Herunterfahren des Systems führen kann.

Druckerwarteschlange beenden##

Wenn ein Drucker nicht reagiert, kann er durch ein Beenden des Dienstes *Druckerwarteschlange* zurückgesetzt werden. Alle Aufträge in der Warteschlange werden automatisch gelöscht, unabhängig davon, in welchem Status sie sich befinden. Beim Neustart des Dienstes kann die jetzt leere Warteschlange wieder von neuem verwendet werden.

Mit einem Doppelklick auf einen Dienst in der Liste können Sie detaillierte Eigenschaften dieses Dienstes bearbeiten. Hier können Sie auch den Starttyp ändern. Ändern Sie den Starttyp nur, wenn Sie vorher getestet haben, dass das System auch ohne den Dienst zuverlässig funktioniert.

Im Notfall haben Sie sonst nur noch die Möglichkeit, den fehlenden Dienst über die Wiederherstellungskonsole beim Booten zu aktivieren. Danach sollten Sie in jedem Fall die Dienstekonfiguration überprüfen und im Ereignisprotokoll nach Startfehlern suchen.

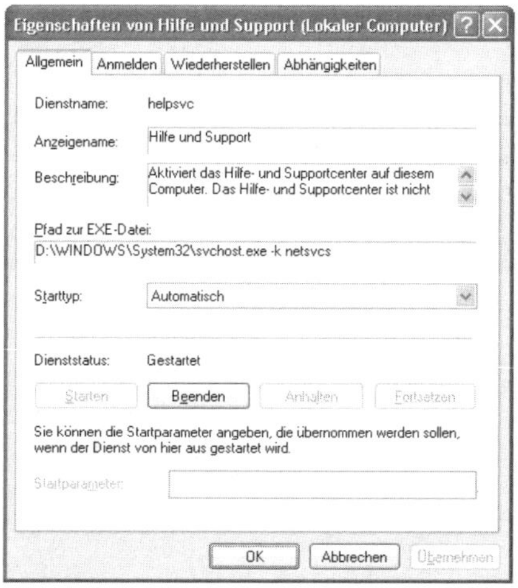

Eigenschaften eines Dienstes.

Abhängigkeiten eines Dienstes.

Auf der Registerkarte *Abhängigkeiten* können Sie überprüfen, welche Dienste von diesem Dienst abhängig sind. Abhängige Dienste werden nicht mehr gestartet, wenn der Dienst, von dem sie abhängig sind, nicht gestartet ist.

Die meisten Dienste werden über das lokale Systemkonto gestartet, was bedeutet, dass die Dienste ihre Zugriffsrechte direkt vom Betriebssystem beziehen. Für Testzwecke kann es in Ausnahmefällen sinnvoll sein, einen Dienst mit den Rechten eines bestimmten Benutzers zu starten. Geben Sie in diesem Fall den jeweiligen Benutzer und sein Passwort auf der Registerkarte *Anmelden* an. Hier können Sie auch festlegen, wenn ein Dienst nur in einem bestimmten Hardwareprofil gestartet werden soll.

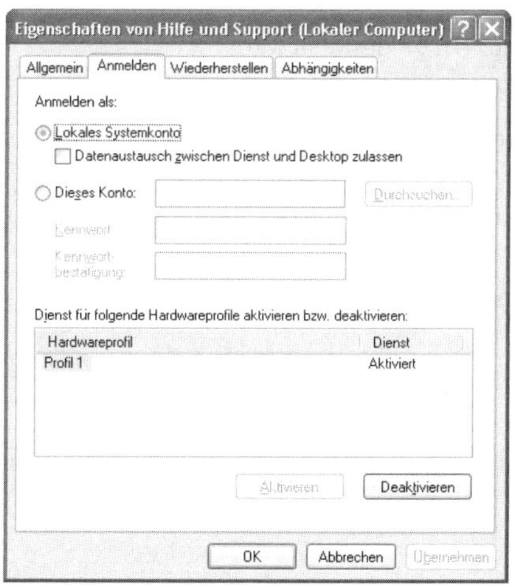

Kontoeinstellungen für einen Dienst.

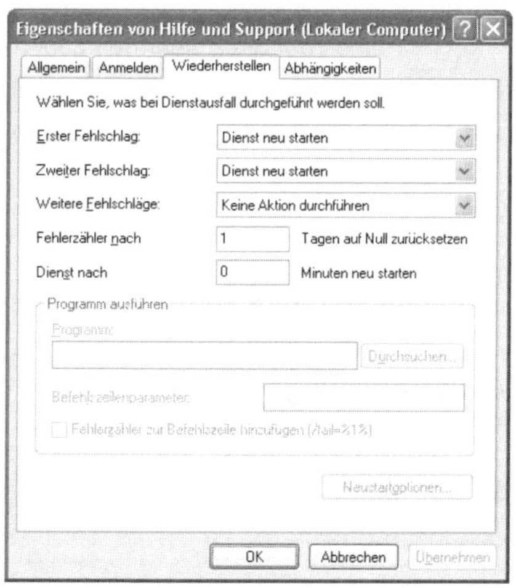

Aktion bei Ausfall des Dienstes.

Beim Fehlschlag, einen Dienst zu starten, versucht das System normalerweise, den Dienst erneut zu starten. Wenn dies nach dem zweiten Versuch immer noch nicht funktioniert, wird keine weitere Aktion durchgeführt und Windows XP läuft ohne diesen Dienst. Bei Bedarf können Sie dieses Verhalten auf der Registerkarte *Wiederherstellen* ändern und im Fall eines Versagens eines Dienstes ein bestimmtes Programm ausführen oder den Computer neu booten lassen.

Alle Dienste sind in der Registry unter *HKEY_LOCAL_MACHINE\SYSTEM\CurrentControlSet\Services* als einzelne Unterschlüssel eingetragen. Innerhalb dieser Schlüssel finden Sie sämtliche Konfigurationsoptionen für den Dienst.

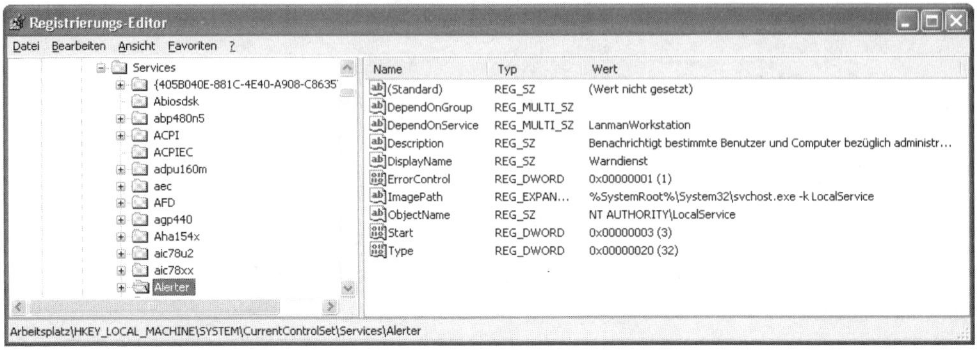

Dienstekonfiguration in der Registry.

Starttyp

Der Parameter *Start* gibt an, wie der Dienst gestartet werden soll. Hier sehen Sie bei automatisch gestarteten Diensten noch detaillierter als in der Dienste-Konsole, wie der Dienst gestartet wurde. Verwenden Sie diese Werte nur als Information zum Finden von Startproblemen und ändern Sie sie nicht manuell.

Reg.-Wert	Starttyp	Beschreibung
0	Boot	Treiber, der direkt über den Boot-Loader NTLDR gestartet wird
1	System	Wird während der Startsequenz bei der Kernel-Initialisierung geladen.
2	Automatisch	Wird beim Windows XP-Systemstart vom Sitzungs-Manager oder vom Dienst-Controller gestartet.
3	Manuell	Dienst wird manuell vom Benutzer oder einem Systemprozess gestartet.
4	Deaktiviert	Der Dienst wird nicht gestartet.

Diensttyp

Der Wert *Type* gibt die Art des Dienstes oder Treibers an. Auch dieser Wert darf manuell nicht verändert werden.

Diensttyp	Beschreibung
1	Kernel-Gerätetreiber
2	Dateisystemtreiber
4	Parameter für Gerätetreiber
16	Dienst arbeitet in einem eigenständigen Prozess und kann vom Dienst-Controller gestartet werden.
32	Dienst kann gemeinsam mit anderen Diensten auf einen Prozess zugreifen.

Dienstgruppen und Abhängigkeiten

Dienste werden zu Gruppen zusammengefasst, um ein gemeinsames Starten zusammengehöriger Dienste zu ermöglichen und eine Startreihenfolge der Dienste festzulegen. Die Startreihenfolge finden Sie im Registry-Wert *List* im Schlüssel *HKEY_LOCAL_MACHINE\SYSTEM\CurrentControlSet\Control\ServiceGroupOrder*.

Startreihenfolge der Dienste.

Der Eintrag *Group* bei jedem Dienst unter *HKEY_LOCAL_MACHINE\SYSTEM\CurrentControlSet\Services* gibt an, zu welcher Gruppe der Dienst gehört. Ist ein Wert *DependOnGroup* vorhanden, gibt dieser an, dass mindestens ein Dienst der jeweiligen Gruppe gestartet sein muss, bevor dieser Dienst geladen wird. Im Parameter *DependOnService* werden die Dienste angegeben, die in jedem Fall vor dem betreffenden Dienst gestartet sein müssen.

ErrorControl

Der Wert *ErrorControl* gibt an, was bei einem Fehler beim Laden eines Dienstes passieren soll:

ErrorControl	Beschreibung
0	Keine Warnung, Startvorgang wird fortgesetzt.
1	Warnung wird angezeigt, Eintrag im Ereignisprotokoll, Startvorgang wird fortgesetzt.
2	Eintrag im Ereignisprotokoll, Einstellungen der letzten als funktionierend bekannten Konfiguration werden übernommen, System startet neu.
3	Eintrag im Ereignisprotokoll, Einstellungen der letzten als funktionierend bekannten Konfiguration werden übernommen, System startet neu. Wird bereits die letzte als funktionierend bekannte Konfiguration verwendet, erscheint eine Bluescreen-Meldung.

Eine Übersicht über alle Dienste bietet auch das Programm Systeminformationen in der Rubrik *Softwareumgebung/Dienste*. Dieses Programm ist eine reine Anzeige, es kann nichts an der Dienstekonfiguration verändert werden.

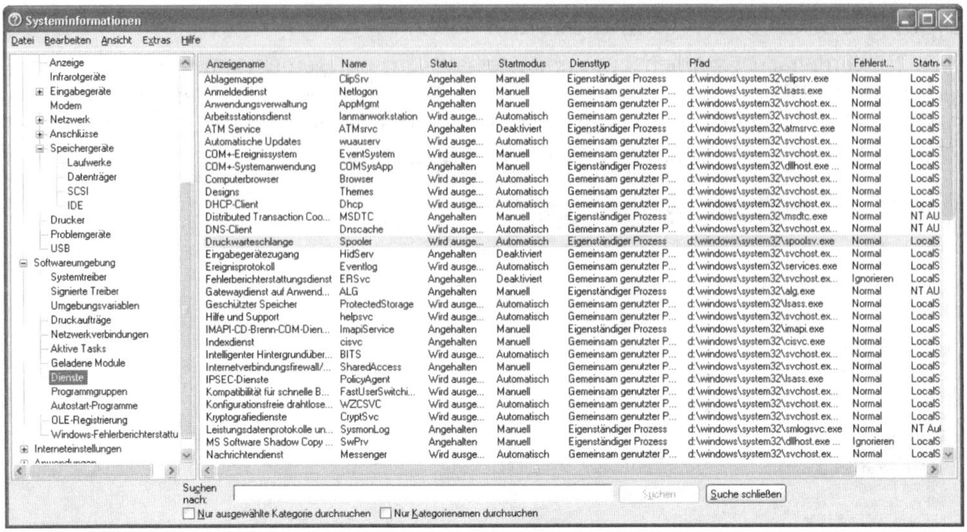

Dienste-Anzeige in den Systeminformationen.

Standardeinstellungen für Systemdienste

Falls Sie oder ein Systemdienst die Einstellungen für Dienste verändert haben und das System nicht mehr sauber läuft, finden Sie in der folgenden Tabelle die Standardeinstellungen für die Windows XP-Systemdienste. Nicht aufgeführt sind Dienste, die von bestimmten Hardware- oder Softwarekomponenten nachträglich installiert wurden.

Dienst	Starttyp	Anmelden als
Ablagemappe	Manuell	Lokales System
Anmeldedienst	Automatisch	Lokales System
Anwendungsverwaltung	Manuell	Lokales System
Arbeitsstation	Automatisch	Lokales System
Automatische Aktualisierung	Automatisch	Lokales System
COM+ Ereignissystem	Manuell	Lokales System
COM+ Systemanwendung	Manuell	Lokales System
Computerbrowser	Automatisch	Lokales System
Designs	Automatisch	Lokales System
DHCP-Client	Automatisch	Lokales System
Distributed Transaction Coordinator	Manuell	Netzwerkdienst
DNS-Client	Automatisch	Netzwerkdienst
Druckwarteschlange	Automatisch	Lokales System
Eingabegerätezugang	Deaktiviert	Lokales System
Ereignisprotokoll	Automatisch	Lokales System
Fehlerberichterstattung	Automatisch	Lokales System
Gateway auf Anwendungsebene	Manuell	Lokaler Dienst
Gemeinsame Nutzung der Internetverbindung	Manuell	Lokales System
Geschützter Speicher	Automatisch	Lokales System

Dienst	Starttyp	Anmelden als
Hilfe und Support	Automatisch	Lokales System
Hilfsprogramm-Manager	Manuell	Lokales System
IMAPI-CD-Brenn-COM-Dienste	Manuell	Lokales System
Indexdienst	Manuell	Lokales System
Intelligenter Hintergrundübertragungsdienst	Manuell	Netzwerkdienst
Internetverbindungsfirewall/Gemeinsame Nutzung der Internetverbindung	Automatisch	Lokales System
IPSec-Dienste	Automatisch	Lokales System
Kompatibilität für schnelle Benutzerumschaltung	Manuell	Lokales System
Konfigurationsfreier Dienst für drahtlose Verbindung	Automatisch	Lokales System
Kryptografiedienste	Automatisch	Lokales System
Leistungsprotokolle und Warnungen	Manuell	Netzwerkdienst
MS-Software-Schattenkopieanbieter	Manuell	Lokales System
Nachrichtendienst	Automatisch	Lokaler Dienst
NetMeeting-Remotedesktop-Freigabe	Manuell	Lokales System
Netzwerk-DDE-Dienst	Manuell	Lokales System
Netzwerk-DDE-Serverdienst	Manuell	Lokales System
Netzwerkverbindungen	Manuell	Lokales System
NLA (**N**etwork **L**ocation **A**wareness)	Manuell	Lokales System
NT-LM-Sicherheitsdienst	Manuell	Lokales System
Plug & Play	Automatisch	Lokales System
QoS-RSVP	Manuell	Lokales System
RAS-Verbindungsverwaltung	Manuell	Lokales System
Remote-Prozeduraufruf (RPC)	Automatisch	Lokales System
Remote-Registrierung	Automatisch	Lokaler Dienst
Routing und RAS	Manuell	Lokales System
RPC-Locator	Manuell	Netzwerkdienst
Sekundäre Anmeldung	Automatisch	Lokales System
Seriennummer der tragbaren Medien	Automatisch	Lokales System
Server	Automatisch	Lokales System
Shellhardwareerkennung	Automatisch	Lokales System
Sicherheitskontenverwaltung	Automatisch	Lokales System
Sitzungs-Manager für Remotedesktop-Hilfe	Manuell	Lokales System
SmartCard	Manuell	Lokaler Dienst
SmartCard-Hilfsprogramm	Manuell	Lokaler Dienst
SSDP-Suchdienst	Manuell	Lokaler Dienst
Systemereignisbenachrichtigung	Automatisch	Lokales System
Systemwiederherstellungsdienst	Automatisch	Lokales System
Task-Planer	Automatisch	Lokales System
TCP/IP-NetBIOS-Hilfsprogramm	Automatisch	Lokaler Dienst

Dienst	Starttyp	Anmelden als
Telefonie	Manuell	Lokales System
Telnet	Manuell	Lokales System
Terminaldienste	Manuell	Lokales System
Überwachung verteilter Verknüpfungen (Client)	Automatisch	Lokales System
Universeller Plug & Play-Geräte-Host	Manuell	Lokales System
Unterbrechungsfreie Stromversorgung	Manuell	Lokaler Dienst
Upload-Manager	Automatisch	Lokales System
Verwaltung für automatische RAS-Verbindung	Manuell	Lokales System
Verwaltung logischer Datenträger	Automatisch	Lokales System
Verwaltungsdienst für die Verwaltung logischer Datenträger	Manuell	Lokales System
Volumeschattenkopie	Manuell	Lokales System
Warndienst	Manuell	Lokaler Dienst
WebClient	Automatisch	Lokaler Dienst
Wechselmedien	Manuell	Lokales System
Windows-Audio	Automatisch	Lokales System
Windows-Installer	Manuell	Lokales System
Windows-Bilderfassung (WIA)	Manuell	Lokales System
Windows-Verwaltungsinstrumentation	Automatisch	Lokales System
Windows-Zeitgeber	Automatisch	Lokales System
WMI-Leistungsadapter	Manuell	Lokales System

Schnelleres Herunterfahren

Beim Herunterfahren von Windows XP bleibt das System mehrere Sekunden mit der Bildschirmmeldung *Windows wird heruntergefahren* stehen. Während dieser Zeit versucht Windows XP, die gestarteten Dienste zu beenden. Da versucht wird, alle Dienste gleichzeitig zu beenden, kommt es hier immer wieder zu Problemen mit abhängigen Diensten, sodass manche Dienste zwangsbeendet werden müssen. Dies passiert aber erst, nachdem ein Dienst 20 Sekunden lang nicht reagiert hat. Diese Zeitspanne lässt sich in der Registry verkürzen, sodass Windows XP deutlich schneller herunterfährt.

Im Registry-Schlüssel *HKEY_LOCAL_MACHINE\ SYSTEM\ControlSet001\Control* steht der Parameter *WaitToKillServiceTimeOut*, der die Wartezeit in Millisekunden angibt.

Standardmäßig sind hier 20000 eingetragen. Theoretisch können Sie hier die kürzestmögliche Zeit von einer Millisekunde angeben, was in der Praxis aber teilweise zu Bluescreen-Abstürzen führt. Mit einer Wartezeit von 2.000 Millisekunden liegen Sie auf der sicheren Seite und haben trotzdem eine Beschleunigung des Herunterfahrens um 90 % erreicht.

Welche Dienste können deaktiviert werden?

Um den Speicherverbrauch von Windows XP zu minimieren und damit die Performance zu verbessern, bietet es sich an, überflüssige Systemdienste zu deaktivieren. Nur können Sie damit Ihr System auch erheblich beschädigen. Bevor Sie also einen Dienst deaktivieren, setzen Sie ihn erst probeweise auf *Manuell*. Prüfen Sie dann während der normalen Arbeit mit der Dienste-Konsole, ob der Dienst vom System gestartet wurde.

Die folgenden Abschnitte geben Informationen zu Diensten, die in vielen Fällen deaktiviert werden können. Dienste, die immer gebraucht werden, werden nicht eigens erwähnt. Auf Seite 658 finden Sie spezielle Informationen zu Netzwerkdiensten, die Sie auf Computern ohne Netzwerkanschluss auch nicht immer brauchen. Auf Computern ohne Internetzugang können einige weitere Dienste deaktiviert werden, wie ab Seite 660 beschrieben. Beachten Sie vor dem Deaktivieren eines Dienstes, dass viele Dienste voneinander abhängig sind, andere Dienste also nicht mehr gestartet werden, wenn ein bestimmter Dienst deaktiviert ist. Eine Übersicht über die Diensteabhängigkeiten gibt die Grafik auf Seite 662.

Ablagemappe

Die Ablagemappe entspricht dem Aktenkoffer früherer Windows-Versionen und dient zum Datenaustausch mit Remote-Computern. Diesen Dienst wird kaum jemand benutzen, da der Datenaustausch mit Remote-Computern über Netzwerkfreigaben deutlich einfacher geht und keinen zusätzlichen Speicherplatz auf der Festplatte kostet. Der Dienst kann also deaktiviert werden.

Designs

Wenn Sie Windows XP im klassischen Design betreiben, brauchen Sie diesen Dienst nicht. Setzen Sie ihn aber trotzdem auf *Manuell* und nicht auf *Deaktiviert*, da einige Programme von Drittherstellern auf Designs zugreifen, ohne das eingestellte Design abzufragen. Hier kann es sonst zu Problemen kommen, wenn der Dienst deaktiviert ist. Verwenden Sie Windows XP im neuen Design, muss der Dienst auf *Automatisch* eingestellt sein.

Distributed Transaction Coordinator

Koordiniert Transaktionen, die sich über mindestens zwei Ressourcenverwaltungen wie Datenbanken, Nachrichtenwarteschlangen oder Dateisysteme erstrecken. Dieses Verfahren wird nur von wenigen Programmen genutzt. Setzen Sie den Dienst auf *Manuell*, sodass er nur bei Bedarf gestartet wird.

Druckwarteschlange

Der Dienst Druckerwarteschlange verwaltet die Druckaufträge, die an einen lokalen oder Netzwerkdrucker geschickt werden. Verwendet man keinen Drucker, kann dieser Dienst deaktiviert werden.

Eingabegerätezugang

Dieser Dienst ist nur für spezielle HID-Eingabegeräte (**H**uman **I**nterface **D**evice) nötig. Bei Verwendung normaler Tastaturen und Mäuse kann er deaktiviert werden.

Hilfe und Support

Wenn Sie die Windows XP-Hilfe nie verwenden, können Sie diesen Dienst deaktivieren. Das direkte Anzeigen von HLP- oder CHM-Dateien ist trotzdem möglich.

IMAPI-CD-Brenn-COM-Dienste

Solange Sie keinen CD-Brenner eingebaut haben oder die in Windows XP integrierte Funktion zum Brennen von CDs verwenden, kann dieser Dienst deaktiviert sein. Beim

Einsatz eines Brenners setzen Sie ihn auf *Manuell*, sodass er erst gestartet wird, wenn wirklich eine CD gebrannt werden soll.

Indexdienst

Dieser Dienst kann deaktiviert werden. Er führt zu ständigen Festplattenzugriffen und immer größer werdenden Indexdateien. Die Suchfunktion funktioniert auch ohne den Indexdienst, läuft dann allerdings erheblich langsamer ab. Wenn häufig bestimmte Verzeichnisse durchsucht werden sollen, kann der Indexdienst unter *Computerverwaltung/Dienste und Anwendungen/Indexdienst* entsprechend konfiguriert werden.

Kompatibilität für schnelle Benutzerumschaltung

Solange Sie Ihren Computer nur allein benutzen und nie mit zwei Benutzern gleichzeitig angemeldet sind, können Sie diesen Dienst deaktivieren.

Konfigurationsfreie drahtlose Verbindung

Solange keine drahtlosen Geräte nach dem 802.11-Standard vorhanden sind, kann dieser Dienst deaktiviert oder auf *Manuell* gesetzt werden.

Kryptografiedienste

Dieser Dienst verwaltet Zertifikate und digitale Signaturen. Er wird zwar immer gestartet, ist aber in den meisten Fällen nicht nötig. Einige Systemsicherheitsfunktionen und die Überprüfung zertifizierter Treiber laufen ohne diesen Dienst nicht mehr. Dafür wird nach einem Deaktivieren der Kryptografiedienste das System schneller.

Leistungsdatenprotokolle und Warnungen

Dieser Dienst wird nur zur Ermittlung von Systemleistungsdaten gebraucht. Er kann während der normalen Arbeit deaktiviert werden.

MS Software Shadow Copy Provider

Verwaltet softwarebasierte Schattenkopien des Volumeschattenkopie-Dienstes und kann deaktiviert werden.

Sekundäre Anmeldung

Ermöglicht das Starten von Prozessen unter Verwendung alternativer Anmeldeinformationen. Solange Sie den Computer allein mit nur einem Benutzerkonto verwenden, können Sie diesen Dienst deaktivieren.

Seriennummer der tragbaren Medien

Dieser Dienst sollte immer deaktiviert werden. Solange Sie keine portablen Musik-Abspielgeräte benutzen, wird der Dienst ohnehin nicht gebraucht. Bei angeschlossenen Playern verhindern Sie damit das Auslesen der Seriennummer und die damit verbundenen Kopierschutzeinschränkungen.

SmartCard/SmartCard-Hilfsprogramm

Deaktivieren Sie diese beiden Dienste, solange Sie keine SmartCard-Lesegeräte angeschlossen haben. SmartCard-Lesegeräte dienen zur Benutzerauthentifizierung und sind nicht mit Lesegeräten für SmartMedia-Karten und andere Wechselmedien zu verwechseln.

Systemereignisbenachrichtigung

Dieser Dienst verfolgt Systemereignisse und Netzwerkanmeldungen. Wenn Sie hier nicht benachrichtigt werden wollen, können Sie den Dienst deaktivieren.

Systemwiederherstellungsdienst

Wenn Sie die Systemwiederherstellungsfunktionen nicht brauchen, können Sie diesen Dienst deaktivieren. Schalten Sie vorher die Systemwiederherstellung unter *Systemsteuerung/System* aus.

Task-Planer

Dieser Dienst wird nur zum automatischen zeitgesteuerten Start von Programmen benötigt. Wenn Sie diese Funktionen nicht brauchen, können Sie den Task-Planer deaktivieren.

Terminaldienste

Terminaldienste werden in Windows XP nicht nur für Terminalverbindungen zu anderen Computern verwendet, sondern auch für die schnelle Benutzerumschaltung gebraucht. Wenn Sie beides nicht benutzen, können Sie diesen Dienst deaktivieren.

Treibererweiterungen für Windows-Verwaltungsinformation

Solange kein spezieller Treiber diesen Dienst braucht, können Sie ihn deaktivieren oder auf *Manuell* setzen.

Unterbrechungsfreie Stromversorgung

Verwaltet eine an den Computer angeschlossene **u**nterbrechungsfreie **S**trom**v**ersorgung (USV). Solange keine USV angeschlossen ist, kann der Dienst deaktiviert werden.

Universeller Plug & Play-Geräte-Host

Dieser Dienst ermöglicht es, den Computer als Host für universelle Plug & Play-Geräte einzurichten. Er sollte immer auf *Manuell* gesetzt werden.

Verwaltung logischer Datenträger/Verwaltungsdienst für die Verwaltung logischer Datenträger

Diese Dienste überwachen Statusinformationen von Festplatten. Sie sind nur bei der Verwendung dynamischer Festplatten sinnvoll. Setzen Sie die Dienste sicherheitshalber nur auf *Manuell* und deaktivieren Sie sie nicht, falls ein Programm auf die Informationen zugreift.

Volumeschattenkopie

Dieser Dienst wird nur gebraucht, wenn Sie Volume-Schattenkopien zu Sicherungszwecken anlegen. Bei den meisten Konfigurationen kann der Dienst deaktiviert werden.

Warndienst

Der Warndienst versendet administrative Warnungen. Er kann auf *Manuell* gesetzt werden, da solche Warnungen ausgesprochen selten sind.

Wechselmedien

Dieser Dienst wird zur Verwaltung von Wechselmedien wie SmartMedia, SD-Card, Memorysticks und Ähnliches gebraucht. Er kann deaktiviert werden, wenn keine passenden Lesegeräte vorhanden sind.

Windows-Installer

Wird bei der Installation oder Deinstallation von Programmen aus MSI-Dateien benötigt. Setzen Sie diesen Dienst auf *Manuell*. Er startet dann nur, wenn eine MSI-Datei aufgerufen wird.

Windows-Bilderfassung

Der Dienst wird von Scannern und Digitalkameras verwendet, die von Windows XP automatisch angesteuert werden. Geräte mit eigenen Treibern brauchen den Dienst nicht.

Netzwerkdienste

Viele Dienste werden nur in Netzwerken benötigt, von Windows XP aber trotzdem immer automatisch gestartet, auch wenn der Computer nicht in einem Netzwerk hängt.

Einige davon werden auch nur in domänenbasierten Netzen gebraucht, sodass sie in einfachen kleinen Netzwerken ohne Windows NT/2000 Server deaktiviert werden können.

Anmeldedienst

Wird nur zur Anmeldung in Domänen gebraucht, kann also in Netzwerken ohne Domänenserver deaktiviert werden.

Anwendungsverwaltung

Dienst für die zentrale Verwaltung von Softwareinstallationen, Veröffentlichung und Bereitstellungen in Netzwerken. Da dieses Verfahren nur in großen Netzwerken und auch dort nur selten eingesetzt wird, kann der Dienst auf einzelnen Computern und in Peer-to-Peer-Netzwerken deaktiviert werden.

Arbeitsstationsdienst

Dieser Dienst verwaltet die Netzwerkverbindungen einer Arbeitsstation. Er kann auf einzelnen Computern ohne Netzwerk deaktiviert werden. Beachten Sie, dass dieser Dienst Voraussetzung für verschiedene weitere Dienste ist.

In den meisten Fällen ist es sicherer, diesen Dienst automatisch starten zu lassen.

Computerbrowser

Kann auf lokalen Computern ohne Netzwerk deaktiviert werden. Dieser Dienst führt eine Liste aller Computer im lokalen Netzwerk. In Netzwerken sollte der Dienst immer automatisch gestartet werden.

IPSEC-Dienste

Dienst zur Verwaltung von IP-Sicherheitsrichtlinien. Kann auf Computern ohne Netzwerk und in Netzwerken ohne TCP/IP-Protokoll deaktiviert werden.

Nachrichtendienst

Kann auf lokalen Computern ohne Netzwerk deaktiviert werden. Dieser Dienst überträgt Netzwerk-Warnnachrichten und hat nichts mit dem Windows Messenger zu tun. In Netzwerken können Sie den Dienst auf *Manuell* setzen, sodass er nur bei Bedarf vom System gestartet wird.

Netzwerk-DDE-Dienst/Netzwerk-DDE-Serverdienst

Ermöglicht Netzwerktransport und Sicherheit für den dynamischen Datenaustausch (DDE) von Programmen. Kann auf Computern ohne Netzwerk deaktiviert werden. Da nur wenige Programme diese Funktionen überhaupt benutzen, können Sie die beiden Dienste auch auf Computern im Netzwerk in den meisten Fällen auf *Manuell* setzen.

NLA (Network Location Awareness)

Sammelt und speichert Netzwerkkonfigurations- und Standortinformationen und benachrichtigt Anwendungen, wenn diese Informationen sich ändern. Kann auf Computern ohne Netzwerk deaktiviert werden.

NT-LM-Sicherheitsdienst

Bietet Sicherheit für Remote-Prozeduraufrufe (RPC), die andere Transportwege als Named Pipes verwenden. Dieser Dienst kann auf Computern ohne Netzwerk deaktiviert werden. Im Netzwerk setzen Sie ihn am besten auf *Manuell*, da er nur in seltenen Fällen gebraucht wird.

QoS-RSVP

Bietet Funktionen zur Kontrolle des Netzwerkverkehrs (**Q**uality **o**f **S**ervice). Da dieser Dienst das Netzwerk um bis zu 20 % bremst, sollten Sie ihn deaktivieren, solange er nicht von einem speziellen Programm explizit gebraucht wird.

Remote-Registrierung

Dieser Dienst sollte aus Sicherheitsgründen deaktiviert werden, damit niemand von einem Remote-Computer Zugriff auf die lokale Registry hat.

Routing und RAS

Bietet Routing-Dienste in LAN- und WAN-Netzwerkumgebungen. Kann auf allen Computern deaktiviert werden, die nicht als Router eingesetzt werden.

RPC-Locator

Verwaltet die Datenbank für den RPC-Namensdienst (**R**emote **P**rocedure **C**all). Setzen Sie diesen Dienst in Netzwerken auf *Manuell*, auf einzelnen Computern kann er deaktiviert werden.

Server

Dieser Dienst steuert die Datei- und Druckerfreigabe im Netzwerk. Auf einzelnen Computern kann er deaktiviert werden.

Sitzungs-Manager für Remotedesktop-Hilfe

Solange Sie die Remote-Unterstützung nicht verwenden, können Sie diesen Dienst deaktivieren. Nähere Informationen zur Remote-Unterstützung finden Sie in Kapitel 14.

SSDP-Suchdienst

Dieser Dienst sucht UPnP-Geräte und kann immer auf *Manuell* gesetzt werden. Solange Sie kein UPnP-Gerät im Netzwerk betreiben, können Sie den Dienst auch deaktivieren. Lesen Sie hierzu auch den Abschnitt über das UPnP-Problem in Kapitel 12 ab Seite 912.

TCP/IP-NetBIOS-Hilfsprogramm

Dieser Dienst ermöglicht die Unterstützung vom NetBIOS-über-TCP/IP-Dienst (NetBT) und die NetBIOS-Namensauflösung und kann in den meisten lokalen Netzwerken deaktiviert werden. Sollte es danach zu Problemen im Netzwerk kommen, setzen Sie den Dienst wieder auf die vorhergehende Einstellung zurück.

Upload-Manager

Dieser Dienst verwaltet synchrone und asynchrone Dateiübertragungen zwischen Clients und Servern im Netzwerk und kann in den meisten Netzwerken auf *Manuell* gesetzt werden.

Windows-Zeitgeber

Verwaltet die Datums- und Uhrzeitsynchronisation in lokalen Netzwerken. Dieser Dienst kann deaktiviert werden, wenn der Computer nicht in einem Netzwerk mit lokalem Zeitserver hängt.

Dienste für den Internetzugang

Einige Dienste werden nur im Zusammenhang mit einer Internetverbindung verwendet. Dazu gehören zum Beispiel alle Dienste, die Daten an Microsoft senden. Viele dieser Dienste werden von Windows XP immer gestartet und warten darauf, dass der Benutzer eine Internetverbindung herstellt. Auf Computern ohne Internetzugang können sie deaktiviert werden. Diverse Dienste sollten aus Sicherheitsgründen auch bei einem Internetzugang deaktiviert werden.

Automatische Updates

Dieser Dienst benachrichtigt den Anwender über neue Updates auf der Microsoft-Windows Update-Webseite. Da hier ständig Daten mit dem Microsoft-Server ausgetauscht und automatische Internetverbindungen aufgebaut werden, sollte dieser Dienst aus Sicherheitsgründen deaktiviert werden. Vorher müssen Sie unter *Systemsteuerung/System* die Einstellung *Automatische Updates* deaktivieren. Ein manuelles Update über die Windows Update-Seite ist weiterhin möglich.

DHCP-Client

Dieser Dienst verwaltet IP-Adressen und DNS-Namen in Netzwerken. Er wird auch zur Verwaltung der vom Internetprovider automatisch bezogenen IP-Adresse gebraucht. Auf Computern ohne Internetzugang kann der DHCP-Client deaktiviert werden, auch wenn sich der Computer in einem Netzwerk befindet, solange dieses kein TCP/IP-Protokoll verwendet.

DNS-Client

Wertet DNS-Namen aus und puffert sie. Der DNS-Client wird im Internet und in lokalen Netzen mit Active Directory gebraucht. Auf Computern ohne Internetzugang und in einfachen Netzwerken ohne Active Directory kann er deaktiviert werden.

Fehlerberichterstattungsdienst

Dieser Dienst kann deaktiviert werden, wenn Sie keine Fehlerberichte an Microsoft versenden wollen.

Gateway-Dienst auf Anwendungsebene

Dieser Dienst wird für Protokoll-Plug-Ins von Drittanbietern verwendet und kann normalerweise deaktiviert werden. Allerdings verwenden die Microsoft-Internetverbindungsfreigabe und auch die Internetverbindungs-Firewall ebenfalls diesen Dienst. Falls Sie eine dieser Techniken einsetzen, muss auch der Gateway-Dienst gestartet sein.

Internetverbindungs-Firewall/Gemeinsame Nutzung der Internetverbindung

Diesen Dienst können Sie deaktivieren, wenn Sie keine der beiden Funktionen verwenden.

NetMeeting-Remotedesktop-Freigabe

Sollte aus Sicherheitsgründen immer deaktiviert werden, damit niemand von außen per NetMeeting auf den Computer zugreifen kann.

Netzwerkverbindungen

Dieser Dienst verwaltet den Ordner *Netzwerkverbindungen* in der Systemsteuerung. Er kann auf Computern ohne Internetzugang und ohne lokales Netzwerk deaktiviert werden.

RAS-Verbindungsverwaltung

Solange Sie keinen Internetzugang und auch keinen sonstigen Zugang zu einem anderen Computer über eine Wählverbindung von diesem Computer herstellen, können Sie den Dienst deaktivieren. Ein Internetzugang über ein lokales Netzwerk funktioniert weiterhin.

Telefonie

Dieser Dienst steuert nicht nur Telefoniefunktionen für Voice-over-IP in Netzwerken, sondern dient auch als Grundlage für Wählverbindungen ins Internet. Sie können ihn also nur deaktivieren, wenn Sie von diesem Computer keinerlei Wählverbindungen aufbauen.

Telnet

Dieser Dienst sollte aus Sicherheitsgründen deaktiviert werden, damit niemand von einem Remote-Computer per Telnet Zugriff auf den eigenen Computer hat. Der Telnet-Client zum Zugriff auf Telnet-Server im Internet wird dadurch nicht beeinträchtigt.

Verwaltung für automatische RAS-Verbindung

Dieser Dienst wird für die automatische Internetanwahl benötigt, kann aber deaktiviert werden, wenn Internetverbindungen immer manuell erstellt werden oder der Computer über keinen eigenen Internetzugang verfügt. Ein Internetzugang über ein lokales Netzwerk funktioniert weiterhin.

Diensteabhängigkeiten

Einige Dienste und Treiber sind von anderen abhängig und können nur gestartet werden, wenn ein anderer Dienst gestartet ist. Besonders bei Dienstefehlern sollten Sie immer überprüfen, ob alle Dienste gestartet wurden, von denen der fehlerhafte Dienst abhängig ist. Konnte ein Dienst nicht gestartet werden, wird dies in der Ereignisanzeige vermerkt. Wird ein Dienst deaktiviert, können danach auch alle von ihm abhängigen Dienste nicht mehr gestartet werden.

Um Diensteabhängigkeiten im System festzustellen, gibt es mehrere Möglichkeiten:

- Das Kommandozeilenprogramm SC qc zeigt die Dienste, von denen der angegebene Dienst abhängig ist.
- Umgekehrt zeigt SC enumdepend alle Dienste, die vom angegebenen Dienst abhängig sind.
- Ein Doppelklick auf einen Dienst in der Dienste-Konsole zeigt auf der Registerkarte *Abhängigkeiten* die Diensteabhängigkeiten in beiden Richtungen.
- In der Registry finden Sie die Abhängigkeiten unter *HKEY_LOCAL_MACHINE\SYSTEM\CurrentControlSet\Services\<Dienstname>* in den *REG_MULTI_SZ*-Werten *DependOnGroup* und *DependOnService*.
- Der Dependency Walker *DEPENDS.EXE*, ein Tool für Programmierer, zeigt sehr umfangreiche Informationen zu jeder EXE- oder DLL-Datei an. In der Baumstruktur links oben finden Sie auch alle Abhängigkeiten und Dateien, die von einem Programm automatisch gestartet werden.

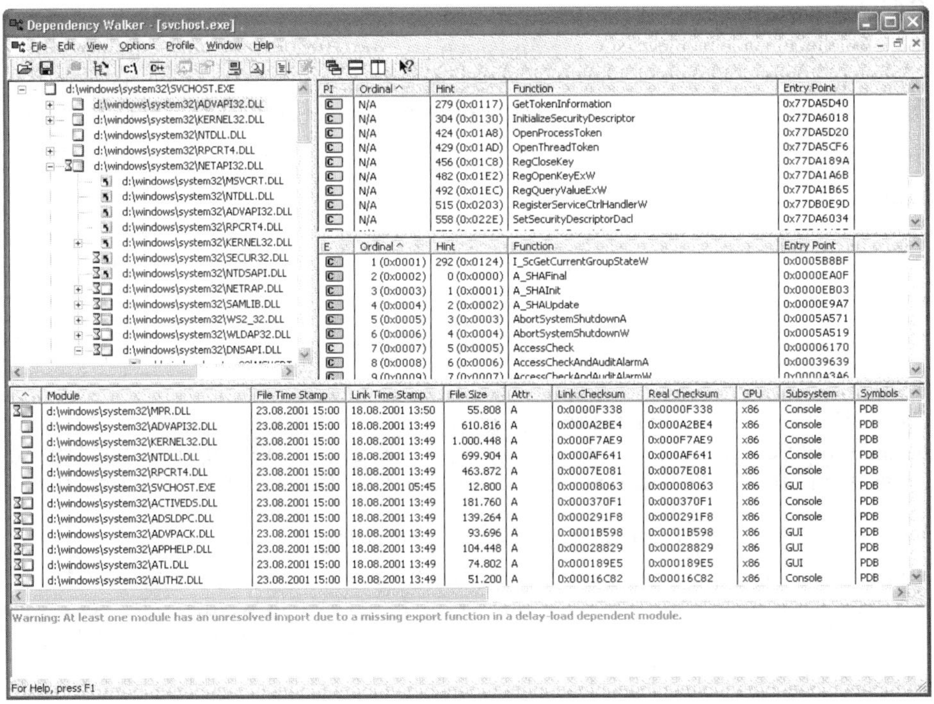

Der Dependency Walker.

Diensteverwaltung per Kommandozeile

Viele der Aufgaben der Dienste-Konsole und einige weitere lassen sich auch mit dem Kommandozeilenprogramm SC erledigen und auf diese Weise per Batchdateien automatisieren.

Die allgemeine Syntax von SC sieht so aus:

```
SC [Server] Befehl [Dienstname] [Optionen]
```

Die Tabellen erläutern die Optionen zu den verschiedenen SC-Befehlen.

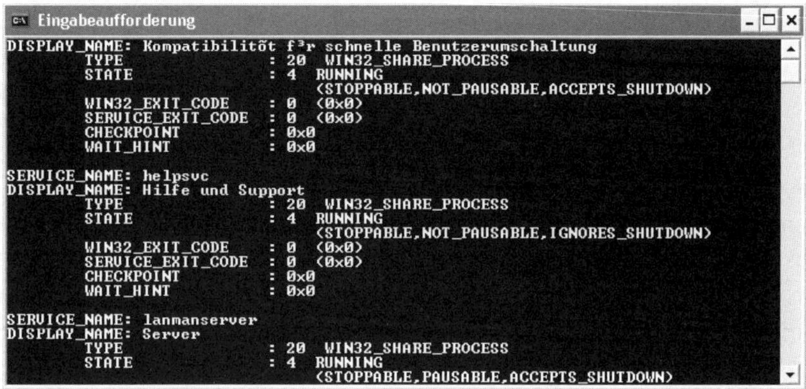

Ausschnitt aus der Anzeige von SC query.

SC boot

Gibt an, ob der letzte Systemstart als die letzte als funktionierend bekannte Konfiguration gespeichert werden soll. Dieser Befehl wird ohne die Angabe eines Dienstnamens verwendet.

Befehlsoptionen	Beschreibung
SC boot ok	Der letzte Systemstart soll als letzte funktionierende Konfiguration gespeichert werden.
SC boot bad	Der letzte Systemstart soll als nicht letzte funktionierende Konfiguration gespeichert werden.

SC config

Dies ist eine der wichtigsten Optionen der Dienstesteuerung. Hiermit lassen sich Dienste konfigurieren oder der Starttyp ändern.

```
sc [Servername] config [Dienstname]
   [type= {own|share|kernel|filesys|rec|adapt|interact type= {own|share}}]
   [start= {boot|system|auto|demand|disabled}]
   [error= {normal|severe|critical|ignore}]
   [binpath= Binärdateipfad]
   [group= Ladegruppe]
   [tag= {yes|no}]
   [depend= Abhängigkeiten]
   [obj= {Kontoname|Objektname}]
   [displayname= Anzeigename]
   [password= Kennwort]
```

Zwischen den Parametern und den jeweiligen Optionen muss ein Leerzeichen stehen.

Die Optionen im Parameter *type* geben den Diensttyp an.

type-Optionen	Beschreibung
type= own	Standardeinstellung. Der Dienst erzeugt einen eigenen Prozess.
type= share	Gemeinsam genutzter Prozess, verwendet die gleiche Datei wie ein anderer Dienst.
type= kernel	Der Dienst läuft als Treiber.
type= filesys	Der Dienst läuft als Dateisystemtreiber.
type= rec	Vom Dateisystem erkannter Treiber (identifiziert auf dem Computer verwendete Dateisysteme)
type= adapt	Adaptertreiber identifiziert Hardwarekomponenten
type= interact type= own	Interaktiver Dienst, der Benutzereingaben empfangen kann, läuft als eigener Prozess.
type= interact type= shared	Interaktiver Dienst, der Benutzereingaben empfangen kann, läuft als gemeinsam genutzter Prozess.

Mit dem Parameter *start* wird der Starttyp eines Dienstes angegeben.

start-Optionen	Beschreibung
boot	Gerätetreiber, der beim Booten geladen wird
system	Gerätetreiber, der während der Kernel-Initialisierung gestartet wird
auto	Dienst, der automatisch gestartet wird
demand	Standardeinstellung; Dienst, der manuell gestartet wird
disabled	Deaktivierter Dienst

Der Parameter *error* gibt das Verhalten in einem Fehlerfall an, wenn der betreffende Dienst nicht gestartet werden kann.

error-Optionen	Beschreibung
normal	Standardeinstellung. Benutzer wird informiert, Fehler protokolliert, Startvorgang fortgesetzt.
severe	Fehler wird protokolliert. Der Computer versucht, mit der letzten als funktionierend gespeicherten Konfiguration neu zu starten.
critical	Fehler wird protokolliert. Der Computer versucht, mit der letzten als funktionierend gespeicherten Konfiguration neu zu starten. Schlägt diese Konfiguration ebenfalls fehl, wird der Bootvorgang mit einem Bluescreen abgebrochen.
ignore	Benutzer wird nicht informiert, Fehler protokolliert, Startvorgang fortgesetzt.

Die Dienste werden gruppenweise geladen. In welcher Gruppe ein neuer Dienst geladen werden soll, gibt der Parameter *group=* an. Geben Sie hier den Namen einer der Gruppen an, die im Registry-Wert *List* unter *HKEY_LOCAL_MACHINE\SYSTEM\CurrentControlSet\Control\ServiceGroupOrder* aufgelistet sind.

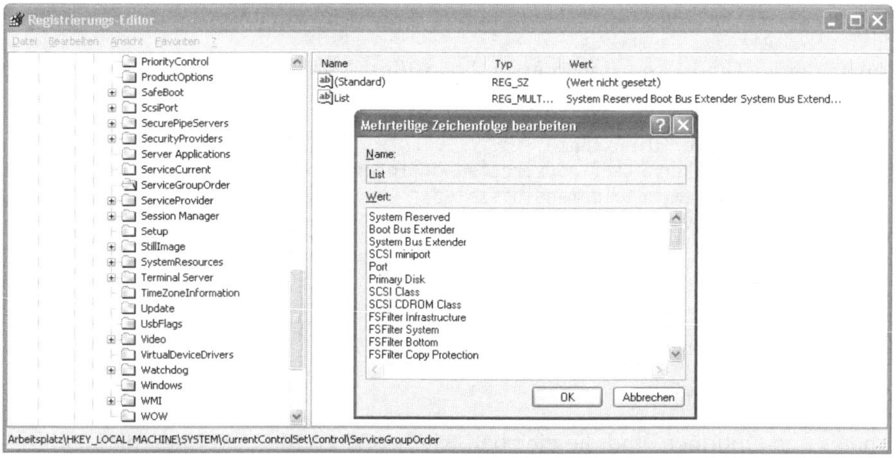

Liste der Dienstgruppen in der Registry.

Weitere Optionen	Beschreibung
binpath= Dateipfad	Pfad zur Binärdatei des Dienstes
tag= yes	Zum Start des Dienstes soll eine Tagkennung abgerufen werden. Wird nur bei Boot- und Systemstarttreibern verwendet.
tag= no	Zum Start des Dienstes soll keine Tagkennung abgerufen werden.
depend= Abhängigkeiten	Dienste, von denen dieser Dienst abhängig ist, die also vorher gestartet sein müssen.
obj= {Kontoname / Objektname}	Kontoname oder Windows XP-Treiberobjekt, unter dem der Dienst ausgeführt wird.
displayname= Name	Aussagekräftiger Name, der in der Dienste-Konsole angezeigt wird.
password= Passwort	Passwort des Benutzerkontos, wenn der Dienst nicht als Local System ausgeführt wird.

SC continue

Setzt einen angehaltenen Dienst fort.

```
sc [Servername] continue [Dienstname]
```

SC control

Sendet einen *CONTROL B*-Befehl mit einem Steuer-Flag an einen Dienst.

```
sc [Servername] control [Dienstname]
    [{paramchange|
      netbindadd|
      netbindremove|
      netbindenable|
      netbinddisable|
      ControlB_benutzerdefiniert}]
```

SC create

Erstellt einen neuen Dienst mit den notwendigen Einträgen in der Registry und in der Datenbank des Dienststeuerungs-Managers.

```
sc [Servername] create [Dienstname]
   [type= {own|share|kernel|filesys|rec|adapt|interact type= {own|share}}]
   [start= {boot|system|auto|demand|disabled}]
   [error= {normal|severe|critical|ignore}]
   [binpath= Binärdateipfad]
   [group= Ladegruppe]
   [tag= {yes|no}]
   [depend= Abhängigkeiten]
   [obj= {Kontoname|Objektname}]
   [displayname= Anzeigename]
   [password= Kennwort]
```

Die Parameter und Optionen sind die gleichen wie bei SC config. Zwischen den Parametern und den jeweiligen Optionen muss ein Leerzeichen stehen.

SC delete

Löscht die Einträge für einen Dienst in der Registry. Der Dienst wird dabei nicht automatisch beendet, sondern dann, wenn er gerade läuft, nur zum Löschen markiert.

```
sc [Servername] delete [Dienstname]
```

SC description

Definiert den beschreibenden Text für einen Dienst.

```
sc [Servername] description [Dienstname] [Beschreibung]
```

SC enumdepend

Gibt an, welche Dienste von dem angegebenen Dienst abhängig sind. Diese Dienste können nur ausgeführt werden, wenn der angegebene Dienst läuft.

```
sc [Servername] enumdepend [Dienstname] [Puffergröße]
```

Der Parameter *Puffergröße* gibt die Größe des Aufzählungspuffers (in Byte) an. Als Standardwert gilt 1.024 Byte.

SC failure

Legt fest, wie das System bei einem Fehler des angegebenen Dienstes reagieren soll.

```
sc [Servername] failure [Dienstname]
   [reset= Fehlerfreier_Zeitraum]
   [reboot= Broadcastmeldung]
   [command= Befehlszeile]
   [actions= Fehlervorgänge_und_Verzögerungszeit]
```

Befehlsoptionen	Beschreibung
reset= Zeit	Zeitraum, nach dem der Fehlerzähler auf 0 zurückgesetzt wird, wenn kein Fehler aufgetreten ist. Kann nur zusammen mit dem Parameter *actions=* verwendet werden.
reboot= Meldung	Text der Meldung, die beim Ausfall des Dienstes gesendet wird
command= Befehlszeile	Befehlszeile, die bei einem Ausfall des Dienstes auszuführen ist

Befehlsoptionen	Beschreibung
actions= Aktionen	Beim Ausfall können die Aktionen *run, restart* oder *reboot* ausgeführt werden. Durch einen Schrägstrich getrennt muss dahinter die Verzögerungszeit in Millisekunden angegeben werden.

SC getdisplayname

Zeigt den Anzeigenamen des Dienstes an.

```
sc [Servername] getdisplayname [Dienstname] [Puffergröße]
```

Der Parameter *Puffergröße* gibt die Größe des Anzeigepuffers (in Byte) an. Als Standardwert gilt 1.024 Byte.

SC getkeyname

Zeigt den Dienstnamen des Dienstes an, der über seinen Anzeigenamen identifiziert wird.

```
sc [Servername] getkeyname [Dienstanzeigename] [Puffergröße]
```

Der Parameter *Puffergröße* gibt die Größe des Anzeigepuffers (in Byte) an. Als Standardwert gilt 1.024 Byte.

SC interrogate

Sendet eine *interrogate*-Steuerungsanforderung an den Dienst. Dieser aktualisiert damit seinen Status neu mit dem Dienststeuerungs-Manager.

```
sc [Servername] interrogate [Dienstname]
```

SC lock

Sperrt die Dienste-Datenbank. Dieser Befehl wird ohne Angabe eines Dienstnamens aufgerufen.

SC pause

Hält einen Dienst an.

```
sc [Servername] pause [Dienstname]
```

SC qc

Zeigt detaillierte Konfigurationsinformationen zu einem Dienst an.

```
sc [Servername] qc [Dienstname] [Puffergröße]
```

Der Parameter *Puffergröße* gibt die Größe des Anzeigepuffers (in Byte) an. Als Standardwert gilt 1.024 Byte.

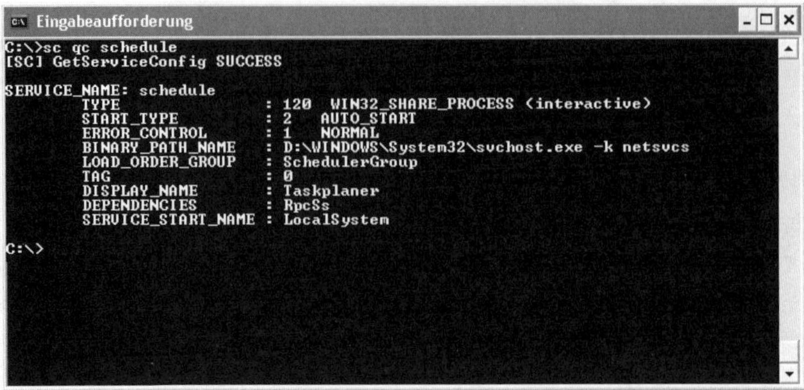

Beispiel einer Anzeige von SC qc.

SC qdescription

Zeigt den detaillierten Beschreibungstext zu einem Dienst an.

```
sc [Servername] qdescription [Dienstname] [Puffergröße]
```

Der Parameter *Puffergröße* gibt die Größe des Anzeigepuffers (in Byte) an. Als Standardwert gilt 1.024 Byte.

SC qfailure

Zeigt die Aktionen an, die ausgeführt werden sollen, wenn ein Dienst fehlschlägt.

```
sc [Servername] qfailure [Dienstname] [Puffergröße]
```

Der Parameter *Puffergröße* gibt die Größe des Anzeigepuffers (in Byte) an. Als Standardwert gilt 1.024 Byte.

SC query

Liefert Informationen zu einem Dienst, Treiber oder Diensttyp. SC query liefert andere Informationen als SC qc und kann auch Informationen zu mehreren Diensten nach Typen gefiltert liefern.

```
sc [Servername] query [Dienstname]
   [type= {driver|service|all}]
   [type= {own|share|interact|kernel|filesys|rec|adapt}]
   [state= {active|inactive|all}]
   [bufsize= Puffergröße]
   [ri= IndexFortsetzen]
   [group= Gruppenname]
```

Im Parameter *type* werden die aufzulistenden Elemente angegeben.

type-Optionen (1)	Beschreibung
type= driver	Treiber
type= service	Standardeinstellung; Dienste
type= all	Treiber und Dienste

Wird der Parameter *type* zweimal verwendet, gibt die zweite Instanz die aufzulistenden Diensttypen an.

type-Optionen (2)	Beschreibung
type= own	Standardeinstellung. Der Dienst erzeugt einen eigenen Prozess.
type= share	Gemeinsam genutzter Prozess, verwendet gleiche Datei wie ein anderer Dienst.
type= interact	Interaktiver Dienst, der Benutzereingaben empfangen kann
type= kernel	Der Dienst läuft als Treiber.
type= filesys	Der Dienst läuft als Dateisystemtreiber.

Der Parameter *state* filtert Dienste nach ihrem Startstatus.

state-Optionen	Beschreibung
state= active	Standardeinstellung; Aktive Dienste
state= inactive	Unterbrochene oder beendete Dienste
state= all	Alle Dienste

Weitere Optionen	Beschreibung
bufsize=	Gibt die Größe des Anzeigepuffers (in Byte) an. Als Standardwert gilt 1.024 Byte.
ri=	Fortsetzung der Anzeige, wenn die Puffergröße überschritten wurde
group=	Aufzulistende Dienstgruppe

SC queryex

Liefert die gleichen Informationen wie SC query und zusätzlich noch die PID des Dienstes und eventuelle Flags. Die Syntax und die verwendbaren Optionen sind ebenfalls die gleichen wie bei SC query.

SC querylock

Zeigt den Sperrstatus der Dienste-Datenbank an. Dieser Befehl wird ohne Angabe eines Dienstnamens aufgerufen.

SC sdset

Legt eine Sicherheitsbeschreibung für einen Dienst fest. Dazu wird eine spezielle Definitionssprache SDDL (**S**ecurity **D**escriptor **D**efinition **L**anguage) verwendet.

```
sc [Servername] sdset Dienstname Dienstsicherheitsbeschreibung
```

SC sdshow

Zeigt die Sicherheitsbeschreibung eines Dienstes im SDDL-Format an.

```
sc [Servername] sdshow Dienstname
```

SC start

Startet einen Dienst. Dabei können optional noch spezielle Startargumente angegeben werden.

```
sc [Servername] start Dienstname [Dienstargumente]
```

SC stop

Stoppt einen Dienst.

```
sc [Servername] stop Dienstname
```

Dienste über die Wiederherstellungskonsole steuern

Lässt sich Windows XP nicht normal starten, kann dies an einer Fehlkonfiguration von Diensten liegen. Starten Sie in diesem Fall den Computer mit der Wiederherstellungskonsole und geben Sie dort an der Eingabeaufforderung „LISTSVC" ein.

- Um einen Dienst oder Treiber zu deaktivieren, geben Sie ein:
  ```
  disable <Dienstname>
  ```
- Um einen Dienst oder Treiber zu starten, geben Sie ein:
  ```
  enable <Dienstname> <Starttyp>
  ```

Für den Starttyp können folgende Werte verwendet werden:

Starttyp	Beschreibung
SERVICE_BOOT_START	Gerätetreiber wird beim Booten geladen.
SERVICE_SYSTEM_START	Gerätetreiber wird während der Kernel-Initialisierung gestartet.
SERVICE_AUTO_START	Dienst wird automatisch gestartet.
SERVICE_DEMAND_START	Dienst wird manuell oder bei Bedarf gestartet.

10.5 Benchmark-Programme im sinnvollen Einsatz

Wie schnell ein System wirklich ist und an welchen Stellen eine Aufrüstung effektive Geschwindigkeitsgewinne bringen würde, lässt sich am einfachsten mit Benchmark-Programmen ermitteln. Diese Programme lassen bestimmte Systemfunktionen wie zum Beispiel arithmetische Berechnungen oder Kopieren großer Dateien laufen und ermitteln automatisch die benötigte Zeit. Das Ergebnis wird mit bekannten Referenzsystemen verglichen, sodass man sich ein Bild über die Leistungsfähigkeit des eigenen Computers machen kann.

Um bei Benchmark-Tests objektive Ergebnisse zu erreichen, sollten Sie immer alle anderen Programme beenden, die Festplatte defragmentieren und während des Testlaufs nicht anderweitig auf den Computer zugreifen.

Microsofts Meinung zu Benchmarks

Microsoft rät unter Windows XP generell von Benchmark-Tests ab, da es sich bei Windows XP um ein „self tuning"-System handelt und so die Tests nicht aussagekräftig seien: *www.microsoft.com/hwdev/platform/performance/benchmark.asp*.

Was auch immer Sie von „self tuning"-Systemen halten, sollten Sie Benchmark-Tests nicht unmittelbar nach der Betriebssysteminstallation ausführen und auch in regelmäßigen Abständen wiederholen.

Wir stellen Ihnen im Folgenden einige bekannte Benchmark-Programme vor, die unter Windows XP laufen. Die meisten dieser Programme bieten gleichzeitig auch ausführliche Systeminformationen. Spezielle Programme für Grafik-Benchmarks finden Sie in Kapitel 4.

Windows XP enthält auch ein eigenes Systeminformationsprogramm, das auch eine einzige Benchmark-Funktion enthält. Man kann damit die Übertragungsrate von CD-ROMs ermitteln. Allerdings funktioniert das hier nur mit IDE-Laufwerken, nicht mit SCSI-Laufwerken.

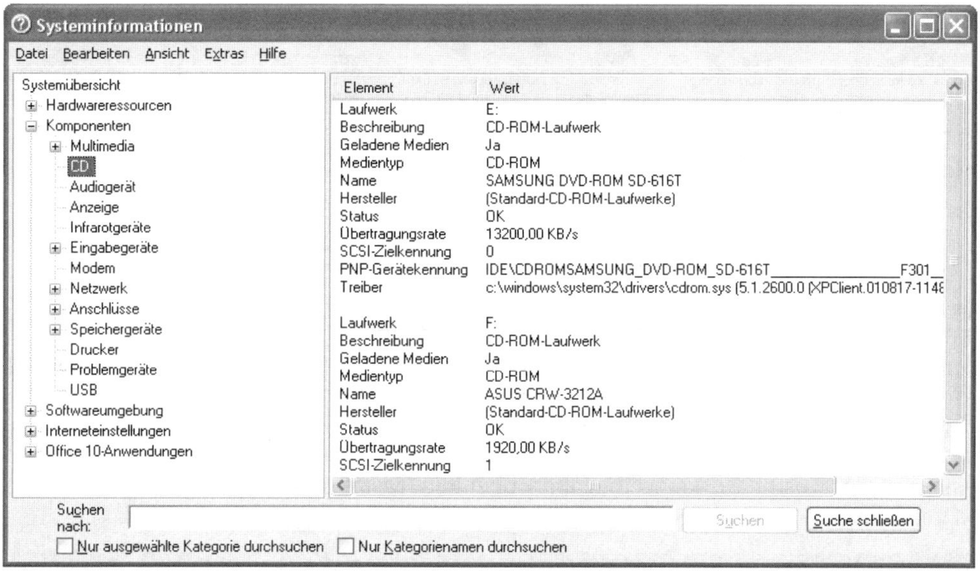

CD-ROM-Benchmark im Windows XP-Programm Systeminformationen.

Sandra

Sandra von SiSoftware ist eines der umfangreichsten Systemanalyseprogramme. Die Abkürzung Sandra steht für **S**ystem **An**alyser **D**iagnostic and **R**eporting **A**ssistant. Neben Informationen zu installierten Hardwarekomponenten enthält das Programm auch verschiedene Benchmarks, die gezielt einzelne Geräte oder Funktionen überprüfen.

Das Programm finden Sie im Internet bei *www.sisoftware.co.uk*. Um Probleme von vornherein auszuschließen, lesen Sie sich hier die umfangreiche Hardwarekompatibilitätsliste durch.

Durch den modularen Aufbau kann das Programm um zusätzliche Funktionen erweitert werden. In der kostenlosen Version sind nicht alle Module freigeschaltet.

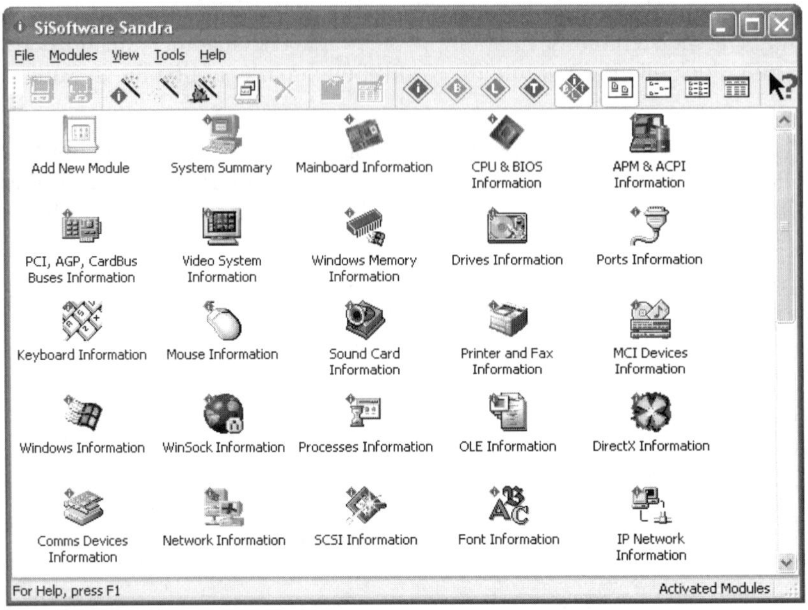

Verschiedene Module in SiSoftware Sandra.

Die Benchmark-Tests testen einzelne Komponenten und vergleichen die gemessenen Werte mit Referenzcomputern. Damit die Tests objektiv verlaufen, schließen Sie alle anderen Programme, besonders solche, die im Hintergrund Hardwarezugriffe machen, wie zum Beispiel Virenscanner, ISDN-Monitore oder Tuning-Tools. Machen Sie außerdem während der Testphase keine Eingaben über die Tastatur und bewegen Sie auch die Maus nicht.

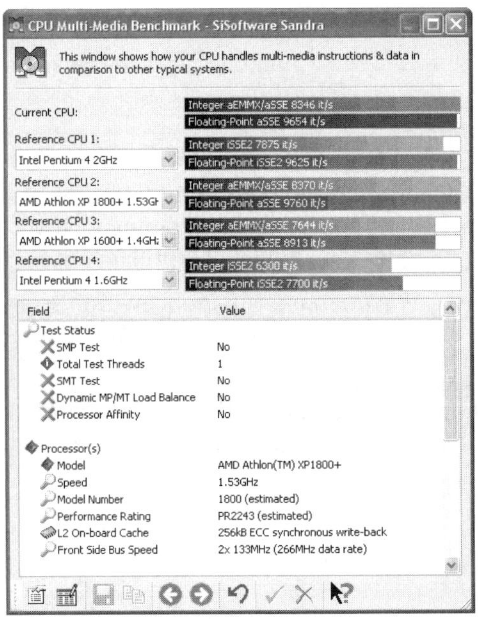

Test für Multimedia-CPU-Funktionen.

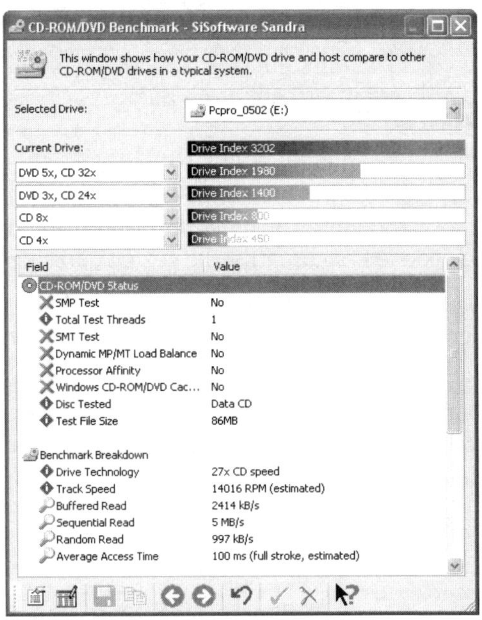

CD-ROM-Laufwerk-Benchmark.

An den einzelnen Ergebnissen sehen Sie die Komponenten, die vergleichsweise langsam sind. Eine noch bessere Hilfestellung für geplante Tuning-Maßnahmen ist der Performance Tune-up Wizard von Sandra, der nacheinander verschiedene Tests ausführt, daraus Systemschwächen feststellt und Tipps zur Optimierung gibt. Diese Tipps raten nicht unbedingt nur zur Anschaffung neuer Hardware. In vielen Fällen bringt auch ein Abschalten überflüssiger Dienste eine erhebliche Performance-Steigerung.

In einem eigenen Hilfefenster finden Sie ausführliche Erklärungen zu den Tipps, die der Wizard vorschlägt.

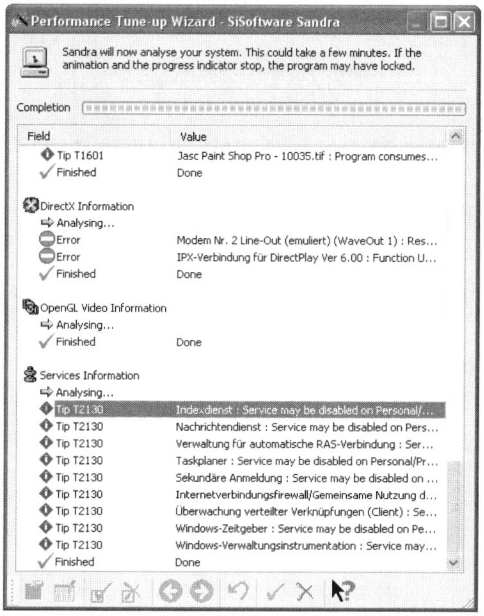

Testergebnis des Performance Tune-up Wizard.

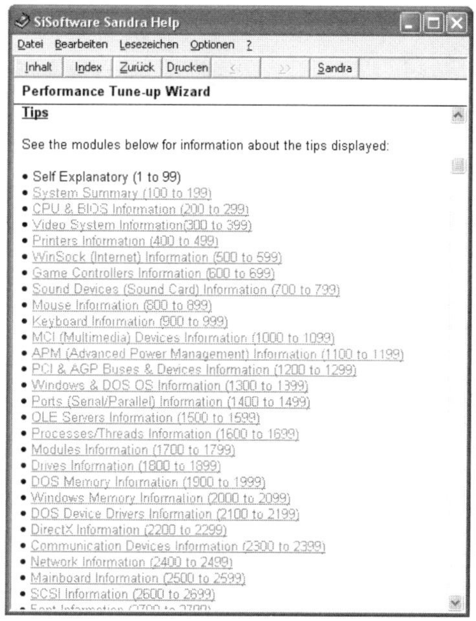

Erklärungen zu den Tipps.

WinBench

WinBench ist seit vielen Jahren einer der bekanntesten Benchmark-Tests für PCs unter Windows. Hier können Sie zwischen verschiedenen Testverfahren auswählen. Starten Sie nicht einfach blind die Option *All Tests*, da diese sehr lange dauern kann, je nach Systemkonfiguration bis zu einer Stunde.

Der WinBench testet sehr detailliert zahlreiche Parameter beim Festplattenzugriff und bei der Grafikausgabe.

Die WinBench-Ergebnisse werden bei vielen PC-Herstellern inzwischen in der Werbung angegeben, da sie eine gute Vergleichsbasis darstellen, vorausgesetzt, man vergleicht wirklich exakt die gleichen Testverfahren.

Das Programm finden Sie im Internet bei *www.zdnet.de*. Hier gibt es auch spezielle Versionen des Testprogramms für 3-D- und Audiofunktionen.

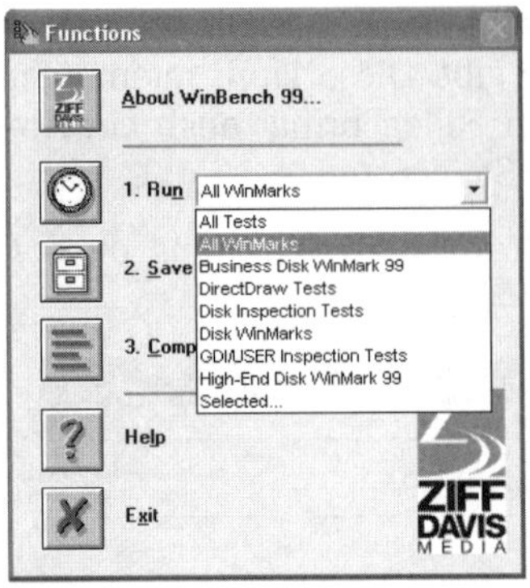

Auswahl der Tests.

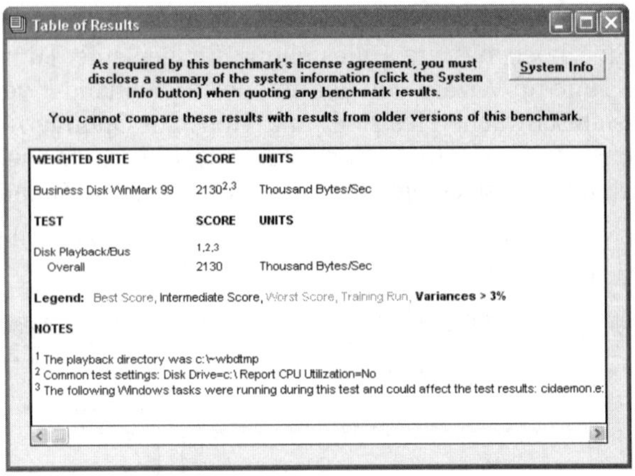

Protokoll eines Tests.

Im High-End-Test werden Zugriffe bekannter Programme simuliert, um Vergleichswerte für die tägliche Arbeit zu bekommen.

Am Ende des Tests kann das Testprotoll mit einer umfangreichen Liste von Referenzsystemen verglichen werden.

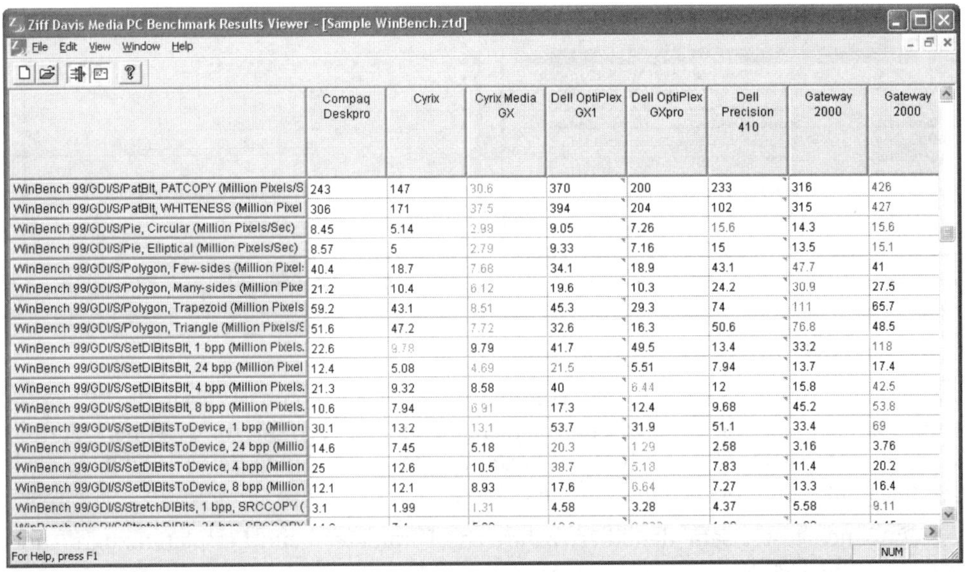

	Compaq Deskpro	Cyrix	Cyrix Media GX	Dell OptiPlex GX1	Dell OptiPlex GXpro	Dell Precision 410	Gateway 2000	Gateway 2000
WinBench 99/GDI/S/PatBlt, PATCOPY (Million Pixels/S	243	147	30.6	370	200	233	316	426
WinBench 99/GDI/S/PatBlt, WHITENESS (Million Pixel	306	171	37.5	394	204	102	315	427
WinBench 99/GDI/S/Pie, Circular (Million Pixels/Sec)	8.45	5.14	2.98	9.05	7.26	15.6	14.3	15.6
WinBench 99/GDI/S/Pie, Elliptical (Million Pixels/Sec)	8.57	5	2.79	9.33	7.16	15	13.5	15.1
WinBench 99/GDI/S/Polygon, Few-sides (Million Pixel:	40.4	18.7	7.68	34.1	18.9	43.1	47.7	41
WinBench 99/GDI/S/Polygon, Many-sides (Million Pixe	21.2	10.4	6.12	19.6	10.3	24.2	30.9	27.5
WinBench 99/GDI/S/Polygon, Trapezoid (Million Pixels	59.2	43.1	8.51	45.3	29.3	74	111	65.7
WinBench 99/GDI/S/Polygon, Triangle (Million Pixels/S	51.6	47.2	7.72	32.6	16.3	50.6	76.8	48.5
WinBench 99/GDI/S/SetDIBitsBlt, 1 bpp (Million Pixels.	22.6	9.78	9.79	41.7	49.5	13.4	33.2	118
WinBench 99/GDI/S/SetDIBitsBlt, 24 bpp (Million Pixel	12.4	5.08	4.69	21.5	5.51	7.94	13.7	17.4
WinBench 99/GDI/S/SetDIBitsBlt, 4 bpp (Million Pixels.	21.3	9.32	8.58	40	6.44	12	15.8	42.5
WinBench 99/GDI/S/SetDIBitsBlt, 8 bpp (Million Pixels.	10.6	7.94	6.91	17.3	12.4	9.68	45.2	53.8
WinBench 99/GDI/S/SetDIBitsToDevice, 1 bpp (Million	30.1	13.2	13.1	53.7	31.9	51.1	33.4	69
WinBench 99/GDI/S/SetDIBitsToDevice, 24 bpp (Millio	14.6	7.45	5.18	20.3	1.29	2.58	3.16	3.76
WinBench 99/GDI/S/SetDIBitsToDevice, 4 bpp (Million	25	12.6	10.5	38.7	5.18	7.83	11.4	20.2
WinBench 99/GDI/S/SetDIBitsToDevice, 8 bpp (Million	12.1	12.1	8.93	17.6	6.64	7.27	13.3	16.4
WinBench 99/GDI/S/StretchDIBits, 1 bpp, SRCCOPY (	3.1	1.99	1.31	4.58	3.28	4.37	5.58	9.11

Vergleich der Testergebnisse mit Referenzsystemen.

FreeMeter

FreeMeter ist ein einfaches Freewaretool, das prinzipiell nicht viel anderes macht als der Task-Manager von Windows XP, nur in einer übersichtlicheren Form. Das Programm läuft im Hintergrund und zeigt über Symbole oder in einem eigenen Fenster verschiedene Werte laufend an:

- Auslastung der Festplatten
- CPU-Aktivität

- Auslastung der Auslagerungsdatei
- Nutzung des physikalischen Arbeitsspeichers
- Datendurchsatz der Festplatte

Hier sehen Sie sofort, welche Laufwerke aufgeräumt werden müssen und ob die Größe der Auslagerungsdatei angemessen ist. Einen echten Benchmark liefert das Programm FreeMeter aber nicht.

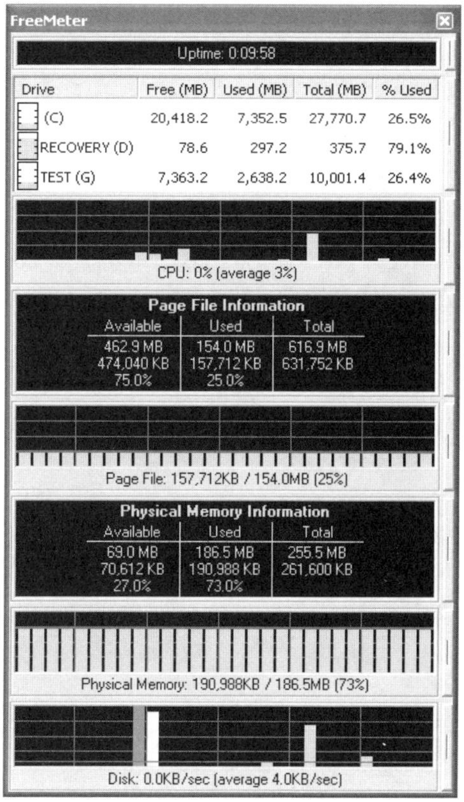

Anzeige von FreeMeter.

Dieses Programm bekommen Sie im Internet bei *www.tiler.com/freemeter*.

11. Das Windows-Netzwerk

Windows XP bietet eine umfangreiche Netzwerkunterstützung und ermöglicht deshalb eine schnelle Anbindung an lokale oder entfernte Netzwerke. Bereits während der Installation von Windows XP werden die zur Netzwerkverbindung erforderlichen Komponenten vollständig eingerichtet und größtenteils auch schon konfiguriert. Für zusätzliche Netzwerk- und Internetverbindungen stehen zahlreiche Assistenten bereit, die eine einfache und unproblematische Netzwerkanbindung ermöglichen. Nicht selten ist aber trotz der vielen Assistenten ein manueller Eingriff in die Netzwerkkonfiguration erforderlich. Beispielsweise dann, wenn die Netzwerkhardware während der Installation nicht richtig erkannt wurde, wenn es zu Treiberproblemen kommt, wenn Sie eine Verbindung zu Nicht-Windows XP-Systemen herstellen wollen, wenn die Verbindung an der Authentifizierung, sprich: der Anmeldung scheitert oder wenn Fehlkonfigurationen beseitigt werden müssen. Wir zeigen Ihnen deshalb in diesem Kapitel, wie Sie das Windows-Netzwerk gekonnt einrichten, mögliche Konfigurationsfehler beseitigen und letztendlich die Netzwerkfunktionalitäten voll ausschöpfen können.

- **Konfiguration der Netzwerkkarte:** Plug & Play-fähige Netzwerkkarten werden während der Installation von Windows XP größtenteils automatisch erkannt. Auch wenn Sie die Netzwerkkarte nachträglich einbauen und Windows XP starten, erfolgt die Treiberinstallation automatisch. Problematisch wird es allerdings, wenn Sie an der Karte spezielle Netzwerkkonfigurationen vornehmen müssen, damit sie mit Ihrem Switch zusammenarbeitet, oder wenn andere Probleme mit der Hardware auftauchen. In diesen Fällen müssen Sie selbst Hand anlegen und eine manuelle Nachkonfiguration vornehmen. Auch wenn Sie mehrere Netzwerkkarten betreiben, DSL-Verbindungen konfigurieren oder segmentübergreifende Verbindungen schaffen wollen, ist eine manuelle Konfiguration erforderlich. Wie Sie das machen, was es dabei zu beachten gibt und wie Sie Fehlkonfigurationen vermeiden, zeigen wir Ihnen ab Seite 681.
- **Netzwerkprotokolle:** Das Netzwerkprotokoll legt fest, auf welche Art und Weise Daten zwischen vernetzten Systemen transportiert und ausgetauscht werden. Es ist somit erforderlich, dass auf allen Systemen innerhalb eines Netzwerks mindestens ein gleiches Netzwerkprotokoll installiert ist, andernfalls ist keine Verbindung möglich. Windows XP unterstützt in Sachen Netzwerkprotokoll nur noch TCP/IP und NwLink IPX/SPX, weshalb bei Verwendung älterer Windows-Versionen im Netzwerk und bei Anbindungen in heterogenen Netzwerken eine mühsame Nachrüstung nicht unterstützter Protokolle erforderlich ist. Ab Seite 692 zeigen wir Ihnen, welches Protokoll Sie für welchen Zweck benötigen und wie Sie Protokolle nachrüsten, die von Windows XP nicht unterstützt werden. Im Anschluss daran lesen Sie, wie das Standardprotokoll von Windows XP – TCP/IP – aufgebaut ist, wie Sie TCP/IP konfigurieren, wie die Namensauflösung funktioniert und wie Sie DNS und WINS gekonnt einrichten.
- **Authentifizierung:** Bevor Sie mit Windows XP arbeiten und auf Ressourcen im Netzwerk zugreifen können, müssen Sie sich dem Sicherheitssystem des Betriebssystems gegenüber entsprechend authentifizieren. Auch dann, wenn Sie von einem anderen System auf Ressourcen des Windows XP-Systems zugreifen. Das Problem

dabei ist jedoch, dass es in Sachen Authentifizierung unterschiedliche Verfahren gibt, die nicht von allen Systemen gleichermaßen unterstützt werden. Ab Seite 744 zeigen wir Ihnen deshalb, welche Authentifizierungsverfahren für die Anmeldung im LAN, für Internetverbindungen und für Ressourcenzugriffe gebräuchlich sind, wie sie sich voneinander unterscheiden und wie Sie eine erfolgreiche Authentifizierung auch von unterschiedlichen Betriebssystemen und Windows-Versionen aus ermöglichen.

- **Ressourcenzugriffe:** Vorausgesetzt, die Datei- und Druckerfreigabe ist eingerichtet, lassen sich Dateien, Drucker und sonstige Ressourcen für gewöhnlich problemlos freigeben und im Netzwerk gemeinsam nutzen. Doch das Handling der Freigaben sieht anders aus, wenn Sie unterschiedliche Windows-Versionen einsetzen. Des Weiteren müssen Freigaben verwaltet und vor ungewollten Zugriffen geschützt werden. Ab Seite 746 zeigen wir Ihnen, wie Sie Freigaben optimal einrichten, entsprechend absichern und zeitgleich auch entsprechende Treiber veröffentlichen, wenn ein freigegebenes Gerät die Installation eines speziellen Treibers erfordert, wie es bei Netzwerkdruckern beispielsweise der Fall ist.
- **Domänenbasierte Netzwerke:** Die Anbindung an eine Windows NT-/2000-Domäne ist nur für Windows XP Professional vorgesehen. Wenn Sie Windows XP Home in einem domänenbasierten Netzwerk als Client einsetzen wollen, erfordert das eine manuelle Konfiguration der Netzwerkumgebung und einige Änderungen in der Registrierung. Lesen Sie ab Seite 768, wie sich die Netzwerkkonfiguration einer Client-/Serveranbindung von der einer Peer-to-Peer-Verbindung unterscheidet, was es hinsichtlich der Anmeldung und Berechtigungen zu beachten gibt und wie Sie die Netzwerkkonfiguration für die Domänenanbindung fehlerfrei durchführen und zudem optimieren können.
- **Troubleshooting:** Kommt es im Netzwerk zu Verbindungs- oder Zugriffsproblemen, ist systematisches Troubleshooting angesagt. Denn der Fehler kann durch eine fehlerhafte Konfiguration der Netzwerkkarte, durch eine falsche Verkabelung wie auch durch falsche Einstellungen des Netzwerkprotokolls oder der Netzwerkeinstellungen hervorgerufen werden. Ab Seite 770 zeigen wir Ihnen, aus welchen Gründen es zu Verbindungs- und Zugriffsproblemen kommen kann und wie Sie derartige Störungen schnell beheben.

Die Netzwerkarchitektur von Windows XP

Unter Windows XP ist die Netzwerkarchitektur sehr ähnlich zu Windows 2000 aufgebaut. Grundlegende Netzwerkfunktionen werden durch die NDIS-Schnittstelle (**N**etwork **D**river **I**nterface **S**pecification) bereitgestellt. Eine solche zentrale Schnittstelle bildet die Grundlage dafür, dass jede Netzwerkkarte mit jedem unter Windows XP verfügbaren Protokoll und Dienst arbeiten kann.

Um die im Netzwerk benötigten Dienste und Protokolle zu verstehen und die Beziehungen der einzelnen Protokolle und Dienste zueinander kennen zu lernen, stellen wir im ersten Schritt kurz das OSI-Referenzmodell und die einzelnen Protokolle vor.

Dieses Basiswissen ist nötig, um die Vorgänge im Windows-Netzwerk zu verstehen und auftretende Probleme analysieren und lösen zu können.

11.1 Kommunikation – Datentransferanalyse anhand des OSI-Referenzmodells

Die ISO (**I**nternational **S**tandard **O**rganization) entwickelte bereits 1977 zur Beschreibung der grundlegenden Netzwerkfunktionen das so genannte **O**pen **S**ystems **I**nterconnection-Referenzmodell (OSI).

Es besteht aus sieben Schichten mit logisch abgegrenzten Aufgabengebieten.

Die Aufgaben der einzelnen OSI-Schichten

Jede Schicht im OSI-Modell übernimmt nur bestimmte, fest definierte Aufgaben beim Transport von Daten durch das Netzwerk. Die oberste Schicht (7) ist dabei die Schnittstelle zur Applikation bzw. zum Anwender und das OSI-Modell beschreibt von hier ausgehend den Weg bis hin zur untersten Schicht (1), in der nur noch Signale auf dem physikalischen Übertragungsmedium existieren.

Die Aufgabe der sieben OSI-Schichten ist in der folgenden Tabelle kurz zusammengefasst:

Schicht (Layer)	Erläuterung der Funktion
7 - Anwendung (Application)	Herstellen der Verbindung zur eigentlichen Applikation bzw. zum Benutzer. Beispiel: Zugriff auf ein Netzlaufwerk.
6 - Darstellung (Presentation)	Übersetzung der Bits in Zeichen, Konvertierung von Zeichensätzen, Ver- und Entschlüsselung, Kompressionsverfahren etc. Beispiel: JPEG-Bildkomprimierung.
5 - Sitzung (Session)	Sicherstellung der Kommunikation zwischen zwei Applikationen, Fehlerkorrektur aus den Schichten 6 und 7. Beispiel: Aufbau einer SMB-Verbindung.
4 - Transport (Transport)	Kontrolle der Datenübertragung, Auf- und Abbau der Verbindung, Datenflusskontrolle. Beispiel: Aufbau einer TCP-Verbindung.
3 - Netzwerk (Network)	Logische Adressierung einzelner Datenpakete, Verteilung auf verschiedene Netzwerksegmente. Beispiel: Versand von IP-Paketen.
2 - Verbindung (Data Link)	Bildung von Frames, Datenflusskontrolle, Physikalische (MAC)-Adressinformation. Beispiel: Frames vom Typ Ethernet II.
1 - Bitübertragung (Physical)	Übertragung der Bitströme als elektrische Signale auf einem beliebigen Übertragungsmedium. Zu dieser Schicht gehören die Spezifikationen des Mediums und der Anschlüsse sowie der Zeitablauf der Übertragung.

Der Transport eines Datenpakets von einem Computer zum anderen durchläuft im OSI-Modell stets alle sieben Schichten.

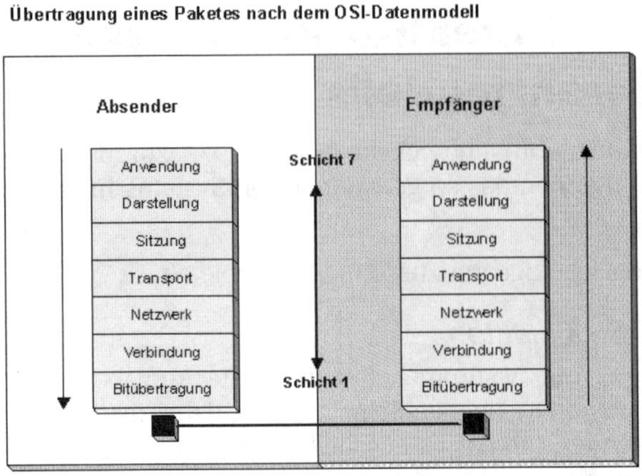

So läuft eine Datenübertragung im OSI-Schichtenmodell ab.

Beim Absender wird das Paket nacheinander von Schicht 7 bis Schicht 1 durchgereicht. Dabei erweitert der Absender das Datenpaket in jeder Schicht um neue Status- und Prüfsummeninformationen, die dann beim Empfänger stufenweise in die andere Richtung dekodiert werden, bis wieder das ursprüngliche Datenpaket entsteht.

Die Pakete werden durch die zusätzlich angefügten Informationen jeweils einige Bytes größer, sie können aber nur mithilfe dieser Zusatzinformationen den Weg durch das Netzwerk und ggf. über Router finden und fehlerlos beim Empfänger ankommen.

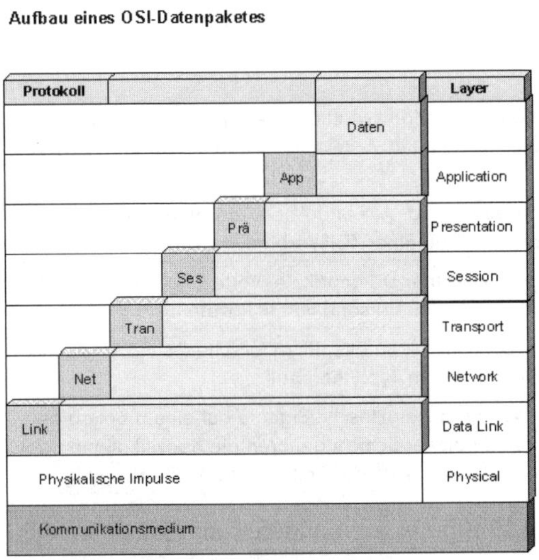

So ist ein Datenpaket in den verschiedenen OSI-Schichten aufgebaut.

Vorteile des Schichtenmodells

Die Aufteilung der Datenübertragung in streng definierte Schichten erfolgt, damit die Produkte und Protokolle unterschiedlicher Hersteller untereinander kompatibel sind und aufeinander aufsetzen können.

Softwareentwickler können sich auf die Entwicklung einzelner Module konzentrieren, ohne sich um darüber- oder darunter liegende Softwarekomponenten zu sorgen.

Einordnung der gängigen Protokolle in das OSI-Modell

Die folgende Grafik gibt einen Überblick darüber, wie sich die heute gängigen Protokolle in das OSI-Modell einordnen lassen.

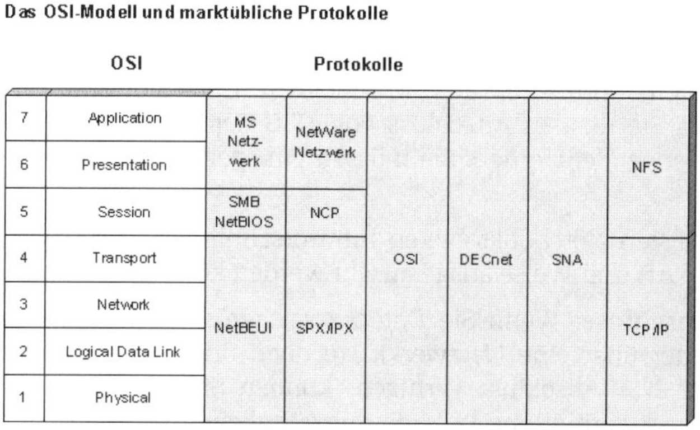

Zuordnung der gängigen Protokolle zum OSI-Modell.

Es gibt in der Praxis natürlich wesentlich mehr Protokolle, als in der obigen Grafik abgebildet wurden. Außerdem können bei einigen Protokollen der höheren Schichten auch unterschiedliche Protokolle der darunter liegenden Schichten verwendet werden.

So kann beispielsweise das bei Windows NT, 2000 und XP gebräuchliche SMB-Protokoll sowohl mit TCP/IP als auch mit IPX/SPX oder mit NetBEUI arbeiten. Näheres zu Protokollen wie SMB und NetBIOS finden Sie auf Seite 695.

Nachfolgend werden die einzelnen Bestandteile der OSI-Schichten von unten (Schicht 1, Netzwerkkarte) bis hin zur Schicht 7 (Netzwerkanwendungen, beispielsweise Netzwerkzugriff über den Windows-Explorer) genauer betrachtet.

11.2 Netzwerkkarten einrichten

Voraussetzung für das Netzwerk ist, dass die einzelnen Computer über eine entsprechende Schnittstelle verfügen, über die Daten versendet und empfangen werden können. Mögliche Schnittstellen, die zur Vernetzung verwendet werden können, sind zum Beispiel:

- **Netzwerkkarte:** Die am meisten verwendete Schnittstelle für das Netzwerk ist die Netzwerkkarte, häufig mit NIC (**N**etwork **I**nterface **C**ard) abgekürzt. Dies kann eine gewöhnliche Steckkarte sein, die in den Computer eingebaut wird, es gibt jedoch auch externe Netzwerkanschlüsse für den USB-Anschluss. Für Notebooks gibt es spezielle PCMCIA-Karten, die einfach in einen freien Slot eingesteckt werden. Die Netzwerkkarte bietet entsprechende Anschlüsse für das Netzwerkkabel, worüber mehrere Computer vernetzt werden können. Der Vorteil einer solchen Netzwerkkarte ist, dass Sie je nach verwendeter Topologie Ihr Netzwerk flexibel ausbauen können und nicht auf die Vernetzung zweier Computer beschränkt sind. Auch erreichen Sie mit einer Netzwerkkarte höhere Übertragungsraten, als wenn Sie zwei Systeme via USB-, Infrarot- oder seriellem/parallelem Anschluss verbinden. Einfache Netzwerkkarten erreichen Übertragungsraten von 10 MBit (10 BaseT), Netzwerkkarten für das Fast-Ethernet dagegen ermöglichen eine Rate von bis zu 100 MBit. Vorteilhaft sind Dual-Speed-Netzwerkkarten, die für 10- und 100 MBit-Verbindungen eingesetzt werden können.

- **USB-Anschluss:** Computer neueren Datums verfügen über externe USB-Anschlüsse (**U**niversal **S**erial **B**us), die den Anschluss mehrerer USB-fähiger Geräte erlauben. Speziell für den Netzwerkeinsatz gibt es USB-Kabel mit einer gewissen Intelligenz, worüber ein Datenaustausch zwischen zwei oder mehreren Systemen (bis maximal 127) möglich wird. Die Datenübertragungsrate beschränkt sich dabei derzeit meist noch auf 1,5 MBit (USB 1.0). Mit USB 2.0, das neuere Computer besitzen, sind unter Windows XP Übertragungsraten von bis zu 12 MBit/s möglich. Doch Vorsicht: Ein gewöhnliches USB-Kabel, das Sie für den Anschluss von USB-Geräten verwenden, kann nicht zur Vernetzung verwendet werden. Sie müssen ein spezielles USB-Netzwerkkabel verwenden.
- **Infrarotschnittstelle:** Die meisten Notebooks bieten Infrarotschnittstellen an, worüber Daten auf recht einfache Art und Weise ausgetauscht werden können.
- **Serieller oder paralleler Anschluss:** Wenn Sie Daten zwischen zwei Computern austauschen wollen, die weder über eine Netzwerkkarte noch über eine Infrarotschnittstelle oder über einen USB-Anschluss verfügen, können Sie mithilfe eines Nullmodemkabels eine PC-Direktverbindung über den gewöhnlichen seriellen oder parallelen Anschluss herstellen. Eine solche PC-Direktverbindung ist zwar schnell hergestellt, ermöglicht aber nur auf eine Verbindung zwischen 2 Systemen. Eine gleichzeitige Verbindung zu mehreren Systemen ist nicht möglich. Des Weiteren beschränkt sich die Übertragungsrate bei einer PC-Direktverbindung unter Windows auf 128.000 Bit/s, nur mit speziellen Adaptern sind noch mehr drin
- **Modem- oder ISDN/DSL-Anschluss:** Der Datenaustausch zwischen zwei oder mehreren Systemen ist nicht nur auf das lokale Netzwerk zu Hause beschränkt. Mithilfe eines Modem- oder ISDN/DSL-Anschlusses können Sie eine Verbindung zu einem entfernten Computer herstellen und Daten über das PPP-Protokoll (**P**oint-to-**P**oint-**P**rotocol) austauschen. Den Modem- oder ISDN/DSL-Anschluss nutzen Sie beispielsweise während einer Internetverbindung oder bei einer Einwahl in das entfernte Firmennetzwerk als Netzwerkschnittstelle.

Wenn Sie ein ausbaufähiges und damit flexibles Netzwerk aufbauen wollen, sollten Sie auf jeden Fall Netzwerkkarten verwenden und auf die Direktverbindung mittels Infrarot-, seriellem oder parallelem Anschluss verzichten.

Beim Kauf neuer Netzwerkkarten sollten Sie auf jeden Fall darauf achten, dass die Hardware Windows XP-kompatibel ist und dass es entsprechende Treiber für Windows XP gibt.

Andernfalls riskieren Sie, dass es zu Einrichtungsproblemen kommt und dass die Hardware nicht ordnungsgemäß funktioniert.

Einrichten der Netzwerkkarten

Haben Sie eine XP-kompatible Netzwerkkarte vor der Installation von Windows XP eingebaut, wird die Netzwerkkarte für gewöhnlich während der Windows-Installation automatisch erkannt und eingerichtet.

Auch wenn Sie die Netzwerkkarte nachträglich einbauen, müssen Sie sich in der Regel nicht um die Konfiguration der Netzwerkkarte kümmern.

Problematisch wird es aber, wenn die Netzwerkkarte nicht von Windows XP unterstützt wird oder wenn es zu Gerätekonflikten aufgrund mangelnder Ressourcen kommt. In diesen Fällen müssen Sie die Konfiguration korrigieren, andernfalls kommt keine Netzwerkverbindung zustande.

Tipps zu dieser Art von Hardwarekonfigurationsproblemen finden Sie in Kapitel 3 beschrieben. In diesem Abschnitt geht es jedoch um die spezifischen Einstellungen, die bei Netzwerkkarten für den reibungslosen Betrieb im Netzwerk erforderlich sind.

Konfigurationseinstellungen überprüfen

Als Erstes sollten Sie natürlich überprüfen, ob Ihre Netzwerkkarte überhaupt ordnungsgemäß und ohne Konflikte funktioniert. Rufen Sie dazu den Geräte-Manager auf und wählen Sie die Eigenschaften Ihres Netzwerkadapters. Sie erhalten bereits auf der Registerkarte *Allgemein* einen Hinweis auf eventuelle Probleme.

Klicken Sie auf die Registerkarte *Ressourcen*, um sich zu vergewissern, dass keine Konflikte mit anderen Adaptern im System bestehen.

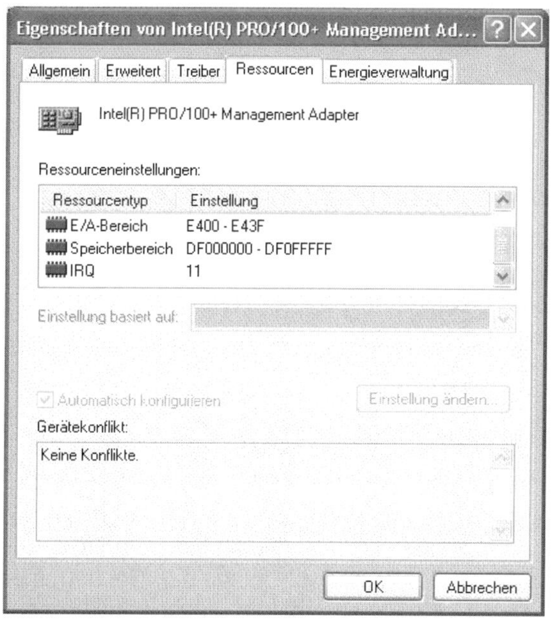

Diese Karte arbeitet ordnungsgemäß und ohne Konflikte.

Die für das Netzwerk interessanten Einstellungen finden Sie auf der Registerkarte *Erweitert*. Hier finden Sie je nach Hersteller und Adaptertyp unterschiedliche Konfigurationsmöglichkeiten.

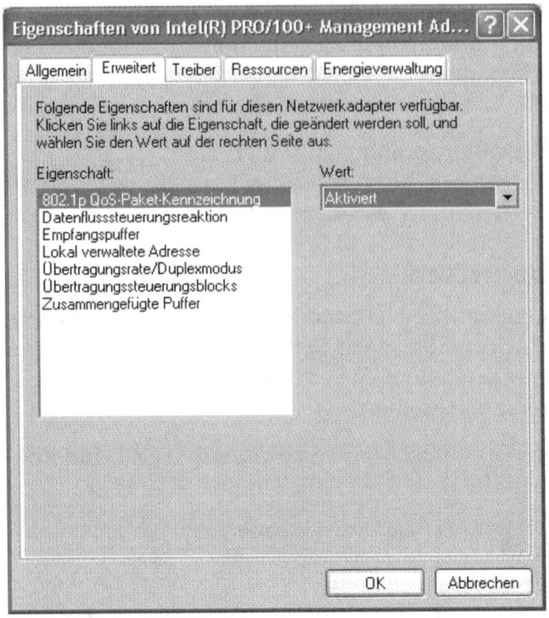

Unter Erweitert sind sehr unterschiedliche und hardwareabhängige Einstellungen zu finden.

Bei manchen Netzwerkkarten finden Sie hier eine Eigenschaft *Medium*, in der Sie den zu verwendenden Kabeltyp (beispielsweise Koaxial oder Twisted Pair) selektieren müssen, damit überhaupt der Anschluss erkannt wird.

Andere Netzwerkkarten benötigen die Eingabe einer eindeutigen MAC-Adresse.

MAC-Adressen müssen immer eindeutig sein

Die MAC- oder Hardwareadresse, die der Schicht 2 des OSI-Modells zugeordnet ist, muss immer eindeutig sein. Sonst ist eine Kommunikation im Netzwerk nicht möglich. Manche Billig-Karten haben jedoch ab Werk immer dieselbe Adresse konfiguriert und es ist Ihre Aufgabe, in den Treibereinstellungen eine andere, freie MAC-Adresse zu vergeben. Die entsprechende Option finden Sie im Geräte-Manager in den erweiterten Einstellungen Ihrer Netzwerkkarte.

Die bei Windows XP mitgelieferten Treiber bieten meist nicht allzu viele Optionen an, vor allem bei neueren Karten wird nur der Chipsatz der Netzwerkkarte und damit nur Basisfunktionalität unterstützt. Manchmal müssen Sie deshalb zuerst den Gerätetreiber aktualisieren, um die von Ihnen gewünschten Optionen zu erhalten. Klicken Sie dazu auf der Registerkarte *Treiber* auf *Aktualisieren*.

Sollte der neue Treiber auch nicht den gewünschten Erfolg bringen oder sich als falsch herausstellen, können Sie die Installation mit einem Klick auf *Installierter Treiber* rückgängig machen. Nach einer Rückfrage stellt Windows XP dann automatisch den zuletzt installierten Treiber wieder her.

Unterschied zwischen Hub und Switch

Einen Hub verwenden Sie um eine Twisted Pair-Verkabelung in einem Ehternet/Fast-Ethernet zwischen zwei oder mehr Rechnern zu realisieren. Hierbei wird eine physikalische Verbindung zwischen den einzelnen Netzwerkkomponenten hergestellt. Es wird meist mit einer Geschwindigkeit von 10 Mbps oder 100 Mbps gearbeitet. Hubs, die in der Lage sind, mit beiden Geschwindigkeiten zu arbeiten, werden Dualspeed-Hubs genannt.

Ein Switch ist äußerlich einem Hub sehr ähnlich. Der Hauptunterschied zum Hub besteht darin, dass der Switch gezielt eine Verbindung zwischen zwei Netzwerkknoten herstellt. Im Gegensatz dazu wird bei einem Hub eine Netzwerkanforderung an alle Ports geschickt.

In einem kleinen Netz (bis etwa fünf Rechner) ohne großes Datenaufkommen spielt der Geschwindigkeitsvorteil von Switches meist keine große Rolle. Da Switches heute aber nur noch unwesentlich teurer sind als Hubs, lohnt sich die Anschaffung allemal. Im Anschuß die wichtigsten Unterschiede:

Switch	Hub
Gezielte Verbindung zwischen zwei Ports (höhere Sicherheit).	Unintelligente Verbindung zu allen Ports im Netz.
Beherrscht Vollduplex-Verbindungen, kann gleichzeitig z. B. 100 Mbps senden und empfangen.	Hub unterstützen nur Halbduplex.
Switch kann gleichzeitig 10 und 100 Mbps bedienen.	Einige „Billig-Hubs" können nur 10 oder 100 Mps bedienen.
Switch kann mehrere, auch unterschiedliche Netze verbinden (Kollisionsdomänen).	
Geringer Netz-Traffic (gute Bandbreitenausnutzung).	Hoher Netz-Traffic (Collision Detection).
Geringe Latenzzeit (schnellere Reaktion)	Hohe Latenzzeit

Angaben gelten für handelsübliche Geräte

Konfigurieren der Übertragungsgeschwindigkeit

Eines der häufigsten Probleme in Ethernet-Netzwerken ist die richtige Auswahl der Übertragungsgeschwindigkeit. Die meisten Netzwerkkarten sind so konfiguriert, dass Sie die Geschwindigkeit und Voll-/Halbduplex automatisch erkennen bzw. mit dem Hub/ Switch aushandeln.

Dieser Mechanismus nennt sich Auto-Negotiation. Leider kommt es manchmal vor, dass diese Aushandlung sehr langsam ist oder, schlimmer noch, ständig rauf- und runterschaltet, was zu einem tropfend langsamen Netzwerk führt. Dies passiert vor allem dann, wenn sowohl der Switch als auch die Netzwerkkarte auf Automatik eingestellt sind.

Wir empfehlen deshalb, die Übertragungsgeschwindigkeit entweder auf dem Switch oder auf der Netzwerkkarte fest einzustellen. Diese Einstellung finden Sie z. B. auf der Registerkarte *Erweitert* des Netzwerkkartentreibers.

Der Name dieser Eigenschaft variiert von Hersteller zu Hersteller, meist finden Sie sie aber unter *Speed*, *Duplex* oder Ähnlichem.

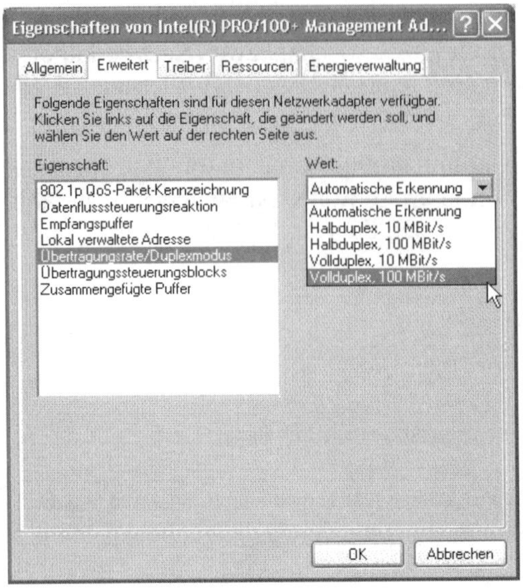

Fixieren der Geschwindigkeit kann von Vorteil für die Performance sein.

Achten Sie beim Ausprobieren darauf, ob Ihr Hub/Switch und auch alle beteiligten Netzwerkkarten die gewünschte Geschwindigkeit unterstützen. Manche der billigeren Varianten beherrschen leider kein 100-MBit-Vollduplexverfahren. Wenn Sie die Übertragungsgeschwindigkeit bzw. Ihren Erfolg bei den vorgenommenen Änderungen messen wollen, kopieren Sie eine große Datei (mindestens 30 MByte) vom Server zum Client und beobachten die Netzwerk-Performance im Task-Manager auf der Registerkarte *Netzwerk*.

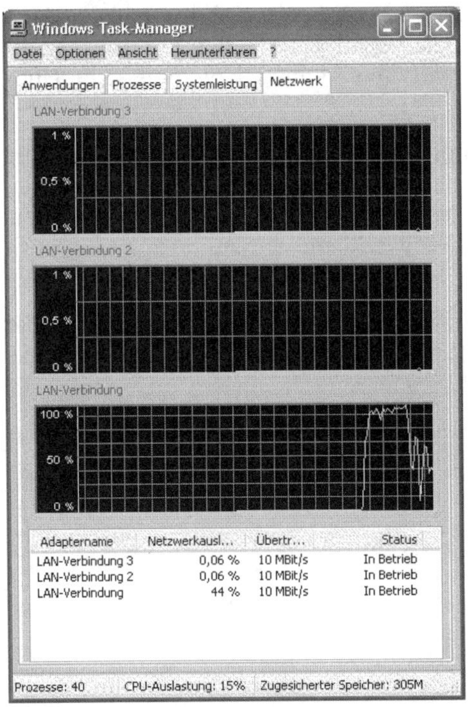

Hier erreicht die LAN-Verbindung zeitweise beinahe 100 %.

Beobachten Sie, wie viel Prozent die Auslastung des Netzwerks während der Übertragung der großen Datei beträgt.

Bei der Messung von 100-MBit-Netzwerken sollten Sie außerdem berücksichtigen, dass auch das Lesen und Schreiben auf die Festplatte Zeit kostet und wahrscheinlich schon deshalb keine 100 % mehr erreicht werden. Sie sollten aber dennoch messbare Unterschiede zwischen Halb- und Vollduplex sowie Autmatikeinstellungen erkennen können.

Wake On LAN

Wenn Sie eine Software für automatische Softwareverteilung, Backup oder Management einsetzen wollen, können Sie die **W**ake **O**n **L**AN-Funktion (WOL) verwenden, um den Computer mithilfe spezieller Netzwerkpakete aus dem Stand-by-Modus aufzuwecken.

Voraussetzung dafür ist jedoch, dass Ihre Netzwerkkarte Wake On LAN unterstützt und auf dem Mainboard mit dem richtigen Stecker (meist mit WOL beschriftet) verbunden ist.

Wake On LAN nur mit ACPI

Diese Funktion steht unter Windows XP ebenso wie der Stand-by-Modus nur bei ACPI-kompatiblem BIOS und ACPI-Kernel zur Verfügung.

Falls Ihre Netzwerkkarte Wake On LAN unterstützt, finden Sie in den Eigenschaften Ihrer Netzwerkkarte die Registerkarte *Energieverwaltung*.

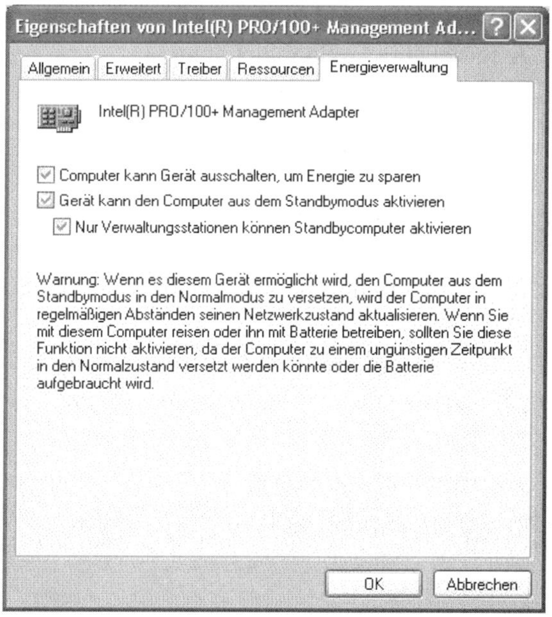

Diese Karte unterstützt Wake On LAN.

Um Wake On LAN einzuschalten, aktivieren Sie das Kontrollkästchen *Gerät kann den Computer aus dem Standbymodus aktivieren*.

Wireless LAN

Mit dem Einsatz mobiler Geräte und Notebooks nimmt auch die Verbreitung von Wireless LANs, sowohl von Infrarotnetzwerken als auch von Funknetzwerken nach dem Standard IEEE 802.11, immer mehr zu. Es ist einfach bequem, sich kabellos an einem Netzwerk anzumelden, wenn man in Infrarot- bzw. Funkreichweite gekommen ist.

Leider sieht es mit der Sicherheit der Datenübertragung mangels einheitlichem Standard auf Hardwareebene noch sehr schlecht aus; hier müssen mal wieder die Softwarehersteller einspringen, um den Datentransfer nicht buchstäblich für jedermann im Umkreis zugänglich zu machen, der ebenfalls über einen Funkempfänger verfügt.

Im Funkstandard 802.11 ist zwar eine Authentifizierung und Verschlüsselung vorgesehen, die mit einem gemeinsamen Schlüssel (Shared Key) für alle beteiligten Stationen im WLAN arbeitet. Die Schlüsselverwaltung und die Verteilung (WEP) werden aber nicht näher im Standard definiert, sodass eine einheitliche Implementierung wohl in nächster Zeit nicht zu erwarten ist.

Windows XP Professional hat eine umfassende Unterstützung für Wireless LANs bereits eingebaut, sodass die Anbindung an ein Funknetzwerk ohne umständliche Treiber- und Zusatzdiensteinstallation auskommt. Lediglich der Treiber für die Netzwerkkarte muss eingebunden werden, falls diese nicht automatisch erkannt wurde.

Infrarotunterstützung

Windows XP unterstützt von Hause aus das IrDA-Protokoll, das eine Datenübertragung mit Infrarotgeräten im **W**ireless **P**ersonal **A**rea **N**etwork (WPAN) definiert.

Dabei werden folgende Protokolle ohne weitere Installation unterstützt:

- LAN-Zugriff (IrNET) ermöglicht den Zugriff über IR-Zugriffspunkte oder direkt Peer-to-Peer.
- Die Druckerunterstützung IrLPT ermöglicht das drahtlose Ausdrucken von Dokumenten.
- Die Bildübertragung IrTran-P macht die Übermittlung von Bildern beispielsweise direkt von der Digitalkamera in den PC möglich.
- IrCOMM ermöglicht den DFÜ-Zugang mithilfe von Mobiltelefonen.
- IrOBEX ermöglicht die Dateiübertragung zwischen verschiedenen Geräten, beispielsweise zu einem PDS oder Handy.

Zur Einrichtung einer Peer-to-Peer-Netzwerkverbindung zweier PCs mittels Infrarot müssen Sie lediglich im Ordner *Netzwerkverbindungen* eine neue Verbindung erstellen. Im Assistenten wählen Sie dann *Verbindung direkt mit anderem Computer herstellen* aus.

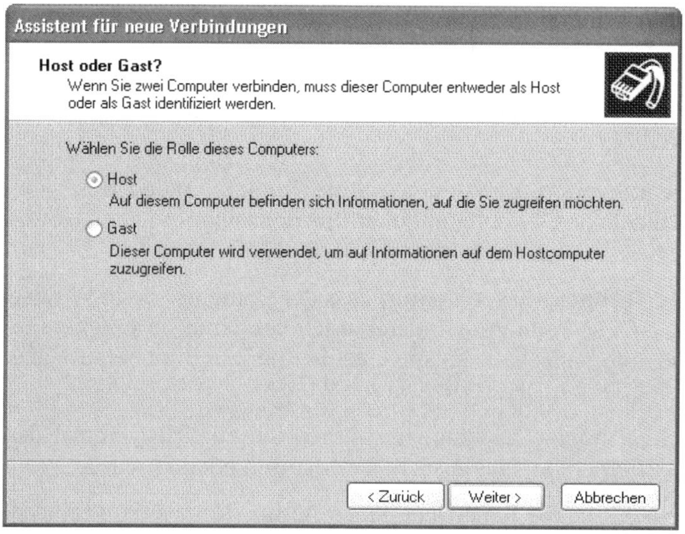

Einer der Computer muss Host werden.

Wählen Sie nun aus, welcher der Computer Host (Server) und welcher Client sein soll. Anschließend wählen Sie als zu verwendende Schnittstelle die Infrarotschnittstelle Ihres PCs.

Wenn beide PCs auf diese Weise konfiguriert wurden und nahe genug zusammen stehen, können Sie mit dem Zugriff vom Gast auf den Host beginnen.

WLAN

In einem funkbasierten Wireless LAN, das nach den Standards IEEE 802.11 entwickelt wurde, findet die Übertragung mithilfe einer speziellen Netzwerkkarte statt. Diese kann je nach unterstützten Standards unterschiedliche Übertragungsgeschwindigkeiten aufweisen:

- Der ursprüngliche 802.11-Standard definiert Datenraten von 1 und 2 MBit/s im 2,4-GHz-Frequenzband. Als Zugriffsverfahren wird dasselbe Verfahren wie im Ethernet verwendet (CSMA/CD).
- Der neuere Standard 802.11b unterstützt zusätzlich 5,5 und 11 MBit/s im 2,45-GHz-Bereich.
- Der neuste und zum Zeitpunkt der Drucklegung noch in Entwicklung befindliche Standard ist trotz widersprüchlicher Nummerierung 802.11a. Hier werden Übertragungsgeschwindigkeiten von bis zu 54 MBit/s auf dem Frequenzband 5,8 GHz vorgesehen. Es soll insbesondere auch für drahtlose Videokonferenzen nutzbar sein.

Bei WLANs unterscheidet man außerdem im Wesentlichen zwei Betriebsarten:

- Den Ad-hoc-Netzwerkmodus, der eine automatische Konfiguration bei Erreichen eines WLANs mit ausreichender Signalstärke ermöglicht. Es handelt sich um eine Art Peer-Networking, bei der in der Regel keinerlei Sicherheitsmechanismen zum Einsatz kommen.
- In den so genannten Infrastrukturnetzwerken kommen Access Points zum Einsatz, die eine Reihe von Wireless-Geräten (Stationen) mit dem drahtgebundenen Netzwerk, dem Backbone, verbinden. Hier wird der Administrator normalerweise versu-

chen, durch WEP-Verschlüsselung und Authentifizierung eine gewisse Sicherheit zu schaffen. Da alle Arbeitsstationen denselben Schlüssel kennen müssen und die Verteilung dieses Schlüssels nicht Bestandteil des Protokolls ist, kann durch ein Versehen bzw. Offenlegen einer einzigen PC-Konfiguration die Sicherheit des gesamten WLANs gefährdet werden.

Damit der Wechsel von einem Standort zum anderen ohne Probleme möglich ist, können in Windows XP unterschiedliche IP-Konfigurationen für denselben Adapter verwaltet werden.

Die so genannte Media Sense-Technologie sorgt dafür, dass der Computer beim Wechsel des WLANs oder von einem Access Point zum anderen erkennen kann, in welchem IP-Subnetz er sich befindet, und automatisch die entsprechende Konfiguration heraussucht, egal ob diese statisch definiert oder per DHCP zugewiesen wurde.

Um WLANs unter Windows XP nutzen zu können, müssen Sie zunächst einmal den Treiber für die Netzwerkkarte einrichten, falls er nicht automatisch erkannt wurde.

Wenn Sie dann mit Windows XP in die Reichweite eines Ad-hoc-Netzwerks gelangen, wird der Zugriff sofort und ohne weitere Konfiguration ermöglicht.

Sie erhalten einen entsprechenden Hinweis im System Tray und können direkt auf das neue LAN zugreifen.

Mit dem Befehl *Verfügbare drahtlose Netzwerke anzeigen* aus dem Kontextmenü dieses Symbols können Sie das gewünschte Netzwerk auswählen und konfigurieren, falls Sie in Reichweite mehrerer WLANs sind, beispielsweise in einem Bürogebäude oder auf einer Messe.

In den Eigenschaften der LAN-Verbindung, die Ihrer Funknetzwerkkarte zugeordnet ist, können Sie mithilfe der Registerkarte *Drahtlose Verbindung* Ihre bevorzugte Verbindung festlegen oder die automatische Netzwerksuche deaktivieren, indem Sie die Option *Windows zum Konfigurieren der Einstellungen verwenden* deaktivieren.

Beim Zugriff auf Infrastrukturnetzwerke, die mit Shared Keys geschützt sind, ist ein bisschen mehr Aufwand nötig. Wenn Sie das Netzwerkverbindungssymbol im Infobereich (System Tray) für das WLAN sehen, wählen Sie aus dem Kontextmenü *Verfügbare Drahtlose Netzwerke anzeigen* und dann *Mit dem drahtlosen Netzwerk verbinden.*

Sollte für das Netzwerk ein WEP-Schlüssel erforderlich sein, geben Sie manuell im Feld *Netzwerkschlüssel* den korrekten Schlüssel ein. Klicken Sie dann auf *Verbinden.*

Wenn die Zugriffssteuerung nach IEEE 802.11 für das Netzwerk aktiviert ist, rufen Sie in den Eigenschaften der LAN-Verbindung, die Ihrer Funknetzwerkkarte zugeordnet ist, die Registerkarte Authentifizierung auf.

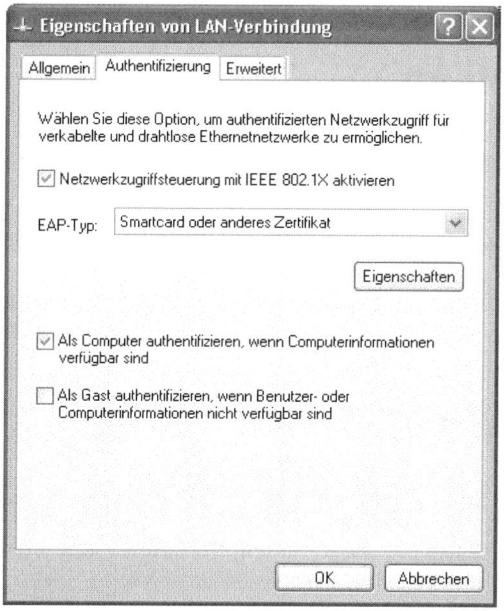

So sieht die Standardeinstellung für die Authentifizierung aus.

Sie können entweder mit einem MD5-Challenge für die Authentifizierung arbeiten oder aber ein Zertifikat aus einer Datei bzw. von einer SmartCard verwenden, je nachdem, welche Einstellungen Sie unter *Erweitert* angeben.

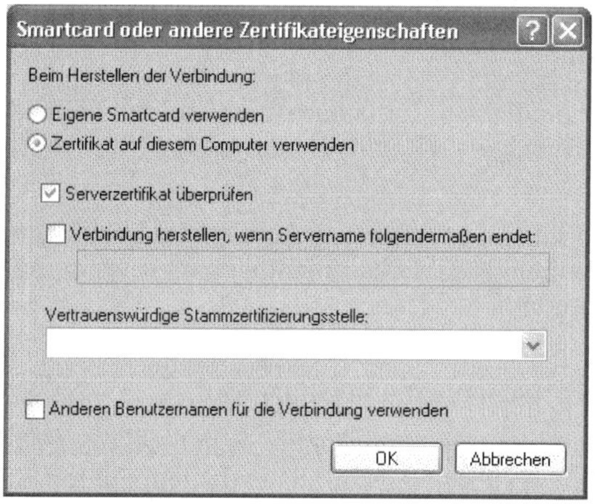

Auswahl der EAP-Authentifizierung.

Wenn Sie keine Zertifikate oder SmartCards verwenden können oder wollen, sollten Sie das Kontrollkästchen *Als Gast authentifizieren, wenn Benutzer- oder Computerinformationen nicht verfügbar sind* verwenden. Sonst erhalten Sie überhaupt keinen physikalischen Netzwerkzugriff, falls weder Computer- noch Benutzerzertifikate verfügbar sind.

11.3 Protokolle und Dienste – Bedeutung und Nachrüstung

Die meisten Probleme im Netzwerk kommen erfahrungsgemäß nicht von physikalischen Verbindungsproblemen, sondern aus den höheren Schichten des OSI-Modells. Betroffen sind meist die Transportprotokolle, die der Administrator erst konfigurieren muss.

Da Fehler leider nur menschlich sind, passieren hier häufig Flüchtigkeitsfehler, sodass die Kommunikation nur deshalb nicht klappt, weil entweder die falschen Protokolle installiert oder die richtigen Protokolle falsch installiert wurden. Deshalb werden in diesem Abschnitt zunächst die wichtigsten Protokolle vorgestellt und dann die Konfiguration insbesondere des komplexen TCP/IP-Protokolls ausführlich behandelt.

Transportprotokolle (Schicht 3/4)

NetBEUI

NetBEUI ist das einfachste Transportprotokoll. Es war ursprünglich das Standardprotokoll von Microsoft, das als Erweiterung des NetBIOS-Protokolls von IBM entwickelt wurde.

NetBEUI ist ein sehr einfaches und schnelles Protokoll, das vor allem für kleine, lokal begrenzte Netzwerke entwickelt wurde. Aus dieser Historie des Protokolls entstammt das Problem, dass sich NetBEUI nicht routen lässt. Dies bedeutet, dass Sie nur innerhalb Ihres LANs Daten übertragen können und diese Daten keine Router oder Gateways passieren können. Auch manche moderne Layer-3-Switches können oft nicht passiert werden, da sie Routingfunktionen übernehmen.

Die Identifikation in NetBEUI erfolgt über eindeutige Computernamen und konfiguriert sich unter Windows XP, Windows 2000, Windows NT und Windows 95/98/ME sowie unter Windows für Workgroups selbst.

Da es so einfach zu konfigurieren ist und zudem sehr schnell, können Sie NetBEUI in sehr kleinen lokalen Netzwerken mit nur einem Netzwerksegment einsetzen, wenn Anwendungen nicht ein anderes Protokoll erforderlich machen.

Sollten Sie NetBEUI unter Windows XP benötigen, müssen Sie es ein wenig umständlich installieren, da es offiziell unter Windows XP nicht mehr unterstützt wird.

Auf der Original-Windows XP-CD befindet sich das Verzeichnis *\VALUEADD\MSFT\NET\NETBEUI*. Hier ist der Treiber mit der zugehörigen INF-Datei enthalten. Führen Sie nun folgende Schritte durch:

1. Kopieren Sie den Treiber *NBF.SYS* in das Verzeichnis *%SYSTEMROOT%\SYSTEM32\DRIVERS*.
2. Kopieren Sie *NETNBF.INF* in das Verzeichnis *%SYSTEMROOT%\INF*.
3. Öffnen Sie die Eigenschaften Ihrer LAN-Verbindung und klicken Sie auf *Installieren/Protokoll/Hinzufügen*, um das NetBEUI-Protokoll hinzuzufügen.

IPX/SPX

IPX/SPX ist eine Protokollsuite, die ursprünglich von Novell entwickelt wurde. Es ist also neben dem Zugriff auf Windows 2000-Server vor allem zum Zugriff auf einen NetWare-Server bzw. Netzwerkdrucker mit NetWare-Unterstützung nötig.

IPX (**I**nternet **P**acket **E**xchange) ist dabei für den Transport einzelner Datenpakete (Frames) zuständig, während SPX (**S**equenced **P**acket **E**xchange) für den Versand einer Folge von Datenpaketen zuständig ist.

In den moderneren Windows-Betriebssystemen wird das Protokoll als NWLink bezeichnet, da es nicht das „Original"-IPX ist, sondern nur kompatibel zum IPX/SPX von Novell.

IPX ist nicht ganz so schnell wie NetBEUI, jedoch routingfähig und einfacher zu konfigurieren als TCP/IP. IPX wird vor allem in zwei Fällen eingesetzt:

- Es befindet sich mindestens ein NetWare-3.x- oder -4.x-Server im Netzwerk.
- Sie verfügen aus der Historie heraus über Router oder Printserver, die ausschließlich IPX unterstützen. Alte Intel-NetPort-XL-Printserver sind beispielsweise solche Geräte.

NetWare benötigt nicht immer IPX
Neuere Versionen von NetWare ab Version 5 können wahlweise mit IPX oder mit TCP/IP oder auch mit beiden Protokollen betrieben werden.

Da bei IPX kein weiterer Aufwand betrieben werden muss, um beispielsweise eine Namensauflösung zu ermöglichen, wird IPX auch noch in vielen mittleren Netzwerken eingesetzt.

Wenn Sie IPX unter Windows XP benötigen, rufen Sie die Eigenschaften Ihrer LAN-Verbindung auf. Klicken Sie dann auf *Installieren*. In diesem Menü wählen Sie *Protokoll* aus und klicken auf *Hinzufügen*.

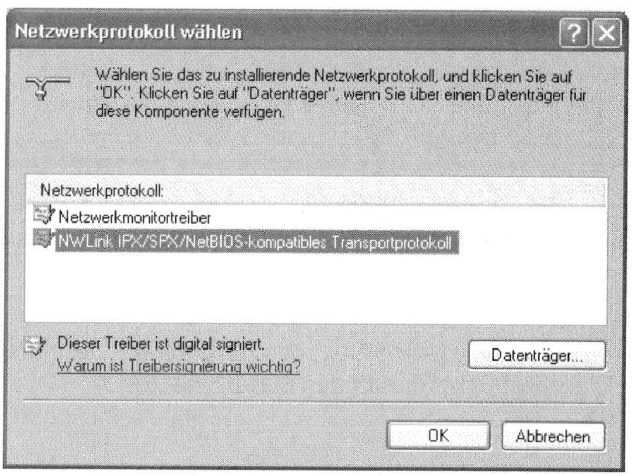

Installation von IPX/SPX.

Wählen Sie *NWLink IPX/SPX/NetBIOS-kompatibles Transportprotokoll* aus. Nach einem Klick auf *OK* ist das Protokoll fertig installiert.

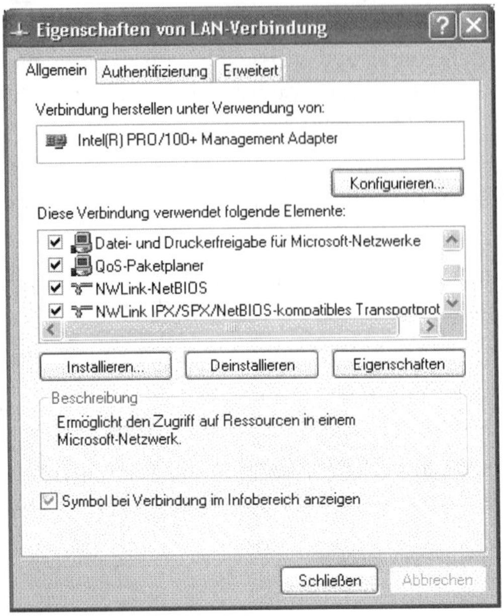

IPX wird immer mit zwei Komponenten installiert.

NWLink ist nun als Transportprotokoll verfügbar. Damit es auch im Windows-Netzwerk genutzt werden kann, ist außerdem NWLink-NetBIOS verfügbar, ohne das keine Windows-Namensauflösung möglich ist.

TCP/IP

TCP/IP ist das am weitesten verbreitete Protokoll, da es auf fast allen Host- und auf vielen Clientsystemen implementiert ist und meist sogar mitgeliefert wird. Es ist außerdem das „native" Protokoll, das Windows 2000/XP mit in die Wiege gelegt wurde und auf dem viele Funktionen wie Active Directory aufsetzen.

TCP/IP zwingend erforderlich

Wenn Sie Internet- oder Host-Zugang benötigen oder Active Directory-Funktionen nutzen möchten, müssen Sie TCP/IP installieren. Bei der Installation von Windows XP geschieht dies automatisch, bei Windows NT und 95/98/ME müssen Sie eventuell dieses Protokoll nachinstallieren.

Das Protokoll TCP/IP besteht neben vielen weiteren Programmen und Mitgliedern der Protokollfamilie im Wesentlichen aus dem **I**nternet **P**rotocol (IP), das einzelne Datenpakete verschickt, und dem **T**ransmission **C**ontrol **P**rotocol (TCP), das für den Aufbau einer Verbindung zu ständig ist.

Eine Überblick über die TCP/IP-Protokollfamilie und Hilfsprogramme sowie eine ausführliche Beschreibung und Beispiele zur Konfiguration finden Sie ab Seite 699.

PPTP

PPTP steht für **P**oint-to-**P**oint **T**unneling **P**rotocol. Das PPTP erlaubt es, beliebige Protokolle (IPX, IP, NetBEUI) in verschlüsselter Form innerhalb von IP-Paketen zu versenden.

Wofür PPTP?
Sie können das PPTP-Protokoll verwenden, um öffentliche Netzwerke wie z. B. das Internet zum Aufbau eines WANs und zum Versand firmeninterner Daten zu nutzen. Ein anderer Einsatzzweck ist die Anbindung von Außendienstmitarbeitern über das Internet. Dabei besteht durch die verschlüsselte Übertragung kein Sicherheitsrisiko.

Welche Netzwerkprotokolle sollen eingesetzt werden?

Es kann manchmal eine schwierige Aufgabe sein, das oder die Netzwerkprotokolle für Ihr Netzwerk auszuwählen. Optimal für die Performance des Netzwerks und der Arbeitsplätze wäre es, nur ein einziges Protokoll einzusetzen. Leider ist dies jedoch nicht immer möglich.

Sie sollten zunächst feststellen, welche Protokolle Sie zwingend benötigen.

- Wenn Sie beispielsweise Active Directory oder das Internet nutzen möchten, müssen Sie TCP/IP einsetzen.
- Wenn Sie noch NetWare-Server der Versionen 3.x oder 4.x einsetzen, müssen alle Clients, die auf diese Server zugreifen möchten, mit IPX/SPX arbeiten.
- Wenn Sie noch ältere Windows-Versionen mit bereits installiertem NetBEUI einsetzen und keine Installationsdisketten/-CDs mehr haben und nur noch die Daten übernehmen möchten, müssen Sie NetBEUI verwenden.

Achtung, Timeouts bei mehreren Protokollen!
Wir empfehlen, falls Sie IPX/SPX oder NetBEUI zusätzlich zu TCP/IP benötigen, dieses Protokoll zusätzlich auf allen Arbeitsplätzen zu installieren, damit es nicht zu Zugriffsproblemen kommt. Dies kann leicht passieren, wenn ein Computer beispielsweise versucht, auf einen anderen Computer mit IPX zuzugreifen, dieser jedoch kein IPX installiert hat. Die Workstation muss in diesem Fall 30 Sekunden auf den Timeout des Protokolls warten, bis Sie es mit dem nächsten Protokoll versuchen können. Die Reihenfolge der Protokolle können Sie mithilfe der Bindungen beeinflussen, die ab Seite 698 genauer beschrieben werden.

Kommunikationsprotokolle (Schicht 5/6)

Auch auf den höheren Schichten des OSI-Modells existieren Protokolle. Diese regeln beispielsweise die Steuerung des Logins und der Kennwortübermittlung sowie den Aufbau von Sitzungen zwischen zwei Computern.

NetBIOS

Die wohl bekannteste Schnittstelle dieser Art ist NetBIOS (**Net**work **B**asic **I**nput/**O**utput **S**ystem).

Ursprünglich war NetBIOS ein eigenständiges Protokoll mit 23 Befehlen, mit dessen Hilfe zwei PCs sich miteinander verbinden konnten, es ging also im OSI-Modell von Schicht 1 bis 7. Heute verwendet man NetBIOS nicht als eigenständiges Protokoll, sondern bindet es über eine Schnittstelle an die Transportprotokolle TCP/IP, IPX/SPX oder NetBEUI.

Die ursprünglichen NetBIOS-Befehle sind heute nur noch als Programmierschnittstelle (API) vorhanden, über die verschiedene Anwendungen auf das Netzwerk zugreifen und Verbindungen herstellen können.

Unter Windows XP können Sie die NetBIOS-Kompatibilität abschalten, falls Sie einen erhöhten Overhead befürchten und Ihren Netzwerktransfer optimieren wollen. Standardmäßig ist es jedoch eingeschaltet.

NetBIOS ist für Abwärtskompatibilität wichtig

Auch die Anbindung von Windows 95/98/ME und Windows NT-4-Workstations an Windows XP benötigt die NetBIOS-Schnittstelle. Allerdings findet der Transport unter Windows XP standardmäßig nur noch über das TCP/IP-Protokoll statt und einige Funktionen wie der Domänenbeitritt in eine Active Directory-Domäne sind ausschließlich mit TCP/IP möglich. Dies legt nahe, in gemischten Betriebssystemumgebungen als Protokoll ausschließlich TCP/IP einzusetzen, aber die NetBIOS-Kompatibilität eingeschaltet zu lassen, falls doch später einmal Windows NT- oder Windows 9x-Systeme am Netzwerk teilnehmen wollen.

Rufen Sie zum Abschalten von NetBIOS die Eigenschaften des TCP/IP-Protokolls in Ihrer LAN-Verbindung auf. Im Register *WINS* finden Sie die Möglichkeit,

- NetBIOS explizit zu aktivieren,
- NetBIOS explizit zu deaktivieren,
- den DHCP-Server über die Verwendung von NetBIOS entscheiden zu lassen.

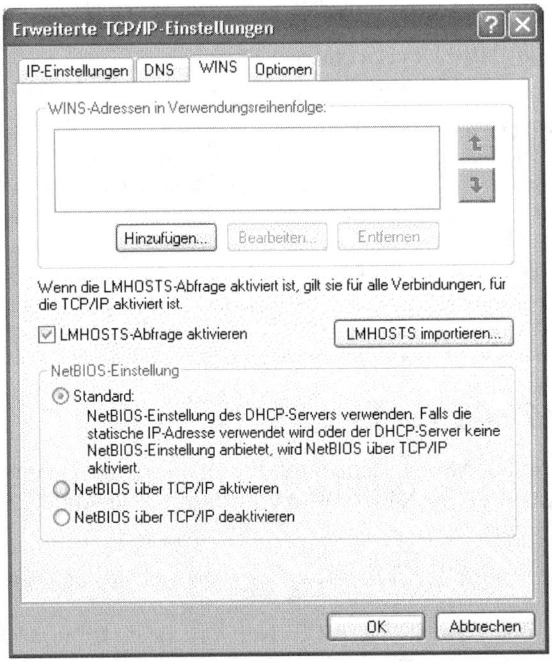

Dieser PC richtet sich nach den Einstellungen des DHCP-Servers für die NetBIOS-Aktivierung.

Wenn Sie einen DHCP-Server einsetzen, sollten Sie letztere Lösung verwenden, da Sie durch einfache Änderung der DHCP-Optionen eine ganze Reihe von Computern umkonfigurieren können.

Beachten Sie jedoch, dass Ihr PC für alle Windows 9x-Systeme, Windows ME und Windows NT „unsichtbar" wird, wenn Sie NetBIOS abschalten.

SMB

Das **S**erver **M**essage **B**lock-Protokoll (SMB) ist das Schicht-5-Protokoll, mit dem die Verbindung zu einem Windows 2000- oder Windows NT-Server hergestellt wird.

Aufgabe dieses Protokolls ist die Übermittlung von Benutzernamen und Kennwörtern und die Generierung einer Sitzungs-ID, anhand derer die Kommunikation zwischen Client und Server bei weiteren Zugriffen eindeutig im gesamten Netzwerk identifiziert werden kann.

Unabhängig vom verwendeten Transportprotokoll muss also ein SMB-Paket an den Windows 2000-Server geschickt werden, um sich zum Beispiel dort anzumelden. Deshalb ist auf der Clientseite nicht nur TPC/IP oder NetBEUI nötig, sondern auch der Client für Microsoft-Netzwerke, um korrekt mit einem Windows 2000-Server zusammenarbeiten zu können.

Folgende Systeme unterstützen das SMB-Protokoll:

- Windows 95/98/ME
- Windows NT 4
- Windows 2000, .NET und XP
- Windows 3.1, Windows für Workgroups
- OS/2 LAN Manager, OS/2 LAN Server
- UNIX/Linux mit SAMBA
- Apple Macintosh OS X

Allerdings gibt es hier unterschiedliche Versionen, die sich beispielsweise in der Art der Kennwortverschlüsselung unterscheiden. Deshalb kann nicht jeder Client mit jedem Server ohne entsprechende Konfiguration kommunizieren. Ein Linux-Client kann sich z. B. nicht einfach an einem Windows 2000-Server anmelden, sondern eines oder beide Systeme muss erst entsprechend konfigueriert werden (z. B. ob die Anmeldedaten verschlüsselt oder unverschlüsselt übertragen werden etc.).

CIFS

Das **C**ommon **I**nternet **F**ile **S**ystem (CIFS) ist das Standardprotokoll von Windows XP. Es handelt sich um die erweiterte Version des SMB-Protokolls, das inzwischen von vielen Betriebssystemen unterstützt wird. Unter Windows wird das CIFS-Protokoll mit allen Befehlen ab Windows 2000 unterstützt. CIFS ist abwärtskompatibel zu SMB, bei älteren Versionen ist dann jedoch wieder die NetBIOS-Funktionalität erforderlich.

CIFS bietet gegenüber dem SMB-Protokoll einige Vorteile:

- Eine bessere Handhabung gemeinsam genutzter Dateien, da neue Sperrmechanismen und Mechanismen zum gleichzeitigen Zugriff hinzugefügt wurden.
- Caching ist auch bei gemeinsam genutzten Dateien ohne Verlust der Datenintegrität möglich.
- Durch Verzicht auf NetBIOS und andere Tuning-Mechanismen ist eine bessere Nutzung niedriger Bandbreiten wie beispielsweise ISDN-Verbindungen möglich.
- Unicode-Dateinamen werden voll unterstützt.

Die unter Windows 2000 und XP eingesetzten Treiber zur Implementierung des CIFS-Systems sind *Rdbss.sys* und *Mrxsmb.sys*. Wenn Sie also in der Ereignisanzeige Meldungen dieser Treiber erhalten, handelt es sich vermutlich um Fehler im CIFS-Protokoll, beispielsweise durch inkompatible Gegenstellen.

Weitere Protokolle der höheren Schichten

Es gibt noch eine ganze Reihe weiterer Protkolle der OSI-Schichten 5 bis 7. Da die meisten herstellerspezifisch oder betriebssystemspezifisch sind, müssen Sie nicht alle kennen. Die wichtigsten Protokolle sind:

- Das **N**et**W**are **C**ore **P**rotocol (NCP) stellt die Verbindung zu einem NetWare-Server her.
- NFS (**N**etwork **F**ile **S**ystem), ein Protokoll, das vor allem in der UNIX-Welt verbreitet ist.
- DECNET, ein Digital-spezifisches Protokoll.
- SNA, ein IBM-Standard für die Kommunikation mit Hosts.
- RPC (**R**emote **P**rocedure **C**alls) oder Named Pipes, die vor allem zur Kommunikation zwischen Anwendungen eingesetzt werden, beispielsweise beim SQL-Server.

Es gibt also viele Möglichkeiten für Anwendungen, sich über das Netzwerk zu verständigen. Das Problem ist nur, die richtigen Protokolle auszuwählen. Richten Sie sich im Zweifelsfall zuerst nach der Applikation, die Sie einsetzen wollen.

Grundsätzlich sollten Sie versuchen, so wenige Protokolle wie möglich zu verwenden, da erfahrungsgemäß besonders im Zusammenspiel mit verschiedenen Protokollen Probleme auftreten. Wenn Sie unterschiedliche Betriebssysteme einsetzen, ist dies um so wichtiger, da nicht bei jeder Windows-Version alle Protokolle reibungslos zusammenarbeiten.

Die Protokollbindung konfigurieren

Wenn Sie ein Netzwerkprotokoll installieren, wird dieses Protokoll automatisch an die verfügbaren Dienste (Datei- und Druckerfreigabe, Client für Microsoft-Netzwerke ...) gebunden. Durch diese Bindung wird eine Beziehung zwischen den einzelnen Netzwerkkomponenten (Netzwerkkarte, NDIS, Protokolltreiber, Netzwerk-API, Anwendung) hergestellt, die auf unterschiedlichen Ebenen des OSI-Referenzmodells basieren.

Dieser Bindungsvorgang läuft vollständig im Hintergrund ab, Sie brauchen sich für gewöhnlich nicht darum zu kümmern. Wenn Sie jedoch mehrere Protokolle eingerichtet haben, dann sollten Sie aus Performance- und Sicherheitsgründen die Bindung überprüfen. Denn standardmäßig werden die installierten Netzwerkprotokolle an alle aktiven Dienste gebunden, was nicht immer notwendig und erwünscht ist. Wenn Sie z. B. neben TCP/IP auch NwLink IPX/SPX verwenden, wird dieses Protokoll auch an den Client für Microsoft-Netzwerke und an die Datei- und Druckerfreigabe gebunden, falls Sie diesen Dienst eingerichtet haben. Anforderungen werden daher an beide Protokolltreiber übergeben, weshalb auch von beiden Protokollen eine Anforderung erwartet wird. Dabei ist entscheidend, in welcher Reihenfolge die Netzwerkprotokolle installiert wurden. Denn das zuletzt eingerichtete Protokoll rückt automatisch an die oberste Stelle und erhält dadurch auch eine höhere Priorität. TCP/IP-Anforderungen werden daher nicht so schnell ausgeführt, wenn NwLink IPX/SPX - oder andere Protokolle - nachträglich eingerichtet und die Priorität nicht angepasst wurde.

Reihenfolge der Protokolle festlegen

Es ist empfehlenswert, aktive Bindungen auf ihre Notwendigkeit hin zu überprüfen und gegebenenfalls die Reihenfolgen zu ändern. Im Heimnetzwerk mit Internetzugang ist in der Regel nur TCP/IP erforderlich. Nur wenn Sie auch Windows 3.x einsetzen, benötigen Sie zusätzlich das NetBEUI-Protokoll.

Sie können sich die Bindungen anzeigen lassen, wenn Sie die Eigenschaften der Netzwerkumgebung öffnen und im Menü *Erweitert* auf *Erweiterte Einstellungen* klicken. Daraufhin öffnet sich ein Fenster, das die Bindungen der installierten Netzwerkprotokolle zu den aktivierten Diensten anzeigt. Über die Auf- und Abwärtspfeile können Sie die Priorität der Netzwerkprotokolle wie auch die der Verbindungen ändern.

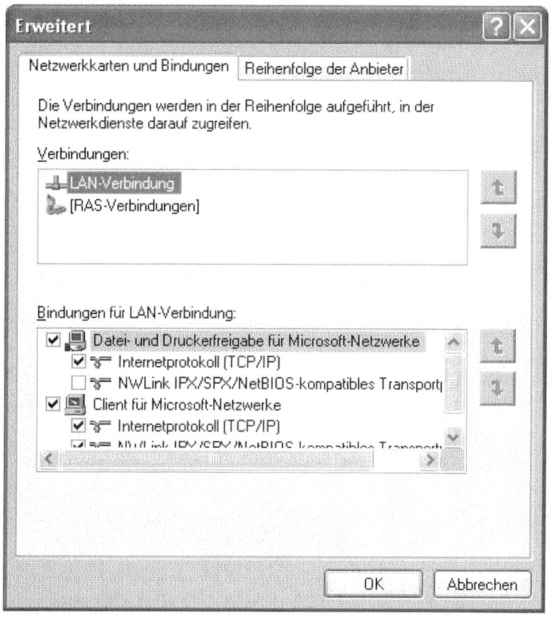

Die Bindungen der Netzwerkprotokolle.

Hierbei handelt es sich um grafisch dargestellte Registrierungseinstellungen, die Sie - wenn Sie den Registrierungs-Editor öffnen - unter folgendem Schlüssel finden: *HKLM\System\CurrentControlSet\Services\LanManWorkstation\Linkage\Bind*. Wenn Sie die Bindungen zu Testzwecken ändern wollen, können Sie die Bindungskonfiguration mit einem Export der Registrierungseinstellungen sichern.

11.4 TCP/IP im Detail

Das TCP/IP-Protokoll ist ein sehr vielfältiges Netzwerkprotokoll, das sich im Laufe der Zeit als Standardprotokoll etabliert hat und mittlerweile für alle Betriebssysteme verfügbar ist. Da TCP/IP nicht nur für Internetverbindungen genutzt wird, sondern auch im lokalen Netzwerk unter Windows XP zwingende Voraussetzung ist und sogar auf Einzelplatzsystemen zum Einsatz kommt, werden wir uns in diesem Abschnitt etwas näher mit dem TCP/IP-Protokoll befassen.

Zunächst zeigen wir Ihnen, wie die Protokollfamilie TCP/IP aufgebaut ist. Denn mit diesen Hintergrundinformationen lassen sich Fehlkonfigurationen leichter erkennen und korrigieren. Anschließend zeigen wir Ihnen, was es hinsichtlich der automatischen, statischen und dynamischen IP-Adressierung zu berücksichtigen gibt und wie Namensauflösungen mit DNS und WINS funktionieren.

Aufbau des TCP/IP-Protokolls

Das TCP/IP-Protokoll ist nicht als alleinstehendes Protokoll zu verstehen, sondern setzt sich aus mehreren Protokollen und Diensten zusammen. TCP/IP wird daher auch als Protokollfamilie, Protokollsuite oder Protokoll-Stack bezeichnet. Diese Bezeichnung entstand, weil immer mehrere Protokolle gleichzeitig verwendet werden, diese voneinander abhängig sind und wie in einem Stapel (Stack) nacheinander in der richtigen Reihenfolge geladen und verwendet werden müssen, damit eine sinnvolle Kommunikation möglich ist.

Die folgenden Protokolle bilden die Basis von TCP/IP, andere Protokolle und Dienste - FTP, Telnet und viele weitere - bauen darauf auf:

- IP (**I**nternet **P**rotocol)
- TCP (**T**ransmission **C**ontrol **P**rotocol)
- UDP (**U**ser **D**atagram **P**rotocol)
- ARP (**A**ddress **R**esolution **P**rotocol)
- ICMP (**I**nternet **C**ontrol **M**essage **P**rotocol)
- IGMP (**I**nternet **G**roup **M**anagement **P**rotocol)

Diese Protokolle können größtenteils den Ebenen des OSI-Referenzmodells zugeordnet werden, dadurch werden die Abhängigkeiten der Protokolle untereinander etwas bildlicher. Wie in der folgenden Abbildung zu sehen, decken die Protokolle meist mehrere Ebenen ab, wodurch eine genaue Zuordnung nicht möglich ist.

ARP – Address Resolution Protocol

Bevor ein IP-Paket über das Netzwerk versendet werden kann, muss dieses Paket zunächst in ein Ethernet-Paket (Frame) verpackt werden. Dies geschieht auf der Verbindungsebene (Layer 2) des OSI-Referenzmodells. Zur Adressierung des Frames wird dabei nicht mehr die IP-Adresse des Quell- und Zielcomputers verwendet, sondern die eindeutige MAC-Adresse (**M**edia **A**ccess **C**ontrol) der Netzwerkkarte. Hierbei handelt es sich um einen 6 Byte langen Wert, der sich aus der Hersteller-ID und einer eindeutigen Seriennummer der Netzwerkkarte zusammensetzt und die Netzwerkkomponenten auf der physikalischen Ebene eindeutig identifiziert. Weil die IP-Adressen von Quell- und Zielcomputer durch die jeweilige MAC-Adresse ersetzt werden, muss zunächst eine Auflösung der IP-Adresse zur dazugehörigen MAC-Adresse stattfinden. Und genau diese Auflösung nimmt ARP (**A**dress **R**esolution **P**rotocol) vor, das fester Bestandteil des Internetprotokolls ist.

So funktioniert die Auflösung der IP-Adresse zur MAC-Adresse

ARP sieht zunächst im lokalen ARP-Cache (siehe nächster Abschnitt) nach, ob aus vorangegangenen Verbindungen bereits eine Auflösung der IP-Adresse zur MAC-Adresse stattgefunden hat. Ist die betreffende IP- und MAC-Adresse im Cache hinterlegt, kann das IP-Paket in ein Ethernet-Frame verpackt, adressiert und anschließend versendet werden. Sollte der ARP-Cache jedoch keinen Eintrag mit der gewünschten Ziel-IP-Adresse enthalten, versendet ARP einen so genannten ARP-Request-Broadcast. Es wird also eine Rundmeldung an alle Stationen innerhalb des Netzwerksegments geschickt, mit der Aufforderung, dass die Station mit der jeweiligen IP-Adresse die MAC-Adresse bekannt gibt. Ist die Zielstation erreichbar, antwortet die Station daraufhin mit einem ARP-Reply und übergibt die MAC-Adresse. Die IP-Adresse, wie auch die MAC-Adresse, werden daraufhin im lokalen ARP-Cache der Quellstation zwischengespeichert und für Adressierungen verwendet. Erst dann kann das Ethernet-Frame versendet werden. Sollte sich die Zielstation nicht im gleichen Netzwerksegment befinden wie die Quellstation, sendet ARP den Request an den nächstgelegenen Router, der daraufhin mit einem Reply der eigenen MAC-Adresse antwortet. Das Ethernet-Frame kann somit an den Router übersandt werden, der wiederum eine neue Auflösung vornimmt und das Ethernet-Frame letztendlich an die eigentliche Zielstation weiterleitet.

Der ARP-Cache

Ein ARP-Cache ist nichts weiter als eine simple Tabelle, in der die IP-Adressen und dazugehörigen MAC-Adressen erfolgreicher Verbindungen zwischengespeichert werden. Sie können sich den Inhalt dieses Caches anzeigen lassen, wenn Sie in der DOS-Box den Befehl „arp -a" eingeben.

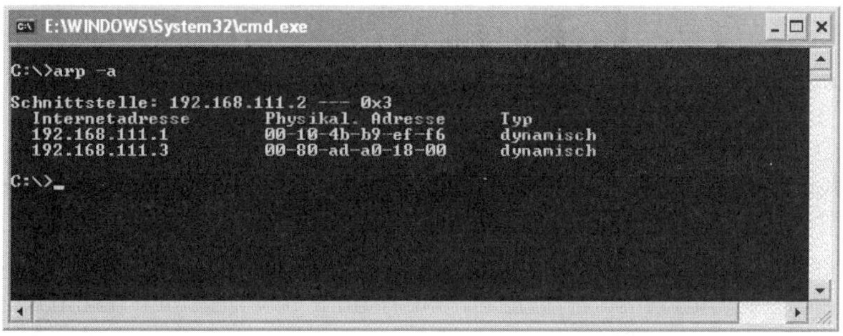

Anzeigen des Cache-Inhalts.

Sollten Sie keine Einträge vorfinden, liegt das daran, dass in den letzten Minuten keine Datenübertragung stattgefunden hat. Pingen Sie einfach einen oder auch mehrere Stationen an und rufen Sie den Befehl *arp -a* dann erneut auf. Die Tabelle wird dann die entsprechenden IP- und MAC-Adressen beinhalten.

Netzwerklast verringern durch Anpassen des ARP-Cache

In der Regel werden Sie dynamische Einträge im ARP-Cache vorfinden. Dabei handelt es sich um die Antworten von ARP-Request-Broadcasts, die automatisch in den Cache aufgenommen werden. Diese Einträge werden für eine Dauer von zwei Minuten im Cache gehalten. Finden in dieser Zeit keine weiteren Übertragungen statt, wird der jeweilige Eintrag (*unreferenced entry*) aus dem Cache entfernt. Sollte aber vor Ablauf der zwei Minuten eine weitere Übertragung folgen, beispielsweise nach 90 Sekunden, erhöht sich die Lebensdauer des Eintrags (*referenced entry*) um weitere zwei Minuten. Dies kann sich so lange wiederholen, bis die maximale Lebensdauer eines Eintrags von zehn Minuten erreicht ist. Anschließend wird auch dieser Eintrag gelöscht und ein neuer Auflösungsvorgang beginnt. Das hat zur Folge, dass bei erneuten Datenübertragungen wieder ARP-Request-Broadcasts versendet werden, was sich auf die Netzwerk-Performance auswirkt.

Übermäßige ARP-Request-Broadcasts können Sie jedoch vermeiden, in dem Sie

- die Lease des ARP-Caches erhöhen,
- statische Auflösungen konfigurieren.

Die Lease des ARP-Caches erhöhen

Die Lebensdauer eines ARP-Cache-Eintrags können Sie mit einer kleinen Änderung innerhalb der Registrierung erhöhen. Dabei müssen Sie jedoch zwei getrennte Werte festlegen: Einmal für referenced entries und einmal für unreferenced entries. Wenn Sie die Lebensdauer eines unreferenced entry auf beispielsweise 15 Minuten festlegen, sagt das aus, dass ein Eintrag für 15 Minuten im Cache gehalten wird. Selbst dann, wenn innerhalb dieser 15 Minuten keine Übertragung stattfindet. Da aber in dieser Zeit eine Übertragung möglich ist, muss die Lebensdauer für ein referenced entry dagegen wesentlich höher sein, damit sich die Lebensdauer automatisch um die Lease eines unreferenced entries erhöhen kann. Wenn Sie fälschlicherweise die Lease für referenced entries niedriger setzen als für unreferenced entries, werden beide Registrierungseinstellungen ignoriert, womit die Standardeinstellungen wieder gültig werden.

Die Lebensdauer der ARP-Cache-Einträge legen Sie im Schlüssel *HKLM\System\CurrentControlSet\Services\Tcpip\Parameters* innerhalb der Registrierung fest. Sollten Sie derartige Einstellungen nicht bereits vorgenommen haben, müssen Sie die DWORD-Werte *ArpCacheLife* und *ArpCacheMinReferencedLife* erst anlegen. Hierzu markieren Sie den Teilschlüssel *Parameters* und erstellen die DWORD-Werte mit den zuvor genannten Bezeichnungen. Der Wert *ArpCacheLife* bezeichnet dabei die Lebensdauer für einen *unreferenced entry*, die standardmäßig zwei Minuten beträgt. Die Angabe erfolgt in Sekunden. Wenn Sie die Lease für einen unreferenced entry auf 15 Minuten setzen wollen, legen Sie den dezimalen Wert *900* fest. Der Wert *ArpCacheMinReferencedLife* dagegen legt die Lebensdauer für referenced entries fest. Der Standardwert beträgt zehn Minuten.

Wenn Sie die Lease für *referenced entries* auf 75 Minuten festlegen wollen, damit sich die Lease eines unreferenced entries entsprechend erhöhen kann, geben Sie den dezimalen Wert *4500* (75 * 60) an.

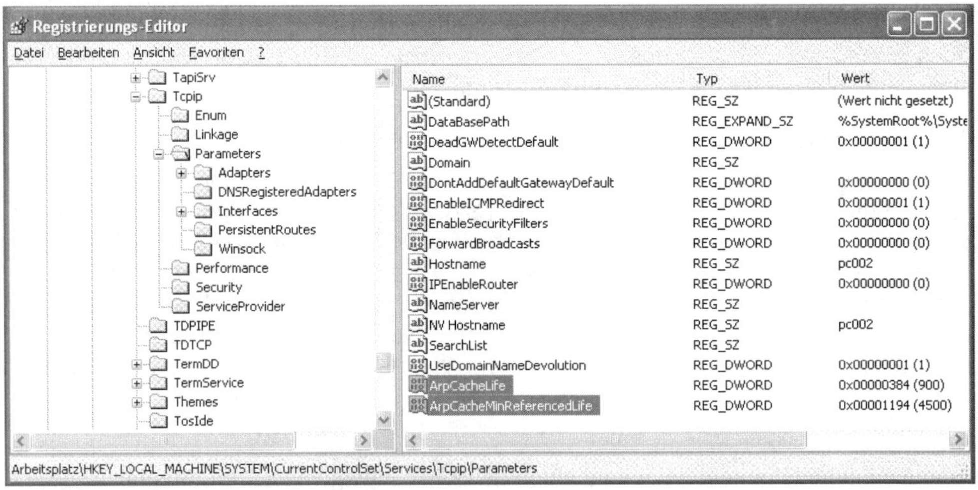

Die Lebensdauer von ARP-Cache-Einträgen erhöhen.

Statische ARP-Cache-Einträge erzeugen

Innerhalb eines Heimnetzwerks, in dem sich die Anzahl und Konfiguration der einzelnen Netzwerkkomponenten nur selten ändert, empfiehlt sich die statische Konfiguration der ARP-Cache-Einträge. Damit vermeiden Sie überflüssige ARP-Request-Broadcasts, da die Einträge nicht aus dem Cache entfernt werden. Weitere Broadcasts sind also nicht nötig. Die statische Konfiguration hat aber den Nachteil, dass Konfigurationsänderungen manuell angepasst werden müssen. Dies ist insbesondere dann zu berücksichtigen, wenn Sie die automatische IP-Konfiguration oder die dynamische Zuweisung einer IP-Adresse durch DHCP nutzen. Denn damit ändert sich in regelmäßigen Abständen die Zuordnung zwischen IP- und MAC-Adresse, was erhöhten Verwaltungsaufwand des ARP-Caches mit sich bringt. Konfigurieren Sie statische ARP-Cache-Einträge also nur dann, wenn Sie auch statische IP-Adressen verwenden und Netzwerkkarten aus Testgründen nicht häufiger wechseln.

Wenn Sie beispielsweise die MAC-Adresse *00-03-74-89-09-32* und die dazugehörige IP-Adresse *192.168.111.1* statisch festlegen wollen, geben Sie in der DOS-Box folgenden Befehl ein:

```
arp -s 192.168.111.1 00-03-74-89-09-32
```

Sie müssen jedoch auf die exakte Schreibweise achten. Denn wenn Sie sich in der Befehlszeile verschreiben und eine falsche Zuweisung konfigurieren, werden wieder Broadcasts versendet, da die Ziel-IP-Adresse unter der angegebenen MAC-Adresse nicht erreichbar sein wird. Wenn Sie „arp -a" eingeben, werden dann nicht nur die dynamischen Einträge, sondern auch die statischen Konfigurationen angezeigt.

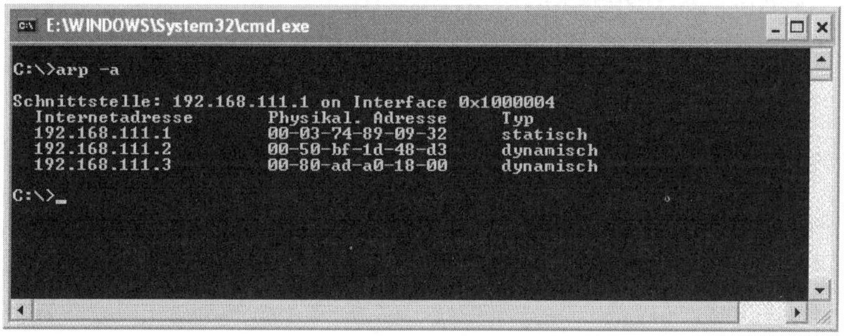

Statische und dynamische ARP-Cache-Einträge.

Wenn Sie statische Zuweisungen aus dem ARP-Cache entfernen wollen, geben Sie einfach den Befehl

```
arp -d IP-Adresse
```

ein, z. B. *arp -d 192.168.111.1.*

> **Änderung der Lease bei statischen Einträgen**
>
> Wenn Sie die Lebensdauer der ARP-Cache-Einträge erhöht haben, wirkt sich diese Einstellung nicht auf statische Einträge aus. Denn statische Einträge verbleiben so lange im Cache, bis sie explizit gelöscht wird.

IP – Internet Protocol

Das Internetprotokoll arbeitet auf der Netzwerkebene (Layer 3) des OSI-Referenzmodells bzw. auf der Internetebene des TCP/IP-Schichtenmodells. IP ist somit das Bindeglied zwischen der physikalischen Übertragungsschicht (Netzwerkkarte) und der Transportschicht (TCP, UDP) und daher für die Weitergabe der Datenpakete zwischen der Netzwerkkarte und den übergeordneten Transportprotokollen zuständig. Eine weitere Aufgabe von IP ist die Fragmentierung der einzelnen Pakete. Denn wenn Pakete versendet werden, die nicht in ein Ethernet-Frame passen, muss das IP-Paket in mehrere Teile gesplittet werden. Andernfalls wäre keine physikalische Übertragung möglich.

Das Internetprotokoll übernimmt dabei keine Garantie, dass die Datenpakete erfolgreich und auch in richtiger Reihenfolge beim Empfänger ankommen, da die einzelnen IP-Pakete unterschiedliche Wege zum Zielcomputer nehmen können. In diesem Fall spricht man von einem verbindungslosen Protokoll. Datenpakete, die auf einem verbindungslosen Protokoll basieren, werden als Datagramme bezeichnet.

Neben dem IP-Protokoll gibt es aber noch eine ganze Reihe verwandter Protokolle, die hier nur kurz vorgestellt werden sollen, da Sie bei der Fehlersuche damit in Kontakt kommen können.

ICMP – Internet Control Message Protocol

Das **I**nternet **C**ontrol **M**essage **P**rotocol oder ICMP dient zur Kontrolle des Datenflusses und zum Test der Verbindung, es ist also nicht direkt zur Datenübertragung gedacht.

Viele Routerprotokolle sind mithilfe von ICMP implementiert. Auch der berühmte Ping-Befehl oder tracert sendet ICMP echo-Requests, um Antworten zu erhalten. Dazu ist kein IP-Header und kein Verbindungsaufbau erforderlich.

IGMP – Internet Group Management Protocol

Das **I**nternet **G**roup **M**anagement **P**rotocol, kurz IGMP, dient zur Steuerung von Multicasts.

Unicast, Multicast, Broadcast – was ist das?
Beim Protokoll TCP/IP können Datenpakete an einen einzigen Empfänger oder an mehrere Empfänger gleichzeitig gesendet warden.
Wenn das Paket an eine einzige IP-Adresse gerichtet ist, spricht man von einem Unicast-Datenstrom, bei mehreren Empfängern von Multicast. Ein Broadcast-Paket, bei dem alle Adressbits auf binäre 1 gesetzt sind, erreicht alle Empfänger des lokalen Subnetzes.
Broadcasts werden beispielsweise bei DHCP eingesetzt, Multicasts von einigen Programmen wie Multimedia-Konferenzsystemen, Videostreaming oder Channeltechnologien.

IGMP übermittelt die Mitgliedschaft eines Computers in einer Multicast-Gruppe an den nächstgelegenen Multicast-Router. Damit wird der Router informiert, dass Datenpakete des Multicast-Datenstroms in dieses Subnetz weitergereicht werden müssen.

TCP – Transmission Control Protocol

Mithilfe des **T**ransmission **C**ontrol **P**rotocol (TCP) können mehrere IP-Pakete in Folge übertragen werden, beispielsweise um eine große Datei auf mehrere Pakete aufzuteilen, wenn die phyisikalische Maximallänge des IP-Pakets erreicht wurde.

Es handelt sich bei TCP um ein Protokoll der OSI-Ebene 4 und es setzt ein funktionierendes IP voraus. TCP ist ein verbindungsorientiertes Protokoll und baut vor dem eigentlichen Datentransport eine Verbindung auf, die dann während der gesamten Übertragung von Einzelpaketen genutzt wird.

TCP implementiert eine automatische Fehlerkorrektur, d. h., fehlerhafte oder verloren gegangene Pakete werden während der Verbindung automatisch wiederholt, ebenso Pakete, die in der falschen Reihenfolge ankommen.

Verschiedene Ebene-5-/6-Protokolle und -Dienste arbeiten mit dem TCP-Protokoll, beispielsweise Telnet, NetBIOS oder das SMB-Protokoll.

UDP – User Datagram Protocol

Das **U**ser **D**atagram **P**rotocol (UDP) kann wie auch TCP eine Sequenz von Daten auf mehrere Pakete aufteilen und übertragen. Es ist jedoch ein verbindungsloses Protokoll, sodass kein expliziter Verbindungsauf- und Abbau stattfindet. Deshalb ist die Datenübertragung in der Regel schneller.

Einige Dienste wie beispielsweise DNS versenden Daten im Netzwerk mithilfe des UDP-Protokolls.

Ports/Anschlüsse

Auf einem einzigen Computer können gleichzeitig viele verschiedene TCP/IP-Dienste installiert sein, beispielsweise ein DNS-Server, NetBIOS, SMB, ein FTP-Server und ein Webserver.

Damit diese Dienste voneinander unterschieden werden können, verwendet TCP und auch UDP verschiedene Ports oder Anschlüsse, die quasi als Subadressen zur TCP/IP-Adresse des Computers dienen. Dadurch ist ein Verbindungsaufbau zu verschiedenen Diensten auf demselben Computer ohne Konflikte möglich.

Eine solche eindeutige TCP-Verbindungskennung, bestehend aus IP-Adresse und Port, wird auch als Socket bezeichnet.

Sockets und Winsock

Da unter Windows traditionell die Socket-Funktionen in der Datei *winsock.dll* implementiert wurden, wird eine TCP/IP-Verbindung unter Verwendung von Ports häufig auch als Winsock-Verbindung (**Win**dows **Sock**ets) bezeichnet.

Portbelegung

Die folgende Tabelle gibt einen kurzen Überblick über die am häufigsten verwendeten Ports in einer Windows-/Internetumgebung:

TCP Port	Dienst
21	FTP
23	telnet
25	SMTP (Simple Mail Transfer Protocol)
80	HTTP
110	POP 3, Post Office Protocol
119	NNTP, News-Protokoll

TCP Port	Dienst
135	RPC
137	NetBIOS Name Service
138	NetBIOS Datagram
139	NetBIOS Session
443	HTTPS (SSL-Verbindung)

Eine vollständige Liste ist als RFC definiert und kann bei der IANA unter

```
http://www.iana.org/assignments/port-numbers
```

abgerufen werden. Diese Ports werden auch häufig von Firewall-Programmen wie beispielsweise der in Windows XP integrierten Internetverbindungs-Firewall genutzt, um Verbindungen zu bestimmten Diensten zu blockieren. Diesen Schutz bezeichnet man deshalb auch als Portfilter. Näheres zur Internetverbindungs-Firewall finden Sie in Kapitel 12.5 ab Seite 902. Damit die Arbeit mit Ports nicht zum Memory-Spiel wird, sind einige Ports unter Windows auch mit Namen aufrufbar. Die Namen und zugehörigen Portnummern sind in der Textdatei

```
%systemroot%\system32\drivers\etc\services
```

festgehalten. Die folgenden Zeilen enthalten einen Auszug aus dieser Datei:

```
echo                7/tcp
echo                7/udp
discard             9/tcp    sink null
discard             9/udp    sink null
systat             11/tcp    users                  #Active users
systat             11/tcp    users                  #Active users
daytime            13/tcp
daytime            13/udp
qotd               17/tcp    quote                  #Quote of the day
qotd               17/udp    quote                  #Quote of the day
chargen            19/tcp    ttytst source          #Character generator
chargen            19/udp    ttytst source          #Character generator
ftp-data           20/tcp                           #FTP, data
ftp                21/tcp                           #FTP. control
telnet             23/tcp
smtp               25/tcp    mail                   #Simple Mail Transfer Protocol
time               37/tcp    timserver
time               37/udp    timserver
rlp                39/udp    resource               #Resource Location Protocol
nameserver         42/tcp    name                   #Host Name Server
nameserver         42/udp    name                   #Host Name Server
nicname            43/tcp    whois
domain             53/tcp                           #Domain Name Server
domain             53/udp                           #Domain Name Server
```

Sie können dieser Datei unter anderem entnehmen, welche Portnummern für welche Protokolle (TCP oder UDP) verwendet werden. Dazu dient der nachstehende Kommentar, der mit # eingeleitet wird. Der Name am Anfang der Zeile wird bei vielen Windows XP-Tools anstelle der eigentlichen Portnummer dargestellt, beispielsweise bei dem unten beschriebenen *netstat*-Kommando.

Die Datei *services* können Sie auch selbstständig erweitern, um eigene Namen für von Ihnen verwendete Ports zu definieren, beispielsweise *virenscanner* zum Port *12345*.

Überprüfen der offenen Ports

Wenn Sie überprüfen wollen, welche Ports auf Ihrem PC belegt sind bzw. welche offenen TCP-Verbindungen Sie haben, können Sie das Kommando *netstat -a* verwenden.

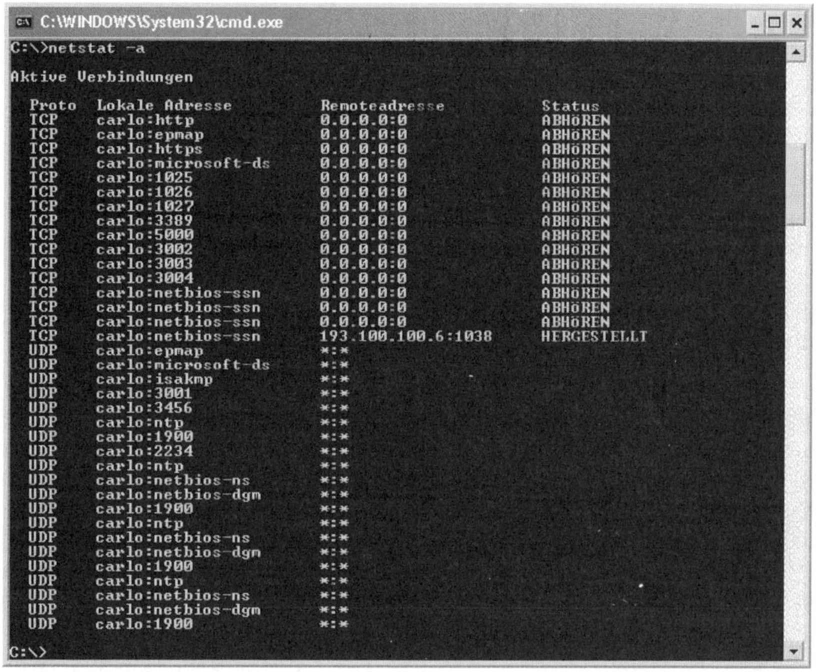

Dieser PC hat derzeit nur eine offene Verbindung.

Es zeigt alle installierten Dienste, die auf TCP- oder UDP-Verbindungen warten, mit dem Status *Abhören* an. Offene Verbindungen werden mit *Hergestellt* angezeigt. Weitere Statusmeldungen sind für Verbindungen in der Auf- und Abbauphase vorgesehen. Wenn zwei Computer miteinander eine Verbindung hergestellt haben, können Sie dies auf beiden Seiten sehen. Im obigen Beispiel besteht eine NetBIOS-Verbindung (NetBIOS-Session) zwischen dem lokalen Computer und einem Computer mit der IP-Adresse 193.100.100.6, der offensichtlich nicht bei einem DNS-Server registriert wurde. Andernfalls würde Windows XP hier den Computernamen anzeigen.

Auch andere Betriebssysteme kennen netstat

Der *netstat*-Befehl steht auch unter den Betriebssystemen Windows NT und Windows 2000 zur Verfügung. Unter Windows 9x benötigen Sie Sharewaretools zur Anzeige dieser Informationen.

Die IP-Adressierung im Überblick

Alle Computer, die per TCP/IP miteinander kommunizieren, müssen über eine eindeutige IP-Adresse verfügen. Über diese Adresse wird der Computer im Netzwerk identifiziert. Die Vergabe einer solchen IP-Adresse kann dabei auf unterschiedliche Art erfolgen:

- Sie nutzen die automatische Konfiguration (dynamische Zuweisung durch das Betriebssystem).
- Sie legen die IP-Adresse selbst fest (statische Vergabe).
- Sie setzen einen DHCP-Server ein (dynamische Zuweisung durch DHCP).

Jede dieser Möglichkeiten hat ihre Vor- und Nachteile. Die automatische IP-Konfiguration beispielsweise erspart Ihnen die Vergabe und Verwaltung statischer IP-Adressen und erfordert zudem keinen DHCP-Server, der für die dynamische Zuweisung von IP-Adressen innerhalb des Netzwerks zuständig ist. Diese Funktion wird jedoch nur von Windows 98/98SE/ME/2000 und XP unterstützt. Wenn Sie Windows 3.x-/95- und NT-Clients vernetzt haben, müssen Sie die IP-Adresse auf diesen Clients statisch konfigurieren. Des Weiteren verwendet die automatische IP-Konfiguration standardmäßig Adressen aus dem Bereich 169.254.x.x. Wenn Sie innerhalb des Netzwerks andere IP-Adressbereiche verwenden, müssen Sie eine aufwendige Nachkonfiguration vornehmen.

Die statische Vergabe einer IP-Adresse gewährleistet im Gegensatz zur automatischen und dynamischen IP-Konfiguration, dass die Netzwerkkomponente immer unter der gleichen Adresse erreichbar ist. Für Server, Router, Gateways und dergleichen mehr also empfehlenswert. Allerdings bringt die statische Vergabe einer IP-Adresse auch größeren Verwaltungs- und Konfigurationsaufwand mit sich, da Sie für die Vergabe der IP-Adressen selbst verantwortlich sind und sicherstellen müssen, dass keine Adresskonflikte entstehen.

Weniger Verwaltungs- und Konfigurationsaufwand dagegen bietet die dynamische Zuweisung der IP-Adresse durch DHCP (**D**ynamic **H**ost **C**ontrol **P**rotocol). Allerdings setzt dieses Verfahren voraus, dass im Netzwerk ein DHCP-Server existiert, was in kleineren Heimnetzwerken eher selten der Fall ist. Auch ändert sich die IP-Adresse nach Ablauf ihrer Lease, weshalb nicht sichergestellt werden kann, dass Netzwerkkomponenten über einen längeren Zeitraum hinweg unter der gleichen IP-Adresse erreichbar sind. Ideales Einsatzgebiet ist daher die Clientkonfiguration in größeren Netzwerken, beispielsweise einem Firmennetzwerk.

Doch für welche Möglichkeit Sie sich auch immer entscheiden: In Sachen IP-Adressierung gilt es, einige Konventionen einzuhalten, damit die Adressierung auch wirklich funktioniert. Speziell dann, wenn mehrere Netzwerke miteinander verbunden werden. Bevor wir also auf die eigentliche Vergabe der IP-Adressen eingehen, zeigen wir Ihnen erst einmal, wie die IP-Adressierung funktioniert und was es hinsichtlich der Adressen zu beachten gibt.

Aufbau und Funktionsweise einer IP-Adresse

Eine IP-Adresse der immer noch aktuellen IP-Version 4 besteht aus 4 Byte, die durch einen Punkt voneinander getrennt sind. Es gibt zwar inzwischen eine neuere Version, IPv6 oder IPNG genannt, die passenden Treiber sind jedoch noch nicht in den aktuellen Clientbetriebssystemen implementiert und stehen deshalb auch nicht als Client-Server-Netzwerkprotokoll zur Verfügung.

IP-Adressklassen

Jeder Computer im TCP/IP-Netzwerk muss eine eindeutige, 4 Byte lange IP-Adresse in der Form 255.255.255.255 erhalten, die Sie im Prinzip frei vergeben können. Sie müssen lediglich darauf achten, dass alle Computer im gleichen Netzwerksegment im gleichen Nummernkreis liegen, also beispielsweise 10.1.1.1 für den ersten, 10.1.1.2 für den zweiten Computer. Wenn Sie mehrere Netzwerksegmente haben, brauchen Sie auch mehrere Nummernkreise. Wie groß der Nummernkreis ist, können Sie selbst mithilfe der Subnet Mask bestimmen.

Damit im großen Internet alle PCs miteinander kommunizieren können, muss eine Gesellschaft die Adressen verwalten und vergeben. Hierfür ist im Internet die IANA (*www.iana.org*) zuständig. Damit Sie nicht für jedes kleine Netzwerk registrierte IP-Adressen benötigen, sind folgende Bereiche für den Gebrauch in privaten Netzwerken festgelegt worden:

- 10.x.x.x
- 172.16.x.x
- 192.168.x.x

Wenn Sie eine dieser Adressen verwenden, können Sie sicher sein, nicht mit dem Internet in Konflikt zu geraten. Deshalb empfehlen wir Ihnen, ausschließlich diese Adressen zu nutzen.

TCP/IP-Adressen werden in vier verschiedene Klassen eingeteilt. Je nach Größe des Unternehmens werden die Klassen A bis D verwendet.

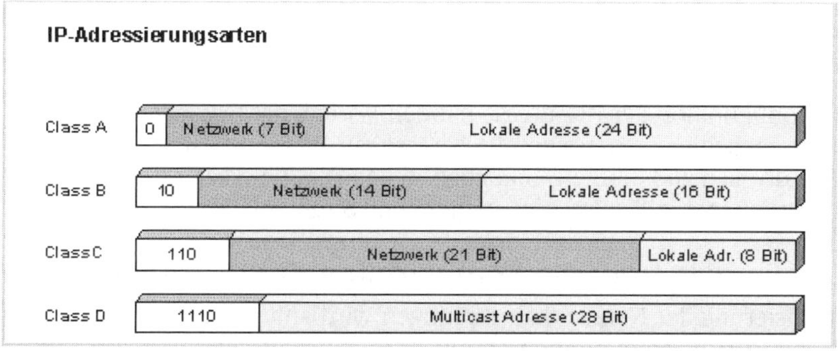

Adressklassen im TCP/IP-Protkoll.

In einem kleinen Netzwerk mit max. 254 Stationen je Netzwerksegment verwenden Sie eine Class C-Adresse. Damit können Sie 254 lokale Adressen vergeben. Die Netzwerkadresse ist 21 Bit lang, erlaubt also der weltweit operierenden NIC die Vergabe an 2.097.152 eigenständige Subnetze.

Welche Adressen Sie nicht verwenden dürfen

Es sind nur 254 und nicht 256 Adressen, da Sie die Adressen 0 und 255 nicht verwenden dürfen. Auch bei den anderen Klassen ist eine Adresse 0 und eine Adresse mit lauter binären Einsen nicht erlaubt.

Die Subnetzadresse mit binärer 0 bezeichnet immer das Netzwerk selbst (Netzwerkadresse). Wenn im Subnetzbereich nur binäre Einsen vorkommen, ist dies die Broadcast-Adresse des Subnetzes.

Class B-Netzwerke erlauben maximal 16.384 Subnetzen die Verwaltung mittelgroßer Netzwerke mit maximal 65.533 IP-Knoten. In der A-Klassifizierung bleiben nur noch 128 Subnetze übrig, die dafür 16.777.213 Knoten ansprechen können.

Den verschiedenen Adressklassen ist deshalb eine bestimmte Subnet Mask zugeordnet, über die die Trennung zwischen Subnetz- und Clientadresse realisiert wird:

- 255.0.0.0 für Class A (3 Byte für die Clientadresse)
- 255.255.0.0 für Class B (2 Byte für die Clientadresse)
- 255.255.255.0 für Class C (1 Byte für die Clientadresse)

Alle modernen Betriebssysteme beherrschen jedoch auch die Funktionen des Supernetting und Subnetting. Dadurch kann eine Adresse jeder beliebigen Klasse in weitere Subnetze aufgeteilt werden.

Eine Class A-Adresse wie 10.x.x.x kann so beispielsweise auch mit einer Subnet Mask von 255.255.0.0 verwendet werden. Damit können Sie das große Class A Netzzwerk in mehrere getrennte Subnetze aufteilen und diese mithilfe von Routern trennen, beispielsweise in die fünf Netzwerke 10.1.0.0 bis 10.5.0.0.

Automatische Konfiguration der IP-Adressen

Die einfachste Möglichkeit, eine IP-Adresse zu vergeben, ist die automatische Konfiguration durch das Betriebssystem selbst. Hierfür existiert eine Funktion namens APIPA (**Au**tomatic **P**rivate **IP**-**A**ddressing), die dem Windows XP-System automatisch eine IP-Adresse zuweist, wenn

- keine statische IP-Adresse vergeben wurde,
- während der Initialisierung der Netzwerkeinstellungen (nach dem Systemstart) keine dynamische IP-Adresse durch einen DHCP-Server zugewiesen wurde.

Die automatische Konfiguration der IP-Adresse hat den Vorteil, dass Sie den Konfigurationsaufwand beim Vergeben einer statischen IP-Adresse einsparen und sich nicht um die Verwaltung der IP-Adressen zu kümmern brauchen. Einen DHCP-Server, dessen Aufgabe die dynamische Zuweisung der IP-Adressen ist, brauchen Sie ebenfalls nicht.

So funktioniert die automatische Konfiguration der IP-Adresse

Während der Initialisierung der Netzwerkeinstellungen wird anhand der Registrierungseinstellungen für die TCP/IP-Konfiguration geprüft, ob eine statische IP-Adresse vergeben wurde oder ob sich im Netzwerk ein DHCP-Server befindet, der für die dynamische Zuweisung verantwortlich ist. Für diese Überprüfung sind die in der folgenden Tabelle zusammengefassten Einträge relevant, die sich allesamt im Schlüssel *HKLM\System\CurrentControlSet\Services\TCPIP\Parameters\Interfaces\GUID* befinden.

Eintrag	Typ	Beschreibung
DhcpServer	Zeichenfolge	In dieser Zeichenfolge ist die IP-Adresse des DHCP-Servers hinterlegt. Existiert kein DHCP-Server, ist dieser nicht erreichbar oder wurde der Client nach der Netzwerkinstallation das erste Mal gestartet, enthält die Zeichenfolge *DhcpServer* die Broadcast-Adresse (255.255.255.255). Befindet sich im Netzwerk ein DHCP-Server und konnte die Verbindung zu einem solchen hergestellt werden, erhält diese Zeichenfolge automatisch die IP-Adresse des DHCP-Servers.
EnableDhcp	DWORD	Der DWORD-Wert legt fest, ob die IP-Adresse automatisch bezogen werden soll (Wert 1) oder ob eine statische IP-Adresse vergeben wurde (Wert 0). Hat der Eintrag den Wert 1 und ist in der Zeichenfolge *DhcpServer* die IP-Adresse des DHCP-Servers hinterlegt, erhält der Client eine dyamische IP-Adresse durch den DHCP-Server.
IPAddress	mehrteilige Zeichenfolge	Enthält diese mehrteilige Zeichenfolge eine gültige IP-Adresse (ungleich 0.0.0.0) und hat der Eintrag *EnableDhcp* den Wert 0, wurde die IP-Adresse statisch vergeben.

Eintrag	Typ	Beschreibung
SubnetMask	Zeichenfolge	Wurde die IP-Adresse statisch vergeben, enthält diese Zeichenfolge die manuell eingegebene Subnet Mask. Bei Verwendung von DHCP wird der Wert dieser Zeichenfolge durch DHCP geändert.

Die Überprüfung dieser Registrierungseinstellung kann folgendermaßen interpretiert werden: Wenn der DWORD-Wert *EnableDhcp* gleich 1 ist (Einstellung *IP-Adresse automatisch beziehen*), die Zeichenfolge *DhcpServer* den Wert *255.255.255.255* hat (kein DHCP-Server gefunden, deshalb die Broadcast-Adresse) und die Zeichenfolge *IPAddress* den Wert *0.0.0.0* enthält, dann startet die automatische IP-Konfiguration mittels APIPA, weil die dynamische IP-Zuweisung durch DHCP fehlgeschlagen ist. Grund dafür kann sein, dass es einfach keinen DHCP-Server gibt, dass die Verbindung nicht hergestellt werden konnte oder dass der Pool an freien IP-Adressen erschöpft ist.

APIPA ermittelt zunächst eine freie IP-Adresse aus dem Bereich 169.254.x.x. Dieser Bereich ist bei IANA für private Zwecke registriert und kann daher problemlos verwendet werden. Zur Vermeidung von Adresskonflikten innerhalb des LANs wird jedoch vor der Zuweisung geprüft, ob die entsprechende IP-Adresse nicht schon vergeben wurde. Ist das der Fall, wird eine neue IP-Adresse ermittelt, wobei wieder geprüft wird, ob die Adresse noch frei ist. Dieser Vorgang kann sich bis zu zehnmal wiederholen.

Der Adressbereich von APIPA

Wird die IP-Adresse automatisch durch das Betriebssystem konfiguriert, erhält der Computer standardmäßig eine IP-Adresse aus dem Bereich 169.254.x.x unter Verwendung der Subnet Mask 255.255.0.0. Durch eine kleine Änderung innerhalb der Registrierung können Sie APIPA aber dazu veranlassen, IP-Adressen aus anderen Bereichen zu verwenden. Das ist beispielsweise dann sinnvoll, wenn Sie Ihre Netzwerkkomponenten bereits mit Adressen aus anderen Bereichen konfiguriert haben, auf die APIPA-Funktion aber nicht komplett verzichten wollen. Ab Seite 713 zeigen wir Ihnen, wie Sie den APIPA-Adressbereich ändern können.

Wurde eine freie IP-Adresse ermittelt, wird sie automatisch zugewiesen. Dieses Ereignis bewirkt, dass in den zuvor genannten Registrierungseinstellungen für die TCP/IP-Konfiguration weitere Einträge hinzugefügt werden, falls diese noch nicht vorhanden sind, oder dass einfach nur die entsprechenden Werte geändert werden. Dabei handelt es sich um folgende Einträge, die zur Beeinflussung der automatischen IP-Konfiguration geändert werden können (dazu aber gleich mehr):

Eintrag	Typ	Beschreibung
IPAutoconfigurationAddress	Zeichenfolge	In dieser Zeichenfolge wird die IP-Adresse gespeichert, die automatisch konfiguriert wurde, der Standardwert lautet 169.254.0.0.
IPAutoconfigurationMask	Zeichenfolge	In dieser Zeichenfolge wird die Subnet Mask für die automatisch konfigurierte IP-Adresse gespeichert, der Standardwert lautet 255.255.0.0.
IPAutoconfigurationSeed	DWORD	Dieser Wert bestimmt den Anfangswert des Zufallsgenerators, über den die IP-Adresse ermittelt wird. Dieser Eintrag hat den Standardwert 0 und sollte aus Gründen der Systemstabilität nicht geändert werden.

Konnte beim zehnten Mal jedoch keine freie Adresse zugewiesen werden, bricht die automatische Konfiguration ab. In diesem Fall müssen Sie entweder einen kleinen Moment warten, bis APIPA reinitialisiert wird und von Neuem beginnt, den Computer neu starten oder - wenn gar nichts hilft - eine statische IP-Adresse vergeben. Ein Grund dafür, weshalb sich der Einsatz von APIPA nur in kleineren Netzwerken (Heimnetzwerke mit bis zu 25 Clients) empfiehlt.

Weitere Konfigurationseinstellungen werden nicht berücksichtigt
Wenn Sie die IP-Konfiguration durch APIPA automatisch vornehmen lassen, wird lediglich eine IP-Adresse vergeben. Ein Standard-Gateway – falls vorhanden – wird nicht konfiguriert. Auch die Konfiguration eventuell vorhandener DNS- und WINS-Server wird nicht berücksichtigt.

Die automatische Konfiguration überprüfen

Ob die IP-Adresse eines Clients automatisch konfiguriert wurde, können Sie mit dem Befehl *ipconfig -all* schnell herausfinden. Denn dieser Befehl zeigt die aktuelle Konfiguration von TCP/IP pro Adapter an. Erscheint ein *Ja* in der Zeile *Autokonfiguration aktiviert*, wurde die IP-Adresse automatisch vergeben.

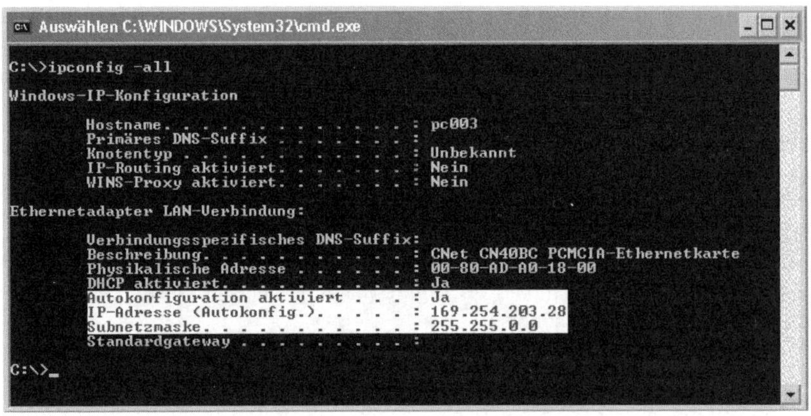

Die IP-Adresse wurde automatisch konfiguriert.

Mögliche Verbindungsprobleme aufgrund der automatischen IP-Konfiguration

Wenngleich die automatische IP-Konfiguration durch APIPA Verwaltungs- und Konfigurationsarbeit erspart, kann diese Funktion unter bestimmten Umständen zu Verbindungsproblemen im Netzwerk führen. Zum Beispiel dann, wenn Sie

- Computer vernetzt haben, auf denen Windows 3.11/95/NT installiert ist,
- das Netzwerk in mehrere Segmente aufgeteilt haben,
- die Internetverbindungsfreigabe aktiviert haben.

Das Problem an der Sache ist, dass diese Funktion nicht von allen Windows-Versionen unterstützt wird und dass keine segmentübergreifende Netzwerkverbindung möglich ist, da nur die Adresse und nicht der Standard-Gateway oder gar DNS-Server konfiguriert wird.

Wenn Sie beispielsweise Windows NT-Clients in das Netzwerk integriert haben, müssten Sie diesen Clients eine statische IP-Adresse aus dem Bereich 169.254.x.x zuweisen. Denn

Windows NT (wie auch 3.11 und 95) ist nicht in der Lage, eine automatische IP-Konfiguration durchzuführen.

Die automatische Konfiguration der IP-Adresse in Verbindung mit DHCP

Wenn Sie Windows XP in einem serverbasierten Netzwerk einsetzen, in dem ein DHCP-Server für die Vergabe dynamischer IP-Adressen zuständig ist, kann die automatische IP-Konfiguration von Windows XP störend sein. Denn schlägt die dynamische Zuweisung der IP-Adresse innerhalb des zulässigen Zeitrahmens (60 Sekunden) fehl, weil

- die Netzwerkverbindung zu langsam ist und es deshalb zu Zeitüberschreitungen (Timeouts) bei Zugriffen kommt,
- die Netzwerkverbindung instabil ist,
- der DHCP-Server fehlkonfiguriert wurde,
- der Pool freier IP-Adressen erschöpft ist,
- der DHCP-Server kurzzeitig heruntergefahren wurde,

erhält der Client automatisch eine IP-Adresse aus dem Bereich von 169.254.0.1 bis 169.254.255.254. Verwenden Sie im Netzwerk jedoch andere IP-Adressbereiche, ist keine Netzwerkverbindung von dem Client aus möglich, dessen IP-Adresse automatisch konfiguriert wurde.

Dieses Problem können Sie aber umgehen, in dem Sie

- den APIPA-Adressbereich ändern,
- APIPA deaktivieren,
- eine alternative IP-Adresse festlegen.

Ersteres ist dann sinnvoll, wenn Sie nur wenige Clients vernetzt haben. Denn wenn Sie den Adressbereich ändern wollen, der von APIPA verwendet wird, müssen Sie die Registrierungseinstellungen der TCP/IP-Konfiguration ändern. Die Änderung muss daher auf jedem Client erfolgen, was in größeren Netzwerken sehr aufwendig ist. Zwar können Sie die APIPA-spezifischen Registrierungseinstellungen exportieren und im Netzwerk verteilen, doch ergibt sich dabei gleich ein neues Problem: Die entsprechenden Registrierungseinstellungen sind unterhalb der ClassGUID des Netzwerkadapters abgelegt und die Bezeichnung ändert sich von Computer zu Computer. Die ClassGUID müsste also erst einmal abgefragt werden, bevor Sie diesen Wert einer Variablen übergeben, um letztendlich auf die Zieleinstellung zugreifen zu können. Noch aufwendiger wird es, wenn Sie mehrere Netzwerkkarten pro Computer verwenden, da Sie erst noch den entsprechenden Adapter ermitteln müssen.

Alternativ haben Sie die Möglichkeit, APIPA komplett zu deaktivieren. Das macht Sinn, wenn Sie innerhalb eines größeren Netzwerks einen DHCP-Server betreiben und die IP-Konfiguration im Falle einer fehlgeschlagenen Zuweisung nicht automatisch vornehmen lassen wollen.

Die Änderung des APIPA-Adressbereichs

Durch Angabe einer bestimmten Subnet Mask können Sie APIPA dazu veranlassen, andere IP-Adressbereiche zu verwenden. Diese Änderung müssen Sie jedoch direkt in der

Registrierung vornehmen, da die grafische Oberfläche von Windows XP keine entsprechende Einstellungsmöglichkeit bietet.

Änderung muss pro Netzwerkkarte erfolgen
Wenn Sie auf einem Computer mehrere Netzwerkkarten installiert haben, müssen Sie die Änderung des APIPA-Adressbereichs gegebenenfalls für jeden Adapter einzeln festlegen. Es sei denn, Sie nutzen vorwiegend statische IP-Adressen und möchten APIPA nur für einen einzelnen Adapter aktivieren.

Zunächst müssen Sie die ClassGUID der Netzwerkkarte ermitteln. Öffnen Sie die Systeminformationen unter *Start/Alle Programme/Zubehör/Systemprogramme* und markieren Sie *Komponenten/Netzwerk/Adapter*. In der rechten Fensterhälfte wählen Sie den gewünschten Adapter aus und notieren sich die *PNP-Gerätekennung*. Anschließend öffnen Sie den Registrierungs-Editor und erweitern den Schlüssel *HKLM\System\CurrentControlSet\Enum*. Dort suchen Sie nach der PNP-Gerätekennung, die Sie den Systeminformationen entnommen haben, und notieren sich die ClassGUID.

Danach markieren Sie den Schlüssel *HKLM\System\CurrentControlSet\Services\Tcpip\Parameters\Interface* und suchen den Teilschlüssel mit der ClassGUID. Sehen Sie in der rechten Fensterhälfte nach, ob die Zeichenfolge *IPAutoconfigurationSubnet* bereits existiert. Falls dieser Eintrag nicht vorhanden ist, legen Sie eine neue Zeichenfolge mit der Bezeichnung *IPAutoconfigurationSubnet* an und legen das gewünschte Subnet als Wert fest, beispielsweise 192.168.0.0. Des Weiteren muss die Zeichenfolge *IPAutoconfigurationMask* vorhanden sein, die den Wert der dazugehörigen Subnet Mask enthält. Notfalls müssen Sie - falls der Eintrag nicht existiert - diese Zeichenfolge neu anlegen. Wenn Sie für die automatische IP-Konfiguration z. B. IP-Adressen aus dem Bereich 192.168.0.0 verwenden wollen, müssen die Einträge folgendermaßen lauten:

IPAutoconfigurationSubnet = 192.168.0.0
IPAutoconfigurationMask = 255.255.0.0

Wichtig ist, dass durch die Wahl des Subnets und der dazugehörigen Subnet Mask genügend freie IP-Adressen zur Verfügung stehen. Auch müssen Sie andere Netzwerkkomponenten, die nicht automatisch konfiguriert werden können, an das gewählte Subnet anpassen. Andernfalls kommt es zu Verbindungsproblemen.

Wenn Sie den Adressbereich festgelegt haben, starten Sie den Computer neu, damit die Änderungen wirksam werden.

Automatische IP-Konfiguration reinitialisieren
Wenn Sie vor der Änderung des IP-Adressbereichs bereits eine automatisch konfigurierte IP-Adresse verwendet haben, müssen Sie die automatische IP-Konfiguration erneuern. Andernfalls wird der neue Adressbereich nicht aktiviert. Vergeben Sie temporär eine statische IP-Adresse, starten Sie den Computer neu und stellen Sie die IP-Konfiguration dann wieder auf *IP-Adresse automatisch beziehen* um. Erst dann wird die IP-Adresse aus dem festgelegten Bereich verwendet.

Die automatische IP-Konfiguration deaktivieren

Sie können die automatische Konfiguration der IP-Adresse deaktivieren, wobei Sie die Funktion pro Adapter wie auch global abschalten können:

Öffnen Sie den Registrierungs-Editor und markieren Sie den Schlüssel *HKLM\System\CurrentControlSet\Services\Tcpip*. Möchten Sie die automatische Konfiguration generell abschalten, dann öffnen Sie den DWORD-Eintrag *IPAutoConfigurationProtocol* und legen den Wert *0* fest. Der Wert *1* dagegen aktiviert den Dienst wieder. Sollte dieser Wert nicht existieren, legen Sie diesen DWORD-Wert neu an.

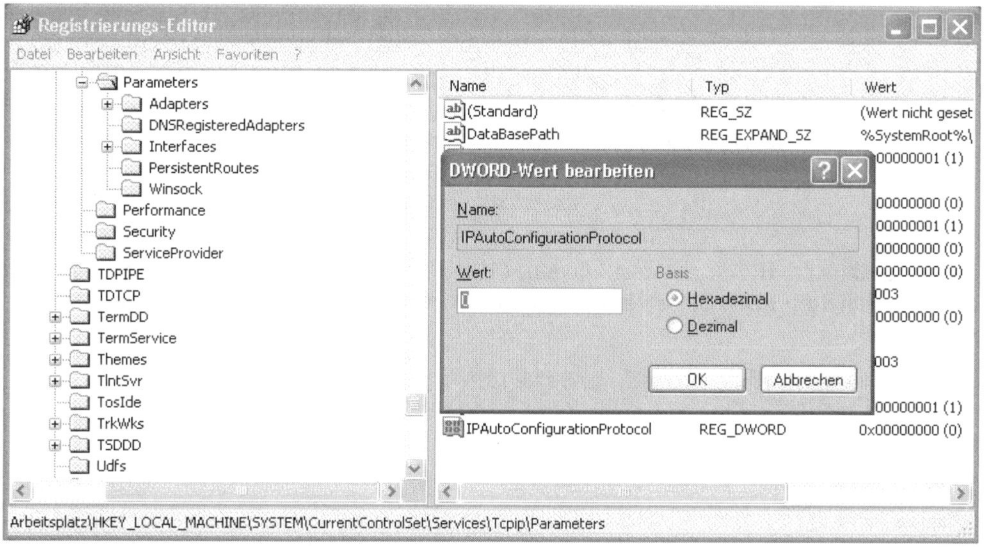

Die automatische Konfiguration der IP-Adressen deaktivieren.

Wenn Sie die automatische Konfiguration nur für eine bestimmte Netzwerkkarte deaktivieren wollen, müssen Sie zunächst die ClassGUID der entsprechenden Netzwerkkarte ermitteln, siehe Seite 714. Anschließend markieren Sie in der Registrierung den Schlüssel *HKLM\System\CurrentControlSet\Services\Tcpip\Parameters\Interface* und suchen den Teilschlüssel mit der ClassGUID. Sollte der DWORD-Wert *IPAutoConfigurationProtocol* bereits existieren, legen Sie den Wert *0* fest. Andernfalls müssen Sie einen neuen DWORD-Wert mit der genannten Bezeichnung erstellen und den Wert zuweisen.

IP-Adressen statisch vergeben

Eine weitere Möglichkeit, eine IP-Adresse zu vergeben, ist die statische Vergabe einer Adresse. Das bedeutet, dass die IP-Adresse und die dazugehörige Subnet Mask in den Eigenschaften des TCP/IP-Protokolls manuell eingegeben werden. Das hat den Vorteil, dass die Netzwerkkomponente immer unter der gleichen IP-Adresse erreichbar ist, was bei der dynamischen Zuweisung und automatischen Konfiguration nicht der Fall ist. Diese Form der Adressvergabe eignet sich daher für Server, Router, Gateways, Netzwerkdrucker und dergleichen mehr. Denn IP-Adressen solcher Netzwerkkomponenten werden für gewöhnlich in den TCP/IP-Eigenschaften der Clients hinterlegt, weshalb sich diese IP-Adressen nicht ändern sollten.

Der Nachteil der statischen Vergabe einer IP-Adresse ist jedoch der wesentlich höhere Konfigurations- und Verwaltungsaufwand. Denn erstens müssen Sie dafür sorgen, dass IP-Adressen immer eindeutig sind und nicht versehentlich zweimal vergeben werden, was eine Verwaltung der vergebenen Adressen zur Folge hat. Zweitens müssen Sie die IP-Adresse manuell konfigurieren und die Einstellung an jeder Netzwerkkomponente vor

Ort vornehmen. Die statische Vergabe der IP-Adresse bei einzelnen Clients ist also nur dann empfehlenswert, wenn Sie nur wenige Computer miteinander vernetzt haben, beispielsweise im Heimnetzwerk.

IP-Adresse aus privaten Adressbereichen wählen

Innerhalb eines lokalen Netzwerks können Sie frei wählen, welche IP-Adressen Sie einsetzen. Sie sollten jedoch darauf achten, dass Sie ausschließlich private IP-Adressen verwenden, die im Internet nicht geroutet werden. Bei IANA wurden folgende Adressbereiche für private Zwecke registriert:

- 10.0.0.0 bis 10.255.255.255
- 172.16.0.0 bis 172.31.255.255
- 192.168.0.0 bis 192.168.255.255

Um eine statische IP-Adresse festzulegen, öffnen Sie die Netzwerkumgebung und rufen die Eigenschaften des TCP/IP-Protokolls auf. Dort können Sie die Adresse statisch festsetzen.

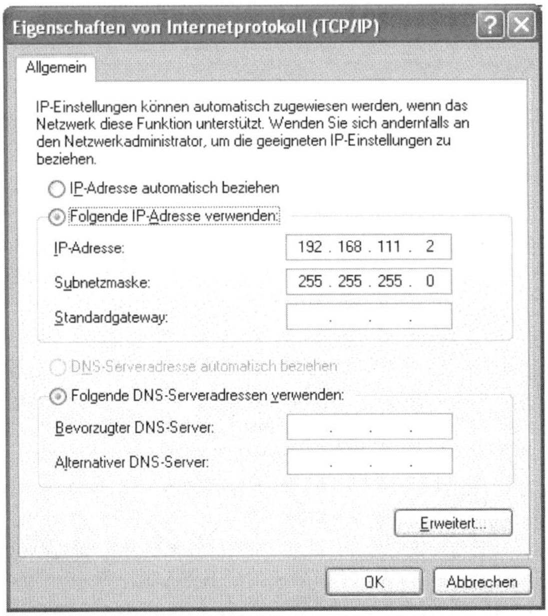

Die IP-Adresse festlegen.

Je nachdem, welchen IP-Bereich Sie verwenden, geben Sie im Feld *IP-Adresse* eine freie Adresse ein und legen zudem die Subnet Mask fest. Haben Sie mehrere Netzwerkkarten in den Computer eingebaut, müssen Sie pro Adapter eine IP-Adresse mit Angabe der zu verwendenden Subnet Mask festlegen.

Wenn Sie innerhalb des Netzwerks einen DNS- und/oder WINS-Server für die Namensauflösung verwenden, geben Sie außerdem die IP-Adressen für die jeweiligen Server ein. Im Feld *Bevorzugter DNS-Server* legen Sie die IP-Adresse des primären DNS-Servers fest, der standardmäßig auf Anfragen der Namensauflösung antworten soll. Wenn ein weiterer DNS-Server verfügbar ist, können Sie dessen IP-Adresse im Feld *Alternativer DNS-Server* festlegen. Dadurch werden Anfragen, die vom primären DNS-Server nicht beantwortet werden können, an den sekundären DNS-Server weitergeleitet. Die IP-Adresse des

WINS-Servers legen Sie in den erweiterten Einstellungen fest, genauer gesagt auf der Registerkarte *WINS*.

Die dynamische Zuweisung der IP-Adressen mit DHCP

Neben der automatischen Konfiguration durch APIPA und der statischen Vergabe einer IP-Adresse gibt es noch eine weitere Möglichkeit, IP-Adressen zu vergeben: DHCP (**D**ynamic **H**ost **C**onfiguration **P**rotocol). Hierbei handelt es sich um einen Serverdienst des Windows NT-/2000-/.NET-Servers oder eines Dienstes seitens eines Drittanbieters, der im Netzwerk angeschlossene Netzwerkkomponenten mit IP-Adressen versorgt. Auch viele ISDN- oder DSL-Router, die den Zugang zum Internet herstellen, können als DHCP-Server eingesetzt werden.

Die Konfiguration der IP-Adressen und weitere Einstellungen des TCP/IP-Protokolls erfolgt hierbei automatisch durch DHCP, eine manuelle Änderung der Einstellung ist nicht notwendig. DHCP eignet sich daher für die Konfiguration von IP-Adressen in größeren Netzwerken, um den Verwaltungs- und Konfigurationsaufwand so gering wie möglich zu halten.

DHCP und BOOTP

In Verbindung mit DHCP taucht hin und wieder die Bezeichnung BOOTP (**Boot**strap-**P**rotocol) auf. Hierbei handelt es sich um die Vorgängerversion von DHCP, die ebenfalls für die dynamische Zuweisung von IP-Adressen zuständig war. BOOTP wurde vorzugsweise für festplattenlose Terminals entwickelt. Über einen BOOTP-Server werden die für den Start erforderlichen Konfigurationseinstellungen an den Client übertragen. Per TFTP (**T**rivial **F**ile **T**ransfer **P**rotocol) wird danach das Startimage geladen und das Terminal kann gebootet werden. Wenngleich BOOTP nur noch in wenigen Fällen zum Einsatz kommt, wird BOOTP dennoch von Windows NT-/2000-/.NET-Server unterstützt. In den Eigenschaften eines DHCP-Adresspools muss lediglich die entsprechende Option gesetzt werden.

Die dynamische Zuweisung einer IP-Adresse durch einen DHCP-Server erfordert, dass ein solcher DHCP-Server im Netzwerk implementiert ist. Wenn Sie einen Windows NT-/2000-/.NET-Server im LAN betreiben, können Sie den Netzwerkdienst DHCP als zusätzliche Windows-Komponente einrichten. Diese Komponente können Sie sowohl auf einem Domänen-Controller, auf einem Memberserver, wie auch auf einem Stand-alone-Server nachrüsten. Alternativ können Sie die DHCP-Server-Funktion Ihres ISDN- oder DSL-Routers verwenden, falls der Router eine solche Funktion anbietet.

Während der Konfiguration des DHCP-Serverdienstes legen Sie einen oder auch mehrere Adressbereiche an und reservieren damit einen größeren Pool an freien IP-Adressen, die später für die dynamische Zuweisung verwendet werden. Zeitgleich können Sie weitere Einstellungen für die TCP/IP-Konfiguration vordefinieren, die während der dynamischen IP-Zuweisung ebenfalls an den Client übergeben werden. So können Sie beispielsweise die IP-Adresse eines Gateways, wie auch die Adresse des DNS- und/oder WINS-Servers festlegen.

Dynamische IP-Adressierung auch mit Windows XP Home

Wenn Sie einen DHCP-Server einsetzen, wird die IP-Adresse auch an Clients zugewiesen, die sich nicht direkt in der Domäne anmelden. Somit funktioniert die dynamische IP-Adressierung auch mit Windows XP Home. Weitere Informationen zur Domänenanbindung finden Sie ab Seite 768.

So funktioniert die dynamische IP-Zuweisung durch DHCP

Ist die Konfiguration des DHCP-Servers abgeschlossen und wurde der Dienst DHCP-Server ordnungsgemäß gestartet, kann eine dynamische Zuweisung der IP-Adresse erfolgen. Und das funktioniert folgendermaßen: Meldet sich ein Windows-Client im serverbasierten Netzwerk an, der über keine statische IP-Adresse verfügt, versendet der Client ein DHCP-Discover-Paket an alle Stationen im Netzwerksegment. Die Ziel-IP-Adresse enthält dabei die Broadcast-Adresse (255.255.255.255), die Quell-IP-Adresse dagegen lautet 0.0.0.0, da der Client bis dato noch über keine IP-Adresse verfügt. Ist ein DHCP-Server vorhanden, antwortet dieser mit einem DHCP-Offer-Paket, das eine IP-Adresse, gegebenenfalls auch erweiterte TCP/IP-Einstellungen (Gateway, DNS ...) enthält.

Hat der Client das DHCP-Offer-Paket erhalten, sendet dieser daraufhin einen Request (DHCP-Request-Paket) in Form eines Broadcasts. Dieser Broadcast ist notwendig, da zwischenzeitlich bereits ein anderer Client die gleiche IP-Adresse erhalten haben oder aber die Lease der IP-Adresse abgelaufen sein könnte. Ist das nicht der Fall, sendet der DHCP-Server wiederum einen Reply (DHCP-Ack-Paket) an den Client und die Zuweisung hat erfolgreich stattgefunden. Sollte die IP-Adresse jedoch ungültig sein, weil sie zwischenzeitlich an eine andere Komponente übergeben oder mittlerweile abgelaufen ist, sendet der DHCP-Server statt eines DHCP-Ack-Pakets ein DHCP-Nak-Paket an den Client zurück. Daraufhin fordert der Client eine neue IP-Adresse an und der Vorgang der dynamischen Zuweisung beginnt von Neuem. Dieser Prozess lässt sich mit dem Netzwerkmonitor aufzeichnen und verfolgen. Die folgende Abbildung zeigt eine solche Aufzeichnung, die während der Zuweisung einer dynamischen IP-Adresse erstellt wurde.

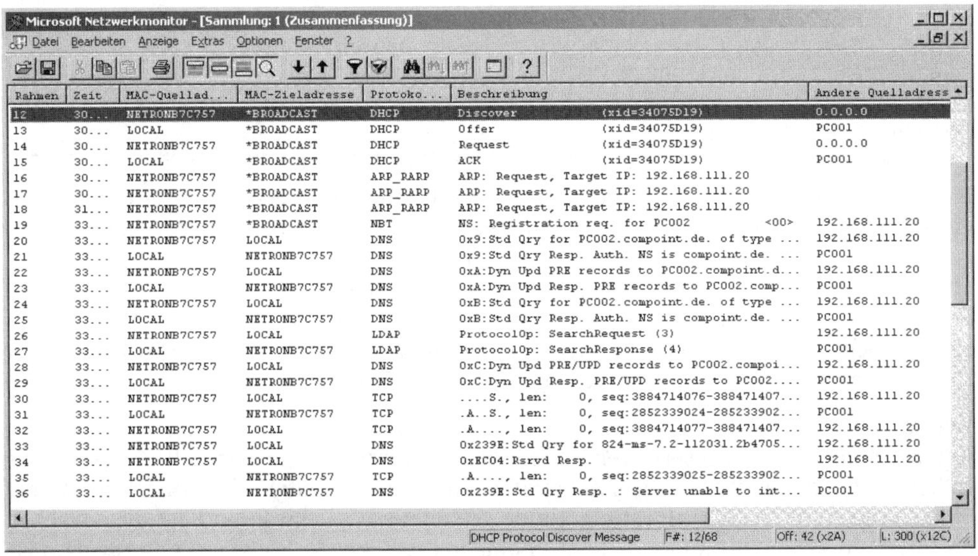

Die dynamische Zuweisung mit dem Netzwerkmonitor verfolgen.

Probleme bei der Zuweisung von dynamischen IP-Adressen

Problematisch wird diese Zuweisung, wenn die automatische IP-Konfiguration durch das Betriebssystem auf dem Client nicht deaktiviert (siehe Seite 714) oder zumindest eine alternative Konfiguration festgelegt wurde (siehe Seite 722). Denn wenn sich der Prozess der dynamischen Zuweisung des Öfteren wiederholt, weil eine gültige IP-Adresse nicht auf Anhieb zugewiesen werden kann, springt die automatische IP-Konfiguration ein.

Wird auf einem Windows 98-/98SE-/ME-/2000-/XP-Client die IP-Adresse nicht innerhalb von 60 Sekunden erfolgreich konfiguriert, erhält der Client automatisch eine IP-Adresse aus dem Bereich 169.254.x.x. Gründe für die Verzögerung bei der dynamischen Zuweisung können langsame oder instabile Netzwerkverbindungen, erschöpfte IP-Adresspools oder ein fehlkonfigurierter DHCP-Server sein.

Problem nur bei der Erstkonfiguration

Dieses Problem stellt sich jedoch nur bei der ersten Konfiguration eines PCs. Wenn der Client einmal eine Konfiguration über einen DHCP-Server bekommen hat, „merkt" er sich diese in der Registry und wird auch ohne weiteren Zugriff auf den DHCP-Server immer wieder mit dieser Konfiguration am Netzwerk teilnehmen.

Der DHCP-Relay-Agent

Beim Einsatz von DHCP in gerouteten Netzwerken ist es wichtig zu verstehen, dass der DHCP-Server zunächst immer nur Anfragen aus seinem eigenen Subnetz beantworten kann. Dies liegt daran, dass die Clients Ihre Adresse mithilfe eines Broadcasts anfordern, dem DHCP-Request.

Wenn im DHCP-Server nicht für jedes Subnetz eine eigene Netzwerkkarte eingerichtet und direkt mit dem jeweiligen Netzwerk verbunden ist, müssen die eingesetzten Router die Weiterleitung von DHCP-Clientanfragen unterstützen.

Diese Funktion ist auf allen besseren Routern verfügbar und nennt sich DHCP-Relay. Der Router fängt den DHCP-Request auf und leitet ihn an den DHCP-Server weiter. Dazu muss allerdings die Adresse des DHCP-Servers auf dem Router (nicht auf dem Client!) konfiguriert werden.

Sollte Ihr Router das Verfahren nicht beherrschen, können Sie in jedem Subnetz einen PC als DHCP-Relay-Agenten konfigurieren und diesen zum Weiterleiten der Pakete einsetzen. Hierfür ist allerdings ein Serverbetriebssystem erforderlich, Windows XP beherrscht diese Funktion nicht.

Die Lebensdauer einer dynamischen IP-Adresse konfigurieren

Über die Eigenschaften des IP-Adresspools wird auf dem DHCP-Server festgelegt, wie lange eine dynamische IP-Adresse gültig ist. Die Standardeinstellung bei Windows 2000-Server beträgt acht Tage, danach wird die IP-Adresse ungültig. Das hat folgenden Hintergrund: Wenn das Netzwerk aus zehn Clients besteht und der Adresspool des DHCP-Servers genau zehn IP-Adressen umfasst, muss der Adresspool erweitert werden, falls eine weitere Komponente in das Netzwerk integriert wird. In der Regel ist es aber so, dass nicht alle Netzwerkkomponenten permanent aktiv sind und eine dynamische IP-Adresse daher für andere Komponenten freigegeben werden könnte. Damit lässt sich der Adresspool klein halten, was aufgrund der mangelnden Anzahl an IP-Adressen mehr als empfehlenswert ist.

Über die Eigenschaften des Adresspools auf dem DHCP-Server können Sie die Lebensdauer einer IP-Adresse verändern. Welchen Rhythmus Sie wählen, hängt davon ab, wie viele IP-Adressen Sie für das Netzwerk zur Verfügung haben. Haben Sie beispielsweise 50 IP-Adressen verfügbar und setzen Sie nicht mehr als 25 Netzwerkkomponenten zu gleicher Zeit aktiv ein, sollten Sie die Lease so hoch wie möglich setzen. Damit vermeiden Sie überflüssige Broadcasts im Netzwerk. Haben Sie stattdessen nur sehr wenige IP-

Adressen zur Verfügung, sollten Sie die Lease so niedrig wie möglich setzen, beispielsweise zwölf oder 24 Stunden. Dadurch werden IP-Adressen schneller frei und werden nicht unnötig blockiert.

Wenn Sie auf dem Windows 2000-/.NET-Server die Konfiguration des DHCP-Servers aufrufen und in die Eigenschaften des jeweiligen Adresspools wechseln, können Sie dort die Lebensdauer der IP-Adressen verändern.

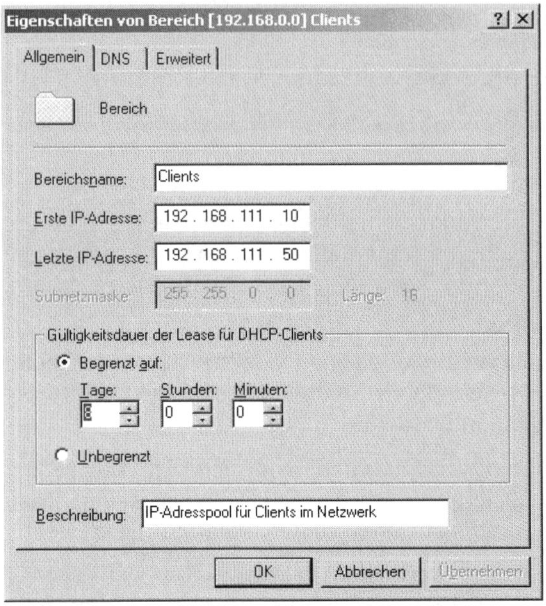

Einstellungen zur Lebensdauer einer IP-Adresse vornehmen.

Haben Sie die Lebensdauer auf beispielsweise acht Stunden festgelegt, versucht der Client nach etwa vier Stunden, die Lease zu erneuern. Dieser Prozess läuft ähnlich der Neuanforderung einer IP-Adresse ab. Der Client sendet – sobald die Hälfte der Lebensdauer erreicht ist – ein DHCP-Request-Paket an den DHCP-Server. Stellt der DHCP-Server fest, dass die Quell-IP-Adresse nicht 0.0.0.0 ist, verlängert er daraufhin die Lease und antwortet mit einem DHCP-Ack-Paket, woraufhin der Client diese IP-Adresse weiterverwenden kann. Meldet sich der Client jedoch erst dann im Netzwerk an, wenn die Lease bereits abgelaufen ist, kann keine Erneuerung stattfinden und die Neuzuweisung beginnt.

Die Clientkonfiguration für den DHCP-Betrieb

Wenn Sie Windows XP neu installieren und während der Netzwerkinstallation keine IP-Adresse vergeben, wird Windows XP automatisch so konfiguriert, dass zunächst ein DHCP-Server gesucht wird. Ist ein solcher Server nicht erreichbar, wird die IP-Adresse automatisch konfiguriert. Wenn Sie stattdessen eine statische IP-Adresse vergeben haben und durch die Neuimplementierung eines DHCP-Servers die dynamische Zuweisung aktivieren wollen, müssen Sie in den Eigenschaften des TCP/IP-Protokolls lediglich die Option *IP-Adresse automatisch beziehen* auswählen. Daraufhin wird ein Broadcast an den DHCP-Server gesendet (siehe vorheriger Abschnitt), der daraufhin die nächste freie IP-Adresse zuweist.

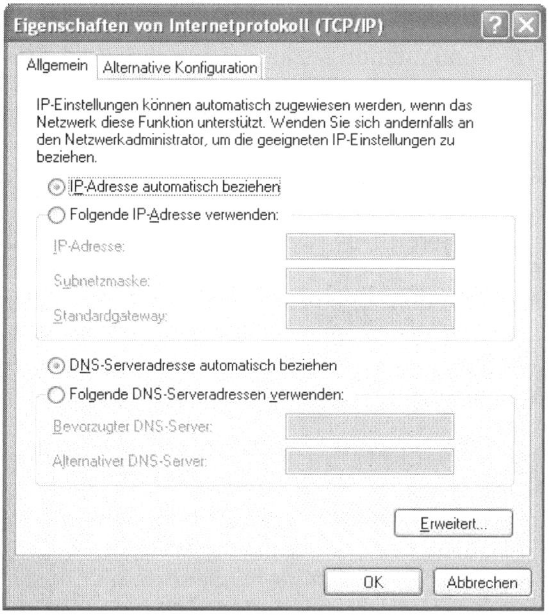

Die Option IP-Adresse automatisch beziehen aktiviert DHCP.

Wurde die IP-Adresse bereits automatisch durch APIPA konfiguriert, können Sie die dynamische Zuweisung durch DHCP – falls der Server verfügbar ist – manuell einleiten. Hierzu öffnen Sie die DOS-Box und geben den Befehl „ipconfig /release“ ein. Damit wird die automatisch konfigurierte IP-Adresse gelöst, der Client zeigt daraufhin die IP-Adresse *0.0.0.0* an. Mit dem Befehl *ipconfig /renew* starten Sie den Prozess der dynamischen Zuweisung, wie im vorherigen Abschnitt beschrieben.

Ob die Zuweisung erfolgreich war, können Sie mit dem Befehl *ipconfig /all* überprüfen. Dieser Befehl zeigt die aktuelle Konfiguration des TCP/IP-Protokolls und weitere Netzwerkeinstellungen an, unter anderem auch die DHCP-Konfiguration.

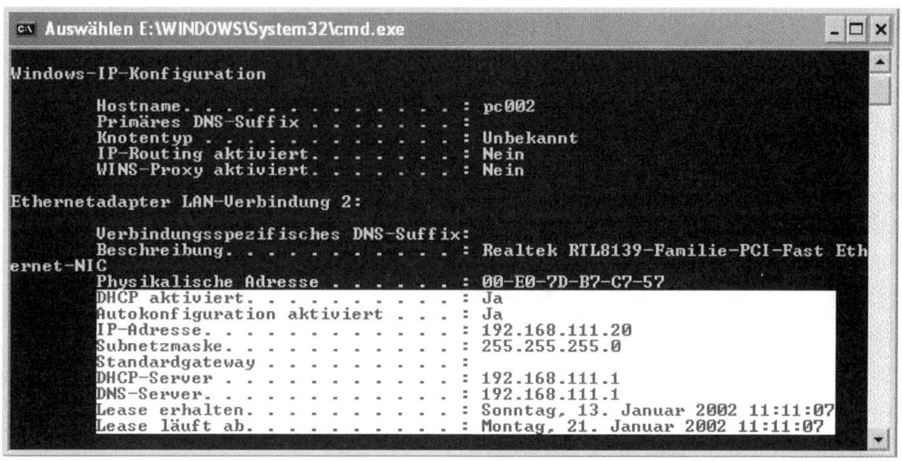

Anzeige der aktuellen TCP/IP-Konfiguration.

Eine alternative IP-Adresse konfigurieren

Wenn Sie in den Eigenschaften der TCP/IP-Konfiguration festlegen, dass die IP-Adresse automatisch bezogen werden soll, können Sie zusätzlich eine alternative IP-Konfiguration festlegen. Das hat den Vorteil, dass der Client im Falle einer fehlgeschlagenen dynamischen Zuweisung mit einer statischen IP-Adresse aus dem gewünschten Adressbereich versorgt wird. Dadurch vermeiden Sie, dass auf einem Windows XP-Client die automatische IP-Konfiguration durchgeführt wird und der Client im Netzwerk nicht erreichbar ist, weil Sie IP-Adressen aus einem anderen Bereich als 169.254.x.x verwenden. Auch wenn Sie einen mobilen Computer (Notebook) in mehreren Netzwerken betreiben und in einem Netzwerk statische IP-Adressen verwenden, in einem anderen Netzwerk aber die dynamische Zuweisung aktiviert haben, ist die alternative Konfiguration empfehlenswert. Der Client versucht zunächst, eine dynamische IP-Adresse von einem DHCP-Server zu erlangen. Schlägt diese Zuweisung fehl, wird automatisch die statische IP-Adresse (die alternative IP-Adresse) gewählt.

Alternative Konfiguration nur mit Windows XP

Die Funktion *Alternative Konfiguration* steht nur unter Windows XP zur Verfügung. Ältere Windows-Versionen unterstützen dieses Feature nicht. Wenn Sie Clients mit älteren Windows-Versionen in das Netzwerk integriert haben und der DHCP-Server kurzfristig nicht erreichbar ist, wird entweder eine automatische Konfiguration durch APIPA durchgeführt (Windows 98/98SE/ME/2000), oder aber der Client erhält gar keine IP-Adresse (Windows 95/NT).

Die nötige Einstellung nehmen Sie in den Eigenschaften des TCP/IP-Protokolls vor. Legen Sie zunächst fest, dass die IP-Adressen automatisch bezogen werden. Daraufhin wird die Registerkarte *Alternative Konfiguration* eingeblendet, auf der Sie die statische IP-Adresse als Alternative zu DHCP festlegen können. Wählen Sie die Option *Benutzerdefiniert* und geben Sie anschließend die alternative, statische IP-Adresse und die dazugehörige Subnet Mask ein. Wenn Sie innerhalb des Netzwerks einen DNS- oder WINS-Server für die Namensauflösung einsetzen, legen Sie zudem die IP-Adresse der jeweiligen Server fest.

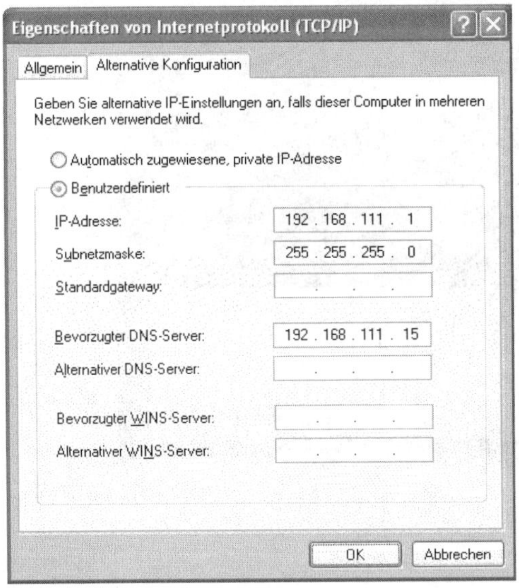

Alternative IP-Konfiguration festlegen.

Die IP-Konfiguration mit Netsh

Windows XP hält ein Tool bereit, mit dem Sie die TCP/IP-Konfiguration des lokalen Systems oder die eines Remote-Computers von der Kommandozeile aus ansehen und auch ändern können: Netsh.

> **Wozu brauche ich diesen Befehl?**
> Der *netsh*-Befehl ist vor allem dann interessant, wenn Sie die Netzwerk- oder RAS-Konfiguration mehrerer Computer mit Hifle von Scripts verändern wollen, anstatt in den Eigenschaften der LAN-Verbindungen herumzuklicken. Nur dann ist auch die nötige Einarbeitungszeit in dieses mächtige Tool gerechtfertigt.

Über entsprechende Befehle können Sie mit Netsh z. B. Folgendes tun:

- Die IP-Adresse des lokalen Systems oder eines Remote-Computers ändern.
- Router konfigurieren und Routen festlegen.
- Netzwerkbrücken konfigurieren.
- Proxy-, News- und Mailserver konfigurieren.
- DNS- und WINS-Einstellungen ändern.
- Die RAS-Konfiguration ändern.
- Die Adressübersetzung (NAT) konfigurieren.

und vieles mehr. Einsatzgebiete für ein solches Tool gibt es viele: Sollten sich gravierende Änderungen in der Netzwerkkonfiguration ergeben, weil vielleicht ein Gateway festgelegt werden muss oder weil von statischen auf dynamische IP-Adressen umgestellt werden soll, können Sie mithilfe einer Batchdatei die Rekonfiguration größtenteils automatisieren und müssen die Konfigurationsänderung nicht mehr manuell an jedem Client vor Ort durchführen. Auch können Sie mit Netsh Informationen zur Netzwerkkonfiguration aller Komponenten einsammeln, um beispielsweise die Vergabe statischer IP-Adressen zu kontrollieren.

Bei Netsh handelt es sich um ein sehr funktionsvielfältiges Tool, das unzählige Konfigurationsmöglichkeiten bereitstellt. Wir werden uns an dieser Stelle jedoch nur auf die wichtigsten Funktionen beschränken. Zunächst folgt ein kleiner Überblick über die Netsh-Befehle und die Funktionsweise des Tools. Anschließend zeigen wir Ihnen anhand einiger Beispiele, wie Sie eine Remote-Konfiguration mit Netsh durchführen.

Netsh-Befehle im Überblick

Das Tool namens Netsh (**Net**work **Sh**ell) wird von der Kommandozeile aus ausgerufen und kann daher auch in Batchdateien und Scripts für den WSH verwendet werden. Um Netsh zu starten, verwenden Sie folgende Syntax:

netsh [-r Name des Routers] [-a Alias] [-c Kontext] [Befehl | -f Skript]

> **Einfacher Aufruf im interaktiven Modus**
> Sie können Netsh auch ohne Angabe der Parameter aufrufen, indem Sie einfach „netsh" eingeben. Sie gelangen daraufhin in eine Befehlszeilenumgebung, ähnlich der Wiederherstellungskonsole oder dem Textmodus-FTP-Client, die Ihnen etliche Befehle bereitstellen.

Die zur Verfügung stehenden Befehle sowohl im interaktiven als auch im Batchmodus unterscheiden zwischen allgemeingültigen Befehlen und kontextspezifischen Befehlen. Erstere dienen der Navigation und der allgemeinen Bedienung von Netsh, kontextspezifische Befehle dagegen ermöglichen die Konfiguration bestimmter Einstellungen. Der wichtigste Befehl auf jeder Kommandoebene heißt hier *?*, mit dem Sie sich alle gültigen Befehle anzeigen lassen können.

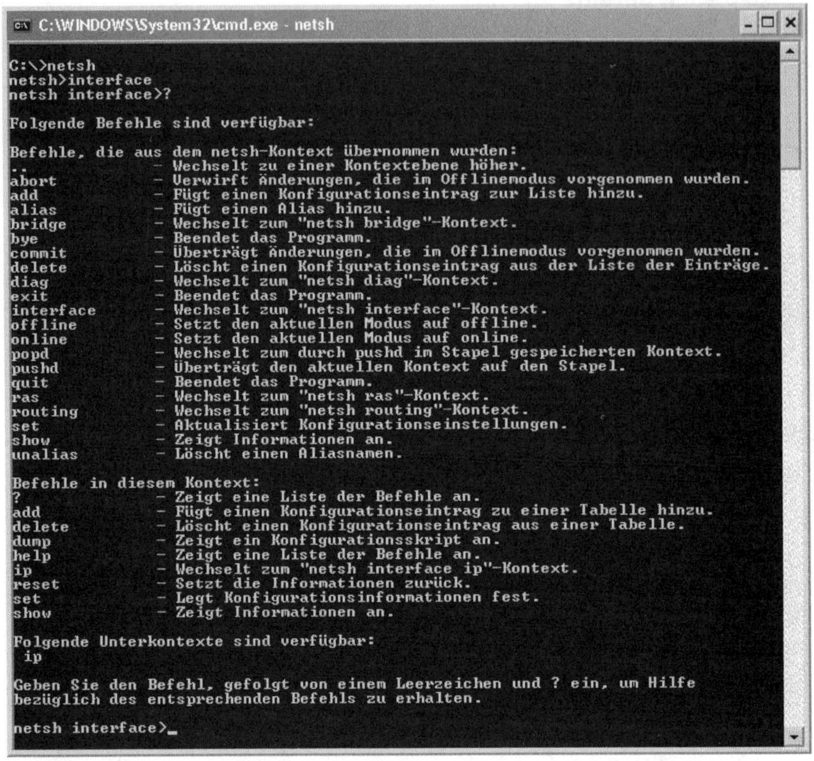

```
C:\WINDOWS\System32\cmd.exe - netsh

C:\>netsh
netsh>interface
netsh interface>?

Folgende Befehle sind verfügbar:

Befehle, die aus dem netsh-Kontext übernommen wurden:
..             - Wechselt zu einer Kontextebene höher.
abort          - Verwirft Änderungen, die im Offlinemodus vorgenommen wurden.
add            - Fügt einen Konfigurationseintrag zur Liste hinzu.
alias          - Fügt einen Alias hinzu.
bridge         - Wechselt zum "netsh bridge"-Kontext.
bye            - Beendet das Programm.
commit         - Überträgt Änderungen, die im Offlinemodus vorgenommen wurden.
delete         - Löscht einen Konfigurationseintrag aus der Liste der Einträge.
diag           - Wechselt zum "netsh diag"-Kontext.
exit           - Beendet das Programm.
interface      - Wechselt zum "netsh interface"-Kontext.
offline        - Setzt den aktuellen Modus auf offline.
online         - Setzt den aktuellen Modus auf online.
popd           - Wechselt zum durch pushd im Stapel gespeicherten Kontext.
pushd          - Überträgt den aktuellen Kontext auf den Stapel.
quit           - Beendet das Programm.
ras            - Wechselt zum "netsh ras"-Kontext.
routing        - Wechselt zum "netsh routing"-Kontext.
set            - Aktualisiert Konfigurationseinstellungen.
show           - Zeigt Informationen an.
unalias        - Löscht einen Aliasnamen.

Befehle in diesem Kontext:
?              - Zeigt eine Liste der Befehle an.
add            - Fügt einen Konfigurationseintrag zu einer Tabelle hinzu.
delete         - Löscht einen Konfigurationseintrag aus einer Tabelle.
dump           - Zeigt ein Konfigurationsskript an.
help           - Zeigt eine Liste der Befehle an.
ip             - Wechselt zum "netsh interface ip"-Kontext.
reset          - Setzt die Informationen zurück.
set            - Legt Konfigurationsinformationen fest.
show           - Zeigt Informationen an.

Folgende Unterkontexte sind verfügbar:
 ip

Geben Sie den Befehl, gefolgt von einem Leerzeichen und ? ein, um Hilfe
bezüglich des entsprechenden Befehls zu erhalten.

netsh interface>_
```

So bedienen Sie die Onlinehilfe des interaktiven Netsh-Befehls.

Die folgende Tabelle enthält eine Auflistung der allgemeingültigen Befehle, die Sie zur Navigation und zur Bedienung von Netsh nutzen können.

Befehl	Beschreibung
. oder ..	Wechselt eine Ebene höher, falls Sie sich in einem Kontext befinden. Beispiel: *netsh routing>..* wechselt nach *netsh>*.
abort	Haben Sie im Offlinemodus Änderungen vorgenommen, können Sie eine Übernahme der Änderungen mit *abort* unterbinden. Beispiel: *netsh routing>abort*.
add	Fügt Konfigurationsänderungseinträge hinzu und ermöglicht die Installation weiterer Helper (Funktionsaufrufe aus Systembibliotheken). Beispiel: *netsh>add helper ipmontr.dll*. Dieser Befehl stellt IP-Monitorfunktionen aus der Datei *ipmontr.dll* im Kontext *netsh* bereit, die normalerweise nur im Kontext *interface ip* genutzt werden könnten.
alias	Ermöglicht die Vergabe eines Aliasnamens. Beispiel: *netsh>alias NetCard LAN-Verbindung*. Dieser Befehl ermöglicht, dass die Schnittstelle LAN-Verbindung in künftigen Befehlen mit NetCard angesprochen werden kann, um die Eingabe längerer Zeichenfolgen zu vermeiden.
bridge	Wechselt in den Kontext *Bridge* (siehe nächste Tabelle), um die Änderung oder Anzeige der Konfigurationseinstellungen von Netzwerkbrücken zu ermöglichen.
bye	Beendet das Programm Netsh.

Befehl	Beschreibung
commit	Übernimmt alle geänderten Konfigurationseinstellungen, die im Offlinemodus festgelegt wurden.
delete	Löscht einen Eintrag aus der Liste zu übernehmender Konfigurationseinstellungen, die im Offlinemodus festgelegt wurden, und ermöglicht das Entfernen der Funktionen, die mit *add* hinzugefügt wurden. Beispiel: *netsh>delete helper ipmontr.dll.*
diag	Wechselt in den Kontext *Diag* (siehe nächste Tabelle), um Änderungen an DNS, WINS, Mail, Proxy ... vornehmen zu können.
dump	Listet die Befehlszeilen eines Scripts auf.
exec	Führt eine Scriptdatei aus.
exit	Beendet das Programm Netsh.
help	Zeigt eine Liste der möglichen Befehle mit einer kurzen Beschreibung an.
interface	Wechselt in den Kontext *Interface* (siehe nächste Tabelle), um Änderungen an der IP- oder IPX-Konfiguration einer Schnittstelle vornehmen zu können.
offline	Aktiviert den Offlinemodus, in dem Konfigurationen geändert werden können, aber erst dann aktiviert werden, wenn sie mit *set* gesetzt wurden.
online	Aktiviert den Onlinemodus, in dem Konfigurationsänderungen sofort wirksam werden.
popd	Holt den mit *pushd* gespeicherten Kontext aus dem Stapel zurück.
pushd	Speichert den aktuellen Stabel zwischen
quit	Beendet das Programm Netsh
ras	Wechselt in den Kontext *Ras* (siehe nächste Tabelle), in dem Sie Änderungen zur RAS-Konfiguration vornehmen können.
routing	Wechselt in den Kontext *Routing* (siehe nächste Tabelle), in dem Sie Änderungen an der Routing-Konfiguration vornehmen können.
set	Mit *set mode online/offline* können Sie den Modus wechseln, mit *set file Dateiname* können Sie die Konsolenausgabe in eine Datei umleiten.
show	Zeigt Informationen an. Die Ausgabe ist jedoch abhängig davon, in welchem Kontext Sie sich befinden.
unalias	Löscht einen gesetzten Aliasnamen. Beispiel: *netsh>unalias NetCard.* Mit *alias* können Sie sich die festgelegten Aliasnamen anzeigen lassen.

Netsh stellt mehrere Konfigurationsinstanzen (Kontext genannt) bereit, über die Sie die jeweiligen Konfigurationen vornehmen. Wenn Sie beispielsweise Änderungen am Routing vornehmen wollen, wechseln Sie in den Kontext *Routing*, für Konfigurationseinstellungen der Netzwerkadapter rufen Sie dagegen den Kontext *Interface* auf und so weiter. Jeder Kontext stellt dabei entsprechende Befehle für die eigentliche Konfiguration bereit, die Befehlsauswahl ist daher von Kontext zu Kontext unterschiedlich. Auch enthält jeder Kontext weitere Unterkontexte, die wiederum weitere Befehle bereitstellen. Welche Einstellungen Sie mit Netsh ändern können, hängt letztendlich auch von der Computerkonfiguration ab. Wenn Sie kein DHCP im Netzwerk verwenden, können Sie ergo auch keine Einstellungen konfigurieren.

Die Auswahl eines Kontextes kommt der Hauptmenüauswahl eines komplexen Konfigurationsprogramms gleich. Die folgende Tabelle zeigt, welcher Kontext aufgerufen werden kann und welche Einstellungen Sie darüber vornehmen.

Kontext	Unterkontext	Beschreibung
Bridge		In diesem Kontext werden Einstellungen zu eingerichteten Netzwerkbrücken vorgenommen.
Diag		Im Kontext *Diag* können Konfigurationseinstellungen zu DHCP, DNS, Gateway, Proxy, Mail und dergleichen mehr angezeigt und geändert werden.
Interface		Innerhalb dieses Kontextes können Sie sich Einstellungen zu LAN- und WAN-Schnittstellen anzeigen lassen.
	IP	Im Unterkontext *IP* können Sie sich aktuelle Einstellungen der TCP/IP-Konfiguration anzeigen lassen und können auch Änderungen vornehmen.
Ras		In diesel Kontext nehmen Sie Einstellungen zum RAS-Dienst vor bzw. können Sie sich die aktuelle Konfiguration anzeigen lassen.
	AAAA	Dieser Unterkontext enthält RAS-Einstellungen zur Authentifizierung bei WAN-Verbindungen.
	AppleTalk	Dieser Unterkontext ermöglicht die Konfiguration des AppleTalk-Protokolls für WAN-Verbindungen.
	IP	Über diesen Unterkontext nehmen Sie IP-spezifische Einstellungen für WAN-Verbindungen vor bzw. können Sie sich solche auch anzeigen lassen.
	IPX	In diesem Unterkontext nehmen Sie Einstellungen für WAN-Verbindungen vor, die auf *IPX* basieren.
Routing		Dieser Kontext ermöglicht das Zurücksetzen der Routing-Funktionen. Explizite Konfigurationseinstellungen werden in den Unterkontexten festgelegt.
	IP	Dieser Unterkontext erlaubt das Hinzufügen und Entfernen von Routen für die angegebenen Schnittstellen auf IP-Basis.
	IPX	Über diesen Unterkontext definieren Sie IPX-basierte Routen.

Der Wechsel in einen anderen Kontext erfordert lediglich die Eingabe des Kontextnamens. Wenn Sie Netsh ohne Angabe weiterer Parameter aufgerufen haben, befinden Sie sich zunächst im Root der Konfigurationsstruktur. Wenn Sie in den Kontext *Routing* wechseln wollen, geben Sie einfach „routing" ein. Sie können auch von tief verzweigten Kontexten aus direkt in einen anderen Kontext wechseln, indem Sie die einzelnen Kontexte durch ein Leerzeichen trennen (z. B. *routing ip*). Mit einem Punkt wechseln Sie – ähnlich *cd..* – jeweils nur eine Ebene höher.

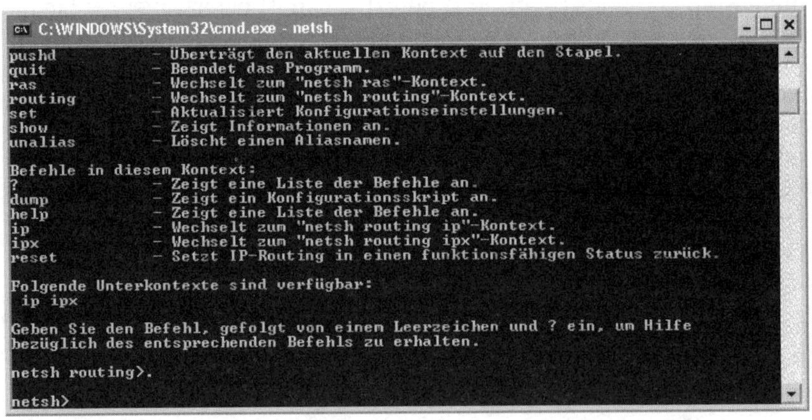

Wechsel des Netsh-Kontextes.

Durch den Kontextwechsel und die Befehle auf den verschiedenen Ebenen erlaubt Netsh die Ausführung von über 300 einzelnen Befehlen, die meist eine sehr lange Ansammlung von Parametern bedeuten.

Sie werden diese Befehle sicher erst einige Male im interaktiven Modus mithilfe des?-Befehls zusammensuchen müssen, bevor Sie sie in eine Batchdatei verpacken und verwenden können.

Als Hilfestellung sind im Folgenden einige Beispiele aufgeführt.

Beispiele für den Einsatz von Netsh

Sie können mithilfe von Netsh den verwendeten DNS-Server verändern. Wenn die LAN-Verbindung Ihrer Netzwerkkarte immer noch den Original-Namen *LAN-Verbindung* trägt und Sie den DNS-Server auf 194.64.166.1 setzen wollen, rufen Sie folgende Kommandozeile auf:

```
netsh interface ip set dns name="LAN-Verbindung" static 194.64.166.1
```

Um wieder die automatische Konfiguration des DNS-Servers durch den DHCP-Server einzustellen, verwenden Sie den Befehl

```
netsh interface ip set dns name="LAN-Verbindung" source=dhcp
```

Um die Adresse auf eine statische Adresse 172.16.1.3 und das Standard-Gateway auf 172.16.1.99 umzustellen, verwenden Sie den Befehl

```
netsh interface ip set address name="LAN-Verbindung" source=static addr=172.16.1.3
gateway=172.16.1.99
```

Um dem Benutzer *Administrator* RAS-Einwahlrechte zu gewähren und einen vom Benutzer gesteuerten Rückruf zu erlauben, setzen Sie den folgenden Befehl ein:

```
netsh ras set user name=administrator dialin=permit cbpolicy=caller
```

Bei einigen Befehlen erhalten Sie eine ausführliche Rückmeldung, bei anderen nur ein kurzes *OK*, wenn der Befehl erfolgreich war.

```
C:\>netsh ras set user name=administrator dialin=permit cbpolicy=caller

Benutzername:            administrator
Einwählen:               permit
Rückrufrichtlinie:       caller
Rückrufnummer:
```

Die Rückmeldung zeigt, ob's geklappt hat.

In der Windows XP-Onlinehilfe finden Sie weitere umfangreiche Beispiele, unter anderem zur Steuerung eines DHCP- und eines WINS-Servers.

Der *netsh*-Befehl kann aber auch zu Diagnosezwecken eingesetzt werden. Um einen schnellen Überblick über die Verfügbarkeit aller verwendeten IP-Adressen wie beispielsweise DNS-Server, Standard-Gateway, WINS- und DHCP-Server für alle LAN-Verbindungen Ihres PCs zu erhalten, verwenden Sie den Befehl

```
Netsh diag ping adapter
```

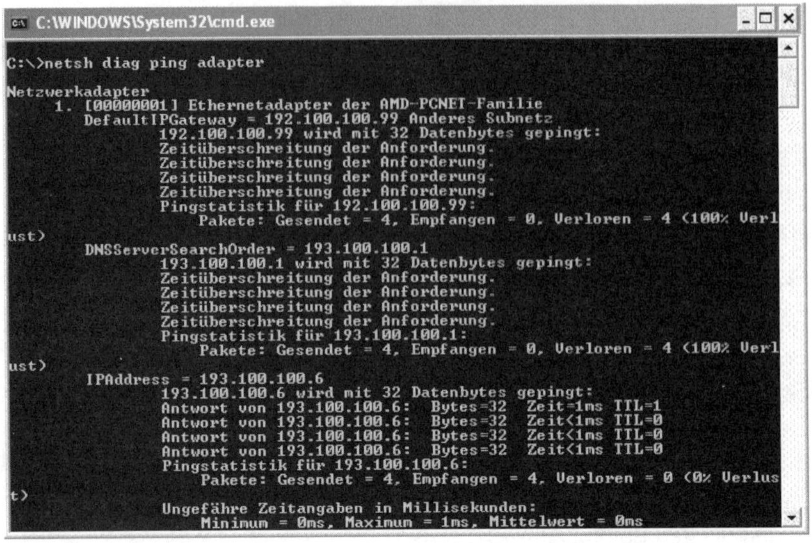

Sie sehen mit nur einem Befehl, wenn der Standard-Gateway oder der DNS-Server nicht erreichbar sind.

Namensauflösung mit WINS und DNS

In einem TCP/IP-basierten Netzwerk werden die einzelnen Netzwerkkomponenten (Computer, Drucker ...) über ihre eindeutige IP-Adresse identifiziert. Mithilfe der Namensauflösung können Sie die Netzwerkkomponenten aber auch über ihren Host- oder NetBIOS-Namen ansprechen, womit die Eingabe der ohnehin schwer zu merkenden IP-Adresse entfällt.

So funktioniert die Namensauflösung mit Windows XP

Bevor die Namensauflösung im Detail betrachtet wird, sollten Sie sich klarmachen, dass es zwei Schnittstellen für die Namensauflösung gibt:

- Die NetBIOS-over-TCP/IP- oder NetBT-Schnittstelle, die für die Auflösung von Computernamen im Windows-Netzwerk mithilfe des CIFS-Protokolls zuständig ist.
- Die Sockets-Schnittstelle, die von IP-Tools wie dem Internet Explorer, FTP und anderen Programmen verwendet wird.

Bei beiden Schnittstellen stehen unterschiedliche Möglichkeiten der Namensauflösung zur Verfügung und deshalb ist auch die Reihenfolge und damit das Timeout-Verhalten unterschiedlich, je nachdem, welche Schnittstelle verwendet wird.

Wichtig für das Verständnis der Namensauflösung, die nun hauptsächlich auf DNS basiert, ist das primäre DNS-Suffix (die DNS-Domäne) des Computers, das Sie unter *Arbeitsplatz/Eigenschaften/Computername* oder mit dem Befehl *ipconfig -all* überprüfen können.

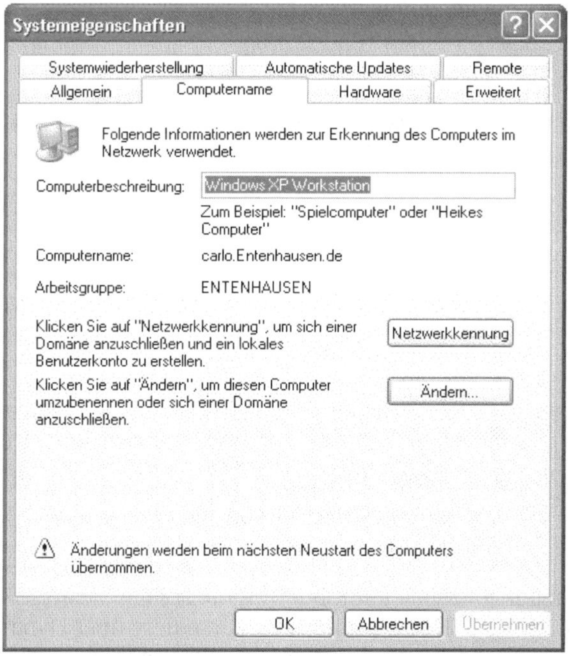

Das primäre DNS-Suffix ist an den Computernamen angehängt.

Das primäre DNS-Suffix ist diejenige DNS-Domäne, die bei der Namensauflösung nach beliebigen Computernamen immer als Erstes durchsucht wird, und sollte deshalb für alle Computer im LAN gleich eingestellt sein, um Verzögerungen zu vermeiden.

Unter Windows XP wird die Namensauflösung in der folgenden Reihenfolge ausgeführt, sofern Sie alle Optionen (DNS-Server, WINS-Server, LMHosts) in den IP-Einstellungen aktiviert haben:

1. Lokalen DNS-Namens-Cache prüfen (die lokale *hosts*-Datei wird vorher in den Cache geladen).
2. Primären DNS-Server nach dem gesuchten Namen mit dem eigenen Domänensuffix befragen.
3. Vorhandene zusätzliche DNS-Suffixe, die in den IP-Einstellungen im Register *DNS* konfiguriert sind, an den Namen anhängen und DNS-Server für jeden dieser Namen erneut befragen.
4. Namen mit dem Suffix der übergeordneten DNS-Domäne abfragen.
5. Lokaler NetBIOS-Namens-Cache (nur NetBT-Anfragen).
6. LNHosts-Datei auswerten (nur NetBT-Anfragen).
7. WINS-Server befragen (nur NetBT-Anfragen).
8. NetBIOS-Broadcast im lokalen Subnetz ausführen (nur NetBT-Anfragen).

Das Verfahren der Namensauflösung ist recht komplex. Versuchen Sie deshalb, es dadurch zu vereinfachen, dass Sie nicht alle Möglichkeiten verwenden, sondern gezielt auswählen, welche Mechanismen Sie einsetzen wollen. Andernfalls kann die Suche nach einem Computernamen auch mal 60 Sekunden dauern, während Sie auf Ihrem Bildschirm nur eine Sanduhr sehen.

Generell sollten Sie versuchen, möglichst nur einen DNS-Server einzusetzen, und auf alle lokalen Dateien und falls möglich auch auf einen WINS-Server verzichten. Näheres zu den Voraussetzungen finden Sie auf den nächsten Seiten.

Falls Sie keine NetBT-Unterstützung mehr benötigen, können Sie diese unter Windows XP abschalten. Näheres dazu finden Sie auf Seite 696.

DNS und HOSTS

Windows XP verwendet die DNS-Namensauflösung als native Möglichkeit, um Computernamen zu verwalten. Der DNS-Server verwaltet Computernamen und IP-Adressen im RFC-konformen Standard mithilfe von DNS-Domänen, wie Sie jeder aus dem Internet kennt.

Da DNS immer der erste Versuch bei jeder Namensauflösung ist, empfiehlt es sich, einen solchen im eigenen LAN zu betreiben, damit nicht bei jedem Netzwerkzugriff im LAN der DNS-Server des Internetproviders erfolglos befragt wird.

Leider liefert Windows XP jedoch keinen eigenen DNS-Server mit, hierfür müssen Sie schon die Windows-Server-Versionen oder Linux bemühen.

Wenn Sie die einzelnen Computernamen nicht selbst eintippen wollen, sollten Sie außerdem entweder Windows 2000 oder Windows .NET Server einsetzen, da diese über Dynamisches DNS (DDNS) verfügen, sodass sich die Clients automatisch registrieren können.

Um DNS zu verwenden, tragen Sie die IP-Adresse des DNS-Servers in den IP-Einstellungen aller Clients in das Feld *Bevorzugter DNS-Server* ein.

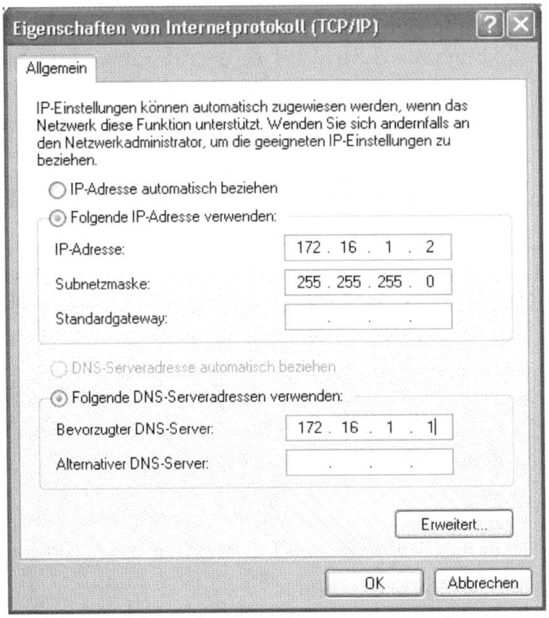

Der hier eingetragene DNS-Server wird als erster für die Namensauflösung verwendet.

Wenn Sie ein wenig Ausfallsicherheit erreichen möchten, können Sie auch noch einen alternativen DNS-Server verwenden. Dieser wird nur dann in Anspruch genommen, wenn der primäre DNS-Server nicht erreichbar ist.

Automatisches Update der IP-Adresse ist nicht immer erwünscht

Seit Windows 2000 versuchen die Clients, sich selbstständig beim bevorzugten DNS-Server zu registrieren, falls Sie in den TCP/IP-Einstellungen im Register *DNS* das Kontrollkästchen *Adressen dieser Verbindung im DNS registrieren* aktiviert haben.

Dies ist die Standardeinstellung, kann aber zu Problemen führen, wenn der DNS-Server gar keine Updates verarbeiten kann oder eine Firewall diese Zugriffe blockiert, weil der DNS-Server im Internet steht. Schalten Sie in diesem Fall einfach die Option aus.

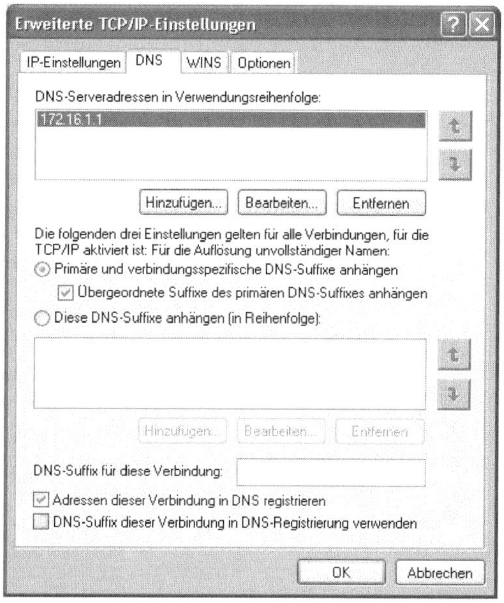

Standardeinstellungen für einen Windows XP-DNS-Client – automatische Registrierung.

Die *hosts*-Datei erlaubt es, auch ohne DNS-Server Computernamen und deren IP-Adressen zu definieren. Sie können diese Datei unter *%systemroot%\system32\drivers\etc* editieren und einfach um eigene Definitionen ergänzen.

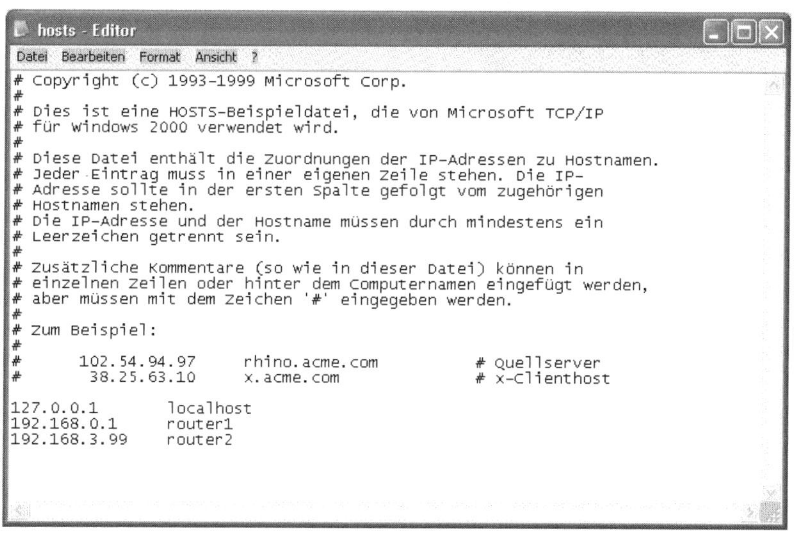


```
# Copyright (c) 1993-1999 Microsoft Corp.
#
# Dies ist eine HOSTS-Beispieldatei, die von Microsoft TCP/IP
# für Windows 2000 verwendet wird.
#
# Diese Datei enthält die Zuordnungen der IP-Adressen zu Hostnamen.
# Jeder Eintrag muss in einer eigenen Zeile stehen. Die IP-
# Adresse sollte in der ersten Spalte gefolgt vom zugehörigen
# Hostnamen stehen.
# Die IP-Adresse und der Hostname müssen durch mindestens ein
# Leerzeichen getrennt sein.
#
# Zusätzliche Kommentare (so wie in dieser Datei) können in
# einzelnen Zeilen oder hinter dem Computernamen eingefügt werden,
# aber müssen mit dem Zeichen '#' eingegeben werden.
#
# Zum Beispiel:
#
#      102.54.94.97     rhino.acme.com          # Quellserver
#       38.25.63.10     x.acme.com              # x-Clienthost

127.0.0.1       localhost
192.168.0.1     router1
192.168.3.99    router2
```

Die Hosts-Datei enthält IP-Adressen und Computernamen.

Achten Sie aber darauf, dass diese Datei lokal auf jedem PC abgelegt werden und bei den älteren Betriebssystemen Windows 9x direkt im Windows-Verzeichnis liegen muss, damit das Betriebssystem sie finden kann.

WINS und LMHOSTS

Der WINS-Dienst (**W**indows **I**nternet **N**ame **S**ervice) ist eine Datenbank, die Anfragen nach Computernamen entgegennimmt und die passende IP-Adresse zurückgibt und auch die umgekehrte Anfrage von IP-Adresse nach Computername erlaubt.

Jeder Client, der die IP-Adresse eines WINS-Servers konfiguriert hat, trägt sich automatisch selbst in die Datenbank ein, registriert sich also dort.

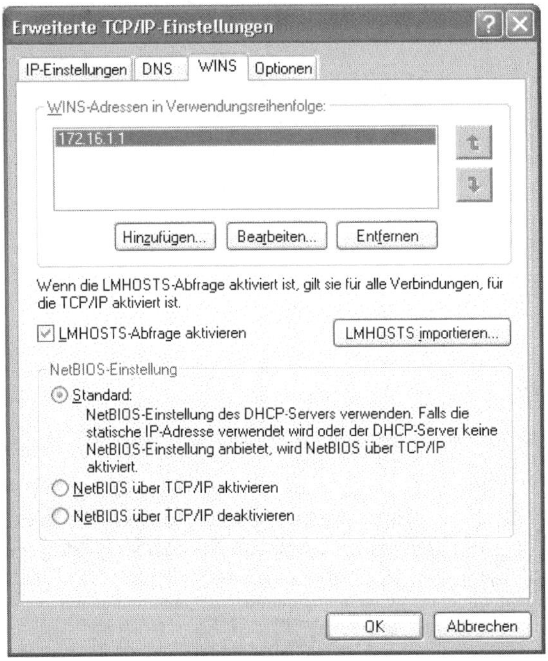

Durch die WINS-Adresse in den TCP/IP-Einstellungen wird der WINS-Client konfiguriert.

Der WINS-Dienst wird bei allen Windows-Serverversionen mitgeliefert und auch ein Linux-Computer mit SAMBA kann als WINS-Server arbeiten.

Wenn Sie in Ihrem LAN mit älteren Windows-Versionen bis einschließlich Windows 9x und NT 4 arbeiten wollen, kommen Sie um eine funktionierende NetBIOS-over-TCP/IP-Namensauflösung (NetBT) nicht herum, da diese Systeme noch keine rein DNS-basierten Windows-Namensdienste kennen.

Wenn Ihr Netzwerk nur aus Windows 2000- und XP-Computern besteht, lautet unser Rat: Entfernen Sie eventuell installierte WINS-Server und deaktivieren Sie die LMHosts-Abfrage auf allen Computern und installieren Sie stattdessen einen DNS-Server.

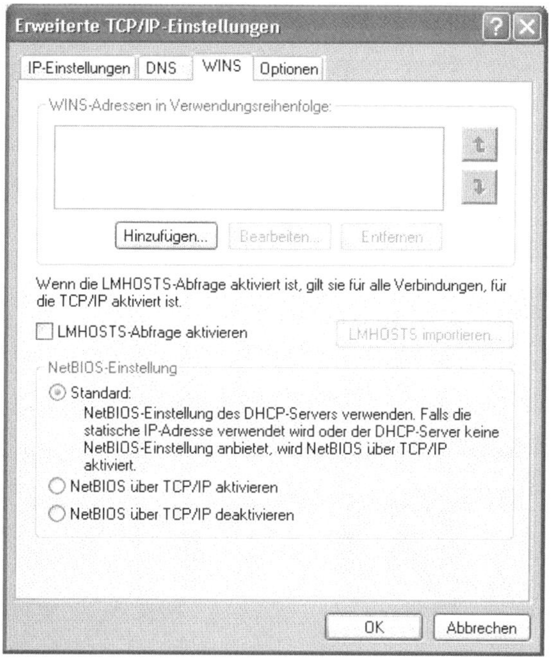

Sie können die LMHosts-Abfrage in den TCP/IP-Einstellungen ausschalten.

Wenn Sie ältere Clients benötigen und mindestens einen Windows NT-4- oder 2000-Server im Netzwerk haben, installieren und konfigurieren Sie dort den WINS-Dienst. Dann sparen Sie sich die Arbeit, auf jedem einzelnen Client manuell die LMHosts-Datei zu pflegen.

In ganz kleinen Netzwerken, die nur aus einem Segment bestehen, können Sie schließlich ganz auf Maßnahmen für die NetBIOS-Namensauflösung verzichten, da hier mit NetBIOS-Broadcasts gearbeitet werden kann. Dass dies der Netzwerklast nicht besonders zuträglich ist, sollte jedoch einleuchten, sodass Sie auch in diesem Fall ab ca. zehn Computern lieber einen WINS-Server einrichten sollten.

11.5 Die Netzwerkbrücke

Windows XP unterstützt eine Funktion, die Netzwerkbrücke oder Netzwerk-Bridge genannt wird. Mithilfe dieser Funktion können Sie zwei Netzwerksegmente, beispielsweise zwei Hubs, zu einem einzigen logischen Netzwerksegment vereinen. Sie benötigen dazu nur Windows XP und zwei Netzwerkkarten, die an beiden Netzwerksegmenten angeschlossen sind.

Wenn Sie also beispielsweise einen DSL-Router mit vier Netzwerkanschlüssen besitzen, jedoch zehn PCs anschließen wollen, können Sie einfach einen weiteren Hub erwerben und einen Windows XP-Computer mit zwei Netzwerkkarten verwenden, um die beiden Hubs zu koppeln.

Unterschiede zwischen Router und Bridge
Eine Bridge arbeitet auf OSI-Schicht 2 (MAC-Layer), Sie können also für das neu entstandene Gesamtnetz eine einheitliche IP-Adressierung verwenden und benötigen anders als beim Router keine Gateway-Adressen, um das andere Teilnetz zu erreichen.

Um die Netzwerkbrücke zu aktivieren, rufen Sie die Netzwerkeinstellungen auf und markieren die beiden Netzwerkkarten, deren Verbindungen überbrückt werden sollen. Rufen Sie dann *Erweitert/Verbindungen überbrücken* auf.

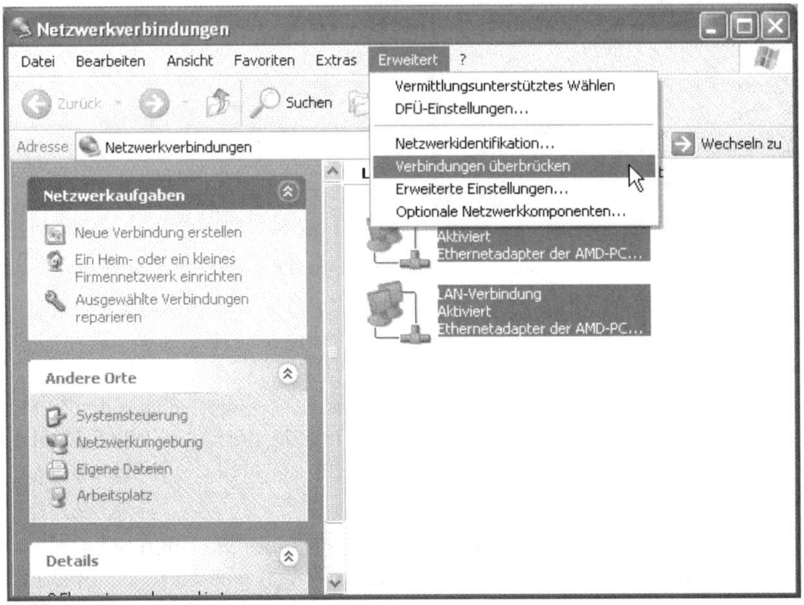

Die markierten Netzwerkkarten werden überbrückt.

Nicht kompatible Dienste
Die Dienste *Gemeinsame Nutzung der Internetverbindung* und *Internetverbindungsfirewall* sind nicht mit der Netzwerkbrücke kompatibel. Deaktivieren Sie diese Funktionen auf den betroffenen Netzwerkkarten, bevor Sie eine Brücke erstellen.

Es dauert ein wenig, bis die Netzwerkbrücke eingerichtet und konfiguriert wird. Windows XP sucht nach angeschlossenen Netzwerken und MAC-Adressen und aktualisiert den ARP-Cache.

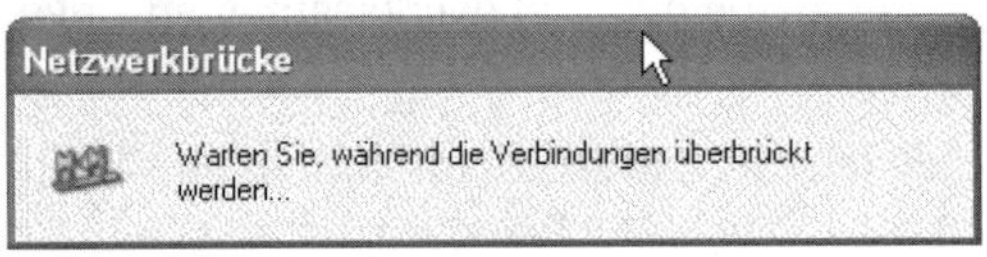

Die Einrichtung kann bis zu zwei Minuten dauern.

Nach der Einrichtung der Netzwerkbrücke erhalten Sie ein neues Symbol *Netzwerkbrücke* in den Netzwerkverbindungen.

So sehen die Netzwerkverbindungen nach Einrichtung der Netzwerkbrücke aus.

Die bestehenden LAN-Verbindungen wurden modifiziert und sind nun nur noch zur Steuerung der einzelnen Netzwerkadaptereinstellungen vorhanden. Bei aktivierter Netzwerkbrücke nehmen Sie alle Protokoll- und Diensteeinstellungen wie beispielsweise IP-Adressen nicht mehr in den einzelnen LAN-Verbindungen vor, sondern direkt in den Eigenschaften der Netzwerkbrücke.

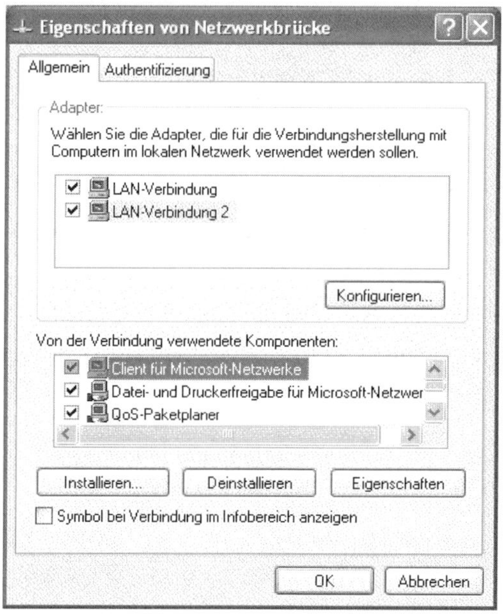

Die Protokoll- und Dienstekonfiguration steckt jetzt in den Eigenschaften der Netzwerkbrücke.

Die aktuellen Kartenkonfigurationen gehen verloren!
Beim Einrichten einer Netzwerkbrücke wird die individuelle Konfiguration der Netzwerkkarten entfernt und in die neue Verbindung *Netzwerkbrücke* übertragen. Die Konfiguration einer der Netzwerkkarten geht dabei unwiederbringlich verloren!

Sie können die Netzwerkbrücke vorübergehend mithilfe des Kontextmenüs deaktivieren und wieder aktivieren, wenn Sie die Verbindung zum zweiten Netzwerksegment abschalten wollen.

Um die Brücke dauerhaft zu entfernen, löschen Sie einfach das Symbol *Netzwerkbrücke*.

11.6 Netzwerkdrucker unter Kontrolle

In Kapitel 3.4 ab Seite 114 haben Sie erfahren, wie Drucker und Faxgeräte eingerichtet werden und wie Sie Probleme mit lokalen Druckern beheben können.

In diesem Abschnitt geht es nun darum, wie Sie Ihre lokalen Drucker im Netzwerk für andere PCs freigeben können und welche Probleme dabei auftreten können.

Drucker und Faxgeräte freigeben

Wenn Sie einen Drucker freigeben haben, agiert Ihr Computer als Druckserver und führt für die Netzwerkclients Druckaufträge aus.

Dabei wird sowohl das Spooling (Warteschlangenverwaltung) als auch der Treiber ausschließlich auf dem Druckserver ausgeführt, falls es sich bei den Clients um Windows NT 4, Windows 2000 oder Windows XP handelt.

Nur Windows 9x hat eigene Druckertreiber, die den Druckauftrag auf dem lokalen Netzwerkclient bearbeiten.

Wenn Sie einen Drucker freigeben möchten, müssen Sie über Administratorrechte auf dem Computer erfügen, an dem der Drucker angeschlossen ist.

Um Ihren Drucker freizugeben, rufen Sie aus dem Kontextmenü des Druckers den Befehl *Freigabe* auf.

Beim ersten Drucker, den Sie freigeben, ist dieser Befehl jedoch noch nicht verfügbar.

In diesem Fall rufen Sie die Eigenschaften des Druckers auf und wählen das Register *Freigabe* aus.

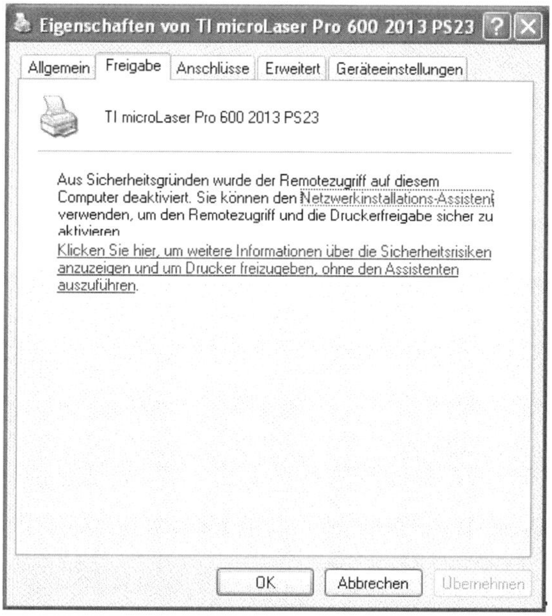

Vor der ersten Freigabe ist Windows XP störrisch.

Wenn Sie sich nun nicht durch den sehr langatmigen Netzwerkinstallations-Assistenten quälen wollen, klicken Sie auf den zweiten Link *Klicken Sie hier, ...*

Sie erhalten eine Warnmeldung, die auf die drohende Gefahr bei aktivierter Druckfreigabe und gleichzeitigem Internetzugang ohne Firewall hinweist.

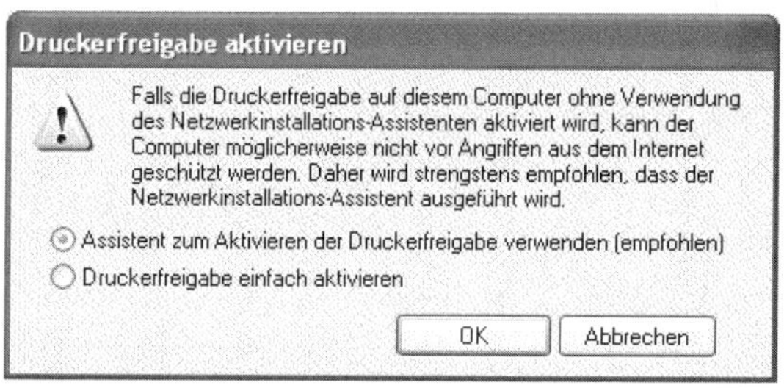

Warnung bei der ersten Druckerfreigabe.

Wie gefährlich ist die Freigabe wirklich?

Wenn Sie Windows XP in einer Arbeitsgruppe mit Standardeinstellungen betreiben und die Freigabe aktivieren, kann jeder Internetanwender auf Ihre freigegebenen Dateien und Drucker zugreifen. Wenn Sie nur Drucker freigeben, haben Sie nichts zu befürchten. Wie Sie Dateien mithilfe von Zugriffsrechten schützen können, erfahren Sie in Kapitel 8. Wie Sie das Verhalten von Windows XP grundsätzlich etwas sicherer gestalten können, indem Sie nicht jedem den Zugriff erlauben, erfahren Sie ab Seite 750.

Wählen Sie nun *Druckerfreigabe einfach aktivieren* aus. Sie können nun den Drucker freigeben und einen Freigabenamen in das entsprechende Feld eintragen.

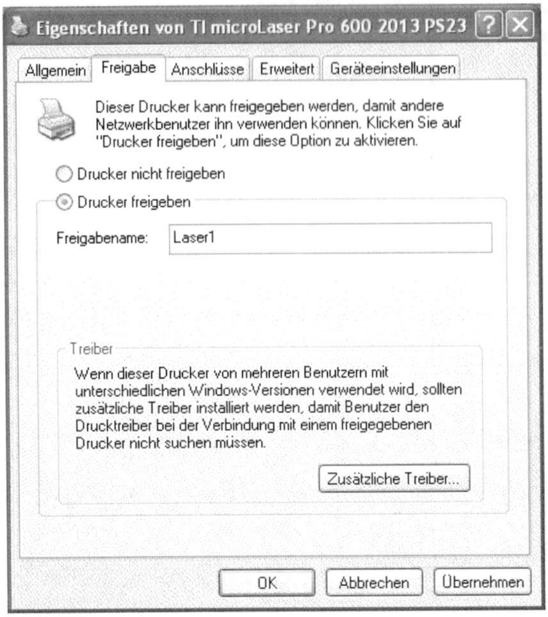

So geben Sie einen Drucker frei.

Wenn Sie auch mit älteren Windows-Versionen oder SAMBA auf diese Freigabe zugreifen wollen, sollte der Freigabename nicht länger als acht Zeichen sein und keine Umlaute oder Sonderzeichen enthalten.

Außerdem sollten Sie für ältere Windows-Versionen die passenden Treiber mit hinterlegen, damit diese bei der Clientinstallation dann automatisch heruntergeladen werden können. Klicken Sie dazu *Zusätzliche Treiber* an.

Hier können Sie Treiber für ältere Betriebssysteme hinterlegen.

Kreuzen Sie alle Systeme an, die möglicherweise auf den Drucker zugreifen möchten. Sie müssen jedoch die passenden Treiber-CDs bzw. Disketten zur Hand haben, damit diese Treiber auf die Festplatte des Druckservers kopiert werden können.

Achten Sie auch darauf, dass die Treiber entpackt sind. Windows XP unterstützt nur Treiber, bei denen eine INF-Datei und die zugehörigen DLLs bzw. sonstige benötigte Dateien in einem Verzeichnis vorhanden sind. Eigenständige Setup-Programme zur Installation des Druckers, eventuell noch kombiniert mit ZIP-Dateien, können nicht auf dem Druckserver hinterlegt werden.

Netzwerkdrucker verwenden

Um mit einem Netzwerkdrucker zu arbeiten, muss er auf dem Client zuerst einmal verbunden werden. Dazu gibt es mehrere Möglichkeiten.

Bei einer Arbeitsgruppeninstallation ist standardmäßig die Netcrawler-Funktion zur automatischen Suche von Netzwerkressourcen eingeschaltet. Falls ein Drucker mit ausreichenden Berechtigungen im Netzwerk gefunden wurde, wird er automatisch eingerichtet. Sie müssen dann nur noch den Druckerordner auf Ihrem PC öffnen und finden einen Hinweis auf den automatisch installierten Drucker.

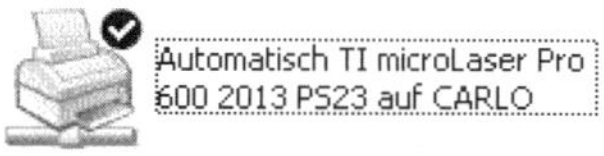

Dieser Drucker wurde automatisch eingerichtet.

Wenn Sie Mitglied einer Domäne sind oder die Automatik abgeschaltet haben, müssen Sie die Verbindung zum Netzwerkdrucker manuell herstellen.

Rufen Sie dazu *Einstellungen/Drucker/Drucker hinzufügen* auf und wählen Sie *Netzwerkdrucker* aus den Optionen. Wenn Sie den Freigabenamen des Druckers wissen, geben Sie ihn direkt in das Feld *Name* ein.

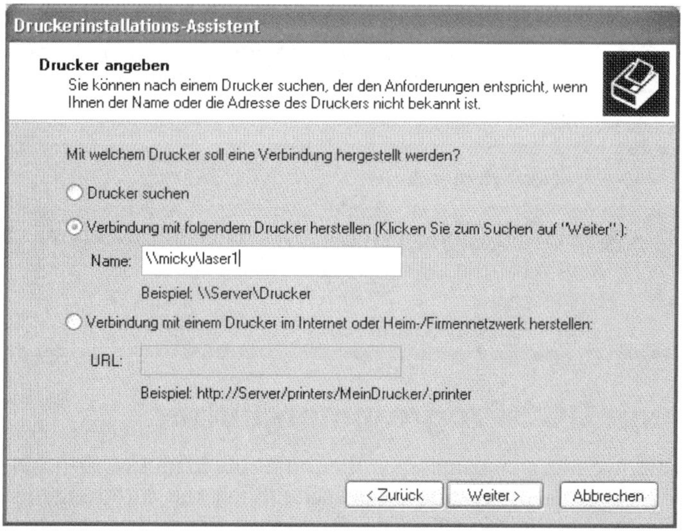

Manuelle Netzwerkdrucker-installation.

Falls Sie den Namen nicht mehr genau wissen, können Sie den Drucker auch suchen. Die Suche kann jedoch einige Zeit in Anspruch nehmen, insbesondere wenn sich die Computer in unterschiedlichen Arbeitsgruppen befinden.

Falls Sie den Drucker auch über das Web freigegeben haben, können Sie an dieser Stelle auch die URL eingeben. Näheres zu Webprinting finden Sie ab Seite 743.

Es gibt aber noch eine andere Methode, Netzwerkdrucker schnell zu installieren. Klicken Sie dazu einfach den Computer, an dem der Drucker angeschlossen ist, in der Netzwerkumgebung an.

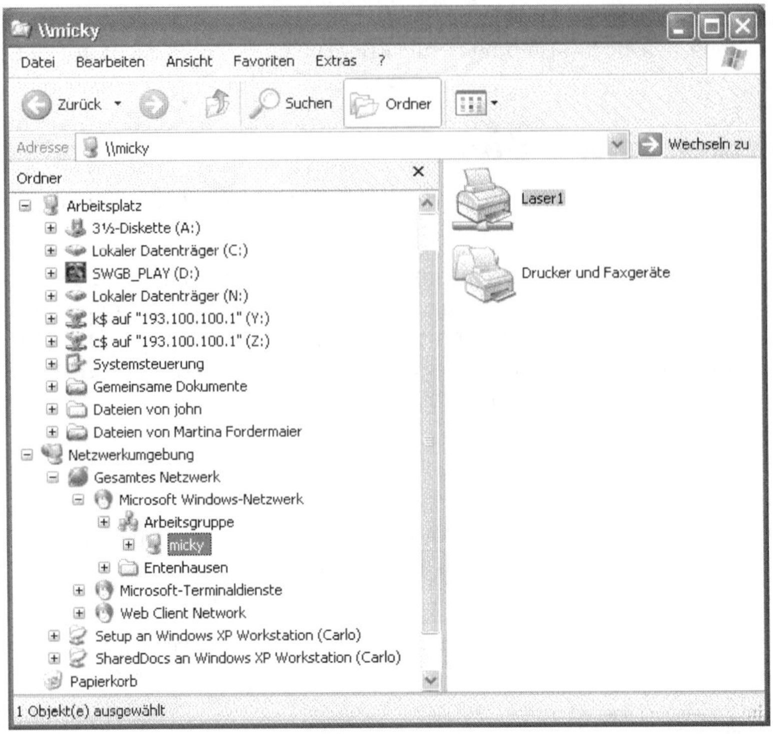

Installation des Druckers direkt über die Netzwerkumgebung.

Auf der rechten Fensterseite werden alle auf diesem Computer freigegebenen Drucker angezeigt. Mit einem Doppelklick wird der Drucker installiert und Sie erhalten gleich die Liste der aktuellen Druckaufträge angezeigt.

Probleme beim Einrichten des Netzwerkdruckers

Falls Sie Probleme bei der Installation des Druckers haben, kann dies vor allem zwei Ursachen haben: Sie verfügen nicht über die notwendigen Zugriffrechte (siehe unten) oder die maximale Anzahl von zehn Verbindungen, die Sie zu Windows XP-Computern aufbauen können, ist erreicht. In letzterem Fall hilft nur, ein Serverbetriebssystem mit einer ausreichenden Anzahl Lizenzen als Druckserver einzusetzen.

Netzwerkdrucker mit DOS-Programmen nutzen

Wenn Sie mit DOS-basierten Anwendungen drucken wollen, hilft die Windows-Druckereinrichtung leider nicht viel, da DOS-Anwendungen ausschließlich mit ihren eigenen Druckertreibern direkt auf die Ports LPT1 bis LPT3 drucken.

Um einen Netzwerkdrucker auch unter DOS verfügbar zu machen, müssen Sie deshalb einen LPT-Port ins Netzwerk umleiten. Verwenden Sie das Kommando

```
net use lpt1: \\computernamen\druckerfreigabe
```

um den Anschluss LPT1 für DOS-Anwendungen auf den angegebenen Netzwerkdrucker umzuleiten. Mit dem Befehl

```
net use lpt1: /delete
```

geben Sie den Anschluss wieder für das lokale Drucken frei.

Kein Befehl für Windows-Anwendungen
Sie können diesen Befehl nicht verwenden, um Netzwerkdrucker für Windows einzurichten. Hierfür müssen Sie schon ein Script mithilfe des Windows Scripting Host erstellen, das den gewünschten Netzwerkdrucker einrichtet.

Druckaufträge verwalten

Die Druckaufträge von Netzwerkdruckern können Sie genauso verwalten wie bei lokal angeschlossenen Druckern. Wenn Sie auf das Druckersymbol doppelklicken, erhalten Sie eine Auflistung aller Druckaufträge.

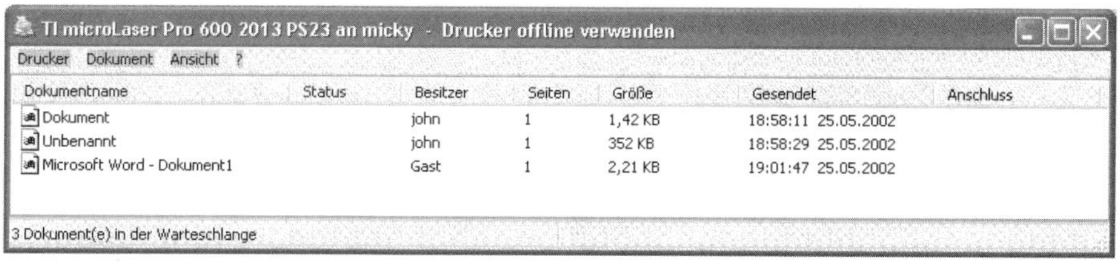

Die Druckjobverwaltung erfolgt durch einen Doppelklick auf das Durckersymbol.

Über das Kontextmenü des Druckauftrags können Sie den Druckauftrag

- Anhalten und später fortsetzen
- Abbrechen, d. h. löschen
- Neu starten, falls beispielsweise ein Papierstau die ersten Seiten zunichte gemacht hat.

Nach einem Doppelklick auf den Druckauftrag können Sie die Priorität des einzelnen Druckauftrags ändern.

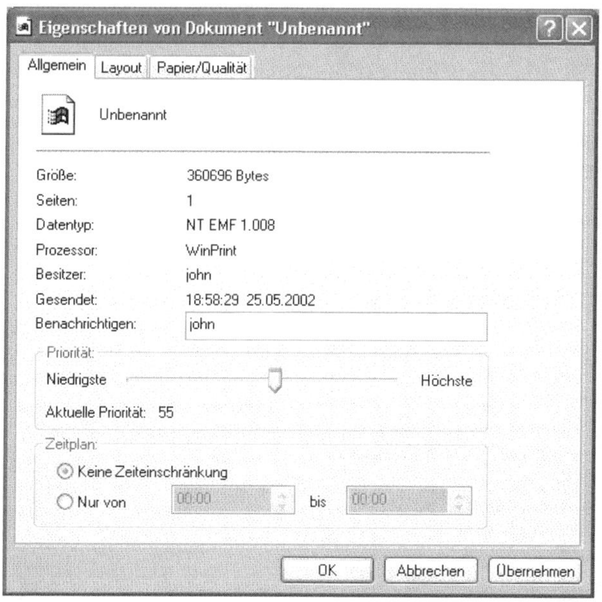

So ändern Sie die Priorität des Druckauftrags.

Wenn beispielsweise zehn Druckaufträge in der Liste sind, kann der letzte Auftrag durch Änderung der Priorität in der Liste nach vorn rutschen und direkt nach dem aktuellen Auftrag verarbeitet werden.

Zugriffsschutz

Normalerweise können nur die lokalen Administratoren des Druckservers die Druckereinstellungen ändern. Anwender, die über das Netzwerk drucken, können lediglich die Druckjobs bearbeiten, aber nichts an den Druckereinstellungen ändern. Jedoch kann in einer Arbeitsgruppenumgebung jeder Netzwerkbenutzer die Druckjobs des anderen löschen und die Prioritäten ändern, da alle mit dem Namen *Gast* arbeiten.

Falls Sie den automatischen Gastzugriff ausgeschaltet haben (siehe Seite 750), werden die einzelnen Benutzer unterschiedlich behandelt.

Wenn Sie also einen Zugriffsschutz für Ihre Druckaufträge einrichten wollen, müssen Sie zuerst den automatischen Gastzugriff deaktivieren. Dann hat jeder Benutzer nach wie vor die volle Kontorolle über seine eigenen Druckjobs, kann jedoch nicht mehr die Aufträge anderer Benutzer löschen oder verändern.

Die Administratoren des Druckservers können jedoch selbstverständlich immer noch alle Jobs kontrollieren und die Druckereigenschaften verändern.

Einziger Nachteil: Sie müssen auf dem Druckserver alle Benutzer mit dem richtigen Kennwort nochmals anlegen.

Verwaltung über Webseiten

Die Einstellung von Druckereigenschaften und die Verwaltung von Druckjobs ist auch über eine Weboberfläche möglich. Dazu muss jedoch auf dem Computer, an dem die Drucker freigegeben wurden, die entsprechende IIS-Komponente installiert werden.

Rufen Sie zur Installation *Systemsteuerung/Software* auf und klicken Sie auf *Windows-Komponenten hinzufügen/entfernen*. Wählen Sie dann aus der Liste der Komponenten die *Internet-Informationsdienste (IIS)* aus. Hier klicken Sie auf die *Details* des *WWW-Dienstes* und wählen *Virtuelles Verzeichnis für Drucker* aus.

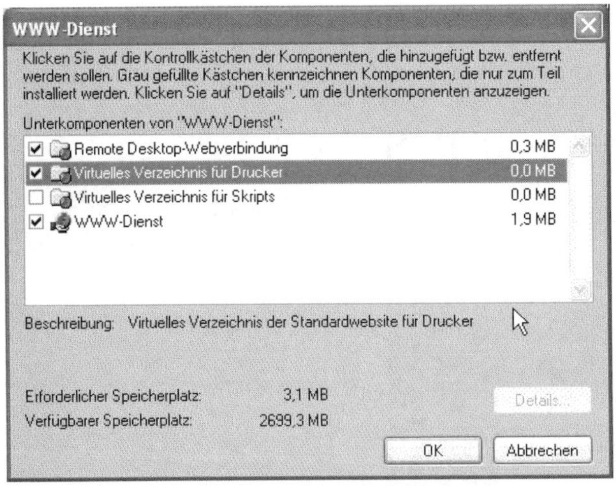

Installation der Drucker-Webverwaltung.

Es werden automatisch einige Komponenten zusätzlich installiert. Nach der Installation der nötigen Komponenten von der Windows XP-CD können Sie die Druckerverwaltung über Ihren Browser aufrufen. Geben Sie im Browser einfach die URL

```
http://computername/printers
```

ein. Dabei muss der Computername der Name des Druckservers sein, auf dem Sie die IIS-Komponente installiert haben.

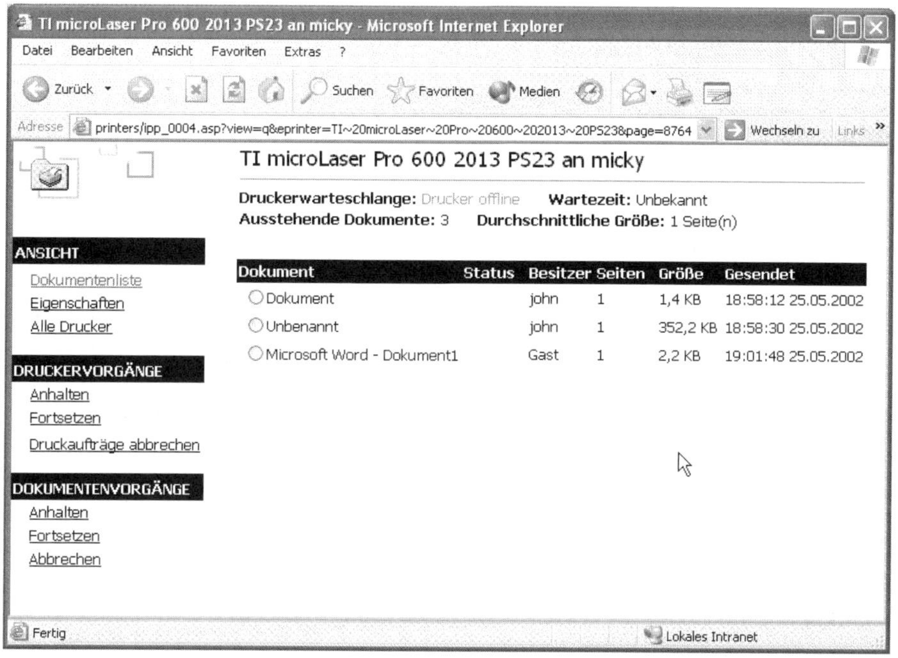

So sieht die Webverwaltung aus.

In diesem Browser-Fenster können Sie die Eigenschaften des Druckers sowie die Druckaufträge verwalten. Der Vorteil dieser Methode ist, dass Sie nicht auf die Windows XP-Oberfläche beschränkt sind und den Browser auch auf anderen Systemen wie Windows 95 oder Linux nutzen können.

Einrichten von Webprinting

Windows XP unterstützt nicht nur die Verwaltung über Webseiten, sondern auch das **I**P **P**rinting **P**rotocol, IPP. Dieses Protokoll hat den Vorteil, dass auch über eine reine HTTP-Verbindung, beispielsweise durch die Internetverbindungs-Firewall hindurch, gedruckt werden kann. Sie benötigen keinerlei Authentifizierung und NetBIOS-Verbindungen.

Um Drucken über das das Protokoll IPP zu ermöglichen, müssen Sie zunächst wie im letzten Abschnitt beschrieben auf dem Druckserver das virtuelle Verzeichnis für Drucker einrichten. Rufen Sie dann im Browser die URL

```
http://computername/printers
```

auf und wählen Sie den freigegebenen Drucker aus, auf dem Sie IP-Printing aktivieren möchten. Klicken Sie auf den Link *Eigenschaften*.

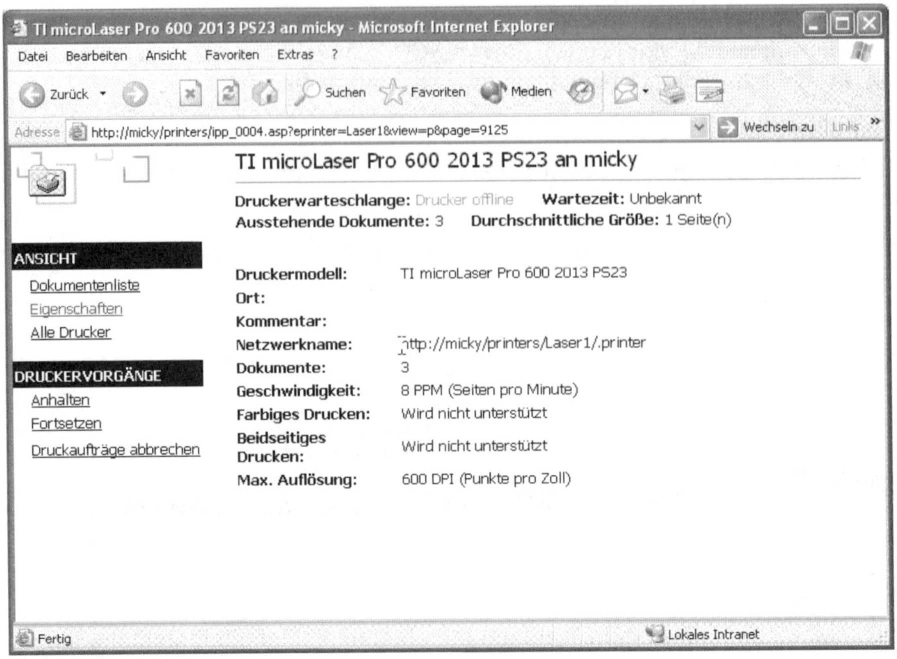

Anzeige der URL für IP-Printing.

In der Zeile *Netzwerkname* zeigt Windows XP die URL an, die Sie für das Drucken über IPP benötigen.

11.7 Authentifizierung und Zertifikate

Bevor Sie auf Betriebssystemfunktionen von Windows XP, auf das Dateisystem oder auf Netzwerkressourcen zugreifen können, müssen Sie sich dem Sicherheitssystem des Betriebssystems gegenüber zunächst entsprechend authentifizieren. Sie müssen dem Betriebssystem also erst einmal mitteilen, wer Sie sind. Dies tun Sie in erster Linie während der Anmeldung, indem Sie Ihren Benutzernamen und das dazugehörige Kennwort eingeben. Das Sicherheitssystem überprüft die Eingabe daraufhin anhand der Einträge aus der Benutzerdatenbank. Stimmen die Angaben aus der Anmeldemaske mit den Einträgen aus der Benutzerdatenbank überein, findet eine erfolgreiche Anmeldung statt. Andernfalls schlägt die Anmeldung fehl und der Zutritt bleibt bis zur erfolgreichen Authentifizierung verwehrt.

Doch so einfach das auch klingen mag: Die Authentifizierung darf nicht als simpler Vergleich zweier Zeichenfolgen (Benutzername und Kennwort) verstanden werden. Bei der Authentifizierung handelt es sich vielmehr um eine komplexe Verifizierung, an der unterschiedliche Dienste beteiligt sind.

Neuerdings ist die Authentifizierung auch mithilfe von Chipkarten oder biometrischen Systemen wie Fingerabdruck, Iris-Scan oder Stimmfrequenzanalyse möglich.

Außerdem kommen während der Authentifizierung unterschiedliche Authentifizierungsprotokolle zum Einsatz, die wiederum auf bestimmten Verfahren basieren. Zur Vermeidung von Authentifizierungsproblemen innerhalb des Netzwerks, die beim Einsatz unterschiedlicher Betriebssysteme und -versionen auftreten können, ist es daher wichtig zu wissen, was sich während der Authentifizierung im Hintergrund abspielt und wie sich die Verfahren voneinander unterscheiden.

Authentifizieren mit NTLM

In Arbeitsgruppenumgebungen und bei der Kommunikation mit älteren Windows-Versionen verwendet Windows XP das NTLM-Verfahren zur Authentifizierung. Es entstand aus dem ursprünglichen LAN Manager-Authentifizierungsprotokoll. Dabei werden der Benutzername und das Passwort verschlüsselt über das Netzwerk an den Server gesandt und bestätigt.

Es gibt verschiedene Versionen des NTLM-Protokolls, beispielsweise:

- das aktuelle NTLMv2, das ab Windows NT 4 SP4 unterstützt wird
- NTLMv1
- LM

Die Protokolle unterscheiden sich hauptsächlich in der Art und der Stärke der Verschlüsselung. Windows XP versucht zuerst die stärkste Verschlüsselung, geht aber dann im Fallback-Verfahren bis auf die niedrigste Stufe zurück, um auch mit Windows 95 noch kommunizieren zu können.

Diesen automatischen Fallback können Sie in den lokalen Sicherheitsrichtlinien unter *Lokale Richtlinien/Sicherheitsoptionen/Netzwerksicherheit: LanManager-Authentifizierungsebene* abschalten, wenn Sie keine Unterstützung für ältere Betriebssysteme benötigen.

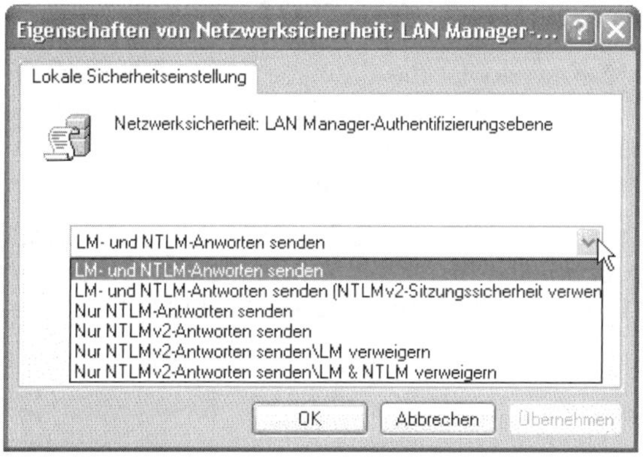

Mit dieser Sicherheitsrichtlinie können Sie alte Betriebssysteme aussperren.

Authentifizieren mit Kerberos v5

Wenn Windows XP Mitglied einer Active Directory-Domäne ist und sich an einem Windows 2000-Domänen-Controller anmeldet, wird das neuere Kerberos-Authentifizierungsverfahren verwendet. Windows NT, Windows 9x und ME unterstützen kein Kerberos-Protokoll, dies ist den Versionen Windows 2000 und XP vorbehalten.

Bei Kerberos werden der Benutzername und das Kennwort nur noch beim Domänen-Login in verschlüsselter Form an einen so genannten Ticket Server übertragen. Wenn die Login-Informationen gültig ist, erhält der Benutzer ein Login-Ticket (**T**icket **G**ranting **T**icket, TGT), mit dem er sich bei allen anderen Windows 2000- oder .NET-Servern authentifizieren kann. Die im Netzwerk übertragenen Kennwörter werden also minimiert.

Verwenden einer SmartCard

In einer Active Directory-Domänenumgebung ist alternativ auch der Einsatz von SmartCard-Lösungen möglich und basiert auf dem Kerberos-Login.

SmartCard-Lösungen werden typischerweise in Form von Chipkarten und Kartenlesern eingesetzt. Die Idee ist, anstelle von Benutzernamen und Kennwort nur noch ein elektronisch auf der SmartCard gespeichertes Zertifikat, das die Identität eines Benutzers ausweist, zu verwenden. Damit das Zertifikat nicht in falsche Hände gerät, wird bei jedem Einsatz eine PIN verlangt.

Der Einsatz von SmartCards setzt sowohl eine funktionierende Active Directory-Domäneninfrastruktur und die Mitgliedschaft in der Domäne als auch einen im Active Directory installierten und konfigurierten Zertifikatsdienst voraus, der an alle Domänenmitglieder Zertifikate ausstellen und verifizieren kann.

Zum Anmelden in einer solchen Umgebung benötigen Sie nur mehr einen Kartenleser, Ihre SmartCard und die PIN der Karte. Wenn die Karte entfernt wird, kann - abhängig von den entsprechenden Gruppenrichtlinien - der Arbeitsplatz automatisch gesperrt werden.

Wie man solche Dienste einrichtet und damit eine **P**ublic **K**ey **I**nfrastructure (PKI) aufbaut, erfahren Sie in unserem Buch „Das große Buch Windows .NET Server“.

11.8 Ressourcenfreigabe und -zugriff

Sicher mit die wichtigste Aufgabe eines Netzwerks ist die Freigabe von gemeinsam genutzten Dateien. Da Windows XP die Brücke zwischen den DOS-basierten Windows-Versionen und Windows NT/2000 schlägt, sind die Implementierung und die Möglichkeiten der Steuerung von Zugriffsrechten recht komplex geworden.

Im Folgenden erfahren Sie schwerpunktmäßig, wie Sie Freigaben erstellen und verwalten und wie Sie zwischen den verschiedenen Zugriffsmodi wechseln. Die Vergabe von Dateizugriffsrechten und die Benutzer- und Gruppenverwaltung selbst finden Sie in Kapitel 8 genauer erläutert.

Dateifreigaben im Griff

Freigaben ermöglichen anderen Computern im Netzwerk den Zugriff auf Daten oder Programme eines anderen Computers. Um auf einem Computer Freigaben zu erstellen, müssen Sie über Administratorrechte verfügen.

Bedenken Sie bei der Planung Ihrer Freigaben, dass Windows XP ein Clientbetriebssystem ist und nur über zehn integrierte Benutzerzugriffslizenzen verfügt. Wenn mehr als zehn Clients zur selben Zeit (innerhalb eines Zeitrahmens von 15 Minuten) zugreifen wollen, müssen Sie ein Windows-Serverbetriebssystem einsetzen, die entsprechende Anzahl Lizenzen kaufen und die Freigaben dort erstellen.

Freigaben erstellen und Rechte vergeben

Wenn Sie einen Ordner für andere Benutzer freigeben wollen, rufen Sie im Explorer das Kontextmenü des Ordners auf und wählen *Freigabe und Sicherheit* aus.

Aktivieren der Dateifreigaben

Sollte dieser Menüpunkt bei Ihnen noch nicht vorhanden sein, liegt das daran, dass Sie Windows XP in einer Arbeitsgruppe installiert haben und dies die erste Freigabe ist. Hier gibt sich Windows XP etwas störrisch, Sie müssen dann die Eigenschaften des Ordners aufrufen und das Register *Freigabe* anklicken. Führen Sie dann entweder den Netzwerkinstallations-Assistenten aus oder geben Sie den ersten Ordner einfach so frei.

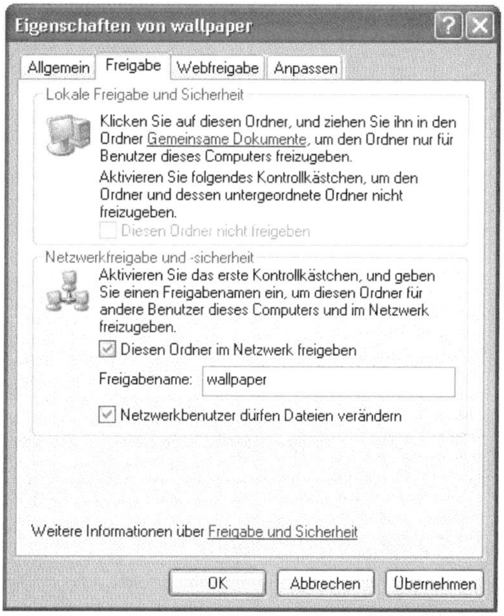

Direkte Freigabe eines Ordners mit Gastzugriff.

Wählen Sie *Diesen Ordner im Netzwerk freigeben* aus und aktivieren Sie *Netzwerkbenutzer dürfen Dateien verändern*, wenn Sie allen Benutzern, die über das Netzwerk zugreifen, Schreibrechte gewähren wollen.

Dies gilt jedoch nur, wenn Ihr Computer noch auf den so genannten Gastzugriff eingestellt ist (siehe Seite 750). Andernfalls sieht das Dialogfeld so aus:

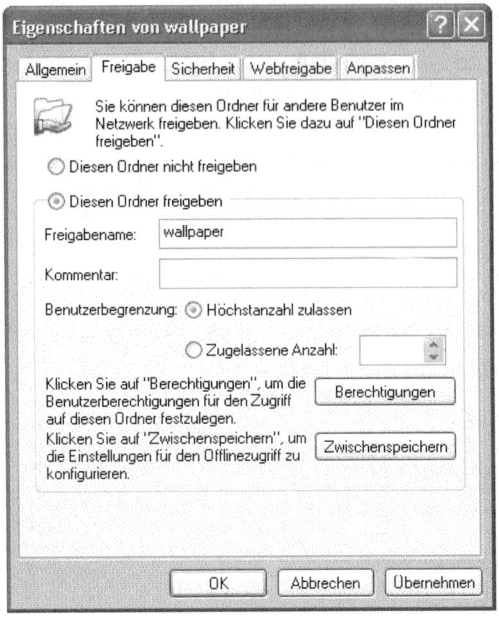

Freigabe bei klassischer Rechtevergabe.

Hier können Sie durch einen Klick auf *Berechtigungen* unterschiedlichen Benutzern verschiedene Rechte zum Zugriff auf die Freigabe erteilen.

Diese Rechte werden dann nur für die Benutzer wirksam, die über das Netzwerk auf die Dateien zugreifen.

Noch besser ist es jedoch, die Rechte gleich im Register *Sicherheitseinstellungen* zu vergeben, da die Rechte dann auch für diejenigen Benutzer greifen, die sich lokal am System anmelden.

Dies ist jedoch nur möglich, wenn Sie NTFS als Dateisystem einsetzen.

Achtung, Verwirrtaktik des Betriebssystems

Die Anzeige der Zugriffsrechte kann unabhängig vom verwendeten Zugriffsmodus mithilfe der Explorer-Optionen umgeschaltet werden. Wenn Sie unter *Extras/Ordneroptionen/Ansicht/Einfache Dateifreigabe verwenden* aktivieren, erhalten Sie immer eine Anzeige, als ob XP mit Gastzugriff arbeiten würde. Im Hintergrund werden jedoch dennoch die verschiedenen Benutzer geprüft. Umgekehrt funktioniert dieses Verwirrspiel genauso. Behalten Sie also am besten die Anzeige des Explorer bei, so wie sie automatisch durch den Zurgiffsmodus eingestellt wurde.

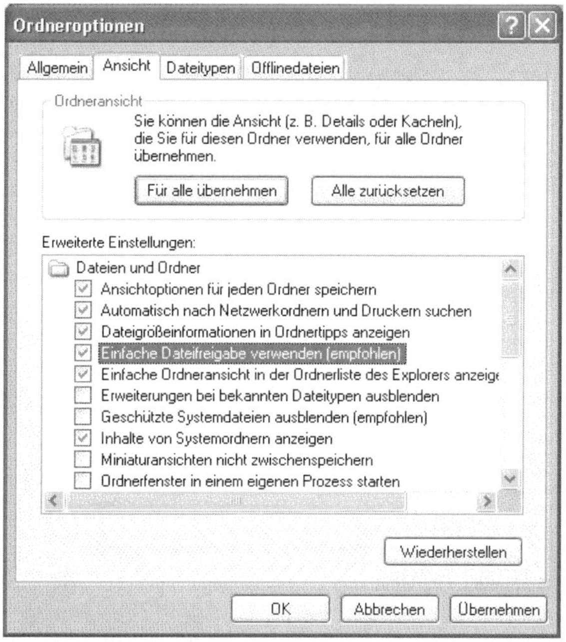

Die einfache Dateifreigabe-Option zeigt nur die Rechte wie beim Gastzugriff an.

Freigaben verstecken

Manchmal möchten Sie trotz Gastzugriff möglicherweise ein bisschen mehr Sicherheit erreichen. Dafür können Sie die versteckten Freigaben einsetzen.

Wenn Sie als Freigabename einen Namen mit nachgestelltem *$* wie beispielsweise *Setup$* verwenden, ist die Freigabe später nicht in der Netzwerkumgebung sichtbar.

Clients können sich nur dann zur Freigabe verbinden, wenn Sie den Namen wissen und selbst eintippen.

Verwalten von Freigaben

Für die Verwaltung von Dateifreigaben ist das Tool *Computerverwaltung* zuständig, das Sie über den Kontextmenüpunkt *Verwalten* des Arbeitsplatzes starten können.

Klicken Sie auf *Freigegebene Ordner/Freigaben*, um eine Liste aller bereits bestehenden Freigaben zu sehen.

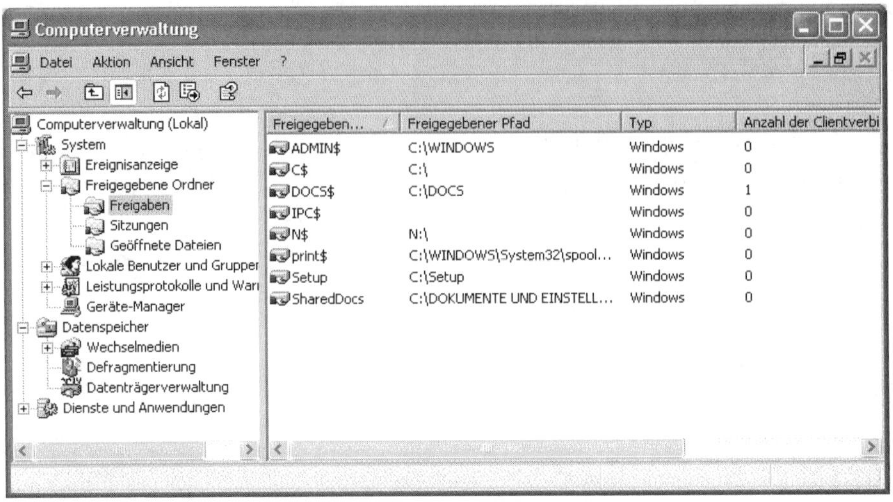

Liste aller Freigaben im Überblick.

Auch direkte Verwaltung der Ordner ist möglich

Sie können die Freigaben selbstverständlich auch wie bei anderen Windows-Versionen einzeln durch Aufrufen der Eigenschaften des jeweiligen Ordners und Auswahl der Registerkarte *Freigabe* verwalten. Da es jedoch sehr schwer ist, einen Gesamtüberblick über alle freigegebenen Ordner zu erhalten, empfehlen wir dieses Menü.

Wenn Ihr Computer nicht auf Gastzugriff eingestellt ist, können Sie über das Kontextmenü auch neue Freigaben stellen, Berechtigungen verändern und Freigaben löschen.

Freigaben verwalten per Kommandozeile

Es gibt noch eine weitere Möglichkeit, Freigaben zu verwalten: den *Net share*-Befehl.

Er ist vor allem innerhalb von Batchdateien nützlich. Im Folgenden erhalten Sie einige Kommandobeispiele.

```
Net share
```

zeigt eine Liste aller Freigaben auf dem lokalen Computer an.

```
Net share Dokumente=c:\docs
```

gibt den Ordner *C:\docs* unter dem Namen *Dokumente* frei.

```
Net share Dokumente /delete
```

entfernt die Freigabe *Dokumente*.

Zugriffsmodus – Gastzugriff oder unterschiedliche Rechte?

Windows XP unterstützt zwei unterschiedliche Betriebsarten beim Zugriff von Netzwerkbenutzern auf den lokalen Computer, die sich wesentlich auf die zur Verfügung stehenden Optionen und Menüpunkte sowie auf das Verhalten als Netzwerkserver auswirken.

- Der **klassische Zugriff** arbeitet wie bei Windows NT und Windows 2000 und unterscheidet die verschiedenen Benutzer, die sich über das Netzwerk anmelden. Bei jedem Benutzer werden Benutzername, Kennwort und Gruppenmitgliedschaft anhand der lokalen Benutzerdatenbank überprüft. Ist ein Benutzer in der lokalen Datenbank nicht vorhanden oder hat er ein falsches Kennwort, wird der Zugriff verweigert.
- Der **Gastzugriff** ermöglicht es allen Benutzern, auf einen Windows XP-Computer zuzugreifen, da jeder über das Netzwerk kommende Benutzer automatisch als Gast behandelt und nicht weiter unterschieden wird. Dieser Modus wurde geschaffen, um die Benutzerverwaltung in einfachen Peer-to-Peer-Netzwerken mit Arbeitsgruppen zu erleichtern und an Windows 9x anzulehnen.

Wenn Sie in einer Arbeitsgruppe arbeiten, ist der Gastzugriff standardmäßig eingestellt. Damit können Sie zunächst einmal keine Zugriffsrechte über die grafische Benutzeroberfläche vergeben und auch nicht Netzwerkbenutzer unterscheiden. Einige Menüpunkte fehlen, beispielsweise die Verwaltung der Freigaben innerhalb der Computerverwaltung.

Wenn Sie Mitglied einer Domäne sind, wird der klassische Zugriff aktiviert und der Gastzugriff kann auch manuell nicht mehr aktiviert werden. Die Authentifizierung der Benutzer wird dann auch nicht mehr über die lokale Benutzerdatenbank durchgeführt, sondern über die Domänendatenbank mithilfe der Domänen-Controller.

Auf einem Arbeitsgruppencomputer können Sie den Zugriffsmodus jedoch selbst steuern. Rufen Sie in den lokalen Sicherheitsrichtlinien unter *Lokale Richtlinien/Sicherheitsoptionen* die Eigenschaften der Richtlinie *Netzwerkzugriff: Modell für gemeinsamen Zugriff und Sicherheitsmodell für lokale Konten* auf.

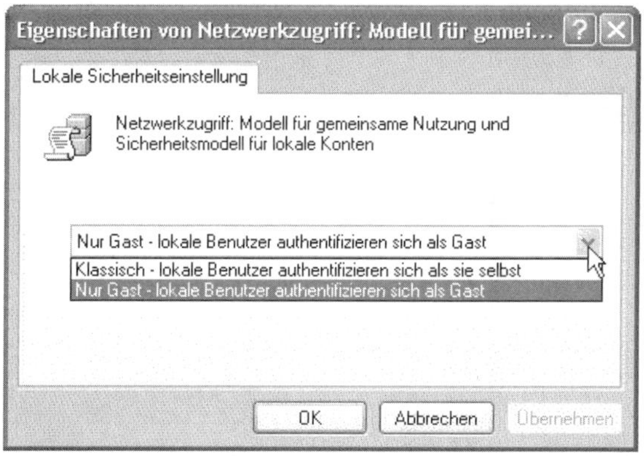

Der Zugriffsmodus kann bei einem Arbeitsgruppenmitglied umgestellt werden.

Wenn Sie die Richtlinie ändern, haben Sie online nach ca. 30 Sekunden die geänderten Menüpunkte und Optionen verfügbar.

Auf freigegebene Ordner zugreifen

Um auf einem Netzwerkclient Zugriff zu den freigegebenen Ordnern zu erhalten, gibt es mehrere Möglichkeiten, die im Folgenden vorgestellt werden.

Automatische Ressourcensuche

Sicherlich die bequemste Möglichkeit ist, einfach auf die automatische Ressourcensuche von Windows XP zu warten. Windows XP enthält bei Arbeitsgruppeninstallationen standardmäßig einen Netcrawler-Mechanismus, der alle Freigaben innerhalb der eigenen Arbeitsgruppe abgrast und als Verknüpfung in die Netzwerkumgebung einbaut, falls ausreichende Zugriffsrechte vorhanden sind.

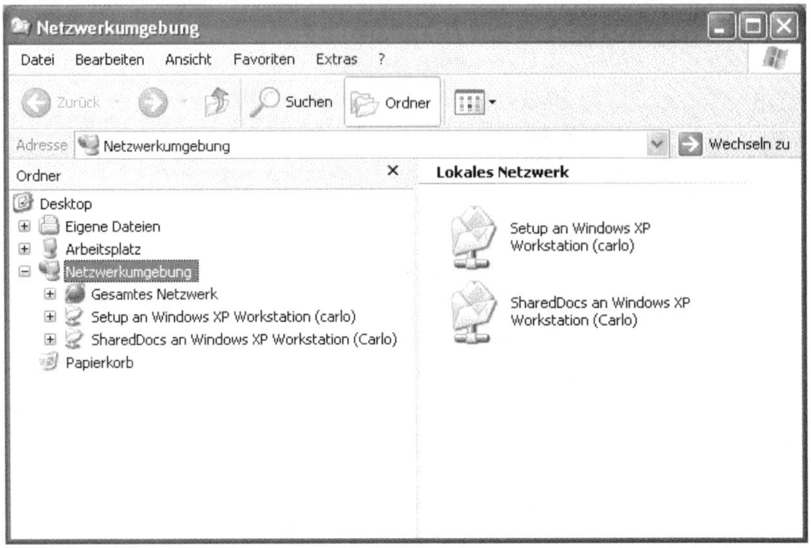

Alle Ressourcen mit Zugriffsrechten werden automatisch gefunden.

Je nach Anzahl der Freigaben und Größe der Netzwerkumgebung kann dieses Auffüllen der Netzwerkumgebung allerdings einige Minuten pro Benutzer dauern.

Sie können die automatische Suche nach Ressourcen auch abschalten, indem Sie im Explorer unter *Extras/Ordneroptionen/Ansicht/Automatisch nach Netzwerkordnern und Druckern suchen* deaktivieren.

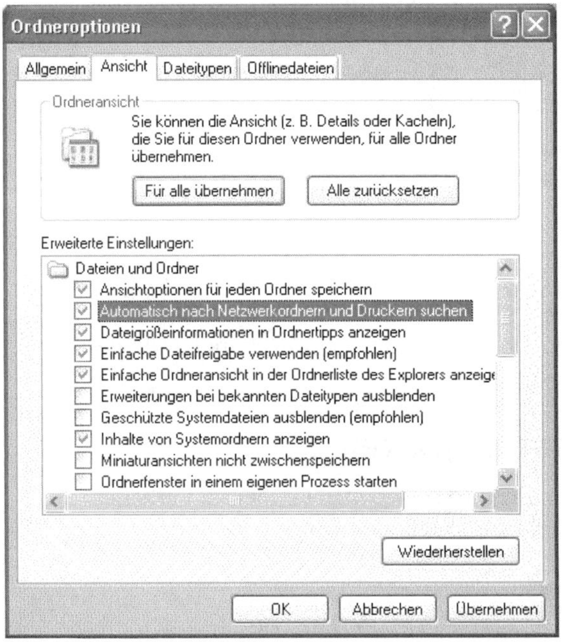

Die automatische Suche kann abgeschaltet werden.

Zugriff über UNC-Namen

Auch wenn die Freigaben nicht automatisch zugeordnet werden, können Sie natürlich in der Netzwerkumgebung den Computer mit der Freigabe anklicken und danach die Freigabe auswählen. Dies ist aber in größeren Netzwerken meist eine langwierige Angelegenheit, sodass es einfacher ist, den UNC-Pfad (**U**niversal **N**aming **C**onvention) in der Form

```
\\Computername\Freigabename
```

einfach im Explorer-Fenster oder bei *Start/Ausführen* einzugeben.

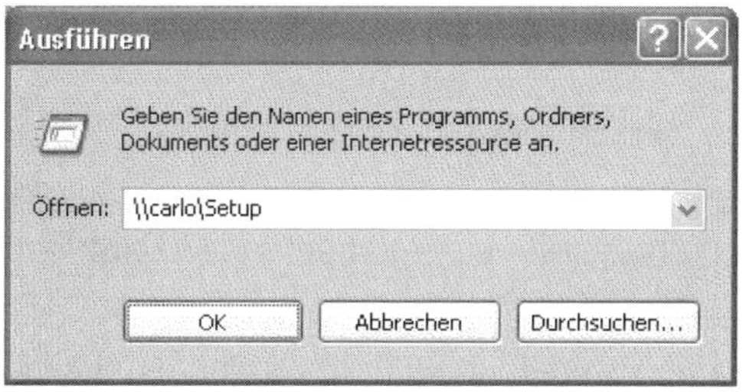

Direkter Zugriff auf den UNC-Namen der Freigabe.

So erhalten Sie ein Fenster, in dem die Dateien der Freigabe angezeigt werden, und Sie können direkt loslegen.

Netzlaufwerke

Wenn Sie häufig Zugriff auf bestimmte Netzwerkfreigaben benötigen, ist es besser, dauerhaft Laufwerkbuchstaben zu verbinden. Diese dienen dann quasi als Shortcut zum gewünschten Verzeichnis.

Sie können Netzlaufwerke über das Menü *Extras* des Windows-Explorer oder über das Kontextmenü des Arbeitsplatzes, der Netzwerkumgebung oder der Freigaben verbinden. Der Befehl heißt in jedem Fall *Netzlaufwerk verbinden* und bietet Ihnen ein Dialogfeld an.

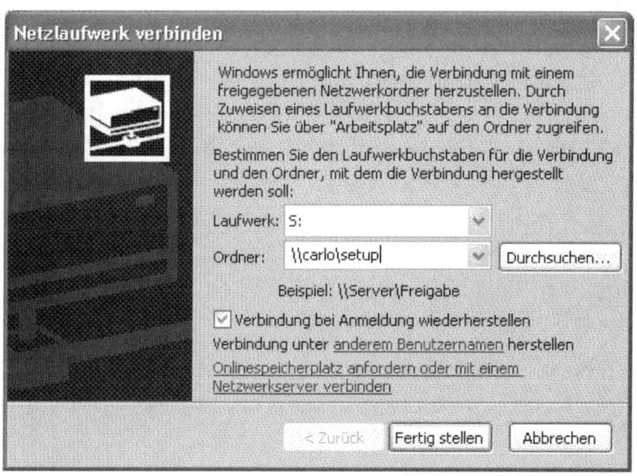

Verbinden eines Netzlaufwerks.

Damit das Laufwerk dauerhaft in Ihrem Benutzerprofil gespeichert bleibt und auch nach dem nächsten Login automatisch wiederhergestellt wird, achten Sie darauf, dass die Option *Verbindung bei Anmeldung wiederherstellen* aktiviert ist.

Sollten Sie einen anderen Benutzernamen oder ein anderes Kennwort zum Zugriff benötigen, verwenden Sie den entsprechenden Link, um den Namen oder das Kennwort einzugeben.

Nachdem die Authentifizierung erfolgreich durchgeführt und Ihre Zugriffsrechte auf den Remote-Computer überprüft wurden, können Sie auf den Laufwerkbuchstaben zugreifen.

Net use-Kommando

Wenn Sie Netzlaufwerke in Batchdateien verwenden wollen, sollten Sie das *net use*-Kommando kennen. Es ermöglicht das Verbinden und Trennen von Netzlaufwerken. Mit dem Befehl

```
net use laufwerksbuchstabe: \\Computername\Freigabename
```

verbinden Sie eine Freigabe zum angegebenen Laufwerkbuchstaben. Dieser muss jedoch vor der Verwendung frei sein, darf also auch nicht bereits einem anderen Netzlaufwerk zugeordnet sein.

Sollten Sie sich mit einem anderen Benutzernamen anmelden wollen, verwenden Sie die zusätzlichen Parameter */user:benutzername* und wahlweise */savecred*, um den Benutzernamen und das Kennwort für diese Verbindung abzuspeichern. Beispielsweise können Sie die folgende Kommandozeile verwenden, um als Administrator den Laufwerkbuchstaben *S:* zur Freigabe *Setup* auf dem Computer *Carlo* zu verbinden:

```
Net use S: \\carlo\setup /user:administrator /savecred
```

Die Verwendung anderer Benutzernamen ist natürlich nur dann sinnvoll, wenn der Server nicht auf Gastzugriff konfiguriert wurde. Der Befehl

```
Net use laufwerksbuchstabe: /delete
```

löscht die Laufwerkzuordnung wieder.

Administrative Freigaben im Überblick

Während des Systemstarts werden standardmäßig einige Freigaben eingerichtet, die zur Remote-Verwaltung und auch zur Administration des Windows XP-Systems dienen. Hierbei handelt es sich um die so genannten administrativen Freigaben, die mit dem Start des Dienstes *Server* automatisch eingerichtet und aktiviert werden und daher auf jedem System zu finden sind.

Diese Freigaben haben den Vorteil, dass für die Administration wichtige Pfade von vornherein freigegeben werden. Wenn Sie schnellen Zugriff auf das Dateisystem eines der vernetzten Computer benötigen, müssen Sie nicht erst ein Share einrichten, sondern können stattdessen die administrativen Freigaben dazu benutzen.

Allerdings gilt es, entsprechende Sicherheitsmaßnahmen zu treffen, damit es nicht zu ungewollten Datenträgerzugriffen innerhalb des Netzwerks oder bei Internetverbindungen kommt.

Administrative Freigaben sind versteckt
Grundsätzlich werden alle administrativen Freigaben versteckt, weshalb Sie diese Freigaben nicht in der Netzwerkumgebung sehen können. Auch wenn Sie sich alle Freigaben auf einem Zielsystem mit dem Befehl *net view \\computername* anzeigen lassen, tauchen diese Freigaben nicht auf. Administrative Freigaben werden lediglich in der Computerverwaltung (*Freigegebene Ordner*) angezeigt, wenn Sie das Snap-In für das Zielsystem hinzufügen.

Wir zeigen Ihnen deshalb, welche Bedeutung den administrativen Freigaben zukommt und was Sie hinsichtlich der Sicherheit berücksichtigen müssen. Außerdem halten wir eine Lösung parat, mit der Sie administrative Freigaben aufheben und durch benutzerdefinierte Shares ersetzen können. Damit wird es möglich, Zugriffsberechtigungen für administrative Freigaben festzulegen, was ohne diesen Umweg nicht möglich ist.

Übersicht der administrativen Freigaben

Welche administrativen Freigaben auf Ihrem System eingerichtet sind, hängt von der verwendeten Konfiguration ab. Windows XP Professional beispielsweise richtet grundsätzlich die Freigaben *IPC$*, *Laufwerkbuchstabe$* und *Admin$* ein. Wurde auf dem System ein Drucker installiert, wird außerdem die Freigabe *Print$* eingerichtet. Windows XP Home dagegen verwendet ausschließlich die Freigabe *IPC$*, weitere Freigaben werden standardmäßig nicht eingerichtet.

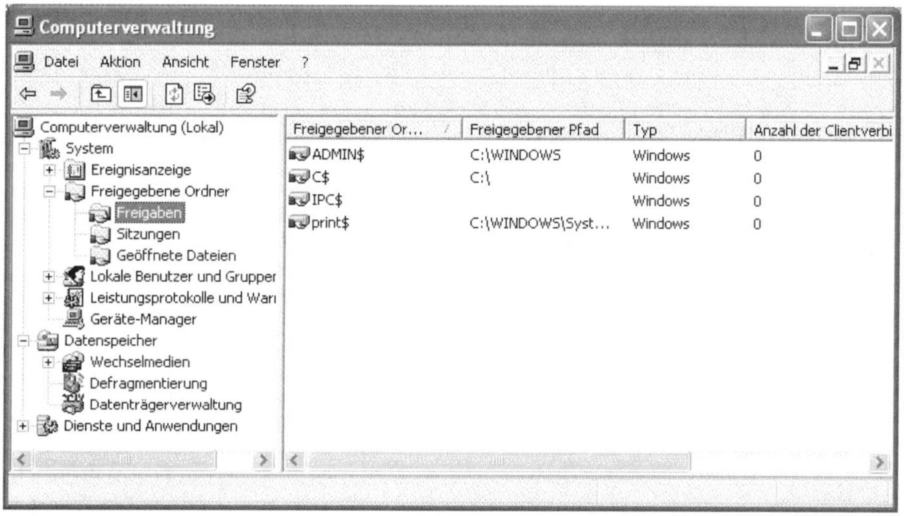

Administrative Freigaben von Windows XP Professional.

Die folgende Tabelle enthält die administrativen Freigaben mit einer kurzen Beschreibung:

Freigabe	Beschreibung
IPC$	Diese Freigabe wird für IPC-Verbindungen (**I**nter**p**rocess **C**ommunication) netzwerkbasierter Anwendung benötigt und dient nicht zur Administration entfernter Systeme. Ein Verbinden der Freigabe als Netzlaufwerk ist nicht möglich.

Freigabe	Beschreibung
Laufwerkbuchstabe$	Mit dieser Freigabe erhalten Sie Zugriff auf die Systempartition eines entfernten Computers, wobei alle Dateien und Ordner auf dem jeweiligen Laufwerk freigegeben sind. Diese Freigabe wird für alle lokalen Festplattenlaufwerke eingerichtet und kann problemlos als Netzlaufwerk verbunden werden.
Admin$	Diese Freigabe ermöglicht den Fernzugriff auf die Systempartition eines Computers, wobei alle Dateien und Ordner unterhalb des Ordners *%windir%* freigegeben sind. Die Freigabe kann als Netzlaufwerk verbunden werden.
Print$	Über diese Freigabe erfolgt der Zugriff auf bereitgestellte Druckertreiber, falls ein freigegebener Drucker oder Netzwerkdrucker dies erfordert. Die Freigabe verweist in den Ordner *%windir%\system32\spool\drivers*, wobei sich dieser Pfad auch als Netzlaufwerk verbinden lässt.
Shared Docs (nicht in der Liste der Freigaben sichtbar)	Der Ordner *\Dokumente und Einstellungen\All Users\Gemeinsame Dokumente* auf dem Systemlaufwerk wird automatisch erstellt und als Freigabe zur Verfügung gestellt.

Wird standardmäßig eingerichtet: IPC$

Bei *IPC$* handelt es sich um eine Standardfreigabe, die auf jedem Windows-System eingerichtet wird, auch bei Nicht-Windows XP-Systemen. Diese Freigabe wird für Interprozess-Verbindungen (IPC = **Inter**p**rocess** **C**ommunication) zwischen zwei Systemen benötigt, beispielsweise für die Datei- und Druckerfreigabe.

Ein Zugriff auf die administrativen Dateifreigaben ist manchmal sehr nützlich, beispielsweise um DLLs im Windows-Verzeichnis auszutauschen oder Bootdateien zu verändern. Natürlich können Sie auch Netzwerklaufwerke zu diesen Freigaben verbinden.

Wie der Name schon sagt, funktioniert der Zugriff auf administrative Freigaben aber nur, wenn Sie auf dem Zielcomputer auch über Administratorrechte verfügen.

Die administrativen Freigaben Laufwerkbuchstabe$ und Admin$

Diese beiden Freigaben dienen der Administration eines entfernten Computers. Die Freigabe *Laufwerkbuchstabe$* verweist dabei in das Root des jeweiligen Festplattenlaufwerks, die Freigabe *Admin$* dagegen verweist in das Windows-Verzeichnis des Festplattenlaufwerks.

Wenn Sie Mitglied der Gruppe *Administratoren* oder *Sicherungs-Operatoren* bzw. als Computeradministrator angemeldet sind und Zugriff auf das Dateisystem eines entfernen Computers brauchen, können Sie die Freigaben als Netzlaufwerk verbinden oder direkt mithilfe des UNC-Pfades darauf zugreifen.

Freigaben für die Administration der Drucker

Wenn Sie auf einem Windows XP Professional-System Drucker installiert haben, wird mit dem Start des Dienstes *Server* eine weitere Freigabe eingerichtet: *Print$*. Diese Freigabe wird benötigt, damit Druckertreiber für ältere Windows-Versionen bereitgestellt, besser: verfügbar gemacht werden können.

Die Freigabe *Print$* verweist in den Ordner, in dem die Druckertreiber hinterlegt sind (*%windir%\system32\spool\drivers*). Wenn Sie den Drucker freigeben und auch Treiber für ältere Windows-Versionen bereitstellen, werden die entsprechenden Dateien in diesen Ordner kopiert. Mit dem ersten Zugriff auf den freigegebenen Drucker erfolgt ein Zugriff auf die Freigabe *Print$* und die Treiberdateien können installiert werden.

Sie können diese Freigabe auch als gewöhnliches Netzlaufwerk verbinden. Wenn Sie beispielsweise Zugriff auf den Ordner *%windir%\system32\spool\drivers* auf einem entfernten Computer brauchen, weil Sie vielleicht einige Dateien auf das lokale System kopieren wollen, können Sie die Freigabe mit dem Befehl

```
net use laufwerksbuchstabe: \\computername\print$
```

als Netzlaufwerk verbinden. Anschließend können Sie mit *laufwerksbuchstabe:* in den Zielordner wechseln.

Sicherheitsrisiko durch administrative Freigaben

Administrative Freigaben ermöglichen zwar den Zugriff auf lokale Datenträger und lassen daher eine schnelle Administration entfernter Systeme zu, doch bringen diese Freigaben auch ein Sicherheitsproblem mit sich. Denn angenommen, Sie haben mehrere Windows XP-Systeme miteinander vernetzt, die über FAT- oder FAT32-Laufwerke verfügen, können Sie ohne Angabe eines Benutzernamens und eines Kennwortes auf die Freigaben zugreifen.

Zugriffsberechtigungen für administrative Freigaben

Systemfreigaben können nur eingeschränkt konfiguriert werden und lassen daher auch keine Anpassung der Zugriffsberechtigungen zu. Sie können dieses Problem aber umgeheben, indem Sie die administrativen Freigaben aufheben und neue, benutzerdefinierte Freigaben mit den gleichen Bezeichnungen einrichten. Für diese Freigaben können Sie dann auch Zugriffsberechtigungen vergeben. Allerdings wird diese Änderung beim nächsten Systemstart zurückgesetzt und erfordert eine Neukonfiguration. Das Aufheben und Neueinrichten der Freigaben sollten Sie daher mit einem Script bewerkstelligen, wie im nächsten Abschnitt beschrieben.

Es gilt daher, entsprechende Sicherheitsmaßnahmen zu ergreifen, damit keine ungewollten Datenträgerzugriffe via Netzwerk stattfinden. Das Problem an der Sache ist aber, dass administrativen Freigaben nicht wie gewöhnliche Shares konfiguriert werden können. Sie können beispielsweise nicht festlegen, wer auf die Freigaben zugreifen darf und wer nicht. Auch lassen sich die Freigaben nicht komplett entfernen. Sie können die Freigaben *Laufwerkbuchstabe$*, *Admin$* und *Print$* zwar mit dem Befehl *net share freigabename$ /delete* aufheben, doch spätestens beim nächsten Systemstart sind die Freigaben wieder verfügbar. *IPC$* lässt sich dagegen nur aufheben, wenn Sie den Dienst *Server* beenden. Das hat aber zur Folge, dass die Datei- und Druckerfreigabe nicht mehr funktioniert, weshalb eine gemeinsame Ressourcennutzung nicht mehr möglich wäre.

Administrative Freigaben aufheben

Mithilfe eines kleines Scripts können Sie das Sicherheitsrisiko durch Verwendung administrativer Freigabe etwas minimieren. Hierzu müssen Sie die Registry modifizieren, damit der Serverdienst die adminstrativen Freigaben nicht bei jedem Neustart automatisch erstellt.

Rufen Sie dazu REGEDT32 auf und navigieren Sie zu *HKEY_LOCAL_MACHINE\SYSTEM\CurrentControlSet\Services\LanmanServer\Parameters*. Hier müssen Sie einen neuen REG_DWord-Wert *AutoShareServer* anlegen.

Wenn dieser Wert auf 0 eingestellt ist, erstellt der Serverdienst die vorgegebenen Admin-Shares *admin$, C$, D$* etc. nicht mehr automatisch. Nach dem nächsten Systemstart sind auch die bestehenden Shares verschwunden, ohne dass Sie diese manuell löschen müssen.

Wenn Sie den Registry-Schlüssel wieder löschen oder den Wert auf 1 setzen, werden die Freigaben nach dem nächsten Neustart wiederhergestellt.

Freigaben optimal verwalten

Je mehr Freigaben Sie einrichten, desto größer wird die Gefahr, den Überblick über all die Freigaben zu verlieren. Windows XP hält deshalb ein Verwaltungsinstrument bereit, mit dem Sie Freigaben optimal verwalten können: die Komponente *Freigegebene Ordner*.

Diese Komponente ist Bestandteil der Computerverwaltung, worüber Sie alle Freigaben verwalten können, die auf dem lokalen System eingerichtet sind.

Des Weiteren können Sie die Komponente *Freigegebene Ordner* auch als eigenständiges Snap-In der MMC (**M**icrosoft **M**anagement **C**onsole) hinzufügen.

Zweiteres hat den Vorteil, dass Sie auch Freigaben entfernter Systeme verwalten können, was innerhalb der Computerverwaltung nicht möglich ist.

In den folgenden Abschnitten zeigen wir Ihnen, wie Sie die MMC für die Verwaltung der Freigaben vorbereiten, wie Sie Freigaben überwachen und gegebenenfalls auch ändern können und wie Sie einzelne Sitzungen überwachen.

Die MMC-Konsole einrichten

Die Verwaltung der Freigaben fällt mit dem Einsatz der MMC etwas leichter, da Sie sämtliche Freigaben von einer zentralen Stelle aus administrieren können. Es bleibt dabei Ihnen überlassen, ob Sie für die Verwaltung der Freigaben eine neue und eigenständige Konsole verwenden oder ob Sie das Snap-In *Freigegebene Ordner* einer bereits eingerichteten Konsole hinzufügen.

1. Eine neue Konsole erstellen Sie, indem Sie auf *Start/Ausführen* klicken und „MMC“ eingeben. Wenn Sie bereits eine persönliche Konsole eingerichtet haben, wählen Sie *Start/Ausführen* und geben den Pfad wie auch den vollständigen Dateinamen ein.
2. Als Nächstes fügen Sie der Konsolenstruktur das Snap-In *Freigegebene Ordner* hinzu. Wählen Sie *Datei/Hinzufügen* und klicken Sie dann auf *Hinzufügen*.
3. Markieren Sie das gewünschte Snap-In und klicken Sie auf *Hinzufügen*. Sie erhalten daraufhin ein Fenster, über das Sie festlegen, ob nur lokale Freigaben verwaltet werden sollen oder ob Sie Freigaben administrieren wollen, die auf einem anderen Computern eingerichtet wurden. Wenn Sie Freigaben zentral verwalten wollen, wählen Sie zunächst den lokalen Computer aus und fügen das Snap-In hinzu.
4. Im Anschluss daran fügen Sie für jeden Computer, dessen Freigaben Sie administrieren wollen, jeweils ein weiteres Snap-In hinzu, wobei Sie das Zielsystem mit *Computername* angeben.

Das erfordert jedoch, dass Sie sich am Zielsystem als Benutzer oder Administrator authentifiziert haben und nicht als Gast angemeldet sind. Andernfalls kann das Snap-In aufgrund einer Zugriffsverweigerung nicht hinzugefügt werden.

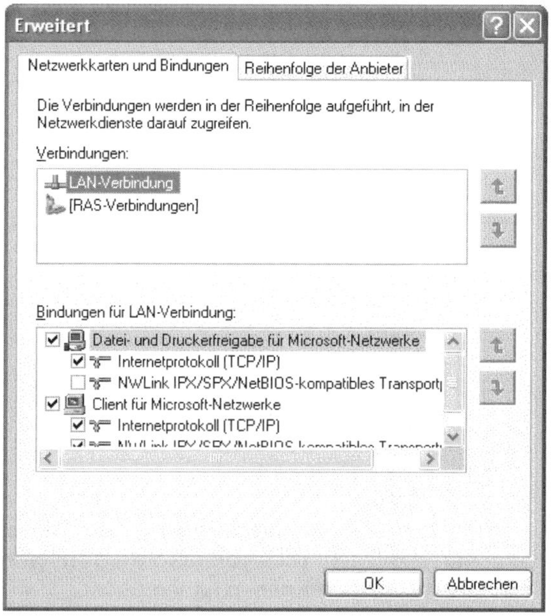

Computer auswählen, dessen Freigaben verwaltet werden sollen.

Nachdem Sie die Snap-Ins hinzugefügt haben, finden Sie in der Konsolenstruktur die entsprechenden Verwaltungsinstrumente wieder und können mit der Verwaltung und Überwachung der Freigaben beginnen.

Freigaben verwalten

Wenn Sie das Snap-In *Freigegebene Ordner* erweitern und *Freigaben* markieren, sehen Sie in der rechten Fensterhälfte die eingerichteten Shares.

Neben den benutzerdefinierten Freigaben, die Sie selbst eingerichtet haben, werden an dieser Stelle auch die versteckten, administrativen Freigaben angezeigt.

Wenn Sie bereits eingerichtete Freigaben ändern wollen, öffnen Sie die Eigenschaften aus dem Kontextmenü des jeweiligen Eintrags heraus.

Sie können beispielsweise den Freigabenamen ändern, den Pfad neu festlegen, die Höchstanzahl der Benutzerzugriffe definieren oder auch die Zwischenspeicherung bei Verwendung von Offlinedateien konfigurieren.

Die Eigenschaften einer Freigabe ändern.

Administrative Freigaben können Sie - bis auf *IPC$* - zwar auch ändern, doch haben Sie keine Möglichkeit, Freigabeberechtigungen festzulegen. Dies können Sie nur über einen kleinen Umweg realisieren, wie wir ihn ab Seite 757 beschrieben haben.

Wenn Sie des Öfteren Freigaben einrichten, sollten Sie hin und wieder einmal überprüfen, ob sich die einzelnen Freigaben nicht überschneiden.

Denn wenn Sie beispielsweise eine Freigabe eingerichtet haben, die den Ordner *C:\Daten* bereitstellt, gleichzeitig aber auch eine allgemeingültige Freigabe für *C:* eingerichtet haben in beiden Shares die gleichen Berechtigungen vergeben haben, können Sie die erste Freigabe getrost aufheben.

Denn das Share, das auf *C:* verweist, beinhaltet die darunter liegenden Dateien und Ordner.

Mit solch einer Überprüfung kommen Sie überflüssigen Freigaben auf die Spur und verringern den Verwaltungsaufwand, wenn Sie derartige Shares aufheben.

Freigabezugriffe überwachen

Mithilfe des Snap-Ins *Freigegebene Ordner* können Sie auch alle aktiven Sitzungen überwachen.

Wenn Sie beispielsweise wissen wollen, welche Benutzer zurzeit mit welcher Freigabe verbunden sind, markieren Sie hierfür den Eintrag *Sitzungen*.

Haben Sie mehrere Snap-Ins für unterschiedliche Computer hinzugefügt, wählen Sie *Sitzungen* des gewünschten Zielrechners aus.

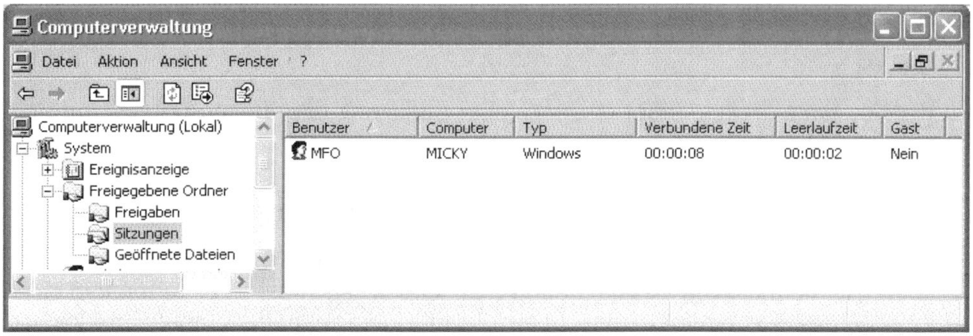

Aktive Sitzungen anzeigen lassen.

Alternativ können Sie auch das Kommando

```
Net session
```

verwenden, um sich die Sitzungen auf dem lokalen Computer anzeigen zu lassen.

Wenn Sie als Administrator angemeldet sind, verfügen Sie über eine ausreichende Berechtigung, eine aktive Sitzung zu trennen. Wenn Sie beispielsweise Freigaben umstrukturieren, ein Backup durchführen oder eine Festplattenerweiterung vornehmen wollen, können Sie die Sitzungen aus dem Kontextmenü heraus schließen.

Doch Vorsicht: Wenn Sie eine Sitzung trennen, gehen nicht gespeicherte Daten auf Seiten des Benutzers verloren. Es ist daher empfehlenswert, die Benutzer vorher zu informieren. Zum Beispiel:

```
net send pc003 „Bitte Verbindung zu \\PC001\PC001D trennen, Wartungsarbeiten
werden durchgeführt"
```

Geöffnete Dateien überwachen

Manchmal ist es wünschenswert, genau zu sehen, welche Dateien geöffnet wurden.

Besonders vor dem Herunterfahren eines PCs, der auch als Server dient, sollten Sie zuerst die geöffneten Dateien überprüfen.

Klicken Sie dazu im Freigabe-Snap-In *Freigegebene Ordner* auf dem Server auf *Geöffnete Dateien*.

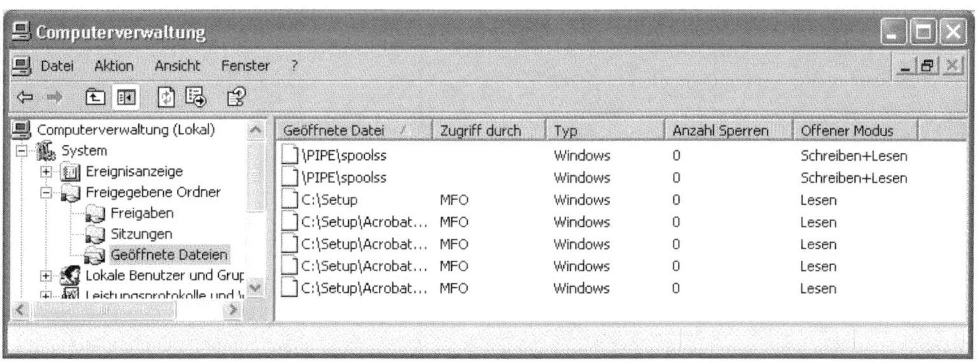

Anzeige der offenen Dateien.

Der Befehl

```
Net files
```

auf der Kommandozeile erlaubt ebenfalls eine Auflistung der offenen Dateien auf dem lokalen Computer.

Dateien für den Offlinemodus konfigurieren

Windows XP hält eine Funktion bereit, die Ihnen die lokale Zwischenspeicherung von Netzwerkdaten ermöglicht. Das hat den Vorteil, dass Sie auch bei einer getrennten Netzwerkverbindung Zugriff auf Dateien haben, die auf einem anderen Computer gespeichert und freigegeben wurden.

Die Funktion ist vor allem für Notebooks interessant, die Sie gelegentlich auf Reisen mitnehmen, aber auch stationär im Netzwerk betreiben.

Dazu werden Offlinedateien auf der lokalen Festplatte in einen geschützten Offlinecache kopiert, auf den jeweils nur der Benutzer Zugriff hat, der die Dateien offline mitgenommen hat. Auf Ihren Befehl hin oder auch autoamtisch beim An- und Abmelden werden die Dateien mit dem Server in beiden Richtungen synchronisiert.

Die Offlinedateien ersetzen den Aktenkoffer der früheren Windows-Versionen und arbeiten um einiges zuverlässiger.

Den Offlinemodus aktivieren

Bevor Sie Netzwerkdaten lokal zwischenspeichern können, müssen Sie den Offlinemodus zunächst aktivieren. Diese Einstellung nehmen Sie im Explorer unter *Extras/Ordneroptionen/Offlinedateien* vor.

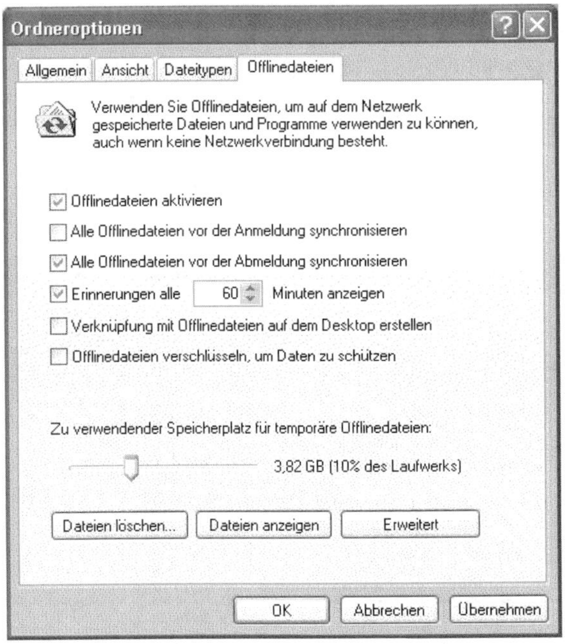

So aktivieren Sie die Offlinedateien.

Offlinedateien sind nicht kompatibel mit schnellem Benutzerwechsel
Sie müssen den schnellen Benutzerwechsel unter *Systemsteuerung/Benutzerkonten/Art der Benutzeranmeldung ändern* abschalten, damit Sie Offlinedateien verwenden können.

Sie können mithilfe der angezeigten Offlineoptionen festlegen, wann die Synchronisierung der Dateien stattfindet und wie viel Speicherplatz maximal für den Offlinecache verwendet wird.

Dateien offline mitnehmen und synchronisieren

Wenn Sie einen Ordner oder auch nur eine einzige Datei offline mitnehmen wollen, wählen Sie den Ordner bzw. die Datei in der Netzwerkumgebung aus. Wählen Sie aus dem Kontextmenü den Befehl *Offline verfügbar machen* aus.

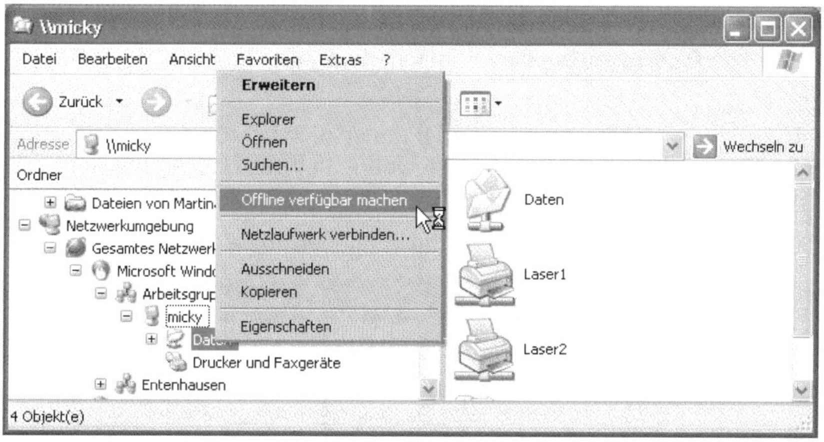

So machen Sie eine Datei offline verfügbar.

Besser Netzlaufwerke verwenden
Wir empfehlen, die Offlinedateien vorher als Netzlaufwerk zu verbinden und dann dieses offline verfügbar zu machen. Andernfalls dauert der erneute Aufruf der Datei im Offlinemodus relativ lange, da zuerst erfolglos nach anderen Computern in der Netzwerkumgebung gesucht wird, bevor diese korrekt angezeigt werden kann.

Der Offlinedateien-Assistent leitet Sie durch die Konfiguration.

Sie können für jeden Offlineordner separat entscheiden, wann er synchronisiert werden soll und ob Sie Erinnerungssymbole während des Offlinebetriebs wünschen.

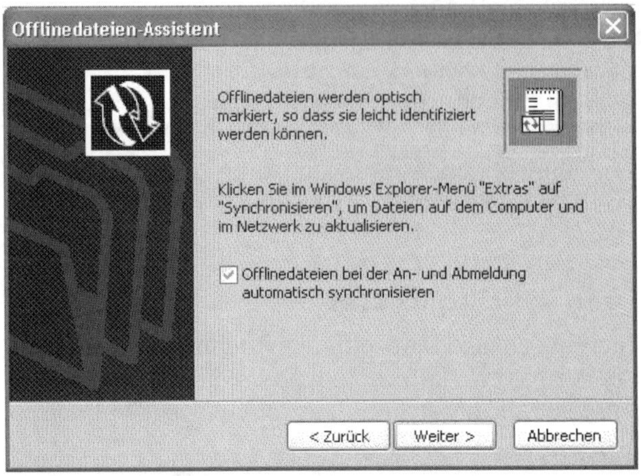

Sinnvolle Einstellung: automatische Synchronisierung beim An- und Abmelden.

Sie können natürlich die Dateien auch jederzeit manuell mithilfe des Kontextmenüs synchronisieren.

Unmittelbar nach Abschluss des Assistenten findet die erste Synchronisierung statt und Sie können nun Ihr Notebook abdocken und wie gewohnt an Ihren Dateien arbeiten.

Wenn Sie wieder zurück im Netzwerk sind, melden Sie sich wie gewohnt am Netzwerk an und lassen die automatische Synchronisation die Versionen abgleichen.

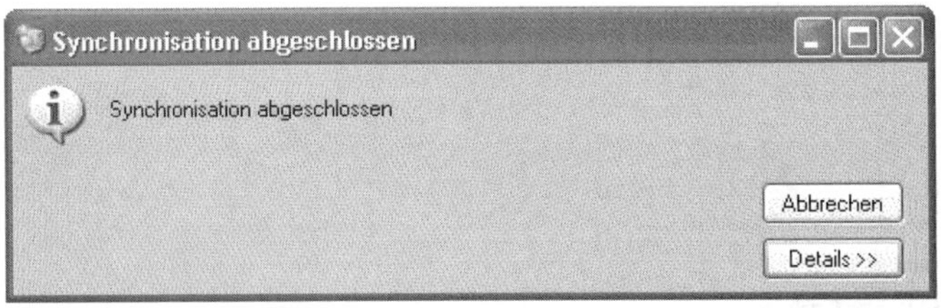

Erfolgreiche Synchronisierung.

Sollten während der Synchronisation Dateikonflikte entdeckt werden (dieselbe Datei wurde von Ihnen im Offlinemodus und gleichzeitig auf dem Server von einem anderen Benutzer geändert) erhalten Sie einen entsprechenden Hinweis.

Wenn Sie nicht innerhalb von 30 Sekunden eine andere Auswahl innerhalb der Dialogbox treffen, wird Ihre Version mit dem Zusatz Ihres Benutzernamens auf dem Server abgelegt; die bereits existierende Version bleibt unverändert.

Gruppenrichtlinien für die Konfiguration verwenden

Damit Sie nicht alle Einstellungen für jeden einzelnen Benutzer nochmals einrichten müssen, gibt es jedes Element aus der grafischen Oberfläche auch in Form von Gruppenrichtlinien.

Wenn Sie die lokalen Gruppenrichtlinien durch Aufruf von *gpedit.msc* öffnen, können Sie globale Einstellungen für den Computer unter *Computerkonfiguration/Administrative Vorlagen/Netzwerk/Offlinedateien* vornehmen.

Auch in den Benutzereinstellungen unter *Benutzerkonfiguration/Administrative Vorlagen/Netzwerk/Offlinedateien* finden Sie viele Einstellungen.

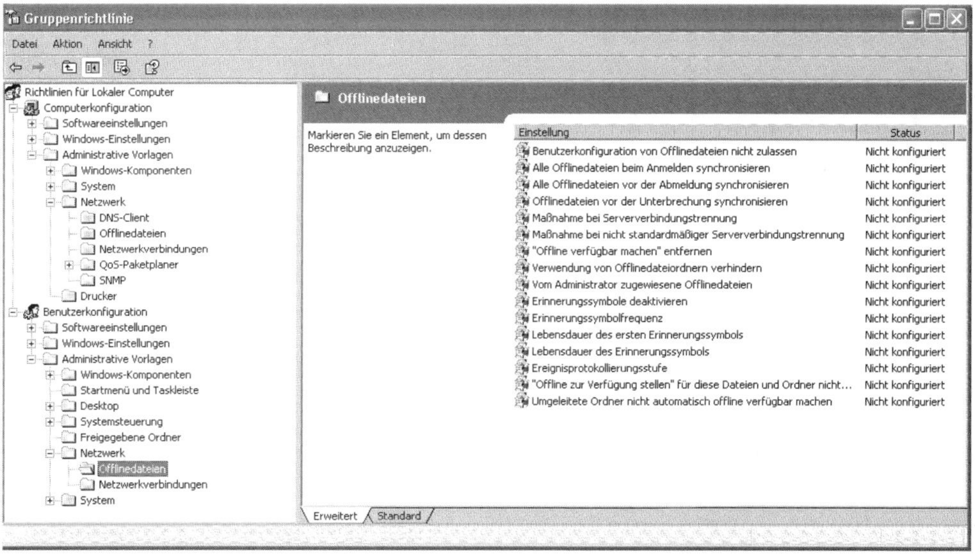

Die Benutzerrichtlinien für Offlinedateien sind umfangreich.

Wenn Sie hier Einstellungen vornehmen, wirken sich diese auf alle Benutzer dieses Computers aus.

CD-R/RW- und DVD-Laufwerke freigeben

CD-R/RW- und DVD-Laufwerke lassen sich ebenso freigeben wie lokale Festplattenlaufwerke oder Drucker. Die Freigabe eines solchen Geräts ermöglicht den gemeinsamen Zugriff auf eingelegte Medien, beispielsweise Programm-CDs oder Spielfilme auf DVD. Allerdings ist das Sharing eines CD- oder DVD-Laufwerks nicht ganz so komfortabel, wie Sie es von der Freigabe gewöhnlicher Plattenlaufwerke her kennen. Denn in vielen Fällen müssen spezielle Treiber, Decoder oder sonstige Softwarekomponenten installiert werden, damit ein Abspielen der Medien via Netzwerkverbindung möglich wird.

In den folgenden Abschnitten zeigen wir Ihnen, wie Sie CD- und DVD-Laufwerke freigeben, Medien für andere Benutzer zugänglich machen, den CD-Brenner per Netzwerkverbindung nutzen und wie Sie virtuelle CD-/DVD-Laufwerke erstellen. Denn das virtuelle Laufwerk hat den Vorteil, dass das physikalische Laufwerk nicht ständig in Betrieb ist und somit die Arbeit am lokalen Computer nicht stört. Außerdem vermeiden Sie dadurch Probleme während des Brennvorgangs, indem die zu brennenden Daten erst lokal zwischengespeichert werden, womit Sie Buffer Underruns vermeiden können.

Das Laufwerk freigeben

Bevor die eingelegten Medien gemeinsam genutzt werden können, müssen Sie erst das entsprechende Laufwerk freigeben. Dies können Sie direkt im Windows-Explorer tun oder innerhalb der Computerverwaltung, wenn Sie *Freigegebene Ordner* erweitern, eine neue Freigabe erstellen und das CD- oder DVD-Laufwerk angeben.

Falls die Option *Freigabe und Sicherheit* deaktiviert sein sollte und sich das Laufwerk deshalb nicht freigeben lässt, liegt das vermutlich daran, dass sich im Laufwerk keine CD oder DVD befindet. Legen Sie in diesem Fall ein Medium ein und geben Sie das Laufwerk dann frei.

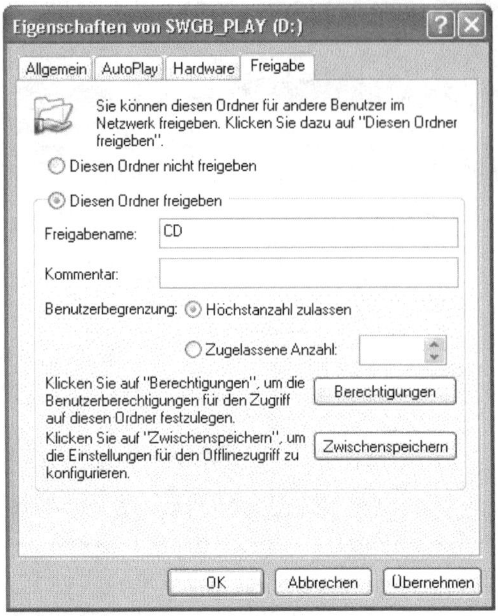

Das Laufwerk freigeben.

Wenn Sie ein CD- oder DVD-Laufwerk unter Windows XP Professional freigeben, können Sie auf der Registerkarte *Freigabe* eine Benutzerbegrenzung festlegen. Damit können Sie die Anzahl gleichzeitiger Zugriffe etwas reduzieren. Gerde bei der Freigabe von CD- oder DVD-Medien ist diese Begrenzung empfehlenswert, da sich der Zugriff erheblich verzögert, wenn mehrere Benutzer gleichzeitig auf das Medium zugreifen. Beim Abspielen von Movie- oder Audiodateien wirken sich gleichzeitige Zugriffe auf die Qualität bei der Wiedergabe aus.

Freigegebene CD-/DVD-Brenner via Netzwerkverbindung nutzen

Wenn Sie ein CD-/DVD-Laufwerk mit integrierter Brennfunktion freigegeben haben, können Sie die Rohlinge auch von einer anderen Station aus beschreiben. Allerdings hat die Freigabe eines Brenners Nachteile. Denn ist die Netzwerkverbindung nicht schnell genug, kommt es zu Abbrüchen während des Brennvorgangs, ein Buffer Underrun ist die Folge. Wenn Sie Rohlinge über das Netzwerk beschreiben, brauchen Sie mindestens eine 10-MBit-Verbindung, die frei von jeglichem Netzwerk-Traffic ist. Eine Fast-Ethernet-Verbindung mit einer Übertragungsrate von 100 MBit ist weitaus empfehlenswerter. Wenn Sie ein kabelloses Netzwerk verwenden, überprüfen Sie zunächst, ob die Verbindung frei von jeglicher Störung ist und einwandfrei funktioniert.

Daten lokal zwischenspeichern

Wenn Sie Daten über eine Netzwerkverbindung an einen Brenner senden wollen, sollten Sie diese Daten auf dem lokalen Datenträger der Zielstation erst zwischenspeichern. Sie vermeiden damit Abbrüche beim Schreibvorgang.

Auf welche Art und Weise Sie Rohlinge via Netzwerk beschreiben können, hängt davon ab, welche Recordingsoftware Sie einsetzen. Nachfolgend zeigen wir Ihnen, wie Sie mit der Windows XP-eigenen Brennfunktion einen Rohling von einem anderen Computer aus beschreiben. Im Anschluss daran zeigen wir Ihnen, wie Sie den Brennvorgang mit DirectCD über das Netzwerk starten.

Die Brennfunktion von Windows XP nutzen

Wenn Sie die in Windows XP integrierte Brennfunktion zum Beschreiben der Rohlinge verwenden, gibt es zwei Möglichkeiten, eine CD via Netzwerkverbindung zu beschreiben:

- Sie stellen eine Remotedesktop-Verbindung zu dem Computer her, auf dem der Brenner installiert ist, und starten den Brennvorgang über eine Remotedesktop-Session.
- Sie geben den lokalen Brenner-Cache *(%Userprofile%\Lokale Einstellungen\Anwendungsdaten\Microsoft\CD Burning)* frei, legen die zu brennenden Daten im Cache ab und starten den Brennvorgang dann lokal, sprich: vor Ort.

Die erste Möglichkeit setzt voraus, dass die Remotedesktop-Session keinen Benutzer stört, der an der Brennstation arbeitet, und dass auf beiden Systemen Windows XP installiert ist. Wobei auf dem Computer, von dem aus Sie die Daten brennen wollen, Windows XP Professional installiert sein muss, andernfalls können Sie keine Remotedesktop-Verbindung aufbauen. Es sei denn, Sie setzen ein alternatives Tool wie NetMeeting, VNC oder dergleichen ein. Sie sollten die Daten zunächst lokal zwischenspeichern, bevor Sie mit dem eigentlichen Brennvorgang beginnen. Denn andernfalls riskieren Sie einen Buffer Underrun, wenn die Netzwerkverbindung nicht schnell genug ist.

Die zweite Möglichkeit ist etwas einfacher und stört den laufenden Windows-Betrieb auf der Zielstation nicht: Wenn Sie mit der *Senden an*-Funktion Daten an den Brenner senden, werden diese Daten zunächst lokal zwischengespeichert. Hierfür existiert ein Cache, den Sie innerhalb Ihres Benutzerprofils finden, genauer gesagt unter *C:\Dokumente und Einstellungen\Benutzername\Lokale Einstellungen\Anwendungsdaten\Microsoft\CD Burning*. Wenn Sie diesen Ordner freigeben und die Daten darin ablegen, können Sie anschließend – vor Ort auf dem Zielsystem – per Klick den Brennvorgang starten. Denn Windows XP gibt einen Hinweis im Gerätefeld der Taskleiste, wenn sich Daten im Cache befinden. Wenn Sie den Hinweis bestätigen, wird der Brennvorgang gestartet.

Die Brennfunktion von DirectCD

Wenn Sie DirectCD, PacketWriter oder ein vergleichbares Produkt einsetzen, das einen Rohling im UDF-Format beschreiben kann, fällt das netzwerkbasierte Brennen wesentlich einfacher. Zunächst formatieren Sie einen Rohling im UDF-Format, legen ihn in das Laufwerk und geben das CD-Laufwerk anschließend frei.

Wenn Sie Windows XP Home verwenden, muss die Option *Netzwerkbenutzer dürfen Daten verändern* aktiviert sein, damit Sie über die ausreichende Berechtigung verfügen, auf den Rohling schreiben zu dürfen. Bei Windows XP Professional dagegen vergewissern Sie sich, dass zumindest ein Schreibzugriff für den Benutzer vergeben ist, der das CD-Laufwerk über die Netzwerkverbindung anspricht. Im Anschluss daran können Sie sich mit der Freigabe verbinden und Daten auf dem Rohling ablegen.

Ein virtuelles CD-/DVD-Laufwerk einrichten

Die Freigabe eines CD-R/RW- oder DVD-Laufwerks hat den Nachteil, dass ständige Zugriffe auf das Laufwerk stören können. Denn wenn Sie beispielsweise Ihr Laufwerk freigeben und andere Benutzer des Öfteren darauf zugreifen, wirkt sich das auf die Performance Ihres Computers aus. Und wenn Sie das Medium für eigene Zwecke wechseln müssen, stört das wiederum die Arbeit der anderen Benutzer. Auch wenn Sie einen

Brenner freigeben, hat das Sharing Nachteile. Denn wenn die Netzwerk-Performance sinkt oder es zu Verbindungsausfällen kommt, kann das einen Buffer Underrun aufgrund eines langsamen oder unterbrochenen Datenstroms zur Folge haben. Zumal immer nur ein Benutzer brennen kann. Es sei denn, die zu brennenden Daten werden auf der Festplatte zwischengespeichert und erst nach Abschluss aller Festplattenschreibvorgänge auf den Rohling übertragen.

Virtuelles Laufwerk manuell oder durch Einsatz eines Tools erstellen
Ein virtuelles CD-/DVD-Laufwerk können Sie manuell erstellen, aber auch mithilfe eines speziellen Tools. Wenn Sie ein Tool wie beispielsweise VirtualCD v4 (*www.virtualcd-online.de*) einsetzen, lassen sich die einzelnen Medien weitaus einfacher verwalten, außerdem stellen derartige Tools Kompressionsmöglichkeiten bereit, wodurch der benötigte Plattenplatz verringert werden kann.

Weitaus einfacher und unproblematischer ist es aber, eine Art virtuelles CD-/DVD-Laufwerk zu erstellen. Hierzu dient ein Ordner auf einem der lokalen Datenträger mit genügend Speicherkapazität. Erstellen Sie einen oder mehrere Ordner, in den Sie den Inhalt der Medien kopieren, und geben Sie die Ordner anschließend frei. Damit vermeiden Sie, dass ständig auf das CD-/DVD-Laufwerk zugegriffen und damit die Arbeit am lokalen Computer gestört wird. Außerdem hat ein solches virtuelles Laufwerk den Vorteil, dass Sie es mehreren Benutzern ermöglichen können, Rohlinge zu beschreiben. Natürlich nur virtuell gesehen. Wenn Sie ein NTFS-Laufwerk verwenden, können Sie mit der Funkion *Disk-Quota* den Speicherplatz innerhalb eines Ordners einschränken, um beispielsweise nur die Kapazität eines Rohlings bereitzustellen. Dadurch vermeiden Sie, dass Sie den Datenbestand beim physikalischen Beschreiben eines Rohlings auf mehrere Datenträger verteilen müssen, falls die Kapazität des Rohlings nicht ausreicht.

11.9 Windows XP in der Domäne

Windows XP Professional kann nicht nur in Peer-to-Peer-Netzwerken arbeiten, sondern auch als Client in einer Domäne. Dabei ist sowohl die Mitgliedschaft in einer Windows NT-4-Domäne als auch beim Active Directory möglich, wobei Letzteres wesentlich mehr Funktionen bietet.

Damit Sie einer Active Directory-Domäne beitreten können, benötigen Sie jedoch zuerst Folgendes:

- Direkten Netzwerkkontakt zu mindestens einem Domänen-Controller der Active Directory-Domäne.
- Direkten Netzwerkkontakt zu mindestens einem DNS-Server der Active Directory-Domäne.
- Der DNS-Server muss als primärer DNS-Server in den IP-Einstellungen konfiguriert sein.
- Um die Domänenmitgliedschaft zu ändern, brauchen Sie Administratorrechte auf dem Windows XP-Client.
- Wenn das Computerkonto in der Domäne noch nicht erstellt wurde, brauchen Sie den Benutzernamen und das Kennwort eines Domänenbenutzers mit ausreichenden Rechten zum Erstellen eines Computerkontos, beispielsweise des Domänenadministrators.

Wenn diese Voraussetzungen erfüllt sind, können Sie einer Domäne beitreten.

Rufen Sie dazu die Eigenschaften des Arbeitsplatzes auf, wählen Sie das Register *Computername* und klicken Sie auf *Ändern*.

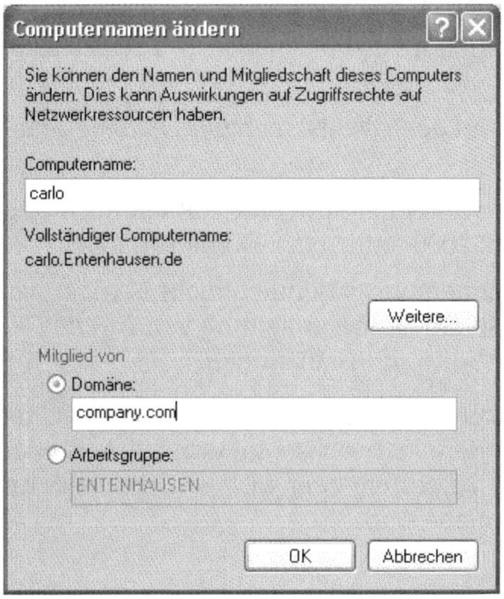

Ändern der Domänenmitgliedschaft.

Geben Sie in das Feld *Domäne* den DNS-Domänennamen der Active Directory-Domäne ein und klicken Sie auf *OK*.

Windows XP verbindet sich nun mit dem DNS-Server der Domäne und stellt fest, welcher Domänen-Controller zum Login zur Verfügung steht und ob bereits ein Computerkonto vorhanden ist.

Wenn noch kein Computerkonto vorhanden ist, erhalten Sie eine Authentifizierungsmaske und müssen Benutzername und Kennwort eines Benutzers mit ausreichenden Rechten zum Erstellen eines Computerkontos in der Domäne eingeben.

Danach dauert es bis zu zwei Minuten, bis das Konto angelegt und die Verbindung zur Domäne hergestellt ist. Sie erhalten eine Rückmeldung *Willkommen in der Domäne*, und nach einem Neustart ist Ihr PC bereit, sich an der Domäne anzumelden.

Lokaler Login immer noch möglich

Achten Sie darauf, dass Sie in der Login-Maske nun zwei Möglichkeiten haben: lokaler Login am Computer ohne Zugriff auf die Domänenserver oder Login an der Domäne. Beim Login an der Domäne können Sie nur die in der Domänendatenbank definierten Benutzer und Kennwörter verwenden.

Beim Beitritt zu einer Domäne werden automatisch einige Elemente in Windows XP umkonfiguriert, sodass sich Windows XP sehr ähnlich zu der Vorgängerversion Windows 2000 Professional verhält.

Folgende Funktionen werden beim Beitritt zu einer Domäne automatisch geändert:

- Das Login wird auf die herkömmliche Login-Maske mit Strg+Alt+Entf umgestellt.
- Sie können keinen schnellen Benutzerwechsel mehr ausführen, sondern müssen sich vollständig ab- und neu anmelden.

- Der Netzwerkeinrichtungs-Assistent verschwindet ersatzlos.
- Es gibt keine Netcrawler-Funktion mehr, die automatisch Netzwerkdrucker und Freigaben sucht.
- Der Gastzugriff auf den Computer wird abgeschaltet.
- Die von Windows NT und 2000 bekannten Funktionen zur Freigabe und Sicherheitseinstellungen sind am alten Platz zu finden.
- Das primäre DNS-Suffix des Computers wird auf den DNS-Namen der Domäne geändert.
- Windows XP kann Kerberos und SmartCards verwenden, um eine Authentifizierung durchzuführen, falls es sich um eine Windows 2000- oder .NET-Domäne handelt.
- Mithilfe der domänenbasierten Richtlinien können nur wesentlich mehr Betriebssystemelemente gesteuert werden, beispielsweise die Ordnerumleitung von *Eigene Dateien* auf ein Netzlaufwerk oder automatische Softwareinstallationen.

Einige dieser Funktionen sind dauerhaft abgeschaltet, solange Sie Mitglied der Domäne sind. Die Option, beispielsweise einen schnellen Benutzerwechsel zu ermöglichen oder Gastzugriff zu erlauben, werden nicht zur Verfügung gestellt oder wirken nicht mehr auf das Betriebssystem, solange Sie Mitglied einer Domäne sind.

11.10 Troubleshooting: Verbindungs- und Ressourcenprobleme beheben

In diesem Abschnitt erhalten Sie detaillierte Hinweise zum Troubleshooting bei Netzwerkverbindungs- und Zugriffsproblemen.

Das Vorgehen bei einer systematischen Fehlersuche

Wenn Sie Netzwerkfehler suchen, ist es das Wichtigste, dass Sie systematisch vorgehen. Beginnen Sie deshalb bei den einfachsten Dingen, um diese als Fehleursache auszuschließen.

Wir empfehlen, dass Sie im OSI-Modell „ganz unten" auf Schicht 1 und 2 anfangen, um sich komplizierte und unnötige Umkonfigurationen der Dienste zu ersparen, die dann im Endeffekt später wieder rückgängig gemacht werden müssen. Sie können die nachfolgend beschriebenen Schritte direkt in dieser Reihenfolge verwenden.

Ärger mit der Netzwerkkarte oder der physikalischen Verbindung

Wenn Ihre Netzwerkkarte bereits im Geräte-Manager oder in der Ereignisanzeige Fehler anzeigt, brauchen Sie gar nicht weiter mit den Protokollen der höheren OSI-Schichten herumzuexperimentieren.

Überprüfen Sie zuerst die Kabelverbindungen. Die meisten Netzwerkkarten und Hubs bzw. Switches haben eine Link-LED, die den Kabelstatus anzeigt. Dies ist jedoch leider keine Garantie für eine störungsfreie Signalqulität. Die können Sie nur mithilfe eines teuren Kabeltesters messen – oder einfach mal testweise ein Ersatzkabel anstecken.

Wenn Sie das Kabel ausschließen können, versuchen Sie, die Netzwerkkarte zu tauschen, wenn Sie über eine Ersatzkarte verfügen. Andernfalls entfernen Sie einfach den aktuellen Gerätetreiber vollständig aus dem Geräte-Manager und starten den Rechner neu, um die Karte per Plug & Play sauber neu einzurichten, bevor Sie Experimente mit neueren Treibern vornehmen.

Zur Überprüfung der Verbindungen können Sie einen Ping-Befehl mit der IP-Adresse der Gegenstelle einsetzen, falls die Basiskonfiguration des TCP/IP-Protokolls korrekt eingerichtet ist. Der Befehl

```
Ping 172.16.1.1
```

testet, ob die Gegenstelle 172.16.1.1 erreichbar ist.

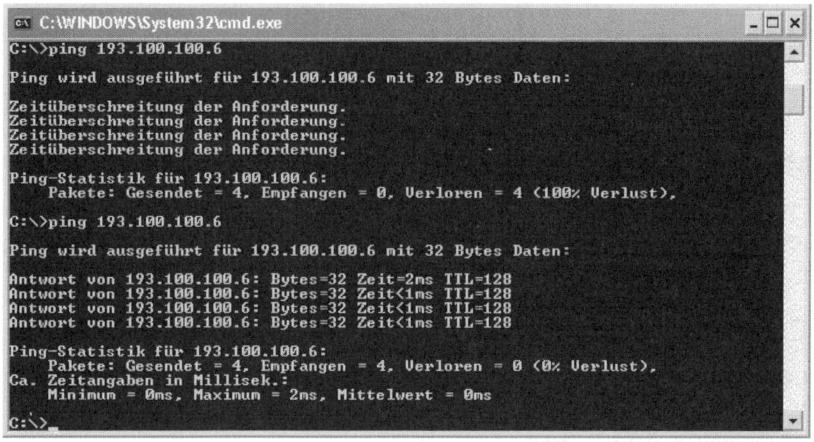

Ein Fehlerhafter (1. Versuch) und dann erfolgreicher (2. Versuch) Ping.

Wenn Sie eine Antwort erhalten, die unterhalb 10 ms liegt, ist alles in Ordnung.

Wenn Sie eine Antwort mit sehr langen Wartezeiten oder einigen Timeouts dazwischen erhalten, deutet dies auf gravierende Hardwareprobleme bei Netzwerkkarte, Kabel oder Switch hin.

Wenn Sie nur Timeouts erhalten, kann dies an der Hardware oder einem TCP/IP-Konfigurationsfehler liegen.

Eventuell hilft es bereits, wenn Sie in den Einstellungen der Netzwerkkarte die Geschwindigkeit beispielsweise von 100 MBit auf 10 MBit Halbduplex heruntersetzen oder von Voll- uaf Halbduplex wechseln. Wenn Sie dies bei beiden PCs gemacht haben und die Verbindung klappt, können Sie nacheinander alle Komponenten austauschen und wissen, welche Komponente das Problem verursacht hat.

Sie können den logischen Verbindungsstatus sowie die ausgewählte Übertragungsgeschwindigkeit prüfen, indem Sie auf das Verbindungssymbol in der Taskleiste (falls konfiguriert) doppelklicken oder im Ordner *Netzwerkverbindungen* den Befehl *Status der Verbindung anzeigen* verwenden.

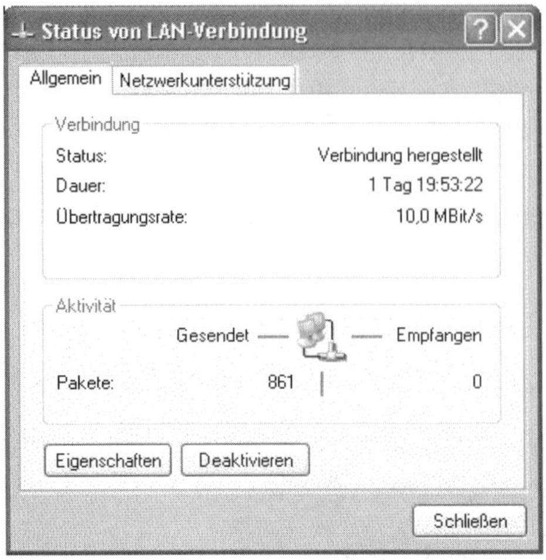

Überprüfen der Netzwerkeinstellungen – hier werden 10 MBit verwendet.

Überprüfen und Korrigieren der TCP/IP-Konfiguration

Wenn Sie TCP/IP-Probleme vermuten, sollten Sie als erste Regel bei allen Testprogrammen zunächst nur mit den IP-Adressen testen, um Probleme mit der Namensauflösung zunächst einmal auszuklammern.

Probleme mit der Namensauflösung werden im nächsten Abschnitt genauer betrachtet.

Test im eigenen Subnetz

Um Konfigurationsfehler zu erkennen, versuchen Sie zunächst, einen Computer anzupingen, der sich im gleichen Subnetz befindet.

Wenn dies nicht funktioniert und beide PCs definitiv IP-Adressen aus demselben Subnetz haben, die nicht doppelt vergeben wurden, überprüfen Sie zunächst die Netzwerkhardware, wie im letzten Abschnitt beschrieben.

Fremde Subnetze

Als Nächstes prüfen Sie, ob Sie einen Computer in einem fremden Subnetz mit einem Ping erreichen können.

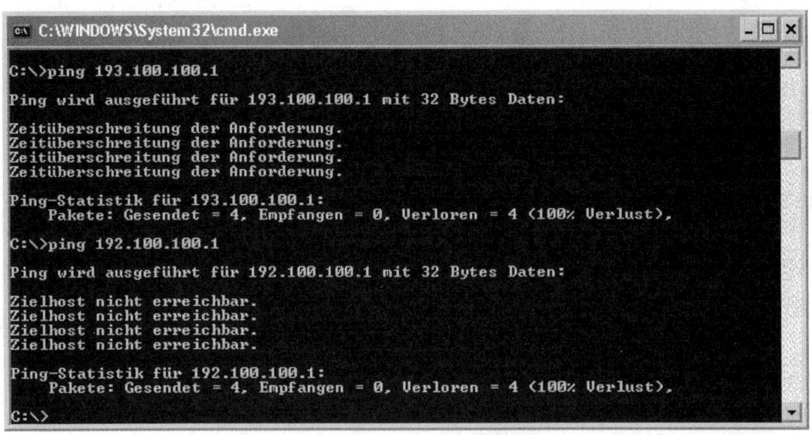

Die unterschiedlichen Fehlermeldungen sind manchmal bereits aussagekräftig genug.

Wenn Sie Timeouts erhalten, kann dies auf eine fehlerhafte Routerverbindung hinweisen, eventuell ist der Router nicht eingeschaltet. Wenn Sie jedoch die Fehlermeldung *Zielhost nicht erreichbar* erhalten, ist Ihr Standard-Gateway falsch konfiguriert.

Beachten Sie, dass auch das Standard-Gateway des angepingten Systems korrekt eingestellt sein muss, da sonst das Antwortpaket den Rückweg durchs Netzwerk nicht findet und wieder ein Timeout entsteht.

Wenn mehrere Router zwischen dem Quell- und dem Zielcomputer liegen, hilft der Befehl

```
Tracert ipadresse
```

Er zeigt nicht nur das Ergebnis, sondern jeden einzelnen Zwischenschritt auf dem Weg zum Ziel an.

Falls alles nichts hilft und Sie Probleme bei den Bildungen oder Diensten vermuten, versuchen Sie, die Verbindung zu reparieren. Öffnen Sie dazu den Ordner *Netzwerkverbindungen*, wählen Sie die betroffene LAN-Verbindung aus und wählen Sie aus der Aufgabenliste *Reparieren* aus.

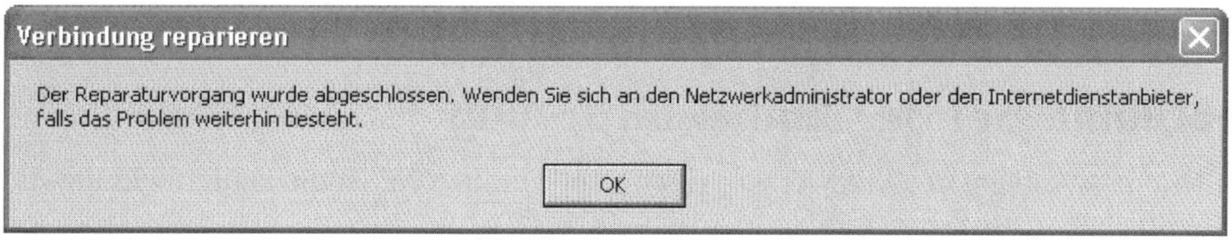

Nach erfolgreicher Reparatur sollten Bindungsprobleme behoben sein.

Fehlerbehebung bei der Namensauflösung

Häufig liegen Probleme bei der Auflösung des Namens zur korrekten IP-Adresse vor. Da sich bei Änderungen der IP-Adresse das dynamische DNS und auch der WINS-Server automatisch anpassen, liegen die Fehler meistens bei den lokalen Caches oder statischen Dateien. Deshalb ist es wichtig, die Befehle zur Steuerung des lokalen Cache zu kennen.

Überprüfen und Löschen des Namens-Cache

Den lokalen NetBIOS-Namens-Cache können Sie mit dem Befehl

```
Nbtstat -n
```

überprüfen. Der Befehl

```
Nbtstat -R
```

löscht den Namens-Cache, um falsche Einträge zu entfernen und eine erneute Netzwerknamensauflösung zu erzwingen.

Den DNS-Namens-Cache hingegen können Sie mit dem Befehl

```
Ipconfig -displaydns
```

ansehen und mit dem Befehl

```
Ipconfig -flushdns
```

leeren.

Überprüfen der lokalen Dateien zur Namensauflösung

Die Einträge der Dateien *Hosts* und *LMHosts* können Sie überprüfen, wenn Sie die Dateien einfach aus dem Verzeichnis *%systemroot%\system32\drivers\etc* mithilfe eines Text-Editors öffnen.

Wenn Sie hier falsche Einträge finden, entfernen Sie sie einfach oder deaktivieren Sie die *LMHosts*-Datei ganz.

Überprüfen des DNS-Servers

Verwenden Sie den Befehl

```
Nslookup computername
```

zur Kontrolle, ob Ihr DNS-Server den gewünschten Computernamen findet und auflösen kann. Falls das nicht klappt, versuchen Sie es mit einem voll qualifizierten Domänennamen in der Form

```
Nslookup computername.domänenname.suffix
```

Wenn auch das nicht klappt, unterstützt der gesuchte PC möglicherweise kein dynamisches DNS und Sie müssen per Hand einen Eintrag im DNS-Server vornehmen.

Probleme bei der Authentifizierung

Ein häufiges Problem bei Netzwerkzugriffen von Windows XP ist die Fehlermeldung *Zugriff verweigert*.

Wenn Sie bereits die Zugriffsrechte auf dem Server überprüft haben und diese offensichtlich nicht die Ursache sind, kommen Authentifizierungsprobleme in Frage.

Wenn Sie in einer Arbeitsgruppe arbeiten und den „klassischen Zugriff" einsetzen (siehe Seite 750), stellen Sie zunächst sicher, dass der Benutzername und auch das verwendete Kennwort auf dem Server und auf dem Client gleich sind.

Ein häufiges Problem ist auch, dass Windows XP den Zugriff über das Netzwerk nur für die Benutzer gestattet, die ein lokales Kennwort gesetzt haben.

Wenn Sie ein leeres Kennwort haben, erlaubt XP zum Schutz nur einen Zugriff vom lokalen PC aus.

Sie können diese Einstellung jedoch in den lokalen Sicherheitsrichtlinien unter *Lokale Richtlinien/Sicherheitsoptionen/Konten: Lokale Kontenverwendung von leeren Kennwörtern auf Konsolenanmeldung beschränken* ändern.

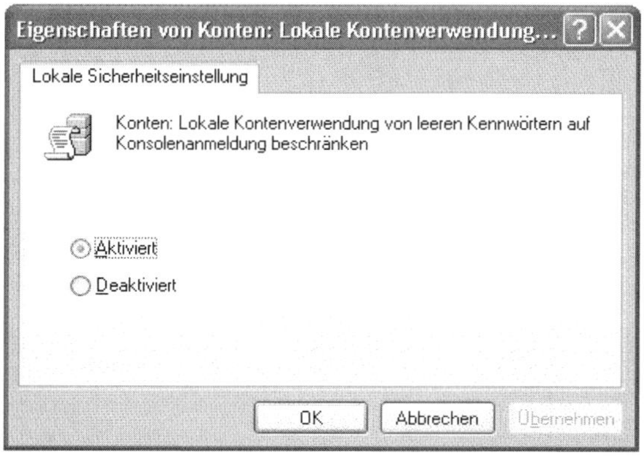

Mit dieser Richtlinie können Sie auch Anwendern ohne Kennwort den Netzwerkzugriff erlauben.

Diese Einstellung birgt natürlich ein gewisses Risiko, falls Sie ohne Firewall-Funktionen auf das Internet zugreifen, und sollte deshalb mit Vorsicht eingesetzt werden.

Anonyme Anmeldungen

Möglicherweise treten unter Windows XP auch plötzlich Probleme mit einigen Netzwerkprogrammen auf, die keinen Zugriff mehr auf einen bestimmten Computer erhalten.

Dies kann daran liegen, dass Windows XP in der Gruppe *Jeder* standardmäßig nicht mehr die anonymen Anmeldungen einschließt, wie das noch bei Windows NT und 2000 der Fall war. Sie müssten also auf allen Ressourcen zusätzlich die anonymen Benutzer berechtigen.

Es geht aber auch einfacher: Sie können die Einstellung in den lokalen Sicherheitsrichtlinien unter *Lokale Richtlinien/Sicherheitsoptionen/Netzwerkzugriff: Die Verwendung von Jeder-Berechtigungen für anonyme Benutzer ermöglichen* ändern und damit denselben Zustand wie bei NT/2000 herstellen.

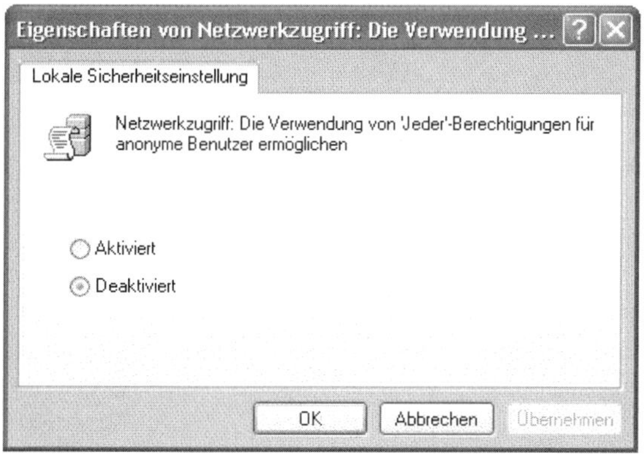

Standardnmäßig ist die Mitgliedschaft des anonmymen Zugriffs in der Gruppe Jeder deaktiviert.

Konfigurationsprobleme bei der Domänenanbindung beseitigen

Wenn Sie Probleme haben, einer Domäne beizutreten oder sich an der Domäne anzumelden, überprüfen Sie folgende Elemente:

- Ist Ihr primärer DNS-Server ein DNS-Server der Active Directory-Domäne? Falls auf Ihrem PC ein „fremder" DNS-Server eingetragen ist, können Sie sich nicht am Active Directory anmelden.
- Testen Sie ggf. mithilfe des *nslookup*-Befehls, ob Sie den Domänen-Controller anpingen können.

  ```
  nslookup computername-des-dc.domaene.com
  ```

- Haben Sie in der Login-Maske wirklich die richtige Domäne ausgewählt? Bei einer Anmeldung an der lokalen SAM ist kein Zugriff auf die Server in der Domäne möglich.
- Haben Sie das korrekte Kennwort für die Domäne eingegeben? Zum Beitreten zur Domäne benötigen Sie ein Administratorkonto der Domäne und dessen Kennwort, das lokale Administratorkonto reicht nicht aus.

12. Mit Windows XP im Internet

Windows XP integriert Internetfunktionen mehr als jedes bisherige Betriebssystem in die Benutzeroberfläche. In diesem Kapitel erfahren Sie technische Details zu verschiedenen Internetzugangsarten sowie zu den diversen internetfähigen Komponenten des Betriebssystems.

12.1 Lokal und im Netz – Zugangsprobleme meistern

Probleme beim Internetzugang können vielfältige Ursachen haben. Liegt es an der Hardware, an DFÜ-Einstellungen oder spezieller Einwahlsoftware, wenn die Verbindung zu langsam oder gar nicht funktioniert? Wir zeigen Ihnen, wie Sie Ihren Internetzugang optimieren und wie Sie spezielle Hardware und Softwaretools einrichten.

Windows XP stellt mit dem DFÜ-Netzwerk eine sehr allgemein gehaltene Schnittstelle für Internetverbindungen. Über entsprechende Treiber kann jedes Gerät darauf zugreifen. Während analoge Modems immer mehr an Bedeutung verlieren, setzen sich ISDN und DSL als schnellere Breitbandzugänge zunehmend durch. Eine weitere Alternative bieten die zurzeit noch relativ teuren Satellitenanbindungen, damit ist High-speed-Internet auch außerhalb der DSL-Ausbaugebiete in ganz Europa möglich. Andere Technologien wie Stromkabel, Fernsehkabel oder regionale Funknetze konnten sich noch nicht in größerem Umfang durchsetzen.

Analoge Modems

Analoge Modems waren früher der klassische Weg, ins Internet zu kommen. Heute sind sie weitgehend durch schnellere Zugangstechniken abgelöst worden, werden aber noch häufig zusammen mit Notebooks im Urlaub und auf Geschäftsreisen eingesetzt, da die meisten Hotels und Ferienwohnungen nicht über ISDN-Anschlüsse verfügen. Modems sind die einzigen Geräte für den Internetzugang, die unter Windows XP als eigene Geräteklasse definiert sind. Andere Internetzugangstechniken wie ISDN und DSL arbeiten im Geräte-Manager wie Netzwerkkarten.

Analoge Modems setzen die digitalen Signale in analoge Signale, unterschiedlich hohe Töne um, um diese auf einer analogen Leitung zu übertragen. Dabei wird das Frequenzband zwischen 100 Hz und 3,4 kHz verwendet, das der menschlichen Sprache entspricht. Für diesen Frequenzbereich wurde das analoge Telefonnetz, heute als POTS (**P**lain **O**ld **T**elephone **S**ystem) bezeichnet, ursprünglich eingerichtet. Die grundlegende Technik hat sich dabei seit den alten Akkustik-Kopplern der frühen 80er-Jahre nicht wesentlich geändert. Damals wurden die Töne noch per Lautsprecher in den Telefonhörer übertragen, heute werden die Tonsignale vom Modem direkt in die Telefonleitung eingespeist. Die Tonfrequenzen sind gleich, sodass ein Akkustik-Koppler mit einem Modem kommunizieren kann.

Die Vermittlungsstelle des Telefonanbieters setzt die analogen Signale wieder in digitale um, da das deutsche Telefonnetz heute vollständig digital läuft, außer der „letzten Meile" zu Kunden mit analogen Anschlüssen. So werden die Daten bei einer Übertragung zwischen zwei analogen Modems viermal konvertiert, was zu Verlusten führen kann und außerdem Zeit kostet. Deshalb nimmt der Anteil der analogen Modems zur Datenkommunikation in letzter Zeit rapide ab.

Modeminstallation

Haben Sie ein Modem angeschlossen, startet bei internen Plug & Play-Modems, USB- und PCMCIA-Modems automatisch der Hardwareassitent, um den Treiber zu installieren. Nicht Plug & Play-fähige Modems müssen Sie mit dem Hardware-Assistenten manuell installieren. Dabei sollten Sie vorher alle Programme beenden, die auf das Modem oder die serielle Schnittstelle zugreifen.

Installieren Sie nach Möglichkeit immer den Treiber für genau den verwendeten Modemtyp. Die multifunktionalen Windows XP-Standard-Modemtreiber unterstützen nicht alle Funktionen der Modems, bieten aber zumindest eine gewisse Grundfunktionalität, bis man einen Treiber vom Modemhersteller hat (z. B. aus dem Internet ;-).

Nach der Treiberinstallation erscheint das Modem im Geräte-Manager. Ist es dort nicht zu sehen, öffnen Sie die Registerkarte *Modems* des Systemsteuerungsmoduls *Telefon- und Modemoptionen*. Hier werden auch Modems angezeigt, die der Geräte-Manager nicht darstellt, selbst wenn dort die Option *Ansicht/Ausgeblendete Geräte anzeigen* aktiviert ist.

Modem im Geräte-Manager.

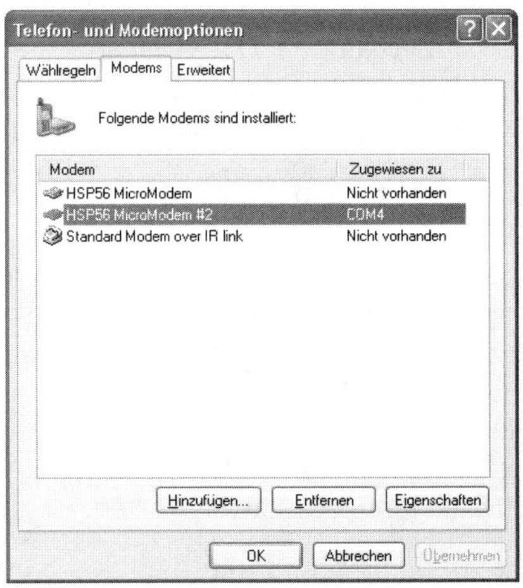

Die Systemsteuerung zeigt mehr Modems an.

Modems, deren Treiber installiert, die zurzeit aber nicht mit dem Computer verbunden sind, werden in der Systemsteuerung immer noch angezeigt.

Softmodems
Manche ISDN-Karten installieren Softmodems, Modememulationen, mit denen ältere Kommunikationsprogramme, die die ISDN-CAPI-Schnittstelle nicht unterstützen, über Modem-AT-Befehle auf ISDN zugreifen können.

Modemanschlüsse

Kommunikationsprogramme gehen bei der Datenkommunikation mit einem Modem immer von einer seriellen Schnittstelle aus. Modems, die nicht an einer seriellen Schnittstelle angeschlossen sind, wie zum Beispiel interne Modems oder Modems auf PCMCIA-Karten, simulieren eine serielle Schnittstelle COM4, COM5 ... Diese wird zwar in den Modemeigenschaften, nicht aber im Geräte-Manager unter *Anschlüsse* angezeigt. Alle Kommunikationsdaten werden vom Betriebssystem auf diese virtuelle Schnittstelle umgelenkt.

Beim Anschluss eines Modems an eine serielle Schnittstelle sind zwei Dinge zu beachten:

- **Interrupt** – je zwei serielle Schnittstellen teilen sich einen Interrupt. COM1 und COM3 belegen beide den Interrupt 4, COM2 und COM4 den Interrupt 3. Analoge Modems brauchen im Betrieb einen Interrupt für sich allein, sodass Sie hier das Gerät, das die zweite Schnittstelle mit gleichem Interrupt belegt, nicht benutzen sollten, um Fehler zu vermeiden.
- **UART-Anschluss** – um die volle Geschwindigkeit moderner Modems nutzen zu können, muss die serielle Schnittstelle mit einem 16550A-UART-basierten Anschluss ausgestattet sein. (UART = **U**niversal **A**synchronous **R**eceiver/**T**ransmitter). Diese Schnittstellen ermöglichen Übertragungsraten bis zu 115.200 Bit/s. Die 16550A-Chips enthalten einen 16 Byte großen FIFO-Puffer (**F**irst **I**n, **F**irst **O**ut). Damit haben Programme mehr Zeit, die empfangenen Daten vom Modem abzuholen. Fast alle internen Modems sowie die Schnittstellen aktueller Motherboards haben einen 16550A-UART-Chip. Haben Sie in älteren Computern keine UART-Schnittstelle, deaktivieren Sie in den Einstellungen der Schnittstelle im Geräte-Manager über *Anschlusseinstellungen/Erweitert* den Schalter *FIFO-Puffer verwenden*.

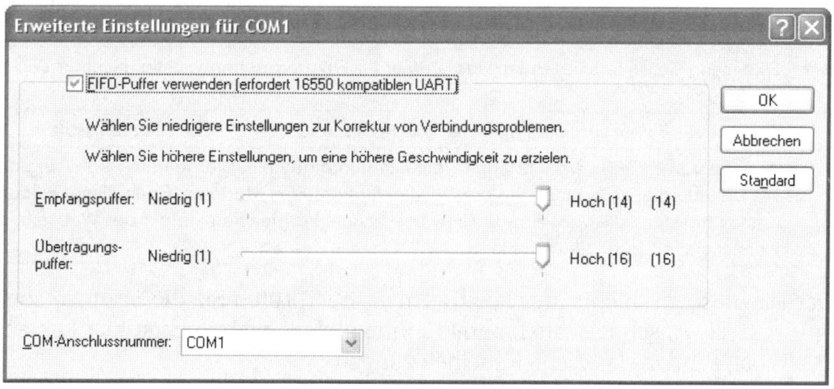

Einstellungen für FIFO-Puffer einer seriellen Schnittstelle.

Modemdiagnose

Bei analogen Modems treten im Vergleich mit allen anderen Internetzugangstechnologien die meisten Probleme auf. Deshalb liefert Windows XP ein eigenes Modemdiagnose-Tool. Dieses finden Sie auf der Registerkarte *Diagnose* in den Eigenschaften des Modems im Geräte-Manager.

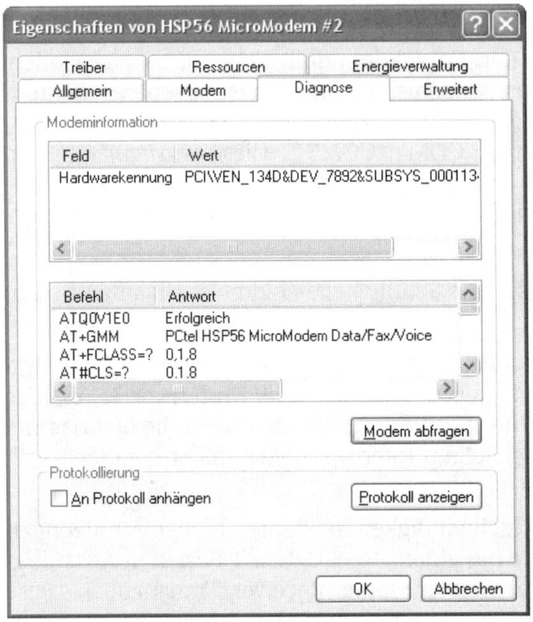

Modemdiagnose.

Klickt man hier auf die Schaltfläche *Modem abfragen*, überprüft Windows XP folgende Modemfunktionen:

Befehl	**Antwort**
ATQ0V1E0	Initialisierung der Modemabfrage
AT+GMM	Identifizierung des Modems durch Abfrage des Identifikationsstrings gemäß ITU-V.250-Empfehlung. Diese Funktion wird nicht von allen Modems unterstützt. Sollte hier nichts angezeigt werden, ist dies noch kein Hinweis auf einen Modemfehler.
AT+FCLASS=?	Erkennung der unterstützten Faxklassen (nur für Faxprogramme wichtig, nicht für DFÜ-Verbindungen).
AT#CLS=?	Alternativer Befehl zur Erkennung der Faxklassen nach dem Rockwell-Befehlssatz.
ATIn	Anzeige von sieben verschiedenen Herstellerinformationen. Die genaue Bedeutung dieser Datenfelder entnehmen Sie der Dokumentation Ihres Modems. Eines dieser Felder enthält meistens die verwendete Firmwareversion. Vergleichen Sie auf der Webseite des Herstellers, ob dies die aktuelle ist.

Sollte in der Diagnose gar nichts angezeigt werden, überprüfen Sie die Stromversorgung des Modems und das Anschlusskabel zum PC. Einige Modems brauchen hier keine Standard-RS232-Kabel, sondern spezielle Kabelbelegungen.

Die Tabellen zeigen zum Vergleich die Standardbelegungen der seriellen Schnittstelle bei 9-Pol- und 25-Pol-Steckern.

Leitung	9-polig	25-polig
Schutzerde	nicht belegt	1
TxD (**T**ransmit **D**ata)	3	2
RxD (**R**eceive **D**ata)	2	3
RTS (**R**equest **t**o **S**end)	7	4
CTS (**C**lear **t**o **S**end)	8	5
DSR (**D**ata **S**et **R**eady)	6	6
GND (Signalmasse)	5	7
DCD (**D**ata **C**arrier **D**etect)	1	8
DTR (**D**ata **T**erminal **R**eady)	4	20
RING (Ruf erkannt)	9	22

Nullmodemkabel, die zur seriellen Verbindung zweier Computer verwendet werden, eignen sich nicht als Modemanschlusskabel. Hier sind die Sende- und Empfangsleitungen miteinander verkreuzt. Die Tabelle zeigt die Belegung eines Nullmodemkabels:

9-polig	9-polig
5	5
2	3
3	2
7	8
8	7
4	6,1 verbunden
6,1 verbunden	4

Stellen Sie außerdem sicher, dass die verwendete serielle Schnittstelle im BIOS auch wirklich aktiviert ist.

Überprüfen Sie auf der Registerkarte *Erweitert* über den Schalter *Standardeinstellungen ändern* noch die *Flusssteuerung*. Bei internen Modems sollte hier immer die Option *Hardware* verwendet werden. Das Gleiche gilt für externe Modems, wenn im Anschlusskabel die Leitungen RTS (**R**equest **t**o **S**end) und CTS (**C**lear **t**o **S**end) belegt sind. Andernfalls müssen Sie die langsamere Option *Software* verwenden.

Dieses Diagnose-Tool hilft in den meisten Fällen aber nicht viel weiter, da das Modem üblicherweise in Ordnung ist und die Fehler eher an der Leitungsverbindung, am Kabel oder am Telefonanschluss liegen. Hier können Sie das Modemprotokoll zu Rate ziehen, das bei jeder Modemanwahl angelegt wird. Das Protokoll ist eine Textdatei mit dem Namen des Modems, die im *\WINDOWS*-Verzeichnis liegt. Sie enthält alle an das Modem gesendeten Kommandos und Antworten, bis eine stabile Verbindung aufgebaut wurde. Das Modemprotokoll endet also mit dem für die Diagnose wichtigen Zeitpunkt und kann nicht zum Protokollieren von Daten einer Internetverbindung verwendet werden.

Sie können die Datei entweder direkt mit dem Editor oder über den Schalter *Protokoll anzeigen* in der Modemdiagnose öffnen. Ist der Schalter *An Protokoll anhängen* eingeschaltet, löschen neue Anwahlprotokolle die alten nicht, sondern werden an die vorhandene Datei angehängt.

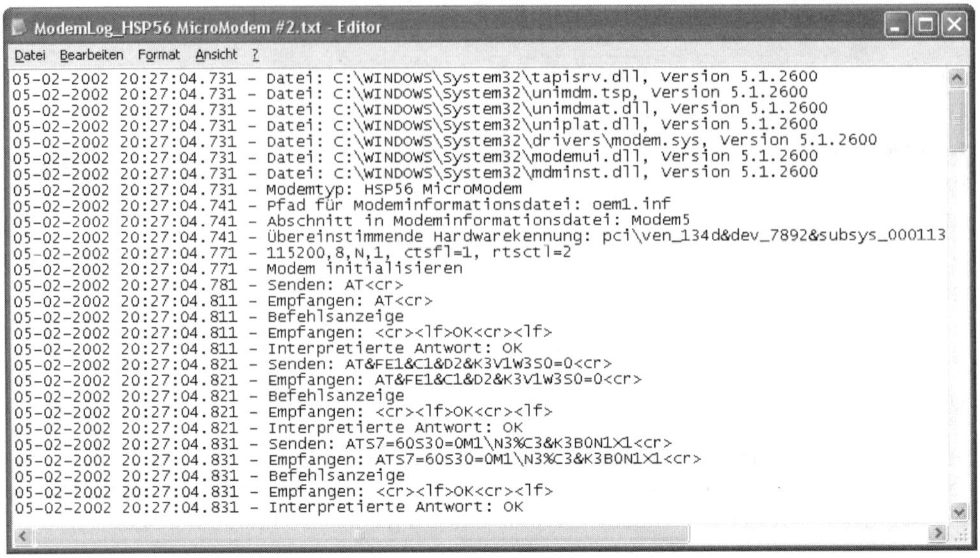

```
ModemLog_HSP56 MicroModem #2.txt - Editor
Datei Bearbeiten Format Ansicht ?
05-02-2002 20:27:04.731 - Datei: C:\WINDOWS\System32\tapisrv.dll, Version 5.1.2600
05-02-2002 20:27:04.731 - Datei: C:\WINDOWS\System32\unimdm.tsp, Version 5.1.2600
05-02-2002 20:27:04.731 - Datei: C:\WINDOWS\System32\unimdmat.dll, Version 5.1.2600
05-02-2002 20:27:04.731 - Datei: C:\WINDOWS\System32\uniplat.dll, Version 5.1.2600
05-02-2002 20:27:04.731 - Datei: C:\WINDOWS\System32\drivers\modem.sys, Version 5.1.2600
05-02-2002 20:27:04.731 - Datei: C:\WINDOWS\System32\modemui.dll, Version 5.1.2600
05-02-2002 20:27:04.731 - Datei: C:\WINDOWS\System32\mdminst.dll, Version 5.1.2600
05-02-2002 20:27:04.731 - Modemtyp: HSP56 MicroModem
05-02-2002 20:27:04.741 - Pfad für Modeminformationsdatei: oem1.inf
05-02-2002 20:27:04.741 - Abschnitt in Modeminformationsdatei: Modem5
05-02-2002 20:27:04.741 - Übereinstimmende Hardwarekennung: pci\ven_134d&dev_7892&subsys_000113
05-02-2002 20:27:04.771 - 115200,8,N,1, ctsfl=1, rtsctl=2
05-02-2002 20:27:04.771 - Modem initialisieren
05-02-2002 20:27:04.781 - Senden: AT<cr>
05-02-2002 20:27:04.811 - Empfangen: AT<cr>
05-02-2002 20:27:04.811 - Befehlsanzeige
05-02-2002 20:27:04.811 - Empfangen: <cr><lf>OK<cr><lf>
05-02-2002 20:27:04.811 - Interpretierte Antwort: OK
05-02-2002 20:27:04.821 - Senden: AT&FE1&C1&D2&K3V1W3S0=0<cr>
05-02-2002 20:27:04.821 - Empfangen: AT&FE1&C1&D2&K3V1W3S0=0<cr>
05-02-2002 20:27:04.821 - Befehlsanzeige
05-02-2002 20:27:04.821 - Empfangen: <cr><lf>OK<cr><lf>
05-02-2002 20:27:04.821 - Interpretierte Antwort: OK
05-02-2002 20:27:04.831 - Senden: ATS7=60S30=0M1\N3%C3&K3B0N1X1<cr>
05-02-2002 20:27:04.831 - Empfangen: ATS7=60S30=0M1\N3%C3&K3B0N1X1<cr>
05-02-2002 20:27:04.831 - Befehlsanzeige
05-02-2002 20:27:04.831 - Empfangen: <cr><lf>OK<cr><lf>
05-02-2002 20:27:04.831 - Interpretierte Antwort: OK
```

Anfang eines Modemprotokolls.

Leitungsfehler, die bei der Anwahl auftreten, lassen sich am einfachsten finden, wenn Sie in der Protokolldatei nach der Zeichenfolge *####* suchen. Windows XP ersetzt jede Ziffer der angewählten Telefonnummer aus Datenschutzgründen durch ein *#*-Zeichen. Ein wenig effektiver Schutz, da die meisten Modems die Nummer im Klartext zurückprotokollieren.

```
05-02-2002 21:29:10.368 - Wählen
05-02-2002 21:29:10.378 - Senden: ATDP##########<cr>
05-02-2002 21:29:10.378 - Empfangen: ATDP0019231760<cr>
05-02-2002 21:29:10.378 - Befehlsanzeige
05-02-2002 21:29:32.219 - Empfangen: <cr><lf>BUSY<cr><lf>
05-02-2002 21:29:32.219 - Interpretierte Antwort: Besetzt
05-02-2002 21:29:32.219 - Modem aufhängen
05-02-2002 21:29:32.229 - Senden: ATH<cr>
05-02-2002 21:29:32.229 - Empfangen: ATH<cr>
```

Dieser Ausschnitt eines Modemprotokolls zeigt einen Anwahlversuch bei besetzter Leitung. In Telefonanlagen kann das Signal *BUSY* auch auf eine Fehlkonfiguration hinweisen. Lesen Sie dazu weiter hinten den Abschnitt über Telefonanlagen.

Erscheint hier die Meldung *NO CARRIER*, liegt dies in den meisten Fällen an einer mangelhaften Kabelverbindung, Kontaktproblemen am Stecker oder falscher Kabelbelegung.

Bei einwandfreier Anwahl wird *CONNECT* und die verwendete Geschwindigkeit angezeigt.

```
05-02-2002 21:39:54.114 - Wählen
05-02-2002 21:39:54.124 - Senden: ATDP##########<cr>
05-02-2002 21:39:54.124 - Empfangen: ATDP0019231760<cr>
05-02-2002 21:39:54.124 - Befehlsanzeige
05-02-2002 21:40:44.246 - Empfangen: <cr><lf>CONNECT 33333/
                          PROTOCOL: LAPM/COMPRESSION: V.42bis<cr><lf>
05-02-2002 21:40:44.246 - Interpretierte Antwort: Verbinden
```

Haben Sie ein 56k-Modem, erreichen aber nur Geschwindigkeiten von 33 KBit/s, kann dies folgende Ursachen haben:

- Ortsnetze in ländlichen Regionen mancher europäischer Länder laufen noch über analoge Vermittlungsstellen, die keine 56 KBit/s Übertragungsrate erreichen.
- Der angewählte Server muss das gleiche Übertragungsprotokoll wie Ihr Modem verwenden. Vor dem heute üblichen V.90 Standard gab es noch die Standards 3com/USR X2 und K56flex. Fast alle Internetprovider verwenden inzwischen V.90. Falls Ihr Modem noch nach einem der älteren Standards läuft, besorgen Sie sich ein Firmwareupdate.
- Schlechte Kabel, aber auch Leitungsverstärker und Telefonanlagen können die Übertragungsgeschwindigkeit beeinträchtigen, selbst wenn sie den V.90-Standard unterstützen, sodass ein Modem automatisch auf das V.42bis- oder das V.34-Protokoll zurückschaltet. Das Gleiche gilt für Richtfunkstrecken, die Telefonanschlüsse in abgelegenen Regionen versorgen.

Probleme bei Anwahl im Ausland

Die Töne für Freizeichen, Besetzt usw. sind zwar theoretisch in Europa von der ITU standardisiert, viele nationale Telefongesellschaften halten sich aber nicht exakt an diese Standards. So kann es passieren, dass ein Modem einen Ton falsch interpretiert und demnach auf das Zeichen nicht richtig reagiert. Viele Modemhersteller lieferten früher spezielle Konfigurations-Tools zur Konfiguration der Modems auf verschiedene Länder. Das soll unter Windows XP nicht mehr nötig sein, wenn man unter den *Telefon- und Modemeinstellungen* in der Systemsteuerung das richtige Land wählt. Da dieses Verfahren nicht immer wirklich hilft, laden Sie sich vom Hersteller den Modemtreiber in der entsprechenden Landessprache herunter, bevor Sie ins Ausland fahren. Diese Treiber sind üblicherweise auf das jeweilige Land optimiert. Deinstallieren Sie bei Bedarf vorher das Modem im Geräte-Manager, um vorhandene Treiber komplett zu entfernen. Installieren Sie dann den anderen Treiber mit der Option *Diskette*, damit nicht der deinstallierte Treiber wieder gefunden wird.

AT-Befehle zur Konfiguration von Modems

Zur Konfiguration von Modems werden Befehle nach dem Hayes-Standard direkt als Text an das Modem gesendet. Die Tabelle beschreibt die wichtigsten dieser AT-Befehle, die in Modemstrings auftauchen.

Befehl		Bedeutung
AT		Automatische Anpassung der Modemgeschwindigkeit an das verwendete Programm.
ATA		Modem hebt ab, um eine Verbindung mit einem anrufenden Modem aufzubauen.
ATD		Wählfunktion.
	ATDP	**I**mpuls**w**ahl**v**erfahren IWV.
	ATDT	**T**on**w**ahl**v**erfahren MFV.
	ATDW	Freizeichen abwarten.
	ATD,	Zwei Sekunden Pause. Das Komma kann auch mit den anderen Verfahren kombiniert werden. Mehrere Kommas bewirken längere Pausen.
ATE		Kommandoecho.
	ATE0	Echo aus.
	ATE1	Echo ein.
ATH		Auflegen oder Abheben.

Befehl		Bedeutung
	ATH0	Modem legt auf.
	ATH1	Modem hebt ab.
ATL		Lautstärke des Modemlautsprechers.
	ATL0	Lautsprecher leise.
	ATL1	Lautsprecher mittel.
	ATL2	Lautsprecher laut.
ATM		Modemlautsprecher ein- oder ausschalten.
	ATM0	Lautsprecher aus.
	ATM!	Lautsprecher ein, bis Verbindung aufgebaut ist.
	ATM2	Lautsprecher immer ein.
	ATM3	Lautsprecher nach dem Wählen der letzten Ziffer ein, bei Verbindungsaufbau wieder aus.
ATO		Kommandomodus beenden.
ATQ		Modemrückmeldungen.
	ATQ0	Modemrückmeldungen senden.
	ATQ1	Modemrückmeldungen nicht senden.
ATS		Modemregister setzen.
ATV		Format der Modemsystemmeldungen.
	ATV0	Zahlencodes.
	ATV1	Klartext.
ATX		Verhalten beim Verbindungsaufbau.
	ATX0	Wählt und meldet *CONNECT*.
	ATX1	Wählt und meldet *CONNECT* mit Geschwindigkeitsangabe.
	ATX2	Wartet auf Freizeichen, wählt und meldet *CONNECT*.
	ATX3	Wählt und meldet *CONNECT* mit Geschwindigkeitsangabe oder *BUSY*.
	ATX4	Wartet auf Freizeichen, wählt und meldet *CONNECT* mit Geschwindigkeitsangabe.
	ATX5	Wählt und meldet *CONNECT* mit Geschwindigkeitsangabe oder *BUSY*, Voice.
	ATX6	Wartet auf Freizeichen, wählt und meldet *CONNECT* mit Geschwindigkeitsangabe oder *BUSY*, Voice.
ATZ		Modemreset auf die Grundeinstellungen.
A/		Wiederholt den letzten AT-Befehl. Zeichenfolge nicht mit Enter abschließen.

Braucht das Modem zur Anwahl eine spezielle Initialisierungssequenz in AT-Befehlen, können Sie diese auf der Registerkarte *Erweitert* der Modemeigenschaften eingeben, sodass sie bei jeder Modeminitialisierung automatisch an das Modem gesendet wird.

Welche Befehle ein spezielles Modem für welche Zwecke verwendet, können Sie sich mit dem Systeminformationsprogramm von Windows XP anzeigen lassen. Dieses liest die in der Registry vom Treiber eingetragenen Informationen aus.

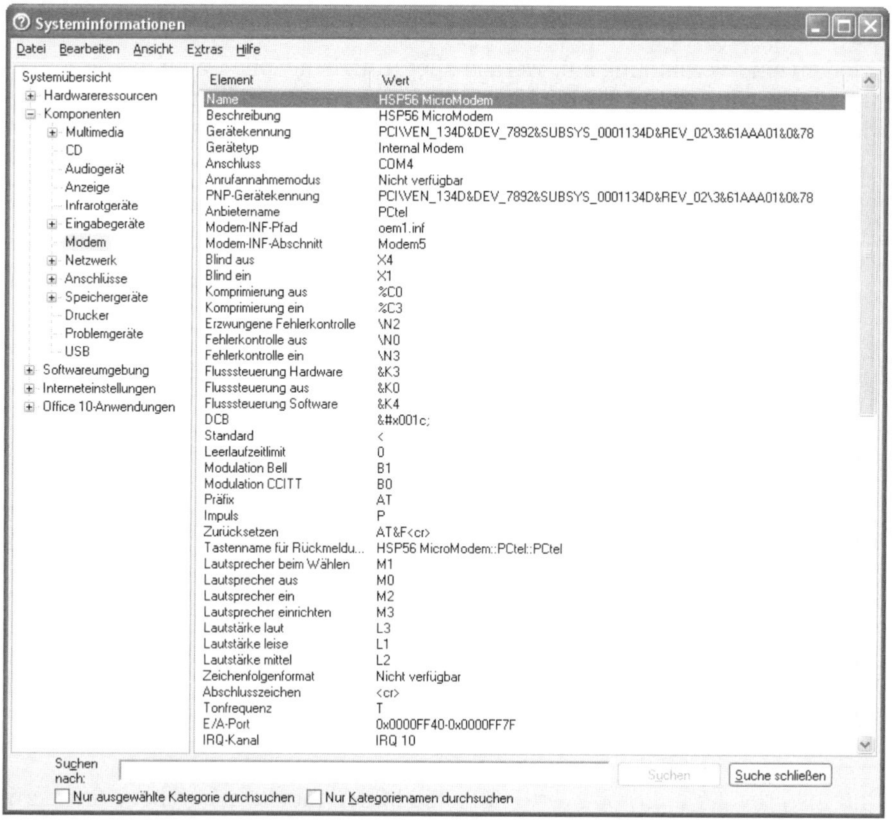

Einstellungen eines Modems in den Systeminformationen.

Die Hardwaredaten jedes Geräts finden Sie unterhalb von *HKEY_LOCAL_MACHINE\System\CurrentControlSet\Enum\PCI* in der Registry. Jedes Gerät legt dort mit seiner Vendor-ID einen Unterschlüssel an, in dem die einzelnen Konfigurationsparameter meistens binär kodiert abgelegt werden. Die Vendor-ID eines Geräts finden Sie im Systeminformationsprogramm unter der Elementbezeichnung *Gerätekennung* oder auf der Registerkarte *Diagnose* in den Eigenschaften des Modems im Geräte-Manager.

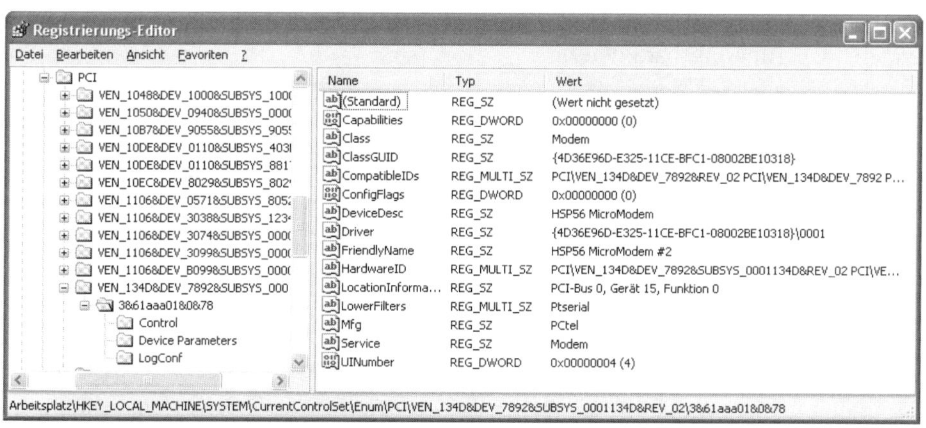

Einträge für ein internes Modem in der Registry.

Übertragungsparameter

Baut das Modem eine Verbindung auf, werden aber trotzdem keine Daten vom Internetprovider übertragen, überprüfen Sie die Übertragungsparameter, indem Sie in den Eigenschaften des Modems auf der Registerkarte *Erweitert* auf *Standardeinstellungen ändern* klicken.

Erweiterte Standardeinstellungen eines Modems.

Fast alle Internetprovider in Europa verwenden die in der Tabelle angegebene Standardeinstellung:

	Standardeinstellung	alternative Einstellung
Datenbits	8	7
Parität	keine	gerade
Stoppbits	1	1

Sollte die Standardeinstellung (8N1) nicht funktionieren, probieren Sie die alternative Einstellung (7E1) aus. Im Zweifelsfall erkundigen Sie sich bei Ihrem Provider nach den verwendeten Übertragungsparametern.

Geschwindigkeit durch DNS-Cache verbessern

Ein Teil der übertragenen Daten bei einer Internetverbindung dient dazu, DNS-Informationen zu übertragen. Hier lässt sich durch eine Optimierung des DNS-Cache die Performance verbessern. Tragen Sie dazu die folgenden Parameter in der Registry ein:

```
[HKEY_LOCAL_MACHINE\SYSTEM\CurrentControlSet\Services\Dnscache\Parameters]
„CacheHashTableBucketSize"=dword:00000001
„CacheHashTableSize"=dword:00000180
„MaxCacheEntryTtlLimit"=dword:0000fa00
„MaxSOACacheEntryTtlLimit"=dword:0000012d
```

Modem an Telefonanlagen

Der Betrieb von Modems durch eine Telefonanlage ist oft nicht ganz unproblematisch, funktioniert aber, wenn man die technischen Details der Telefonanlage beachtet.

ISDN-Telefonanlagen konvertieren das digitale Signal aus dem ISDN-Netz in analoge Signale für analoge Endgeräte, ähnlich wie dies die Vermittlungsstelle der Telekom für analoge Anschlüsse tut. Dazu müssen Sie in einigen Fällen den verwendeten Anschluss an der Telefonanlage explizit auf analog umstellen.

Viele Telefonanlagen verwenden etwas andere Wähltöne als normale analoge Anschlüsse. Hier bieten einige Telefonanlagen die Option, bei der Konfiguration der Internanschlüsse zwischen Modem, Fax oder Telefon umzuschalten. Solange die Wähltöne nicht stimmen, interpretiert das Modem eine freie Leitung als besetzt. Deaktivieren Sie in so einem Fall den Schalter *Vor dem Wählen auf Freizeichen warten* auf der Registerkarte *Modem* in den Modemeigenschaften im Geräte-Manager. Das Modem fängt dann sofort an zu wählen und überprüft das Freizeichen der Telefonanlage nicht.

Überprüfen Sie an der Telefonanlage, welches Wählverfahren verwendet wird, Tonwahl (üblich) oder Impulswahl. Manche Telefonanlagen können über die Konfigurationssoftware die internen Anschlüsse zwischen beiden Wählverfahren umschalten.

Aktivieren Sie in den Eigenschaften der Netzwerkverbindung zum Internetprovider die Option *Wählregeln verwenden* und schalten Sie unter *Standort bearbeiten* das entsprechende Wählverfahren ein.

Wählregeln verwenden.

Einstellen des Wählverfahrens der Amtskennziffer.

Viele Telefonanlagen benötigen eine Amtskennziffer, meistens die 0, um eine externe Nummer zu wählen. Dies gilt bei analogen Nebenstellenanschlüssen oft auch dann, wenn die digitalen Anschlüsse der Telefonanlage ohne Amtskennziffer wählen können. Geben Sie diese Amtskennziffer in den Standorteinstellungen an.

Kommt es trotzdem zu keinem Verbindungsaufbau, liegt es meistens daran, dass die Telefonanlage nach Eingabe der Amtskennziffer etwas Zeit braucht, um die Externleitung zu schalten. Dies können Sie einfach ausprobieren, indem Sie ein analoges Telefon an den Modemanschluss der Telefonanlage stecken.

Geben Sie in den Feldern für die Amtskennziffer in den Standorteinstellungen hinter der 0 noch ein Komma ein, wartet das Modem mit dem weiteren Wählen zwei Sekunden. Mehrere Kommas bewirken längere Pausen.

V.90-Standard

Viele Telefonanlagen unterstützen auf den analogen Anschlüssen den V.90-Standard nicht oder bringen nicht die dafür notwendige Übertragungsrate.

Das Modem schaltet dann nach kurzer Zeit automatisch auf den V.34-Standard zurück, mit einer maximalen Übertragungsrate von 33,6 KBit/s.

ISDN

ISDN (**I**ntegrated **S**ervices **D**igital **N**etwork) bietet digitale Verbindungen mit dem Internet. Hier entfällt das Modulieren und Demodulieren von digitalen zu analogen Signalen und umgekehrt, das den Modems ihren Namen gegeben hat. Die Telefonnetze sind inzwischen überall in Deutschland digital, ISDN bietet eine durchgehend digitale Datenverbindung von Ihrem PC bis ins Internet.

Ein ISDN-Anschluss besteht immer aus zwei B-Kanälen, über die je 64 KBit/s Daten fließen können. Dazu kommt noch ein langsamerer D-Kanal mit 16 KBit/s, der für Rufnummernübermittlung und Verwaltungsaufgaben verwendet wird. Die Ansteuerung der beiden Kanäle ist völlig unabhängig von den drei oder mehr Rufnummern (MSN), die man vom Netzbetreiber für einen ISDN-Anschluss zugewiesen bekommt. Es können beide Kanäle gleichzeitig benutzt werden (Kanalbündelung), wobei beliebige Nummern verwendbar sind.

ISDN-Karten sind in Windows XP keine eigene Geräteklasse, sondern werden wie Netzwerkkarten behandelt, wenn Sie einen NDIS-WAN (**N**etwork **D**evice **D**river **I**nterface **S**pecification – **W**ide **A**rea **N**etworks) verwenden. Diese Treiber ermöglichen eine Internetverbindung über die ISDN-Karte.

CAPI

Damit nicht jede Software für jede ISDN-Karte angepasst werden muss, hat man sich hier auf einen allgemeinen Treiberstandard geeinigt. Dieses CAPI, **C**ommon **Ap**plication **I**nterface, stellt eine allgemeine Schnittstelle zwischen Applikation und ISDN-Karte zur Verfügung. Das bedeutet, die ISDN-Kartenhersteller liefern CAPI-Treiber für ihre Hardware, die allgemein gültig sind, sodass ein Softwarehersteller seine Programme nur noch für CAPI und nicht für spezielle Hardware schreiben muss. Die genaue Spezifikation der CAPI-Schnittstelle finden Sie bei *www.capi.org* im Internet. Interessante kleine Tools zur CAPI gibt es z. B. bei Shamrock unter *www.shamrock.de/tools.htm.*

Im April 2002 wurde CAPI, das bis jetzt nur ein etablierter Industriestandard war, vom **E**uropean **T**elecommunications **S**tandards **I**nstitute ETSI (*www.etsi.org*) zum allgemein gültigen Standard erklärt.

CAPI-Port

Ältere Kommunikationsprogramme kommunizieren mit analogen Modems über AT-Befehle. Damit diese Programme auch unter ISDN laufen, stellen viele ISDN-Karten eigene CAPI-Porttreiber her, die softwaremäßig verschiedene Modems für verschiedene Kommunikationsprotokolle emulieren. Eine hardwareunabhängige Lösung bietet das Programm RVS-COM (*www.rvs.de*) mit dem Sie Modems basierend auf der allgemeinen CAPI-Schnittstelle emulieren können. Für einen Internetzugang per DFÜ-Netzwerk müssen Sie hier immer den Modemtyp *RVS Internet over PPP* verwenden. In diesem Fall simuliert der CAPI-Port die Anwahl über ein Modem. Es wird nicht, wie bei NDIS-WAN, eine virtuelle Netzwerkkarte eingetragen.

CAPI-RAS

Diese Wortschöpfung aus ISDN CAPI und dem RAS, **R**emote **A**ccess **S**ervice, von Windows NT bedeutet nichts anderes als ein Netzwerktreiber für ISDN-Karten, das Gleiche wie NDIS-WAN. ISDN-Karten tragen sich im Geräte-Manager als Netzwerkkarten ein. Außerdem verfügen Sie noch über eine spezielle Konfigurationsmöglichkeit für die MSN (**M**ultiple **S**ubscriber **N**umber) für ankommende und abgehende Verbindungen. Dafür wird die Karte entweder ein zweites Mal im Geräte-Manager eingetragen, oder man findet in den Geräteeigenschaften eine eigene Registerkarte. Die MSN bezeichnet nur die lokale Rufnummer ohne Landes- und Ortnetzkennzahl.

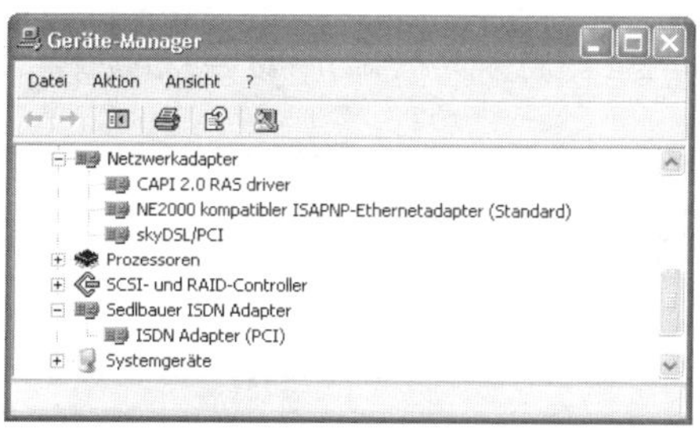

Zweiter Eintrag einer Sedlbauer-ISDN-Karte.

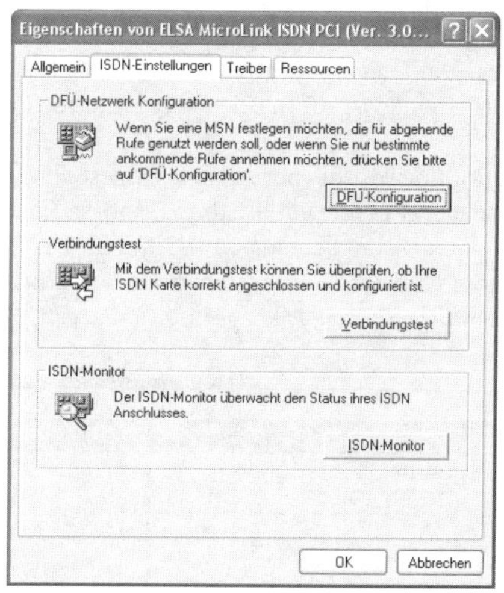

Konfigurationsfeld einer ELSA-ISDN-Karte.

Bei jeder ISDN-Karte müssen Sie während der Konfiguration das verwendete Protokoll einstellen. Dieses Protokoll ist auf einem ISDN-Anschluss vom Netzbetreiber fest eingestellt und kann vom Benutzer nicht geändert werden. Es gibt zwei verschiedene Protokolle:

Protokoll	Beschreibung
DSS1	Europäisches internationales ISDN-Protokoll, wird auf allen neuen Anschlüssen verwendet.
1TR6	Nationales deutsches Protokoll. Inzwischen weitgehend ungebräuchlich.

Außerdem müssen Sie über die Konfigurationssoftware der ISDN-Karte eine oder mehrere MSNs eintragen, auf die die Karte bei ankommenden Rufen antworten soll, sowie eine

MSN, die bei abgehenden Rufen übertragen wird. Diese wird von einigen Internetprovidern zur Identifikation des Benutzers verwendet.

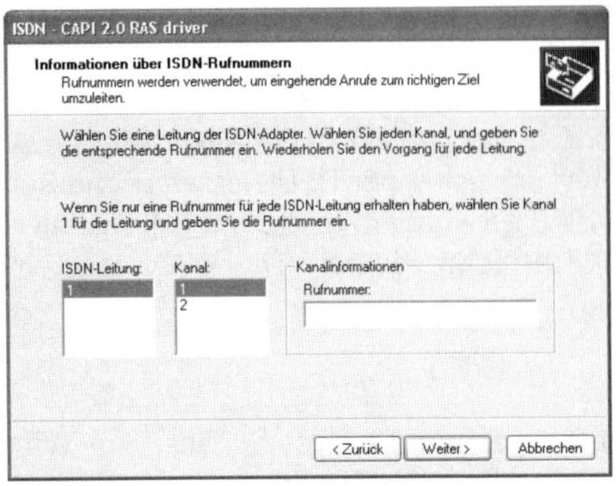

MSN-Konfiguration einer Sedlbauer-ISDN-Karte.

MSN-Konfiguration einer ELSA-ISDN-Karte.

FRITZ!Card Classic unter Windows XP

Sowohl Microsoft als auch AVM schreiben, die FRITZ!Card Classic würde unter Windows XP nicht laufen. Die Karte, die nicht Plug & Play-fähig ist, wird von Windows XP auch nicht erkannt. Selbst bei einem Update wird die unter dem alten Betriebssystem installierte Karte nicht in Windows XP übernommen.

Möchten Sie trotzdem keine neue ISDN-Karte kaufen, laden Sie sich bei *www.avm.de* die neuste Version des Windows 2000-Treibers für die FRITZ!Card Classic herunter und installieren diesen Treiber unter Windows XP mit der mitgelieferten Setup-Routine, nicht über den Hardware-Assistenten!

Die Setup-Routine liest die per Jumper eingestellte I/O-Adresse aus und trägt die Karte korrekt im Geräte-Manager als Netzwerkkarte ein, sodass Sie sie auch unter Windows XP ganz normal verwenden können. Voraussetzung dafür ist, dass die I/O-Adresse der Karte von keinem anderen Gerät verwendet wird, was Sie vor dem Einbau überprüfen müssen. Der zugehörige NDIS-WAN-CAPI-Treiber wird im Geräte-Manager nur angezeigt, wenn die Option *Ausgeblendete Geräte anzeigen* aktiv ist.

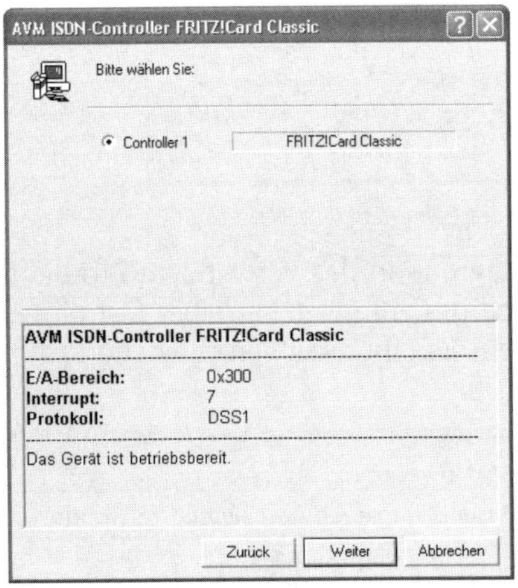

Setup-Routine der FRITZ!Card classic.

Die Karte im Geräte-Manager.

ISDN-Monitor

Die meisten ISDN-Karten liefern eine Monitorsoftware mit, die in der Taskleiste oder in einem eigenen Fenster die Aktivität der Karte anzeigt. Damit können Sie sofort sehen, wenn ein oder beide ISDN-Kanäle belegt sind. Diese Programme protokollieren auch die Nummern und Zeiten ankommender und abgehender Verbindungen.

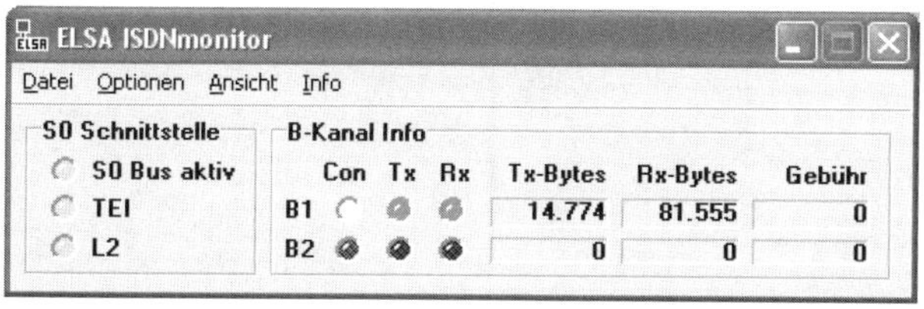

ELSA ISDNmonitor.

Der ELSA ISDNmonitor zeigt auch an, wenn der S0-Bus durch ein anderes Gerät, ein Telefon oder einen anderen Rechner mit ISDN-Karte aktiv ist.

Die meisten sonstigen ISDN-Monitorprogramme erkennen nur die Aktivitäten der installierten ISDN-Karte.

Fügen Sie in der AutoStart-Gruppe des Startmenüs eine Verknüpfung zur ISDN-Monitorsoftware ein, damit diese immer automatisch mitläuft und so vor automatisch aufgebauten DFÜ-Verbindungen warnen kann.

Kanalbündelung

ISDN bietet die Möglichkeit, beide Kanäle gleichzeitig zu verwenden und damit anstatt 64 KBit/s die doppelte Übertragungsrate, 128 KBit/s zu verwenden.

Doppelte Gebühren

Vorsicht, bei einer Kanalbündelung werden zwei Verbindungen aufgebaut, die beide auch berechnet werden. Es entstehen also die doppelten Gebühren. Auch wenn Sie eine ISDN-Flatrate haben, gilt diese in der Regel nur für einen Kanal. Erkundigen Sie sich bei Ihrem Anbieter, sonst müssen Sie den zweiten Kanal normal nach Zeittakt zusätzlich bezahlen. Eine Ausnahme bildet derzeit die „Sonntags-Flatrate" im XXL-Tarif der Telekom, die für beide Kanäle gilt.

Die Kanalbündelung kann für jede DFÜ-Verbindung gesondert definiert werden.

Beim neuen Anlegen einer DFÜ-Verbindung ist Vorsicht geboten, da Windows XP hier, wenn man alle Einstellungen kommentarlos übernimmt, automatisch eine Verbindung mit Kanalbündelung definiert.

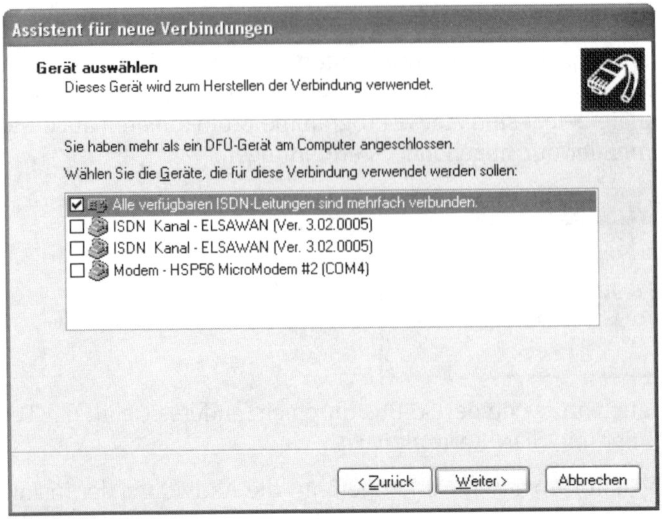

Standardeinstellung beim Anlegen einer neuen ISDN-Verbindung.

In der Standardeinstellung werden automatisch alle verfügbaren ISDN-Kanäle aktiviert. Hier könnten Sie auch nur einen einzelnen Kanal auswählen, allerdings behandeln die Gerätetreiber diese Auswahl nicht einheitlich. Bei einigen Treibern wird bei der Auswahl eines Kanals der B1- bzw. B2-Kanal der ISDN-Karte für die DFÜ-Verbindung reserviert. Benutzen Sie ein weiteres Kommunikationsprogramm, wie zum Beispiel Fax- oder ISDN-Filetransfer und weisen diesem den gleichen Kanal zu, können beide Programme nicht parallel laufen. Sie können also kein Fax empfangen, während Sie im Internet sind, und auch keine Webseiten direkt per Fax versenden, weil der dem Programm zugewiesene Kanal belegt ist.

Der bessere Weg ist deshalb, die Standardeinstellung *Alle verfügbaren ISDN-Leitungen* beizubehalten und die Gerätezuordnung in den Eigenschaften der neuen DFÜ-Verbindung zu ändern.

Auswahl der ISDN-Geräte für eine DFÜ-Verbindung.

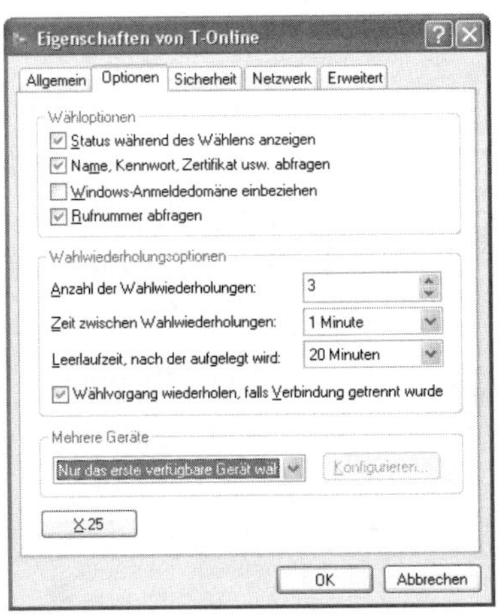

Auswahl, welche Geräte wählen sollen.

Ändern Sie auf der Registerkarte *Optionen* im Feld *Mehrere Geräte* die Standardeinstellung *Alle Geräte wählen* auf *Nur das erste verfügbare Gerät wählen*. Damit wird automatisch ein freier Kanal gesucht. Ist auf der Registerkarte *Allgemein* nur ein Gerät aktiviert, steht diese Option nicht zur Verfügung.

Im Normalfall sollte auch immer das Kontrollkästchen *Alle Geräte wählen dieselbe Nummer* aktiv sein. Ein Ausschalten ist nur nötig, wenn die Gegenstelle auf jeder Einwahlnummer nur eine Verbindung zulässt, was in deutschen ISDN-Netzen absolut unüblich ist.

Automatische Kanalbündelung

Windows XP bietet auch eine Möglichkeit an, den zweiten Kanal automatisch zuzuschalten, wenn über einen bestimmten Zeitraum eine Mindestaktivität erreicht wird. Diese Einstellung funktioniert aber in der Praxis nicht immer.

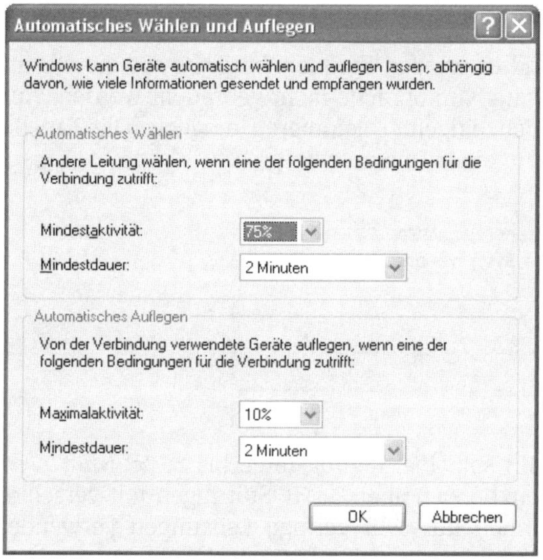

Einstellungen für automatische Kanalbündelung.

Beim Surfen ergeben sich bedingt durch Browser-Anfragen immer kurze Pausen im Datenstrom, die sich mit einem ISDN-Monitor gut sichtbar machen lassen. Das Gleiche gilt bei größeren Downloads, wo für Protokollabgleich und Prüfsummenverifizierung die Übertragung in bestimmten Zeiträumen kurzfristig unterbrochen wird. So wird die Mindestaktivität über einen bestimmten Zeitraum praktisch nie erreicht und Windows XP schaltet den zweiten Kanal nicht hinzu.

In der deutschen Windows XP-Version ist in der Konfigurationsdialogbox ein Übersetzungsfehler: Nicht eine der beiden Bedingungen *Mindestaktivität* und *Mindestdauer* muss erfüllt sein, sondern beide gleichzeitig, wie in der Kontexthilfe richtig beschrieben.

Kanalbündelung mit FRITZ!Web

Möchten Sie die Vorteile einer automatischen Kanalbündelung nutzen, verwenden Sie FRITZ!Web anstelle des DFÜ-Netzwerks. Dieses Freewaretool wird weiter hinten in diesem Kapitel beschrieben.

DSL

DSL ist derzeit die schnellste kabelgebundene Internetverbindung und wird sich langfristig gegenüber ISDN und analogen Modems durchsetzen, zumindest in den Gebieten, wo es verfügbar ist. In diesem Punkt liegt auch das größte Problem der neuen Technik. Die Leitungsdämpfung zwischen Vermittlungsstelle und Hausanschluss darf einen bestimmten Maximalwert nicht überschreiten. Als Richtwert kann man eine größte Entfernung von 4 km bis zur Vermittlungsstelle annehmen, die durch alte oder schadhafte Kabel aber noch herabgesetzt werden kann.

DSL basiert auf der Übertragung über Kupferleitungen auf der so genannten letzten Meile von der Vermittlungsstelle zum Endkunden, sodass es in den während der frühen 90er-Jahren gebauten Glasfasernetzen im Osten Deutschlands ebenfalls nicht funktioniert. Die DSL-Technik wird von einem internationalen Forum aus über 250 Internetprovidern, Telefongesellschaften und Hardwareherstellern standardisiert und weiterentwickelt (*www.dslforum.org*).

Bei DSL wird die Leitung partitioniert und es werden Frequenzbereiche für die Datenübertragung genutzt, die für die Übertragung von Sprache nicht gebraucht werden. Auf diese Weise ist die DSL-Nutzung bei gleichzeitigem Telefonieren möglich. Die Tabelle zeigt die verwendeten Frequenzbereiche auf einer Telefonleitung:

Frequenzbereich	Verwendung
100 Hz - 4 kHz	POTS (**P**lain **O**ld **T**elephone **S**ystem = analoge Telefonie)
4 kHz - 130 kHz	ISDN
130 kHz - 275 kHz	DSL Upstream
275 kHz - 1.104 kHz	DSL Downstream
1 MHz - 20 MHz	VDSL (geplant)

Das geplante VDSL (**V**ery High Speed **DSL**) soll Übertragungsraten bis zu 52 MBit/s ermöglichen. Da es im eingesetzten Frequenzbereich aber zu HF-Störungen mit verschiedenen Funkdiensten kommen kann, können nur sehr geringe Leistungen verwendet werden, was dazu führt, dass die VDSL-Anschlüsse maximal 300 m Kabellänge zur Vermittlungsstelle haben können.

T-DSL der Telekom verwendet als technische Grundlage den ADSL-Standard. Diese **A**-symmetric **D**igital **S**ubscriber **L**ines sind im Hinkanal vom Provider zum Teilnehmer deutlich schneller als im Rückkanal. Technisch sind im ADSL-Standard bis zu 6,4 MBit/s für den Downstream und bis zu 640 KBit/s für den Upstream vorgesehen. T-DSL nutzt aber nur 768 KBit/s im Downstream und 128 KBit/s im Upstream. Das neue Produkt T-DSL 1500, das ab Herbst 2002 in einigen Großstädten angeboten werden soll, wird Übertragungsraten bis zu 1,5 MBit/s im Downstream und 192 KBit/s im Upstream zur Verfügung stellen.

Dazu kommen in Großstädten verschiedene Angebote weiterer Telefongesellschaften, die sich nicht nur in der Geschwindigkeit, sondern auch im Preis von T-DSL teilweise deutlich unterscheiden.

Selbst bei T-DSL bekommt man standardmäßig nur die Leitung von der Telekom und ist nicht unbedingt an T-Online als Internetprovider gebunden. Diverse weitere Anbieter setzen auf die vorhandene T-DSL Technik. Die genauen technischen Spezifikationen von T-DSL finden Sie unter *www.telekom.de/schnittstellenbeschreibungen.*

Im Gegensatz zu ADSL bieten SDSL-Leitungen (**S**ymmetric **D**igital **S**ubscriber **L**ines) die gleiche Geschwindigkeit im Bereich zwischen 192 KBit/s und 2 MBit/s beim Upload wie beim Download.

Für diejenigen, die in den Genuss eines DSL-Anschlusses kommen, liefert Windows XP eine volle Unterstützung dieser Technik, sodass keine eigene Zugangssoftware, wie sie zum Beispiel T-Online liefert, mehr nötig ist. Eine Ausnahme bilden weiterhin Zugänge über AOL. Dieser Provider setzt auch bei DSL, wie schon bei ISDN und analog, auf eine völlig eigene Zugangssoftware.

Für den DSL-Zugang benötigen Sie im PC eine normale Netzwerkkarte mit Twisted Pair-Anschluss, die an das DSL-Modem angeschlossen wird. Dieses ist wiederum über den Splitter mit der Telefonleitung verbunden. Der Splitter teilt das Signal in den niederfrequenten Bereich unter 130 kHz für ISDN oder analoge Telefonie und den hochfrequenten DSL-Bereich über 130 kHz. Zurzeit liefert die Telekom nur noch den Splitter. Bei DSL-Anschlüssen, die vor dem 1. Januar 2002 beantragt wurden, gab es das DSL-Modem ebenfalls kostenlos.

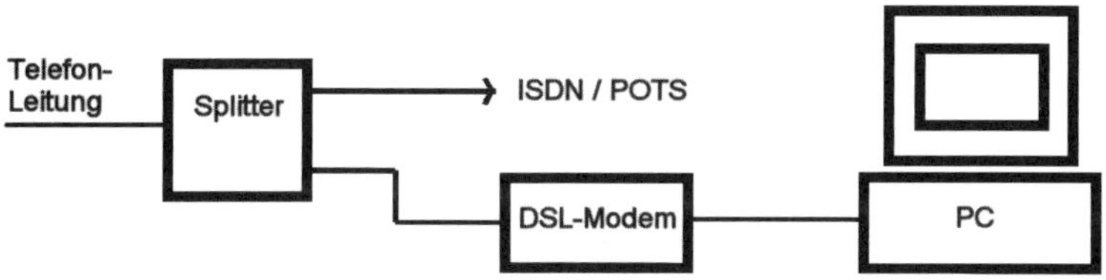

DSL-Anschluss-schema.

Die Verbindung zwischen PC und DSL-Modem über ein Netzwerkkabel kann auch entfallen, wenn ein internes DSL-Modem auf einer PCI-Steckkarte verwendet wird. dieses wird dann direkt mit dem Splitter verbunden.

In den Anfangszeiten von DSL funktionierte ein DSL-Modem beim Kunden immer nur mit einem passenden DSLAM (**DSL A**ccess **M**ultiplexer) in der Vermittlungsstelle, der vom gleichen Hersteller kam. Aus diesem Grund verteilte die Telekom regional unterschiedliche DSL-Modems von Siemens, ECI und Orckit. Seit die Telekom nicht mehr das Monopol auf DSL-Modems hat, gibt es eine Standardschnittstelle U-R2, über die DSL-Modems von Fremdherstellern und auch neu gelieferte Telekom-DSL-Modems einen einheitlichen Zugriff auf die DSLAMs haben sollen.

Die Telekom veröffentlicht eine technische Beschreibung der U-R2 Schnittstelle bei *www.telekom.de/schnittstellenbeschreibungen.* Allerdings werden vorerst nur die neuen Anschlüsse in den Vermittlungsstellen auf U-R2 umgestellt. Bestehende DSL-Anschlüsse funktionieren also nicht unbedingt mit neuen DSL-Modems von Drittherstellern. Die neuen U-R2-DSLAMs werden aber auch mit den proprietären älteren DSL-Modems funktionieren, sodass es bei Umzugskunden und Ausbau der Vermittlungsstellen wenig Probleme geben sollte.

Probleme mit der neuen Technik werden allerdings AOL-Kunden haben, da die DSL-Modems vornehmlich für die Standardzugangsverfahren optimiert werden und nicht für die AOL-eigene Anwahlsoftware.

DSL-Konfiguration

Erstellen Sie eine neue Internetverbindung und wählen Sie dabei die Option *Breitbandverbindung*. Der wesentliche Unterschied zwischen DFÜ-Verbindungen und Breitbandverbindungen in Windows XP besteht darin, dass für die DFÜ-Verbindungen eine Anwahlnummer eingegeben werden muss. Bei DSL ist keine Anwahl einer beliebigen Nummer möglich. Der Benutzer wird anhand seines Benutzernamens identifiziert und von der Vermittlungsstelle an den jeweiligen Provider weitergeleitet.

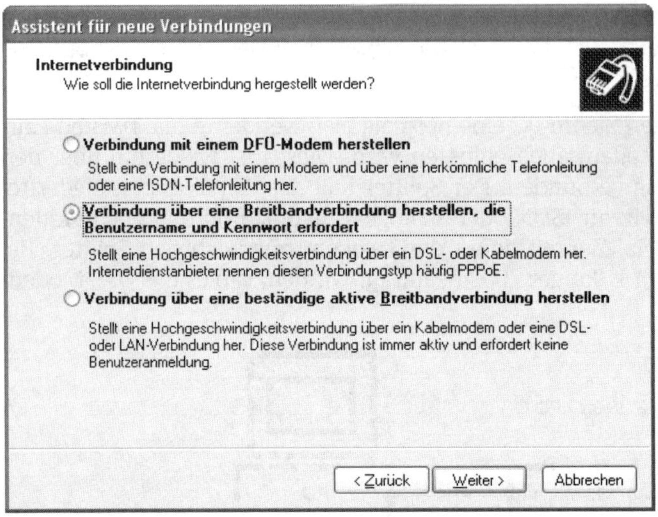

Erstellen einer neuen Breitbandverbindung.

Bei der Installation wird die vorhandene Netzwerkkarte automatisch erkannt und das PPPoE Protokoll (**P**oint-to-**P**oint-**P**rotocol **o**ver **E**thernet) installiert. Sie brauchen nur noch Benutzernamen und Passwort einzugeben, eine Anwahlnummer gibt es bei DSL nicht.

PPPoE

PPPoE ist eine Variante des klassischen **P**oint-to-**P**oint-**P**rotocol, das für Wählverbindungen ins Internet verwendet wird. Dieses Protokoll weist dem lokalen Computer nach der Einwahl eine IP-Adresse zu, über die dann die Internetverbindung läuft. In der PPPoE-Version werden die Datenpakete über eine Ethernet-Verbindung anstatt über eine Wählverbindung geschickt. PPPoE ist in der RFC 2516 definiert (*www.rfc-editor.org*).

Alternative: RASPPPoE

In früheren Windows-Versionen, als es noch keine integrierte DSL-Unterstützung gab, verwendeten viele Anwender den RASPPPoE-Protokolltreiber von *user.cs.tu-berlin.de/~normanb*. Dieser Treiber kann auch unter Windows XP als Alternative zum Microsoft-Standardtreiber eingesetzt werden, wenn es zum Beispiel zu Problemen mit der Internetverbindungsfreigabe kommt.

RASPPPoE legt eine neue Verbindung im Bereich *DFÜ* im Ordner *Netzwerkverbindungen* an, nicht im Bereich *Breitband* wie der Microsoft-Treiber. Aus Sicherheitsgründen sollten Sie in den erweiterten Eigenschaften des TCP/IP-Protokolls für diese Verbindung NetBIOS über TCP/IP deaktivieren.

Probleme bei ISA-Netzwerkkarten

Theoretisch ist jede alte ISA-Netzwerkkarte schnell genug, um eine DSL-Verbindung herzustellen. Sie brauchen also keine teure Netzwerkkarte zu kaufen. Allerdings unterstützt Windows XP ISA-Karten nur, wenn sie Plug & Play-fähig sind. ISA-Karten ohne Plug & Play lassen sich aber in den meisten Fällen mit einem Windows 2000-Treiber installieren.

Beachten Sie, dass bei vielen ISA-Karten manuell der verwendete Anschluss eingestellt werden muss. Die meisten Karten sind auf den BNC-Anschluss vorkonfiguriert, der für DSL nicht verwendet werden kann. Zum Umschalten auf den RJ45-Anschluss werden entweder Jumper oder ein eigenes Konfigurationsprogramm verwendet.

Diese Programme laufen meist nur unter DOS, also auch nicht in der DOS-Emulation von Windows XP, da diese keinen vollen Zugriff auf die Hardware hat. Booten Sie den Computer mit einer DOS-Bootdiskette und stellen Sie die Netzwerkkarte richtig ein, bevor Sie sie für DSL verwenden.

Probleme mit Energieeinstellungen

DSL-Flatrate-Anwender lassen ihre Coputer oft Tag und Nacht mit aktivierter Internetverbindung laufen. Viele Netzwerkkarten verhalten sich aber fehlerhaft, wenn der Computer durch ACPI oder APM in den Stand-by-Modus fällt. Die Netzwerkverbindung wird logisch nicht getrennt, obwohl sie durch die abgeschaltetet Karte nicht mehr besteht. Beim Aufwecken des Computers funktioniert die Verbindung nicht mehr, lässt sich aber auch weder trennen noch neu aufbauen. Dieser Fehler kann sogar dazu führen, dass der Computer beim Aufwecken komplett stehen bleibt.

Deaktivieren Sie, wenn Sie die DSL-Verbindung unbeaufsichtigt aufgebaut lassen wollen, die Energieeinstellungen in der Systemsteuerung. Die Option *Wake on LAN* bringt meistens keine Hilfe, da auf einer ruhenden DSL-Verbindung nur einzelne Pings laufen und kein wirklicher Netzwerkverkehr.

Um einen wirklichen Netzwerkverkehr zu verursachen, müsste der Computer wieder aus dem Stand-by-Modus geweckt werden.

DSL-Anschlusskabel

Es gibt zwei verschiedene Sorten von Twisted Pair-Netzwerkkabeln, Patchkabel und Crossoverkabel, die sich in der Belegung der Stecker unterscheiden. Die Stecker an sich sehen bei beiden Varianten gleich aus:

Patchkabel		Crossoverkabel	
1	1	1	3
2	2	2	6
3	3	3	1
4	4		
5	5		
6	6	6	2
7	7		
8	8		

Zur Verbindung der Netzwerkkarte mit dem DSL-Modem wird üblicherweise ein Patchkabel verwendet, wobei nur die Adern 1, 2, 3 und 6 gebraucht werden. Das Telekom DSL-Modem und einige andere verwenden diese Lösung.

Einige DSL-Modems anderer Hersteller brauchen Crossoverkabel, wie sie normalerweise zur Verbindung von zwei Computern in einem einfachen Netzwerk verwendet werden.

Verwenden Sie am besten das mit dem DSL-Modem gelieferte Kabel oder überprüfen Sie im Handbuch, welcher Kabeltyp verwendet werden muss.

Die Belegung eines Kabels lässt sich ohne durchzumessen an den farbigen Leitungen im transparenten Gehäuse der RJ45-Stecker erkennen.

Konflikte: DSL-ISDN

Haben Sie sowohl eine DSL-Breitbandverbindung wie auch eine normale ISDN-Internetverbindung installiert, achten Sie darauf, dass in den Eigenschaften der ISDN-Verbindung auf der Registerkarte *Netzwerk* dem ISDN-NDIS-WAN-Treiber kein PPPoE-Protokoll zugewiesen sein darf.

Keine direkte Datenübertragung per DSL

DSL bietet keine Möglichkeit, Daten direkt von einem Computer zu einem anderen zu übetragen. Es ist immer eine Internetverbindung erforderlich. Zur direkten Datenübertragung müssen Sie weiterhin Programme wie EuroFile, FRITZ!Data oder PCAnywhere unter ISDN verwenden.

Benutzername bei T-DSL

Beachten Sie, dass bei T-DSL der T-Online-Benutzername anders aussieht. Er setzt sich hier aus der Anschlusskennung, der T-Online-Nummer und der Zeichenfolge *#0001@t-online.de* zusammen, wobei die drei Komponenten ohne Trennzeichen direkt hintereinander geschrieben werden.

Die Mitbenutzernummer 0001 muss immer angegeben werden, auch wenn nur ein Benutzer für den Account definiert ist. Das #-Zeichen fällt weg, wenn die T-Online-Nummer zwölf Stellen oder mehr hat.

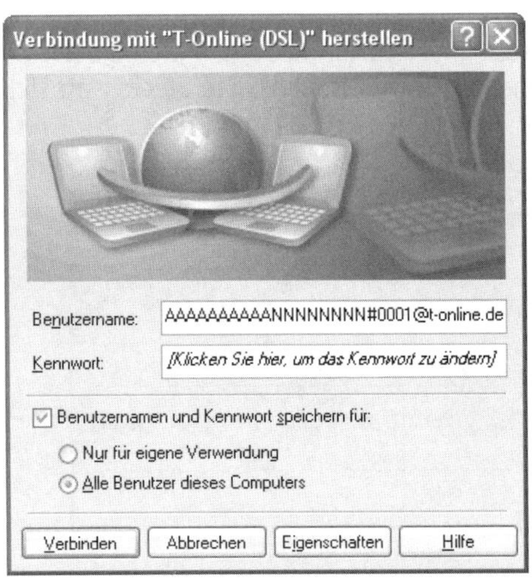

Benutzername bei T-DSL (AAA = Anschlusskennung, NNN = T-Online-Nummer).

DSL optimieren

Die meisten Optimierungstipps und Tuning-Programme für das DFÜ-Netzwerk funktionieren nicht mit Breitbandverbindungen über DSL.

So hat zum Beispiel die oft empfohlene IP-Header-Komprimierung bei einer DSL-Verbindung keinen Sinn, da diese im ADSL-Protokoll nicht standardisiert ist und deshalb von T-DSL gar nicht unterstützt wird.

Sollte eine IP-Header-Komprimierung eingestellt sein, wird diese beim DSL-Verbindungsaufbau automatisch abgeschaltet.

Wenn Sie auf einer DSL-Verbindung die maximal mögliche Bandbreite nie erreichen, sehen Sie in den Einstellungen der Netzwerkverbindung nach, ob auf der Registerkarte *Netzwerk* der QoS-Paketplaner installiert ist.

Wenn ja, deaktivieren Sie ihn oder deinstallieren ihn am besten gleich komplett. Dieser **Q**uality-**o**f-**S**ervice-Dienst reserviert für sich 20 % der Netzwerkleistung und ist nur für Verbindungen mit garantierter Bandbreite sinnvoll, die es aber bei deutschen Internetprovidern nicht gibt.

Der QoS-Paketplaner wird von Windows XP Professional standardmäßig installiert, kann aber gefahrlos zur Beschleunigung der Netzwerkverbindungen entfernt werden. In der Windows XP Home Edition gibt es keinen QoS-Paketplaner.

Das TCP/IP-Protokoll teilt alle übertragenen Daten automatisch in Datenpakete von 500 bis 1.500 Byte auf, um bei Störungen die Datenmenge, die ein weiteres Mal übertragen werden muss, zu reduzieren.

Die Größe wird durch den MTU-Wert (**M**aximum **T**ransmission **U**nit = maximal in einem Block übertragene Datenmenge) festgelegt, der bei der Verbindung ausgehandelt wird. Informationen zur Einstellung des MTU-Wertes finden Sie auf Seite 813.

Der Empfänger muss den Empfang jedes einzelnen Pakets bestätigen und diese Pakete dann wieder zusammensetzen. Wurde ein Paket fehlerhaft übertragen, braucht nur dieses neu gesendet zu werden und nicht die gesamte Datei, was bei Streaming-Daten auch gar nicht möglich wäre.

Um die Netzwerkverbindung besser auszunutzen, werden die Bestätigungen nicht nach jedem Datenpaket gesendet, sondern erst wenn eine bestimmte Datenmenge erreicht wurde.

Dieser Wert ist auf 8 KByte voreingestellt, sollte aber bei einer DSL-Verbindung auf 32 KByte erhöht werden, da sonst bei den hohen Übertragungsraten von DSL sehr oft netzbelastende Meldungen geschickt würden.

Sie finden diese Einstellung im Wert *TcpWindowSize* im Registry-Schlüssel *HKEY_LOCAL_MACHINE\System\CurrentControlSet\Services\Tcp\Parameters*. Erhöhen Sie diesen Wert auf 32767, was 32 KByte entspricht. Setzen Sie außerdem im gleichen Schlüssel den Wert *Tcp1323Opts* auf 1.

Dieser Parameter aktiviert die Skalierungsoptionen nach RFC 1323, womit es erst möglich wird, für das TCP Receive Window mehr als 16 KByte zu verwenden.

T-Online-Software

Wenn Sie keine Standard-Windows XP-Netzwerkverbindung, sondern die T-Online-Zugangssoftware verwenden, brauchen Sie diese Einstellungen nicht zu ändern, da die Software das automatisch macht.

Diese beiden Einstellungen können Sie auch vom T-DSL-SpeedManager automatisch vornehmen lassen. Dieses Programm können Sie bei der Telekom unter: *www.telekom.de/dtag/downloads/TDSLSpeedMgrSetup.exe* kostenlos herunterladen.

Der T-DSL-SpeedManager macht einen Funktionstest der DSL-Verbindung und überprüft dabei alle installierten Netzwerkkarten auf ihre Funktionalität für DSL, auch wenn in den Windows XP-Netzwerkverbindungen noch keine Verbindung eingerichtet ist.

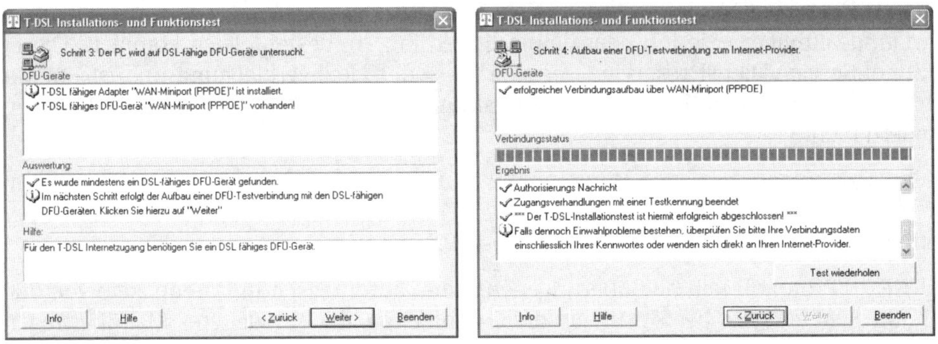

Verbindungstest.

Während des Betriebs zeigt der T-DSL-SpeedManager die aktuelle Übertragungsrate der DSL-Verbindung an.

Dabei können Sie, um das Ergebnis nicht zu verfälschen, einstellen, ob der Rechner als Einzel-PC, als Router oder als Client im Netzwerk verwendet wird.

Geschwindigkeitsanzeige im T-DSL-SpeedManager.

Auf der providerunabhängigen Webseite *bandwidthplace.com/speedtest* können Sie die aktuelle Download-Rate Ihrer Internetverbindung jederzeit testen, unabhängig davon, über welche Technik die Daten empfangen werden.

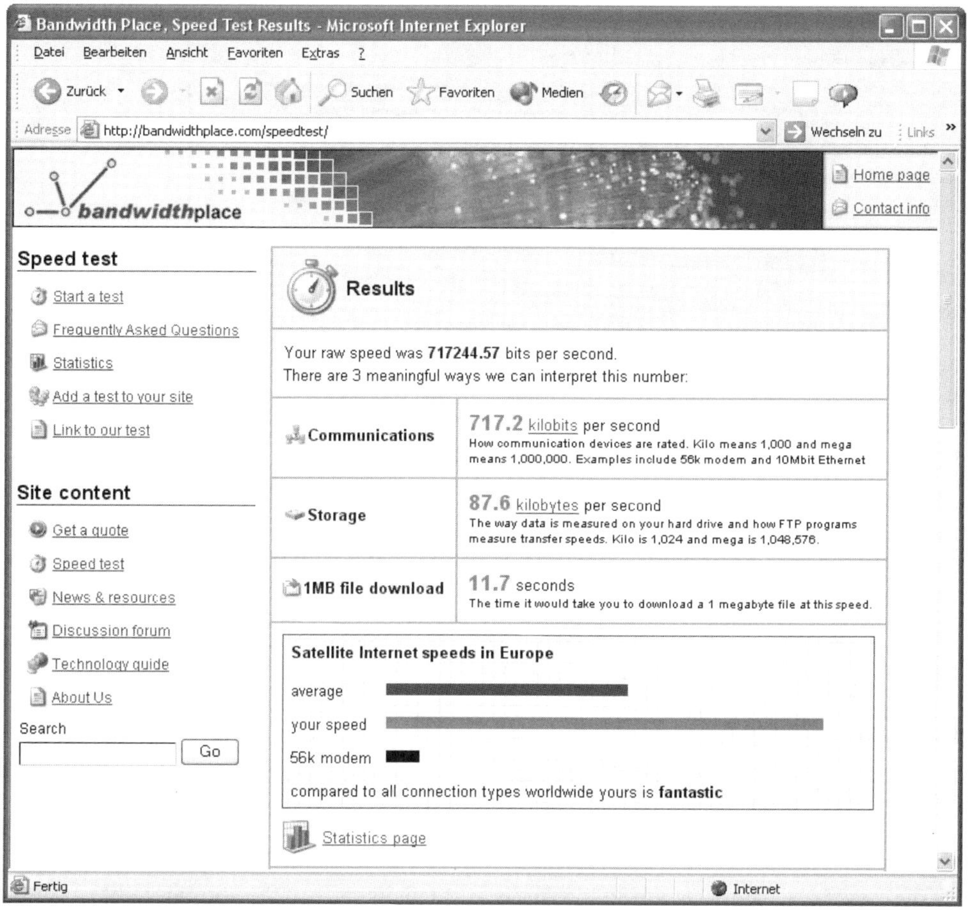

Geschwindigkeitstest bei bandwidthplace.com.

DSL und lokales Netzwerk

Eine Netzwerkkarte kann unter Windows XP immer nur für eine Verbindung verwendet werden. Ein gleichzeitiger Betrieb von DSL und einem lokalen Netzwerk über die gleiche Karte ist nicht möglich.

Wenn Sie zwei Netzwerkkarten im Rechner haben, hängt eine im lokalen Netzwerk, die zweite wird bei der Installation von DSL normalerweise automatisch erkannt und darauf wird das PPPoE-Protokoll installiert. Funktioniert dies nicht, stellen Sie die Netzwerkkarte in den erweiterten Eigenschaften im Geräte-Manager auf *Twisted Pair* und *Halbduplex*.

Kombinierte 10-/100-MBit-Karten sollten manuell auf 10 MBit eingestellt werden, da die automatische Umschaltung bei der noch langsameren DSL-Übertragungsrate häufig nicht funktioniert.

Deaktivieren Sie auf dieser Netzwerkverbindung aus Sicherheitsgründen die Datei- und Druckerfreigabe für Microsoft-Netzwerke sowie den Client für Microsoft-Netzwerke.

Deaktivieren von Komponenten.

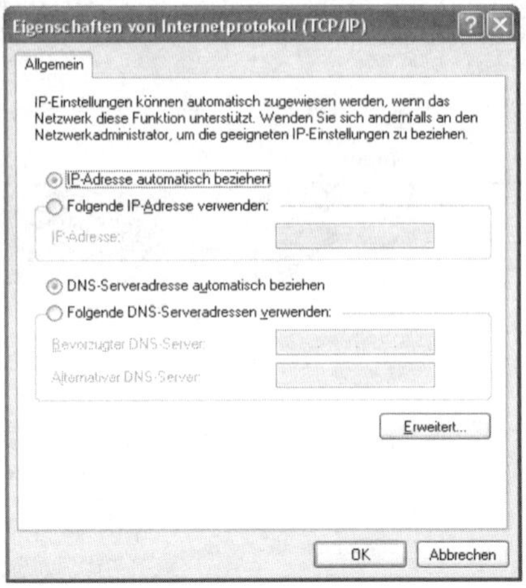

IP-Adresse für DSL-Verbindung.

In den Einstellungen des TCP/IP-Protokolls müssen bei T-DSL die Optionen *IP-Adresse automatisch beziehen* und *DNS-Serveradresse automatisch beziehen* eingeschaltet sein, auch wenn im lokalen Netzwerk feste IP-Adressen vergeben sind.

Bei DSL-Providern, die feste IP-Adressen vergeben, suchen Sie in der Dokumentation dieses Providers die entsprechenden Angaben.

Notlösung

Verwenden Sie ein Netzwerk mit BNC-Kabeln, ist auf der Netzwerkkarte meistens noch ein Twisted Pair-Anschluss frei, der theoretisch für DSL verwendet werden könnte.

Allerdings kann eine Netzwerkkarte nie mehrere Anschlüsse gleichzeitig verwenden.

Zu Testzwecken, wenn gerade keine andere Möglichkeit zur Verfügung steht, können Sie diese Netzwerkkarte folgendermaßen auf den DSL-Betrieb umschalten.

Bei der Konfiguration der DSL-Verbindung konfiguriert der PPPoE-Treiber die Netzwerkkarte automatisch auf den für DSL verwendeten Twisted Pair-Anschluss.

Der BNC-Anschluss für das lokale Netzwerk ist also nicht mehr funktionsfähig. Der Rechner ist aus dem lokalen Netzwerk getrennt.

Brauchen Sie den Internetzugang und das lokale Netzwerk nur sporadisch und nie gleichzeitig, können Sie mit einer Netzwerkkarte auskommen. Sie müssen nur den Verbindungstyp manuell umschalten. Klicken Sie dazu im Geräte-Manager doppelt auf die Netzwerkkarte.

Auf der Registerkarte *Erweitert* finden Sie hier je nach Netzwerkkarte unterschiedliche Einstellungen. Meistens finden Sie unter *Übertragungsmodus* oder *Übertragungsrate* die gesuchten Optionen.

Einstellung des Netzwerkanschlusses.

Stellen Sie die Netzwerkkarte für die Verwendung von DSL auf *Twisted Pair (TP)* und *Halbduplex*. Bei einigen Karten müssen Sie diese beiden Optionen getrennt einstellen. Für die Verwendung im lokalen Netzwerk schalten Sie dann wieder auf BNC zurück.

Moderne Netzwerkkarten unterstützen neben der klassischen Netzwerkgeschwindigkeit von 10 MBit/s üblicherweise auch schon die Übertragungsrate 100 MBit/s. In lokalen Netzen erkennen die Karten die im Netzwerk verwendete Übertragungsrate automatisch. Sollte es bei der DSL-Verbindung zu Problemen kommen, stellen Sie hier eine Übertragungsrate von 10 MBit/s fest ein, da DSL ohnehin nur 768 KBit/s verwendet.

Internet per Satellit

Eine weitere Methode für High-speed-Internetzugänge ist die Datenübertragung per Satellit. Hier sind noch deutlich höhere Geschwindigkeiten als über DSL möglich. Ein weiterer Vorteil ist die Flächendeckung, die DSL- und Kabelnetze nicht erreichen. Nachteilig wirken sich zurzeit nur noch die relativ hohen Kosten aus, die in letzter Zeit aber wettbewerbsbedingt durch die zunehmende Anzahl von Anbietern ständig abnehmen.

Man unterscheidet hier zwischen zwei Technologien:

- **Terrestrischer Rückkanal** – hier erfolgt nur der Downstream vom Satellit, der Upstream, der beim Surfen nur aus wenigen Bytes für die Übertragung von Mausklicks und Browser-Anfragen besteht, läuft über eine terrestrische Modem- oder ISDN-Verbindung. Diese Methode verwenden die Telekom, Strato, AstraNet und diverse kleinere Anbieter.
- **Rückkanal über Satellit** – bei dieser technisch aufwendigeren Lösung laufen die Daten in beiden Richtungen über den Satellit. Es ist keine terrestrische Leitung mehr nötig. Diese Methode verwendet im Consumer-Bereich bis jetzt nur Tiscali. Außerdem bieten verschiedene Anbieter wie zum Beispiel Hughes-Networks professionelle Breitbandkommunikationslösungen mit dieser Technik an.

Beide Methoden können auch mobil eingesetzt werden, wo keine Telefonleitung zur Verfügung steht, da man bei den geringen Datenmengen des Rückkanals dafür auch ein Handy verwenden kann.

Für die einfache Methode mit terrestrischem Rückkanal ist nur eine herkömmliche Satellitenschüssel mit digitalem LNB und eine DVB-S-Karte nötig. Für die Rückkanallösung über Satellit bieten die Betreiber spezielle Satellitenmodems und -sendeanlagen an.

DVB-Standards	Bedeutung
DVB-S	**D**igital **V**ideo **B**roadcast **S**atellite – digitale Video- und Datenübertragung per Satellit.
DVB-C	**D**igital **V**ideo **B**roadcast **C**able- digitale Video- und Datenübertragung per Fernsehkabel.
DVB-T	**D**igital **V**ideo **B**roadcast **T**errestric – digitale Video- und Datenübertragung über terrestrische Funknetze, ähnlich der konventionellen Rundfunkübertragung. Dieses System hat sich bis jetzt noch nicht durchgesetzt.

DVB-S-Karten werden von verschiedenen Herstellern (Technotrend, TechniSat, Siemens, Pinnacle, Hauppauge ...) für den PCI-Bus oder als externe USB-Geräte geliefert. In Windows XP werden sie als zusätzliche Netzwerkkarte angemeldet.

Konfiguration einer DVB-S-Karte

Da die meisten DVB-Karten auch für Fernsehempfang geeignet sind, werden sie beim Einbau von Windows XP als Multimedia-Karten erkannt. Der Hardware-Assistent installiert aber mit dem Treiber-Setup im Geräte-Manager noch eine virtuelle DVB-Netzwerkkarte, über die dann der Datenverkehr läuft.

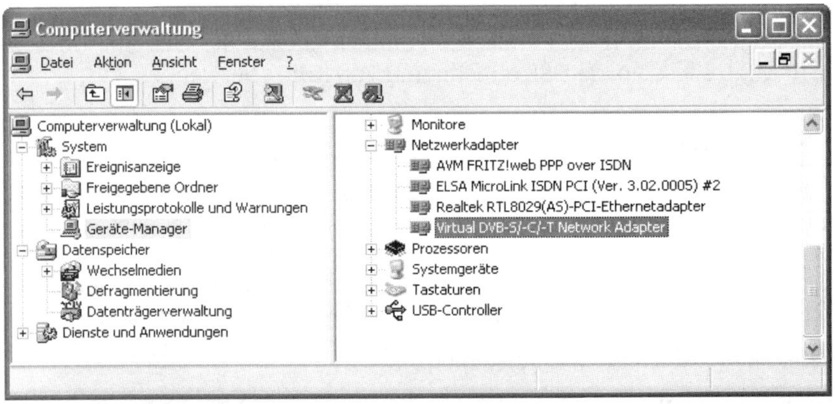

Virtuelle DVB-Netzwerkkarte.

Im Ordner *Netzwerkverbindungen* wird eine Netzwerkverbindung über diese virtuelle DVB-Netzwerkkarte eingetragen. In den Eigenschaften dieser Verbindung sollten Sie gleich den Client für Microsoft-Netzwerke, die Datei- und Druckerfreigabe und ein eventuell vorhandenes NetBEUI- oder IPX-Protokoll deaktivieren.

Danach muss noch die eigentliche Datenapplikation installiert werden, das Programm, das die Daten vom Satelliten empfängt. Dieses Programm muss auch immer laufen, wenn Internetdaten vom Satelliten empfangen werden sollen.

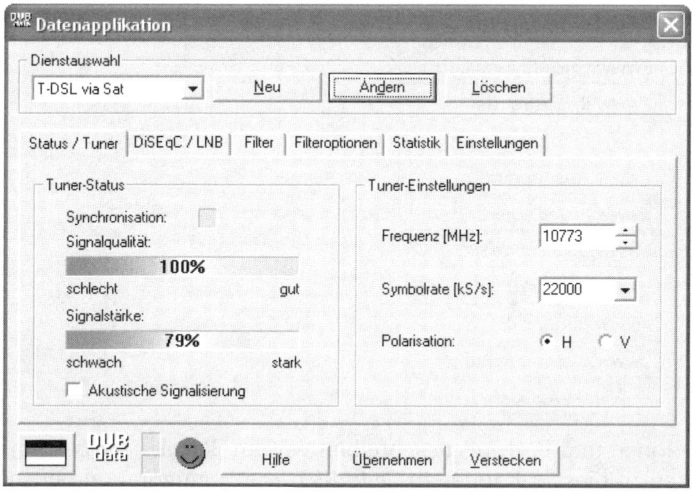

Datenapplikation einer DVB-Karte (Beispiel: TechnoTrend).

Mithilfe dieser Datenapplikation können Sie die Satellitenschüssel so ausrichten, dass die Signalstärke ein Maximum erreicht. Sie sollte für einen Datenempfang mindestens bei 60 % liegen.

Die Anzeige bei Signalqualität bedeutet, dass die Datenpakete fehlerfrei empfangen werden. Dazu müssen die Frequenzen auf einen Datendienst auf dem entsprechenden Satelliten eingestellt sein. Die Frequenz und die PID bekommen Sie vom jeweiligen Anbieter.

Der grüne „Smiley" gibt an, dass ein Datenstrom vorhanden ist. Wird dieser von einem Programm, wie zum Beispiel einer Internetanwendung, ausgewertet, leuchtet der Smiley hellgrün. Die Datenapplikation kann auch versteckt werden, um auf dem Bildschirm nicht zu verwirren. Der Smiley erscheint dann allein in der Taskleiste.

Kein Energiesparmodus

Schalten Sie bei Verwendung einer DVB-Karte in den Energieoptionen die Einstellungen *Festplatten ausschalten* und *Standby* auf *Nie* und deaktivieren Sie den Ruhezustand. Weitere Informationen zu Energieoptionen und den damit verbundenen Problemen finden Sie in Kapitel 3.3 ab Seite 101.

Beim Internetzugang mit einer Satellitenverbindung müssen die übertragenen Daten aus zwei Quellen kombiniert werden, der terrestrischen Verbindung und der Verbindung über die DVB-S-Karte. Abgehende Datenanfragen werden zunächst an einen Server des Providers geschickt, der die Anfragen auswertet und die Daten dann über den Satelliten zurück-schickt. Eine lokale Proxysoftware leitet die empfangenen Daten dann an den Browser weiter und regelt auch den Versand der Abfragen über den Provider.

Anbieter von satellitengestützten Internetdiensten

Anbieter	Internetadresse
Deutsche Telekom – TDSL via Sat	www.telekom.de/t-dslsat
Strato/Teles skyDSL	www.skydsl.de
Sat@once (Casablanca)	once.csp.it/deutsch
AstraNet	www.ses-astra.com

Anbieter	Internetadresse
Tiscali	www.satellite.tiscali.de
The Viewer	www.theviewer.de
Europe Online	www.europeonline.de
sat_speed	www.satspeed.de
Hughes Networks	www.hnseu.com
Eutelsat	www.eutelsat.de
Aramiska	www.aramiska.net
DirecPC	www.direcpc.de
Direcway	www.direcway.com
SkyWorld	www.skyworld.ch

Spezielle Konfigurationsoptionen und Features beschreiben wir am Beispiel der bekanntesten Anbieter weiter hinten in diesem Kapitel ab Seite 839. Die Konfiguration der lokalen Proxy-Einstellungen ist hier von Provider zu Provider sehr unterschiedlich.

Die erreichbare Datentransferrate einer Satellitenverbindung liegt zurzeit im Bereich von 128 KBit/s bis 8 MBit/s. Sie ist in erster Linie abhängig vom Angebot des Providers, aber auch von der Auslastung des Satelliten, den Einstellungen der Proxy-Software und in geringem Maße auch von Wettererscheinungen wie starkem Regen oder Schneefall.

Mobiler Zugang über Laptop und Handy

Der mobile Internetzugang von unterwegs per Notebook und Handy wird immer beliebter. Jedes moderne Handy verfügt über ein integriertes Modem, sodass keine speziellen GSM-Karten für Notebooks mehr nötig sind.

Die Verbindung von Notebook und Handy erfolgt über ein Kabel oder per Infrarot.

Da fast jedes Handy ein anderes Steckersystem verwendet, braucht man hier auch ständig neue Kabel. Allerdings bieten moderne Kabel oft auch die Möglichkeit, das Handy über die USB-Schnittstelle mit Strom zu versorgen. Die Infrarotschnittstelle ist eine hardwareunabhängige Lösung, die allerdings viel Strom auf dem Handy verbraucht.

Windows XP erkennt automatisch in Notebooks eingebaute Infrarotschnittstellen. Externe Infrarotgeräte an seriellen Anschlüssen werden nicht erkannt und müssen manuell nachinstalliert werden. Die notwendigen Treiber liefert Windows XP allerdings mit. Ein Handy, das über eine Infrarotschnittstelle mit dem Rechner verbunden ist, trägt sich im Geräte-Manager als neues Modem mit eigener COM-Schnittstelle ein.

Dieses Modem wird nur angezeigt, solange sich das Handy in Sichtweite der Infrarotschnittstelle befindet. Nimmt man es weg, wird das Modem im Geräte-Manager automatisch wieder ausgeblendet. Voraussetzung ist natürlich, dass die Infrarotschnittstelle im Handy aktiviert ist.

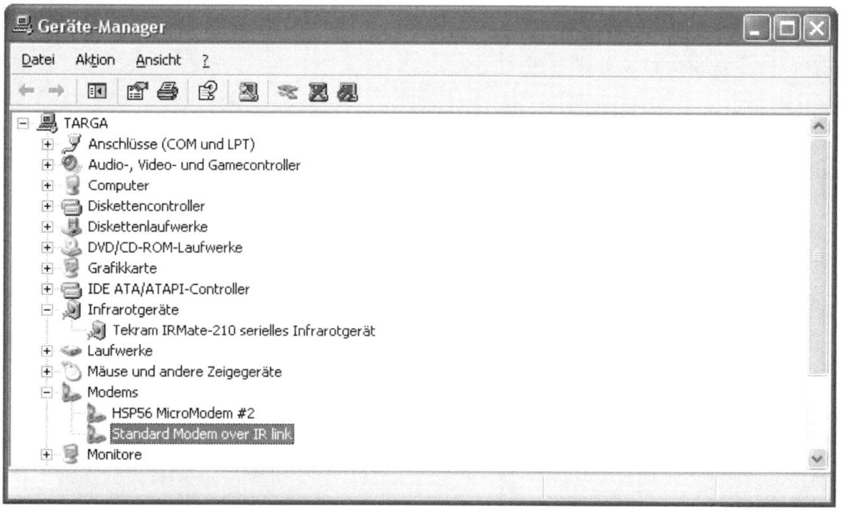

Handy als Standardmodem im Geräte-Manager.

Handy-Batterie sparen

Um die Handy-Batterie zu schonen, schalten einige Handys (Nokia, Motorola) die Infrarotschnittstelle nach einer bestimmten Zeit der Inaktivität automatisch wieder aus. Bei anderen Handy-Typen (Siemens) müssen Sie sie, wenn Sie sie nicht mehr benötigen, manuell im Menü wieder deaktivieren.

Solange ein anderes Infrarotgerät in Reichweite ist, wird in der Taskleiste von Windows XP das Infrarot-Symbol angezeigt.

Infrarot-Symbol in der Taskleiste.

Systemsteuerung/Infrarot

Unter Windows XP werden Sie vergebens das Systemsteuerungsmodul *Infrarot* suchen. Die Einstellungen für Infrarotgeräte finden Sie jetzt unter *Drahtlose Verbindung* in der Systemsteuerung.

Legen Sie für den mobilen Internetzugang eine normale DFÜ-Verbindung an, solange das Handy in Reichweite der Infrarotschnittstelle ist.

Andernfalls wäre es in der Modemauswahl nicht verfügbar.

Sie können aber auch später das zu verwendende Modem einer vorhandenen DFÜ-Verbindung ändern.

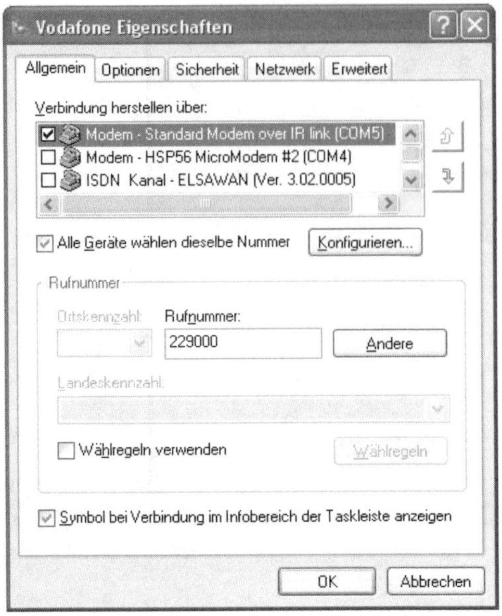

Auswahl eines Handys für eine DFÜ-Verbindung.

Die großen Mobilfunknetzbetreiber bieten ihren Kunden auch eigene Onlinedienste an. Die Einwahlnummern und Tarife finden Sie in der Tabelle. Bevor Sie diese Dienste nutzen können, müssen Sie sich über eine normale Internetverbindung online registrieren. Zusätzlich bietet T-Online für seine Kunden Einwahlmöglichkeiten aus den verschiedenen Mobilfunknetzen.

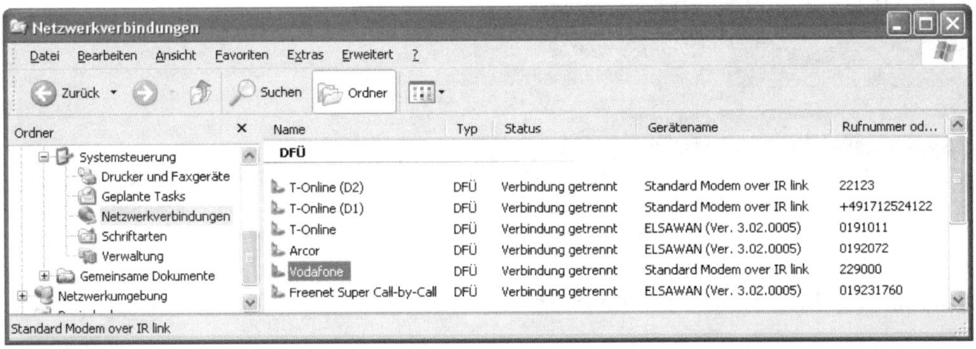

DFÜ-Verbindungen über Festnetz und Mobilfunk auf einem Notebook.

Bei der Internetanwahl gehen Sie genauso wie bei einer normalen Festnetzverbindung vor. Der Rechner steuert das Handy komplett über Infrarot.

Zusätzliche Funktionen der Infrarotschnittstelle

Windows XP kann die Infrarotschnittstelle nicht nur für die Kommunikation mit Handys, sondern auch zur direkten Datenübertragung zwischen Notebooks oder PCs verwenden. Mit einem Doppelklick auf das Infrarot-Symbol in der Taskleiste erscheint eine Dialogbox, in der Sie Dateien zum Senden auswählen können.

Allgemeine Einstellungen von Infrarotschnittstellen.

Einstellungen zur Bildübertragung.

Infrarotverbindungen sind im Vergleich zu Wireless-LAN sehr abhörsicher, da die Daten nur zwischen zwei Geräten übertragen werden, die Sichtkontakt in einem geringen Abstand haben. Ein Abhören aus einem anderen Raum ist nicht möglich.

Digitalkameras mit Infrarotschnittstelle können ebenfalls direkt mit der Infrarotschnittstelle des PCs verbunden werden.

Zugangssoftware

Windows XP bietet mit dem DFÜ-Netzwerk und den Breitbandverbindungen alles, was man normalerweise für einen Internetzugang braucht. Wir zeigen Ihnen hier, wie Sie die vorhandenen Möglichkeiten optimieren und welche alternativen Tools zum Internetzugang in Windows XP eingebunden werden können.

Optimieren des DFÜ-Netzwerks

Je nachdem, ob man eine DFÜ-Netzwerkverbindung manuell erstellt oder über den Assistenten, werden unterschiedliche Einstellungen automatisch definiert, die in den meisten Fällen aber nicht optimal sind.

Protokolle

In den Eigenschaften der Netzwerkverbindung sollten immer alle Protokolle außer dem TCP/IP-Protokoll deaktiviert sein.

Schalten Sie außerdem aus Sicherheitsgründen den *Client für Microsoft-Netzwerke* und die *Datei- und Druckerfreigabe für Microsoft-Netzwerke* bei DFÜ-Verbindungen immer aus.

Deinstallieren Sie, falls Sie das noch nicht getan haben, den QoS-Paketplaner, der immer einen Teil der Bandbreite für sich reserviert, sodass nie die volle Performance für Internetanwendungen zur Verfügung steht.

Protokolle einer DFÜ-Netzwerkverbindung.

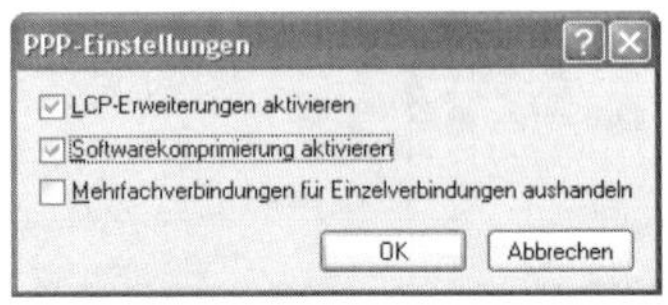

Datenkomprimierung.

Windows XP aktiviert bei DFÜ-Verbindungen automatisch die Softwarekomprimierung, da diese Methode inzwischen von fast allen Internetprovidern unterstützt wird.

Damit werden Daten, die wiederholt von einem Webserver übertragen werden, automatisch komprimiert, was eine höhere Geschwindigkeit beim Surfen bedeutet.

Die besten Ergebnisse bei der Softwarekomprimierung erhalten Sie bei analogen Modems, wenn Sie in den Modemeigenschaften die Hardwarekomprimierung deaktivieren und das Datenprotokoll auf *Standard-EC* oder *Erzwungenes-EC* einstellen.

Wenn Sie im Internet Sound- und Multimedia-Dateien mit dem Real-Player oder QuickTime ansehen, sollten Sie versuchen, die Option *Mehrfachverbindungen für Einzelverbindungen aushandeln* zu aktivieren.

Diese Betrachter erreichen dann einen besseren Datendurchsatz und somit höhere Audioqualität. Allerdings unterstützen nicht alle Internetprovider diese Methode.

Wähloptionen

Auf der Registerkarte *Optionen* der Eigenschaften einer Netzwerkverbindung können Sie festlegen, welche Daten vor der DFÜ-Anwahl angezeigt werden sollen und dann auch veränderbar sind.

Aktivieren Sie hier immer *Name, Kennwort, Zertifikat usw. abfragen* und *Rufnummer abfragen*.

So haben Sie immer eine Kontrolle, ob zum Beispiel ein Dialer heimlich die Rufnummer verändert hat.

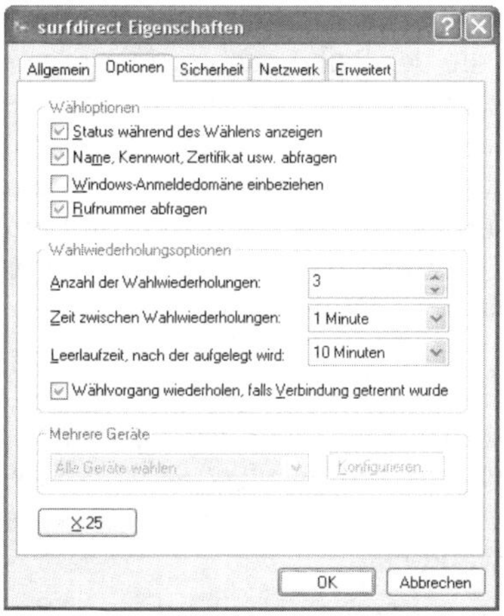

Wähloptionen.

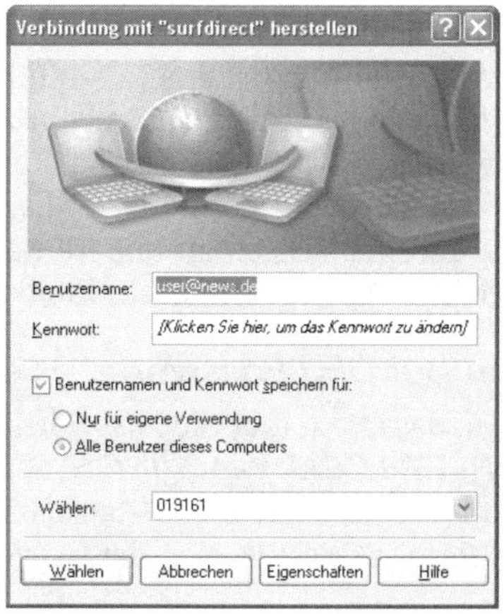

Anwahldialog.

Sind unter *Wähloptionen* alle Kontrollkästchen deaktiviert, sehen Sie keinen Anwahldialog mehr, wenn Sie das Kennwort ebenfalls gespeichert haben.

Schalten Sie in diesem Fall immer das Kontrollkästchen *Symbol bei Verbindung im Infobereich der Taskleiste anzeigen* auf der Registerkarte *Allgemein* ein, da Sie sonst, wenn Sie keinen ISDN-Monitor verwenden, keine Kontrolle darüber haben, ob Sie im Internet sind oder nicht.

Alternativnummern eintragen

Einige Internetprovider bieten mehrere Einwahlnummern an, für den Fall, dass eine ausfällt oder ständig belegt ist. Gerade an Sonn- und Feiertagen kommt das bei XXL-Zugängen auch häufig vor.

Bisher musste man sich dafür mehrere DFÜ-Netzwerkeinträge anlegen und diese abwechselnd probieren. Windows XP bietet mit den alternativen Rufnummern eine komfortablere Lösung.

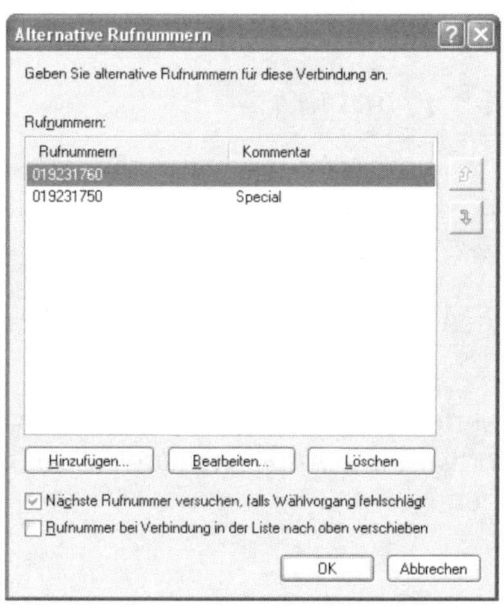

Einstellen von alternativen Rufnummern.

Über die Schaltfläche *Andere* auf der Registerkarte *Allgemein* der Verbindungseigenschaften können Sie eine Liste von Nummern anlegen, die der Reihe nach probiert werden, wenn bei der Standardnummer keine Verbindung zustande kam. Leider gibt es zwar die Möglichkeit, für jede Nummer Wählregeln zu verwenden oder nicht, was wohl kaum jemand nutzen wird, dafür fehlt die Möglichkeit, unterschiedliche Benutzernamen angeben zu können. Dies wäre bei Internet by call wesentlich nützlicher, um, wenn ein Provider überlastet ist, automatisch einen anderen anzuwählen. Lesen Sie dazu weiter hinten in diesem Kapitel den Abschnitt „Verbindungsgebühren minimieren".

Passwort speichern bei DFÜ-Passwörtern verhindern

Möchten Sie verhindern, dass Benutzer die Passwörter für DFÜ-Verbindungen speichern, erstellen Sie unter *HKEY_LOCAL_MACHINE\SYSTEM\CurrentControlSet\Services\RasMan\Parameters* einen DWORD-Wert *DisableSavePassword* und setzen diesen auf 1. Sie können auch die Datei *PASSWORT.REG* von der CD verwenden.

```
[HKEY_LOCAL_MACHINE\SYSTEM\CurrentControlSet\Services\RasMan\Parameters]
„DisableSavePassword"=dword:00000001
```

Maximale Verbindungen

Nach dem RFC 2068-Standard sind im Internet zur Kommunikation zwischen Webserver und Client maximal zwei Verbindungen gleichzeitig zugelassen. Demnach baut Windows XP auch nicht mehr Verbindungen auf, was bedeutet, dass beim Surfen immer nur zwei Dateien gleichzeitig vom Browser heruntergeladen werden können. Moderne Webseiten, die aus zahlreichen Einzelelementen bestehen, bauen sich daher nur sehr langsam auf. Auf Downloads größerer Dateien hat diese Einstellung keinen Einfluss.

Fast alle Webserver unterstützen heute aber deutlich mehr Parallelverbindungen, da viele Benutzer über Proxy-Server auf die Webserver zugreifen, sodass von einer IP-Adresse oft sehr viele Anfragen gleichzeitig kommen.

Je nach der Geschwindigkeit Ihrer Internetanbindung können Sie die Anzahl gleichzeitiger Verbindungen auch erhöhen. Bei langsamen Anbindungen sollte die Zahl aber nicht zu hoch sein, damit die parallelen Downloads sich nicht durch Fehlerkorrektur gegenseitig blockieren. Die Tabelle zeigt empfohlene Werte für verschiedene Internetanbindungen.

Verbindung	HTTP 1.0	HTTP 1.1
Analog	4	2
ISDN	8	4
DSL	32	16

Die Parameter werden in der Registry für die HTTP-Protokolle 1.0 und 1.1 getrennt gespeichert.

Um die Standardwerte von 2 zu ändern, müssen Sie in der Registry unter *HKEY_CURRENT_USER\Software\Microsoft\Windows\CurrentVersion\Internet Settings* zwei neue Einträge anlegen.

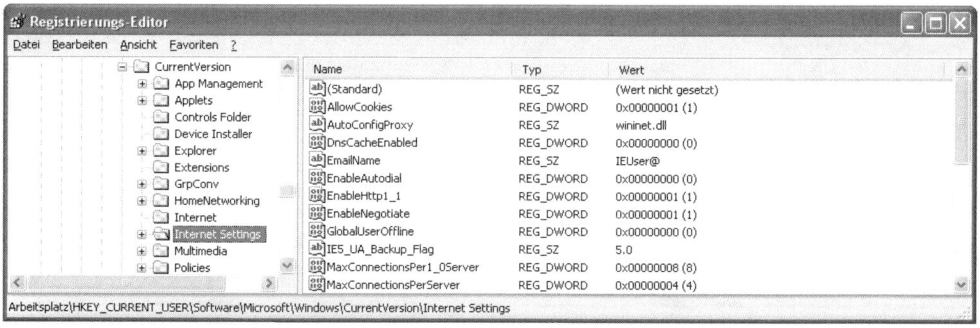

Parameter für maximale Verbindungen im Registry-Editor.

Sie können zum Anlegen der Werte auch unsere REG-Dateien von der CD verwenden:

- Konfiguration für ISDN (MAX_ISDN.REG)

```
[HKEY_CURRENT_USER\Software\Microsoft\Windows\CurrentVersion\Internet Settings]
„MaxConnectionsPerServer"=dword:00000004
„MaxConnectionsPer1_0Server"=dword:00000008
```

- Konfiguration für analoge Modems (MAX_MDM.REG)

```
[HKEY_CURRENT_USER\Software\Microsoft\Windows\CurrentVersion\Internet Settings]
„MaxConnectionsPerServer"=dword:00000002
„MaxConnectionsPer1_0Server"=dword:00000004
```

- Konfiguration für DSL (MAX_DSL.REG)

```
[HKEY_CURRENT_USER\Software\Microsoft\Windows\CurrentVersion\Internet Settings]
„MaxConnectionsPerServer"=dword:00000010
„MaxConnectionsPer1_0Server"=dword:00000020
```

MTU – Maximum Transmission Unit

Die **M**aximum **T**ransmission **U**nit legt die Größe der einzelnen Datenpakete einer TCP/IP-Verbindung fest. Die meisten Webserver arbeiten mit einer MTU von 576 Byte, die Verbindungsknoten der Breitbandnetze mit 1.492 Byte.

Dieser Wert resultiert aus dem maximalen MTU-Wert von 1.500 Byte bei Ethernet-Karten, abzüglich 8 Byte, die nach RFC 2516 für den Header im PPPoE-Protokoll gebraucht werden.

Windows XP verwendet einen Standardwert von 1.500 Byte, der keinem dieser Standards entspricht und so dazu führt, dass Router Datenpakete teilen müssen, was die Verbindung unnötig verlangsamt.

In der Registry finden Sie unter *HKEY_LOCAL_MACHINE\SYSTEM\CurrentControlSet\Services\Class\NetTrans* mehrere durchnummerierte Unterschlüssel. In jedem davon gibt es einen Wert *MaxMTU*.

Setzen Sie diese Werte bei Analog- oder ISDN-Verbindungen auf 576, bei DSL auf 1492. Die Änderungen werden erst nach einem Neustart gültig.

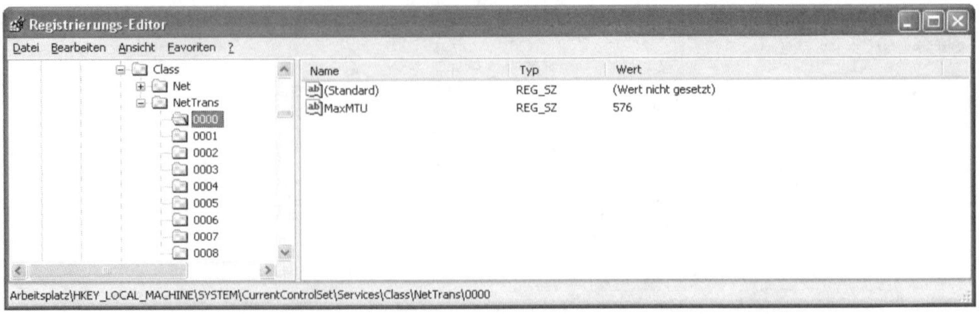

MaxMTU-Werte in der Registry.

RWIN - Receive Windows

RWIN gibt an, nach wie vielen empfangenen Bytes eine automatische Bestätigung geschickt werden muss.

Bei kleinen Datenmengen erfolgen zu viele Bestätigungen, was die Leitung sehr belastet, bei großen Datenmengen muss bei einem Fehler auch wesentlich mehr erneut geschickt werden.

Zur Berechnung der optimalen RWIN-Größe wurde abhängig vom MTU-Wert die folgende Formel entwickelt:

RWIN = (MTU - 40) * 4

Der Windows-Standardwert von 8192 passt gar nicht in diese Formel und ist für langsame Verbindungen auch viel zu hoch. Aus der Formel ergeben sich die folgenden Werte:

Verbindung	MTU	RWIN (Formel)	RWIN (alternativ)
Analog/ISDN	576	2144	4288 (ISDN)
DSL	1492	5928	32767

Da es bei ISDN zu deutlich weniger Übertragungsfehlern als bei analogen Modems kommt, können Sie alternativ auch die doppelte Größe ausprobieren. Ob dies einen Geschwindigkeitszuwachs bringt, ist abhängig von der Leitungsqualität und vom Provider. Bei DSL hat sich eine Größe von 32 KByte (32.767 Byte, von 0 an gezählt) bewährt. Die Werte werden in der Registry unter *HKEY_LOCAL_MACHINE\SYSTEM\CurrentControlSet\Services\VxD\MSTCP* als *REG_SZ*-Wert *DefaultRcvWindow* eingetragen.

Sie können zum Anlegen der Werte auch unsere REG-Dateien von der CD verwenden:

- Konfiguration für ISDN (RW_ISDN.REG)

  ```
  [HKEY_LOCAL_MACHINE\SYSTEM\CurrentControlSet\Services\VXD\MSTCP]
  „DefaultRcvWindow"="4288"
  ```

- Konfiguration für analoge Modems (RW_MDM.REG)

  ```
  [HKEY_LOCAL_MACHINE\SYSTEM\CurrentControlSet\Services\VXD\MSTCP]
  „DefaultRcvWindow"="2144"
  ```

- Konfiguration für DSL (RW_DSL.REG)

  ```
  [HKEY_LOCAL_MACHINE\SYSTEM\CurrentControlSet\Services\VXD\MSTCP]
  „DefaultRcvWindow"="32767"
  ```

TTL – Time to Live

Ein Datenpaket, das von einem Webserver zu Ihrem Rechner übertragen wird, läuft auf seinem Weg über zahlreiche Zwischenstationen. Um hier Endlosschleifen vorzubeugen, definiert das TCP/IP-Protokoll eine maximale Lebensdauer (**T**ime **t**o **L**ive), die angibt, über wie viele Stationen ein Paket maximal laufen darf, bis es automatisch gelöscht wird.

Im komplexen Internet muss diese Lebensdauer deutlich länger sein als in einem relativ begrenzten lokalen Netzwerk.

Der von Windows XP vorgegebene Standardwert 32 ist heute meistens nicht mehr ausreichend, besonders in Europa, wo viele Daten von Webservern aus anderen Ländern aufgerufen werden. Wird der TTL-Wert überschritten, wird das Datenpaket erneut angefordert.

Dadurch ergeben sich längere Wartezeiten und die scheinbare Unerreichbarkeit bestimmter Webserver.

Es empfiehlt sich, die Time to Live bei ISDN und DSL auf 64 zu erhöhen. Bei langsamen, fehleranfälligen Analogverbindungen bringt sogar eine Erhöhung auf 128 noch Geschwindigkeitsgewinne, da fast jedes Teilsegment im Internet schneller und fehlerfreier läuft, als die analoge Verbindung zum Provider. Die Time to Live wird im Registry-Schlüssel *HKEY_LOCAL_MACHINE\SYSTEM\CurrentControlSet\Services\VxD\MSTCP* als *REG_SZ*-Wert *DefaultTTL* gespeichert.

Sie können zum Anlegen der Werte auch unsere REG-Dateien von der CD verwenden:

- Konfiguration für ISDN (TTL_ISDN.REG)

```
[HKEY_LOCAL_MACHINE\SYSTEM\CurrentControlSet\Services\VXD\MSTCP]
„DefaultTTL"="64"
```

- Konfiguration für analoge Modems (TTL_MDM.REG)

```
[HKEY_LOCAL_MACHINE\SYSTEM\CurrentControlSet\Services\VXD\MSTCP]
„DefaultTTL"="128"
```

Fehlermeldungen im DFÜ-Netzwerk

Funktioniert die Anwahl per DFÜ-Netzwerk nicht, zeigt Windows XP eine Fehlermeldung mit einer Nummer und einem Text. In vielen Fällen liegt der Fehler aber ganz woanders, als im Text der Fehlermeldung beschrieben.

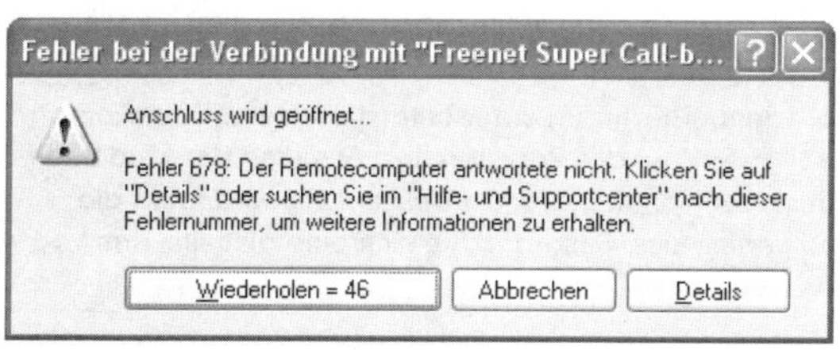

Typische Fehlermeldung im DFÜ-Netzwerk.

Die folgende Tabelle hilft bei der Fehlerdiagnose bei den wichtigsten Meldungen. In der Tabelle wird immer von Modem gesprochen, da die meisten Fehler nur bei analogen Verbindungen auftreten.

Sinngemäß gelten die Meldungen aber auch für ISDN-Karten.

Fehler-Nr.	Fehlertext	Bedeutung
600	Ein Vorgang wird noch ausgeführt.	Versuchen Sie, das Modem zu initialisieren, und überprüfen Sie die Gerätetreiber.
601	Ein ungültiges Porthandle wurde entdeckt.	Überprüfen Sie die Netzwerkkonfiguration, versuchen Sie, eine neue DFÜ-Verbindung anzulegen.
603	Der Anruferpuffer ist zu klein.	Aktualisieren Sie Ihren Modemtreiber und die Firmware.
604	Falsche Informationen wurden angegeben.	Wählen Sie das verwendete Modem in den Eigenschaften der DFÜ-Verbindung neu aus und kontrollieren Sie, ob im Geräte-Manager die richtigen Modems eingetragen sind. Dieser Fehler tritt oft auf, wenn ein anderes Modem angeschlossen wird, als installiert ist.
605	Porteinstellungen können nicht festgelegt werden.	Löschen Sie die DFÜ-Verbindung und legen Sie sie neu an.
606	Zu dem angegebenen Port ist keine Verbindung hergestellt	Überprüfen Sie die Netzwerkkonfiguration und die lokalen IP-Adressen.
607	Ein ungültiges Ereignis wurde entdeckt.	Überprüfen Sie die Netzwerkkonfiguration und die Modems im Geräte-Manager.
608	Ein nicht vorhandenes Gerät wurde angegeben.	Wählen Sie das verwendete Modem in den Eigenschaften der DFÜ-Verbindung neu aus und kontrollieren Sie, ob im Geräte-Manager die richtigen Modems eingetragen sind. Dieser Fehler tritt oft auf, wenn ein anderes Modem angeschlossen wird, als installiert ist.
609	Ein nicht vorhandener Gerätetyp wurde angegeben.	Wählen Sie das verwendete Modem in den Eigenschaften der DFÜ-Verbindung neu aus und kontrollieren Sie, ob im Geräte-Manager die richtigen Modems eingetragen sind. Dieser Fehler tritt oft auf, wenn ein anderes Modem angeschlossen wird, als installiert ist.
610	Ein ungültiger Puffer wurde angegeben.	Überprüfen Sie die Geräte im Geräte-Manager und installieren Sie evtl. das Modem neu.
611	Eine nicht verfügbare Route wurde angegeben.	Überprüfen Sie die Einstellungen der Netzwerkverbindungen, starten Sie den Rechner neu und überprüfen Sie das Ereignisprotokoll.
612	Eine nicht zugeordnete Route wurde angegeben.	Nicht genügend Ressourcen verfügbar. Beenden Sie laufende Programme oder starten Sie den Rechner neu und versuchen Sie als Erstes die DFÜ-Verbindung, bevor weitere Programme gestartet werden.
613	Eine ungültige Komprimierung wurde angegeben.	Entweder Ihr Modem oder Ihr Provider unterstützt keine Datenkomprimierung. Schalten Sie auf der Registerkarte *Erweitert* der Modemeigenschaften über den Schalter *Standardeinstellungen ändern* die Option *Komprimierung* aus. Besorgen Sie sich eine aktuelle Firmware.
614	Es sind zu wenig Puffer verfügbar.	Ressourcenkonflikt zwischen Geräten. Überprüfen Sie den Geräte-Manager.
615	Der angegebene Port wurde nicht gefunden.	Wählen Sie das verwendete Modem in den Eigenschaften der DFÜ-Verbindung neu aus und kontrollieren Sie, ob im Geräte-Manager die richtigen Modems eingetragen sind. Dieser Fehler tritt oft auf, wenn ein anderes Modem angeschlossen wird, als installiert ist.

Fehler-Nr.	Fehlertext	Bedeutung
616	Asynchrone Anforderung wird noch bearbeitet.	Überprüfen Sie die Modemkonfiguration und stellen Sie sicher, dass kein anderes Programm oder Gerät auf die gleiche Schnittstelle zugreift.
617	Das Modem wurde bereits getrennt.	Warten Sie mit der Anwahl, bis die Netzwerkverbindung als getrennt angezeigt wird.
618	Der angegeben Port wurde nicht geöffnet.	Überprüfen Sie die Geräte im Geräte-Manager und installieren Sie evtl. das Modem neu.
619	Zu dem angegebenen Port ist keine Verbindung hergestellt.	Diese Meldung erscheint, wenn das Modem ein BUSY-Signal erhält. Entweder ist der angewählte Computer wirklich besetzt oder es liegt ein Konfigurationsfehler in der Telefonanlage vor, sodass das Modem kein Freizeichen bekommt. Überprüfen Sie, ob Sie eine Amtskennziffer vorwählen müssen. Bei Call-by-Call Verbindungen kann auch der Netzabschnitt des Anbieters überlastet sein.
620	Es konnten keine Endpunkte festgestellt werden.	Überprüfen Sie die Geräte im Geräte-Manager und installieren Sie evtl. das Modem neu.
626	Eine Zeichenfolge konnte nicht geladen werden.	Ungültige Modemkonfiguration in der Registry. Deinstallieren Sie das Modem und installieren Sie es mit dem aktuellen Treiber neu.
627	Ein Schlüssel konnte nicht gefunden werden.	Ungültige Modemkonfiguration in der Registry. Deinstallieren Sie das Modem und installieren Sie es mit dem aktuellen Treiber neu.
628	Die Verbindung wurde geschlossen.	Überprüfen Sie die Telefonnummer und ob Sie eine Amtskennziffer vorwählen müssen. Vergleichen Sie die Verbindungsparameter mit den vom Provider vorgegebenen Parametern.
629	Die Verbindung wurde durch den Remote-Computer geschlossen.	Ungültiger Benutzername oder ungültiges Passwort. Der Fehler kann auch bei Protokollfehlern im ISDN-Anschluss auftreten.
630	Das Modem wurde aufgrund eines Hardwarefehlers getrennt.	Neben wirklichen Hardwarefehlern des Modems können auch defekte Kabel oder Stecker oder eine falsche Konfiguration der Telefonanlage diesen Fehler auslösen.
631	Das Modem wurde bereits getrennt.	Die Verbindung wurde von Windows XP zum Beispiel wegen Zeitüberschreitung getrennt.
633	Das Modem wird bereits verwendet oder ist nicht für das Hinauswählen über RAS konfiguriert.	Ein anderes Programm, zum Beispiel Fax, belegt das Modem. Beenden Sie alle Programme, die auf Modem oder serielle Schnittstelle zugreifen.
634	Der Computer konnte nicht in dem Remote-Netzwerk registriert werden.	Falsche Adresskonfiguration. Für die meisten Internetprovider muss die Einstellung *IP-Adresse automatisch beziehen* aktiviert sein.
636	Das am Anschluss angeschlossene Gerät ist nicht das erwartete.	Wählen Sie das verwendete Modem in den Eigenschaften der DFÜ-Verbindung neu aus und kontrollieren Sie, ob im Geräte-Manager die richtigen Modems eingetragen sind. Dieser Fehler tritt oft auf, wenn ein anderes Modem angeschlossen wird, als installiert ist.
664	Das System hat zu wenig Arbeitsspeicher zur Verfügung.	Beenden Sie einige Programme und versuchen Sie, die Verbindung erneut aufzubauen.

Fehler-Nr.	Fehlertext	Bedeutung
665	Das Modem ist nicht richtig konfiguriert.	Entweder liegt wirklich ein Konfigurationsfehler vor oder ein anderes Programm, zum Beispiel Fax, belegt das Modem. Beenden Sie alle Programme, die auf Modem oder serielle Schnittstelle zugreifen.
666	Ihr Modem funktioniert nicht.	Überprüfen Sie Stromversorgung und Kabelverbindung zum Modem sowie die Einstellung *Flusssteuereung* in den erweiterten Modemeigenschaften.
668	Die Verbindung wurde getrennt.	Versuchen Sie einen erneuten Verbindungsaufbau. Kommt wieder die gleiche Meldung, setzen Sie die Modemgeschwindigkeit herunter.
676	Die Telefonleitung ist besetzt.	Versuchen Sie einen erneuten Verbindungsaufbau. Tritt der Fehler immer wieder auf, überprüfen Sie die Konfiguration der Telefonanlage.
679	Der Träger konnte nicht ermittelt werden.	Wählen Sie die Nummer mit einem Telefon und warten Sie ab, ob dort ein Modem antwortet. Wenn ja, überprüfen Sie die Konfiguration der Telefonanlage. Brauchen Sie eine Amtskennziffer?
680	Kein Freizeichen.	Schalten Sie die Option *Vor dem Wählen auf Freizeichen warten* in den Modemeigenschaften aus. Überprüfen Sie die Konfiguration der Telefonanlage. Brauchen Sie eine Amtskennziffer?
692	Hardwarefehler im Modem.	Setzen Sie das Modem zurück, überprüfen Sie die Einstellungen der seriellen Schnittstelle. Überprüfen Sie Stromversorgung und Kabelverbindung zum Modem sowie die Einstellung *Flusssteuereung* in den erweiterten Modemeigenschaften.

FRITZ!Web

FRITZ!Web von AVM ist ein konfigurierbarer Dialer, der die DFÜ-Verbindungen komplett ersetzt.

Das Programm läuft mit jeder ISDN-Karte, die CAPI 2.0-Treiber verwendet, unabhängig davon, von welchem Hersteller die Karte kommt.

Es werden keine NDIS-WAN-Treiber für die ISDN-Karte benötigt.

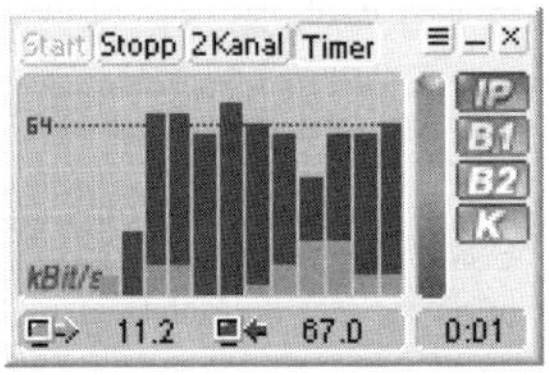

FRITZ!Web.

Das Programm trägt im Geräte-Manager eine neue Netzwerkkarte mit einer eigenen IP-Adresse ein und erstellt in den Netzwerkverbindungen eine neue LAN-Verbindung, die einen eigenen DNS-Server verwendet.

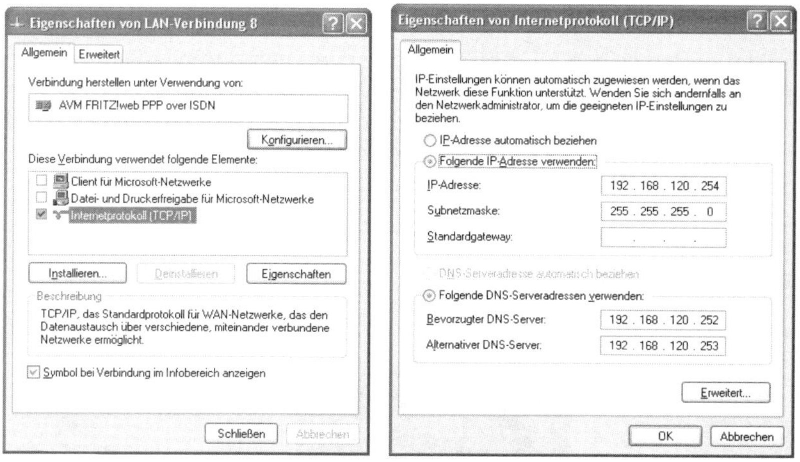

Eigenschaften der FRITZ!Web-LAN-Verbindung.

FRITZ!Web übernimmt nicht die Einstellungen des DFÜ-Netzwerks. Es wird hier auch nicht für jeden Provider eine eigene Verbindung im Ordner *Netzwerkverbindungen* angelegt, sondern alle Provider müssen in FRITZ!Web eingetragen werden. Das Programm verwaltet die Zugänge selbst.

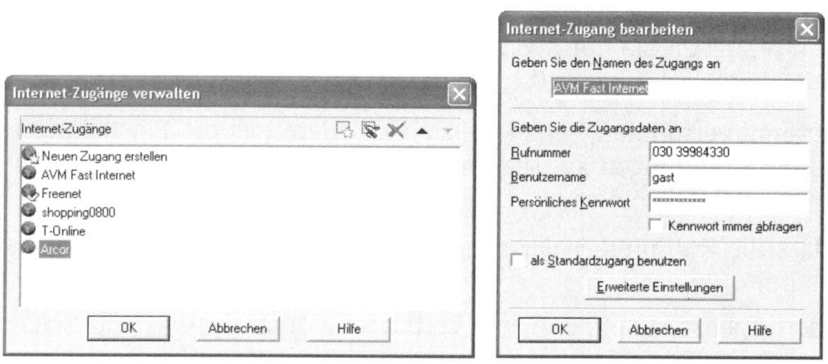

Internetzugänge in FRITZ!Web.

Über die Schalter im FRITZ!Web-Anzeigefenster können Sie sehr einfach eine Verbindung auf- und abbauen oder auch eine automatische Anwahl zu einem bestimmten Provider zulassen. Bei Bedarf können Sie auch den zweiten ISDN-Kanal dazu- und wieder wegschalten. Die aktuelle Datenübertragungsrate wird jederzeit grafisch angezeigt.

Für jeden Provider lassen sich individuelle Timer-Einstellungen festlegen, sodass eine Verbindung nach einer bestimmten Leerlaufzeit abgebaut und bei Bedarf auch sehr schnell wieder aufgebaut werden kann. Dabei können Zeittakte berücksichtigt werden, sodass die Verbindung erst kurz vor dem nächsten Taktende abgebaut wird.

Bei der Nutzung von Onlinebanking, Onlinespielen und anmeldepflichtigen Chats empfiehlt es sich, den Timer temporär abzuschalten.

Das Programm ist netzwerkfähig, sodass Sie damit eine komfortable Alternative zur Windows XP Internetverbindungsfreigabe haben, wie auf Seite 853 beschrieben.

Alternative Anwahl-Tools von Providern

Einige Internetprovider liefern eigene Anwahl-Tools, die dem unerfahrenen Benutzer die Anwahl erleichtern sollen. Diese Tools erstellen unter Windows XP eine neue DFÜ-Verbindung zum jeweiligen Anbieter und ermöglichen über einen Schalter auf dem Desktop mit dem Anbieterlogo eine Anwahl. Dabei wird üblicherweise auch direkt auf die Webseite des Providers gesprungen.

Einwahl-Tools verschiedener Provider.

Bei diesen Programmen brauchen Sie nur noch das verwendete Modem oder die ISDN-Karte auszuwählen und anzugeben, ob eine 0 vorzuwählen ist.

Wenn Sie so ein Programm verwenden, sehen Sie sich in jedem Fall die Einstellungen der neu angelegten DFÜ-Verbindungen an. Die Programme verändern hier einige Parameter, ohne den Anwender zu fragen. Beachten Sie vor allem die folgenden Punkte:

- Überprüfen Sie, dass die Rufnummer der neuen Verbindung mit den Angaben des Providers übereinstimmt.
- Aktivieren Sie in den Eigenschaften der neuen Verbindung unter *Optionen* die Schalter: *Status während des Wählens anzeigen, Name, Kennwort, Zertifikat usw. abfragen* sowie *Rufnummer abfragen.*
- Schalten Sie in den Eigenschaften der neuen Verbindung unter *Netzwerk* den Client für Microsoft-Netzwerke aus.
- Wurde in der *Systemsteuerung/Internet* unter *Verbindungen* in den Eigenschaften der neuen Verbindung ein neuer Proxy-Server eingetragen?
- Wurde in der *Systemsteuerung/Internet* unter *Verbindungen* die Standardverbindung geändert oder eine neue angelegt? Schalten Sie aus Sicherheitsgründen wieder auf *Keine Verbindung wählen* zurück.
- Wurde in der *Systemsteuerung/Internet* unter *Allgemein* die Startseite verändert?
- Oft werden im Browser neue Favoriten des Providers angelegt, die sich aber bei Bedarf leicht wieder löschen lassen.

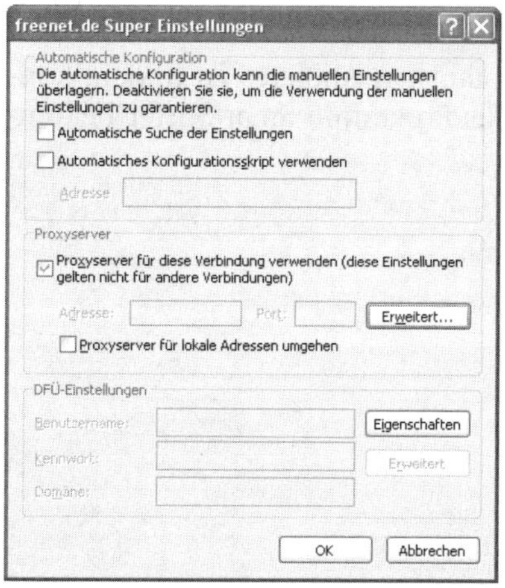

Gesperrte DFÜ-Einstellungen und ...

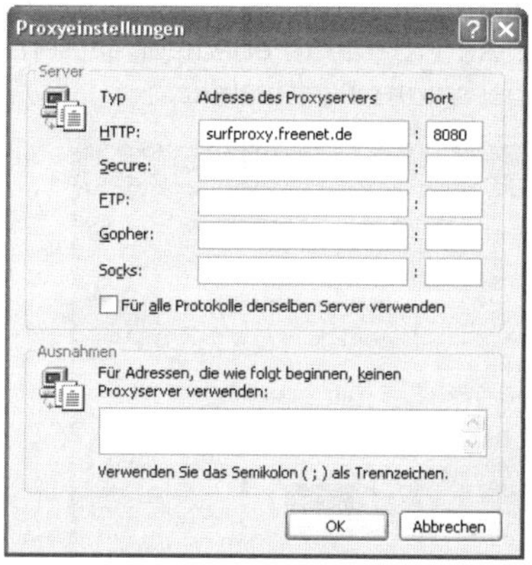

... neuer Proxy beim Super-Call-by-Call-Zugang von freenet.de.

Manche besonders günstigen Zugänge verwenden eigene Proxys und Einwahlprogramme, um das Surfverhalten der Benutzer zu verfolgen. Ein solches Verfahren muss den Benutzern vorher in den allgemeinen Geschäftsbedingungen angekündigt werden. Sollte es nicht möglich sein, die Eigenschaften der neu angelegten Internetverbindung zu ändern, ist Vorsicht angesagt. Lesen Sie hierzu in jedem Fall den Abschnitt „Kontrolle der Internetkomponenten“ weiter hinten in diesem Kapitel.

Verbindungsgebühren minimieren

Mit dem richtigen Internet-by-Call-Anbieter können Sie erhebliche Gebühren sparen. Das Problem dabei ist nur, dass sich die Tarife dieser Anbieter schnell ändern und sie teilweise auch schwer vergleichbar sind, da unterschiedliche Zeittakte verwendet werden. Manche Anbieter erfordern auch eine Anmeldung und einen monatlichen Mindestumsatz. Beachten Sie außerdem, dass einige Anbieter Einwahlgebühren verlangen, sodass bei sehr kurzen Verbindungen, zum Beispiel, um nur E-Mails zu lesen, verhältnismäßig deutlich höhere Kosten entstehen. In einem Buch eine Liste von Internet-by-Call-Anbietern abzudrucken, ist daher heute nicht mehr sinnvoll. Die folgenden Webseiten bieten ständig aktualisierte Listen von Internet-by-Call-Tarifen:

Anbieter	Webseite
Billiger surfen	www.billiger-surfen.de
Blitztarif	www.blitztarif.de
Call-Magazin	www.call-magazin.de/internet
Delineo (Tarifliste für Palm)	www.delineo.de/callbycall
Heise	www.heise.de/itarif
Onlinekosten	www.onlinekosten.de
TelTarif	www.teltarif.de/internet
Verivox	www.verivox.de/internet
Xdial	www.xdial.de/tarife/ibc.asp

SmartSurfer

Möchten Sie sich nicht selbst darum kümmern, den billigsten Anbieter zu finden, können Sie das von einem Programm erledigen lassen. Das Programm SmartSurfer bekommen Sie kostenlos bei *smartsurfer.web.de*.

SmartSurfer.

SmartSurfer legt eine neue DFÜ-Verbindung an, deren Anwahlnummer und Benutzerkennung automatisch vom Programm gewechselt werden können.

Während einer Verbindung sehen Sie im *SmartSurfer*-Eintrag im Ordner *Netzwerkverbindungen* die tatsächlich aktuell angewählte Rufnummer des Anbieters, den SmartSurfer ausgewählt hat.

Bei der Installation können vorhandene DFÜ-Netzwerkeinträge übernommen werden, auch wenn es sich dabei um anmeldepflichtige Zugänge handelt. Allerdings konnte SmartSurfer in unseren Tests zu einigen Diensten keine Verbindung aufbauen, wenn diese Sonderzeichen in den Benutzernamen einsetzen.

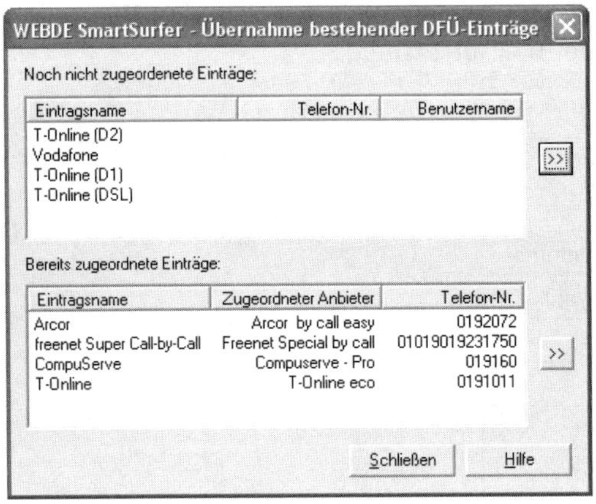

Übernahme vorhandener Verbindungen.

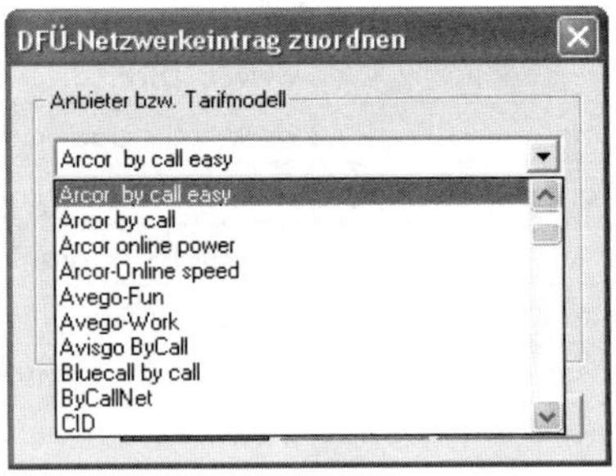

Auswahl eines Tarifs für eine vorhandene Verbindung.

Bei jedem Start können Sie automatisch einen Geschwindigkeitstest durchführen lassen, der die aktuelle Übertragungsrate der Verbindung ermittelt. Die billigste muss nicht immer die beste Verbindung sein.

SmartSurfer generiert Kostenlisten für Tage, Wochen oder Monate und zeigt auch an, wie viele Freistunden noch übrig sind, bei Anbietern, die Freistunden gewähren. Leider kann das Programm nur Freistunden verwalten, die standardmäßig in den Tarifen vorhanden sind. Es gibt keine Möglichkeit, selbst Freistunden einzutragen, wenn man über einen Journalisten-, Studenten- oder sonstigen Werbetarif individuelle Freistunden von einem Anbieter bekommt. Die Kostenrechnungen werden im HTML-Format generiert, sodass sie sich bequem im Browser anzeigen lassen.

Dialer-Warnung

SmartSurfer kann automatisch vor 0190-Dialern warnen, die sehr teure Verbindungen aufbauen. Schalten Sie dazu in den Optionen den Schalter *Vor 0190 Dialern warnen* ein.

In der langen Liste der angezeigten Anbieter finden sich auch solche, die eine Anmeldung benötigen. Diese sind rot gekennzeichnet und werden nicht automatisch ausgewählt.

Um das Programm sinnvoll zu nutzen, können Sie die Anbieterliste einschränken, sodass zum Beispiel nur noch anmeldefreie Anbieter und solche ohne Einwahlgebühr berücksichtigt werden. Anbieter für die eine Anmeldung vorliegt, werden dann weiterhin angezeigt. Leider gibt es keine Möglichkeit, mehrere Profile abzulegen, für kurze und lange Internetverbindungen, sodass man beim kurzen Abfragen von E-Mails die Anbieter mit Einwahlgebühr ausblendet.

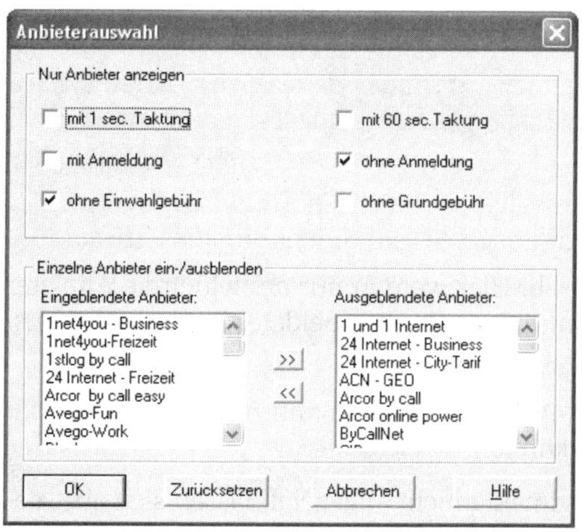

Anbieterauswahl.

Expertenmodus.

Im Expertenmodus können Sie die Einstellungen der angemeldeten DFÜ-Verbindungen ändern. Ändern Sie eine DFÜ-Verbindung manuell im Ordner *Netzwerkverbindungen*, werden die neuen Einstellungen nicht automatisch in SmartSurfer übernommen.

Sollte SmartSurfer einen Fehler im Verbindungsaufbau bei einer aus dem DFÜ-Netzwerk übernommenen Verbindung anzeigen, liegt dies meistens an einem Fehler im RAS-Telefonbuch von Windows. Gehen Sie in so einem Fall folgendermaßen vor:

1 Löschen Sie im SmartSurfer-Expertenmodus die Verbindung aus der Liste der bereits zugeordneten Einträge.

2 Merken Sie sich die Verbindungseinstellungen der Verbindung im Ordner *Netzwerkverbindungen*, löschen Sie dort die Verbindung und legen Sie sie mit den gleichen Einstellungen neu an.

3 Danach übernehmen Sie diese neue Verbindung wieder im SmartSurfer-Expertenmodus.

Oleco

Das Programm Oleco funktioniert nach einem ähnlichen Prinzip, nur wird hier kein DFÜ-Netzwerkeintrag angelegt, sondern das Programm wählt sich selbstständig ein.

Zum Trennen der Verbindung müssen Sie ebenfalls dieses Programm verwenden, eine automatische Trennung nach einer bestimmten Leerlaufzeit ist nicht möglich.

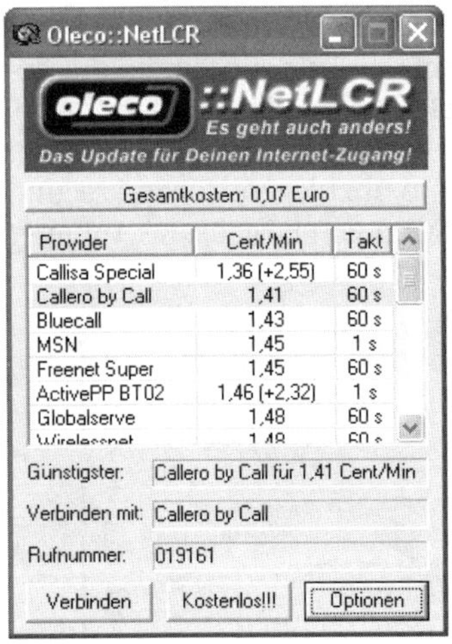

Anbieterliste und Anwahldialog bei Oleco.

Oleco aktualisiert die Anbieterliste automatisch. Hier werden nur anmeldefreie Anbieter eingetragen. Vorhandene DFÜ-Netzwerkeinträge und angemeldete Zugänge können nicht verwendet werden.

Dafür berücksichtigt Oleco wahlweise auch Anbieter, die an Sonn- und Feiertagen mit dem XXL-Tarif kostenlos verwendet werden können.

Anbieter mit Einwahlgebühr werden standardmäßig nicht angezeigt, lassen sich aber dazuschalten.

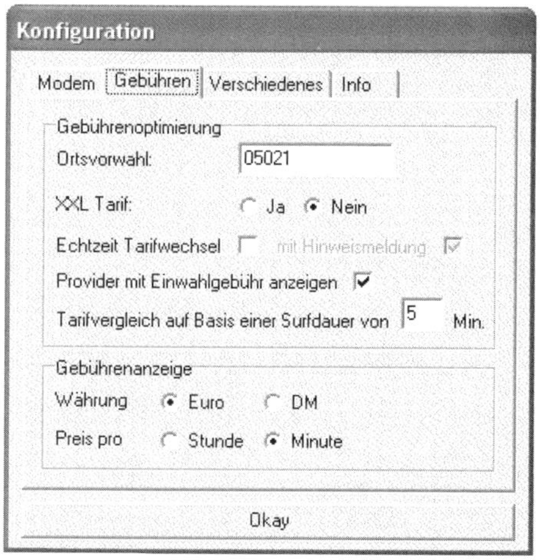

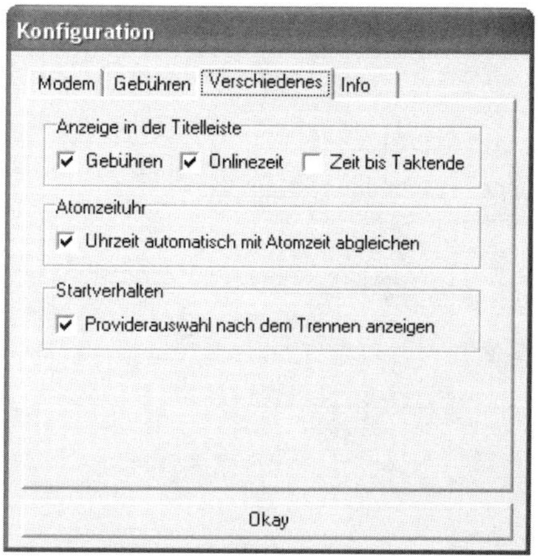

Konfiguration von XXL-Tarif und Gebührenanzeige. *Konfiguration der Anzeige.*

Oleco bietet eine Möglichkeit, die aktuellen Gebühren in der Titelleiste des aktuellen Fensters einzublenden. Außerdem können Sie sie über einen Doppelklick auf das Oleco-Symbol in der Taskleiste sehen. Nur über diese Anzeigen merken Sie, ob Sie online sind oder nicht, da Oleco wegen seines eigenen Dialers kein Symbol für eine aktive Netzwerkverbindung in der Taskleiste anzeigt. Hier empfiehlt sich die zusätzliche Verwendung eines ISDN-Monitors.

Kostenloser Zugang

Über den Schalter *Kostenlos* bekommen Sie einen kostenlosen Internetzugang über den Anbieter Shopping0800, der allerdings auf einige große Onlineshops begrenzt ist. Frei nach dem Motto „Für ein Kaufhaus bezahlt man auch keinen Eintritt".

Gebührensparprogramm selbst gemacht

Mit einer einfachen Batchdatei können Sie sich Ihr Gebührensparprogramm auch leicht selbst bauen. Diese Methode hat den Vorteil, dass Sie beliebig beeinflussen können, welcher Provider zu welcher Zeit angewählt wird.

Zuerst müssen die DFÜ-Verbindungen mit Einwahlnummer, Benutzername und Passwort angelegt werden. Schalten Sie dabei auf der Registerkarte *Optionen* die Schalter *Name, Kennwort, Zertifikat usw. abfragen* und *Rufnummer abfragen* aus, damit die Verbindung automatisch ohne weitere Benutzeraktion aufgebaut werden kann. Die Namen der Verbindungen dürfen keine Leerzeichen oder Sonderzeichen enthalten.

Erstellen Sie jetzt eine Batchdatei nach folgendem Schema:

```
for /f „tokens=1 delims=:" %%s in ('TIME /t') DO SET zeit=%%s
GOTO %zeit%
:18
:19
:20
:21
:22
:23
:00
:01
```

```
:02
:03
:04
:05
:06
:07
rasphone -t freenet
GOTO ende
:08
:09
:10
:11
:12
:13
:14
:15
:16
:17
rasphone -t arcor
:ende
```

Für jede volle Stunde enthält die Batchdatei eine Sprungmarke. In unserem Beispiel wird von 18:00 bis 07:59 die Verbindung *freenet* gewählt und von 08:00 bis 17:59 die Verbindung *arcor*. Die Zeiträume und Verbindungsnamen müssen entsprechend angepasst werden. Dabei ist es wichtig, dass 24 Sprungmarken, für jede Stunde eine, existieren und in zeitlicher Reihenfolge aufgelistet werden.

Der Befehl *rasphone -t* wählt automatisch eine namentlich angegebene Verbindung.

TIME /t liefert eine einfache aktuelle Zeitangabe im Format HH:MM. Über den Parameter *„tokens=1 delims=:“* wird nur der erste Wert vor dem Trennzeichen : ausgewertet und der Variable *zeit* zugewisen. Anhand dieses Wertes springt die Batchdatei an eine Sprungmarke mit der entsprechenden Stunde und arbeitet dann den nächsten *rasphone*-Befehl ab.

Konfiguration für spezielle Internetprovider

Fast alle Internetprovider außer AOL lassen Verbindungen mit dem Standard-DFÜ-Netzwerk von Windows XP zu. In diesem Kapitel beschreiben wir einige Besonderheiten, der Zugangsprogramme von T-Online und AOL und die Sonderkonfigurationen für die satellitenbasierten Internetdienste T-DSL via Satellit, skyDSL und Casablanca.

T-Online

T-Online, der Internetprovider, der in Deutschland die meisten Kunden hat, liefert außer dem DFÜ-Netzwerkzugang auch eine eigene Zugangssoftware, die auch einen eigenen Browser, ein E-Mail-Programm, den Messenger und Homebanking enthält. Gerade diese Homebanking-Funktion macht die T-Online-Software interessant. Nach der Einstellung des Btx-Nachfolgers T-Online Classic können die Banken nicht mehr über das bekannte CEPT-Protokoll manuell angesteuert werden. Die Funktionalität bleibt aber in der neuen Bankingsoftware enthalten, da fast alle deutschen Banken den seinerzeit durch Btx vorgegebenen Standard weiterhin unterstützen.

Bei der Installation können Sie die gewünschten Komponenten und die Zugangsart auswählen. Die Grundkomponente T-Online-Software sollte immer installiert werden, als

Browser und E-Mail-Programm können auch andere Programme verwendet werden. Ob man Messenger, Onlinebanking und Hilfe braucht, muss jeder selbst entscheiden.

Die T-Online-Software wählt völlig unabhängig von den Windows XP-DFÜ-Verbindungen ins Internet. Installierte Modems oder ISDN-Karten werden hardwaremäßig erkannt, es werden aber keine der definierten Netzwerkverbindungen verwendet. Bei einer DSL-Verbindung brauchen Sie nur noch einen kurzen Verbindungstest auszuführen, alles andere läuft automatisch.

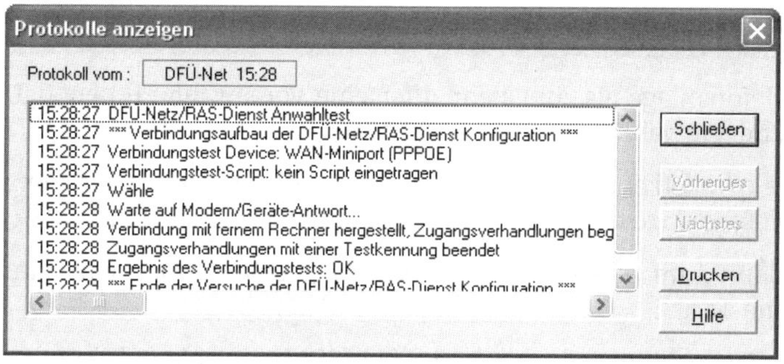

Verbindungstest der T-Online-Software.

Vor dem ersten Zugang müssen Sie noch Ihre T-Online-Benutzerdaten eingeben, die Sie bei der Anmeldung erhalten haben.

Haben Sie zwischenzeitlich Ihr Passwort geändert, muss natürlich auch an dieser Stelle das neue Passwort verwendet werden.

Danach erscheint das T-Online-Startcenter, von wo aus Sie alle T-Online-Anwendungen und Einstellungen aufrufen können.

Verbindung trennen

Wenn Sie eine Internetverbindung über das T-Online-Startcenter aufbauen, erscheint im System-Tray kein (!) Symbol einer aktiven Netzwerkverbindung. Sie können diese Verbindung auch nur über das T-Online-Startcenter wieder trennen. Beim Beenden des T-Online-Startcenters wird eine bestehende Verbindung automatisch getrennt. Der T-DSL-SpeedManager erkennt Verbindungen über das T-Online-Startcenter genauso wie DFÜ-Verbindungen.

Anwahl per ISDN oder Modem

Selbstverständlich ermöglicht die T-Online-Software auch eine Anwahl über ISDN oder analoge Modems.

Parallelkonfiguration DSL – ISDN/analog

Eine Änderung einer vorhandenen DSL-Anwahl auf ISDN/analog ist möglich. Verwenden Sie aber zum Beispiel auf einem Notebook im Büro DSL und zu Hause ISDN, ist es sinnvoll, nicht jedes Mal die Konfiguration zu ändern, sondern unter *Einstellungen/Zugangsart* der T-Online-Software ein zweites Profil anzulegen.

Wählen Sie in der T-Online-Software unter *Einstellungen/Zugangsart* die Option *Zugang über ein Modem bzw. ISDN von einem Standort innerhalb Deutschland* und wählen Sie im nächsten Schritt eine der konfigurierten ISDN-Karten oder Modems aus.

T-Online bietet drei Konfigurationsoptionen an: für Standardanschlüsse, Telefonanlagen und eine benutzerdefinierte Einstellung, die beide Optionen kombiniert und alle Parameter frei eintragen lässt.

Anwahl bei Preselection

Alle drei Konfigurationsoptionen bieten die Möglichkeit, die Anwahlnummer zu verändern. Haben Sie für Ihren Telefonanschluss eine Preselection über einen anderen Telefonanbieter geschaltet, setzen Sie vor die T-Online-Anwahlnummer die Netzkennzahl 01033 der Telekom. Preselection-Anbieter berechnen Verbindungen zu Servicenummern teilweise zu höheren Preisen.

Überprüfen Sie, ob Ihre Telefonanlage als Amtskennziffer eine vorgewählte 0 benötigt. Wenn ja, geben Sie diese in der Anwahlnummer zusätzlich an.

Die T-Online-Anwahl würde nämlich auch über die Nummer 191011 aus jedem Ortsnetz funktionieren, wenn die Telefonanlage die erste 0 als Amtskennziffer interpretiert.

Nur wird die Verbindung dann zum Ortstarif der Telekom abgerechnet und nicht zum deutlich günstigeren T-Online-Tarif.

Als Letztes führen Sie einen Verbindungstest durch, der bei ISDN in wenigen Sekunden abgeschlossen ist, bei Modems einige Minuten dauern kann.

Scheitert der Test bei einer Modemverbindung, erhalten Sie eine Fehlernummer, die Sie in der Tabelle der Modemfehler weiter vorn in diesem Kapitel nachschlagen können.

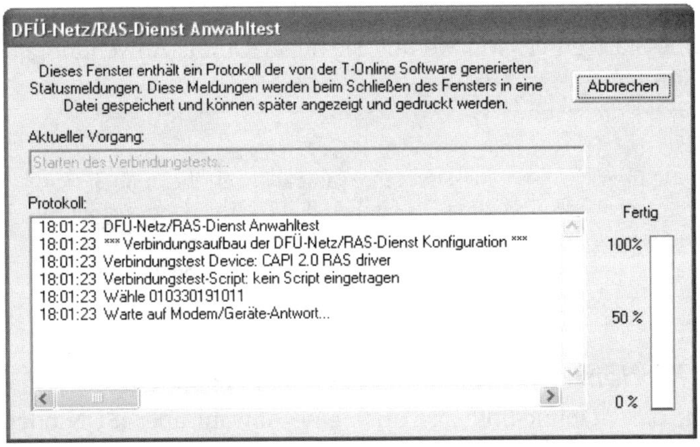

Verbindungstest bei einer ISDN-Verbindung.

T-Online-Browser

T-Online liefert einen eigenen Browser mit, der auf dem Internet Explorer basiert, aber einige interessante Zusatzfunktionen beinhaltet.

Der T-Online-Browser.

Der T-Online-Browser bietet über Navigationsschalter direkten Zugriff auf die anderen T-Online-Komponenten, wie Banking, E-Mail oder den Weborganizer, einen Onlinekalender, der sich auch mit dem Palm synchronisieren lässt.

Außer den Standardfunktionen des Internet Explorer, der unter einer leicht veränderten Oberfläche mehrere Fenster als Registerkarten anzeigen kann, bekommen Sie hier eine erweiterte Favoritenverwaltung, die zu jeder Seite optional einen Screenshot zur Erinnerung speichert, ein strukturiertes Seitenarchiv für Offlinewebseiten und einen einfachen Download-Manager.

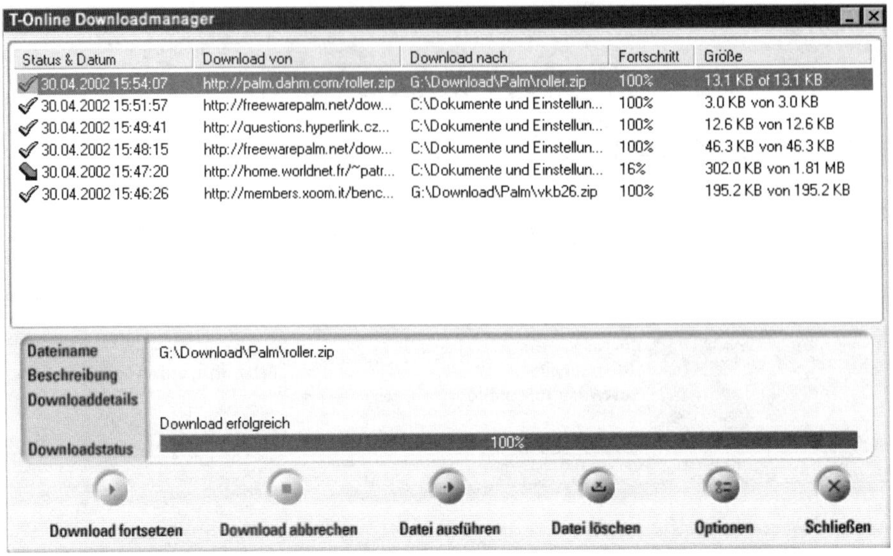

T-Online-Download-Manager.

Der Download-Manager zeigt automatisch alle Downloads mit Quelle, Download-Fortschritt, Größe und Speicherort an. Hier können Sie einen laufenden Download abbrechen oder anhalten und später fortsetzen. Hier finden Sie auch später noch leicht heraus, wo Sie die letzten Downloads gespeichert haben.

In den Einstellungen können Sie festlegen, welche Dateitypen über den Download-Manager verwaltet werden sollen und welche nicht.

Möchten Sie diesen Browser nicht verwenden, können Sie über den Menüpunkt *Einstellungen/Internet* im T-Online-Startcenter auch einen anderen Browser auswählen, der dann bei der Anwahl mit dem T-Online-Startcenter verwendet wird.

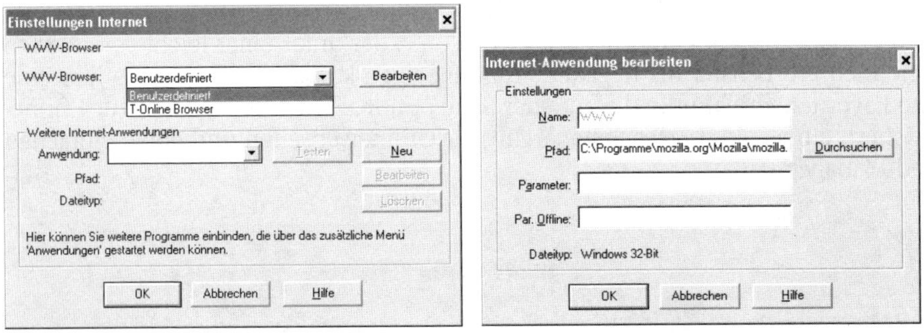

Festlegen eines Browsers für T-Online.

Netscape auf der T-Online-CD

Die aktuelle T-Online-CD der Version 4 enthält auch den Netscape-Browser, obwohl keine Installationsoption dafür angeboten wird. Sie finden ihn in der schon etwas älteren Version 4.x unter *\T-ONLINE\T-ONLINE\NETSCAPE\32BIT*.

T-Online e-Mail

T-Online stellt jedem registrierten Benutzer eine Standard E-Mail-Adresse zur Verfügung, im Format *T-Online-Nummer@t-online.de*. Da sich aus dieser E-Mail-Adresse bei älteren T-Online-Accounts sehr leicht die Telefonnummer ermitteln ließ, bietet T-Online die Möglichkeit, einen beliebigen Alias als E-Mail-Adresse zu verwenden. Dieser kann über den Schalter *Service* im T-Online-Startcenter definiert werden.

T-Online liefert ein eigenes E-Mail-Programm mit, mit dem Sie Ihre Mails verwalten können. Dieses bietet die Grundfunktionen eines E-Mail-Programms mit Ordnerverwaltung, Adressbuch und Unterstützung von HTML-Mails.

E-Mail-Benachrichtigung

Stört Sie die Soundnachricht *Sie haben E-Mail erhalten* bei der Anwahl mit der T-Online-Software, können Sie in der *Systemsteuerung/Sounds und Audiogeräte* auf der Registerkarte *Sounds* unter *T-Online* auch einen anderen Sound wählen oder diesen ganz abschalten.

Eine interessante Zusatzfunktion, die man in vielen anderen E-Mail-Programmen vermisst, ist die Möglichkeit, unerwünschte Mails auf dem Server zu löschen, ohne sie herunterzuladen. Das T-Online-E-Mail-Programm zeigt eine Liste aller Mails auf dem Server an und bietet zu jeder Mail die Möglichkeit, sie herunterzuladen oder direkt auf dem Server zu löschen.

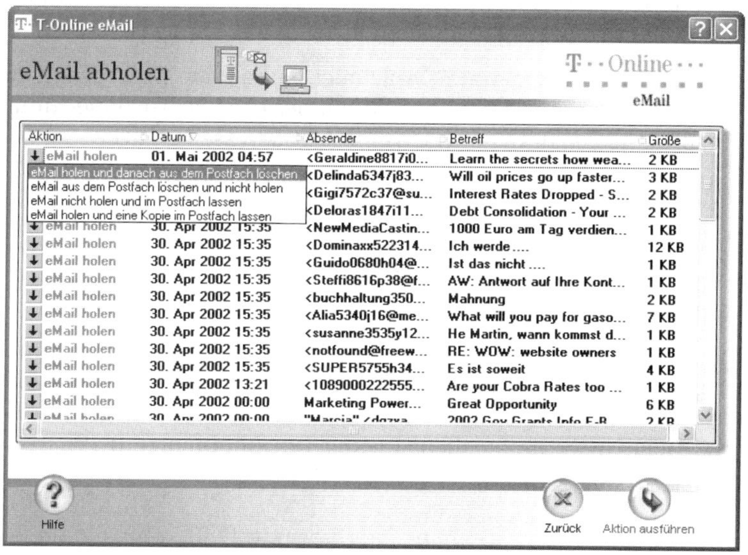

Liste der E-Mails im T-Online-Mail-Programm.

Sie können für T-Online aber auch jedes andere POP3-fähige E-Mail-Programm benutzen. Tragen Sie dazu die folgenden Serverdaten in Ihrem E-Mail-Programm ein:

Serverdaten für T-Online-E-Mail	
POP3-Server	pop.t-online.de
SMTP-Server	mailto.t-online.de
Benutzername	Aliasname ohne t-online.de

Auf diesen POP3-Server kann nur zugegriffen werden, wenn man über T-Online eingewählt ist. Dabei spielt es keine Rolle, ob das T-Online-Startcenter oder eine normale DFÜ-Verbindung verwendet wird. Es können auch immer nur die E-Mails für den Benutzer abgeholt werden, der gerade angemeldet ist.

Das gilt auch für Mitbenutzernamen. Um diese Einschränkung aufzuheben, bietet T-Online einen Webmail-Service unter *webmail.t-online.de* an. Hier können die E-Mails auf jedem beliebigen Rechner im Internet über eine WWW-Oberfläche gelesen und geschrieben werden. Für die Freischaltung des Webmail-Zugangs muss man sich einmal über seinen eigenen T-Online-Account anmelden.

Das Senden von E-Mails über *mailto.t-online.de* kann ebenfalls nur bei einer Einwahl über T-Online erfolgen. Dabei gibt es eine Beschränkung von 1.000 versendeten Mails pro Monat, wovon höchstens 100 an einem Tag verschickt werden können. Eine Serienmail an mehrere Empfänger wird dabei auch mehrfach gezählt. Die maximale Größe einer versendeten Mail beträgt 32 MByte. Als Absender kann man auch nur die eigene T-Online-E-Mail-Adresse verwenden. Trägt man im *From*-Header einer Mail eine andere Adresse ein, wird diese vom SMTP-Server automatisch überschrieben. Um dieses Problem zu umgehen und Mails mit Absenderadressen zu versenden, die in Wirklichkeit nur als Weiterleitung funktionieren, können Sie sich bei *service.t-online.de/t-on/anme/ei/CP/ei-anmeldung-smtp-relayserver.html* für die Benutzung eines zweiten SMTP-Servers *smtprelay.t-online.de* anmelden. Damit diese Methode nicht von Spammern missbraucht wird, ist die Anmeldung nur über eine Einwahl mit dem eigenen T-Online-Account möglich, wobei der Benutzer authentifiziert wird.

Beachten Sie weiterhin, dass beim Senden von E-Mails oder Newsgroup-Beiträgen über die T-Online-Server immer im Header ein *X-Sender*-Feld mit der eigenen T-Online-Nummer eingetragen wird, auch wenn Sie zum Versenden eine Aliasadresse benutzen.

```
Content-Type: Text/Plain;
 Charset="ISO-8859-1"
Content-Transfer-Encoding: Quoted-Printable
Date: 30 Apr 2002 16:19 GMT
Message-ID: <172aM2-0NvFoOC@fwd03.sul.t-online.com>
X-Sender: 00000000000-0001@t-dialin.net
```

Damit man aus diesem Eintrag keine Rückschlüsse auf die Telefonnummer ziehen kann, kann jeder T-Online Kunde beim Kundenservice von T-Online eine neue T-Online-Nummer beantragen, die aus einer zufälligen Zahlenkombination besteht. Neu vergebene T-Online Nummern stehen in keinem Zusammenhang mit der Telefonnummer mehr.

T-Online-Verbindungs-Assistent

Windows XP bietet die Möglichkeit, automatisch ins Internet zu wählen, wenn ein Browser oder ein anderes Programm eine Internetverbindung anfragt. Allerdings hat man bei dieser Methode nur wenig Kontrolle über die Internetverbindungen. Außerdem besteht leicht die Gefahr, dass man über einen Dialer versehentlich eine teure 0190-Nummer anwählt.

Der T-Online-Verbindungs-Assistent, der optional aktiviert werden kann, löst diese Probleme, indem bei einer Internetanfrage automatisch eine Verbindung über das T-Online-Startcenter aufgebaut wird, unter Umgehung der Windows XP-Netzwerkverbindungen. Solange Sie nur T-Online als Provider verwenden, brauchen Sie keine DFÜ-Netzwerkverbindungen oder Breitbandverbindungen zu konfigurieren.

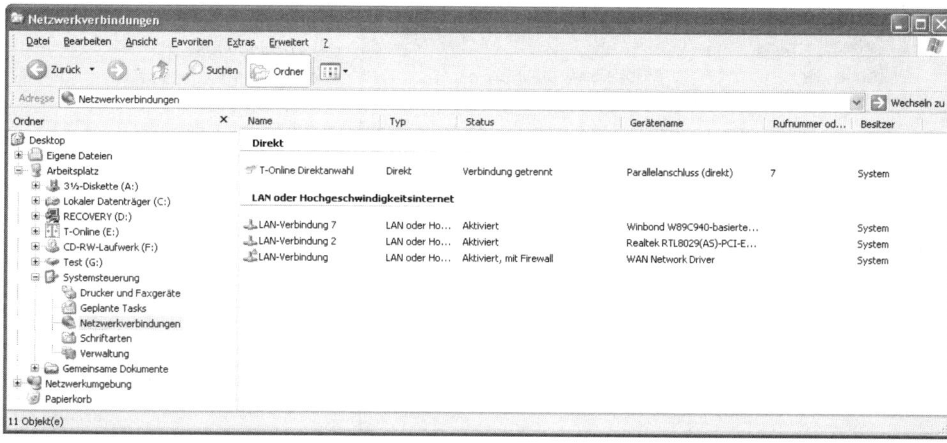

T-Online-Direktanwahl in den Netzwerkverbindungen.

Der T-Online-Verbindungs-Assistent trägt sich dazu unter den Direktverbindungen in der Liste der Windows XP-Netzwerkverbindungen ein, nachdem er einmal aus dem T-Online-Startcenter unter *Einstellungen/Verbindungsassistent* aktiviert wurde.

Versucht jetzt ein Programm ins Internet zu kommen, blendet sich das Fenster des T-Online-Verbindungs-Assistenten ein. Hier wird im Gegensatz zum Windows XP-Standardverfahren bei DFÜ-Anwahl auch genau gezeigt, welches Programm anzuwählen versucht. Damit können Sie Trojaner und Spyware schnell entlarven.

Anwahl über den T-Online-Verbindungs-Assistenten.

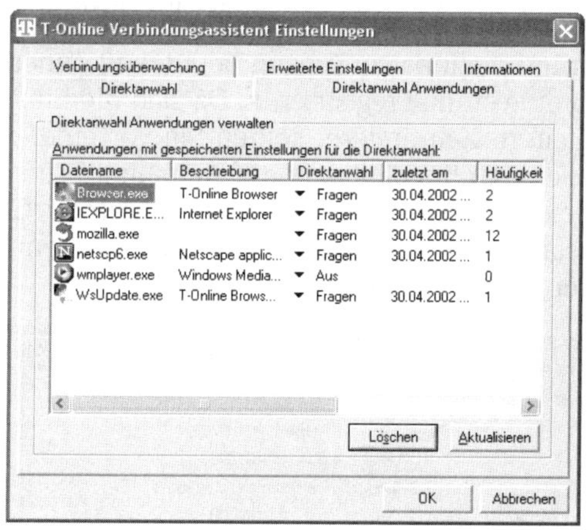

Konfiguration der für Direktanwahl zugelassenen Programme.

Für jedes Programm können Sie getrennt festlegen, ob es automatisch, nur nach Nachfrage oder gar nicht ins Internet wählen darf.

Der T-Online-Verbindungs-Assistent warnt auch automatisch, wenn eine Verbindung zu einer unbekannten Rufnummer aufgebaut wird und die Verbindungsüberwachung aktiviert ist. Im Konfigurationsdialog sind alle Anwahlnummern von T-Online bereits eingetragen, Sie können auch zusätzliche Nummern eintragen, die ebenfalls ohne Warnung angerufen werden dürfen.

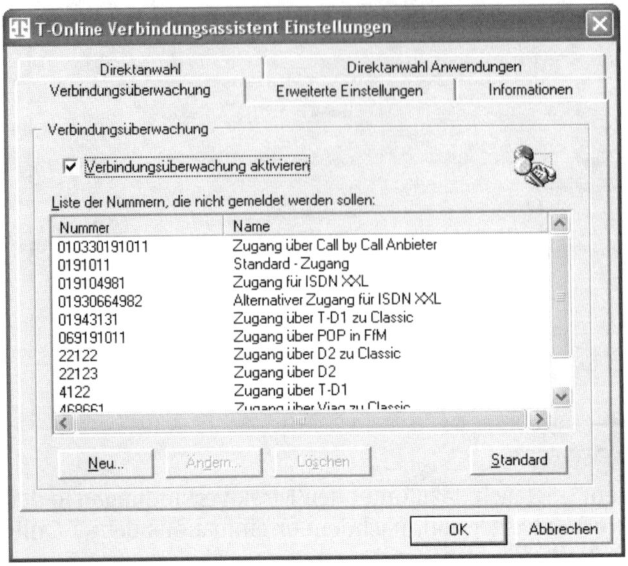

Einstellungen für die Verbindungsüberwachung.

Internationale Zugänge

T-Online bietet seinen Benutzern über internationale Roaming-Verträge auch Einwahlmöglichkeiten aus dem Ausland an, die allerdings mit zusätzlichen Kosten verbunden sind. Da dieses Roaming über einen amerikanischen Partner abgewickelt wird, ist die Anwahl aus USA und Kanada günstiger als aus unseren europäischen Nachbarländern.

Bevor Sie den internationalen Zugang benutzen können, müssen Sie sich im Servicebereich von T-Online einmal registrieren. Da sich die Einwahlnummern der ausländischen Partner von Zeit zu Zeit ändern, sollten Sie vor einer Auslandsreise das internationale Telefonbuch der T-Online-Software auf Aktualität prüfen. Die aktuelle Versionsnummer finden Sie bei *service.t-online.de/t-on/down/inte/ar/CP/ar-download-telefonbuch.html*, die derzeit installierte Version können Sie sich mit dem Menüpunkt *Hilfe/Über* im T-Online-Startcenter anzeigen lassen.

Versionsinfo des Telefonbuchs für den internationalen T-Online-Zugang.

Legen Sie für den internationalen Zugang im T-Online-Startcenter ein neues Profil an, damit Sie später leicht zwischen den Zugängen hin- und herschalten können und nicht bei der Rückkehr nach Deutschland alles neu konfigurieren müssen. In diesem Profil wird auch die Geräteeinstellung gespeichert. So können Sie für den internationalen Zugang ein Modem konfigurieren, auch wenn Sie zu Hause ISDN oder DSL verwenden. Die Gerätekonfiguration läuft genauso wie bei der normalen T-Online-Anwahl in Deutschland. Schalten Sie danach den Schalter *Telefonbuchassistent aktivieren* ein.

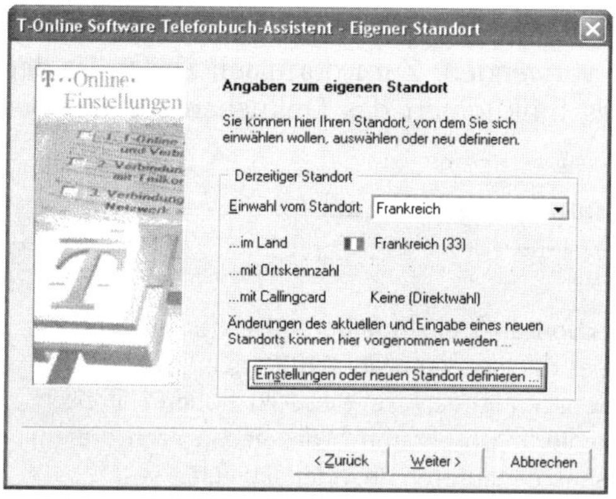

Angaben zum neuen Standort.

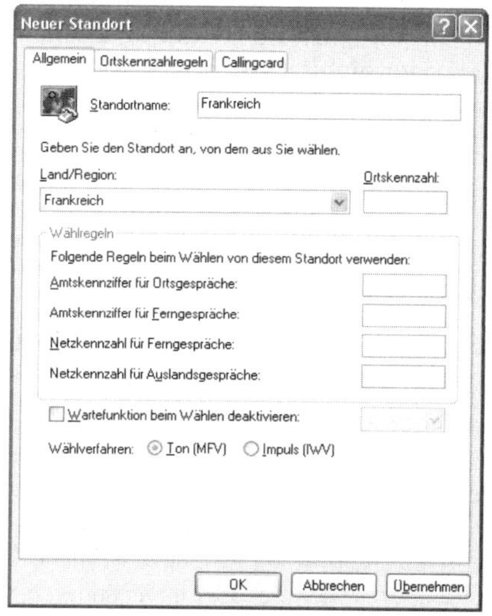

Windows XP-Standorteinstellungen.

Mit der Schaltfläche *Einstellungen oder neuen Standort definieren* rufen Sie aus der T-Online-Software die Windows XP-Standorteinstellungen auf. Wählen Sie hier das gewünschte Land und bei Bedarf Netzkennzahlen für Ferngespräche und Amtskennziffern, wie sie oftmals in Telefonanlagen in Hotels notwendig sind. Legen Sie hier außerdem das Wählverfahren fest. In vielen Ländern finden Sie in ländlichen Gebieten auch noch analoge Vermittlungsstellen, die nur mit dem Impulswahlverfahren angewählt werden können.

Nachdem Sie die neuen Windows XP-Standorteinstellungen vorgenommen haben, werden diese in der T-Online-Software übernommen. Dort ruft der Assistent im nächsten Schritt das internationale Telefonbuch der Roaming-Partner auf.

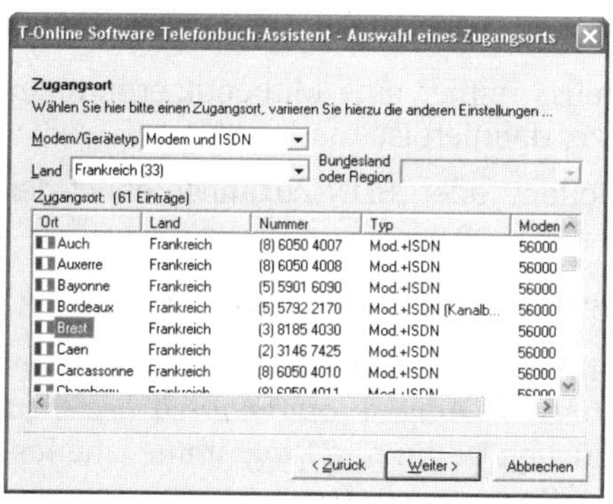

Internationales Telefonbuch.

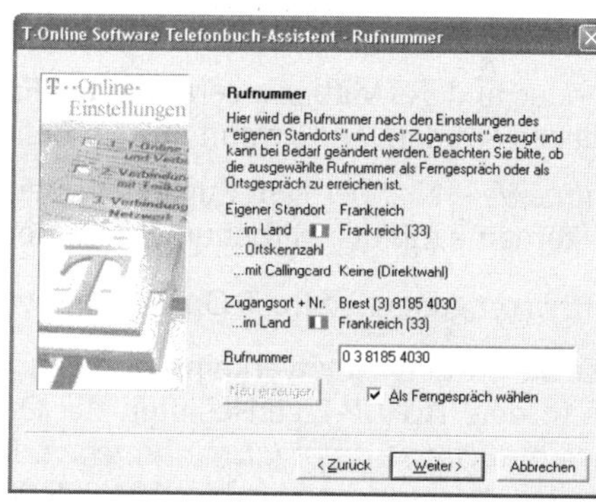

Automatisch generierte Anwahlnummer.

Wählen Sie hier Ihren internationalen Standort oder den jeweils nächstliegenden Ort aus. Das Telefonbuch zeigt an, welche Einwahlpunkte ISDN unterstützen und welche Modemgeschwindigkeit bei analogen Zugängen zur Verfügung steht.

Aus dem gewählten Einwahlort und den in den Standortinformationen eingestellten Parametern wird jetzt eine Anwahlnummer generiert. Falls für Ortsgespräche und Ferngespräche unterschiedliche Amtskennziffern notwendig sind, müssen Sie hier noch ankreuzen, ob die Anwahl in die ausgesuchte Stadt von Ihrem Standort aus ein Ferngespräch ist oder nicht.

T-Online über DFÜ-Netzwerk

Der Internetzugang per T-Online ist auch mit einer normalen DFÜ-Anwahl möglich, man muss nicht unbedingt die T-Online-Software verwenden. Zum normalen Surfen ist der DFÜ-Zugang sogar etwas schneller, allerdings funktioniert das Onlinebanking nur bei der Einwahl über die T-Online-Software.

Legen Sie einen DFÜ-Zugang mit der Anwahlnummer 0191011 an.

Anwahl bei Preselection

Haben Sie für Ihren Telefonanschluss eine Preselection über einen anderen Telefonanbieter geschaltet, setzen Sie vor die T-Online-Anwahlnummer die Netzkennzahl 01033 der Telekom. Preselection-Anbieter berechnen Verbindungen zu Servicenummern teilweise zu höheren Preisen. **Vorsicht:** Im Internet kursiert ein „T-Online Optimierungsprogramm", das genau nach diesem Muster eine Weiterleitung über einen anderen, wesentlich teureren Provider aktiviert.

Anwahl über eine Telefonanlage

Überprüfen Sie, ob Ihre Telefonanlage als Amtskennziffer eine vorgewählte 0 benötigt. Wenn ja, geben Sie diese in der Anwahlnummer zusätzlich an. Die T-Online-Anwahl würde nämlich auch über die Nummer 191011 aus jedem Ortsnetz funktionieren, wenn die Telefonanlage die erste 0 als Amtskennziffer interpretiert. Nur wird die Verbindung dann zum Ortstarif der Telekom abgerechnet und nicht zum deutlich günstigeren T-Online-Tarif.

Der Benutzername setzt sich aus mehreren Komponenten zusammen:

- Anschlusskennung.
- T-Online Nummer.
- *#-Zeichen* – fällt weg, wenn die T-Online Nummer zwölf Stellen oder mehr hat.
- *0001* oder andere Mitbenutzernummer. Es muss immer eine Mitbenutzernummer angegeben werden, auch wenn nur ein Benutzer definiert ist.
- *@t-online.de* – Nur bei DSL-Zugängen. Bei Modem- oder ISDN-Zugängen endet der Benutzername mit der Mitbenutzernummer.

Im Feld *Passwort* geben Sie Ihr T-Online-Kennwort ein.

Aktivieren Sie in den Netzwerkeinstellungen der Verbindung die *Softwarekomprimierung* und in den TCP/IP-Eigenschaften die Optionen *IP-Adresse automatisch beziehen* und *DNS-Serveradresse automatisch beziehen*. Brauchen bestimmte Programme eine feste DNS-Serveradresse, geben Sie hier 194.025.002.129 an.

T-Online stellt einen Proxy-Server zur Verfügung, mit dem viele Webseiten bedingt durch die High-speed-Anbindung des T-Online-Backbone deutlich schneller angezeigt werden. Tragen Sie im Browser die folgenden Proxys ein:

Protokoll	Proxy	Port
HTTP	www-proxy.btx.dtag.de	80
FTP	ftp-proxy.btx.dtag.de	80
wais	wais-proxy.btx.dtag.de	80
gopher	gopher-proxy.btx.dtag.de	80

Verwenden Sie keine Proxys für Domains beginnend mit *t-online.de*.

Eine Verwendung der Proxys ist bei T-Online nicht vorgeschrieben, bringt aber Geschwindigkeitsgewinne.

CompuServe

CompuServe Office wird zwar über eine spezielle Software installiert, verwendet aber einen normalen DFÜ-Zugang und keinen eigenen Dialer. Bei der Installation wird zunächst ein spezieller Zugang über eine eigene Rufnummer verwendet, der nur dazu dient, den Benutzer zu registrieren. Mit der von dort erhaltenen Benutzerkennung kann dann die reguläre CompuServe-Nummer 019160 angewählt werden.

CompuServe verwendet normalerweise Netscape als Standardbrowser, wobei einige Bookmarks automatisch installiert werden. Auf Wunsch kann aber auch der Internet Explorer eingetragen werden.

Das CompuServe-Startcenter bietet direkte Links zu den wichtigsten CompuServe-Seiten, die dann im Browser geöffnet werden. Die Anwahl erfolgt über einen DFÜ-Zugang.

CompuServe-Startcenter.

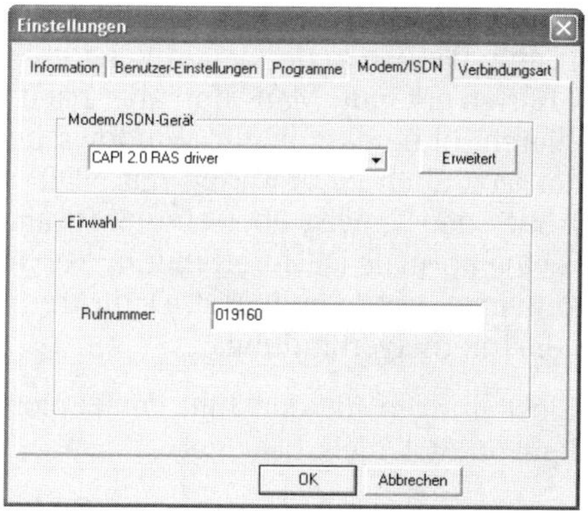

Einstellungen für Modem und Anwahlnummer.

Verändert man Einstellungen im CompuServe-Startcenter, werden diese direkt im DFÜ-Netzwerk vorgenommen. Es gibt keinen eigenen Dialer. Möchten Sie das CompuServe-Startcenter auch nutzen, wenn Sie über einen LAN-Zugang ins Internet wählen, können Sie das auf der Registerkarte *Verbindungsart* einstellen. Es wird dann nicht versucht, über ein lokal angeschlossenes DFÜ-Gerät zu wählen.

AOL

AOL ist zwar mit 32 Millionen Kunden weltweit der größte Onlinedienst, aber bis auf ein paar kleine Exoten auch der einzige, der nicht per DFÜ-Netzwerk angewählt werden kann. AOL installiert eine völlig eigenständige Zugangssoftware. Außerdem enthält AOL einen eigenen Browser, der zurzeit auf dem Internet Explorer basiert, in Zukunft aber durch ein neues Produkt auf Basis der Mozilla-Engine ersetzt werden soll.

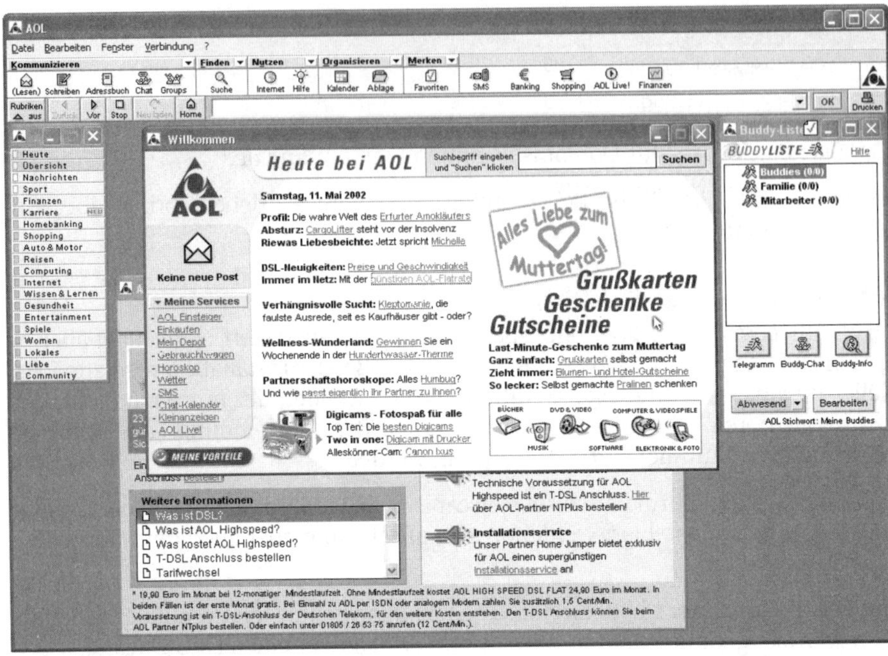

AOL 7.0.

Beim Setup werden in der neuen Version 7 die unter Windows installierten Modems und ISDN-Karten erkannt. Man kann aber nach wie vor auch ein Modem speziell nur für AOL installieren, ohne dass es für Windows nutzbar ist. Die aktuelle Version von AOL verwendet jetzt auch ISDN-Karten mit NDIS-WAN oder auch nur CAPI-Treiber, ohne dass wie früher der Umweg über eine Softwareemulation AOLISDN bzw. Cfos nötig ist. Da AOL keine normale DFÜ-Verbindung verwendet, wird auch nicht in der Taskleiste angezeigt, ob man gerade online ist. Dafür trennt ein Beenden der AOL-Software automatisch auch die Internetverbindung.

Die Einstellungen für den Internet Explorer aus der *Systemsteuerung/Internetoptionen* werden von AOL nicht beachtet.

AOL verwendet zur Übertragung von E-Mails ein eigenes Protokoll, nicht POP3. Damit ist es nicht möglich, E-Mails aus einem AOL-Account über ein klassisches Mail-Programm zu bearbeiten. Umgekehrt lassen sich mit dem AOL-E-Mail-Programm nur die Mails eines AOL-Accounts lesen. AOL unterstützt auch keine automatische Weiterleitung von E-Mails an andere Provider.

Nachdem mit der AOL-Software eine Internetverbindung hergestellt wurde, können auch andere Browser und sonstige Programme diese Internetverbindung nutzen. Auf diese Weise kann man auch mit einer AOL-Verbindung einen POP3-Mailaccount mit einem klassischen Mail-Programm wie Outlook Express, Netscape oder anderen nutzen.

Die AOL-Zugangssoftware enthält außerdem den Instant Messenger, der zur Nachrichtenübertragung zwischen AOL- und CompuServe-Mitgliedern sowie auch allen anderen Netscape-Benutzern verwendet werden kann.

Eine Übertragung von Nachrichten zum Microsoft Messenger ist nicht möglich, da hier bewusst auf Inkompatibilität gesetzt wurde.

T-DSL via Satellit

T-DSL via Satellit, der satellitengestützte Internetdienst der Deutschen Telekom, hat mit der DSL-Übertragungstechnik nur die Geschwindigkeit von 768 KBit/s im Downstream gemeinsam. Sonst handelt es sich hier um eine völlig andere Technik. Daten werden auf dem schnellen Weg über den Satelliten Astra 19,2°E empfangen, für den Rückkanal wird eine herkömmliche Internetverbindung genutzt.

Auf dem lokalen Rechner läuft neben der Datenapplikation der DVB-S-Karte für den Satellitenempfang noch eine lokale Proxysoftware, die die Browser-Anfragen über eine normale terrestrische Internetverbindung an einen Server bei SES-ASTRA in Luxemburg umlenkt. Dieser holt die Daten aus dem Internet und versucht, sie zunächst über die herkömmliche Verbindung wieder an den Benutzer zurückzuschicken. Kommen auf dem Astra-Server mehr Daten an, als über den terrestrischen Kanal geschickt werden können, wird die Satellitenverbindung mit einer Geschwindigkeit von bis zu 768 KBit/s dazu geschaltet. Der lokale Proxy setzt beide Datenströme wieder zusammen und stellt sie dem Browser zur Verfügung.

Der Astra-Satellit steht auf einer geostationären Umlaufbahn in 36.000 km Höhe über dem Äquator auf 19,2° östlicher Länge. Die große Entfernung macht sich auch bei der hohen Geschwindigkeit der Funkübertragung bemerkbar. Kein Webserver auf der Erde ist auch nur annähernd so weit entfernt. Deshalb wird eine spezielle Prefetching-Software von Tellique auf dem Server in Luxemburg eingesetzt, die die Daten einer zu sendenden Webseite untersucht, sammelt und zu einem Paket zusammenpackt. Während der reine HTML-Code bereits auf der terrestrischen Verbindung zum Benutzer unterwegs ist, wird das komplette übrige Datenpaket, das im Wesentlichen aus den Bildern der Webseite besteht, über den Satelliten gesendet.

Der Benutzer kann also schon anfangen, die Seite zu lesen, und bekommt dann alle Bilder auf einmal mit wenigen Sekunden oder Sekundenbruchteilen Verzögerung geliefert. So dauert der gesamte Aufbau einer Webseite deutlich kürzer als über eine herkömmliche Verbindung, in den meisten Fällen auch kürzer als über eine theoretisch gleich schnelle DSL-Leitung, die aber kein Prefetching verwendet. Bei stark ausgelasteten Netzverbindungen kommt das über den Satelliten gesendete Paket manchmal sogar vor dem Datenpaket aus der terrestrischen Leitung an. Es wird dann im Cache des Browsers zwischengelagert, sozusagen bevor dieser merkt, dass er die Daten braucht. Die Seite wird dann auf einen Schlag im Browser dargestellt.

Bevor Sie die T-DSL-via-Satellit-Zugangssoftware installieren, müssen Sie einen normalen Internetzugang über eine beliebige DFÜ-Netzwerkverbindung eingerichtet haben. Man ist dabei nicht auf T-Online beschränkt, es kann jeder Provider verwendet werden, der über DFÜ-Netzwerk ohne spezielle Dialer erreichbar ist. FRITZ!Web und die T-Online-Zugangssoftware funktionieren genauso. Dabei muss in jedem Fall die Internetverbindungs-Firewall ausgeschaltet sein, da diese nicht zulässt, dass Daten aus einer anderen Quelle kommen als der, an die die Anfrage ging.

T-DSL via Satellit und AOL

AOL verwendet keine DFÜ-Verbindung, dennoch ist die Nutzung von T-DSL via Satellit möglich. Allerdings können Sie dafür nicht den AOL-Browser verwenden. Installieren Sie einen zusätzlichen Browser, der eine freie Proxy-Konfiguration zulässt, wie zum Beispiel Internet Explorer, Netscape, Mozilla oder Opera, und tragen Sie dort die Proxys manuell ein. Bauen Sie dann die Verbindung über AOL auf und surfen Sie mit dem anderen Browser mit Sat-Geschwindigkeit.

In der Datenapplikation der DVB-S-Karte stellen Sie folgende Parameter ein:

Parameter	Wert
Satellit	Astra 19,2°E
Frequenz (MHz)	10773
Transponder	1.053
Symbolrate	22000
Polarisation	H
Multicast PID (dezimal)	251 und 252
Unicast PID (dezimal)	253

Die meisten Hersteller von DVB-S Karten bieten inzwischen vorgefertigte Profile für T-DSL via Satellit, die Sie im Internet herunterladen und direkt in die Datenapplikation der jeweiligen Karte importieren können.

Starten Sie dann die Setup-Routine von T-DSL via Satellit. Diese sucht zuerst automatisch die DVB-S-Karte und alle konfigurierten DFÜ-Verbindungen.

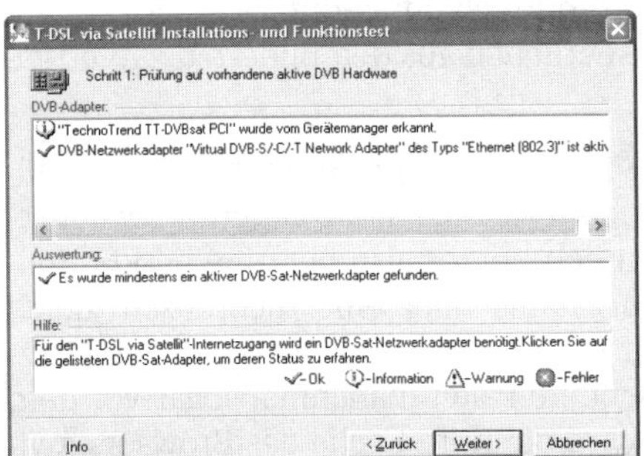

Überprüfung der DVB-S-Hardware.

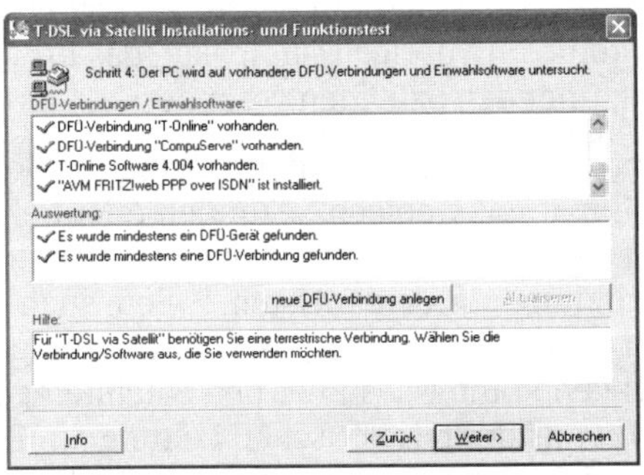

Überprüfung der DFÜ-Netzwerkeinträge.

Im nächsten Schritt werden die vorhandenen Browser überprüft. Dabei werden bei Netscape und Mozilla auch mehrere Profile erkannt. Hier können Sie auswählen, welche Browser automatisch über ein Konfigurationsscript auf den Proxy von T-DSL via Satellit umgestellt werden sollen. Diese Autokonfiguration funktioniert für den Internet Explorer ab Version 5, Netscape ab 4.5, Mozilla und Opera. Bei Netscape/Mozilla können Sie einzelne Profile umkonfigurieren lassen und andere bestehen lassen. Die anderen Browser kennen keine Profile.

Browser-Konfiguration.

E-Mail-Konfiguration.

Möchten Sie Ihre E-Mails auch mit der Geschwindigkeit des Satelliten empfangen, stehen Ihnen dafür lokale Ports zur Verfügung, über die die POP3-Serveranfragen umgeleitet werden können.

Nach einem abschließenden automatischen Test steht der Satellitenzugang zur Verfügung. Solange der Proxy den Announcement-Channel vom Satelliten empfängt, die Schüssel also ausgerichtet und die Software richtig konfiguriert ist, erscheint in der Taskleiste neben dem Smiley der Datenapplikation eine hellgrüne Satellitenschüssel.

T-DSL-via-Satellit-Proxy in der Taskleiste.

Bei der ersten Anmeldung erscheint im Browser eine lokale Webseite des Proxys, in der Sie die Zugangsdaten für T-DSL via Satellit eingeben müssen. Diese werden dann automatisch verschlüsselt in der INI-Datei eingetragen, sodass sich der Proxy in Zukunft selbstständig anmeldet.

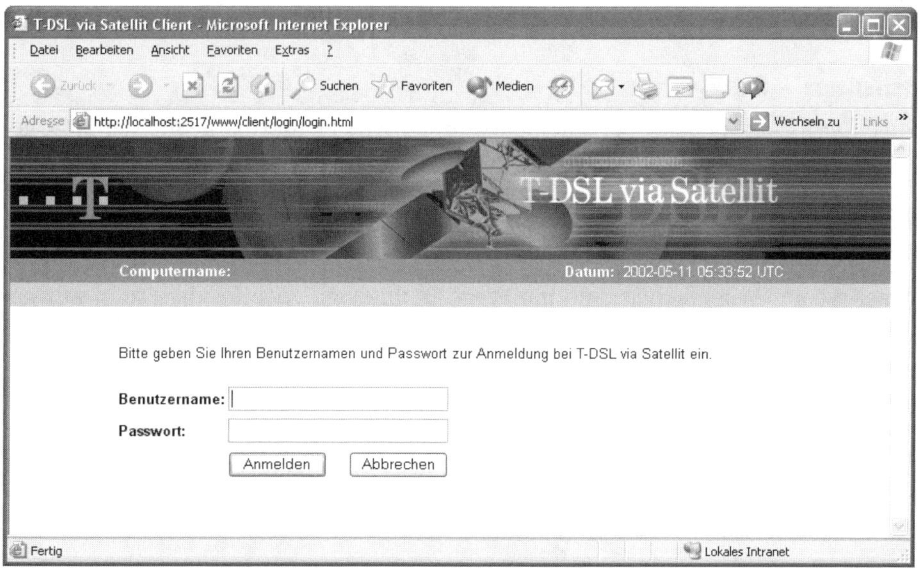

Anmeldeseite des lokalen Proxy.

Spezielle Konfigurationsoptionen

Wenn die automatische Browser-Konfiguration nicht funktioniert, oder bei Programmen, die dieses Verfahren nicht unterstützen, können Sie den Proxy nach der Tabelle auch manuell eintragen:

Proxy	IP-Adresse	Port
HTTP	127.0.0.1	9202
SSL	127.0.0.1	9202
FTP	127.0.0.1	9202
Gopher	127.0.0.1	9202
Socks	127.0.0.1	9203

Wenn Sie Mails über den Satelliten empfangen, tragen Sie im E-Mail-Programm als POP3-Servernamen 127.0.0.1 ein und als Port den Port, der bei der Zuweisung in der Setup-Routine eingetragen wurde. Diese Einstellungen können Sie auch später noch in der automatisch generierten Datei *RECV.INI* nachlesen.

Dieses Verfahren wird vom T-Online-Mailserver leider noch nicht unterstützt.

Mailserver mit POP3-Autorisierung

Zum Versenden von E-Mails können Sie Ihren gewohnten SMTP-Server verwenden, solange dieser keine POP3-Autorisierung vor dem Versand braucht. Diese Autorisierung bekommt er nicht, da die POP3-Abfrage vom Astra-Server kommt und nicht vom Benutzer. In so einem Fall müssen Sie bei den Portumlenkungen den SMTP-Server mit einem eigenen Port ebenfalls eintragen. Er wird dann über den Proxy angesteuert. Sie senden Ihre Mails per SMTP über einen neu definierten Port an den lokalen Mailproxy 127.0.0.1. Dieser leitet sie über die terrestrische Verbindung weiter zum Astra-Server, der auch die POP3-Autorisierung beim Mailserver Ihres Providers durchführt.

Casablanca – Sat@Once

Sat@Once (*once.csp.it/deutsch*) ist eine neue europäische Plattform, die im Mai 2002 gestartet wurde und über den Astra-Satelliten 19,2°E beliebte Internetseiten in regelmäßigen Abständen offline und kostenlos mit einer Geschwindigkeit von knapp 1 MBit/s verschickt. In Deutschland ist das System wesentlich bekannter unter dem Namen Casablanca, dem Namen der Technologie, die sich dahinter verbirgt.

Casablanca ist im Wesentlichen eine Ein-Wege-Technologie, bei der die Daten nur gesendet werden. Es ist also nicht zwingend eine terrestrische Internetverbindung erforderlich.

Die Daten, die wie ein Fernsehprogramm permanent in gepackter Form gesendet werden, werden vom Casablanca WebCastTuner entpackt und auf der lokalen Festplatte gespeichert. Eine spezielle Proxy-Software stellt sie über eine eigene Portalseite im Internet Explorer zur Verfügung, sodass man sie offline einschließlich Bildern, Videos und wichtigen Links auf den Seiten betrachten kann.

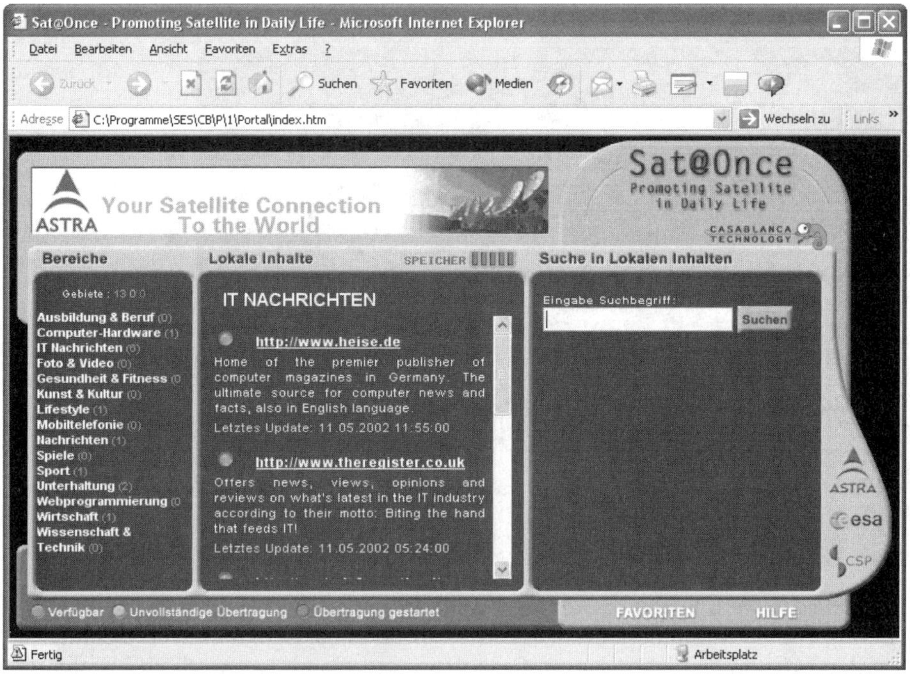

Die Casablanca-Portalseite.

Zum Empfang von Casablanca stellen Sie Ihre DVB-S-Karte auf folgende Parameter. Legen Sie am besten ein zweites Profil in der Datenapplikation an, damit Sie leichter zwischen Casablanca und Ihrem bisherigen Datendienst hin- und herschalten können.

Parameter	Wert
Satellit	Astra 19,2°E
Frequenz (MHz)	12603,75
Transponder	111
Symbolrate	22000
Polarisation	H
PID (dezimal)	768
Service	7254
Multicast-Adresse	228.067.003.000
Port	1767

Bevor Sie Casablanca installieren, brauchen Sie die IP-Adresse Ihrer virtuellen DVB-S-Netzwerkkarte. Diese lässt sich mit dem Befehl *IPCONFIG /ALL* in einem Eingabeaufforderungsfenster feststellen.

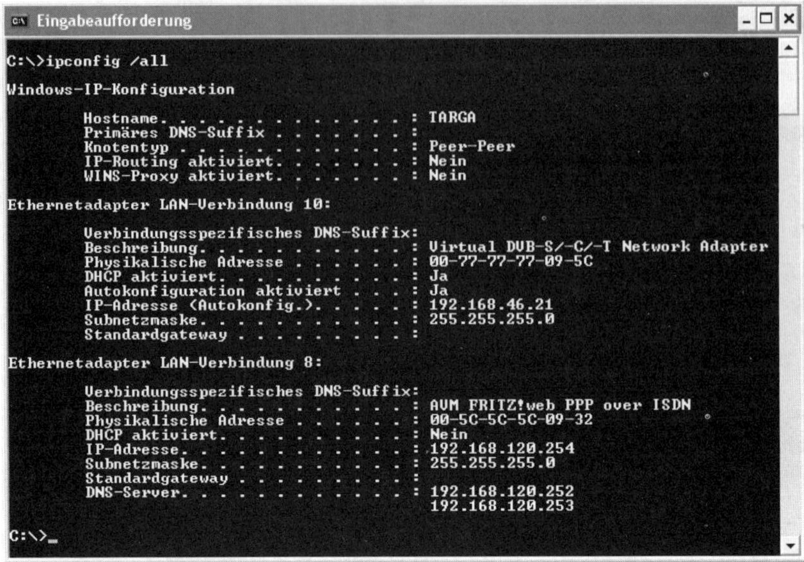

IP-Adresse der virtuellen DVB-S-Netzwerkkarte.

Bei der Installation werden alle IP-Adressen von lokalen Geräten angezeigt. Hier müssen Sie die richtige Karte auswählen. Danach muss nur noch das Programmverzeichnis festgelegt werden. Achten Sie dabei darauf, Casablanca auf einem Laufwerk zu installieren, auf dem noch mindestens 500 MByte, besser 1,5 GByte Platz frei sind. Die heruntergeladenene Webseiten werden in automatisch angelegten Unterverzeichnissen unterhalb des Casablanca-Installationsverzeichnisses gespeichert. Die maximale Speichergröße für die Offlinewebseiten kann nachträglich jederzeit verändert werden, das Verzeichnis allerdings nicht.

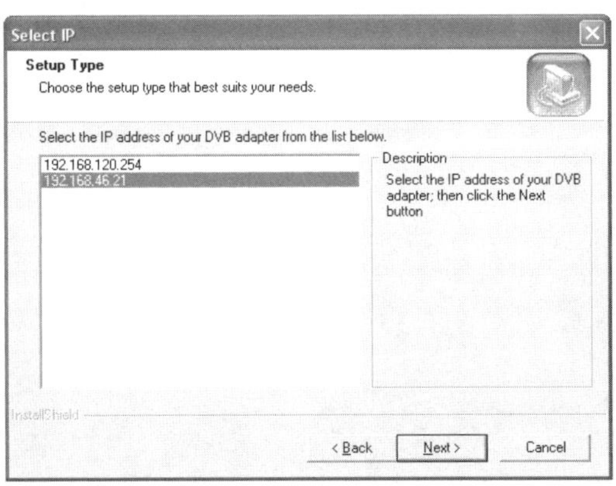

Auswahl der DVB-S-Karte.

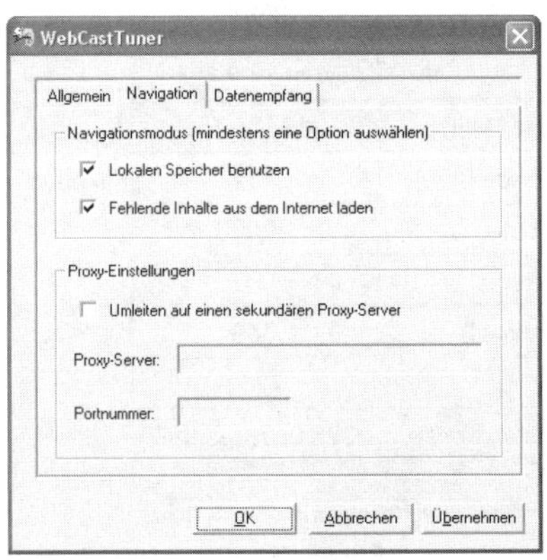

Einstellungen des Casablanca-WebCastTuners.

Im Casablanca WebCastTuner können Sie einstellen, ob fehlende Inhalte einer Webseite, wie zum Beispiel Download-Dateien oder tief gelegene Links, automatisch aus dem Internet geholt werden sollen. In diesem Fall baut Casablanca bei Bedarf eine Verbindung über die eingestellte DFÜ-Standardverbindung auf. Andernfalls erscheint beim Anklicken eines nicht vorhandenen Links eine Meldung, von der aus Sie manuell eine Internetverbindung aufbauen können.

Wenn der Casablanca WebCastTuner läuft, zeigt er durch eine Animation des Chamäleon-Symbols in der Taskleiste an, wenn Daten empfangen und lokal gespeichert werden. Ein Doppelklick auf dieses Symbol blendet die Portalseite ein.

Casablanca-Symbol neben dem Smiley der Datenapplikation in der Taskleiste.

In der Statistik der Datenapplikation sehen Sie dann einen Multicast-Datenstrom von 980 bis 1.000 KBit/s.

Beim Start von Casablanca wird der Internet Explorer automatisch auf den lokalen HTTP-Proxy *localhost:3128* konfiguriert. Beim Beenden von Casablanca wird diese Konfiguration wieder zurückgenommen, sodass der Internet Explorer wieder normal funktioniert. Casablanca funktioniert zurzeit noch nicht mit anderen Browsern.

Auf die empfangenen Inhalte kann man nur indirekt Einfluss nehmen. Casablanca liefert ein Voting-Programm mit, mit dem man Links auf seine Lieblingsseiten online an den Betreiber Sat@Once schicken kann. Diese Votings werden ausgewertet und beeinflussen, wie oft eine Seite im Turnus gesendet wird, wie lange man also durchschnittlich darauf warten muss, nachdem man Casablanca gestartet hat. Ist der lokale Speicher voll, löscht das System automatisch die nicht gevoteten Webseiten zuerst.

skyDSL

Der skyDSL-Dienst von Teles/Strato basiert ähnlich wie T-DSL via Satellit auf einem terrestrischen Rückkanal. Auch hier kann über jede beliebige DFÜ-Verbindung eingewählt werden, die Daten aus dem Internet werden ausschließlich über den Satelliten versendet, mit Geschwindigkeiten bis zu 8 MBit/s, die Daten vom Benutzer ins Internet über die terrestrische Verbindung. Dabei muss in jedem Fall die Internetverbindungs-Firewall ausgeschaltet sein, da diese nicht zulässt, dass Daten aus einer anderen Quelle kommen, als der, an die die Anfrage ging.

Außerdem bietet skyDSL zusätzliche Offlinedienste, für die keine terrestrische Internetverbindung notwendig ist:

- **skyE-Mail** – E-Mail wird offline über den Satelliten zugestellt und über einen lokalen Mailproxy an das E-Mail-Programm weitergeleitet.
- **skyFIP** (FIP = **F**avourite **I**nternet **P**ages) – beliebte Webseiten werden in regelmäßigen Abständen, ähnlich wie bei Casablanca, nur nicht so häufig, offline zugestellt. Dabei kann man hier explizit auswählen, welche Seiten man haben möchte und welche nicht.
- **skyRFD** (RFD = **R**equest **f**or **D**ownload) – hier können Sie sich größere Dateien offline zuschicken lassen. Die Datei braucht nur online kurz bestellt zu werden. Der Download erfolgt nach kurzer Zeit automatisch offline.

skyDSL verwendet zur Übertragung nicht den bekannten Astra-Satelliten, sondern den Eutelsat Telecom 2D auf 8° West. Deshalb können Sie keine vorhandenen Satellitenschüsseln verwenden. Der Anbieter liefert seinen Kunden eine eigene Satellitenschüssel und eine einfache DVB-S-Karte, die speziell für diesen Dienst konfiguriert ist.

Die Karte wird beim Einbau automatisch per Plug & Play erkannt, sodass Sie direkt die Treiber von der Original-CD installieren können.

Eigener Interrupt für skyDSL-Karte

Die skyDSL-Karte sollte immer einen eigenen Interrupt zur Verfügung gestellt bekommen, der mit keinem anderen Gerät geteilt wird. Andernfalls kann es Probleme geben, dass die nötige Signalqualität nicht erreicht wird, obwohl genügend Signalstärke empfangen wird.

Danach installieren und konfigurieren Sie die Software mit dem mitgelieferten Setup-Programm, wobei Sie in einem späteren Schritt des Installationsprogramms auch eine konventionelle Internetverbindung brauchen.

Richten Sie diese also bei Bedarf schon vorher über einen beliebigen Internetprovider per DFÜ-Netzwerk ein.

Im Setup-Assistenten müssen Sie Ihre persönliche Sky-Nummer eingeben, über die Sie sich später beim Server autorisieren. Später werden Sie nach Ihrem Internetzugang gefragt.

Solange Sie über das DFÜ-Netzwerk und den Internet Explorer oder Netscape-Browser ins Internet gehen, wählen Sie hier immer die Option *anderen Internet Dienst Anbieter.*

Dies gilt auch bei einem DFÜ-Zugang über T-Online. Die Optionen *AOL* und *T-Online* gelten nur für die spezielle Zugangssoftware dieser Anbieter.

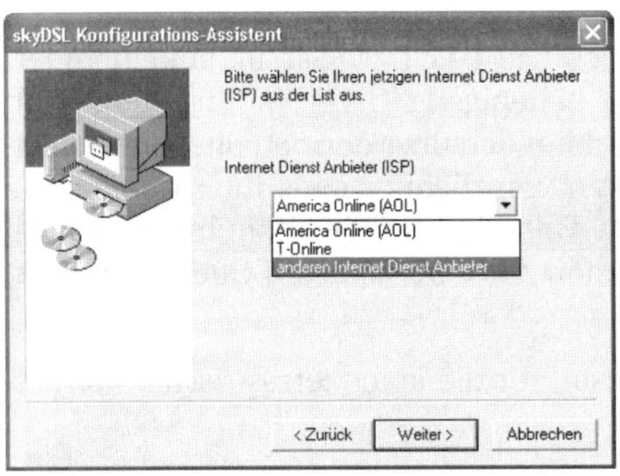

Auswahl eines Internetanbieters.

Festlegen des Offlinecache.

Die Setup-Routine installiert danach einige Teles-Miniport-Treiber, bei denen eine Microsoft-Fehlermeldung wegen eines nicht bestandenen Windows-Logo-Tests erscheint.

Ignorieren Sie diese Meldung und klicken Sie immer wieder auf *Installation fortsetzen,* bis der Verbindungs-Assistent zum Ausrichten der Schüssel erscheint.

Richten Sie die Satellitenschüssel mit dem dann automatisch startenden Tuner-Einstellprogramm aus, bis die Signalqualität auf 100 % steht und das Feld *Synchronisation* in der Mitte grün wird.

Klicken Sie erst dann auf *OK.*

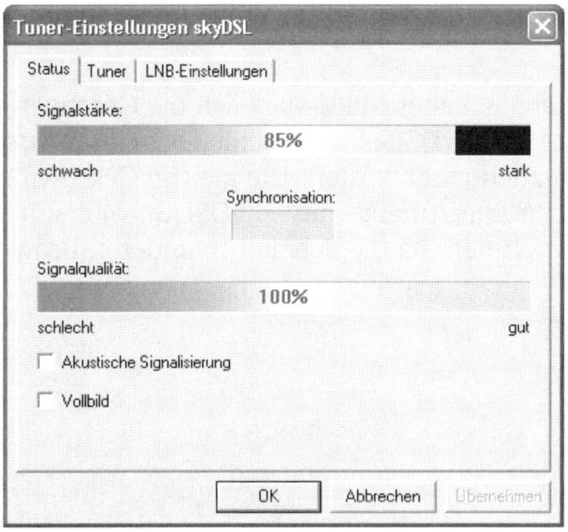

Tuner-Einstellungen.

Anzeige bei gefundenem Satelliten.

Falls Sie vom Standort der Satellitenschüssel den Monitor nur schlecht sehen können, aktivieren Sie die Schalter *Akustische Signalisierung* und *Vollbild*, sodass die Anzeige bildschirmfüllend mit Tonsignal erscheint. Die Einstellungen auf den Registerkarten *Tuner* und *LNB-Einstellungen* sind vorgegeben und brauchen nicht verändert zu werden.

Das skyDSL-Setup versucht jetzt, Ihren Browser zu konfigurieren, was unter Windows XP aber oft fehlschlägt, besonders wenn mehrere Browser und mehrere DFÜ-Verbindungen konfiguriert sind. Überprüfen Sie die Proxy-Konfiguration und tragen Sie, wenn dies nicht automatisch gemacht wurde, als Proxy 127.0.0.1 und als Port 8080 ein. Auf dieser Adresse läuft der lokale skyDSL-Proxy.

Im Browser wird automatisch eine Testseite von skyDSL angezeigt, auf der die Proxy-Einstellung überprüft wird. Diese Seite können Sie sich zu Testzwecken unter der angegebenen Adresse auch jederzeit anzeigen lassen.

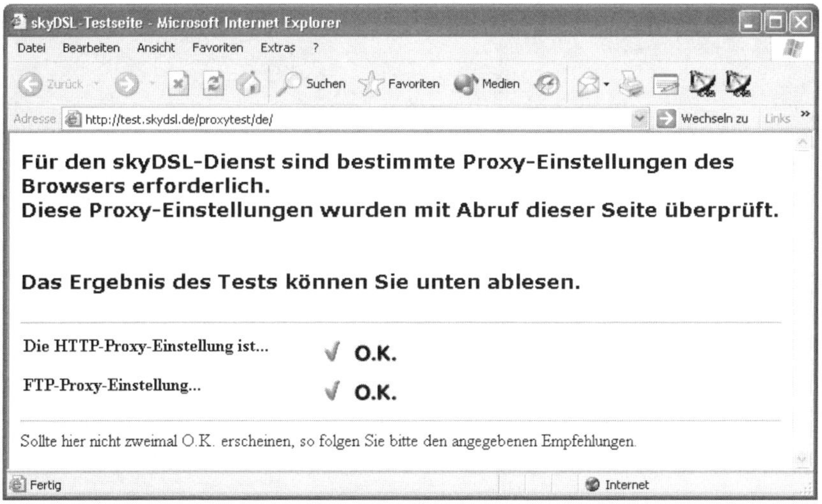

Proxy-Testseite.

Wenn Sie Netscape, Mozilla oder Opera verwenden, müssen Sie in diesen Browsern die Proxys gesondert konfigurieren, da hier für verschiedene Profile verschiedene Proxy-

Einstellungen verwendet werden können und nicht die Einstellungen aus dem Internet Explorer übernommen werden.

Im Internet Explorer erscheinen zwei zusätzliche Schalter mit denen sich die Geschwindigkeit des Satelliten-Downstream regeln lässt. Bei skyDSL sind verschiedene Geschwindigkeitsstufen möglich, wobei die schnelleren auch mehr kosten. Die gleiche Geschwindigkeitsregelung können Sie auch über das Kontextmenü des skyDSL-Schalters im Systemtray oder über das skyDSL-Cockpit vornehmen, da die Schalter in anderen Browsern nicht eingeblendet werden.

skyDSL-Cockpit.

Geschwindigkeitsstufen im Kontextmenü.

skyE-Mail

Für die Offlinezustellung von E-Mails tragen Sie im E-Mail-Programm als POP3-Server und als SMTP-Server ebenfalls den lokalen Proxy 127.0.0.1 ein. Dieser lokale Proxy empfängt die Mails, die offline vom skyDSL-Server per Satellit verschickt werden, sodass das E-Mail-Programm sie wiederum offline vom Proxy holen kann.

Mail-Konfiguration in Outlook Express.

Als Benutzernamen geben Sie Ihren skyDSL-Benutzernamen und als Passwort Ihr Passwort an, das Sie bei der Anmeldung bei *www.skydsl.de* verwendet haben. Der lokale Proxy fragt immer Ihre E-Mail-Adresse *Benutzername@skydsl.de* ab. Eine Offlinezustellung von E-Mails anderer Adressen ist nicht möglich. Sie können allerdings, soweit Ihr bisheriger E-Mail-Provider das unterstützt, eine automatische Weiterleitung auf die skyDSL-Adresse schalten.

Die Offline-E-Mails und Offlineseiten, die empfangen werden, können jederzeit mit dem Programm skyDSL Always On Control Center angezeigt werden. Dazu ist Java erforderlich, das in Windows XP standardmäßig nicht mehr enthalten ist. Um Java trotzdem verwenden zu können, müssen Sie sich bei *java.sun.com/getjava/download.html* das Java-Plug-In für Windows XP herunterladen.

Mehrbenutzerkonfiguration

Haben Sie unter Windows XP mehrere Benutzer installiert, müssen Sie zur Installation der skyDSL-Software über Administratorenrechte verfügen. skyDSL legt automatisch eine neue Benutzergruppe mit dem Namen *skyDSL* an. Alle Benutzer, die Zugriff auf den skyDSL-Dienst haben sollen, müssen in diese Gruppe aufgenommen werden. Das gilt nicht für die Home Edition von Windows XP, bei der es keine Benutzergruppen gibt.

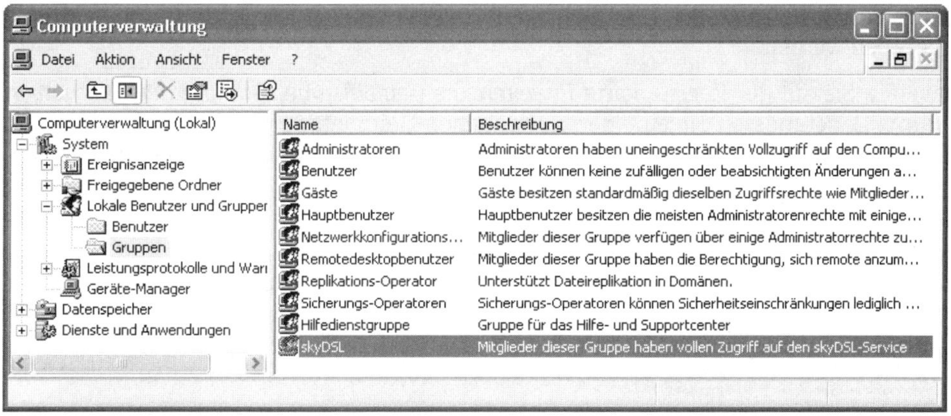

Die skyDSL-Benutzergruppe in der Computerverwaltung.

Das bedeutet aber auch, dass weder der Rechner noch ein Benutzer „skyDSL" heißen darf, da keine doppelten Namen erlaubt sind. Der skyDSL-Dienst wird global installiert, die Proxy-Einstellungen müssen Sie für jeden Benutzer gesondert eintragen.

Internet aus dem lokalen Netz

In einem Netzwerk braucht nicht jeder Rechner einen eigenen Internetzugang. Hier kann man sich einen Internetzugang mit mehreren Benutzern teilen, was neben geringeren Hardwarekosten auch den Vorteil hat, dass nur einmal die Verbindungsgebühren zum Provider anfallen, wenn mehrere Benutzer gleichzeitig im Internet sind.

Ein Nachteil dieser Methode ist, dass sich alle Benutzer die Bandbreite der Internetverbindung teilen müssen, was zu Performanceeinbußen führt, die aber bei schnellen Verbindungen über DSL oder Satellit im Normalbetrieb kaum eine Rolle spielen, solange nicht mehrere Anwender große Datenmengen herunterladen.

Mit der ICS-Funktion (**I**nternet **C**onnection **S**haring) aus Windows XP können Sie einen Computer als Host konfigurieren. Dieser verfügt über eine DFÜ- oder Breitbandverbindung zum Internet. Die anderen Computer, die Clients, verfügen über keinen eigenen Internetzugang.

> **Einschränkungen**
> Das Internet Connection Sharing funktioniert nicht in Netzwerken mit Windows 2000-Server-Domänen-Controllern, DNS-Servern, Gateways, DHCP-Servern oder in Netzwerken mit fest zugewiesenen IP-Adressen.

Konfiguration des Host-Computers

Erstellen Sie als Erstes auf dem Host-Computer eine ganz normale Internetverbindung zu einem Provider. Dabei sollten zwei Dinge beachtet werden:

- Benutzername und Passwort müssen für alle Benutzer gespeichert werden.
- Auf der Registerkarte *Optionen* sollte eine Leerlaufzeit eingestellt werden, nach der automatisch aufgelegt wird. Sonst bleibt die Verbindung nach der ersten Anwahl so lange bestehen, bis sie manuell auf dem Host oder von den Clients getrennt wird.

Verfügt der Host-Computer über mehrere Internetverbindungen, kann immer nur eine freigegeben werden.

Aktivieren Sie auf der Registerkarte *Erweitert* die *Gemeinsame Nutzung der Internetverbindung*. Dabei müssen Sie eine der vorhandenen Heimnetzwerkverbindungen auswählen, über die andere Benutzer aus dem lokalen Netzwerk auf den Host-Rechner zugreifen.

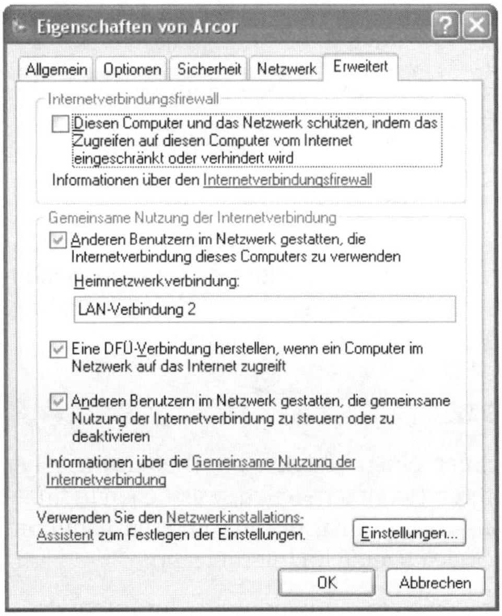

Einstellungen für die gemeinsame Nutzung einer Internetverbindung.

Durch die Internetverbindungsfreigabe bekommt der Host die statische IP-Adresse 192.168.000.001 mit der Subnetzmaske 255.255.255.000. Damit werden eventuell vorher vorhandene TCP/IP-Verbindungen im lokalen Netzwerk ungültig. Der Host vergibt per DHCP dynamische IP-Adressen an alle Clients, die sich im Netz anmelden. Der Internetprovider vergibt wiederum von sich aus eine dynamische Adresse an die ISDN-Karte oder Modem im Host. Hier kann nur dann eine statische Adresse verwendet werden, wenn man vom Internetprovider eine solche zugewiesen bekommen hat.

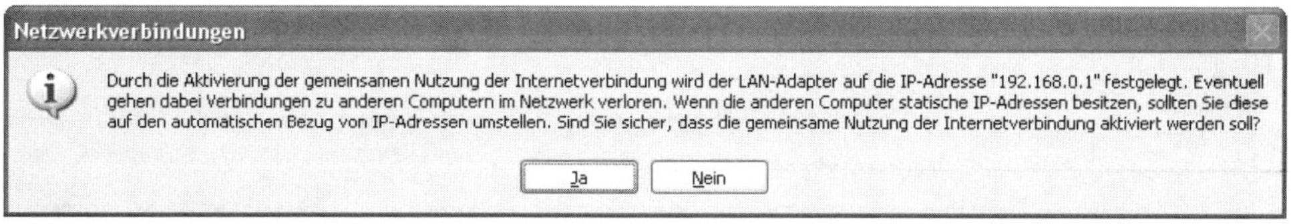

Warnmeldung bei Veränderung lokaler IP-Adressen durch die Internetverbindungsfreigabe.

Host zuerst starten

Wenn Sie das Internet Connection Sharing verwenden, muss der Host-Computer immer als erster im Netzwerk gestartet werden, damit die IP-Adressen an die Clients per DHCP vergeben werden können. In den meisten Fällen ist es die sinnvollste Lösung, den Host permanent laufen zu lassen. Fahren Sie auch den Host erst herunter, wenn alle Clients ausgeschaltet sind, da es sonst zu Problemen mit der Adressenkonfiguration und damit zu Störungen im lokalen Netzwerk kommen kann.

Aktivieren Sie weiterhin den Schalter *Eine DFÜ-Verbindung herstellen, wenn ein Computer im Netzwerk auf das Internet zugreift*, damit die DFÜ-Verbindung automatisch aufgebaut werden kann.

Der Dienst für die gemeinsame Nutzung der Internetverbindung muss gestartet sein. Das erledigt Windows XP bei der Internetverbindungsfreigabe selbstständig, vorausgesetzt, der Dienst wurde vorher nicht entfernt.

Verwenden Sie in Ihrem Netzwerk lokale Mail-, FTP- oder Webserver, können Sie diese Dienste über den Schalter *Einstellungen* in den erweiterten Eigenschaften der freigegebenen Internetverbindung für Benutzer aus dem Internet freigeben. Im Normalfall sollten hier alle Dienste deaktiviert sein, um eingehende Eindringversuche direkt abzublocken.

Konfiguration der Clients

Auf den Clients muss eine LAN-Verbindung installiert sein, die das TCP/IP-Protokoll verwendet. In den Eigenschaften des Protokolls müssen die Optionen *IP-Adresse automatisch beziehen* und *DNS-Serveradresse automatisch beziehen* eingeschaltet sein.

Wenn diese Schalter anders eingestellt waren, müssen Sie den Rechner neu booten, um die Änderungen zu übernehmen.

Die Internetverbindung erscheint dann im Ordner *Netzwerkverbindungen* und kann von hier aus auch gestartet und getrennt werden.

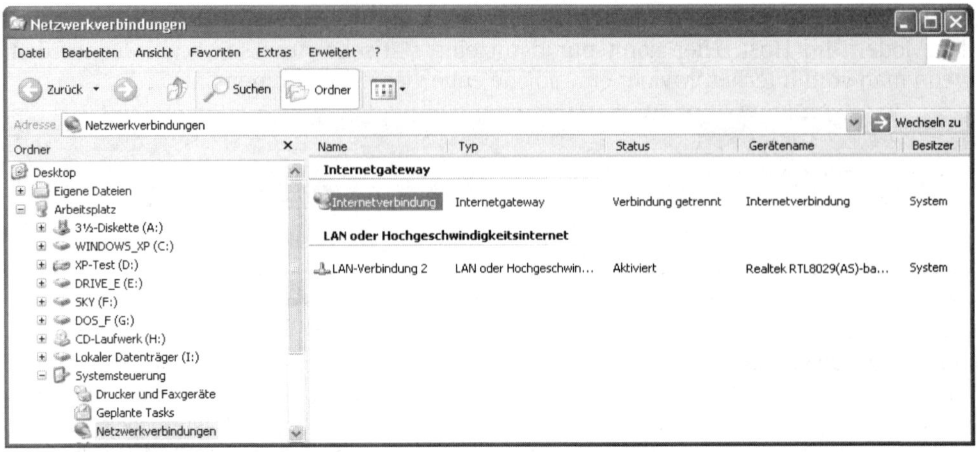

Internetverbindung über Internet Connection Sharing auf einem Client.

Die Clients bekommen vom DHCP-Dienst auf dem Host-Computer automatisch IP-Adressen im Bereich zwischen 192.168.0.2 und 192.168.0.254 zugewiesen.

Kein Proxy

Das Internet Connection Sharing verwendet keinen Proxy auf dem Host-PC. Schalten Sie auf den Clients in den Internetoptionen bzw. den Proxy-Einstellungen des Browsers keinen Proxy ein. Die lokalen IP-Adressen werden von einem Softwarerouter über NAT (**N**etwork **A**ddress **T**ranslation) umgesetzt, sodass nach außen hin nur die Adresse des Host-PCs erscheint.

Schalten Sie auf den Clients in den Eigenschaften der gemeinsam genutzten Internetverbindung den Schalter *Symbol bei Verbindung im Infobereich anzeigen* ein. Sie haben dann einen besseren Überblick über den Verbindungsstatus und eine einfache Möglichkeit, die Verbindung zu trennen.

Status einer Internetverbindung über Internet Connection Sharing auf dem Client.

Eigenschaften der Internetverbindung auf dem Client.

Alternative: FRITZ!Web

Das Programm FRITZ!Web, das bereits auf Seite 818 beschrieben wurde, bietet eine sehr einfach zu konfigurierende Alternative zur Microsoft-Internetverbindungsfreigabe.

FRITZ!Web wird auf dem Rechner installiert, der die ISDN-Karte für den Internetzugang enthält. Für die Nutzung im Netzwerk trägt FRITZ!Web einen Dienst *AVM FRITZ!web Routing Service* ein, der beim Start von FRITZ!Web automatisch gestartet wird und beim Beenden des Programms wieder beendet. Auf den anderen Rechnern im Netz brauchen Sie nur noch die IP-Adresse des Zugangsrechners in den Proxy-Einstellungen einzutragen. Dabei gilt die IP-Adresse der wirklichen Netzwerkkarte, nicht die Adresse, die für den FRITZ!Web-Netzwerktreiber eingetragen wird.

Hardwarerouter

Windows XP unterstützt auch Internetzugänge über ISDN- oder DSL-Router im Netz. Hier ist die Konfiguration normalerweise sehr einfach:

1. Installieren Sie auf einem Rechner die Konfigurationssoftware für den Router, falls eine solche mitgeliefert wird.
2. Weisen Sie dem Router mithilfe der Konfigurationssoftware oder über Telnet eine feste IP-Adresse zu und aktivieren Sie auf dem Router die DHCP-Serverfunktion.
3. Wählen Sie auf allen Rechnern im Netz in den Eigenschaften des TCP/IP-Protokolls der Netzwerkverbindung die Optionen *IP-Adresse automatisch beziehen* und *DNS-Serveradresse automatisch beziehen.*
4. Wählen Sie auf allen Rechnern im Netz in der *Systemsteuerung/Internetoptionen* auf der Registerkarte *Verbindungen* die Option *Keine Verbindung wählen* und schalten Sie in den *LAN Einstellungen* alle Schalter aus.

Im Konfigurationsprogramm für den Router müssen Sie die zu verwendende Internetverbindung definieren. Tragen Sie hier die Anwahlnummer und die Benutzerdaten ein sowie eine Zeit, nach der die Verbindung bei Leerlauf abgebaut werden soll. Vom einzelnen Rechner aus hat man keine Möglichkeit, auf dem Router die Verbindung zu trennen.

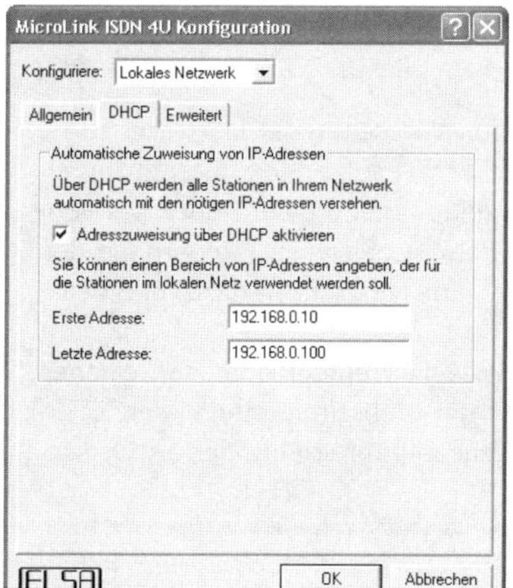

Adressbereich für automatisch vergebene IP-Adressen im Router.

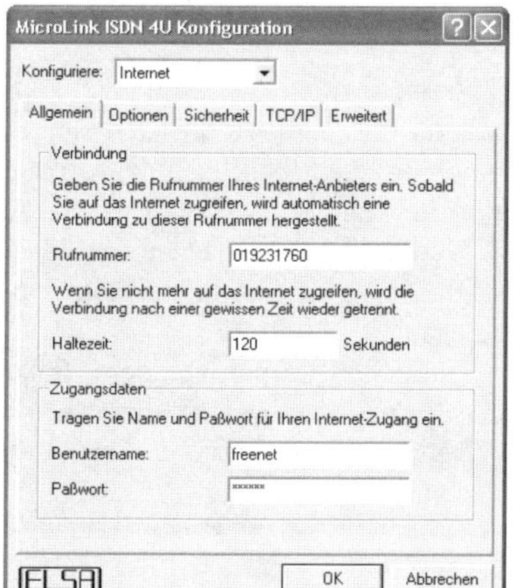

Konfiguration der Internetzugangsdaten im Router.

Die Konfigurationssoftware sieht bei jedem Router anders aus. Als Beispiel verwenden wir hier den ISDN-Router ELSA Microlink ISDN 4U.

Die meisten Router bieten eine Statusanzeige, über die man den Verbindungsstatus sowie die aktuellen IP- und DNS-Serveradressen sehen kann. Dieses Statusanzeigeprogramm muss aber nicht auf allen Rechnern im Netz installiert werden.

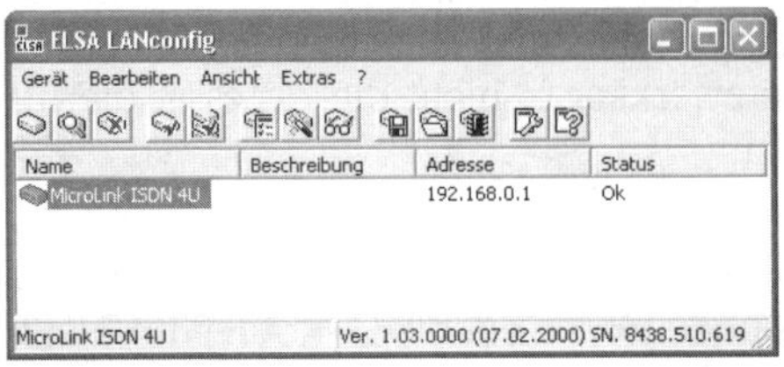

ELSA LANconfig.

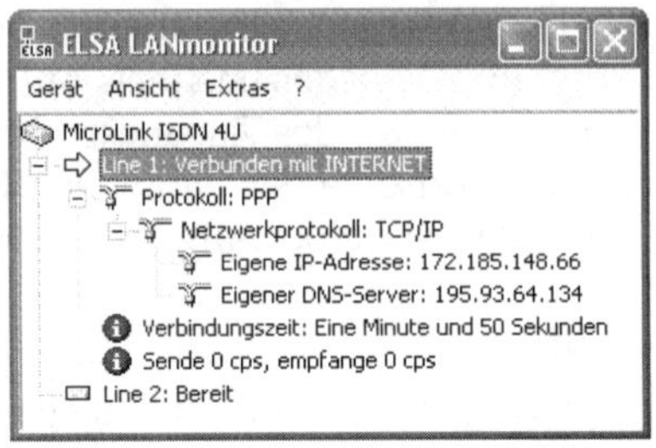

ELSA LANmonitor.

Seht für einen Router kein eigenes Konfigurations-Tool zur Verfügung, bauen Sie mit dem Windows XP-Programm *TELNET.EXE* über das lokale Netzwerk eine Verbindung zur IP-Adresse des Routers auf. Dort erscheint ein Konfigurationsmenü.

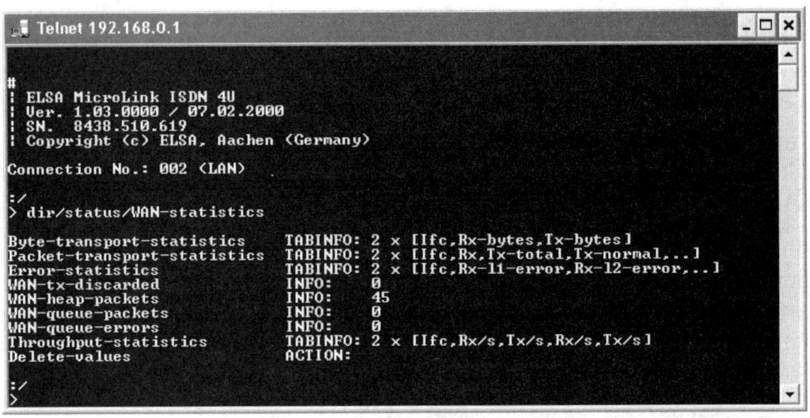

Telnet-Konfiguration eines ISDN-Routers.

Sicherheitsrisiko Telnet

Die Konfigurationsparameter für die meisten Router sind auf den Webseiten der Hersteller zu lesen. So bietet sich für Angreifer die Möglichkeit, von außen per Telnet auf einen Router zuzugreifen und die Konfiguration zu verändern, zum Beispiel, die Anwahlnummer die der Router verwendet, durch eine teure 0190-Nummer zu ersetzen. Wollen Sie ganz sicher gehen, steuern Sie den Router über ein serielles Kabel (vorausgesetzt, der Router bietet eine Möglichkeit dazu) und deaktivieren Sie den Telnet-Zugang.

Viele Zeitschriften und Webseiten warnen vor dem Risiko, dass ein Fremder über den eigenen Router ins Internet geht. Diese Problematik ist von amerikanischen Webseiten unreflektiert übernommen und trifft für Deutschland nicht zu, da hier Internetzugänge preisgünstiger als Ortsgespräche sind.

12.2 Kontrolle über Internetkomponenten

Standardmäßig besteht ein Internetzugang unter Windows XP aus einer DFÜ-Verbindung und dem Internet Explorer. Allerdings bleibt es normalerweise nicht dabei, sondern zahlreiche weitere Komponenten und Plug-Ins klinken sich irgendwo ein. Wir zeigen Ihnen, wie Sie diese Komponenten finden, kontrollieren und gegebenenfalls deaktivieren.

Sicherheitslücke im RAS-Telefonbuch
Durch eine von Microsoft bestätigte Sicherheitslücke im RAS-Telefonbuch kann sich ein Angreifer durch einen speziell formatierten Telefonbucheintrag freien Zugriff auf alle Computerkomponenten verschaffen. Um das Problem zu beheben, wurde auf der Windows Update-Webseite ein Patch mit der Nummer Q318138 veröffentlicht.

0190-Dialer

Bedingt durch die Diskussionen um illegale Machenschaften der Anbieter von 0190-Nummern ist der Begriff Dialer in Verruf geraten. Ein Dialer ist technisch gesehen noch nichts Verwerfliches, sondern lediglich ein Tool, das eine Internetverbindung über eine bestimmte Anwahlnummer herstellt. Verwerflich sind nur die Methoden, mit denen die Anbieter ihre Dialer versteckt ins System einbinden und versuchen, sie vor dem Anwender zu verbergen.

Das Prinzip der Dialer ist einfach: Über ein installiertes Modem oder eine ISDN-Karte wird eine Verbindung zu einer kostenpflichtigen 0190-Nummer aufgebaut und von dort weiter ins Internet, sodass man normal surfen kann, nur eben zu deutlich erhöhten Preisen. Der Betreiber der 0190-Nummer kassiert über die Telefonrechnung anonym für den so genannten „Mehrwertdienst“ nach folgender Tabelle.

Vorwahl	Kosten
0190-0	beliebig hoch
0190-1, 2, 3, 5	0,618 Euro/Minute
0190-6	0,433 Euro/Minute
0190-7, 9	1,237 Euro/Minute
0190-8	1,855 Euro/Minute
0193	beliebig hoch
0137	beliebig hoch

Der teuerste bisher aufgetauchte Dialer berechnet 900 Euro pro Einwahl und nennt sich „TSKS Pauschalzugang“.

Die Regulierungsbehörde für Telekommunikation und Post, die die Nummern an die Dialerbetreiber vergibt, veröffentlicht eine Liste aller 0190-Nummern und der zugehörigen Anbieter: *www.regtp.de/imperia/md/content/reg_tele/rufnummern/mwd/130.pdf*

Allerdings werden viele Nummern von einem Anbieter zum nächsten weitervermietet, sodass mehrere an einem Anruf verdienen. Hier wird es schwer, in langen Ketten den wirklichen Verursacher zu finden.

Schutz vor Dialern

Mit dem Schutz vor Dialern verhält es sich ähnlich wie mit dem Schutz vor Viren. Hersteller von Dialern und Schutzprogrammen liefern sich ein Wettrennen, sodass Aufmerksamkeit und das richtige Verhalten im Internet der beste Schutz sind. Beachten Sie auch die folgenden Tipps:

- Beim Verdacht auf einen Dialer sofort die Leitung physikalisch trennen (Stecker ziehen). Viele Dialer verhindern oder verzögern den Verbindungsabbau aus Windows heraus.
- Lassen Sie immer einen ISDN-Monitor mitlaufen, sodass Sie die tatsächlich angewählte Nummer einer Verbindung sehen.
- DSL-Verbindungen und Zugänge über Gatewayserver im Netzwerk sind vor Dialern sicher.
- Überprüfen Sie regelmäßig Ihre DFÜ-Netzwerkeinträge auf richtige Rufnummern, auch mit Wähloptionen und Ortsnetzkennzahlen. Verdächtig sind Einträge, deren Eigenschaften sich nicht bearbeiten lassen. Kontrollieren Sie dazu die Einträge in der *Systemsteuerung/Internetoptionen*. Die Einträge im Ordner *Netzwerkverbindungen* sind nur Verknüpfungen.
- Überprüfen Sie Ihre Browser-Startseite oder setzen Sie diese am besten auf die Option *leere Seite*, da einige Dialer sich über ActiveX aus einer lokalen Startseite heraus immer wieder neu installieren.
- Lassen Sie keine automatische DFÜ-Anwahl zu. Schalten Sie in den Internetoptionen auf der Registerkarte *Verbindungen* immer die Option *Keine Verbindung wählen* ein.
- Installieren Sie keine Programme von fremden Absendern aus Mails oder Chatgruppen. Lassen Sie auch nie ein Programm über ActiveX automatisch installieren.
- Deaktivieren Sie JavaScript und Java für eingehende Mails.
- Deaktivieren Sie in den Internetoptionen auf der Registerkarte *Sicherheit* unter *Stufe anpassen* alle ActiveX-Steuerelemente und auch den Download von ActiveX.
- Ein sehr guter Schutz ist der konsequente Verzicht auf die Programme Internet Explorer und Outlook. Alle anderen Browser und E-Mail-Programme sind vor bösartigen ActiveX-Controlls aller Art, die zum Beispiel zur Dialerinstallation verwendet werden, sicher.
- Ein absoluter Schutz ist die Sperrung des Anschlusses für 0190-Nummern. Dies kann in vielen Telefonanlagen manuell gemacht werden oder kostenpflichtig von der Telekom geschaltet. Die Methode hat allerdings den Nachteil, dass die neuen Call-by-Call-Anbieter mit 01900-Nummern auch nicht mehr verwendet werden können.

Die meisten Dialer, die nicht aus dem Porno-Bereich kommen, tarnen sich als „Hackertool“ oder „Internetbeschleuniger“. Bekannte Namen von 0190-Dialern sind unter anderem: TSCash, NetDebit, WebWerkzeug, aconti, HS-Connect, Webdialer und e-guide.

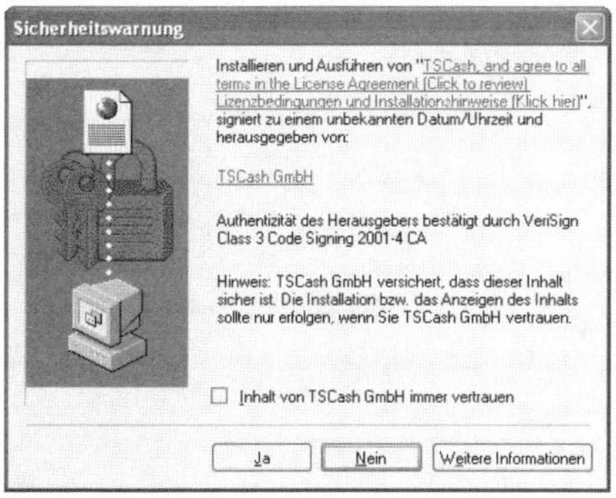

Vorsicht bei automatischen Installationen.

Dialer verstecken sich in so genannten Updates.

Dialer aufspüren

Im einfachsten Fall legt ein Dialer einen neuen DFÜ-Netzwerkzugang an und macht diesen automatisch zum Standardzugang oder verändert einen vorhandenen DFÜ-Netzwerkeintrag. Solche Fälle lassen sich mit Wachsamkeit und regelmäßiger Kontrolle erkennen. Schalten Sie die Anzeige des Ordners *Netzwerkverbindungen* immer auf *Details*, damit sehen Sie schneller geänderte Rufnummern oder andere ungewollte Veränderungen.

Nicht immer wird wirklich über das DFÜ-Netzwerk eingewählt. Einige Dialer nutzen spezielle Programme, die bei der Einwahl möglicherweise auch noch Daten zwischen Provider und Benutzer austauschen können.

Solche Programme finden Sie in der Registry unter *HKEY_LOCAL_MACHINE\Software\Microsoft\RAS AutoDial\Default*. In diesem Schlüssel sollte außer einem leeren Standardeintrag nichts weiter stehen. Ein Eintrag *DefaultInternet* deutet auf ein Einwahlprogramm hin, das in der Lage ist, einen automatischen Internetzugang herzustellen.

Manche Dialer sperren die Zugriffsrechte auf diesen Schlüssel, sodass er sich nicht löschen lässt. In so einem Fall müssen Sie in RegEdit über *Bearbeiten/Berechtigungen* als Administrator zunächst den Besitz an dem Eintrag übernehmen. Danach können Sie sich selbst Vollzugriff geben und den Eintrag löschen.

Einige Dialer sperren die Möglichkeit, die Eigenschaften einer DFÜ-Verbindung einzusehen oder zu verändern. Alle DFÜ-Einstellungen stehen im Klartext in der Datei *RASPHONE.PBK* im Verzeichnis *\Dokumente und Einstellungen\All Users\Anwendungsdaten\Microsoft\Network\Connections\Pbk*.

Suchen Sie in dieser Datei den Abschnitt über die entsprechende Verbindung. Die einzelnen Abschnitte beginnen immer mit dem Verbindungsnamen in eckigen Klammern. Verwendet die Verbindung einen speziellen Dialer, finden Sie die Einträge unter *CustomDialDll*, *CustomDialFunc* und *CustomRasDialDll*.

rasphone.pbk - Editor

Datei Bearbeiten Format Ansicht ?

```
[freenet.de super]
Encoding=1
Type=1
AutoLogon=0
UseRasCredentials=1
DialParamsUID=1998283
Guid=B645E1D313559A41AE69E417477A06E2
BaseProtocol=1
VpnStrategy=0
ExcludedProtocols=3
LcpExtensions=1
DataEncryption=0
SwCompression=0
NegotiateMultilinkAlways=1
SkipNwcWarning=0
SkipDownLevelDialog=0
SkipDoubleDialDialog=0
DialMode=0
DialPercent=0
DialSeconds=0
HangUpPercent=0
HangUpSeconds=0
OverridePref=15
RedialAttempts=0
RedialSeconds=0
IdleDisconnectSeconds=0
RedialOnLinkFailure=0
CallbackMode=0
CustomDialDll=c:\programme\super\CmDial32.DLL
CustomDialFunc=WSAutoDialHandlerA
CustomRasDialDll=c:\programme\super\CmDial32.DLL
```

Custom-Dialer in der Datei RASPHONE.PBK.

Diese Einträge sind normalerweise zwar vorhanden, aber leer, wenn über das DFÜ-Netzwerk angewählt wird:

```
CustomDialDll=
CustomDialFunc=
CustomRasDialDll=
```

Die Custom-Dialer sperren in vielen Fällen das Anzeigen der Verbindungseigenschaften. Wenn Sie die Einträge in der Datei *RASPHONE.PBK* bereinigt haben, können Sie sich die Verbindungseigenschaften anzeigen.

Die meisten Dialer schalten in den *Optionen* alle Anzeigen aus, sodass der Benutzer von der Einwahl nichts merkt und auch nicht feststellen kann, dass er im Internet ist. Aus dem gleichen Grund schalten die Dialer auch das Symbol bei Verbindung im Infobereich der Taskleiste aus.

Eine weitere beliebte Methode, teure 0190-Nummern zu verstecken, sind die Wählregeln und die Ortsnetzkennzahl. Wird im Feld *Ortsnetzkennzahl* eine 0190-Nummer des jeweiligen Anbieters eingetragen, erscheint diese nicht in der normalen Anzeige der Netzwerkverbindungen. Hier ist nur die normale Providernummer zu sehen, bei der kein Anwender Verdacht schöpft. In Wirklichkeit wählt der Dialer nur die als Ortsnetzkennzahl getarnte Anbieternummer, die danach gewählten Ziffern der eigentlichen angezeigten Providernummer werden ignoriert, da die Verbindung bereits besteht.

Andere Dialer schreiben vor ihre 0190-Nummer die Ziffernfolge 01033, um nicht erkannt zu werden. Diese ist aber nichts anderes als die Netzzugangszahl der Telekom und wird von Telekom-Anschlüssen schlicht ignoriert.

Als Ortsnetzkennziffer getarnte Anwahlnummer.

Verstecken von Onlineaktivitäten.

Sollten Sie für bestimmte Dienste den Dialer wirklich brauchen und ist der Eigenschaften-Dialog der Netzwerkverbindung gesperrt, können Sie die Einstellungen auch direkt in der Datei *RASPHONE.PBK* vornehmen. Die Tabelle zeigt die wichtigsten Parameter:

Parameter	Bedeutung im Eigenschaften-Dialog
RedialAttempts	Optionen/Anzahl der Wahlwiederholungen.
RedialSeconds	Optionen/Zeit zwischen Wahlwiederholungen (in Sekunden).
IdleDisconnectSeconds	Optionen/Leerlaufzeit, nach der aufgelegt wird (in Sekunden).
RedialOnLinkFailure	Optionen/Wählvorgang wiederholen, falls Verbindung getrennt wurde.
SharedPhoneNumbers	Allgemein/Alle Geräte wählen dieselbe Nummer.
PreviewUserPw	Optionen/Name, Kennwort, Zertifikat usw. abfragen.
PreviewDomain	Optionen/Windows-Anmeldedomäne einbeziehen.
PreviewPhoneNumber	Optionen/Rufnummer abfragen.
ShowDialingProgress	Optionen/Status während des Wählens anzeigen.
ShowMonitorIconInTaskBar	Allgemein/Symbol bei Verbindung im Infobereich der Taskleiste anzeigen.
PhoneNumber	Allgemein/Rufnummer.
AreaCode	Allgemein/Ortskennzahl.
CountryCode	Allgemein/Landeskennzahl.
UseDialingRules	Allgemein/Wählregeln verwenden.
PromoteAlternates	Allgemein/Andere (alternative Rufnummern).
TryNextAlternateOnFail	Allgemein/Andere/Nächste Rufnummer versuchen, falls Wählvorgang fehlschlägt.

Zum Schutz vor Dialern gibt es inzwischen auch spezielle Programme, wie zum Beispiel 0190-Warner (*www.wt-rate.com*) oder Yet-Another-Warner (*www.trojaner-info.de*). Diese Programme werden ähnlich wie Virenscanner ständig aktualisiert, da immer neue Dialer-Mechanismen auftauchen.

QuickTime

QuickTime ist ein multifunktionaler Betrachter für Filme, Musik und die bekannten QuickTimeVR-Panoramabilder. Das System wurde von Apple entwickelt, steht aber auch für Windows und Linux zur Verfügung. Die aktuelle Version finden Sie bei *www.apple.com/de/quicktime*.

QuickTime wird als ActiveX-Steuerelement für den Internet Explorer und als Plug-In für alle anderen Browser geliefert. Da QuickTime stark in das Betriebssystem eingreift, beschreiben wir hier, wie Sie es für Ihre Bedürfnisse konfigurieren und, wenn Sie wollen, auch wieder loswerden.

QuickTime wird über einen Installer installiert, der lokal läuft und sich die gewünschten Komponenten aus dem Internet holt. Wählen Sie immer die Methode *Angepasste Installation*. Dabei können Sie Komponenten auswählen und auch Dateiformate nach Bedarf zuweisen.

Bei der Installation werden vorhandene Installationen von Internet Explorer und Netscape erkannt, sodass die Plug-Ins installiert werden können. Der Mozilla-Browser wird nicht erkannt, obwohl das Netscape-Plug-In von QuickTime auch damit läuft. QuickTime kann entweder innerhalb des Browsers laufen oder auch als eigenständiger Player.

Der QuickTime Player.

Außer den Dateien im QuickTime-Programmverzeichnis werden noch einige Dateien mit den Endungen *.qts*, *.qtx* und *.qtp*, das ActiveX-Control *QuickTimeCheck.OCX* sowie *QTTask.exe* im *System32*-Verzeichnis installiert. Dazu kommt ein Systemsteuerungsmodul *QuickTime.cpl*, mit dem sich alle wichtigen Einstellungen vornehmen lassen.

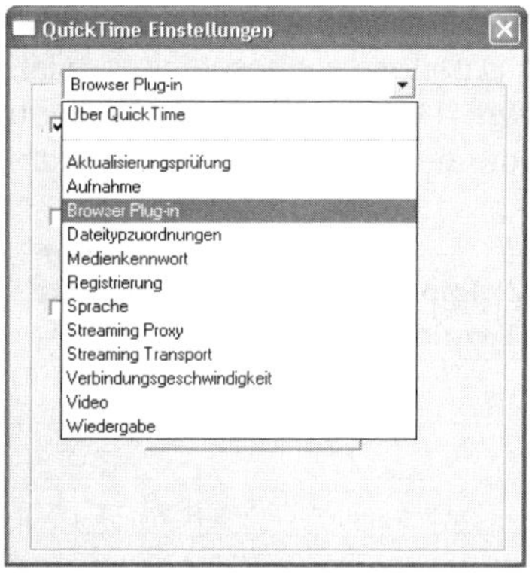

Das Konfigurationsmodul von QuickTime in der Systemsteuerung.

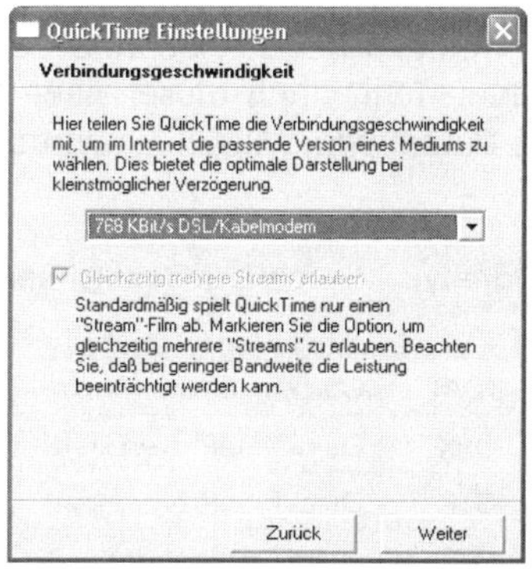

Einstellung der Übertragungsgeschwindigkeit.

QuickTime kann auch zum Betrachten von Streaming-Content im Internet verwendet werden. Dazu ist es wichtig, dass Sie die richtige Übertragungsgeschwindigkeit einstellen.

QuickTime eignet sich zum Betrachten zahlreicher verschiedener Dateitypen. Bei einer Standardinstallation werden verschiedene Dateiformate und MIME-Typen automatisch QuickTime zugewiesen. Die Einstellungen können über das QuickTime-Systemsteuerungsmodul aber manuell wieder zurückgenommen werden. Dazu werden die Class-IDs der Original-Werte in der Registry unter *HKEY_LOCAL_MACHINE\SOFTWARE\Apple Computer, Inc.\QuickTime\Registry Backup\Content Type* gespeichert.

Im Registry Hauptschlüssel *HKEY_CLASSES_ROOT* definiert QuickTime die zugeordneten Dateiformate um und legt unter *HKEY_CLASSES_ROOT\quicktime* und den folgenden Schlüsseln neue Beschreibungen der Formate an. Unter *HKEY_CLASSES_ROOT\MIME\Database\Content Type* finden Sie die Veränderungen der MIME-Typen und zugehörigen Class-IDs.

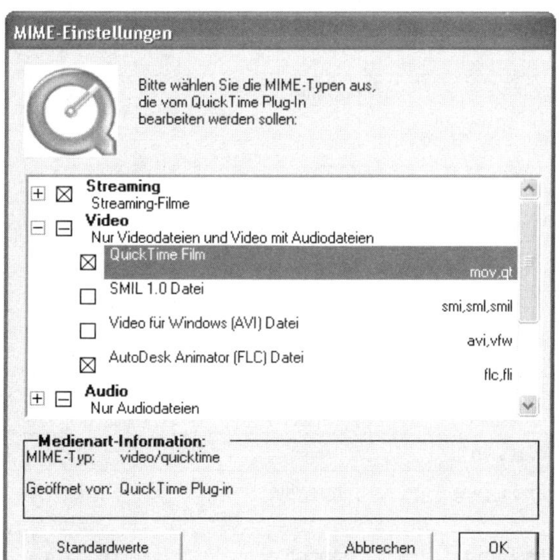

MIME-Einstellungen in QuickTime.

Die Original-Werte der Bezeichner werden vor einer Veränderung durch QuickTime im Wert *QuickTime.bak* im jeweiligen Registry-Schlüssel des Dateiformats gespeichert. Gab es vorher keinen Bezeichner, fehlt auch dieser neue Wert. Die Tabelle zeigt die von QuickTime veränderbaren Dateitypen, MIME-Typen und die neuen QuickTime-Bezeichner.

MIME-Typ	Dateityp	QuickTime-Bezeichner	Original-Bezeichner	Standard
	QDAT	QuickTimeInstallCache		x
	QPX	QuickTimePlayerExtension		x
	QTP	QuickTimePreferences		x
	QTS	QuickTimeSystem		x
	QTX	QuickTimeExtension		x
application/sdp application/x-sdp	SDP	QuickTime.sdp		x
application/smil	SMI	QuickTime.smi	RealPlayer.SMIL.6	-
application/smil	SMIL	QuickTime.smil	RealPlayer.SMIL.6	-
application/smil	SML	QuickTime.sml		-
application/x-quicktimeplayer	QTL	QuickTime.qtl		x
application/x-rtsp	RTSP	QuickTime.rtsp		x
application/ x-shockwave-flash	SWF		ShockwaveFlash. ShockwaveFlash	-
audio/basic	AU	QuickTime.au	AUFile	x
audio/basic	SND	QuickTime.snd	AUFile	x
audio/basic	ULW	QuickTime.ulw		x
audio/mid audio/midi audio/x-midi	MID	midfile	midfile	x
audio/mid audio/midi audio/x-midi	MIDI	midfile	midfile	x
audio/vnd.qcelp	QCP	-		x
audio/x-aiff audio/aiff	AIF	QuickTime.aif	AIFFFile	x
audio/x-aiff audio/aiff	AIFC	QuickTime.aifc	AIFFFile	x
audio/x-aiff audio/aiff	AIFF	QuickTime.aiff	AIFFFile	x
audio/x-gsm	GSM	QuickTime.gsm		x
audio/x-mpeg	SWA	QuickTime.swa		-
audio/x-mpeg audio/mpeg	MPEG	QuickTime.mpeg	mpegfile	x
audio/x-mpeg audio/mpeg	MPG	QuickTime.mpg	mpegfile	x

MIME-Typ	Dateityp	QuickTime-Bezeichner	Original-Bezeichner	Standard
audio/x-mpeg audio/mpeg	M1S	QuickTime.m1s		x
audio/x-mpeg audio/mpeg	M1A	QuickTime.m1a		x
audio/x-mpeg audio/mpeg	MP2	QuickTime.mp2	mpegfile	x
audio/x-mpeg audio/mpeg	MPM	QuickTime.mpm		x
audio/x-mpeg audio/mpeg	MPA	QuickTime.mpa	mpegfile	x
audio/x-mpeg audio/mpeg audio/mp3 audio/x-mp3 audio/mpeg3 audio/x-mpeg3	MP3	QuickTime.mp3	mp3file	-
audio/x-mpegurl audio/mpegurl	M3U	QuickTime.m3u	m3ufile	-
audio/x-scpls	PLS	QuickTime.pls		-
audio/x-sd2	SD2	QuickTime.sd2		-
audio/x-wav audio/wav	WAV	QuickTime.wav	soundrec	-
image/gif	GIF	QuickTime.gif	giffile	-
image/pict image/x-pict	PIC	-		x
image/pict image/x-pict	PCT	-		x
image/png image/x-png	PNG	pngfile	pngfile	x
image/tiff image/x-tiff	TIF	-	TIFImage.Document	x
image/vnd.fpx	FPX			-
image/x-bmp	BMP		Paint.Picture	-
image/x-macpaint	PNT	-		x
image/x-macpaint	MAC	-		x
image/x-photoshop	PSD			-
image/x-quicktime	QTI	-		x
image/x-sgi	SGI	-		x
image/x-sgi	RGB	-		x
image/x-targa	TGA	-		x
text/x-html-insertion	QHT	QuickTime.qht		-
text/x-html-insertion	QHTM	QuickTime.qhtm		-
video/flc	FLC	-		x
video/quicktime	QT	QuickTime.qt		x

MIME-Typ	Dateityp	QuickTime-Bezeichner	Original-Bezeichner	Standard
video/quicktime	MOV	QuickTime.mov		x
video/x-dv	DV			-
video/x-mpeg video/mpeg	MPEG	QuickTime.mpeg	mpegfile	x
video/x-mpeg video/mpeg	MPG	QuickTime.mpg	mpegfile	x
video/x-mpeg video/mpeg	M1S	QuickTime.m1s		x
video/x-mpeg video/mpeg	M1A	QuickTime.m1a		x
video/x-mpeg video/mpeg	MP2	QuickTime.mp2	mpegfile	x
video/x-mpeg video/mpeg	MPM	QuickTime.mpm		x
video/x-mpeg video/mpeg	M1V	QuickTime.m1v	mpegfile	x
video/x-mpeg video/mpeg	M75	QuickTime.m75		x
video/x-mpeg video/mpeg	M15	QuickTime.m15		x
video/x-msvideo video/msvideo video/avi	AVI	QuickTime.avi	avifile	-
video/x-msvideo video/msvideo	VFW	QuickTime.vfw		-

Bei einer Deinstallation von QuickTime wird das Programm entfernt und die Dateitypzuweisungen auf die bei der Installation in der Registry gespeicherten Werte zurückgesetzt.

Haben Sie zwischenzeitlich manuell andere Typzuweisungen festgelegt, müssen Sie diese auch manuell oder über das verwendete Programm restaurieren.

RealPlayer

Der RealPlayer von *www.real.com* ist ein weiteres Multimedia-System zum Verarbeiten von Videos, Audio und Streaming-Mediadaten, in der neuen Version auch von interaktiven Spielen aus dem Internet.

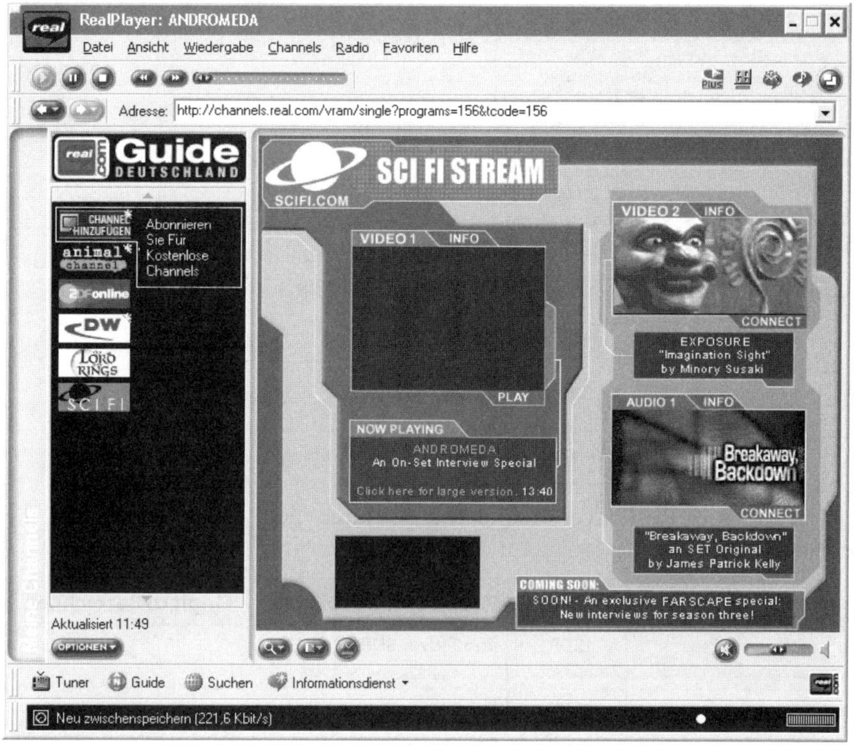

RealPlayer.

Der RealPlayer läuft als Stand-alone-Applikation oder auch als Plug-In im Internet Explorer oder Netscape.

Bei Netscape wird er mit den Installationsdateien ausgeliefert und kann optional gleich mit installiert werden.

E-Mail-Adresse verbergen

Bei der Installation müssen Sie eine E-Mail-Adresse angeben. Möchten Sie nicht, dass diese Adresse ausgelesen und weitergegeben werden kann, löschen Sie sie später aus der Registry. Sie finden den Eintrag unter *HKEY_CLASSES_ROOT\Software\RealNetworks\Preferences\UserAdress.*

Ähnlich wie QuickTime definiert auch der RealPlayer im Registry-Hauptschlüssel *HKEY_CLASSES_ROOT* die zugeordneten Dateiformate um und legt unter *HKEY_CLASSES_ROOT\RealPlayer* und den folgenden Schlüsseln neue Beschreibungen der Formate an.

Unter *HKEY_CLASSES_ROOT\MIME\Database\Content Type* finden Sie die Veränderungen der MIME-Typen und zugehörigen Class-Ids.

Allerdings wird im Gegensatz zu QuickTime keine Sicherung der alten Zuordnungen in der Registry gespeichert.

RealPlayer-Einstellung für Dateiformate.

Die Tabelle zeigt die vom RealPlayer veränderbaren Dateitypen, MIME-Typen und die neuen RealPlayer-Bezeichner.

MIME-Typ	Dateityp	RealPlayer-Bezeichner	Original-Bezeichner
application/sdp application/x-sdp	SDP	RealPlayer.SDP.6	
application/smil	SMI	RealPlayer.SMIL.6	
application/smil	SMIL	RealPlayer.SMIL.6	
application/streamingmedia	SSM		SSM
application/vnd.rn-realmedia	RM	RealPlayer.RM.6	
application/vnd.rn-realmedia-secure	RMS	RealPlayer.RMS.6	
application/x-midi	RMI	LiveUpdate.MIDI.6	midfile
application/x-pn-mpg	MPA	DBC.MPEG.1	mpegfile
application/x-pn-npistream	NPI	Netpodium.npi.1	
application/x-pn-virtualink	MBC	mimio.RP	
audio/aiff audio/x-aiff audio/x-pn-aiff	AIF	RealPlayer.AIFF.6	AIFFFile
audio/aiff audio/x-aiff audio/x-pn-aiff	AIFF	RealPlayer.AIFF.6	AIFFFile
audio/basic audio/x-pn-au	AU	RealPlayer.AU.6	AUFile
audio/mid audio/midi audio/x-mid audio/x-midi	MID	LiveUpdate.MIDI.6	midfile
audio/mid audio/midi audio/x-mid audio/x-midi	MIDI	LiveUpdate.MIDI.6	midfile

MIME-Typ	Dateityp	RealPlayer-Bezeichner	Original-Bezeichner
audio/mid audio/midi audio/x-mid audio/x-midi	RMI	LiveUpdate.MIDI.6	midfile
audio/mpeg audio/mp3 audio/x-mp3 audio/x-mpeg audio/mpeg3 audio/x-mpeg3	MP3	RealPlayer.MP3.6	mp3file
audio/mpeg audio/x-mpeg	MPGA	RealPlayer.MP3.6	
audio/mpeg audio/x-mpeg	MP1	RealPlayer.MP3.6	
audio/mpeg audio/x-mpeg	MP2	DBC.MPEG.1	mpegfile
audio/mpeg audio/x-mpeg	MPA	DBC.MPEG.1	mpegfile
audio/mpegurl audio/x-mpegurl	M3U	RealPlayer.MP3PL.6	m3ufile
audio/mpegurl audio/x-mpegurl	PLS	RealPlayer.MP3PL.6	
audio/mpegurl audio/x-mpegurl audio/x-scpls	XPL	RealPlayer.MP3PL.6	
audio/vnd.rn-realaudio audio/x-realaudio	RA	RealPlayer.RA.6	
audio/vnd.rn-realaudio-secure	RMS	RealPlayer.RMS.6	
audio/wav audio/x-wav audio/x-pn-wav audio/x-pn-windows-acm	WAV	RealPlayer.WAV.6	soundrec
image/vnd.rn-realflash	RF	RealPlayer.Flash.6	
image/vnd.rn-realpix	RP	RealPlayer.PIX.6	
text/vnd.rn-realtext	RT	RealPlayer.RT.6	
text/vnd.rn-realtext3d	R3T	RealPlayer.R3T.6	
video/avi video/msvideo video/x-msvideo	AVI	RealPlayer.AVI.6	avifile
video/mpeg video/mpg video/x-mpeg	MPEG	DBC.MPEG.1	mpegfile
video/mpeg video/mpg video/x-mpeg	MPA	DBC.MPEG.1	mpegfile
video/mpeg video/mpg video/x-mpeg	MPG	DBC.MPEG.1	mpegfile

MIME-Typ	Dateityp	RealPlayer-Bezeichner	Original-Bezeichner
video/mpg	MPV	DBC.MPEG.1	
video/mpg	MP2	DBC.MPEG.1	mpegfile
video/vnd.rn.realvideo	RV	RealPlayer.RV.6	

Beim Vergleich dieser Tabelle mit der Tabelle von QuickTime fällt auf, dass die Zuweisung von MIME-Typen zu Dateiendungen nicht die gleiche ist.

Haben Sie beide Player installiert und möchten Dateien eines Typs lieber mit dem anderen Player anzeigen, verändern Sie die Zuweisungen entsprechend der Tabellen.

Automatische Aktualisierungen

Schalten Sie in den Einstellungen des RealPlayer auf der Registerkarte *Inhalt* die Hinweisfunktion für neue Nachrichten und die automatischen Aktualisierungen der Channels aus, da der RealPlayer sonst in regelmäßigen Abständen ins Internet wählt. Diese Anwahlen passieren auch, wenn der RealPlayer gerade nicht läuft.

Konfiguration: RealPlayer mit T-Online

Wenn Sie den T-Online-Browser verwenden, haben Sie dort einen komfortablen Konfigurationsdialog, in dem Sie festlegen können, welche Dateiformate vom RealPlayer und welche vom Windows Media Player dargestellt werden sollen.

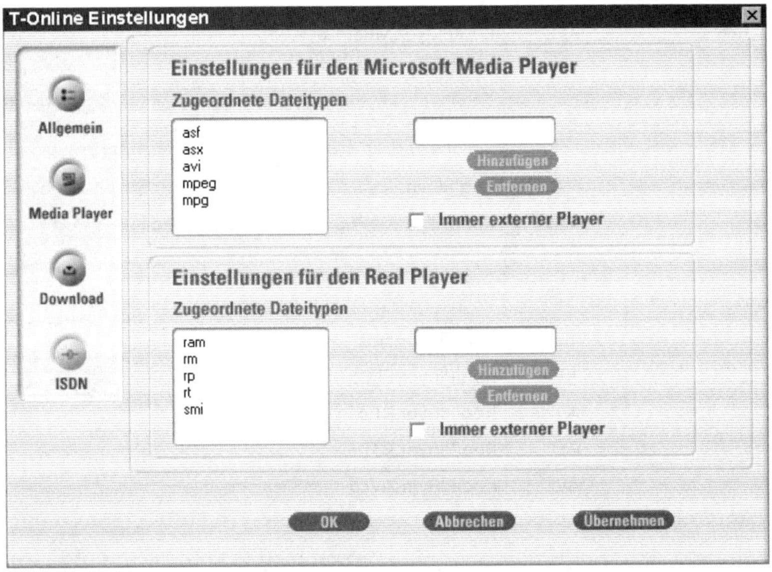

Konfigurationsdialog im T-Online-Browser.

Konfiguration: RealPlayer in lokalen Netzen

In lokalen Netzwerken, in denen der Internetzugang über einen Proxy-Server läuft, kann es vorkommen, dass der RealPlayer zwar Webseiten und Bilder, aber keine Streaming-Daten empfängt.

Der RealPlayer kann zur Übertragung der Daten verschiedene Protokolle verwenden. Dabei bringt UDP die beste Bildqualität, gefolgt von TCP.

Die geringste Qualität bringt HTTP, dafür ist dieses Protokoll bei jeder Proxy-Konfiguration verwendbar.

Tragen Sie in den Einstellungen auf der Registerkarte *Transportprotokoll* die für UDP verwendbaren Ports ein. Diese müssen im Netz frei zur Verfügung stehen und in einer eventuell vorhandenen Firewall freigeschaltet sein.

Gibt es für den Internetzugang Proxy-Server für PNA und RTSP, tragen Sie diese mit IP-Adresse und Port auf der Registerkarte *Proxy* ein.

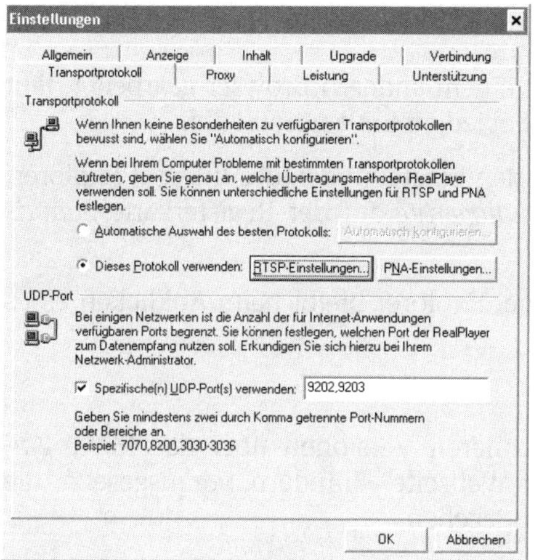

UDP-Ports.

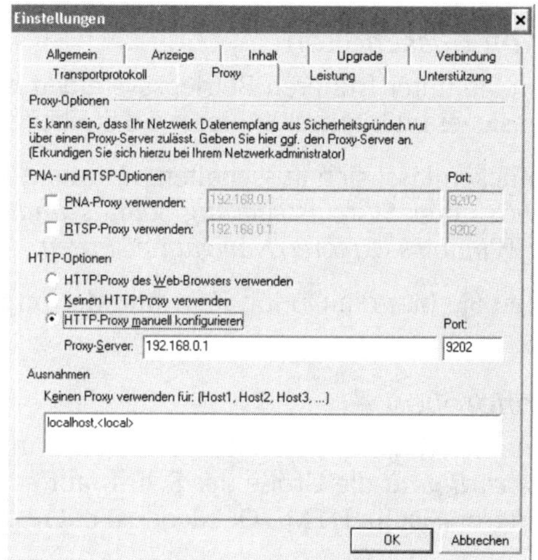

Proxy-Server.

Sollte keine UDP-Verbindung möglich sein, aktivieren Sie die TCP-Verbindung auf der Registerkarte *Transportprotokoll* mit den Schaltflächen *RTSP-Einstellungen* und *PNA-Einstellungen*.

Lässt der Proxy-Server im lokalen Netzwerk auch keine TCP-Verbindungen durch, schalten Sie hier auf *Nur HTTP verwenden* um. In diesem Fall müssen Sie auf der Registerkarte *Proxy* einen HTTP-Proxy konfigurieren.

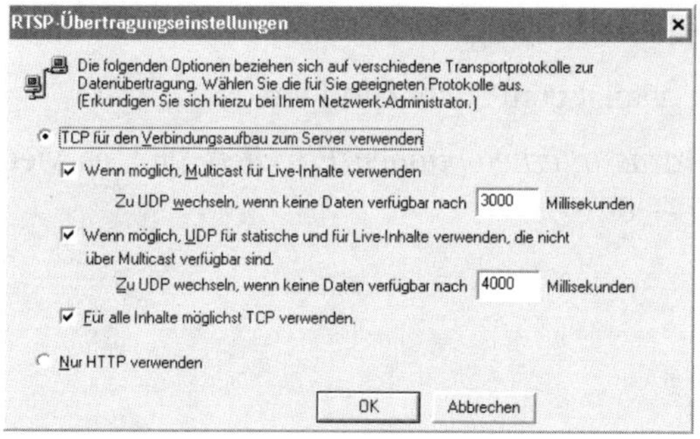

TCP-Einstellungen.

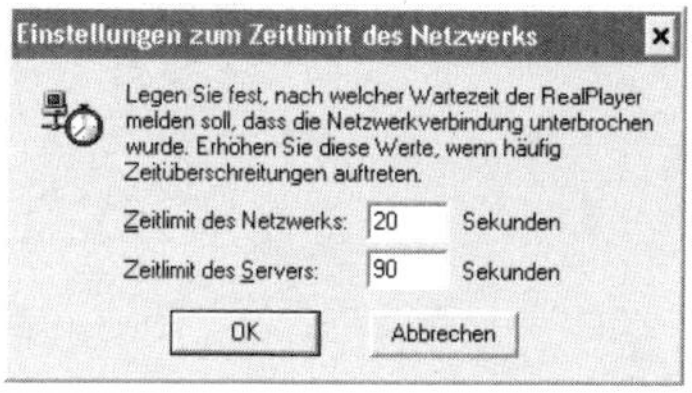

Zeitlimit.

Kommt es bei der Übertragung von Streaming-Daten zu Zeitübeschreitungen im Netz, erhöhen Sie die Zeitlimits mit dem Schalter *Einstellungen zum Zeitlimit des Netzwerkes* auf der Registerkarte *Verbindung*.

12.3 Internetzugang per Internet Explorer und MSN Explorer

Die Bedienungsweise des Internet Explorer ist so weit selbsterklärend, dass man dazu nicht viel schreiben muss.

Im folgenden Abschnitt zeigen wir einige weniger bekannte, aber sehr nützliche Sonderfunktionen.

Klicken ausschalten

Haben Sie unter früheren Betriebssystemen mit einem anderen Browser gearbeitet, fällt Ihnen sicher im Internet Explorer 6 das Klicken bei jedem Link störend auf.

Das Klicken lässt sich ausschalten, nur nicht in den Einstellungen des Internet Explorer, sondern unter *Systemsteuerung/Sounds und Audiogeräte* auf der Registerkarte *Sounds* unter *Windows Explorer/Navigation starten*.

Wählen Sie hier die Option *Kein* und der Internet Explorer bleibt beim Anklicken eines Links ruhig.

Schriftgrößen

Im Internet Explorer konnten Sie schon in früheren Versionen über das Menü *Ansicht/Schriftgrad* die Größe der Schrift auf einer Webseite verändern, vorausgesetzt, die Schriftgröße ist im HTML-Quellcode nicht fest angegeben.

Der Internet Explorer 6 in Windows XP bietet jetzt noch eine sehr einfache Möglichkeit, die Schriftgröße zu verändern: Halten Sie die [Strg]-Taste gedrückt und drehen Sie gleichzeitig das Mausrad.

Damit können Sie zwischen verschiedenen Schriftgrößen scrollen.

Suchen in der Adresszeile

Um im Internet etwas zu suchen, müssen Sie nicht unbedingt erst auf die Webseite einer Suchmaschine gehen.

Nicht einmal das Suchformular in der Seitenleiste ist nötig.

Geben Sie in der Adresszeile das Wort „go“, gefolgt vom Suchbegriff ein.

Abhängig von den Einstellungen unter *Extras/Internetoptionen/Erweitert* gibt es vier Möglichkeiten, wie die Suchergebnisse angezeigt werden.

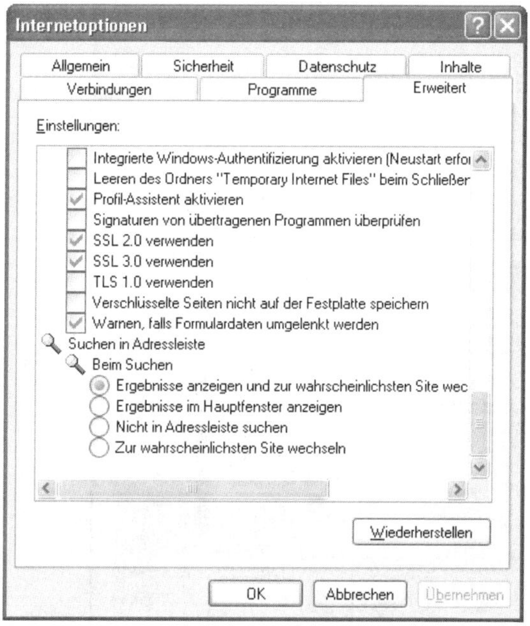

Einstellungen zur Suche in der Adressleiste.

- **Ergebnisse anzeigen und zur wahrscheinlichsten Site wechseln** - zeigt in der Seitenleiste die wichtigsten Ergebnisse der Suche bei MSN und einen Link auf eBay-Auktionen zum gesuchten Thema an. Im Hauptfenster erscheint oben ein Frame mit Werbung für die Software Keywords von RealNames und darunter die wahrscheinlichste der gefundenen Webseiten zum Thema.
- **Ergebnisse im Hauptfenster anzeigen** - zeigt im Hauptfenster alle Ergebnisse der Suche bei MSN an.
- **Nicht in Adressleiste suchen** - unterbindet die Suche in der Adressleiste, die manchmal auch lästig sein kann, da Tippfehler als Suchanfragen ausgewertet werden.
- **Zur wahrscheinlichsten Site wechseln** - Im Hauptfenster erscheint oben ein Frauame mit Werbung für die Software Keywords von RealNames und darunter die wahrscheinlichste der gefundenen Webseiten zum Thema.

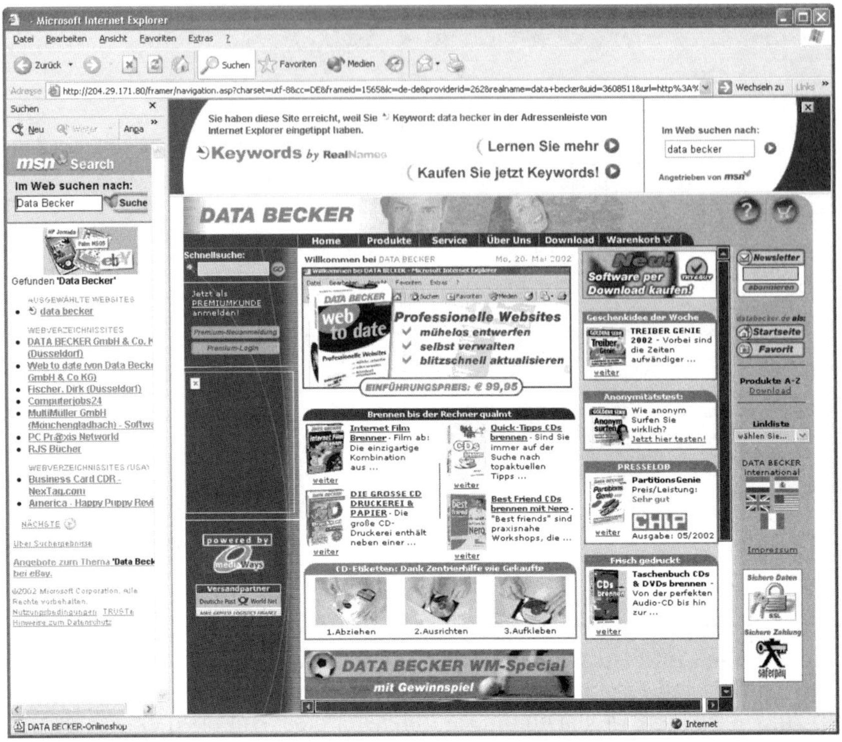

Anzeige von Suchergebnissen und der wahrscheinlichsten Seite.

Nachteile dieses Verfahrens sind, dass die Suchmaschine nicht eingestellt werden kann und es keine Möglichkeit gibt, mit dem *Zurück*-Schalter wieder zur Suchanfrage zurückzukehren und diese zu modifizieren.

Einbinden anderer Suchmaschinen

Standardmäßig sucht der Internet Explorer mit dem *Suchen*-Schalter über die Microsoft-MSN-Suchmaschine. Diese Einstellung ist in der Registry gespeichert und lässt sich auf eine andere Suchmaschine ändern, wenn diese ein HTML-Formular zur Verfügung stellt, das in das Seitenfenster des Internet Explorer eingebunden werden kann.

Am Beispiel der Suchmaschine Google sehen Sie hier die notwendigen Registry-Einträge, die wir auch als REG-Datei auf der Buch-CD mitliefern.

- Google-Suche (GOOGLE.REG)

```
[HKEY_CURRENT_USER\Software\Microsoft\Internet Explorer\Main]
„Search Page"="http://www.google.com"
„Search Bar"="http://www.google.com/ie"

[HKEY_CURRENT_USER\Software\Microsoft\Internet Explorer\SearchURL]
„"="http://www.google.com/keyword/%s"

[HKEY_LOCAL_MACHINE\SOFTWARE\Microsoft\Internet Explorer\Search]
„SearchAssistant"="http://www.google.com/ie"
```

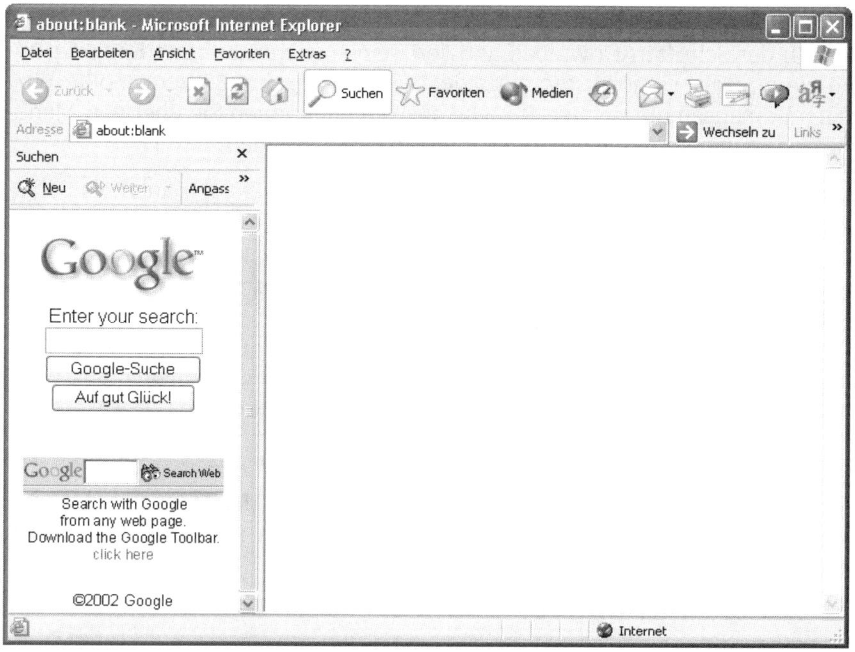

Internet Explorer mit Google-Suchformular.

Sprachen

Mehrsprachige Webseiten können anhand des *navigator.language*-Attributs in der Browser-Kennung unterscheiden, welche Sprachversion angezeigt werden soll.

In den Einstellungen des Internet Explorer 6 können Sie mehrere Sprachen angeben. Eine mehrsprachige Seite überprüft die angegebenen Sprachen in der Reihenfolge von oben nach unten. Wird eine Sprache gefunden, in der ein passender Inhalt vorhanden ist, wird dieser an den Besucher gesendet.

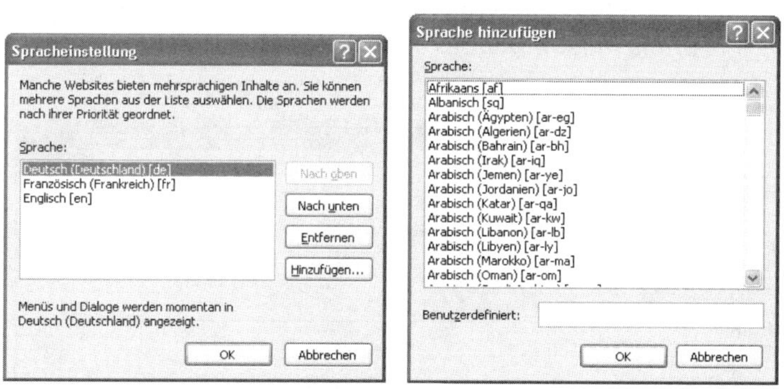

Spracheinstellungen im Internet Explorer 6.

Windows zeigt in der Liste eine große Anzahl von Sprachen, was aber noch nicht heißt, dass Inhalte in diesen Sprachen auch angezeigt werden können. Zu vielen Sprachen aus Osteuropa und Asien müssen zuerst spezielle Sprachpakete über die Windows Update-Seite heruntergeladen werden.

Der Download der Sprachpakete kann automatisch erfolgen. Dazu muss in den Sicherheitseinstellungen der Schriftart-Download aktiviert sein sowie im Internet Explorer unter *Ansicht/Codierung* die Option *Automatische Auswahl* angekreuzt sein. Sollte eine Webseite nicht automatisch die richtige Sprache auswählen, können Sie über den Menüpunkt *Ansicht/Codierung/Mehr* auch manuell eine Sprache einstellen.

Dieses Menü können Sie über *Ansicht/Symbolleisten/Anpassen* auch als Schalter in die Symbolleiste einfügen.

Andere Methoden zur Anzeige fremder Schriften

Da dieses Verfahren nur mit dem Internet Explorer funktioniert und nicht zu anderen Browsern kompatibel ist, verwenden viele osteuropäische und asiatische Webseiten stattdessen den Bitstream Webfont Player oder Unicode-Schriftarten. Beide Methoden funktionieren in jedem Browser.

Die eingestellte Sprache hat keinen Einfluss auf die Darstellung der Menüs im Internet Explorer. Diese lässt sich im Gegensatz zu anderen Browsern hier nicht unabhängig von der Windows-Sprachversion einstellen.

Java

Wegen urheberrechtlicher Schwierigkeiten darf Microsoft die neue Java Virtual Machine für Java 2 nicht mehr ausliefern. Wie aus Trotz enthält der Internet Explorer 6 nicht einmal mehr die Java Virtual Machine für Java 1. Das Thema Java wird sogar in der Hilfe zum Internet Explorer komplett totgeschwiegen.

Auf den CD-ROMs von Beta- und Vorabversionen von Windows XP befand sich im Verzeichnis *\valueadd\msft\javavm* noch die Java Virtual Machine, die aber nicht installiert wurde. In der Auslieferungsversion von Windows XP ist dieses Verzeichnis nicht mehr enthalten.

Das Windows XP Service-Pack 1 soll wieder eine ältere Version der Java Virtual Machine enthalten. Um Java trotzdem mit dem Internet Explorer verwenden zu können, müssen Sie sich bei *java.sun.com/getjava/download.html* das Java-Plug-In für Windows XP herunterladen.

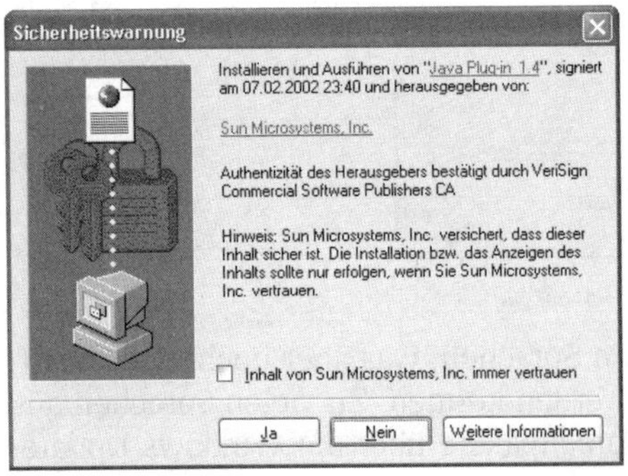

Download des Java-Installers.

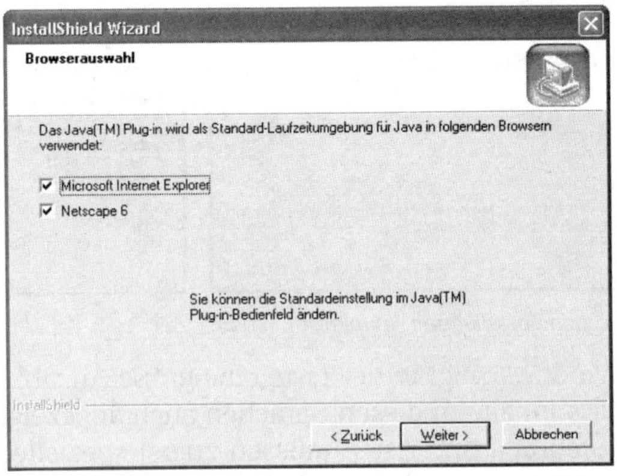

Auswahl der Browser.

Bei der Installation können Sie auswählen, welche Browser die Java VM verwenden sollen.

Zum Test der erfolgreichen Installation zeigt der Internet Explorer eine dampfende Kaffeetasse, das Java-Logo, an.

Ohne Java erscheint hier nur ein leeres Feld.

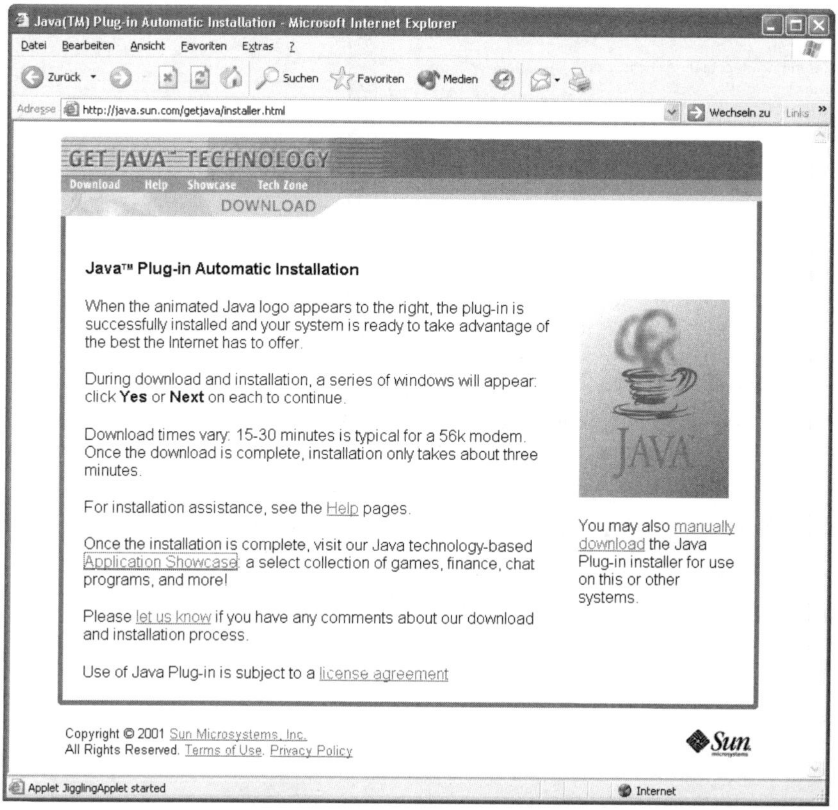

Die Java-Testseite.

Solange ein Browser die Java VM geladen hat, erscheint im Symbolbereich der Taskleiste ein Java-Symbol, mit dem Sie die Java-Konsole einblenden können.

Diese zeigt Meldungen und verschiedene Statusinformationen.

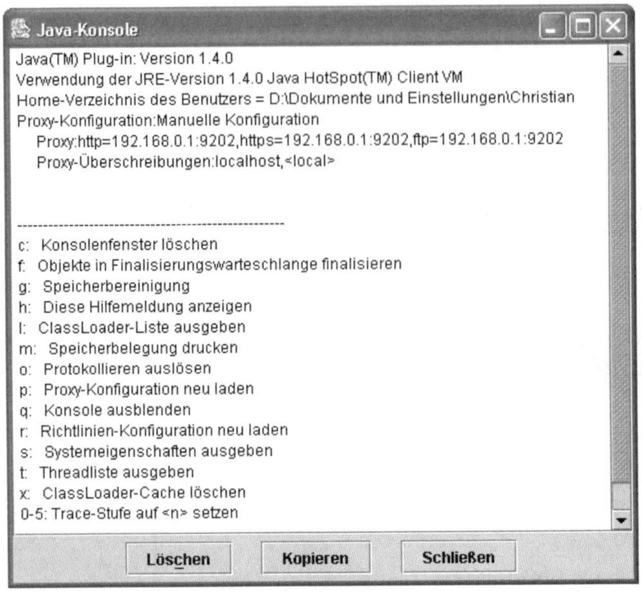

Die Java-Konsole.

In der Systemsteuerung wird ein neues Modul speziell zur Konfiguration der Java VM eingefügt. Hier können Sie Proxys eintragen, festlegen welche Browser Java verwenden sollen, den Cache verwalten und Java bei Bedarf auch ganz ausschalten.

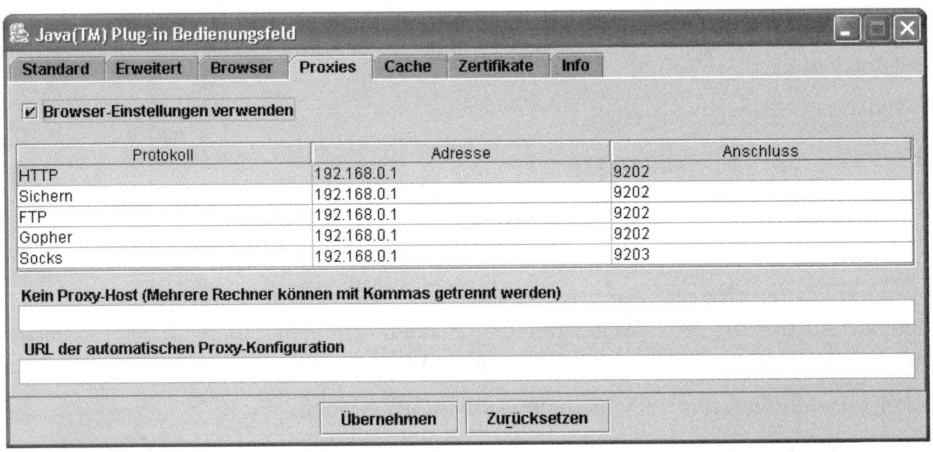

Java-Steuerelement in der Systemsteuerung.

Cookies

Viele Webseiten speichern auf den lokalen Rechnern der Benutzer kleine Textinformationen, die zum Beispiel zur persönlichen Identifizierung beim nächsten Besuch verwendet werden können. Auch Werbeanbieter speichern die bereits gesehenen Banner oder persönliche Interessensgebiete für zielgerichtete Werbung. Manche Webseiten protokollieren auch den ganzen Verlauf des Besuchs in komprimiert verschlüsselter Form in einem Cookie.

Diese Daten werden als Cookies bezeichnet. In manchen Fällen sind solche Cookies sinnvoll, damit man sich nicht bei jedem Besuch einer personalisierten Webseite neu anmelden muss.

Der IE6 speichert die Cookies in einzelnen Textdateien im Verzeichnis *\Dokumente und Einstellungen\<Benutzername>\Cookies*. Dazu gibt es im gleichen Verzeichnis eine Indexdatei *INDEX.DAT*. Andere Browser speichern alle Cookies in einer einzigen Textdatei.

Theoretisch sollte ein Cookie nur die persönlichen Daten enthalten können, die der Anwender selbst eingegeben hat und auch nur von der Webseite gelesen werden können, die ihn auch erstellt hat. Allerdings klaffen in diesem Fall Theorie und Praxis weit auseinander und der Fantasie der Webdesigner sind kaum Grenzen gesetzt.

In vielen Fällen ist es daher sinnvoll, Cookies zu sperren, vorhandene Cookies regelmäßig zu löschen oder zumindest nur temporäre Cookies zuzulassen, die nach dem Beenden des Internet Explorer automatisch wieder entfernt werden.

Auf der Registerkarte *Datenschutz* in den Internetoptionen können Sie eine grobe Einstellung für Cookies vornehmen. Über die Schaltfläche *Bearbeiten* besteht die Möglichkeit, für einzelne Webseiten Cookies generell zuzulassen oder abzulehnen.

Cookie-Einstellungen.

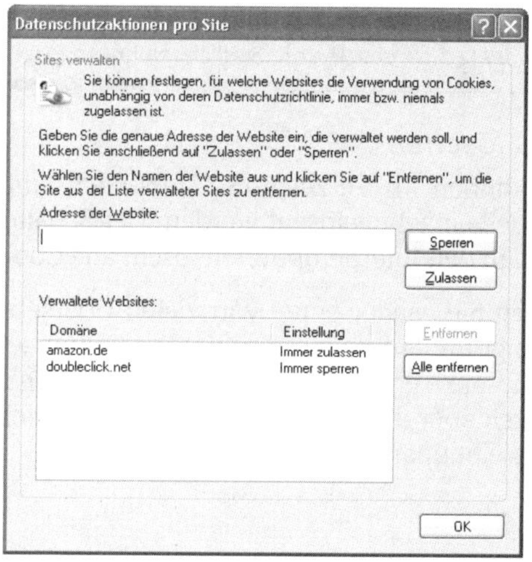

Ausnahmen für einzelne Seiten.

Bei Cookies unterscheidet man zwischen Cookies von Erstanbietern und Cookies von Drittanbietern. Den Begriff Zweitanbieter gibt es hier nicht. Die Wörter kommen aus der amerikanischen Windows XP-Version, wo Third Party so viel wie „andere" bedeutet.

- **Cookies von Erstanbietern** - diese Cookies stammen von der aktuell besuchten Webseite und werden bei einer Anfrage auch an diese zurückgesendet. Solche Cookies dienen meistens zur Personalisierung von Einstellungen oder zum Speichern von Benutzernamen in Foren.
- **Cookies von Drittanbietern** - diese Cookies stammen von einer anderen als der aktuell besuchten Webseite oder werden an eine andere Seite zurückgesendet. Solche Cookies werden von Werbeanbietern über Banner gesetzt, die in einer anderen Seite integriert sind. Sie können Informationen über das Surfverhalten oder über bereits gesehene Banner enthalten.

Die Schaltfläche *Erweitert* in den Datenschutzeinstellungen blendet einen Dialog ein, in dem Sie differenzierter festlegen können, welche Cookies akzeptiert werden sollen und welche nicht.

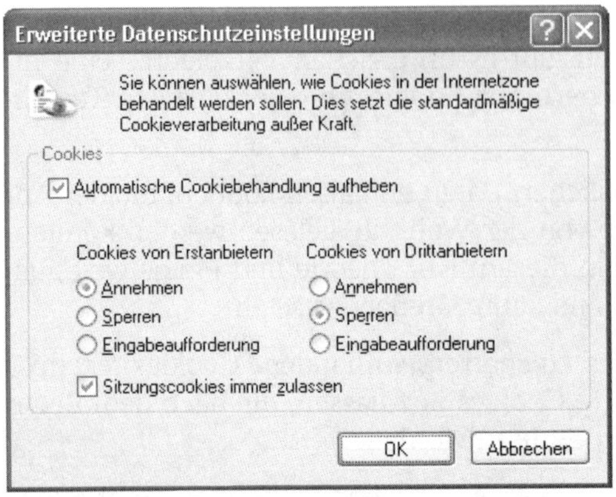

Erweiterte Cookie-Einstellungen.

Gültigkeit der Einstellungen

Alle diese Cookie-Einstellungen gelten nur für Webseiten aus der *Internetzone.* Cookies von Webseiten aus der Zone *Vertrauenswürdige Sites* werden generell angenommen, Cookies aus der Zone *Eingeschränkte Sites* werden generell abgelehnt.

Cookies löschen

Cookies können im Verzeichnis *\Dokumente und Einstellungen\<Benutzername>\Cookies* manuell einzeln gelöscht werden. Der Schalter *Cookies löschen* auf der Registerkarte *Allgemein* in den Internetoptionen löscht alle Cookies.

Hier finden Sie wieder einen von vielen Übersetzungsfehlern in Windows XP. Das Dialogfeld zeigt an: *Sollen alle Cookies im Ordner „Temporary Internet Files" gelöscht werden?* In diesem Verzeichnis befinden sich aber gar keine Cookies. Der Schalter löscht in Wirklichkeit aber die Cookies im *Cookies*-Verzeichnis. Das Verzeichnis *Temporary Internet Files* bleibt unangetastet.

HTTP 1.1

HTTP 1.1, auch als Transfer Encoding Standard bezeichnet, ist ein Verfahren zur Komprimierung von Webseiten, womit sich die Übertragung beschleunigen lässt. Diese Protokollerweiterung wurde bereits 1999 mit der RFC 2616 zum W3C-Standard (*www.w3.org*) erklärt, wird aber bis heute noch längst nicht von allen Webservern unterstützt.

Alle aktuellen Browser bieten die Möglichkeit, Webseiten per HTTP 1.1 anzufordern, allerdings ist diese Option nicht immer aktiviert. Im Internet Explorer finden Sie unter *Extras/Internetoptionen* auf der Registerkarte *Erweitert* zwei Schalter für HTTP 1.1 zur Verwendung über Proxy-Server und über direkte Internetverbindungen. Bei Servern, die nur HTTP 1.0 unterstützen, hat diese Einstellung keine Auswirkung.

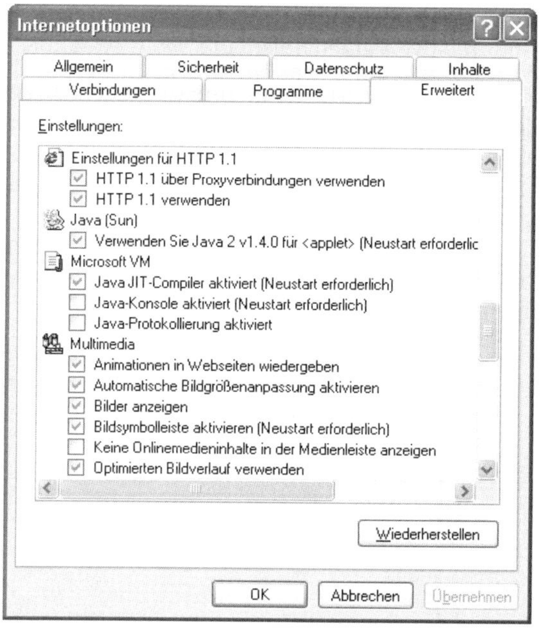

Optionen für HTTP 1.1.

Die Webseiten werden in HTTP 1.1 vom Server komprimiert übertragen, was sich besonders bei ISDN-Verbindungen bei der Geschwindigkeit bemerkbar macht, da hier keine Onlinekompressionsverfahren eingesetzt werden. Analoge Modems verwenden, um möglichst optimale Geschwindigkeiten trotz langsamer Leitungswege zu erreichen, bereits eine Hardwarekompression, sodass hier HTTP 1.1 nur wenig Geschwindigkeitsgewinn bringt. Allerdings wird durch HTTP 1.1 in jedem Fall das abrechenbare Volumen verringert, was bei Volumentarifen interessant ist.

Webseiten offline verfügbar machen

Möchten Sie die Informationen einer bestimmten Webseite in Ruhe lesen oder brauchen Sie diese immer wieder, können Sie sie mit dem Internet Explorer offline verfügbar machen, sodass Sie zum Betrachten der Seite nicht immer ins Internet gehen müssen.

Der Internet Explorer bietet dazu zwei verschiedene Möglichkeiten:

Speichern unter

Wenn Sie eine Webseite im Internet Explorer 6 mit *Datei/Speichern unter* speichern, haben Sie dort verschiedene Dateitypen zur Auswahl. Verwenden Sie die Option *Webseite komplett*, werden nicht nur der HTML-Quelltext, sondern auch die zugehörigen Grafiken gespeichert.

Der Dateiname der gespeicherten Seite wird vorgabemäßig aus dem Inhalt des *<TITLE>*-Tags im Header der Seite gebildet. Zusätzlich wird ein Unterverzeichnis mit gleichem Namen angelegt, das alle Grafiken mit ihren Original-Namen enthält. Der HTML-Code wird für die lokale Kopie automatisch so umgebaut, dass die *<img src=...>*-Tags der Grafiken auf das lokale Unterverzeichnis verweisen.

In diesem Modus kann nur die tatsächlich gespeicherte HTML-Datei offline betrachtet werden, keine Dateien, die von dieser verlinkt sind.

Die Datei kann mit dem zugehörigen Grafikverzeichnis beliebig verschoben oder kopiert werden. Die Grafik-Tags enthalten immer nur relative Verzeichnispfade.

In den Ordneroptionen können Sie einstellen, wie die HTML-Seiten und die zugehörigen Verzeichnisse mit Bildern verwaltet werden sollen. Mit der Option *Beide Teile anzeigen aber als eine einzige Datei verwalten* wird beim Verschieben oder Löschen der HTML-Datei das zugehörige Verzeichnis mit allen Dateien darin ebenfalls verschoben oder gelöscht. Dabei werden auch Dateien gelöscht, die manuell in das Verzeichnis kopiert wurden, also gar nicht zur HTML-Seite gehören. Sein Sie hier vorsichtig mit dem Löschen von HTML-Dateien, wenn Sie zum Beispiel Downloads von einer Seite in das entsprechende Verzeichnis kopiert haben und diese behalten wollen.

Das Gleiche gilt für die Option *Das Paar als eine einzige Datei anzeigen und verwalten.* Diese Option zeigt in Wirklichkeit die HTML-Datei und das Verzeichnis ebenfalls als zwei Einträge im Explorer an und nicht wie beschrieben nur als einen Eintrag.

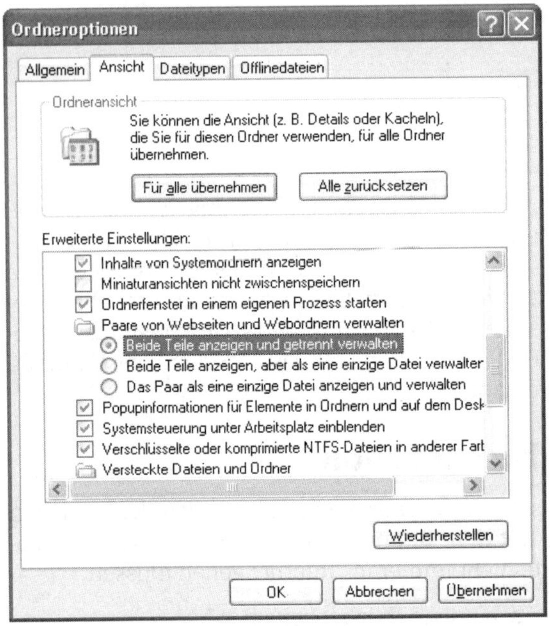

Einstellungen für offline gespeicherte Webseiten.

In der Einstellung *Beide Teile anzeigen und getrennt verwalten* können die HTML-Datei und das Grafikverzeichnis unabhängig verschoben und gelöscht werden.

Favoriten offline verfügbar machen

Die zweite Möglichkeit ist, eine Webseite als Favorit zu speichern und offline verfügbar zu machen. Gehen Sie dazu folgendermaßen vor:

1. Legen Sie die gewünschte Seite als Favorit ab.
2. Wählen Sie im Kontextmenü dieses Favoriten in der Favoritenleiste die Option *Offline verfügbar machen.*
3. Automatisch wird ein Assistent gestartet. Wählen Sie im ersten Dialog die Linktiefe aus, in der Seiten offline verfügbar gemacht werden sollen. Mit jeder zusätzlichen Linktiefe können die Übertragungszeit und die Datenmenge exponentiell zunehmen.

4 Im nächsten Schritt legen Sie fest, ob Sie die Webseite nur einmal herunterladen oder regelmäßig in bestimmten Zeiträumen aktualisieren wollen.

5 Bei einer automatischen Aktualisierung müssen Sie den Zeitpunkt festlegen, wann die Seite aktualisiert werden soll. Sollte die Seite einen Benutzernamen und ein Kennwort benötigen, müssen Sie auch diese noch eintragen, damit die Aktualisierung automatisch erfolgen kann.

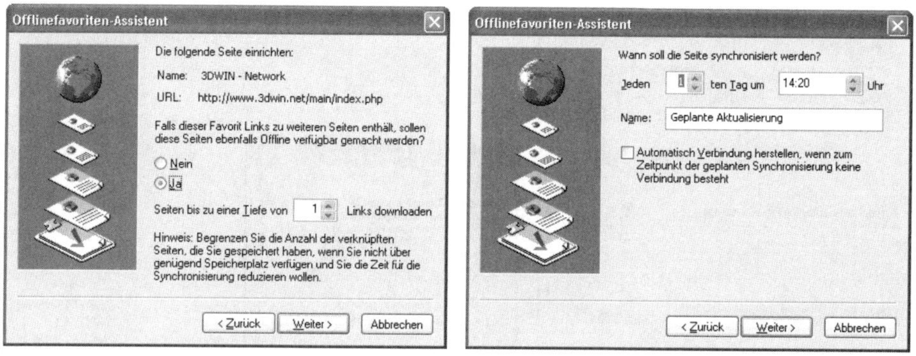

Der Onlinefavoriten-Assistent.

Jetzt beginnt der hier als Synchronisierung bezeichnete Download der Webseite einschließlich Abbildungen und sonstiger Dateien in der angegebenen Linktiefe.

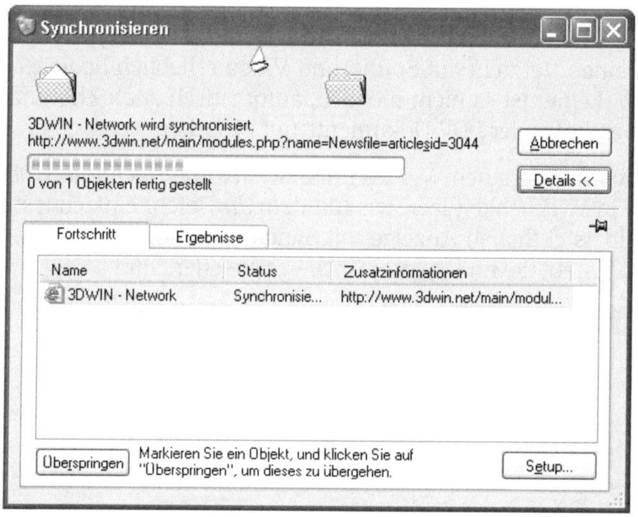

Synchronisieren einer Offlinewebseite.

Um eine Offlinewebseite später zu betrachten, müssen Sie den Internet Explorer in den Offlinemodus schalten, da sonst immer versucht wird, die Onlineversion der Seite anzuzeigen.

Die lokal gespeicherten Daten werden im Verzeichnis *Temporary Internet Files* abgelegt. Hier wird nicht für jede Webseite eine eigene Verzeichnisstruktur angelegt, deshalb lassen sich die Seiten auch nicht einzeln verschieben oder löschen.

Um eine Offlinewebseite wieder zu löschen, schalten Sie den Schalter *Offline verfügbar machen* im Kontextmenü der Favoritenleiste wieder aus.

In den Eigenschaften eines Offlinefavoriten können Sie nachträglich den Zeitplan für die automatischen Aktualisierungen einstellen. Hier legen Sie auch die Linktiefe und den maximalen Speicherplatz fest, den die Offlineversion der Seite belegen darf. In den meisten Fällen sollten Sie hier einstellen, dass Links zu Seiten außerhalb der Website nicht verfolgt werden sollen, damit die Werbebanner nicht alle mit geladen werden.

Einstellungen zur Offlineaktualisierung

Weitere Einstellungen

Über die Schaltfläche *Erweitert* können Sie den Download auf bestimmte Dateitypen einschränken. So lässt sich durch einen Verzicht auf Sound und Video erheblich Speicherplatz und Download-Zeit sparen. Leider ist es nicht möglich, automatisch auch ZIP- und EXE-Dateien eines Download-Angebots oder PDF-Dokumente mit zu laden.

Der Explorer zeigt die Offlinefavoriten in einem Verzeichnis *%systemroot%\Offline Web Pages* an. Dieses Verzeichnis ist in Wirklichkeit leer, wie mit dem *dir*-Befehl einfach festzustellen ist. Es dient nur der übersichtlichen Anzeige mit Synchronisationsdatum, Status und Original-Adresse der Favoriten, die im Explorer-Cache gespeichert sind.

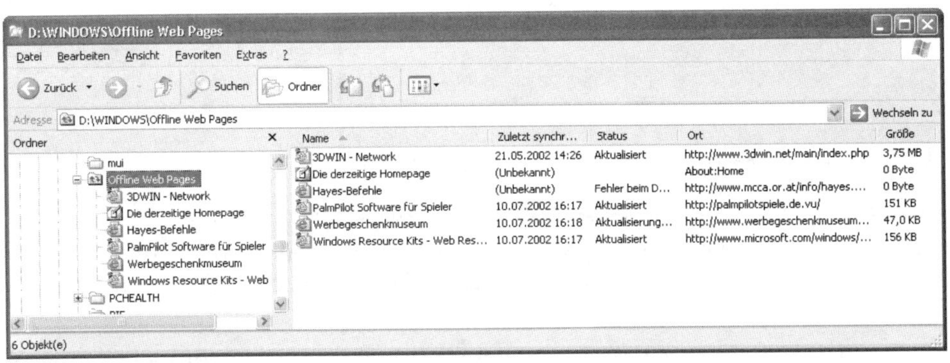

Offlinefavoriten im Explorer.

Proxy-Konfiguration

Wenn Sie in einem lokalen Netzwerk über einen Proxy-Server ins Internet gehen, müssen Sie diesen in den LAN-Einstellungen über *Systemsteuerung/Internetoptionen* konfigurieren. Wählen Sie über eine DFÜ-Verbindung ins Internet und verwenden Sie eine lokale Proxy-Software, wie zum Beispiel WebWasher, oder eine satellitengestützte Internetverbindung, tragen Sie den Proxy in den Einstellungen der jeweiligen DFÜ-Verbindung unter *Systemsteuerung/Internetoptionen* ein.

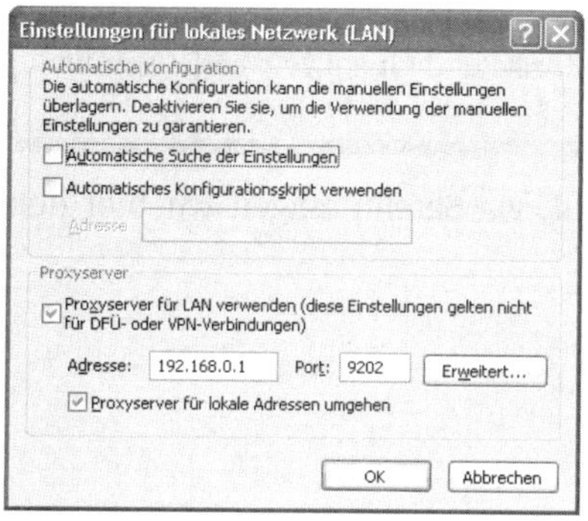

Proxy-Einstellungen für LAN-Zugang.

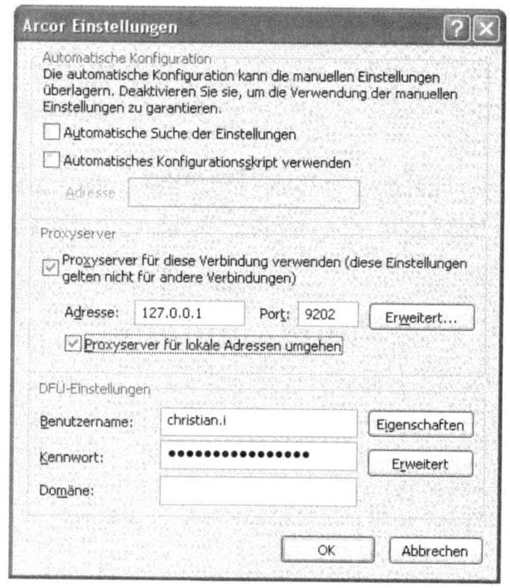

Proxy-Einstellungen für DFÜ-Zugang.

Wenn Sie im lokalen Netzwerk zur Kommunikation das TCP/IP-Protokoll verwenden, schalten Sie das Kontrollkästchen *Proxyserver für lokale Adressen umgehen* ein.

Für beide Zugangsarten besteht die Möglichkeit, für verschiedene Protokolle verschiedene Proxys oder Ports festzulegen. Diese können Sie mit der Schaltfläche *Erweitert* einstellen.

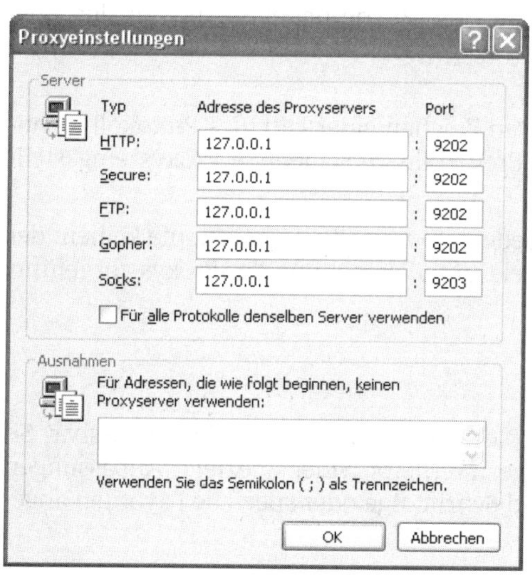

Proxy-Einstellungen für verschiedene Netzwerkprotokolle.

Netscape/Mozilla und Opera können eigene Proxys verwenden, unabhängig von den Einstellungen unter *Systemsteuerung/Internetoptionen.*

Konfiguration per Script

Um die Proxy-Konfiguration automatisiert ablaufen zu lassen, zum Beispiel in großen Netzwerken, können Sie, anstatt die Proxys manuell einzutragen, auch ein Script verwenden.

Diese Scripts sind ASCII-Dateien mit Namen *PROXY.PAC* und müssen im Feld *Automatisches Konfigurationsskript verwenden* eingetragen werden. Ist ein solches Script aktiviert, hat es immer Vorrang vor einer manuellen Proxy-Konfiguration.

Konfigurationsscripts in Netscape/Mozilla und Opera
Die Proxy-Konfigurationsscripts können auch in Netscape/Mozilla und Opera verwendet werden, müssen dort aber gesondert eingetragen werden.

Am Beispiel des Proxy-Konfigurationsscripts für T-DSL via Satellit zeigen wir hier den Aufbau einer solchen Datei:

```
function FindProxyForURL ( url, host )
{
  if (shExpMatch(url, „*service.t-online.*") ||
      shExpMatch(url, „meinewebseite.de"))
    return „DIRECT";
  if ((url.substring(0, 5) == „http:") ||
      (url.substring(0, 4) == „ftp:") ||
      (url.substring(0, 6) == „https:"))
    return „PROXY 127.0.0.1:9202";
  else
  if (url.substring(0, 6) == „socks:")
    return „SOCKS 127.0.0.1:9203";
  return „DIRECT";
}
```

- **shExpMatch** – diese Zeilen überprüfen, ob die zu besuchende URL in der Ausschlussliste ist. Wenn ja, wird *DIRECT* zurückgegeben, was bedeutet, den Proxy zu umgehen.
- **url.substring** – hier wird anhand der ersten Zeichen einer URL das Protokoll identifiziert. Damit können für verschiedene Protokolle verschiedene Proxys eingestellt werden.
- **return „DIRECT“** – in der letzten Zeile bedeutet, dass alle Anfragen, die keinem der bezeichneten Protokolle entsprechen, direkt unter Umgehung des Proxys ausgeführt werden.

Internet Explorer-Wartung

Die Optik und das Verhalten des Internet Explorer sind an vielen Stellen anpassbar. So verwenden große Netzwerke wie auch einige Internetprovider spezielle Anpassungen des Internet Explorer, in denen ihre Logos und Schriftzüge oder spezielle Favoriten angezeigt werden.

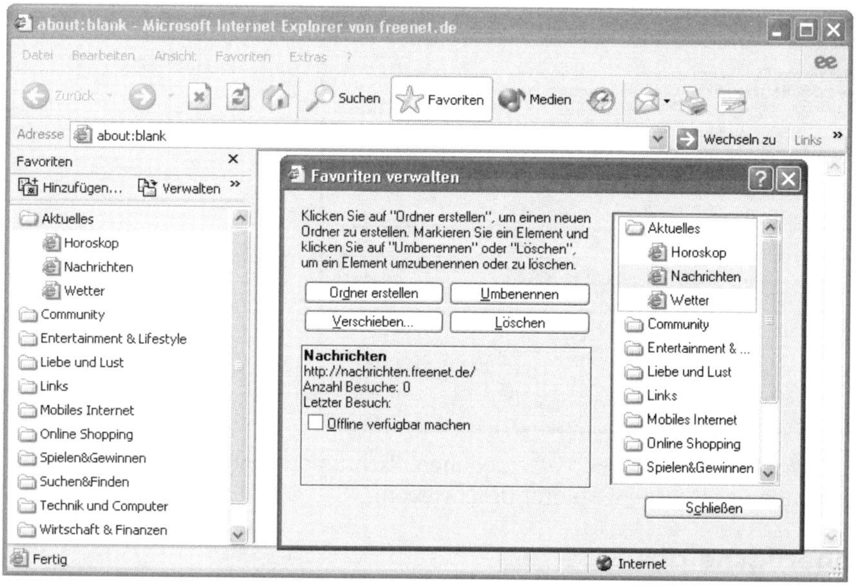

Angepasster Internet Explorer von freenet.de.

Die benutzerdefinierten Einstellungen erfolgen über Gruppenrichtlinien, die Sie mit dem Gruppenrichtlinien-Editor *GPEDIT.MSC* bearbeiten können. Näheres zu Gruppenrichtlinien im Allgemeinen finden Sie in Kapitel 8.

Die Gruppenrichtlinien zur Konfiguration des Internet Explorer finden Sie unter *Benutzerkonfiguration/Windows-Einstellungen/Internet Explorer-Wartung*.

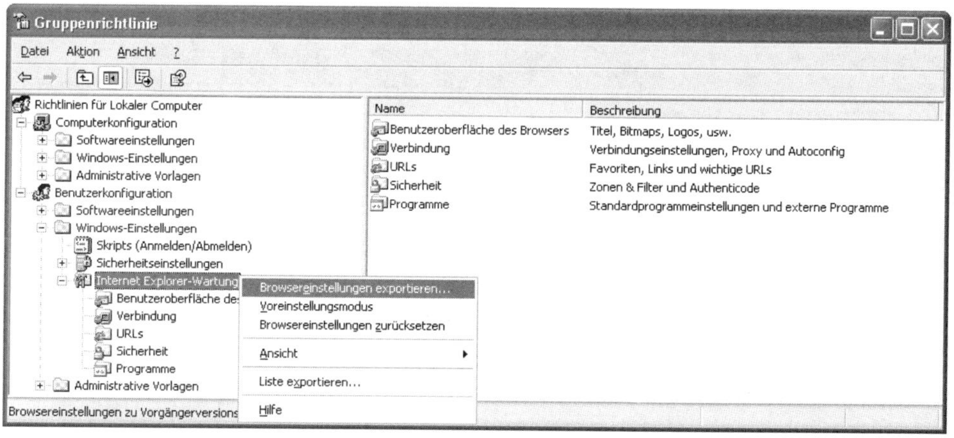

Gruppenrichtlinien zur Konfiguration des Internet Explorer.

Hier können Sie die Gruppenrichtlinien auch dazu verwenden, alle Einstellungen des Internet Explorer in eine INS-Datei oder eine CAB-Datei zu exportieren, um sie bei der automatischen Konfiguration anderer Computer genau so wieder zu verwenden.

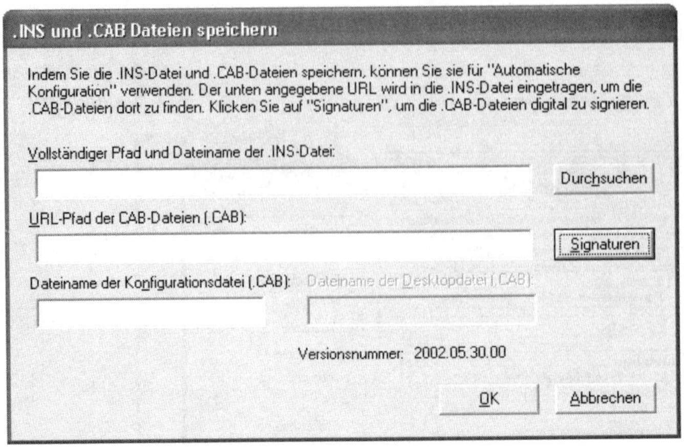

Exportieren von Internet Explorer-Einstellungen.

Im Folgenden werden anhand der verschiedenen Richtlinieneinstellungen die Anpassungsmöglichkeiten des Internet Explorer beschrieben.

Benutzeroberfläche des Browsers

Browser-Titel

Hier können Sie einen Text festlegen, der in der Browser-Titelzeile hinter *Microsoft Internet Explorer von* stehen soll.

Benutzerdefiniertes Logo

Das Logo in der rechten oberen Ecke des Internet Explorer kann frei angepasst werden. Dazu sind vier verschiedene Bitmap-Dateien erforderlich.

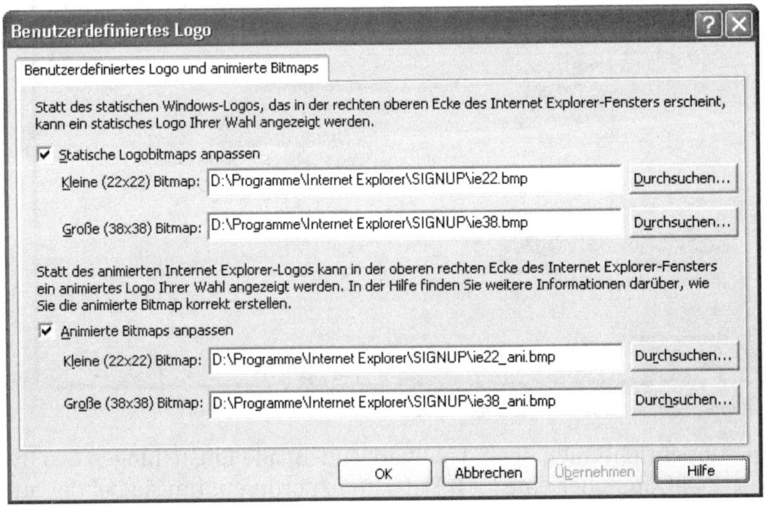

Einstellen benutzerdefinierter Logos.

Zwei statische Bitmaps für zwei verschiedene Darstellungsgrößen des Internet Explorer werden angezeigt, wenn eine Webseite vollständig geladen ist.

Alle verwendeten Bilder müssen im BMP-Format vorliegen und befinden sich üblicherweise im Verzeichnis *\Programme\Internet Explorer\signup.*

Zwei weitere Bitmaps zeigen in beiden Darstellungsgrößen die Animation, während eine Webseite geladen wird. Diese Bitmaps bestehen aus zahlreichen Einzelbildern, die alle nahtlos untereinander angeordnet sind. Die Breite dieser Bitmaps ist 22 und 38 Pixel, die Höhe ein ganzzahliges Vielfaches davon.

Die Einzelbilder werden während der Animation in der Reihenfolge von oben nach unten nacheinander angezeigt.

Anpassung der Browser-Symbolleiste

In der Browser-Symbolleiste am oberen Rand des Internet Explorer-Fensters können Applikationshersteller eigene Symbole hinzufügen. Bekannte Beispiele sind das RealPlayer-Symbol oder die Geschwindigkeitssteuerung von skyDSL.

Für jedes hinzugefügte Symbol müssen vier Eigenschaften definiert werden:

- **Symbolleistentext** – Text, der mit dem Symbol angezeigt wird, wenn im Internet Explorer *Ansicht/Symbolleisten/Symboltitel* aktiv ist.
- **Symbolleistenaktion** – Programm oder Script, das beim Anklicken des Schalters ausgeführt wird.
- **Farbiges Symbol** – Symbol für den aktiven Status, wenn der Benutzer mit der Maus auf die Symbolleiste zeigt.
- **Graustufensymbol** – Symbol für den inaktiven Status. Dies wird aus älteren Internet Explorer-Versionen noch als Graustufensymbol bezeichnet, weil es früher ohne Farben dargestellt wurde. In Windows XP kann dieses Symbol ebenfalls farbig sein.

Die beiden Symbole müssen als ICO-Dateien gespeichert sein, wobei jeweils drei Arten des Bilds untereinander in einer Datei enthalten sind:

- 16 x 16 Pixel, 16 Farben
- 20 x 20 Pixel 16 Farben
- 20 x 20 Pixel, 256 Farben

Außerdem kann anstelle des Windows-Standardsymbolleistenhintergrunds auch eine Bitmap-Datei als Hintergrund verwendet werden.

Verbindung

Verbindungseinstellungen

Hier können Sie DFÜ-Einstellungen definieren, die in der Gruppenrichtlinie gespeichert werden. Über einen Export in eine Richtliniendatei können Sie diese auch auf anderen Computern importieren. Dabei können vorhandene DFÜ-Einstellungen auch automatisch gelöscht werden.

Dieses Verfahren im Internet Explorer bietet Herstellern von 0190-Dialern die Möglichkeit, die DFÜ-Einträge des Benutzers automatisch durch eine teure Verbindung zu ersetzen.

Automatische Konfiguration

Mit der automatischen Browser-Konfiguration lassen sich regelmäßige Updates automatisch ausführen und Scripts zur automatischen Proxy-Konfiguration einbinden.

Proxy-Einstellungen

Diese Richtlinie legt automatisch fest, über welche Proxy-Server eine Internetverbindung aufgebaut wird. Dabei wird hier die manuelle Konfiguration verändert, nicht die über ein Proxy-Konfigurationsscript.

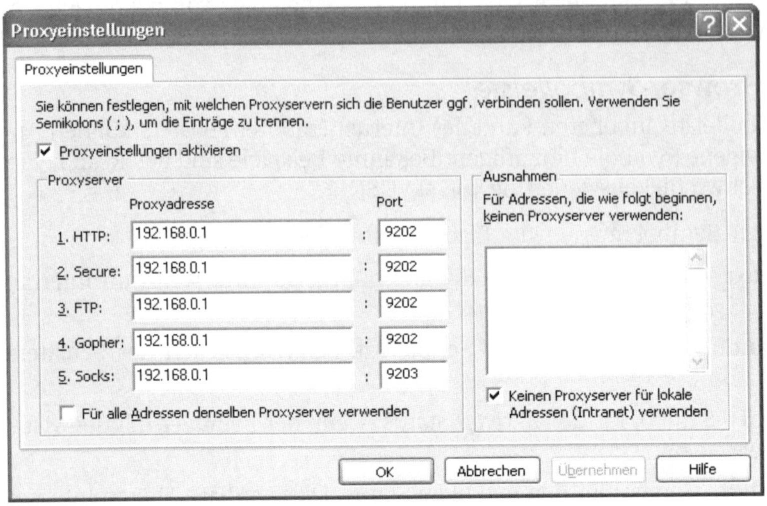

Konfiguration von Proxy-Einstellungen über Gruppenrichtlinien.

Benutzer-Agententext

Der Benutzer-Agententext ist das, was allgemein als Browser-Kennung bekannt ist. Der Browser sendet diese Zeichenfolge zur Identifikation bei Webservern. Dieser Text sieht im Internet Explorer 6 folgendermaßen aus:

```
Mozilla/4.0 (kompatibel; MSIE 6.0; <Betriebssystem>; <Benutzertext>)
```

Die Betriebssystemversion wird automatisch eingesetzt, der Benutzertext kann über eine Gruppenrichtlinie definiert werden.

Vorsicht mit Benutzertexten

Die Verwendung von Benutzertexten in der Browser-Kennung kann zu Kompatibilitätsproblemen mit schlecht programmierten JavaScripts auf Webservern führen. Verwenden Sie solche Texte also wirklich nur, wenn Sie sie für lokale Aufgaben im Intranet unbedingt brauchen und dafür bereit sind, Inkompatibilitäten im Internet in Kauf zu nehmen.

URLs

Favoriten und Links

Hier können Sie Favoriten und Links vorgeben, die bei den Benutzern standardmäßig im Internet Explorer angezeigt werden.

- Favoriten erscheinen im *Favoriten*-Menü
- Links erscheinen in der Symbolleiste *Links*.

Die URLs können entweder einzeln eingegeben oder aus einem vorhandenen Favoritenverzeichnis importiert werden.

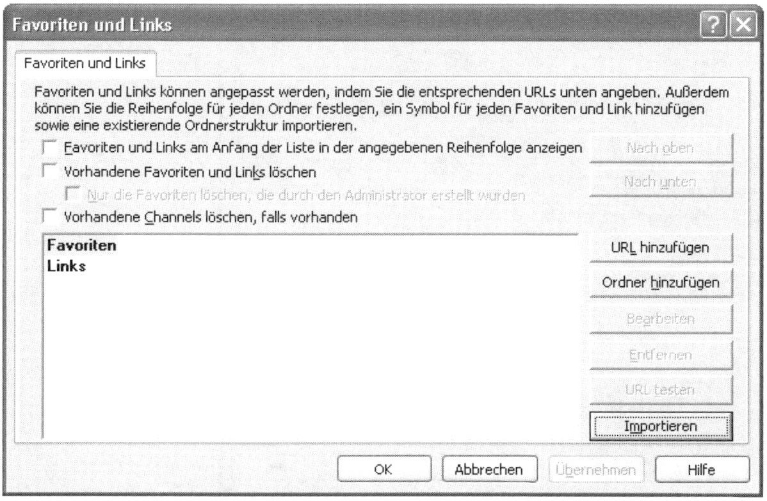

Konfiguration von Favoriten und Links über Gruppenrichtlinien.

Hier können Sie auch festlegen, dass vorhandene Favoriten und Links gelöscht werden.

> **Links-Ordner in den Favoriten beseitigen**
> Der Ordner *Links* in den Favoriten im Internet Explorer lässt sich nicht einfach löschen. Um diesen Ordner zu beseitigen, löschen Sie den Registry-Wert *LinksFolderName* im Registry-Schlüssel *HKEY_CURRENT_USER\Software\Microsoft\Internet Explorer\Toolbar.*

Wichtige URLs

Hier können Sie HTML-Seiten im lokalen Intranet oder auf dem lokalen Computer angeben, die die Standardanzeige für Startseite, Suchformular und Onlinesupportseite im Internet Explorer ersetzen sollen.

Damit können Sie Supportanfragen von Benutzern an den Administrator umlenken und die Suchfunktion für das Intranet anpassen, auch wenn die Computer keinen Internetzugang haben.

Sicherheit

Sicherheitszonen und Inhaltsfilter

Über diese Richtlinie können die angepassten Sicherheitszonen und Inhaltsfilter für den Internet Explorer definiert werden.

Dazu können Sie aus einer vorhandenen Internet Explorer-Installation die Einstellungen für Sicherheitszonen und Inhaltsfilter übernehmen und dann nach Bedarf anpassen.

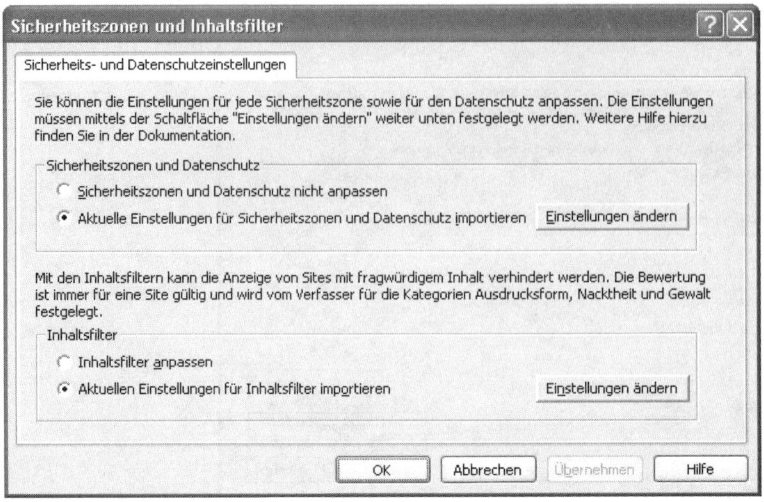

Gruppenrichtlinie für Sicherheitszonen und Inhaltsfilter.

Authenticode-Einstellungen

Diese Richtlinie ermöglicht es, Softwarehersteller und Zertifizierungs-Agenturen automatisch als vertrauenswürdig einzustufen, sodass von diesen Stellen Programme automatisch installiert werden können.

Die Zertifikate werden aus der vorhandenen Internet Explorer-Installation übernommen und können in der Richtlinie angepasst werden.

Dabei lässt sich gleichzeitig die Inhaltssystemsteuerung so einschränken, dass Benutzer keine Möglichkeit haben, selbst vermeintlich vertrauenswürdige Anbieter hinzuzufügen.

Programme

Mit dieser Richtlinie legen Sie die Programme fest, die für die Internetdienste HTML-Editor, E-Mail, Newsgroups, Internetanruf, Kalender und Kontakte standardmäßig verwendet werden sollen.

Außerdem legen Sie hier fest, ob bei jedem Start des Internet Explorer dieser als Standardbrowser überprüft werden soll.

Der MSN Explorer

Microsoft liefert mit Windows XP standardmäßig noch einen zweiten Browser mit, den MSN Explorer.

Dieses Programm ist im Wesentlichen für den amerikanischen Markt und als direktes Konkurrenzprodukt zu AOL entwickelt worden. In Europa findet er nur geringe Verbreitung.

Der MSN Explorer.

Die folgende Übersicht zeigt die Gemeinsamkeiten von AOL und MSN und damit auch die Unterschiede zu konventionellen Browsern.

- **Nur Online** – wie auch AOL kann man den MSN Explorer nur online nutzen. Ein Offline-Lesen von HTML-Dateien ist nicht möglich.
- **Anmeldung erforderlich** – um den MSN Explorer nutzen zu können, muss man sich bei MSN einen Account anlegen. Im Gegensatz zu AOL ist dieser nicht an einen Zugangsprovider gekoppelt.
- **Vordefinierte Angebote** – beim Start zeigt der MSN Explorer wie AOL eine Seite mit vordefinierten redaktionellen Angeboten. Über eine Adresszeile lassen sich aber beliebige Internetseiten anzeigen.
- **Standard-Dienste** – MSN und AOL haben Kooperationsverträge mit bestimmten Onlineshops und Portalen, die über Schalter direkt im Browser eingebunden sind (Shopping, Kalender, Finazen, Musik ...) sodass dem Benutzer eine besondere Qualität und Objektivität vorgetäuscht wird.
- **Chat & Communities** – moderierte Onlineforen anstelle neutraler Newsgroups, entsprechend den AOL Groups.
- **Messenger** – beide Browser integrieren ein eigenes Messenger-System, MSN den Windows Messenger, AOL den AOL Instant Messenger.
- **E-Mail** – beide Browser ermöglichen die Nutzung von E-Mail nur über ein proprietäres System, nicht über POP3/SMTP. Der MSN Explorer verwendet Hotmail, AOL ein eigenes System.

Die wenigsten professionellen Anwender werden dieses Programm brauchen, da es gegenüber dem Internet Explorer keine Vorteile hat. Man kann es bedenkenlos deinstallieren, da es nirgendwo in das System eingreift, und damit etwa 12 MByte Platz sparen.

MSN Explorer beenden

Wenn man das Fenster des MSN Explorer schließt, wird das Programm nicht wirklich beendet, sondern verschwindet in einem kleinen schmetterlingsförmigen Symbol im Systembereich der Taskleiste. Hier haben Sie die wichtigsten MSN-Funktionen im Sofortzugriff.

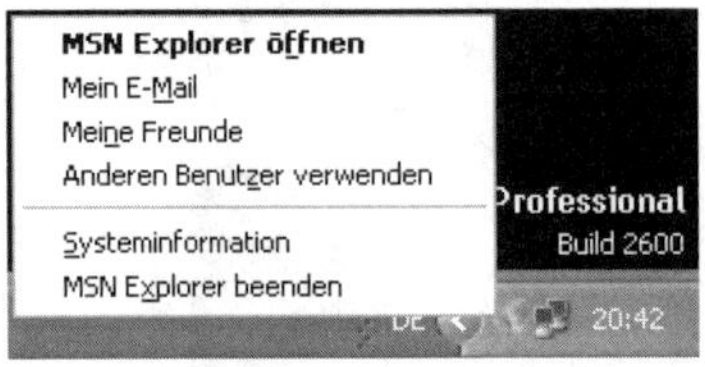

Kontextmenü von MSN in der Taskleiste.

Beachten Sie, dass, solange der MSN Explorer in der Taskleiste noch vorhanden ist, in regelmäßigen Abständen Internetverbindungen aufgebaut werden.

12.4 Konfiguration anderer Browser

Der Internet Explorer ist zwar in Windows XP weitgehend in das Betriebssystem integriert, was aber noch lange nicht bedeutet, dass man ihn zwingend auch für den Internetzugang benutzen muss. Auch für Windows XP-Anwender steht eine breite Palette verschiedener Webbrowser zur Auswahl.

Haben Sie mehrere Browser parallel installiert, können Sie in der Dialogbox *Startmenü anpassen* auswählen, welcher Browser und welches E-Mail-Programm im Startmenü ganz oben angezeigt werden soll.

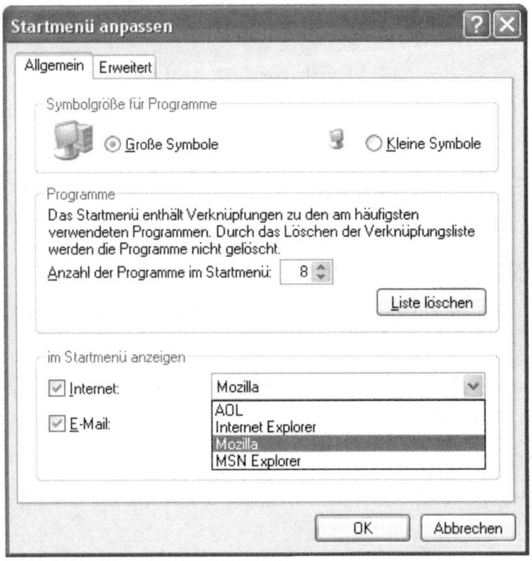

Auswahl eines Browsers für das Startmenü.

Standardbrowser

Im System ist ein Browser als Standardbrowser angemeldet, das muss nicht der Internet Explorer sein. Der Standardbrowser wird automatisch beim Öffnen einer HTML-Datei oder beim Datenempfang über das HTTP-Protokoll gestartet.

Startet man einen Browser manuell, kann man damit beliebige HTML-Dateien öffnen und auch Daten über HTTP empfangen, ohne dass dieser Browser als Standardbrowser eingetragen werden muss. So können Sie problemlos mehrere Browser parallel installieren und auch mit der gleichen Internetverbindung parallel verwenden.

Alle Browser möchten sich, mehr aus politischen als aus technischen Gründen, gern als Standardbrowser installieren. Deshalb erscheint beim manuellen Start eines anderen Browsers eine Abfrage, ob dieser Browser als Standard eingetragen werden soll.

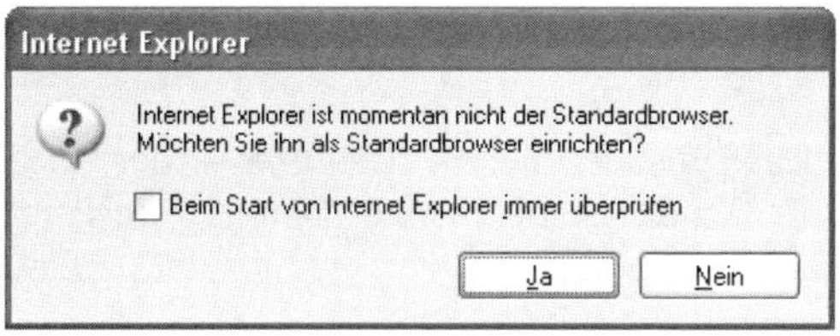

Standardbrowserabfrage beim Start des Internet Explorer.

Der Standardbrowser ist nicht nur ein einfacher Eintrag in der Registry, sondern beeinflusst zahlreiche Einstellungen.

Zuerst trägt sich der Standardbrowser in der obersten Zeile des Startmenüs als Internetanwendung ein. Diese Einstellung wird in der Registry unter *HKEY_LOCAL_MACHINE\Software\Clients\StartMenuInternet* gespeichert. Unterhalb dieses Schlüssels gibt es Unterschlüssel für jeden eingetragenen Browser mit den genauen Aufrufparametern.

Außerdem werden die Standard-Applikationen für die Übertragungsprotokolle HTTP und HTTPS in der Registry verändert. Diese finden Sie unter den Schlüsseln:

```
HKEY_CLASSES_ROOT\http\shell\open\command
HKEY_CLASSES_ROOT\https\shell\open\command
```

Je nach den Möglichkeiten des speziellen Browsers kann sich dieser auch als Standard-Applikation für die Protokolle FTP und Gopher eintragen.

```
HKEY_CLASSES_ROOT\ftp\shell\open\command
HKEY_CLASSES_ROOT\gopher\shell\open\command
```

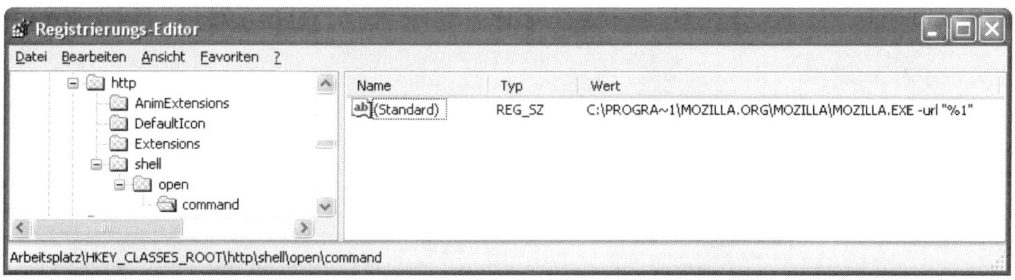

Standardapplikation für HTTP.

Diese Einträge gelten nur für die Übertragungsprotokolle, nicht für lokale Webseiten.

Dafür enthält die Registry zwei weitere Schlüssel unter den diversen in *HKEY_CLASSES_ROOT* definierten Dateiformaten:

```
HKEY_CLASSES_ROOT\.htm
HKEY_CLASSES_ROOT\.html
```

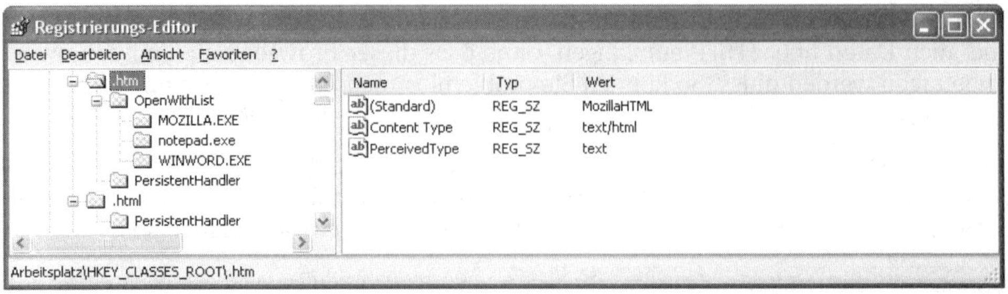

Registry-Schlüssel für Dateitypen HTM und HTML.

Für diese Dateitypen ist ein eindeutiger MIME-Type definiert - *text/html* -, der auch nicht verändert werden darf. Dazu kommt ein Windows-spezifischer Dateityp im Parameter *(Standard)*. Hier können die Browser eigene Typen eintragen:

Browser	HTML-Standardtyp
Internet Explorer	htmlfile
Netscape	MozillaHTML
Mozilla	MozillaHTML

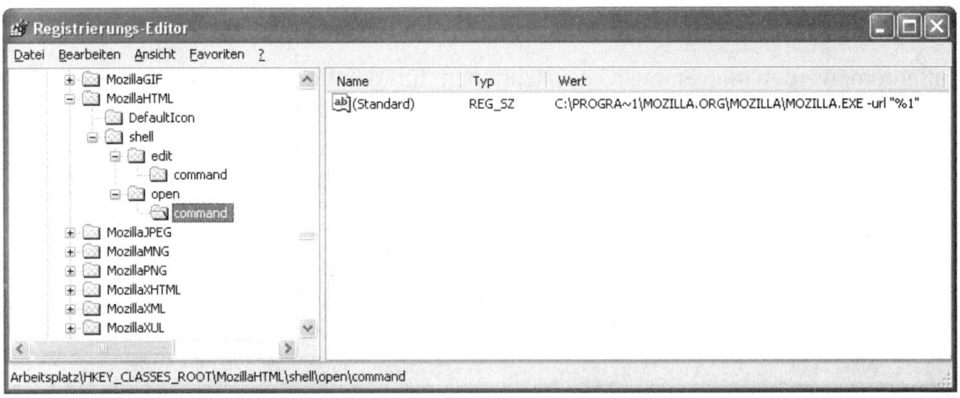

Einträge zu MozillaHTML in der Registry.

Hilfeanzeige

Viele Hard- und Softwarehersteller schreiben ihre Hilfedateien nicht mehr im Windows-HLP-Format, sondern als HTML. Ändern Sie die Standardanwendung für HTML-Dateien, werden auch diese Hilfeseiten im neuen Browser angezeigt. Eine Änderung der Standardanwendung für das HTTP-Protokoll hat keinen Einfluss auf die Anzeige lokaler Seiten. Das Windows-Hilfe- und Supportcenter wird ebenfalls nicht betroffen. Es wird immer mit dem Internet Explorer dargestellt.

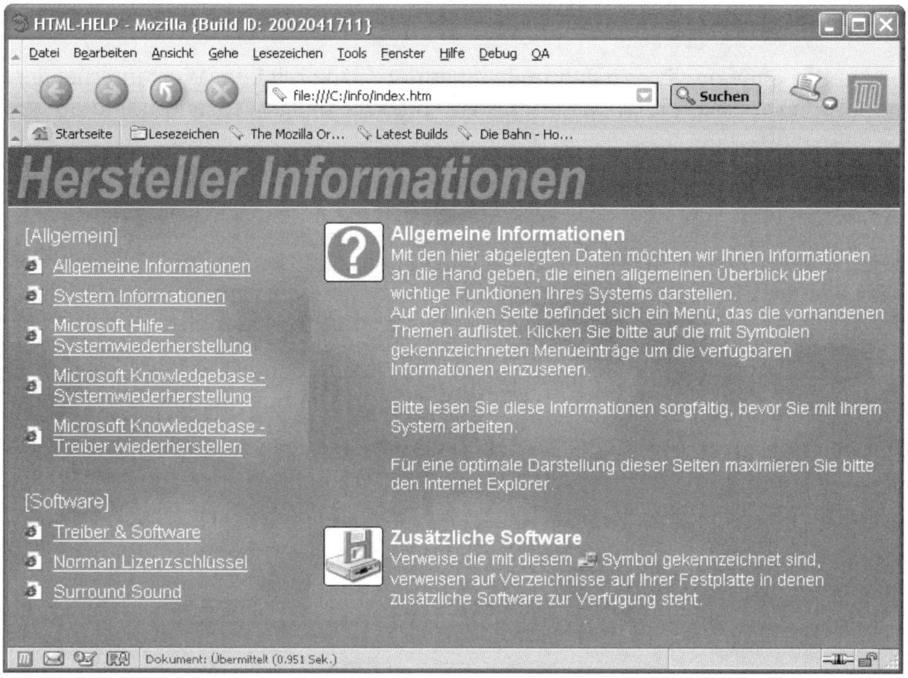

HTML-Hilfedatei in Mozilla.

Auf die gleiche Weise können auch die Standard-Typen für GIF, JPEG, XML und andere Internetdateiformate geändert werden. Für die ausführlichen Parameter, Default-Icons und Standard-Applikationen zum Anzeigen und Editieren dieser Dateiformate werden unter dem jeweiligen Typ Unterschlüssel in *HKEY_CLASSES_ROOT* angelegt.

So können Sie in der Registry für verschiedene Übertragungsprotokolle und verschiedene Dateiformate selbst verschiedene Standardbrowser definieren.

Netscape/Mozilla und Opera bieten die Möglichkeit, innerhalb der eigenen Einstellungen festzulegen, welche Dateitypen und welche Übertragungsprotokolle standardmäßig mit diesem Browser geöffnet werden sollen und welche nicht. Hier brauchen Sie die Änderungen also nicht selbst in der Registry vorzunehmen.

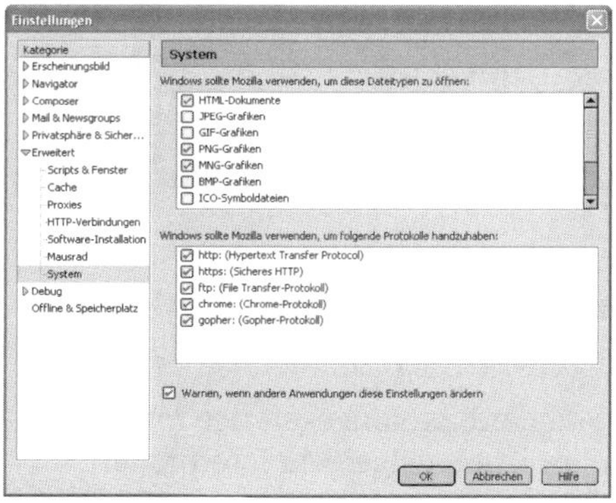

Einstellungen der Dateiformate in Mozilla.

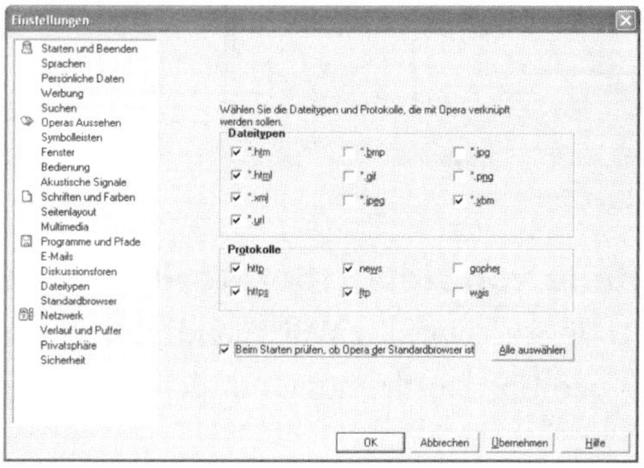

Einstellungen der Dateiformate in Opera.

Netscape/Mozilla

Netscape wurde noch vor ein paar Jahren in einem Atemzug mit dem Wort Internet ausgesprochen. Dann musste dieser klassische Webbrowser einige Prozentpunkte an den Internet Explorer abgeben.

Erst seit einigen Monaten, seitdem Mozilla, die Basis-Engine von Netscape- als Open Source-Software veröffentlicht wurde, verschieben sich die Anteile wieder.

Netscape, wie auch Mozilla und Beonex, die alle auf der gleichen Engine basieren, werden wieder deutlich beliebter bei den Anwendern, gerade wo beim Internet Explorer immer mehr Sicherheitslücken und Spionageelemente aufgedeckt werden.

Netscape/Mozilla enthält außer dem eigentlichen Browser auch einen kombinierten E-Mail-/Newsreader, einen HTML-Editor und weitere Zusatzkomponenten.

AOL plant, in der nächsten Version seiner Zugangssoftware nicht mehr den Internet Explorer als Standardbrowser zu integrieren, sondern einen Browser, der auf der Mozilla-Engine basiert.

Mozilla ist Open Source, wogegen Netscape ein kommerzielles Produkt ist, das man aber trotzdem kostenfrei nutzen kann.

Mozilla 1.0.

Vorteile von Netscape/Mozilla gegenüber dem Internet Explorer

- Unterstützung aller W3C-Standards, nicht nur der von Microsoft definierten.
- Volle Übereinstimmung mit dem JavaScript-Standard, wohingegen der Internet Explorer hier viele Elemente nicht unterstützt oder nicht regelgerecht interpretiert.
- Profile für verschiedene E-Mail-Adressen oder Proxy-Einstellungen. Innerhalb eines Profils werden Favoriten, Startseite, E-Mails, Newsgroups, Browser-Sprache, Pro-

gramm- und Proxy-Parameter gespeichert. So können für verschiedene Verbindungen verschiedene Profile angelegt werden.

- Einfache Übertragung von E-Mail-Ordnern auf andere Computer.
- Import von E-Mails und Adressbüchern aus anderen Browsern und Mail-Programmen.
- Umfangreiche Filter- und Suchfunktionen im E-Mail-Programm.
- Sidebar für Favoritenverwaltung, History, Suchmaschinen oder spezielle Contentangebote (*channel.netscape.com/sidebar/sbd/index.tmpl* und *dmoz.org/Netscape/Sidebar*).
- Übersichtliche Bookmark-Verwaltung im Standard-HTML-Format mit Suchfunktion.
- Automatische Aktualisierungsabfrage für Bookmarks.
- Guter und durchschaubarer Kennwort-Manager.
- Tabbed Browsing zur Darstellung mehrerer Webseiten in einem Fenster, in Mozilla ab Version 1, in Netscape ab Version 7.
- Zoomen innerhalb der Fenster (ab Netscape 7).
- Popup-Killer zum Unterdrücken störender Werbefenster (in Mozilla standardmäßig enthalten, für Netscape als Plug-In).
- JavaScript-Schutz für E-Mails.
- Hohe Sicherheit.
- Integrierter Download-Manager (nur bei Mozilla).
- Mail-Programm kann auch AOL-E-Mail-Konten verwalten.
- Integrierter AOL Instant Messenger (bei Mozilla als Plug-In, bei Netscape als optionale Komponente).
- Offene Plug-In-Schnittstelle.

Plug-Ins

Kein Browser kann alle im Internet vertretenen Dateiformate anzeigen.

Deshalb kam Netscape schon sehr früh auf die Idee, eine offene Plug-In-Schnittstelle zu definieren.

Hier können Entwickler spezieller Dateiformate eigene Tools schreiben, mit denen diese Formate vom Browser dargestellt werden können.

Durch ein HTML-Tag *pluginspage* bekommt der Browser mitgeteilt, wo das notwendige Plug-In heruntergeladen werden kann, wenn es nicht bereits installiert ist.

Auf einer Webseite, die ein nicht installiertes Plug-In benötigt, erscheint eine entsprechende Meldung, aus der heraus man direkt das Plug-In herunterladen kann.

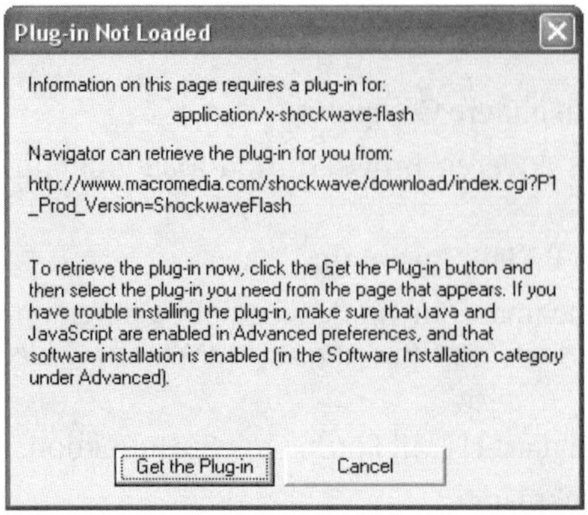

Meldung bei einem nicht installierten Plug-In.

Die meisten Plug-Ins bestehen aus einer einzigen DLL-Datei, die nur in das *plugins*-Verzeichnis von Netscape oder Mozilla kopiert werden muss. Dieses Kopieren erledigt der Browser automatisch. Man muss nur dann Dateien manuell kopieren, wenn ein Browser nachträglich installiert wird und die Plug-Ins schon vorhanden sind. Das gleiche Verfahren nutzen außer Netscape auch alle anderen Browser auf Mozilla-Basis und auch Opera.

Liste aller Plug-Ins
Geben Sie „about:plugins" in die URL-Zeile des Browsers ein, bekommen Sie eine Übersicht über alle installierten Plug-Ins.

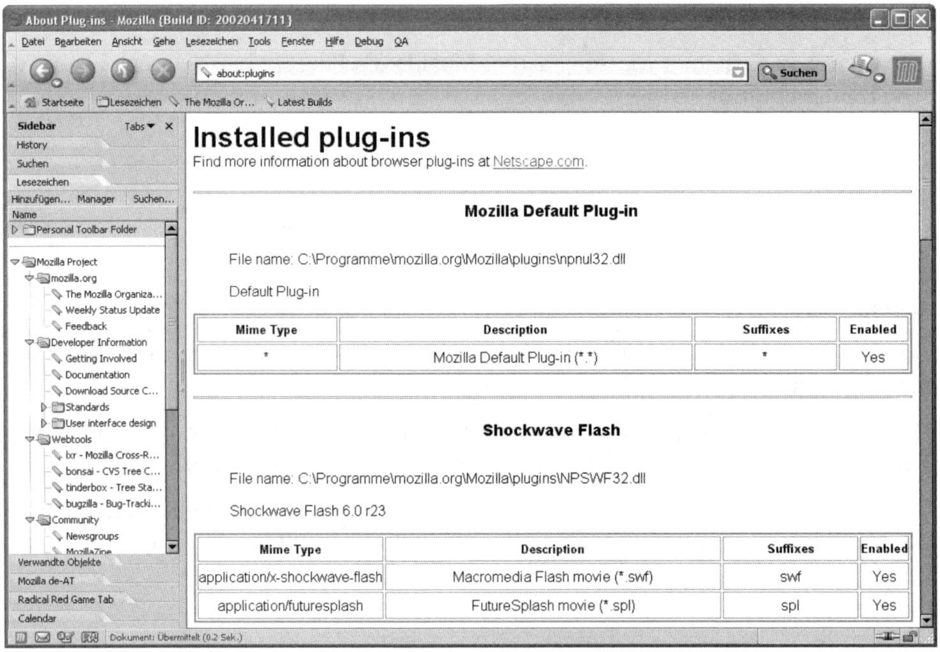

Liste der installierten Plug-Ins.

Keine Plug-Ins im Internet Explorer 6

Microsoft hatte von der Version 3 bis zur Version 5 des Internet Explorer das Plug-In-Konzept von Netscape übernommen, um möglichst kompatibel zum Netscape-Standard zu bleiben. Seit dem Service-Pack 2 zum Internet Explorer 5.5 und auch im Internet Explorer 6, der in Windows XP enthalten ist, wurde diese Methode aufgegeben. Microsoft unterstützt jetzt nur noch ActiveX, das von vielen Administratoren aber aus Sicherheitsgründen abgelehnt wird. Möchten Plug-In-Anbieter zum Internet Explorer 6 kompatibel bleiben, müssen sie zusätzlich zum vorhandenen Plug-In ein eigenes ActiveX-Objekt liefern. Microsoft äußert sich zu diesem Thema nur sehr oberflächlich: „Es handelt sich hierbei um ein programmtechnisch bedingtes Verhalten ... Wenden Sie sich an den Hersteller des betreffenden Netscape-Plug-Ins, um sich zu informieren."

Wichtige Webseiten zu Plug-Ins	
home.netscape.com/plugins	Plug-In-Liste, Downloads und Kurzbeschreibungen bei Netscape. Infos für Webdesigner zur Einbindung von Plug-Ins und für Entwickler.
www.plugins.de	Gute Seite mit wichtigen Plug-Ins, Infos zu verschiedenen Browsern, Plug-In-Testdateien und Online-Plug-In-Check. Infos zur Konfiguration und Deinstallation. Leider nicht mehr topaktuell.
www.plugins.com	Unabhängige Webseite mit Downloads, News und Tests.
www.plug-ins.de	Links und News zu Audio-, Video- und 3-D-Plug-Ins.
www.microsoft.com/intlkb/Germany/Support/kb/D303/D303401.htm	Microsoft Knowledgebase zur nicht mehr vorhandenen Plug-In-Kompatibilität im Internet Explorer 6.

Opera

Opera ist unter Vielsurfern schon lange als schlanke und schnelle Alternative zu den großen Browsern beliebt.

Das Programm bietet außer der Geschwindigkeit noch einige interessante Zusatzfunktionen.

Außerdem sind eine komfortable Favoritenverwaltung in der Seitenleiste, ein Newsreader und ein E-Mail-Programm mit der Möglichkeit, mehrere Accounts parallel zu verwalten, integriert.

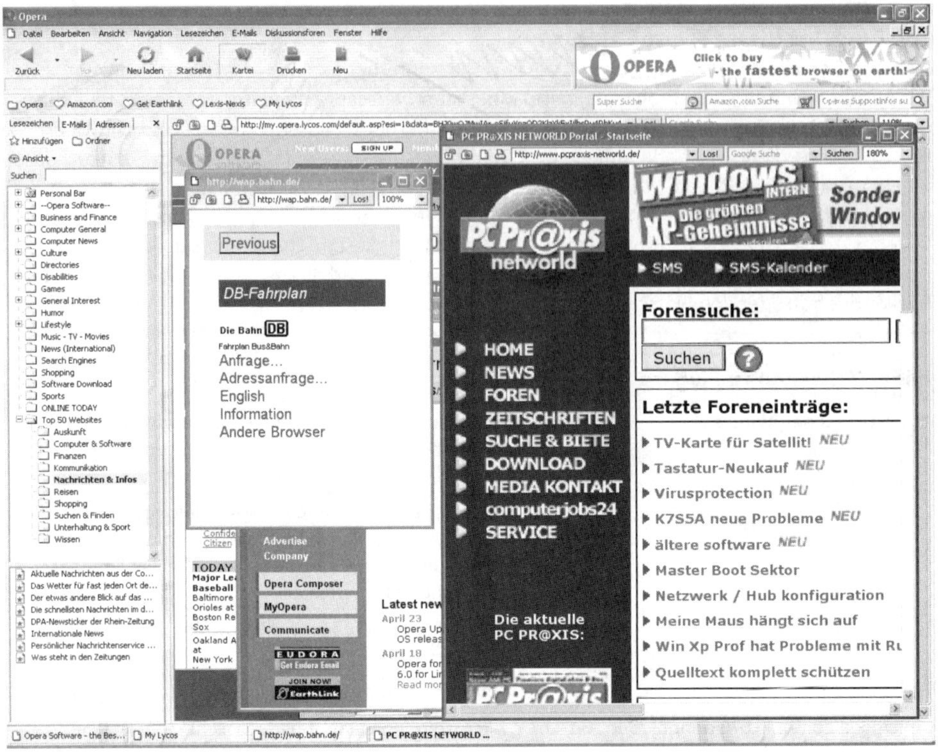

Mehrere Fenster, verschiedene Zoomfaktoren und WAP-Seiten in Opera.

Vorteile von Opera gegenüber dem Internet Explorer

- Mehrere Webseiten in einem Fenster, als Tabs oder frei verschiebbare Fenster.
- Zoomen innerhalb der Fenster zwischen 20 und 1.000 %.
- Einfache Übertragung von E-Mail-Ordnern auf andere Computer.
- Übersichtliche Bookmark-Verwaltung mit Suchfunktion, sehr einfacher Export und Import.
- Beim Neustart können zuletzt besuchte Seiten automatisch wieder aufgerufen werden.
- Opera stellt als einziger der großen Browser auch WAP-Seiten online dar, einschließlich ihrer Navigationselemente. Man braucht hier also keinen externen WAP-Browser.
- Popup-Killer zum Unterdrücken störender Werbefenster.
- Integrierter Download-Manager.
- Offene Plug-In Schnittstelle nach Netscape-Standard.
- Mausgesten – durch Kombination einer kurzen Bewegung der Maus mit dem Drücken einer Maustaste blättert man schnell und mit nur einer Hand durch die angezeigten Seiten.

- Automatische Aktualisierung – Verfolgen Sie regelmäßig Newsticker oder Onlineauktionen, können Sie die betreffenden Seiten von Opera automatisch in bestimmten Zeitabständen aktualisieren lassen.
- Während des Betriebs können Sie jederzeit Java, JavaScript, Cookies und Plug-Ins deaktivieren und auch wieder aktivieren, um Seiten zu testen oder schädliche Elemente bestimmter Webseiten auszubremsen.
- Ausführliche Einstellungsmöglichkeiten zum Verhalten bei fremden Dateitypen unabhängig von den Windows-Einstellungen.
- Echter Vollbildmodus für Präsentationen ganz ohne Navigationsschalter.
- Simulieren anderer Browser – Webdesigner, die das Verhalten einer Seite unter verschiedenen Browsern testen möchten, können Opera statt der Opera-Browser-Kennung auch die Browser-Kennung von Mozilla/Netscape oder Internet Explorer ausgeben lassen. Außerdem können Sie damit Webseiten, die bewusst bestimmte Browser ausgrenzen, trotzdem betrachten, weil diese Seiten meistens nur die Browser-Kennung überprüfen.

JavaScript-Fehler
Viele schlecht programmierte Webseiten, die JavaScript verwenden, überprüfen beim Start nicht die wirkliche JavaScript-Funktionalität des Browsers, sondern nur, ob es sich bei der übermittelten Browser-Kennung um Netscape oder Internet Explorer ab einer bestimmten Version handelt. Opera unterstützt JavaScript problemlos. Bei solchen Seiten müssen Sie nur evtl. eine andere Browser-Kennung übermitteln.

WAP

WAP (**W**ireless **A**pplication **P**rotocol) ist eine HTML-ähnliche Sprache für Webseiten, die auf Handys und anderen mobilen Geräten dargestellt werden können. Außer Opera können die Standardwebbrowser WAP-Seiten nicht darstellen. Hierfür müssen Sie also ein eigenes Programm, wie zum Beispiel WinWAP (*www.winwap.org*) installieren.

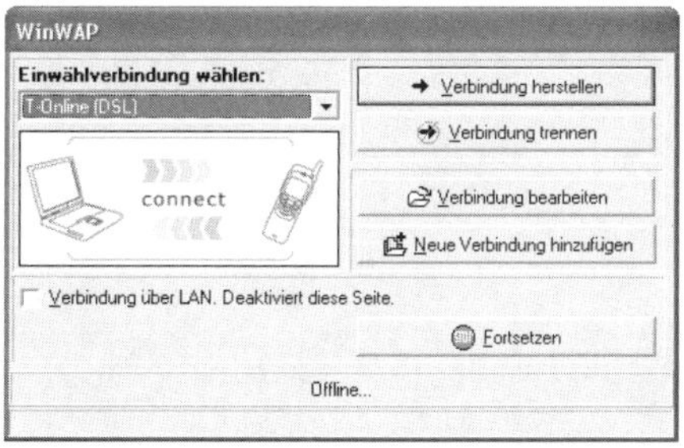

Anwahl von WinWAP.

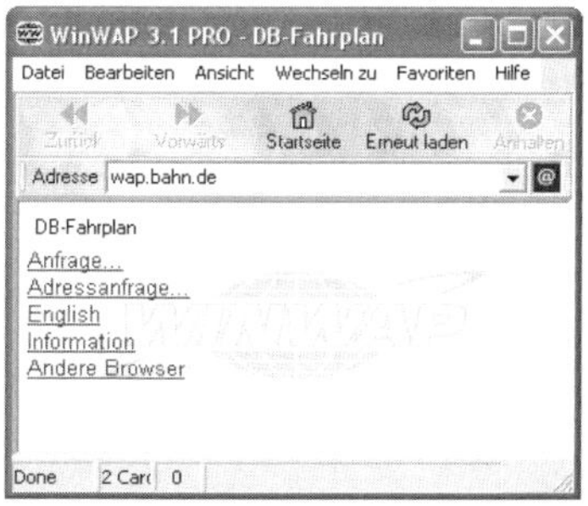

Darstellung einer bekannten WAP-Seite.

WinWAP kann entweder über das WAP-Gateway eines Mobilfunkanbieters oder über eine vorhandene DFÜ-Verbindung aus Windows XP ins Internet wählen.

WinWAP trägt in der Registry unter *HKEY_CLASSES_ROOT\MIME\Database\Content Type* einen neuen MIME-Typ *text/vnd.wap.wml* ein und weist den WinWAP-Browser diesem Typ als Standardanwendung zu. Damit können Sie, wenn Sie in Netscape oder Mozilla eine WAP-Seite aufrufen, diese automatisch mit WinWAP anzeigen lassen.

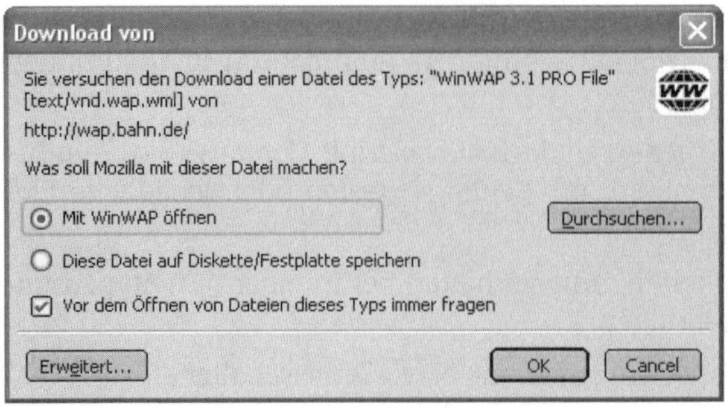

Meldung beim Versuch, eine WAP-Seite in Mozilla anzuzeigen.

Der Internet Explorer wertet ihm unbekannte MIME-Typen leider nicht richtig aus, sodass hier WinWAP nicht automatisch aufgerufen wird, sondern eine Fehlermeldung erscheint, solange der Betreiber der WAP-Seite nicht anhand der Browser-Kennung eine Umleitung vorgesehen hat.

12.5 Internetverbindungs-Firewall und Sicherheitsfunktionen

Firewall heißt übersetzt nicht etwa Feuerwand, sondern Brandschutzmauer. Sie dient dazu, einen privaten Bereich, hier einen Computer oder ein Netzwerk, vor Gefahren von außen zu schützen.

Während in großen Netzwerken eigene Rechner als Firewall dienen, bieten sich für Privatanwender und kleine Büros Softwarelösungen an. Windows XP liefert eine Internetverbindungs-Firewall, auch als ICF (**I**nternet **C**onnection **F**irewall) bezeichnet, mit, die bei jeder DFÜ-Verbindung oder Breitbandverbindung gesondert ein- oder ausgeschaltet werden kann.

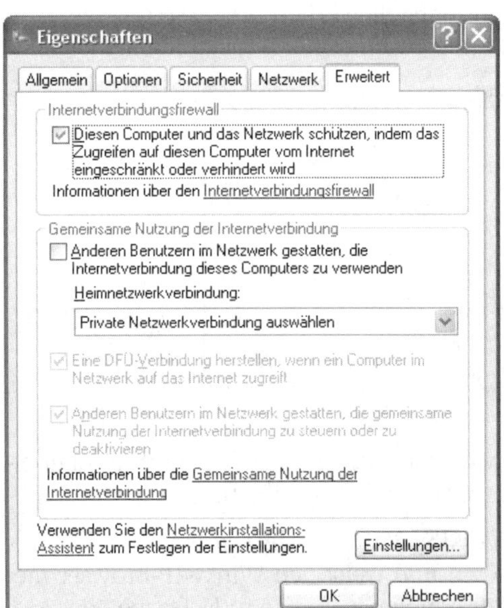

Einschalten der Internetverbindungs-Firewall für eine DFÜ-Verbindung.

DFÜ-Verbindungen mit aktivierter Internetverbindungs-Firewall werden mit einem zusätzlichen Vorhängeschloss-Symbol dargestellt.

Die Internetverbindungs-Firewall kann auch für eine freigegebene Internetverbindung als Schutz für ein lokales Netzwerk verwendet werden.

Die Windows XP-Internetverbindungs-Firewall arbeitet nach dem Prinzip eines zustandsabhängigen Paketfilters. Ein solcher Filter verwendet eine interne Datenflusstabelle, in der alle ausgehenden Anfragen protokolliert werden.

Ankommende Daten werden überprüft, ob sie aus einer Quelle kommen, von der Daten angefragt wurden oder nicht.

Daten aus anderen Quellen werden durch die Firewall nicht durchgelassen. Bei freigegebenen Internetverbindungen wird der Datenverkehr des gesamten Netzwerks überprüft, der über die Verbindung ins Internet geht.

Damit soll verhindert werden, dass Hacker von außen auf das System zugreifen können.

Andere Firewalls
Deaktivieren Sie die Internetverbindungs-Firewall von Windows XP, wenn Sie über einen Proxy-Server oder eine Netzwerk-Firewall mit dem Internet verbunden sind.

In Netzwerken mit freigegebener Internetverbindung darf die Internetverbindungs-Firewall nur für die Verbindung des Gateway-Rechners mit dem Internet konfiguriert sein, nicht für die Verbindungen der Clients mit dem Gateway, da es sonst zu Störungen im Netzwerkverkehr durch das Network-Adress-Translation der Internetverbindungsfreigabe kommt.

Sicherheitsprotokoll

Für die meisten Fälle reicht es aus, auf der Registerkarte *Erweitert* der Eigenschaften einer Internetverbindung den Schalter *Internetverbindungsfirewall* einzuschalten.

Der Benutzer wird in der Standardeinstellung nicht jedes Mal gewarnt, wenn ein Datenpaket abgewiesen wurde, da dies sehr häufig vorkommen kann.

Es besteht aber die Möglichkeit, eine Protokolldatei mitlaufen zu lassen. Schalten Sie dazu in den erweiterten Einstellungen der Firewall auf der Registerkarte *Sicherheitsprotokollierung* das Kontrollkästchen *Verworfene Pakete protokollieren* ein.

Diese Protokolldatei finden Sie standardmäßig unter *\Windows\pfirewall.log*.

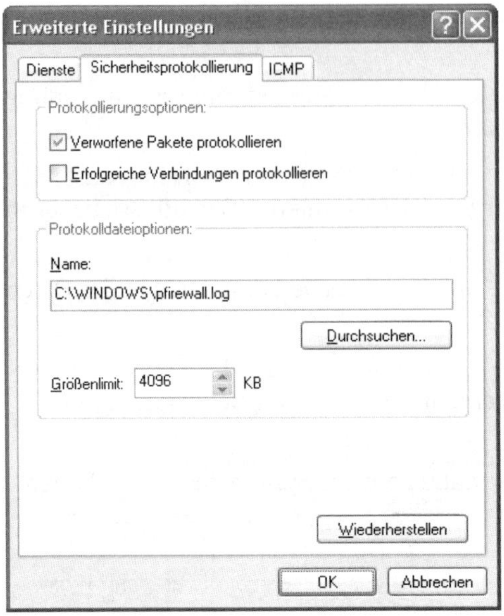

Einstellungen für das Sicherheitsprotokoll.

Hier können Sie auch die erfolgreichen Verbindungen protokollieren lassen, wodurch die Protokolldatei aber sehr schnell sehr groß werden kann.

Die Größe der Protokolldatei ist standardmäßig auf 4 MByte begrenzt. Danach werden ältere Einträge entfernt.

```
#Verson: 1.0
#Software: Microsoft Internet Connection Firewall
#Time Format: Local
#Fields: date time action protocol src-ip dst-ip src-port dst-port size tcpflags tcpsyn tcpack
tcpwin icmptype icmpcode info

2002-05-17 16:22:36 DROP TCP 209.73.225.47 217.184.232.200 80 48634 1400 A 3741608197 396627133
16457 - - -
2002-05-17 16:22:45 DROP TCP 209.73.225.47 217.184.232.200 80 48634 1400 A 3741608197 396627133
16457 - - -
2002-05-17 16:22:45 DROP TCP 209.73.225.47 217.184.232.200 80 48634 1306 AP 3741610917 396627133
16457 - - -
2002-05-17 16:22:53 DROP TCP 209.73.225.47 217.184.232.200 80 48634 1400 A 3741608197 396627133
16457 - - -
2002-05-17 16:23:14 DROP TCP 209.73.225.47 217.184.232.200 80 48634 1400 A 3741608197 396627133
16457 - - -
2002-05-17 16:23:22 DROP TCP 209.73.225.7 217.184.232.200 80 3189 40 R 3741608197 3741608197 0 -
- -
2002-05-17 16:23:38 DROP TCP 209.73.225.47 217.184.232.200 80 11390 1400 A 3820445338 411265502
16405 - - -
```

Der abgedruckte Ausschnitt einer Protokolldatei zeigt verschiedene Angriffsversuche. Die Prokolldatei entspricht dem Standard des erweiterten Protokolldateiformats des W3C. Im Header der Datei werden die Feldnamen angezeigt, die protokolliert werden.

Jeder Eintrag entspricht einer Zeile in der Datei (die Zeilenumbrüche im Beispiel sind drucktechnisch bedingt). Die einzelnen Felder werden durch Leerzeichen getrennt. Leere Felder enthalten ein -.

Feld	Inhalt
date	Datum des Protokolleintrags im Format JJJJ-MM-TT
time	Zeit des Protokolleintrags im Format HH:MM:SS
action	OPEN - Öffnen einer Verbindung CLOSE - Schließen einer Verbindung DROP - Abgewiesenes Datenpaket INFO-EVENTS-LOST - Anzahl Ereignisse, die nicht protokolliert wurden
protocol	Verwendetes Netzwerkprotokoll TCP, UDP, ICMP
src-ip	IP-Adresse des Computers, der versuchte, die Verbindung aufzubauen
dst-ip	Zieladresse des versuchten Verbindungsaufbaus, in den meisten Fällen die lokale IP-Adresse des eigenen Rechners
src-port	Portnummer des Computers, der versuchte, die Verbindung aufzubauen
dst-port	Ziel Portnummer des versuchten Verbindungsaufbaus
size	Paketgröße in Byte
tcpflags	Kontroll-Flags des IP-Pakets nach RFC 793: A - Ack - Bestätigungsfeld F - Fin - Ende, keine weiteren Daten vom Absender P - Psh - Push-Funktion R - Reset - Verbindung zurücksetzen S - Syn - Sequenznummern synchronisieren U - Urgent - Dringender Zeiger
tcpsyn	TCP-Sequenznummer
tcpack	TCP-Bestätigungsnummer
tcpwin	TCP-Fenstergröße
icmptype	Typ bei ICMP-Nachrichten
icmpcode	Code bei ICMP-Nachrichten
info	Zusätzliches Infofeld, das bei INFO-EVENTS-LOST verwendet wird

Konfiguration der Internetverbindungs-Firewall

In einigen Fällen müssen Sie die Internetverbindungs-Firewall noch manuell konfigurieren.

Wenn Sie einen lokalen Server für HTTP, FTP oder E-Mail betreiben, der Zugriffe von außerhalb des eigenen Netzes zulassen soll, müssen Sie diesen in der Internetverbindungs-Firewall freigeben.

Dazu sind in den erweiterten Eigenschaften der Internetverbindungs-Firewall einige häufig verwendete Dienste vorkonfiguriert, die Sie nur noch zu aktivieren brauchen.

Dabei müssen Sie über den Schalter *Bearbeiten* noch den jeweiligen Rechnernamen oder die lokale IP-Adresse im eigenen Netzwerk eintragen.

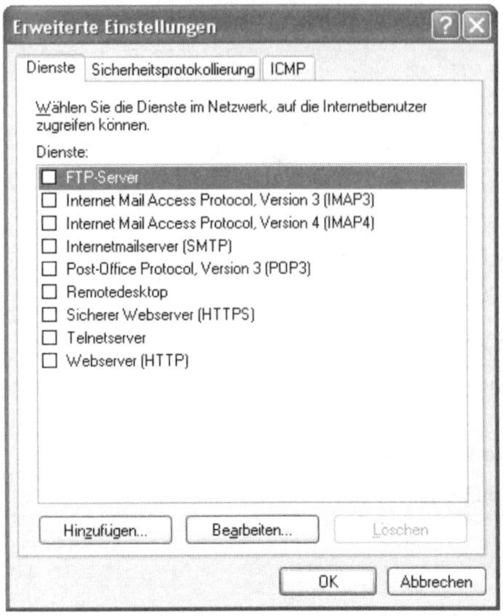

Erweiterte Einstellungen.

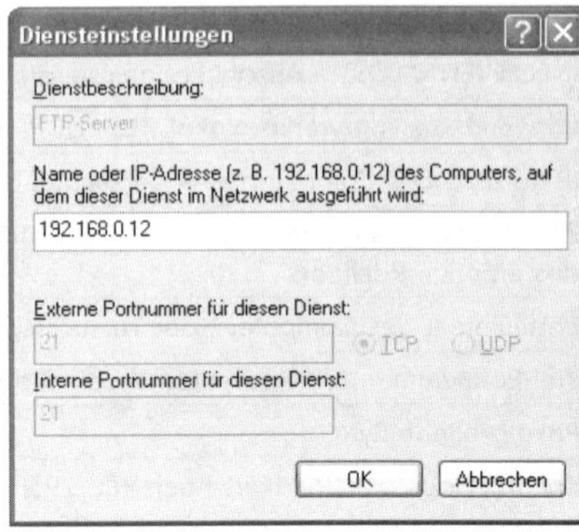

Konfiguration eines Dienstes.

Auf die gleiche Weise können auch neue Dienste hinzugefügt werden. Dies müssen Sie zum Beispiel tun, wenn Sie den Messenger über eine Internetverbindung nutzen wollen, die mit der Internetverbindungs-Firewall geschützt ist.

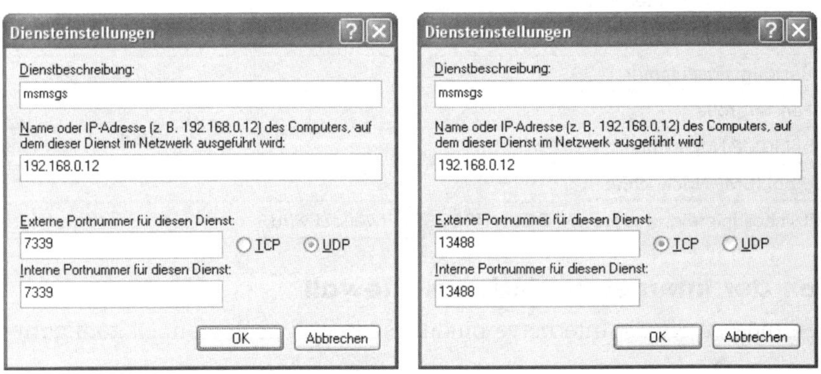

Messenger-Dienste in der Internetverbindungs-Firewall.

Keine Firewall bei VPN
Deaktivieren Sie die Internetverbindungs-Firewall bei VPN-Verbindungen, weil diese die gemeinsame Nutzung von Dokumenten stören würde.

ICMP

Die Abkürzung ICMP steht für **I**nternet **C**ontrol **M**essage **P**rotocol und bezeichnet eine Erweiterung des TCP/IP-Standards für automatisierte Meldungen und Statusinformationen. Innerhalb eines IP-Datenpakets werden ICMP-Meldungen eingekapselt versendet.

Diese bestehen aus einem ICMP-Header, der die Art der Meldung bezeichnet, und der eigentlichen Nachricht, die die Daten enthält.

Es gibt folgende Typen von ICMP-Nachrichten:

ICMP-Meldungstyp	Beschreibung
Echoanforderung	Fragt nach, ob ein Gerät mit einer bestimmten IP-Adresse im Netzwerk verfügbar ist.
Echoantwort	Antwort auf eine Echoanforderung.
Quelldrosselung	Bei Netzwerküberlastung: Host wird angewiesen, die Übertragungsrate zu drosseln.
Umleitung	Benachrichtigung über eine bevorzugte Netzwerkroute.
Zeitüberschreitung	Gültigkeitsdauer (Time-To-Live) eines Datenpakets abgelaufen.
Ziel nicht erreichbar	Datenpaket kann nicht zugestellt werden.

Über diese ICMP-Meldungen können Angreifer Informationen über das Netzwerk sowie bestimmte Komponenten bekommen. Deshalb blockt die Internetverbindungs-Firewall solche Anfragen standardmäßig ab. Wenn Sie für Diagnosezwecke oder spezielle Kommunikationsprogramme derartige Meldungen benötigen, können Sie sie einzeln auf der Registerkarte *ICMP* der erweiterten Firewall-Einstellungen freischalten. Der eigene Rechner reagiert nur auf die angekreuzten Anfragen.

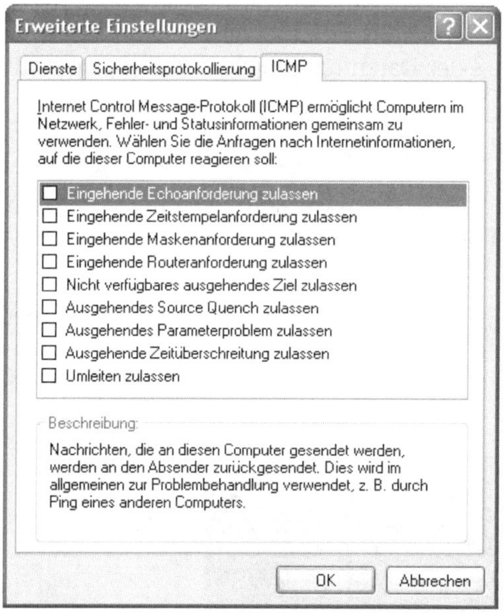

ICMP-Einstellungen für die Internetverbindungs-Firewall.

Anfrage	Beschreibung
Eingehende Echoanforderung zulassen	Computer antwortet auf Ping-Anfragen.
Eingehende Zeitstempelanforderung zulassen	Computer sendet Empfangsdatum zurück.
Eingehende Maskenanforderung zulassen	Computer sendet Informationen über das öffentliche Netzwerk, an dem er angeschlossen ist, zurück.
Eingehende Routeranforderung zulassen	Computer beantwortet Anfragen zu erkannten Routen.
Nicht verfügbares ausgehendes Ziel zulassen	Computer kann die Meldung *Ziel nicht erreichbar* senden.

Anfrage	Beschreibung
Ausgehendes Source Quench zulassen	Computer kann die Meldung *Quelldrosselung* senden.
Ausgehendes Parameterproblem zulassen	Computer kann die Meldung *Fehlerhafter Header* senden, wenn empfangene Daten wegen eines Problems im Header verworfen wurden.
Ausgehende Zeitüberschreitung zulassen	Computer kann die Meldung *Zeitüberschreitung* senden, wenn Daten wegen überschrittener TTL verworfen wurden.
Umleiten zulassen	Daten werden automatisch weitergeleitet, wenn sich der Standardpfad ändert.

Lücken in der Firewall

Die Internetverbindungs-Firewall blockiert nur unautorisierte Anfragen von außen. Sie schützt nicht vor Trojanern und anderer Malware, die über eine Internetverbindung, per Mail oder Script eingeschleust wurde und dann von innen heraus Daten an einen externen Angreifer sendet. Um hier ausreichende Sicherheit zu bekommen, sollten Sie lieber Firewalls von Drittanbietern wie ZoneAlarm oder Norton Internet Security einsetzen.

Die Spywarefunktionen der Microsoft-Produkte werden ebenfalls von der Firewall nicht blockiert. Hier sendet zum Beispiel der Media Player oder der Messenger Anfragen an einen Microsoft-Server, ohne dass dies vom Anwender beeinflusst werden kann. Die Antworten auf diese Anfragen werden dann gemäß der Datenflusstabelle durch die Firewall durchgelassen.

Offene Ports testen

Die Ping-Anfragen werden im Internet nicht nur zu Testzwecken verwendet, sondern von potenziellen Angreifern auch, um offene Ports auf Rechnern zu finden, über ein Angriff laufen könnte.

Überprüfen Sie also sicherheitshalber selbst, welche Ports auf Ihrem Rechner geöffnet sind, und welche davon Sie wirklich brauchen. Der Befehl *netstat -a* zeigt alle aktiven Verbindungen an. Mit der zusätzlichen Option *-n* sehen Sie alle Portnummern als Nummern und nicht als Namen.

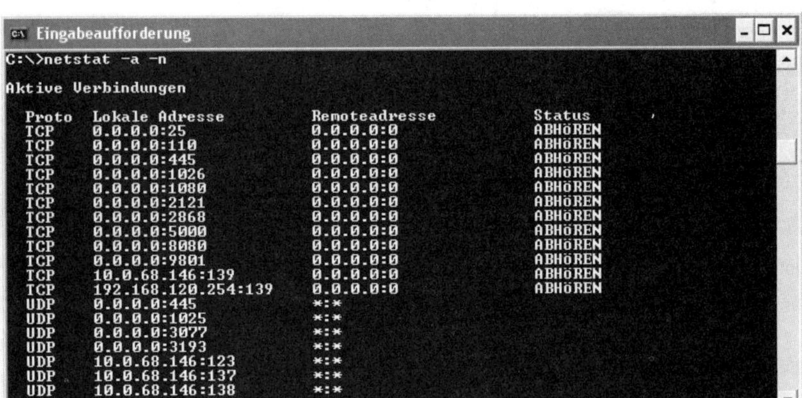

Anzeige aller aktiven Verbindungen.

Die Mit dem Wort *ABHÖREN* gekennzeichneten Ports sind geöffnet und warten auf eine Anfrage.

Die IANA (**I**nternet **A**ssigned **N**umbers **A**uthority, *www.iana.org*) verwaltet die Zuweisung der Portnummern zu entsprechenden Diensten. Dabei gibt es drei Gruppen von Portnummern:

Nummernblock	Beschreibung
0...1023	System-Ports
1024...49151	Benutzerregistrierte Ports, müssen bei IANA angemeldet werden
49152...65535	Dynamische und private Ports

Im Bereich der benutzerregistrierten Ports kommen vor allem die Nummern 1080, 8080, 9202 und 9203 vor. Diese werden von lokalen Proxy-Servern in Netzwerken oder für satellitengestützte Internetverbindungen verwendet.

Eine Tabelle aller standardisierten System-Ports finden Sie im Anhang auf Seite 1063.

Sicherheitsstufen im Internet Explorer

In den Internetoptionen können Sie verschiedene Sicherheitseinstellungen vornehmen. Diese Sicherheitseinstellungen werden zu vier verschiedenen Stufen zusammengefasst, sodass der Benutzer nur eine Stufe auszuwählen braucht, anstatt jede Einstellung manuell vorzunehmen.

Außerdem definiert der Internet Explorer vier Zonen, für die standardmäßig jeweils eine andere Sicherheitsstufe gilt. Man kann die Sicherheitseinstellungen für jede Zone aber beliebig anpassen.

Eingeschränkte Sites

Sicherheitsstufe *Hoch*. Die Sites, für die diese Zone gelten soll, müssen explizit angegeben werden. Tragen Sie hier gefährliche Sites ein, die Ihr System beschädigen können.

Internet

Sicherheitsstufe *Mittel*. Diese Zone gilt für alle Sites, die in keiner anderen Zone eingetragen sind. Da man keine Möglichkeit hat, pauschal alle unbekannten Webseiten in die Zone *Eingeschränkte Sites* aufzunehmen, sollte in der Zone *Internet* die höchste Sicherheitsstufe verwendet werden.

Lokales Intranet

Sicherheitsstufe *Niedrig*. Sites im lokalen Netz, Netzwerkpfade und Sites, die den Proxy-Server umgehen. Diese Einstellungen können über den Schalter *Sites* verändert werden.

Vertrauenswürdige Sites

Sicherheitsstufe *Sehr Niedrig*. Sites, denen Sie besonders vertrauen, dass davon keine Gefahren ausgehen. Die Sites, für die diese Zone gelten soll, müssen explizit angegeben werden.

Sicherheitszonen.

Anpassen der Sicherheitseinstellungen.

Die Sicherheitsstufen enthalten die Voreinstellungen aus der Tabelle.

Wenn Sie hier Einstellungen ändern, gilt die Sicherheitsstufe als *Benutzerdefiniert*.

Einstellung	Hoch	Mittel	Niedrig	Sehr niedrig
ActiveX-Steuerelemente ausführen, die für Scripting sicher sind	Deaktivieren	Aktivieren	Aktivieren	Aktivieren
ActiveX-Steuerelemente initialisieren und ausführen, die nicht sicher sind	Deaktivieren	Deaktivieren	Deaktivieren	Eingabeaufforderung
ActiveX-Steuerelemente und Plug-Ins ausführen	Deaktivieren	Aktivieren	Aktivieren	Aktivieren
Download von signierten ActiveX-Steuerelementen	Deaktivieren	Eingabeaufforderung	Eingabeaufforderung	Aktivieren
Download von unsignierten ActiveX-Steuerelementen	Deaktivieren	Deaktivieren	Deaktivieren	Eingabeaufforderung
Benutzerauthentifizierung	Nach Benutzername und Kennwort fragen	Automatisches Anmelden nur in der Intranetzone	Automatisches Anmelden nur in der Intranetzone	Automatische Anmeldung mit aktuellem Benutzernamen und Kennwort
Datei-Download	Deaktivieren	Aktivieren	Aktivieren	Aktivieren
Schriftart-Download	Eingabeaufforderung	Aktivieren	Aktivieren	Aktivieren
Active Scripting	Deaktivieren	Aktivieren	Aktivieren	Aktivieren
Einfügeoperationen über ein Script zulassen	Deaktivieren	Aktivieren	Aktivieren	Aktivieren

Einstellung	Hoch	Mittel	Niedrig	Sehr niedrig
Scripting von Java-Applets	Deaktivieren	Aktivieren	Aktivieren	Aktivieren
Auf Datenquellen über Domänengrenzen hinweg zugreifen	Deaktivieren	Deaktivieren	Eingabeaufforderung	Aktivieren
Dauerhaftigkeit der Benutzerdaten	Deaktivieren	Aktivieren	Aktivieren	Aktivieren
Gemischte Inhalte anzeigen	Eingabeaufforderung	Eingabeaufforderung	Eingabeaufforderung	Eingabeaufforderung
Installation von Desktopobjekten	Deaktivieren	Eingabeaufforderung	Eingabeaufforderung	Aktivieren
Keine Aufforderung zur Clientzertifikatsauswahl, wenn kein oder nur ein Zertifikat vorhanden ist	Deaktivieren	Deaktivieren	Aktivieren	Aktivieren
META REFRESH zulassen	Deaktivieren	Aktivieren	Aktivieren	Aktivieren
Programme und Dateien in einem IFRAME starten	Deaktivieren	Eingabeaufforderung	Eingabeaufforderung	Aktivieren
Subframes zwischen verschiedenen Domänen bewegen	Deaktivieren	Aktivieren	Aktivieren	Aktivieren
Unverschlüsselte Formulardaten übermitteln	Eingabeaufforderung	Eingabeaufforderung	Aktivieren	Aktivieren
Ziehen und Ablegen oder Kopieren und Einfügen von Dateien	Eingabeaufforderung	Aktivieren	Aktivieren	Aktivieren
Zugriffsrechte für Softwarechannel	Hohe Sicherheit	Mittlere Sicherheit	Mittlere Sicherheit	Niedrige Sicherheit

Vorsicht mit ActiveX

Aus Sicherheitsgründen sollten Sie *ActiveX-Steuerelemente ausführen, die für Scripting sicher sind* in allen Zonen deaktivieren, da der Internet Explorer 6 auch den ActiveX-Befehl, der die Sicherheitseinstellungen ändert, als für Scripting sicher ansieht. Damit kann ein böswilliges ActiveX-Steuerelement die volle Kontrolle über jeden Rechner übernehmen, indem es zuerst die Sicherheitsstufen nach Belieben anpasst. Allerdings kommt es bei deaktiviertem ActiveX zu Problemen mit diversen Webseiten, die beim Internet Explorer automatisch von ActiveX ausgehen und deshalb eine ActiveX-freie Seite nur für andere Browser anbieten. Außerdem finktioniert das Microsoft Windows Update nicht ohne ActiveX.

UPnP-Problem

UPnP (**U**niversal **P**lug a**n**d **P**lay) ist Microsofts Antwort auf die vor einiger Zeit von Sun vorgestellte JINI (**J**ava **I**ntelligent **N**etwork **I**nfrastructure). Mit diesem System soll es sehr einfach möglich sein, beliebige Geräte, vom PC über den Fernseher bis zum Kühlschrank, einfach zu vernetzen. Über die UPnP-Schnittstelle sollen die Geräte im Netzwerk automatisch erkannt werden und über Gerätebeschreibungsdateien im System installiert werden. Diese Dateien werden automatisch von einem Server im Internet heruntergeladen. Ein erster Ansatz einer UPnP-Implementierung ist die Internetverbindungsfreigabe in Windows XP.

So komfortabel UPnP auf den ersten Blick auch scheint, hat es doch zwei erhebliche Sicherheitslücken, die sogar von Microsoft und der NIPC (**N**ational **I**nfrastructure **P**rotection **C**enter), der amerikanischen Sicherheitsbehörde für IT, als kritisch eingestuft wurden.

- Durch einen Buffer Overflow im UPnP-System kann ein Angreifer die volle Kontrolle über den Rechner erlangen.
- Beim Herunterladen der Gerätebeschreibungsdatei für ein neues Gerät werden die Herkunft und auch die Größe dieser Datei nicht überprüft. Lenkt jemand diese Download-Anfrage geschickt um, können riesige sinnlose oder auch gefährliche Dateien heruntergeladen werden, was Onlinezeit kostet und erhebliche Risiken mit sich bringt.

Microsoft hat auf dieses Problem bereits mit einem Sicherheits-Patch reagiert. Überprüfen Sie in der *Systemsteuerung/Software* unter *Windows-Komponenten*, ob im Bereich *Netzwerkdienste* die Komponente *Universelles Plug & Play* installiert ist. Wenn ja, laden Sie sich den Security Patch Q315000 bei *www.microsoft.com/technet/security/bulletin/MS01-059.asp* herunter und installieren Sie ihn. Danach muss der Rechner neu gebootet werden.

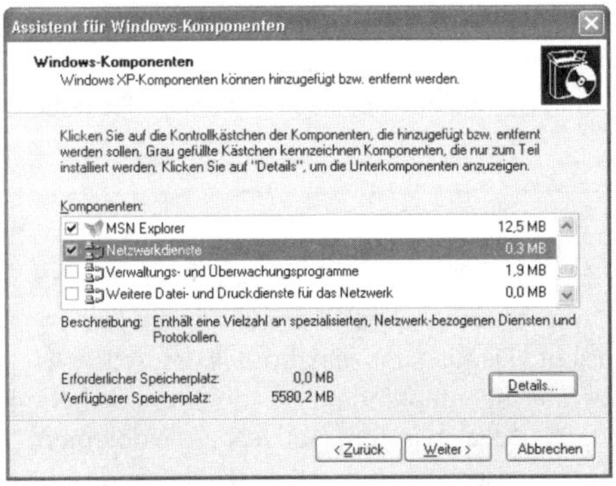

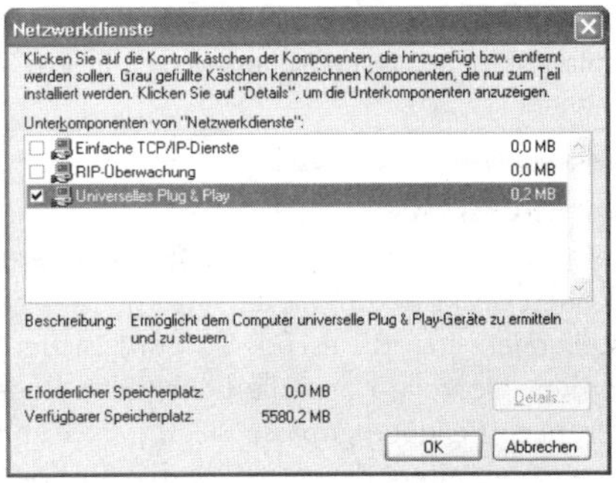

Die UPnP-Komponente in der Systemsteuerung/Software.

Wenn Sie über das Windows Update bereits aktuelle Patches installiert haben, können Sie in der Registry überprüfen, ob Sie diesen Patch bereits haben. Er legt einen Registry-Schlüssel *HKEY_LOCAL_MACHINE\SOFTWARE\Microsoft\Updates\Windows XP\SP1\Q315000* an. Im untergeordneten Schlüssel *Filelist* finden Sie alle veränderten Dateien.

Neuere Rechner mit vorinstalliertem Windows XP werden bereits mit diesem Security Patch ausgeliefert.

12.6 Spionage verhindern

Windows XP hat die unangenehme Eigenart, ständig Daten mit Microsoft austauschen zu wollen. Viele Programmkomponenten nehmen über das Internet mit einem Microsoft-Server Kontakt auf, ohne dass der Anwender dies explizit wünscht. Unter dem Deckmantel der Benutzerfreundlichkeit werden Daten gesammelt, über deren Umfang man persönlich im Dunkeln gelassen wird. Viele dieser Spywarefunktionen lassen sich aber abstellen.

Registrierung vortäuschen

Am Parameter *RegDone* in der Registry unter *HKEY_LOCAL_MACHINE\SOFTWARE\Microsoft\Windows NT\CurrentVersion* erkennt Windows XP, ob der Anwender sich bei Microsoft registriert hat. Einige Funktionen im Onlinesupport stehen nur registrierten Benutzern zur Verfügung. Setzen Sie diesen *REG_SZ*-Wert auf 1, verhält sich Ihr Windows XP wie eine registrierte Version. Dies hat nichts mit der Windows-Produktaktivierung zu tun.

Deregistrieren Sie in diesem Zusammenhang auch das RegistrationWizardControl *REGWIZC.DLL*. dann kann die Registrierung auch nicht versteckt über eine Microsoft-Supportseite durchgeführt werden.

```
regsvr32 /u regwizc.dll
```

Zeitsynchronisation abschalten

Die automatische Zeitsynchronisierung baut bei jedem Start eine Verbindung mit dem Microsoft-Zeitserver *time.microsoft.com* auf. Schalten Sie diese in den *Eigenschaften von Datum und Uhrzeit* aus. Viele Internetprovider bieten eigene Zeitsynchronisations-Tools, die bei einer Einwahl zum Provider aktiv werden und nicht automatisch eine Internetverbindung efordern.

Remotedesktop-Unterstützung ausschalten

Über die Windows XP-Funktion *Allow-to-get-Help* können Sie anderen Benutzern per Remotedesktop Zugriff auf Ihren Rechner gewähren. Wenn Sie diese Funktion sowieso nicht brauchen, deaktivieren Sie sie am besten. Setzen Sie dazu den DWORD-Wert *fAllowToGetHelp* im Registry-Schlüssel *HKEY_LOCAL_MACHINE\SYSTEM\CurrentControlSet\Control\Terminal Server* auf 0.

Fehlerberichterstattung ausschalten

Deaktivieren Sie in der *Systemsteuerung/System* über die Schaltfläche *Fehlerberichterstattung* auf der Registerkarte *Erweitert* die Fehlerberichterstattung auch bei kritischen Fehlern.

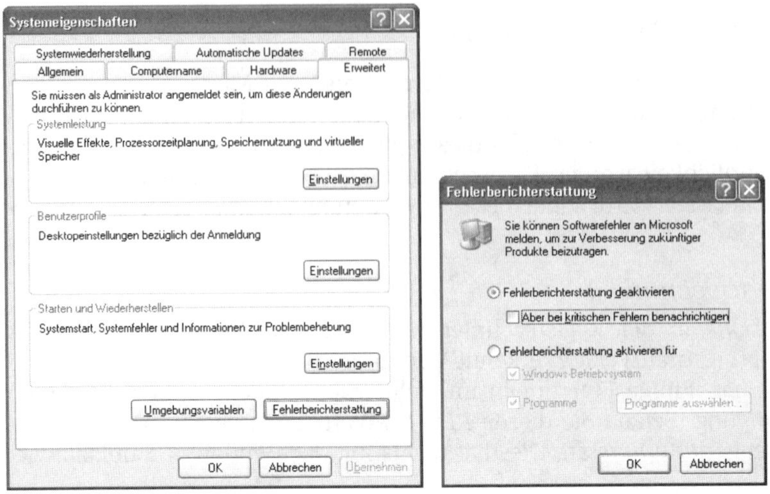

Deaktivieren der Fehlerberichterstattung.

Deaktivieren Sie dann auch den Dienst für die Fehlerberichterstattung unter *Verwaltung/Dienste*.

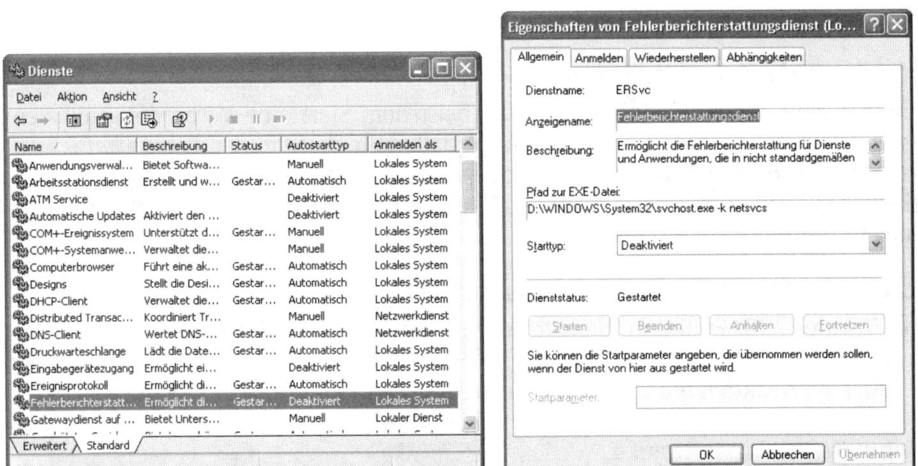

Deaktivieren des Dienstes für die Fehlerberichterstattung.

Automatische Updates ausschalten

Deaktivieren Sie die automatischen Updates unter *Systemsteuerung/System*. Hier wird jedes Mal ein Kurzbericht Ihres aktuellen Systemzustands an Microsoft geschickt, um dort festzustellen, ob Updates vorliegen, aber nur deshalb? Deaktivieren Sie dann unter *Verwaltung/Dienste* auch noch den Dienst *Automatische Updates*, sodass keine Spyware die Möglichkeit hat, die automatische Update-Funktion wieder einzuschalten.

xp-antispy

Dieses Freewareprogramm entfernt dialoggesteuert zahlreiche Spywarefunktionen aus Windows XP. Sie können es bei *www.xp-antispy.de* herunterladen.

Internet Explorer

Der Internet Explorer neigt dazu, selbstständig Informationen zu verteilen, ohne dass der Benutzer dies wirklich wünscht. Wenn Sie nicht aus Sicherheitsgründen schon auf einen anderen Browser umgestiegen sind, sollten Sie dem Internet Explorer zumindest einige seiner automatischen Benachrichtigungen abgewöhnen:

Überprüfung auf Updates

Der Internet Explorer 6 sucht automatisch im Internet nach Updates und sendet dazu Daten der aktuell installierten Version. Setzen Sie, um das zu verhindern, den DWORD-Wert *NoUpdateCheck* im Registry-Schlüssel *HKEY_CURRENT_USER\Software\Microsoft\Internet Explorer\Main* auf 1.

Geplante Updates

Möchten Sie verhindern, dass geplante Windows Updates vom Internet Explorer automatisch gesucht und ausgeführt werden, setzen Sie den DWORD-Wert *NoScheduledUpdates* im Registry-Schlüssel *HKEY_CURRENT_USER\Software\Microsoft\Windows\CurrentVersion\Webcheck* auf 1.

Integrierte Windows-Authentifizierung deaktivieren

Bei der Anmeldung auf Webseiten, die Benutzernamen benötigen, kann der Internet Explorer automatisch den Benutzernamen und das persönliche Passwort aus der Windows-Anmeldung senden. Seiten, die das Anmeldeformular nicht anzeigen, können so automatisiert Benutzernamen auslesen.

Deaktivieren Sie diese Funktion, indem Sie den DWORD-Wert *EnableNegotiate* im Registry-Schlüssel *HKEY_CURRENT_USER\Software\Microsoft\Windows\CurrentVersion\Internet Settings* auf 0 setzen.

Surfgewohnheiten protokollieren

Die Funktion *Extras/Verwandte Links anzeigen* im Internet Explorer verwendet das Programm Alexa, um aus einer großen Datenbank andere Seiten mit ähnlichen Themen im Seitenfenster des Internet Explorer anzuzeigen.

Was von manchen Benutzern als praktisch angesehen wird, ist eine groß angelegte Spywarekampagne zur Erforschung des Surfverhaltens der Internet Explorer-Benutzer.

Möchten Sie nicht, dass Ihre Aktivitäten im Internet auf diese Weise protokolliert werden, können Sie das Alexa-Tool deaktivieren. Löschen Sie dazu den Registry-Schlüssel *HKEY_LOCAL_MACHINE\SOFTWARE\Microsoft\Internet Explorer\Extensions\{c95fe080-8f5d-11d2-a20b-00aa003c157a}* einschließlich aller Einträge. Exportieren Sie diesen Schlüssel vorher in eine Datei, falls Sie später das Alexa-Tool doch wieder aktivieren wollen.

Spuren verwischen

Der Internet Explorer hinterlässt auf der lokalen Festplatte deutliche Spuren, an denen man die besuchten Webseiten nachverfolgen kann. Wer hier etwas zu verbergen hat, sollte diese Spuren regelmäßig bereinigen.

Dazu löschen Sie als Erstes in den Internetoptionen mit dem Schalter *Verlauf löschen* die gespeicherten Links im Verzeichnis *\Dokumente und Einstellungen\<Benutzername>\Lokale Einstellungen\Verlauf*. Diese Links werden in der Explorerleiste *Verlauf* angezeigt.

Löschen Sie hier auch die Datei *INDEX.DAT*, die standardmäßig mit *Verlauf löschen* nicht gelöscht wird.

Alle URLs, die Sie direkt in die Adresszeile des Internet Explorer eingetippt haben und die dann über die Dropdown-Liste der Adresszeile erneut angewählt werden können, werden in der Registry gesondert gespeichert. Unter *HKEY_CURRENT_USER\Software\Microsoft\Internet Explorer\TypedURLs* finden Sie eine lange Liste. Diese Einträge sollten Sie ebenfalls löschen.

Weitere wichtige Hinweise auf besuchte Webseiten geben die Cookies im Verzeichnis *\Dokumente und Einstellungen\<Benutzername>\Cookies*. Sicherheitshalber können Sie auch hier alle Dateien löschen.

In der Registry finden Sie unter *HKEY_CURRENT_USER\Software\Microsoft\RAS Autodial\Addresses* Einträge aller Webseiten, die über eine automatische Anwahl angewählt wurden. Diese Einträge sollten ebenfalls entfernt werden. Der Hauptschlüssel *Addresses* muss bestehen bleiben.

AutoVervollständigen

Ein großes Sicherheitsrisiko ist die AutoVervollständigen-Funktion des Internet Explorer, da hier Benutzernamen, Passwörter und andere persönliche Daten gespeichert werden. Über *Systemsteuerung/Internetoptionen* können Sie auf der Registerkarte *Inhalte* mit der Schaltfläche *AutoVervollständigen* die gespeicherten Formularinhalte und Kennwörter löschen.

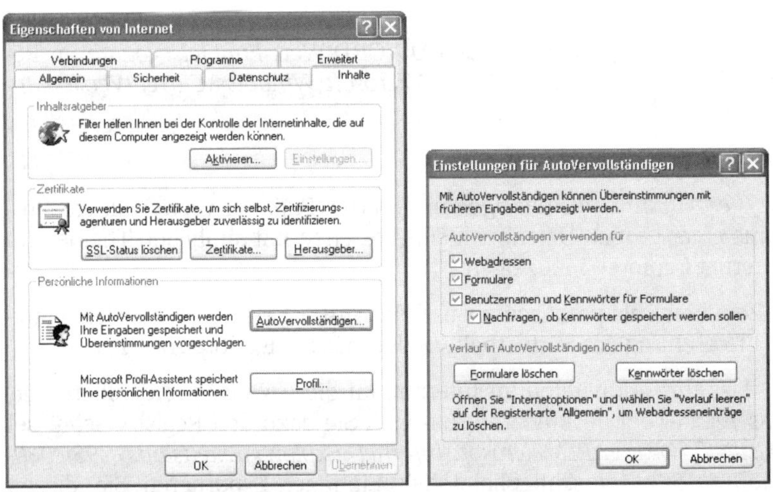

AutoVervollständigen in den Internetoptionen.

Wenn Ihre persönlichen Daten sicher sein sollen, deaktivieren Sie hier nach dem Löschen der Formularinhalte und Kennwörter die Kontrollkästchen *Formulare* und *Benutzernamen und Kennwörter für Formulare*, damit diese Eingaben in Zukunft nicht mehr gespeichert werden.

Wenn Sie auch noch den Schalter *Webadressen* deaktivieren, machen Sie es anderen Benutzern schwerer, Ihre zuletzt besuchten Webseiten nachzuvollziehen.

Sicherheits-Patches

Nach vielen aufgedeckten Sicherheitslücken und Zwischen-Updates veröffentlichte Microsoft im Mai 2002 ein Sicherheits-Patch, das alle bisherigen Updates und ein paar neue enthält. Sie finden diesen Patch hier bei Microsoft im Internet: *download.microsoft.com/download/IE60/secpac27/6/W98NT42KMeXP/DE/q321232.exe* .

Der Patch behebt neben einigen kleineren Fehlern die folgenden Sicherheitslücken, die in einschlägigen Medien für viel Aufsehen sorgten:

- **Cross-Scripting-Bug** - hiermit können lokal gespeicherte HTML-Dateien zur Preisgabe von Daten missbraucht werden.
- **Codebase Localpath** - durch diesen bekannten Bug können in Webseiten eingebette CDATA-Objekte beliebige lokal installierte Programme ohne Nachfrage starten. Eine gute Basis für Dialer und Trojaner.
- **Cookie-Sicherheit** - Scripts können lokal gespeicherte Cookies anderer Webseiten auslesen und somit an sensible Daten und Passwörter gelangen.
- **CSS** - Über eine HTML-Mail mit **C**ascading **S**tyle **S**heets können lokale Daten gelesen werden.
- **Content Disposition** - über eine Dateiendung wird der Internet Explorer dazu gebracht, eine Datei automatisch anzuzeigen. In Wirklichkeit befindet sich aber ein Programm in der Datei, das so ohne Nachfrage ablaufen kann.
- **Zone-Spoofing** - Webseiten können die Sicherheitsstufe des Internet Explorer verändern.

Die meisten dieser Sicherheitslücken treten normalerweise nur in sehr seltenen Fällen zu Tage. Ein Problem dabei ist aber, dass, kurz nachdem eine Sicherheitslücke bekannt wird, meistens auf diversen Hackerseiten Tipps und Tools angeboten werden, wie jeder auch ohne Hackerkenntnisse diese Sicherheitslücke böswillig ausnutzen kann. Deshalb sollten Sie aktuelle Sicherheits-Patches immer installieren.

Sicherheitsproblem Dateiendungen

Schalten Sie im Windows-Explorer in den Ordneroptionen grundsätzlich den Schalter *Erweiterungen bei bekannten Dateitypen ausblenden* aus. Diese Einstellung gilt dann auch für den Internet Explorer. Verschiedene Malware-Scripts tarnen sich durch eine zweite Dateiendung wie zum Beispiel der berühmte *Loveletter.txt.vbs*.

Ohne angezeigte Dateiendung würde es wie eine harmlose Textdatei aussehen, die in Wirklichkeit aber gefährlichen VBS-Code enthält. Wenn Sie im Explorer in der Detailansicht arbeiten, sehen Sie zusätzlich den wirklichen Dateityp in der Spalte *Typ*.

Das Gleiche gilt für eine direkte Klassifikation einer Datei durch eine CSLID, wie zum Beispiel: *test.txt.{3050F4D8-98B5-11CF-BB82- 00AA00BDCE0B}*. Die angegebene CSLID verweist auf den Typ HTML Application also Active Scripting, womit sich beliebige Programme starten lassen.

Media Player

Der Windows Media Player ist in seiner neuen Version ebenfalls deutlich kommunikationsfreudiger geworden. Hier sollten Sie die folgenden automatischen Vorgehensweisen in den *Optionen* auf der Registerkarte *Player* deaktivieren.

- *Codecs automatisch downloaden*
- *Identifikation des Players durch Internetsites zulassen*
- *Lizenzen automatisch erwerben*
- *Player auf Medienseite starten*

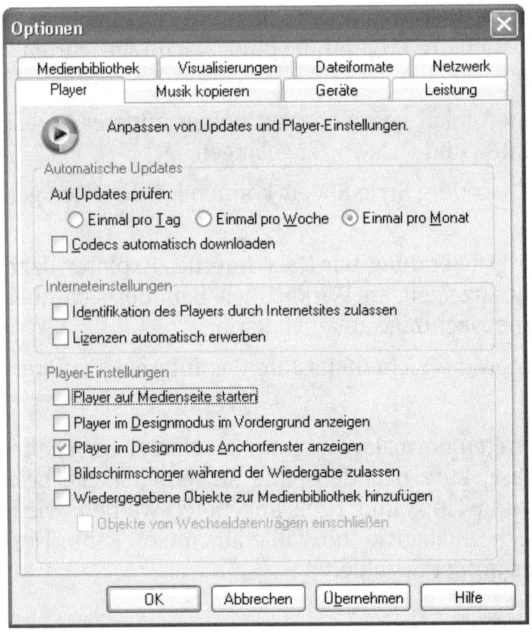

Internetoptionen des Media Player deaktivieren.

Jedes Mal, wenn man eine Musik-CD einlegt, versucht der Media Player, ins Internet zu wählen und den CD-Identifier, eine eindeutige Kennung der CD, zusammen mit der GUID des Media Player, die auf jedem Rechner eindeutig vergeben wird, an Microsoft zu senden. Damit versucht man wahrscheinlich, spezielle Musikvorlieben der Benutzer zu protokollieren. Um dies zu verhindern, sollten Sie vor dem Einlegen einer CD im Media Player immer die Option *Datei/Offline arbeiten* einschalten.

Ausführliche Informationen zum Media Player finden Sie in Kapitel 4.1 ab Seite 143.

Messenger

Der Windows Messenger, früher MSN Messenger, öffnet bösartigen Mitmenschen im Internet Tür und Tor zu Ihrem Rechner.

Verhindern Sie den automatischen Start des Messengers, indem Sie ihn einmal aufrufen, während Sie offline sind. Wählen Sie dann *Extras/Optionen* und schalten Sie auf der Registerkarte *Einstellungen* alle Schalter aus.

Jetzt wird der Messenger aber immer noch gestartet, sobald Sie Outlook Express öffnen. Dieses Problem lässt sich lösen, indem Sie in der Registry die drei Werte löschen, die die folgende REG-Datei zeigt:

```
[HKEY_CLASSES_ROOT\CLSID\{FB7199AB-79BF-11d2-8D94-0000F875C541}\InProcServer32]
@=""
"ThreadingModel"=""

[HKEY_CLASSES_ROOT\CLSID\{FB7199AB-79BF-11d2-8D94-0000F875C541}\LocalServer32]
@=""
```

Sie finden diese Datei auch als *MESS.REG* auf der CD.

Der Messenger wird über *Systemsteuerung/Software* nicht bei den deinstallierbaren Windows-Komponenten angezeigt. Mit einem kleinen Trick kann dieses Programm aber trotzdem deinstalliert werden. Editieren Sie die Datei *SYSOC.INF* im Verzeichnis *\WINDOWS\INF*. Auf manchen Systemen ist das INF-Verzeichnis versteckt. Dann müssen Sie es im Explorer mit *Extras/Ordneroptionen* einblenden. Entfernen Sie in dieser Zeile:

```
msmsgs=msgrocm.dll,OcEntry,msmsgs.inf,HIDE,7
```

das Wort *HIDE*. Dann taucht der Messenger in der Liste der deinstallierbaren Komponenten auf und kann normal entfernt werden.

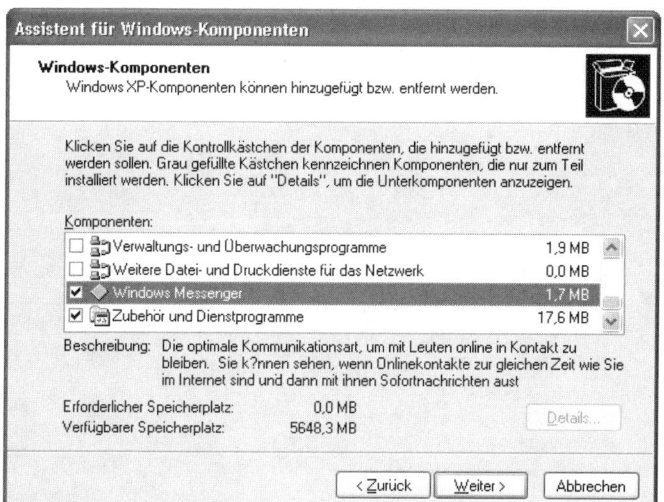

Deinstallation des Windows Messengers.

Sicherheits-Update

Microsoft veröffentlichte ein Sicherheits-Update für den Messenger, das die Möglichkeit, über ein unsicheres ActiveX-Control Benutzernamen, Mail-Adressen und Kontaktdaten aller Messenger-Kontakte auszulesen, verhindern soll. Damit konnten Werbeanbieter zielgruppenorientiert Adressen sammeln.

Laden Sie sich dazu bei *messenger.microsoft.com/de* die aktuelle Messenger-Version herunter oder installieren Sie den Patch Q320259 von der Windows Update-Webseite.

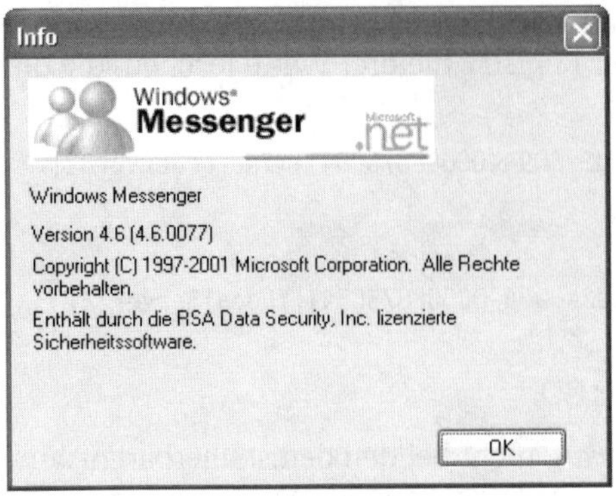

Die Windows Messenger-Version mit dem Sicherheits-Update.

Windows Messenger-Versionen ab der Versionsnummer 4.6.0077 enthalten den Sicherheits-Patch. Auf den Windows XP-Original-CD-ROMs wurde noch die Version 4.0.0155 ausgeliefert.

13. Mail – Konzepte für die sichere Kommunikation

E-Mail ist einer der am häufigsten genutzten Dienste des Internet und zweifelsohne der nützlichste. Leider können auch „Profis“ bei den heutigen komfortablen Mail-Programmen manchmal nur schlecht hinter die Kulissen schauen und den E-Mail-Client so konfigurieren, dass die Sicherheitsrisiken minimiert werden und die Funktionalität dabei dennoch erhalten bleibt.

In diesem Kapitel erfahren Sie alles Wissenswerte über die verschiedenen Mail-Protokolle und die sichere Konfiguration des mit Windows XP gelieferten Outlook Express. Auch die Vermeidung von Sicherheitslücken bei Outlook Express und der „Verwandtschaft“ Outlook wird berücksichtigt.

Als Ergänzung erhalten Sie einen detaillierten Einblick in die Arbeitsweise und die Konfiguration der E-Mail-Verschlüsselung, die heute aus Sicherheitsaspekten heraus vor allem auf Basis von Private/Public Key-Verfahrens durchgeführt wird. Sie erfahren, wie Sie Mails verschlüsseln oder signieren können, sodass Ihre Mails trotz des öffentlichen Transports im Internet sicher ankommen und vor neugierigen Augen geschützt sind.

13.1 Mail-Protokolle im Vergleich

Um einen Mailclient wie Outlook Express, Outlook oder andere Produkte perfekt konfigurieren zu können, sollten Sie zunächst einen Blick auf die verschiedenen Mail-Protokolle werfen, die nachfolgend kurz vorgestellt werden.

Die zum Mail-Transport im Internet verwendeten Protokolle sind standardisiert, damit prinzipiell jeder Mailclient mit jedem Mailserver zusammenarbeiten kann. Sie unterscheiden sich jedoch in ihren Einsatzgebieten und der Funktionalität, die der Mailclient bietet.

Passender Provider und Mailclient sind erforderlich

In der Praxis beherrscht leider nicht jeder Mailclient und auch nicht jeder Server unbedingt alle Protokolle. Wenn Sie jedoch anhand der nachfolgenden Beschreibung bestimmte Anforderungen an die Sicherheit oder Funktionalität des Mail-Verkehrs haben, sollten Sie sich einen entsprechenden Provider aussuchen.

SMTP

Das wichtigste und älteste Protokoll zum Mail-Transfer ist das **S**imple **M**ail **T**ransfer **Pro**tocol, kurz **SMTP**.

Mithilfe des SMTP-Protokolls werden Nachrichten im Internet von einem Mailserver zum anderen gesendet. Auch Mailclient-Programme verwenden das SMTP-Protokoll, um zu sendende Mails beim Mailserver abzuliefern.

Exkurs: SMTP und MX-Einträge

Wenn Mailserver untereinander kommunizieren, müssen sie auf dem DNS-Server spezielle DNS-Einträge nachschlagen, die so genannten MX-Records, um die IP-Adresse des Empfänger-Mailservers zu ermitteln. DNS dient also nicht nur als Verzeichnis der verschiedenen Webserver, sondern auch als „Telefonbuch" für die Mailserver der verschiedenen Domains im Internet.

Bei Mailclient-Programmen ist dieses Verfahren nicht nötig, da in jedem Mailclient-Programm ein SMTP-Server oder ein Postausgangsserver eingetragen ist, an den die ausgehenden Mails geschickt werden. Erst dieser Server muss sich dann um die Ermittlung des eigentlichen Empfängers kümmern.

Eine Überprüfung des Benutzernamens und des Kennwortes bei SMTP ist normalerweise nicht erforderlich, es genügt die Angabe einer Absender-Mail-Adresse.

Beschränkungen bei Internetprovidern

Die meisten Mailserver von Internetprovidern nehmen Mails per SMTP nur dann entgegen, wenn Sie die korrekte Absenderadresse, also die Mail-Adresse dieses Providers, in Ihrem Mailclient eingetragen haben. Wenn Sie die falsche Absenderadresse konfiguriert haben, lässt sich die Mail nicht versenden. Dadurch wird verhindert, dass der Mailserver als Zwischenstation (Relay) für WerbE-Mails (Spamming) verwendet werden kann.

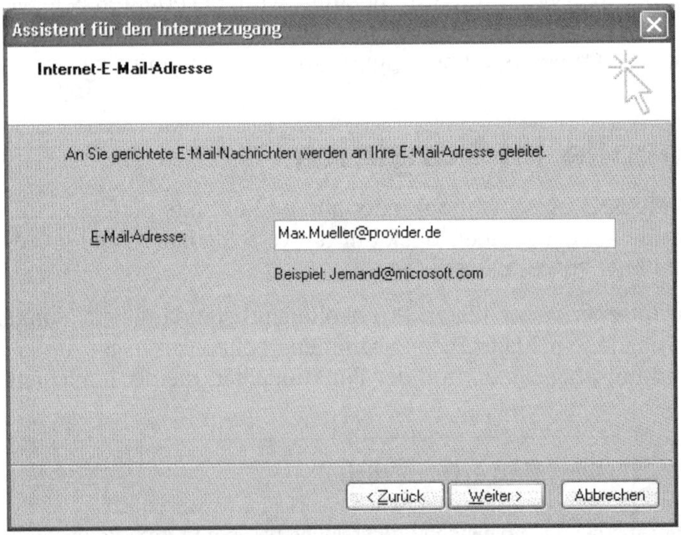

Der bei der Kontoeinrichtung eingegebene Absendername ist entscheidend beim Versand von Mails.

Natürlich kann der Provider seinen Mailserver nicht immer durch bloße Prüfung der Absenderadresse vor Spamming schützen. Manchen Spam-Mailern ist es egal, mit welcher Absenderadresse ihre Mails verschickt werden. Deshalb gehen mittlerweile immer mehr Provider dazu über, auch bei SMTP eine Authentifizierung zu fordern. Damit ist dann im Zweifelsfalle klar, welcher Kunde für den Versand der Mails verantwortlich ist, da nur dieser das Passwort kennt.

In Outlook Express können Sie diese Authentifizierung nach der Ersteinrichtung des Mail-Kontos unter *Extras/Konten/E-Mail/Eigenschaften/Server* aktivieren.

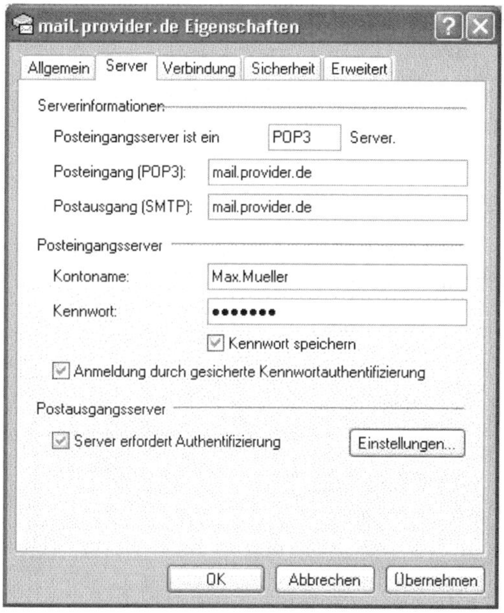

Hier ist die Authentifizierung am Postausgangs-(SMTP-)Server aktiviert.

In den *Einstellungen* können Sie einen separaten Benutzernamen und ein Kennwort eingeben, falls Sie sich beim Postausgangsserver anders authentifizieren müssen als beim Posteingangsserver.

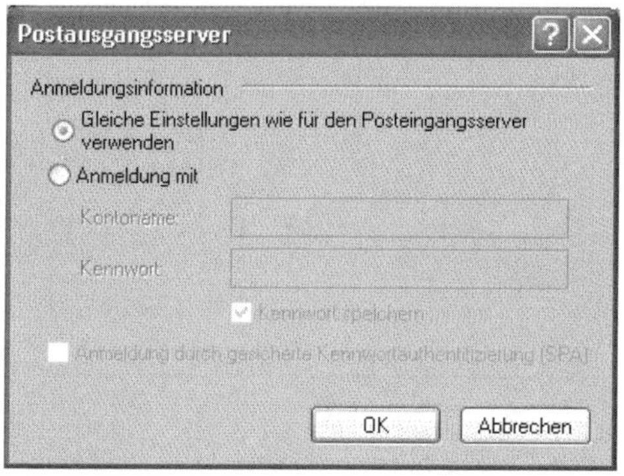

Normalerweise werden der Benutzername und das Kennwort des Posteingangsservers verwendet.

Da nicht alle Mailclients diese Funktion unterstützen, gehen einige Internetprovider für die Authentifizierung einen anderen Weg:

Sie erlauben den Versand von Mails nur dann, wenn zuvor von derselben IP-Adresse das zugehörige POP3-Postfach abgefragt wurde.

POP3

Für den Empfang und die Übertragung von E-Mails an den Mailclient kann das SMTP-Protokoll nicht verwendet werden.

Stattdessen wird hierfür entweder das POP3- (**P**ost **O**ffice **P**rotocol) oder das IMAP-Protokoll verwendet.

Das Vorläufer-Protokoll POP2 wird ebenfalls noch von einigen Providern unterstützt, hat aber in aktuellen Mailclients keine Bedeutung mehr.

Mithilfe des POP3-Protokolls können Sie die auf dem Server für Ihr Postfach eingetroffenen Nachrichten in einen persönlichen Ordner auf Ihrer lokalen Festplatte herunterladen.

Auch ein vollständiges oder selektives Löschen von Nachrichten ist mit POP3 möglich.

Die Nachrichten werden nach dem Herunterladen normalerweise vom Server gelöscht, es sei denn, Sie konfigurieren Ihren Mailclient anderweitig.

Bei Outlook Express können Sie dies beispielsweise mit dem Befehl *Extras/Konten/Email/Eigenschaften/Erweitert* einstellen.

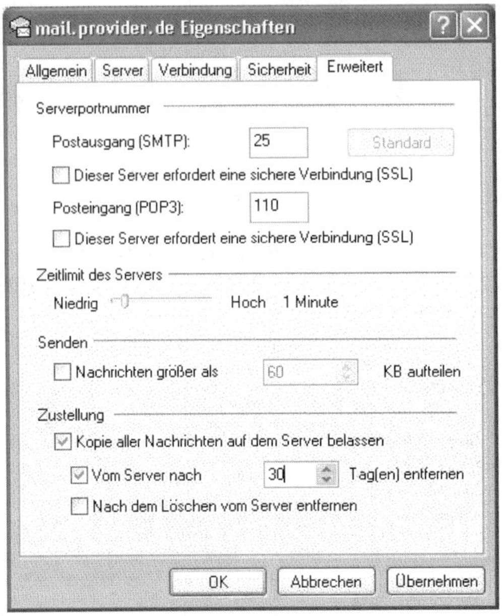

Sie können das automatische Löschen der Nachrichten vom Server verhindern.

Ist automatisches Löschen sinnvoll?
Wenn Sie ein Postfach von mehreren PCs aus verwenden, kann es nützlich sein, wenn Sie die Mails auf dem Server belassen. Andernfalls stehen abgerufene Mails immer nur auf einem PC zur Verfügung, da sie ja lokal gespeichert werden. Wenn Sie aber nur einen PC haben, spart das automatische Löschen Platz in Ihrem Postfach.

Das POP3-Protokoll unterstützt keine Benachrichtigungsfunktion. Sie müssen deshalb in regelmäßigen Abständen beim Server „nachfragen“, ob neue Mails eingetroffen sind. Bei fast allen Mail-Programmen können Sie ein entsprechendes Zeitintervall hinterlegen.

In Outlook Express können Sie dieses Intervall unter *Extras/Optionen/Allgemein/Nachrichteneingang alle x Minuten* überprüfen konfigurieren.

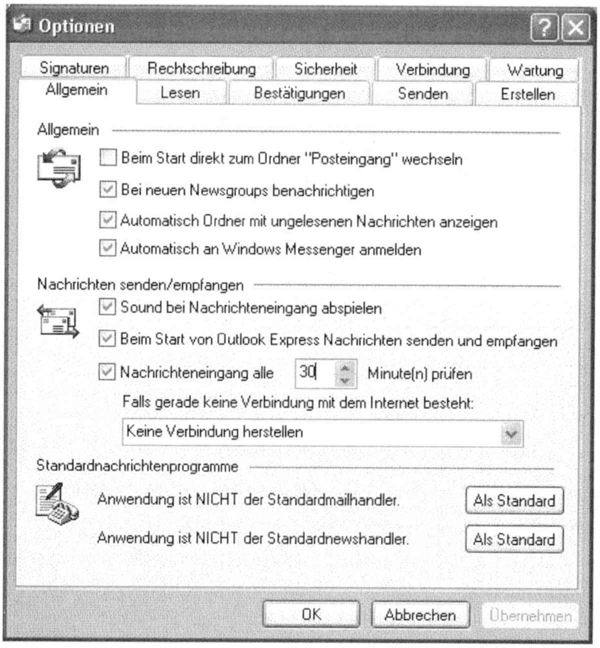

Mit den Grundeinstellungen prüft Outlook Express alle 30 Minuten auf neue Nachrichten.

Um ein POP3-Postfach abfragen zu können, benötigen Sie eine Authentifizierung, bestehend aus Benutzername und Kennwort.

Achtung, unsichere Kennwortübertragung

Bei der Entwicklung des POP3-Protokolls war zunächst keine Passwortverschlüsselung vorgesehen. Das Kennwort wird also bei jedem Verbindungsaufbau zum Mailserver im Klartext übertragen und kann von jedem mitgehört werden, der Zugriff auf den Datenverkehr des Internet hat.

In moderneren Mailservern und -clients wurde als neue Funktion die gesicherte Kennwortauthentifizierung (SPA) entwickelt.

Damit ist es möglich, das Kennwort sicher zu übertragen.

Auch in Outlook Express können Sie die gesicherte Kennwortauthentifizierung verwenden, indem Sie die entsprechende Option bei der Einrichtung des Kontos oder später in den Kontoeigenschaften aktivieren.

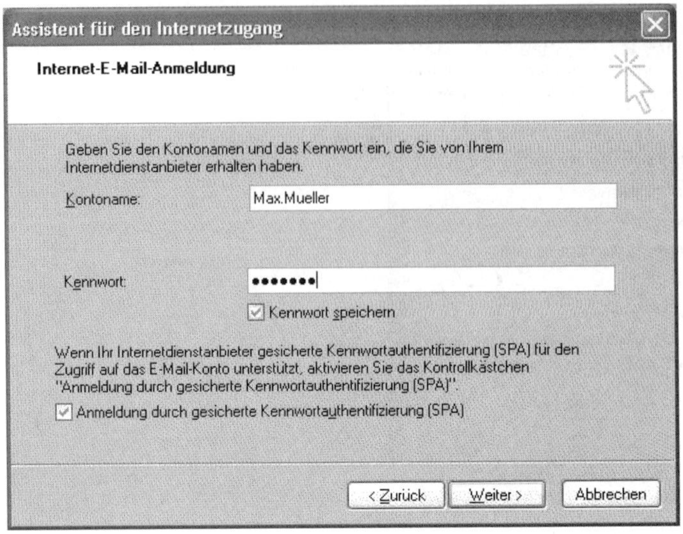

So stellen Sie bei Outlook Express im Assistenten für den Internetzugang die SPA-Authentifizierung ein.

Beachten Sie aber, dass der Provider das Verfahren ebenfalls unterstützen muss, sonst ist kein Verbindungsaufbau möglich.

IMAP

Das IMAP-Protokoll dient ebenfalls zum Zugriff auf das E-Mail-Postfach, also zum Lesen und Bearbeiten empfangener Nachrichten. Gegenüber POP3 bietet es jedoch einen deutlich erweiterten Funktionsumfang an.

Sie können mit dem IMAP-Protokoll

- eine Liste aller verfügbaren Nachrichten inklusive Betreff vom Server abrufen,
- einzelne Nachrichten zum Lesen herunterladen,
- Nachrichten bei Bedarf direkt auf dem Server löschen, auch ohne sie vorher herunterzuladen (besser geeignet für Spam-Mails),
- Nachrichten in „Ordnern" innerhalb des Postfachs organisieren.

Auch das IMAP-Protokoll verfügt wie POP3 nicht über Benachrichtigungsfunktionen und verwendet Klartextkennwörter. Jedoch können Sie auch hier auf die gesicherte Kennwortauthentifizierung ausweichen.

Da IMAP gegenüber POP3 doch einige Vorteile bietet, sollten Sie dieses Protokoll einsetzen, wenn Sie die Wahl haben. Viele Provider bieten inzwischen IMAP zusätzlich zu POP3 an. Sie können auch einfach ausprobieren, ob Sie mit dem IMAP-Protokoll eine Verbindung zu Ihrem bestehenden Provider aufbauen können.

Um in Outlook Express ein IMAP-Konto zu konfigurieren, wählen Sie bei der Einrichtung eines neuen E-Mail-Kontos als Typ des Posteingangsservers *IMAP* aus.

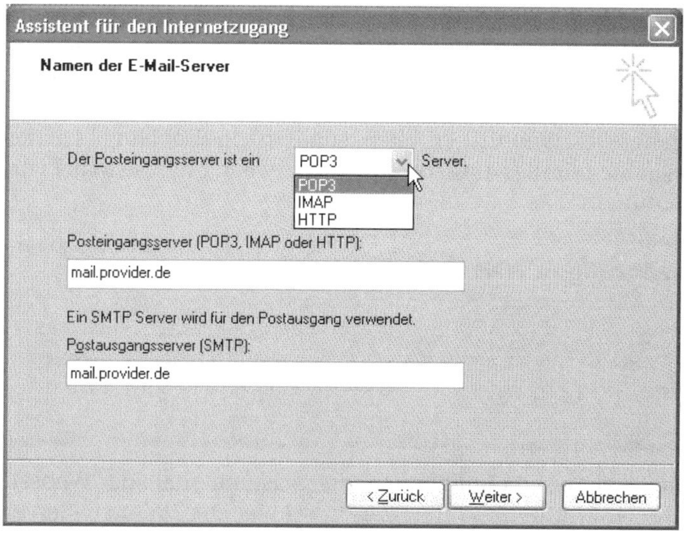

Auswahl des Mail-Protokolls in Outlook Express.

Der Posteingangsserver, der Ihr Postfach enthält, ist derselbe, den Sie bisher mit POP3 konfiguriert hatten. Auch Mail-Adresse, Benutzername und Kennwort sind gleich. Wenn das neue Konto erfolgreich abgefragt werden kann, können Sie das alte löschen.

Wechsel des Protokolls nicht möglich
Eine Umstellung eines bestehenden E-Mail-Kontos von POP3 auf IMAP ist in Outlook Express nicht möglich, Sie müssen dazu ein neues Konto erstellen.

Webmail

Sehr beliebt sind inzwischen Webmail-Progamme geworden. Prinzipiell handelt es sich dabei um eine Webanwendung, die die Funktionen eines POP3- oder IMAP-Clients implementiert und einen Browser für die Bildschirmanzeige verwendet.

Der Vorteil von Webmail ist, dass die Mail von jedem Browser aus aufgerufen werden kann, ohne erst ein Mail-Programm installieren und konfigurieren zu müssen. Sie haben auch an beliebig vielen PCs Zugriff auf Ihr Postfach.

Leider hat Webmail auch Nachteile:

- Da alle Daten im Serverpostfach liegen, spielt hier die Größenbeschränkung des Postfachs eine große Rolle. Man kann nicht einfach wie bei POP3 und IMAP die Mails herunterladen und in einer lokalen Postfachdatei archivieren. Eine Archivierung ist nur durch Download der einzelnen Mails oder einen zusätzlichen POP3-/IMAP-Zugang des Providers möglich.
- Ein Zugriff auf das Postfach und das Lesen der Mails ist nur möglich, wenn die Internetverbindung funktioniert und aktiv ist. Offline-Lesen und „Mitnehmen“ der Mails, beispielsweise auf einem Notebook, ist nicht ohne weiteres möglich. Dies kann bei Wählleitungen zu höheren Kosten führen und im Falle eines Internetausfalls bedeuten, dass nicht einmal alte Mails noch mal geprüft werden können.
- Einige Webmail-Anbieter haben durch Sicherheitsprobleme auf sich aufmerksam gemacht, weil beispielsweise die Posteingangs-Webseite auf einem PC im Internetcafe

über die Verlaufsliste des Browsers ohne weiteres Login einfach durch einen anderen Benutzer wieder aufgerufen werden konnte. Lokal auf dem PC des Internetcafes gespeicherte Cookies, die sich die Benutzerdaten oder Teile des Adressbuchs merken, machen dem Datenschutz dann endgültig den Garaus.
Dies ist natürlich kein generelles Webmail-Problem, sondern ein Problem einzelner Provider, dennoch müssen Sie mit diesen Risiken rechnen, wenn Sie Ihre Mails von einem fremden PC aus aufrufen.

Webmail als sinnvolle Ergänzung zu POP3/IMAP
Wenn Sie nicht nur gelegentlich Mails versenden oder Mail-Archive benötigen, sollten Sie Webmail immer nur als Ergänzung zu einem „vollen" Mail-Zugang verwenden. Nur in der Kombination können Sie für jeden Anwendungsfall die für Sie am besten passende Zugriffsmethode auswählen. Voraussetzung dafür ist natürlich, dass der Provider auch mehrere Methoden zum Zugriff auf das Postfach unterstützt.

Auch bei Webmail benötigen Sie eine Authentifizierung, die meist innerhalb der Webseite einzugeben ist. Auch diese wird im Klartext übertragen, solange der Webmail-Server über das HTTP-Protokoll angesprochen wird.

Erst das Protokoll HTTPS (HTTP over SSL) ermöglicht die sichere Übertragung des Kennwortes und nebenbei wird auch noch der gesamte Mail-Verkehr verschlüsselt übertragen. Diese Variante ist also auf jeden Fall vorzuziehen.

Messenger

Wenn Sie immer mal wieder nur kurze Nachrichten an jemanden schicken wollen, sollten Sie über den Einsatz eines Messenger-Systems nachdenken. Mit einem Messenger können Sie ohne komplizierte Postfacheinstellungen und ständiges Überprüfen des Servers sofort Nachrichten versenden und empfangen.

Dies ist natürlich streng genommen keine Mail-Funktion, deshalb werden bei Messaging-Diensten auch keine Standard-Mail-Protokolle eingesetzt, sondern jeder Hersteller eines Messenger-Systems entwickelt eigene, proprietäre Protokolle.

Dies führt leider dazu, dass alle, die Sie erreichen wollen, denselben Messenger-Dienst (Hotmail, AOL, T-Online ...) und meist sogar dasselbe Clientprogramm benutzen müssen.

Selbstverständlich müssen Sie auch ständig online sein, sonst sind Sie „unsichtbar" für die anderen Teilnehmer. Messenger-Systeme kommen also nur bei Quasi-Standleitungen wie beispielsweise DSL in Frage.

Unter Windows XP bietet sich natürlich der eingebaute Microsoft Messenger in Verbindung mit einem kostenlosen Hotmail-Konto an, falls Sie die Messenger-Dienste einmal ausprobieren möchten.

SSL

Um die mangelnde Sicherheit von SMTP und POP3 ein wenig auszugleichen, wurde von beiden Protokollen Varianten entwickelt, die über eine SSL-Verbindung (**S**ecure **S**ocket **L**ayer) ausgeführt werden. Das Verfahren ähnelt der gesicherten Übertragung von Webseiten über HTTPS.

Wenn Ihr Mailserver SSL unterstützt, können Sie zu diesem Server eine SSL-Verbindung aufbauen und damit Ihren Benutzernamen, Ihr Kennwort und Ihre Mails vor neugierigen Blicken auf dem Weg bis zum Mailserver schützen.

In Outlook Express können Sie die Funktion *SSL* für SMTP und POP3 unter *Extras/Konten/Email/Eigenschaften/Erweitert* einschalten.

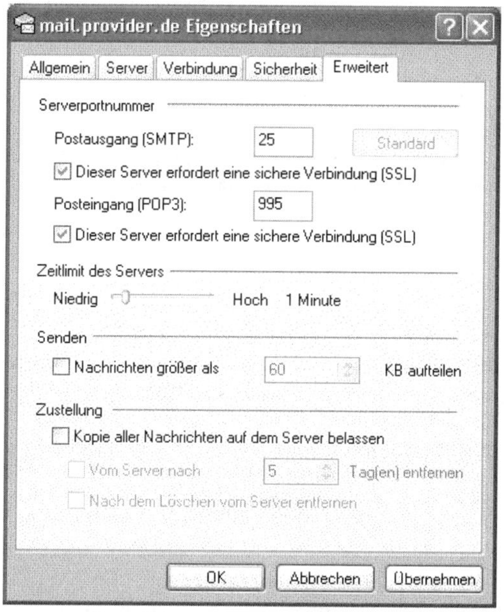

So können Sie die Mail-Übertragung mit SSL aktivieren.

SSL ist keine Mail-Verschlüsselung!
Nur die Kommunikation zwischen zwei Punkten, hier vom Mailclient zum Mailserver, wird durch SSL gesichert. Die Mail selbst bleibt unverschlüsselt und beim weiteren Weg vom Provider durchs Internet wird sie unverschlüsselt übertragen, falls nicht alle beteiligten Mailserver SSL unterstützen.

Mail-Inhalte und Formate im Detail

Das SMTP- und auch das POP3-Protokoll erlaubt nur das Versenden von ASCII-Zeichen. Dies gilt sowohl für die Mail-Adressen als auch für den Inhalt der Mail. Diese Beschränkung auf den ASCII-Zeichensatz ist der Grund dafür, dass Mail-Adressen keine Sonderzeichen enthalten dürfen.

Aber was passiert mit Mail-Anhängen wie beispielsweise Word-Dateien, die ja auch Sonderzeichen und Binärcodes außerhalb des ASCII-Zeichensatzes enthalten? Oder mit formatierten Mail-Inhalten? Dafür wurden extra Kodierungen entwickelt, die nachfolgend kurz vorgestellt werden.

Kodierung von Mail-Anhängen

Für Mail-Anhänge gibt es mehrere verschiedene Kodierungen. Alle haben das Prinzip, dass die binären Dateianhänge mithilfe verschiedener Algorithmen in den SMTP-kompatiblen 7-Bit-US-ASCII-Zeichensatz umgesetzt werden. Da aber bei den verschiedenen Kodierungsmethoden unterschiedliche Algorithmen eingesetzt werden, sind sie untereinander nicht kompatibel.

Normalerweise kümmert sich der E-Mail-Client um Auswahl und Dekodierung der Anhänge und präsentiert Ihnen lediglich das Ergebnis. Möglicherweise versenden oder erhalten Sie aber eines Tages eine Mail, die direkt mit dem Mailclient nicht geöffnet werden kann. Dann ist es nützlich, ein wenig mehr über die verschiedenen Verfahren zu wissen und ggf. einen separaten Decoder über das Internet zu besorgen, mit dem Sie den Mail-Inhalt doch noch entpacken können.

Mail-Kodierung wird im Header übermittelt
Sie können die verwendeten Algorithmen auch jederzeit dem Mailheader entnehmen.

Die wichtigsten Kodierungsverfahren sind:

- MIME
  MIME, die **M**ultipurpose **I**nternet **M**ail **E**xtensions, ist ein Standardverfahren zum Versand von Anhängen und Mails mit anderen als US-ASCII-Zeichensätzen. MIME unterstützt viele verschiedene Funktionen und Datentypen, die durch eine Reihe von RFCs definiert sind, und ist der Quasi-Standard für Mail-Anhänge und Multi-Part-Mails.
  Multi-Part-Mails werden für viele Zwecke, beispielsweise auch für Verschlüsselung und Signatur, benötigt.
  Alle aktuellen Mailclients unterstützen MIME, einige jedoch nicht alle Datentypen bzw. RFCs.
- UUEncode
  UUEncode bzw. UUDecode ist ein Konvertierungsprogramm, das ursprünglich aus der UNIX-Welt stammt (**U**NIX-to-**U**NIX **E**ncode), aber heute für viele Plattformen erhältlich ist.
  Die meisten aktuellen Mailclients beherrschen auch die UUEncode-Kodierung beim Öffnen von Mails; beim Versenden wird dieses Format jedoch nicht überall unterstützt.
- BINHEX
  Das BINHEX-Format wird vor allem im Apple Macintosh-Bereich eingesetzt, beispielsweise bei der Komprimierung von PICT-Bildern. Wenn Sie mit Macintosh-Anwendern kommunizieren, ist es gut möglich, dass Sie eine BINHEX-kodierte Mail erhalten. Leider haben nicht alle Windows-Mailclients eine BINHEX-Kodierung implementiert, sodass Sie hierfür einen separaten Konverter aus dem Internet herunterladen müssen.

Konvertierungs-Tools aus dem Web
Unter *www.natural-innovations.com/boo/binhex.html* finden Sie verschiedene Dekodierungs- und Mailtools für Windows und Macintosh.

Das MIME-Format ist das flexibelste und deshalb auch verbreitetste Format, das beinahe jeder Mailclient versteht. Im Zweifelsfall sollten Sie also immer mit diesem Format arbeiten und dies auch Ihren Mail-Partnern mitteilen, falls Kommunikationsschwierigkeiten auftauchen.

In Outlook Express können Sie die Grundeinstellung für die Mail-Kodierung der zu sendenden Mails unter *Extras/Optionen/Senden* konfigurieren, jeweils getrennt für HTML-Mails und Textmails.

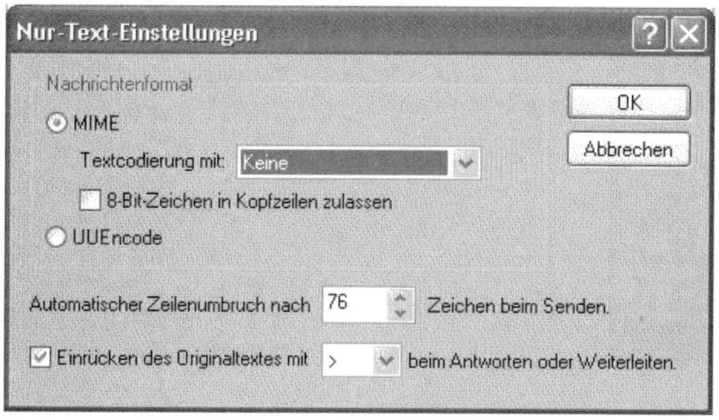

Auswahl der Kodierung des Anhangs.

Outlook Express unterstützt das MIME- und das UUEncode-Format.

Kodierung des Mail-Textes

Bei Mail-Texten gibt es gleich mehrere Probleme zu lösen.

Zum einen müssen die richtigen Zeichensätze verwendet werden, damit Sonderzeichen korrekt dargestellt werden, zum anderen gibt es keinen Standard für Formatierungen, sodass hier auch wieder verschiedene Formate eingesetzt werden.

Zeichensatzkodierung

Auch für einfache Mail-Texte ist es nützlich, die landestypischen Sonderzeichen einsetzen zu können. Deshalb übermittelt jeder Mailclient oder Server normalerweise zusammen mit dem Mailheader die Informationen über den verwendeten Zeichensatz. Der Mailclient wendet dann einfach denselben Zeichensatz wie der Empfänger auf die Mail an und die Umlaute erscheinen korrekt.

Sie bemerken diese Kodierung erst dann, wenn einer der Teilnehmer einen sehr alten Mailclient einsetzt, der die Zeichensatzkodierung nicht beherrscht, beispielsweise die alten CompuServe- oder T-Online-Mailclients. Er sieht dann statt der Sonderzeichen merkwürdige Steuerzeichen auf dem Bildschirm.

Zur Lösung des Problems können Sie

- entweder beim Senden keine Umlaute verwenden,
- den Empfänger anweisen, ein neueres Mail-Programm einzusetzen, oder
- den eigentlichen Mail-Text als Anhang, beispielsweise als Word-Dokument versenden.

Wenn Sie von einem alten Mail-Programm eine E-Mail erhalten, kann natürlich dasselbe Problem auftreten, da auch hier keine Information über den Zeichensatz verschickt wird.

Falls Sie einen eigenen Mailserver betreiben, können Sie den Mailserver anweisen, an alle Mails ohne Kodierung entsprechende Steuerzeichen einzufügen, damit sie dann auf den Clients wie gewünscht ankommen.

Falls die Mail aber beim Client ohne die nötigen Steuerzeichen ankommt, ist der Mailclient verantwortlich für die Interpretation der Sonderzeichen.

Outlook Express verwendet automatisch den aktuellen Windows-Zeichensatz für solche Mails.

Bei einer deutschen Windows XP-Version ist dies typischerweise *Westeuropäisch (ISO)*. Sie können diese Einstellung unter *Extras/Optionen/Lesen* überprüfen.

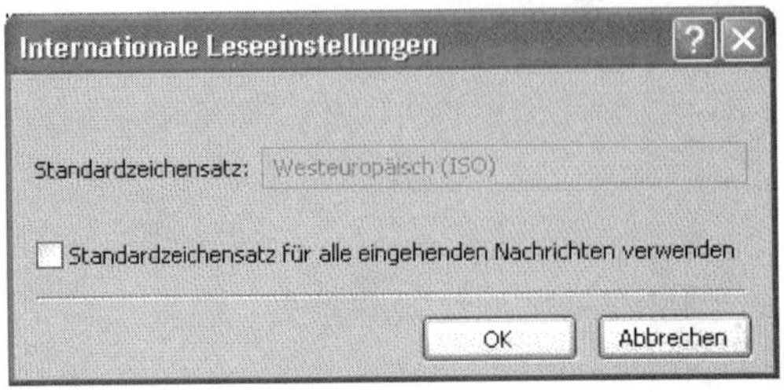

Dieser Zeichensatz wird verwendet, wenn in der Mail keine Angabe eingetragen ist.

Mail-Formatierung

Um in Mails nicht nur einfachen Text, sondern auch Formate transportieren zu können, gibt es verschiedene Lösungsansätze. Durchgesetzt haben sich bisher drei verschiedene Mail-Varianten:

- Nur Text, in dem keine Formatierungen möglich sind.
- HTML-Format, der Mail-Text enthält also HTML-Steuerzeichen, mit denen alle im Browser möglichen Formate und Steuerzeichen übermittelt werden können. Grundsätzlich sind alle HTML-Steuerzeichen zugelassen, also auch Scripts.
- RTF-Format (**R**ich **T**ext **F**ormat), das alle gängigen Formatierungen erlaubt. Makros usw. gibt es aber nicht, sodass dieses Format ein wenig „sicherer" ist.

Bei RTF handelt es sich streng genommen nicht um den Mail-Text selbst, sondern die Mail wird unsichtbar in einen Anghang verpackt, da RTF binäre Sonderzeichen verwendet.

Mit einem Programm wie Outlook werden diese Anhänge aber automatisch ein- und ausgepackt.

In Outlook Express werden standardmäßig HTML-Mails verwendet.

Dabei werden die Mail-Inhalte aber nicht durch Outlook Express selbst angezeigt, sondern durch den darunter liegenden Browser Internet Explorer 6.

Sicherheitslücken im Internet Explorer betreffen auch Outlook Express und Outlook

Diese Aufgabentrennung ist der Grund dafür, dass Sie den Internet Explorer immer auf dem aktuellsten Stand halten sollten.

Eventuelle Sicherheitslücken des Browsers wirken sich auch dann aus, wenn Sie eigentlich „nur" Ihre Mails lesen.

HTML-Format komplett deaktivieren

In Outlook Express kann die Anzeige von HTML intern nicht abgeschaltet werden. Mit einigen Tools wie z. B. noHTML von *www.baxbex.de/nohtml.html* geht es dann doch und die Sicherheit von Outlook Express kann deutlich erhöht werden.

In Outlook Express können Sie die Grundeinstellung für die Mail-Formatierung der gesendeten Mails unter *Extras/Optionen* konfigurieren.

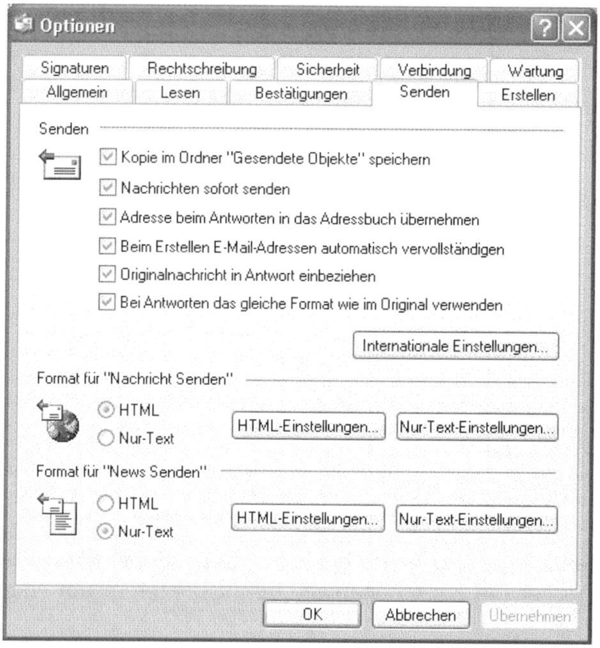

Einstellung des Standardmailformats bei Outlook Express.

Das RTF-Format wird von Outlook Express leider nicht unterstützt, hierfür benötigen Sie Outlook.

Mailheader analysieren

Die ganzen Informationen und Kodierungen der Mails werden normalerweise vor dem Benutzer verborgen.

Nur beim genauen Betrachten des Mailheaders (die ersten Bytes der Mail) kommen diese Steuerinformationen über die verwendete Kodierung und noch einiges mehr ans Tageslicht.

Deshalb ist der Mailheader eine nähere Betrachtung wert.

Falls Fehler auftreten oder Sie den Weg einer Nachricht zurückverfolgen wollen, führt kein Weg am Mailheader vorbei.

Um den Mailheader in Outlook Express anzeigen zu lassen, öffnen Sie zuerst die Mail und rufen dann *Datei/Eigenschaften/Details* auf.

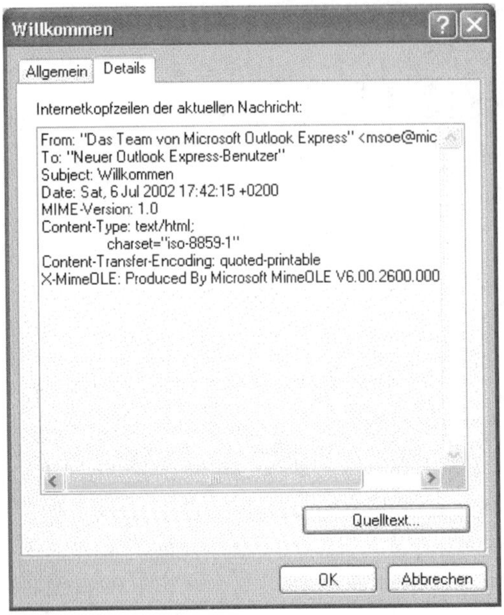

Die Anzeige des Mailheaders in Outlook Express.

In Outlook finden Sie den Mailheader unter *Ansicht/Optionen/Internetkopfzeilen*. Sie müssen den Header wahrscheinlich über die Zwischenablage herauskopieren, um eine vernünftig lesbare Form zu erhalten.

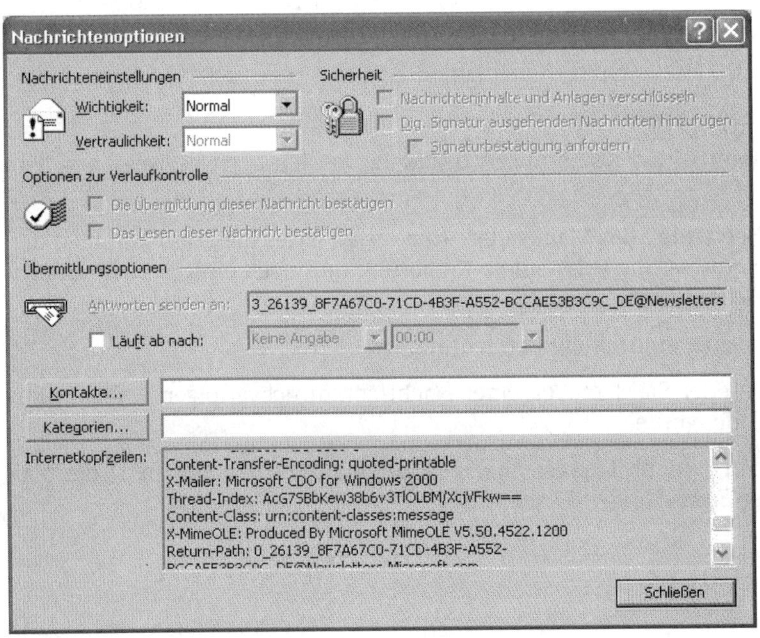

Der Mailheader in Outlook.

Beim ersten Beispiel handelt es sich um einen sehr einfachen Header mit nur wenigen Steuerinformationen.

Das zuletzt Abgebildete entspricht eher einer komplexen Mail und ist deshalb nochmals in voller Länge wiedergegeben.

```
Return-Path: <0_26139_8F7A67C0-71CD-4B3F-A552-BCCAE53B3C9C_DE@Newsletters.Microsoft.com>
Received: from delivery.pens.microsoft.com ([207.46.239.121]) by
          provider.de (Netscape Messaging Server 4.1) with ESMTP id
          GRWXDI00.DQS for <max.mueller@provider.de>; Fri,
          22 Feb 2002 03:24:54 +0100
Received: from TKMSFTDDSQ01 ([10.201.232.196]) by delivery.pens.microsoft.com
                                                with Microsoft SMTPSVC(5.0.2195.4905);
 Thu, 21 Feb 2002 18:24:27 -0800
Reply-To: <3_26139_8F7A67C0-71CD-4B3F-A552-BCCAE53B3C9C_DE@Newsletters.Microsoft.com>
From: "Microsoft" <0_26139_8F7A67C0-71CD-4B3F-A552-BCCAE53B3C9C_DE@Newsletters.Microsoft.com>
To: <max.mueller@provider.de>
Subject: Microsoft Security Bulletin MS02-009
Date: Thu, 21 Feb 2002 18:24:48 -0800
Message-ID: <28298e01c1bb48$19a64110$c4e8c90a@TKMSFTDDSQ01>
MIME-Version: 1.0
Content-Type: text/plain;
charset="iso-8859-1"
Content-Transfer-Encoding: quoted-printable
X-Mailer: Microsoft CDO for Windows 2000
Thread-Index: AcG7SBbKew38b6v3T1OLBM/XcjVFkw==
Content-Class: urn:content-classes:message
X-MimeOLE: Produced By Microsoft MimeOLE V5.50.4522.1200
Return-Path: 0_26139_8F7A67C0-71CD-4B3F-A552-BCCAE53B3C9C_DE@Newsletters.Microsoft.com
X-OriginalArrivalTime: 22 Feb 2002 02:24:27.0187 (UTC) FILETIME=[0CEB4830:01C1BB48]
```

Bedeutung der Angaben im Mailheader

Die einzelnen Zeilen geben Auskunft über die verwendeten Formate und auch Mail-Adressen. Im Folgenden werden die wichtigsten Zeilen an einem typischen Beispiel erklärt.

```
Received: from delivery.pens.microsoft.com ([207.46.239.121]) by
          provider.de (Netscape Messaging Server 4.1) with ESMTP id
          GRWXDI00.DQS for <max.mueller@provider.de>; Fri,
          22 Feb 2002 03:24:54 +0100
Received: from TKMSFTDDSQ01 ([10.201.232.196]) by delivery.pens.microsoft.com
                                                with Microsoft SMTPSVC(5.0.2195.4905);
 Thu, 21 Feb 2002 18:24:27 -0800
```

Das Feld *Received* enthält Angaben über die verschiedenen Mailserver, über die die Mail zugestellt wurde. Jede Zwischenstation fügt ihre eigenen Angaben hinzu, bis die Mail schließlich beim Empfänger ankommt. Anhand der Zeitangaben kann man nachvollziehen, wie lange die Mail für jeden einzelnen Schritt gebraucht hat.

```
From: "Das Team von Microsoft Outlook Express" <msoe@microsoft.com>
```

Nach der Angabe *From* finden Sie die Absenderadresse. In den Anführungszeichen steht die Angabe, wie Sie auch in der grafischen Oberfläche angezeigt wird. Dahinter folgt in spitzen Klammern die eigentliche Mail-Adresse des Absenders.

```
To: "Max Müller" <max.mueller@provider.de>
```

Im gleichen Format wird die Empfängeradresse nach der Angabe *To* angezeigt.

```
Subject: Willkommen
```

Die Betreffzeile wird nach dem Schlüsselwort *Subject* wiedergegeben.

```
Date: Sat, 6 Jul 2002 17:42:15 +0200
```

Das Empfangsdatum wird in der *Date*-Zeile festgehalten. Die letzte Angabe, im Beispiel *+0200*, gibt den Zeitversatz zur GMT-Zeit wieder, sodass der Client letztendlich die richtige Zeitangabe unabhängig vom aktuellen Land ausrechnen kann.

```
MIME-Version: 1.0
```

Hier wird die verwendete Kodierungsart übermittelt. Falls der Mailclient diese Kodierung nicht unterstützt, werden Sie normalerweise eine entsprechende Fehlermeldung erhalten.

```
Content-Type: text/html;
    charset="iso-8859-1"
```

An diesen Steuerbefehlen können Sie ablesen, ob es sich um eine HTML-Mail, eine Textmail oder ein anderes Format wie RTF handelt. Außerdem wird der zur Darstellung nötige Zeichensatz angegeben.

- *Content-Type: text/plain;* steht für eine Nur-Text Mail.
- *Content-Type: text/html;* steht für eine Mail im HTML-Format.
- *Content-Type: multipart/alternative;* steht für ein anderes Format, meist RTF.

Bei RTF sieht der Abschnitt meist so aus:

```
Content-Type: multipart/alternative;
    boundary="----_=_NextPart_001_01C0BCF7.765638C0"

This message is in MIME format. Since your mail reader does not understand
this format, some or all of this message may not be legible.

------_=_NextPart_001_01C0BCF7.765638C0
Content-Type: text/plain;
    charset="iso-8859-1"
Content-Transfer-Encoding: quoted-printable

------_=_NextPart_001_01C0BCF7.765638C0
Content-Type: text/html;
    charset="iso-8859-1"
Content-Transfer-Encoding: quoted-printable

------_=_NextPart_001_01C0BCF7.765638C0--
```

Der eigentliche Mail-Text wird hier als MIME-Anhang verschickt, der im Header nicht zu sehen ist. Ein nicht MIME-fähiges Mail-Programm zeigt nur den Ersatztext *This message is in MIME format ...* oder die anderen (leeren) HTML- oder Klartexte der Mail an.

```
Content-Transfer-Encoding: quoted-printable
```

Mit dem Befehl *Content-Transfer-Encoding* erhält der Mailclient die Information, ob es sich um 7- oder 8-Bit-ASCII oder um direkt druckbare Steuerzeichen (*quoted-printable*) nach ISO-Zeichensatz handelt.

```
X-MimeOLE: Produced By Microsoft MimeOLE V6.00.2600.0000
```

Einige Mail-Programme hängen ihren Stempel an die Mail, sodass der Empänger nachvollziehen kann, mit welchem Mail-Programm die Mail versandt wurde. Hier sind oftmals Hinweise auf die verschiedenen Outlook-Versionen, NetScape Messenger etc. zu finden.

Natürlich gibt es noch mehr Angaben, die möglicherweise in einem Header stehen können, beispielsweise

- *CC:* (Carbon Copy) wenn Informationen über zusätzliche Empfänger vorliegen.
- *Reply-To:* bei einer abweichenden Antwortadresse.

Weitere Felder wie *Content-Class* oder *Thread-Index* werden von einigen Programmen ausgewertet, um Nachrichten nach Kategorien oder Themen zu gruppieren.

Das Feld *BCC* (**B**lind **C**arbon **C**opy) werden Sie niemals im Mailheader finden, es wird bereits beim Empfang der Mail ausgeblendet. Genau darum geht es bei der Verwendung der BCC-Funktion: dass die Empfänger nicht erfahren, wer noch eine Kopie der Mail erhalten hat.

Auch Angaben über erwünschte Empfangsbestätigungen werden im Header übermittelt. Dies heißt jedoch nicht, dass Ihr Mail-Programm auch automatisch Empfangsbestätigungen zurückschickt. Empfangsbestätigungen sind freiwillig, und manche Mail-Programme unterstützen diese Funktion nicht einmal.

In Outlook Express erhalten Sie normalerweise eine Rückfrage, wenn eine empfangene Mail eine Empfangsbestätigung anfordert. Sie können diese Einstellung unter *Extras/ Optionen/Bestätigungen* ändern.

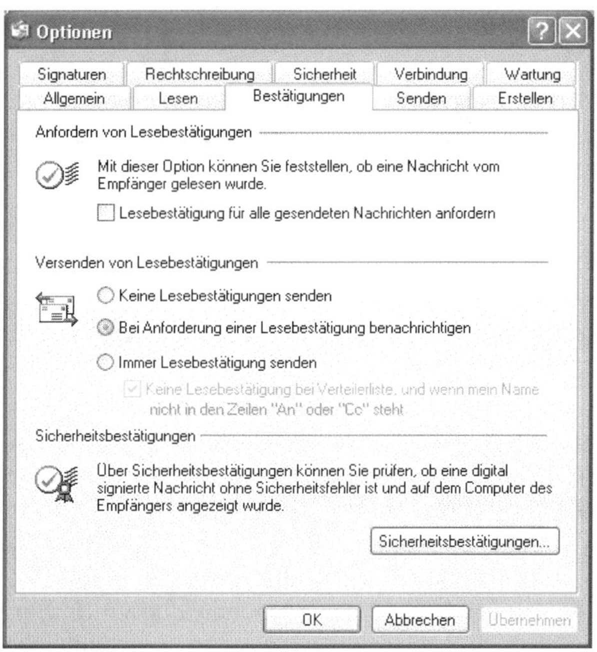

Konfiguration der Lesebestätigung in Outlook Express.

Mail-Text pur

Wenn Sie nicht nur den Mailheader, sondern die ganze Mail im Klartext sehen wollen, rufen Sie aus den Eigenschaften heraus die Funktion *Quelltext* auf.

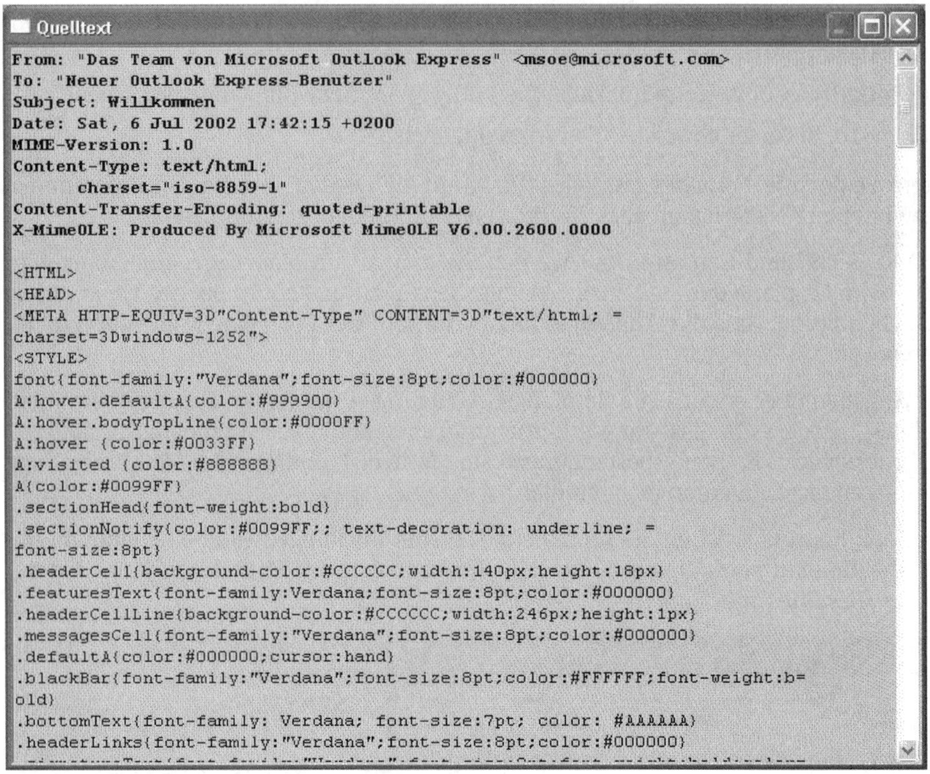

```
From: "Das Team von Microsoft Outlook Express" <msoe@microsoft.com>
To: "Neuer Outlook Express-Benutzer"
Subject: Willkommen
Date: Sat, 6 Jul 2002 17:42:15 +0200
MIME-Version: 1.0
Content-Type: text/html;
        charset="iso-8859-1"
Content-Transfer-Encoding: quoted-printable
X-MimeOLE: Produced By Microsoft MimeOLE V6.00.2600.0000

<HTML>
<HEAD>
<META HTTP-EQUIV=3D"Content-Type" CONTENT=3D"text/html; =
charset=3Dwindows-1252">
<STYLE>
font{font-family:"Verdana";font-size:8pt;color:#000000}
A:hover.defaultA{color:#999900}
A:hover.bodyTopLine{color:#0000FF}
A:hover {color:#0033FF}
A:visited {color:#888888}
A{color:#0099FF}
.sectionHead{font-weight:bold}
.sectionNotify{color:#0099FF;; text-decoration: underline; =
font-size:8pt}
.headerCell{background-color:#CCCCCC;width:140px;height:18px}
.featuresText{font-family:Verdana;font-size:8pt;color:#000000}
.headerCellLine{background-color:#CCCCCC;width:246px;height:1px}
.messagesCell{font-family:"Verdana";font-size:8pt;color:#000000}
.defaultA{color:#000000;cursor:hand}
.blackBar{font-family:"Verdana";font-size:8pt;color:#FFFFFF;font-weight:b=
old}
.bottomText{font-family: Verdana; font-size:7pt; color: #AAAAAA}
.headerLinks{font-family:"Verdana";font-size:8pt;color:#000000}
```

Outlook Express kann die gesamte Mail im „Rohformat" anzeigen.

Bei HTML-Mails werden nun alle verwendeten HTML-Tags und auch versteckt in der Mail eingebaute Scripts angezeigt.

13.2 Datenangriff via Attachment und andere Sicherheitslücken

Nachdem Sie in anderen Teilen des Buches bereits an verschiedenen Stellen Hinweise zur Sicherheit beim Surfen und beim Internetzugang allgemein erhalten haben, geht es in diesem Kapitel schwerpunktmäßig um E-Mail-Sicherheit.

Outlook Express und Outlook sind bei den Anwendern sehr verbreitet und daher ein sehr beliebtes Ziel für Attacken. Ein Grund für die vielen Unsicherheiten in diesen Programmen sind die vielen Features, die gut gemeint sind und den individuellen Umgang mit E-Mails und Anhängen erleichtern sollen. Leider nutzen viele Virenprogrammierer diesen Umstand aus und setzen mit so genannten Scriptviren oder speziellen Attachments gezielt die Standardfunktionen des Mailers für ihre Zwecke ein.

Als generelle Richtlinie gilt: Halten Sie Ihren Mailclient und vor allem Ihren Browser durch regelmäßige Updates auf dem neusten Stand. Die Chance, dass seit sechs Monaten bekannte Sicherheitslücken irgendwann einmal ausgenützt werden, ist einfach zu groß.

Wenn Sie Outlook Express und den aktuellen Internet Explorer einsetzen, ist es am einfachsten, die Windows Update-Funktion oder sogar die Auto-Update Funktion einzusetzen. Oftmals reicht dies aber noch nicht aus, deshalb sollten Sie sich aktiv über neue Sicherheitslücken informieren.

Da ein Buch niemals so aktuell sein kann wie das Internet, möchten wir vorab auf einige wichtige Seiten und Newsletter mit Security-Tipps verweisen.

Am wichtigsten für Anwender von Windows XP und Outlook Express ist zweifelsohne der Microsoft Security Newsletter, der regelmäßig und aktuell Informationen über neu entdeckte Sicherheitslücken in allen Microsoft-Produkten bringt und auch gleich den passenden Link zum Download der Patches liefert. Die URL zum Abonnieren des Newsletters lautet:

www.microsoft.com/technet/security/notify.asp

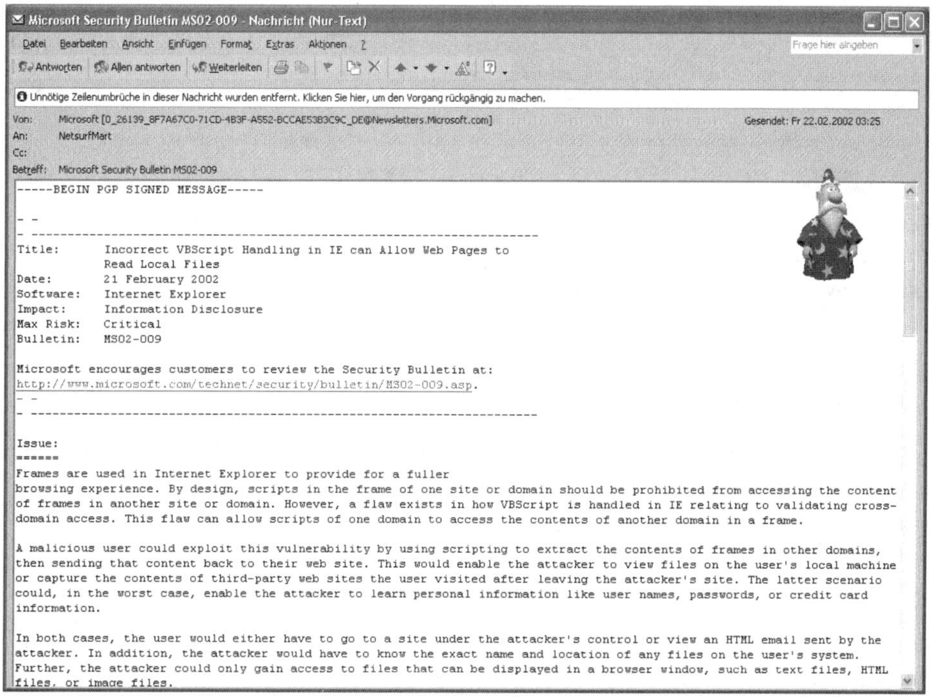

Der Microsoft Newsletter bringt detaillierte Informationen zu Sicherheitsproblemen aller MS-Produkte.

Wenn Sie in einem Archiv nach Sicherheitslücken bestimmter Art suchen möchten, sind Sie bei **I**nternet **S**ecurity **S**ystems (ISS) richtig. Unter

www.iss.net/security_center/search.php

gibt es eine umfassende und sogar betriebssystemübergreifende Datenbank mit Sicherheitsrisiken, Bewertung des Risikos und Links zu den detaillierten Beschreibungen und Patches.

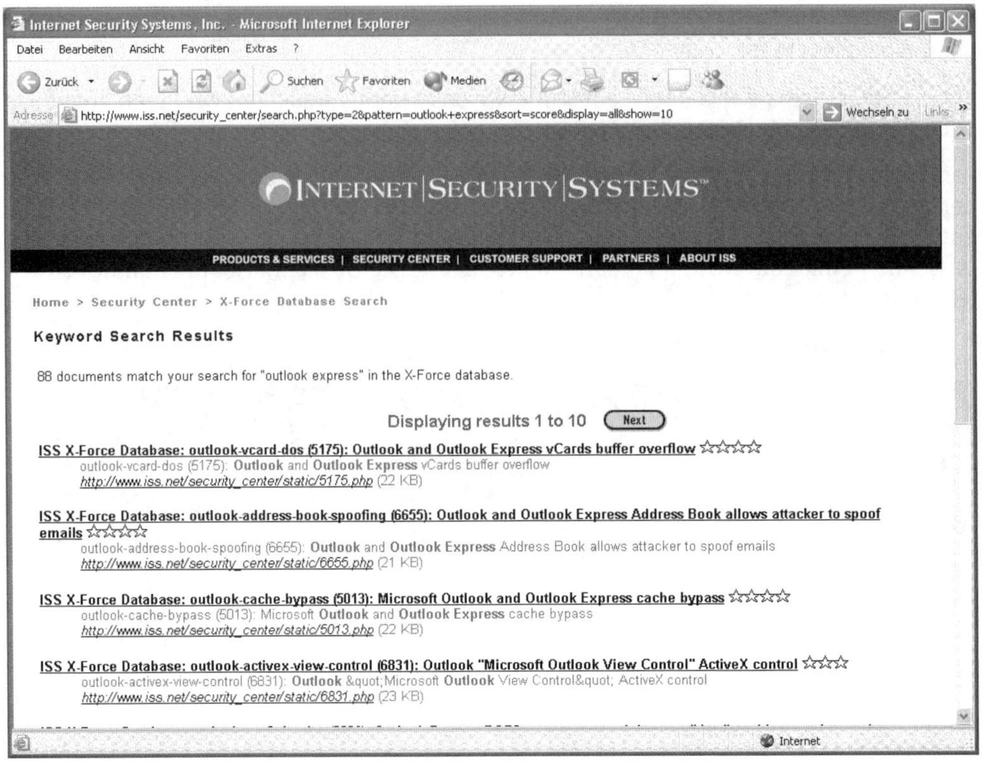

ISS kennt alle wichtigen Sicherheitslücken.

Bei ISS können Sie außerdem verschiedene Newsletter zum Thema Sicherheit abonnieren. Verwenden Sie dazu die URL

www.iss.net/security_center/maillists.

Attachments als Sicherheitsrisiko?

Die meisten Risiken im E-Mail-Verkehr beruhen auf unsicheren Dateianhängen. Aktuelle Virenscanner können zwar Attachments meist schon vor dem Öffnen scannen und bekannte Viren in Anhängen finden, sofern sie nicht verschlüsselt sind, es bleibt jedoch immer ein Restrisiko wegen eventueller Fehler, die im Mailclient selbst begründet sind.

Woher wissen Sie nun aber, ob der eigene Mailclient sicher ist? Dafür gibt es auf einigen Webseiten Testprogramme, die Ihnen auf Wunsch harmlose Virusattrappen zuschicken. Sie können dann einfach anhand der empfangenen Mails überprüfen, ob die betreffenden Dateianhänge erkannt und geöffnet werden können.

www.bluemerlin-security.de/Tests_eMailClient_260102.php3

Unabhängig von einzelnen problematischen Anhängen stellt sich leider immer wieder heraus, dass das größte Sicherheitsproblem meist der Anwender ist.

Auch erfahrene Anwender fallen immer wieder auf verschiedene Spam-Mails herein, die dem ahnungslosen User gefälschte 0190-Schutzprogramme oder andere Tools anbieten. Mit den folgenden einfachen Regeln vermeiden Sie, dass Ihr PC beispielsweise von Ihren Familienmitgliedern unabsichtlich „verseucht" wird:

- Installieren Sie in jedem Fall einen aktuellen Virenscanner, bevor Sie unbekannte Anhänge öffnen.
- Prüfen Sie vor dem Öffnen die Absenderadresse. Wenn sie irgendwelche Zahlenkombinationen oder kostenlose Provideradressen (AOL, Hotmail etc.) enthält, sollten Sie die Anhänge keinesfalls öffnen. Wenn Sie nicht sicher sind, öffnen Sie die Homepage des Anbieters oder verwenden Sie eine Suchmaschine, um mehr über den Anbieter herauszufinden.
- Kein Update oder Bugfix wird unaufgefordert per Mail versandt. Unangeforderte Updates sollten immer durch Aufsuchen der Webseite des Programmherstellers verifiziert werden.
- Bleiben Sie mit Updates für Browser und Mailsystem auf dem neusten Stand.

In Outlook Express können Sie als zusätzliche Sicherheitseinstellung das Öffnen potenziell gefährlicher Mail-Anhänge wie *.com*, *.exe*, *.doc* oder *.vbs* verhindern. Dazu müssen Sie lediglich unter *Extras/Optionen/Sicherheit* die entsprechende Option *Speichern und Öffnen von Anlagen, die möglicherweise einen Virus enthalten können, verhindern* aktivieren.

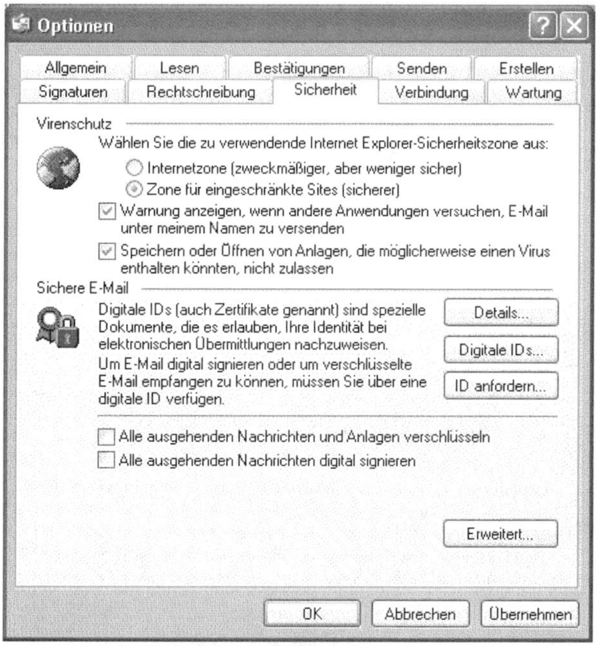

So blockieren Sie unsichere Anlagen in Outlook Express.

Bei Outlook 2000 und XP hat Microsoft den umgekehrten Weg gewählt: Das Programm blockiert zunächst den Zugriff auf verschiedene Dateitypen wie .EXE oder .MDB. Wenn Sie Zugriff benötigen und nicht in einer Exchange-Umgebung arbeiten, können Sie mithilfe eines Registry-Eintrags einzelne Dateiendungen wieder freischalten.

Gefahrenquelle HTML-Mails

Bei HTML-Mails liegt bereits in der HTML-Mail selbst eine gewisse Gefahr begründet. Da HTML-Seiten Scripts und ActiveX-Controls enthalten können, ist es unter Umständen möglich, dass beim Ansehen der Mail Ihr Browser im Hintergrund einen per JavaScript eingebundenen Programmcode herunterlädt und ausführt.

Standardmäßig verwendet Outlook Express für die Anzeige von HTML-Mails die Internet Explorer Sicherheitseinstellung *Beschränkte Sites*. Die HTML-Mails haben also nicht dieselben Möglichkeiten wie eine normale Webseite; die ganze Sicherheit hängt aber von Ihren persönlichen Einstellungen ab.

Überprüfen Sie dies, indem Sie in Outlook Express *Extras/Optionen/Sicherheit* auswählen.

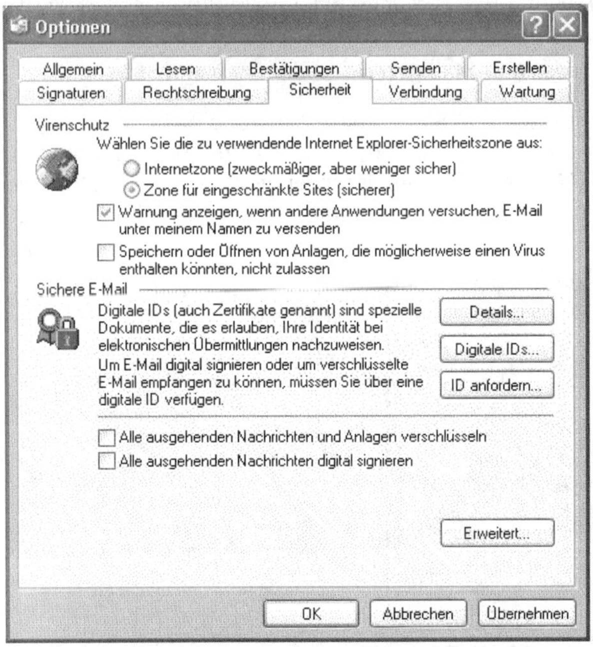

Die Standardeinstellungen von Outlook Exporess.

Um nun sicherzugehen, dass keine ActiveX-Controls oder JavaScripts ausgeführt werden, müssen Sie in den Browser-Einstellungen Ihres Internet Explorer die Einstellungen für die eingeschränkten Sites bearbeiten.

Gefahren der Vorschaufunktion

Auch bei der Vorschaufunktion werden in HTML-Mails enthaltene Scripts bereits ausgeführt. Achten Sie deshalb besonders auf die HTML-Einstellungen, wenn Sie die Vorschaufunktion verwenden.

13.3 E-Mail-Verschlüsselung

Wenn Sie vertrauliche Daten übermitteln müssen und diese ungeschützt per Mail verschicken, gehen Sie ein großes Risiko ein. Nicht nur der Empfänger, sondern jede Zwischenstation im Internet hat Zugriff auf Ihre Mail.

Deshalb verbreiten sich zunehmend Verschlüsselungsprogramme, mit deren Hilfe Mail-Anhänge oder auch ganze Mails verschlüsselt werden können.

Da eine Verschlüsselung und auch eine Signatur aber nur dann Sinn macht, wenn das Gegenüber sie auch wieder auspacken bzw. die Signatur überprüfen kann, sollten Sie für diese Funktionen ein verbreitetes Verfahren und das zugehörige Programm einsetzen, beispielsweise PGP.

Die Funktionsweise der Mail-Verschlüsselung wird im Folgenden im Überblick erklärt. Eine detailliertere Erklärung würde den Rahmen des Buches sprengen. Der interessierte Leser sei hierfür auf das Buch „Hacking Intern“ aus dem DATA BECKER-Verlag verwiesen.

Außerdem erfahren Sie, wie Sie mithilfe von Outlook Express Zertifikate importieren und damit Mails verschlüsseln und signieren können.

Verschlüsselungsverfahren im Überblick

Es gibt sehr viele Algorithmen, um Daten und damit auch Mails zu verschlüsseln. Diese lassen sich jedoch grob in drei Kategorien einteilen, die nachfolgend kurz erklärt werden.

Symmetrische Verschlüsselung

Die symmetrische Verschlüsselung arbeitet mit einer Art geheimem Kennwort. Zum Verschlüsseln wird dasselbe Kennwort benötigt wie zum Entschlüsseln.

Beim Kennwortschutz von Word-Dokumenten sowie bei kennwortgeschützten WinZip-Archiven und vielen anderen Anwendungen wird ein solches einfaches Verfahren verwendet.

Der Vorteil der symmetrischen Verschlüsselung ist, dass von Seiten des Anwenders nur die Eingabe eines Kennwortes erforderlich ist und keine weiteren Aktionen wie beispielsweise die Speicherung von Zertifikaten notwendig sind.

Symmetrische Verschlüsselungsverfahren sind meist auch sehr schnell.

Der Nachteil der symmetrischen Verschlüsselung liegt in dem Problem, dass der Empfänger den Schlüssel (das Kennwort) wissen muss, um die Daten zu entschlüsseln. Wie wird nun aber ein Schlüssel sicher übermittelt?

Wenn Sie den Schlüssel per Mail schicken, könnten Sie sich den Aufwand der Verschlüsselung gleich sparen. Per Telefon, Fax und Brief ist relativ umständlich, sodass dieses Verfahren nur beim Mail-Verkehr mit gut eingespielten Partnern funktionieren kann.

Sollte das Kennwort in falsche Hände geraten, können verschlüsselte Daten zukünftig leicht auf jedem PC mithilfe des Kennwortes entschlüsselt werden, da kaum jemand für jede verschlüsselte Mail ein neues Kennwort verwenden würde.

Asymmetrische Verschlüsselung – Private/Public Key-Verfahren

Um die Nachteile des symmetrischen Verfahrens auszugleichen, wurde die asymmetrische Verschlüsselung entwickelt. Der Begriff asymmetrisch rührt hier daher, dass hier ein Schlüsselpaar, also zwei verschiedene sich mathematisch ergänzende Schlüssel benötigt werden:

- Der private Schlüssel (Private Key), der nur dem Empfänger einer verschlüsselten Botschaft bekannt ist.
- Der öffentliche Schlüssel (Public Key), den jeder Sender einer Mail erhalten muss und der gefahrlos per Mail verschickt werden kann an jeden, von dem man eine verschlüsselte Mail erhalten möchte.

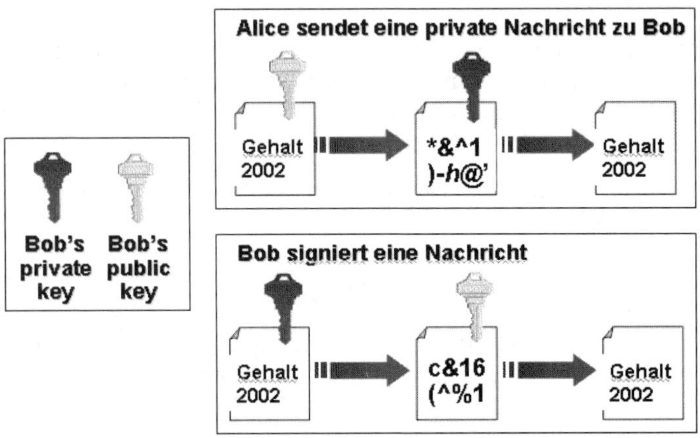

So funktioniert Verschlüsselung und Signatur mit privaten und öffentlichen Schlüsseln.

Das besondere an dem Schlüsselpaar ist, dass jeder, der Daten mit dem öffentlichen Schlüssel verschlüsselt, den privaten Schlüssel nicht kennen muss und die Mail auch mit dem öffentlichen Schlüssel nicht mehr lesbar gemacht werden kann. Nur mithilfe des privaten Schlüssels, den nur der Empfänger besitzt, werden die Daten wieder zugänglich.

Umgekehrt können mit dem privaten Schlüssel „gestempelte" Daten mithilfe des öffentlichen Schlüssels überprüft und so für die Signatur verwendet werden.

Der berühmteste Vertreter dieser Verschlüsselungsart ist das verbreitete Freewareprogramm PGP (**P**retty **G**ood **P**rivacy) und auch das in den meisten Mail-Programmen eingebaute S/MIME-Verfahen, das beispielsweise auch von Outlook Express verwendet wird.

Da der private Schlüssel eine Datei ist, die typischerweise im Secure Store des Benutzerprofils abgelegt wird, ist ein Zugriff darauf nur für den berechtigten Benutzer möglich. Bei einigen Verschlüsselungsprodukten wie PGP kann man für den Zugriff auf den privaten Schlüssel zusätzlich ein Kennwort vergeben.

Höchste Sicherheit: SmartCard
Eine sehr sichere Variante ist auch, den privaten Schlüssel auf einer SmartCard zu speichern, die mithilfe eines Kartenlesers bei jedem Öffnen einer verschlüsselten Mail abgefragt wird. Dieses Verfahren wird beispielsweise von der Deutsche Post SignTrust verwendet. Ein Starter Kit inklusive eigenem E-Mail-Zertifikat, signaturgesetzkonformen Daten auf der SmartCard, Mail-Extension-Software und einem SmartCard-Leser kostet nicht einmal 65 . Sie können die Grundausstattung online bestellen unter *www.signtrust.de*.

Der Vorteil des asymmetrischen Verfahrens gegenüber dem symmetrischen ist die wesentlich höhere Sicherheit. Es ist auch kein Herumhantieren mit Kennwörtern mehr nötig. Nur der private Schlüssel muss sicher verwahrt werden.

Achtung, privaten Schlüssel sichern!
Sie sollten Ihren privaten Schlüssel nach der Erstellung sichern und die Diskette an einem sicheren Ort verwahren. Sollte Ihre Festplatte den Geist aufgeben, kommen Sie sont nicht mehr an die Mails in Ihrem Postfach heran.

Der Nachteil ist, dass erst einmal ein Schlüsselpaar generiert werden muss und die Verschlüsselung der asymmetrischen Verfahren wesentlich aufwendiger ist, also länger dauert. Bei großen Mail-Anhängen macht sich dies bemerkbar. Außerdem muss jeder Sender zunächst den öffentlichen Schlüssel per Mail oder als Download von einer Webseite erhalten, bevor er Mails versenden kann.

Steganografie

Eine ganz andere Methode, Daten zu verschlüsseln oder besser zu verstecken, ist die Steganografie. Hier werden die Nutzdaten einfach in einer Unmenge „unnützer" Daten wie beispielsweise einer Bild- oder einer Sounddatei versteckt.

Ein typischer Vertreter dieser Verschlüsselungsart ist das Programm Steganos, das das einfache Ein- und Auspacken von Daten in Bildern und anderen Dateien erlaubt.

Für Mails ist dieses Verfahren allerdings nur in Ausnahmefällen geeignet. Meist ist der Empfänger nicht sehr erfreut, ein 10 MByte großes Bild zu bekommen, in dem nur drei Sätze versteckt sind.

Zertifikate und Verschlüsselung

Ein sehr wichtiger Begriff bei der asymmetrischen Verschlüsselung ist das Zertifikat. Ein Zertifikat enthält verschiedene Angaben über ein Objekt, beispielsweise den Benutzer, mit dem man kommunizieren möchte. Dazu gehören:

- der Name des Objekts
- die Mail-Adresse
- die Gültigkeitsdauer des Zertifikats
- die Zertifikatsstelle, die das Zertifikat ausgestellt hat
- als wichtigstes Element der öffentliche Schlüssel des Benutzers

Symbolischer Inhalt eines Zertifikats.

Wenn Sie eine verschlüsselte Mail an jemanden senden wollen, brauchen Sie seinen öffentlichen Schlüssel. Die typische Form, diesen Schlüssel zu bekommen, ist, das Zertifikat des Benutzers von einer Webseite zu laden oder per Mail geschickt zu bekommen. Damit haben Sie alle Angaben die Sie brauchen, und können im Bedarfsfall bei der ausstellenden Zertifizierungsstelle nachfragen, ob das Zertifikat korrekt und immer noch gültig ist.

Zertifikat importieren

Um in Outlook Express ein Zertifikat zu importieren, das Sie erhalten haben, rufen Sie *Extras/Optionen/Sicherheit/Digitale IDs* auf und klicken auf *Importieren*.

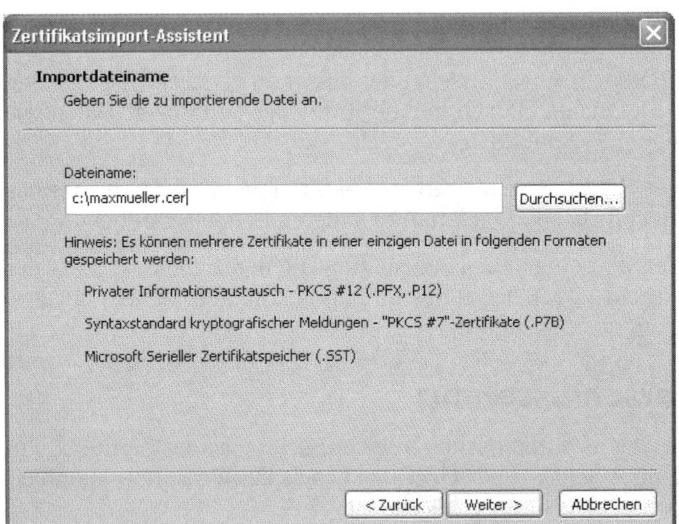

So importieren Sie ein Zertifikat eines anderen Benutzers.

Die Dateiformate von Zertifikaten sind betriebssystemübergreifend genormt, hier kommt beispielsweise das PKS#7-Format zum Einsatz.

Doppelklick ist schneller

Bei einigen Dateiformaten und falls die Datei mit der Endung *.cer* gespeichert wurde, können Sie das Zertifikat einfach mit einem Doppelklick importieren. Es ist dann unmittelbar in Outlook Express und im Internet Explorer verfügbar.

Verschlüsseln mit Outlook Express

Nachdem Sie das Zertifikat importiert haben, können Sie eine Mail an den Inhaber des Zertifikats schicken und mithilfe des entsprechenden Schalters verschlüsseln.

Sollte die Mail-Adresse des Zertifikats nicht mit der von Ihnen verwendeten übereinstimmen, erhalten Sie eine entsprechende Warnmeldung.

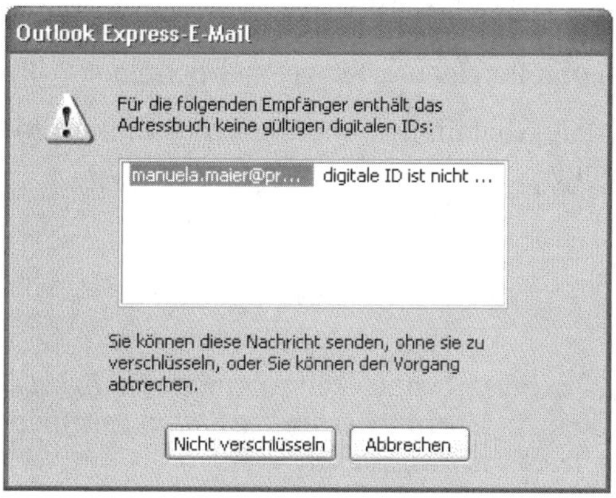

Für die angegebene Mail-Adresse ist kein Zertifikat vorhanden.

In diesem Fall können Sie die Mail nicht verschlüsseln, sondern müssen zuerst das passende Zertifikat herunterladen und importieren.

Woher kommen Zertifikate?

Sie können Zertifikate selbst ausstellen, wie das beispielsweise bei PGP gemacht wird. In diesem Fall können Sie alle Angaben auf dem Zertifikat wie Name, Schlüssellänge, Gültigkeitsdauer etc. frei wählen.

Um ein glaubwürdiges Zertifikat für Mail-Verschlüsselung und vor allem eine gültige Signatur zu erzeugen, muss das Zertifikat jedoch von einer offiziell anerkannten Zertifizierungsstelle herausgegeben werden. Sie müssen also bei einer Zertifizierungsstelle ein Zertifikat beantragen.

Bei einem selbst ausgestellten Zertifikat ist es für den Kommunikationspartner nicht möglich, das Zertifikat online auf Korrektheit zu prüfen, da er ja keinen Kontakt mit der Zertifizierungsstelle aufnehmen kann, die das Zertifikat ausgestellt hat.

Die Mail-Programme kennen auch nur eine bestimmte Anzahl von Trustcentern, die als vertrauenswürdig eingestuft sind. Wenn ein Zertifikat einer fremden Zertifizierungsstelle importiert werden soll, erhält der Kommunikationspartner eine entsprechende Warnung. Denn schließlich könnte ja jeder eine Zertifizierungsstelle installieren, öffentlich zugänglich machen, ein Zertifikat auf Max Müller ausstellen und damit seine Mails signieren ...

Diese vertrauenswürdigen Zertifizierungsstellen müssen strenge Kriterien erfüllen und überprüfen auch die Angaben, die Sie zur Ausstellung von Zertifikaten machen, genau. Wenn Sie dort ein Zertifikat beantragen, können Sie damit aber auch Mails signieren, ohne beim Partner Probleme zu verursachen.

Die Kosten für ein „offizielles" Zertifikat variieren je nach Zweck des Zertifikats, bei E-Mail-Zertifikaten müssen Sie mit ca. 25 pro Jahr rechnen.

Trustcenter

Die „Behörde", die Zertifikate ausstellen kann, heißt im allgemeinen Sprachgebrauch Trustcenter. Der technische Begriff, den Sie in der Literatur dafür finden werden, lautet jedoch **C**ertificate **A**uthority oder kurz CA, zu Deutsch Zertifizierungsstelle. Wenn Sie ein eigenes Netzwerk mit einem Windows NT-, 2000- oder .NET-Server betreiben, können Sie dort die Zertifikatsdienste installieren und Ihr eigenes Trustcenter betreiben.

Bekannte Trustcenter, die von den meisten Mail-Programmen und Verschlüsselungsprodukten schon automatisch erkannt werden, sind

- Verisign
- Entrust
- Deutsche Telekom

Um alle Trustcenter zu sehen, die Outlook Express bereits kennt, rufen Sie *Extras/Optionen/Sicherheit/Digitale IDs* auf und klicken auf *Vertrauenswürdige Stammzertifizierungsstellen* bzw. *Vertrauenswürdige Zwischenzertifizierungsstellen*.

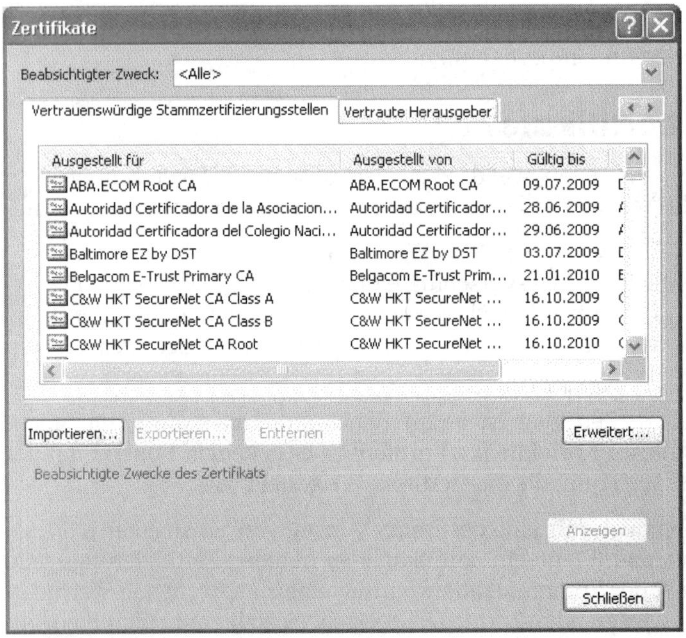

Die Stammzertifizierungsstellen in Outlook Express.

Im Internet Explorer finden Sie die Liste unter *Extras/Internetoptionen/Inhalte/Herausgeber*.

Signatur

Ein verwandtes Thema zur Verschlüsselung ist die Signatur. Auch hierfür wird ein Schlüsselpaar aus öffentlichem und privatem Schlüssel benötigt. Der Absender einer

Mail signiert die gesendete Mail, indem er einen Abschnitt daraus mit seinem eigenen privaten Schlüssel „versiegelt".

Jeder, der im Besitz des Zertifikats mit Ihrem öffentlichen Schlüssel ist, kann dann diese Signatur überprüfen. Hätte er den falschen öffentlichen Schlüssel, dann wäre es mathematisch nicht möglich, die mit dem privaten Schlüssel des Benutzers signierten Bereiche der Mail zu öffnen.

Dass der öffentliche Schlüssel nicht gefälscht ist, wird durch die Zertifizierungsstelle garantiert, die ja ebenfalls im Zertifikat ausgewiesen ist und die im Zweifelsfall zur Bestätigung der Korrektheit des Zertifikats kontaktiert werden kann.

Signatur mit Outlook Express

Wenn Sie mit Outlook Express eine signierte Mail verschicken wollen, müssen Sie zunächst wie oben beschrieben ein Zertifikat für sich selbst beantragen und dann importieren.

Dann können Sie bei jeder zu sendenden Mail vor dem Senden auf den Schalter *Signieren* klicken.

Der Empfänger muss natürlich Ihr Zertifikat mit dem öffentlichen Schlüssel besitzen, um die Signatur prüfen zu können. Deshalb sollten Sie unter *Extras/Optionen/Sicherheit/Erweitert* die Einstellung überprüfen, dass das Zertifikat automatisch mit verschickt wird: *Eigene digitale ID beim Senden signierter E-Mail hinzufügen.*

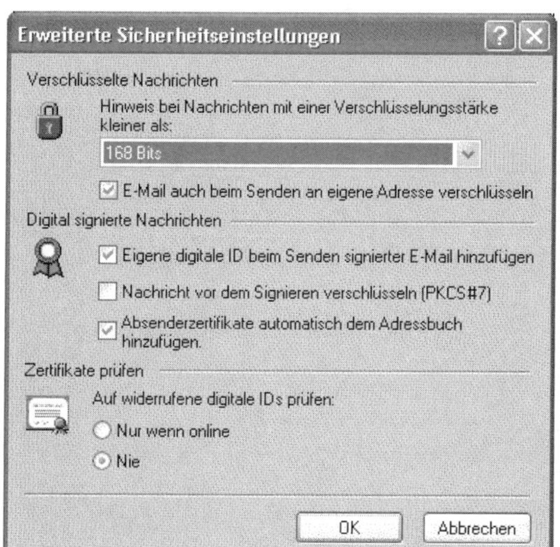

Das eigene Zertifikat kann automatisch mitgeschickt werden.

Der Empfänger muss dann nur noch durch einen Doppelklick Ihr Zertifikat in sein Adressbuch aufnehmen.

Unter *Extras/Optionen/Sicherheit* können Sie auch einstellen, dass alle ausgehenden Nachrichten automatisch signiert werden sollen. Wenn Sie häufig mit Signaturen arbeiten, kann dies eine Arbeitsersparnis sein.

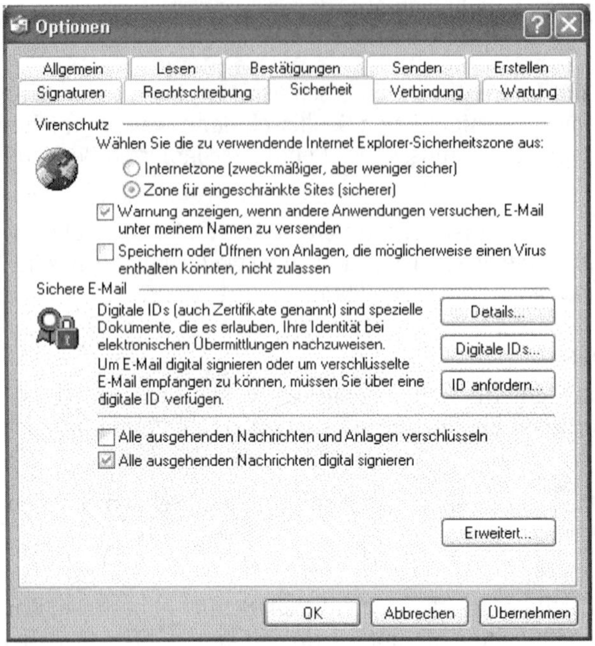

So können Sie alle ausgehenden Nachrichten signieren lassen.

14. Fernwartung und Fernsteuerung

Windows XP enthält eine Reihe von Werkzeugen, mit deren Hilfe vernetzte Computer zentral verwaltet und auch ferngesteuert werden können. So können Sie beispielsweise mit der Microsoft Management Console auf Wartungsfunktionen eines anderen Computers zugreifen und über eine bestehende Netzwerkverbindung hinweg Datenträger administrieren, Benutzer verwalten, Freigaben einrichten, die Systemkonfiguration verändern und vieles mehr. Der Remotedesktop dagegen erlaubt nicht nur den Fernzugriff auf bestimmte Funktionen, sondern ermöglicht eine vollständige Fernsteuerung des Zielsystems. Die Fernsteuerung ist zum Beispiel dann erforderlich, wenn Sie Ihren Computer von einem anderen Standort aus bedienen müssen oder wenn Sie einem weniger versierten Anwender Unterstützung bei der Bedienung von Windows XP bieten wollen.

Neben der Microsoft Management Console und dem Remotedesktop gibt es aber noch weitere Fernzugriffsmöglichkeiten, deren Leistungs- und Funktionsumfang in diesem Kapitel offengelegt und deren Konfigurationen anhand praxisbezogener Beispiele in den nachfolgenden Abschnitten ausführlich beschrieben werden.

- **Remote-Dienste** – die einzelnen Fernwartungs- und Fernsteuerungsfunktionen von Windows XP basieren auf unterschiedlichen Technologien und stellen daher nur einen bestimmten Leistungs- und Funktionsumfang bereit. Der Einsatz unterschiedlicher Remote-Dienste erfordert aber auch gewisse Systemvoraussetzungen, damit die Fernwartung und -steuerung möglich ist. Lesen Sie ab Seite 952, welche Technologien zum Einsatz kommen, mit welchen Leistungs- und Funktionsmerkmalen die Remote-Dienste ausgestattet sind, welche Funktion Sie für welche Zwecke benötigen und was es hinsichtlich der Fernzugriffe für Nicht-Windows XP-Systeme zu beachten gibt.
- **Fernwartung mit der MMC** – für die Administration eines Windows-Systems stellt die MMC (**M**icrosoft **M**anagement **C**onsole) zahlreiche Verwaltungswerkzeuge bereit. Viele dieser Verwaltungs-Tools bieten Fernwartungsfunktionen, womit sich das System auch über eine bestehende Netzwerkverbindung warten und konfigurieren lässt. Das hat den Vorteil, dass Sie das Windows-Netzwerk von einer zentralen Stelle aus verwalten können. Ab Seite 958 erfahren Sie, welche Verwaltungsprogramme von Windows XP Home und Windows XP Professional bereitgestellt werden und wie Sie eine Remote-Verwaltung mithilfe der MMC gekonnt durchführen. Des Weiteren erfahren Sie, wie auch ältere Windows-Versionen durch Einsatz der MMC administriert werden können.
- **Remotedesktop/-verbindung** – zu den Neuerungen von Windows XP zählt der Remotedesktop und die dazugehörige Remotedesktop-Verbindung, die ab Seite 964 detailliert behandelt werden. Hierbei handelt es sich um leistungsfähige Terminaldienste auf Basis einer Client-/Servertechnologie, die zur Fernsteuerung eines Windows XP Professional-Systems eingesetzt werden können. Die Terminaldienste verwenden zur Datenübertragung das RDP-Protokoll (**R**emote **D**esktop **P**rotocol), über das lediglich der Bildschirminhalt sowie auch Maus- und Tastatureingaben zwischen

Client und Server übertragen werden. Alle Prozesse, die zur Ausführung von Programmen oder sonstiger Benutzeraktivitäten erforderlich sind, werden ausschließlich auf dem Zielsystem (dem Server) ausgeführt. Somit stellt der Remotedesktop eine ideale Lösung für mobile Benutzer bereit, die von unterschiedlichen Standorten aus mit der Konfiguration des Heim- oder Firmencomputers arbeiten können.

- **Remote-Unterstützung** – ein weiteres Feature von Windows XP stellt die Remote-Unterstützung dar. Hierbei handelt es sich ebenfalls um einen Terminaldienst, der zur Überwachung und Steuerung entfernter Systeme eingesetzt wird, vergleichbar mit der Remotedesktop-Verbindung. Allerdings mit dem Unterschied, dass der Verbindungsaufbau eine zuvor erstellte Einladung zur Remote-Unterstützung erfordert, ohne die kein Fernzugriff möglich ist. Die Remote-Unterstützung ist Bestandteil beider Windows XP-Versionen, die vorwiegend für das Troubleshooting entfernter Systeme wie auch zur Unterstützung weniger versierter Anwender eingesetzt wird. Ab Seite 984 lesen Sie, wie das System für die Remote-Unterstützung vorbereitet wird, wie Einladungen erstellt und auf unterschiedlichen Wegen übermittelt werden können und wie die Unterstützung in der Praxis durchgeführt wird.
- **NetMeeting** – Windows XP stellt zwar zahlreiche Möglichkeiten des Fernzugriffs bereit, doch wird es bei der Fernsteuerung von Nicht-Windows XP-Systemen etwas schwierig, da die meisten Funktionen eben nur unter Windows XP einsatzfähig sind. Zur Remote-Unterstützung oder Fernsteuerung älterer Windows-Systeme müssen Sie daher auf ein alternatives Tool zurückgreifen, NetMeeting lässt sich für solche Zwecke prima verwenden. Denn NetMeeting ermöglicht die Freigabe des Desktops, um eine Onlinezusammenarbeit über bestehende Netzwerk- und Internetverbindungen zu ermöglichen. Ab Seite 992 wird gezeigt, wie Windows 9x-/ME-/NT-/2000-/XP-Systeme mit NetMeeting erfolgreich ferngesteuert werden.

Remote-Dienste in der Übersicht

Die nachfolgende Tabelle gibt – zur leichteren Orientierung – einen kleinen Überblick über die von Windows XP zur Verfügung gestellten Remote-Dienste mit einer kurzen Beschreibung. Des Weiteren können Sie der Tabelle entnehmen, welcher Remote-Dienst Bestandteil der jeweiligen Windows XP-Version ist und welche Verbindungstypen (Netzwerk- oder Internetverbindung) dabei unterstützt werden.

Remote-Dienst	Windows XP Home	Windows XP Professional	Netzwerk	Internet	Beschreibung
Remotedesktop		•	•	•	Ermöglicht die Freigabe des Desktops zur Fernsteuerung eines Windows XP Professioanl-Systems.
Remotedesktop-Verbindung	•	•	•	•	Ermöglicht die Fernsteuerung des Remotedesktops.
Remotedesktop-Webverbindung		•	•	•	Ermöglicht die webbasierte Fernsteuerung des Remotedesktops.

Remote-Dienst	Windows XP Home	Windows XP Professional	Netzwerk	Internet	Beschreibung
Remote-Unterstützung	•	•	•	•	Ermöglicht die Freigabe des Desktops, wobei die Verbindung nur durch Annahme einer zuvor erstellten Aufforderung zur Remotewartung hergestellt werden kann.
Microsoft Management Console	•	•	•		Erlaubt den Zugriff auf Verwaltungsfunktionen (Datensicherung, Defragmentierung ...).
NetMeeting	•	•	•	•	Erlaubt die Freigabe des Desktops auch für Nicht-Windows XP-Systeme.

14.1 Remote-Dienste unter der Lupe

Die von Windows XP zur Verfügung gestellten Remote-Dienste basieren auf unterschiedlichen Technologien, deren wesentlichen Merkmale in den nachfolgenden Abschnitten näher erläutert werden. Auch werden Sie Informationen darüber erhalten, mit welchem Leistungs- und Funktionsumfang die einzelnen Dienste ausgestattet sind und für welche Zwecke Sie welche der Funktionen benötigen. Mit diesen Hintergrundinformationen lassen sich die einzelnen Remote-Dienste gezielter einsetzen und Konfigurationsprobleme besser vermeiden.

Die Wahl des entsprechenden Remote-Dienstes hängt aber nicht nur von den Funktionen ab, sondern auch von der Kompatibilität mit älteren Windows-Versionen. Denn nicht jeder Remote-Dienst lässt sich zur Fernwartung oder -steuerung älterer Windows-Systeme einsetzen. Beim Remotedesktop und der Remote-Unterstützung beispielsweise handelt es sich um Features von Windows XP, die von älteren Windows-Systemen nicht unterstützt werden. Bei der Fernwartung oder -steuerung von Nicht-Windows XP-Systemen müssen Sie daher auf alternative Möglichkeiten (NetMeeting, VNC, PC Anywhere ...) zurückgreifen.

In Folgenden erhalten Sie einen kurzen Überblick über die Funktionen und Einsatzmöglichkeiten, da es nicht immer ganz leicht ist, überhaupt den richtigen Dienst für eine gegebene Aufgabe auszuwählen. Den praktischen Teil der Fernsteuerung finden Sie ab Seite 975.

Der Remotedesktop

Die Funktion Remotedesktop dient zur Steuerung eines PCs von einem anderen Arbeitsplatz aus. Zur Remotedesktop-Verbindung ist ein eigenes Login erforderlich, das nicht mit dem aktuell auf dem PC aktiven Benutzerlogin übereinstimmen muss. Der PC aktiviert also eine zweite Sitzung ähnlich einem Multi-User-System.

Während der Remote-Steuerung wird der lokale Bildschirm des PCs gesperrt, es kann also niemand lokal weiterarbeiten. Falls sich ein Benutzer an dem lokalen PC anmeldet und die Sperre aufhebt, wird die laufende Fernsteuerungssitzung beendet.

Der Administrator kann für jeden PC festlegen, welche Benutzer die Remotedesktop-Funktion verwenden kann, also eine Art Rechteliste fest im System hinterlegen.

Die Funktion ähnelt den Terminal Services von Windows 2000 und Windows .NET-Server, ist jedoch auf eine Sitzung gleichzeitig limitiert.

Sie ist ideal dafür geeignet, sich von zu Hause aus auf seinen eigenen PC in der Firma „aufzuschalten" und zu arbeiten, als säße man lokal am PC.

Die Remote-Unterstützung

Die Remote-Unterstützungsfunktion ist für Helpdesk-Mitarbeiter oder „IT-Profis" gedacht, die einen anderen Benutzer bei seiner Arbeit unterstützen wollen.

Bei der Remote-Unterstützung wird der lokal angemeldete Benutzer nicht abgemeldet, sondern der Remote-Benutzer schaltet sich auf den Desktop des lokalen Benutzers auf und erhält die Möglichkeit zum Chat und nach Rückfrage beim lokalen Benutzer auch das Recht, aktiv in die Sitzung einzugreifen, um Programme aufzurufen oder Einstellungen vorzunehmen.

Die Remote-Unterstützung ist nur dann möglich, wenn Sie vom aktuell angemeldeten Benutzer eine Einladung in Form einer Mail, einer Messenger-Nachricht oder einer Datei erhalten haben. Die Einladung ist nur für eine bestimmte Zeitspanne gültig, kann aber dafür von jedem Benutzer angenommen werden, der Zugriff auf die Einladung hat. Spezielle Rechte sind also nicht erforderlich.

Bei der Remote-Unterstützung erhält der lokale Benutzer immer eine Rückfrage, ob er den Zugriff auf seinen Desktop bzw. beim „Eingreifen" in Tastatur und Maus diese Aktionen zulassen möchte. Sie können damit also nicht unbemerkt auf fremden PCs eindringen, es muss ein Anwender angemeldet sein und dem Zugriff zustimmen. Diese Rückfrage lässt sich jedoch etwas versteckt mithilfe einer Gruppenrichtlinie abschalten.

Die Microsoft Management Console

Die Microsoft Management Console (**M**icrosoft **M**anagement **C**onsole, kurz MMC) ist nicht für die Fernsteuerung von PCs geeignet, nur zur Fernkonfiguration und -wartung eines PCs.

Mithilfe der MMC können Sie beinahe alle Aufgaben, die man eigentlich lokal auf dem PC erledigt, über das Netzwerk ausführen, beispielsweise:

- Ereignisanzeige überprüfen
- Benutzer und Gruppen verwalten
- Datenträger verwalten
- Starten, Beenden und Konfigurieren von Diensten
- Freigaben verwalten
- Gruppenrichtlinien verwalten

Die Menge der Funktionen ist nur von den auf Ihrem Computer installierten Snap-Ins abhängig. Ein Snap-In implementiert eine bestimmte Funktion innerhalb der MMC.

Wenn Sie Administratorrechte auf dem Zielcomputer haben, können Sie innerhalb der MMC einfach mithilfe des Kontextmenüs zum entsprechenden Computer umschalten und diesen verwalten.

Leider sind jedoch nicht alle Aufgaben mithilfe der MMC zu erledigen. Was Sie mithilfe einer „echten" Fernsteuerung erledigen müssen, ist beispielsweise:

- Einstellungen im Geräte-Manager ändern
- Treiber hinzufügen und löschen
- Netzwerkeinstellungen ändern
- Software installieren oder entfernen
- Bildschirmeinstellungen verändern

Wie Sie die MMC praktisch zur Fernverwaltung einsetzen können, erfahren Sie ab Seite 992.

NetMeeting Inside

NetMeeting ist ein komplexes Kommunikations-Tool, das Audio- und Videokonferenzen über bestehende Netzwerk- und Internetverbindungen hinweg ermöglicht. Des Weiteren bietet NetMeeting umfangreiche Unterstützung in Sachen Onlinezusammenarbeit. So können mehrere NetMeeting-Benutzer beispielsweise während einer bestehenden Konferenz miteinander chatten, Dateien senden und empfangen, grafische Informationen über ein so genanntes Whiteboard austauschen und durch Freigabe bestimmter Applikationen oder gar des gesamten Desktops via Netzwerk- oder Internetverbindung online zusammenarbeiten.

NetMeeting als alternativer Remote-Dienst

NetMeeting bietet die gleichen Funktionalitäten wie der Remotedesktop und die Remote-Unterstützung, wenngleich hierbei andere Technologien zum Einsatz kommen. NetMeeting lässt sich auf allen Windows 9x-/ME-/NT-/2000-/XP-Systemen einsetzen und ermöglicht so die Nutzung von Remote-Diensten auf Nicht-Windows XP-Systemen, ohne dass externe Tools benötigt werden.

Die Architektur von NetMeeting

Die Funktionsvielfalt von NetMeeting lässt sich am besten anhand der verwendeten Architektur verdeutlichen. Denn NetMeeting setzt sich aus einer Reihe von Einzelkomponenten zusammen, die auf unterschiedlichen Standards basieren. Dadurch wird einerseits ein gewisser Leistungs- und Funktionsumfang garantiert, andererseits auch eine Kompatibilität mit anderen Konferenzanwendungen, die dem T.120- und H.323-Standard entsprechen.

Auf der obersten Ebene stellt NetMeeting eine einfach zu bedienende, aber doch leistungsfähige Kommunikationsanwendung dar. Dabei stellt die Anwendung zahlreiche Schnittstellen (API = **A**pplication **P**rogramming **I**nterface) bereit, mit deren Hilfe sich NetMeeting in bestehende Internetanwendungen integrieren und auch erweitern lässt.

Der T.120-/H.323-Standard

Der T.120-/H.323-Standard ist eine von der ITU (International Telecommunications Union) entwickelte und offiziell anerkannte Protokollfamilie zur Festlegung von Konferenzfunktionalitäten und -diensten. Der T.120-Standard beinhaltet eine Reihe von Anwendungs- und Kommunikationsprotokollen für Datenkonferenzen in Echtzeit. Der H.323-Standard dagegen enthält Anwendungs- und Kommunikationsprotokolle für Audio- und Videokonferenzen. Weitere Informationen zu den T.120- und H.323-Standards finden Sie auf der Internetseite *www.itu.int.*

Auf der darunter liegenden Ebene sind die standardisierten Teilkomponenten angesiedelt, die Daten- und Audio-/Videokonferenzen ermöglichen, sowie den Verzeichnisserverzugriff zur einfacheren Kontaktaufnahme erlauben.

T.120-Standard

Für echtzeitbasierte Datenkonferenzen enthält NetMeeting zahlreiche Teilkomponenten, die größtenteils dem T.120-Standard entsprechen. Dies sind im Einzelnen:

- **Chat** - dieses Modul ermöglicht den textbasierten Austausch von Informationen zwischen den NetMeeting-Teilnehmern, das Chatten. Bereitgestellt wird diese Funktion durch eine Programmbibliothek (*nmchat.dll*), die im NetMeeting-Programmordner vorhanden sein muss. Andernfalls kann das Konferenzprogramm Chat nicht aufgerufen werden.
- **Whiteboard** - das Modul Whiteboard erlaubt den grafischen Informationsaustausch zwischen den NetMeeting-Teilnehmern, wobei hier der Standard T.126 berücksichtigt wurde. Das Whiteboard stellt eine MS-Paint-ähnliche Oberfläche bereit, worüber Bitmap-Dateien geöffnet und Teile der Grafik mit grafischen Elementen (Kreise, Rechtecke ...) oder Zeigeeinheiten besonders hervorgehoben werden können. Diese Funktion - die durch die Programmbibliotheken *nmwb.dll* und *nmoldwb.dll* bereitgestellt wird - dient der grafischen Veranschaulichung von bestimmten Szenarien.
- **Filetransfer** - dieses Modul stellt Funktionalitäten für den Austausch binärer Daten bereit, wobei hier der Standard T.127 berücksichtigt wurde. Der Filetransfer erlaubt, dass NetMeeting-Teilnehmer untereinander Dateien versenden und auch empfangen können. Diese Funktion wird durch die Programmbibliothek *nmft.dll* bereitgestellt.
- **Programm-Sharing** - die Desktop- und Remotedesktop-Freigabe wird durch das Modul Programm-Sharing (T.128) ermöglicht, das die Freigabe geöffneter Programme oder des Desktops erlaubt. Bereitgestellt werden diese Funktionen durch die Programmbibliotheken *nmas.dll* und *nmasnt.dll*, die ebenfalls im NetMeeting-Programmverzeichnis abgelegt sind.
- **Generic Conference Control** - das GCC-Modul (T.124) ist für das Management der eigentlichen Konferenz zuständig, z. B. Erstellen und Beenden einer Konferenz, Verwalten der Statusinformationen, Managen der Konferenzprogramme, Weitergabe der Informationen an die GCC-Module der anderen Teilnehmer und vieles mehr.
- **Multipoint Communication Service** - das MCS-Modul (T.122/T.125) regelt den Datentransfer zwischen den NetMeeting-Anwendungen und bestimmt das Routing des Datentransfers.
- **Network-specific Data Protocol Stack** - dieses Modul ist für die Datenflusskontrolle wie auch für den Verbindungsauf- und -abbau verantwortlich und basiert auf dem T.123-Standard.

Unterstützung für Verzeichnisdienste

NetMeeting unterstützt den LDAP-Standard (**L**ightweight **D**irectory **A**ccess **P**rotocol), der eine Nutzung von Verzeichnisdiensten (z. B. ILS = **I**nternet **L**ocator **S**ervice oder Messenger Service) ermöglicht, womit NetMeeting-Teilnehmer untereinander schneller und einfacher Kontakt zueinander aufnehmen können. Der Verzeichnisdienst erlaubt das dynamische Bereitstellen von Benutzerinformationen (Name, E-Mail-Adresse, IP-Adresse ...), die während der Anmeldung am Verzeichnisserver übertragen und dort zwischengespeichert werden, worüber sie jederzeit abrufbar sind. Für das Übertragen und Abrufen von Benutzerinformationen, die auf einem Verzeichnisserver abgelegt sind, nutzt NetMeeting den auf dem LDAP-Standard basierenden ILS-Client, der Bestandteil von NetMeeting ist.

H.323-Standard

Für Audio- und Videokonferenzen hält NetMeeting mehrere Teilkomponenten auf Basis des H.323-Standards bereit, das sind im Einzelnen:

- **Videocodecs** - NetMeeting enthält mehrere Videocodecs, die eine Komprimierung von Videodaten zur effizienteren Übertragung erlauben. NetMeeting enthält standardisierte Codecs (G.711 und G.723), wie auch nicht standardisierte Codecs.
- **Audiocodecs** - zur effizienten Übertragung von Audiodaten dienen standardisierte (H.261 und H.263) und nicht standardisierte Audiocodecs.
- **Call-Control** - das Modul Call-Control (H.245) übernimmt die Aufgabe des Verbindungsauf- und -abbaus und der Datenflusskontrolle während einer Audio-/Videokonferenz.
- **Real-Time Transport Protocol/Real-Time Transport Control Protocol** - dieses Protokoll legt die Übertragung von Audio- und Videodaten in Echtzeit fest.

Netzwerkanbindung

Damit ein Datenaustausch zwischen den Konferenzteilnehmern stattfinden kann, müssen die jeweiligen Daten an das Netzwerkprotokoll übergeben und anschließend über ein physikalisches Medium übertragen werden. Hierbei kommt Winsock (**Win**dows **Sockets**) zum Einsatz, dass entsprechende Schnittstellen (API = **A**pplication **P**rogramming **I**nterface) bereitstellt, womit eine Verbindung zwischen NetMeeting und dem verwendeten Netzwerkprotokoll (TCP/IP) hergestellt werden kann. Je nachdem, ob eine Daten- oder Audio-/Videokonferenz durchgeführt wird, erfolgt die Verbindung über das TCP- oder das UDP-Protokoll, wobei die jeweiligen Dienste unterschiedliche Ports verwenden. Die folgende Tabelle enthält eine Aufstellung der von NetMeeting zur Verfügung gestellten Dienste mit der Angabe, welche Ports dabei verwendet werden:

Port	Dienst	Protokoll
389	ILS	TCP
522	ULS	TCP
1503	T.120	TCP
1720	H.323 (Call Setup)	TCP
1731	Audio (Call Control)	TCP
Dynamisch (1024-65535)	H.323 (Call Control)	TCP
Dynamisch (1024-65535)	H.323 (Streaming Media)	UDP

14.2 Die Fernwartung mit der Microsoft Management Console

Die Microsoft Management Console (**M**icrosoft **M**anagement **C**onsole, kurz MMC) ist ein optimales Werkzeug zur Fernkonfiguration und -wartung eines PCs.

Die MMC ist Bestandteil aller moderneren Windows-Systeme ab Windows 2000 und bildet das Gerüst für alle Verwaltungsprogramme, die auf dem Computer zur Verfügung stehen. Dies hat den Vorteil, dass in allen Verwaltungsprogrammen eine einheitliche Bedienung möglich ist und einheitliche Grundfunktionen wie beispielsweise der Export des aktuell angezeigten Bildschirminhalts zur Verfügung stehen.

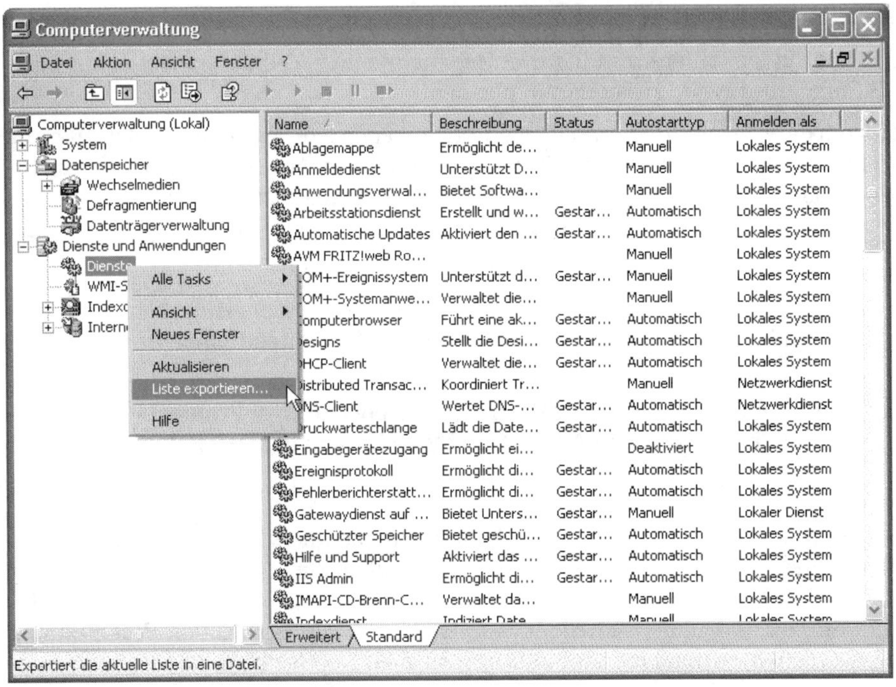

Eines der einheitlichen Kontextmenüs ist für die Dokumentation geeignet.

Das Snap-In-Konzept

Die Funktionen innerhalb der MMC sind durch so genannte Snap-Ins implementiert, die spezifische Aufgabenstellungen ausführen. Snap-Ins sind eigenständige kleine OLE- bzw. COM-Serverprogramme, die eine Schnittstelle zur MMC aufweisen.

Woher kommen Snap-Ins?
Einige Snap-Ins werden bereits mit Windows XP ausgeliefert, andere werden durch die Support-Tools oder das Ressource Kit installiert. Auch modernere Softwarepakete kommen immer häufiger mit Snap-Ins anstelle von eigenständigen Verwaltungsprogrammen daher.

Ein oder mehrere dieser Snap-Ins können zusammen in die MMC-Umgebung geladen werden und in einem gemeinsamen Fenster als Administrations-Tool eingesetzt werden.

Ein typisches Beispiel für eine solche Zusammenstellung ist die Computerverwaltung, die über zehn Snap-Ins in sich vereint.

Die meisten dieser Snap-Ins unterstützen nicht nur die Arbeit auf dem lokalen PC, sondern auch auf anderen Computern im Netzwerk, sodass Sie nur noch zu einem anderen Computer umschalten müssen.

Wenn Sie Administratorrechte auf dem Zielcomputer haben, können Sie innerhalb der MMC einfach mithilfe des Kontextmenüs zum entsprechenden Computer umschalten und diesen Verwalten.

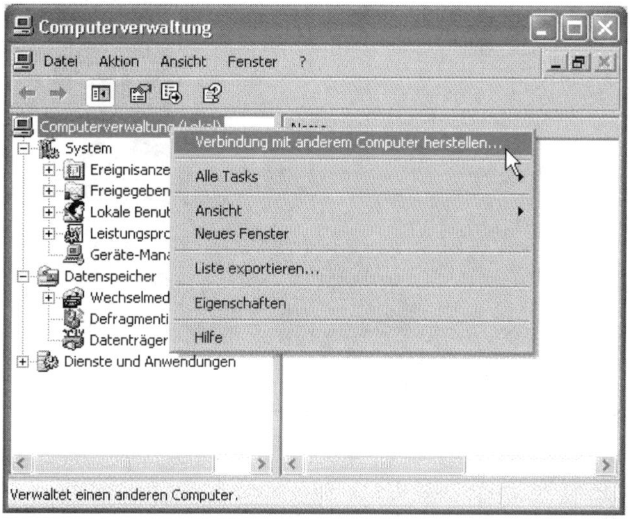

Sie können sich innerhalb der MMC mit jedem anderen Computer verbinden.

Achtung, Falle bei der Fernwartung

Wenn Sie Fernwartungen mithilfe der MMC durchführen wollen, müssen auf Ihrem Computer alle nötigen Snap-Ins lokal installiert sein. Sie können Snap-Ins nicht über das Netzwerk laden!

Meist benötigt man jedoch nicht alle Snap-Ins aus der Computerverwaltung oder im Gegenteil sogar noch ein paar zusätzliche Snap-Ins. Dann ist es nützlich, eigene MMC-Konsolen zu erstellen.

Snap-In-Zusammenstellung zur Wartung anderer PCs

Vielleicht möchten Sie ja eine eigene, individuelle Zusammenstellung von Snap-Ins erstellen. Oder eine MMC, in der zwar nur die Ereignisanzeige steckt, aber dafür von fünf verschiedenen Computern, um einen Überblick zu erhalten. In beiden Fällen müssen Sie die MMC individuell konfigurieren und die Snap-Ins so zusammenstellen, dass die Oberfläche Ihren Wünschen entspricht.

Um eine eigene, persönlich auf Ihren Nutzen zugeschnittene MMC zu konfigurieren, rufen Sie zunächst das Programm

```
mmc.exe
```

über *Start/Ausführen* auf. Die Management Console startet mit einem leeren Fenster.

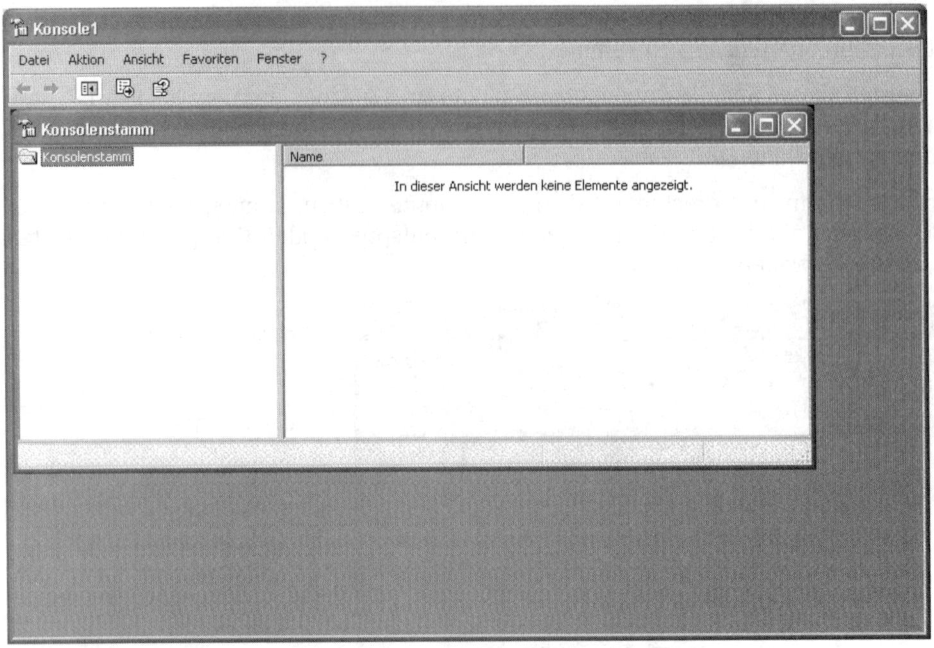

So sieht die leere Management Console ohne Snap-Ins aus.

Um ein Snap-In zu laden, rufen Sie den Befehl *Datei/Snap-In hinzufügen/Entfernen* auf. Sie sehen eine noch leere Liste aller geladenen Snap-Ins dieser Konsole.

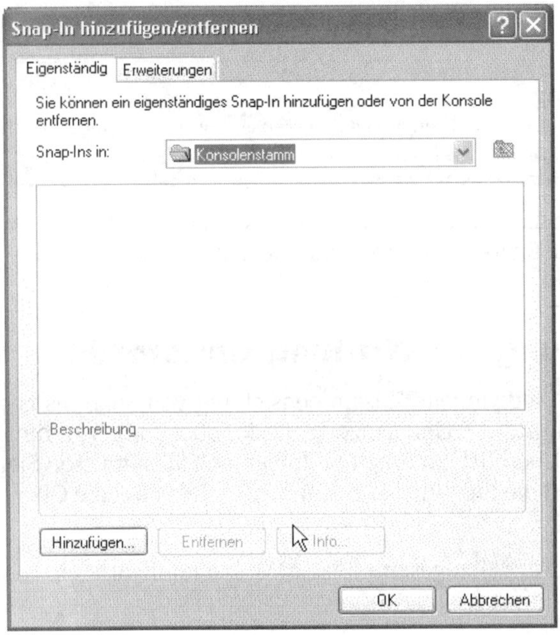

Hier wurden noch keine Snap-Ins geladen.

Klicken Sie auf *Hinzufügen*, um eine Liste aller verfügbaren Snap-Ins anzuzeigen.

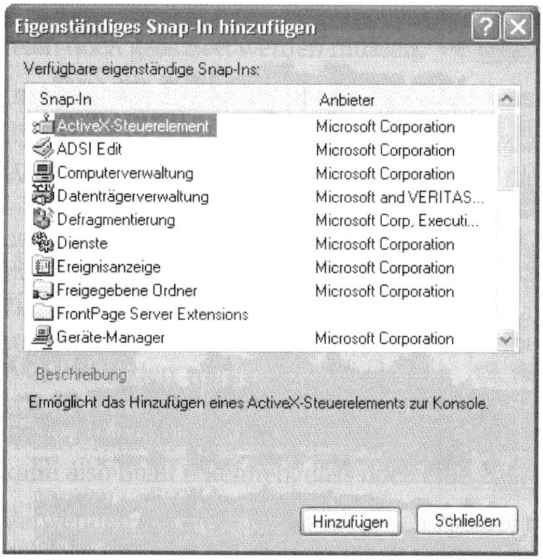

Eine Auswahl an standardmäßig installierten Snap-Ins.

Wählen Sie nun ein Snap-In aus und klicken Sie auf *Hinzufügen*.

Manche Snap-Ins benötigen keine weitere Konfiguration und Sie können direkt das nächste Snap-In zur Liste hinzufügen bzw. das Dialogfeld schließen. Die meisten Snap-Ins jedoch sind netzwerkfähig, sodass Sie ein entsprechendes Dialogfeld zur Auswahl des zu verwaltenden Computers erhalten.

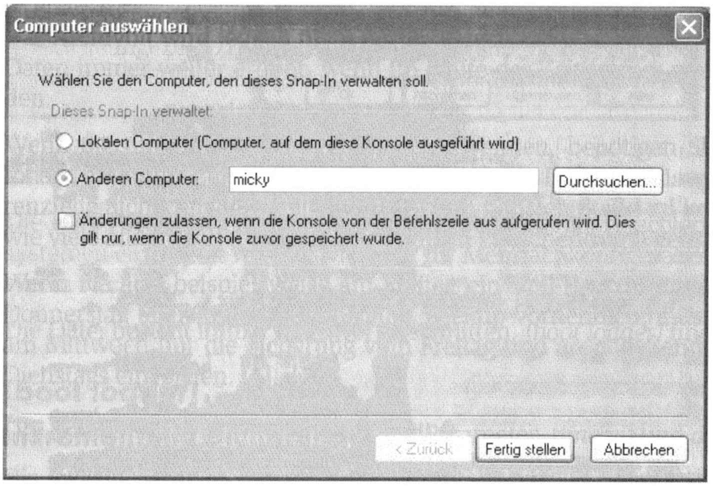

Auswahl des zu verwaltenden Computers.

Wenn Sie genügend Snap-Ins für Ihren Bedarf geladen haben, klicken Sie auf *Schließen*.

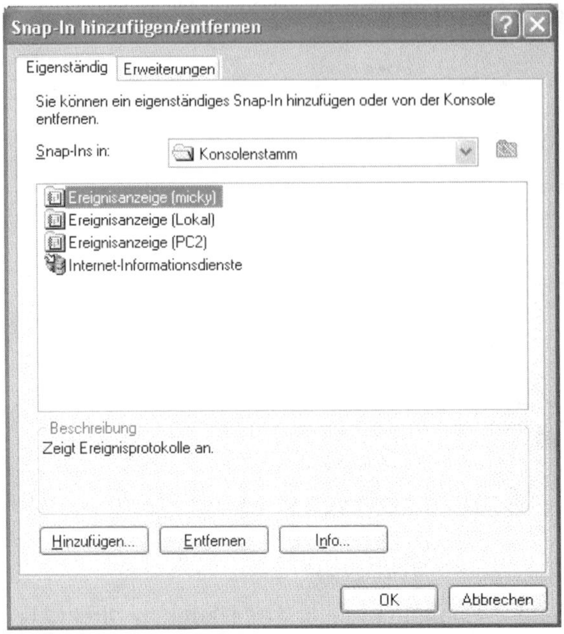

Übersicht über die ausgewählten Snap-Ins.

Sie können nun für jedes einzelne Snap-In noch die Anzeigeeinstellungen konfigurieren, indem Sie auf die Registerkarte *Erweiterungen* klicken.

Nicht jedes Snap-In hat Erweiterungen

Nur Snap-Ins, die unterschiedliche Funktionen in einer DLL- bzw. EXE-Datei vereinen, können auf diese Art gesteuert werden. Wollen Sie von anderen Snap-Ins wie beispielsweise der Ereignisanzeige nur einzelne Unterpunkte herausziehen, müssen Sie so genannte Taskpads erstellen und die linke Hälfte des Bildschirms ausblenden.

Klicken Sie auf *OK*, wenn Sie mit der Konfiguration fertig sind. Nun sehen Sie die gewünschten Snap-Ins untereinander.

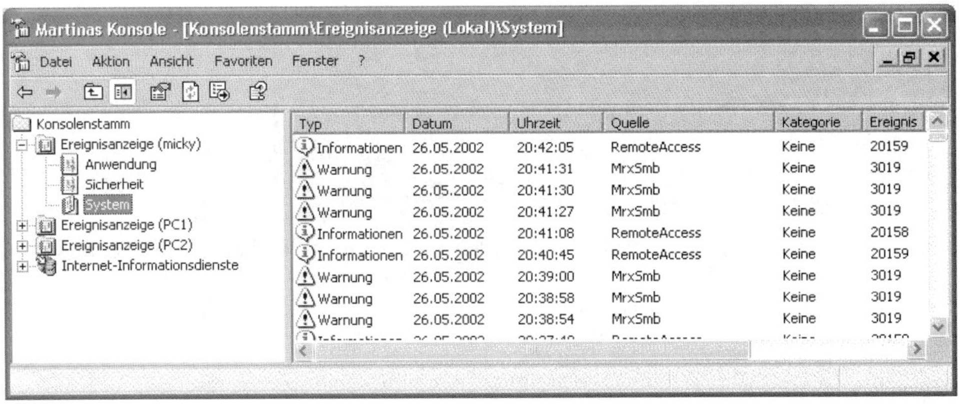

Fertige benutzerdefinierte Konsole – Fehler auf dem Remote-Computer sind sichtbar.

Damit Sie die Konfiguration der MMC nicht verlieren, speichern Sie die Konsolendatei, die die Endung *.msc* trägt, mit *Datei/Speichern unter* ab.

Zugriff für alle?
Als Standard-Dateipfad wird die Programmgruppe *Verwaltung* aus Ihrem persönlichen Startmenü vorgeschlagen. Wenn andere Benutzer ebenfalls Zugriff erhalten sollen, sollten Sie einen anderen Platz zum Speichern wählen, beispielsweise *C:\Dokumente und Einstellungen\All Users\Startmenü\Programme\Verwaltung.*

Wenn Sie nun noch eine Verknüpfung mit Ihrer Konsolendatei in die Schnellstartleiste legen, steht einer blitzschnellen Administration nichts mehr im Wege.

Sie können sie MSC-Datei auch per Kommandozeile durch direkte Eingabe des Dateinamens unter *Start/Ausführen* starten:

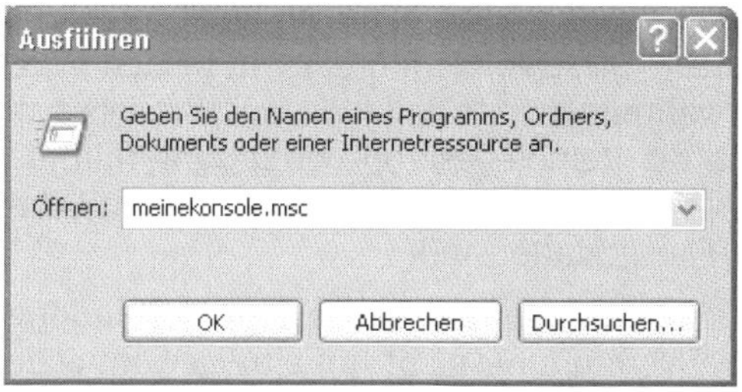

So starten Sie eine MSC-Datei.

Es gibt auf jedem Windows XP-System auch eine Reihe vordefinierter MSC-Dateien, die Sie direkt über den Suchpfad aufrufen können.

Die folgende Tabelle gibt einen kurzen Überblick:

MSC-Datei	Zweck
lusrmgr.msc	Verwaltung der Benutzer und Gruppen
certmgr.msc	Verwaltung lokaler Zertifikate
ciadv.msc	Verwaltung des Indexdienstes
compmgmt.msc	Computerverwaltung
devmgmt.msc	Geräte-Manager
dfrg.msc	Defragmentierung
diskmgmt.msc	Datenträgerverwaltung
eventvwr.msc	Ereignisanzeige
fsmgmt.msc	Verwaltung der Freigaben und Sitzungen
gpedit.msc	Gruppenrichtlinien-Editor (lokal)
ntmsmgr.msc	Wechselmedienverwaltung
ntmsoprq.msc	Operatoranforderungen für Wechselmedien
perfmon.msc	Leistungsprotokolle und Warnungen
rsop.msc	Richtlinienergebnissatz für aktuellen Benutzer und Computer berechnen
secpol.msc	Lokale Sicherheitsrichtlinien
services.msc	Verwaltung der Dienste
wmimgmt.msc	WMI-Verwaltungsinfrastruktur
comexp.msc	Verwalten der Windows-Komponentendienste
iis.msc	Verwalten der Internet-Informationsdienste

14.3 Der Remotedesktop

Der Remotedesktop zählt zu den wichtigsten Features von Windows XP Professional. Hierbei handelt es sich um eine Fernsteuerungsfunktion auf Basis einer Client-/Servertechnologie, wobei leistungsfähige Terminaldienste zum Einsatz kommen (siehe Seite 953). Der Remotedesktop übernimmt dabei die Rolle eines Art Terminalservers, der von einem Terminal-Client aus über eine LAN-/WAN- und Internetverbindung hinweg ferngesteuert werden kann. Dieser Terminal-Client ist ebenfalls Bestandteil von Windows XP, wobei es zwischen zwei Versionen zu unterscheiden gilt:

- **Remotedesktop-Verbindung** – die Remotedesktop-Verbindung stellt eine gewöhnliche Windows-Anwendung dar, die neben Funktionen zum Verbindungsaufbau auch die Konfiguration erweiterter Verbindungsparameter (Einstellungen zur Grafik, zur Soundausgabe, zum Profilpfad ...) ermöglicht. Diese Anwendung ist in beiden Windows XP-Versionen enthalten und wird während der Installation des Betriebssystems automatisch eingerichtet, wobei sich die Remotedesktop-Verbindung mithilfe der Windows XP-CD auch auf Systemen nachrüsten lässt, die mit einer älteren Windows-Version (Windows 9x/ME/NT/2000) ausgestattet sind.
- **Remotedesktop-Webverbindung** – im Gegensatz zur Remotedesktop-Verbindung handelt es sich bei der Remotedesktop-Webverbindung nicht um eine gewöhnliche Anwendung, sondern um eine webbasierte Lösung, die eine Fernsteuerung mithilfe des Webbrowsers erlaubt. Voraussetzung für die webbasierte Fernsteuerung ist, dass auf dem Remotedesktop-System selbst oder auf einem der im Netzwerk angeschlossenen Computer die Internet-Informationsdienste eingerichtet sind, womit die Standard-Webseite *Tsweb* publiziert werden kann. Denn diese Webseite enthält neben HTML- und ASP-Dateien auch ein ActiveX-Steuerelement, das auf den Client übertragen wird und die clientseitige Fernsteuerungsfunktionalitäten bereitstellt. Die Remotedesktop-Webverbindung ist nur in Windows XP Professional enthalten, Windows XP Home stellt dieses Feature nicht bereit.

Sofern Sie ausschließlich mit Windows XP arbeiten, setzt sich die Fernsteuerung des Remotedesktop-Systems nur aus wenigen Einzelschritten zusammen. Zunächst konfigurieren Sie den Remotedesktop, wozu das Aktivieren der Funktion selbst, das Berechtigen der Benutzer und optional auch das Festlegen der Gruppenrichtlinien zählt. Anschließend geben Sie – falls Sie eine Firewall verwenden – die notwendigen Verbindungen frei und starten die Remotedesktop-Verbindung auf dem Client. Danach können Sie mit der Fernsteuerung beginnen, indem Sie die physikalische Verbindung (WAN, Internet) herstellen und die notwendigen Verbindungsparameter eingeben.

Remotedesktop-Verbindung für den Handheld-PC

Die Fernsteuerung lässt sich auch von einem Handheld-PC aus durchführen, sofern das Gerät mit Windows CE 3.0 oder einer höheren Version ausgestattet ist. Auf der Installations-CD von Windows XP ist die notwendige Clientversion enthalten, Sie finden die Installationsdateien im Verzeichnis *\ValueAdd\MSFT\MGMT\MSTSC_HPC*.

Wenn Sie die Fernsteuerung von einem Nicht-Windows XP-System aus durchführen, müssen Sie erst die Remotedesktop-Verbindung nachinstallieren, bevor Sie mit der Fernsteuerung beginnen können. Alternativ können Sie auch die Internet-Informationsdienste auf dem Remotedesktop-System einrichten und ermöglichen so eine webbasierte Fernsteuerung, wofür Sie keine spezielle Clientsoftware mehr benötigen. Dies ist gerade dann empfehlenswert, wenn Sie des Öfteren von unterschiedlichen Lokationen aus arbeiten und auf die ständige Nachinstallation der Remotedesktop-Verbindung verzichten wollen.

Die Konfiguration des Remotedesktops

Die Konfiguration des Remotedesktops beschränkt sich auf ein Minimum, da Sie lediglich die Funktion *Remotedesktop* aktivieren und die jeweiligen Remote-Benutzer entsprechend berechtigen müssen, bevor die erste Fernsteuerung durchgeführt werden kann.

Aus sicherheitstechnischen Gründen ist aber noch ein weiterer Konfigurationsschritt empfehlenswert: die Änderung des verwendeten Standard-Ports.

Denn es ist nicht auszuschließen, dass sich Script-Kiddies und Möchte-gern-Hacker eines Portscanners bedienen, der einen größeren IP-Adressbereich nach geöffneten 3389-Ports abscannt, was zu möglichen Attacken führen kann. Beachten Sie jedoch, dass Sie dann auch den neuen Port in Ihrer Internetfirewall freischalten müssen, um einen Zugriff zu ermöglichen.

Aktivieren des Remotedesktops

Die Aktivierung des Remotedesktops nehmen Sie für gewöhnlich innerhalb der Systemsteuerung vor, wofür Sie allerdings administrative Rechte brauchen. Sie finden die Einstellung, wenn Sie innerhalb der Systemsteuerung das Objekt *System* öffnen und auf die Registerkarte *Remote* wechseln.

Dort setzen Sie ein Häkchen bei *Benutzern erlauben, eine Remotedesktopverbindung herzustellen*, womit der Remotedesktop sofort aktiviert wird.

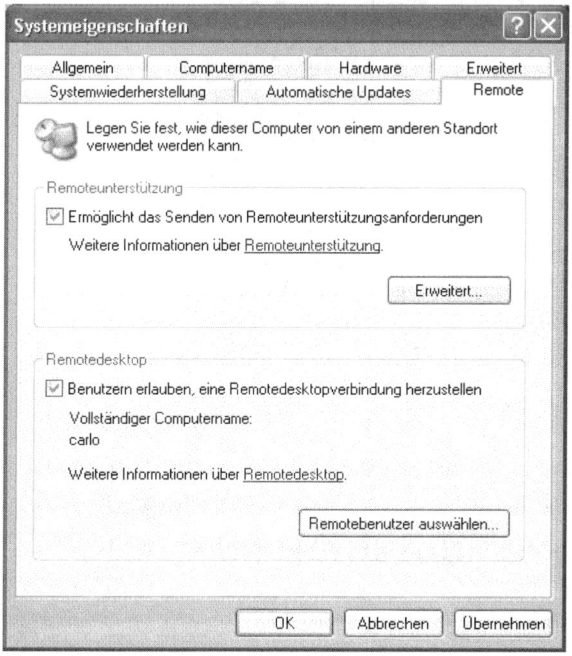

Den Remotedesktop aktivieren.

Das Setzen dieser Option bewirkt, dass in den Registrierungseinstellungen des Terminalservers (*HKLM\System\CurrentControlSet\Control\Terminal Server*) eine kleine Änderung vorgenommen wird. Dem Eintrag *fDenyTSConnection* wird die Werteinstellung 0 zugewiesen, womit eingehende Verbindungen erlaubt werden. Die Standardeinstellung (Wert 1) dagegen erlaubt das Annehmen eingehender Verbindungen nicht.

Einstellung remote ändern

Wenn Sie nicht direkt an der Konsole des Windows XP Professional-Systems sitzen, können Sie den Remotedesktop auch über eine bestehende Netzwerkverbindung hinweg aktivieren. Allerdings brauchen Sie hierfür administrative Rechte auf dem Zielsystem. Öffnen Sie den Registrierungs-Editor und wählen Sie im Menü *Datei* den Befehl *Mit Netzwerkregistrierung verbinden* aus. Geben Sie den Computernamen oder die IP-Adresse des Zielsystems ein und ändern Sie den Eintrag *fDenyTSConnection* wie zuvor beschrieben ab.

Mit der Aktivierung des Remotedesktops wird zeitgleich auch der Port 3389 für TCP-Verbindungen in den Status *Abhören* versetzt, womit eingehende Remotedesktop-Verbindungen erkannt und auch angenommen werden können.

Sie können das überprüfen, indem Sie sich die aktiven TCP- und UDP-Verbindungen anzeigen lassen.

Hierzu wechseln Sie in die DOS-Box und geben den Befehl

```
netstat -a
```

ein. Daraufhin erhalten Sie eine Übersicht, welche TCP- und UDP-Verbindungen derzeit aktiv sind und über welche Ports diese Verbindungen hergestellt werden.

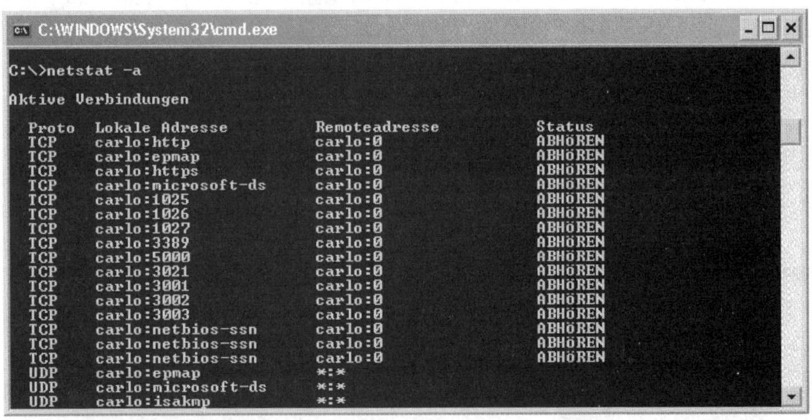

Port 3389 wartet auf eingehende Verbindungen.

Die Ansicht des zuständigen Prozesses

Wenn Sie wissen möchten, von welchem Prozess die jeweilige Verbindung genutzt wird, dann können Sie das anhand der Prozess-ID überprüfen. Lassen Sie sich die Verbindungen zunächst anzeigen, indem Sie „netstat -a -o" eingeben. Merken Sie sich die jeweilige ID und rufen Sie dann den Task-Manager auf. Wählen Sie *Ansicht/Spalten auswählen* und nehmen Sie *Prozess-ID* in die Ansicht auf. Anschließend suchen Sie nach der entsprechenden Prozess-ID und erfahren, welcher Prozess die Verbindung nutzt.

Auswahl der Remote-Benutzer

Nachdem Sie den Remotedesktop auf dem Windows XP Professional-System aktiviert haben, müssen Sie nun festlegen, welche Benutzer eine Remotedesktop-Verbindung herstellen dürfen. Dies tun Sie, indem Sie die jeweiligen Benutzer der lokalen Gruppe *Remotedesktopbenutzer* hinzufügen, sofern die Benutzer nicht bereits Mitglieder der Gruppe *Administratoren* sind. Denn Administratoren haben bereits die Berechtigung, die Fernsteuerung des Remotedesktops durchzuführen.

> **Kennwort ist erforderlich**
> Zur Anmeldung am Remotedeskstop ist ein Kennwort erforderlich. Falls die jeweiligen Benutzerkonten nicht kennwortgeschützt sind, müssen Sie vor der ersten Remotesktop-Verbindung entsprechende Kennwörter festlegen, andernfalls wird die Authentifizierung scheitern. Sie müssen auch darauf achten, dass die Kennwörter nicht in Kürze ungültig werden. Denn standardmäßig laufen Kennwörter unter Windows XP Professional nach 42 Tagen ab und müssen geändert werden, was sich aber über die Gruppenrichtlinien ändern lässt. Das Kennwort können Sie nicht während der Anmeldung am Remotedesktop ändern, weshalb die Authentifizierung fehlschlagen wird, falls das Kennwort abgelaufen ist.

Je nachdem, ob Sie gerade an dem Windows XP Professional-System arbeiten oder zumindest Zugriff per Netzwerkverbindung auf das Zielsystem haben, können Sie die Benutzerdatenbank auf unterschiedliche Weise bearbeiten:

- Sie nehmen die Einstellung in den Eigenschaften des Remotedesktops vor.
- Sie nutzen die MMC und fügen den Benutzer-Manager hinzu.
- Sie erstellen ein kleines Script und führen die Befehlszeilen mithilfe des AT-Kommandos (DOS-Version des Task-Planers) auf dem Zielsystem automatisch aus.

Benutzer in den Eigenschaften des Remotedesktops auswählen

Die erste Möglichkeit setzt voraus, dass Sie direkt an dem Windows XP Professional-System arbeiten, auf dem der Remotedesktop aktiviert wurde. Wenn Sie die Systemsteuerung aufrufen, das Objekt *System* öffnen und auf die Registerkarte *Remote* wechseln, können Sie mit einem Klick auf *Remotebenutzer auswählen* die entsprechenden Benutzer festlegen.

Nach Auswahl der Benutzer werden diese automatisch der Gruppe Remotedesktop-Benutzer hinzugefügt.

Verwenden der MMC

Die zweite Möglichkeit ist empfehlenswert, wenn Sie nicht direkt an dem Windows XP Professional-System arbeiten, auf dem der Remotedesktop aktiviert wurde, das System aber über eine Netzwerkverbindung erreichbar ist. Denn mit der MMC können Sie auf die Benutzerdatenbank des Zielsystems zugreifen. Vorausgesetzt natürlich, Sie verfügen über administrative Rechte.

Fügen Sie der MMC das Snap-In *Lokale Benutzer und Gruppen* des Zielsystems hinzu – oder rufen Sie den Benutzer-Manager mit dem Befehl *lusrmgr.msc* direkt auf – und nehmen Sie die entsprechenden Benutzer in die Gruppe *Remotedesktopbenutzer* auf.

Bearbeiten der Benutzerdatenbank.

Die Benutzerdatenbank remote bearbeiten

Wenn Sie die Benutzerdatenbank remote bearbeiten wollen, ohne dass Ihnen die MMC zur Verfügung steht, können Sie die Benutzerdatenbank auch von der DOS-Ebene aus bearbeiten. Voraussetzung ist, dass das Zielsystem im Netzwerk erreichbar ist und dass Sie über administrative Rechte verfügen.

Hierzu verwenden Sie den Befehl *Net Localgroup*. Mit diesem Befehl können Sie einen oder auch mehrere Benutzer einer lokalen Gruppe hinzufügen. Das Problem ist allerdings, dass Net-Befehle standardmäßig auf dem lokalen System ausgeführt werden. Sie müssen daher das AT-Kommando (DOS-Version des Task-Planers) verwenden, da dieser Befehl die Ausführung von Befehlszeilen auf einem Remote-System erlaubt. Die folgende Befehlszeile legt fest, dass auf dem Computer mit der Bezeichnung *\\Computername* um *15:30* dieses Tages folgender Befehl ausgeführt werden soll: *Net localgroup Remotedesktopbenutzer Benutzername /Add*

```
At \\Computername 15:30 cmd /c "Net localgroup Remotedesktopbenutzer Benutzername /Add"
```

Wenn Sie mehrere Benutzer zur Gruppe der Remotedesktop-Benutzer hinzufügen wollen, nehmen Sie die einzelnen Benutzernamen einfach der Reihe nach auf, z. B.

```
At \\Computername cmd /c "net localgroup remotedesktopbenutzer Benutzer1 Benutzer2 Benutzer3
```

Der Parameter cmd/c

Im Normalfall führen Sie mithilfe des AT-Kommandos eine Batchdatei oder ein kleines Programm aus. Wenn Sie mit dem AT-Kommando jedoch DOS-Befehle ausführen wollen, müssen Sie den Parameter *cmd /c* verwenden, denn dieser Parameter legt fest, dass ein direkter Befehl folgt. Ohne Angabe dieses Parameters würde die Befehlszeile nicht korrekt ausgeführt werden.

Die Änderung des Ports

Aus sicherheitstechnischen Gründen sollte der Port 3389 für eingehende Remotedesktop-Verbindungen geändert werden. Denn durch Einsatz von Portscannern können gezielte Requests an den Port 3389 gesendet werden, woraufhin der darauffolgende Reply auf einen aktivierten Remotedesktop schließen lässt. Durch eventuelle Sicherheitslücken in der Systemkonfiguration, wie auch durch unzureichende Absicherung der Netzwerk- oder Internetverbindungen können somit gezielte Angriffe auf den Computer erfolgen, die es weitestgehend zu vermeiden gilt.

Windows XP bietet leider keine entsprechende Einstellungsmöglichkeit, den Port zu ändern. Sie müssen die Einstellung also direkt in der Registrierung vornehmen, wofür Sie wieder administrative Rechte brauchen. Öffnen Sie den Registrierungs-Editor und erweitern Sie den Schlüssel *HKLM\System\CurrentControlSet\Control\Terminal Server\WinStations\RDP-TCP*. In der rechten Fensterhälfte finden Sie einen Eintrag mit der Bezeichnung *PortNumber*, öffnen Sie den Eintrag und markieren Sie *Dezimal*, da der Port standardmäßig in hexadezimaler Schreibweise angegeben wird.

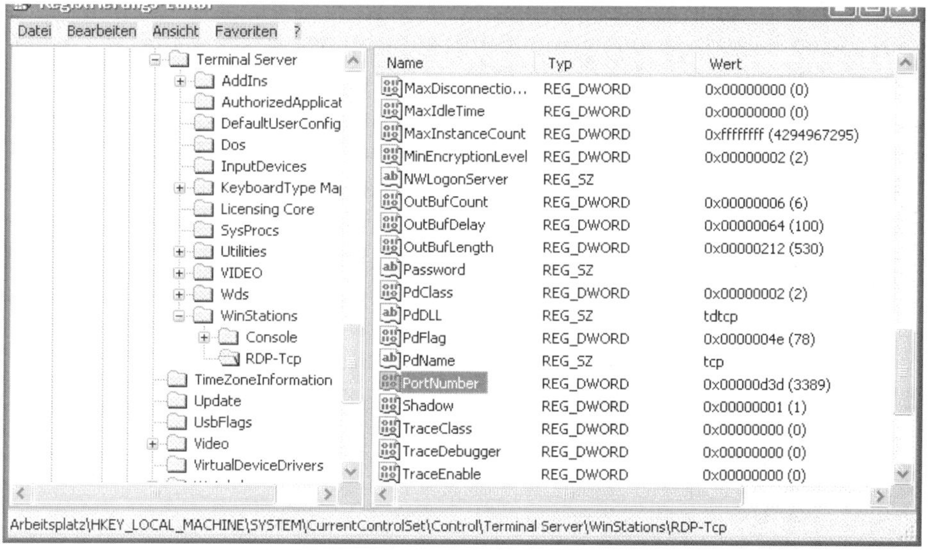

Einen neuen Port festlegen.

Nun können Sie einen anderen Port festlegen, wobei Sie darauf achten müssen, dass Sie keinen der Wellknown-Ports (<= 1024) verwenden. Denn diese Ports sind bereits für andere Dienste reserviert. Im Anhang finden Sie eine Liste aller Wellknown-Ports mit der Angabe, welcher Dienst sich hinter dem jeweiligen Port verbirgt. Auch darf der gewählte Port oberhalb der 1024 nicht schon vergeben sein, was Sie mithilfe des Befehls *netstat -a* herausfinden können.

Neuer Port ist nicht sofort aktiv!
Wenn Sie den Port ändern, müssen Sie den Remotedesktop neu starten, sonst bleibt der alte Port bis zum nächsten Computerstart aktiv und Verbindungen kommen nicht zustande. Starten Sie daher die Systemsteuerung, öffnen Sie das Objekt *System* und wechseln Sie auf die Registerkarte *Remote*. Dort deaktivieren Sie kurz die Option *Benutzern erlauben, eine Remotedesktopverbindung herzustellen* und aktivieren die Option daraufhin wieder. An der Auswahl der Remote-Benutzer wird sich hierbei nichts ändern, lediglich die neue Porteinstellung wird übernommen.

Abschließend müssen Sie den neuen Port auch noch in Ihrer Internetverbindungs-Firewall oder sonstigen Firewall-Produkten, die Sie einsetzen, freischalten, damit ein Zugriff auf den neuen Port von außen überhaupt möglich ist.

Konfigurieren der Firewall

Falls Sie den lokalen Computer oder das interne Netzwerk vor ungewollten Zugriffen aus dem Internet mithilfe einer Firewall schützen, müssen Sie ein- und ausgehende Verbindungen entsprechend freigeben.

Andernfalls kann keine Verbindung zum Remotedesktop hergestellt werden, da die Firewall den Zugang blockiert.

Wenn Sie die Windows XP-eigenen Firewall-Funktionalitäten verwenden, geben Sie die Verbindung in den erweiterten Eigenschaften der Internetverbindungs-Firewall frei. Hierzu öffnen Sie die Eigenschaften der Netzwerkumgebung und rufen die Einstellungen der Verbindung auf, für die Sie die Internetverbindungs-Firewall aktiviert haben.

Auf der Registerkarte *Erweitert* klicken Sie auf *Einstellungen*, daraufhin gelangen Sie in die Firewall-Konfiguration. Auf der Registerkarte *Dienste* finden Sie nun mehrere Einträge vor, für die Sie eingehende Verbindungen erlauben können. So auch für den Remotedesktop, in dem Sie einfach die Option aktivieren.

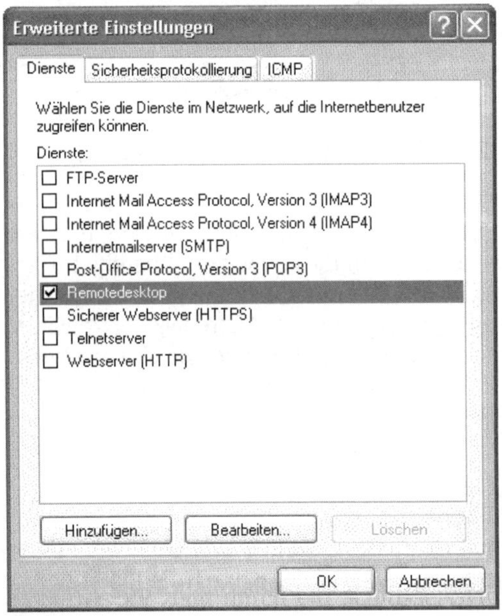

Eingehende Remotedesktop-Verbindungen erlauben.

Das hat zur Folge, dass die Internetverbindungs-Firewall keine Verbindungen über den Port 3389 des Computers verweigert, sondern den Zugang ermöglicht. Und genau hier liegt eine mögliche Fehlerquelle für das Scheitern der Remotedesktop-Verbindungen. Denn haben Sie – wie im vorherigen Abschnitt beschrieben – den Port geändert, müssen Sie bei Verwendung der XP-eigenen Firewall eine kleine Änderung vornehmen. Grund dafür ist, dass der Port für die TCP-Verbindung nicht aus der Registrierung ausgelesen wird, sondern konstant vergeben wurde. Und da Sie die Diensteinstellung für den Remotedesktop nicht ändern können, müssen Sie den Dienst deaktivieren und einen neuen Dienst anlegen.

Entfernen Sie zunächst das Häkchen von *Remotedesktop* und legen Sie anschließend einen neuen Dienst an, indem Sie auf *Hinzufügen* klicken. Legen Sie eine aussagekräftige Bezeichnung fest und geben Sie den Computernamen oder die IP-Adresse des Computers an. Des Weiteren müssen Sie den internen und externen Port angeben, wobei Sie in beiden Feldern die gleiche Portnummer verwenden und *TCP* auswählen.

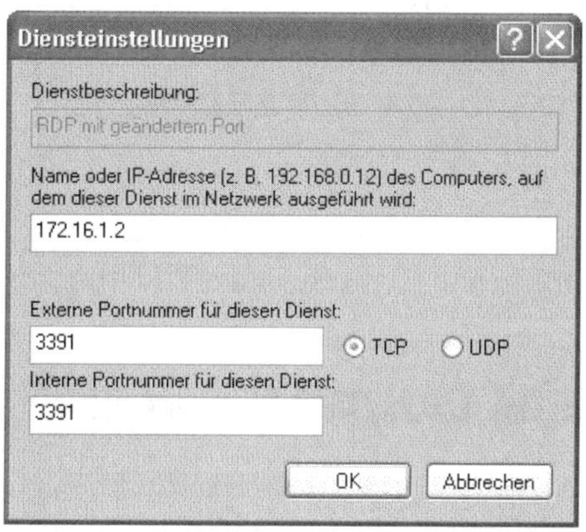

Neuen Dienst konfigurieren.

Gruppenrichtlinien für den Remotedesktop

Windows XP Professional stellt zahlreiche Gruppenrichtlinien bereit, über die Sie die Eigenschaften des Remotedesktops festlegen können. So können Sie beispielsweise bestimmen, dass grundsätzlich keine Hintergrundbilder des Remotedesktop-Systems auf den Client übertragen werden, auch wenn dies in den Optionen der Remotedesktop-Verbindung so angegeben ist.

Durch diese Einstellung kann das Übertragungsvolumen reduziert und die Performance kann erhöht werden. Mit weiteren Richtlinien legen Sie die Anzahl gleichzeitiger Verbindungen, die Verschlüsselung und auch die Datenumleitung fest, was letztendlich zu mehr Sicherheit führt.

Die Gruppenrichtlinien können Sie mithilfe des Richtlinien-Editors ändern, indem Sie der MMC das Snap-In *Gruppenrichtlinien* hinzufügen oder den Editor mit dem Befehl *gpedit.msc* direkt aufrufen. Erweitern Sie den Abschnitt *Computerkonfiguration\Administrative Vorlagen\Windows-Komponenten* und markieren Sie den Eintrag *Terminaldienste*, dort finden Sie die Richtlinien für den Remotedesktop.

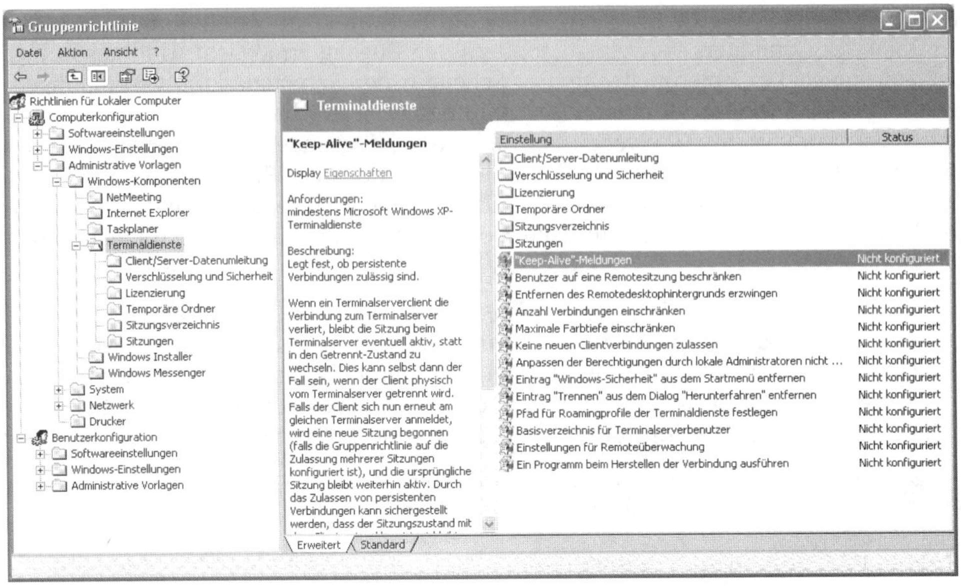

Gruppenrichtlinien zur Steuerung von Terminalsitzungen.

Beachten Sie, dass einige Gruppenrichtlinien nur bei den Terminal Services der Serverversionen zum Tragen kommen. Sie finden entsprechende Hinweise in der Erklärung zu den einzelnen Optionen.

Remotedesktop-Verbindungen im LAN/WAN und über das Internet

Die Fernsteuerung des Remotedesktop-Systems erfolgt in der Regel mithilfe der Remotedesktop-Verbindung, sofern Sie nicht die Remotedesktop-Webverbindung für die webbasierte Fernsteuerung eingerichtet haben (siehe Seite 979).

Dieser Terminal-Client gehört zur Standard-Installation von Windows XP, womit einer ersten Fernsteuerung von einem Windows XP-System aus im Grunde genommen nichts im Wege steht.

Auf einem Nicht-Windows XP-System dagegen müssen Sie die Remotedesktop-Verbindung erst nachrüsten, bevor Sie mit der Fernsteuerung beginnen können.

Remotedesktop-Verbindung auf einem Nicht-Windows XP-System nachrüsten

Die Installations-CD von Windows XP enthält die notwendigen Dateien, die zur Nachinstallation der Remotedesktop-Verbindung erforderlich sind. Der Terminal-Client lässt sich auf jedem Windows 9x-/ME-/NT-/2000-System nachrüsten, womit Sie die Fernsteuerung auch ohne Einsatz von Windows XP durchführen können. Legen Sie die Windows XP-CD auf dem betreffenden System in das Laufwerk und starten Sie das Setup. Im Hauptmenü wählen Sie *Zusätzliche Aufgaben ausführen* aus und klicken anschließend auf *Remotedesktopverbindung installieren.*

Die nachfolgenden Abschnitte zeigen Schritt für Schritt, wie die Fernsteuerung mit der Remotedesktop-Verbindung gekonnt durchgeführt wird und wie eventuell auftretende Verbindungs- und Authentifizierungsprobleme schnell beseitigt werden. Zunächst finden Sie Hinweise darauf, wie die Verbindung zwischen Client (Remotedesktop-Verbindung) und Server (Remotedesktop) hergestellt und dessen Funktionstüchtigkeit überprüft wird. Im Anschluss daran folgt das Starten der Remotedesktop-Verbindung und das Festlegen der Verbindungsparameter, bevor mit der eigentlichen Fernsteuerung begonnen wird.

Die physikalische Verbindung

Voraussetzung für die Fernsteuerung des Remotedesktop-Systems ist, dass zwischen Client (Remotedesktop-Verbindung) und Server (Remotedesktop) eine funktionstüchtige TCP/IP-Verbindung besteht. Denn die zur Fernsteuerung erforderliche TCP-Verbindung zwischen Client und Server erfolgt durch Eingabe der IP-Adresse oder des Computernamens, womit die physikalische Verbindung bereits hergestellt sein muss. Ist diese Verbindung nicht funktionstüchtig, erhalten Sie beim ersten Verbindungsaufbau eine Fehlermeldung, die nicht selten eine aufwendige Fehlersuche mit sich bringt.

Remotedesktop-Verbindungen im lokalen Netzwerk

Vor der Fernsteuerung innerhalb des lokalen Netzwerks prüfen Sie zunächst mithilfe des Befehls *Ping*, ob das Remotedesktop-System erreichbar ist. Hierzu öffnen Sie die DOS-Box und geben den Befehl

```
Ping IP-Adresse
```

oder

```
Ping Computername
```

ein. Erhalten Sie auf diesen Request eine Antwort (einen Reply), dann ist das Zielsystem erreichbar. Sollten Sie auf den Request jedoch einen Timeout oder gar eine Fehlermeldung erhalten, überprüfen Sie folgende Fehlerquellen:

- Ist grundsätzlich kein Ping möglich oder funktioniert lediglich die Namensauflösung nicht?
- Ist auf beiden Systemen das TCP/IP-Protokoll eingerichtet?
- Verwenden beide Systeme IP-Adressen aus dem gleichen Bereich?
- Sind die Systeme ordnungsgemäß verkabelt?
- Ist gegebenenfalls der Hub/Switch eingeschaltet?
- Wird die Verbindung durch eine Firewall geblockt?

Weitere Informationen zu möglichen Verbindungsproblemen innerhalb des Netzwerks finden Sie in Kapitel 11.10 ab Seite 770.

Remotedesktop-Verbindungen via DFÜ-Direkteinwahl

Wenn Sie die Fernsteuerung über eine DFÜ-Direkteinwahl durchführen wollen, müssen auf dem Remotedesktop-System eingehende Verbindungen ermöglicht werden. Es reicht allerdings nicht aus, nur eine neue Netzwerk- und DFÜ-Verbindung vom Typ *Eingehende Verbindungen* zu erstellen. Achten Sie darauf, dass der Benutzer auch Einwahlrechte erhält.

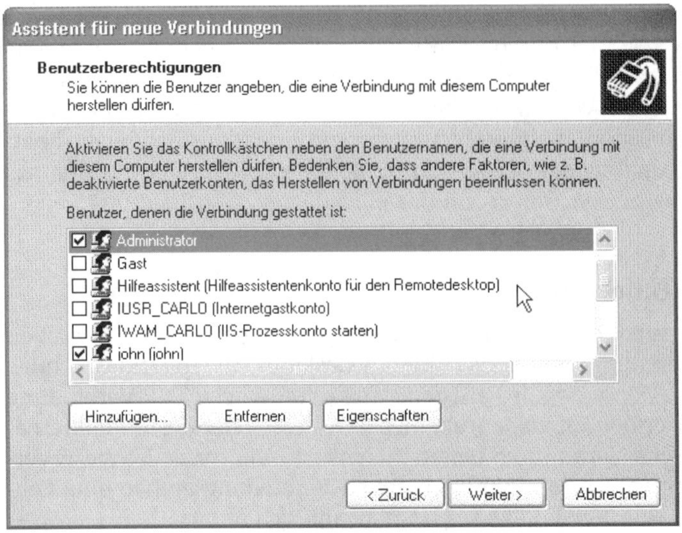

Während der Konfiguration der Einwahlverbindung müssen Sie Rechte vergeben.

Bei der Einwahl muss außerdem die TCP/IP-Konfiguration des lokalen Netzwerks bzw. des Remotedesktop-Systems berücksichtigt werden, die sich meist von der des einwählenden Computers unterscheidet. Empfehlenswert ist, die TCP/IP-Konfiguration der eingehenden Verbindung dahingehend zu ändern, dass dem einwählenden Client eine IP-Adresse aus dem verwendeten Adressbereich zugewiesen wird. Falls Sie in Ihrem Netzwerk einen DHCP-Server einsetzen, können Sie natürlich diesen für die Adressvergabe verwenden, in Heimnetzwerken ist es jedoch oftmals nicht möglich, DHCP einzusetzen.

Die Einstellung zur IP-Adresse nehmen Sie in den Eigenschaften der eingehenden Verbindung vor. Wechseln Sie auf die Registerkarte *Netzwerk* und öffnen Sie die Eigenschaften des TCP/IP-Protokolls. Dort aktivieren Sie die Option *TCP/IP-Adresse angeben*, womit Sie einen Pool von IP-Adressen festlegen können. Wenn Sie auf dem Remotedesktop-System (oder innerhalb des Netzwerks) beispielsweise die IP-Adresse 192.168.111.5 verwenden, legen Sie einen Bereich von 192.168.111.11 bis 192.168.111.20 fest. Der einwählende Client erhält dann eine IP-Adresse aus diesem Bereich, somit sollte die IP-Verbindung dann möglich sein.

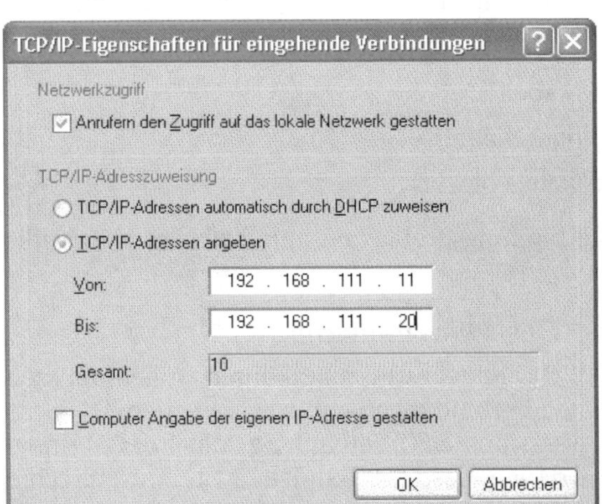

IP-Adressen für einwählende Clients festlegen.

Testen Sie diese Verbindung zunächst aus, indem Sie eine Einwahl vornehmen und die Erreichbarkeit des Remotedesktop-Systems mit dem Befehl *Ping* überprüfen. Sollte das Remotedesktop-System auf diesen Ping nicht antworten, stellen Sie sicher, dass auf beiden Systemen das TCP/IP-Protokoll als primäres Netzwerkprotokoll eingerichtet ist. Überprüfen Sie zudem die TCP/IP-Konfiguration auf beiden Systemen.

Wenn Sie die XP-eigene Firewall verwenden, müssen Sie in den erweiterten Einstellungen der Internetverbindungs-Firewall die ICMP-Option *Eingehende Echoanforderungen zulassen* aktivieren, da die Firewall sonst den Reply verweigert, der die Erreichbarkeit bestätigt.

Remotedesktop-Verbindungen über das Internet

Die Fernsteuerung mittels Remotedesktop-Verbindung über eine bestehende Internetverbindung hinweg ist jederzeit möglich. Allerdings ergibt sich hier das Problem der öffentlichen IP-Adresse, die sich für gewöhnlich mit jeder Einwahl beim ISP (**I**nternet **S**ervice **P**rovider) ändert. Die Fernsteuerung via Internet setzt somit voraus, dass das Remotedesktop-System von einem Benutzer bedient wird, der bei Bedarf eine Einwahl vornimmt und die öffentliche IP-Adresse an den Benutzer übermittelt, der die Fernsteuerung vornimmt. Oder aber das Remotedesktop-System befindet sich innerhalb eines Netzwerks, das über eine permanente, aber abgesicherte Schnittstelle zum Internet verfügt, wobei eine statische, offizielle IP-Adresse verwendet wird.

Die physikalische Verbindung zwischen Client und Server wird in erster Linie durch die Einwahl beim ISP hergestellt, sofern das Zielsystem nicht permanent online ist. Wenn diese Verbindung auf beiden Seiten hergestellt ist, muss auf dem Remotedesktop-System die öffentliche IP-Adresse ermittelt werden, die vom ISP vergeben wurde. Diese IP-Adresse lässt sich mithilfe des Befehls *ipconfig -all* in der DOS-Box anzeigen, wobei nicht die IP-Adresse der Netzwerkkarte, sondern die der PPP- oder PPPoE-Schnittstelle gilt.

Diese IP-Adresse muss dann an den Benutzer übermittelt werden, der die Fernsteuerung durchführt. Mit dem Befehl *Ping* lässt sich dann die Erreichbarkeit zwischen den beiden Systemen testen, woraufhin die Remotedesktop-Verbindung dann letztendlich hergestellt werden kann.

Durchführen der Fernsteuerung

Wenn Sie die physikalische Verbindung erfolgreich getestet und die Funktionstüchtigkeit sichergestellt haben, rufen Sie nun die Remotedesktop-Verbindung auf und legen die notwendigen Verbindungsparameter fest. Sie finden das Tool im Menü der Kommunikationsprogramme (*Start/Alle Programme/Zubehör/Kommunikation*), Sie können die Remotedesktop-Verbindung mit dem Befehl *Mstsc.exe* aber auch direkt aufrufen.

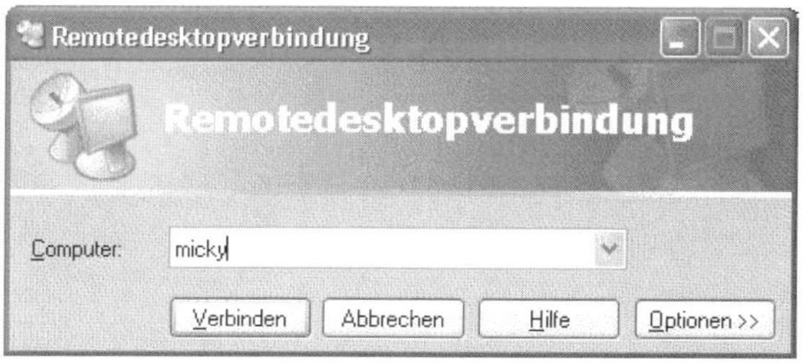

Der Remotedesktop-Client von Windows XP fragt zuerst nach dem Computernamen.

Blenden Sie die Einstellungsmöglichkeiten der Verbindungsparameter mit einem Klick auf *Optionen* ein und legen Sie zunächst die Anmeldeinformationen fest.

Die Anmelde-informationen.

Damit sich nach dem Aufruf des Remotedesktop-Programms keine weiteren Dialogfelder öffnen und Sie nach dem Namen des Computers fragen, verwenden Sie dazu den Befehl mit dem Computernamen oder der IP-Adresse als Parameter:

```
mstsc /v:computername:Port
```

oder

```
mstsc /v:192.168.111.1
```

Das Programm mstsc kennt folgende weitere Optionen:

Option	Bedeutung
Dateiname.rdp	Aufruf einer zuvor gespeicherten Datei, in der die Verbindungseinstellungen gespeichert sind.
/edit	Verändern der angegebenen Verbindungsdatei.
/console	Damit können Sie die Verbindung direkt zur Konsolensitzung herstellen, ähnlich der Remote-Unterstützung.
/f	Vollbildmodus.
/w:nn	Breite des Remotedesktop-Bildschirms.
/h:nn	Höhe des Remotedesktop-Bildschirms.

In den weiteren Optionen von mstsc, die Sie in der grafischen Oberfläche einstellen und dann als RDP-Datei abspeichern können, steuern Sie das Verhalten des Remote-Computers bei typischen Windows-Ereignissen.

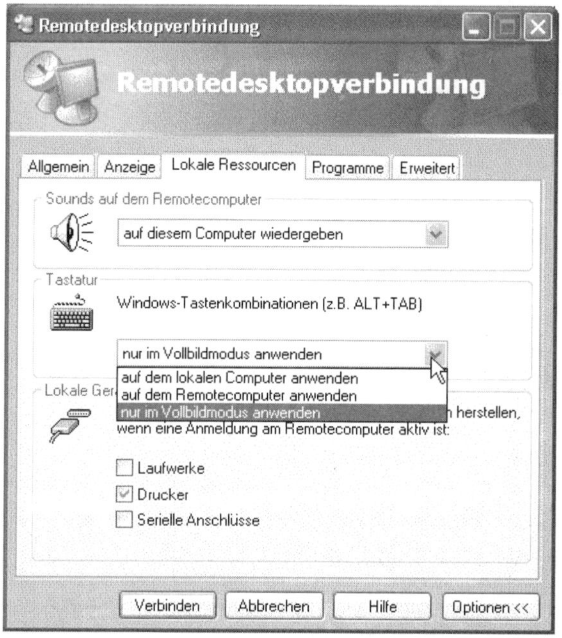

Tastenkombinationen und lokale Ressourcen können individuell eingestellt werden.

Wenn Sie beispielsweise Ihre lokalen Laufwerke auch auf dem Remote-System im Zugriff haben wollen, ohne diese extra freizugeben, genügt ein Klick auf die Option *Laufwerke.*

Häufig müssen auch die Windows-Tastenkombinationen angepasst werden.

Je nach zur Verfügung stehender Verbindungsbandbreite optimiert der Remotedesktop-Client die Darstellung grafischer Elemente wie beispielsweise Hintergrundbild oder Fensteranimationen.

Deshalb ist es ratsam, hier die tatsächlich verwendete Bandbreite auszuwählen, um ein optimales Ergebnis zu erhalten.

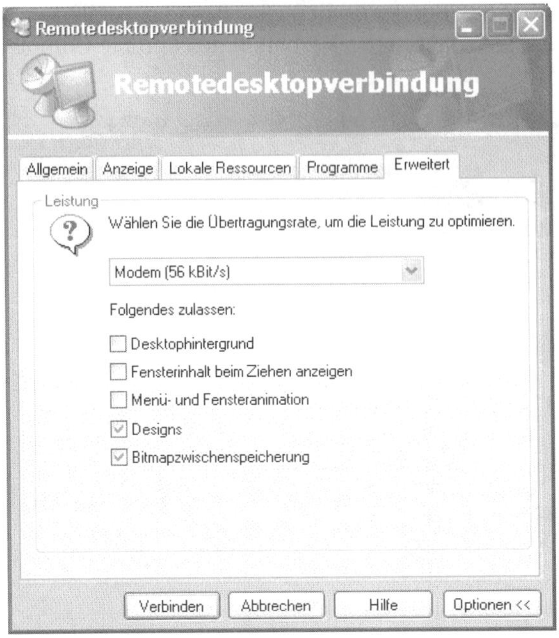

Wählen Sie die passende Bandbreite aus.

Um die Verbindung aufzubauen, klicken Sie auf *Verbinden*.

Nach dem Anmelden am Remote-System wird der Desktop des gesteuerten Systems gesperrt und Sie erhalten Zugriff auf die Fernsteuerungssitzung.

Sie können genauso arbeiten, als säßen Sie direkt am System. Es gibt nur wenige kleine Unterschiede, die sich auch direkt im Startmenü bemerkbar machen.

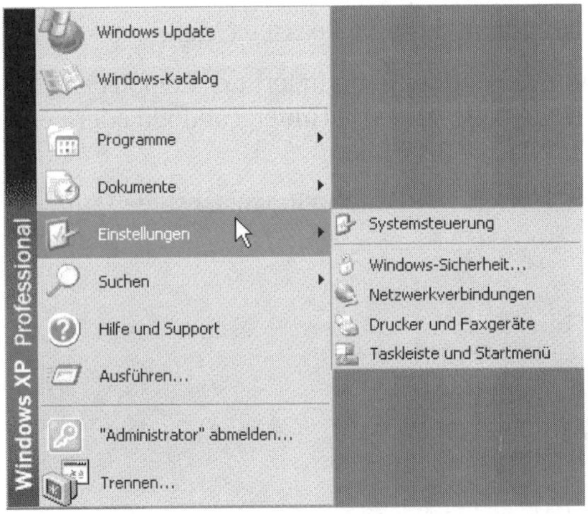

Das Startmenü beim Remotedesktop.

Die Tastenkombination Strg+Alt+Entf wird immer nur auf das lokale System wirken, niemals auf das Remote-System. Deshalb gibt es den Menüpunkt *Einstellungen/Windows-Sicherheit* im Startmenü, mit dem Sie ein Drücken dieser Tastenkombination auf dem Remote-Computer simulieren können.

Wichtig ist außerdem, dass es zwei unterschiedliche Arten der Beendigung einer Verbindung gibt. Wenn Sie die Funktion *Trennen* aufrufen oder einfach das Remotefenster schließen, wird die Verbindung nicht endgültig geschlossen; geladene Programme bleiben weiterhin auf dem Remote-Computer geöffnet.

Dies ist dafür gedacht, beispielsweise Batchdateien auf dem Remote-Computer zu starten und später noch einmal zu kontrollieren, ob sie inzwischen fertig sind.

Wenn Sie Ihre Sitzung dagegen wirklich beenden wollen, müssen die die Funktion *Abmelden* verwenden.

Einrichten der Remotedesktop-Webverbindung

Die Fernsteuerung des Remotedesktop-Systems erfolgt in der Regel über die Remotedesktop-Verbindung, die einen gewöhnlichen Terminal-Client darstellt. Diese Softwarekomponente wird während der Installation von Windows XP automatisch eingerichtet und lässt sich auch auf älteren Windows-Systemen problemlos nachrüsten, weshalb einer Fernsteuerung von unterschiedlichen Systemen aus generell nichts im Wege steht. Wenn Sie jedoch des Öfteren von unterschiedlichen Lokationen aus eine Fernsteuerung durchführen, ist der webbasierte Fernzugriff weitaus einfacher, da Sie auf die ständige Nachinstallation der Remotedesktop-Verbindung verzichten können.

Die webbasierte Fernsteuerung setzt jedoch voraus, dass auf dem Remotedesktop-System selbst oder auf einem der im Netzwerk angeschlossenen Computer die Remotedesktop-Webverbindung eingerichtet wurde. Diese Komponente stellt eine gewöhnliche Internetseite dar, die mithilfe der Internet-Informationsdienste (IIS = **I**nternet **I**nformation **S**ervice) publiziert werden kann. Beim Aufruf dieser Webseite wird zunächst eine Anmeldeseite angezeigt, worüber der Verbindungsaufbau zum Remotedesktop-System gestartet werden kann. Daraufhin wird ein ActiveX-Steuerelement auf den Client übertragen, der die clientseitigen Fernsteuerungsfunktionalitäten bereitstellt.

Das System muss erreichbar sein

Wenn Sie eine webbasierte Fernsteuerung durchführen wollen, müssen Sie sicherstellen, dass das System, auf dem die Internet-Informationsdienste eingerichtet werden, erreichbar ist. Innerhalb des lokalen Netzwerks wird es dabei keine Schwierigkeiten geben, sofern eine funktionstüchtige Netzwerkverbindung gegeben ist. Die Fernsteuerung über eine WAN- oder Internetverbindung dagegen erfordert entweder eine Einwahlmöglichkeit oder eine permanente Internetverbindung, wie sie mithilfe eines Flaterate-Tarifs oder DSL-Anschlusses realisierbar wäre. Ersteres ist zwar weitaus sicherer, da das System nicht ständig online sein muss, dafür erfordert diese Möglichkeit eine DFÜ-Verbindung zwischen den beiden Systemen, was erfahrungsgemäß aber nicht immer gewährleistet ist.

Installieren der Internet-Informationsdienste (IIS)

Mit der Einrichtung der Remotedesktop-Webverbindung werden automatisch auch die Internet-Informationsdienste (IIS) installiert, die das System um Webserver-Funktionalitäten erweitern. Damit können Internetseiten publiziert und bei Bedarf auch weitere Dienste (FTP, SMTP) bereitgestellt werden. Für die webbasierte Fernsteuerung sind jedoch nur folgende Komponenten notwendig, die nicht mehr als 15 MByte freien Festplattenplatz benötigen:

- Remotedesktop-Webverbindung
- WWW-Dienst

- Gemeinsame Dateien
- Snap-In *Internet-Informationsdienste (IIS)*

Die Installation der Remotedesktop-Webverbindung setzt administrative Rechte voraus, da Sie andernfalls keine Berechtigung haben, zusätzliche Windows-Komponenten einzurichten. Notfalls müssen Sie sich als Computeradministrator anmelden, wenn Sie derzeit als gewöhnlicher Benutzer eingeloggt sind.

1 Legen Sie die Installations-CD von Windows XP in das Laufwerk und rufen Sie die Systemsteuerung auf.

2 Öffnen Sie das Objekt *Software* und wählen Sie *Windows-Komponenten hinzufügen/entfernen* aus.

3 Markieren Sie *Internet-Informationsdienste (IIS)* und klicken Sie auf *Details*. Anschließend wählen Sie *WWW-Dienst* aus und öffnen erneut die Details.

4 Wählen Sie den Eintrag *Remotedesktop-Webverbindung* aus und schließen Sie die einzelnen Auswahlfenster wieder, um die Installation zu starten.

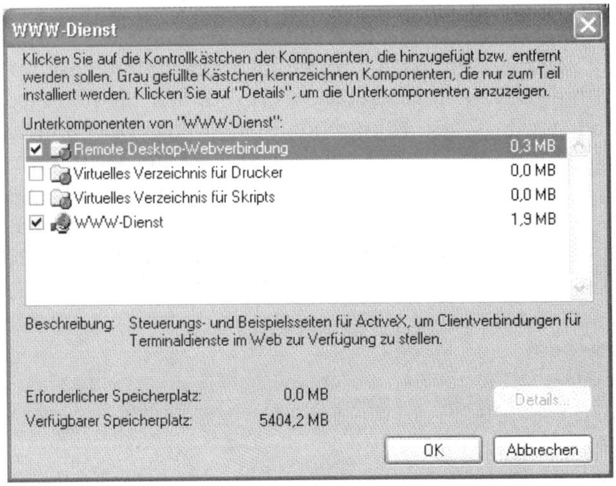

Der Remotedesktop-Webdienst muss erst installiert werden.

Die notwendigen Dateien werden daraufhin eingerichtet. Nach Abschluss der Installation wird das System um zwei weitere Dienste erweitert, worüber die Webserver-Funktionalität bereitgestellt und die Verwaltung der Internet-Informationsdienste (IIS) ermöglicht wird:

- WWW-Dienst
- IIS Admin

Diese Dienste werden durch das Programm *Inetinfo.exe* bereitgestellt und auch sofort aktiviert, womit die Standard-Webseiten der Internet-Informationsdienste (*Tsweb* und *IISHelp*) direkt aufrufbar sind. Vor der ersten webbasierten Fernsteuerung sollten Sie jedoch erst einmal die Konfigurationseinstellungen öffnen, um die Verzeichnissicherheit den Anforderungen entsprechend anzupassen.

Konfigurieren der Internet-Informationsdienste (IIS)

Mit der Einrichtung der Remotedesktop-Webverbindung wird zeitgleich auch ein neues Snap-In zur Verwaltung der Internet-Informationsdienste (IIS) installiert, worüber Sie die

Webseiten und gegebenenfalls auch weitere Dienste konfigurieren und zentral verwalten können. Dieses Snap-In können Sie der MMC hinzufügen oder auch als eigenständiges Verwaltungsprogramm aufrufen, indem Sie *Start/Ausführen* wählen und „inetmgr.exe“ eingeben.

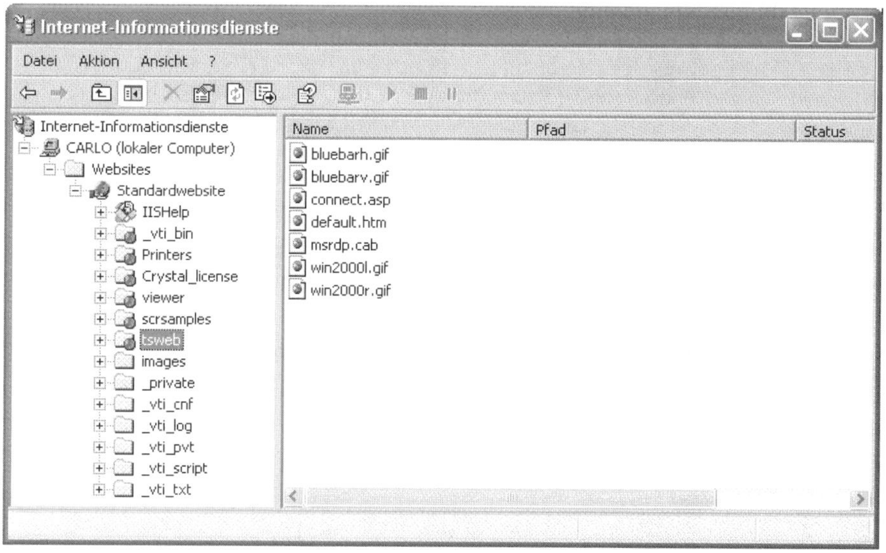

Die Internet-Informationsdienste verwalten.

Die für die Remotedesktop-Webverbindung erforderlichen Dateien finden Sie im Ordner *\Tsweb*, der standardmäßig einen anonymen Zugriff auf die Startseite *Default.htm* erlaubt. Aus Sicherheitsgründen ist es empfehlenswert, den anonymen Zugriff, der unter Verwendung des Benutzers *IUSR_Computername* erfolgt, zu unterbinden und stattdessen die Windows-Authentifizierung zu aktivieren. Denn gerade hinsichtlich einer Systemfernsteuerung sollten alle Sicherheitsmaßnahmen, die zur Verfügung stehen, auch getroffen werden.

Sicherheitseinstellungen weiterer Webseiten überprüfen

Sie sollten die Verzeichnissicherheit nicht nur für die Remotedesktop-Webverbindung (*Tsweb*) anpassen, sondern auch für die weiteren Webseiten, die durch die Internet-Informationsdienste bereitgestellt werden. Dadurch vermeiden Sie eventuelle Angriffe auf das System, die auf möglichen Fehlkonfigurationen basieren.

Die notwendige Einstellung nehmen Sie in den Eigenschaften von *Tsweb* vor. Wechseln Sie auf die Registerkarte *Verzeichnissicherheit* und klicken Sie auf *Bearbeiten*. Deaktivieren Sie die Option *Anonymer Zugriff* und aktivieren Sie daraufhin die Option *Integrierte Windows-Authentifizierung*. Ab sofort wird die Standardseite *Default.htm* nur nach erfolgreicher Anmeldung am Windows-System angezeigt.

Die Porteinstellung des WWW-Dienstes

Der WWW-Dienst ist standardmäßig über den TCP-Port 80 erreichbar, dies ist der allgemeingültige Standard-Port für HTTP-Verbindungen. Wenn Sie die Internet-Informationsdienste ausschließlich für die Remotedesktop-Webverbindung nutzen und ansonsten keinerlei Internetseiten damit publizieren, ist es ratsam, den Port zu ändern. Denn nicht selten werden Portscanner dazu benutzt, aktive WWW-Dienste ausfindig zu machen und mögliche Sicherheitslöcher für eventuelle Angriffe auszunutzen. Wird der Port geändert, reagiert das System nicht auf Requests, die an den TCP-Port 80 gesendet werden.

Firewall-Einstellungen berücksichtigen

Wenn Sie eine Firewall verwenden, um das interne Netzwerk vor ungewollten Verbindungen zu schützen, müssen Sie die notwendigen Verbindungen freischalten. Hierzu zählt nicht nur der TCP-Port 3389 für den Remotedesktop, sondern auch der TCP-Port 80 (oder den alternativ festgelegten Port) für die Remotedesktop-Webverbindung. Andernfalls wird die Fernsteuerung fehlschlagen, da die Firewall eingehende Verbindungen blockt.

Sie können die Einstellung des Ports ändern, indem Sie die Eigenschaften von *Standardwebsite* öffnen und auf die Registerkarte *Website* wechseln. Ersetzen Sie den Standard-Port 80 durch einen Port oberhalb der 1024, da die darunter liegenden Ports (Well-known-Ports) bereits für andere Dienste reserviert sind.

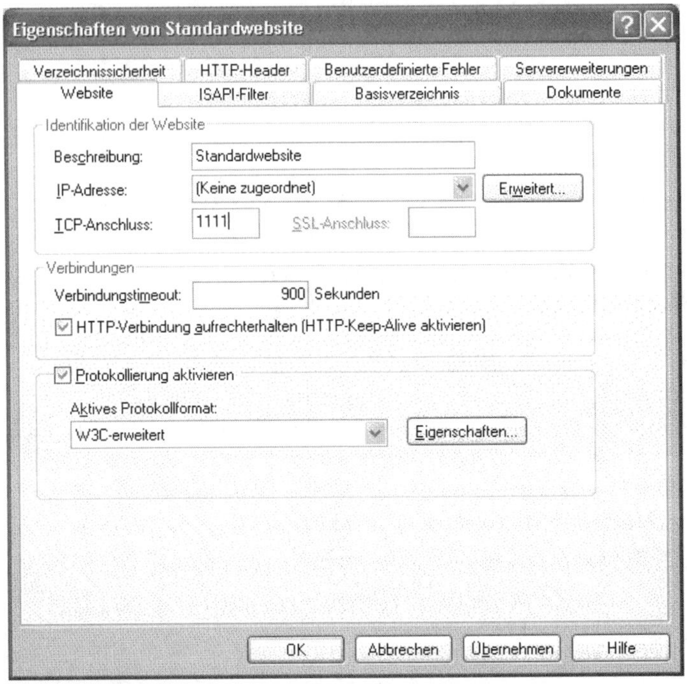

Die Porteinstellung der Standardwebsites.

Die webbasierte Fernsteuerung

Um die Verbindung zu einem Computer herzustellen, der die Remotedesktop-Webdienste ausführt, benötigen Sie den Internet Explorer ab Version 4, da ein ActiveX-Control genutzt wird. Rufen Sie dann die URL

```
http://computername/TSWeb
```

auf, um die Verbindung zum Computer herzustellen. Die physikalische Verbindung einschließlich Namensauflösung muss bereits vorher funktionsfähig sein, wie Sie mit einem einfachen Ping auf den Computernamen verifizieren können.

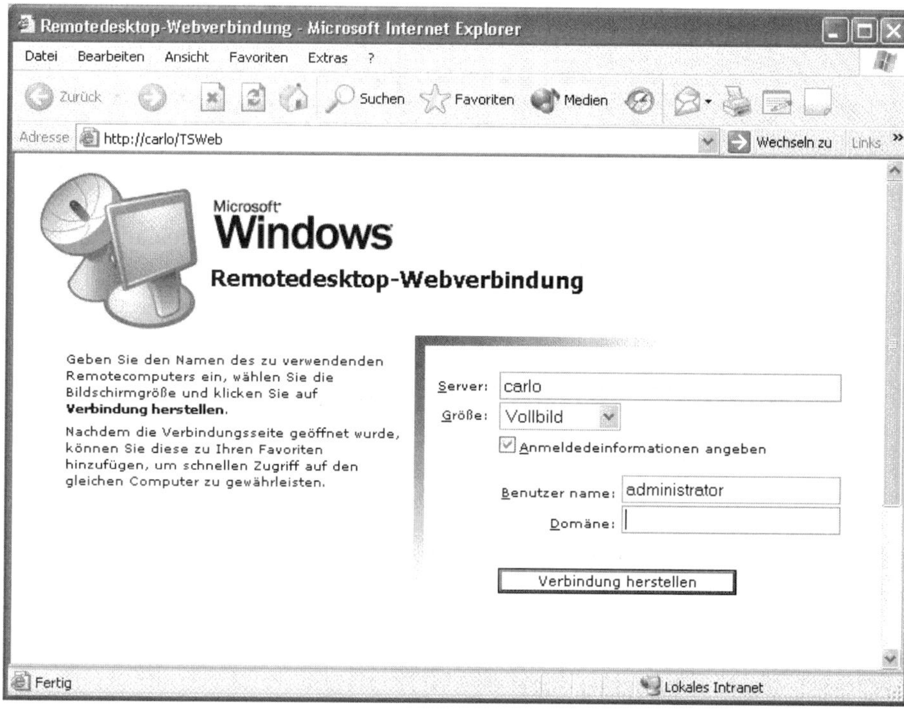

So können Sie die Remotedesktop-Webverbindung herstellen.

Nicht jeder Computer benötigt IIS-Dienste

Es ist ausreichend, wenn ein Computer die Internet-Informationsdienste und die Remotedesktop-Webdienste installiert hat. Über diesen Computer kann dann auch eine Verbindung zu anderen Computern hergestellt werden, die nur die „normalen" Remotedienste aktiviert haben. Der IIS agiert hier als eine Art Gateway.

Bevor das ActiveX-Control ausgeführt wird, erhalten Sie eine Rückfrage, die Sie mit *Ja* beantworten müssen.

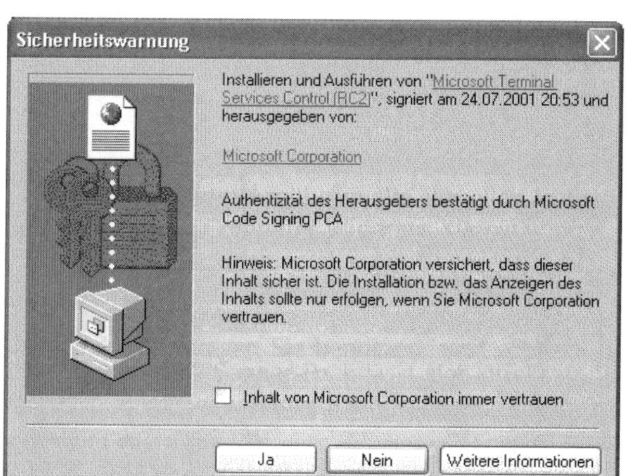

ActiveX-Controls müssen bestätigt werden.

Diese Rückfrage können Sie bei Bedarf in den Sicherheitseinstellungen Ihres Browsers abschalten.

Nach dem Verbindungsaufbau haben Sie entweder den Bildschirm des Remote-Computers direkt auf Ihrem eigenen (der Internet Explorer schaltet interne Systemfunktionen ein, um eine Umschaltung auf Vollbild zu erzwingen), oder die Remotedesktop-Funktion läuft innerhalb des Browser-Fensters.

Vergessen Sie nicht, sich auch in dieser Sitzung wieder ordentlich abzumelden und nicht einfach das Browser-Fenster zu schließen. Der Bildschirm des gesteuerten PCs wird gesperrt, bis Sie die Sitzung ordnungsgemäß beendet haben.

14.4 Die Remote-Unterstützung

Die Remote-Unterstützung erlaubt im Gegensatz zur Remotedesktop-Verbindung einen passiven oder aktiven Zugriff auf die Sitzung eines anderen PCs, während der Remote-Benutzer weiterarbeitet.

Die Initiative geht dabei vom angemeldeten Benutzer aus. Nur wenn Sie die Gruppenrichtlinien des PC manipulieren, kann auch der „Gast“ eine Sitzung initiieren. Näheres dazu finden Sie ab Seite 990.

Anfordern der Remote-Unterstützung

Wenn ein Anwender Probleme hat, kann er jederzeit über *Start/Hilfe- und Supportcenter* die Remote-Unterstützung aktivieren. Dies geschieht mit dem Befehl *Einen Bekannten auffordern, eine Verbindung über Remoteunterstützung mit Ihrem Computer herzustellen* und danach *Einen Freund um Unterstützung bitten*. Danach muss der Weg festgelegt werden, auf dem die Einladung den Freund erreichen soll.

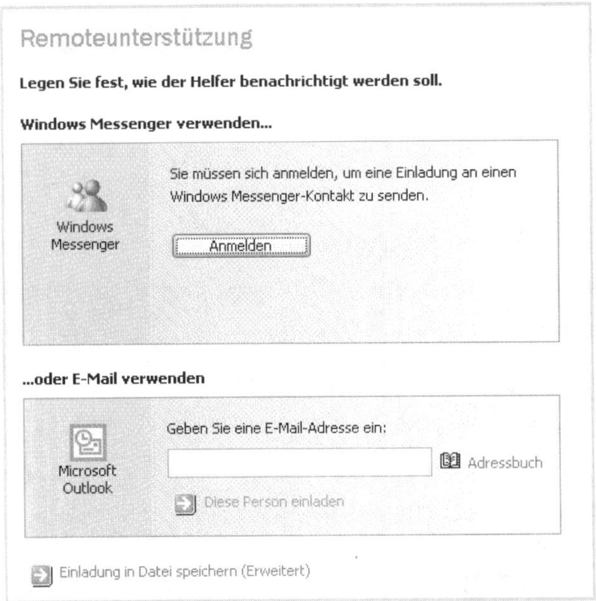

Diese Möglichkeiten gibt es beim Versenden der Einladung.

Dabei stehen folgende Optionen zur Verfügung:

- Microsoft Messenger mit Passport oder über MS-Exchange 2000 Server verwenden.
- Die Einladung per Mail versenden.
- Die Einladung als Datei speichern.

Als Beispiel sei das Speichern der Einladung in einer Datei herausgegriffen. Klicken Sie auf *Einladung speichern in Datei (Erweitert)*.

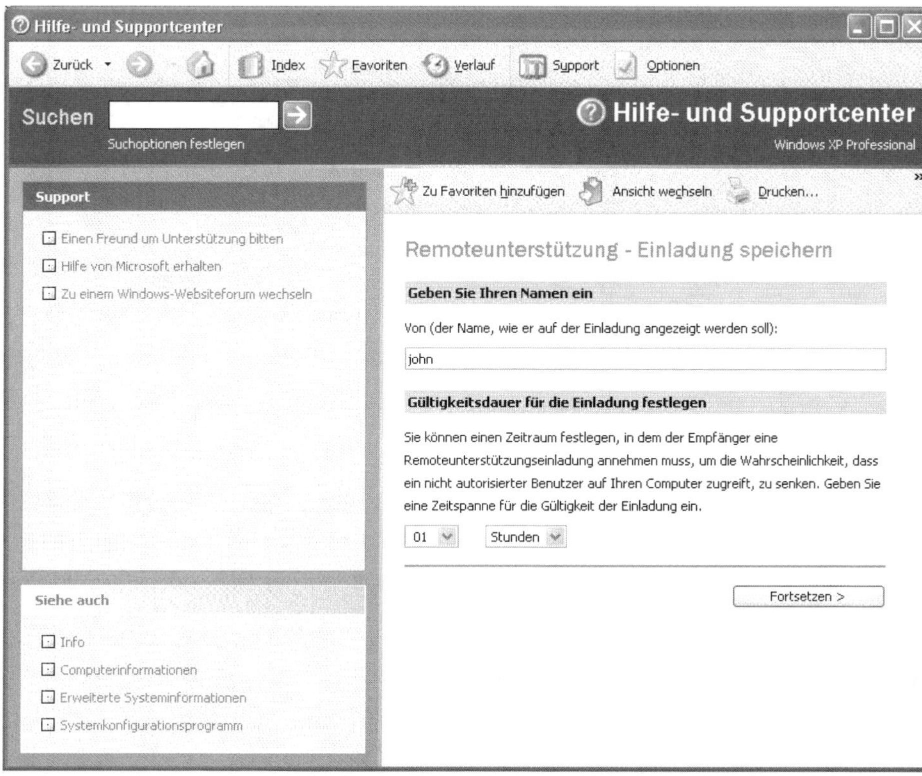

Eine Einladung als Datei speichern.

Einladungen sind nur für eine bestimmte Zeitspanne gültig. Stellen Sie sicher, dass die Gültigkeit lang genug für die gesamte Dauer der Fernsteuerung bzw. Problembehebung ist.

Nun sollten Sie noch ein Kennwort eingeben, um zu verhindern, dass eine andere Person die Einladung annimmt.

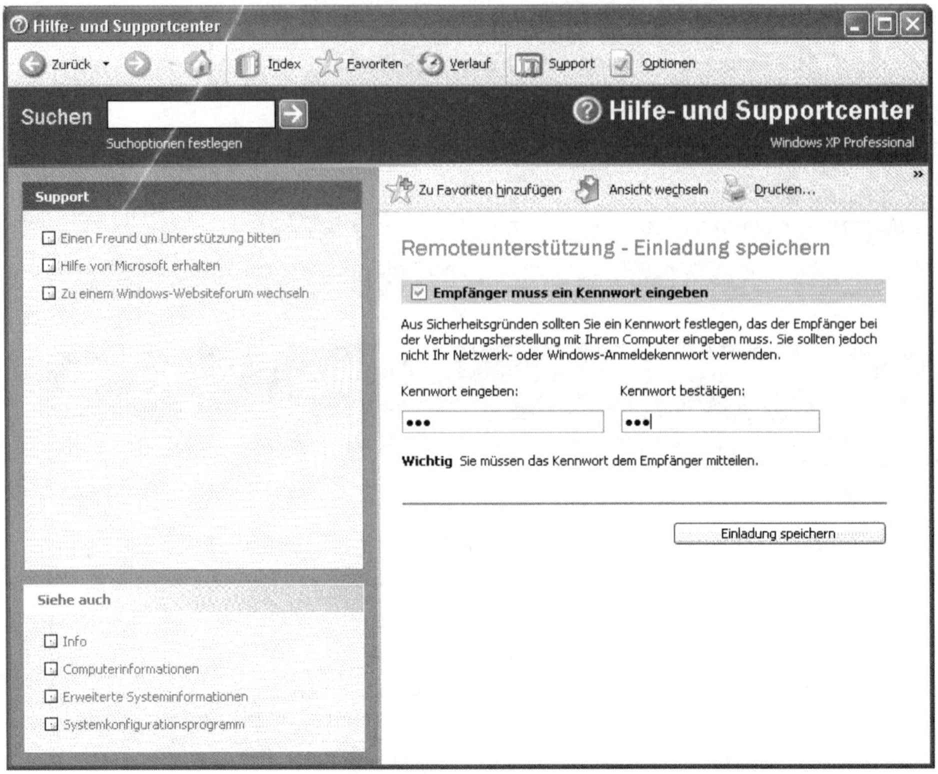

Die Kennwortvergabe ist sinnvoll.

Wenn Sie die Datei speichern, können Sie sie anschließend per Mail oder auf anderen Wegen an die Person übermitteln, die helfen soll.

Sicherheit ist nur über Kennwort möglich

Der Helfer benötigt keine weitere Berechtigung wie beispielsweise Administratorrechte, Netzwerkzugriffsrechte etc. Der einzige Schutz vor unberechtigten Zugriffen ist das angegebene Kennwort.

Status der Einladungen anzeigen

Um zu prüfen, ob Einladungen offen sind, können Sie unter *Start/Hilfe- und Supportcenter* die Remote-Unterstützung aktivieren. Dies geschieht mit dem Befehl *Einen Bekannten auffordern, eine Verbindung über Remoteunterstützung mit Ihrem Computer herzustellen* und danach *Einladungsstatus anzeigen*.

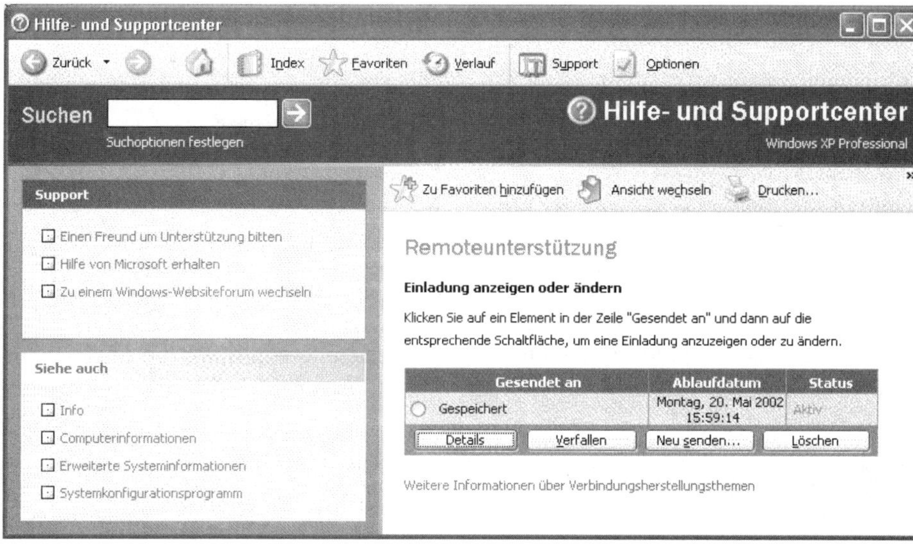

Hier können Sie offene Einladungen überprüfen.

Bevor eine zweite Einladung verschickt wird, sollte die erste immer gelöscht werden, da es sonst zu Konflikten beim Zugriff bis hin zum Absturz kommen kann.

Aufbau einer Sitzung

Wenn der Helfer die Einladung annehmen will, muss er lediglich auf die Messenger-Nachricht, den Mail-Anhang oder die empfangene Datei mit der Endung *.msrcincident* doppelklicken.

Ein Doppelklick auf die Einladungsdatei genügt zur Verbindung.

Falls die Einladung bereits abgelaufen ist, können Sie es trotzdem versuchen, Sie erhalten aber einen entsprechenden Hinweis.

Geben Sie das Kennwort für die Verbindung an und klicken Sie auf *Ja*, um die Verbindung herzustellen.

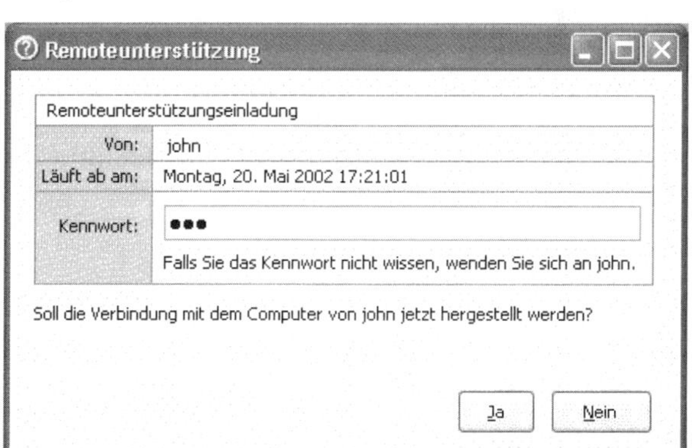

Aufbau der Remote-Unterstützungssitzung.

Auf dem Remote-Computer muss der hilfesuchende Benutzer nun die Verbindung zulassen.

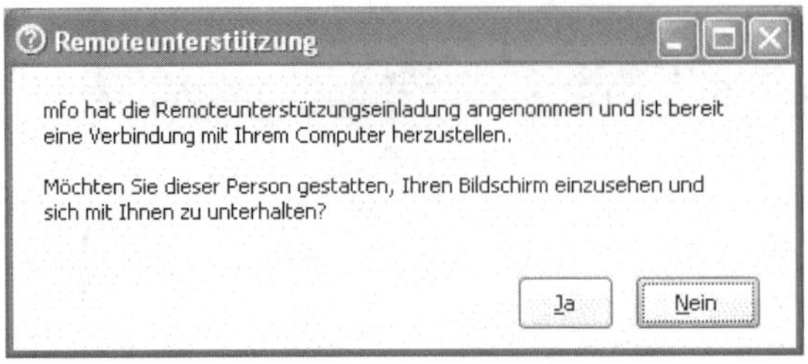

Der Remote-Benutzer erhält ohne Änderung der Gruppenrichtlinien immer eine Rückfrage.

Nach dem Aufbau der Verbindung erhalten Sie auf dem Helfercomputer die Anzeige des Remote-Bildschirms und auf beiden Seiten ein kleines Menü, das die Fehlerbehebung erleichtert.

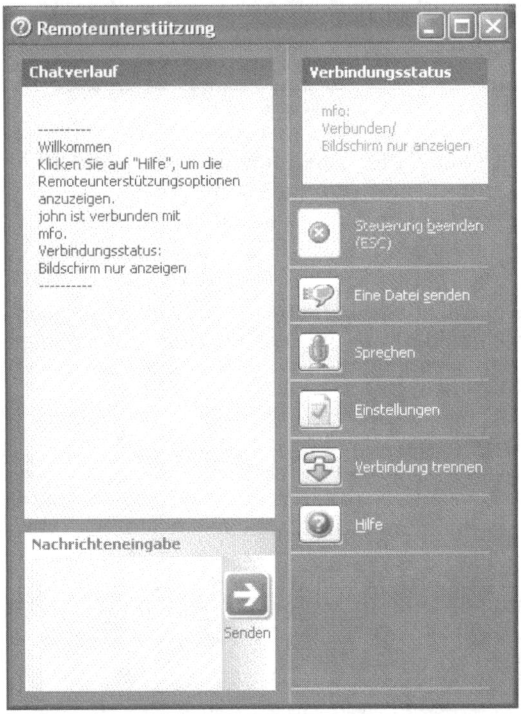

Das Remote-Unterstützungsmenü.

Das Remote-Unterstützungsmenü erlaubt es Ihnen, mit einem einfachen Mausklick

- zu Chatten, indem Sie im Fenster *Nachrichteneingabe* einfach Nachrichten eintippen und auf *Senden* klicken,
- die Fernsteuerung zu beenden (ein Druck auf die Esc-Taste tut dasselbe),
- eine Datei zu senden, ohne erst Freigaben etc. machen zu müssen,
- eine Sprechverbindung mit Voice over IP aufzubauen,
- die Einstellungen (Audio) der Sitzung zu überprüfen und zu verändern,
- die Verbindung temporär zu trennen und später fortzusetzen.

Auf dem Helfer-PC sieht der Bildschirm so aus:

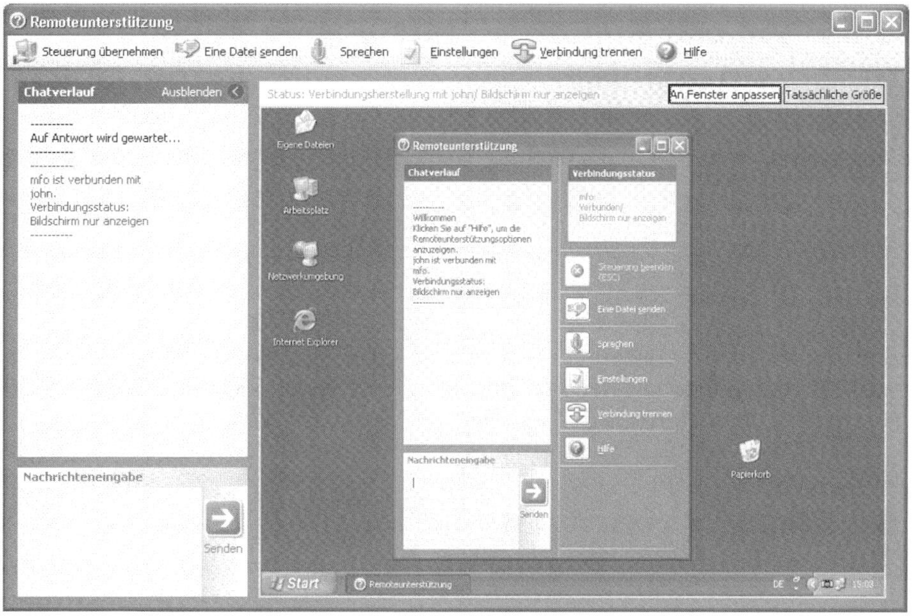

Remote-Unterstützung auf dem Helfer-PC.

Mit der Option *Steuerung übernehmen* auf dem Helfer-PC können Sie in die angezeigte Sitzung eingreifen, falls der Remote-Benutzer dies gestattet. Erst dann kann der Helfer Eingaben mit Maus und Tastatur vornehmen.

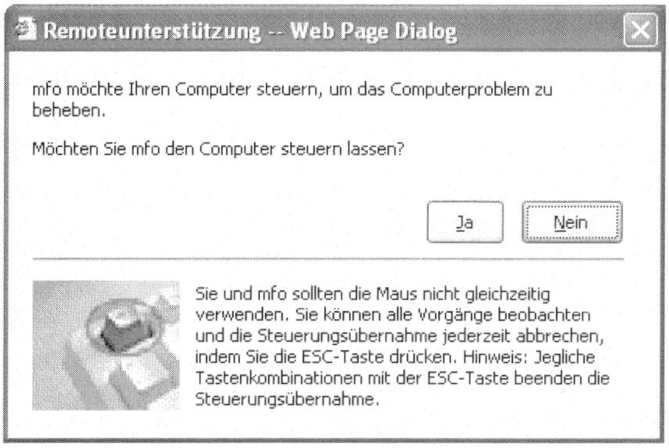

Eine zweite Rückfrage erfolgt bei der eigentlichen Steuerung.

Die Sitzung bleibt bis zum Abbruch der Verbindung durch einen der beiden Benutzer oder bis zum Ablauf der Einladung bestehen.

Esc steht für Abbruch

Die Verbindung kann jederzeit durch ein Drücken der Esc-Taste auf einem der beiden Computer oder einen Klick auf den entsprechenden Menüpunkt beenden. Seien Sie also vorsichtig, weder Esc noch eine Tastenkombination mit Esc im Laufe Ihrer Sitzung zu verwenden.

Auch das Schließen des Remote-Unterstützungsmenüs beendet die Sitzung. Aber auch nach dem Trennen bzw. Beenden der Sitzung bleibt die Einladung weiterhin aktiviert, bis die eingestellte Zeitdauer abgelaufen ist. Sie kann also jederzeit wieder aufgebaut werden.

Konfiguration der Remote-Unterstützung mithilfe von Gruppenrichtlinien

Auch die Remote-Unterstützung lässt sich wie die meisten Dienste über Gruppenrichtlinien konfigurieren. Rufen Sie diese mithilfe des Richtlinien-Editors auf, indem Sie der MMC das Snap-In *Gruppenrichtlinien* hinzufügen oder den Editor mit dem Befehl *gpedit.msc* direkt aufrufen. Erweitern Sie den Abschnitt *Computerkonfiguration\Administrative Vorlagen\Windows-Komponenten* und markieren Sie den Eintrag *Terminaldienste*, dort finden Sie die Richtlinien für den Remotedesktop und auch die Remote-Unterstützung.

Eine besonders interessante Richtlinie sei hier genauer vorgestellt, da sie das Verhalten der Remote-Unterstützung gravierend beeinflusst. Wenn Sie die Richtlinie *Einstellungen für Remoteüberwachung* aufrufen und auf *Vollzugriff ohne Erlaubnis des Benutzers* einstellen, können fremde Benutzer nach Erhalt der Einladung ohne weitere Bestätigungen den PC steuern.

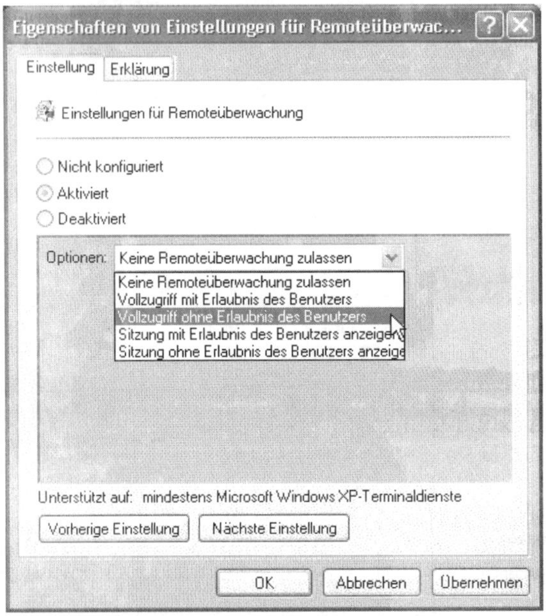

So schnell sind die Rückfragen ausgeschaltet.

Initiieren einer Remote-Unterstützungssitzung

Wenn Sie selbst als „Experte" eine Remote-Unterstützungssitzung initiieren wollen, anstatt auf eine Einladung zu warten, müssen Sie ebenfalls die Gruppenrichtlinien verändern.

Rufen Sie den Gruppenrichtlinien-Editor auf dem Remote-Computer auf und wählen Sie *Computerkonfiguration/Administrative Vorlagen/System/Remoteunterstützung* aus.

Wählen Sie dann die Richtlinie *Remoteunterstützung anbieten* aus und stellen Sie diese auf *Aktiviert* ein.

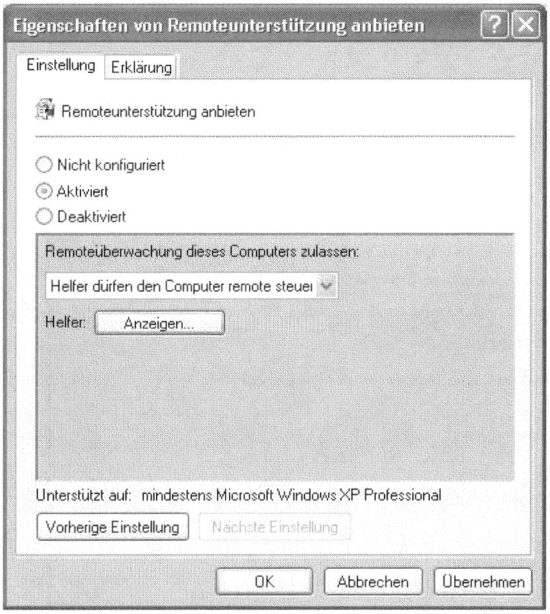

So aktivieren Sie die durch einen Experten initiierte Remote-Unterstützung.

Sie sollten an dieser Stelle auch festlegen, welche Personen die Remote-Unterstützung durchführen dürfen. Klicken Sie dazu auf *Anzeigen*.

Diese Personen dürfen helfend eingreifen.

Administratoren auf dem Zielsystem haben automatisch Rechte zur Remote-Unterstützung. Da in einer Arbeitsgruppe aber nicht immer gewährleistet ist, dass Sie das lokale Administratorpasswort kennen, können Sie auch „fremde" Benutzer und Nicht-Administratoren berechtigen.

Geben Sie die gewünschten Personen inklusive vorangestelltem Domänen- bzw. Computernamen an. Sie können auch Gruppennamen eintragen.

Um die Unterstützung anzubieten, rufen Sie das *Hilfe- und Supportcenter* auf und klicken auf *Eine Aufgabe auswählen/Tools zum Anzeigen von Computerinformationen und Ermitteln von Fehlerursachen verwenden/Anbieten von Remoteunterstützung*.

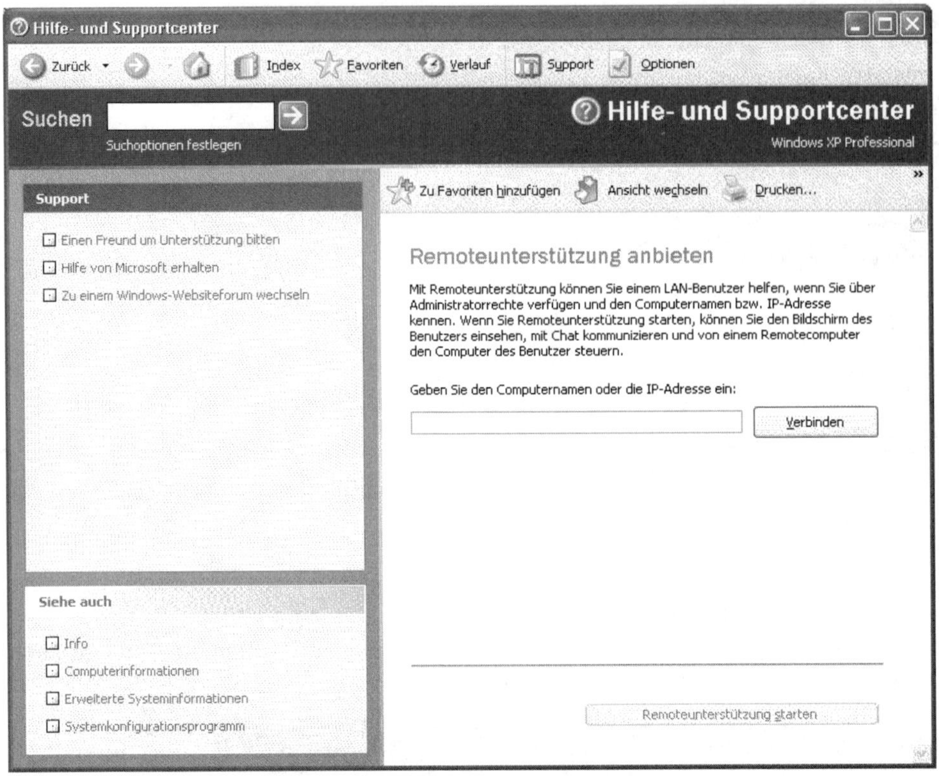

So können Sie Remote-Unterstützung anbieten.

Wenn Ihr Gegenüber die Unterstützung angenommen hat, wird die Funktion initiiert und Sie erhalten dieselben Optionen wie nach erfolgter Einladung.

14.5 Die Desktop-Freigabe mit NetMeeting

NetMeeting ist zwar in erster Linie für Audio-/Video- und Datenkonferenzen gedacht, dennoch stellt dieses Kommunikations-Tool eine mögliche Alternative zum Remotedesktop und auch zur Remote-Unterstützung dar. Denn NetMeeting bietet vergleichbare Funktionalitäten, wenngleich NetMeeting auf einer anderen Technologie basiert (siehe Seite 955). So ermöglicht die Freigabe des Desktops während einer bestehenden Datenkonferenz beispielsweise, dass andere Benutzer das Geschehen am Bildschirm verfolgen und gegebenenfalls auch die Steuerung des Desktops übernehmen können, falls der Konferenzleiter dies erlaubt. Über das Chatfenster können die Teilnehmer textbasierte Informationen austauschen, ein Datentransfer ist ebenfalls möglich. Die Remotedesktop-Freigabe dagegen ermöglicht die Fernsteuerung eines Windows-Systems, ohne dass der Verbindungsaufbau dabei manuell bestätigt werden muss, wie es bei der Desktop-Freigabe beispielsweise der Fall ist.

NetMeeting ist Bestandteil des Internet Explorer
NetMeeting ist fester Bestandteil des Internet Explorer aber der Version 4 und wird mit der Installation des Browsers automatisch eingerichtet. NetMeeting ist aber auch als separates Softwarepaket erhältlich, das im Download-Bereich der Internetseite *www.microsoft.com* kostenlos geladen und auf jedem Windows-System installiert werden kann.

Doch bevor NetMeeting als Remote-Dienst eingesetzt werden kann, sind erst einmal einige wenige Konfigurationsschritte erforderlich. Lesen Sie daher in den folgenden Abschnitten, wie NetMeeting eingerichtet wird, was es beim Herstellen der physikalischen Verbindung zu beachten gibt und wie Überwachung und Steuerung durch Einsatz von NetMeeting gekonnt durchgeführt werden. Auch finden Sie entsprechende Hinweise darauf, wie die Verbindung zwischen den NetMeeting-Teilnehmern abgesichert werden kann und wie Authentifizierungs- und Verbindungsprobleme schnell gelöst werden.

NetMeeting 3.0 ist Voraussetzung
Die Fernsteuerung des Remotedesktops ist nur mit NetMeeting 3.0 oder höher möglich. Ältere NetMeeting-Versionen ermöglichen lediglich das Freigeben von geöffneten Programmen, nicht jedoch die Freigabe des Remotedesktops. Wenn Sie Windows XP-ähnliche Remote-Funktionalitäten benötigen, müssen Sie notfalls NetMeeting updaten. Im Download-Bereich der Internetseite *www.microsoft.com* steht ein entsprechendes Softwarepaket für den Download bereit.

Systemabstürze vermeiden

Beim Start von NetMeeting kann es passieren, dass sich das System aufhängt, indem der Computer regelrecht „einfriert“. Für dieses Phänomen gibt es mehrere Gründe:

- Probleme mit Hardwarekomponenten.
- Die Grafikkarte ist nicht richtig installiert (Standard-VGA wird verwendet).
- Nicht unterstützte Schriftarten wurden eingerichtet.
- Nicht unterstützte Hardwaretreiber (Grafik, Audio, Video, Netzwerk, Modem) werden verwendet.
- Auf dem Computer ist kein DirectX installiert oder DirectX-Dateien sind korrupt.

Überprüfen Sie zunächst, ob es Probleme mit der installierten Hardware oder den Treibern gibt. Des Weiteren muss gewährleistet sein, dass die Grafikkarte richtig funktioniert und dass nicht der Standard-VGA-Modus verwendet wird.

Ein häufiger Grund für den Absturz sind auch Schriftarten, die während einer Software- oder Druckerinstallation eingerichtet wurden. Testweise sollten Sie daher einmal einige Schriftarten temporär auslagern, die nicht zur Windows-Installation gehören. Suchen Sie zunächst nach einer Original-Windows-Datei (z. B. *user.exe*) und notieren Sie sich das Datum, wann die Datei erstellt wurde. Anschließend öffnen Sie den Ordner *\Windows\Fonts* und sortieren die Ansicht nach Datum. Markieren Sie alle Dateien, die nicht das Datum der Windows-Datei enthalten, und schneiden Sie die Auswahl mit Strg+X aus. Legen Sie die Dateien in einem temporären Ordner ab und versuchen Sie erneut, NetMeeting zu starten.

Remote-Unterstützung mit der Desktop-Freigabe

Die Desktop-Freigabe lässt sich nicht nur für Datenkonferenzen verwenden, sondern auch zur Remote-Unterstützung, falls einer der Teilnehmer nicht über Windows XP verfügt. So können Sie über eine bestehende Netzwerk- oder Internetverbindung hinweg eine Konferenz einleiten, der sich zwei oder auch mehrere NetMeeting-Teilnehmer anschließen, und durch Freigeben des Desktops Instruktionen zur Bedienung von Windows oder zu installierten Applikationen erteilen, oder aber Sie helfen einfach einem weniger versierten Anwender bei der Ausführung bestimmter Aufgaben. Ob andere Benutzer das Geschehen am Bildschirm lediglich verfolgen dürfen oder gar die Steuerung übernehmen können, entscheidet letztendlich derjenige, der seinen Desktop freigegeben hat. Auch stehen während der Konferenz zahlreiche Features bereit, mit deren Hilfe die Teilnehmer untereinander chatten, Daten austauschen oder über das Whiteboard bestimmte Szenarien grafisch darstellen können.

Desktop-Freigabe erfordert T.120-Standard-Applikationen

NetMeeting basiert nicht auf den Terminaldiensten, weshalb Sie dieses Tool nicht als Ersatz zur Remote-Unterstützung von Windows XP verwenden können. NetMeeting erlaubt nur dann eine Überwachung/Steuerung, wenn alle Teilnehmer mit T.120-Standard-Applikationen arbeiten, die Funktionen auf Basis des T.128 (Application Sharing) bereitstellen, womit Anwendungen freigegeben werden können. NetMeeting kann daher nicht mit einer Terminaldienste-Anwendung verbunden werden.

Die Remote-Unterstützung mittels NetMeeting erfordert nur wenige Einzelschritte und lässt sich relativ schnell einrichten:

- Konfigurieren der Sicherheitseinstellungen.
- Herstellen der physikalischen Verbindung.
- Anrufe tätigen und Konferenzen leiten.
- Freigeben des Desktops und Überwachen/Steuern des Zielsystems.

Dennoch gibt es dabei eine Reihe wichtiger Dinge zu beachten, damit es nicht zu möglichen Authentifizierungs- oder Verbindungsproblemen kommt. Die nachfolgenden Abschnitte zeigen daher Step by Step, wie die Desktop-Freigabe eingerichtet und verwendet wird.

Konfigurieren der Sicherheitseinstellungen

Im ersten Schritt legen Sie die Sicherheitseinstellungen fest. Das bedeutet, dass Sie die Verschlüsselung für ein- und ausgehende Anrufe aktivieren, damit die übertragenen Daten nicht so ohne weiteres mitgelesen werden können. Diese Einstellungen nehmen Sie innerhalb der Optionen vor. Starten Sie also NetMeeting aus dem Menü der Kommunikationsprogramme (*Start/Alle Programme/Zubehör/Kommunikation*) oder rufen Sie das Tool mit dem Befehl *conf.exe* direkt auf. Wählen Sie anschließend die Optionen im Menü *Extras* aus und aktivieren Sie die Registerkarte *Sicherheit*.

Die Sicherheitseinstellungen von NetMeeting.

Über die Felder *Eingehende Anrufe* und *Ausgehende Anrufe sichern* legen Sie fest, dass die Datenverschlüsselung aktiviert wird. Wenn Sie die Option *Ausgehende Anrufe sichern* aktiviert haben und einen Anruf tätigen, muss auf der Gegenstation zumindest die Option *Eingehende Anrufe aktiviert* sein, andernfalls kommt keine Verbindung zustande. Denn wenn NetMeeting so eingerichtet ist, dass ausschließlich verschlüsselte Daten übertragen werden sollen, werden unsichere Verbindungen abgewiesen.

Symbol für sichere Verbindungen

Wenn Sie mit NetMeeting eine Verbindung zu anderen Teilnehmern herstellen, erscheint unten rechts ein kleines Symbol in Form eines Schlosses, falls die Datenübertragung verschlüsselt ist. Bei unverschlüsselten Verbindungen taucht dieses Symbol nicht auf.

Für die Verschlüsselung verwendet NetMeeting ein Standard-Zertifikat, das während der Einrichtung von NetMeeting automatisch erstellt wird. Wenn Sie jedoch über ein eigenes Zertifikat verfügen, können Sie dies anstelle des NetMeeting-Zertifikats verwenden. Hierzu aktivieren Sie die Option *Dieses Zertifikat zur Sicherheit und Authentifizierung verwenden* und wählen das entsprechende Zertifikat aus.

Herstellen der physikalischen Verbindung

Wenn Sie die sicherheitsrelevanten Einstellungen vorgenommen haben, müssen Sie im nächsten Schritt die physikalische Verbindung herstellen bzw. deren Funktionalität sicherstellen. Wenn Sie die NetMeeting-Verbindung innerhalb des lokalen Netzwerks herstellen, prüfen Sie mithilfe des Befehls *ping*, ob die jeweiligen Zielsysteme erreichbar sind.

Wenn Sie die NetMeeting-Verbindung dagegen über das Internet herstellen, nehmen Sie zunächst eine Einwahl beim ISP (**I**nternet **S**ervice **P**rovider) vor, tauschen die IP-Adressen aus und prüfen dann mithilfe des *ping*-Befehls, ob die jeweiligen Systeme erreichbar sind. Sollte das nicht der Fall sein, sind meist folgende Ursachen dafür verantwortlich:

- Die beteiligten Systeme sind noch nicht alle mit dem Internet verbunden.
- Die Verbindung wird durch eine Firewall geblockt.
- Das Zielsystem ist nicht direkt mit dem Internet verbunden, stattdessen wird die Internetverbindungsfreigabe genutzt.

Die erste Fehlerquelle ist schnell behoben. Die zweite mögliche Ursache lässt sich durch Konfiguration der Firewall ebenfalls schnell beheben, indem die notwendigen Verbindungen entsprechend freigegeben werden. Je nachdem, welche Dienste Sie in Anspruch nehmen, müssen Sie folgende TCP-/UDP-Verbindungen über die jeweiligen Ports freischalten:

Port	Protokoll	Dienst
389	TCP	ILS (**I**nternet **L**ocator **S**ervice)
522	TCP	ULS (**U**ser **L**ocation **S**ervice)
1503	TCP	T.120
1720	TCP	H.323 (Call Setup)
1731	TCP	Audio Call Control
Dynamisch (1024-65535)	TCP	H.323 (Call Control)
Dynamisch (1024-65535)	UDP	H.323 (Streaming)

Wenn Sie die Verbindung über eine DFÜ-Direkteinwahl vornehmen, müssen Sie sicherstellen, dass die beteiligten Systeme den gleichen IP-Adressbereich verwenden, da es andernfalls zu Verbindungsproblemen innerhalb des lokalen Netzwerks kommt. Ab Seite 973 finden Sie entsprechende Hinweise darauf, wie Sie die IP-Konfiguration für einwählende Computer festlegen, damit keine Verbindungsstörungen auftreten.

Anrufe tätigen und Konferenzen leiten

Ist die physikalische Verbindung hergestellt, können Sie nun ausgehende Anrufe tätigen und eingehende Anrufe seitens anderer NetMeeting-Teilnehmer annehmen. Auch können Sie eine Konferenz leiten, indem Sie festlegen, dass nur Sie eingehende Anrufe entgegennehmen und ausgehende Anrufe tätigen dürfen. Die Konferenz hat auch den Vorteil, dass Sie die Teilnahme unerwünschter Benutzer durch ein entsprechendes Zugangskennwort unterbinden können und über das Starten der Konferenz-Tools (Chat, Whiteboard, Dateitransfer) bestimmen können.

NetMeeting muss auf allen Systemen gestartet sein

Wenn Sie ausgehende Anrufe tätigen, muss NetMeeting auf der Zielstation bereits gestartet sein, andernfalls werden keine eingehenden Anrufe entgegengenommen. Auch wenn Sie einen eingehenden Anruf erwarten, müssen Sie NetMeeting starten, bevor Sie einen Request von der Quellstation erhalten können.

Ausgehende Anrufe tätigen

Wenn Sie einem anderen Benutzer Remote-Unterstützung bieten wollen, können Sie mithilfe eines ausgehenden Anrufs eine Verbindung zu dem jeweiligen Benutzer herstellen, sprich: ihn anrufen. Wenn sich der Benutzer innerhalb des lokalen Netzwerks befindet, geben Sie lediglich die IP-Adresse oder den Computernamen in das Adressfeld ein. Wenn die Verbindung dagegen über das Internet hergestellt werden muss, können Sie den Benutzer durch Auswahl am Verzeichnisdienst (falls sich der Benutzer am Verzeichnisserver angemeldet hat) kontaktieren, oder aber Sie lassen sich die offizielle IP-Adresse des Computers geben. Wenn Sie sich per DFÜ direkt einwählen, geben Sie die IP-Adresse oder den Computernamen ein, um den NetMeeting-Benutzer anzurufen.

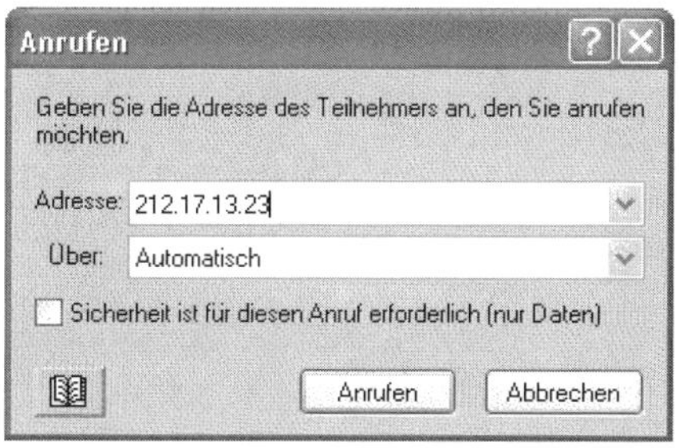

Anruf durch Eingabe der IP-Adresse tätigen.

Eingehende Anrufe entgegennehmen

Falls ein anderer NetMeeting-Teilnehmer eine Verbindung mit Ihnen aufnehmen will und einen Request an Ihren Computer sendet, werden Sie über diesen Request in Form eines kleinen Fensters informiert:

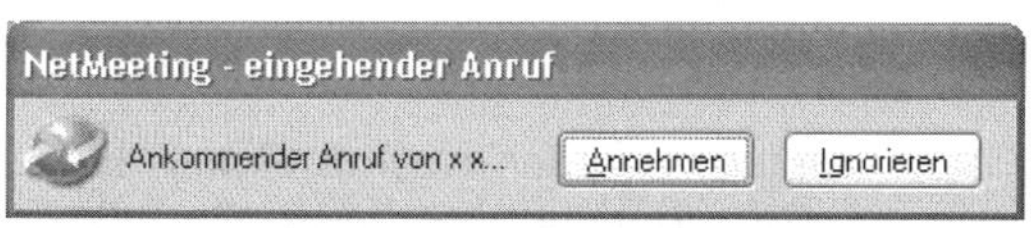

Information über eingehende Anrufe.

Mit dem Einblenden dieses Fensters haben Sie genau 20 Sekunden Zeit, den eingehenden Anruf anzunehmen oder ihn zu ignorieren. Wenn Sie eingehende Anrufe ignorieren, wird dieser Request von der Quell- zur Zielstation zweimal - alle 30 Sekunden - wiederholt, was sich bei unerwünschten Anrufen als sehr nervig erweisen kann. Sie können die Meldung eingehender Anrufe aber unterdrücken, indem Sie *Anrufen/Nicht stören* auswählen. Daraufhin werden eingehende Anrufe nicht mehr gemeldet.

Identität bei eingehenden Anrufen prüfen

Wenn Sie statt des NetMeeting-Zertifikats eigene Zertifikate zur Verschlüsselung und zur Authentifizierung verwenden, erscheint bei eingehenden Anrufen eine weitere Schaltfläche mit der Bezeichnung *Details*. Durch einen Klick auf diese Schaltfläche können Sie sich die Zertifikatsinformationen (Name, Gültigkeitsdatum, Zertifizierungsstelle ...) anzeigen lassen.

Eine Konferenz leiten

Wenn Sie die Remote-Unterstützung mittels NetMeeting mit mehreren Benutzern durchführen, sollte einer der Benutzer die Kontrolle über das ganze Geschehen übernehmen. Und zwar derjenige, dessen Desktop freigegeben werden soll. Andernfalls entsteht schnell eine chaotische Situation. Denn gibt jeder seinen Desktop frei und beginnen mehrere Benutzer mit einem Chat, tauchen plötzlich Unmengen von Fensterchen auf, womit auch die Performance um einiges sinkt. Als Leiter einer Konferenz dagegen bestimmen ausschließlich Sie, welche Programme gestartet werden dürfen. Außerdem können Sie die Teilnahme unerwünschter Benutzer durch ein Zugangskennwort verbieten.

Hierzu wählen Sie *Anrufen/Konferenz leiten* und geben zunächst eine Bezeichnung für die Konferenz ein, z. B. „Remoteunterstützung für Benutzer B“. Im Anschluss daran legen Sie ein Kennwort fest, das allen offiziellen NetMeeting-Teilnehmern bekanntgegeben werden muss, andernfalls können die Benutzer nicht an der Konferenz teilnehmen.

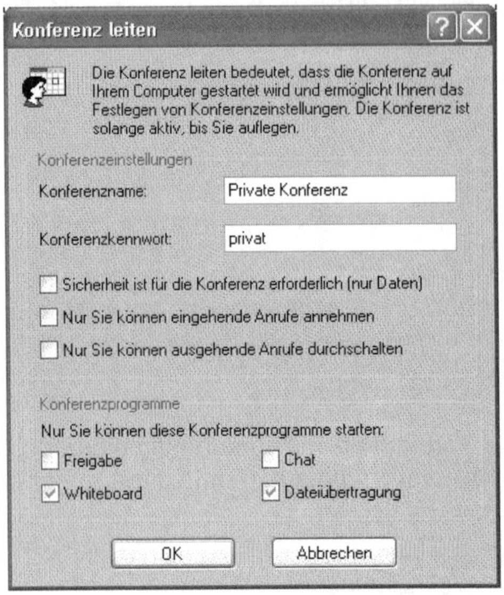

Konferenzeigenschaften festlegen.

Mit dem Kontrollkästchen *Sicherheit ist für die Konferenz erforderlich (nur Daten)* legen Sie fest, dass die Verschlüsselung aktiviert wird. Bei Verwendung dieser Einstellung muss jedoch sichergestellt sein, dass bei den anderen NetMeeting-Teilnehmern die Option *Eingehende Anrufe sichern* aktiviert ist, was sich auf der Registerkarte *Sicherheit* unter *Extras/Optionen* festlegen lässt. Andernfalls werden die Verbindungen verweigert.

Als Leiter der Konferenz können Sie festlegen, dass nur Sie eingehende Anrufe entgegennehmen und ausgehende Anrufe tätigen können. Damit vermeiden Sie, dass unerwünschte Benutzer an der Konferenz teilnehmen. Und zu guter Letzt legen Sie noch fest, dass nur Sie das Programm *Freigabe* starten können, womit einem möglichen Chaos mehr als entgegengewirkt wird. Denn diese Option hat zur Folge, dass die Konferenzprogramme im Menü *Extras* der Teilnehmer deaktiviert werden, womit sich die Tools nicht mehr aufrufen lassen.

Freigeben des Desktops und Überwachen/Steuern des Zielsystems

Gesetzt den Fall, die Verbindung ist hergestellt und alle Teilnehmer sind der Konferenz angeschlossen, können Sie nun den Desktop zur Überwachung oder Steuerung freigeben (ohne NetMeeting-Verbindung bleiben die Freigabeoptionen deaktiviert). Wählen Sie im Menü *Extras* den Befehl *Freigabe* oder bedienen Sie sich der Tastenkombination [Strg]+[S]. Daraufhin öffnet sich ein Dialogfenster, über das Sie wahlweise geöffnete Applikationen oder auch den gesamten Desktop freigeben können.

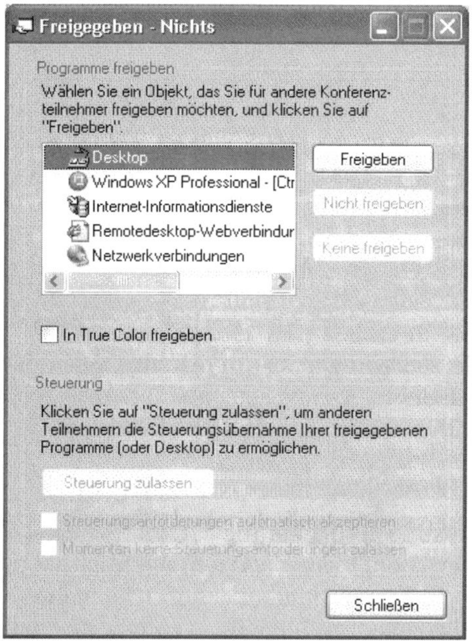

Programm auswählen und freigeben.

Zur besseren Darstellung können Sie das Programm auch in TrueColor (24 Bit Farbtiefe) freigeben. Allerdings müssen dabei wesentlich mehr Daten übertragen werden, was sich sehr negativ auf die Performance auswirkt. Gerade bei DFÜ-Verbindungen sollten Sie auf diese Funktion verzichten, damit der Desktop so effizient wie möglich übertragen werden kann und Verbindungskosten weitestgehend gering gehalten werden können.

Jeder Teilnehmer kann seinen Desktop freigeben

Die Freigabe des Desktops ist nicht auf den Konferenzleiter beschränkt. Es sei denn, er hat dies explizit festgelegt. Während einer gemeinsamen Sitzung kann jeder Teilnehmer seinen eigenen Desktop zur Überwachung und Steuerung freigeben. Allerdings sollte das per Chat abgesprochen werden, da bei der Freigabe mehrerer Desktops jeweils eine Fenster geöffnet wird, was zur Unübersichtlichkeit führt.

Das Freigeben eines Objekts bewirkt, dass bei allen Konferenzteilnehmern ein neues Fenster geöffnet wird, in dem der Desktop (oder die jeweilige Applikation) dargestellt wird. Wird nur eine bestimmte Applikation freigegeben, werden nur die Fenster und Dialoge angezeigt, die von der jeweiligen Applikation abhängig sind, alle anderen Elemente (z. B. Desktop-Symbole, Hintergrundbilder ...) bleiben verborgen. Bei Freigabe des Desktops dagegen wird der komplette Bildschirminhalt übermittelt.

Die Steuerung zulassen

Wenn Sie mindestens ein Objekt (Programm, Desktop) freigegeben haben, können Sie zudem festlegen, ob eine Steuerung seitens anderer Benutzer möglich sein soll oder nicht. Hierzu klicken Sie auf *Steuerung zulassen*. Daraufhin wird der Menüpunkt *Steuerung/Steuerung anfordern* bei allen Teilnehmern eingeblendet, mithilfe dessen ein Steuerungsrequest an die Zielstation geschickt werden kann. Über die Schaltflächen *Annehmen* und *Zurückweisen* kann die Steuerungsanforderung akzeptiert oder auch abgelehnt werden. Wird diese Anforderung angenommen, wird der Mauscursor der freigebenden Station gesperrt. Diese Sperre kann jedoch durch Druck einer beliebigen Taste auf der

Tastatur wieder aufgehoben werden, womit also kein Risiko besteht, dass die Sperre nur vom fernsteuernden Client aus gelöst werden kann.

Übernahme der Berechtigung

Während der Fernsteuerung hat der Benutzer, der die Steuerung übernimmt, automatisch die gleichen Rechte wie der Benutzer, der den Desktop (oder eine Applikation) freigegeben hat. Grund hierfür ist, dass nicht eine weitere Windows-Sitzung gestartet wird, wie es bei den Terminaldiensten beispielsweise der Fall ist. Wenn Änderungen an der Systemkonfiguration remote durchgeführt werden, muss sich der Benutzer der Zielstation als Administrator anmelden, falls er über ein eingeschränktes Benutzerkonto verfügt.

Wenn Sie eine Freigabe aktiviert und zudem die Steuerung des Systems zugelassen haben, können Sie zusätzliche Optionen hinsichtlich der Steuerung setzen:

- Steuerungsanforderungen automatisch akzeptieren
- Momentan keine Steuerungsanforderungen zulassen

Die erste Option wählen Sie aus, wenn die Übernahme der Steuerung automatisch bestätigt werden soll und Sie von weiteren Dialogen verschont bleiben wollen. Allerdings können Sie dann nicht mehr entscheiden, wem Sie die Steuerung überlassen, falls mehrere Benutzer an der Konferenz teilnehmen. Die zweite Option wählen Sie, wenn Sie generell eine Steuerung erlauben, den Desktop vorübergehend aber selbst steuern wollen. Andere Teilnehmer erhalten dann einen kleinen Dialog mit dem Hinweis, dass der Benutzer der Zielstation gerade besetzt ist.

Die Steuerung weitergeben

Wenn mehr als zwei Benutzer an der Konferenz teilnehmen, lässt sich die Steuerung auch an einen anderen Teilnehmer weitergeben. Das ist gerade dann sinnvoll, wenn mehrere Benutzer versuchen, ein bestimmtes Problem zu lösen.

Einmal angenommen, Benutzer A hat seinen Desktop freigegeben, weil er mit einem bestimmten Problem kämpft und es auf Anhieb nicht lösen kann. Er zieht Benutzer B und Benutzer C hinzu, in der Hoffnung, dass diese Benutzer den Fehler finden. Benutzer B übernimmt zunächst die Steuerung, indem er den Menüpunkt *Steuerung/Steuerung anfordern* wählt. Benutzer A stimmt der Übergabe der Steuerung zu und Benutzer B kann nun sein Glück versuchen. Gelingt es ihm nicht, das Problem zu lösen, kann er die Steuerung nun an Benutzer A zurückgeben, damit Benutzer A die Steuerung an Benutzer C übergibt.

Er kann die Steuerung aber auch direkt an Benutzer C übergeben, was schneller und unkomplizierter geht. Hierzu wählt Benutzer B den Menübefehl *Steuerung/Steuerung weiterleiten/Benutzername*. Daraufhin erhält Benutzer A - der seinen Desktop freigegeben hat - einen Request von Benutzer B, dass er die Steuerung gern an Benutzer C übergeben möchte.

Benutzer A kann dieser Anforderung nun zustimmen oder sie auch ablehnen. Stimmt Benutzer A zu, erhält Benutzer C einen Request, dass Benutzer B die Steuerung an ihn übergeben will. Benutzer C muss dieser Anforderung ebenfalls zustimmen, ansonsten bleibt die Steuerung vorerst noch bei Benutzer B.

Steuerungsanforderungen automatisch akzeptieren
Sie können auch mit Computern, auf denen die Windows XP Home Edition installiert ist, auf NetWare Server zugreifen. Laden Sie sich dazu im Downloadbereich von *www.novell.de* den Novell Client für Windows NT/2000/XP herunter. Dieser läuft mit beiden Windows XP Versionen.

Fernsteuerung mit der Remotedesktop-Freigabe

NetMeeting bietet neben der Desktop-Freigabe noch eine weitere Möglichkeit der Fernsteuerung: die Remotedesktop-Freigabe. Diese Funktion gleicht dem Remotedesktop von Windows XP Professional und erlaubt den Zugriff auf ein entferntes System, ohne dass eingehende Verbindungen seitens des Benutzers manuell bestätigt werden müssen. Wenn Sie also ein Nicht-Windows XP Professional-System fernsteuern müssen, können Sie NetMeeting dafür verwenden und müssen nicht erst nach einem alternativen Tool Ausschau halten.

NetMeeting kann während der Fernsteuerung nicht genutzt werden
Wenn Sie den Remotedesktop aus Gründen der Fernsteuerung freigeben, können Sie NetMeeting bis zur Aufhebung der Freigabe nicht mehr für Audio-/Video- und Datenkonferenzen verwenden, da die Applikation für andere Aktionen gesperrt ist.

Die Fernsteuerung mit NetMeeting erfordert nur wenige Einzelschritte und lässt sich ohne großen Konfigurationsaufwand schnell einsetzen:

- Konfigurieren der Sicherheitseinstellungen
- Freigeben des Remotedesktops
- Herstellen der physikalischen Verbindung
- Verbindungsaufnahme, Authentifizierung und Fernsteuerung

Die Konfiguration der Sicherheitseinstellungen war bereits Bestandteil des vorangegangenen Abschnitts (siehe Seite 994), somit geht es direkt mit der Freigabe des Remotedesktops weiter.

Dienst NetMeeting-Remotedesktop-Freigabe muss gestartet sein
Die Fernsteuerung des Remotedesktops setzt voraus, dass der Dienst *NetMeeting-Remotedesktop-Freigabe* gestartet wurde. Ohne diesen Dienst kann der Prozess *mnmsrvc.exe* nicht gestartet werden, der auf den Ports 1503 und 1720 eingehende TCP-Verbindungen zur Fernsteuerung entgegennimmt.

Freigeben des Remotedesktops

Der Remotedesktop lässt sich mit nur wenigen Klicks aktivieren. Hierzu starten Sie NetMeeting aus dem Menü der Kommunikationsprogramme oder rufen das Tool mit dem Befehl *conf* direkt auf. Wählen Sie *Extras/Remotedesktop-Freigabe* aus, daraufhin startet beim ersten Aufruf der Funktion ein Assistent, der Ihnen jede Menge Hinweise zur Verwendung der Remotedesktop-Freigabe gibt. Zwischenzeitlich bietet der Assistent Ihnen die Möglichkeit, einen kennwortgeschützten Bildschirmschoner zu aktivieren.

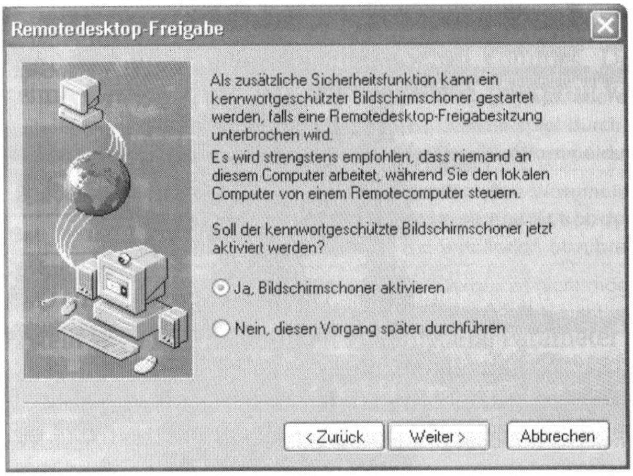

Kennwortgeschützten Bildschirmschoner aktivieren.

Das hat folgenden Hintergrund: Wenn Sie ein Windows 9x-/ME-System fernsteuern und die Verbindung trennen, ist der Desktop für jedermann zugänglich. Es sei denn, Sie fahren die Zielstation herunter, womit Sie aber keine erneute Verbindung aufbauen können. Mithilfe des kennwortgeschützten Bildschirmschoners können Sie verhindern, dass sich andere Benutzer an der Zielstation zu schaffen machen, da Sie bei Windows 9x/ME keine Gelegenheit haben, den Computer zu sperren, wie es bei Windows NT/2000/XP der Fall ist. Daher sollten Sie einen kennwortgeschützten Bildschirmschoner aktivieren, der nach Ablauf einer Frist (am besten nach einer Minute) den Desktop sperrt. Bei der nächsten Fernsteuerung geben Sie lediglich das Kennwort für den Bildschirmschoner ein und haben wieder Zugriff auf das System.

Fernsteuerung kann abgebrochen werden

Ein Nachteil der Fernsteuerung des Remotedesktops ist, dass die Sitzung durch einen Tastendruck auf der Zielstation unterbrochen werden kann. Falls die Zielstation also für andere Benutzer zugänglich ist, kann das unter Umständen fatale Folgen haben. Eine mutwillige Unterbrechung seitens anderer Benutzer können Sie nur verhindern, wenn Sie sich eines Tools zur Tastatur- und Maussperre bedienen. Auf der Internetseite *www.download.com* finden Sie eine Reihe nützlicher Tools, die Sie für solche Zwecke verwenden können.

Nach dem Fertigstellen des Assistenten klicken Sie auf *OK* und beenden NetMeeting wieder. Denn die Funktion *Remotedesktop-Freigabe* kann nur dann richtig aktiviert werden, wenn die grafische Oberfläche von NetMeeting geschlossen wurde. Im Gerätefeld der Taskleiste finden Sie nun ein neues Symbol vor: die *Remotedesktop-Freigabe*.

Öffnen Sie nun das Kontextmenü des Symbols *Remotedesktop-Freigabe* und wählen Sie *Remotedesktop-Freigabe aktivieren* aus. Daraufhin wird ein neuer Prozess (*mnmsrvc.exe*) gestartet, der die Ports 1503 und 1720 auf eingehende TCP-Verbindungen überwacht.

Die Einrichtung des Remotedesktops ist damit abgeschlossen, Sie können die Arbeitsstation nun sperren oder sich auch abmelden. Nach Herstellen der physikalischen Verbindung (siehe Seite 973) erfolgt zunächst die Verbindungsaufnahme mit dem Remotedesktop und die Authentifizierung, bevor die eigentliche Fernsteuerung beginnen kann.

Verbindungsaufnahme, Authentifizierung und Fernsteuerung

Gleich, welchen Verbindungstyp (Modem, ISDN, Netzwerk ...) Sie auch nutzen, die NetMeeeting-Verbindung zum Remotedesktop ist schnell hergestellt. Hierzu rufen Sie das entfernte System mittels NetMeeting einfach an, indem Sie die IP-Adresse des Zielsystems in das Adressfeld eintragen. Der Remotedesktop erhält daraufhin einen Request und fordert die Authentifizierung des Benutzers an.

Wenn Sie ein Windows NT-/2000-/XP-System fernsteuern, müssen Sie die Anmeldeinformationen eines Benutzers verwenden, der Mitglied der Gruppe *Administratoren* ist. Andernfalls verfügen Sie nicht über ausreichende Rechte, die Fernsteuerung durchführen zu dürfen.

Kennwort ist erforderlich
Falls das Benutzerkonto, das Sie zur Authentifizierung angeben, nicht kennwortgeschützt ist, schlägt die Anmeldung fehl. Sie müssen also vorher ein Kennwort vergeben, damit Sie sich erfolgreich am Remotedesktop anmelden können.

Wenn der Computer zudem Mitglied einer Domäne ist, müssen Sie neben dem Benutzernamen und dem Kennwort auch die Domäne angeben, sonst kann die Verbindung nicht hergestellt werden.

Nach erfolgreicher Authentifizierung wird ein Fenster geöffnet, das den Desktop der Zielstation darstellt. Sie können nun Einblick in die Systemkonfiguration nehmen, Änderungen durchführen, Programme starten und vieles mehr. Wenn Sie die Zielstation (falls diese ein Windows NT-/2000-/XP-System ist) sperren und die Fernsteuerung beenden wollen, senden Sie ein Aufforderung zur Sperre der Arbeitsstation, indem Sie *Steuerung/ Strg + Alt + Entf senden* anklicken. Verwenden Sie diese Tastenkombination nicht auf der Tastatur, da sonst die lokale Station gesperrt wird.

15. Datenschutz und Datensicherheit

In diesem Kapitel erfahren Sie alles Wissenswerte über den Einsatz der vielfältigen Tools für die Sicherung von Daten, Einstellungen und die Wiederherstellung „kaputter“ Systeme mithilfe eines Backups.

Ein besonderes Augenmerk liegt dabei in der Auswahl der richtigen Tools für den richtigen Zweck, die Wahl der richtigen Sicherungsmethode und der Automatisierung, sodass Sie sich um Ihre Backups nicht mehr kümmern müssen und Zeit und Nerven sparen.

15.1 Backup mit Bordmitteln

In diesem Abschnitt erfahren Sie, wie Sie das mitgelieferte Sicherungsprogramm von Windows XP professionell einsetzen und auch automatisieren können. Sie erhalten viele Hinweise und Tipps zur Auswahl geeigneter Sicherungsgeräte und Medien und einen Vergleich der verschiedenen Systeme. Der Import von Backup-Medien älterer Windows-Versionen und anderer Backup-Programme rundet das Thema ab.

Einsatz des internen Backup-Programms

Einige Anwender finden das mit Windows XP gelieferte Sicherungsprogramm, das Sie unter *Zubehör/Systemprogramme/Sicherung* finden, überflüssig und beschäftigen sich niemals mit den umfangreichen Möglichkeiten, die das Backup-Programm bietet. Dabei gibt es einige gute Gründe, es doch zu tun. Trotz großer Festplatten, ZIP-Laufwerken, CD-Brennern & Co. gibt es einige Aufgaben, die Sie nur mithilfe eines Sicherungsprogramms auf einfache Weise lösen können:

- Sichern von Dateien und Verzeichnissen inklusive der zugehörigen Dateizugriffsrechte.
- Sichern auf Bandmedien.
- Automatische Sicherung nach einem vordefinierten Zeitplan.
- Sichern von Systemdateien und Registry.
- Wiederherstellen des gesamten Systems nach einem Totalcrash mit minimalem Aufwand.
- Automatische Erkennung, welche Dateien geändert wurden, und Sicherung genau dieser Dateien.
- Wahlweise Komprimierung der Daten während der Sicherung.
- Erstellen eines mehr oder weniger ausführlichen Sicherungsprotokolls.

All diese Funktionen kann das mitgelieferte Sicherungsprogramm übernehmen, es ist deshalb durchaus einen näheren Blick wert.

Neue Funktionen im Sicherungsprogramm
Es handelt sich beim Sicherungsprogramm um ein Produkt, das aus dem Aufkauf von Technologie der Firma Veritas entstanden ist, die auch das Programm Backup Exec herstellt. Insofern hat das Windows XP Backup nichts mehr mit dem Backup der anderen Windows-Versionen gemeinsam.

Es gibt natürlich noch weitere Optionen, die wünschenswert wären, wie eine Verschlüsselung und ein Kennwortschutz für den Zugriff auf die Sicherung, aber dies ist leider den „professionellen“ Backup-Programmen vorbehalten.

In diesem Kapitel finden Sie keine Schritt-für-Schritt-Backup-Anleitungen, da das Programm sehr leicht zu bedienen und in Kombination mit der Onlinehilfe völlig selbsterklärend ist. Sie finden aber Anleitungen zu den wichtigsten Tätigkeiten und Recovery-Funktionen mithilfe des Sicherungsprogramms.

Die schnelle Alternative: xcopy

Für einfachere Aufgaben wie beispielsweise regelmäßige Übertragung von Dateien von einem Verzeichnis oder Laufwerk auf ein anderes ist es manchmal sinnvoll, anstelle des Sicherungsprogramms den schnellen Befehl *xcopy* zu verwenden. Damit der Aufruf bequemer wird, sollten Sie bei häufigerem Gebrauch eine entsprechende Scriptdatei anlegen.

xcopy ist ein sehr flexibler Befehl, der im Gegensatz zum Sicherungsprogramm die gesicherten Daten nicht in einer einzigen großen Datei abspeichert, sondern die originale Verzeichnis- und Dateistruktur erhält.

xcopy bietet höchste Kompatibilität
Dies ist insbesondere dann wichtig, wenn Sie die Sicherung auf einen anderen PC übertragen wollen, der möglicherweise sogar mit einem anderen Betriebssystem wie Windows NT arbeitet. Hier können Sie nicht voraussetzen, dass Dateien Ihres Backup-Programms problemlos eingelesen werden können.

Mit dem Befehl

```
xcopy /e/s/c/d quellverzeichnis zielverzeichnis
```

können Sie beispielsweise alle Dateien unterhalb des Quellverzeichnisses in ein Zielverzeichnis kopieren. Dabei werden durch den Schalter */d* nur die Dateien kopiert, die seit dem letzten Kopiervorgang geändert wurden.

Wenn Sie zusätzlich den Schalter */o* verwenden, wird außerdem die Information über Dateibesitzer und Zugriffsrechte (ACLs) kopiert, sofern das Zielmedium mit NTFS formatiert wurde.

Probleme bei xcopy

Der Befehl sichert jedoch keine offenen Dateien, geschützte Systemdateien oder Dateien, auf die der Benutzer keine Zugriffsrechte hat. Außerdem bleibt die Registry außen vor, sodass keine vollständige Systemsicherung erfolgen kann. Der Befehl eignet sich also vor allem für Datenverzeichnisse und Synchronisierung mehrerer PCs über ein Netzwerk.

Synchronisierung ist schwierig

Für eine richtige Synchronisierung ist eine etwas komplexere Scriptdatei nötig, die auch in die andere Richtung synchronisiert und nicht mehr benötigte Dateien löscht. Wenn Sie sich hier ein wenig Arbeit sparen wollen, können Sie auf das Tool robocopy aus der technischen Referenz zu Windows XP (oder Windows NT oder Windows 2000) zurückgreifen. Es erledigt diese Aufgabe mit einigen Schaltern in einer einzigen Kommandozeile.

Zur Ausführung des Befehls und damit die Wiederherstellung von mit *xcopy* gesicherten Dateien funktioniert, muss Schreibzugriff auf das Zielverzeichnis möglich sein. Im Falle eines „Desaster Recovery“, wenn Ihr Windows XP nicht mehr bootet und Sie auf eine Bootdiskette zurückgreifen müssen, haben Sie also schlechte Karten. Ein Restore ist dann nur möglich, wenn Sie eine DOS-Startdiskette erstellt und Ihr Datenlaufwerk mit FAT anstatt NTFS formatiert haben.

Einige Erweiterungen zu *xcopy* bietet das Programm *xxcopy* in einer freien und einer Pro-Version unter *www.xxcopy.com*. Es kopiert z. B. auf NTFS-Laufwerken und kopiert auch Systemdateien. Näheres zu den verschiedenen Dateisystemen finden Sie in Kapitel 7 ab Seite 313.

Backup-Tools von Fremdherstellern

Als kostengünstige Alternative für „versiertere“ Backups von einzelnen Dateitypen oder Verzeichnissen bieten sich Shareware- und Freewaretools verschiedener Hersteller an.

Die folgende Tabelle gibt einen Überblick über die bekanntesten preiswerten Produkte und eine kurze Beschreibung, wofür sie besonders gut einsetzbar sind.

Name	Webseite	Beschreibung
Backer	www.leanware.de	Backup und Synchronisierung über Zip, Jaz und CD-RW, Netzwerk, Festplatte, Kabel (parallel oder seriell), Infrarot oder Diskette.
BackitUp	www.squint.de	Automatisches Sichern einzelner Verzeichnisse, dabei ist das Filtern bestimmter Dateiendungen möglich; unterstützt werden Festplatten und alle Wechselmedien.
BackupExpress	www.xpertdesign.de	Sichert automatisch Änderungen beim Herunterfahren des PCs oder zu definierten Uhrzeiten; unterstützt werden Festplatten und alle Wechselmedien.
KW's Datenbackup	www.shirkahn.de	Automatisches Sichern von definierbaren Verzeichnissen, dabei ist das Filtern bestimmter Dateiendungen möglich; eingebauter Scheduler; automatisches Löschen älterer Dateien ist möglich; scriptingfähig.

Natürlich gibt es eine ganze Reihe professioneller Produkte, die einen erheblich erweiterten Funktionsumfang und Unterstützung aller beliebigen Medien inklusive Bandwechsler und Archivfunktionen bieten.

Backup-Methoden

Es gibt unabhängig vom eingesetzten Sicherungsprogramm unterschiedliche Möglichkeiten, Dateien zu sichern. Dabei bestehen große Unterschiede in der Sicherungsgeschwindigkeit und der Handhabung bei der Wiederherstellung, sodass diese Optionen einen genaueren Blick wert sind.

Wo werden die Sicherungsarten eingestellt?

Im Windows-Sicherungsprogramm finden Sie die in diesem Abschnitt beschriebenen Optionen, wenn Sie zunächst *Sicherung starten* und dann *Erweitert* auswählen.

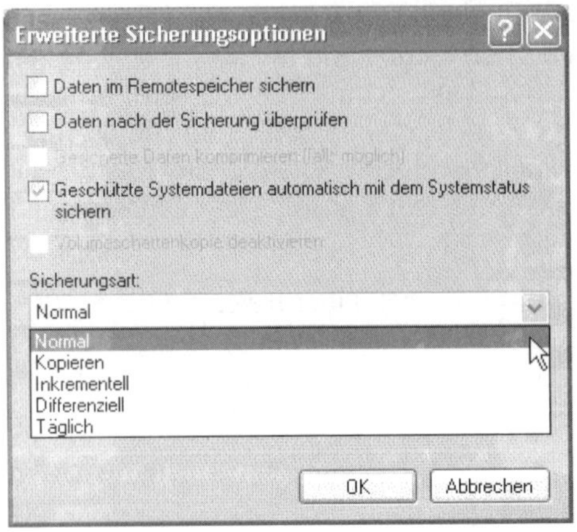

Auswahl der Sicherungsart im Windows XP-Sicherungsprogramm.

Das Archivbit

Eine wesentliche Rolle für die Datensicherung spielt das Archivbit. Ein Backup-Programm erkennt in der Regel an einem speziellen Dateiattribut, dem Archivbit, ob eine Datei bereits gesichert wurde oder nicht.

Sie können das Archivbit in den Eigenschaften jeder Datei unter *Erweitert* überprüfen.

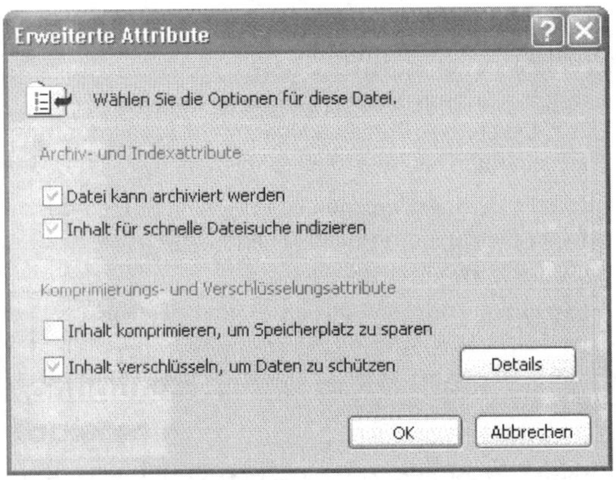

Diese Datei hat das Archivbit gesetzt.

Wenn das Archivbit gesetzt ist, muss die Datei gesichert werden. Bei der Sicherung wird das Archivbit gelöscht. Das Sicherungsprogramm weiß dann, dass eine Sicherung nicht nötig ist. Bei jeder Änderung der Datei wird das Archivbit automatisch vom Betriebssystem wieder erneut gesetzt.

Vollsicherung

Bei der Vollsicherung wird das Archivbit nicht beachtet und alle Dateien werden gesichert. Während der Sicherung wird das Archivbit jedoch zurückgesetzt, sodass das System bei der nächsten Sicherung mit einer anderen Methode feststellen kann, welche Dateien noch gesichert werden müssen.

Im Windows-Sicherungsprogramm wird diese Option als „normale“ Sicherung bezeichnet.

Wenn Sie eine Vollsicherung machen, hat dies den Vorteil, dass sich die Dateien sehr einfach wiederherstellen lassen, da sich alle Dateien auf dem Sicherungsmedium befinden, egal ob sie geändert wurden oder nicht. Dafür benötigt ein Voll-Backup sehr viel Platz; ohne Datenkomprimierung benötigen Sie zur Sicherung genauso viel Platz, wie auf Ihrer Festplatte belegt ist.

Kopieren

Die als Kopieren bekannte Sicherungsart sichert ebenfalls alle Dateien, setzt jedoch das Archivbit nicht zurück. Ein darauffolgendes differenzielles oder inkrementelles Backup kann also nicht erkennen, dass noch eine zusätzliche Sicherung erfolgt ist.

Verwenden Sie diesen Backup-Typ, wenn Sie regelmäßig automatische Sicherungen vornehmen und nun einfach mal „zwischendurch“ ein Backup benötigen, ohne das normale Backup aus dem Takt zu bringen.

Differenzielle Sicherung

Die differenzielle Sicherung sichert nur die Dateien, die seit der letzten Vollsicherung geändert wurden, bei denen also das Archivbit gesetzt ist. Dies reduziert die zu sichernde Datenmenge erheblich, da sich ja nur wenige Dateien täglich ändern.

Das Archivbit wird jedoch nicht zurückgesetzt, sodass sich die Menge der zu sichernden Daten immer weiter erhöht, wenn im Laufe der Zeit immer mehr Dateien geändert werden.

Wenn Sie differenzielle Sicherungen verwenden, benötigen Sie zum Wiederherstellen Ihres Computers zuerst die letzte Vollsicherung. Danach müssen Sie nur die letzte differenzielle Sicherung einspielen, um auf den neusten Stand zu kommen. Es ist dabei egal, wie viele andere differenzielle Sicherungen zwischendurch gemacht wurden.

Wenn Sie also beispielsweise am Freitag ein Voll-Backup machen und von Montag bis Donnerstag täglich ein differenzielles Backup vornehmen, müssten Sie bei einem Crash am Mittwoch nur die Sicherung vom Freitag und anschließend die des vorausgehenden Dienstags einspielen.

Inkrementelle Sicherung

Die inkrementelle Sicherung sichert ebenfalls nur Dateien mit gesetztem Archivbit, setzt dieses Bit jedoch zurück. Es werden also bei jeder Sicherung nur die Dateien tatsächlich gesichert, die seit dem letzten Backup geändert wurden. Dieses Verfahren minimiert die zu sichernde Datenmenge und damit die zum Sichern nötige Zeitspanne.

Das Problem ist jedoch, dass Sie bei diesem Verfahren jede inkrementelle Sicherung seit dem letzten Voll-Backup aufbewahren und im Fehlerfall nacheinander einspielen müssen.

Wenn Sie also beispielsweise am Freitag ein Voll-Backup machen und von Montag bis Donnerstag täglich ein inkrementelles Backup vornehmen, müssten Sie bei einem Crash am Donnerstag zuerst die Sicherung vom Freitag und anschließend die Sicherung von Montag, Dienstag und Mittwoch (in dieser Reihenfolge) einspielen.

Da dies aufgrund der vielen nötigen Medienwechsel eine unpraktische und zeitraubende Angelegenheit ist, sollten Sie die Methode nur dann verwenden, wenn die zu sichernde Datenmenge sehr hoch oder das Backup-Medium sehr langsam ist.

Kombinationen

Als Alternative bei zu langsamen Backups können Sie auch gemischte Varianten einsetzen. Machen Sie jeweils Teilsicherungen von Ihrem System und von den Daten.

Machen Sie beispielsweise von Ihrer Systempartition nur einmal wöchentlich bzw. nur nach einer Änderung am System bzw. nach der Installation von Programmen ein Voll-Backup. Für die Daten dagegen können Sie täglich ein Voll-Backup vornehmen oder, wenn das Volumen zu hoch ist, einmal wöchentlich ein Voll-Backup und danach differenzielle Backups.

Archivierung

Vergessen Sie auch nicht, gelegentlich eine alte Sicherung zu archivieren, beispielsweise jeden Monat einfach ein Sicherungsmedium zur Seite zu legen. Dies ermöglicht es Ihnen, auch auf ältere Stände von geänderten, gelöschten oder überschriebenen Dateien zurückzugreifen.

Professionelle Backup-Programme bieten hier ein Großvater-Vater-Sohn-Prinzip an, bei dem es immer drei Generationen von Sicherungen gibt. Für die Archivierung einer einzelnen Workstation ist es aber sicherlich genug, z. B. jeden Monat und jedes Jahr einfach ein Backup-Medium beiseite zu legen und entsprechend zu beschriften.

Komprimierung

Wenn Sie viele Daten zu sichern haben und Ihr Sicherungsmedium kleiner ist als Ihre Festplatte, sollten Sie die Daten während der Sicherung komprimieren, um den Platz besser zu nutzen. Bei schnellen PCs geht die Sicherung auch schneller, wenn die Daten vor oder während der Sicherung komprimiert werden, da weniger Daten auf das langsame Backup-Medium transportiert werden müssen. Allerdings macht eine weitere Komprimierung sehr kompakter Daten (z. B. MP3, AVI, MPEG etc.) in der Regel keinen Sinn.

Hardwareseitige Komprimierung, wie sie vor allem bei Bandlaufwerken üblich ist, erlaubt die schnellstmögliche Datenkompression und ist gegenüber der Softwarekompression, die durch das Sicherungsprogramm und den Prozessor Ihres PCs ausgeführt wird, erheblich schneller.

Kompatibilitätsproblem Hardwarekompression

Beachten Sie jedoch, dass mit Hardwarekompression gesicherte Bänder unter Umständen in anderen Bandlaufwerken nicht mehr lesbar sind, wenn diese mit anderen Kompressionsverfahren arbeiten.

Wenn Sie also mithilfe von Bändern Daten transportieren wollen, sollten Sie die Hardwarekompression abschalten.

Medien, die mit Softwarekompression gesichert wurden, sind überall lesbar, wo dieselbe Softwareversion zum Einsatz kommt.

Direkt von Windows XP unterstützte Medien

Einige der im letzten Abschnitt genannten Medien werden direkt durch das Betriebssystem von Windows XP unterstützt, sodass Sie Datensicherungen (Kopien) direkt durch Drag & Drop anlegen können:

- CD-R
- CD-RW

werden direkt mit dem UDF-Dateisystem unterstützt, sodass Sie die CDs ohne spezielles Brennprogramm produzieren und später auf jedem modernen CD-ROM-Laufwerk wieder einlesen können.

Im Kapitel 4.3 ab Seite 181 erfahren Sie, wie Sie Dateien unter Windows XP direkt auf CD brennen können.

- ZIP-Laufwerke,
- JAZ-Laufwerke,
- DVD-RAM-Laufwerke

werden als Wechsellaufwerke erkannt und ebenfalls durch Drag & Drop unterstützt; ob Sie die Medien jedoch in anderen PCs wieder einlesen können, hängt vom dort verwendeten Treiber ab: nur Treiber, die das UDF-Dateiformat kennen, sind in der Lage, die mit Windows XP beschriebenen Medien zu lesen.

Welche Medien werden vom Sicherungsprogramm unterstützt?

So schön die Sicherung auf CDs auch ist, einen Haken hat die ganze Sache jedoch: Alle diese Medien werden ausschließlich vom Betriebssystem unterstützt, nicht jedoch vom Sicherungsprogramm. Im Sicherungsprogramm werden nur Bänder und Festplattenlaufwerke unterstützt.

Dies bedeutet, dass Sie mithilfe des Windows XP-Sicherungsprogramms nur Backups auf CD-, DVD-RAM- oder ZIP-Laufwerke machen können, wenn ein einziges Medium ausreichenden Speicherplatz bietet. Eine automatische Aufteilung der Backup-Dateien und eine Aufforderung zum Einlegen des nächsten Mediums erhalten Sie nicht.

Die Einrichtung eines Backups mit dem Windows XP-Sicherungsprogramm ist also nur dann sinnvoll, wenn Sie auch langfristig bei jeder Sicherung mit nur einem Medium auskommen. Wenn Sie den richtigen Medientyp mit genug Speicherplatz wählen, kann auch diese Kombination durchaus sinnvoll sein, weil Sie damit erhebliche Kosten sparen.

Unterstützung durch Zusatzprogramme

Wie im letzten Abschnitt bereits erwähnt, müssen Sie für einige Medientypen Sie andere, käuflich zu erwerbende Backup-Programme einsetzen, um sinnvoll und automatisiert auf mehrere Medien sichern zu können.

Weil kein uns bekanntes Backup-Programm alle Medientypen unterstützt, sollten Sie sehr genau prüfen, ob das von Ihnen gewünschte Programm auch wirklich die Medienverwaltung beispielsweise von ZIP-Disks unterstützt.

Gängig bei allen heute verfügbaren professionellen Backup-Programmen wie CA Brightstor ArcServe oder Veritas Backup Exec ist jedoch die Unterstützung aller Bandtypen, Bandwechsler, Festplatten und CD-R-Laufwerken.

Einlesen fremder Backups

Wenn Sie von einem älteren Windows-PC umsteigen und Ihr System neu installieren, ist es natürlich wichtig, dass Sie Ihre alten Datensicherungen einlesen können. Deshalb erfahren Sie hier, wie Sie Ihre „alten" Datenbestände auf das neue System portieren.

Import aus Windows 9x

Leider unterstützt das Windows XP-Sicherungsprogramm nicht den Import von Medien, die unter Windows 9x oder Windows ME erstellt wurden.

Es gibt aber dank der Kompatibilitätsoptionen von Windows XP die Möglichkeit, das alte Windows 9x-Backup-Programm direkt unter Windows XP zu starten und damit die Sicherung wiederherzustellen. Stellen Sie dazu bei der entsprechenden EXE-Datei einfach nur die Kompatibilität auf *Windows 95* bzw. *Windows 98* ein.

Sie müssen jedoch daran denken, die alten Windows-Systemprogramme auf eine Diskette oder CD zu sichern, bevor Sie die Festplatte unter Windows XP neu formatieren ...

Am einfachsten ist es natürlich, wenn Sie Ihre Dateien unter Windows 9x durch Kopieren auf CD-, ZIP- oder JAZ-Laufwerke ohne Sicherungsprogramm archivieren, sodass die Daten unter jedem Betriebssystem und ohne Backup-Programm lesbar sind.

Import aus Windows NT 4

Unter Windows NT 4 wird das Programm *ntbackup.exe* mitgeliefert. Dieses Programm ist nur in der Lage, auf Bändern zu sichern oder von Bandlaufwerken wiederherzustellen.

Das Windows XP-Sicherungsprogramm unterstützt das Einlesen von NT-4-Bändern unter folgenden Voraussetzungen:

- Die Hardwarekomprimierung war bei der Sicherung abgeschaltet oder Sie lesen das Band in einem Laufwerk desselben Typs wieder ein.
- Der Zugriff der Sicherung wurde nicht auf den Administrator beschränkt.

Unter diesen Voraussetzungen können Sie sogar die von NT4 gespeicherten Zugriffsrechte (ACLs) vom Band wiederherstellen.

Import aus Windows 2000

Windows 2000 und Windows XP verwenden dasselbe Backup-Programm. Die verwendeten Medien sind deshalb voll auf- und abwärtskompatibel.

Import aus anderen Backup-Programmen

Sollten Sie Ihre Backups mithilfe von ArcServe, BackupExec oder einem anderen Backup-Programm erstellt haben, müssen Sie dieses Programm auf Ihrem Windows XP-System installieren, um das Backup einzulesen.

Häufig taucht dabei das Problem auf, dass die für das Backup verwendete Version gar nicht unter Windows XP lauffähig ist und zuerst ein Update auf die neuste Version erworben werden muss. Wir empfehlen deshalb, soweit möglich für die Datenübernahme entweder eine CD zu verwenden oder die Dateien direkt über das Netzwerk von einem PC zum anderen zu kopieren.

Verwenden Sie direkte Kopien auf CDs jedoch nur,

- wenn Sie keine Zugriffsrechte für Dateien oder Verzeichnisse übernehmen müssen,
- wenn alle Datei- und Verzeichnisnamen ISO9660-kompatibel sind, d. h., der Pfad darf nicht länger als 256 Zeichen sein und keine ungültigen Sonderzeichen enthalten.

Export

Leider sieht die Kompatibilität des Windows XP-Sicherungsprogramms auch beim Export nicht besonders gut aus. Außer den professionellen Backup-Programmen können Sie Windows XP-Sicherungsdateien beinahe nirgends einlesen, weder unter Windows NT noch unter Windows ME oder 9x. Nur Windows 2000 ist in der Lage, die verwendeten Backup-Formate zu verstehen.

Für den Datenaustausch zu einem älteren System sollten Sie also am besten eine Kopie Ihrer Dateien ohne Backup-Programm, beispielsweise auf CD, verwenden.

Wechselmedienverwaltung

Windows XP verfügt über eine integrierte Wechselmedienverwaltung, die Sie unter *Computerverwaltung/Datenspeicher/Wechselmedien* finden.

Die Wechselmedienverwaltung ist nicht - wie oft irrtümlich angenommen - in der Lage, einen Pool von CD-R-Medien sinnvoll zu verwalten. Windows XP unterstützt hier ausschließlich bestimmte Bandlaufwerke und -wechsler, die Sie der aktuellen Hardwarekompatibilitätsliste entnehmen können. Hier finden Sie eine Übersicht über alle unterstützten Band-Changer und Jukeboxen.

Falls Sie über eine Bandbibliothek (Bandwechsler) oder eine Jukebox verfügen, können Sie mithilfe der Wechselmedienverwaltung

- die in der Bibliothek befindlichen Bänder verwalten, bezeichnen und katalogisieren,
- die Türen und Steckplätze der Bibliothek steuern,
- die Medien in Pools zuteilen.

Sie benötigen jedoch in jedem Fall ein Sicherungsprogramm, das auch mit Medienbibliotheken umgehen kann.

15.2 Sicherung durch Imaging

Eine der schnellsten und vollständigsten Möglichkeiten, ein System zu sichern, ist eine vollständige Kopie der Festplatte.

Eine „richtige" Festplattenspiegelung, die die Dateien automatisch auf zwei Festplatten parallel abspeichert, ist unter Windows XP nicht möglich, sondern nur auf den Serverversionen Windows 2000 und Windows .NET Server.

Imaging-Tools

Es gibt jedoch eine ganze Reihe Tools, die meist als Imaging- oder Cloningsoftware bezeichnet wird und die zum vollständigen Backup der Festplatte eingesetzt werden kann. Zu diesen Tools gehören:

- DriveImage bzw. DeployCenter von Powerquest (*www.powerquest.de*)
- Ghost von Symantec (*www.symantec.de*)
- BackMagic (*www.backmagic.de*)
- DriveCopy

und einige andere.

Bevor Sie ein Tool auswählen, vergewissern Sie sich beim Hersteller, dass dieses Tool auch Windows XP unterstützt. Da im Dateisystem NTFS neue Features hinzugekommen sind, wie gruppenbasierte Verschlüsselung, arbeiten ältere Versionen wie DriveImage 4 nicht korrekt mit Windows XP, wenn dieses auf NTFS installiert wurde.

Gefährlich daran ist, dass beim Backup meist noch nicht einmal eine Fehlermeldung kommt, erst beim Restore stellt sich heraus, dass die Festplatteninformationen nicht korrekt gelesen wurden.

Am sichersten ist es, direkt nach der Installation testweise ein Image der Platte zu machen und dieses dann einfach noch mal zurückzuspielen. Dann war schlimmstenfalls die Betriebssysteminstallation für die Katz, Sie verlieren aber keine Daten.

Wie arbeiten Imaging-Tools?

Die Imaging-Tools lesen die Daten der Festplatte sektorweise aus und schreiben die belegten Sektoren entweder als direkte Kopie auf eine zweite Festplatte oder packen sie in eine Imagegatei, die Sie nach Wunsch mehr oder weniger stark komprimieren können.

Einige Imaging-Programme können auch direkt auf ZIP-/JAZ-Laufwerke oder einen CD-Brenner schreiben.

Mehrere Partitionen oder Festplatten sind erforderlich

Wenn Sie auf die lokale Festplatte sichern wollen, benötigen Sie zwei Partitionen oder Festplatten. Auf der einen Partition installieren Sie Windows XP und Ihre Anwendungen, die zweite nimmt dann die Image-Datei der ersten auf.

Wenn Sie nur eine einzige Partition haben, können Sie nur auf CD-R oder sonstige zusätzliche Medien sichern.

Mittlerweile arbeiten einige der genannten Tools auch direkt unter Windows und nicht mehr nur unter DOS, Systemlaufwerke können aber noch nicht Ihren PC im laufenden Betrieb sichern. Der DOS-Modus erlaubt hingegen vollen Zugriff auf die Hardware und Partitionstabelle bzw. den Bootsektor und ist wesentlich schneller, da keine anderen Prozesse im Hintergrund laufen. Eine Automatisierung des Vorgangs ist damit naturgemäß schwierig.

Die meisten Programmhersteller bieten eine Bootdiskette an, von der dann die Imagingsoftware gestartet wird. Powerquest DeployCenter bietet auch die Möglichkeit, nach der Installation unter Windows XP über ein Symbol direkt vom Desktop nach DOS zu booten.

Wir empfehlen, Imagesicherungen nur gelegentlich bzw. bei Systemänderungen oder Installationen zur Vollsicherung des Systems zu nutzen (und dann mit manueller Bedienung), um einfach und schnell zu einem lauffähigen Stand zurückkehren zu können. Wenn Sie nur gelegentlich Images erstellen, müssen Sie jedoch täglich Ihre Daten auf ein Wechselmedium wie beispielsweise CD-R oder ZIP sichern. Im Falle einer Wiederherstellung verlieren Sie sonst alle Dateien, die seit dem letzten Image erstellt oder geändert wurden.

15.3 Systemstatussicherung/-wiederherstellung via Backup

In diesem Abschnitt erfahren Sie, wie Sie Ihren PC mithilfe des Sicherungsprogramms für den Notfall rüsten können. Dies bedeutet, dass der PC auch im schlimmsten Fall beim Tod der Festplatte vom letzten Backup wiederhergestellt werden kann.

Was ist der Systemstatus?

Der Kern des Windows-Systems und damit der wichtigste Teil der Sicherung ist der Systemstatus. Er enthält folgende Komponenten:

- Die Registry
- Die Bootdateien
- Die COM+-Klassenregistrierung
- Alle wichtigen Treiber und Dienste des PCs, die zum Start des Betriebssystems benötigt werden, auch Druckertreiber etc.

Einzelauswahl nicht möglich
Sie können beim Systemstatus keine einzelnen Komponenten oder Dateien auswählen. Es kann immer nur „ganz oder gar nicht" gesichert und auch wiederhergestellt werden.

Wenn Sie den Systemstatus eines PCs gesichert haben, können Sie auf einem baugleichen PC die Hardware- und Dienstekonfiguration eines PCs einschließlich Netzwerkadressen, Benutzern, SIDs etc. wiederherstellen.

Systemstatus umfasst nicht alle Dateien
Beim Systemstatus werden jedoch nicht alle Dateien kopiert, insbesondere nicht installierte Programme. Es kann also nach Wiederherstellung des Systemstatus durchaus zu Fehlermeldungen kommen, weil bestimmte Dateien oder DLLs nicht vorhanden sind. Das System ist aber nach der Wiederherstellung auf jeden Fall bootfähig.

Um den Systemstatus zu sichern, rufen Sie unter *Zubehör/Systemprogramme/Sicherung* das Sicherungsprogramm und hier den *Erweiterten Modus* auf.

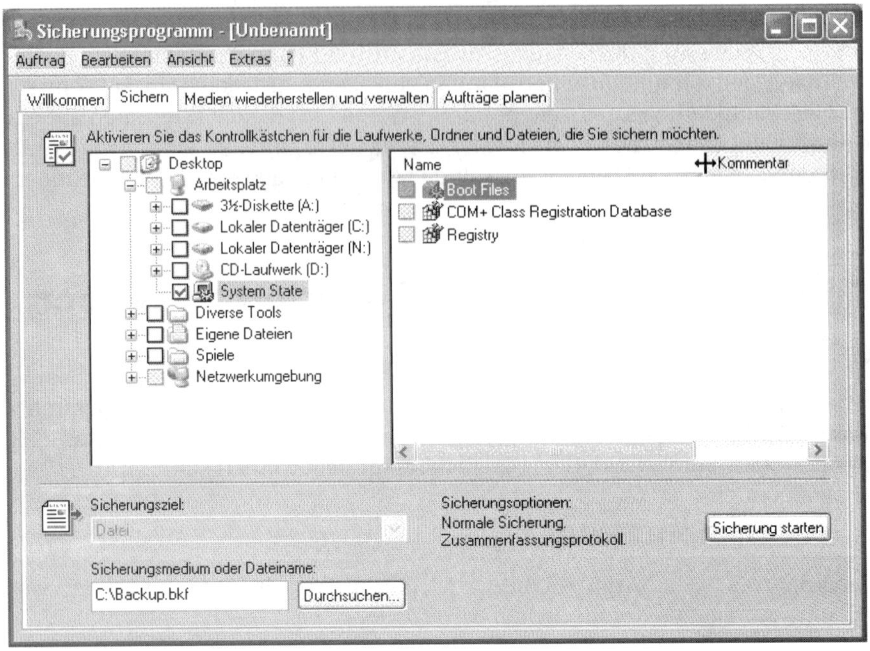

Sicherung des Systemstatus.

Wählen Sie hier den Systemstatus aus. Nach Auswahl des Sicherungsmediums klicken Sie auf *Sicherung starten* und danach nochmals *Starten*.

Danach erstellt das System eine so genannte Schattenkopie der geöffneten Systemdateien, damit auch offene Dateien gesichert werden können, und beginnt mit dem Backup.

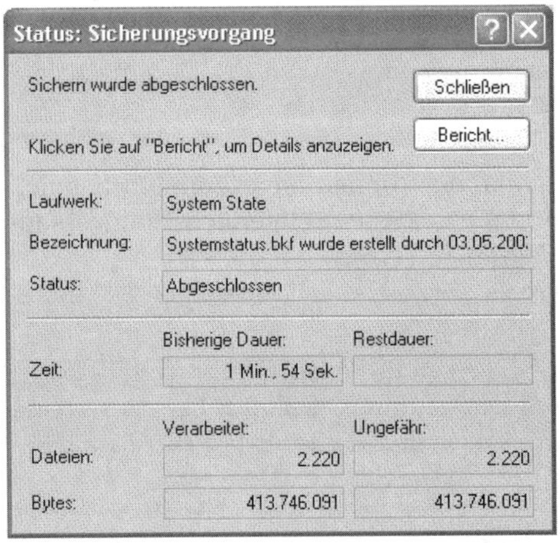

Der Systemstatus ist umfangreich.

Sie benötigen zwischen 400 und 500 MByte Platz, um eine Systemstatussicherung durchführen zu können.

Wenn Sie einem Crash vorbeugen wollen, sichern Sie immer alle Dateien auf Ihrer Festplatte und zusätzlich den Systemstatus. Ohne Systemstatus werden Sie Ihren PC nicht mehr vernünftig zum Laufen bringen können, aber ohne die Dateien, Programme etc. ist auch das System wertlos, sodass Sie immer beides sichern müssen.

Systemwiederherstellungsdiskette & Co. erstellen

Um den PC im Falle eines Crashs ohne Neuinstallation des Betriebssystems wiederherstellen zu können, benötigen Sie eine vollständige Sicherung inklusive Systemstatus und eine Systemwiederherstellungsdiskette. Beides zusammen können Sie mithilfe des Sicherungsprogramms erstellen.

Es handelt sich jedoch nicht um eine einfache Diskette, sondern die Diskette enthält Informationen über die letzte Vollsicherung, die dann automatisch wiederhergestellt werden kann. Dieser Mechanismus wird als **A**utomated **S**ystem **R**ecovery oder ASR bezeichnet.

Sie sollten regelmäßig ASR-Sicherungen durchführen, um im Notfall Ihren PC wiederherstellen zu können.

Verwenden Sie die ASR-Wiederherstellung jedoch nur, wenn andere Mittel zur Wiederherstellung wie der abgesicherte Modus oder die Systemwiederherstellung nicht funktionieren. Sie verlieren bei der ASR-Wiederherstellung alle Daten seit der letzten ASR-Sicherung!

Diskette allein erstellen ist nicht möglich
Sie können nicht wie in früheren Windows-Versionen einfach eine Notfalldiskette erstellen. Der Assistent erstellt immer eine Vollsicherung Ihres Systems, auf die dann die ASR-Diskette aufbaut.

Nach Aufruf des Sicherungsprogramms wählen Sie die Option *Assistent für die automatische Systemwiederherstellung*.

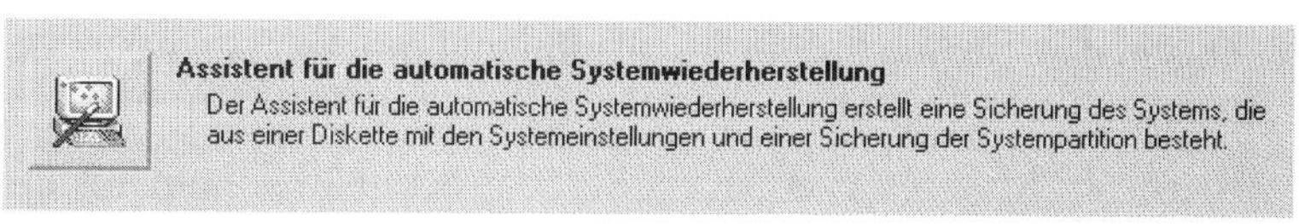

Für die Notfallvorbeugung gibt es einen eigenen Assistenten.

Der Assistent führt Sie durch ein kurzes Menü, das Sie im Wesentlichen nach dem Zielpfad für die Vollsicherung fragt.

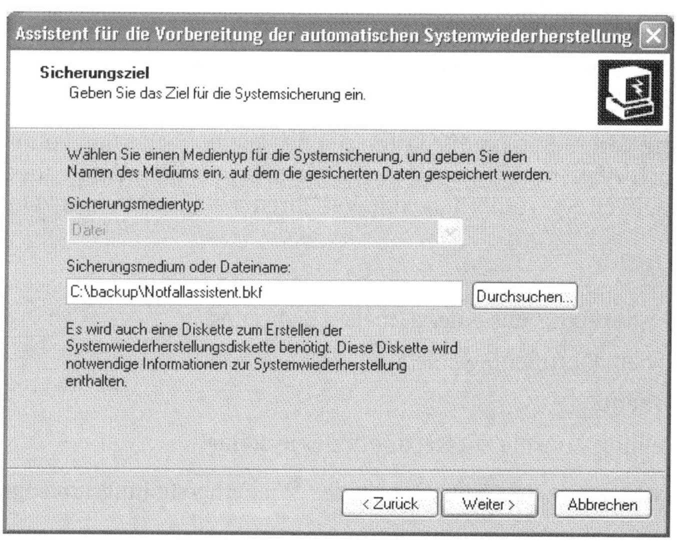

Sie müssen eine Vollsicherung für die Systemwiederherstellung anlegen.

Es werden im Laufe dieser Sicherung alle Laufwerkinformationen, das Systemlaufwerk und alle Dateien gesichert, die aus dem System heraus referenziert werden.

Nach der Vollsicherung Ihres Systems erhalten Sie folgenden Hinweis:

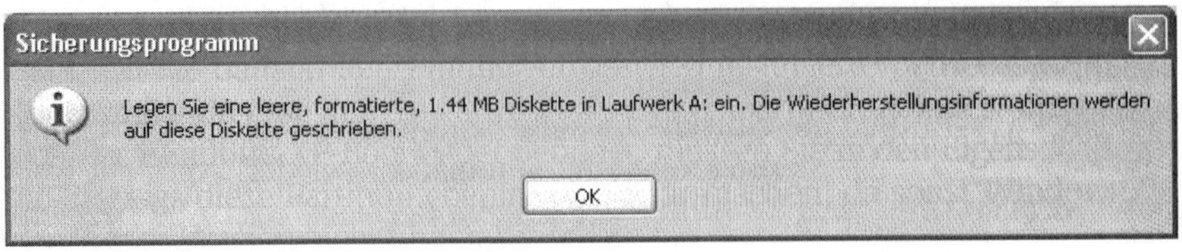

Automatische Diskettenerstellung nach Abschluss der Installation.

Danach kopiert das System die Konfigurationsdateien auf die Diskette. Es handelt sich um folgende Dateien:

- *setup.log*
- *asr.sif*
- *asrpnp.sif*

Nun müssen Sie nur noch die Diskette und Ihr Backup für den Fall eines Crashs aufbewahren.

Was tun im Falle eines Crashs?

Falls Sie eine ASR-Sicherung haben und zu diesem Stand zurückkehren möchten, benötigen Sie die Windows XP-CD.

Booten Sie von der CD bis in den Textmodus der Installation und drücken Sie, wenn Sie dazu aufgefordert werden, die Taste F2.

Wenn Sie die ASR-Wiederherstellung gestartet haben, liest das Setup-Programm aus Ihrer Notfalldiskette die Datenträgerkonfigurationen und stellt alle Datenträgersignaturen, Volumes und Partitionen auf allen Datenträgern wieder her, die zum Zeitpunkt des Backups aktiv waren.

Das Setup-Programm führt dann eine Basisinstallation von Windows durch und startet automatisch eine Wiederherstellung unter Verwendung der vom Assistenten für die automatische Systemwiederherstellung erstellten Sicherung.

Bedenken Sie vor dem Einsatz von ASR, dass alle Daten seit der letzten Sicherung verloren gehen. Dies spielt natürlich keine Rolle, wenn Ihre Festplatte hinüber ist. Wenn aber noch etwas zu retten ist, probieren Sie vorher folgende Verfahren aus (in der angegebenen Reihenfolge):

- Systemwiederherstellung
- Wiederherstellung des Systemstatus aus einer aktuellen Sicherung
- *Abgesicherter Modus* aus dem Startmenü wählen
- Verwenden einer Bootdiskette
- Nutzen der Wiederherstellungskonsole zur Reparatur des Systems

Näheres zu Notfallmaßnahmen sowie zur Einrichtung der Wiederherstellungskonsole finden Sie in Kapitel 5.

15.4 Datensicherungen automatisieren

Eines der wichtigsten Computergesetzte lautet, dass man niemals ein aktuelles Backup hat, wenn man es gerade braucht. Anfangs denkt man noch an die regelmäßige Datensicherung, später wird es lästig und man schludert. Deshalb ist es am besten, wenn Sie Ihre Datensicherungen automatisiert ablaufen lassen. Sie können sie nicht vergessen und Ihre Backups sind immer auf dem neusten Stand.

Wenn Sie Ihren PC rund um die Uhr laufen lassen, beispielsweise als Anrufbeantworter, Faxmaschine oder Webserver, bietet sich die nächtliche Datensicherung an, damit Sie nicht gestört werden. Wenn Sie Ihren PC abends ausschalten, sollten Sie den Zeitplan so legen, dass der PC eingeschaltet ist.

Je nach verwendetem Backup-Medium werden Sie jedoch die im Hintergrund laufende Sicherung deutlich aufgrund der gestiegenen Prozessorlast bemerken. Es gibt jedoch im Windows-Scheduler die Möglichkeit, den Sicherungsjob erst nach einer gewissen Leerlaufzeit die Sicherung zu beginnen, sodass Sie nicht beim Arbeiten gestört werden.

Volumenschattenkopien

Die Sicherungsfunktion von Windows XP unterstützt Volumenschattenkopien. Diese Option hat einige wichtige Vorteile:

- Laufende Programme und Dienste werden nicht mehr übersprungen.
- Geöffnete Dateien erscheinen auf dem Schattenkopienvolume als geschlossen.
- Es muss kein Sicherungsfenster eingeplant werden.

Windows legt von geöffneten Programmen im Hintergrund automatisch (Schatten-)Kopien an, auf die das Sicherungsprogramm dann zugreifen kann. Anschließend werden diese Daten automatisch wieder gelöscht. Der Anwender merkt praktisch – außer einer leichten Verzögerung – nichts von diesem Vorgang. Die Schattenkopien benötigen entsprechend viel freien Speicherplatz auf einem NTFS-Volume. Wenn der Speicherplatz nicht zur Verfügung steht, werden die entsprechenden Dateien nach wie vor übersprungen.

Damit die Datensicherung nicht so viel Zeit in Anspruch nimmt, können Sie wie oben beschrieben beispielsweise nur die Daten regelmäßig sichern.

Die Systemdateien brauchen Sie nur nach Installationen oder Konfigurationsänderungen mitzusichern, was Sie auch manuell erledigen können.

Automatisierung mit dem Scheduler

Um eine automatisierte Datensicherung zu erstellen, rufen Sie zunächst *Zubehör/Systemprogramme/Sicherung* auf. Definieren Sie hier, welche Dateien gesichert werden sollen. Klicken Sie dann auf *Sicherung Starten*.

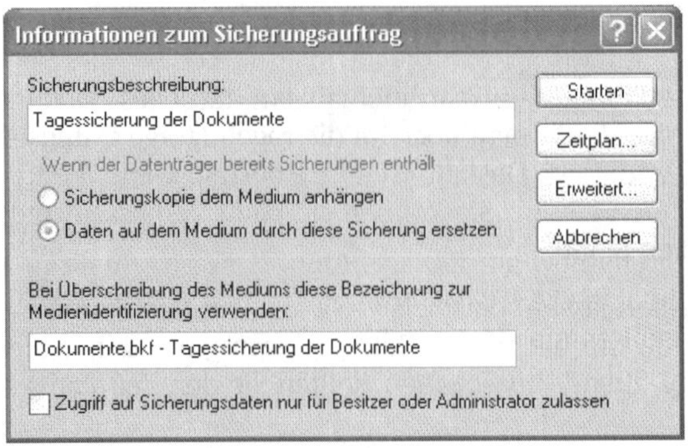

Definition eines automatischen Backup-Jobs.

Achten Sie darauf, dass die Option *Daten auf dem Medium durch diese Sicherung ersetzen* aktiviert ist. Andernfalls wird Ihren Backup-Medien schnell der Platz ausgehen. Bei einer regelmäßig wiederkehrenden Sicherung lohnt es sich auch, für die Sicherung und auch das Medium eine ordentliche Beschreibung zu verfassen.

Falls Sie keine Vollsicherung, sondern nur differenzielle Sicherungen oder andere machen wollen, stellen Sie dies nun unter *Erweitert* ein. Beachten Sie jedoch die Unterschiede der verschiedenen Sicherungsmethoden und heben Sie alle für die Wiederherstellung nötigen Backup-Medien auf. Näheres zu den verschiedenen Sicherungsmethoden finden Sie ab Seite 1007.

Um den Backup-Job zu automatisieren, klicken Sie auf *Zeitplan*.

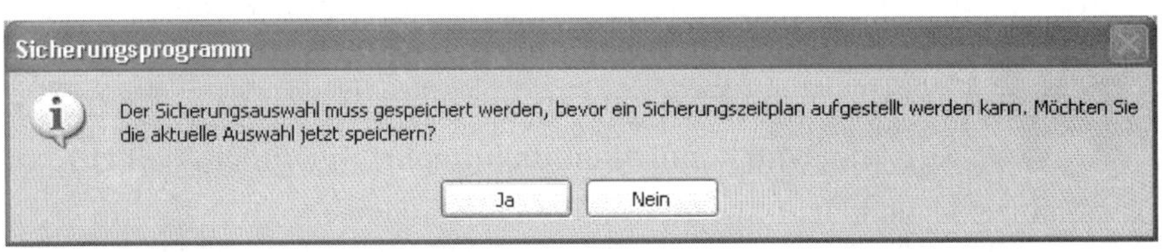

Die Backup-Definition muss gespeichert werden.

Damit Sie den Job immer wieder ausführen können, muss der Job in Form einer BKS-Datei gespeichert werden. Bei der späteren Automatisierung wird dann das Sicherungsprogramm mit dem Namen des gespeicherten Jobs als Parameter aufgerufen.

Zugriffsrechte auf Backup-Jobs

Achten Sie darauf, dass das Konto, das den Backup-Job ausführen soll, Lesezugriff auf die BKS-Datei haben muss. Andernfalls schlägt die Automatisierung fehl.
Wählen Sie also am besten ein Verzeichnis, auf das jeder Benutzer Lesezugriff hat.

Sollten Sie später Sicherungseinstellungen oder die Auswahl der zu sichernden Dateien ändern wollen, genügt es, die BKS-Datei mithilfe des Sicherungsprogramms zu öffnen, die gewünschten Änderungen vorzunehmen und die Datei wieder abzuspeichern.

Nach dem Speichern der Jobdefinition müssen Sie ein Benutzerkonto angeben, mit dessen Rechten die Sicherung durchgeführt wird.

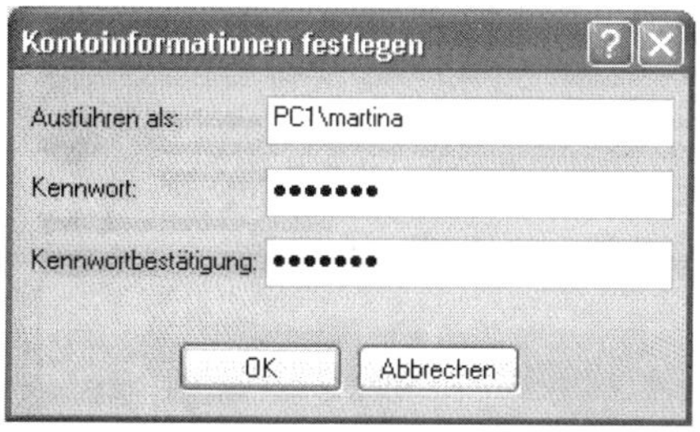

Benutzerkonto für den automatischen Backup-Job.

Verwenden Sie am besten einen speziellen Benutzer für diese Aufgabe, dessen Kennwort sich niemals ändert und das auch nie automatisch abläuft. Wenn Sie Ihr eigenes Benutzerkonto verwenden und später Ihr Kennwort ändern, läuft sonst der automatische Backup-Job nicht mehr, bis Sie manuell im Backup-Job Ihr neues Kennwort eingeben.

Der neue Benutzer sollte entweder in der Gruppe *Administratoren* oder der Gruppe *Sicherungsoperatoren* sein oder das Recht zum *Sichern von Dateien und Verzeichnissen* besitzen. Dieses Recht können Sie unter *Programme/Verwaltung/Lokale Sicherheitsrichtlinie/Lokale Richtlinien/Zuweisen von Benutzerrechten* vergeben.

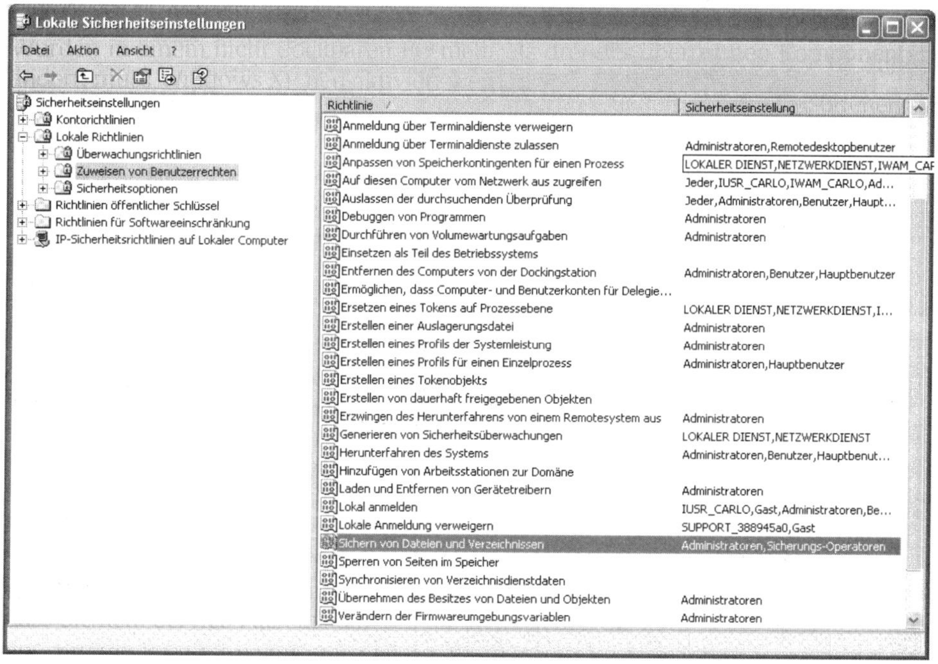

Wer darf Dateien sichern?

Nur mit diesem Recht ist gewährleistet, dass der Backup-Job auch Dateien sichern kann, die mit Zugriffsrechten (ACLs) geschützt oder mit EFS verschlüsselt wurden.

Nun müssen Sie dem Zeitplan-Auftrag einen sinnvollen Namen geben und einstellen, wann und wie oft gesichert werden soll. Dieser Part wird vom Windows-Task-Planer übernommen.

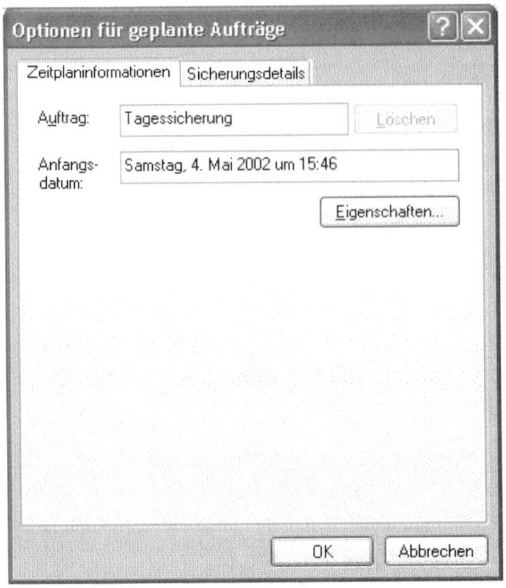

Der automatisch durch das Sicherungsprogramm generierte Auftrag.

Rufen Sie *Eigenschaften* auf, um den Zeitplan einzustellen.

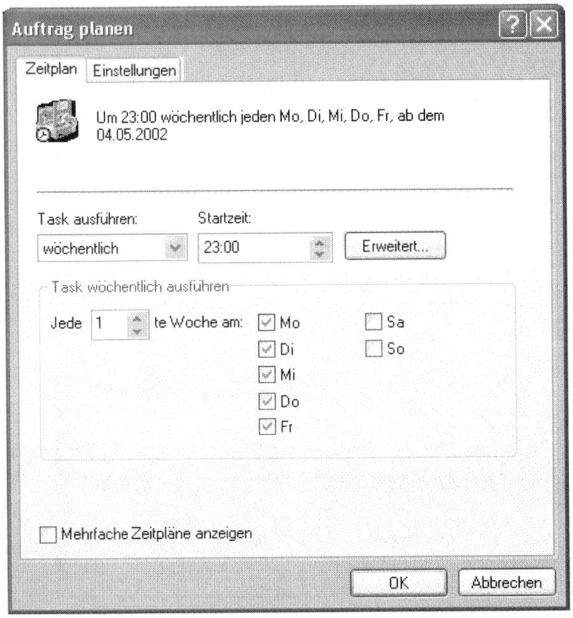

So sieht ein Zeitplan für die tägliche Sicherung an den Wochentagen aus.

Wählen Sie zwischen

- täglich
- wöchentlich (auch mehrere Tage je Woche sind möglich)
- monatlich
- einmal
- beim Systemstart (noch vor dem ersten Login)
- bei der Anmeldung (ähnlich einem Login-Script)

- im Leerlauf (jedes Mal, wenn der PC länger als x Minuten ohne Tastatur- oder Mauseingabe herumsteht)

Für eine Sicherung nur montags bis freitags wählen Sie *wöchentlich* aus und kreuzen die Tage Montag bis Freitag an.

Wählen Sie nun noch eine Uhrzeit, zu der die zu sichernden Dateien nicht geöffnet sind.

Bevor Sie den Auftrag speichern, werfen Sie noch einen Blick auf die *Einstellungen*.

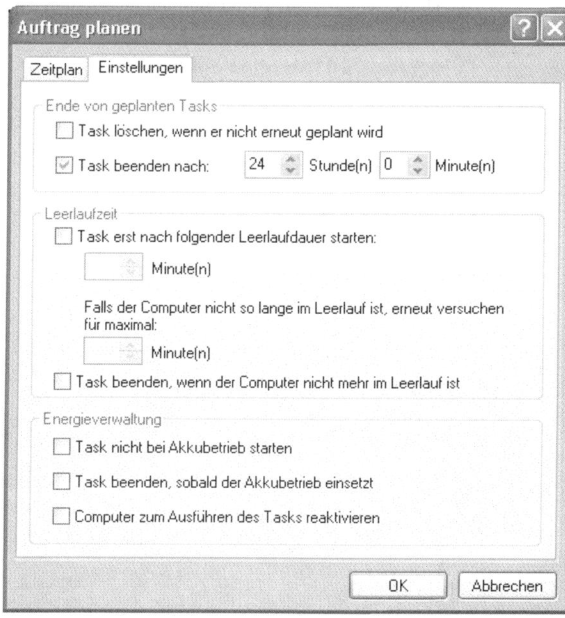

Erweiterte Auftrags-einstellungen.

Da die Sicherung jeden Tag läuft, sollten Sie den Sicherungstask immer nach 24 Stunden beenden lassen. Sonst gibt es Probleme, falls mal ein Auftrag hängenbleibt, wenn Sie also beispielsweise kein Medium eingelegt haben. Wenn Sie das Medium erst spät einlegen, überschneiden sich womöglich die Aufträge mehrerer Tage und versuchen dann, gleichzeitig auf dasselbe Medium zu sichern.

Wenn Sie tagsüber sichern, können Sie die Leerlauffunktion nutzen, damit Sie nicht bei der Arbeit gestört werden.

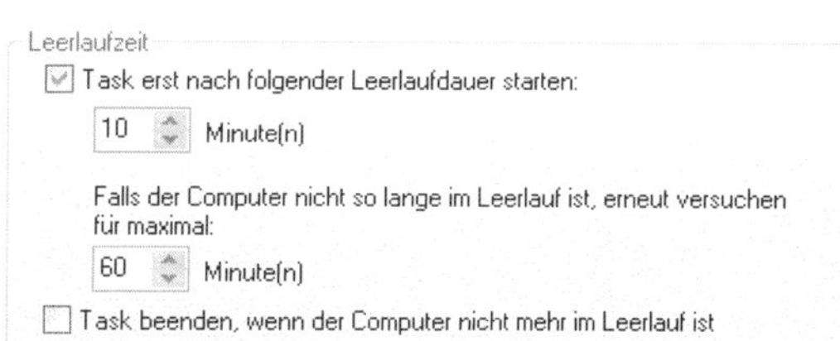

Die Leerlauf-funktion.

Lassen Sie den Auftrag beispielsweise erst nach zehn Minuten Leerlauf starten. Falls Sie immer längere Arbeitsphasen ohne Pause haben, verlängern Sie das zweite angegebene Zeitintervall auf beispielsweise vier Stunden, damit der Sicherungsjob eine Chance bekommt anzufangen.

Wenn Sie den Auftrag nun mit *OK* abspeichern, wird er aktiv geschaltet und von nun an zu den von Ihnen gewünschten Zeitpunkten automatisch aktiviert.

Überprüfen der Sicherung

Das Ergebnis der Sicherung können Sie in der Ereignisanzeige nachlesen. Rufen Sie die Ereignisanzeige auf und klicken Sie auf die Kategorie *Anwendung*.

Die Ereignisse aus der Quelle *ntbackup* zeigen Erfolgs- oder Fehlermeldungen des Sicherungsprogramms an, den Beginn der Sicherung (Ereignisnummer 8000), das Ende der Sicherung (8001) und den Schlussstatus (8019-25). Die jeweils letzte Meldung ist die wichtigste und zeigt schon mit dem Info- oder Fehlersymbol, ob alles geklappt hat.

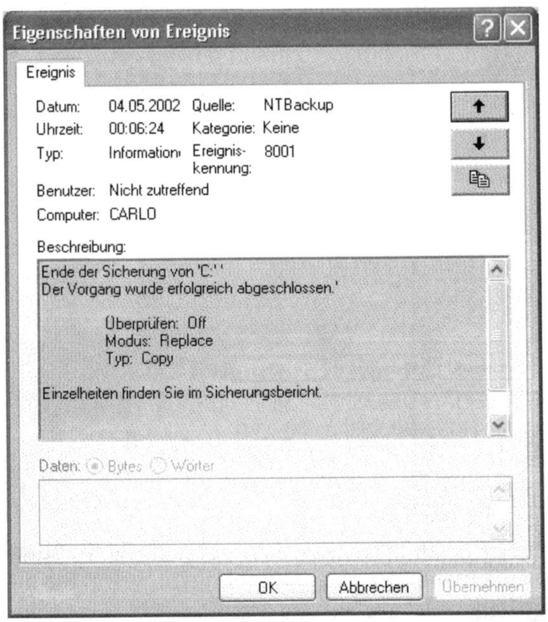

Überprüfen des Sicherungsergebnisses in der Ereignisanzeige.

In den Details finden Sie nochmals die Zusammenstellung der wichtigsten Backup-Parameter wie Laufwerk, Überschreiben des Mediums und Sicherungsmethode.

Sie können die Protokollierungsoptionen im Sicherungsprogramm unter *Extras/Optionen/Sicherungsprotokoll* konfigurieren.

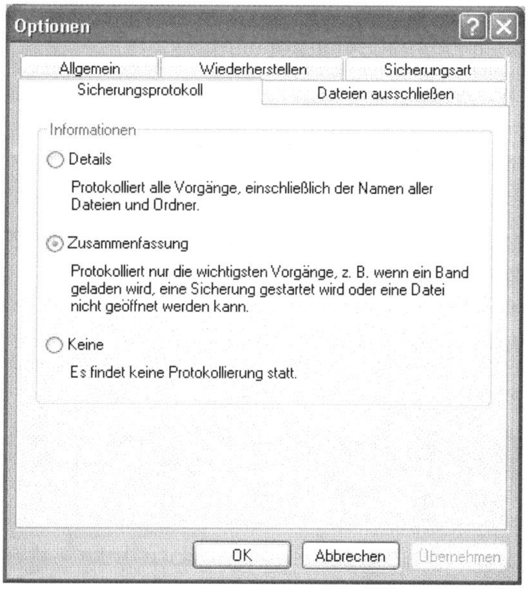

Verändern der Protokollier-optionen.

Ändern der Sicherungseinstellungen

Sicherlich müssen Sie im Lauf der Zeit Änderungen an Ihrem Sicherungsjob vornehmen. Falls Sie die zu sichernden Dateien ändern wollen, rufen Sie dazu das Sicherungsprogramm auf und öffnen die BKS-Datei, die Sie beim Erstellen des Jobs gespeichert haben. Falls Sie Einstellungen an der Uhrzeit, den Wochentagen oder der Leerlaufdauer vornehmen wollen, gehen Sie den Weg über *Systemsteuerung/Geplante Tasks*. Hier finden Sie alle Tasks, darunter auch den Auftrag Ihrer Sicherung.

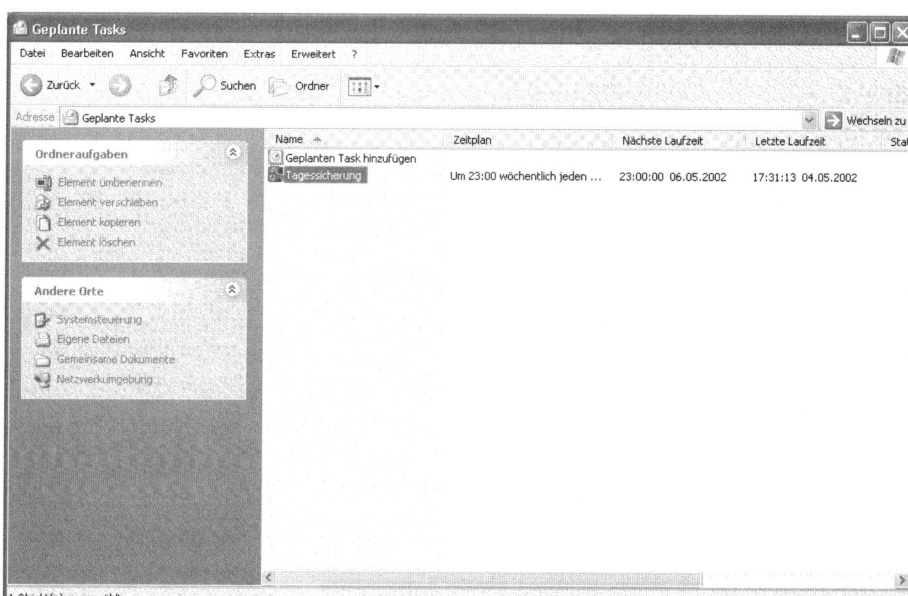

Liste der geplanten Tasks.

Wenn Sie in den Task auf *Ansicht/Detail* umschalten, können Sie überprüfen, wann der Task zuletzt gelaufen ist und wann er das nächste Mal ausgeführt wird.

Direktstart zur Kontrolle
Über das Kontextmenü können Sie die Tasks direkt aus dieser Liste heraus ausführen, um Änderungen sofort kontrollieren zu können.

In den Eigenschaften des Tasks finden Sie die Kommandozeile für das Programm *ntbackup.exe*, die automatisch gemäß Ihren Vorgaben in der grafischen Oberfläche mit den nötigen Parametern gefüllt und ergänzt wurde.

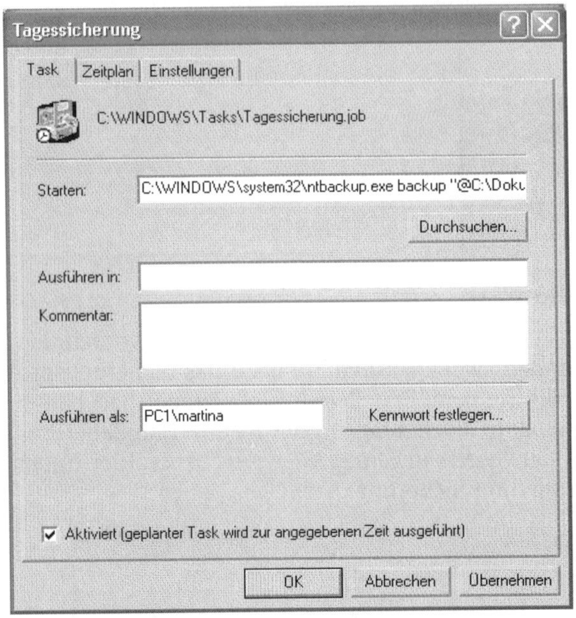

So sieht der ausgeführte Backup-Befehl aus.

Die Kommandozeile lautet:

```
C:\WINDOWS\system32\ntbackup.exe backup "@C:\ Tagessicherung.bks" /d
"Tagessicherung der Dokumente" /n "Dokumente.bkf" /v:no /r:no /rs:no /hc:off /m
normal /j "Tagessicherung" /l:s /f "C:\backup\Dokumente.bkf"
```

Parameter des ntbackup-Befehls

Damit Sie die Befehlszeile sinnvoll in Batchdateien einsetzen können, werden wir hier die Syntax etwas näher erläutern.

Der Befehl und die für Windows XP gültigen Parameter lauten:

```
ntbackup backup [systemstate] "BKS_Dateiname" /J "Auftragsname" [/P "Poolname"]
        [/T "Bandname"] [/N "Medienname"] [/F "Dateiname"] [/D "Beschreibung"] [/A]
        [/V:yes|no] [/R:yes|no] [/L:f|s|n] [/M Sicherungsart] [/HC:on|off]
```

Sie müssen also vor die einzelnen Parameter immer *ntbackup backup* setzen.

Ein Restore mittels Kommandozeile ist nicht möglich.

Die weiteren Parameter bedeuten im Einzelnen:

Parameter	Beschreibung
systemstate	Systemstatus-Sicherung durchführen.
@BKS_Dateiname	Name des gespeicherten Sicherungsjobs inklusive Pfad.
/J "Auftragsname"	Name des Jobs, der in der Protokolldatei steht.
/P "Poolname"	Name des Medienpools. Bei Bandlaufwerken muss entweder der Pool *4mm DAT* bzw. der Name des entsprechenden Systems oder der Bandname mit */T* angegeben werden, sonst fordert das System zum Einlegen eines überschreibbaren Mediums auf.
/N "Name"	Neuer Name des Mediums. Nicht mit */A* kombinierbar.
/A	An das Medium anhängen. Nicht mit */P* kombinierbar.
/F "Dateiname"	Dateiname für die Sicherung, falls auf eine Fest-/Wechselplatte gesichert wird. Nicht mit */A* kombinierbar.
/D "Beschreibung"	Beschreibung des Sicherungssatzes.
/V:{yes|no}	Überprüfen nach der Sicherung.
/R:{yes|no}	Zugriff auf den Administrator beschränken.
/L:{f|s|n}	Art der Protokollierung: *f* = Ausführlich, *s* = Zusammenfassung, *n* = keine.
/M {normal|differential|incremental|copy}	Sicherungsmethode.
/HC:{on|off}	Hardwarekompression verwenden.
/T "Bandname"	Gibt den Namen des Mediums beim Überschreiben oder beim Anhängen (*/a*) an.

15.5 Sicherung ausgewählter Konfigurationseinstellungen

Manchmal ist es wünschenswert, nicht die ganze Platte, ein bestimmtes Verzeichnis oder den gesamten Systemstatus zu sichern, sondern die Aufgaben sind etwas komplexer, wie beispielsweise

- Sichern der Registry oder eines Teils der Registry,
- Sichern aller Dokumente, die anhand der Dateiendung identifiziert werden können, aber kreuz und quer auf die Festplatte verteilt sind,
- Sichern aller Dateien und Einstellungen, die zu einem bestimmten Benutzer gehören.

Hier werden Sie sich mit den herkömmlichen Backup-Programmen sehr schwer tun. Deshalb werden in diesem Abschnitt Tools vorgestellt, mit denen solche Backup-Kunststücke möglich sind.

Erfreulich daran ist vor allem, dass die meisten Tools schon von Hause aus bei Windows XP mit an Bord sind und Sie nicht lange suchen oder die technische Referenz bemühen müssen.

Sichern von Benutzerdaten und Einstellungen

Alle Dateien und Einstellungen eines Benutzers zu sichern kann eine schwierige Aufgabe sein. Wenn Sie schon einmal versucht haben, ohne Hilfsmittel dieselbe Arbeitsumgebung auf zwei verschiedenen Computern zu schaffen, können Sie ein Lied davon singen. Unter Windows XP stehen jedoch einige Hilfsmittel zur Verfügung, um diese Aufgabe zu erleichtern.

Einmal bietet bereits das Sicherungsprogramm hier Unterstützung an, zum anderen gibt es spezielle Tools. Alle werden in diesem Abschnitt beschrieben.

Mithilfe des Sicherungsprogramms

Rufen Sie das Sicherungsprogramm unter *Zubehör/Systemprogramme/Sicherung* auf. Falls nicht automatisch der Assistent startet, rufen Sie *Extras/In Assistentmodus wechseln* auf.

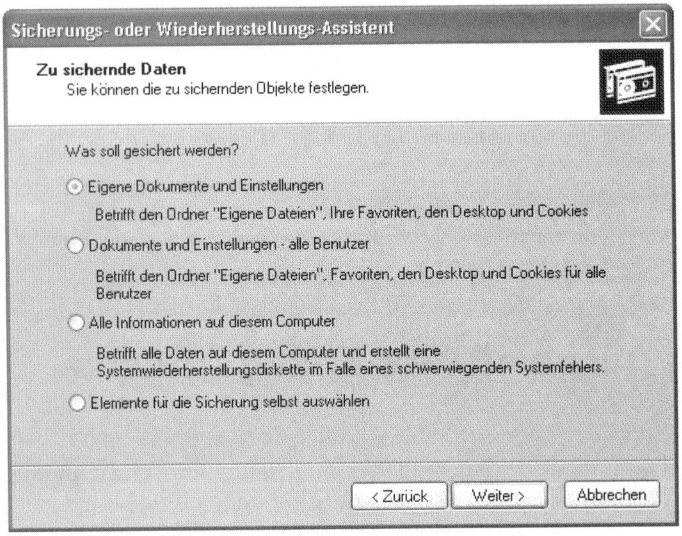

Sicherung der benutzerspezifischen Daten mit dem Sicherungs-Assistenten

Der Assistent erlaubt Ihnen, menügeführt die Dokumente und Einstellungen des aktuell angemeldeten Benutzers zu sichern.

Hierbei wird jedoch nicht die gesamte Festplatte nach Ihren Dokumenten abgesucht. Gesichert werden nur

- der Ordner *Eigene Dateien*,
- die Favoriten,
- Ihre Desktop-Symbole und Dateien, die auf dem Desktop liegen,
- Ihre Cookies.

Wenn das nicht genügt, müssen Sie ein spezielles Tool verwenden, das wesentlich weiter geht: das **U**ser **S**tate **M**igration **T**ool.

User State Migration Tool (USMT)

Neben dem Sicherungsprogramm bietet Microsoft auch noch ein spezialisiertes Tool an, das die gezielte Übertragung aller Datendateien und auch spezifischer Registryeinstellungen eines Benutzers ermöglicht: Das **U**ser **S**tate **M**igration **T**ool, kurz USMT. Im deutschen Dialogfeld heißt das Programm auch *Assistent zum Sichern von Dateien und Einstellungen*.

Mithilfe dieses Tools, das Sie unter *Zubehör/Systemprogramme/Übertragen von Dateien und Einstellungen* finden, können Sie mit mehr oder weniger hohem Konfigurationsaufwand alle Dateien und Einstellungen in eine Datei sichern und dann auf einem anderen PC oder sogar einer anderen Windows-Version wiederherstellen.

Dabei durchsucht dieses Programm eine ganze Reihe vorkonfigurierter Verzeichnisse und kopiert alle Dateien, die bestimmte Endungen aufweisen. Systemdateien werden dabei automatisch ausgelassen. Die Liste der Dateien und auch der Verzeichnisse ist selbstverständlich konfigurierbar.

Übernahme von Altdaten

Das Programm wurde ursprünglich zur Übernahme der Daten von Ihrem alten PC geschaffen, hat sich aber in der Praxis als sehr nützlich erwiesen, beispielsweise beim Umzug aller Einstellungen von einem PC zu einem anderen.

Wenn Sie das Programm aufrufen, werden Sie durch ein Menü geführt, das im Wesentlichen zwei Modi kennt:

- Sichern der Einstellungen
- Wiederherstellen der Einstellungen

Sie können also mit demselben Programm sichern und wiederherstellen. Wie Sie das Programm auf älteren Betriebssystemen starten können, wo es sich noch nicht im Startmenü befindet, erfahren Sie ab Seite 1033.

Sichern von Dateien und Einstellungen

Rufen Sie den Assistenten zum Übertragen von Dateien und Einstellungen auf und wählen Sie *Quellcomputer* aus.

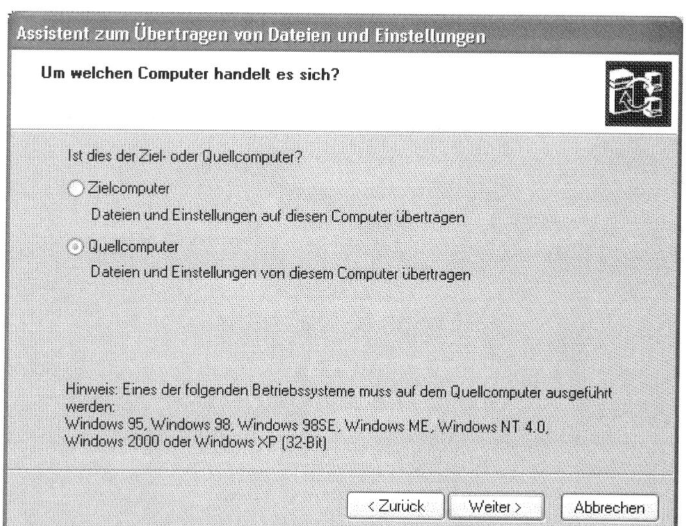

Der Assistent zum Übertragen von Dateien und Einstellungen unter Windows XP.

Wenn Sie den Assistenten zum Sichern verwenden, wählen Sie als Nächstes den Pfad für die Sicherungsdatei aus.

Bei Datenübernahme Direktverbindung verwenden
Wenn Sie den Assistenten für die Datenübernahme Ihres alten PCs einsetzen, verwenden Sie ein serielles Interlink-Kabel. Sie sparen sich dann das Sichern in eine Datei und das anschließende Auspacken, das mehr Platz benötigt.

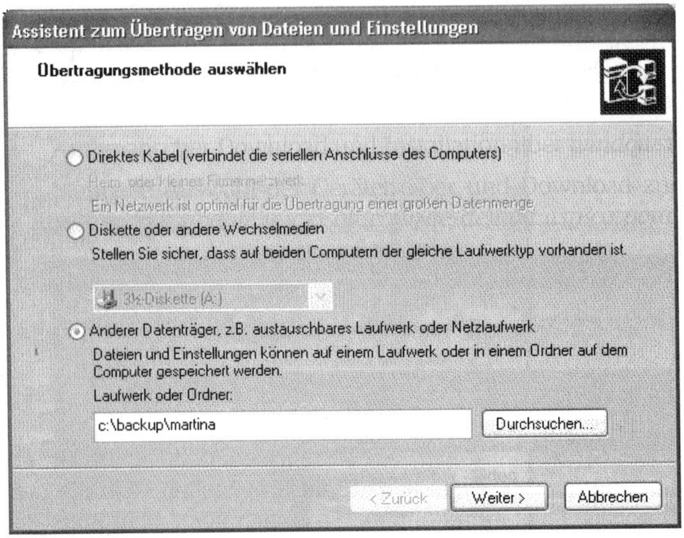

Auswahl des Ziels für die Sicherung der Einstellungen.

Sie müssen entscheiden, ob Sie nur Ihre Dateien übernehmen möchten oder auch Teile Ihrer Registry, in denen Desktop- und sonstige benutzerdefinierte Einstellungen gespeichert sind.

Außerdem übernimmt das Tool auch Desktop-Symbole, Favoriten und Cookies, wenn Sie auch die Einstellungen sichern.

Der Assistent übernimmt nicht die gesamte Registry, sondern nur einen kleinen Teil.

Wenn Sie komplexe Programmeinstellungen gemacht haben, die in der Registry gespeichert sind, schlagen Sie ab Seite 1041 nach, wie Sie die gesamte Registry sichern können.

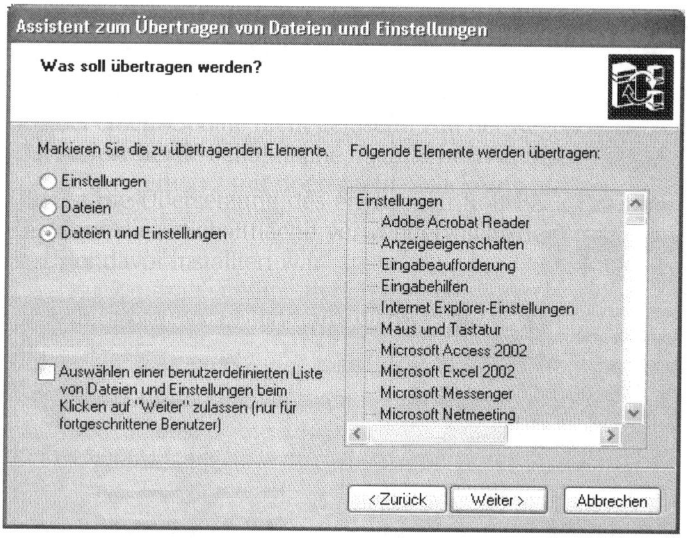

Auswahl der zu übertragenden Elemente.

Wenn Sie die Option *Auswählen einer benutzerdefinierten Liste* aktivieren, können Sie im nächsten Schritt noch Änderungen vornehmen und Registry-Schlüssel bzw. Dateitypen oder Ordner ein- und ausschließen.

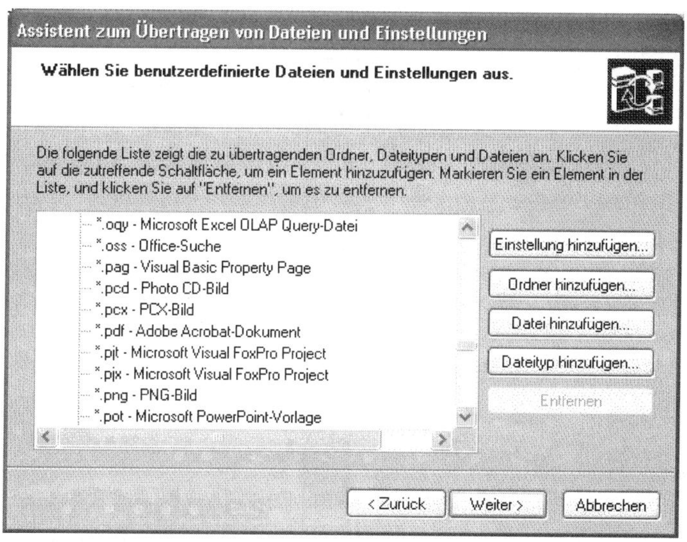

Benutzerdefinierte Konfiguration der Einstellungen.

Sie können einzelne Ordner mit allen darin befindlichen Dateien, einzelne Dateien oder Registry-Schlüssel (Einstellungen) hinzufügen.

Prüfen Sie besonders genau die Liste der Dateiendungen (Dateitypen). Hier sind zwar alle gängigen Anwendungen aufgelistet und das Tool versucht auch herauszufinden, welche Anwendungen Sie benutzen, und schließt deren Endungen ein; nicht alle Programme tragen jedoch die Endungen aller genutzten Dateien in die Registry ein, sodass Sie wahrscheinlich manuell nacharbeiten müssen.

Um Dateien mit speziellen Endungen in die Sicherung einzuschließen, klicken Sie auf *Dateityp hinzufügen*.

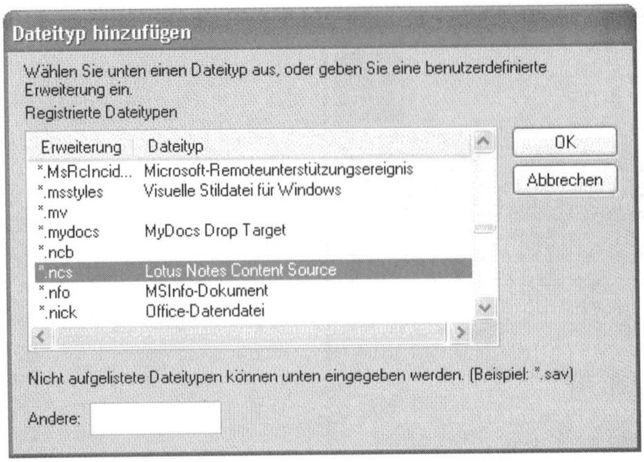

Auswahl anderer Dateitypen und -endungen.

Hier sehen Sie eine Liste aller Dateitypen Ihrer Registry zu Auswahl. Sie können jedoch auch eigene Dateiendungen in das Feld *Andere* eintragen.

Falls in der Sicherung Dateien mit registrierten Erweiterungen enthalten sind, wird anhand der Registry die zugehörige Anwendung ermittelt. Wenn deren Einstellungen übertragen werden sollen, erhalten Sie eine Warnmeldung, damit Sie nicht vergessen, auf dem Zielcomputer die entsprechenden Anwendungen zu installieren.

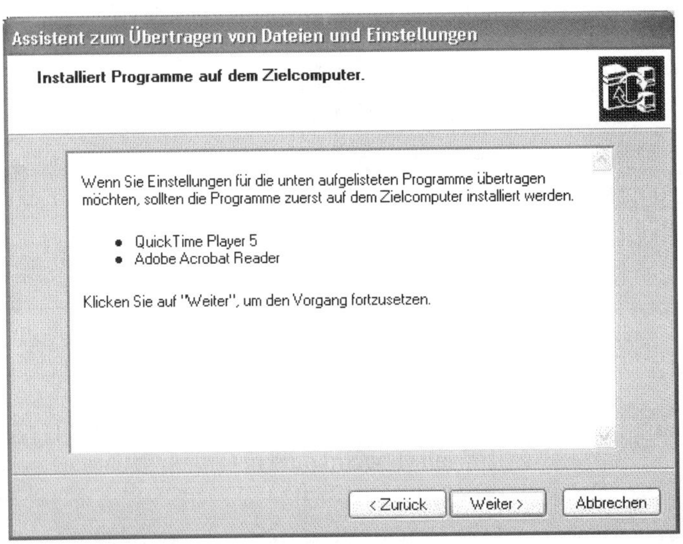

Warnmeldung bei anwendungsspezifischen Dateiendungen.

Nun können Sie die Sicherung starten. Machen Sie sich jedoch auf eine längere Kaffeepause gefasst, da die gesamte Festplatte nach Ihren Daten abgesucht wird.

Einige Anwender mussten für eine erfolgreiche Sicherung auch schon die Festplatte bereinigen, damit überhaupt genug Platz für die Sicherung aller Dateien der letzten Monate und Jahre vorhanden war, die bis dato irgendwo auf der Festplatte schlummerten.

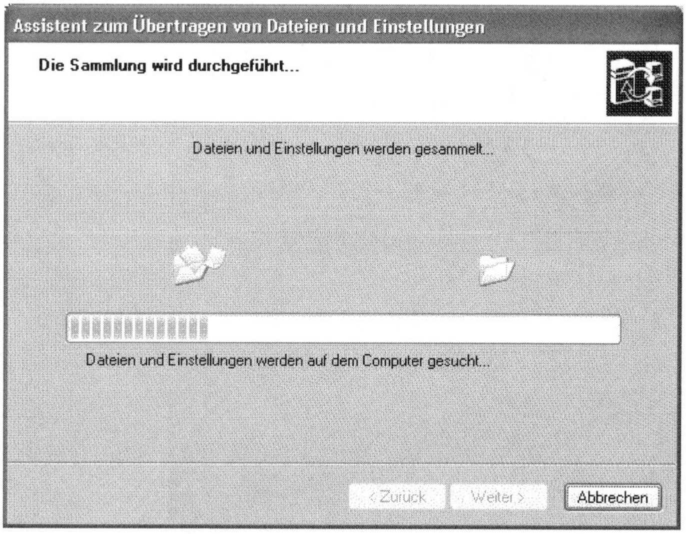

Die Sicherung kann einige Minuten in Anspruch nehmen, da die gesamte Festplatte durchsucht wird.

Als Ergebnis der Sicherung erhalten Sie in dem Verzeichnis, das als Backup-Pfad dient, sowie ein Unterverzeichnis *USMT2.UNC*, das die Datensicherungsdatei *IMG00001.DAT* und eine Datei mit dem Namen *status* enthält.

Aus diesem Verzeichnis heraus können Sie später die Rücksicherung vornehmen.

Aufruf auf einem anderen Betriebssystem

Was tun, wenn Sie Ihre Daten nicht auf dem Windows XP PC, sondern unter Windows 9x oder NT 4 sichern wollen?

Legen Sie bei aktiviertem AutoPlay einfach die Windows XP-CD in das CD-Laufwerk des Quellcomputers ein.

Wenn Sie eine Frage erhalten, ob Sie das Betriebssystem updaten wollen, verneinen Sie.

Wählen Sie dann im Startmenü der CD *Zusätzliche Aufgaben ausführen*.

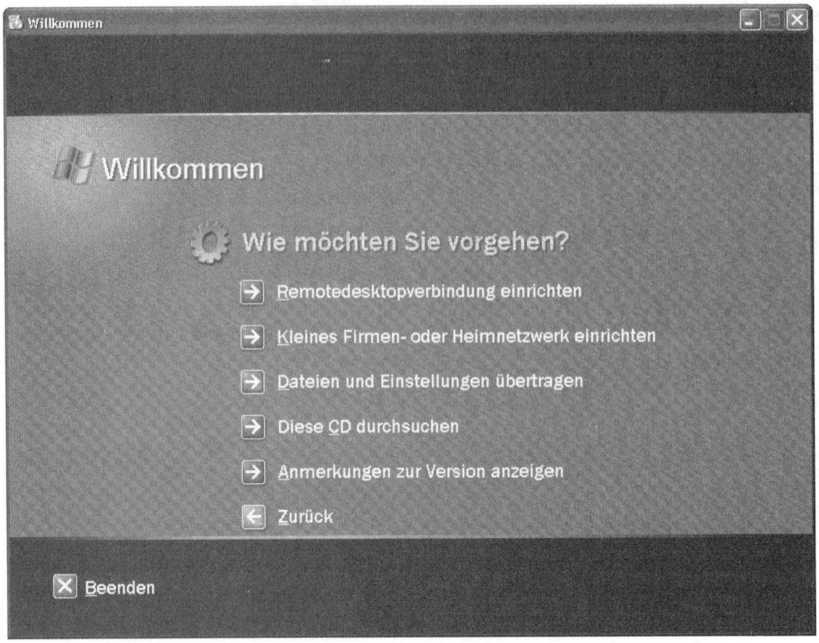

Die zusätzlichen Aufgaben der CD unterstützen bei der Übertragung von Einstellungen.

Wählen Sie *Dateien und Einstellungen übertragen* aus.

Danach startet der Assistent zur Übertragung von Dateien und Einstellungen und bietet dieselben Optionen wie unter Windows XP an.

Wenn AutoRun nicht verfügbar ist, kein CD-ROM-Laufwerk vorhanden ist und nur eine Netzwerkverbindung besteht, verwenden Sie die USMT-Tools direkt aus dem USMT-Verzeichnis der Windows XP-CD.

Sie finden die nötigen Dateien im Verzeichnis *\VALUEADD\MSFT\USMT*.

Automatisierung möglich

Mit den Tools aus diesem Verzeichnis können Sie auch batchgesteuerte Übernahmen erledigen, da alle Tools umfangreiche Parameter besitzen.

Sie können aber auch den Assistenten zum Übertragen von Dateien und Einstellungen aufrufen.

Nach Auswahl der Option *Zielcomputer* erhalten Sie die Möglichkeit, eine so genannte Assistentdiskette zu erstellen, auf die diese Dateien kopiert werden.

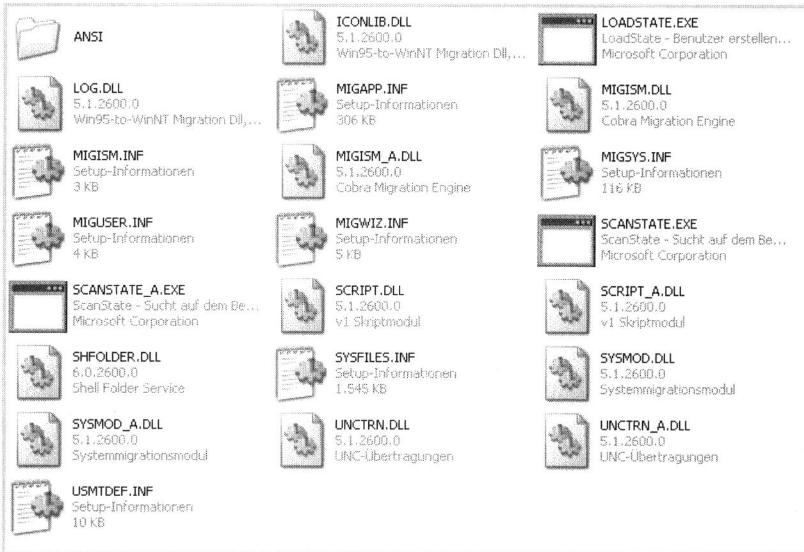

Das USMT-Verzeichnis auf der CD.

In diesem Verzeichnis gibt es zwei wichtige Programme:

- *Scanstate.exe* dient zum Sichern der Dateien und Einstellungen.
- *Loadstate.exe* dient zum Wiederherstellen der Dateien und Einstellungen.

Bei beiden müssen Sie als Parameter mindestens den Pfad der Datei angeben, die als Backup-Datei verwendet werden soll.

Ein weiterer wichtiger Schalter ist */l:Protokolldateiname*, damit Sie hinterher ein Protokoll haben, das Sie auf Fehler überprüfen können.

Es gibt außer Kommandozeilenschaltern auch einige Konfigurationsdateien, die Sie an Ihre Wünsche anpassen können, falls Sie dieses Tool häufiger einsetzen wollen. Die verschiedenen Dateien haben folgende Bedeutungen:

Datei	Zweck
USMTDEF.INF	Definition der immer zu kopierenden Dateiordner und Registry-Schlüssel.
MIGUSER.INF	Definition der benutzerabhängigen Registry-Schlüssel und Dateipfade.
Migapp.inf	Definition der Dateien und Registry-Schlüssel, die für jede Anwendung kopiert werden.
Sysfiles.inf	Die Dateien aus dieser Liste werden nicht kopiert, auch wenn die Endung ausgewählt wurde.

Eine ausführliche Beschreibung aller Schalter, Parameter und Konfigurationsdateien finden Sie in der technischen Referenz zu Windows XP. Eine kurze Beschreibung erhalten Sie mit

```
scanstate /?
```

bzw.

```
loadstate /?
```

in der Eingabeaufforderung.

Wiederherstellen von Dateien und Einstellungen

Um die Dateien wiederherzustellen, melden Sie sich zunächst auf dem Zielsystem unter dem Benutzernamen an, dessen Einstellungen wiederhergestellt werden sollen.

Rufen Sie dann den Assistenten zum Übertragen von Dateien und Einstellungen auf. Wählen Sie die Option *Zielcomputer* aus.

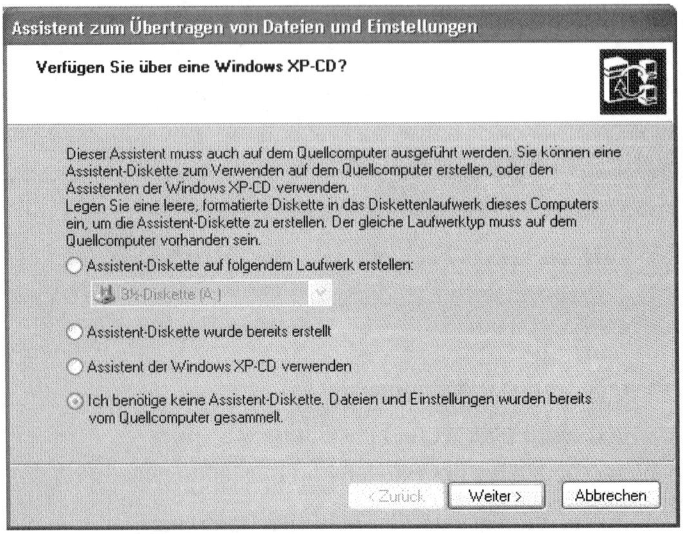

Optionen auf dem Zielcomputer.

Wenn Sie die Daten bereits auf CD, Festplatte oder einem Netzlaufwerk vorliegen haben, wählen Sie die Option *Ich benötige keine Assistent-Diskette* ...

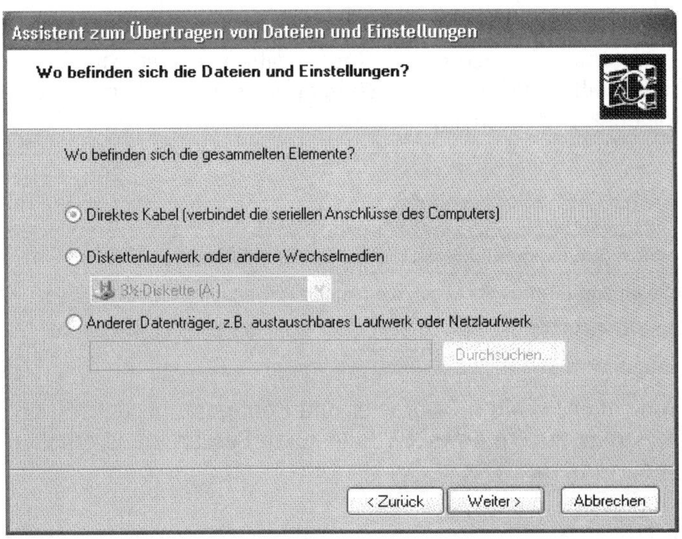

Auswahl des Übertragungswegs.

Wählen Sie nun *Anderer Datenträger* ... aus und geben Sie den Pfad an, auf dem die Dateien zu finden sind.

Danach kopiert der Assistent in die passenden Verzeichnisse und ergänzt Ihre Registry um die gesicherten Einstellungen. Sollten Sie bereits andere Einstellungen gemacht haben, gehen diese verloren.

Sichern von Registry-Werten

Häufig ist es wünschenswert, eine Sicherung der Registry zu haben. Sei es, dass Sie per Hand Werte verstellt haben oder dass eine Programminstallation ihre Spuren in der Registry hinterlassen hat: In allen Fällen wäre eine Sicherung hilfreich.

Unter Windows XP existieren gleich mehrere Tools, mit denen Sie die Registry in gewissem Rahmen ohne zusätzliche Hilfsprogramme schützen können:

- die Systemwiederherstellung
- RegEdit
- REGEDT32
- das Systemstatus-Backup, das neben der Registry auch Treiber und DLLs umfasst

Sicherung und Wiederherstellung des Systemstatus, der die vollständige Registry enthält, wurden bereits auf Seite 1015 beschrieben. In diesem Abschnitt geht es um die Tools, die gezielt zur Fehlervorbeugung bzw. zur Sicherung einzelner Registry-Schlüssel verwendet werden können.

Systemwiederherstellung

Um sich vor ungewollten Änderungen am System zu schützen, können Sie die Systemwiederherstellung verwenden.

Diese erlaubt es Ihnen, jederzeit einen Systemprüfpunkt (Snapshot) von Ihrer aktuellen Installation zu machen und im Fehlerfall zu diesem Stand zurückzuwechseln.

Dabei werden alle für installierte Software, Treiber und Systemdienste wichtigen Registry-Schlüssel und auch ein Teil der Programm- und Systemdateien überwacht und auf Knopfdruck wiederhergestellt.

> **Achtung, Datenverlust möglich**
> Bei der Wiederherstellung eines Systemprüfpunkts ist es möglich, dass Dateien durch Rückkehr zum Ausgangszustand gelöscht werden, die sich in Programmverzeichnissen oder im Windows-Verzeichnis befinden. Am sichersten ist es, wenn Sie alle Datendateien im Ordner *Eigene Dateien* ablegen; dieser Ordner wird niemals verändert.

Bei wichtigen Systemereignissen, also

- unmittelbar nach der Ersteinrichtung,
- vor der Installation neuer Programme,
- vor der Installation neuer Treiber,
- nach Ablauf einer Zeitspanne von normalerweise 30 Tagen,

erstellt das Programm automatisch einen Snapshot des Systems, den so genannten Systemprüfpunkt, sodass Sie in der Regel auch ohne große Vorbereitung zu diesem Stand zurückkehren können.

Cache-Größe für Systemwiederherstellung ist wichtig

Beachten Sie, dass nur begrenzt Platz für die Systemwiederherstellung reserviert wird, maximal 12 % des Laufwerks. Eventuell müssen Sie den reservierten Speicherplatz vergrößern, um mehrere Generationen von Snapshots zu speichern. Wenn der Speicherplatz zur Neige geht, werden alte Prüfpunktinformationen überschrieben.

Sie können das Programm unter *Zubehör/Systemprogramme/Systemwiederherstellung* starten.

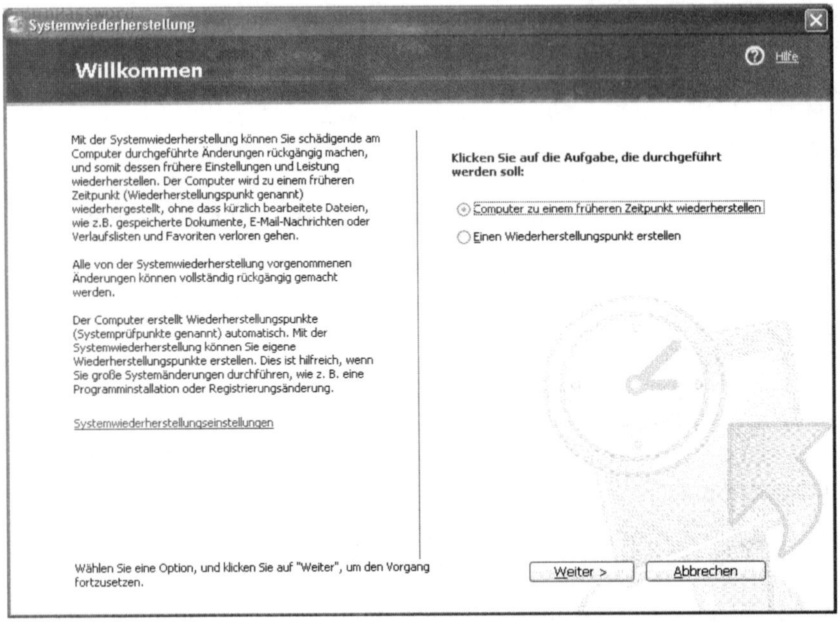

Programm zur Systemwiederherstellung.

Klicken Sie auf *Einen Wiederherstellungspunkt erstellen*, um den momentanen Zustand Ihres PCs zu sichern.

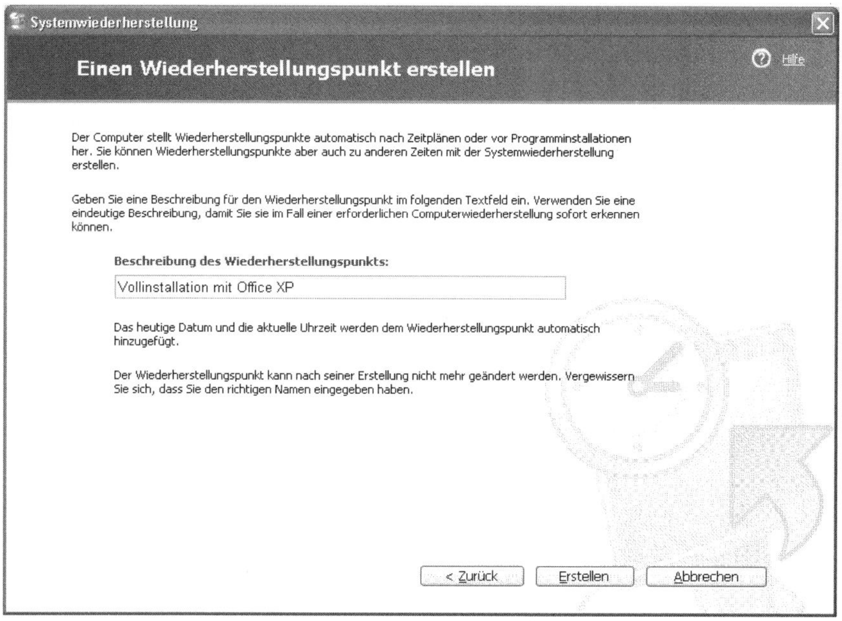

Sichern des aktuellen Zustands als Systemprüfpunkt.

Geben Sie dem Prüfpunkt einen aussagekräftigen Namen, der Ihnen später die Identifizierung erleichtert. Wenn Sie auf *Erstellen* klicken, erhalten Sie nach einigen Sekunden die Rückmeldung, dass der Prüfpunkt erstellt wurde.

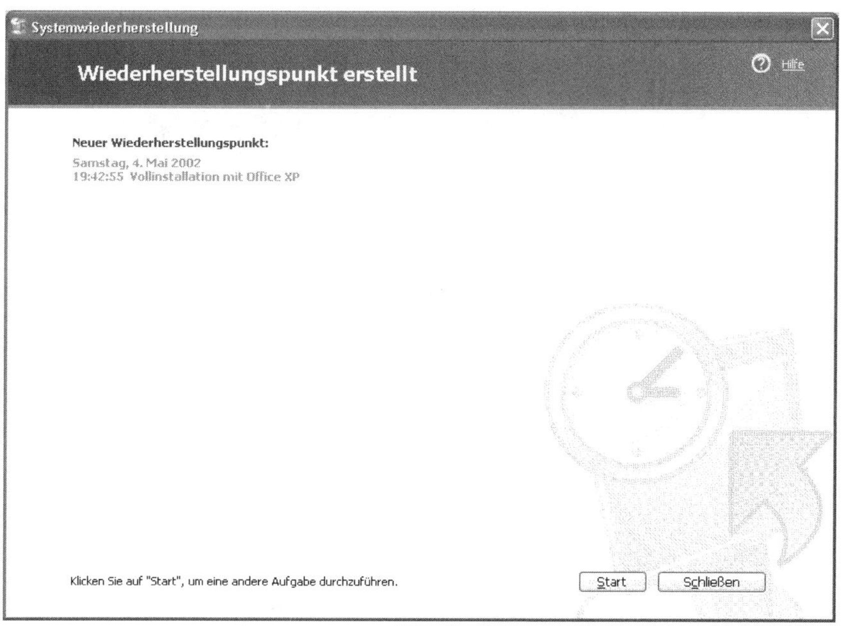

Erfolgreiches Anlegen eines Systemprüfpunkts.

Zum Wiederherstellen eines alten Zustands rufen Sie nach dem Start des Programms *Computer zu einem früheren Zeitpunkt wiederherstellen* auf.

Danach erhalten Sie einen Kalender, an dem alle Tage, an denen ein Prüfpunkt erstellt wurde, fett dargestellt sind.

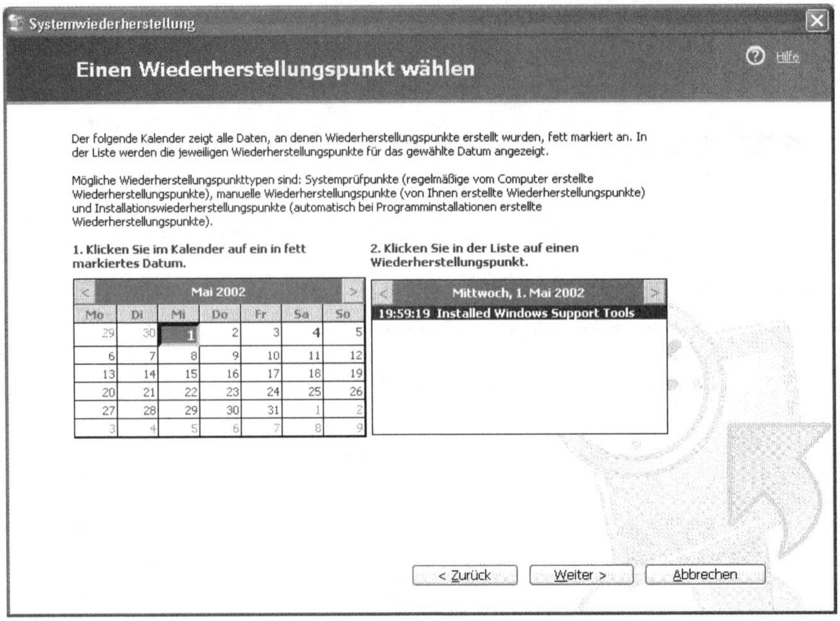

Am 1. und am 4. wurden Prüfpunkte erstellt.

Wenn Sie einen Tag auswählen, erhalten Sie die Beschreibung, anhand derer Sie den passenden Prüfpunkt auswählen können. Wenn Sie auf *Weiter* klicken, erhalten Sie nochmals eine Warnung, da sich eventuell noch Daten in Systemverzeichnissen befinden.

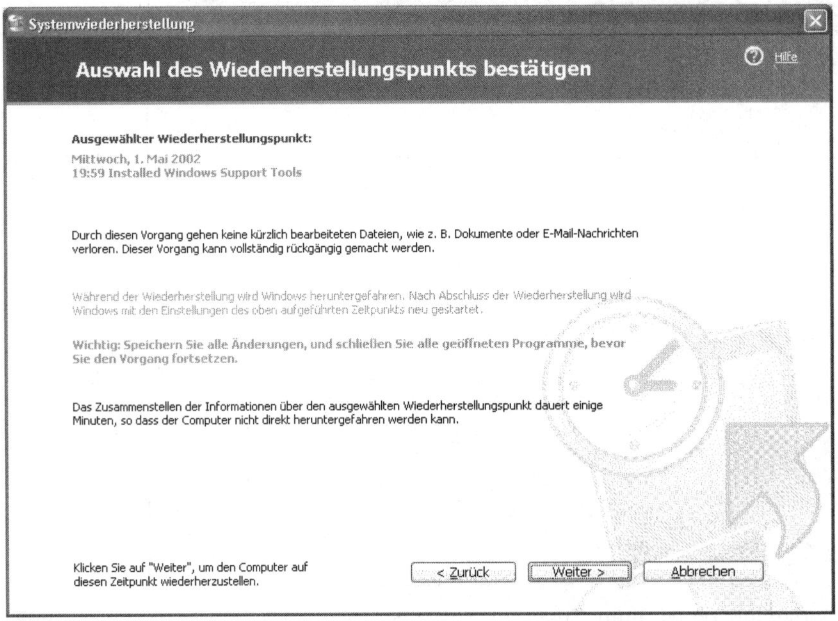

Letzte Warnung vor dem Datenverlust.

Nach dem Start der Systemwiederherstellung dauert es einige Minuten, bis der PC neu startet. Dann haben Sie wieder den alten Stand.

Sollten Sie wirklich nach der Wiederherstellung Daten vermissen, können Sie die Systemwiederherstellung auch rückgängig machen. Rufen Sie dazu einfach nochmals das Programm auf, es wird diese Option nach einer Wiederherstellung automatisch anbieten.

Sichern der Registry mit RegEdit

Oft schießt man mit Tools wie Backup oder der Systemwiederherstellung mit Kanonen auf Spatzen. Wenn Sie etwa nur ein paar Registry-Einträge sichern wollen, reicht dafür der Einsatz von RegEdit oder REGEDT32.

Wenn Sie das Programm starten, wählen Sie zunächst den zu sichernden Registry-Zweig aus.

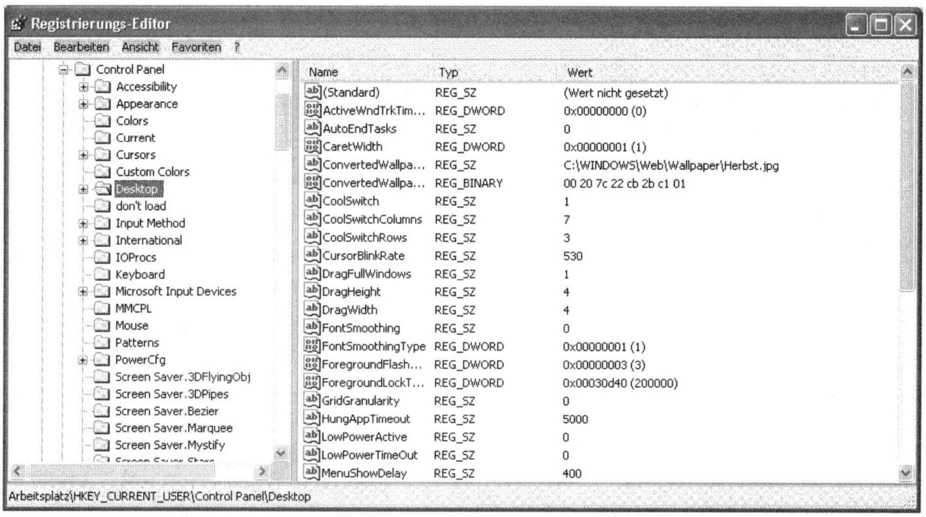

RegEdit kann exportieren und importieren.

Wenn Sie nun aus dem Menü *Datei/Exportieren* aufrufen, können Sie entweder alles oder den markierten Zweig in einer REG-Datei abspeichern.

Diese Datei ist eine reine Textdatei und Sie können diese mit jedem Editor öffnen, um beispielsweise Werte vor dem Restore zu verändern.

Restore mit Hindernissen

Für den Import brauchen Sie RegEdit nicht einmal aufzurufen, es genügt ein Doppelklick auf die REG-Datei und ein Bestätigen der Rückfrage.

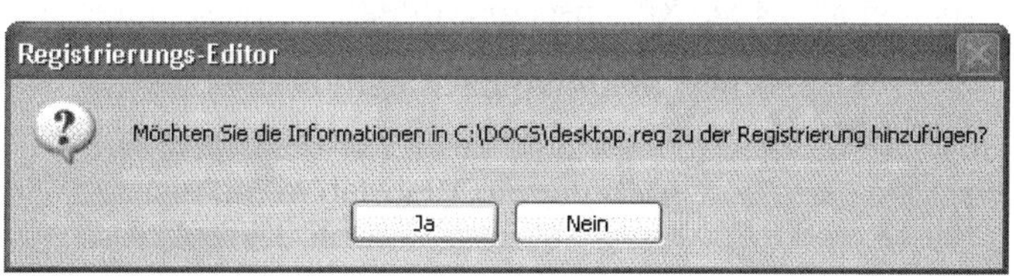

Windows XP fragt vor dem Import immer nach.

Wenn Sie den Import per Script erledigen wollen, brauchen Sie nur

```
Regedit Regdateiname
```

anzugeben.

Ein Abschalten der Rückfrage im Batch ist jedoch nicht möglich.

Leider bietet RegEdit mit Import und Export zwar eine schnelle Lösung für den Transfer zwischen verschiedenen Rechnern und die Sicherung einzelner Schlüssel, eine Komplettsicherung können Sie damit aber nicht vornehmen.

Zum einen sichert RegEdit nur den Inhalt der Registry, nicht aber deren Zugriffsrechte (ACLs), zum anderen haben selbst Administratoren nicht auf alle Schlüssel von Haus aus Zugriff.

Bei einem vollständigen Export und Import speziell vom hardwareabhängigen Registry-Teil *HKEY_LOCAL_MACHINE* würden Sie also nicht nur alle Zugriffsrechte verlieren, Ihr PC wäre nachher nicht mehr zu gebrauchen, da wichtige Einstellungen wie Benutzer- und Gruppendefinitionen fehlen.

Wir empfehlen deshalb, nur die Einträge unter *HKEY_CURRENT_USER* und *HKEY_LOCAL_MACHINE\SOFTWARE*, in dem die Einstellungen von einzelnen Programmen gespeichert sind, mit RegEdit zu sichern.

Für eine vollständige Sicherung der Registry inklusive Rechten benötigen Sie entweder eine Systemstatussicherung oder Tools wie das Programm *reg.exe* aus der technischen Referenz, das die Kommandos

```
Reg back
```

für das Backup und

```
Reg rest
```

für den Restore kennt.

Sollten Sie die ursprünglichen Rechte wiederherstellen wollen, stellen Sie zuerst die Schlüssel mit RegEdit wieder her und verwenden Sie danach REGEDT32, um Zugriffsrechte auf die importierten Schlüssel nach Ihren Wünschen zu gewähren.

Beispiel: Office-Programmeinstellungen finden und sichern

Nützlich ist die RegEdit-Funktion vor allem, um Einstellungen bestimmter Programme von einem PC zum anderen oder von einem Benutzer zum anderen zu übertragen.

Wenn Sie beispielsweise Ihre gesamten Office-Einstellungen (Dokumentpfad in Word, Anzeigeeinstellungen in Excel etc.) sichern wollen, müssen Sie nur den passenden Schlüssel in der Registry kennen, in diesem Fall

```
HKEY_CURRENT_USER\Software\Microsoft\Office\10.0
```

Sollten Sie eine ältere Office-Version als Office XP einsetzen, finden Sie diese unter den jeweils vorhergehenden Versionsnummern 9.0 (Office 2000) oder 8.0 (Office 97).

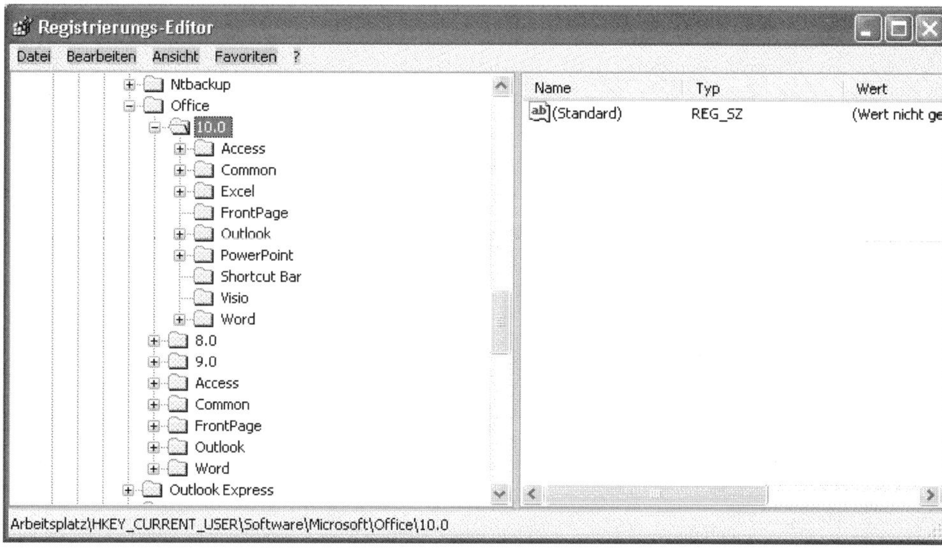

Die Office-Einstellungen für Office XP.

Hier können Sie alle Einstellungen oder gezielt die Einstellungen einzelner Programme sichern und wiederherstellen.

Anhang

Entwicklung von Windows

Windows-Version Erscheinungsdatum	Neue Features	DOS-Version	Hardwareanforderungen
1.0 November 1983	Erste Windows-Version nach der Vostellung 1983 erst 1985 in Europa erhältlich	2.0	2-DS-Diskettenlaufwerke 256 KByte RAM
1.03 August 1986	Bugfixes	2.0	2-DS-Diskettenlaufwerke 320 KByte RAM
1.04 April 1987	Bugfixes	2.0	2-DS-Diskettenlaufwerke 320 KByte RAM
2.0 November 1987	Unterstützung für EMS-Speicher nach LIM 4.0 ; DDE-Support PIF-Dateien überlappende Fenster Tastenkombinationen zur schnelleren Steuerung	3.0	2-DS-Diskettenlaufwerke 512 KByte RAM
2.03/386 März 1988	preemtives Multitasking mehrere virtuelle DOS-Maschinen	3.0	Diskettenlaufwerk 10-MByte-estplatte 512 KByte RAM 80386
2.10 Mai 1988	Unterstützung höher auflösender Grafikmodi	3.0	Diskettenlaufwerk 10-MByte-Festplatte 512 KByte RAM
3.0 Mai 1990	neue grafische Oberfläche bis 16 MByte RAM adressierbar mehr als 16 Farben Programm-Manager/Datei-Manager VxD-Gerätetreiber	3.1	Diskettenlaufwerk 10-MByte-Festplatte 1 MByte RAM 80386
3.00a ME Oktober 1991	Multimedia-Erweiterungen Unterstützung von Soundkarten und CD-ROMs	3.1	Diskettenlaufwerk 30-MByte-Festplatte 1 MByte RAM 80386
3.1 April 1992	OLE (**O**bject **L**inking and **E**mbedding) TrueType-Schriften neuer Datei-Manager Multimedia-Erweiterungen	3.3	Diskettenlaufwerk 10-MByte-Festplatte 1 MByte RAM 80386
3.11 Februar 1994	Windows für Workgroups Netzwerkfunktionen Peer-to-Peer Client-/Serverfunktionen für NT-/Novell-Netzwerke RAS-Funktionen	3.3	Diskettenlaufwerk 10-MByte-Festplatte 1 MByte RAM 80386
3.11 Win32s 1994	32-Bit-Erweiterung, mit der Windows NT-Programme auch unter Windows 3.11 laufen konnten	3.3	Diskettenlaufwerk 20-MByte-Festplatte 4 MByte RAM 80386

Windows-Version Erscheinungs-datum	Neue Features	DOS-Version	Hardware-anforderungen
95 4.00.950 August 1995	neue Oberfläche Internetfunktionen 32-Bit-Funktionen	7.0	Diskettenlaufwerk 50-Mbyte-Festplatte 4 MByte RAM 80386
95 b (OSR 2) 4.00.1111 August 1996	FAT 32	7.10	Diskettenlaufwerk 50-MByte-Festplatte 4 MByte RAM 80386
95 c (2.5) 4.03.1214 November 1997	USB-Unterstützung Internet Explorer-Integration	7.10	Diskettenlaufwerk 80-MByte-Festplatte 8 MByte RAM 80386
98 4.10.1998 Juni 1998	USB-Unterstützung Internet Explorer-Integration Windows Update im Internet Active Desktop ACPI DVD/MPEG 2	7.10a	Diskettenlaufwerk 120-MByte-Festplatte 16 MByte RAM 80486DX2/66 CD-ROM
98 SE 4.10.2222 Juli 1999	Internet Explorer 5 DirectX 6 NetMeeting 3 Windows Media Player 6.1	7.10a	Diskettenlaufwerk 300-MByte-Festplatte 24 MByte RAM 80486DX2/66 CD-ROM
Millenium (ME) 4.90.3000 August 2000	Multimedia-Erweiterungen Windows Media Player 7 Systemwiederherstellung Systemdateischutz Kein DOS-Modus mehr MSN Messenger	7.10a	Diskettenlaufwerk 480-MByte-Festplatte 32 MByte RAM Pentium 150 CD-ROM

Windows-Version Erscheinungs-datum	Neue Features	Hardwareanforderungen
NT 3.1 Juli 1993	erste öffentliche Windows NT-Version NTFS Multiprozessorunterstützung integrierte Netzwerkfunktionen Benutzeroberfläche von Windows 3.1 weitgehend OS/2-kompatibel	100 MByte Festplatte 16 MByte RAM 80386
NT 3.5 September 1994	OLE 2.0	100 MByte Festplatte 16 MByte RAM 80386
NT 3.51 Juni 1995	diverse kleine Verbesserungen PCMCIA-Unterstützung	100 Mbyte Festplatte 16 Mbyte RAM 80386

Windows-Version Erscheinungs-datum	Neue Features	Hardwareanforderungen
NT 4 Juli 1996	Windows 95-Benutzeroberfläche neue RAS-Dienste sechs Service-Packs im Lauf der Versionsgeschichte (diese Version war von allen Windows-Versionen am längsten auf dem Markt)	130 Mbyte Festplatte 16 MByte RAM 80486 CD-ROM
W2000 Februar 2000	USB-/Plug & Play-Unterstützung ACPI-Powermanagement FAT32-Unterstützung Windows Installer Active Directory IntelliMirror	650 Mbyte Festplatte 64 MByte RAM Pentium 133 CD-ROM

Partitions-IDs im Master Boot Record

Partitions-ID	Partitionstyp
00	Partitionseintrag nicht belegt
01	primäre DOS-Partition mit 12 Bit FAT
02	XENIX root
03	XENIX usr
04	primäre DOS-Partition mit 16 Bit FAT bis 32 MByte
05	extended DOS-Partition
06	primäre big DOS-Partition mit 16 Bit FAT
07	HPFS/NTFS
08	AIX
09	AIX bootable
0a	OS/2 Boot Manag
0b	WIN95 FAT32
0c	WIN95 FAT32
0e	WIN95 FAT16
0f	WIN95 Ext'd
10	OPUS
11	hidden FAT12
12	Compaq diagnost
14	hidden FAT16 bis 32 MByte
16	hidden FAT16
17	hidden HPFS/NTFS
18	AST Windows swap
1b	hidden WIN95 FAT32
1c	hidden WIN95 FAT32

Partitions-ID	Partitionstyp
1e	hidden WIN95 FAT16
24	NEC DOS
39	Plan 9
3c	Partition Magic
40	Venix 80286
41	PPC PReP boot
42	SFS
4d	QNX4.x
4e	QNX4.x 2nd partition
4f	QNX4.x 3rd partition
50	OnTrack DM
51	OnTrack DM6 Aux
52	CP/M
53	OnTrack DM6 Aux
54	OnTrack DM6
55	EZ-Drive
56	Golden Bow
5c	Priam Edisk
61	Speed Stor
63	GNU HURD oder SYS
64	Novell NetWare
65	Novell
70	Disk Secure Mult
75	UNIX PC/IX
80	aktiv (old Minix)
81	Booten von Laufwerk D: (Linux)
82	LINUX swap
83	LINUX
84	OS/2 hidden C:
85	LINUX extended
86	NTFS volume set
87	NTFS volume set
8e	LINUX LVM
93	Amoebla
94	Amoebla BBT
9f	BSD/OS
a0	IBM Thinkpad hidden
a5	BSD/386
a6	Open BSD
a7	NeXT STEP

Partitions-ID	Partitionstyp
b7	BSDI fs
b8	BSDI swap
c1	DRDOS/sec (FAT32)
c4	DRDOS/sec (FAT32))
c6	DRDOS/sec (FAT16))
c7	Syrinx
da	Non-Fs data
db	CP/M/CTOS/.
De	Dell Utility
e1	DOS access
e3	DOS R/o
e4	Speed Stor
eb	BeOS fs
ee	EFI GPT
ef	EFI (FAT12/16/32)
f1	Speed Stor
f2	DOS secondary
f4	Speed Stor
fd	LINUX raid auto
fe	LANstep
ff	BBT

Parameter für FSUTIL

FSUTIL BEHAVIOR QUERY

Liefert Informationen zu Dateisystemparametern

Parameter	Beschreibung
disable8dot3	Deaktiviert die Erstellung von Dateinamen im Format 8.3.
allowextchar	Legt fest, ob Zeichen aus dem erweiterten Zeichensatz in kurzen Dateinamen im Format 8.3 auf NTFS-Volumes verwendet werden können.
Disablelast-access	Legt fest, ob das NTFS beim Auflisten der Verzeichnisse auf einem NTFS-Volume den Zeitstempel des letzten Zugriffs in jedem Verzeichnis aktualisiert.
Quotanotify	Legt fest, wie oft NTFS-Datenträgerkontingentverletzungen in das Systemprotokoll geschrieben werden.
Mftzone	Größe der MFT-Zone in Achteln der Festplattengröße.

FSUTIL BEHAVIOR QUERY

Ändert die Dateisystemparameter. Dabei können die booleschen Parameter *disable8dot3*, *allowextchar* und *disablelastaccess* mit 1 ein- oder mit 0 ausgeschaltet werden.

FSUTIL DIRTY

Setzt oder überprüft das Fehlerbit eines Volumes. Dieses Bit legt fest, ob das Volume beim nächsten Systemstart mit AUTOCHK überprüft werden soll.

Parameter	Beschreibung
query	Fragt das Fehlerbit ab.
Set	Setzt das Fehlerbit.

FSUTIL FILE

Erstellt leere Dateien und legt verschiedene Parameter fest.

Parameter	Beschreibung
createnew Pfadname Länge	Erstellt eine Datei mit dem angegebenen Namen und der festgelegten Größe, deren Inhalt aus Nullwerten besteht.
findbysid Benutzer Pfadname	Sucht Dateien auf NTFS-Datenträgern, die einem bestimmten Benutzer gehören. Der Benutzer wird durch seine SID identifiziert.
queryall ocranges offset=Offset length=Länge Pfadname	Fragt die zugewiesenen Bereiche für eine Datei auf einem NTFS-Datenträger ab. Dies ist nützlich, um zu bestimmen, ob eine Datei über Bereiche mit geringer Datendichte verfügt.
setshortname Pfadname kurzerName	Legt den kurzen Dateinamen (Dateiname im 8.3-Format) für eine Datei auf einem NTFS-Datenträger fest.
setvaliddata Pfadname Datenlänge	Legt die gültige Datenlänge für eine Datei auf einem NTFS-Datenträger fest.
setzerodata offset=Offset length=Länge Pfadname	Setzt einen Bereich (festgelegt durch Offset und Länge) der Datei auf Nullwerte, wodurch die Datei geleert wird. Wenn es sich bei der Datei um eine Datei mit geringer Dichte handelt, werden die zugrunde liegenden Zuweisungseinheiten aufgehoben.

FSUTIL FSINFO

Liefert Datenträgerstatistiken und Informationen über das Dateisystem.

Parameter	Beschreibung
drives	Listet alle Laufwerke des Computers auf.
drivetype	Fragt ein Laufwerk ab und gibt dessen Typ an.
ntfsinfo	Listet NTFS-spezifische Datenträgerinformationen für den angegebenen Datenträger auf, z. B. Anzahl der Sektoren, Gesamtzahl der Cluster, freie Cluster sowie Anfang und Ende der MFT-Zone.
statistics	Listet Dateisystemstatistiken für den angegebenen Datenträger auf, z. B. Metadaten, Protokolldatei und MFT-Lese- und Schreibvorgänge.
volumeinfo	Listet Informationen zum angegebenen Datenträger auf, z. B. das Dateisystem und ob der Datenträger Dateinamen mit relevanter Groß-/Kleinschreibung, Unicode in Dateinamen oder Datenträgerkontingente unterstützt.

FSUTIL HARDLINK

Erstellt eine feste NTFS-Verbindung zwischen einer vorhandenen und einer neuen Datei.

Parameter	Beschreibung
create NeuerName Vorhandener-Name	*NeuerName* gibt die Datei an, zu der Sie eine feste Verbindung herstellen möchten, *VorhandenerName* gibt die Datei an, von der aus Sie die feste Verbindung herstellen möchten.

FSUTIL OBJECTID

Verwaltet Objektbezeichner. Vorsicht, dieser Befehl kann sehr leicht zu Datenverlusten führen.

Parameter	Beschreibung
create	Erstellt einen Objektbezeichner, sofern die Datei noch keinen besitzt.
delete	Löscht einen Objektbezeichner.
query	Fragt einen Objektbezeichner ab.
set	Legt einen Objektbezeichner fest.

FSUTIL QUOTA

Verwaltet Datenträgerkontingente auf NTFS-Datenträgern.

Parameter	Beschreibung
disable	Deaktiviert das Verfolgen und Erzwingen von Kontingenten auf dem angegebenen Datenträger.
enforce	Erzwingt die Verwendung eines Kontingents auf dem angegebenen Datenträger.
modify	Ändert ein bestehendes Datenträgerkontingent oder erstellt ein neues Kontingent.
query	Listet vorhandene Datenträgerkontingente auf.
track	Überwacht die Datenträgernutzung auf dem angegebenen Datenträger.
violations	Durchsucht die System- und Anwendungsprotokolle und zeigt in einer Meldung an, dass Datenträgerkontingentverletzungen gefunden wurden oder dass ein Benutzer seinen Kontingentschwellenwert oder seine Kontingentbegrenzung erreicht hat.

FSUTIL REPARSEPOINT

Ruft Analysepunkte ab oder löscht sie.

Parameter	Beschreibung
delete	Löscht einen Analysepunkt aus der Datei oder dem Verzeichnis.
query	Ruft die Daten zu dem Analysepunkt ab.

FSUTIL REPARSEPOINT

Verwaltet Dateien mit geringer Dateidichte.

Parameter	Beschreibung
queryflag	Fragt geringe Datendichte ab.
queryrange	Überprüft eine Datei und sucht nach Bereichen, die möglicherweise Daten ungleich Null enthalten.
setflag	Kennzeichnet die angegebene Datei als Datei mit geringer Datendichte.
setrange	Füllt einen bestimmten Bereich einer Datei mit Nullen.

FSUTIL USN

Verwaltet das Änderungsjournal für USN-Nummern (**U**pdate **S**equence **N**umber).

Parameter	Beschreibung
createjournal	Erstellt ein Änderungsjournal für USN-Nummern.
deletejournal	Löscht oder deaktiviert ein aktives Änderungsjournal für USN-Nummern.
enumdata	Zählt und listet die Änderungsjournaleinträge zwischen zwei angegebenen Randwerten auf.
queryjournal	Fragt die USN-Daten eines Datenträgers ab, um Informationen zum aktuellen Änderungsjournal, dessen Datensätze und Kapazität zu erfassen.
readdata	Liest die USN-Daten für eine Datei.

FSUTIL VOLUME

Verwaltet ein Volume.

Parameter	Beschreibung
diskfree	Fragt den freien Speicher eines Volumes ab.
dismount	Aufheben der Bereitstellung eines Volumes.

Parameter für den Konfigurations-Editor BOOTCFG

Kopieren eines Eintrags

```
BOOTCFG /Copy [/S System [/U Benutzer [/P Kennwort]]]
              [/D Beschreibung] /ID Startkennung
```

Parameter	Beschreibung
/S System	Remote-System für die Verbindungsherstellung.
/U [Domäne\] Benutzer	Bestimmt den Benutzerkontext, unter dem der Befehl ausgeführt wird.
/P Passwort	Bestimmt das Passwort für den Benutzerkontext.
/D Beschreibung	Beschreibt den Betriebssystemeintrag.
/ID Startkennung	Bestimmt die Starteintragskennung im Abschnitt *[operating systems]*, von der die Kopie erstellt wird.

Löschen eines Eintrags

```
BOOTCFG /Delete [/S System [/U Benutzer [/P Kennwort]]] /ID Startkennung
```

Parameter	Beschreibung
/S System	Remote-System für die Verbindungsherstellung.
/U [Domäne\] Benutzer	Bestimmt den Benutzerkontext, unter dem der Befehl ausgeführt wird.
/P Passwort	Bestimmt das Passwort für den Benutzerkontext.
/ID Startkennung	Bestimmt die Starteintragskennung, die im Abschnitt *[operating systems]* gelöscht wird.

Anzeigen der aktuellen Einstellungen

```
BOOTCFG /Query [/S System [/U Benutzer [/P Kennwort]]]
```

Parameter	Beschreibung
/S System	Remote-System für die Verbindungsherstellung.
/U [Domäne\] Benutzer	Bestimmt den Benutzerkontext, unter dem der Befehl ausgeführt wird.
/P Passwort	Bestimmt das Passwort für den Benutzerkontext.

Angabe von Optionen für einen Eintrag

```
BOOTCFG /Raw Betriebssystemoptionen
             [/A][/S System [/U Benutzer [/P Kennwort]]] /ID Startkennung
```

Parameter	Beschreibung
/S System	Remote-System für die Verbindungsherstellung.
/U [Domäne\] Benutzer	Bestimmt den Benutzerkontext, unter dem der Befehl ausgeführt wird.
/P Passwort	Bestimmt das Passwort für den Benutzerkontext.
/ID Startkennung	Bestimmt die Starteintragskennung, die im Abschnitt *[operating systems]* bearbeitet wird.
/RAW Optionen	Gibt die Ladeoptionen für einen Starteintrag an. Die vorherigen Optionen werden geändert. Die Optionen müssen in Anführungszeichen eingeschlossen sein.
/A	Die bei */RAW* angegebenen Optionen werden angehängt und nicht ersetzt.

Hinzufügen von Standard-Optionen für einen Eintrag

```
BOOTCFG /Addsw [/S System [/U Benutzer [/P Kennwort]]]
               {[/MM Wert][/BV][/SO][/NG]} /ID Startkennung
```

Parameter	Beschreibung
/S System	Remote-System für die Verbindungsherstellung.
/U [Domäne\] Benutzer	Bestimmt den Benutzerkontext, unter dem der Befehl ausgeführt wird.
/P Passwort	Bestimmt das Passwort für den Benutzerkontext.
/ID Startkennung	Bestimmt die Starteintragskennung, die im Abschnitt *[operating systems]* bearbeitet wird.
/MM Wert	Fügt die Option */MAXMEM* mit dem angegebenen Wert in MByte hinzu.

Parameter	Beschreibung
/BV	Fügt die Option */BASEVIDEO* hinzu.
/SO	Fügt die Option */SOS* hinzu.
/NG	Fügt die Option */NOGUIBOOT* hinzu.

Entfernen von Standard-Optionen für einen Eintrag

```
BOOTCFG /Rmsw [/S System [/U Benutzer [/P Kennwort]]]
              {[/MM][/BV][/SO][/NG]} /ID Startkennung
```

Parameter	Beschreibung
/S System	Remote-System für die Verbindungsherstellung.
/U [Domäne\] Benutzer	Bestimmt den Benutzerkontext, unter dem der Befehl ausgeführt wird.
/P Passwort	Bestimmt das Passwort für den Benutzerkontext.
/ID Startkennung	Bestimmt die Starteintragskennung, die im Abschnitt *[operating systems]* bearbeitet wird.
/MM Wert	Entfernt die Option */MAXMEM*.
/BV	Entfernt die Option */BASEVIDEO*.
/SO	Entfernt die Option */SOS*.
/NG	Entfernt die Option */NOGUIBOOT*.

Festlegen eines Default-Eintrags

```
BOOTCFG /Default [/S System [/U Benutzer [/P Kennwort]]] /ID Startkennung
```

Parameter	Beschreibung
/S System	Remote-System für die Verbindungsherstellung.
/U [Domäne\] Benutzer	Bestimmt den Benutzerkontext, unter dem der Befehl ausgeführt wird.
/P Passwort	Bestimmt das Passwort für den Benutzerkontext.
/ID Startkennung	Bestimmt die Starteintragskennung, die im Abschnitt *[operating systems]* als Default gesetzt wird.

Einstellen eines Timeout

```
BOOTCFG /Timeout Wert [/S System [/U Benutzer [/P Kennwort]]]
```

Parameter	Beschreibung
/S System	Remote-System für die Verbindungsherstellung.
/U [Domäne\] Benutzer	Bestimmt den Benutzerkontext, unter dem der Befehl ausgeführt wird.
/P Passwort	Bestimmt das Passwort für den Benutzerkontext.
/TIMEOUT	Bestimmt die Dauer in Sekunden, nach der das Standardbetriebssystem geladen wird.

Einstellen von EMS-Umleitungen für Systeme ohne Monitor

```
BOOTCFG /EMS Wert [/S System [/U Benutzer [/P Kennwort]]]
              [/PORT Port][/BAUD Baudrate][/ID Startkennung]
```

Parameter	Beschreibung
Wert	ON, OFF, EDIT
/S System	Remote-System für die Verbindungsherstellung.
/U [Domäne\]Benutzer	Bestimmt den Benutzerkontext, unter dem der Befehl ausgeführt wird.
/P Passwort	Bestimmt das Passwort für den Benutzerkontext.
/ID Startkennung	Bestimmt die Starteintragskennung, die im Abschnitt *[operating systems]* bearbeitet wird.
/PORT Port	Bestimmt den COM-Port für die Umleitung. Gültige Anschlüsse: COM1, COM2, COM3, COM4 oder BIOSSET (EMS verwenden BIOS-Einstellungen).
/BAUD Baudrate	Bestimmt die Baudrate für die Umleitung. Gültige Baudraten: 9600, 19200, 57600, 115200.

Debug-Einstellungen ändern

```
BOOTCFG /Debug Wert [/S System [/U Benutzer [/P Kennwort]]]
                    [/PORT Port [/BAUD Baudrate]] /ID Startkennung
```

Parameter	Beschreibung
Wert	ON, OFF, EDIT
/S System	Remote-System für die Verbindungsherstellung.
/U [Domäne\]Benutzer	Bestimmt den Benutzerkontext, unter dem der Befehl ausgeführt wird.
/P Passwort	Bestimmt das Passwort für den Benutzerkontext.
/ID Startkennung	Bestimmt die Starteintragskennung, die im Abschnitt *[operating systems]* bearbeitet wird.
/PORT Port	Bestimmt den COM-Port für die Remote-Verbindung. Gültige Anschlüsse: COM1, COM2, COM3, COM4 oder BIOSSET (EMS verwenden BIOS-Einstellungen).
/BAUD Baudrate	Bestimmt die Baudrate für die Remote-Verbindung. Gültige Baudraten: 9600, 19200, 57600, 115200.

Konfiguration des Debug Ports 1394

```
BOOTCFG /DBG1394 Wert [/S System [/U Benutzer [/P Kennwort]]]
                      [/CH Kanal] /ID Startkennung
```

Parameter	Beschreibung
Wert	ON, OFF, EDIT
/S System	Remote-System für die Verbindungsherstellung.
/U [Domäne\] Benutzer	Bestimmt den Benutzerkontext, unter dem der Befehl ausgeführt wird.
/P Passwort	Bestimmt das Passwort für den Benutzerkontext.
/ID Startkennung	Bestimmt die Starteintragskennung, die im Abschnitt *[operating systems]* bearbeitet wird.
/CH Kanal	Bestimmt die Kanäle 1 bis 64.

Tastenkombinationen zur Steuerung des Windows Media Player

Wiedergabesteuerung

Tastenkombination	Beschreibung
Strg+P	Play/Pause
Strg+S	Stop
Strg+B	Wiedergabe des vorigen Eintrags
Strg+F	Wiedergabe des nächsten Eintrags
Strg+Umschalt+B	Rücklauf bei Videos und DVD
Strg+Umschalt+F	Vorlauf bei Videos und DVD
F8	Ton aus (Mute)
F9	Lautstärke leiser
F10	Lautstärke lauter

Medienbibliothek

Tastenkombination	Beschreibung
Alt+N	Neue Wiedergabeliste erstellen
Alt+U	Objekt zur Wiedergabeliste hinzufügen
Alt+S	Medienbibliothek durchsuchen
Alt+M	Details zu einem Objekt anzeigen
Alt+Z	Zur Ansicht Medienbibliothek zurückkehren

Von CD kopieren

Tastenkombination	Beschreibung
Alt+M	Titel kopieren
Alt+K	Kopiervorgang beenden
Alt+F	Abrufen der Namen von Albumtiteln
Alt+N	Ausblenden der Namen von Albumtiteln
Alt+S	Albumdetails anzeigen
Alt+U	Albumdetails ausblenden

Kopieren auf

Tastenkombination	Beschreibung
Alt+M	Dateien kopieren
Alt+C	Kopiervorgang abbrechen
Entf	Ausgewähltes Element löschen
↑	Zum vorigen Listeneintrag zurückgehen
↓	Zum nächsten Listeneintrag weitergehen
F5	Informationen aktualisieren

Designauswahl und Kontextmenü Design

Tastenkombination	Beschreibung
Alt+B	Design anwenden
Alt+T	Designs downloaden
Entf	Ausgewähltes Element löschen
Umschalt+F10	Anzeigen des Design-Kontextmenüs
↑+↓ Enter	Navigation im Kontextmenü
Esc	Kontextmenü schließen
Strg+O	Datei öffnen
Strg+U	Dateipfad oder URL angeben
Strg+H	Zufällige Wiedergabe der Wiedergabeliste
Strg+T	Wiedergabeliste wiederholen
Strg+P	Play/Pause
Strg+S	Stop
Strg+B	Wiedergabe des vorigen Eintrags
Strg+F	Wiedergabe des nächsten Eintrags
F8	Ton aus (Mute)
F9	Lautstärke leiser
F10	Lautstärke lauter
Strg+1	Wechseln zum Vollmodus
F1	Hilfe anzeigen

Kurztasten für Befehle aus den Menüs

Tastenkombination	Beschreibung
Alt+D	Menü *Datei* anzeigen
Strg+O	Datei öffnen
Strg+U	Dateipfad oder URL angeben
Strg+W	Wiedergabe beenden, Datei schließen
Alt+F4	Windows Media Player beenden
Alt+A	Menü *Ansicht* anzeigen
Strg+1	Wechseln zum Vollmodus
Strg+2	Wechseln zum Designmodus
Strg+M	Anzeigen der Menüleiste im Vollmodus
Strg+I	Screenshot eines Bilds bei DVD-Wiedergabe
Alt+Enter	Video oder DVD im Vollbildmodus anzeigen
Alt+1	Zoomfaktor 50 %
Alt+2	Zoomfaktor 100 %
Alt+3	Zoomfaktor 200 %
Alt+W	Menü *Wiedergabe* anzeigen
Strg+P	Play/Pause
Strg+S	Stop

Tastenkombination	Beschreibung
Strg+B	Wiedergabe des vorigen Eintrags
Strg+F	Wiedergabe des nächsten Eintrags
Strg+Umschalt+B	Rücklauf bei Videos und DVD
Strg+Umschalt+F	Vorlauf bei Videos und DVD
Strg+H	Zufällige Wiedergabe der Wiedergabeliste
Strg+T	Wiedergabeliste wiederholen
F8	Ton aus (Mute)
F9	Lautstärke leiser
F10	Lautstärke lauter
Strg+E	CD oder DVD auswerfen (funktioniert nur, wenn nur ein einziges CD-Laufwerk vorhanden ist)
Alt+E	Menü *Extras* anzeigen
F3	Nach Medien suchen
Alt+Umschalt+?	Menü *?* anzeigen
F1	Hilfe anzeigen

Kurztasten für das Menü im Anchorfenster im Designmodus

Tastenkombination	Beschreibung
Alt+F6, Alt	Anzeigen des Menüs für das Anchorfenster im Designmodus
Strg+1	Wechseln zum Vollmodus
Strg+O	Datei öffnen
Strg+U	Dateipfad oder URL angeben

Four Character Codes für Videokomprimierung

Four Character Code	Codec
3IV1	MPEG4-basierter Codec von 3ivx
3IV2	3ivx Delta
AASC	Autodesk Animator codec
ABYR	Kensington
AEMI	Array VideoONE MPEG1-I Capture
AFLI	Autodesk Animator codec
AFLC	Autodesk Animator codec
AMPG	Array VideoONE MPEG
ANIM	Intel RDX
AP41	AngelPotion Definitive (MP43-Variante)
ASV1	Asus Video
ASV2	Asus Video (2)
ASVX	Asus Video 2.0
AUR2	Aura 2 Codec - YUV 422

Four Character Code	Codec
AURA	Aura 1 Codec - YUV 411
BINK	Bink Video/RAD Game Tools
BT20	Conexant Prosumer Video
BTCV	Conexant Composite Video Codec
BW10	Broadway MPEG Capture/Compression
CC12	Intel YUV12 Codec
CDVC	Canopus DV Codec
CFCC	DPS Perception
CGDI	Microsoft Camcorder Video
CHAM	Caviara Champagne
CJPG	Creative Labs WebCam JPEG
CPLA	Weitek YUV 4:2:0
CRAM	Microsoft Video 1
CVID	Radius Cinepak
CWLT	Von Microsoft reserviert, aber bis jetzt nicht genutzt
CYUV	Creative YUV
CYUY	ATI Technologies
DIV3	DivX MPEG-4 Low motion codec
DIV4	DivX MPEG-4 Fast motion codec
DIV5	DivX 5 (reserviert)
DIVX	DivX, der zurzeit populärste Videocodec
DMB1	Rainbow Runner hardware compression
DMB2	Paradigm MJPEG codec
DSVD	DV Codec
DUCK	TrueMotion S
dvsd	miroVideo DV300 codec
DVSD	Adobe After Effects/Uleads Mediastudio 6
DVE2	DVE-2 Videoconferencing Codec
DVX1	DVX1000SP Video Decoder
DVX2	DVX2000S Video Decoder
DVX3	DVX3000S Video Decoder
DXTn	DirectX Compressed Texture
DXTC	DirectX Texture Compression
ELK0	ELSA (registriert, aber nur zu Testzwecken verwendet)
EKQ0	ELSA (registriert, aber nur zu Testzwecken verwendet)
ESCP	Eidos Technologies Escape
ETV1	eTreppid Video Codec
ETV2	eTreppid Video Codec
ETVC	eTreppid Video Codec
FLJP	D-Vision Field Encoded Motion JPEG

Four Character Code	Codec
FRWA	SoftLab-Nsk Forward Motion JPEG mit Alpha Channel
FRWD	SoftLab-Nsk Forward Motion JPEG
GLZW	Motion LZW
GPEG	Motion JPEG
GWLT	Microsoft (reserviert)
H260 bis H269	Intel ITU H.26n
HFYU	Huffman Lossless Codec
HMCR	Rendition Motion Compensation Format
HMRR	Rendition Motion Compensation Format
i263	Intel ITU H.263
IAN	Indeo 4 Codec
ICLB	CellB Videoconferencing Codec
IGOR	Power DVD
IJPG	Intergraph JPEG
ILVC	Layered Video
ILVR	ITU H.263+ Codec
IPDV	Giga AVI DV Codec
IR21	Intel Indeo 2.1
IV30 bis IV39	Indeo 3
IV32	Indeo 3.2
IV40 bis IV49	Indeo Interactive
IV50	Indeo Interactive
JBYR	Kensington
JPGL	JPEG Light?
KMVC	Karl Morton's Video Codec
LEAD	Lead Technologies LEAD Video Codec
Ljpg	Lead Technologies LEAD MJPEG Codec
M263	Microsoft H.263
M261	Microsoft H.261
MC12	ATI Technologies Motion Compensation Format
MCAM	ATI Technologies Motion Compensation Format
mJPG	IBM Motion JPEG including Huffman Tables
MJPG	Motion JPEG
MP2V	MPEG-2
MP42	MPEG-4
MP43	MPEG-4
MP4S	MPEG-4
MPEG	MPEG-1
MPG4	MPEG-4
MPGI	Sigma Designs MPEG

Four Character Code	Codec
MRCA	FAST Multimedia Mrcodec
MRLE	Microsoft RLE
MSVC	Microsoft Video 1
MTX1 bis MTX9	Matrox
MWV1	Aware Motion Wavelets
nAVI	nAVI
NTN1	Nogatech Video Compression 1
NVS0 bis NVS5	NVidia
NVT0 bis NVT5	NVidia
PDVC	DVC codec
PGVV	Radius Video Vision
PIM1	Pegasus Imaging
PIM2	Pegasus Imaging
PIMJ	Pegasus Imaging Lossless JPEG
PVEZ	Horizons Technology PowerEZ
PVMM	PacketVideo Corporation MPEG-4
PVW2	Pegasus Wavelet Compression
qpeq	QPEG 1.1
QPEG	QPEG
RGBT	Computer Concepts 32 Bit support (alt)
RLE	Microsoft Run Length Encoder
RT21	Intel Real Time Video 2.1
rv20	RealVideo G2
rv30	RealVideo 8
RVX	RDX
s422	VideoCap C210 YUV Codec
SDCC	Sun Communications Digital Camera Codec
SFMC	CrystalNet Surface Fitting Method
SMSC	Radius
SMSD	Radius
smsv	WorldConnect Wavelet Video
SPIG	Radius Spigot
SQZ2	Microsoft VXTreme Video Codec V2
SV10	Sorenson Media Video R1
STVA	ST CMOS Imager Data (Bayer)
STVB	ST CMOS Imager Data (Nudged Bayer)
STVC	ST CMOS Imager Data (Bunched)
STVX	ST CMOS Imager Data (Extended CODEC Data Format)
STVY	ST CMOS Imager Data (Extended CODEC Data Format with Correction Data)
SVQ1	Sorenson Video

Four Character Code	Codec
TLMS	TeraLogic Motion Intraframe Codec
TLST	TeraLogic Motion Intraframe Codec
TM20	TrueMotion 2.0
TM2X	TrueMotion 2X
TMIC	TeraLogic Motion Intraframe Codec
TMOT	TrueMotion S
TR20	TrueMotion RT 2.0
TSCC	TechSmith Screen Capture Codec
TV10	Tecomac Low-Bit Rate Codec
TVJP	Pinnacle/Truevision
TVMJ	Pinnacle/Truevision
TY2C	Trident Decompression Driver
TY2N	Trident Microsystems
TY0N	Trident Microsystems
UCOD	ClearVideo
ULTI	IBM Ultimotion
V261	Lucent VX2000S
VCR1	ATI Video Codec 1
VCR2	ATI Video Codec 2
VDOM	VDOWave
VDOW	VDOLive
VDTZ	VideoTizer YUV Codec
VGPX	VGPixel Codec
VIDS	Vitec Multimedia
VIVO	Vivo H.263
VIXL	Miro/Pinnacle Video XL
VLV1	VideoLogic
VP30	VP3
VP31	VP3
VX1K	Lucent VX1000S Video Codec
VX2K	Lucent VX2000S Video Codec
VXSP	Lucent VX1000SP Video Codec
VYU9	ATI YUV
VYUY	ATI YUV
WBVC	W9960
WHAM	Microsoft Video 1
WINX	Winnov Software Compression
WJPG	Winbond JPEG?
WNV1	Winnov Hardware Compression
x263	Xirlink

Four Character Code	Codec
XLV0	XL Video Decoder
XMPG	XING MPEG
Y41P	Conexant Brooktree YUV 4:1:1
Y8	Grayscale video
YC12	Intel YUV 12 codec
YUV8	Caviar YUV8
YUY2	Microsoft Raw, uncompressed YUV 4:2:2
YUYV	Canopus
ZPEG	Video Zipper

Standardisierte Systemports

Portnummer	Beschreibung
0	Reserved
1	TCP Port Service Multiplexer
2	Management Utility
3	Compression Process
4	Unassigned
5	Remote Job Entry
6	Unassigned
7	Echo
8	Unassigned
9	Discard
10	Unassigned
11	Active Users
12	Unassigned
13	Daytime (RFC 867)
14	Unassigned
15	Unassigned [was netstat]
16	Unassigned
17	Quote of the Day
18	Message Send Protocol
19	Character Generator
20	File Transfer [Default Data]
21	File Transfer [Control]
22	SSH Remote Login Protocol
23	Telnet
24	any private mail system
25	Simple Mail Transfer

Portnummer	Beschreibung
26	Unassigned
27	NSW User System FE
28	Unassigned
29	MSG ICP
30	Unassigned
31	MSG Authentication
32	Unassigned
33	Display Support Protocol
34	Unassigned
35	any private printer server
36	Unassigned
37	Time
38	Route Access Protocol
39	Resource Location Protocol
40	Unassigned
41	Graphics
42	Host Name Server
42	Host Name Server
43	Who Is
44	MPM FLAGS Protocol
45	Message Processing Module [recv]
46	MPM [default send]
47	NI FTP
48	Digital Audit Daemon
49	Login Host Protocol (TACACS)
50	Remote Mail Checking Protocol
51	IMP Logical Address Maintenance
52	XNS Time Protocol
53	Domain Name Server
54	XNS Clearinghouse
55	ISI Graphics Language
56	XNS Authentication
57	any private terminal access
58	XNS Mail
59	any private file service
60	Unassigned
61	NI MAIL
62	ACA Services
63	whois++
64	Communications Integrator (CI)

Portnummer	Beschreibung
65	TACACS-Database Service
66	Oracle SQL*NET
67	Bootstrap Protocol Server
68	Bootstrap Protocol Client
69	Trivial File Transfer
70	Gopher
71	Remote Job Service
72	Remote Job Service
73	Remote Job Service
74	Remote Job Service
75	any private dial out service
76	Distributed External Object Store
77	any private RJE service
78	vettcp
79	Finger
80	World Wide Web HTTP
80	World Wide Web HTTP
80	World Wide Web HTTP
81	HOSTS2 Name Server
82	XFER Utility
83	MIT ML Device
84	Common Trace Facility
85	MIT ML Device
86	Micro Focus Cobol
87	any private terminal link
88	Kerberos
89	SU/MIT Telnet Gateway
90	DNSIX Securit Attribute Token Map
91	MIT Dover Spooler
92	Network Printing Protocol
93	Device Control Protocol
94	Tivoli Object Dispatcher
95	SUPDUP
96	DIXIE Protocol Specification
97	Swift Remote Virtural File Protocol
98	TAC News
99	Metagram Relay
101	NIC Host Name Server
102	ISO-TSAP Class 0
103	Genesis Point-to-Point Trans Net

Portnummer	Beschreibung
104	ACR-NEMA Digital Imag. & Comm. 300
105	CCSO name server protocol
105	Mailbox Name Nameserver
106	3COM-TSMUX
107	Remote Telnet Service
108	SNA Gateway Access Server
109	Post Office Protocol - Version 2
110	Post Office Protocol - Version 3
111	SUN Remote Procedure Call
112	McIDAS Data Transmission Protocol
113	Authentication Service
114	Audio News Multicast
115	Simple File Transfer Protocol
116	ANSA REX Notify
117	UUCP Path Service
118	SQL Services
119	Network News Transfer Protocol
120	CFDPTKT
121	Encore Expedited Remote Pro.Call
122	SMAKYNET
123	Network Time Protocol
124	ANSA REX Trader
125	Locus PC-Interface Net Map Ser
126	NXEdit
126	Unisys Unitary Login
127	Locus PC-Interface Conn Server
128	GSS X License Verification
129	Password Generator Protocol
130	cisco FNATIVE
131	cisco TNATIVE
132	cisco SYSMAINT
133	Statistics Service
134	INGRES-NET Service
135	DCE endpoint resolution
136	PROFILE Naming System
137	NETBIOS Name Service
138	NETBIOS Datagram Service
139	NETBIOS Session Service
140	EMFIS Data Service
141	EMFIS Control Service

Portnummer	Beschreibung
142	Britton-Lee IDM
143	Internet Message Access Protocol
145	UAAC Protocol
146	ISO-IP0
147	ISO-IP
148	Jargon
149	AED 512 Emulation Service
150	SQL-NET
151	HEMS
152	Background File Transfer Program
153	SGMP
154	NETSC
155	NETSC
156	SQL Service
157	KNET/VM Command/Message Protocol
158	PCMail Server
159	NSS-Routing
160	SGMP-TRAPS
161	SNMP
162	SNMPTRAP
163	CMIP/TCP Manager
164	CMIP/TCP Agent
165	Xerox
166	Sirius Systems
167	NAMP
168	RSVD
169	SEND
170	Network PostScript
171	Network Innovations Multiplex
172	Network Innovations CL/1
173	Xyplex
174	MAILQ
175	VMNET
176	GENRAD-MUX
177	X Display Manager Control Protocol
178	NextStep Window Server
179	Border Gateway Protocol
180	Intergraph
181	Unify
182	Unisys Audit SITP

Portnummer	Beschreibung
183	OCBinder
184	OCServer
185	Remote-KIS
186	KIS Protocol
187	Application Communication Interface
188	Plus Five's MUMPS
189	Queued File Transport
190	Gateway Access Control Protocol
191	Prospero Directory Service
192	OSU Network Monitoring System
193	Spider Remote Monitoring Protocol
194	Internet Relay Chat Protocol
195	DNSIX Network Level Module Audit
196	DNSIX Session Mgt Module Audit Redir
197	Directory Location Service
198	Directory Location Service Monitor
199	SMUX
200	IBM System Resource Controller
201	AppleTalk Routing Maintenance
202	AppleTalk Name Binding
203	AppleTalk Unused
204	AppleTalk Echo
205	AppleTalk Unused
206	AppleTalk Zone Information
207	AppleTalk Unused
208	AppleTalk Unused
209	The Quick Mail Transfer Protocol
210	ANSI Z39.50
211	Texas Instruments 914C/G Terminal
212	ATEXSSTR
213	IPX
214	VM PWSCS
215	Insignia Solutions
216	Computer Associates Int'l License Server
217	dBASE UNIX
218	Netix Message Posting Protocol
219	Unisys ARPs
220	Interactive Mail Access Protocol v3
221	Berkeley rlogind with SPX auth
222	Berkeley rshd with SPX auth

Portnummer	Beschreibung
223	Certificate Distribution Center
242	Direct
243	Survey Measurement
244	inbusiness
245	LINK
246	Display Systems Protocol
247	SUBNTBCST_TFTP
248	bhfhs
256	RAP
257	Secure Electronic Transaction
258	Yak Winsock Personal Chat
259	Efficient Short Remote Operations
260	Openport
261	IIOP Name Service over TLS/SSL
262	Arcisdms
263	HDAP
264	BGMP
265	X-Bone CTL
266	SCSI on ST
267	Tobit David Service Layer
268	Tobit David Replica
280	http-mgmt
281	Personal Link
282	Cable Port A/X
283	rescap
284	corerjd
286	FXP-1
287	K-BLOCK
308	Novastor Backup
309	EntrustTime
310	bhmds
311	AppleShare IP WebAdmin
312	VSLMP
313	Magenta Logic
314	Opalis Robot
315	DPSI
316	decAuth
317	Zannet
318	PKIX TimeStamp
319	PTP Event

Portnummer	Beschreibung
320	PTP General
321	PIP
322	RTSPS
333	Texar Security Port
344	Prospero Data Access Protocol
345	Perf Analysis Workbench
346	Zebra server
347	Fatmen Server
348	Cabletron Management Protocol
349	mftp
350	MATIP Type A
351	bhoetty (added 5/21/97)
351	MATIP Type B
352	bhoedap4 (added 5/21/97)
352	DTAG (assigned long ago)
353	NDSAUTH
354	bh611
355	DATEX-ASN
356	Cloanto Net 1
357	bhevent
358	Shrinkwrap
359	Network Security Risk Management Protocol
360	scoi2odialog
361	Semantix
362	SRS Send
363	RSVP Tunnel
364	Aurora CMGR
365	DTK
366	ODMR
367	MortgageWare
368	QbikGDP
369	rpc2portmap
370	codaauth2
371	Clearcase
372	ListProcessor
373	Legent Corporation
374	Legent Corporation
375	Hassle
376	Amiga Envoy Network Inquiry Proto
377	NEC Corporation

Portnummer	Beschreibung
378	NEC Corporation
379	TIA/EIA/IS-99 modem client
380	TIA/EIA/IS-99 modem server
381	hp performance data collector
382	hp performance data managed node
383	hp performance data alarm manager
384	A Remote Network Server System
385	IBM Application
386	ASA Message Router Object Def.
387	Appletalk Update-Based Routing Pro.
388	Unidata LDM
389	Lightweight Directory Access Protocol
390	UIS
391	SynOptics SNMP Relay Port
392	SynOptics Port Broker Port
393	Meta5
394	EMBL Nucleic Data Transfer
395	NETscout Control Protocol
396	Novell NetWare over IP
397	Multi Protocol Trans. Net.
398	Kryptolan
399	ISO Transport Class 2 Non-Control over TCP
400	Workstation Solutions
401	Uninterruptible Power Supply
402	Genie Protocol
403	decap
404	nced
405	ncld
406	Interactive Mail Support Protocol
407	Timbuktu
408	Prospero Resource Manager Sys. Man.
409	Prospero Resource Manager Node Man.
410	DECLadebug Remote Debug Protocol
411	Remote MT Protocol
412	Trap Convention Port
413	Storage Management Services Protocol
414	InfoSeek
415	BNet
416	Silverplatter
417	Onmux

Portnummer	Beschreibung
418	Hyper-G
419	Ariel
420	SMPTE
421	Ariel
422	Ariel
423	IBM Operations Planning and Control Start
424	IBM Operations Planning and Control Track
425	ICAD
426	smartsdp
427	Server Location
428	OCS_CMU
429	OCS_AMU
430	UTMPSD
431	UTMPCD
432	IASD
433	NNSP
434	MobileIP-Agent
435	MobilIP-MN
436	DNA-CML
437	comscm
438	dsfgw
439	dasp
440	sgcp
441	decvms-sysmgt
442	cvc_hostd
443	HTTP protocol over TLS/SSL
444	Simple Network Paging Protocol
445	Microsoft-DS
446	DDM-RDB
447	DDM-RFM
448	DDM-SSL
449	AS Server Mapper
450	TServer
451	Cray Network Semaphore server
452	Cray SFS config server
453	CreativeServer
454	ContentServer
455	CreativePartnr
456	macon-tcp
457	scohelp

Portnummer	Beschreibung
458	apple quick time
459	ampr-rcmd
460	skronk
461	DataRampSrv
462	DataRampSrvSec
463	alpes
464	kpasswd
465	URL Rendesvous Directory for SSM
466	digital-vrc
467	mylex-mapd
468	proturis
469	Radio Control Protocol
470	scx-proxy
471	Mondex
472	ljk-login
473	hybrid-pop
474	tn-tl-w1
475	tcpnethaspsrv
476	tn-tl-fd1
477	ss7ns
478	spsc
479	iafserver
480	iafdbase
481	Ph service
482	bgs-nsi
483	ulpnet
484	Integra Software Management Environment
485	Air Soft Power Burst
486	avian
487	saft Simple Asynchronous File Transfer
488	gss-http
489	nest-protocol
490	micom-pfs
491	go-login
492	Transport Independent Convergence for FNA
493	Transport Independent Convergence for FNA
494	POV-Ray
495	intecourier
496	PIM-RP-DISC
497	dantz

Portnummer	Beschreibung
498	siam
499	ISO ILL Protocol
500	isakmp
501	STMF
502	asa-appl-proto
503	Intrinsa
504	citadel
505	mailbox-lm
506	ohimsrv
507	crs
508	xvttp
509	snare
510	FirstClass Protocol
511	PassGo
512	remote process execution
513	remote login a la telnet
514	cmd
515	spooler
516	videotex
517	like tenex link, but across
519	unixtime
520	extended file name server
521	ripng
522	ULP
523	IBM-DB2
524	NCP
525	timeserver
526	newdate
527	Stock IXChange
528	Customer IXChange
529	IRC-SERV
530	rpc
531	chat
532	readnews
533	for emergency broadcasts
534	MegaMedia Admin
535	iiop
536	opalis-rdv
537	Networked Media Streaming Protocol
538	gdomap

Portnummer	Beschreibung
539	Apertus Technologies Load Determination
540	uucpd
541	uucp-rlogin
542	commerce
544	krcmd
545	appleqtcsrvr
546	DHCPv6 Client
547	DHCPv6 Server
548	AFP over TCP
549	IDFP
550	new-who
551	cybercash
552	deviceshare
553	pirp
554	Real Time Stream Control Protocol
556	rfs server
557	openvms-sysipc
558	SDNSKMP
559	TEEDTAP
560	rmonitord
562	chcmd
563	nntp protocol over TLS/SSL (was snntp)
564	plan 9 file service
565	whoami
566	streettalk
567	banyan-rpc
568	microsoft shuttle
569	microsoft rome
570	demon
571	udemon
572	sonar
573	banyan-vip
574	FTP Software Agent System
575	VEMMI
576	ipcd
577	vnas
578	ipdd
579	decbsrv
580	SNTP HEARTBEAT
581	Bundle Discovery Protocol

Portnummer	Beschreibung
582	SCC Security
583	Philips Video-Conferencing
584	Key Server
585	IMAP4+SSL (use 993 instead)
586	Password Change
587	Submission
588	CAL
589	EyeLink
590	TNS CML
591	FileMaker – HTTP Alternate (Port 80)
592	Eudora Set
593	HTTP RPC Ep Map
594	TPIP
595	CAB Protocol
596	SMSD
597	PTC Name Service
598	SCO Web Server Manager 3
599	Aeolon Core Protocol
600	Sun IPC server
601	Reliable Syslog Service
605	SOAP over BEEP
606	Cray Unified Resource Manager
607	nqs
608	Sender-Initiated/Unsolicited File Transfer
609	npmp-trap
610	npmp-local
611	npmp-gui
612	HMMP Indication
613	HMMP Operation
614	SSLshell
615	Internet Configuration Manager
616	SCO System Administration Server
617	SCO Desktop Administration Server
618	DEI-ICDA
619	Compaq EVM
620	SCO WebServer Manager
621	ESCP
622	Collaborator
623	Aux Bus Shunt
624	Crypto Admin

Portnummer	Beschreibung
625	DEC DLM
626	ASIA
627	PassGo Tivoli
628	QMQP
629	3Com AMP3
630	RDA
631	IPP (Internet Printing Protocol)
632	bmpp
633	Service Status update (Sterling Software)
634	ginad
635	RLZ DBase
636	ldap protocol over TLS/SSL (was sldap)
637	lanserver
638	mcns-sec
639	MSDP
640	entrust-sps
641	repcmd
642	ESRO-EMSDP V1.3
643	SANity
644	dwr
645	PSSC
646	LDP
647	DHCP Failover
648	Registry Registrar Protocol (RRP)
649	Aminet
650	OBEX
651	IEEE MMS
652	HELLO_PORT
653	RepCmd
654	AODV
655	TINC
656	SPMP
657	RMC
658	TenFold
660	MacOS Server Admin
661	HAP
662	PFTP
663	PureNoise
664	Secure Aux Bus
665	Sun DR

Portnummer	Beschreibung
666	doom Id Software
667	campaign contribution disclosures – SDR Technologies
668	MeComm
669	MeRegister
670	VACDSM-SWS
671	VACDSM-APP
672	VPPS-QUA
673	CIMPLEX
674	ACAP
675	DCTP
676	VPPS Via
677	Virtual Presence Protocol
678	GNU Generation Foundation NCP
679	MRM
680	entrust-aaas
681	entrust-aams
682	XFR
683	CORBA IIOP
684	CORBA IIOP SSL
685	MDC Port Mapper
686	Hardware Control Protocol Wismar
687	asipregistry
688	REALM-RUSD
689	NMAP
690	VATP
691	MS Exchange Routing
692	Hyperwave-ISP
693	connendp
694	ha-cluster
695	IEEE-MMS-SSL
696	RUSHD
697	UUIDGEN
698	OLSR
699	Access Network
704	errlog copy/server daemon
705	AgentX
706	SILC
707	Borland DSJ
709	Entrust Key Management Service Handler
710	Entrust Administration Service Handler

Portnummer	Beschreibung
711	Cisco TDP
729	IBM NetView DM/6000 Server/Client
730	IBM NetView DM/6000 send/tcp
731	IBM NetView DM/6000 receive/tcp
741	netGW
742	Network based Rev. Cont. Sys.
744	Flexible License Manager
747	Fujitsu Device Control
748	Russell Info Sci Calendar Manager
749	kerberos administration
767	phone
777	Multiling HTTP
787	QSC
810	FCP
828	itm-mcell-s
829	PKIX-3 CA/RA
847	dhcp-failover 2
873	rsync
886	ICL coNETion locate server
887	ICL coNETion server info
888	AccessBuilder
888	CD Database Protocol

Stichwortverzeichnis

B

C

D

E

F

G

H

I

N

O

P

X

Y

Z

Willkommen zu Hause: XP von A bis Z!

Dieses topaktuelle Buch orientiert sich an den konkreten Bedürfnissen der "Home"-User und stellt dementsprechend die Unterhaltungs- und Kreativitätsaspekte der Anwendungen praxisnah in den Vordergrund.

Mit diesem Ratgeber schöpfen Sie das ganze XP-Potenzial mühelos aus. Vom spielerisch leichten Umgang mit modernen Anwendungen wie DVD, Audio und Video oder MP3 bis hin zum ungetrübten Internet-Genuss. Ob trockene Büroarbeit oder kreative Selbstverwirklichung: Das große Buch leitet Sie zum stressfreien, stabilen Arbeiten mit dem neuen Betriebssystem an. Mit zahlreichen ausgewählten Tipps und Tricks zur fixen Lösung auftretender Probleme.

- **XP Home im Griff: Nutzung, Fallstricke, Troubleshooting**
- **Kreatives Arbeiten mit Grafiken, Video und Audio**
- **XP optimal zum Surfen, Mailen & Chatten konfigurieren**
- **Daten, Musik-CDs und geschützte CD-Roms brennen**

Stolz/Hossner/Spenle
Das große Buch Windows XP Home
720 Seiten
€ 19,95
ISBN 3-8158-2161-4

nur € 19,95

DATA BECKER

Versandkostenfrei im Internet bestellen unter: www.databecker.de

Wenn Sie an dieser Seite angelangt sind ...

Ihre Ideen sind gefragt!

Vielleicht möchten Sie sogar selbst als Autor bei

DATA BECKER

mitarbeiten?

Wir suchen Buch- und Software- Autoren. Wenn Sie über Spezial-Kenntnisse in einem bestimmten Bereich verfügen, dann fordern Sie doch einfach unsere Infos für Autoren an.

Bitte einschicken an:
DATA BECKER
GmbH & Co. KG
Postfach 10 20 44
40011 Düsseldorf

Sie können uns auch faxen:
(02 11) 3 19 04 98

Apropos: die nächsten Versionen. Wollen Sie am Ball bleiben? Wir informieren Sie gerne, was es Neues an Software und Büchern von ***DATA BECKER*** gibt.

DATA BECKER

Internet: http://www.databecker.de

dann haben Sie sicher schon auf den vorangegangenen Seiten gestöbert oder sogar das ganze Buch gelesen. Und Sie können nun sagen, wie Ihnen dieses Buch gefallen hat. Ihre Meinung interessiert uns!

Uns interessiert, ob Sie jede Menge „Aha-Erlebnisse" hatten, ob es vielleicht etwas gab, bei dem das Buch Ihnen nicht weiterhelfen konnte, oder ob Sie einfach rundherum zufrieden waren (was wir natürlich hoffen). Wie auch immer – schreiben Sie uns! Wir freuen uns über Ihre Post, über Ihr Lob genauso wie über Ihre Kritik! Ihre Anregungen helfen uns, die nächsten Titel noch praxisnäher zu gestalten.

Was mir an diesem Buch gefällt: ____________________

Das sollten Sie unbedingt ändern: ____________________

Mein Kommentar zum Buch: ____________________

442 247

☐ Ja — Ich möchte DATA BECKER Autor werden. Bitte schicken Sie mir die Infos für Autoren.

☐ Ja — Bitte schicken Sie mir Informationen zu Ihren Neuerscheinungen

Name, Vorname ____________________

Straße ____________________

PLZ, Ort ____________________

Jetzt kommt's raus: die wahren XP-Stärken!

Der große Report verhilft Ihnen dazu, die bislang verborgenen Leistungsreserven von Windows XP effektiv in der täglichen Praxis zu nutzen. Darüber hinaus werden die wahren Schwächen des Betriebssystems schonungslos aufgedeckt, die Sie mit bislang undokumentierten Tricks kompensieren können.

Lesen Sie, wie Sie das System mit speziellen XP-Tuningtools auf Trab bringen und die Möglichkeiten des Internets stressfrei ausschöpfen. In Zeiten von Nimda & Co. widmet sich der Report natürlich ausführlich dem Thema Sicherheit. Lernen Sie alles über die fachgerechte Anpassung der Registry, den unkomplizierten Umgang mit Multimedia, die "Wiederbelebung" von DOS und die korrekte Nutzung von Partitionen und Laufwerken.

- **Neue Features und Bugs schonungslos aufgedeckt**
- **Alles zum Win XP-Tuning**
- **Ins Internet ohne Stress**
- **Registry, Explorer und andere Systemkomponenten im Griff**
- **Multimedia & Spiele endlich zu 100% ausreizen**

Wehr
Die besten Windows XP Geheimnisse
969 Seiten, € 15,95
ISBN 3-8158-2199-1

nur € 15,95

DATA BECKER

Spezielle Themen-Homepage unter:
www.databecker.de/windowsxp

Gekonnt vernetzt in nur fünf Minuten!

Peter
SchnellAnleitung Heimnetzwerke mit XP
160 Seiten, € 9,95
ISBN 3-8158-2263-7

nur € 9,95

Sie möchten Ihre Ressourcen auf mehreren PCs nutzen oder einen alten Rechner sinnvoll weiterverwenden? Diese SchnellAnleitung zeigt Ihnen ohne theoretischen Ballast und 100% praxisorientiert, wie's funktioniert!

Von der Installation und Konfiguration der notwendigen Hard- und Softwarekomponenten bis hin zum Zocken im Heimnetzwerk versorgt Sie dieser rote Renner mit alltagserprobtem Praxiswissen. Für schnelle Erfolge sorgen leicht verständliche, direkt umsetzbare Stepanleitungen sowie das übersichtliche, komplett vierfarbige Layout. Dazu gibt es jede Menge Tipps, mit denen Sie Ihr Heimnetzwerk u.a. mühelos fernsteuern oder als gemeinsamen DSL-Internetzugang nutzen können.

- **Heimnetzwerke unter Windows XP schnell und ohne großen (Kosten-)Aufwand einrichten**
- **Dateien, Benutzer und Ressourcen gekonnt verwalten**
- **Gemeinsamer Internetzugang**
- **Spiele-Plattformen im Netz**
- **Heimnetzwerk fernsteuern**
- **Direkt umsetzbare Anleitungen**

DATA BECKER

Leseprobe und Inhaltsverzeichnis unter: www.databecker.de

▸▸▸ Die Komplettlösung für Profi-Webseiten!

Mit web to date können Sie auf eigene Faust einen zeitgemäßen und professionellen Internet-Auftritt realisieren. Die einzigartige Komplettlösung garantiert nicht nur erstklassiges Webdesign, sondern macht auch die Pflege und Aktualisierung Ihrer Online-Präsenz zum Kinderspiel.

Nach dem Baukastenprinzip lassen sich mit wenigen Klicks Text- und Bildabsätze, Tabellen, Formulare, Filme und Animationen zu perfekten Webseiten im Wunschdesign komponieren. Das Layout jeder Seite und die präzise technische Umsetzung werden automatisch gesteuert. So können Inhalte und Strukturen jederzeit flexibel verändert und aktualisiert werden. Einfacher, schneller und günstiger geht es nicht.

- **250 direkt einsetzbare Designs**
- **Dynamische Synchronisation mit Word-Dokumenten**
- **Komfortable Medieneinbindung**
- **Intelligente Zeitsteuerung**
- **Professioneller Formular-Editor**
- **Eigene Logos einbinden**

web to date

unverbindl. Preisempfehlung:
CD-ROM, € 149,95*
ISBN 3-8158-6744-4

Systemvoraussetzungen:
Windows 98/(SE)/ME, Pentium II 300, 64 MB-RAM oder Windows NT4(SP6)/2000/XP, Pentium II 300, 128 MB-RAM, Grafikkarte: High Color (16 Bit) mit 4 MB-RAM, freier Festplattenspeicher ca.50 MB, Internetzugang, Internet Explorer 4.x oder Netscape 4.x

nur € 149,95

DATA BECKER

FAQ, Trialversion, Referenzen & Infos unter: www.web-2-date.de